民國時期文獻
保護計劃

成　果

雲南省騰衝市和順圖書館　編

雲南和順旅緬華僑史料彙編

上冊

國家圖書館出版社

圖書在版編目（CIP）數據

雲南和順旅緬華僑史料彙編：全二冊／雲南省騰衝市和順圖書館編． -- 北京：
國家圖書館出版社，2018.4

（民國文獻資料叢編）

ISBN 978 - 7 - 5013 - 6358 - 2

Ⅰ．①雲…　Ⅱ．①雲…　Ⅲ．①華僑 - 史料 - 緬甸　Ⅳ．①D634.333.7

中國版本圖書館 CIP 數據核字（2018）第 038052 號

書　　　名	雲南和順旅緬華僑史料彙編（全二冊）	
著　　　者	雲南省騰衝市和順圖書館　編	
叢 書 名	民國文獻資料叢編	
責任編輯	鄧詠秋	
封面設計	敬人書籍設計工作室	

出　　　版　　國家圖書館出版社（100034　北京市西城區文津街 7 號）
　　　　　　　　　（原書目文獻出版社　北京圖書館出版社）

發　　　行　　010 - 66114536　66126153　66151313　66175620
　　　　　　　　66121706（傳真）　66126156（門市部）

E - mail　　nlcpress@ nlc. cn（郵購）

Website　　www. nlcpress. com→投稿中心

經　　　銷　　新華書店

印　　　裝　　河北三河弘翰印務有限公司

版　　　次　　2018 年 4 月第 1 版　　2018 年 4 月第 1 次印刷

開　　　本　　787 × 1092（毫米）　1/16

印　　　張　　66

書　　　號　　ISBN 978 - 7 - 5013 - 6358 - 2

定　　　價　　1200.00 圓

咸新社成立十三週年紀念合影（1918 年於和順）

咸新社匾額

和順旅緬同鄉促進會成立合影（1921年於緬北抹允）

和順旅緬青年會成員合影（1924 年攝於緬京雲南會館）

和順青年會成立三週年紀念合影（1924 年攝於咸新社公所，今和順圖書館內）

崇新會成立第十三週年大會幹事合影（1938 年於緬甸）

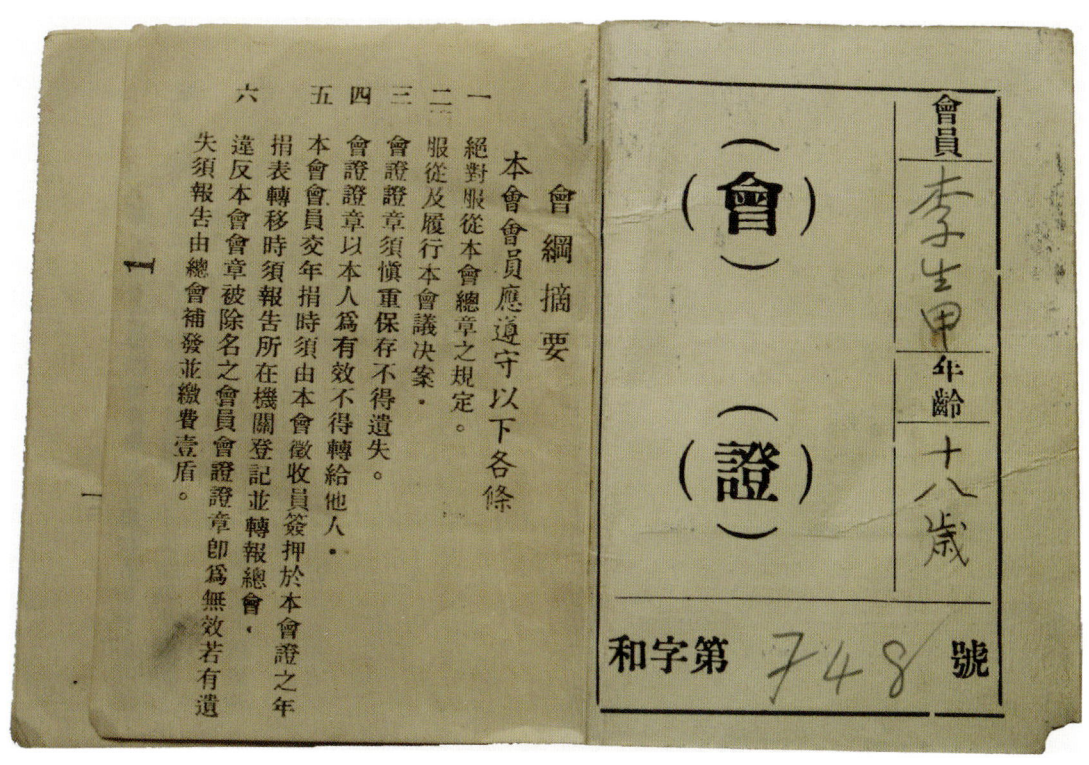

會綱摘要

本會會員應遵守以下各條

一、絕對服從本會總章之規定。

二、服從及履行本會議決案。

三、會證證章須愼重保存不得遺失。

四、會證證章以本人爲有效不得轉給他人。

五、本會會員交年捐時須由本會徵收員簽押於本會證之年捐表轉移時須報告所在機關登記並轉報總會。

六、違反本會會章被除名之會員會證證章即爲無效若有遺失須報告由總會補發並繳費壹盾。

會員　李生甲　年齡　十八歲

（會）　（證）

和字第 748 號

和順崇新會會證封面及內頁

和順圖書館募捐券存根

書號 934

票號 10266

捐款者之名 _____

住址 _____

勸捐者簽名 _____

和順圖書館募捐券

書號BOOK NO. 934　第　　期　票號RECEIPT NO. 10266

說明：本館爲建築館舍庋藏書每捐大洋壹元或印洋半盾者得此募捐
券一張募捐完畢後將所有捐券號數作一次競運選獎募捐以二
萬元爲足額

獎金：頭獎百分之三十三又小數五　二獎百分之五　三獎百分之
四獎至四十獎及附獎合得百分之三十五

日期：自二十五年十二月一日（舊曆十月十八日）開始募捐至二十六年
四月十五日截止廿六年五月十五日（舊曆四月初六日）揭曉選獎

定例：1,本券國內收大洋國外收印洋
　　　2,本券如有遺失損壞殘缺不全者認爲無效

捐款者 _____　經理蔡
代捐者 _____

和順圖書館募捐券

『民國時期文獻編纂委員會』名單

（按姓氏筆畫排列）

主　任　周和平　韓永進

副主任　王建朗　陳　力　黃修榮　程天權

委　員　王奇生　王開學　毛雅君　方自今

　　　　朱志敏　全　勤　何振作　汪朝光

　　　　金以林　周德明　倪俊明　徐大平

　　　　徐曉軍　高紅　陳謙平　桑　兵

　　　　孫伯陽　黃興濤　楊奎松　詹長法

屬　聲　鍾海珍　羅志田

總　序

中華文明之所以博大精深、源遠流長，不僅與未曾斷裂的文字記錄有關，也與自古有『易代修史』和重視文獻收集、整理等優良傳統密不可分。明有《永樂大典》、清有《四庫全書》，都是有力的佐證。自新中國成立，特別是改革開放以來，我國日漸加大對古代各時期文獻整理和保護工作的力度，但對具有重要價值又亟需保護的民國時期文獻的重視程度尚需進一步加強。

民國時期是中國歷史上一個重要而特殊的嬗變時期，新舊交匯、中西碰撞，形成了社會轉型期特殊的文化景觀；同時，這一時期也是中華民族遭受外侮、充滿災難的時期。僅從文化角度考察，一方面傳統文化得到進一步的整理繼承和批判揚棄，另一方面西方文化又強烈衝擊和影響著當時人們的思想與行爲。特別是馬列著作的譯介與傳播，不僅深刻影響著人們的思想意識，而且直接導致了新民主主義革命的爆發，並由此帶來一系列社會巨變。這些政治、經濟、文化、社會的巨大變革，形諸文字，輔之於出版業和新聞業的飛速發展，使得民國時期的出版發行業達到了空前的規模。短短數十年間，積纍了圖書、期刊、報紙以及檔案、日記、手稿、票據、傳單、海報、圖片及聲像資料等大量文獻。這些文獻正是記錄、反映民國時期政治、經濟、軍事、文化等諸多方面的重要載體。

一

概括而言，民國時期文獻具有以下特點：　第一，數量衆多。據初步估算，民國時期文獻數量遠遠超過存世數千年的古籍總量，僅國家圖書館一館所藏就達八十八萬餘冊。第二，內容豐富。該時期文獻涵蓋了政治、經濟、文化、軍事等領域，既有政府公報、法律規範等方面的文獻資料，也有豐富的文學作品。同時，電影及唱片等作品也大量出現。無論在內容上，還是在文獻形式上，均極爲豐富。第三，歷史和學術價值高。民國時期，中國經歷了內憂外患，中國共產黨領導中國人民開展了艱苦卓絕的革命鬥爭，在中國歷史上寫下了輝煌篇章，產生了大量革命歷史文獻。這些文獻歷久彌珍，是研究中國共產黨史的珍貴資料。民國時期又是各種思想交匯、碰撞的時期，留下了大量記載時代印跡的資料，在政治、法律、語言文字、歷史等諸學科都留下了豐富的文化遺產，對研究民國時期的歷史，尤其是人文社會科學，有著重要的借鑒意義。第四，現實意義重大。民國時期形成的邊疆墾務、農商統計、中國經濟志、賑災史料等文獻，對研究國家主權、邊境、民族、軍事以及農業、水利、經濟等均有重要的現實意義，同時也是開展愛國主義教育、革命傳統教育和國情教育的生動教材。例如，大量有關『東京審判』的文字記錄、照片、影像資料，集中反映了日軍侵略中國的歷史，是日本軍國主義侵華罪行的有力證據。第五，紙張和印製品質不佳。民國時期正處於從手工造紙向機械造紙轉換的初期，所產紙張酸性高，加之印刷、裝訂等工藝的自身缺陷，造成了文獻印製質量上的先天不足，致使很多文獻出現了嚴重的老化或損毀現象，其保存難度大大高於傳統手工紙文獻。民國時期文獻的上述特點，決定了對其進行保護的思路必須隨著科學技術的發展不斷創新，如在文獻普查、原生性保護基礎上，充分利用影印出版、縮微、數字化等再生性保護方式，以期達到事半功倍之效果。

國家圖書館是國家總書庫，履行國內外圖書文獻的收藏和保護職能，爲中央和國家領導機關立法決策、國

內科學研究和公衆提供文獻信息服務。文獻作爲一個國家的歷史積澱和文化載體，肩負著國家和民族的文化傳承重任，保存、保護和利用好這些文獻，是圖書館人的歷史責任。二〇一一年，在文化部、財政部支持下，國家圖書館聯合業內相關單位啓動了『民國時期文獻保護計劃』，旨在通過文獻普查、海內外文獻徵集、整理出版，以及文獻保護技術研究等各項工作的開展，切實有效地搶救與保護民國時期文獻。

文獻整理出版是保護計劃的一項重要內容，由國家圖書館策劃，將依據文獻的館藏特色、資料類型、瀕危狀況、珍稀程度和社會需求等方面，整合各文獻存藏單位所藏，彙集相關領域專家與出版工作者等多方力量，採取『民國文獻資料叢編』形式，統籌規劃，有序推進，成規模地整理、編纂出版包括民國時期政治、經濟、社會、文化、教育、外交等各領域文獻，努力爲社會各界提供豐富的、有價值的、便利的文獻資源。

中華民族的偉大復興，以文化復興爲標誌。文化的復興，必須以弘揚傳統文化爲基礎。弘揚傳統文化，又必須以保護、傳承傳統文化爲前提。我們堅信，『叢編』的推出，必將爲民族復興、文化繁榮做出重要貢獻。

是爲序。

周和平

二〇一三年一月

本書編委會

編　委　寸　宇　楊發熹　寸雲廣　尹以耀
　　　　　武何萍　胡金蓮　呂正麗

圖片掃描　寸雲廣

前　言

騰衝位於雲南省西南部，西鄰緬甸，面積五千八百四十五平方公里。二〇一六年末總人口六十七點八萬人。國境綫長一百四十八點零七五五公里，境內有國家一類口岸——猴橋口岸和自治、滇灘、膽扎等十六條通道。距緬甸密支那二百公里、印度雷多六百零二公里，有較早的開發史。區位優勢突出，是中國內陸通向南亞、東南亞的重要門戶，是中緬貿易的重要前沿。目前海外華僑華人及旅居港澳臺的騰衝人達三十五萬，分佈在二十三個國家和地區。

和順鎮位於騰衝市西南部四公里處，是雲南省著名的僑鄉之一。面積十七點四平方公里，全鎮轄三個社區村委會。二〇一六年年末，轄區總人口六千八百七十九人，二千二百五十六戶居民。有海外華僑一萬八千餘人，主要分佈在緬甸、泰國、日本、美國、加拿大、澳大利亞等十三個國家和地區。和順是中國第一魅力名鎮、國家4A級旅游景區、全國環境優美鄉鎮、國家級歷史文化名鎮、全國小城鎮建設示範鎮。

由於和順距離緬甸近，與緬甸在文化、通商等方面有著千絲萬縷的聯繫。清代以來，僑居在緬甸的和順華僑日益增多，並多往返於緬甸至國內北京、上海等大城市經商、學習。民國時期就有一批以『翡翠大王』寸海亭為代表的和順華僑把生意做到了上海、廣州等地。

投身國事活動者較早的有華僑張成濂等，他於一八九五年進京參加乙未科會試，等待發榜期間，正值康有為

一

率梁啓超等聯絡各省參加會試的舉人聯名向光緒帝『公車上書』。張成濂亦領銜雲南籍舉人六十二人簽名，上書了

另一篇抗倭禦侮、救國圖強的呈文，其中的騰衝人還有王開國、寸輔清，其名緊接張之後。

一九〇五年在西學東漸和維新思想的影響下，舉人張盈川在和順創建革新社會的社團組織——咸新社，社員

達百餘人，推舉和順教育界泰斗李景山爲社長，請他題書『咸新社』匾額並懸掛於社內。咸新社購置大量圖書供

鄉人閱覽，於每星期日演講一次，作革故鼎新的宣傳活動。這些做法爲後來『和順閱書報社』的成立指引了方向。

一九一九年受五四新文化運動影響，鄉中不甘落後的華僑青年，爲改變家鄉面貌精誠團結，於一九二一年

在緬甸曼德勒成立『青年會』。同年，還有和順華僑在抹允成立『促進會』。在緬的兩會爲團結一致，於一九二

五年在緬甸賀奔召開聯絡大會，合併爲『旅緬和順崇新會』，意在『誓除舊染，崇尚新生』。由於組織不斷壯

大、機構不斷完善，爲加強與家鄉的聯繫，振興家鄉的文化教育事業，崇新會創辦了『和順閱書報社』，一九

二八年改組爲『和順圖書館』。一九四〇年，和順崇新會又創辦了雲南省第一所僑校——益群中學。一九三一

年，還創辦《和順崇新會週年紀念刊》，一九三六年更名爲《和順鄉》。宣傳新思想、新文化，提倡興辦新學，

發展家鄉文化教育，反對封建陳規陋習，宣導文明結婚、婦女解放等，促進了家鄉的發展。

一九三四年和順圖書館爲發揮文化服務的職能，提高新聞時效性，利用歸僑尹大典贈送的無綫電收音機

接收時事新聞，並將其重要內容刊印成冊，創辦了《和順圖書館無綫電三日刊》，每期都及時分送全縣各機

關、學校、鄉公所、商號。七七事變後改爲日刊《和順圖書館無綫電刊》。一九四五年七月更名爲《每日要

訊》。

一九三八年和順圖書館建館十週年之際，崇新會又組織和順圖書館編輯委員會編印《和順圖書館十週年紀念刊》一冊，對創辦、管理圖書館和開展文化工作的艱辛過程，作了全面細緻的總結。

而《西江月句》（手抄本），則是一本說唱勸世歌謠，爲十字句，三三四句式，句句押韻，一韻到底。用村言俚語寫成，大約成書於清道光年間，廣泛流傳於和順及旅緬華僑中，相傳爲和順大石巷一寸姓旅緬華僑所撰，百餘年來，有許多抄本，而書名不盡相同，有《吹煙書》《十字句》《西江月》《勸季歌》《青年寶鑒》《陽溫暾小引》等，全書反映了那個時代和順僑鄉的社會生活及旅緬華僑在異國謀生的艱辛。此次我們收錄的是和順高臺子許本和先生民國庚午年（一九三〇）的手抄本。係許先生抄贈圖書館老管理員劉玉璞，再由劉玉璞轉贈圖書館的藏品。

當年先輩們的這些活動以文本的形式保存下來，爲後人研究旅緬華僑史提供了珍貴材料。隨著時間的流逝，這段歷史逐漸被人遺忘。但近年來，華僑與祖國、僑居地之間的互動日益密切。華僑爲家鄉經濟發展、文化進步做出不可估量的貢獻的史事，越來越受到祖國的高度重視。對華僑史資料的搜集與整理，也通過國家『民國時期文獻保護計劃』得到實施，國家圖書館出版社相繼出版了《民國華僑史料彙編》《民國時期福建華僑史料彙編》等重要的華僑史料。現在，我們和順的僑史資料也得到國家圖書館的大力支持，得以整理出版。

和順是美麗的僑鄉，我們希望通過對和順旅緬華僑史料的搜集和整理，展現出上一代和順華僑心繫家鄉、投身家鄉建設的優秀範例，激勵當代人更加熱愛家鄉、努力建設家鄉。這對於貫徹落實中共中央、國務院在《關於實施中華優秀傳統文化傳承發展工程的意見》中要『加強「美麗鄉村」文化建設，發掘和保護

三

一批處處有歷史、步步有文化的小鎮和村莊』的指示，無疑是一份很好的答卷。

這部《雲南和順旅緬華僑史料彙編》分上下兩冊，內容包括和順圖書館藏《和順崇新會週年紀念刊》五種，《和順鄉》三期，《和順圖書館十週年紀念刊》及《和順圖書館無綫電刊》一期、《每日要訊》二期，和順大石巷寸姓旅緬華僑所撰、許本和先生手抄的《西江月句》等。此外還在書前插有九幅反映旅緬華僑歷史的圖片資料。

在此，我們要感謝鄉人楊發熹、李啓東、釧元慈、張德爵、張文才，旅緬華僑李祖儀等先生，爲補充缺失史料自願將家中珍藏多年的《和順崇新會週年紀念刊》第六週、《和順鄉》第二卷第一期、《和順圖書館十週年紀念刊》以及和順旅緬青年會成員於一九二四年緬京雲南會館合影、和順青年會成立三週年紀念合影、崇新會成立第十三週年大會幹事合影、咸新社成立十三週年紀念合影等珍貴歷史照片無償捐贈圖書館，豐富了館藏，補充了史料。

同時，對關心、支持和幫助本書編輯出版的國家圖書館常務副館長陳力先生、國家圖書館出版社領導及編輯，表示衷心感謝！

編者

二〇一八年一月十一日

總目録

下册

二

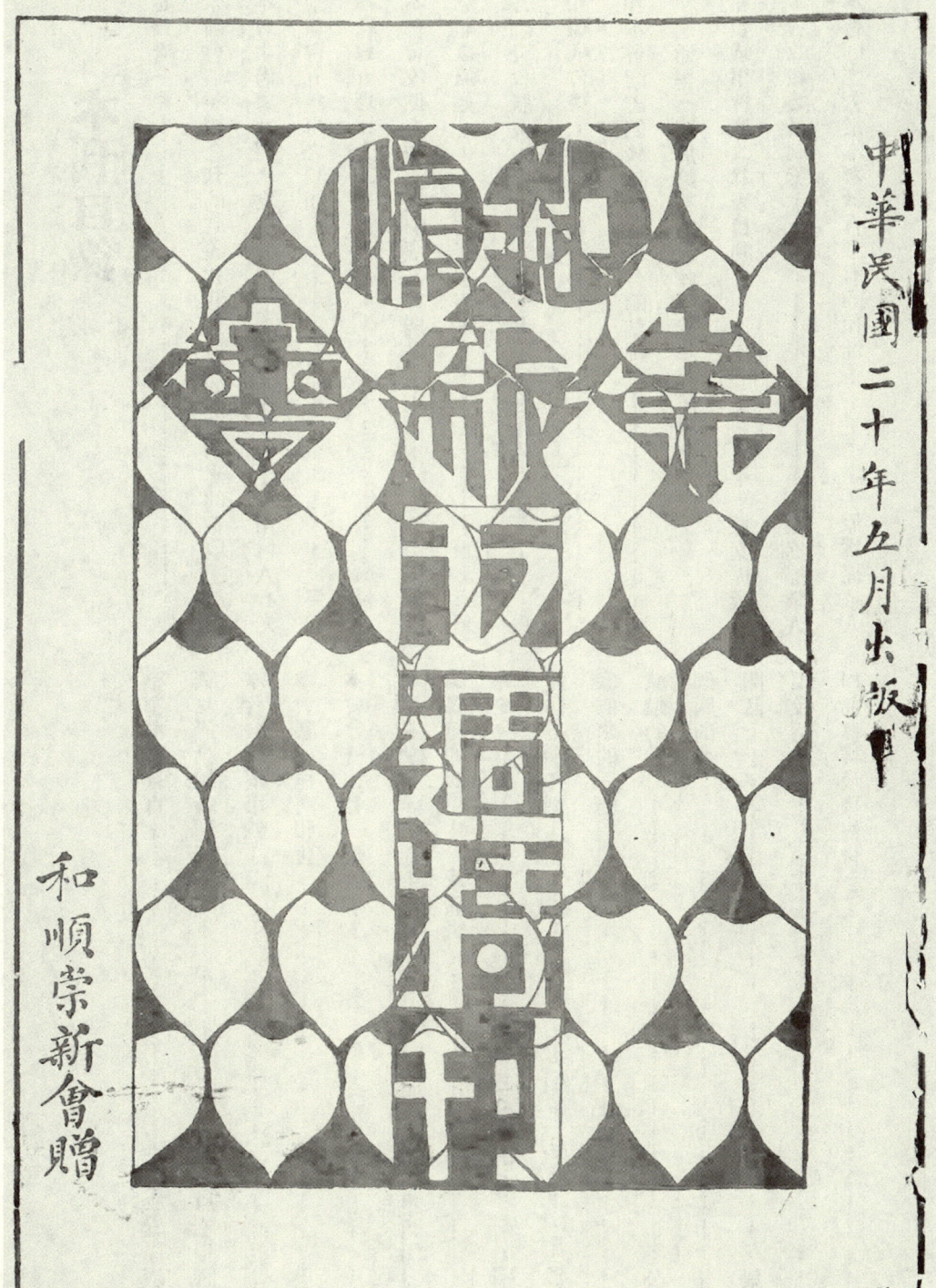

和順崇新會贈

中華民國二十年五月出版

1

本刊目錄

2

和順崇新會五週紀念

聲應氣求

許瑞鏊

和顺风景侧面图

4

寸海亭先生遺像

先生性義俠尤
關懷桑梓熱心
社會之公益嘗
作改造家鄉舊
社會之宣傳為
導師本會成立
之初多賴先生
扶持興指導竹
捐贈本鄉圖書
第四部
叢刊一 部

5

李景山先生遺像

先生為本鄉教育界太斗對於青年學子循循善誘曾任本會內部名譽會長對於本會措施多所贊助

先生熱心公益捐贈本鄉圖書館百衲本二十四史一部及續古逸叢書一部

張子耕先生肖像

卷首語

土耳其婦女已揭開了黑暗的面幕，俄羅斯已毀滅了迷信的宗教偶像，就是未開化的南美和非洲的土人也都努力的挣扎着趨人進化的途徑。

和順？多末腐敗的和順！

青年們在埋頭的大吸大賭，去銷磨他黃金般的光陰，大人先生們在開起倒車，把人們向墳墓裏送，婦女們一面憐昧的追求他們幻想的仙境，一面却把極刑加到她疼愛的子女身上……

我看看土耳其，非洲，南美……再看看我們這樣腐敗的和順，真的，我惶悚萬分了。

五載的光陰迅速的消逝去了，五載的成績怎樣，我不禁感覺到會的力量薄弱，會的遲滯不進了。

7

崇新會週年紀念刊的意義和我對於崇新將來的希望

柯樹

崇新會的產生：：形式上是由和順青年會及促進會合併而來：：但是崇新會的實質上的產生：：那就不是簡單的事：：也不是簡單的話可以說完了：：崇新會決不僅是僅由會的發起人的主觀的意志而成立：：發起人的意志不過是表現着和順鄉的社會生活中的矛盾已達到不能不破裂的程度了：：就是說和順鄉的社發展而成熟：：由成熟而達到腐壞的地步了：：客觀的社會生活既是如此：：那麼運早促進腐壞的運動是必然的要發生的：：滿清末年的「維新」運動：：雖收了相當的效果：：但是那時所樹立起來的新的制度：：到現在已變成舊的：：那時所未完成的運動：：現在從新第一次要求這運動的完成了：：只要看現在的崇新運動並不因爲當年做維新運動者們的反對妨害而消滅停頓：：就可以知道崇新會的產生是和順鄉的社會生活中必然發生的現象：：既不是發起人的一時的興致：：也不會因發起人的灰心懶意而死滅：：和順鄉的社會生活中的種種矛盾存在一日：：爲要求這矛盾的解決的第二第三的崇新運動也就永久存在：：我說這就是希望發起崇新會的人：：現在經理着崇新會的人：：及將來要負擔崇新會的發起的人們明白的認識崇新會所代表着的崇新

運動的必然性：：和他的社會的根據：：不論是那一種運動：：決不是偶然的發生：：也不是偶然的消滅：：發生時有發生的社會的根據：：和照着的必然性：：一個運動消滅時：：也有消滅的社會的根據和歷史的必然性：：思想上的崇孔排斥百家的現象的繼續了幾千年：：和滿清末年的革命運動：：最近的國民革命運動：：乃至於打倒偶像：：婦女衣服的改裝：：同善社的猖獗等等都是有他的發生理由：：纏足的習慣：：滿清政府下禁令都不能奏效：：現在天足的習慣卻那樣的推廣起來：：這都是社會生活的根據：：｜經濟現象已發生變化：：所以社會組織的構成員中的種種習慣也自然發生變化：：天足運動有他的一定的目標：：爲什麼要樹立一個目標：：因爲這目標是必要：：那麼必要的理由在那裏呢：：這理由在既不是：：至少不全是個人主觀的好惡問題：：（譬如說纏足是醜：：天足是美之類：：）乃是社會生活要求天足的問題了：：

從事一種運動的人：：若不明白的認識着那運動的社會的根據：：運動的性質：：那成有中途落伍或徘徊猶豫的現象：：運動終究是要人去做：：從事運動的人落伍：：或迷失了方向的時候：：運動和社會生活就一時不能不隔離：：和社會生活隔離了

的運動‥一時也就不能不衰頹了‥滿清末年的維新運動‥和民國成立時的維新運動的領導者們何以現在都變成同善社信徒‥不特不做維新‥反拚命的做舊‥因為他們在做維新運動時‥也並不明白的認識出那運動的社會的必然性‥並不明白從事運動的人只是受着時代的驅使‥他們把由社會的必要發生出來的運動‥看做他們袖子裏變出來的把戲‥做維新運動在他們看來只當是飲酒‥作詩‥釣魚一般的名士的風流事‥所以興致減殺了時‥運動也就不過問‥於是他們的消閒方法又轉到迷信同善社上去了‥我曾經聽過一位先生說‥「我們以前也熱心的提倡過女學‥現在女學生中發生出這樣事情‥我們以前提倡女學‥真是發瘋！」他對女子教育的目的和必要既看不清楚‥把一二少數的女學生的行為看做全女學生的行為‥（其實男女的戀愛問題‥在女學不有時難道就不有嗎‥飲食男女‥人之大欲‥難道進女學校的人一發生戀愛問題就是大逆不道嗎‥）所以會說出自己提倡女學是發瘋‥和順鄉的男女學校教育以前那樣的興盛‥中途那樣的衰頹‥現在又漸次恢復的原因‥都可以用上述的理由去說明‥其他從做運動‥表面上看來是應受大家的歡迎‥而其實不然的原因‥也直接間接和和順鄉的社會生活的根據 — 經濟現象

有密切的關係‥也可以上述的理由去說明‥

崇新會所代表着的運動是那一種運動‥是政治運動‥是文化運動‥是經濟上的運動‥是思想運動‥以我個人的意見‥是這種種的運動的一種混合體‥若用歷史上的運動的名稱來規定他‥那就可叫做是一種廣泛的啟蒙運動‥也可以說是小規模的和順鄉的五四運動‧他對於鄉中教育的主張是一種政治運動‧他對於鄉中教育的行動主張是一種文化運動‥建立圖書館‥舉行講演‥都可歸入此類‥石頭山植樹大河堤植樹‥共同養豚‥關於農業知識的講演等‥可以算是一種廣義的經濟運動‥輸入書籍‥間接輸入新知識‥可以算是一種思想運動‥做這運動的中心分子‥是在緬的進步的鄉人‥在緬鄉人‥是包含得有十農工商的家庭的人‥所以崇新會所代表的這樣泛廣的運動‥可以說是舉鄉一致的 Renaisance ‥崇新會負得有這樣的任務‥崇新的活動範圍就必然的擴大‥同時任務的完全做到也就極艱難‥至少要求十二分的努力了‥崇新會的構成主要分子因為職業關係‥大多數在緬甸‥在家鄉的人數既少‥在家鄉的時間又短‥而崇新會的運動的對象卻是家鄉‥既不能把和順鄉的時間遷移到緬甸‥又不能把在緬甸的會員都派回家鄉‥為解決這種矛盾的問題‥只有採取現在所實行着

的半委任制度。。就是緬甸的總會的一切決議。。交給在家鄉的
會員或準會員去代執行。。這樣制度的不安善是很明瞭的事。。
譬如委任的人的思想行為與會相反。。會的名譽被委任者濫用
等等。。崇新會。。擁有豐富的基金。。議決有多數的決議。。基金
是否充分善用了了。決議是否實行了。。這一年以來的成績的總
決算是損是益。。若是失敗的多，那麼如何改善。。是成功。。成
功到什麼程度。。以後的更進一步的成功。。要如何才做得到。。
總之。。檢查過去。。計劃將來是一切運動上必要的事。。尤其是
有特殊情形的崇新會更是必要。。那麼週年紀念刊的發行是很
有重大的意義了了。論理崇新會的仟務是那樣的。。活動的範圍
是那樣寬了。。總會的議決在鄉實地施行的隨時報告是非常必
要。。一方是工作發生困難時的臨時救濟方法。。和各地會員間
的議論交換。。感情聯絡都不是一年一册的週年刊。。和一年一
次的總會所能夠解決和適應的。。至少一個月一册的會務報告

是要刊行才行的。。不過因為編輯負責的人缺乏。。或因為個人
事業的繁忙不能擔任。。不能不取一年一次的週年刊的方法。。
但是。。這種週年刊應當使他成為每年繼續的事務。。並且性質
也要十分注意在實際上。。就是把他當做每年工作的成績表和
次年度計劃的設計書。。徵求各會員的意見，，大會上不能發

表的，，臨時發生的。。總會對於過去一年中工作的批判等。。決
不可把他當做鋪張門面的壽文。。不論那一種運動。。實際的成
績總不會如理想一樣的進行。。有許多是理想和實際太隔絕。。
有些是舊勢力的妨碍一時做不到。。有些是從事運動的分子太
少。。或從事運動者的能力不足。。或忍耐力不夠。。像這些一時
的困難情形。。都可以設法打破。。只要會的中心體能夠把目標
明白的認定。。不屈不撓的做去。。終究有實現的時期。。所以會
中議決的各種決議。。應當把他做成標語口號的在各會員及家
鄉人間宣傳。。宣傳不是吹法螺。。是使不明瞭我們的主張的人
明白我們共鳴。。因為反對是由於意見不一致或不明瞭我們
的主張所致。。所以總會的事不是一年開一次會就了了。。應當鼓
勵着在家鄉負責的人。。萬力的向家鄉人宣傳會的主張。。而文
字的唯一的宣傳品。。就是週年紀念刊了。。由這地上說來。。
週年紀念刊。。不僅發給各會員。。應當大量的贈送一般鄉人
和其他的鄉村。。以上是我對於週年紀念刊發行所感到的意見
。。以下是我對於崇新會將來的希望。。去年的大會時。。我曾提
出好些議案由寸仲猷君代發表。。因為實際上的種種困難。。聽
說僅通過了資送學生出外就學一項。。這一項對於家鄉教育是
有輸入新鮮血液般的重要。。能夠做到了這一項。。也就算是現

在的情勢之下的大成功了：：

對於資送學生出外留學上要注意的是所送的學生是否有成績．所進學校是否與會所要求者相合．所以對於資送的學生應當要求提出每次試驗的成績來．其次基資送學生所入的學校的程度提高問題．現在資送的學生是省城的中學校或中學與大學間的學校．為提高家鄉學生程度．將來資送着的學應當以大學為標準．過度的辦法．可以由現在所資送的二名之中．擇更優秀者資送入大學．資送學生出外留學是為培植家鄉教材．但是假若被資送者畢業後不回家鄉盡他的所負的義務．那也是等於無用．關於這一項事．本應當在後面我要當想：一種實際的辦法．為防止這種弊害起見．會中應列舉的各事項中才提及．現在順便說及．以後就從略．我對於會的希望是你保留的性質要包含得有上述的各種運動的特質．現在會章上所規定着的宗旨只是改良風俗一項．但是實際會所辦者的事並不限於改良風俗一項．也不應當限於改良風俗一項．有許多惡風陋俗是由於國家政治法律紊亂的結果：：有許多是文化落後．科學不發達．交通閉塞的所致．根本的改良風俗．：也應當從振興教育．（學校教育，家庭教育．社會教育）：：澄清政治．：修明法律．：（和順鄉的地方自治．

鄉議會的問題）上着手．用鄉議會的權力去振興教育．用教育的手段去破除惡風陋俗．並普及地方自治的知識．政教結合起來．不用說惡風陋俗不成問題．積極的還可以將全鄉的文化高揚．可以增進全鄉人民的幸福呢．現在崇新會所主張的．實行着的各種事項．在地方自治完全施行者的地方．都是地方自治團體權限內應做的事．這些事項有些是需要強制的權力才能做得到的．崇新會在法律上是一種私人的結社．對社會一般人民是不有強制力（對會員可以用除名等消極方法強制）．所以要完全實現崇新會的主張．也非從實行租鄉鄉自治制度不行．只要鄉自治制度能夠完全的實行．一切問題都可迎刃而解了．當然在現在的情況之下．崇新會的能力是來不及的．但是並不是永遠做不到．現在我們先做一切準備的工作．把會的宗旨政策使會員澈底的了解．當做今後唯一的目標．對於非會員的鄉人．不斷的把會的宗旨及政策的必要．用種種方法宣傳．對於會員尤其應當使他們了解地方自治（鄉議會問題）施行與崇新會的政策實現的關係．「二人同心．：其利斷金．：」有着幾百的進步有為的青年壯年的會員．：在冊樣小的和順鄉內若還不能做到會的主張．那麼會的存在也就無義意了．：

崇新會會員現在有幾多我不知道‥一鄉中有覺悟的青年壯年究竟占少數。。所以若無限制的濫招會員結果是使會的組織散漫‥會的名譽受損傷‥對於已經入會了的會員就應當使他真能夠了解會的宗旨及實現會的政策的方法‥

崇新會應當有系統的把會的宗旨和實現這宗旨所應取的政策規定出來‥並定出那些（像國民黨的黨綱一樣）明白的在鄉人面前主張‥並定出那些是目前要做‥那些是將來做‥有步驟‥有計劃的去進行‥現在好像是想得起什麼做什麼‥宗旨雖然定着是故良風俗而實際上所做的事並不只是改良風俗‥所以我以為崇新會的宗旨應從新規定一下‥以我個人的意見‥應當定為「促進和順鄉自治制度‥振興鄉內文化‥增進鄉人福祉」這樣的規定‥那麼一切問題都就勾包含在內了‥為實現上述的目的‥我現在把我以前所提議的各事用列舉如左‥任各項之下‥並多加以說明‥

關於地方自治制度的

（一）鄉議會議員應當由各單公選‥再由公選的議員中的幾名組織執行委員會‥

　（說）現在的議事會議員人數既不定‥人選差不多是私人間互相授受‥到國民政府的地方自治制度公布

以後‥自然一切都有準據‥現在是一種過渡的辦法‥

只要自治制度能夠完全實現‥那麼一切問題都可以解決‥家鄉人都怕管公事‥所以土豪劣紳就得有機可乘‥利用全鄉名譽‥其實‥只要有全鄉人做後援‥管理一鄉的事並不是什麼難事‥對於地方官的接觸‥更勿所用其畏懼‥使人笑是鄉下老‥

關於學校教育的

（一）整頓並擴張男女國民小學校

（一）消極的方法：由自治局禁止私塾‥並請騰越縣下令禁止‥教員有吹賭習慣的‥用會的名譽警告‥

（二）積極的方法：資送男女學生出外留學以培植鄉中教材‥將鄉中公有財產都歸入自治局管理‥增加教育經費‥免收學生學費‥增加教員薪水‥購買儀器標本‥運動器具‥樂器等‥寄贈男女學校‥實現全鄉的強制義務教育‥

　（說明）有人以為現在的男女學校是舊勢力支配着‥寄

（說明）贈東西也無補益。這是凶噎廢食之論。我們的子弟一日不可不使他們。不完全愚陋的狀態下就學。難道崇新會一旦不能自立學校。全鄉的子弟就應當一日不問嗎﹖

關于社會教育和社會風俗的

（三）舉辦男女不識字者的平民教育。

（四）購置教育上之電影幻燈。

（五）舉行各單巡迴通俗講演（一年至少二次）

（內容）地方自治問題。國內外情勢。纏足吹賭弊害。婦女職業。結婚問題（早婚。媒妁之類）喪葬問題（費用。停棺不葬）家庭衛生。迷信。賭博。騰越每年的輸出輸入的比較。

（說明）講演員可由城上及各鄉邀請。爲招引婦女頑固者來應起見。可以請地方官來。電影。幻燈。留聲機之類都可在這時利用。每次講演問題。記錄下印成小冊子分散給一般鄉人。重要事項可即寫成標語張貼於各單的揭示處。

（六）圖書館一時可以不必建設。擴張書報社。並力求其民衆化。

（說明）圖書館建設費錢太多。而對於實際上並不有多大利益。因爲家鄉的文化程度。還不到需要圖書館的地步。書報社只要能夠十分辦理。充實內容。比較建造巨大的圖書館。實惠得多。騰越現在好像有的古書古籍來堆積着妥好得多。是破圖書館更熱鬧着。古經古典只是供少數人的玩賞而已。現在家鄉所需要的是通俗的書籍報章雜誌。書報社能做得到應當各單去巡迴着借人看書。尤其是對於婦女應當爲她們特別設一閱覽所。或定出借婦女書報的辦法。

關於衛生娛樂的

（七）勵行天足運動及婚喪從儉

（八）施種牛痘　出錢收買鼠蠅

（說明）文明各國認麻子是野蠻人的特色。就從危險上說。天花也應當禁止了。施種牛痘是消天花的唯一方法。鼠是鼠疫到唯一媒介者。我們鄉人恐怕不有。知道的了。但是對於蒼蠅却毫不注意。歐美人說中國人天天和大便接吻。實在是的言。在夏季蒼蠅是傳播霍亂的唯一使者。由

會中出錢（百個十文錢）牧買燒殺：這事老人
小孩都可以做到：日本各都市鄉村都常舉行：

（九）宣傳吃河水的有害獎勵打井

（說明）家鄉各種不衛生中：這事是算第一不衛生了：
每到夏季泄肚下痢的人不絕完全是吃小河水所
致：水流三尺清：只是由眼看見的現象，殺人
的微生蟲是肉眼看不見的，文明各國，對於港
口內通過的火輪上的人（如虎疫之類）都要
檢查：船上有傳染病者發見時：連河海內的魚
都禁止捕食呢：會中可將小河內的水在顯微鏡
下照出（於講演會時）使一般鄉人看：

（十）組織共同養豬場

（說明）中國人因為幾千年都年自給自足的農業經濟狀
態下面生活：所以養豬成為各家庭的副業之一
：我們家鄉的經濟狀態。一部已由農業經濟進
到商業經濟：但是同時許多的家庭又爸是田主
：每年的食糧的主要成分米。仍是自給自足的
狀態：為處分糧及碎米而養豬（養豬同時也是
自給自足的農村社會，習慣）是不能滅免的事

：：不過豬是最不潔的家畜：養什家裏真是人畜
雜處：尿糞遍地：鄉中有那一條街道是個有豬
糞：我以前常奇怪：鄉中越過的外國領事到我們
鄉中遊覽總是出大河堤上走：不由各巷通過：
現才明白他們繞道而過的理由：不由各巷通過：
是麻木遲鈍了所以什豬尿巷內通過也不覺得不
快：豬肉是中國人必食的東西：勸人不吃豬肉
自然是可笑的事。因為經濟狀態使然。教鄉人
不養豬也是做不到：（以前設立着警察時：聽
說會經禁止放豬出外：這種辦法也是醫所不
脚的方法：放豬任外固然不潔：養豬在家尤其
是不潔：現在唯一的辦法：是各巷組織共同
養豬場：（石頭山也叫：各巷內僻的地點：當
然禁止放出外面。：雇人或輪流招呼：這樣
各家的餘食及糠米均可處分：同時對寨素的家
庭也不失其副業的效用：

（十一）設立運動場（足球網球棒球）組織音樂團

（說明）要一般青年不耽溺於鴉片賭博：只有將青年的
興味移轉到正當的娛樂上面去：是最自然的

合理的辦法：：

（十二）化迎神迷信的保壇爲鄉中紀念節

（說明）保壇也是農村社會內的一種習慣：：也是農村社會內一年中唯一的娛樂日：：在以前米谷是家鄉經濟的唯一的收入根源：：禾稻眼調的長成與否：：關係一年的生活問題：：而在迷信支配着的時代：：風雨調順是以爲由神左右着：：一年內疾病的有無也都歸之於神：：所以燒龍船：：妝台閣是求神的歡喜：：請神當醫生的意思：：妝糞箕官：：也是那時的改良風俗的一種辦法：：這些幾百年來習慣　和社會生活有關係的習慣：要完全的消滅他不特是不能：：而且是不必要：：現在我們只要將其中的屬於迷信的部分除去：：其他如吃兩三天素：：妝台閣：：奏中國音樂：：都應當保存發展他：：誦經轉經妝中魁：：四帥可以改成提燈遊行或有趣的化裝遊行。其他如各家到那時都把自己家的古董古書陳列出來：：或捧着巡迴都是一種很好的習慣：：尤其是有一件可注意的事是全鄉戶數的調查：：以後若能更將各戶的人口也調查一下：：那更是最有意義的事下：：保壇若將迷信鬼神的部分除去：：變成正月間玩燈一樣的事那就有益無害了：：

關於地方安寧及培養資源增進風景的事項

（十三）石頭山植樹：：大河：：小河堤上植樹：：各巷頭巷尾及僻靜處設立街燈：：購置救火水龍：：魚類捕獲的限制：：

（說明）石頭山種樹的事：：在幾十年前就提倡而且實行過了：：因爲不能勵行致無結果：：並不是種樹是無結果的事：：十年之後：：至少可以把現在鄉中最感困難的燃料問題解決：：大小河堤上種樹一方是保護河堤：：同時增加風景：：設立街燈的必要不說也可明白：：水龍的必要也同然：：只是平時應當組織救火隊：：於有失火時：：不致使無用的人把不失火的鄰家的房屋踏破而不能提一桶水到失火的人家：：魚類採取的限制方法：：如大河小河只計用釣竿採取：：時期也應當有一個限制。。結局魚類繁殖起來：：得利仍然是自己：：

（十四）宣傳小春

（說明）經過了幾次的失敗的小春∴現在又來提起∴恐怕連會裏的人都要笑。其實小春的失敗是方法上的失敗∴並不是小春不適宜於騰越∴前次李致卿的失敗是在於計劃不周密∴而且施行的範圍太廣大∴加以家鄉人的無經驗∴及時令偶然的不調順∴所以才弄到無結果∴小春是可以間接的使漸漸高騰的米價相對的下落∴豆麥的生產額增加∴是使米的使用用額減少∴這事是關係於和順鄉人的民生問題∴一二次的失敗是不足畏的∴最安當的辦法是會員中有田的入家自己做試驗做模範的先種∴一年不成功∴次年再種∴對於栽培方法∴栽培時令十分加以注意決不會不成功的∴利之所在∴人皆趨之∴只要有利益∴不勸人種他自己也會去種了∴

以上是我忙忙中想得起來的事項∴其他有很重要應當加在崇新會的政策內而我想不起的∴希望他的會員補足∴所舉出各事項∴有些是現在也可以做到∴有些是現在一時不能做到的∴但是不能因為一時不能做到就把它放置不操∴只要崇新會的會員真能認清自己的使命∴拿着堅忍不屈的意志共同努力∴理想的和順鄉在最近的將來可以實現的∴此外我本想對於家鄉的各種問題∴都寫些我的意見∴但是家鄉情形我幾乎茫然不知∴抽象的議論等於無用∴亂說等於無的放矢∴所以只有沈默一法了∴

一九三一∴一月十六∴于福岡

幾個感言

（一）有人寫信告訴我說∴寸幹臣的死是因為他染了燒熱病後∴不請醫生吃藥∴却去吃齋求神∴所以終於無救∴這樣的事情在騰越是很平常的事情∴大家不記得復活的常識以外的怪事都會在騰越發生過∴我們並不是對於死者下鞭屍的攻擊∴我們只要說明下過洞坪的許某死後幾十天都還打開棺材說他在那天要復活∴作過八股的中國人是永遠不能夠理解科學∴他老∴生着時為職業的騙術∴或許也教過理科的功課∴也說過生物的生成發育∴電氣∴蒸氣∴地球∴天文∴微生虫等的話但是一到了生命有關的時候∴這些話對於他就成了洋人的鬼話了∴支配着他的腦筋的仍然是大上老君的咒語和道士的符章！西洋人在他們的精神生活∴信仰生活方面∴雖然也信仰他們的上

帝⋯但是他們絕不忘記他們的耳目口鼻的感官所認

識着的一切自然現象是受科學的法則支配着⋯他們

有病時他們雖然禱告上帝⋯同時他們絕對不忘記吃

用化學的方法製造出來的藥⋯他們之中也許有人（

如教士之類）說他所害的病是上帝的懲罰⋯但是他

們總不說是上帝直接來使他們病⋯假如有害的是鼠疫

⋯他們一定說是上帝間接接用鼠疫的微生虫來使他

⋯所以他們一面禱告上帝⋯一面也不忘記吃藥⋯殺老

鼠⋯對患者消毒殺菌⋯並想根本除去鼠疫的⋯

中國人是以爲他的疾病是直接由鬼神來放散的⋯所

以他病了⋯他不吃藥求醫只禱告鬼神⋯好像孔子說

過「敬鬼神而遠之」的話⋯他的意思是說在信仰生

活方面⋯你要信鬼神也可以⋯但是你切不可和鬼神

打在一塊⋯換言之⋯就是說你的起居飲食的日常生

活⋯乃至於生疾有病等事是不可牽扯到鬼神上去的

意思⋯不曾讀過孔氏之書的西洋人⋯他們卻十分領

會得孔子的話⋯自命是孔子的信徒的中國人卻糊塗

着⋯騰越地震後⋯從縣長起大家一齊吃齋求神⋯這

都是中國人（尤其是騰越人）和科學無緣的證據

⋯

（二）像騰越一般的溫和的氣候的地方是很少了⋯但是因爲

衛生的設備⋯行政⋯及衛生知識的缺乏⋯騰越人一

年裏不是瘧疾纏繞着就被霍亂燒熱襲擊⋯因爲不有

關於這類的統計所以我們無從知道害病者及死亡者

的對人口的比例是如何⋯從常識上推測當是很大的

比例罷⋯家鄉最多的⋯是所謂傳染⋯和熱帶病⋯

若是地方上的衛生行政完全的施行着（騰越是運衛

生行政的影子都不有的）⋯這類疾病是不應當發生

的⋯這些疾病只是野蠻人中特有的東西⋯大家想知

道巴拿瑪運河⋯蘇彝士運河開鑿時的故事罷⋯那兩

個地方都是熱帶病最流行的地方⋯因此工程很受阻

碍⋯其後在兩地施行大規模的殺蚊方法⋯把疾病的

來源杜塞後⋯工程方得迅速的進行。現在家鄉去

提倡除蚊恐怕也和提倡捕蠅一樣被人笑能⋯並且實

行起來所要經費也非常大⋯一時是無從做到⋯我只

希望崇新會以後資送學生時⋯專門資送一二名學醫

的⋯並且限定是學治家鄉特有的各種的疾病的科目

⋯預先蓄養下人材⋯將來實際着手就不致感覺困難

十

了‥

（三）這一兩年來‥家鄉除單自己設立學校外‥由私人出錢辦的學校也有一二處‥表面上看起來好像學校很發達‥其實這是一種變態‥各單自己設立學校‥不特是教員不足‥經費也一定不夠‥結局只有學生的學力低下‥各單自己設立學校至少需要一個教員‥假如把全鄉所有的學校併合起來‥教員的能力也一定提高‥而且各教員均有所長及所知‥一個人擔任一校‥勢必連自己不懂的功課也亂教授了‥每校一年的經費暫定做百五十元爲用很小‥如果合起全鄉學校的經費來辦一個學校‥那麼經費的効力也就增大了‥長於金錢的計算的我們鄉人‥應當明這道理的‥總之‥像現在的蔁小學校分立的結果‥只有凡事馬虎‥因陋就簡‥全在一鄉裏的學生的學力‥也會有很大的差別優劣發生‥希望現在這種割據的現象速爲打破‥私人出資辦學‥自是很好的現象‥但是這事只是表明全鄉公共的學力財力和精力有一定的限度‥那麼這種學校衰微的生命也一定不會長久‥鄉中的教材有限‥一個人兼樂處的

結果‥必定引起隨便了事‥或因薪水的□薄而有勸怠的現象‥我們有着鄉立的男女學校‥有着豐富的公有財產‥大家若眞熱心教育‥那儘可以把自己的錢捐到公立學校‥共同去負會辦理‥何必在那樣小的地方內獨樹一幟‥多設門戶‥鄉中公立學校是大家可以去負責‥所以創辦了的學校也有永久性‥徒使一般人漸漸變成惰民‥變成除依賴賢人以外無能力的私人設立學校的弊害‥就像賢人政治一樣‥個人‥對於共同負責‥做事的觀念完全喪失‥對於個人則絕對信仰‥對於公家則冷淡‥不是現在的時代所要求的態度‥所以我希望全鄉的各單私立的各學校都一齊合併到鄉立男女學校去‥

19

本會之過去及將來之應努力

心光　南村人

今天來作這一個問題。。由關係上講。。不能不略敍及和順一練之情勢。。那麼。。和順一練在鹽衡縣屬地方。。居於何等地位置呢。。從以前革新方面來說。。縱然不是一等開通之區域也能占居其次的。。若是拿民元移風易俗。。打破迷信。。推倒土偶的舉動來說。。那就要算吾鄉的猛進先鋒。。這個不是自己矜誇。。實是人衆所知道的。。但是。。社會變態無常。。吾鄉急進先鋒。。反向後轉。。開步走去。。致今不如昔。。事事落後。僅虛有其表。。內中却閉固把持。。囂氣沈沈的。。熱血青年們。。深知這種是紙裱燈籠的局面。。外襲文明之皮。。以號名改良。。實則徒擁先進的虛聲。。以塞八之觀聽。。於事實上。。則依然故我。。仍是十八世紀的封建思想。。陳舊腐化的社會。。於是欲圖改良風化。。端力建設。。乃有創立崇新會之舉。。當本會成立之時。。咸議所以删除以前虛僞粉飾之弊病。。實事求是。。盡力勵行。。關於教育方面。。則成立書報社。。初則附設天足會。。及其他一切於風化方面。。今則書報社。。改組爲圖書館。。又資送中學學生鼓勵。。每年招考全鄉學生二次。。以資省垣。。以爲培植教材。。創辦新式學堂之備。。以上設施。。固視本會能力之所及。。以圖盡賣桑梓。。然而考查過來數年之成績

却勸進步。。可爲會務一嘆，于過程中之種種運動。。茲特條列於後。。使閱者易於並得分條討論。。

一　書報社進行之狀況

書報社成立之初。。其經費實不足支持一年。。書籍報章亦無甚可觀者。。彼時。。不過以倡辦者之毅力勇氣成立之。。然後由內外熱心同鄉。。捐助書報經費。。該社之基礎得以日固。。經費。。以在緬甸捐得者爲多。。圖書。。則以寸如東先生之四庫叢刊。。李子暢先生之集珍叢刊。。爲各書之冠。。其餘捐贈者。。年大會時。。又爲該社勸捐一次。。經費既足以維持。。本會於係屆週種類煩多。。不克備載。。蔚然可觀。。館址移入崇新社。。復增報者。。尤絡繹不絶。。以至於今。。社內對於書報之聲。。幾全無支出。。而報章寄遞敏捷。。堪稱消息靈通。。此本會差足自慰者設書報閱覽部於十字街。。以便閱者。。更增置各種關於社會教育。。及兒童教育之書籍。。使失學鄉八。。有補習文字之機會。。入學兒童。。則可於課餘。。藉此自修。。圖書館之規模。。至此粗俱。。近聞張子耕先生。。復自動捐贈百衲二十四史一部。。及續

古逸叢書一部：：近聞尹玉山先生又允贈新書百種：：尤為該館

生色不淺：：然經此次之擴充：：經費已達拮据之境：：此時雖由

本會每年擔負該館經費三分之二：：而該館經費必達到足以自

立之日：：方可持久：：倘蒙吾鄉熱心慷慨之士：：始終維持：：傾

囊助資：：庶幾該館：：得以永遠存在：：

二 天足運動之狀況

天足會既成立：：全練景然風從：：當時人士：：莫不起而肆

力運動：：而教育界之教職員：：亦急力鼓吹：：于時大見進步：：

熱烈青年們：：致有非天足不結婚者：：其進展之速：：為何如乎

：：近來更因新潮流之衝動：：及家鄉屢遭距患：：鄉人避患奔波

：：以前之固執者：：亦多悟纏足之為害：：而自動實行天足：：其

大勢已將造成：：若再盡力鼓吹：：則不難解放齊一矣：：

三 從儉運動之狀況

從儉運動：：則為大可懍嘆之一端：：何則：：初事運動之日：：紳

老輩及富室者：：皆附和而贊成之：：中產之家：：雲然風從：：至

為願意：：不料紳老輩及富室意：：僅陳陽奉陰違之局勢：：于一

切人情往還之儀上：：仍以豐黷奢靡相炫耀：：殷室之鬥爭：：曾

不足為害於一己：：而中產者：：輒撐扎萬端：：以與之敵：：遂致

典質以成婚喪：：拍肩接踵：：趨勢效尤：：而從儉運動：：因之于

是大壞：：紳老輩及富室：：實尸破壞從儉之罪：：然本會家鄉同

志：：不能堅持：：亦有以致之耳：：

四 剷除迷信運動之狀況

剷除迷信運動一項：：則完全停頓：：何以故：：吾鄉社會之

指導者：：智識階級：：皆一反前日排斥迷信之激烈性質：：而囘

溯之：：更尚迷信：：于是社會上之稍有知識者：：不惟不敢排斥

迷信：：且阿諛而附和之：：遂致一練婦人：：除恢復舊習而外：：

且日集聚寺觀：：以營齋會：：甚而黑夜奔馳：：雲集參拜：：巫尼說

法：：蕃蠱傾倒：：夫不戒婦：：母不戒女：：設有覺詞：：瞞昧以行

：：棍徒坐妻：：大肆聚斂：：人有得而知有不得而知者：：嗚呼罪

魁禍首：：其行藏大有關係：：所謂差以毫釐：：而雨（下矛）霧

橫生：：幾見一鄉醉狂：：狀態催眠：：鶩於怪誕不經：：如蠅之趨

穢汚：：蟻之附腥霆（肉旁）貪佞狂妄：：較昔加萬倍矣：：能不

介人失驚歟！吾黨青年：：良欲排斥之則非奮大力：：決不能為

功：：固可斷矣：：

據以上所述：：本會會務：：可謂毫無生氣：：而前途實屬悲

觀：：蓋本會之最大問題：：『改良風化』一條：：至今實無所着

手：：而任彼妖孽橫行：：一鄉墮落：：其原因雖由於惡劣空氣之

濃厚：：而本會大多數同志：：多漠視會務：：甚至不知所謂會務

：：以盡會員一分子之職責：：凡本會一切措施：：多由外部提倡
之：：而山山內部實行之：：其外部爲旅緬甸之部：：凡事鞭長莫及
之：：惟有盡提倡領導之責：：而實行之權：：則操之於家鄉之內部
：：內部因惡劣空氣之包圍：：凡外部提倡之事：：多不能以革命
之精神：：以堅持奮鬥而實行之：：其各不任少數之職員：：而在
腐惡勢力衝鋒陷陣：：此家鄉封建制度之不能打破：：腐惡土劣
之日益猖獗：：將致吾鄉日益沈淪：：至於不可救藥：：本會之設
：：於社會平何有：：

本會處此風雨飄搖之局勢：：若不自奮勉：：以剗除一切陳
舊惡習：：而爲新的建設常此萎靡不振：：則將爲彼舊勢力所摧
殘：：所推倒：：而不能立足於此腐惡撊大之社會：：所謂新舊不
兩立者也：：新之不存：：何能棄舊：：此誠本會千鈞一髮之際也
：：同志們：：趕緊努力呀！黑幕還多著哩，固爲過去之種種運
動：：倘做不到本會的根本題目：：將來華新的事件：：比較的更
加多了：：那麼：：同志們：：對於實行的奮鬥力：：公益建設的財
力：：會務改良的識力：：三下兒打次推進：：那是無堅不破：：無
敵不摧的：：但社會的能否改良進行：：純在吾輩青年之能否奮
鬥：：孫中山先生曰：：「知難行易：：」吾儕本行易之說以行：：

如遇大道而馳：：前路光明：：指顧間事耳：：吾黨青年其努力以
求之：：予日望之云：：

崇新會五年的回顧

週年大會快要到了‥現在是本會的第五週年了⋯⋯

這樣充滿了喜悅的歡聲‥在大會和大會以前‥不住的向我的耳裏送來‥使我增了不少的興奮‥同時更起了無限的懷疑和悚懼！

的確‥和順崇新會‥在黑暗的領域‥封建的環境裏‥被一切腐惡勢力的阻撓‥反潮流者的襲擊‥終於經過了這樣長久的活動‥不致中途淪亡而消滅‥這是多末堪以自豪的一囘事‥可是‥和順崇新會‥也許是虛度了五年的光陰罷‥試一囘顧到過去的五年‥總會使人十二分的失望‥

崇新會是代表和順民衆的‥它負着和順的一切責任‥它應努力的去謀鄉的進化‥然而‥事實和人們的希望相反‥五年的長時間‥它究竟沒有做到過些什末來‥‥

看能‥本鄉民元以後的學校‥是多末的發達‥多末的進步‥現在的學校‥是多末的退步‥甚且‥一任反潮流者的侵襲與占領‥形成極端的腐敗和離散‥負着重責的崇新會‥除做一年一度的招考‥領導過一次的體育運動外‥對校務的怎樣整頓‥設備上怎樣的改‥‥教育的怎樣集中‥怎樣普及‥似乎沒有供獻過一點‥‥師資教材的怎樣選擇‥

見‥供獻一過點實力‥資送兩名學生‥還費了幾多的力爭‥設立圖書館‥‥是崇新會對和順絕大的供獻了‥然而‥內部組織上應當的嚴密‥書籍應有的整理‥對閱者應有的引導和獎勵‥這些當盡的會務‥因草創的伊始‥和環境的關係‥崇新會雖已加以注意而尚未能切實進行‥致使滿架書籍‥缺乏閱者‥耗去的金錢與精神‥得不到相當的代價‥也未免失却它‥創辦的原意‥這是多麼值得我們會員們‥努力去負擔的重大的職務呀！

煙賭‥也許是和順人的特能能‥事實告訴我們‥這種不正的嗜好‥不論在任何時期‥都比較別鄉染得深沉‥染得普及‥論理‥在新潮流漸次輸入的現代時期繼不能使它全數消滅‥也應漸漸的減少下去‥不料現在的煙館賭窟‥吸者賭者‥並不似以前的趨少‥從前並不及現在的發達而普及‥而且，那沉淪着的‥不是行將就木的老朽‥而是現在有為的青年‥‥

「罪惡每跟着迷信行走‥迷信掩護着罪惡‥能為害於無底」‥把和順際次被迷信的危害來說‥可以證明這句話的不錯‥以前的不用說了‥獨是同善社‥本是違反進化的一種惑

人的組合‥它有『綠氣』般的毒氛‥『虎烈拉』般的猛性崇新會既不能傾覆它‥也應防止它的蔓延‥可是，不能防止它‥還給它誘去了幾多聰明的會員‥這被誘惑的會員‥未免不明崇新會的宗旨了‥尹鄭氏本是一個屏弱的女巫‥如果早日加以取締‥總不會怎樣的猖獗龍‥養癰遺患‥直到不可收拾的當兒‥才去撲滅她‥雖也把她置諸法網‥然而，她的妖氛‥已籠罩了婦女們整個的心靈‥了‥試看過來偶像和寺院的復僻與增多‥迷信集會的擴大與繁縶‥都是厲惡勢力的象徵‥移風易俗？總撥鄉政的議會不用說了‥我只怪本會的不肯努力‥

從儉‥天足的運動‥說起來‥越見得崇新會五年來光陰的虛度了‥以前人們的衣食‥是怎樣的樸實‥交際應酬的器費‥是怎樣的減約？現在呢？恐怕相差不僅倍蓰了‥崇新會不能把這種奢風消滅下去‥是它五年來的弱點‥纏足。這種傷殘肢體‥無人道的野蠻舉動‥在文明的今日‥萬無存在的可能‥不期，和順的人們‥還正把這種極刑‥加到他們愛女的身上‥是多末的危險！好了！現在已有大部份的覺悟‥實行改放了！可是，他們的覺悟‥不盡是得自崇新會的宣傳和領導‥而是世界改放的潮流激盪來的‥崇新會當初也曾出過

一點力‥可是沒有繼續不斷的進行‥所以沒有多大的影響‥輔助教育。改良風化。公益建設。這不是崇新會曾經刊和順的教育‥進步在那裏？不良風俗‥改良在那裏？公益建設在那裏？五年來給我的印象。只是一派的失望！這失望的原因‥一方面由於本會會員的不能努力奮鬥而致事固不易打破。他方面實由於家鄉舊社會勢力的壁壘堅事挫折‥因為本會在緬甸的部份‥凡事不過提綱攜領的倡導和計劃‥其實實行的權力‥還是操之於在家鄉的內部‥的少數同志‥雖有奮鬥的精神‥或因本會羣衆的思想不能一致‥致勢孤不能得到奮鬥的利益‥或受黑暗家庭制度的家長的驅迫「如婚嫁從儉做問題‥本會會員多因家長的壓迫而不能照章履行‥及家長迷信不悟而子弟無法諫阻。就是一個好例子」而主張歸於消滅‥或有一二能努力工作‥又為生計的驅迫而不得不赴通句‥他的工作即沒有人繼續去幹致於半途失敗‥最痛心的事還有不知所謂會的萬分力的向黑暗的途徑進行‥咦‥可愛的青年同志們呀‥我們當由失望之中作最後掙扎和挽教‥大家團結起來‥犧牲奮鬥。洗除了這虛有五載的腔

史的恥辱‥使我們不致終於失望—

「按」牟囚君對於本會的不努力加以十二分的指責‥固是苦口良藥‥而為關心會務者所應歡迎與接受‥惟舊社會的不良‥亦不自本會成立之日始‥本會固有改造社會的主張‥而無其機會與權柄耳‥本會對於社會豈不有著何的貢獻‥而惡因則實非自本會之所種成‥本會不致夭折亦云幸矣‥亦何必為人受過‥至於前途光明之路是在大多數同志之能開始進行‥而非一朝一夕之事‥故對於大作‥敢為續貂並有所更易‥尚祈諒解‥又本文所謂努力工作之會員因有緬甸之行而無人繼續其工作者‥因本會會員住址無定多不能常住家鄉而多住緬甸‥非緬甸與內部會員有所優劣之謂‥尚祈內部會員勿為誤會‥

編者們同附識

崇新會五週紀念感言

南村人

十八

崇新會的成立到今年‥雖只是第六屆第五週紀念‥追溯它的始初‥實系民國十年‥就成立的‥為因當時熱烈的青年們‥都各在兩方面組織團體‥且不曾互相表示同情的意見‥這願‥‥在頴京的‥立青年會‥在抹允一帶的‥立促進會‥統是青一色的和順練人‥于時‥遂引起外界人們的紛議‥部說以一練之徵‥尤且不能作一氣底聯合‥那大如雲南‥更大如中華民國‥欲求一氣的貫串齊一‥又談何容易呢‥在這個時期當中‥很受了些嘲笑‥合攻擊‥且兩會的人們‥又不是單占一方面的‥而方蛩足的‥屬于多數‥因之提倡聯合之議‥‥此議也‥醞釀二年之久‥初經青年會內部之議決‥照會外部‥後經寸以莊‥買鑄生兩君‥親赴車站一帶‥竭力宣傳‥聯合之局遂陳‥於是‥于民國十四年冬初‥隨開聯合大會于‥‥哈奔埠‥時一堂濟濟‥皆愛國愛鄉的熱血青年們‥揮手高談‥議論風生‥誰不說是和順練新社會的工作開始了‥當下決議會事‥更名為崇新會‥意在督除舊染‥崇尚新生的意恩‥今天‥實在使人樂觀的啦‥在下屆指計算‥自從分立與聯合‥到都沒有得‥‥徒負一個改良社會的名譽‥沒有改良社會的事實‥

這不是會員們放棄責任的原因麼‥可是‥在下也是放棄責任的一人‥‥見了今天的現像‥才驚醒了來‥不禁的為會務恐駭‥‥為社會愁悶‥深感會事進行之遲鈍‥至於極地‥意想不言‥‥覺不可能的‥始初兩會之成立‥‥及聯合以後‥會員人手章程一本‥會務如何負責‥改良方法如何演進‥人人應有認識的必要‥現在極不然‥不到會刻席‥背後橫議者多‥‥且不止是這麼‥大會開幕時‥又不到會刻席‥人人應有認識的必要‥現在極不然‥不到會刻席‥背後橫議者多‥‥每週內外有興華‥及謀社會福利事件時‥多數會員不明真象‥自生隔閡作不負責任的批評‥而於社會毫無裨益‥此無他種理由‥蓋由于漠視會章‥不明會務‥公理私情‥不甚了解‥所以致此的‥做會員的人們‥要懂得自己都是本會的主人翁‥若是放棄各個應有的認識‥就猶同放棄自己主人翁的權利義務‥是自甘剝奪了‥本來求社會改良進步‥是移風易俗的事件‥那原是不容易底‥可是‥人們只要有一個實行心‥‥及同情心‥存在胸臆之中‥就能夠把社會義務‥認為必要‥‥能夠認義務為必要就能能犧牲精神‥努力奮鬪去辦理一切‥‥照這樣‥社會有什麼難改進的地方呢‥俗語說「螳倒眾掌易舉」又說「城牆高數丈‥裏外要人烈‥」那麼‥凡舉無

論大小‥它的成敗‥還是寄在多數人們身上的‥只看人們能
努力‥不能努力罷了‥請會員們‥齊打伙兒去工作會務‥在
下。。也敢自任為一分子‥互相勸勉‥互相鼓勵‥堅持奮鬪‥
勇往前進‥掃除一切黑暗積弊‥向光明的大道上走‥那麼本
會新生活的開始‥為期不遠了‥‥

本會會友們心理上幾個應改的弱點

半八

二十

自私慾‥
虛榮觀念‥
因循‥
理‥新的頭腦‥

中國將來的幸福‥都繫在你們青年的身上‥一般大人先生們‥老是對青年們說這樣勉勵的話‥

本來‥青年是國家的主人‥他們握着國家的生命‥有支配國家一切的可能‥中國的幸福‥自然都繫在他們的身上了‥不過‥中國的青年‥是否有這種能力‥却是很難於知道的了‥

和順崇新會的會友們‥都是中國的青年了‥——不是現在的青年‥也都是五年十年前的青年——也許大家都應負起中國將來的幸福地創造責任能～何況大家都同處在一個負着社會責任的團體台場上‥然而‥試由我們會的各個原子的機能上考察一下‥真的會使人十二分失望！———崇新會的會員‥也不算得少了‥

可是‥他們的心理和精神‥都十足的表現着顢頇‥這樣顢頇的集合者‥他們的心理‥真說中國的幸福‥就退一百步來說‥一個小鄉村的幸福‥也許是奢望與幻想罷了‥除非是大家改造個新的‥

大多數的會員‥看起來他們對公私的界限‥很分不清楚‥‥其實‥他們的觀念‥完全在私的而不在公方面‥所以不論做一種工作‥討論一種事務‥他們都先把他們去做到公的‥先考慮了私的利害‥才去決斷公的行否‥不問公‥‥而他私的‥却已成功‥

的損失如何‥只要私的有利‥致把公的弄到遲滯破壞‥失敗‥‥的確‥人都是惡辱而喜榮的‥可是小數會員所希實的‥是惜別人的榮‥來做自己的榮地盧榮的‥為要攀附人‥同善社‥本是迷信的集合‥而為全會員所反對的‥老販‥便不惜違反了自己的立場‥拋棄了自己的人格‥去幹己所不欲為的勾當‥要希望財勢的大人先生們的青睞‥便不要面皮的去捧去拍‥他們少數人的自甘如此不用說了‥消失了會的力量‥喪失了會的名譽‥這都是會的大不幸‥‥

因循‥這也許是中國人遺傳上的通性能～然而別地人總沒有我們會員的那樣深固‥一小時可以做完的事‥非延至三四天不成功‥現在應幹的事‥非擱置到幾天幾旬不勤手‥第一年度決的事項第二年還不見執行‥一本小冊子——五週特

刊行‥經過了幾個月的籌備‥還不見實現‥大事小
務‥都一般的因循對付‥會的前途‥也許會在這因循裏消沉
去的‥

一件事總有一件事的真理‥一句話也總有一句話的義意
所以‥應付事物‥總要求它真理的所在‥不能納一己的直覺
來瞎拚‥崇新會員們的對此‥又是怎樣‥這可完全不對了‥
他們注重的是情感‥所謂的甚末真理‥是毫不計較的‥看能
‥你和我的感情不差‥我便贊成你的提案‥擁護你的說話‥
任你的理由如何不充足‥他和我不對‥我便
反對他的說話‥破壞他的主張‥任他的理由怎樣充足‥方策
怎樣的好‥議場上贊成聲和打倒聲打成了一片‥沒有精確的
決定了那一件事兒‥喧嚷‥雖也是議場上的普通狀態‥可惜
‥他們的贊成與打倒‥並不根據着真理‥而是感情上。意氣
上的衝動地表現‥

「中國將來的幸福‥都繫青年的身上‥」我並不敢這樣
的奢望‥我只望青年會友們‥擔負起創造整個和順將來的幸
福地全責‥

會友們—創造一鄉的幸福‥是多末的困難‥要多末的努
力—但是「正人先正己‥革新先革心」我們如果要負和順將

來幸福的創造全責‥那末‥請先來把心理改革一下—
末了‥我直率的說了這許多的話‥也許不免有開罪着會
友和職員先生們的地方‥但是‥我敢宣誓‥我並不挾有絲毫
的私忿‥來咀咒那個‥不過‥「良藥苦口」在會員一份子的
義務‥和會員們的友誼上‥自慰的盡了點諫諍的責任罷了‥
按‥有過不患不能改‥而患於不知‥半囚君此篇‥顧中本會
會職員的病症‥其中「一本小册子的刊行‥經過幾個月
的籌備‥還不見實現‥……」幾句‥足見半囚君愛會的
心切‥對人的懇直處‥我們十分承受他的指責‥

編者

說和順之原始

和順‥原稱陽溫暾邨‥見於鄉外石碑上‥因何命名‥無

從稽考‥按氣候較他處溫和‥或以此而得‥厥後因村名贅牙

不雅‥又更爲和順鄉‥徐霞客遊記言大盈江墜峽下搗‥爲深

潭破峽西南去‥經和佝屯‥何所見而云然‥真不可解‥騰總

分爲十八練‥和順居其一‥當有明以前‥係克（犬旁）尣土

人所棲息‥卽騰衝一縣‥皆屬蠻人生殖地‥迨明洪武十六年

‥‥蠲川司思氏跳梁‥大勳干戈‥蹂躪邊疆‥傷殘人民‥政府

派沐國公天波父子‥迭次統兵入滇征勦‥直擣其巢‥捕半邊

患‥惟彝性叛服無常‥侵擾數十年而未已‥國家調兵遠征千

里途程‥大非易易‥遂分遣從征將士軍兵‥駐防邊地各要隘

‥初至和順者‥爲李‥尹‥寸‥劉‥賈‥九姓均屬四川巴縣

人氏‥劉繼宗授總旗官職‥尹圖公授指揮‥贈武略將軍‥許

寸慶領衛指揮職象隨軍參贊‥李賈亦指揮挿街‥厥後張‥

‥釗‥楊‥趙‥等姓‥先後繼來‥半係南京氏籍‥土人有隨化

者‥有遠徙者‥今已絕跡於斯‥騰衝遠居南服‥元時始爲

版圖‥而能盡通漢語‥皆由國內遷移居留‥故鄉有中州風焉

‥‥

郁光

廿二

30

吾鄉社會狀況

流水一般的韶光‥不息的前進着‥世界人類‥也不停的向競爭的途徑上跑‥在這優勝劣敗競爭的潮流中‥把想我們遠在邊僻的家鄉‥和順的家鄉‥使我們萬分的失望和悲觀‥唉！人家在競爭着文明進化‥我們貴鄉在競爭着開倒車‥自掘墳墓‥幹那吹‥賭‥迷信‥奢侈的勾當‥社會中有這腐惡的運動‥自然的‥會收得腐惡的毒果‥讓我來把本鄉的社會的不良現狀列舉出來‥供關心桑梓的同志們的研究。

（一）鴉片‥

世界各國人民‥本少有鴉片的嗜好‥惟獨我們貴國人民賦有特性和奇癖‥愛幹這自尋死路的勾當‥在過去的長時間中雖經政府的公令和社會團體的吶喊作禁煙運動‥如禁煙的委員會‥和拒毒會等‥都是一般熱血的人們‥想救极這者干沉於苦海的癮者‥他們或作文字的宣傳‥或作口頭的勸導‥苦心孤旨舌疲唇焦想把這地獄中人送到天堂‥無如呐喊的結果‥終於會使我們失望‥沉淪的人們‥不特不肯離開這陷阱‥反把許多無知的青年‥像落河鬼捉替代般的一個一個的捉下去‥尤其是我們煙國的雲南‥邊僻的騰衝‥特產上等流氓的和順‥大多數青年們‥把鴉片視為一種

的消遣品‥遊戲品‥醉生夢死的幹那吞雲吐霧的生活‥‥三月的速成‥途能領到畢業文憑‥一失足成千古恨‥‥永遠墮落在辜負人生的深淵裏‥這是多麼可惜的事呀！

鄉中的煙館‥說起來真是驚人的事‥每單都有一或二三間的散立‥有這許多的煙館‥吸的人自然也會減少‥吸盡了祖遺的產業使煙館不有這麼的多‥有餘之家的子弟‥在這名數的癮者裏面‥貧寒的子弟‥無所不為的生方來滿足他的癮癖‥鼠竊狗偷‥人格喪失‥有的青年變成暮氣沉沉的廢物‥像這種墮落的社會現狀‥不得不圖挽救的方法‥挽救的方法‥一方須將各煙館一律禁絕‥使他們找不到吸的地方‥一方面由各家的家長嚴格的防範‥強迫他們戒絕癮癖‥或許會將失足青年‥援登彼岸‥洗除了東方病夫的恥辱‥家鄉有為的青年們呀‥我十二分的誠懇的希望你們的覺悟‥趕快起來‥立圖自救龍‥

（二）賭博‥

賭博是世界上任何人種都有的嗜好‥不過我

們貴國人民來得利害一點‥它的爲禍‥能傾家蕩產‥甚至犧牲性命和種種不良的結果‥我們貴鄉裏的賭風‥雖由於舊社會的遺傳思想不能打破‥他方面實由於鄉議會的放棄責任‥不問不聞‥致無業流氓‥橫行其

（三）誘賭局詐的勾當‥又有外假營業的名目‥內設賭厰‥抽頭他們的慾壑‥度日‥一般青年‥爲希冀非分的要求‥一入了他們的殼裏‥就會演出種種的悲劇‥被勒索者成爲他們的組可用恫駭手段‥嚴酷的勒索‥輸的無錢開兌‥贏的就上肉！‥被壓迫者！—不能反抗他們的威權‥就不免在家庭裏明索暗偷‥或拿他對方的手段轉施於他的父母妻子以解除對方壓迫的痛苦‥若是不達目的‥只好效法產婦‥隱避內室‥或逃之夭夭‥倖免一時的凌辱唉！這些奇怪的現像是誰造成的呢‥鄉裏議會‥有時也有一張具文式的「和順公議禁止賭博」的字樣貼出來‥可惜它的性質是空洞無物的‥絲毫不會發生效力禁者自禁‥賭者自賭‥議會是不會執行它的職權‥言出法隨的幹他一下‥眞的‥這本不是用具文的一件事呀！要解決這個問題非用牢實的肩頭擔負起來去做是

不對的‥最好把誘賭的場所‥劃除盡淨‥若有故違之人‥儘可置之於法‥以儆效尤‥最後還要青年們自己的覺悟‥莫再迷戀這墮落人生的陷阱‥努力自拔‥這就是本鄉的幸福了‥

奢侈　講到我鄉的奢侈‥我覺得十二分的杞憂‥在這世界商業凋弊的今日‥人人都感覺到營業的危險和生活的困難‥這奢侈風氣‥實在已無存在的餘地了‥惟有我們貴鄉的風頭人物‥還在拿奢侈來擺他們的十足的架子‥在大家家庭裏‥負擔家庭責任者的困難都是這奢風所賜給的‥一方面着營業的不振入款的減縮‥一方面被家鄉萬惡的奢風的壓迫‥幾致無法支持‥那些傭工度日的人們‥他的困苦更不言可喻了‥這是我們遠離鄉井流離奔波的人們多麼可憐的事呀！鄉中小康之家‥當然隨事都想勝人一等‥方顯得出他們富家的架子‥可是實在說來‥他們的所謂富‥也許只是在本鄉裏關起門來說罷‥恐怕就要落後了‥他們應當拿出一點良心來‥向外一比‥憐憫那些不如他們的人家‥隨事從儉一點‥作一般人的模範‥使鄉人知所景從‥可是他們偏偏要窮極奢慾‥鬧得鄉裏奢風‥

十倍於前‥將從前儉樸風氣化歸烏有‥本會的從儉會‥也受他們的打擊‥只有名譽的存在‥實際上已宣佈了死刑十年前嫁女的全體費用現在不夠一套外盜的價值‥請春客的飲食‥已鬧到官席的程度‥不計碗數‥一席的用費‥非數十元不辦‥婦女的帶禮‥先前大禮帶是白糖‥大衆‥冰糖‥孔扇‥洋餅‥小帶禮是芭蕉‥橘子‥永昌梨‥從前五百銅錢的的常禮‥現在非五塊錢不辦‥其他服飾的爭奇禮節的浩繁‥在在都給我們一種恐怖‥我親愛的父老昆弟諸姑姊妹們呀‥請你們憐憫我們這些負有家庭責任的窮人們‥減輕我們的一點負擔能‥因為我們沒有力量來作東施效顰‥螳臂當車‥不自量的掙扎着來效法你們‥我們已感覺到經濟的困難‥若再這樣不顧一切的奢侈下去‥將來就要弄到大家同時破產‥盛時揮霍‥嫁女蕩產‥轉眼被人喧笑‥已是我們的一個好榜樣‥解鈴還要繫鈴人‥儉樸的鄉風‥誰們淊染了奢侈的顏色‥還是由誰們改換顏色‥退囘本來的面目罷‥因為善於淊染的設色的本能‥不是平常人幹得到的事呀！

（四）迷信　儒釋道三教並立的中國‥迷信是難免的事‥尤其是未受過文明教育的本鄉的婦女們‥更深刻的印在她們的腦筋裏‥這原是舊社會流傳下來的一種心理作用‥和無意識的慾望‥與作惡的畏懼心‥想求無知無識的土木偶人的保護與救過‥獲得非分的幸福‥這是多麼可憐可笑的愚蠢的事‥但是還有自命智識階級的大人們在那兒拚命的製造和扇惑迷信‥使一鄉墮入黑暗的環境‥尤其是出人意料外的事！

民國元年的吾鄉‥也曾被新的潮流所簸盪舉行過破除迷信的偉大運動‥搗毀偶像‥和禁止一切神誕會期與迷信有關的事‥當時的和順大有煥然一新的空氣像‥可惜五分鐘的熱度過後‥隨事都無久持的可能性‥所以在不久的期間‥就由於那些善於變化的人物們搖身一變‥將簇新的社會面目‥變返原形‥恢復了以前陳廢的社會狀況‥還加上了許多不可滌除的污染‥萬惡的同善社流毒到騰衡來‥和順的一般智識階級‥被它們磁石般的吸力所吸引‥更轉向一般的鄉人猛烈的扇惑‥使全鄉若狂‥盲從附和‥能免奉入旋渦的人己寥寥若晨星‥這時的迷信程度‥比前更甚‥恢復十

偶：：大興迎神賽會：：同時就有可殺的连珠萬惡的小陳

張懷東等投機之賊：：乘機向吾鄉婦女大施其誘惑欺驅

手段：：今天一會：：明天一會：：一方面作金錢的搾取：：

一方面作不道德的侮辱：：吃了鞭竿尿的她們：：也就接

受這種種的侮辱欺驅：：並不問金錢的來路的艱難：：和

丈夫兒子在外的困苦：：不顧一切的任意揮霍：：現金騙

盡：：繼之以金銀首飾田產契約：：那些身爲家長的大老

們：：因自身已成迷信的扇惑者的禍首：：雖女子怎樣猖

獗：：他們只好假作癡聾不能糾正所以造

成現在不可救藥的地步：：唉！一切因果豈不是萬惡的

同善社所造成的嗎：：

現在同善社關門了：：連珠死了：：小陳早走了張懷東捉

去了：：可是他們種下的毒果：：不能與他們的命運同時

消滅：：要想消除這些惡果毒根：：當由我們青年端力宣

傳：：並聯絡受過教育的女界作澈底的破除迷信運動：：

使女界自身明瞭迷信的禍害：：及早的覺悟：：或者本鄉

社會：：才有一線的曙光呀！

拉攏來說：：本鄉種種不良現象：：雖有各方面的原因：：但

單春秋賣備賢者的義意來說：：也還是議事會所賜給的：：因

爲議事會是鄉中自治機關：：它是有權力爲全鄉興利除弊的：：

如取締煙館賭博場：：提倡從儉破除迷信：：或善意勸導：：或強

制施行以法律爲後盾：：只要當事者拿出鐵一般的肩頭來負責

去幹：：無有辦不到的事：：可惜美女肩的他們：：每年除代人排

解幾件田土事件敷衍了事外：：對於其他一切不良現象置之不

問：：使他們爲所欲爲：：愈鬧愈精：：吾鄉前途不知伊於胡底：：

吾鄉的改造：：必須先由解造議事會着手然後可以改造全鄉：：

從新建設：：「新」的鄉村社會：：

二十年二月一日寫於L埠

和順議會談

明　鄉下人

吾國地方自治：其章程制度古來少有明訓頒行：以吾騰衝為十八練之一：亦可稱為和順練：謂練字義者：又指歷練訓練等：與地方名義無關：考騰越志：命名之意：『夫十八練：分里甲村寨：曰練曰寨：為衛邊而言：』似不能道其所以然：顧其名：思其義：當有明初：設兵防邊：不得不由各地方居人：操練保衛：以此而分為十八練：亦猶十八區之謂：民國自治區域：以縣之大小：分為四區或六區：不似騰衝各練：分治已久：是亦由各練分設議會：以謀辦一練事務：各不相涉：吾鄉未有議會前：大事：如兵夫：門戶：田糧賦稅及官長特別事項：小事：如田土婚姻債賑歐：及公益事項：皆由公正明達：紳士耆老：會議措施：如礬斯應：立刻解決：良以吾鄉十八練地方：大練方六七十里：其次四五七里：吾鄉周不過十餘里：在十八練為最小：人口亦不及大練十之一：因居聚一處：房屋如鱗次櫛比：雞鳴狗吠相聞：

衝而論：人心醇樸：相安無事：即有重要事項：由各地紳耆：為富翁：大人先生：命鄉約召集開議會：何事無不解決：恆以為鄉人辦鄉爭：無可不可：何謂自治機關：何謂地方議會：不特不知講求：完全莫名其妙：凡所應辦事宜：如衛生：慈善：教育：交通：與利除弊：及農工商之研究：任在有指導改良的權限：前清末季：預備立憲：始試行地方自治：光緒卅四年：與宣統元年：兩次頒發府廳州縣城鎮鄉自治章程：以府廳州縣為上級自治機關：城鎮鄉為下級自治機關：民國肇造之初：萬事待理：暫仍其舊：二年：實行中央集權：政府命令：解散自治會：地方自治會：當然受及影響：亦同時宜告壽終：三年：政府又公佈地方自治試行條例：雖規定制度：非屬完全：要亦恢復自治理由：不為不善：余談吾鄉自治議會：不得不先撥引國家與辦原因：茲略敍其梗概於下：

和順鄉議會之歷史

鄉者：聚多數人同居一地而言：古以萬二千五百家為鄉寡：全鄉之人：非族親即友朋：辦事較他練猶易：職是之故：前清地方自治制度：人口不滿五萬之區域為鄉：吾鄉在騰：凡參與議事人員：一致俯總長者建議：是其是：非其非：

大族：數百年生斯長斯：彼此相與聯姻：故嫁娶於他練者：自洪武初：從征來騰將士：其始移居是鄉者：不過李：尹：寸：劉：買：嗣又有張：許：釧：楊：趙：數姓：為鄉間

毫無異詞、下而至於全鄉人衆、更有服從性、無論解決何種公私事、縱稍有徇情偏向、任公議判斷、不敢據理明辯、以折其非？「吾騰有句滑稽話、劣紳在鄉練間作威作福一人公門胥謁官長官說得是卽應曰公祖明鑒就說錯亦曰公祖明鑒或賣其所爲不端喝曰忘八蛋或更有不入耳語仍曰公祖明鑒護其一種俯首帖耳搖尾乞憐之態眞謔而虐矣」、

議會成立、根據國家興辦取裁、已有二十餘年歷史、此二十餘年中、無何等大事宜、建設、興利、除弊、亦無何等規約表示、囿於習俗、固步自封、謂之爲有二十餘年歷史可、謂之爲有數年數月歷史亦無不可、

和順議會之組織

吾鄉議會組織法、完全不根據政府制度、如設議事會、鄉董鄉佐、及議員、鄉董有執行議事會議決各事、鄉佐則輔行之、議員得參與議事公決可否、其議員由居民選舉、鄉董鄉佐乃由議員中選舉、選舉議員、以納稅多寡、分爲甲乙二等級、其人額又以人口爲比例、選舉之法、又分間接直接二種、間接選舉法由鄉人選出選舉人若干、然後由此被選舉人、複選其實額、議員、直接選舉法、是由鄉人、直接選出議員定數、不費再選手續、但其中皆有利弊伏寫、在選舉人斟酌取用、設法杜絕其弊、又選舉中範圍規定、如同居住於自治鄉內男子、不論本籍與住戶均稱爲住民、能具有品學彙優、素爲地方人所算崇、雖居住不滿三年、年納國稅未足十元、皆有選舉資格、足爲選舉人、卽本籍之人納稅達至若干數、若品行悖謬、營私武斷、確有實據指出、抑或營業不正、或吸食鴉片煙、或有精神病、及不識字、等弊、皆得停止其選舉權、與被選舉權、會議時間、分常會與臨時會、常會時間、國家定爲三月十月二次、爲會議期、（會期由鄉自行酌定亦可、）臨時會議、必有重要事項、由鄉董、或三分二以上議員請求、乃得舉行、此組織法之大略、政府已有條例頒佈、不待悉言、茲試舉和順議會之組織、是否能根據政府條例而行之、選舉日期、召集全鄉人、現制納稅至二元以上、及有值不動產五百元以上者、皆有選舉權、與被選舉權、本鄉選舉時、不過少數有名譽者與富翁、相與私議、互相推舉後照填選票、多未出自人民公意、凡議會有事時、先一日始由鄉董鄉佐發表、指名柱請、而到會議員又未能足法定人數、曰議員並不負責、前已言及、多寡亦見不一、每年常會、簡直取消、對於自治事宜、前已言及自治規約、自治經費、及歲入出預算、決算報告、與籌集方法、並地方公共利害事件、未能有

所議決：：或公佈鄉人：：雖以鄉人辦鄉事：：且又非族親即友朋：鄉董鄉佐：：及臨時議員：：都是公正明理之大人先生：：無營私武斷：：及吞公肥己等弊：：官長又能通聲氣：：雖負監察責任：不過虛有其名：：即議員與鄉董鄉佐：：依法有互相監督權限：但本鄉辦事者：：省循規蹈知：：絕對服從：：未有踰越權限：：妨害公益等：：不軌行為：：惟遇有事件：：似不重要者：：往往於酒筵席上：：鄉董鄉佐及三五人：：私相議決而行：：然會議規則：：宜有一人執筆記錄：：將所議決事項立案：：到場人員：：皆署名簽押：：不特對於議案負責：：且昭鄭重：：安有隨地隱時：：未足過牛數議員同意：：即可議決：：是亦由素來無遵循議場規則之常識：：仍沿此便宜習慣：：又未能將每年應行舉項：：常會名集發表使全鄉父老人眾：：略知端倪：：縱屬開誠佈公：：未免介一部人批評：：此亦為辦公事者：：所當自白之大忌：：良以地方議會：：代表一地方人之輿論：：故為眾目集視之的：：不容絲毫苟且也：：

和順議會過來之成績

議會各職員：：負有地方重大責任：：且舍有義務性質：：常必選舉適當之人：：被選舉者：：應宜克盡厥職：：前所言及：：如教育也：：衛生也：：慈善也：：交通也：：及各種公益事項：：皆於

常會討論：：力舉所能者倡辦之：：地方人有惡霸邪盜：：非法舉動：：得開隔時會議：：懲治處罰：：與利除害：：便地方人得享無窮幸福：：當議會未成立前：：鄉人自來：：安分守己：：地方紳耆正直從公：：勸善誡過：：相親相睦：：常能以大事化為小事：：小事化為無事：：設使有婚姻：：田土：：鬥毆：：爭攙糾紛：：即相與齊集：：請紳耆父老：：入議事所公判：：凡被讀者：：未至十二旬鐘：：加以考察參議：：訴斷是非：：年遠者無偏無黨：：使兩造心悅誠服：：嫌隙冰釋：：縱使有性命攸關：：重大事情：：亦不致訴訟公堂：：以是有民良士善美譽：：不可得見：：光緒以來：：如寸悼裳尹敬之：：尹慎修：：趙德生：：以迄劉青壇：：張琨美：：諸前輩：：均係鄉紳中之錚錚佼佼者：：無論有官場之公事：：地方之公務：：鄉人之齟齬：：皆擔負酌商處理：：無不迎刃而解：：幾有事末畢：：不肯年發之概：：其熱心義務：：無以復加：：降至清末：：延及民國：：前為大紳耆老：：後為鄉董鄉佐：：並議員：：莫不受地方人之付託：：負有重大責任：代表全鄉機關：：以言教育也：：前則何其優勝：：

今則何其衰落：：雖則老成凋謝碩果僅存：：要存聚精會神：：改良指導：：以補其不足：：然以一家：：一姓：：一巷：：之設私塾：：不能集中籌辦：：遂影響於公校：：教員之濫聘：：管理員之無八

：：學生因得而放肆：：致有江河日下之嘆：：以言慈善交通也：：如修整全鄉道途：：填砌十字街石版：：改築往城大道：：利便行人：：螯蠻虹橋：：裁植黑幼（土旁）子松杉：：是爲鄉人所稱頌：：其建造山脚碓房：：耗費超預算數倍：：又僅一小部份受益：：識者不無有微詞：：以言實業：：所創辦織布公司：：未見發展：半途停頓：：工商：：農則不研究水之去來：：使年年受其害：：工則無何建設凡遇議會時間：：未能早臨：：常以午飯將近：：始相齊集：：或急欲吹阿芙蓉：：事情議畢與否：：毫不顧及：：遂你催飯：：復於席上互議決：：以決是非可否：：飯畢：：此則推故：：彼言有事：：乃相接踵而散：：公事或未畢：：改日不煩複議私事過糾紛者：：往往再而三：：窮乏者：：於治餐經費極感困難明：：甚至即具稟公門：：可見地方自治理由意義：：似未講解得清

不敢胡行：：厭後規約弛廢：：鄉董鄉佐及議員：：不加意防範：：無業游民：：乃得施其伎倆：：玩弄鄉愚：：坐金交椅：：如齋公楊八郎：：勾引昧祕密：：駭人聽聞：：完全裝腔作態：：繼後有詭巫：：張懷東夫婦：：初以代編家：：看卦裏（衣旁）災：：求數十錢升碗米：：繼則該婦：：自稱天母：：能與仙佛往來：：號召鄉間：：無知愚婦：：

哄動全鄉奉敬者多般實婦孺：：大都瞞其夫子與翁姑：：私行拜禱：：每月臺祝佛誕數次：：凡入會者：：每人出香資齋米若干：：開常捐施功德：：有以首飾及銀錢者：：或有窖因：：一時不便：：誘其以田契：：作功德布施：：佛祖當特別引度：：種種蠱惑詐取：：闢地窖爲佛堂：：陳設器物緞綉：：五光十色：：焜耀映目：：富家數倍：：窮根瘏忽能卽暴富：：其聚斂法術：：巧矣誣矣：：勝張懷東者：：係楠木寨一士棍：：吾鄉有尹鄰氏寡婦：：私相苟合：：假爲入贅：：尹姓全體不公認：：逐之不走：：迷向鄉董鄉佐告：：張以妖言惑衆：：敗壞鄉風：：於國律亦所不容：：然皆淡漠焉：：以爲辭驕：：何必小題大作：：殊不知星星之火：：可以燎原：：養癰成疽：：久豈易治：：故未雨綢繆：：先事預防：：是爲有之意：：未肯作仇：：並懼動人惱怒：：若由議會命約會：：即下驅逐令：：不費吹灰之力：：乃必致跳蹦全鄉：：波翻浪湧：：始舉起攻之：：提將官裏上：：其受害已距淺鮮：：此爲本鄉之大汚點：：亦不能爲議會譚：：又有開煙燈：：設賭具：：引壞無數良子弟：：未見勠力取締：：害莫大焉：：若以鄉人辦鄉事：：爲義務性質：：未曾受公家津貼：：亦未受人苞苴：：及杯酒片肉：：措施行止：：任我自由：：夫春秋賣偁

賢者：：舉凡善者興：：不善者去：：改正風俗：：惟智識高尚者有
責：：宜隨時提議：：是以一鄉利害：：實關係於一鄉人之自治機
關之議會：：何能置於不問不聞：：鄉董鄉佐及議員：：雖大公為
懷：：無徇私舞弊：：較他練之依賴官勢：：威凌鄉黨者：：尤覺此
善於彼：：不過太放棄責任：：使宵小得逞其狡謀作祟：：成績如
何早在鄉人洞鑒：：何待下一斷詞：：當劉振偷政變：：張樑惡魁
者：：籌餉局分派大款：：吾鄉為首屈一指：：其所以特別優待
菽騰：：籌餉局分派以輕擔負：：乃幾為中等者所不公認：：事雖
議減輕派款：：以一部份人：：以攤派不平：：投訴公門：：不公
幾釀絕大風潮：：而富者代親故辯護：：偏袒岐視他人
無形打消：：而富者巧於掩飾化裝：：不能向外抗
：：及多徵浮派：：固不能辭其咎也：：
茲因言鄉議會過來成績：：復思及本鄉之有大利害者在：：
為本鄉紳老人衆進一言：：鄉董鄉佐議員：：及有高尚才智者：：
莫不曰最大鄉事：：在興利除害：：即一般崇新會英俊青年：：亦
莫不曰：：吾鄉也：：有利當興：：有害當除：：努力進行：：以盡鄉
人一分之責：：方副吾曾宗旨：：然今所謂大利害者：：厥為水源
試觀鄉人所日飲者：：非三合河之水乎：：全鄉灌溉田畝：：非
大盈江與三合河之水乎：：但知水之為利：：而不知其害可乎：：

按大盈江自東北來貫田隴斜向南流：：三合河從東南曲繞鄉邊
：：又南下與匯兩水皆有密接關係：：從前堤岸高水深：：縱有數
十日淫雨：：江水不致沖沒兩岸：：奔放橫流：：今則沙泥堆填：：
無雨時：：水將與岸平：：一過淚旬猛雨：：水即泛濫害及田禾。
三合河之水：：前者各巷汲取處：：深達五六尺：：今則只尺許：：
汲桶稍揚蕩：：去其浮藻：：動及下泥：：淤水即翻：：各巷汲水婦
女多感困難：：察其受害原因：：一則因象鼻坡：：伸入江心：：橫
阻流行：：一則因小龍塘與三合河尾：：兩大魚塘擋塞：：夏秋雨
季：：大雨連綿：：江水暴漲：：下則迭被阻制：：水性就下：：至此
無法傾瀉：：本鄉四圍高山：：中擴一小平原：：入依山居地闢為
田：：畎畝阡陌：：稻禾時受其殃：：農夫辛勞：：徒喚
漾：：窮苦鄉人：：耕種是賴：：水既不如建瓴湧逝：：自然停滯瀰漫
奈何：：水為下阻：：平衍悠然：：不能奔流沖刷：：年復一年：：河
身高填：：水愈不能暢行：：愈填愈多：：其受害愈速：：歲之中河
兩大陷壩：：屢被洪水淩淫：：舍蓄不乾：：害之雖為平地草壩
若一顧其上：：如淩虛然：：稍微動足：：四面相距數丈：：即從而
蕩搖不定：：故草皮浮水面上：：其下完全淤泥：：有時登空：：深
及於腰：：不即臥下：：當能沒頂：：其中臭惡怪氣：：令人難聞：：
其巨鰍大鰻：：不知潛伏幾何：：瘴癘時發：：中者輕死：：且水既

行後：：又加淤填：：未免飲及不潔：：疫症蔓延：：何莫非水之害

平：：蓋以全鄉人：：非族親即友朋：：未免徇情昧公：：不能溶之

疏之：：決塞以通之：：致令全鄉人：：受莫大虧害與損失：：議會

與崇新會：：各熱心鄉人果能提倡公益：：欲與其利而除其害

正宜先由此着手：：若力足鑿開象鼻坡：：及石頭山邊：：使水深

而闊：：水自暢流無阻：：如夏禹開龍門：：阻及水勢者：：盡數撤消：：嚴

即使經濟困難：：可將沿江柵壩：：盡數撤消：：乃為上策：：

禁重整：：再加以疏濬功夫：：田疇無害：：汲欲清潔：：全鄉受益：：嚴

匪淺：：古人有言曰：：害去其身：：未仁也：：害去其家：：未仁也

然後仁也：：此為平治國家之言：：吾更之曰：：害去其身：：害去其後世

：：其族：：其鄉：：皆未仁也：：害去及於後世：：然後乃謂之仁：：

且謂之大仁：：修飾雙虹橋：：不過外觀之美：：清理兩河道：：乃

去切腐之患：：利蒙全鄉：：惠人禊世：：是所望於二三公者：：

一社會之所缺：：不在無才：：而在公道：：「對和順練社會

言之」：：今公道喪失：：〔議事會失其公道久矣：：〕其咎

豈不在二三紳者：：而在鄉民之儒弱：：……隨而長養技

取強奪：：今不能剷去技取強奪之野心：：而乃作桲荳之戀

：：〔鄉下人先生：：謂和順練陳無頭之蛇：：無王之蜂：：深

其二

為辭去之鄉董惜：：為鄉事嘆：：〕復何為焉：：予黨所企者

：：在喚醒民衆：：扶植公道：：公道存：：斯得矣：：決不屑作

書同之苟合焉：：今日刊文傳之意義：：將在舊之除：：新之

立：：庶不負載籍之寄意云：：

編者附識

和本會同志們談談改造應有的準備

中

本會的同志們：：本會是不是以改良風俗為宗旨：改造本
鄉為己任：：並且實行提倡過的嗎：：但是我們囘顧提倡的結果
：：就要使我們十二分的悲觀與失望：：你看我們提倡天足：：而
可憐的姊妹們：：仍呻吟於小腳的極刑之下：：我們提倡從儉：：
而奢風日熾：：比昔更甚：：我們要破除迷信：：那些信神奉鬼諷
經禮佛的愚夫愚婦們：：遠高唱入雲的吃齋過會諷經保壞：：寺
裏的泥巴：：又從新塑滿了：：什麼呂祖殿也建築起來了——無一
不是使我們怨憤髮指：：這樣的結果：：他們整天的在謎魂着枯骨幾
渣：：眼光裏見不到新的潮流：：開着倒車的在全鄉橫衝直撞：：
所有新的萌芽：：幾彼從他們摧殘殆盡：：這種社會現狀的兇惡
多麼的可怕呀！——改造！改進！談何容易：：

　　但是：：惡勢力雖然這樣的兇惡可怕：：同志們未必就這麼
的畏難苟安：：中途退縮嗎：

　　一個人的病旁仍重：：他的家人決不因其病重而置之不顧
：：勢必延醫求藥以圖挽救於萬一：：本鄉的腐惡化：：是同病勢
沉重的人的情形一樣：：我們要抱定不畏難的精神：：勇往前進
：：況且本會蓬勃的生機：：已在萌芽了：：其中最重要的關鍵：：

是在我們的團結：：努力奮鬥：：以完成我們的使命：：若是我們
畏難苟安：：渙散氣餒：：因而頻於失敗地位：：那就是我們的罪
過了：：親愛的同志們：：請你們繼續努力着：：準備着：：向前與
一切惡勢力作總的繫：：來做一個新社會的創造者：：

　　我們要達到目的：：那麼要怎樣辦呢：：學學時髦：：高起桑
（頁旁）子來吶喊：：不對：：張帖些標語嗎：：更不對：：我以為
我們要腳踏實地的從根本上來做起：：以下的幾點：：

　　一　發展個性：：這是最切實際和最根本的辦法：：因為我們
鄉人的個性：：太過的被舊社會封建勢力束縛得太緊了：：
所以很不容易解除：：致使社會沒有改造的希望：：個性是
社會的一切的發端：：那社會就是混沌的
：：灰色的：：無生氣的：：進化是萬萬談不到：：因為各個個
性發展：：才能發展社會的全體：：簡單的說：：沒有個性：：
就沒有社會的一切：：

　　二　精神團結
　　我們只知有散漫的個性：：不知有團結：：是難
收效果的：：「獨木難支大廈」這是最淺顯的事實：：本會
的團結：：又何嘗是例外：：但是團結不是形式的：：是真誠
的：：親愛的：：精神的：：若是只顧形式的團結：：那就沒有

用處我們會的團結似太形式了∴所以才得到這不努力的

結果∴請同志們以後準備着∴作眞誠的親愛的精神的∴

團結罷∴

奮鬪∴惡勢力是這樣的橫蠻∴障碍物是這樣的佈滿四週

我們個性發展了∴精神團結了∴那麼我們就可以繼續奮

鬪∴拿出堅決的意志∴強毅的精神∴熱烈的心血∴不顧

一切的∴勇往直進∴向前衝鋒∴才可以得到最後的勝利

∴

三

此外我們還要明白∴我們是廿世紀的人∴是新世界的人

∴是「新」的創造者∴我們的一切∴都要站在新的立場上∴

幹那剷除一切「舊」的工作∴不畏强暴侵襲和家庭的壓迫∴

不顧婦女的笑罵和私慾心的障碍∴才不致受對方的破壞∴同

志們！努力呀∴

本會通告

一「關於第五週年大會議決案之建議書者」　　　　提議人

○改組本鄉議爭會

國是鄉村的積集體○○鄉村便是國的原子○○
要積體的強壯○○必先求原子的健全○○我們相信○
○雖是三五家人的村落○○它所負着國家的責任
○並不亞於一縣或一省的重大○○同時○○我們認
識要求國家的強盛○○也必先由這少數人的村落
工作起來○○

滇西村落的經濟○○教育○○社會○○在十四五
年前那時○○和順也許得到最高的紀錄○○現在呢
○○現在可不行了○○經濟已跟着世界的不景氣○○
早起恐慌了○○教育已經窳敗了○○社會已充滿了
灰色的暮氣了○○我們處到這種環境○○再抬頭看
看人家○○看看世界○○真會萬分的驚督○○所以○○
我們不論是站在私或公的立場上○○都不得不努
力來整頓這退化的和順—○○雖可說是○○我們大家不爭氣
和順的退化○○我們大家不爭氣

○○其實也是鄉政機關弄成的○○要整頓和順○○就
要先來整頓這操着鄉的一切的義事會○○

和順議事議會的組織○○太簡單○○太不完密
了○○人才的不齊○○精神的缺乏○○隨處都可看到
○○致於教育——農林——風紀——衛生——他
們都不想辦理○○就辦○○也不過粉飾一下罷了○○
決不求它的進步○○它的成功○○我們要使一切都
進展○○一切都成功○○那嗎○○只有毅然的決然的
來改那不完密的舊組織○○使它跑向新的○○完密
的路上去○○

我們的改組計劃是○○

推翻集權的會長制度○○而代以均權的委員
制○○解散舊會的戀化份子○○而代以有才識○○有
人格之俊秀份子○○

把紛亂的無統係的組織○○改作有統係的組
織○○現在我們把委員會的組織○○和他們的臨權
織○○列成一個有統係的表○○

鄉政委員會之組織統系及其職權表

執行委員 七人

- 農業科　主任一人　委員二人 —— 指導人民墾種造林挑水作物飼畜等常識及改進生產之方法公共森林歸其管理
- 經濟科　主任一人　委員二人 —— 管理全鄉度支調查全鄉經濟指導人民組織各種消費協社
- 統計科　主任一人　委員二人 —— 辦理人口統計土地統計生產統計及其他項統計以為施行鄉治之標準
- 法制科　主任一人　委員二人 —— 編纂鄉村自治法規改良禮儀習俗指導人民實行自治
- 教育科　主任一人　委員二人 —— 指導家庭學校社會等教育提倡各種教育運動
- 衛生科　主任一人　委員二人 —— 指導人民個人衛生公共衛生及預防治療等常識提倡公民衛生運動

委員會的產生。。

（一）由本鄉七區中。。每區選舉三人。。更由本
會內外部商舉本會會員四人共同組織之。
。

（二）當選委員廿五人中互選執行委員七人。。
對鄉政委員會負其責任。。更由執委七人
中互選常務委員三人。。對執行委員會負
其責任。。所餘十九人。。則互選為各科主
任及委員担負各科職責

一個鄉村的事。。也不會比一縣一省的簡單
。。我們這樣的分法。。未免草索。。為人才。。請大
會同志原諒。。更請你們努力。。使它實現。。和順
就有轉新的可能了。。

卅七

本會職員改為委員制

本會過去的不進展‥雖是大家的不努力‥

然而‥局部組織的不完密‥也許是一個極大的

原因罷‥！—我們感受到的缺憾‥也很久了‥屢

想把它改組一下‥使辦事的能力和效果‥都一

致的增高起來‥徹倖極了‥這種議案‥竟得上

屆大會的通過了‥不過‥當時不曾把章程提出

來‥直至現在‥才獲陳出的機會—

下面便是委員制的章程

附　區域分配表　一

　　局部組織表　一

和順崇新會總章

本會為謀團體之鞏固地方社會之進展特制定總章如左

第一章　會員

第一條　本會會員不限年齡不分性別凡屬本鄉籍貫總能遵

　　　　守本會章程者均得入會

第二條　會員入會時須得本會會員二人之書圖介紹照章繳

　　　　納會令填具志願書表經所請求之分部執行委員會

　　　　認可後方得為本會會員

第三條　會員入會後須在所屬機關領取證書其證書由總部

　　　　執行委員會制定之

第四條　會員移居時須在原住地方之分部報告並向所到地

方之分部登記同時即為所到地方之會員

第二章　組織

第五條　本會分為內外二部在家鄉者為內部在國外者為外

　　　　部各部視會員之多寡與地理之關係更設立分部區

　　　　部區分部等機關

第六條　本會之組織統系如下

甲　全體　全體代表大會—！總部執行委員會

乙　分部　全體代表大會—！分部執行委員會

丙　區部　全區代表大會—！區部執行委員會

丁　區分部　全區分部會員大會—！區分部執行

第七條　本會權力機關如下

　委員會

　甲　全體代表大會　但閉會期間爲總部執行委員會

　乙　分部代表大會　但閉會期間爲分部執行委員會

　丙　區部代表大會　但閉會期間爲區部執行委員會

　丁　區分部會員大會　但閉會期間爲區分部執行委員

第三章　全體代表大會

第八條　全體代表大會每年舉行一次與週年紀念會同時同地舉行之惟總部執行委員會認爲必要或經三份之以上之分部請求時亦得召集全體代表大會

第九條　總部執行委員會遇有不得已情形對於全體代表大會之召集得通告展期惟不得超過一月

第十條　全體代表大會之各種重要議題須於一個月前通告各部機關

第十一條　全體代表大會之組織法及各部應派代表人數得由

第十二條　全體代表大會之職權如下

　甲　接納及採納總部執行委員會及其他各部之報告與建議

　乙　修改本會章程

　丙　決定本會應進行之事務及其步驟

　丁　決定全年預算案

　戊　由總部選舉執行委員及監察委員

第十三條　全體代表大會議決事件全體會員須遵守之

第十四條　全體代表大會已決未決案件於閉會後由總部執行委員會製成冊表通告各部

第四章　總部執行委員會

第十五條　總部執行委員會之人數由全體代表大會決定之

第十六條　總部執行委員會遇故離任時由候補委員依次遞補之

第十七條　總部執行委員會之職權如下

　甲　代表本會對外關係

　乙　執行全體代表大會之議決案及各分部區部區分部等之請求案

　丙　組織本會總部機關各部

第十八條
總部執行委員會按會務之繁簡應隨時開會討論開
會時候補委員得列席並有表決權

第十九條
總部執行委員會互選常務委員五人組織常務委員
會在總部執行委員會閉會期間執行會務對總部執
行委員會負其責任

第二十條
總部執行委員會須將其辦理經過情形陸續通告各
分部

第廿一條
總部執行委員會遇有重大事件未便負辦理時須
通告各分部取決之

第廿二條
各分部區部等機關遇有特別情事時總部執
行委員會得派代表赴各處執行會務

第廿三條
總部執行委員會遇必要時得設特種委員會以辦理
特種事務

第五章　監察委員會

第廿四條
監察委員會之委員人數由全體代表大會規定之

第廿五條
監察委員會之委員人選以本會總部所在地者為合
格惟總部所在地者不足時得選其他分部者以補充
之惟人數不得超過總部所在地者之二份之一該會

丁　選派出席內部或外部代表大會之代表

常務委員須選總部所在地者

第廿六條
監察委員會委員遇故離任時由候補監察委員依次
遞補之

第廿七條
監察委員會之職權如下
甲　稽核本會財政之入出與盈虧
乙　考察本會會務之進行
丙　審查本會各部之設施是否根據本會宗旨及章
程所規定

第廿八條
監察委員會互選常務委員一人執行會務對監察委
員會負其責任

第廿九條
監察委員會開會時候補監察委員得列席並有表決權

第三十條
監察委員會得派監察委員赴各地執行會務

第卅一條
監察委員會對於本會各部執行委員會所執行事務
認為失當時得令其暫停執行付諸討論

第六章　分部代表大會

第卅二條
分部代表大會每年舉行一次但遇總部執行委員會
命令該分部認為必要或三份之一以上之區部請求
時亦得召集分部代表大會

第卅三條
分部代表大會之組織法及代表人數之分派由分部

第卅四條　執行委員會規定之但須報告總部執行委員會

分部代表大會之職權如下

甲　接納及採行分部執行委員會及區部區分部等之報告及建議

乙　決定分部會務之進行

丙　選舉分部執行委員

第卅五條　分部代表大會之已決未決諸議案於閉會後由份部執行委員會造成册表報告總部並通告所屬各區部區分部

第七章　分部執行委員會

第卅六條　分部執行委員會之委員人數由分部代表大會規定之

第卅七條　分部執行委員會互選常務委員三人任分部執行委員會閉會期間執行會務對分部執行委員會負其責任

第卅八條　分部執行委員會之職權如下

甲　執行及採納總部執行委員會之命令分部代表大會之議決案及區部區分部之報告及建議

乙　組織分部機關各部

丙　選派出席全體代表大會之代表

第卅九條　分部執行委員會遇故離任時由候補執行委員依次遞補之

第四十條　分部執行委員會開會時候補委員得列席並有表決權

第四十一條　分部委員會須將其辦理情形陸續報告總部並通告各區部

第四十二條　分部執行委員會對於總部執行執行委員之設施為失當時得提出抗議請其暫緩施行付諸討論

第四十三條　分部執行委員會對於區部或區分部之施行認為失當時得暫制止其施行

第八章　區部代表大會

第四十四條　區部代表大會每年至少舉行一次但得分部執行委員會之命令區部執行委員會認為必要或經三份之一以上之區分部請求時得召集區部代表大會

第四十五條　區部代表大會之組織法及代表人數之分派由區部執行委員會規定之但須報告分部執行委員會

第四十六條　區部代表大會之職權如下

甲　接納及採行區部執行委員會及區分部之報告

四十一

第四十七條區部代表大會已決未決各議案於閉會後由區部執
行委員會製成冊表報告分部執行委員會並通告各
區分部

丙　選舉區部執行委員

乙　決定全區事務之進行
與建議

第九章　區部執行委員會

第四十九條區部執行委員會互選常務委員一人執行會務對區
部執行委員會負其責任

第四十八條區部執行委員會委員人數由區部代表大會規定之

第五十條
區部執行委員會之職權如下

甲　執行分部執行委員會之命令區部代表大會之
議決案及區分部之報告與請求

丙　選派出席分部代表大會全體代表大會之代表

第五十一條區部執行委員遇故離任時由候補委員依次遞補之

第五十二條區部執行委員開會時候補委員得列席並有表決權

第五十三條區部執行委員會須將其辦理經過情形陸續報告分
部執行委員會並通告區分部

第五十四條區部執行委員會對於總部執行委員會之議決或執
行認為失當時得請分部執行委員會提出抗議對於
分部則得直接抗議

第五十五條區部執行委員會對區分部之設施認為失當時得暫
制止其施行

第十章　區分部會員大會

第五十六條區分部會員大會至少每年舉行一次如有區部執行
委員會之命令區分部執行委員認為必要時即得召
集區分部會員大會

第五十七條區分部會員大會如下

甲　接納及採行區分部執行委員及會員之報告及
建議

乙　決定區分部會務之進行

丙　選舉區分部執行委員

丁　選派出席區部或分部代表大會之代表

第十一章　區分部執行委員

第五十八條區分部會員大會已決未決各議案於閉會後由區分
部執行委員造成冊表報告區部執行委員會

第五十九條區分部設執行委員一人辦理會務諸委員由區分部
會員大會之會員互選之

第六十條　區分部執行委員之職權如下

甲　執行委員大會議決案及上級機關之命令會員
之請求案

乙　宣傳本會宗旨及所辦事業
等

第六十一條　區分部執行委員須將其辦理會務之經過情形陸續
報告區部執行委員會

第六十二條　區分部執行委員對總部執行委員會或分部執行委
員會之設施認爲失當時得請區部執行委員會提出
抗議對區部執行委員會則得直接抗議

第十二章　　直隸區部及直隸區分部

第六十三條　本會會員所住地方如與本會分部不相接近者該處
設爲直隸區分部

第六十四條　本會會員所在地方如與本會區部不相接近者該處
設爲直隸區部

第六十五條　直隸區部之組織與其他區部同直隸區分部之組織
與其他區分部同惟一切會務則直接於總部

第六十六條　直隸區部或區分部對其他分部或區部之執行認爲
失當時得直請總部執行委員會暫制止其施行對總
部則得直接抗議

第十三章　　選舉及任期

第六十七條　本會各部之職員均以無記名投票法選舉之選時照選
舉慣例不得有浸卓污染塗抹等弊

第六十八條　選舉時不得徇私舞弊如有上述情事經投選人三份
之一以上提出不信任時該選舉即爲無效須另行改
選

第六十九條　被選委員不得兼任二職如於不得已時並得全體代
表大會或總部之許可者始得兼任其他一職

第七十條　　代表大會之代表於會期終了時其任務即爲終了但
須向所代表之機關報告會議之經過及結果

第七十一條　本會各部委員之任期均定爲一年但期滿後得連選
連任

第七十二條　各部委員如有違反本會宗旨與章程經監察委員會
或總部執行委員認爲必要時得暫停止其任務

第七十三條　被停止任務之委員如有充分理由對任務之停止不
服時亦得提出抗議惟判決之權在全體代表大會

第十四章　　經濟

第七十四條　本會經費以會員所納之會金特別捐年捐及其他收

第七十五條本會會員入會金在國內者納國幣二元在國外者納
　入充之

印幣五元特別捐一項則由會員之自由捐輸

第七十六條會員年捐每年按捐一次惟遇失業疾病及遭逢意外
　時經所在地之機關報告後即可免納但被請求之機
　關須將此情詳細報告總部存案

第七十七條會員無故不納年捐至兩年者得永遠或有期停止其
　會員資格惟居處邊遠無法寄帶者不在此例

第七十八條本會收入款項除照預算案支出外餘者存作基金從
　出生息

第十五章　會務

第七十九條本會對於社會問題絕對服務而於家鄉一切事務更
　須極力進行使家鄉達於文明進化之域

第八十條　本會對家鄉會務應進行與辦理者如左
　甲　教育之革新與普及
　乙　風俗之改良
　丙　社會新事業之建設

第十六章　會規

第八十一條本會會員務須遵守本會會規不得違犯而影響於會

務前途

第八十二條會員如有左列行動之一則由該所在機關以信函勸
　導之使其自新
　甲　不尊重自己人格者
　乙　不守中政府及居留政府之法律者
　丙　仇視同會會友者
　丁　擅入不經政府許可或宗旨與本會相反之一切
　　　團體者

第八十三條會員有左列行動之一經總部執行委員會及監察委
　員會詳細調查認為事實確鑿者得暫時或永遠停止
　其會員資格
　甲　損壞本會或本鄉名譽者
　乙　違反本會宗旨阻撓會務之進行者
　丙　對於會務有破壞行為者
　丁　假借本會名譽招搖生事者
　戊　有不正當行為犯刑事處分者
　己　違犯第十六章第八十三條各款各條屢勸不改者

第八十四條依據第十六章第八十三條第八十二條各款規定已被停止會員
　資格之會員有不服者得申訴之但其解釋之權則在

全體代表大會

第十七章　權利與義務

第八十五條會員有不幸變故困苦無告或疾廢無能者得享本會之救濟

第八十六條會員有無故被人欺侮者應享本會之援助代為伸雪會員有內爭者應受本會之排解

第八十七條會員有喜憂事報告本會後應享受本會慣例之慶吊

第八十八條凡努力會務之會員不幸死亡時本會當開特別追悼會以紀念之

第八十九條死亡之會員如不幸而無親族代理善後者本會常代安為處理之

第九十條本會會員有享受本總章上一切之權利

第九十一條本會會員有監督各部職員之權

附則

本總章有未盡善處得於全體代表大會增刪之

本總章自全體代表大會議決施行之日發生效力

外部區域表（注附）

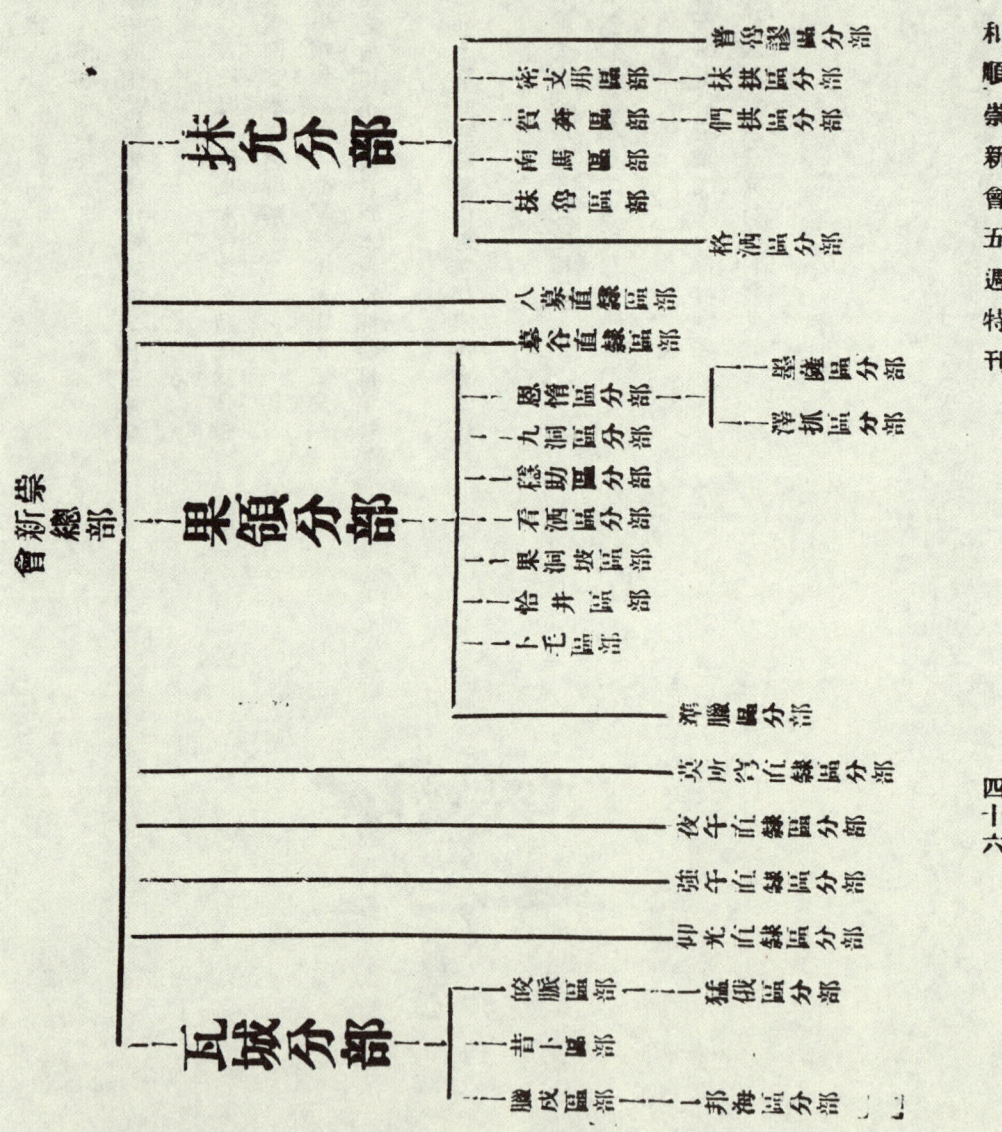

注附：
一、設區機關：而未能有會員，井入附近機關；
二、有會：統行均直接總部；
三、會務：對該地地會；一切均
所在地：乃只有會員；
分部時：相近機關；如無

```
會新崇總部 ─┬─ 抹允分部 ─┬─ 普務認區分部
            │            ├─ 叻支那區部 ─┬─ 抹拱區分部
            │            │             └─ 們拱區分部
            │            ├─ 賀奔區部
            │            ├─ 南馬區部
            │            ├─ 抹侖區部
            │            └─ 格洞區分部
            ├─ 八紮直隸區部
            ├─ 寨谷直隸區部
            ├─ 果頒分部 ─┬─ 恩惜區分部 ─┬─ 懸薩區分部
            │            │             └─ 澤孤區分部
            │            ├─ 九洞區分部
            │            ├─ 隱助區分部
            │            ├─ 旮洒區分部
            │            ├─ 果洞坡區部
            │            ├─ 怡井區部
            │            └─ 卜毛區部
            ├─ 捺臁區分部
            ├─ 欠所汋直隸區分部
            ├─ 夜午直隸區分部
            ├─ 強午直隸區分部
            ├─ 仰光直隸區分部
            └─ 瓦城分部 ─┬─ 皎脈區部 ─── 猛役區分部
                         ├─ 普卜區部
                         └─ 臁戍區部 ─── 那海區分部
```

總部組織統系及職責表

（附註）

此組織表，似形簡單不完，然以現在會務狀況而言，如此已足。。至會務進展而需要時，可以酌增之。

監察委員會
┊
執行委員會
┊
├ 宣傳科　主任一人　委員二人：為宣傳品及刊物指導會員以社會常識：及口頭之演講宣傳：
├ 組織科　主任一人　委員二人：指導本會各機關之組織：主理其他新創辦上的組織
├ 會計科　主任一人　委員二人：管理全會度支：會內財產：並助理其他設施上的會計工作：
└ 婦女科　主任一人　委員二人：指導婦女以社會生活：導領彼等作公民運動：及各項婦女解放運動：

為通告事

案據本會五週大會··李祖華··尹致臣··寸
嗣徽··三同志建議··本會職員改用委員制已通
過在案··惟委員與會長制之組織不同··故對於
委員制章程有從新改訂之必要··茲該建議入等
已將新章擬定··如本刊所載··使本會同志有研
究與考慮之機會··自本刊出版分寄全體同志後
··仰本會全體同志對於新章加以十二分之注意
··作逐條之研究··若對於此項新章中之某條某
項有懷疑之點而認為有修正之必要時··仰各同
志於八月三十一日以前俱函建議··總會以備第
六週大會時之付表決··「一來函須掛號」若過期
無人建議修正··則該新章創為確定有效而付諸
印刷··蓋本會章程之善否··所關於本會者甚鉅
··仰各同志共同加以真確之認識··並勿忽略視
之為要··此佈··民國二十年五月十五日和順崇
新會通告

四十八

本會同志對於本鄉教育應有的預備

原案建議人

本鄉教育窳敗。。實由於教材缺乏。。當教員的先生們。。熱心盡責。。循循善誘的。。固不乏人。。名列黑籍虛應故事的。。亦所常有。。兼之被封建制度的社會的包圍。。事事趨於腐化。。具有新知識新思想的教員們。。想刷新整頓教務。。都是被環境的壓迫而不能實行。。本會有鑑及此。。所以才有去年資送留學生的議決案。。欲圖培植優秀的教材。。做本會創辦新式學校的基本教員。。所送省學生。。三年畢業。。明年他們快要畢業了！在他們未畢業以前。。我們當計劃俟他們畢業囘來的時候。。處置他們的辦法。。和實行本會創辦新學的議案。。這是多麼重大的事。。不能不未雨綢繆。。請本會同志們加以十二分的注意利同情。。

本鄉的種種腐化黑暗。。其解決辦法。。惟有改良教育。。爲惟一的出路。。改良教育。。又必以打破舊思想。。適應新潮流爲惟一方針。。所以本會不辦學校則已。。若欲辦新時代新社會的新式學校。。必須具有獨立的精神。。不受任何方面的牽制。。經濟問題。。自然是由本會完全負擔。。教務設施。。也完全由本會負責。。茲略舉辦法如下。。

一 經濟

甲 。。預算總數。。每年支出印洋壹千盾。。除由各熱心同志認捐年捐外。。不敷者由本會支出

乙 經濟分配 印洋千盾至少應得大洋千五百元。。初辦之年分配如下

子
開辦費五百元　丑　薪金支出七
百元　寅　什費一百元　卯　津
貼學生費一百元　辰　獎品費一
一百元

　　　　　五條共享千五百元

「說明」津貼學生費一項。。凡貧寒學童。。
概由本會代支學費。。並供給學堂用品課本
。。其費當不止一百元。。但尚有學費收入以
抵除之。。故只列此數。。其開辦費五百元至
次年學生增加時。。可移作增聘教員之薪金
。。但因學生增加開辦費亦須支出一部分。。
但預計次年支出。。或可不超過第一年支出
之數。。

二　校務組織
Ａ　職員部。。　由本會公舉富有教育經驗
的同志七人。。為教務委員。。組織校務委員

會。。並互選各職員如下。。一校務委員人數
可隨校務情形而增加。。」

主任委員一人　　理財主任一人
文牘主任一人　　庶務主任一人
稽查主任一人　　交際主任一人
以上職員共同處理一切校務均係義務性質
。。
Ｂ　教務部　教務主任一人　教員二人
第二年學生增加時。。教員八數。。隨學生人
數而增加。。
「說明」教務主任可由本會富有教育資望
之同志充任之。。係義務性質。。或酌贈津貼
費。。教員二人。。優薪聘任。。創以本會資送
之師範畢業生充任之。。

三　學生人數
初辦之年。。先招初級小學一年級三十人或

四十人：：或並招二年級：：則六十八人至八十

人第二年增招一級

四　學制
依照教育部章程：：用最新學制辦理：：

五　學費
有力學童酌收學費：：無力者概由本會代為
支與：：並供給一切學校用品

六　校訓
除遵照部章應列校訓外：：並將一破除迷信
」列為校訓：：加緊宣傳
作者對於教育：：毫無經驗：：以上所擬不過
草率從事：：其具體辦法：：俟將來此事實現時：：
須作詳密之討論與計劃：：是在負有籌備責任的
同志們的責任：：非本篇之所及：：
本會的同志們：：對於鄙意所妄擬的辦法：：
有沒有懷疑嗎：：在現在緬甸商業凋弊的當兒：：

談到捐款用錢：：大家都是大有談虎色變的氣概
：：對於作者所擬第一條甲項的經濟問題：：由熱
心同志認捐年捐一項：：不免大有難色：：這是不
可掩的事實：：但是我們試由本會經濟方面觀察
：：本屆預算支出已增加到一千二百盾：：下屆創
辦學校又是根據本會議決成案：：不能不辦的當
總之務：：設使下屆預算支出再增一千盾：：那麼
全年預算支出總數就要二千二百盾：：其中還有
意外的特別支出費：：反觀本會主要收入年捐與
利息兩項已逐漸減少了：：以後每年收入：：必致
難數所出：：所以仍希望熱忠實的同志們：：力任
艱鉅：：慨解義囊：：完成本會一改良風化整頓教
育的使命：：造福青年學子實非淺鮮：：
囘憶前年建議建築圖書館的時候：：某某同
志等：：慨然認捐年捐二百盾三百盾：：至十年之
久：：當時的豪氣：：猶深印在人眾的腦海裏：：這

件事雖因中途種種的障礙而歸於打消。。但是認以本週大會才有出版紀念刊的議決案。。作本會宣傳的先鋒。。作者也就藉著這刊物，同同志們商酌未來的——明年的——繼續執行本會議案的問題。。同志們既有研究的工夫。。對於以上辦法有不當的地方。。可以到大會時提出公開的討論利糾正。。使本議案得到完滿的結果。。這就是作者和同志們預先商榷的本旨。。

捐諸同志的熱心義俠。。是永遠存在。。不會消滅的。。望以前慷慨的同志們。。將對於圖書館的懷慨捐輸。。移來資助本會新生命的新式學校。。那麼它的成功。。才是不可限量呀！

一瞬的光陰很容易的過去。。明年秋季。。就是本會醫學生的畢業期。。設使本會同志們承認創辦新學校為本會應行的職責。。那麼我們就可在第六週紀念會提出建議書付諸討論。。在未討論以前。。請本會全體同志加以詳密的考慮研究。。並預備負擔各人應盡的責任

本會以前對於會務的設施。。沒有做具體的宣傳工夫。。所以對於大會建議討論的議案。。事前既沒有研究的機會。。臨時多致茫然而費無謂的爭辯。。虛擲寶貴的光陰。。每屆大會都有不能解決的懸案。。這就是不做宣傳工夫的另果。。所

廿·四·十五·作

整頓本鄉教育

原案提議者

「學校退化了。。高小畢業生。。還一樣都不懂。。」這樣的呼聲。。刺到人們的耳裏。。已幾年了。。然而。。那幾年雖說退化。。畢竟還好一點。。現在呢。。現在才退化到極點—於是「學校退化了……」的呼聲。。重又很尖利的。。刺到我們的耳裏來了。。

和順學校的退化。。不是一方面。。而是多方面所弄成的。。

地址教材不集中。。和順學校。。除公學不計外。。各區有各區的學校。。各族有各族的塾館。。甚而私家亦設私塾。。各教其教。。各行其政。。致使學子毫無進步而徒耗有用之金錢。。

設備不完善。。學校內。。除幾本教本外。。標本哪。。儀器哪。。一樣都沒有。。教授起來。。只等於「隔靴搔癢。。」學生們那能了解。。那能得到實際的知識。。

課本陳腐。。校內課本。。盡係十年前出版的舊書而非新版的。。新學制。。新時代課本。。甚有把腐極的子曰迷信的覺世。。納來當教本。。這種教育。。直是開起倒車。。把學生向墳墓裏送—那裏望學生成新時代的人。。

教職員腐化。。學校的職員盡是掛名的。。教員多是帶嗜好的。。這種人。。來辦學。。來做人的師表。。職員曠職。。學生也必曠課。。教員叉麻雀。。學生也定會玩紙牌。。教員吸鴉片。。學生也定吸紙煙。。上行下效。。教育會成功嗎。。

在這新的時代。。競爭的時代。。關係民族文野存亡的教育。。還充滿了這宗法的。。傳統的。。腐化的景象。。我們和順。。畢竟是落伍了。。要遭淘汰了—然而。。誰甘落伍。。誰願遭淘汰。。我們

須努力的去整頓它。。去趕上時代。。去站在時代的前頭。。

我們的整頓計劃是。。

一　教材地址集中化。。把各族各區及私人所辦的學校塾館。。一概禁止開辦。。學生兒童。。令其全人公學。。俾教育當局。。容易組織。。容易設備。。而且。。可以節省多數的虛耗。。增進學生的觀摩心競爭心。。發展學生的羣育。。在同一訓誨中。。得到同一的知識與技能

（附說）地址集中化。。也許有人要懷疑到。。幼稚兒童。。能否遠行上來。。然而男女兩公校的地址。。極爲適中。。任何區來。。都不甚遠。。而且和順兒童入學年齡。。大都六歲左右。。這點路程。。實屬可能。。在體育上。。也還受益不少呢！

二　設備完善化。。組織方面。。選有教育知識者若干人。。組設校務委員會。。更出校委會內。。互選若干人。。組織教務委員會。。辦理全校教務事宜。。物質方面。。購備各科應用標本儀器。。使學生受實際的教授。。獲到實際的了解和認識。。購置體育用具。。開闢體育場所。。使學生得隨時煅煉其身體。。

三　課本時代化。。各級所甲課本。。須用適於時代的部訂新制課本。。尤其要把關於德。。智。。體。。美。。羣。。等育的課本。。盡量的選授。。使學生的五育。。都能平均的發展。。對於近於陳舊。。及帶迷信色彩的書。。一概嚴予取締。。

四　教職員嚴格高上化。。教職員的標準。。須以嚴格的選聘。。我們的標準是。。學識充

足　　人格高上　　熱心教育　　富有毅力的

　　如果是　　帶有吸大煙　　又麻雀　　和迷

信色彩的　　那麼　　任他學識充足　　我們

終於不能讓他濫竽　　致誤學生的前程　　

五

和本鄉的進化

經費擴充化　　經費力求其擴充　　以應設

備及發展的需要　　而達能供實施義務教

育的企圖為目的　　現在提出幾條方法　　

來做擴充的引擎　　

一　鄉產收入　　至少須撥出百分之五十

　　作教育經費　　

二　教費預算　　如超過指定數目　　而無

法減低時　　鄉委會應予以代籌的機

會　　

三　組織募捐委員會　　作大規模的捐募

　　所得款項　　儲作教育專款

四

教育專款　　及已經指作教育經費的

一切款項　　不論鄉經濟如何拮据　　

不得移作他用　　其保管及收支等事

務　　亦須遴委專員辦理　　不得與其

他者混淆　　

這便是我們對本鄉教育的整頓計劃　　然而

　　我們也自己覺得粗淺的很一還望大會的同志

們　　予以增刪　　予以努力　　使其實現一

女子天足運動繼續努力

提議人

女子天足運動。。是本會幾年前倡辦的了。。
過來的幾年間。。似乎也有點兒進步。。然而。。這
些進步。。切實的來說一句。。是由潮流的激盪得
來的。。並非是會的努力有這樣的現象。。

社會越發進化。。解放的需要。。也越發迫切
起來了。。在這解放潮流。。極形澎湃的今日。。我
們應當負起這時代的使命。。去努力解放。。何況
是傷殘肢體。。而曾由本會擾倡解放的足。。

我們稽了幾年的經驗。。我們知道。。前後時
代的不同。。社會狀態的差異。。對於解放的進行

一以前的運動。。只限於立願的會員們。。而
把會外的人們都不過問。。所以。。會外人
仍可用這種無人道的極刑。。去對待他們
的兒女。。一般意志弱薄的會員。。轉被會
。。不得不變更其方式。。

二
外的腐化。。把一切規律。。都把看做一種
無聊的文字。。所以。。直到現在。。還不見
它怎樣大的成績。。

職員放去職責。。不肯繼續努力。。這是各
屆的職員們。。不能推委的一種事實。。尤
其是內部的不肯盡力。。更是本問題不能
進步的大癥結。。

我們已知道失敗的癥結所在了。。再不能循
著舊軌去走了。。於是。。我們只有變更以後進行
的方式。。

一、擴大運動。。把會的狹小運動。。擴張爲鄉
的大運動。。使全鄉民衆。。都在同一的軌
道上。。去實行解放。。

二、容函內部。。聯絡鄉委會法制科教育科。。
切實辦理。。務使達到解放目的。。。

三 制裁方法∘∘除舊章所載現在可用的∘∘仍
可沿用外∘∘再加後面的兩種

甲 女子在解放年齡而違反本運動的∘∘不
論何學校都不許收容進校肄業∘∘如或
轉入他地學校∘∘亦應函請該校勿收

乙 違反解放的女子∘∘如果已同男子訂婚
時∘∘即責令男家出而主持解放∘∘如男
家不能如願∘∘而不遽與女家取消婚約
時∘∘亦如上述之剝奪該男子在任何地
方之求學機會

這樣的∘∘一方面極力宣傳∘∘一方面竭力的
調查∘∘更加上規律的制裁∘∘不斷的努力的做去
∘∘收效∘∘成功∘∘也許會在不遠的期間罷！

五十七

會議錄

新學會大年週四和第

議事案	議決	實行及議決	備考
本會遷建築圖案本會新會所案	建築進行圖書館	已故故李昌李敬軒代表	
買辦實驗	買辦實驗器械		
迅速辦理所收欵項	由會內丁局補助近行實		
八票通過由各會員補助近行	決議實行補助前案		

和順崇新會

第五週年大會議事錄

議案名稱	建議及報告者	負責執行及議決事項	備考
報告第五屆經濟狀況	李日祐	本會基金決存一四一八七盾圖書館決存一一〇六盾	
追認第五屆開辦費超過預算案	李日祐	第五屆開辦費超過預算二百三十二盾五以赴會會員倍增及延長會期故爾超過應予以追認但以後無論何屆不得援以爲例	
通過第六屆預算案	李日植	開辦費二百盾津貼內部一百圖書館一百招考學生費一百資送留學生五百印刷郵電零星費一百共一千二百盾	
圖書館預算案	寸嗣徵	議決每年二百三十元	
圖書館經費問題	寸嗣徵	每年由本會津貼一百盾趙鍼智君認捐年捐五十元十年期	
圖書館此後購書之標準	寸嗣徵	現在基金薄弱暫停購一切古書對新文化書籍由經理處視經濟力量所及擇要購置以不動搖基金爲原則	
本會基金利息問題	寸嗣徵	減作月息一、二五盾由本屆實行	
執行四週議決案派員徵收年捐	寸嗣徵	原案取消	
公舉圖書館募捐員	寸嗣徵	舉定李清園尹以中二君負責募捐	
週年大會實行代表制案	寸嗣徵	由特刊宣佈使各會員加以研究後始付表決	
會章改用委員制	尹治臣 李祖華 寸嗣徵	由特刊將章程宣佈使各會員明瞭後始付表決	
改組本鄉議事會	尹治臣 李祖華 寸嗣徵	先由特刊發表作宣傳工作	
天足運動繼續進行	尹治臣 李祖華 寸嗣徵	函內部極力辦理	
提倡天耳	趙鍼智	函內部與天足運動同時進行	
發刊五週紀念特刊	李光垣	公舉李祖華寸家寶劉啓忠李生光李洪春尹治臣寸樹昌寸嗣徵八人爲籌備委員組織刊物籌備委員會李祖華爲籌備主任經費議決五十盾	
恢復書報社於十字街	李洪春	通函內部執行但命名爲和順圖書館書報閱覽部	
處置本會資送留學畢業生	李洪春	原案保留按期進行	
改選圖書館編甸經理員	尹治臣	公選寸嗣徵繼任	
報告圖書館經理處經濟狀況	尹治臣	由尹治臣墊銀一百〇一，二五由該館基金項下支還寸嗣徵墊銀十七盾七五自動認捐	

第六屆職員一覽表

總會之部

被選人名	職務	所在地址
李曰植	正會長	第三總區
尹治臣	副會長	同
賈學焕	理財員	同
李生魁	文牘員	
劉振樑		
李生尊	稽查員	
寸時昭	庶務員	

分區之部　上之部

被選人名	職務	所在地址
寸俊賢	事務主任	第一區
寸算然	同	同
寸時濟	同	同
尹生才	同	
寸性誠	同	第二區
寸長吉	同	
李祠華	同	
寸時達	同	
賈鎔賢		
尹樂元		
李光垣		

上之部

被選人名	職務	所在地址
王鳳蒼	婦女宣傳員	第二區
李淑雲	同	同
李洪春	同	同
寸樹昌	事務主任	第三區
尹瑞宜	同	同
劉振國	同	
王長源		上
寸嗣徹		上

「按」本會歷年議決案：：有記載之必要：：惟因歷年議事錄散

失致無可記錄：：實屬本刊缺點：：而負責職員之疏忽：：各屆交

代時之忽於檢查：：實難辭其咎：：第五週議事錄係根據大會時

之通告登載：：難免遺漏：：第四週議事錄：：不過就編者記憶力之所及：：擇

要摘錄：：其第四週以前之議事錄：：即無可考紀：：

湖民十四年：：青年促進兩會開聯絡大會於賀弗埠：：本會之歷

史即由彼時開始：：初經種種之困難：：作兩會聯合運動：：先由

青年會內部建議：：擬就聯絡辦法：：兩達外部實行：：由賈鎔生

同志與己故寸雨莊同志往來上種一帶：：竭力宣傳：：得雙方之

同意：：並將聯絡條件從安議定：：始定期開聯絡大會：：故開會

時諸事皆有條理：：彼時雙方交代：：手續繁多：：並須製定章程

：：故無他種重要議案：：及民十五年：：第一週大會開於果領：：

會議決李匯川同志之建議：：實行提倡文明結婚禮：：在最近期

間：：本會會員有能實行者：：由李同志認捐洋五百盾：：以為本

會獎勵首倡者之經費：：「事後適值寸守廉同志婚娶：：寸同志

自動承認實行：：後因家庭之不同意：：遂致不能實現：：其後亦

無人實行首倡者：：」又常場募捐賽報社經費：：得數百盾：：又

代尹子湘同志夫婦排解離異事：：並捐賽數百盾：：助尹同志夫

人獨立營生：：又議決內部獎勵學生經費每年支出一百盾：：民

十六年：：第二週大會開於丸城：：議決繼續進行本會援助家鄉

大款訟事案：：及改訂本會會員入會金爲三盾：：特捐由義忱自

裁：：因本會章程對於入會金並未定數也：：民十七年第三週大

會開於抹允：：議決建築圖書館於雙虹橋外：：並即組織圖書館

籌備委員會：：舉定全部職員：：當場募捐：：寸于天同志認捐年

捐三百盾：：寸柏一同志認捐年捐二百盾：：釗睿生同志認捐一

百盾：：「釗同志事後食言並不實行」：：「款數已不能記憶」皆以

認捐年捐五十盾：：其餘如李錦堂：：李映三尹子道：：寸永安許錫

友：：劉悃令：：各同志皆認有年捐：：

十年爲期：：李映三同志則終身認捐：：以本會週年大會爲交款

之期：：常場捐得之款：：即存放生息：：以後繼續勸募：：又議決

將本會第四區：：夷山之部併入第三區：：本會以前分爲四總區

者：：至此減爲三總區：：民十八年：：四週大會開於怜井埠：：民

十九年：：五週大會開於丸城：：議事錄有表可紀：：以上本會歷

年議決案：：皆就編者記憶力之所及者：：搜案枯腸：：勉強錄出

：：其餘重要議案必不止此：：但以非記憶力之所能及：：惟有付

之缺如：：惟前車之失：：後車之鑑：：以後尚望本會每屆文牘員

：：及負責職員：：於交代手續時：：對於本會議事錄及重要文件

：：加以注意：：詳細檢查：：庶不致再有遺失本會之歷史之結晶

體之議事錄：：則本會幸甚：：

編者附識

經濟報告

和順崇新會第一屆收支表

和順崇新會五週■特刊

六十三

收入款 摘要	款數 盾	款數 安	支出款 摘要	款數 盾	款數 安
由青年會移交來	4052	1	放存各會員基金 14 柱共	7000	0
由促進會移交來	3482	15	第一屆開辦費	372	11
由青年會果領分會移交來	50	7	廣告費及印刷費	201	4
入會金 51 柱來	224	0	交際費（慶吊各會員）	10	4
由李清園代收會金來	30	0	追悼尹輝五同志	31	8
青年會由從儉會罰款一條來	20	0	存李清園代收會金項	30	0
青年會由舊鏡架來	3	8	支內部招考學生獎金	50	0
李子才君捐名譽捐來	10	0	零星費	17	7
張玉峯君名譽捐來	10	0	代第二屆預支開辦費	68	13
尹仲芳君名譽捐來	10	0	遠書報社存項	20	0
張茂生君名譽捐來	10	0	捐贈書報社報費	63	0
會員特捐三條來	16	0	總支出數	7864	15
第一區年捐來	142	0	存數	8749	0
第二區年捐來	163	0	合計	16613	15
第三區年捐來	110	0			
書報社由楊春禮君捐存	20	0			
基金收回 14 柱	7000	0			
收來 7000 利息	126	0			
總收入數	16613	15			
總支出數	7864	15			
計存	8749	0			
青年會內部移交來大洋	213	68	移交內部去大洋	213/68	

和順學新會第二屆收支表

出（支出）

摘　要	款數 盾	款數 安
放存各會員基金 17 柱		850000
支開辦費		28606
印刷及廣告費		8612
郵電零星會		600
支第一區事務主任郵電費		70
捐贈書報社寸海事先生	12	51
還書報寸海事報社存項	14	142
謹贈內部綢會費		325
支市內部招考學生獎金		500
還市民學校存金		700
		1380
支出總數	1	9425
存數	12	10000
共計	13	194344

入（收入）

摘　要	款數 盾	款數 安
由第一屆移支來		87490
由入會金 21 條來		10100
總戊臨年捐 15 條來		7100
第一區年捐來		5608
第二區年捐來		15200
第三區年捐來		12600
和.順書報社存來		325
市民學校存來		1380
基金收回 17 柱存來		850000
收來 8500 息銀		15000
收入總數	13	194344
支出總數	1	9425
結存	12	10000

72

和順崇新會第三屆收支表

收　入			支　出		
摘　要	款　數		摘　要	款　數	
由第二屆移交來	1000912		基金放出 19 柱	95000	
會企收入 11 條	450		支大會開辦費	4396	
寸以莊同惹特捐來	1284		捐款園捐	2000	
第一屆年捐來	1310		郵電零星費	779	
第二屆年捐來	1438		津貼內部及考試費	1250	
第三屆年捐來	770		代平民學校匯交內部	1711	
基金收回 19 柱	9500		支出總數	103591	0
基金 9500 利息收入	17100		存數	113841	4
收入總數	217148		共計	217148	
支出總數	103591|0				
結存	113841|4				

和順崇新會第四屆屆收支表

收　入			支　出		
摘要	數款 員	毫	摘要	數款 員	毫
由第三屆移交來	113814		放存各會員基金 25 條	125000	
書報社售任來	15874		大會開辦費	36715	
第一區年捐來	3200		郵電零星費	637	
第二區年捐特捐	2340		支內部招考學生獎金	100	
第三區年捐	810		支內部津貼費	1250	
書報社出捐款任來三條	50		代書報社匯交內部 1500	1000	
入會金 21 人入	630		退還書報社 1500 本息	8712	
和順公理後發會會捐來	40		退還書報社任項	17284	
米金收回 25 柱來	125000				
米金 12500 利息收入	21774		支出總數	150726	
收入總數	280686		結存	129960	
支出總數	150726		共計	280686	
結存	129960				

和順崇新會第五屆收支表

收入

摘要	款數
由爹四屆移交來	129960
由入會金6柱來	150
第三屆年捐來	980
第三屆年捐來	1020
基金收回 25 柱	125000
基金 12500/ 利息收入	21114
向季日紙暫借來	11915
書報社退來代匯經費	1000
又米代墊經費	10014
又米代墊款	5565
又米熟款息項	5614
收入總計	287564
支出總計	145693
結存	14187

支出

摘要	款數
基金儲出 25 柱	125000
還季日紙暫儲項	11915
印刷郵電費	824
開辦費	5328
代書報社暫墊	5565
支內部寄送學生經費	5000
津貼內部	1000
支內部考試獎金	1000
捐贈書報社報費	783
支出總計	145693
結存	14187
共計	287564

第一分部

人名	字號	職業	住址
李生琨	相瑤	營商	允抹
李光垣	映三	以下	以下
李生美		皆同	皆同
許鴻文	潤珍		
鍤家美			
許子洪			
尹日蒸	贊天		
尹樂育			
李玉書			
劉振樑			
張培三			
劉振茂			
李品海	若益		
寸月才			
鍤家義	料生		
劉金章			

（李生月〔王旁〕）

第一分部

人名	字號	職業	住址
賈學宏	涵	營商	抹允
鍤家智	量	以下	以下
鍤金錫	魯生	皆同	皆同
劉樂進	容生		
尹相如	子福		
張培銘			

第一分部第一區

人名	字號	職業	住址
寸俊瑜	傑生	經商	蜜支那
尹永辛		同	蜜支那
張兆達		同	蜜支那
寸品衛		同	南底
張玉達	魯卿	同	抹拱
尹家榮		同	抹拱
張榮昌	桂五		抹拱
劉玉嶙			未詳

本會會員姓名一覽表　六十九

第一部分　第二部區		
人名	字號職業	理在住址
張德岑　寸性常　李德貴　張家友　張培源　王長金　許祖和　李時濟	雲帆	商
		南馬　同皆下以
		同皆下以

第一部分　第二部區		
人名	字號職業	理在住址
張本達　張仕達　張德寬　李玉茂　寸珠　寸聲然　楊俊傑　李毓章　李生禮　寸品濟　李生高　（張玉）　立生　相一三少		商　以下皆同
		幹拱　波拱　阿覽波　賀奔波　們拱　們拱　們拱　奔波　賀奔　賀奔

第一部分　第四部區		
人名	字號職業	現在住址
劉啓連　劉聲趨　寸安國　尹生才　李日芳　許宗德	子道	商業　同皆下以
		抹魯　同皆下以

第二分部		
人名	字號職業	現在住址
張賢達　寸性誠　寸仲賢　寸聲祥　李時俊　寸時煥　李生輝　李生沛　李日蘋　李日繡　李生孝　李彩　懷允　紹曾　映堂　浩川　川		商業　以下皆同
		未詳　以下皆同　果領

第二分部

人名	字號職業		現在住址
寸尊進	兆甲		
寸品厚			
寸保槙	永吉		
張學純	一卿		
尹統弟			
趙時弟			
劉振堃			
周蓮典			
黃小翠果			
成德弟			
張本俊椿			
龐生椿			
許孝			
李生祜			
李子國			
尹澤蔭	少川		
尹日珍			
李李小常達			
李瑞昌	紹陶		

職業：商以下皆同
現在住址：果領以下皆同

第二分部

姓名	字號職業		現在住址
李日賢	級岳		果領同
李日武			果領同
李日可	怡三		果領看薩
寸日忱			
李祖武			
張德有	子謙		以下皆同
張德定			
李日義			
尹樂才	漢強		
李生讓			
劉振蓀			果領絞邊洒
寸長武			果領偶幹
李生生	季義		果領洞波
寸性慶	慎雲		同
寸家怡			同
寸家和	幼仁		同
李生寶			同
寸啟耀	惻合		
劉忠			

職業：商以下皆同

第二分部

姓名	字號	職業	現在住址
寸文明	明	商	果動波
劉日啓	鑑孝	以	以
李	良	下	下
寸時	友增	皆	皆
許錫	蒼	同	同
許錫	琴		
寸鳴	蓮		
王鳳	雲		
劉	煥		
許合			
李景			
李蘭	順		
李四			

第二分部　第一區部

姓名	字號	職業	現在住址
寸品七		商	多
楊發明		同	同
尹生源滁川		同	同
尹美		同	同
寸恩國生		商	恩
		同	同

第二分部　第一區部

姓名	字號	職業	現在住址
李祖蔭	佑之	商	恩多
劉振方	惕德	以	同
寸品英	俊卿	下	卜毛
李生超	子羣	皆	同
李生鷥	子海	同	同
尹生泉			同
寸思			同
寸晗	紙卿		同
寸孝			同
買琨賢	玉生		拙果
李生斌			曼西

第二分部　第一區部

姓名	字號	職業	現在住址
寸性慧		商	南色巴
劉聲榮			澤村
劉聲榮			曼勒
寸長朝			同
張學端			同
賈學相			澤村脈
李曰相		以下皆同	同
寸尊琦			同
寸尊琳			同
寸尊瓏			同
李日降			同
李日然			同
李啓浩			格洒

第二分部　第二區部

姓名	字號	職業	現在住址
李生壽	子上	商	九洞
寸仁達			以下皆同
張時達			
寸尊炯			
尹發洪			
楊生有		以下皆同	
趙毓合			
李祖文			
趙秀培			
楊材柱			
寸尊瑾			
李生蒲			
楊材樑			
趙毓香			未詳

第二分部　第二區部

姓名	字號	職業	現在住址
寸心	培德	商	南坎
楊材棟		以下皆同	南坎
楊振國			南坎
李生炳			墾站
釗大謙			穩助
張德川			以下皆同
寸樹科			
李曰綿			
趙毓松			
尹生春			

第二分部　第三區部

姓名	字號	職業	現在住址
李生塏	玉堂	士產雜貨	怡井埠
李祖舜	紹虞	士產雜貨	
張德萱	少明	商業	
劉玉山	子清	士產雜貨	
劉寸金鳳		商業	以
尹治厚		商業	
寸尊紀	南珍	商	
寸尊璋	正驊	商	下
許長吉		商	
寸錫簾		商	
寸性榮	永安	商	皆
寸樹榮	耀廷	士產雜貨	
寸時廉		士產雜貨	
寸尹子蘭	耀東	士產雜貨	同

第二分部　第三區部

姓名	字號	職業	現在住址
劉聲萃	有位	十產雜貨	恰井埠
劉玉科		商	
李祖耀		商	
寸品富		商	
阮富林		商	
劉寸坂		穀商	以
寸性壽	逸先	穀商	
寸性祿	于天	穀商	下
寸楊興玉		穀商	
尹瑞珍女士		穀商	皆
李日蒼	雨樓	穀商	
李趙小鳳		穀商	同
劉王雲蓬樓		穀商	

第二分部　第三區部

姓名	字號	職業	現在住址
寸品齊	達先	穀商	恰井
寸尊爵		商	同
羅生貴	洪	商	同
李育侯		土產雜貨	同
尹子時永	錫東	土產雜貨	同
寸時永		商	同
尹楊斗玉		商	同
楊發榜		商	本酒
阮培林		商	同
李生馮		商	同
鍘相魁		商	干木魯

第二分部　第四部區

姓名	字號	職業	現在住址
買鎔賢	鑄生	商	準臘
許宗和	靜軒		擔拱
楊顯材			瑞波
楊顯學			同
楊俊儒			同
楬毓芝	芝軒	以	同
趙致祥		下	夜午
尹樂元		皆	同
尹日賢		同	同
楊發賣（心旁）			同
李致朝			得則
尹日盛			同
李學森			同
楊日盛			莫愁窮
買子厚			同
尹子厚			同
釧文達			準臘

第三分部

姓名	字號	職業	現在住址
買學煥	蔚林	商	丸城
張成仕		以	以
張雲（水旁）尊	子雲	下	下
李生瑞	子舒	皆	皆
釧文昭		同	同
李日紡			
寸時洪			
寸時禎	子厚		
劉振樑			
張通達	以忠		
張崇湋			
尹致臣			
許恩濟	惠卿		
釧文春			
張德星			

第三分部

姓名	字號	職業	現在住址
銅文運		商	瓦城
銅文輝			
李文植	三槐		
李日生	耀北		
李生安			
李日信			
張德祿			
尹大興			
尹育信			
寸人智	愚齋	以下皆同	以下皆同
趙毓瑞			
趙毓	壽仁		
寸長年			
劉振文	未詳	同	同

第三分部　　第一區部

姓名	字號	職業	現在住址
寸品潤	澤生	商	臘戌
寸尊燦	如松		
李葉盛			
劉振芬	桂臣		
李敏榮		以下皆同	以下皆同
李本琳			臘戌賴衣街
許時芳	仲信		同上
寸至	桂庵		臘戌燈廠
尹生至			臘戌登廠
張成富	致卿		
尹兆瑞	清園		
李湛和	種福		
李德春	果		
段富助			
李生華	潤生	同	

第三分部　第二區部

姓名	字號　職業	現在住址
尹瑞宣	同和（商）	昔卜
張德平	以下皆同	以下皆同
李日馮		
李日禮		
賈育賢		
李兆先		
寸家俊		
趙尊超		
寸翼明		
劉振發		
李兆福		
李恆昌（榮瑞）		海邦　同
尹家榮（耀之）		昔卜　同

第三分部　第三區部

姓名	字號　職業	現在住址
李家聲（少生）	商	綾脈
寸家聲	以下皆同	以下皆同
寸開貴（振春）		
李翼振（文遠）		
寸玉全		
劉時清		
尹乃明（備南）		
李寶聲（秀川）		
李有寶（幼生）		
段守勛		
寸樹禮（道天）		
尹兆昌（曉帆）		
寸樹勛（慶之）		猛俄　同
劉玉琤（王旁）（國勛）		弄奔　同
楊國楨		

85

第三分部（第三部區）

姓名	字號・職業	現在住址
蔡達春	商	絞脈
李兆倩	以下皆同	弄求
寸翼囊		同
胡金美		格勒拐

直轄區部

姓名	字號・職業	現在住址
寸嗣德		仰光
張日尉		八木
楊振邦	政界	同
張成琪	商界	同
寸德牛	瑞峯	同
李禰	仲猷	蔡
劉玉和	以下皆同	同
劉玉啓		同
李兆華		同
劉啓邦		免木

直轄區部

姓名	字號・職業	現在住址
李樹磐	聲雨舟 學界	日本帝國大學福岡九州
尹涵春	冰園	強午
劉瑞宣	福用五	同
許本和	玉福	直野
劉振乾	本和	林谷
李生芯	生乾 商	澤亞己
李日美	翼國成之	孟勒
寸賈學	學富贊元	委同
李祖聲	宏章	同
李林和	以下皆同	未詳
釧德啓		未詳
許本藩		未詳
		未詳
		未詳

86

居住內部之會員

姓名	字號	職業
寸以訓	承恩	商
寸時義	壽金	以下皆同
寸時諧		
寸尊鑄		
寸時岑		學界
寸尊珩	從先	工商
寸尊進		商
寸尊生		商
寸福清		商業
寸旭亮	伯廷	商
寸時安	壽林	商
寸尊有	少之	商
寸開品	美之	商
寸品安	仁仁	商
寸尊仲	仲邦	
寸尊祿		
寸尊清		
寸品琨		
寸樺綸		
寸性彥		
寸時然		

居住內部之會員

姓名	字號	職業
寸崇長	保之	商
寸長久	仲恆	同
李英	琳	同
寸品芳	世卿	學界
寸時金	育生	學界
尹時英	鐵庵	學
尹兆昌	世生	商
尹兆亮		同
尹生培		
尹子甲	久安	商
尹樂傑	毓燦	學界
尹樂發	生園	
李仕	順	商
王開	春	軍界
李治	助	商
李祖培		商
王啟洽		
李澍英		
王長順		

87

居住內部之會員

姓名	字號	職業
李祖華	秋農	商以下省同
李祖堯	紹唐	
李毓德		
李生澤	受天	
李日廣	少康	
李熙祜	子吉	
李日春		
李生慶	若珩	
李發		
李珮		
李彥		
李香	玉亭	
李宜聲		
李建		
李日澤	匯川	
李華宜	少杰	
李生昌	本仁	
李生昌	輔國	
李兆雋	經園	
李日澤		
李生佳		
李濟朝邦義春		

居住內部之會員

姓名	字號	職業
李日選	若泉	省立高中肄業
李啓清		學界
李和慈	仁杰	省立高中肄業
李生聲		商界
李生圻	協之	學界
李致滄		商界
李澤中	建廷	商界
李生春	潤園	學界
李生模		商界
李金萬		商界
李日洪		
李毓泳		
李生昌		
段含萃		
段德保		
段玉芳	沛然	商界
段振勛	鋭秋	商界
尃灝興		學界
唐家廣訓		商界

本會會員姓名一覽表

居住內部之會員

姓名	字號	職業

姓名（自右至左，上・中・下三字）
上：張 張 張 張 張 張 張 張 張 張 張 許 釗 釗 釗 釗 釗 釗 釗 釗 釗 釗
中：培 洪 德 培 德 範　成 大 德 志 德 德 洪 家 相 家 家 本 家 家 相 文 家 家 家
下：根 達 光 潤 鋼 達 溶 化 運 養 孝 達 寶 慧 鈞 醫 經 盛 品 全 美 全 國 春 安 仁

字號（自右至左）
上：玉　鉄 月 相　少 友　維 蘭 子　美　　靜 壽
下：軒　舟 舟 臣　雲 于　蕙 階 衡　齋　　之 生

職業：商 商 商 商 商 商 學界　　　同 皆 下 以　　　商

居住內部之會員

姓名	字號	職業

姓名（自右至左，上・中・下三字）
上：賈 蔡 劉 劉 劉 劉 劉 劉 劉 劉 劉 鎚 趙 楊 李 楊 錠 賈 賈 張 賈 賈 賈 賈 張
中：謝　　添 玉 玉 振 振 啓 玉 玉 玉 王 振 啓 家 秀 明　發 學 啓 應 德 學 學 學 任 毓
　　蕙
　　蘭
下：芳 春 蘯 湘 欀 祥 光 琪 泰 祥 光 基 緒 泰 發 榮 芳 顛 照 賢 賢 相 炳 正 品 賢 蘭

字號（自右至左）
上：　　必 錦 雲　子　　子　　佑 善 厚 仲　益
下：　　禎 明 階　端 開　建 文 卿 生 能　　軒
　　　　　　　　　　　　　　　　　　　齋

職業：學界 商　　　以 下 皆 同　　　學界 學界

已故會員姓名

寸尊湘　寸開美　李生馨　李顯昌　劉玉賓

寸守敬　寸時盈　李生炳　鈕玉棟　劉玉棟

寸品信　寸尊憲　李日昭　鈕德才　劉振安

寸仰賢　寸珠　李生瑤　鈕德錦　劉玉符

寸育忠　李家斗　李日福　鈕家賓　劉玉茂

寸性海　尹生茂　李生耀　許本泰　劉振常

寸恕　尹生和　李生樹　許本榮　羅生華

寸尊聰　尹生琳　李祖純　許錫侯

寸慈　尹瑞成　李祖禹　許錫泰

寸尊泰　尹子慎　李日直　許本安

寸尊培　尹日孝　李日桐　許錫昌

寸時俊　尹兆發　李承昌　張德銳

寸樹英　尹嘉富　李生純　買學堯

寸性敏　尹生澤　李啓金　楊顯達

寸鬧宏　阮鳳林　李德琮　劉啓彩

寸品瑞　李啓孝　李洪潤　劉聲常

查本會會員住址時有遷移非加詳密之調查不能確實此次外部各分區會員住址調查手續多未完善內部方面亦無詳確之報告故本表會員住址多有未經調查而照第五屆住址壞寫已失詳確且遺漏錯誤在所難免以後尚望本會會員住址遷移時隨時報告總會登記則總會可免調查之手續

和順圖書館幾個急需的設備

農

二十世紀的文化運動‥激盪了大地‥激盪了大地的每一個部落‥於是‥人們都覺到他們的民智的蔽塞‥文化的低弱‥而羣向文化的運動上努力去了‥

圖書館‥是文化的媒介‥是文化的中心‥這是世界的學者都極承認‥而且很努力提倡的‥看看近日圖書館的發達‥便可以證明上說的不謬‥先進的東西各國不用說了‥就事事落後的中國‥都產生了幾多的省立‥縣立‥市立‥校立圖書館‥甚而像我們這微小的和順‥也居然成立了鄉村圖書館來‥對未來的文化的增進‥實予我們無限的樂觀‥

和順圖書館成立的好久了‥館內的書籍和報誌‥雖不及縣‥市‥圖書館的多‥然在鄉村的小型圖書館來說‥它對鄉村社會所需要的供給地力量‥也許充分的敷用了‥可是‥幾年來‥不見的甚末成績和效果‥致使人們對它‥起了懷疑‥這是民衆們不懂他們自己的智識缺乏而去研求‥其實‥圖書館本身的組織設備的不完備‥也許是一個最大的原因‥

圖書館是為民智蔽塞文化低弱的需要而設的‥它並不是地方建築物上的點綴品‥也不是表現地方富裕的工具‥而是啓發民智‥普及教育的機關‥所以它的組織和設備‥都要使

它建在民衆的普遍的基礎上‥和順圖書館‥現在雖不能把它設備得很完備‥然而‥在最低限度裏‥也應把極需要的幾種‥先行設備起來‥

（一）　設立出納部

我們和順‥雖和其他農村稍有不同的地方‥然而‥除却新由異邦回國的幾個高等遊民外‥—「著者每次回國‥都是農過這種遊民生活的‥並不敢把這個名辭來專贈別人」—大概‥工‥商‥學‥都各有他們的‥他們的衣食所騙使‥終日碌碌的過他們的一種職業的‥他們的休息時間‥是很少的了‥而且‥到他們休息時‥圖書館卻又閉門了‥這一來‥他們雖有求知的決心‥怎當他沒有這種求知的時間‥所以‥要圖書館的民衆化‥應卽設立一出納科‥把館裏一部份的圖書‥去借給他們！—有條件的—使他們得在相當時間‥去研求他們所需要的知識與技能‥

（二）　設立參考科

世界的事理‥沒有窮盡的墕地‥而人們的時光是很有限的‥所以人們的知慾‥每每超過時間的可能範圍‥而人們的知識‥就永遠的受着時間的支配‥的確‥一個人有欲知兩種

以上的事理地心理‥却不有同時研究幾種書籍的能力‥所以　以減少了‥

人們的知識‥不能盡量的發展‥這一點‥圖書館應即設立一

參考科‥來代民衆參考他們所欲知的事物‥而增進他們的智　如果我們仍舊把書籍一本本的堆疊起來‥而不向改進的

能‥　　程途上去‥那便是囚噎廢食的舉動‥便失却了圖書館的眞義

了‥囚爲圖書館畢竟是圖書館‥而不是妝飾化的書籍‥

（三）　設立循迴展覽科

和順雖是小小的鄉村‥而區的散居‥終於會把空間擴大

過來圖書館裏閱覽者的稀少‥一部份也許是空間的造成‥

現在如果要打破空間的阻碍‥使全鄉的民衆‥都有閱覽的機

會‥便應設一循迴展覽科‥把館內一部份的圖書‥納到各區

‥各校‥分期的去舉行展覽‥使不論遠近的民衆‥都有閱覽

的機會‥那時‥才能收實際的效果‥也才不負圖書館的職責

‥

我這樣的說話‥人們也許會懷疑到圖書的損失上‥而以

咸新社爲戒心罷—誠然‥前車之轍‥後車之鑒‥我們不論辦

那一種事情‥都應有這種愼行的觀念與精神‥不過‥咸新社

的失敗‥不是用意不良‥而是立法的不善‥並‥現在我說的‥

不是像咸新社的那樣任人取攜‥而是具有保證‥賠償的條作

地借與‥就是循迴展覽‥也應有適當的規則維繫着它的‥這

樣一來‥除職員們多耗點精神外‥書籍損失的危險‥也總可

圖書館的前車～～咸新社

咸新社成立於二十餘年前‥顧名思義‥該社實爲吾鄉新社團組織的先鋒‥成立之初‥廣購羣書以資鄉人之閱覽‥又於每星期日演講一次‥作新文化之宣傳‥固為騰新潮流之第一聲也‥惜當時主持其事者‥未有明訂規章‥又無負責之人經理‥致該社書籍任人攜取‥該社途成爲既往陳迹‥名存實亡矣‥

‥對於公益道德‥最爲欠缺‥吾鄉何能例外‥該社書籍‥既無人保管‥取閱之人亦無忌憚‥一去不還‥遂致該社所有書籍‥全數飛入於私家書架之中‥而無人過問‥該社途成爲既無人保管‥

當初創辦該社之人‥實費苦心‥以慘淡經營之‥其目的在求公共之利益‥今其結果則適得其反‥而爲少數自私自利者充實其書籍‥公益事業之難‥有如是耶‥

今和順圖書館復接踵該社而成立‥並以該社社址爲館址‥

吾人反本思源‥不能無所驚惕‥而以該社爲圖書館前車之鑑焉‥

‥圖書館之組織與性質‥固與咸新社有不同之點‥館中事務‥雖有各職員爲之監督‥復聘專員爲之經理‥負該館完全保管之責‥是經理員之責‥不亦重且大乎‥蓋經理員者‥該

新館之盛衰‥及生命之久暫‥實與有絕大之關係‥故該館成立之初‥對於經理員之人選問題‥曾加以慎重之考慮‥又於該經理員責任方面‥不憚煩瀆‥明訂條例‥使有所遵守‥亦豈於咸新社前車之覆‥而該館不能再蹈其輒‥使吾鄉人士慘淡經營之文化機關‥仍舊烏有也‥

雖然‥吾鄉習俗有云‥「鄉人辦鄉事」此種語意‥大有可以媽媽虎虎做去‥不必認眞的意義‥此經理員之所以難爲經理員也‥公益場所‥所有一切陳列佈置‥皆爲公而設‥而非爲私也‥然或有少數不顧公益者流‥明知而故犯之‥欲逐其私慾‥輒作公益規則所不許可之舉動‥以妨害公益‥身負經營之責之經理員‥若稍存怕情之心‥而不加以拒絕制止‥則公共之物將不難立變爲人之私產‥而公益場所亦將破產而關門大吉‥彼身任經理之責者能卸其溺職之罪乎‥

和順圖書館之經理先生乎‥經理之責‥既如上述之重大‥先生爲該館之保姆‥負有保全該館生命之使命‥請以大無畏之精神‥鐵面無私‥遵章辦理‥凡有越出圖書館規章範圍以外之舉動‥即不論其人之如何顯赫‥如何威勢‥亦應拒絕之‥必使該館一冊一頁不受損失‥致館務於蒸蒸日上

‥則吾鄉精華所在之圖書館‥可永存於億萬斯年‥該舘之創
辦者物質之資助之功小‥先生精神之保障之功大矣‥請拭目
以觀之‥

說從儉

嗣徽

當民十三年‧‧本會內部成立於家鄉之時‧‧曾附設從儉大足二會以期改良風化‧‧天足運動‧‧已日見發展‧‧非本篇範圍之所及‧‧今僅就從儉言之‧‧

本會從儉辦法‧‧多着重於婚嫁方面‧‧將以前婚嫁宴客三日之期減作二日‧‧並廢除一切無謂虛耗之俗禮‧‧當時本會職員‧‧頗能盡力宣傳‧‧宣傳範圍‧‧亦不僅限於本會會員‧‧對於會外婚嫁之家‧‧或作書面之勸導‧‧或作口頭之勸導‧‧彼時中等之家‧‧頗容納本會之意見‧‧而遵照本會從儉章程辦理‧‧蓋減少一日之筵宴‧‧即可節省不菲之金錢‧‧是以為人所樂從‧‧惟富裕之家‧‧則多不以為然‧‧而加反對‧‧其反對理由‧‧不外以本會之從儉辦法不澈底為藉口‧‧且加甚焉‧‧遂者亦無所表示或實行‧‧一仍襲其揮霍之故智‧‧彼高明致從儉運動‧‧當日雖稍著成效‧‧卒因富家之不肯實行而致功敗垂成‧‧至於今日‧‧則奢侈之風‧‧較前尤甚百倍‧‧婚嫁之家‧‧以盤餐之豐美‧‧爭相炫耀‧‧以出奇翻新為能事‧‧餚饌精新‧‧買得來客一聲贊美‧‧則聲價十倍‧‧若稍不適口‧‧則物議紛騰‧‧所費即如等於虛擲‧‧至於男家聘禮‧‧女家妝奩‧‧亦必以豐奢互相酬答‧‧他如兒女訂婚‧‧小兒彌月週歲‧‧亦必大宴賓

朋為以前所未有‧‧喪葬禮節‧‧猶不改以前封建制度之腐敗習價‧‧而作無謂之虛耗‧‧富者企圖效尤於後‧‧遂致小康之家‧‧因喪葬嫁娶而典質產業‧‧比比皆是‧‧婚嫁者宿債未償‧‧兒女之負擔隨至‧‧生計困難‧‧男嗟女怨‧‧此實吾鄉奢風有以致之也‧‧

反觀本會從儉章程‧‧其中辦法‧‧固有不澈底者在‧‧然欲達到澈底‧‧固本會將來之目的也‧‧此時之辦法‧‧乃過度時期之第一步驟耳‧‧蓋吾鄉習俗相沿‧‧對於崇拜舊禮教之觀念‧‧已牢不可破‧‧且一般富者心理‧‧多以婚喪嫁娶為其揮霍金錢大出風頭之目的地‧‧「有錢就是要在這些地方用」此種觀念‧‧積習已深‧‧欲圖急進澈底改良‧‧而病自起矣‧‧本會之從元氣虛弱‧‧若劇投以猛劑‧‧則不惟不能起其沉疴‧‧或反將摧其生命‧‧治之之法‧‧必先以和緩之藥‧‧清其臟腑‧‧資補之劑‧‧提其神氣‧‧然後以猛劑改其病源‧‧而病自起矣‧‧本會之從儉辦法‧‧亦有鑒於今進之不能成功‧‧而必以漸進之法‧‧逐漸進行‧‧此對症下藥之道也‧‧

夫婚嫁從儉之澈底辦法‧‧厭惟文明結婚‧‧此種問題在我國文化稍進之省市‧‧已不成問題‧‧以吾鄉如此固閉之風氣‧‧

騷言文明結婚‥則必議論紛騰‥指斥萬端‥不惟家長無此魄
力‥女子方面‥亦或無此勇氣‥而不易實行‥故從儉之道
宜先由淺入深‥以前婚嫁宴期三日者‥可減為二日‥將來辦
法普及‥又可由二日減為一日‥由一日減為茶會‥而以文明
結婚為終點？人類思想‥進化已如今日‥我國各大都市之有
廢除形式上之結婚禮儀‥兩性愛情成熟‥即行登報宣佈同居
者‥此則吾鄉人今日之所夢想不到‥或將斥為野蠻無禮者也
‥‥

以上所述從儉辦法‥特患吾鄉人不行之耳‥若能鑒及經
濟來源之艱難‥而以整頓鄉風為前提‥由吾鄉殷實之家‥及
聲望素著之父老兄弟諸姑姊妹‥以身作則‥首倡實行‥以次
顜進‥則可節省無數浪鄉之金錢與時間‥而挽救前途鄉人生
活困難之危險‥蓋吾鄉人既無充分之田地‥可耕以糊口‥亦
無大規模之實業‥以養活鄉人‥鄉人特以為生者‥惟緬甸經
商之一途‥而緬甸商業已潮降至於失敗之地位‥以前吾鄉人
在緬營業‥因歐戰機會貨值暴漲而發展者‥今則因歐戰終止
各國恢復工商業原狀‥各貨供過於求‥而致價格低落‥緬甸
土產‥則因資本家之壓迫‥及出口稅增加而受制‥遂致著着
失敗‥商業倒閉者‥時有所聞‥且緬甸印度商場‥有連帶關

係‥印度因獨立自治風潮而抵制外貨‥百業停頓‥緬甸商業
尤大受其影響‥蓋印度商業停頓‥則緬甸之貨亦因
之而停頓‥其價一落千丈‥鄉人之營土產生業者‥遂因虧折
而不得不破產矣‥若常此以往‥印度問題不能早日解決‥則
緬甸商業亦無生氣‥而吾鄉人之失敗尚不止此‥前途危險‥
誠意料中事耳‥

吾鄉父老兄弟諸姑姊妹乎‥吾鄉人營業前處之危險既如
此‥眷風日熾又如彼‥來源將竭‥用途不已‥若不立圖挽救
‥由消極方面‥去奢從儉‥掃除以前繫習‥節省虛耗之金錢
‥或可使吾鄉人稍達於生活裕餘之境‥否則吾鄉前途之危殆
‥將不知伊於胡底‥尚望吾鄉達者諸公‥以全鄉前途為前提
‥身體力行‥登高一呼‥全鄉景從‥致吾鄉於新社會化‥則
吾鄉前途幸甚矣‥

按‥此篇所言從儉辦法‥只及婚嫁方面‥本會所訂章程‥對
於喪葬辦法‥亦未明訂‥此本章之缺點也‥鄙意以為喪葬從
儉辦法‥其始宜先廢除孝布‥不收弔儀‥喪家以訃文訃告戚
里‥訂於出殯之日宴客一餐‥並廢除封建時代之各種腐化繁
禮‥若能效法外人辦法‥喪家對於送喪者並不酬宴‥只略招
待茶水‥則可省之費尤鉅‥婚喪事務‥鄉里有服勞相助之義

務：：亦有受人相助之權利：：此種互助辦法，若能普及：：富者
可節省鉅款：：以作公益之建設：：貧者亦可減少支出：：而不致
生計困難：：此最良辦法：：有益於吾鄉者實非淺鮮：：吾鄉明達
不知以為然否：：祈有以見教之—

作者附識

迷信──打倒

勁強

破除迷信運動：：在吾國的其他進化地方已不成問題了：：惟在環境黑暗：：人心腐化：：事事開倒車的貴鄉：：則迷信壁壘日益擴張：：然欲打破此壁壘：：必須青年同志：：羣起奮鬥：：以大無畏之精神：：打倒一切腐敗集團：：清除妖孽：：並向男女校努力宣傳：：使青年學子腦海中：：有深刻的「破除迷信」的觀念：：以為將來告成新社會的基礎：：則迷信心理不致死灰復燃：：而吾鄉庶幾有一線光明的希望：：

吾鄉迷信空氣之濃厚：：其原因有三：：一：：由於社會的傳統觀念：：二：：由於男子放任：：假作癡聾：：第一二種原因：：受害猶淺：：第三種原因：：受害最深：：蓋社會迷信觀念：：以女子方面為最深刻：：然滿清以前：：吾鄉迷信色彩尚不如今日之濃厚：：彼時婦女集會寺觀：：招搖扇惑：：斂錢漁利之舉：：實所罕見：：民元之初：：土木偶人隨滿清之命運而被推倒：：各種迷信事業：：皆被嚴厲取締：：吾鄉社會：：大有煥然一新之勢：：婦女迷信色彩：：已由淡薄而幾降至於零：：乃曾幾何時：：土偶一齊復辟：：各種腐化事業：：逐變本加厲：：較前尤熾：：余所謂第三種造因之知識階級之風頭派所糾集之某社人物：：出爾反爾：：倒行逆施：：大肆其引誘煽惑之手段：：使全鄉如醉如狂：：幾至不可救藥之境：：今日之迷信巨頭：：即以前推倒偶像之師袖：：猶憶民元推倒偶像之時：：十字街作大規模之演講宣傳：：某闊老登臺演講：：說「玉皇不知是那裏來的雜種敵族並沒有這種人」：：彼時余尚在童年：：對於此種痛快淋漓之演說：：早於腦海中留有深刻之印像：：無時或忘：：且彼演說之闊老：：乃余之師表：：其言尤視為金玉之銘：：乃事有使人失望者：：以前罵之為雜種者：：今竟跪倒於雜種之前而自告懺悔矣：：

嗚呼！中國時局紛擾：：實由於人心無一定之主張：：反復無常：：朝秦暮楚：：以釀成今日之亂局：：譬如保皇黨之康有為張勳：：彼等雖為民國之罪魁：：猶不失其堅忍不拔從一而終難能可貴之人格：：若忽而保皇：：忽而扶袁：：忽而擁段：：忽而助張以擊吳忽助吳以倒張：：朝方黨北：：暮卽投南：：既無所謂主義：：亦無所謂政策：：全以己身利害關係為轉移：：此種反覆無常之小人：：誠不值一唾：：而吾鄉之黑暗墮落：：亦無非此種反覆無常者有以造成之：：彼等自居於指導地位：：為一鄉之表率：：一言一行：：稍出常軌：：卽能潛移社會人心於邪途：：為一般男婦：：毫無且中毒最深：：蓋吾鄉教育顏祕思想落後：：一般男婦：：毫無

定之意志‥概以少數風頭派之為首是瞻‥彼少數風頭派既供

有充分鄉村社會之支配力‥而鄉人亦以得攀扶為榮‥遂致不

問是非‥事事盲從‥以造成今日黑暗之局

當吾鄉婦女受蓮珠之扇惑而皈依之時‥有識男子尚知加

以締‥彼時婦女尚屬秘密行動‥而

頭派之復辟公司之某社出而作迷信運動時‥一鄉男婦趨趄之

若鶩‥夫男子既倡之於前‥則女子之一切迷信舉動‥雖如何

出軌‥男子已屬無權干涉‥即稍有見地者‥亦多取放任態度

付之於時運而不加以糾正‥遂致男女洶洶‥舉鄉若狂‥終

日迷醉於異端邪說之中‥浪擲金錢‥耗時廢事‥以前推倒之

偶像‥今日已恢復之‥較前尤甚‥以迎神賽會為名‥被誘

入黑暗場所‥甚至青年婦女‥受人愚弄‥以前所無之各種迷信會期

‥今日無之‥婦女祕密集會及結納僧尼之行為‥隨處皆

是‥觀晉降靈‥則斂錢之機會立至‥妖僧說法‥則財虜之慳

囊途解‥則飲食他人‥地方公益募捐‥則裝窮訴苦‥視錢如

其所有‥以供奉他人‥中年婦女‥則被妖孽扇惑‥不惜將

命‥陰兵助戰‥陰將派餉‥則大焚冥鏹‥堆積如山‥大翻地

覆之謬說興‥而鄉人惶恐‥無病呻吟‥欲斂錢以修寺觀‥則

小成之經可誦‥欲加捐以入四層‥則三千之金可買‥旅綿某

君‥挑担營生‥將血汗金錢‥供其妻四出傳道輾嗎揮霍之費

某君至今做挑担生活‥不少減其困苦‥未聞因其妻傳道之

功‥而彼土木偶人稍加憐卹‥轉移其困苦之命泮‥恐至於此

‥可憐亦復可笑！

以上種種‥特就吾鄉迷信之情形約略言之耳‥其餘黑暗

腐化之事‥罄竹難書‥尤有甚於此者‥則負有教育責任之人

‥竟有以宣傳迷信為正務‥致使青年男女學子‥腦海中深

此種迷信之贻毒‥造成迷信思想‥將來為害社會安滅於洪水

猛獸‥「教育界中不少明達之人所指惟一二人而已‥請教育

界勿誤會」當民國十七年‥某巷作迷信宣傳之演講‥某君於

教育界素負熱心之名‥登壇演說曰「某營長在迤西剿匪‥被

匪包圍‥事垂危矣‥忽有天兵天將‥從天而降‥將匪擊退‥

救出某營長‥某營長急跪下向天禱告‥則所見天將‥卽腦公

與其徒幽平周倉也‥可見某營長好善之報‥」以為人

師表之教育家‥而竟出此婦孺狂妄之言‥且某君竟長吾鄉新

辦之最高學府‥某君死時‥學生竟為之齋戒三日‥「見騰僑

月刊」某君之教育成績‥可於此齋刑三日中見之矣‥吾鄉學

校之迷信程度‥實為某君造成‥至此已表示於吾人之前‥而

學校「尤其是女校」為製造迷信之大本營‥已為不可掩之事

實‥吾爲吾鄉社會前途危‥爲吾鄉青年與子惜也‥

總之‥迷信之爲害‥於精神物質兩方面‥已不可勝述‥

反觀吾鄉人在緬甸商業之失敗‥將有岌岌危殆之勢‥經濟之

來源既艱‥則不能不由消極方面謀補救之方‥破除迷信‥一

方面即可減少無數虛擲之金錢‥一方面則可整頓風化‥以從

事於新社會之建設‥破除之道‥茲略舉如下‥至於鄉人之毀

譽則非所計也‥

一　實行推倒偶像‥各寺觀改建公益場所或工場‥

二　取締一切關於迷信的公開的或祕密的集會結社‥

三　禁止僧尼入鄉‥並禁止本鄉婦女參加他鄉迷信運動
‥

四　取締一切關於迷信的投機營業‥

五　男女學校‥以「破除迷信」列入校訓‥竭力宣傳‥
並取締一切帶有迷信色彩之課本及言論‥

以上五項在迷信空氣瀰漫包圍之貴鄉中‥彼開倒車者見

之‥或將吡之以鼻‥而視爲狂妄‥即頭腦較新之人‥亦將以

爲空談而不能見諸事實‥然凡事思想即成功之母‥吾輩青年

‥苟能一致奮鬥‥勇往直前‥以大無畏之精神‥一方面作文

字之宣傳一方面作口頭之宣傳‥以期喚醒鄉人‥排除腐化思

想‥走向光明之路‥時機成熟‥則一舉手之勞‥即可打破假

吳穢陳腐之壁壘‥而吾鄉之改進爲期不遠矣‥

九十二

和順崇新會五週特刊

家鄉來的一封信

L

舊的威嚴地面孔氣至存在：：新的灰色漸次的籠罩了全鄉

於是：：家鄉的一切：：也仍是以前的漆黑的一團：：看罷─家鄉了：：現在九歲的兒童：：竟有持刀刺人的發生：：別的可以想像得出

的眞面目：：

燒館遍地：：賭窟林立：：偶像擴充了地盤：：僧巫增長惡膽：：學校教育　捉起這個問題：：便會使人掀起無限失望和憤

：：當墮落的聲音：：衝破了昬晚的靜寂──大仙八的格外來得　愛─公立兩等男校：：在未開學以前：：便發生問題了：：因爲：：

響些──身在圈圍的玉秀：：也不減她的蠱惑的活動與自由：：稍遠的如東山腳：：水碓：：高谷庄：：這些地方：：他們辦着的學

：：十倍於以前：：纏足的惡智：：也未見絕跡：：現在天足　校：：實在的不如公學的辦得好：：於是各遠地的學童：：很不避

由我所見的估計：：十五歲以上二十歲以下者十之一──十歲以　艱苦和跋涉的來公校肄業：：而各遠地私校的學生：：減少

上十之二──十歲以下十之七──1說到教育：：那更比你我在綑　反比例的加重上去：：屢次的主張解散公初：：去減輕他們的私

所猜擬的失望得多了：：的擔負：：今年來終於被他們把綢辦公初的議案打倒了：：而實

行僅辦公初係由尹家坡及二三四五單合辦：：現在公初

家庭教育　和順人似乎完全把兒童的造詣：：都交在兒童　講堂仍假公校──1可是：：公高又辦得怎樣：：這又乎你倆意

的天賦和學校教育上：：所以：：兒童在家庭裏：：使自由的去幹　外了：：公高的教員？除李仁杰外只有一個劍川先生：：而且是

他們所願意幹的事：：想說的話：：而不去矯正他們的錯誤與失　帶有酒癖的冬烘先生：：他的學問：：我雖不知：：然而：：就有一

當的言行：：所以：：兒童便由淳潔的而轉爲嬌頑野蠻的去：：這　點：：也只是八股的能：：這種現在用着嗎？其外尚有某縣長介

樣不僅是不懂教育的子弟是這樣：：就是身在教育的先生們地　紹一人未到：：這也許是冬烘一派了：：

子弟：：也是極其放任的：：致於稍有產業的大家庭的童兒：：尤　們時間表──其實也並不有時間表：：課桯方面：：我不知裏面的實情：：然

其橫野不堪：：以前兒童時代的人們：：有刺傷人的勇氣沒有：：而：：以每天看到聞到的，只是讀寫背點：：讀的大牟還是子曰

101

一類的廢物⋯爽快的說一句⋯已是變成了子曰店了⋯高級的學生⋯也有幾人爲學科的不齊⋯和不懂劍川的音調而思退學的⋯不過他們任高壓勢力下面⋯紳耆們⋯也有一二人要繼續倡辦各種科學的⋯然而⋯格於實力者的不贊同⋯遂致形成泡影⋯現在⋯眞是十分危險了⋯內部職員對此⋯很爲憤慨⋯「中略」

社會教育　家庭教育⋯既被家長們的忽視⋯學校教育⋯也被大人先生們的膜視⋯這鄉人不懂的社會致育⋯那更無人提倡和注意了⋯所以⋯燒徒賭徒佈了全鄉⋯迷信襲住人們全部的心靈⋯青年子弟⋯十九流於野蠻⋯游惰⋯減削了鄉的文明⋯增加了鄉的灰色⋯

婦女⋯她們的奢侈心⋯不因幾次的被欺而覺悟⋯她們的觀念⋯仍是以前一般的虛僞⋯甚且還比從前來得危險」

以上⋯便是找對於本鄉的略略的報告⋯以下又是關於會的和圖書館⋯

處在惡勢力包圍的環境之下地內部⋯一切的活動力⋯部受着極端的阻碍與牽制⋯而實現的事⋯也就因爲這點而鮮少⋯不過⋯這也許是一部份的問題能⋯內部本身的失當處⋯也

還多着呢⋯職員對事的因循⋯會員心理的不集中⋯把過來的一切對照一下⋯這鄲是會務邊滯不進的大原因⋯何況會的表決與施行⋯又年被私的利用所左右⋯「中略」

圖書館⋯移到咸新裏來⋯在地點光線空氣上⋯極合它的原則上地需要了⋯不過在我的觀查來說⋯在圖書館的經營方法和實施⋯簡直沒有做到⋯報誌的紛陳⋯尤爲不可諱言的事實的⋯滿期報紙有幾份了⋯不見他們轉告經理處續訂⋯這樣一糊儸⋯眞的難於設想了

「按」本鄉學校教育現狀⋯果如L君所言⋯則前途實屬悲觀⋯初級小學全鄉合辦的利⋯和各單私校的弊⋯己任我們試驗之後很明瞭的表現出它的結果了⋯「各單私校的成績遠不如公校已是一個好例子」本鄉學校尚有一線生機⋯不致消滅者⋯無非是得力於合辦的效果能⋯在教育的立場上來說寧可取縮私校⋯萬不能取縮公校⋯少數的個人主義的主張⋯竟至於戰勝公意⋯而取縮公初了⋯這是表現着社會人心退化復古的好象徵⋯多麽值得鄉人們注意的事⋯在過去的十年前⋯本鄉曾發生過因某教員不得公學的位置而自辦私學經本鄉呈請教育局強制取締的事件⋯大約關心教育的鄉人們還沒有忘却能

都表現着離亂的景象⋯致於館員的因循忽事⋯圖書的登雜⋯在在

：：私學無存在的必要●●在本鄉情勢之下已不成問題了●●那麼
我們爲全鄉青年學子受徒起見●●根本辦法●●只好將各單私學
完全取締●●全鄉通力合作的來努力整頓公辦的兩等學校●●本
鄉的青年學子才有一線的出路●●至於二十世紀科學昌明的時
代●●有科學才可以生存●●不懂科學就要受新時代的淘汰而至
於落伍●●這是稍有世界眼光的人都懂得的●●那些「子曰大學
」一類的廢物已經不有存在的價值●●世界強國的潛水艇●●飛
機●●綠氣炮●●毒瓦斯……等等的利器●●不是「子曰大學
」一類的廢物可以抵擋的●●欲圖在現世界生存而不致於被強
大民族的征服與壓迫●●最好把這些造成封建思想頑固腦筋的
廢物廢掉●●來研究點適應潮流的●●可謀生活的●●有用的科學
罷●●——還有教員人選問題就退一步說●●本鄉的教材缺乏●●也
還可以由外選聘有新知識新思想的人材充任●●何至於去聘請
有酒癖的冬烘先生呢？想來冬烘先生也是應連而生的能——以
上幾點●●我十二分的誠意的請願本鄉執有教育權的父老們●●
加以十二分的注意●●並且由根本上來改造它一下能●●

編者附識

減價的教員

公言

上緬甸密支那車路一帶，以K埠的騰僑「尤其是H鄉籍的」為最多，營業方面，較之他埠也還發達，該埠同鄉，對於學校教育，多不大注意，在兩年前，由一個婦人和其餘一二人的首倡，成立了一所中傷學校，其餘有子女的富翁，才被動的來贊助該校，使它延長了兩年的生命，到了今年，這初生二齡的嬰兒——中傷學校——時乖運舛，遭逢不幸，受保嫗們的虐待了，

原來，這兩年來，因緬甸土產價目的跌落，經營土產的人們，任何人都要虧拆失敗，所以抱看金錢主義的先生們，除了減衣縮食之外，對於這不大重視的教育子女的學校的學費，也覺的有點出得辣疼，認捐年捐的，簡直也不想捐了，學校也快要關門了，可是，大人先生們不肯受五分鐘熱度的譏剌，在面子上不得不來敷衍一下，於是妙想天開的，由省錢法上着手辦理，將以前薪水大的教員辭退了，另聘一個價廉物美的古式教員，這樣一來，學校也不致關門，出些少的金錢，即可使多數人們的子女混在學校裏作掛名的學生，將來受益與否，這是不關緊要的了，

K埠同鄉的大人先生們呀——一分行貨一分錢的義意，是你們很了澈的，有高深的學問，優秀的人格的教員，不是廉價可以聘得到的，教員程度不對，學生是不會受益的，你們既愛惜金錢，那麼這學校不辦也好，以免辦了「下江」學校誤盡他人的子弟，既要撐持門面，那就不如百尺竿頭再進一步，請你們請得良好的教員，拿來作受請教員的經費，貧寒孤苦包管你們也得沾你們的光，得識幾個字，將來不致開到讀天的子女，也得受請教員，這種功
地，君，親，師，位作，夫，他，居，觀帥，立，這種功德，才是無量，比較將子女送去施校讀書，和佈施緬僧，塑士偶人，好得多呢，

以上的說話，作者完全出以善意的忠告，並不敢存心去攻擊任何人，或去破壞任何人的職業，不過作者生性愚直，覺得可愛的青年學生們，很不忍心使他們白混光陰，誤了他們遠大的前程，所以才不作轉灣抹角的措辭，來直言忠告，如果你們視子女教育為最重要的事，那麼，斟酌一個完善的教員的經費，是不費吹灰之力的，這要在你們的良心的裁判了，

這篇文字脫稿後三月，又聞K埠的廉價教員已經實行上

課∴可是只有三四名學生∴稍知內容的人們∴都不肯將子弟
送入這古董式的學校裏去受害∴就學的學生踴躍與否∴卽可
判斷教員的程度是怎麼樣∵象且該教員在教室裏任隨學生們
吸食紙煙∴不惟不加干涉∴尚且向學生們要紙煙吸∴只此一
端∴就是破天荒的教育界的奇聞∴开這廿世紀的新時代∴該
教員實在應在淘汰之列∴K埠的同鄉們何必虛應故事的每年
花費幾百眉錢∴來四費公款呢∴不如早早關門大吉∴公家也
省得一筆款∴並且還不致坑害了這最少數的入學的子弟∴使
他們將靈活的有生氣的腦筋∴造成陳腐不堪的∴落伍的∴無
生氣的廢物∴因爲你們大多數人都不肯把自己的子弟送去受
教∴己所不欲∴勿施於人∴又何苦去陷害別人的子弟呀∴

鄉關的夢

耀北

暮春的天氣‥嚴酷炎威‥暑熱灼膚‥卒日腦膜緊張‥甚是可怕‥M市是一個交通便利‥萬商薈集的商埠‥市衢的繁盛‥星羅棋布‥它在這炎熱氣度的當兒‥路上的人聲嘈雜‥跫然足音‥是澈夜不絕的‥‥晚上八點多鐘‥還有那睿本階級‥乘着咆哮的市虎兜風‥那猙獰的面目‥好像朝人們露出極奔渡和兇惡似底的態度‥

可是在這個期間‥我們勞動界‥受生活的驅使和支配‥盤日辛苦‥精神疲憊‥卻誰想要跑到黑甜鄉裏面‥去過那甯靜淡薄‥與世相忘的日子‥惟是我便不能這樣‥自十一點鐘上了牀榻‥輾轉反側‥不克入寐‥因爲那空際的蚊蟲‥叫罵慇突‥如泣‥如訴‥一一刺股吮面——个人不堪其煩擾‥又被那嚴厲的暑氣的襲擊‥使睡魔不敢來臨‥看看壁上的時計‥大小針已指在二句鐘上‥知道夜已深了‥明早還要早起‥幹自已的工作‥強把一種種撩亂的思想摒藥‥緊閉雙眼‥仍是不能入睡‥經一次的火攻‥將佈滿環境的寄生物‥爲害人類的毒虫驅除以後‥我也心形疲倦不支了‥竟就此到黑甜鄉去‥故圍鱗次櫛比和幽靜雅潔的瓦屋‥門前的流水溶溶‥晶瑩可鑒‥四面的青山葱葱‥環拱羅列‥還有一行行的楊柳‥

紅灼灼的桃花綴着‥越顯得鄉村生活的安適‥別饒逸趣‥村中的男婦‥熙熙攘攘‥忙過不休‥所謂「一年之計在於春‥」他們叱犢荷犂‥不計手足的胼胝的辛勤‥所希望的是農產豐登‥「把酒話桑麻」的樂趣‥

我束髮授書時代的朋友們‥有的在教育界工作‥有的在商界操計然術‥他們的宏圖遠謨‥富有毅力‥很不像意志薄弱的我‥不求進取‥這是我望塵不及‥而十二分的欽仰和羨慕他們的‥

當此山明水秀‥獨自無聊‥幽閒散步‥憑欄遠眺‥藉以舒暢胸襟‥開闊眼目的時候‥舊時的朋友‥也不期地一一會集‥欣喜雀躍‥君謂「光荏苒陰‥去而不返‥我們久別重逢‥可在此暫爲流連‥作傾心的談話嗎‥」我們都贊成他的主張‥於是就膝地坐下‥S君說「現在我們國家的地步‥是多麼的危險呀—外侮不絕‥內憂頻仍‥封建色彩的籠罩‥帝國主義的侵略‥貪汚土劣‥祇知大施其刮削手段‥爲發財的終南捷徑‥人民的疾苦‥不是他們腦海裏會留絲毫的印像的‥你叫國家社會事業那能發達起來‥‥」

L君皺着眉說「是的‥不錯‥一切的罪惡‥都是由他們

的造作‥」

T君又接續着說道‥「一地方的收入‥充辦一地方的公益事項‥果能再得當局的注意‥加以匡正和扶持‥那麼‥它的奏效‥自然得優越的結果‥可是事實上便不是這樣‥什麼教育哪‥應怎樣的發展‥什麼工業哪‥應怎樣的提倡‥什麼實業哪‥應怎樣的擴張‥什麼迷信的風氣哪‥應怎樣的剷除‥一切的一切——他們都把它置在腦袋背後‥當今是弱肉強食的時代‥優勝劣敗‥那能免得‥天演的淘汰呀！」

他們在實恨不平的說話‥我在悄悄的聽着‥不作一言的答覆‥彷彿之際‥忽聞外面喧嘩的聲音‥和鳴鳴的風聲競響‥弄得我睡眼迷矇‥掙扎四顧‥渺渺茫茫‥纔發覺是一場春夢‥而那一幕幕的印像迴旋腦際‥不住的使我驚訝‥悵惘‥

曦曦的晨光‥由玻璃窗上注射進來‥簷前的小鳥‥刺耳的周秋（均口旁）喧噪‥我知道人們已起牀了‥我也就離開牀榻幹第二日的工作‥

二十，四，十五，於緬京．

閒話

本會每屆的週年大會‥對於招集各會員的傳單和選票‥都是照章按期發出的‥從來沒有遺失和遲到的情事‥惟有此屆‥「第五週」會有出人意外的‥第一總區和夷山的傳單選票‥完全沒有寄到的事件發生‥深明會務的同志們‥自然能夠給以諒解‥但是‥少數同志們‥總疑到總部剝奪會員的選舉權和赴會權‥不肯認指年捐‥這件事‥關於本會的前途是十二分的重要！所以我特來說幾句閒話‥

總部籌備人員‥對於籌備的事務‥是力盡厥職的‥我敢斷定‥並沒有誰肯存心剝奪誰的選舉權‥這是歷年以來會務應執行職務‥函問總部‥若果總部早已將傳單發出‥而寄不到目的地時‥還可給總部以補發的手續‥各區的事務主任‥的各區‥既沒有函問總會的機會‥此次沒有收到傳單‥毫不懷疑別種問題的發生及各區發出的傳單‥早到目的地‥總部負責人員‥自然深信同志的誤會和懷疑了‥

我們試由本會歷年過去的情形來說一下‥以前的傳單‥「這一次傳單遺失的理由在那裏呢‥」在理論上‥當然有一個答案‥我任何一屆都沒有像這次的遺失得這麼多‥那麼‥單遺失的理由在那裏呢‥

們假設將這件事來歸咎郵局‥緬甸郵局辦事是非常嚴密的‥拿本會過去的情形來引證‥將英文住址弄錯了‥假設寄傳單的時候‥那麼就可知其過不到郵局了‥又寄不到目的地‥致寄不到目的地的郵件必返寄郵局章程和事實而論‥寄不到目的地那麼‥以郵局發出的郵件‥既沒有退寄來‥那麼‥這傳單遺失原處‥總部發出的郵件‥的理由就難以索解了！

本會的同志們呀！請你們拿研究的態度來猜一猜這個啞謎‥揭一揭它的謎底‥我個人也拿客觀的態度來試猜一猜！但不知中與不中‥我猜這是本會範圍以外者的造成‥與總部職員沒有關係的‥請諸同志將眼光移到本會的嫉妒者的身上去‥就是那末‥這答案就可迎刃而解了‥本會的嫉妒者是誰呢‥少數的個人主義者‥因為本會的正大光明‥以慾‥所以存心破壞‥作大不利於總會的陰謀‥他的詭計‥不利於他個人私為將本會的大部分傳單選票消滅了‥使各同志不能赴會‥本會就會發生風潮‥或竟致會務停頓！——分裂！——他個人主義的陰謀得售‥將他私慾心的障礙的本部職員不能產生‥本會就會發生風潮‥推翻！也就可為所欲為‥橫行一鄉了！

哈哈！幸喜本會命不該絕‥各區熱心同志多以會務前進

爲重‥雖接不到傳單‥仍然照常赴會‥總部職員也照常產生了‥五週大會照常開會了‥並且還取決了出版本會的喉舌的週年紀念刊‥這是本會的新紀元‥是多麼值得同志們慶幸的事‥同時彼陰謀派的破壞行爲‥也値得本會大書特書的記一筆賬‥本會名爲崇新‥事實上必須去舊‥這舊的東西——封建思想！——腐化份子！——本會的公敵的破壞者‥勢必在打倒之列‥請大家團結起來——打倒本會的公敵‥並預防他第二次的陰謀破壞‥這才是本會的出路呀！

編後話

本會想出版一種刊物‥已經在過去的長時期間醞釀過了‥可是不能成為事實‥直至今日為種種需要所迫‥始將七八年前醞釀的理想實現‥這是本會的惟一宣傳的喉舌‥或許也是本會在社會上進展的前部先鋒‥很值得本會同志們慶幸的事‥同人們毫無編輯知識‥本不足應此重任，惟因義務心所驅使‥竟不顧一切的盲人騎瞎馬的亂撞亂闖‥對於本刊文字措置失當的地方‥在所難免‥且本刊創刊伊始‥因種種關係缺點頗多‥茲略舉如下：求同鄉們的諒解‥並與同志們‥對於會務有所商榷‥

一　本刊對於家鄉重要問題‥如教育現狀圖書館現狀全鄉人口的調查‥……等類‥因稿件遲到而不及登載於本刊精神上不無缺憾‥惟有俟之後期‥再為努力工作‥

二　本刊名稱為五週特刊‥本應於大會後最期間出版‥惟因各方稿件遲到‥致本刊出版時期與名稱已不相符‥本會有這麼多的會員‥對於舉辦這區區的刊物‥尚如此其難‥本會負有改進家鄉社會的使命‥像這次辦刊物的無精神的‥無銳氣的‥不努力的表示‥恐怕本會種種理想的未來的工作‥也是等於畫餅充飢罷‥所以我們十二分

的誠懇的要求本會同志們‥請自今日始‥以後對於本會的一切措施加以相當的注意‥與同情心‥各個人都把會務壇上自己的肩頭‥一致的努力‥向前奮鬥‥那麼本會的前途‥才有一線的希望

三　本刊各稿言論‥略有雷同之處‥然雷同的地方‥即所以表示家鄉及本會弊病之所在而為同鄉同志們共同注意的目標點‥更值得我們的研究‥所以對於來稿盡量的登載‥

四　家鄉智識階級的同志們‥對於家鄉社會狀況較有真確的觀察‥可惜不肯賜教並內部的歷屆議決案‥歷屆經濟狀況之類‥負責的同志們‥都不肯供給一點材料‥使我們望眼將穿的‥終歸至於失望‥而迫使本刊草率出版‥以後尚望內部的同志們‥對於本刊給以相當的援助……精

五　本會的刊物‥開始與同鄉們接觸了─尚望同鄉們給以盡量的批評與指導‥並望本會的同志‥以後繼續努力‥使本刊每週有繼續出版‥可能性‥或許將每週的特刊‥再進而為每月的月刊‥許不是奢望罷‥

內部會務最後報告

本刊印刷竣事後適得總部轉來內部第五週大會會務報告茲將各議決案照錄付印於後以餉本會同志至於內部會務及圖書館務之進行其詳細計劃與實施辦法因時間關係不及備載惟有付之缺如

議決案五件

（一）內部職員應照外部決議改用委員制案

（二）圖書館館務已臻紛繁應即改組館務委員會以辦理全館事務案

（三）應行恢復崇儉規章並須認眞履行案

（四）圖書館應年出特刊一册以資宣傳及研究案

（五）李曰選君前由本會資送赴省茲該君因病中輟歸來應否從寬免究案

決議

（一）即照外部決議由六屆起改用委員制以利會務之進展並即票選各部職委如下

執行委員

李祖華　李啓慈　李曰翰　李曰植　李澤春　李曰選

李生義　謝蘭芳　李合芳

候補執行委員

劉振國　尹曰培　寸品芳　李生萃

組織科　李生萃　劉振國　寸品芳

農林科　尹曰培　寸育謙　劉玉湘　（製造森林爲本鄉先急之務故增設此科並實行造林先由[illegible]虹橋及大盈江兩岸着手以後以次漸進

會計科　李曰翰

婦女科　謝蘭芳　李合芳

庶務科　寸樺濤　李生蒼

（二）准照提議組織館務委員會担任全館事務並舉就各科職員如後

館務執行委員

李啓慈　李祖華　李曰選　李澍春　寸品芳　李澤春

段玉勛

編目科委員

李祖華　李啓慈　寸品芳　李曰選　李澤春

參考科委員　（此科係試辦性質範圍以學生詢問爲限）

李祖華　李啓慈　尹曰培　寸品芳　李曰翰　賈厚生

裝訂科委員

劉振國　李濟春　李生春　尹樂元　李曰選

關於圖書館之整理事項因該館圖書日漸增多書架常事協

充方能敷用特發起向各同鄉同志募捐經寸純貞君認捐玻璃片

架受天同志認捐書架二架其館屋內容之改革則議決照李秋

六箱李槐三　賈仲能　寸玉珮　寸鐘岑四同志各認捐書架一

農同志所擬圖案即行修整

（三）經過甲數通過繼續辦理俟委員會將該崇俊章程

　　　未妥善處增刪完竣俊即認眞推行

（四）通過每年刊行一冊刊名和順圖書館特刊本年份

　　　由執行委員會擬其計劃酌量辦理

（五）通過李曰選難云中途輟學實爲疾病所迫不能與

　　　無故退凹者一概並論且此去本會辦學時正需於

　　　李君之助力茲準予從寬免照前約追繳各費

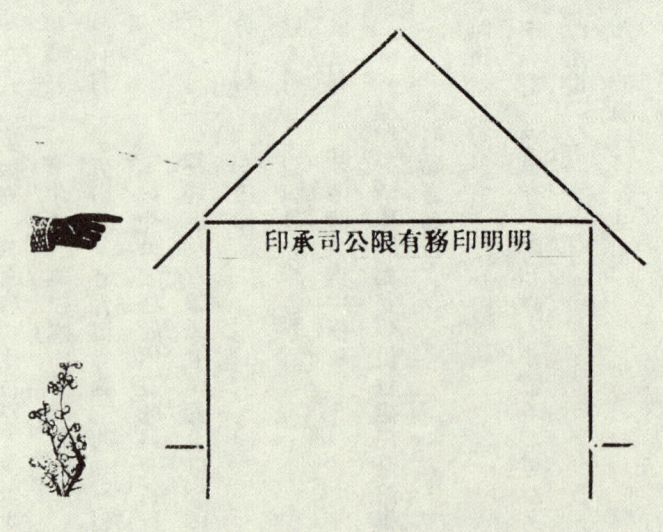

明明印務有限公司承印

和順崇新會新年週年紀念刊

許汝道

中華民國廿一年六月出版

第六週

和順崇新會贈

明明印務有限公司承印

113

本刊目錄

114

國難！救國！

杞生

本會第六週年紀念特刊行將出版∴編者先生索稿於余∴地汽車路之速求完成也∵近且慫惥促成騰緬汽車路之貫通也

余觀察本會過來組織漸臻完善；此去會務可期發展∴不禁色∴若一注意其意旨∴無有不令人塞慄者∴而鄉人尚作沉沉之

然以喜∴惟一念及國難發生∴瞬將四月∴跋扈軍人∴按兵不夢∴酣眠不醒∴嗚呼∴哀莫於心死∴吾人真盡心死已乎∵

動∴黨國公侯∴一籌莫展∴神州將沉；華夏云亡∴鄉人若真願作亡國奴∴固無可言∴若心死未完∴一息尚存者

心崩肝裂∴執筆不復成爲文∴夫皮之不存∴則又不禁∴請速與起∴注意下列二點∴共挽危機！

意義∴亦即視爲本會同人紀念國難可也∴雖然∴吾人對於國

不幸本會亦何能存榮於時耶！是則本會同人作此六週紀念之

難∴非當抱犧牲一切之心；振一往無

前之志∴以挽救時艱∴國事方可有爲也∴並

（一）速戒除亡國行動之大烟∴麻雀∴奢侈……

（二）速振起奮鬥之精神∴共作救國運動∴人人盡救國

之責任—

二十一、一、十一、寫於魚落瓦地江船中

殺人之心理∴對於東北之失陷∴視若風馬牛之不相及∴曾不

稍動其危悚之念∴不知強藩失落∴國亦不保∴況西南正逼處

強隣∴覬覦瓜分∴危机早伏∴東北不能恢復∴西南難免繼亡

∵此稍有人心者∴均有威禍患之不可終日也∴近來○○西部

之交通極力擴充∴以利行動∴如○○江橋之日夜趕造也∴邊

按杞生君此稿∴在滬案未發生以前寄到∴故其文中有「跋扈

軍人按兵不動」之語∴今則我國英勇愛國之軍隊∴已實行抗

日∴而倭寇屢遭挫敗矣∴處此時期尤爲吾國民以物質精神擁

護政府∴以保存我軍常勝之光榮∴殲滅倭賊此其時矣∴尚望

同鄉速起救國∴勿落人後也∴∴

編者

兩等學校的歷史和現狀

先鋒

「振興教育」：：改良教育：：這種聲浪：：幾年來在家在外：：隨時隨地：：都聽得到的：：「現任教育不成囉：：讀些什麼？完全是說些小牛，小馬小鳥叫，到底有甚麼意義」，呵：：反了─反了─年輕蒙童：：一進學堂：：就要讀五六種書：：有甚麼用處呵！這是那食古不化的時代落伍的和失意教壇者的杞憂嘆世的舊派聲調：：「教育不普及：：組織不完善。要大加改革：：與刷新」：：這又是一般具有時代化的青年愛時的新派聲調：：

可是教育的窳敗：：兩派的感想：：「和」觀察：：是相同的：：不過對於改良的主張：：則是背道而馳了：：

關於前者：：是感想到現在所讀的課本太淺淡：：學校因之不進展：：學生讀之無成績：：所以就因此而一筆抹煞說是教育不成：：在它們的心理：：是要讀「三字經」「百家姓」「千字文」「三聖經」才真是教育：：才可以配得上說教育完備：：

關於後者：：是憂慮到現代的時勢：：是科學時代：：科學的猛進：：一日千里：：即不能稱新時代化：：也要認清世界有了這種發現：：即不能享受科學萬能：：也須具有了人生常識：：不然：：就是時代的落伍者了！

總觀新舊的觀察：：各有各地「見解」和「立場」：：姑置之不加深論：：惟是在此科學昌明的二十世紀：：要了澈世界時勢的進展：：因為科學是根據學理的研究而得有其成績：：對於現什科學的新發明：：科學落伍的中國─恐怕連名目都尚在闇不清楚？不特不得來享受這物質的文明─尤其是我們家鄉─譬之學制：：初級小學：：是為識字運動的初步，是常識的初步：：高小─中學，是再進一步的常識的修養，和專門科學的預備：：大學，才是造成專科的途徑：：教育部佈有規章而為全國智識階級之所規定者：：本鄉所謂智識階級：：未必能望全國智識階級之肩背：：惜乎彼此不看新書：：亦不知作新時代新潮流的研究：：只知老生常談：：千古不移：：咳─此種現狀：：也許是僻處山國交通不便的家鄉的坐井觀天的街談巷議罷了─我因此連想到本鄉民元時代學校改革時的新興狀況：：和中途衰落的原因：：及將來應有的改進：：略述於後：：

民元時代教育的新興

清末時代的學校：：是子曰店：：已勿須乎再談：：何以呢：：潮流時代如此：：封建時期的制度：：已為過去的陳迹：：只好束

之高閣了。。新學令殞佈後。。新學的成立。。興如雨後春筍。。鄉立高小的成立。。各巷初小的繼起。。是多麼的發展。。繼後經公議決。。設立高初兩級。。舊學制度。。無形中已歸淘汰。。一鄉人士。。羣策羣力。。合辦一校。。學生最多紀錄。。有六百餘人之衆。。在那時的學校。。差不多是一鄉的總務機關。。除教育外。。尚能排解鄉中之事。。因為學校的進展。。一切社會興革的事業：：都是學校中人。。站在最前的陣線作偉大的奮鬥—毀偶像—取締迷信運動—為本鄉教育留一新紀元—致於學校的精神，和科學的改進。。是由那點得來的。。都有新的表現。。在全鄉人們和由兩等學校出身的學生。。都能迴想到當日學校的成績與繁華。。此種成績。。是由於新興的朝氣戰勝腐敗的暮氣所得來的。。是也不過是腐敗的暮氣戰勝新興的朝氣的結果罷。。

民九以後教育衰落的原因

鄉校經過了初步時期的繁榮。。民六七以後。。卽呈衰落現像。。此中雖有自大理中學校畢業生歸來的努力。。然因新不敢舊。。更加以各種原因。。每致事與心違。。繼因各巷的私塾先後成立。。各巷心理。。均側重於閉關主義。。自私自利的成見。。尤其是富者。。自設專館。。自教已有子姪。。公立學校。。漠不關懷。。然一鄉公事重心。。又在此輩掌握。。於是有解散初小。。專辦高小之議。。所持之論。。更無深遠宏論。。只以學校不良。。教材不良。。不能進展為藉口。。一鄉的重大事件。。即以一二人的意義為意義。。既能感想到校務不良。。不進展。。何不盡實改良。。設法維持。。而凡事公開討論。。自能集思廣益。。不應以莫須有之度。。以實行解散一鄉之公學。。更不應以一人的問題而抹煞全體。。而歸咎於全國奉行之新學制。。在於教材缺乏與負責無人。。及為陳腐空氣所包圍之故。。而全國奉行成績昭著的新學制度。。則至善至美。。而為當局者所不注意耳。。致於學堂課本。。應加三聖經之建議。。則為吾鄉獨一無弍之自掘墳墓之昏憒主張。。可說是鄉人之幸。。學生學校之幸。。不過要令學生讀「三聖經」。。不知是根據何種理由。。抑教育局的訓令。。還是主張者的見解。。較勝於全國教育大家。。而作此達背時代的荒謬邪說。。以坑害全鄉的青年學子。。所謂「三聖經」者何物？據聞是「文昌帝君陰隲文」「關帝覺世經」「太上感應篇」彼古董派管然視為金科玉律。。不可侵犯的神物聖品。。不過在此科學時代。。那些廢物舊貨。。只好拋之廁所。。或付之一炬。。不能使人再看。。猶其不能使學生再讀。。假使

學生讀了三聖經：：無異將青年學生送到墳墓去：：宣佈他們的死刑：：最低限度：：也不過造成不事生產的小沙彌：：學校一變而為十偶殿：：而全鄉青年：：當被天然的淘汰：：作此種昏憒主張者：：是他們不識時務的表示：：而附和者又是趨炎附勢的可恥行為的表示：：吾故曰：：倡者可鄙：：和者可恥：：吾鄉教育：：有此歷史：：真是教育界之最大污點：：追源求始：：無非是那蔥惡滔天逼濟鸞熱」「復辟派」的「同善社」流行症中的「猩紅熱」「虎列拉」傳染得來的：：它們說世風日下：：道德淪亡：：不是讀經：：不能為人：：不是復古：：不能救國：：此種論調：：在它們是說得津津有味：：我不願評論：：姑置不論：：但它們的舉動：：由淺淡處說：：覺乎談道德者：：未見隨地表示道德：：對己：：對人：：對家：：對外：：只有一種口是心非的表現：：實令人失望：：而彼等之所謂道德：：未免滑稽耳：：此鄉校落伍的總關鍵：：應請鄉人認識清楚而力求改造的：：

現在教育狀況和將來的改造

鄉校自幾經解散而又成立以來：：在此期中：：私塾仍然林立：：鄉人對於學校的觀念：：已分三派：：

1 「自利派」是自設私塾：：教授已有子姪：：及內親至友子弟者：：此派以舊學為目的

2 「改進派」是抱大公無私的主義：：仍以公學為目的：：而欲實行新學者：：

3 觀望派 是抱定新學也好：：老學也不怪：：此派為騎牆派主義：：以上三派：：是現代鄉人對現代教育的心理：：也是本鄉的教育的現狀：：

以學校成績來比較：：我相信公學遠好一點：：私學恐未必盡善盡美：：這又可由本會招考的成績少比較：：及不時的觀察：：就可一望而知：：不必再加批評：：鄉人不難想像：：去年鄉校：：又生絕大波折：：此中經過：：鄉人諒能記憶：：對於此事之發生：：未免是本鄉學校的大不幸：：何以呢：：一鄉的公事：：只是幾個人和幾條巷：：要辦就辦：：不辦就要取消：：未免太過獨裁：：太過強橫：：鄉議會中：：有此事之發生：：本不足怪：：因為他們沒有嚴密的組織：：沒有詳細的討論：：和詳細的記錄：：隨事只在筵席上解決：：此議會組織之不良：：固不必再談：：不過既出席會議發言：：當至公無私立場發言：：方不愧為議員：：方不愧充鄉望：：至謂公款不有：：不能津貼學堂：：更云就是辦著：：也是幫附近的忙：：此種謬論：：尤為喪心病狂：：乃出諸議會議員鄉望之口：：實足以表現其個人自私目利之心理：：而不知公益為何物者：：試問一鄉教育之興廢：：豈二三私人之

所能操縱者⋯以議場慣例言之⋯最低限度⋯亦須得過半數之通過⋯或以總投票決之、方不致受一二私人之操縱⋯此卽余所謂本鄉議會無嚴密之組織⋯而有改組之必要⋯應請鄉人特別加以注意的⋯

致於鄉校以後之改造⋯要在鄉人和衷共濟⋯共謀發展⋯力求時代化⋯潮流化⋯的刷新⋯事事遵照教育部章程辦理⋯實行最新學制⋯選聘教材⋯實行入學和升班考試⋯不及格者⋯不能級升⋯對於教員明訂勤惰之賞爵條例⋯則不特青年學生日受其益⋯而能造就良好人材為國家社會服務⋯而本鄉前途之繁榮⋯亦可立待⋯吳稚暉先生曰「現代教育的畢業學級⋯是與喂圈猪一般⋯年期與用机械⋯孵鷄一般⋯朱經農先生言「教育的根本失策⋯卽濫發文憑」⋯此卽吾國教育弊病所在⋯不獨吾鄉為然⋯尚望鄉人三復斯言⋯加以努力⋯加以團結⋯則本鄉教育之改造思過半矣⋯

內部同志對于本會接辦鄉校應負之使命

人

內部同志們⋯注意呀⋯⋯在不久的時間中⋯快要發生你們當然應負的使命了⋯⋯我們會裏⋯早是認識了⋯和順練社會裏的教育及其它一切公益性質的事業⋯為本會應負的責任⋯照這樣⋯本會的立場是居于實無旁代的⋯但是這麼久了⋯再不肯拿出點精神轟轟烈烈的⋯工作幾件社會上⋯有義意而且又必要的事業⋯那麼⋯同志們⋯會是沒有成績的空會⋯恐怕還要受環境的排擠⋯與笑罵啊⋯同志們現在都開眼見到這點了⋯所以今年大會開幕的當中⋯曾決議了一個議案⋯是接辦本鄉學校的這一個題目⋯外部同志們⋯對于這一件事項⋯已加以不少的考慮了⋯都以為在此時機中⋯是最要緊不遇的⋯⋯

但是外部⋯僅有提倡合設計的能力⋯而實現外部的計劃⋯與繼續不斷的發展本會的工作⋯都是內部同志們肩頭上的責任⋯同志們⋯對于這一點⋯只須顯明的認識到本鄉社會中的必要的工作⋯卽是本會的必要的工作⋯同時也就是內部同志們各個身上的必要的工作⋯自然本會的前途⋯也就因本鄉公益事業有價值的公益事業而發展⋯這不是本會和內部同志的功能嗎？然而辦理教育的偉大事業⋯千緒萬端⋯既不是紙上空談⋯和隨便敷衍而可以成功的⋯必須經詳密的計劃⋯如經濟的充裕⋯教材的培植⋯學制的改良⋯校風的刷新⋯教育的普及⋯必須具有

努力奮鬥的精神：與堅忍不拔的意志：及諳練純熟的經驗、途擱淺：將本會最大之企圖：付之東流：遺笑社會：攏統來穩健不亂的步驟然後本會的惟一的整個計劃：可以得到說：本會的最大的出路：也就是本鄉青年學子的出路：能否的結果：而全鄉的青年學子：可得到相當的裨益：自尋他們達到目的：都在內部同志們的能否大下決心：共肩巨任呀……的出路：而不致于依樣葫蘆：事實與希望相違：或竟致于牢內部同志們：趕快起來担負你們最偉大：最榮幸的使命能！

改良家鄉風俗談屑

鋤強

家鄉僻處山國：交通不便：所以耳目閉塞：風俗固陋：在交通便利的省市：任是怎樣的奔騰澎湃的向「新」的途徑上走：惟有我們山國的家鄉仍然是閉關自守的：保持着他的「舊」的古董玩意兒：或許還要開倒車向十八世紀的陳腐的道途上瞎撞：關於舊的破壞：和新的建設：在一部分食古不化少見多怪的人們的腦筋裏：多視為「有背古道」而力圖阻撓：所以本鄉的一切：雖於民元時代稍輕一次的變更：分：所以那間：人民心理的「新」的萌芽：仍敵不過舊勢力的摧殘：而事事復了舊觀：家鄉的種種的相沿不絕的腐化習尚：真是千緒萬端：不知從那裏說起：只好先由人生要素的衣，食，住，行，育，樂，的問題崇說一說：深望關心鄉事的同鄉：將下面的說話若作誠懇的忠告：不是攻擊他人的牢騷：而加以相當的注意這就是撰作本文的希望了……

「衣」服裝改革是中國今日很要緊的一件事：因為服裝的形式：與國民精神上有極大的關係：當日本明治維新的時候：一切的軍政教育都在根本上起了變動：而首先被淘汰的就是日本的和服：和服真是世界上最壞的服裝：囊囊的木屐：臨風漂洒的裂沙：在行動上的不自由不便可說是到了萬分：：所以日本人才毅然的毀棄了：改用西裝：到現在的日本覺是煥然一新在世界列強中得到相當的地位：最近慕索利尼所領導的法西斯蒂政府：對於意大利所殘留的不合時代潮流的東西：無不猛力地攻擊：而於服裝的改良：尤認定是當務之急：甚至連一個舊式的土耳其帽都不許人民冠帶：土耳其的凱莫爾：於本國服裝的改革：也是首先取締他們舊式的土耳其帽：並禁止婦女用黑暗的面幕：可見各強盛國家的政府：對於改革服制是非常重視的：我們家鄉的女性的服裝

：因愛美的觀念：頗能隨潮流而翻新，因爲襲人的虛毛是我們貴國國民的特性：所以內面怎樣的陳舊：而外觀的華美：奢侈：的虛榮心：是不待宣傳而人們自會趨向的：可是處此經濟困難的時代：女性的同鄉們：應當憐惜她的父兄丈夫兒子的供給的困難：排除奢侈力求儉樸：對於一切無謂盧耗的妝飾品：：：銀：鑽：璜：鐲：釧：之類：作廢除的運動：一方面可以使少男子的負擔：一方面可以養成儉樸純良的風氣：因爲現代進化的潮流裏：事事當講求實際的革新：和心理的改造：方不致爲時代的落伍者：我們家鄉的女性：多依賴男性爲生：若不力求相當的學問：自謀生業：以達到經濟獨立的地步：而只知粉飾美容：來做男性的玩弄品：那麼女性的自身是不曾有解放的希望的：男性的服裝：在民元時代：會有趣向西裝的傾向：可是不久之後：就恢復了舊的滿奴服制的長衫：馬掛：長衫馬掛實足以表示我國老大病夫衰頹不振的精神：穿了長衫時：做事行路：實多不便：甚或致於助長筋骨的「腰弓背駝」：從心理與生理兩方面的測驗：都是引導民族向一種退化的路上走的：所以這種服裝已經不有存在的可能性：而存廢除長服：我們不是主張要穿西裝的：因爲一套西裝的縫工：可以買得一套舊式衣服的布料而有餘：兼之西裝必須多用外國貨寒做：於提倡國貨及經濟的原則上來說：都不能成立：近來中國學者對於中國服裝改良問題：多所討論亦多主張長衫馬掛和西裝同時廢除：而用「中山裝」來代替西裝：因爲中山裝的製造比較西裝簡便：穿着又極便利來路貨製造：穿起來和最近中國所產的布料：可以製中山裝的不在少數：不過在和西衣一樣的精神健爽：不似長衫的委頹：既不有人提倡：兼之所用的家鄉青年們：除綢緞以外：多是外貨：尤其多是仇貨：關心社會的家鄉青年們：際此抵制仇貨的時期：若能出而提倡服裝改革運動：廢除長服：改用中山裝或其他普通的短服：那麼在精神上既可得到相當的改造：而做事行動也較爲便利：兼之因抵制仇服的需要可以提倡國貨：而抵制仇貨運動也可永遠堅持到底：以制倭奴的死命：改良的步驟：知由各布正營業的商號：將以前經營外貨的營業：改營國貨：向上海各人織造廠購辦國產衣料：因國貨的入口稅的較外貨減少：價值自然較外貨便宜：並可挽回外溢的利源：不過這不是僅是本鄉一鄉的問題：而是全屬以至於全省全國的問題：因爲我們的說話只限於本鄉範圍：本鄉的青年當其備果毅的精神：作改革的前部先鋒：以求得到最後的勝利：

家鄉建築程序上的種種迷信舉動：可無疑義的加以取締了：他如家堂上的天地牌：民國以後一部分人有改作天地親師位的：一部分人有改作清氣地為泥土：天為清氣地為泥土：雨：風：雲：由氣候的變化與水汽的循環而成的：己經科學的自然原則：地生萬物：也是自然界的自然原則：天地的自然……他們的敬天敬地的觀念：……無非……身並沒有知覺：這是倆受過新知識的初級小學生都能了解的：……事實：在舊式頭腦的迷信者：……是表現他們希冀非分的利慾心：而求無知的天地牌的賜給：……民的不勞而獲的無意志的懶惰根性：和掩耳盜鈴的造成罪惡的錯誤觀念：……作惡的畏罪心：而希冀以祈禱而倖免譴責：這完全是我國國……的錯誤觀念：所以天地牌和其他附屬於天地牌的名目：己成封建時代的遺留品！……廢物……而不適於時代潮流：……

2「食」飲食的問題：家鄉的飲食專家：己升努力的研究試驗而達到日益精美的地步了：……關於的一切的窮極奢慾：己經由「愚」君在前期的本刊裏「吾鄉社會現狀」：裏說得很詳盡：此處無須多述：在鄉村生活程度的比較率上：恐怕本鄉要居第一位了：或許還可保持本鄉經濟現狀：不致將來生活的困難：力崇儉約：……同鄉們當體念時艱：廢除一切奢侈的風尚：力崇……

3「住」居住問題：發端於建造：在迷信的習慣上：建屋必須擇日擇之日：……請看人口稠密的都市：因地價的高貴：建造房屋：而富在淘汰之列了：這種習俗：在科學進化的時代：己不能成立：……當事者做種種的迷信舉動：……封建時代的遺留品！……有打卯的必要了：

只能因地取材：其建築物務求其光線的充足：與設計的完備：而適合於衛生原則：並不問其方向的子：午：和日子的黃道：……築的工作：先由工程師的設計與測繪圖案：然後作建……

式建築物所可比擬：且家鄉建築房屋的日益進步莊嚴：己非家鄉的舊黑道：——大都市的建築物可比擬：且家鄉建築房屋的人家：任何人都是擇得黃道吉日：和最好的方向：房屋落成後：也有家庭……辦法可信無疑：那麼家庭境遇的結果：就不會有兩樣：可知不能得到灶君？的祖護：替她們掩飾罪惡：如果因她們供奉

源有那毫無憑據憑空杜撰的灶君？更是表現著婦女們為惡的畏罪心：而求灶君的受賄與祖護：她們的腦筋裏：只知奏善灶君？是糾查八間善惡：去報告天庭？的：她們如果為善：那麼即灶君？如果有其物：又何須人間的供奉：它自然會去報告善情：如果她們專於為惡：就是朝夕祈禱：恐怕也……

禱告的‥廢誠‥灶君就會顛倒是非‥虛報善惡‥那麼這種灶君‥更是貪汚卑劣的一流‥而有彼打倒的理由‥依攘以上他的種種理由‥我們應當將天地牌與灶君?‥同時打倒‥而代以其他的紀念牌‥現在本鄉的極少數人家?‥已有將大地牌和灶君取消‥而代以「大中華民國萬歲」及「某公建屋紀念‥前一種是立作灶君?‥的地位的‥後一種是表示愛國心理‥前一種是立在天地牌的地位的‥可作普通的紀念‥全鄉實行‥後而不能一致實行‥我以爲可改懸「孫中山」先生遺像‥因爲孫先生是值得全國尊崇的‥還有「門神‥和「門神」類似的「挂門錢」‥「喜神」‥等類‥都是以訛傳訛的十八世紀的廢物‥而有廢除的必要‥

4「行」行的問題‥先由我們走緬甸的人的自身說起‥大概出門的人‥走到財神?店門前‥必須向那泥巴人叩頭‥還要給它一份買路錢的冥鏹‥以求它的保護?大發其財‥財神老爺?‥怕是王彥章的後身能‥所以它在那裏演擺渡的把戲‥但是它取了入家的買路錢‥並不負責保護‥人人發財‥給它買路錢的人‥有的一帆風順‥營業發達‥不過是最少數的一部份‥有的傭工度日‥僅資餬口‥還有那飄泊異鄉困苦無

告的‥也不在少數‥給買路錢時旣不有兩樣‥如果泥巴人有靈‥邪麼‥走緬甸的同鄉們‥就當人人發財‥不致會有有不幸的結果‥這種淺顯易見的事‥大約同鄉們都是很明瞭的無如泥於故智‥沒有改革的勇氣‥將有用的金錢‥付之一炬‥這是多麼可惜可笑的事‥我希望旅緬的同鄉們以後廢除此種無謂虛耗的舉動‥及一切關於「行」的迷信習俗‥

以上所言‥是關於「行」的精神問題‥還有物質方面的改進‥如修築道路‥講求公共衛生之類‥尤其是重要的問題‥家鄉的道路‥雖漸次修築‥然因多係舊式的工作‥只利於步行‥而不適於車行‥將來交通便利‥需用車輛的時期‥家鄉的高低不平的石塊路‥是不適用的‥他如街道缺乏溝渠‥雨季積潦滿地‥行人大感不便‥還有豬屎牛糞等類‥有害衛生的汚穢品‥也是充滿街道‥都是有改革整頓的必要‥卽使不能實行修築碎石路‥最低限度也要將高低不平的偏坡路陸續修整‥使之高低平均‥作將來通行車輛的預備‥並須用水門汀修築溝渠‥使雨水不致遍積街心‥掃除汚穢‥講求清潔衛生‥以減少疾疫‥這是關係家鄉社會繁榮的問題‥爲鄉人所當注意提倡的‥

5「育」育的問題‥廣泛得很‥有德，智，體，羣，美

，五育：：此處限於篇幅：單就生育問題來說一說：生育以結婚為始：：此處也就由婚姻問題說起：：本鄉的大多數人們：：對於兒女婚姻：：仍沿用專制婚姻的制度：：凡為兒女訂婚的人：：只問對方的家財是不是富厚：：而不問兒女的賢愚：：「男性對于女性或女性對于男性：：都是同樣的態度：：」其實這種買賣式的婚姻：：在雙方兒女尚在襁抱期間或未成年以前：：即已訂定：：甚至還有指腹為婚的盲目舉動：：本來也無從觀察或預測得到對方子女的賢愚：：聽方家長或因朋友的交情：：或因同業的關係：：竟將兒女前途的幸福：：付之於不可預測「命運」：：將他們的終身大事：：做家長們的犧牲品：：「還有將兒女去許配與鄰人的啞色兒子」的：：這只不是本鄉的事：：所以方的婚姻都是任於「財」與「勢」的：：有時對方的財勢或有變動：：那麼：：變為輕就：：處變動，嚴密的結合：：變為鬆懈：：另一方面的矜情和心理就隨之而變：：羨慕的心理也是隨着家長的傾向而轉移：：

在舊家庭制度下的男女青年：：他們的心理也是隨着家長的傾向而轉移：：因此而夫妻不睦：：家庭齟齬：：男女雙方都不能感受到家庭的樂趣：：這是在普通家庭裏很易發生的事：：尤其是女性處此經濟不能獨立的時代事事須依賴男性：：若使遭遇了

不良的丈夫：：就喪失了她的一生的幸福：：在舊禮教的家鄉社會裏：：離婚的事是被視為不合禮法的舉動：：所以女性所遭遇的任是怎樣的不幸：：也只好忍氣吞聲：：以淚洗面：：過那毫無意趣的人生：：至若男性遭遇到不良的女性：：他的人生的無意趣：：也是不有兩樣：：不過在多妻制度尚未澈底廢除以前：：男性還有娶妾的特權：：自然較之女性的無法解放的痛苦得地位優越一點：：它的結果：：仍然是女性受壓迫的來得多點：：這都是專制婚姻制度所賜給女性的恩惠：：處此婚姻自由的潮流裏：：我們對於家鄉不良的婚姻制度：：應常圖謀相常的改革：：但是我不是主張婚姻的絕對自由：：因為家鄉的教育還沒有普及：：青年男女往往因誤解自由而發生越出常軌的舉動：：女性方面：：或因一時的感情衝動而受對方的誘惑：：以得到的不良結果：：這都是假藉自由所造成的罪惡：：並不是自由的本身的罪惡：：對于家鄉過渡時代的婚姻制度的改良辦法：：我的主張是下面的幾條：：

1、廢除家長的單方面的為幼年子女訂婚制度：：

2、男女成年時：：始行訂婚：：由家長的選擇：：並徵求子女的同意：：如子女不同意時：：家長不得強制執行：：

3、男女社交在相常範圍內：：應給以公開的機會：：凡子

女應於訂婚之前：：在家長監視之下：：給以晤面的機會：：使各得交換意見：：庶不致盲從家長片面的主張：：而遺誤他們的終身

4　離婚自由：：已爲法律所許可：：凡男女性之任何方面：：對于對方認爲有不良待遇：：或其他充分離異理由：：而自願離異時：：鄉議會應負責處理：：使各達到合法的解決：：

5　妻死再娶：：夫死再嫁：：亦法律所許可：：家長對于女子的再嫁：：須給以絕對自由機會：：不得有所阻撓：：以廢除守節制度：：

以男女平等原則而論：：妻死旣可再娶：：夫死又何嘗不可再嫁：：乃家鄉習俗：：對于男子再娶：：即無問題：：獨于女性方面：：以舊禮敎的貞節二字：：將她們的終身束縛：：使她們過那有背人道的守節生活：：這是男女間最不平等的一件事：：彙之守節的婦女：：因環境的壓迫：：大多數都是到了晚年得到慈傷困苦的結果：：這是不可掩的事實：：所以順潮流點說：：最好將獎勵貞節的制度打倒：：使女性再醮自由：：得享人生應享的幸福：：

以上的幾個意見：：在進化的省市：：早已不成問題：：惟在女性能克盡婦道：：爲先決問題：：而不顧事實及毫無理由的合

家鄉舊社會的眼光看來：：必視爲違揹禮法而難於實行：：然而事實告訴我們：：家鄉的家庭：：因專制婚姻而造成的終身怨偶：：和因貞節的束縛而造成的晚年頹落：：已不可勝數：：在此解放改造的潮流裏：：關心鄉事者應於可能範圍內作舊社會制度的改革運動：：以謀人羣的幸福：：這是身爲家長的人們肩頭上的事：：希望大家共負改革的責任：：凡事自會有新的進展：：其關於舊式婚禮：：亦有改良的必要：：而以文明結婚爲適合潮流的辦法：：當另作詳細的討論：：此處暫付闕如：：惟關於婚姻上的形式上的迷信舉動：：如「合婚」一類：：的舊俗：：也是應當廢除：：因爲訂婚的男女：：必須以愛情爲原則：：而以到一生的享樂：：欲達到此種目的：：由理論上來說：：其目的不外達經濟爲之輔助：：雙方愛情融洽：：及生活問題得到相當解決：：就爰有別的問題發生：：前程遠大的人生：：豈是盲目的星士所能預定：：由事實上來說：：家鄉每有雙方滿意的婚姻：：葬送在盲目星士的一句話裏而致破壞：：大多數的經過合婚手續認爲上上的婚姻：：又何嘗不有中途的乖舛：：或單方面的不幸：：由此可知婚姻的結合在「新」的方面來說：：只在雙方的愛情結合：：在「舊」的方面來說：：只在男性的能維持家庭生活：：及女性能克盡婦道：：爲先決問題：：而不顧事實及毫無理由的合

婚制度‥‥已無存在的可能性了！

男女婚嫁後的第一問題‥‥在「不孝有三‥‥無後為大‥‥」

僅及於京滬一帶‥‥而不普及全國‥‥最近廣東省政府也有同樣

的公令？此種不工作的寄生虫的星卜者‥‥在不遠的將來‥‥難

免於澈底的淘汰‥‥

這裏有一段關於星卜者的新聞‥‥很有趣味‥‥特轉載在下

面‥‥

上海的半個滑頭

凡到過上海的人‥‥多知道南京路上‥‥有許多裝璜

美麗的大商舖中間‥‥有一所一間門面的小屋‥‥這小屋既非和

尚廟‥‥亦非道十館‥‥但是一年四季香火繚繞‥‥鑼鼓之聲不絕

‥‥不但一般外國人經過該地‥‥多要蹀足而觀‥‥就是一般少見

多怪的人亦不能不為之納罕‥‥內中玩的是什麼把

戲！據說‥‥裏邊有一個瞎了一隻眼睛的仙人‥‥他能夠知道一

切人們的吉凶禍福‥‥假便你府上有人病了‥‥到他那裏去占一

卦‥‥包你可以不藥而愈‥‥所以一般闊人的姨太太小姐太太們‥‥

常常要照顧他‥‥作比例‥‥據說與半仙一時失算‥‥作年前曾被綁匪綁去了一次

卦金自數元至數千元不等‥‥全以對方的財富‥‥

‥‥後來託人與罪商量‥‥以五十萬元贖回老命‥‥他的財產的

多寡‥‥讀者可以推想而知了！但是上海人何以只認他做半個

滑頭呢？並不是為他瞎了一隻眼‥‥我想大概因為他的頂雖滑

的社會心理中‥‥無非是製造國民‥‥山生理學上來說‥‥只要雙

方生殖器官沒有缺陷與疾病‥‥那麼生育問題‥‥自然可以解決

‥‥反是自然難以解決‥‥這是科學告訴我們‥‥凡女性的不能生

育‥‥都是由雙方面什何一方面的缺點所致‥‥欲求解決此種

缺點‥‥自然是要由醫術的診治‥‥在醫術的診治可能範圍以內

‥‥自然可以得到圓滿的解決‥‥否則或因先天的缺點、或不治

之症‥‥那就不是送子觀音‥‥的神迪所能為力‥‥也不是坑在

的八塊錢求一個子的洞經會所能賜與‥‥關於一切的出錢求子

及祈禧鬼的迷信舉動‥‥一方面是不懂生理常識的盲目行動‥‥

‥‥一方面是希圖騙錢的詐騙行為‥‥其餘的疾病痛苦‥‥也是應

當由醫藥方法解決‥‥求神問卜也是與求子的妄想得到同樣失

望的結果‥‥家鄉人有疾病不以醫藥診治‥‥專求靈於土偶巫覡

‥‥致不可救藥的‥‥也不在少數‥‥象之星家術士‥‥多半是潦倒

而致不可救藥的‥‥

人生‥‥無業流氓的騙錢生活‥‥他們自身既不能本先知之能

‥‥預自為謀‥‥以解決自己的潦倒生活‥‥而自圖發展‥‥又焉能舍

已耘人‥‥而代人預事謀呢！故星卜營業官受新時代的淘汰

‥‥其理甚明‥‥國民政府竹一度公佈取締星卜營業的命令‥‥惟

哈哈……

：也有上人家當的時侯：所以稱之謂「半個滑頭」：誰曰不宜：

依上所載：一個瞎子以五十萬元贖囘老命：可想見他騙得了人家的錢：實不在少數：他既能爲人預卜吉凶：偏偏到他已而被些綁票的錢的事：就不能預卜以求趨避了！－這豈不是很滑稽的事嗎，家鄉的迷信星卜的女同鄉們：快快的覺悟能：不要再拿有用的金錢去供給那寄生的癆蟲...　算命卜卦先生！師孃端公了：：

6　「樂」在家鄉社會的行樂：不外習俗相沿以舊歷每年的節令作種種的娛樂：和消遣歲月於烟賭之場：但是廢除舊歷：改用國歷：早已有國府的明令公佈：可是我國人的守舊觀念太深：所以到現在還沒有實行：家鄉也自不能例外：舊歷的不及國歷的便利：已無須詞費：由尊重國家公令起見：家鄉應當實行改用國歷並代替舊歷有關係的一切舊俗和節令：同時廢除：而代以新歷的紀念日：譬如舊歷新年可改用國歷新年：它的樂趣並不會有兩樣：是

節的端陽節是最害衛生的一個節令：：「粽子」不過是後人思慕屈原的意思：拿它投江喂魚：以代替他的肉體：：以免葬身魚腹：並不是要吃粽子的這麼一囘事：兼之吃了其他的夏節物品：是最易生病的：：我們可以取消了這種不合衛生的端陽節：：而以國歷的紀念日替代：：如「五三」「濟南」慘案紀念：：「五四」運動紀念：：「五五」孫大總統就職紀念：：「五九」國恥紀念：：「五卅」慘案紀念：：比較前者更有價值：：很值得國民們紀念的：：中秋節在舊歷節令裏可算是最好的節令了：：但是還有比中秋節更好的雙十國慶日：：可以表示國民的愛國心：：我們可以拿國慶日來替代中秋節：：別的「火把節」「中元節」都是有廢除和改良的必要：：「重陽」登高有遠足與運動的意味：：亦可移在國際舉行：：至於鄉人視爲最重或最快樂的秋苗保境會：本是我們騰越的特產：在民元以後：曾停止過一二年：：當時也不見得因停止保境會而發生不祥之事：：它的無存在的理由：：不過一部份的過癮派正想藉着這傷風敗俗的會期來滿足各人的私慾和癖：：所以談到取締保境就加喪考妣的痛哭流涕的叫嚷墮突誓死力爭兼之中國人心善於復古：：所以地方官對於保境會還要出示禁止屠宰：做擁護迷信的盲從舉動：：在青天白日旗幟下的官

清明節的插柳故事：是因介子推被火燒死而起：大家的祖宗並沒有被火燒死：又何必去插柳幹那混鬼的事呢！不如將清明節廢除了：改用植樹節：「三月十二日」實行植樹：還可以養成造林的習慣：夏

吏：己不容有此種陳舊頤腆存在了！！！

「禮節」跪拜禮節：本是君主時代的封建制度的一的改良，當另作專論：此處暫為擱筆：還有迷信堪輿的事：如喪禮

種遺留品：在封建思想的腦筋裏：待受跪拜是何等的尊榮？

其餘家鄉的種種腐俗：須澈底改良的還多得很：如喪禮

本不值批評：可以舉四句老套話來結束它：就是：

其實行跪拜禮的人：十二分的顯出奴顏婢膝的態度：而與自

地師先生憎說空　　指南指北指西東

由平等的義意大相違反：跪拜禮不取消一日：封建思想就存

世間若有王候地　　何不留着葬乃翁

在一日。我記得「同善社」的「楊老頭兒」來跨越時：去見它

以上己說了不少的寫一部份人所不愛聽而視為老生常談

的人要行三跪九叩的大禮：還不准仰而去看它的狗臉：「某

的閒話：其實都是於精神物質兩方面與家鄉社會關切的問

君」因看了它的狗臉：就大受申斥：這顯然是以帝王自居而題

家鄉不少明達之人：無如對於種種固陋風俗：多半拘泥

為將來復辟的結合實具有反革命的性質：所以

於故智，不知改良：或取放任主義而持旁觀態度：或因環境

不久也就被政府封閉：下了招牌關門大吉：還有關國民精

復猖獗：而本鄉社會毫無進展的希望：這是關心鄉事者之徒金

神並間接影響及於社會思想的惡化：國民政府己有明令

提倡領導的責任：果能將以上陋俗逐漸改良：那麼本鄉社會

公佈取締：其他省市亦多己廢除；惟有邊僻的家鄉仍然沿用

：望同鄉們從速將它廢棄了：這也是改造社會的　種重要問

題：

前途的成功：可以預期的了：

民國廿一年二月十五日　寫於伊拉瓦底江口

本鄉柴荒之救濟方法

救濟柴荒...最要緊是在造林...吾鄉附近荒山...在三十餘年前...已經弄過了...終歸沒得成效...因為什麼?...吾恐太過詞費...也就不再去追逐它...我現在依這題旨...來演一個方法...最要緊的...就是能夠做到有法律的保障...剷除面情...嚴格計畫進行...不因循...不苟且...不疏懈...這樣工作了起來...在和順區域內...沒論任何童山曠地...不到十年中間...總也成了個有森林的區域罷...茲將籌辦方法...略舉如下:

一 「經濟」...由本鄉公款支出若干數...或由鄉人集股經營...

二 「負責人選」公推鄉中有造林常識...而素其熱心者...若干人...為籌備委員...組織造林籌備委員會...共同負責進行...

三 「地區」造林基本地點...劃定「魁閣」...「新土地廟」...「三官殿」...「關帝廟」四處...「各私有陰地...亦可提倡於週圍造林...由各地主實行」...依各基本地點之原有石砌...各個圍出山地十餘畝...(共計四十多畝)...皆以就地山石...砌坎圍成之...即作造林區域...

四 「說明」石砌所圍之地...須擇土多蓋圍之...又石砌周圍產生之毛草...砌成後...宜即一律剷除...并將所剷得毛草...散鋪圍內...到乾時...以火焚之...可為肥料.

五 「木種之播植」由籌委會...選購良好松種...及其它雜木...每圍圍內播種三四升...(以地區大小為率...不加限定)...雜木任意栽植...由籌備委員督率工人工作...

六 「保護辦法」佈種之後...公僱常工二人...不息巡視...整理週圍石砌...剷鋤周圍毛草...但地區增大...亦可隨時制儌...並由籌備委員...造林區內...嚴禁牛、馬、羊、豬、放入...及樵薪野火...如有違犯者...處以相當懲罰...以儆效尤...俟基本森林完成範圍寖廣...更宜加緊嚴厲...羞恐有不時之斧斤...及破壞公益之縱火行為...則實害距淺...故宜嚴密防範...及「修理森林時期」必有四年以上之樹木...始由籌備

委員會：：隨帶常工住守之：：（即常工住守：：不得籌
委會命令：：妄自修伐：：即處罰之：：或扣其備資亦可
」：：

七
「工作期限」工作以十五年爲限：：保護六十五年：：
因山地多石而少土：：植物之生長不易：：即已生芽：：
亦是盧硫散列：：不能密聚：：從能連生達於山籠：：非
久長之年限：：不爲功：：

八　「成薪」初造之林木：：已有十年之長成時：：至一
文：：所能備迷：：

年八九月之交：：選成薪者伐之：：由籌委會：：減價發
售：：得錢：：仍買種子：：到春日佈散：：如此傳遞生發
：：柴荒之救濟：：至可得些須矣：：

以上八條：：不過就拙見所及：：略言其簡與方式：：原不能
稱爲完善：：至於其他元密的粗織：：及辦事細則方式：：
委員會產生時：：自有籌委會詳密計劃進行：：而非本篇簡陋之

五週特刊出版後本會會員的感想

本會六週年已經被時間之神勿勿地帶去：：光榮輝燦的七
屆又到了：：會友們啊！時光去如流－會的年紀又增加了一歲
：：我們爲六週的過去：：又要預備點禮物紀念它一下－我們的
禮物就是來出版「六週年紀念刊」：：

「週年紀念」刊爲什麼要出版：：它的義意各位是明白認
識的：：並且「村樹」君在「五週特刊」上：：曾也發揮得淋漓
盡致：：也用不着我再來畫蛇添足的了：：

我現在所要談的，是，感想：：感想是什麼？感是感覺：：
想是思想：：感想卽是因感觸外物的刺激而發動腦筋的思想和

觀念：：因思想與觀念的活動是以感覺爲起點的：：有一分的感
覺卽有一分的思想和觀念：：依以上的原則來說、會的懵一
的喉舌的五週特刊與本會同志接觸以後它的刺激性是怎麼樣
：是否因本刊的出世而有所感覺，感覺到什麼程度，因感覺
而發生的觀念是怎樣麼？這是很值得我們注意與研究的：：因
爲本刊是本會的發表意見的宣傳品：：本會同志對於本會有深
刻的認識：那麼對於本刊自然有深刻的感想：：因深刻的感想
而鼓起對於本會服務的同情心、反之：：素來對於會務既沒有
深刻的認識：：那麼對於本刊也自然是沒有所謂感想：：而刊物

自刊物‥我自我‥刊物對於漠視會務的會員們‥是不曾發生影響的‥我們所希冀的本刊所能得到相當的效果‥恐怕也是等於零而使我們失望能！事實告訴我們‥本會會員對于會的觀念和工作‥好像是依然故我‥沒有兩樣‥較之刊物沒有出世以前‥未見得精神的增進與興奮‥仍然會是會‥我是我‥因為神經遲鈍的我‥並不曾聽見同志們的感想的表示！不過由我的理想的推測‥熱烈奮鬥的同志們‥自然能對本刊表示相當的同情心而加緊工作‥為本會忠實的服務‥這不過是很少很少的一部份能‥本刊的所以不能鼓起大多數同志們的同情心‥它的原因‥一方面是本會的人材缺乏‥對於文字上不能盡量的充分的供給‥便讀者得到十二分的滿意‥這是我們負有刊物籌備責任一分子的同志們所當反躬自問自責而益加奮勉‥作再進一步的研究‥！研究的問題是‥如何能使全體同志對於本刊加以注意而發生意志與奮的同情心‥因而對於本會作進一步的認識‥因而本刊可以得到相當的效果‥這就是本刊出版的目的‥我並且十二分誠懇的忠告本會大多數的同志‥有對於本會的一切作旁觀態度的漠不相關的心理的‥以後稍微加以注意‥因為本會的一切是與各同志們自身上有切膚的關係的‥本會會務發展即是各同志個人的發展‥本會會務頹敗即是各同志個人的頹以‥各同志既是本會的一分子‥各同志的自身永遠不會與本會脫離的‥‥在外界人的觀察‥各同志的一舉一動‥尚且會影響到本會的名譽‥如本會會員有私人不良的行動‥外界人就要說‥「這是某會會員幹的事」‥「某會會員原來是這一種的行為」‥這是我們的耳朵裏常常聽到的街談巷議的批評‥可知會員與會是不能分離的‥「會自會‥我自我」‥的觀念‥是根本錯誤的‥同志們要能明瞭自己加入本會是什麼意義？為已身的企圖而入會嗎！關於前者的就是本會各個分子所應為社會人羣的利益而入會‥關於後者的就是本會各個分子所應具備的決心‥而本會的前途因有此種各個分子的決心‥才可以有進展的希望‥

同志們呀‥光陰是和流水般的逝去的‥本會的刊物也是同志們的隨着流水般的光陰而出世與大眾接觸‥本會的歲月也是虛度了不少的年限‥望同志們勿使這歲月虛度過去‥當使本刊出世一年有一年的代價‥也就是使本會會務隨歲月的前進而前進‥其唯一方法‥就是要各自本着自動的強毅的精神‥衝破了個人主義的自私慾與虛偽心‥來做本會的主人應做的工作‥！誤社會進展的工作‥若有對於本刊有所輔助

與指導或糾正‥是本刊十貳分的懇切的歡迎的‥

公益建設與迷信事業

鋤强

公益建設者何，與學校以培植人材‥設圖書館書報社以之所致‥至於公益之建設‥如全鄉教育機關之兩級小學校‥輸入文化‥修道路以利交通‥改良農業以裕民食‥造森林以設備簡陋‥教材缺乏‥若言整頓‥則在在需錢‥他如河流之植木材‥講求公共衛生以防疾疫‥以及其他有益於社會人羣疏導‥以利農事‥森林之製造‥以救荒‥及公共衛生之設之設施省公益建設也‥修寺觀塑泥人以耗公款‥保境朝斗以施‥皆為當務之急‥而當事諸公毫不注意‥與言提倡‥則不神賽會以填僧尼慾壑‥及招掇遊民以釀禍端及其他一切浪擲曰無錢‥即曰緩辦‥以致教育萎頹不振‥社會事業‥一無設令錢求神禱鬼之事‥皆迷信事業也‥吾鄉迷信事業之盛氣掀施‥獨於煽惑民衆之迷信舉動之塑泥人建寺觀等類有害無益天‥與公益建設之日益退步‥適成一反比例‥所謂智識階級之勾當‥則鎚意支取‥毫不容惜‥以全鄉命脈所在之公款‥紳之家對於迷信事業‥則一唱百諾‥隨聲附和‥不惜盧耗而不能進展之最大原因‥至於吾鄉之腐化社會罪狀仍然存在公私款項‥以擲之於無用之鄉‥開此次建呂祖，殿「狸鼠殿‥若因公益建設‥向之募捐‥則裝窮訴苦‥不願捐輸‥迷信」貼去千餘元‥建關聖殿，貼去貳千餘元‥在提倡此造孽事事業‥則踴躍爭先‥傾囊相助‥而於婦女為尤甚‥此「連珠業迷信舉動者‥不過少數人之一意孤行‥以為其出風頭之作」「陳齋公」「張懷東」等孽賊之能横行於吾鄉‥而予取予求用‥而非全鄉人之意也‥乃此數千九之巨款‥非彼少數人之‥任意斂索‥且造成種種不良結果‥遺害全鄉‥實非淺鮮‥私產‥而擅自提用‥當局者亦擅自支與‥而不加以考慮‥浪家鄉父老兄弟諸姑娘姊妹乎‥公益建設者‥為人羣謀幸福耗公款之罪‥實不能辭其咎‥彼風頭派既欲求媚於鬼神土偶者也‥迷信事業者‥為社會種孽根而自掘墳壟者也‥以後尚‥為其子孫希冀非分之福‥何不解其私人慳囊‥而必擅支公望公私方面移迷信事業之慷慨捐輸‥而為公益之建設‥將吾款‥不知是何居心‥本鄉財政日益窘困‥莫非用之不得其道

鄉改造為新時代之模範鄉村：：則其成功之偉：：較之塑泥人建泥人廟：：當空子承首：：勝過萬倍：：斯誠功德無量也矣：：

民國二十一年二月二十五日　於新甸旅次

本會會務進展的要素

總部須行使職權——執行議決案
會員須精神集中！步伐整齊

鬮徵

本會創立之本旨：：原為謀家鄉社會之進展耳：：社會進展之途徑：：要在全體同志：：人人一心：：各負其責：：以謀公益之建設：：教育之改良：：方能達本會之目的：：其進行方法：：不外以外部為建議設計機關：：內部為實行機關：：而內外二部：：實有互相輔持及精誠合一之必要：：蓋外部雖能建議設計：：而內部不能實行：：則建議者不過紙上空談：：等於泡影：：內部能實行矣：：若無外部之精神與物質為之後盾：：則內部所執行之事務亦必始勤終怠而半途擱淺：：以致於失敗：：此內外部之當各自明瞭其立場之所在：：而為會務犧牲舊門：：各盡其責者也：：至於盡實之道：：本會總章「第七條」已明白規定：：「本會最高權力機關：：為全體代表大會：：但閉會期間為總部執行委員會有執行全體代表大會之議決案：：則有志竟成：：何事不可為耶：：又第十七條所規定「本會總部執行委員會有執行全體代表大會之議決案及各分部屬部之請求案之責」：：又第九十一條所規定：：「本會會員有監督本會各部職員之權」：：負總部執行委員會之責者：：對于本會之議決案有執行之職權與責任：：而毫不容疑慮：：當以勇毅之精神執行之者也：：而於會員方面：：素來精神渙散：：步伐紊亂之者也：：若隔岸觀火：：而無集精會神以為會服務之決心：：步伐紊亂之事實：：所謂精神渙散者：：即多數會友對於會務多漠然視之者：：對於會務不能主張一致：：意見紛歧：：對於本會之議決案無一致顧行之勇氣：：致會務因而不能積極進行：：時至今日：：此本會最大之病源：：而凡屬本會一分子者：：當從此作桑隅之收：：尚未為晚：：要當集中精神：：齊齊步伐：：移車之鑑：：以本會之主張為主張：：以本會之責任為責任：：職責所在：：不容反顧：：合舉策羣力以輔助本會之高權力機關：：執行一切有精神有榮譽為地方社會謀利益謀進展之議決案：：則有志竟成：：何事不可為耶：：本會第六週大會議決案：：有關於家鄉社會之進展：：亦為

本會會務進展之惟一途徑者。即承辦本鄉教育是也。此議案之重要已不待言。而本會實行之機關則在於內部。前已言之。然能使內部得到實行之職權。則仍在於外部之總部執委會。本會最高權力機關之執委會能否執行本會之議決案。即以此次之議決案為試金石。而本會務之能否進展。亦以此議案之能否實行與辦定。本會總章第八十條所規定。「本會對於家鄉教育應進行與辦理者。『甲項』為教育之革新興普及」此次議案本本會之宗旨而議決。本本會之宗旨而實現。固毫無疑義與考慮之必要者也。是故內外部之教育籌備委員會皆有組織成立之必要。其進行步驟。則以外部籌委會為設計機關。內部籌委會為實行機關。而內部總部為監督機關。凡一切措施。由外部籌委會議決報告總部。又由總部函達內部。由內部籌委會執行。當由內部籌委會就地埋的情形。適應社會之需要者有所遵循。方不致牛途而廢。

助本會之權力機關行使職權、則本會前途之進展。可立而待。若猶豫不決。瞻顧彷徨。當機不斷。坐失良機。使本會鄉重要之議決案不能實現。則本會有名無實之譏誚。將因此而證實。而前途將永無進展之希望。而本會之存在。實無意義之可言矣。蓋本會之實行機關仕於內部。既如上述。而內部尚有特別情形。當為本會同志告者。即內部同志人數不過外部人數之四分之一。以較之全鄉人數。不過十五分之一耳。內部同志之能努力奮鬥為本會服務者固不乏人。然因人數之微。及一部份同志之不能久佳家鄉。時有遷移。以致會務之進行。多因人的問題而更張。此亦本會會務進程上之一大弱點。而內部會務之進行與否。全視負責之有人與否而定。此其時則為負責有人之時也。本會之重大議案如教育問題者。則當乘此時一鼓作氣。創立基礎。使事事有所規定。而後繼起者有所遵循。方不致牛途而廢。若失此良機。負責無人。則其他日始創艱難。悔已無及矣。

尤有進者。本會此次之議決案。難免有一部份穩健同志。加以懷疑。而以為時機未至。主張緩辦者。夫所謂時機者。已不自今日始。其由來者久矣。本會

育之措施。當由內部籌委會執行。職權較重於外部籌委會。而為外部總部執事諸同志所當加以注意。而以果毅之精神行使其應行使之職權。以全權付之內部籌委會。以實現本會之議決案。以內外部全體同志。則當如上所述。集中精神。整齊步伐。全體一致。各盡所能。以輔助教育為宗旨。欲宜負責任。不過鄉校有隨時改造之

何？本鄉教育之不振。已不自今日始。其由來考久矣。本會

必要⋯⋯而本會經濟力無隨時援助之可能耳⋯⋯在本會經濟未充足而不能勝任之時⋯⋯即非本會之時機也⋯⋯此時本會經濟力對於此次決案所擬之經常費⋯⋯己能勝任⋯⋯即本會進行艱頓之時機也⋯⋯吾以爲本會之時機即金錢問題耳⋯⋯其餘並無時機之可言⋯⋯而亦並無問題⋯⋯其如本會之宗旨何⋯⋯而旁觀坐視⋯⋯則爲放棄責任⋯⋯其尚以時機未至爲言⋯⋯且本會既以公益建設之原則⋯⋯而有圖書館之建設⋯⋯此亦不過社會教育之一端⋯⋯其實權其輕重⋯⋯則學校教育當較其他一切教育尤爲重要而必先及於學校教育⋯⋯而後及於社會教育⋯⋯故本會同志當合群策群力以促成此根本問題之學校教育⋯⋯使之實現改造者也⋯⋯

以會言之⋯⋯本會之議決案惟有執行之耳⋯⋯所謂教育籌委會者⋯⋯其責任即在於如何籌備設施⋯⋯用何方法手段⋯⋯使本會之議決案早日實現⋯⋯而非謂此案之當辦與不當辦⋯⋯而須加以討論⋯⋯蓋其名稱爲籌委會⋯⋯而非研究委員會也⋯⋯至於籌備時間⋯⋯因家鄉學校慣例關係⋯⋯及本會內部人的問題關係⋯⋯尤宜速行而不宜延緩⋯⋯本會議決案之目的⋯⋯在於實行⋯⋯而非如滿清末季之預備立憲⋯⋯敷衍了事者之須假以年月者者也⋯⋯

以經濟方面言之⋯⋯本會大部份同志⋯⋯有主張保持基金者⋯⋯基金之應保持⋯⋯固不待言⋯⋯蓋基金爲本會之生命⋯⋯有基金即有本會⋯⋯無基金⋯⋯

即無本會⋯⋯所謂絕對保持云者⋯⋯並非謂絕對保持⋯⋯一毛不拔⋯⋯亦當於相當程度之內⋯⋯加以保持⋯⋯亦當於相當能力之內⋯⋯善用本會基金⋯⋯以發展地方社會之公益事業⋯⋯即本會之整頓建設⋯⋯以收得良美之結果⋯⋯教育之整頓建設⋯⋯又爲經濟能力之所及者⋯⋯此而不爲⋯⋯則本會之名爲崇新會⋯⋯尤較勝於有名無實之社⋯⋯即本會之名爲崇新會社⋯⋯不如直接了當⋯⋯一變而爲營業性質之公司⋯⋯就覺名⋯⋯何若一變其招牌⋯⋯直作崇新公司⋯⋯實相符也⋯⋯

總之⋯⋯本會此次之議決案⋯⋯有關於本會及本鄉前途之進展者既如上述⋯⋯且此事之實行⋯⋯係有墨間性者⋯⋯春李爲學校始創業之期⋯⋯本會如有誠意接辦鄉校⋯⋯則於未開學之先⋯⋯須作種種之籌備⋯⋯而非一二日所可竣事者⋯⋯本會之負責者若不於最短期間促其實現⋯⋯而以緩滯遷延處之⋯⋯則開學之期一至⋯⋯鄉校當局自當不能遲遲以待本會⋯⋯而須繼續自行辦理⋯⋯此機一失⋯⋯將來負責始創者是否有人⋯⋯又爲疑問⋯⋯而此事之實現⋯⋯將遙遙無期矣⋯⋯故爲本會之偉大前途計⋯⋯本會之權力機關當遵照會章從速行使其職權⋯⋯本會同志則將渙散亂之步伐整齊於同一主張⋯⋯將散漫之精神集中爲同一主張⋯⋯以經濟方面言之⋯⋯本會之權力機關遵照會章從速行使其職權⋯⋯本會同志則將⋯⋯

會衆一心⋯⋯以督促本會權力機關之實行議案⋯⋯則本會之成

功方有一線之希望：否則放棄責任，致本會於失敗之地，有
責者不能辭其咎也。

民國二十一年一月二十日作

附錄一

內部教育籌備委員擬組織內部教育籌委會致外部教育籌委會書

教育籌備委員會公鑒

雲箋拜悉外部大會對家鄉公立兩校之接辦贊能通過實行歡躍　崇此敬頌

奚如同人身屬家鄉人一份子會員一份子對此全鄉文化所關生　公安

活所繫之唯一教育機關之整頓敢不竭棉力附驥於　請委內地籌委扣左

諸君之後以求前途之成功特是學校既在家鄉則一切言行工作

勢宜稍重於家鄉茲以少數同人担負此種繁重責任天職所在雖

屬奮鬥關有心然螳臂當車其如力不勝任何謹建言懇請加委任

內熱心份子俯允組織內部委會共同努力借收集思廣益之效

對於學校方面為求組織合理責任不致偏畸起見謹先擬呈組織

系統其餘一切規章當於異日詳細擬定經濟方面亦先擬呈草表

特以時間急迫未克一一詳計是否有常敬祈裁奪無任顒企之至

寸仲恆　劉思九　寸春谷　寸玉珮　李維周　李槐三
張毓蘭　尹清英　尹鳳英　寸時金　李受天　寸時能
段鋭秋　寸珮久　張惟善　段德之
李啟慈　張溶　李澤春　謹啟
謝蘭芳　李嗣華

136

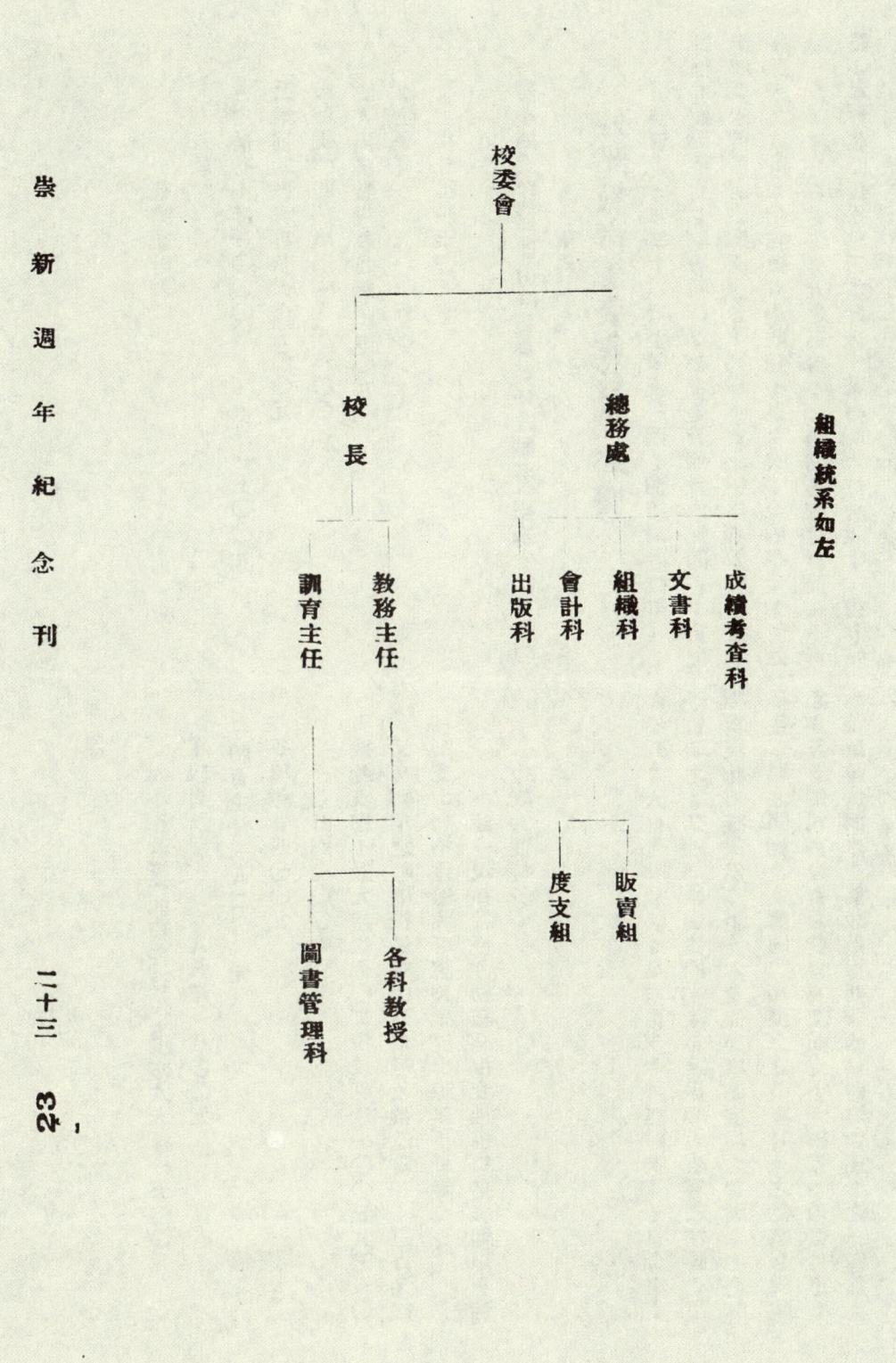

組織統系如左

校委會
├── 校長
│   ├── 教務主任
│   │   ├── 各科教授
│   │   └── 圖書管理科
│   └── 訓育主任
└── 總務處
    ├── 成績考查科
    ├── 文書科
    ├── 組織科
    ├── 會計科
    │   ├── 販賣組
    │   └── 度支組
    └── 出版科

經濟統計表

入款

會內補助小洋一〇〇盾

公衆補助教育專款大洋五〇〇元

大稱稅「卽舊屠捐」大洋六〇〇元　　大洋一七〇〇元

鄉人捐集教專款恩銀一五〇元

學生學費　一五〇〇元

出款

此計三四五〇元

元如小正教授「卽現任教授者」六人大洋一五〇〇元

高級男教授　六人大洋一八〇〇元

體育主任一人一二〇〇元

各項雜費四〇〇元

　　共計四七〇〇元

按此表應不敷大洋二五〇加校長專欵一〇〇元共三五〇元扣明年之牲屠稅仍能由公衆包收盈餘當在　三百元卽敷支出如不獲包收可請公衆提出諒無不可者

（注）現在教授擬初級全由女性担負高級則以男性

故女性特多

初小副女致授「卽由師範與新任教職者」四人大洋八〇〇

附錄二

外部教育籌委會致總部書

敬啓者：一月二十六日：呈上一函：將接辦鄉校事宜：請總部照決議案：取決執行：總部是否照會內部同志：實行辦理：未得覆函：殊深念念：稿以本會整頓本鄉教育：爲本會應然之負担：今鄉教育：敗窳不堪至矣：全鄉學生：於知識上：精神上：受了莫大之影響：此厥千載一時之機會也：夫得其時

而不爲：大好光陰放過：欲求再來：終無時矣：予日念之：予日望之：請總部執委諸同志：急遽振起大有爲之精神：積極實現此項議決案：詎止本會偉大事業發展之起點：亦至鄉學生幸福之開始也：諸同志曷深念之哉：且人之能富有愛國心與否：端賴於教育之能普及：而定：今國家：內憂外患：如浪濤壹迭而來：能毅然振起愛國精神者：僅十之三四焉：

「諸同志諒有所聞茲不再贅」本會起而接手整頓：

作者因總部否決內部增設教育籌委會事致書總部請覆議照准內部請求

附錄三

此十之三四‥‥必曾受過教育而然‥‥夫教育對於國家關係‥‥為
何如乎‥‥請總部毅然實行‥‥勿故作扭捏‥‥是為
至幸‥‥且總章規定‥‥每於大會後‥‥所議決一切議案‥‥即由執
委規劃進行‥‥以實現一切議決案‥‥凡關於議決案內之一切進
行事宜之設計‥‥統歸執委工作之‥勿庸通知其他部分之執委
或徵求其同意‥‥「若發生新特事當然通知徵求‥」總部有執
行之特權‥‥前總部以內部籌委設主任一事‥‥必通知各部‥‥瞻
其同意‥‥夫蛇也‥‥而故添之以足耳‥‥特意延岩時間‥‥把切膚
灼肌之事‥‥作隔河觀火‥‥痛癢木然‥‥噫‥‥一年之光陰‥‥無幾

一延一月‥‥今陽歷二月‥‥陰歷一月‥‥皆將近矣‥‥而吾會之議
決案究如是也‥‥議決案之不能輒然實現‥非吾輩之放棄責任
何‥‥非吾輩之辜負大會何‥‥如此‥‥則吾輩實為徒有之人‥‥溺
職之罪‥‥深而且巨矣‥‥今內部籌委‥又有書來‥‥附函夾陳‥‥
觀過後‥‥請寄還作存‥‥總部寧此‥‥當知所處矣‥‥予敢再進一
言曰‥‥總部執委會‥再不將內部籌委會迅即照會成立‥‥命其
負責幹辦‥‥實為有意作梗‥‥溺職之愆‥‥萬難逃脫矣‥‥此上本
會總部執行委員諸同志公鑒閱後并求賜覆為盼
二十一年二月二十五日教育籌備委員會主任寸家寶謹啟

關于教育問題‥‥鄙人管窺所及‥‥當呈明於總部者‥‥本會接辦
教育事宜‥‥並非須有一定之預備年限‥‥而後可以接辦‥‥本會
之能接辦與否‥‥在於內部之負責有人與否而定‥‥如內部專門
負責有人‥‥則今年亦可實現‥‥若內部負責無人‥‥則雖預備數
年亦不能實行‥‥此時內部同志如「李秋農」君‥‥實本會中堅
而青年健將‥‥且其有教育之經驗與研究者也‥‥本會若有誠心

總部同志鈞鑒‥‥（中略）

整頓教育‥‥則內部教育籌備委員會之設‥‥公最需要之根本辦
法‥‥因外部雖設有教育籌委會‥‥而各籌備委員各居一方‥‥既
不能聚首以共相討論‥‥又無權招集各籌委作正式之會議‥‥僅
以書面徵求各籌委意見‥‥而各籌委中不負責者多置之不覆‥‥
則教育籌委會欲解決之問題‥‥永無解決之期‥‥而該會亦等於
虛設耳‥‥此外部教育籌委會之不能進展之原因一也‥‥且外部
對於家鄉情形‥‥難以盡行明瞭‥凡事大有隔靴搔癢之勢‥‥厭

不如內部同志。。對於家鄉教育。。情形較為明瞭。。可揣酌情形適應家鄉社會之需要而籌謀整理。。此內部應設教育籌委會之理由一也。。內部同志同居一鄉。。朝夕可以聚首。。若須開會討論。。亦可隨時開會取決。。而坐談立行。。易于實現。。此內部教育籌委會辦事之較便于外部。。應速組織之理由二也。。外部籌委會議決之事。。外部並不能實行。。而須由內部籌委會為實地進行。。則外部籌委會懂可為設計機關。。而內部之籌委會為實行機關。。有外部之籌委會。。尤不能無內部之籌委會以負實行之實。。此其理由三也。。內外二部同為不等機關。。則內部之教育籌委會。。與外部之籌委會亦為同等機關。。並非于外部籌委會之下設分會于內部。。大會時雖通過設立外部教育籌委會。。而增設一內部教育籌委會。。亦與原日議案並無抵觸。。而總部執行委員會為執行機關。。自可准許內部增設教育籌委會。。此內部應設籌委會之理由四也。。內部就地勢的情形辦理。。意見自便于外部之籌委會。。已如上述。。則對于教育之措施。。意見較能集中。。而趨一致。。萬無意見不合之慮。。此內部應組織籌委會之理由五也。。外部籌委會既至今一事不能解決。。則內部之籌委會應時而生。。為尤不可緩。。外部之籌委會懂可與內部之籌委會共同互助進行。。若外部籌委會既在停頓期中。。內部亦不增設籌委會。。則大會之議決案將完全停頓。。而無法進行。。此內部籌委會應組織之理由六也。。總部雖己表決不許內部再組籌委會。。然為本會會務進展計。。凡事可擇善而行。。民治國家之憲法規定。。人民對于政治亦有複決之權。。是以前之不許組織者。。此時若一再審慎考慮。。而開會複決之。。以取得多數同意。。亦可再函內部。。組織籌委會。。並無不合。。豈人以會員資格。。特敢冒昧上言者。。以本會此次之承辦教育議案有關于本會之進展者甚鉅。。此案能于實現。。則本會會務之進展可立而待。。此案不能實現。。則本會將來對于任何社會事業亦將不易措手。。而歸于失敗。。且大會議決之而不能實行。。則外人所議本會之有名無實者將以此而證實矣。。以上所言尚祈加以考慮為幸。。臨書不勝翹盼之至。。此請

公安

二十一年一月二十一日會員甘嗣徽啟

婚禮改良芻議

家鄉的婚嫁禮節：：仍舊沿用着「周公之禮」的封建制度方面：：較之舊式婚禮：：十分便利：：旣無須四五日宴客的耗費
：：亦無種種形式上的麻煩手續：：凡婚嫁之家：：可於公共場所
：：「如學校或各姓宗祠之類」設置禮堂爲結婚的地點：：雙方的
會即可了事：：這是最經濟最合潮流的一種辦法：：

的舊式婚禮：：耗費金錢：：手續麻煩：：實在有許多不便的地方
：：由物質方面來說：：富裕之家：：婚嫁的耗費：：至少在千元以
上：：中平之家：：爲虛榮心的驅使：：往往典質產業：：企題效尤
以圖一時的炫耀：：寒微之家：：娶一婦嫁一女：：那更不容易的
了⋯⋯：：由精神方面來說：：至少在一年以前
即須籌備一切：：臨了婚期：：由戚族鄉黨的贊助：：奔走忙亂：：
紛紜擾攘：：關於歸饌的設備：：賓客的招待：：和形式上的一切
舊禮：：如納幣：：「俗稱過禮」送盒：：「俗稱撖妝」親迎：：拜
堂：：坐床：：及種種的忌諱⋯⋯：：肉麻，這是多麼腐化落伍的
人感覺到十二分的苦腦！：：等類的麻煩手續：：使謂的耗費：：實在不是少數
：：就有不堪設想的危險！

家鄉父老兄弟諸姑姉妹們！我十二分的誠懇的希望你們
作體恤艱難的風俗改良運動：：最好由學望素著的人家：：首先
實行文明婚禮：：作改革制度運動的前部先鋒：：然後使大多數的同
鄉：：有所效法：：將此種制度普及全膠：：若富裕之家欲表示子女婚嫁的光
榮：：儘可將節省的經費：：移作公益事業：：如捐助學校或圖書館
經費：：及其他關於地方上的種種公益事業的設施：：使家鄉社
會得受其益：：比較那擲霍在口腹的食慾上的「八大碗」的浪
費：：好多着呢：：

民國以來：：歐風東漸：：事事革新進步：：在中國其餘的省
市：：文明結婚：：早己風行社會：：因文明婚禮：：於精神物質兩

下面便是文明結婚的禮節：：特地的介紹給家鄉的靑年兄
弟姉妹們：：作實行的研究：：」

文明婚禮節目

奏樂

3 糾儀入席（面北立）　2 司儀入席「面北立」　1 主婚人用印　17 介紹人用印　18 證婚人用印

5 女賓入席「面北立」　4 男賓入席「面北坐」　1 來賓致祝辭　20 證婚人致謝辭　21 主婚人致謝辭

7 女族全體入席「面西坐」　6 男族全體入席「面北坐」　23 新郎新婦謝證婚人「三鞠躬」　22 證婚人退

9 女族主婚人入席「面南立」　8 男族主婚人入席「面北立」　42 新郎新婦謝介紹人「三鞠躬」　介紹人退　新郎新婦退

11 介紹人「即媒人」入席「面南立」　0 證婚人入席「面南立」　52 新郎新婦謝來賓「三鞠躬」

12 男女儐相引新郎新婦入席「面北立」　26 新郎新婦退

13 奏樂　亞於初舉婚禮的人物的資格…及禮堂的佈置…各種請帖

14 行結婚禮　新郎新婦相向一鞠躬「或三鞠躬」交換約指…由男女儐相代為佩帶　觀禮券的式樣…及詳細的節目…可購閱「文明婚禮說明書」就能了解它的一切…「商務印書館發售的結婚證書…並附有

15 證婚人讀證書　16 新郎新婦用印　禮節說明書」

民國二十一年三月十一日　於仰光

吾鄉婦女裝飾的程度

愛美的心理…雖是人類所通有…但是對於美的真意…認識的人却很少…所以社會上的審美觀念…很有許多錯誤…老實說…尤其是女子們…他且不論…單就我們鄉中女子裝飾態度行為三點上看來…即可推知其一班…怪彤惡狀以為美…嬌態輕狂以為美…多企華飾以為美…照這樣看來美尚有價值可言嗎？「美為孕育真善之母」…美的表現應該力求其真…應該力求其善…今日我鄉女子之所謂美是有害於身心的美是不真不善可以稱美嗎，這種美的態度和觀念…已俱本錯誤…烏可不加改正…茲特舉現在裝飾的程度和應改正者列后…

現在裝飾的程度　裝飾為愛美的一種表現…上已述之…

T

故當新的心理變幻：：任何人都不能例外的：：有一分的新理想：：即有一分新變遷的態度與程度：：程度是由理想上的進步而進步的：：是人生應該經歷的階段：：假使沒有程度：：幾無時無地均需要程度：：假使沒有程度：：則一切行為必失所依據：：如觀察國民的智識：：可知國民的程度：：考試學生的成績：：而知學生的程度：：所以「荀子」謂：：「程者物之準也：：」「孟子」謂：：「度然後知長短」舉凡一切不離依據以觀其程度：：其意明矣：：吾鄉婦女裝飾的程度：：可以說是不是由理想的進步得來的：：是一種冒從得來的：：茲略述如下：：

1　服裝不一致：：寬衣大袖：：為老年派：：即守舊派

2　不長不短：：為中年派：：即新舊溶和派

3　短裝長裙：：兼穿大掛：：為青年派：：即為新派：：此中老派視新派為怪形惡狀：：新派視老派為懸守舊章：：中年派則表示新舊都好：：此為服裝之大概：：和新舊派的心理」：：

們有等仍以為不足：：至於現在服裝大都以毛嗶嘰陝綢緞及品：：新式布類為上：：因為她們的心理：：服裝非毛嗶嘰（口旁）陝綢不足以誇其奇：：首飾非珠寶不足以眩其富：：非穎奇不足以示其美：：此種關念一方面是女性的自甘居於玩弄品以取悅男性的表示：：一方面是不事生產：：只知揮霍：：以造成依附男性的地步：：而為現代男女平等之大障碍：：故須竭力改良：：以為女性謀出路：：蓋所謂美者：：有物質的美：：衛生的美：：

物質的美：：即適合於經濟原則的美：：美的表現：：不能限於華麗奢侈：：衣服樸素而修潔：：儀容端正：：舉止文雅：：這都是美觀：：今日女子不明乎此：：而事事窮奢極慾：：競尚浮華：：不惜物力以爭購舶來品之妝飾品為能事：：因此國家財源外溢：：社會經濟：：日呈枯窘：：而家庭生活亦受其影響：：際此百業凋敝的時期：：當然戒除一切奢侈：：以求生活的安適：：

衛生的美：：人體的美：：須循乎自然：：使之發展：：充分表現：：並應加以維護：：而不當限制其發展：：如女子之緊小衣服：：束縛胸部：：及纏足穿耳等類：：皆有害於健康者：：尤小馬袴：：當一律廢除：：纏足之取締：：在中國其他各省市早已實行而不成

妝飾的現狀：：以前老人們：：再再談講：：以前老輩子的首飾：：戴到翡翠鑲心：：最為上等：：現在呢：：什麼「把鑽」「手鐲」「耳環」無一不是金的：：甚至還有珠玉項圈：：好像不有項圈：：不是金貨：：就不是手飾：：此種現像已為根本錯誤：：但她問題：：學省政府嘗宣佈實行天乳：：浙省政府：：亦宜佈實行天

耳‥蓋亦適合衛生之原則‥以爲造就健全國民之計劃‥‥表率‥如能努力奮鬥‥‥廢除舊社會一切惡習而從新的方向進

凡我鄉人‥當起而提倡適合衛生之美‥‥實物質之美‥‥而行‥勿爲威勢所屈伏‥‥抱定宗旨‥改造社會‥‥‥以盡我天職

實行之‥‥女界智識階級之教員及學生尤當身體力行以爲全鄉‥‥不達目的不止‥‥則有益於家鄉社會‥當較男子之宣傳‥尤

之倡‥‥蓋敎員身負敎育之實‥‥一行一動‥‥皆可爲靑年女子之易於成功也‥‥

轉載

我對於喪禮的改革

胡適

去年北京通俗講演所請我講演「喪禮改良」：：講演日期定在十一月二十七日：：不料到了十一月二十四日：：我接到家裏的電報：：說我的母親死了：：我的演講還沒有開講：：就輪着我自已實行「喪禮改良」了！

我們於二十五日趕回南：：將動身的時候：：有兩個學生來見我：：他們說：：「我們今天過來：：一則是送先生起身：：二則呢：：適之先生向來提倡改良禮俗：：現在不幸遭大喪：：我們很盼望先生能把舊禮大大的改革一番」：：

我謝了他們的好意：：就上車走了：：

我出京之先：：想到家鄉印刷不便：：故先把訃帖付印：：訃帖如下式

先母馮太夫人於中華民國七年十一月二十三日病歿於安徽績溪上川本宅：：敬此

訃聞

胡覺
適謹告：：

這個訃帖革除了三種陋俗：一是「不孝口口等罪孽深重：不自殞滅：禍延顯妣」：一派的鬼話：這種鬼話含有兒子有罪連帶父母的報應觀念：在今日已不能成立：況且現在的人心裏本不信這種野蠻的見解：不過因為習慣如此：不能不用：那就是無意識的行為：一是「孤哀子口口等泣血稽顙」的套語：我們在「民國」體制之下：已不「稽顙」：更不「泣血」：又何必自欺欺人呢？三是「孤哀子」後面排着那一大羣的「降服子」：「齊衰期服孫」「期」：「大功」：「小功」：……等等親族和「拭淚稽顙」：「拭淚稽首」：……等等有「譜」的虛文：這一大羣人為什麼要在訃帖上佔一個位置呢？因為這是古代宗法社會遺傳下來的風俗如此：現在我們既然不承認大家族的惡風俗：自然不承認這一大串的階級：又是因為什麼呢？這是「儒家」「親親之殺」的流毒：因為親疏有等級：故在紙上寫一個「哭」字也要依着分等級的「譜」：我們絕對不承認有這「譜」的：故把這些有譜的虛文一概刪去了：

我在京時：家裏電報問「應否先殮」：我覆電說「先殮」：我們到家時：已殮了七日了：衣衾棺材都已辦好：不能

有什麼更動：我們「徽州的風俗：人家有喪事：家族親眷都要送錫箔：白紙：香燭：講究的人家還要送：「紙衣帽，紙箱担」，等件：錫箔和白紙是家家送的，太多了，燒也燒不完，往往等喪事完了，由喪家打折扣賣給店家：這種魔費，真是無道理：我到家之後：先發一個通告給各處有往來交誼的人家：通告上說：

本宅喪事擬於舊日陋俗略有所改良：倘蒙賜弔：祇領香一炷或輓聯之類：此外如錫箔素紙，冥器，盤緞等物，概不敢領：請勿見賜：伏乞諒原

這個通告隨着訃帖送去：果然發生效力：竟沒有一家送那些東西來的：

和尚，道士。自然是不用的了：他們怨我：自不必說：

還有幾個投機的人：預算我家親眷很多：定做冥器盤緞的一定不少：故他們在我們村上新開一個紙紮鋪：專做我家的生意：不料我把這東西都廢除了：這個新紙紮鋪只好關門

我到家之後：從各位長輩親戚處訪問事實！因為我既國日久：事實很模糊了！又不「枕塊」：自然不用「苫塊昏迷，語無倫次」：做了一篇「先母行述」：我們既……等等誑語了：「棘人」兩字：本來不通：（詩檜風素冠一

篇本不是指三年之喪的。。乃是懷人的詩。。古有「聊與子同歸」。。「聊與子如一」的話。。是與「曹風」「麻衣如雪」同類的話。。未必專指喪服。。「棘人」兩字。。棘訓急，訓瘁，也不過是「勞人」的意思。。這一首很好的相思詩。。被幾個腐儒解作一篇喪禮論。。真是可恨！。故也不用了。。

我做這篇「行述」。。抱定一個說老實話的宗旨。。故不免得罪了許多人。。但是得罪許多人。。便是我說老實話的證據。。文人做死人的傳記。。既怕得罪死人。。又怕得罪活人。。故不能不說謊。。說謊便是大不敬。。

訃聞出去之後，便是受弔。。弔時平常的規矩。。是外面擊鼓。。裏面啟靈幃。。主人男婦舉哀。。弔客去了。。哀便止了。。這是作僞的醜態。。古人「哀至則哭」。。哭豈是爲弔客哭的嗎，因爲人家要用哭來代哭假裝「孝」。。故有大戶人家弔客多了。。不能不出錢僱人來代哭。。我是一個窮書生。。那有錢來僱人代我們哭？所以我受弔的時候。。靈幃是開着的。。主人在幃裏答謝吊客。。外面有子姪輩招待客人。。哀至即哭。。哭不必做出種種假聲音。。不能哭時。。便不哭了。。決不爲弔客做出舉哀的假樣子。。

再說祭禮。。我們徽州是朱子江慎修戴東原胡培翬的故鄉。。代代有禮學專家。。故祭禮最講究。。我做小孩的時候也不知看了多少次大祭小祭。。祭禮很繁。。每一個祭。。總得要兩三個鐘頭。。祠堂裏春分冬至的大祭。。要四五點鐘。。我少時聽見秀才先生們說。。他們半夜祭春分冬至的。。跪着讀祖宗譜。。一個人一本。。讀「某某府君。。某某孺人」。。燭光又不明。。天氣又冷。。石板的地又冰又硬。。足足要跪兩點鐘！他們爲要祭包和胙肉。。不能不來鬼混念一遍。。道還算是宗法社會上一種很有意味的儀節。。最怪的，是人家死了人。。一定要請一班秀才先生來做「禮生」。。代主人做祭。。祭完了。。每個禮生可得幾尺白布。。一條白腰帶。。還可吃一桌「九碗」或「八大八小」譬大戶。。停靈日子長。。天天總要熱鬧。。故天天須有一個祭。。或天少子祭。。後天長孫祭……。。送祭是那些有錢的親眷。。遠道不能來。。故送錢來託主人代辦祭菜。。代請禮生。。總而言之。。那裏是做熱鬧。。裝面子。。擺架子——那裏是祭

我起初想把祭禮一概廢了。。全改爲「奠」。。我的外婆七十多歲了。。眼見一個兒子兩個女兒死在他生前。。心裏實在悲慘。。所以他聽見我要把祭全廢了。。便叫人來說。。「什麼事都

可以依你：：兩三個祭是不可少的」我仔細一想：：只好依他：：
但是祭禮不能不改的：：我改的祭禮有兩種：

本族公祭儀節：：（族人親自做禮生）序立：：就位：：
參靈，三鞠躬：：三獻：：讀祭文：：（祭文中列來祭的
人名：：故不可少）：：辭靈：：禮成：：

親戚公祭：：我不要親戚「送祭」：：代把要來祭的親
戚邀在一塊：：公推主祭者一人，贊禮二人，餘人陪
祭，一概不請外人作禮生：：同時一奠，不用「三獻」
禮：：向來可分七八天的祭，改了新禮，十五分鐘
就完了：：儀節如下，序立：：主祭者就位：：陪祭者分
別就位：：參靈，三鞠躬：：讀祭文：：辭靈：：禮成：：謝
奠：：

我以為我這第二種祭禮，很可以供一般人的採用：：祭禮
的根據在於深信死人的「靈」還能受享：：我們既不信死者能
受享，便應該把古代供獻死者飲食的祭禮，改為生人對死者
表示敬意的祭禮：：死者有知無知另是一個問題：：但生人對死
者的敬意是在情理之中的行為，正不必問死者能不能領會我
們的敬意：：有人說、「古禮供獻酒食，也是表示敬意，也不
問死者能不能飲食」：：這却有個區別：：古人深信死者之靈眞

能享用飲食，故先有「降神」，後有「三獻」，後有「侑食
」：：還有「安燎」，還有「舉哀」，都是兒神見鬼的做作，
便帶着古宗教的迷信，不單是表示生人的敬意了：：

再論出殯：：出殯的時候，「銘旌」先行，表示誰家的喪
事：：次是靈柩，次是主人隨柩行，次是送殯者：：送殯者之外
，沒有別樣排塲執事：：主人不戴帽，不執哭喪杖，不用草索束腰，
聲，主人穿麻衣，不戴帽，不用草索束腰
祭，用乙禮制服，袖上蒙黑紗：：後來因為來送殯的男人女人都
用白布腰帶：：為什麼要穿麻衣呢？我本來想用「民國」服制
穿白衣，主人不能獨穿黑，只好用麻衣，束白腰帶，束什麼
不戴帽呢？：：因為既不用那種俗禮的高粱孝子冠，一時尋不
出相當的帽子，故不如用那種表示敬意的脫帽法：：為什麼不用杖
呢？因為古人居父母的喪要目己哀致，要做到「扶而後能起
，杖而後能行」的半死樣子，故不能不用杖：：我們既不能做
到那種半死的樣子，又何必拿那根杖來裝門面呢？

我們是聚族而居的，人死了，該送神主入祠呢？俗禮先有
「題主」或「點主」之法：：先把「神主牌」先請人寫好，留
「題主」字上的一點，再去請一位闊人來，求他用朱筆蘸了
問死者能不能飲食」：：這却有個區別：：古人深信死者之靈眞
雞冠血，把「主」字上一點點上：：這就是「點主」：：點主是

喪事裏一件最重要的事，因為他是一件最可裝面子擺架子的事…你們叵想當年「袁世凱」死後，他的兒子孫子們請「徐世昌」點主的故事，就可曉得這事的重要了…

那時家裏人來問我要請誰點主…我說，用不着點主了…為什麼呢？因為古禮但有「請善書者書主」…（朱子家禮與溫公會儀同）…這是恐怕自己不會寫好字，故請一位寫好字的寫牌，是鄭重其事的意思…後來的人，要借死人來擺架子，故請頂闊的人來題主…但是闊人家未必會寫字…也許請的是一位督軍，連字都不認得…所以主人家先把牌子上的字先寫好…單留「主」字上的一點，請「大賓」的大筆一點…如此辦法，就是不識字的大師也會題主了…所以我請我的老友「近仁」把牌位連那「主」字上的一點一齊寫好…出殯之後把神主送進宗祠，就完了事…

好的地，所以我的母親墳葬下之後，不到十天，就有人抬了一…擋什了後面的「氣」…我說氣是四方八面都可進來的，沒有東西可擋得住，由他擋去罷…

以上記喪事完了

再論我的喪服…我在「北京」接到凶電的時候，那有什細思想的心情…故糊糊塗塗的依着習慣做去，把緞子的皮袍脫去了，換上布棉袍，布帽，帽上還換了白結子，又買了一雙白鞋…時表上的鍊子是金的、鍍金的、故留在「北京」…眼鏡腳也是金的，但是來不及換了，我又不能離開眼鏡，只好帶了走…裏面的棉襖是紬的，但是來不及改做布的，只好穿了走，好在穿在裏面，人看不見…我的馬褂袖上連加了一條黑紗…這都是我臨走的一天，依着習慣做的事…到了路上，我自己叵想，很覺慚愧…何以慚愧呢？…因為我這時候用的喪服制度，乃是一種沒有道理的大雜湊…白帽結，布袍，布帽白鞋是「中國」從前的舊禮…袖上蒙黑紗是「民國」元年定的新制…既蒙了黑紗，…何必又穿白呢？？我為什麼不穿皮袍呢？？為什麼不敢戴金色的東西呢？？紬緞的衣服上蒙上黑紗

未出殯之前，有人來說，他有一穴好地，葬下去可以包我做到總長…我說，我也看過一些堪輿書，但不曾見那部書上有「總長」二字，還是請他留下那塊好地自己用罷…我自己出去，尋了一塊墳地，就是在先父「鐵花」先生的墳的附近…鄉下的人以為我這個「外國翰林」看的風水，一定是極近…

・不仍舊是「民國」的喪服嗎？⋯金的不用了，難道用了銀的就更「孝」了嗎？

我問了幾個「爲什麼」，自己竟不能囘答⋯我心裏自然想着「孔子」「食夫稻，衣夫錦，於汝安乎」的話，但是我又問，我爲什麼要聽「孔子」的話？爲什麼我們現在「食稻」（吃飯）心已安了？⋯爲什麼「衣錦」便不安呢？仔細思想，我還是脫不了舊風俗的無形的勢力・⋯⋯我還是怕人說話！

但是那時我在路上、趕路要緊，也沒有心思去想這些「細事小節」⋯到家之後，更忙了，便也不曾想到服制上去⋯喪事裏的喪服，上文已說過了⋯喪事完了之後，我仍舊是布袍，布帽，白帽結，白棉鞋，袖上蒙了一塊黑紗⋯穿慣了，我更不覺得這種不中不西半新半舊的喪服有什麼可怪的了⋯習慣的勢力眞可怕！

今年四月底，我到「上海」歡迎「杜威」先生⋯過了幾天，便是五月七日的「上海」「國民大會」⋯那一天的天氣非常的熱，諸位大概總還有人記得⋯我到「公共體育場」去時，身上穿着布的夾袍，布的夾袴還是絨布裏子的，上面套着線緞的馬褂⋯我要聽聽「上海」一班演說家，故擠到台前⋯身上已是汗流遍體⋯我脫下馬褂，聽完演說，跟着大隊去遊街，從「西門」一直走到「大東門」，走得我一身衣服從裏衣淫透到夾袍子⋯我囘到一家同鄉店家，遇了一位同鄉帶我去買衣服更換⋯因爲我從「北京」來，不預備久住，故不曾帶得單衣服⋯習慣的勢力還在，我自然到「石路」上小衣店裏去尋布衫子，羽紗馬褂，布套褂之類⋯我們尋來尋去，尋不出合用的衣袴，因爲我一身淫汗，急於要換衣服⋯但是布衣服不曾下水是不能穿的⋯我們走完一條「石路」，仍舊是空手⋯我忽然問我自己道，「我爲什麼一定要買布的衣服」?⋯因爲我有服在身，穿了綢衣，人家要說話⋯我爲什麼怕人家說我的閒話？」⋯我問到這裏，自己不能囘答⋯我打定主意，去買綢衣服，買了一件原當的府綢長衫，一件實地紗馬褂⋯一雙紗套袴，再借了一身舊衣服，穿了一身裌衣袴，初換的時候我心裏還想在袖上蒙一條黑紗⋯後來我又想，我爲什麼一定要蒙黑紗呢？⋯因爲我喪期沒有完⋯我又想，我既不是「孔教徒」，又向來不贊成「儒家」的喪制，爲什麼不敢實行短喪呢？⋯我問到這裏，又不能囘答了，所以決定主意，實行短喪，袖上就不蒙黑紗了⋯

我從五月七日起，已不穿喪服了∵前後共穿了五個月零

十幾天的喪服∵人家問我行的是什麼禮？∵我說是古禮∵人家又問，那一代的古禮∵我說是「易傳」說的太古時代「喪期無數」的古禮∵我以為「喪期無數」最為有理∵人情各不相同，父母的善惡各不相同，兒子的哀情和敬意也不相同∵「檀弓」上說∵∵

子夏既除喪而見，予之琴，和之不和，彈之而不成聲，作而曰，「哀未忘也∵先王制禮而弗敢過也」∵子張既除喪而見，予之琴，和之而和，彈之而成聲，作而曰，「先王制禮，不敢不至焉」∵

這可見人對父母的哀情各不相同，子張宰我嫌三年之喪太長了，子夏閔子騫又嫌三年太短了∵最好的辦法是「喪期無數」，長的可以幾年，短可以三月，或三日、竟無服∵不但時期無定∵還應該打破古代一定等差的喪服制度∵我以為服制不必限於自己的親屬，親屬值得紀念的，不妨為他紀念成服∵朋友可以紀念的，也不妨為他穿服∵不值得紀念的，無論在幾服之內，儘可不必為他穿服∵

我的母親是我生平最敬愛的一個人，我對他的紀念，自然不止五六個月，何以我一定要實行短喪的制度呢？∵我的

前後共穿了五個月零　理由不止一端

第一∵我覺得三年的喪服在今日沒有保存的理由∵顧亭林說「三代聖王教化之事，其僅存於今日者，惟服制而已」∵∵(日知錄卷十五)∵這話說得真正可憐∵現在居喪的人，可以干政籌邊，可以嫖賭納妾，可以作種種「不孝」的事，卻偏要苦苦保存這三年穿素的「制服」∵不能實行三年的「喪服」！∵這真是孟子說的「放飯流歠而問無齒決，是之謂不知務」了！

第二∵真正的紀念父母，方法很多，何必單單保存這三年的服制？∵現行的服制乃是今人裝門面自欺欺人的形式∵我因為不願意用這種自欺欺人的服制來做紀念我母親的方法，所以我決意實行短喪∵我因為不承認「穿孝」就算「孝」，不承認「孝」是拿來穿在身上的，所以我決意實行短喪∵

第三∵現在的人居父母之喪，自稱為「守制」，寫自己的名字要加上一個小「制」字，請問這種制是誰人定的制？∵是古人遺傳下來的制？還是現在國家法律規定的制呢？「民國」法律並不曾規定喪期∵若說是古代遺制

，則從斬衰三年到小功，總，都是「制」何以三年之喪

單稱為「制」呢？…況且古代的遺制到了今日：應該經

過一番評判的研究，看那種遺制是否可以存在，不應該

因為他是古制就糊糊塗塗的服從他…我因為尊重良心的

自由。不願意盲從無意識的古制，故決意實行短喪

第四：現在的服制實際上有許多行不通的地方…若說素

色是喪服。現在的風尚喜歡素色衣裳。素色么已不成為

喪服的記號了…若說布衣是喪服，綢緞不是喪服，那麼

，除了絲織的材料之外，許多外國的有光的織料是否算

是布衣？有光的洋貨織料可以穿得，何以本國的絲織物

獨不可穿？…籠絲織的綢緞既不能穿，何以羊毛織的

貨又可以穿得？…還有羊皮既可以穿得，何以狐皮便穿

不得？銀器既可以戴得，金器和鍍金器何以又戴不

得？…諸如此類，可以證明現在的服制全憑社會的習慣隨意

亂定。沒有理由可說，沒有標準可待…顛倒雜亂，一無

是處，經濟上的困難且丟開不說，就說這心理上麻煩不

安，也很夠受了…我也曾想採用一種近人情，有道理，

有一貫標準的喪服，竟尋不出來，空弄得精神上受無數

困難慚愧…因此，我素性主張把服喪的期限縮短，在這

短喪期內，無論穿何種織料的衣服，無論布的，綢緞的

，呢的，絨的，紗的，┗只要蒙上黑紗，依「民國」的

新禮制，便算是喪服了

以上記我實行短喪的原委和理由…

我把我自己經過的喪禮改革，詳細記了下來，並不是說

我所改的都是不錯的，也並不敢勸國內的人都依着我這樣做

：我的意思，不過是想表示我個人從一次生平最痛苦的經驗

裏面得來的一些見解，一些感想，不過想指點出現在喪禮的

種種應改革的地方和將來改革的大概趨勢…我現在且把我對

於喪禮的一點普通見解總括寫出來，做一個結論…

結論

人類社會的進化，大概分兩條路子，一邊是由間單的變為複雜的。如文字的增添之類。一邊是由繁複的變為簡易的。如禮易的變簡之類。近來的人，應得一個，「由簡而繁，由渾而畫」的公式，以為進化的秘訣全在於此了。卻不知由簡而繁固然是進化的一種，由繁而簡也是進化的一條大路。即如文字固是逐漸增多，但文法却逐漸變簡。拿英文和希臘拉丁文比較，便是文法變簡的進化。漢文也有逐漸變簡的痕跡：古代的代名詞，「吾」「我」有別，「爾」「汝」有別，「彼」「之」有別，現代變為「我」「你」「他」「我們」「你們」「他們」，使主次賓次變為一律，使多數單數的變化也歸一律。這不是一大進化嗎？：古代的字如馬兩歲叫做「駒」，三歲叫做「駣」八歲叫做「馴」：又馬高六尺為「驕」，七尺為「駥」：這都是很不規則的變化，現在都變簡易了

我舉這幾個例，來證明由繁而簡也是進化：再舉禮儀的變遷，更可以證明這個道理：我們試請一位「孔教會」的信徒，叫他把一部「禮儀」來實行，他做得到嗎？：何以做不到

呢？：因為古人生活簡單，那些一半祭司一半貴族的士大夫，很可以玩那「一獻之禮賓百拜」的把戲兒：後來生活複雜了，誰也沒有工夫來幹這揖讓周旋的無謂繁文：因此，自古以來，禮儀一天簡單一天，雖有極頑固的復古家，勢不能依復那「禮儀三百，威儀三千」的盛世規模：故社會生活複雜了，是一進化：同時禮儀變簡單了，也是一進化：由我們懂得這個道理，方才可以談禮俗改良，方才可以談喪禮

現在的生活，要想叫到茹毛飲血，穴居野處的生活，固是不可能，但是由我們現在簡單禮節，要想叫到那揖讓周旋賓主百拜的禮節，也是不可能：

前面簡單說來，我對於喪禮問題的意見是：

1　現在的喪禮比古禮簡單多了，這是自然的趨勢，不能說是退化：將來社會的生活更複雜，喪禮應該變得更簡單：

2　現在喪禮的壞處，並不在不行古禮，乃在不曾把古代遺留下來的許多虛偽儀式刪除乾凈：例如不行「

153

3

寢苫枕塊」的禮，並不是壞處，但自稱「苫塊昏迷」，便是虛僞的壞處。又如古禮，兒子居喪，用種種自己刻苦的儀式。「水漿不入於口者三日，杖而後能起」，所以必須用杖。現在的人不行這種野蠻的風俗，本來是一大進步，並不是一種壞處，但做「孝子」的仍舊拿着哭喪棒，這便是作僞了。

4

現在的喪禮還有一種大壞處，就是一方面雖然廢去古代的繁重禮節。一方面又添上了許多迷信的，虛僞的，野蠻風俗。例如地獄天堂，輪迴果報，等等迷信，在喪禮上便發生了和尚念經超度亡人，棺材頭點「隨身燈」，做法事「破地獄」，「破血盆湖」，……等等迷信的風俗。

現在我們講改良喪禮。當從兩方面下手：一方面應

5

該把古喪禮遺下的種種虛僞儀式刪除乾淨。一方面應該把後世加入的種種野蠻迷信的儀式刪除乾淨。這兩方面破壞工夫做到了，方才可以有一種近於人情，適合於現代生活狀況的喪禮。

我們若要實行這兩層破壞的工夫，應該用什麼做去取的標準呢？我仔細想來，沒有絕對的標準，只有一個活動的標準，就是「爲什麼」三個字。我們任做一件事。每行一種禮，總得問自己。我爲什麼要做這件事？！爲什麼能夠舉行那種禮？（例如我上面所舉「點主」一件事）能夠舉不出爲什麼要舉行的種種陋俗了，自然不肯行那些說不出爲什麼要行的種種陋俗了：凡事不問爲什麼要這樣做，便是無意識的習慣行爲：那是下等動物的行爲，是可恥的行爲！

154

本鄉僑緬教育概況

耀北

緬甸與吾騰互相毗連：：曩時上緬一帶固為荒無落寞之區：：同鄉僑胞跋山涉水：：不辭辛苦：：旅居于此：：斬荊棘：：闢草萊：：於是：：就把這個猿狃的地方：：一變而成繁華：：而我們僑胞：：資歷十指：：堅忍耐勞：：慘淡經營：：擁資鉅萬者：：不在少數：：尤其是上緬一帶：：凡比較繁集中的地方：：隨處都有同鄉們的成績和勢力：：隨處都有同鄉們的創辦和建設：：這也許是同鄉旅緬的一頁光榮史了：？

茲就僑緬教育上來說：：旅緬同鄉：：既具有上述很悠久的歷史：：對於教育事業：：由理想上來說：：應該也有很發達的可能：：而於實際上來觀察：：就會使人感觸到失望：：因為從前的僑緬者：：一盤散沙：：缺乏團結力：：除兢兢然由商業上進取而外：：其他什麼教育：：腦海中絕毫沒有印像：：所以：：僑緬青年或士生者：：雖有堪可造詣之天賦：：往往沒有機會：：失却教育：：人之旅居緬甸者：：無不注重教育：：但他們的教育：：多適應於「殖民教育」：：其成績的昭著：：蒸蒸日上：：大有後來居上的趨勢：：同鄉僑緬各地的教育：：雖能應時勢與潮流的需要：：先後聞風與起：：各地都有學校之創設：：惜其因陋就簡：：無嚴密的組織與完善的設備：：所以雖能收効一二：：畢竟還是不得完滿的結果：：其中因果：：我以為「學校教育」「家庭教育」「社會教育」都有至密切的連帶關係：：而須同時提倡：：茲特就客觀的眼光：：述其梗概如後：：

「學校教育」：：一個青年學子的成績的優劣：：端賴學校教育的陶鑄：：同鄉僑緬的學校：：近來雖次第倡辦：：然實地考察：：除有一二於精神上形式上：：稍有可觀者而外：：其他無非是把學校當作點綴品：：這樣的根本錯誤：：焉能使學校有長進發達：：至於學制方面我雖沒有處處參觀過：：其能多數仍是因襲陳舊：：未能引人入勝：：而減削學生求知的興味：：尤其是一種最普遍的傳統觀念：：父兄的理想中：：把子弟送入學校：：不啻視學校為他們子弟拘留場所：：對於學校所規定的章程：：若賞勤罰惰一部份人都不許加諸他們子弟身上：：於是自有學校教育的職責者：：即感受絕大的障碍：：凡事隨隨便便：：媽媽虎虎：：初級學校：：已是難於行使其職權：：則高級小學以上之學校：：將養成梟張之學風：：為不可避免之事實：：然而：：推究其

原因「校董」與教員方面也應該負一點責任‥何以呢？

（一）校董方面‥僑緬同鄉所創之學校‥憑我的見解所及‥無論其為私立‥或為公立‥都有學校校董‥以負擔經濟維持的責任‥用意甚善‥可是一部份校董‥對於教育‥莫知其端倪‥而對於學校的一切行政組織‥却反攬其全權‥以是對諸學校的措施‥委實是感覺進展的遲滯‥

（二）師資問題。學校的一切訓練管理教授‥欲其適應於學理的原則，那麼，必須選擇教師得當，弁這個緬甸‥本來要想選請什麼專門教師或大學畢業者‥也難以實現‥不過‥選請教材，也少不得審察考慮，同鄉的學校教育‥‥一部份的教師‥‥仍然是一種深刻腐化的頭腦‥故步自封，照本書費，不能迎合潮流為徹底的改進‥實有影響於兒童智識能力上的發展‥

家庭教育‥‥是與學校所受的教育訓練‥僅數小時的鐘頭‥‥和迷信空氣包圍的緬甸環境裏‥一切的不良習慣‥最易沾染‥子弟每日什學校所受的教育訓練‥課能積極而整頓‥後在家庭‥比在學校的時間為多‥倘若家庭教育不良‥實有甚諸一曝十寒‥嘗見有一般家庭缺乏教育者‥對於子弟‥任其為所欲為‥行所欲行‥一味姑息不知矯正‥淳良者變而為驕悍‥怯儒者變而為懦怯‥‥家長視子弟之行為不軌‥司空見慣‥子弟因父兄之毫無約束‥必無所顧忌‥這樣或許養成一種流氓土痞性質‥將來子弟的立身處世‥真是不堪設想了‥

社會教育‥僑緬的人士‥對於社會教育‥鮮有注意及之者‥直無所謂社會教育‥何以見而云然？因為身居智識階級的大人們‥尚是放浪不拘‥所以烟窟賭館‥到處林立‥風氣澆漓‥有如江河之日下‥處此社會環境‥耳濡目染‥極屬危險‥自不能指導青年學子趨於正途‥其他如對於民族的生存視不加以訓導‥與青年前途有極重大的關係‥而為一般人所漠般人們‥對諸教育問題‥更形膜視‥這真德緬學子的前途‥無限隱憂‥以上所述‥自信純係由客觀的眼光來說‥於事實上一點沒有虛構‥而以學識淺陋‥安委末諒‥却難能盡符人意‥然而，我大胆的寫出這篇文字‥不過將過去的事實說出‥希望關心僑緬教育的人‥‥作參考的資料‥於現在與將來‥能積極而整頓‥澈底的改進能了‥廿二，三，二六，於緬京

按本文所謂本鄉僑緬教育勿甯謂為滇僑教育蓋本鄉華僑為滇僑之一部份教育設施自不能與滇僑分離不過本刊言論以本鄉為限故以本鄉僑緬教育為問題其實所言者非本鄉單獨之問題也‥‥

閒話

知聰

精神飲錢••萬惡浴大••禍延全鄉的那賊子張懷東鄧玉秀••無惡不作••猖獗數載••幸得捉將官裏去••判定七年的有期徒刑••一雪鄉人的積忿••在當時的家鄉和施稿的人們••對于前你們的努力奮闘澗成爲多畢••請你們趕快起來••向張賊和此事均具有十二分的熱腸而加以注意函電紛至••均欲得張賊它的附屬品們下總攻擊••

而廿心••彼時可謂努力除惡爲鄉里謀幸福而得到大快人心的結果••可惜年來鄉人對於此事••又告沈靜••在卻張賊雖是身

本來是我國舊社會司法制度不良的現象！唉！這遺害社會的拘囹圄••仍然是幹它那一套老手生意••孃詳細的調查••遠是我們鄉人婦女時到其前供給它的生活費••而獄卒舞弊縱容••

越賊固死有餘辜••而迷不知悔的本鄉婦女的邪僻行爲••是在身負家長之責者所當出而制止••以防將來較烈的禍患……

以前法辦張賊的本鄉父老和同志們••請你們鼓起勇氣••再進一步的幹它一下••一方面呈請縣政府嚴令獄卒禁止張賊的煽惑婦女的自由行動••並且加重它的怙惡不悛煽惑良民的罪名••以注意而爲之從善處置••並希望本會全體同志們對於會友的

相當的懲罰••使她們知有所畏而不敢再作張賊的玩弄品••同患難作相扶相持的互助••這才是會員一分子的本職••

去年本會住居邦海會員某君因大妻離異起訴法庭••請求本會爲之援助••總部因事困循不復••致使本會實員不能享受會員應享受的權利••此爲負責者之失當無可諱言••幸邦海本會其餘會員見義勇爲••出而援助某君使得到相當的解決••唯是有種不明社團義意的廢徒以爲有機可乘••即出而施行卑鄙的搗亂行爲••籍端攻擊本會••幾致發生誤會••彼存心搗亂者固屬可鄙可恥••而援助某君之會員的見義勇爲的行爲••尤屬可嘉••以後尙望負有本會職務者••對於會員的合理的請求••尤應勇爲••當加以注意而爲之從善處置••

鄉同志當知此舉不是瘡疥之疾••而是本鄉心腹之患••此時若不澈底的幹他一下••將來養癰遺患••那就無法收拾••而且以會員洞燭其奸••不小其詭計以更生波瀾••尤圖可嘉••

157

不平鳴　　　　　　　　公債

吾鄉財政之不公開：其由來尚未久也：當前清之季公正當，不聞不問於後：此種恩德之及於私人可謂至矣：瓦如公紳老當櫃之時：公款借貸俸年結算一次：不能拖欠虧累：今款虧空何？公欵者，一鄉人之共有物也：而非一二私人之所則私相授受，以私人情面爲依歸：有情面即可借用巨款：積得而獨據者也：請問當事者借出於前，而不知收回於後：借年累月：本息不名一文：一旦營業宣佈破產，則此借出之鉅債者任意拖欠，而不知淸償：將何以對吾鄉小百姓：將何以款，即歸於無何有之鄉：當事者旣慨然借之於前，復慨然擱對其天良：

編後話

本刊內容：由量和質的方面來說：都較前期減色：其原因一方面由於印刷會的預算案的限制：不得不減少篇幅：他方面則因爲負責同志的投稿減少：並且對於前期曾經努力工作的同志至本期也因爲他種關係而不參加工作：這是使我們十二分的失望而爲本刊前途的生命引起懷疑的一件事：「本刊的生命有繼續維持下去的可能嗎？」我們的勇氣受了事實的影響：到現在很不自信的自生疑問了！我們常常拿「五分鐘熱度」的恥辱來作我們工作的警戒：使熱度能繼續延長至五分鐘以外：以至於無間斷的延長下去：那麼，社會的一切

......：......工作......：......是不會失望的：本刊的生命的維護，就是我們能否一雪「五分鐘熱度」的奇恥的試金石：我們十二分的誠懇的希望本會的同志繼續不斷的努力奮鬥：來維護本刊的生命：

2　本刊文字有語體文須用新式標點的很多可惜承印者對於新式符號沒有盡量的設備，只好付之欠如：而文字的精神有須賴於新式標點的傳達表現而無由傳達表現者：這也是本刊的缺點，須求閱者的原諒：

民國二十一年四月二十一日

不取均等制以人材之多寡爲原則

C　編輯主任　由被舉內外部籌委投票選舉三人充任

D　籌備委員之責任　各籌備委員受編輯主任之分配共同負擔出版事宜

E　出版日期　大會後三月內爲本刊出版之期

F　附則　本會會員視能力之所及皆有輔助本刊出版之義務

建議人　寸嗣徽　附議人　劉啓忠

10　推舉各地年捐捐收員案

建議人　李生珮

11　請本會內部　追繳資送學生中途輟學經費案

建議人　李生珮

12　承辦及改良本鄉兩等學校案

建議人　寸嗣徽　附議人　劉啓忠

經濟　預算總數每年經常費除公款津貼教育款

辦法　項收入外不敷者由本會津貼五百盾以上八百盾

以下

B　校務組織

子　教育籌備委員會　由本會公舉富有教育經驗及熱心同志多人爲籌備委員組織內外二部教育籌備委員會內部籌委會並推舉各職員如下

籌備主任一人

文牘主任一人　理財主任一人　庶務主任一人　稽查主任一人　交際主任一人

以上各職員共同負籌備現本議案一切事宜

丑　教務部　教務主任一人由本會富有教育經驗之同志選任之或由教員兼任酌贈津貼費教員人數由籌備委員會訂定之薪企從優聘任

寅　教員資格　教員資格以其有新時代新知識化而熱心任事者爲合格凡有不良嗜好者不取

卯　學制　遵照教育部章程用最新學制辦理

辰　學費　有力學童酌收學費無力者免費並由本會供給一切學校課本

巳　校訓　除遵照部章應列校訓外並將「破除迷信」列爲校訓加緊宣傳

建議人　寸嗣徽　附議人　劉啓忠

13 由本會發起組織救國大會案
建議人　寸算然　李生尊　張　雲

14 十八年放款增張基金計劃
建議人　寸算然
擬定第七屆預算案

16 嚴格訂定放款辦法案
建議人　第七屆執行委員會
丙　執行事項

17 處理經濟
議決事項

3 A，B，C，三項合併議決
本會外部組織暫行三分部二級制總部執行委員會暫行採用全體會員普通選舉制各分部選舉執行委員五人組織執行委員會自分部以下各區人數廾八人以上者設常務委員一人傳達會務第一分部設抹允埠第二分部設恰井埠第三分部設緬京本會週年大會仍沿用會員大會制出席會員皆有表決權入會金減為外部二盾內部二元新訂總章程保留俟本會會務發展大多數會員對於本會皆有相當認識時始沿用新章

4 議決由第七屆執委會負責辦理

5 議決仍以三百盾為率不能超過預算案

6 議決由全體會員負責共同調查若發現有本會文具物品嘗交歸總部

7 議決照辦

8 議決交執委會審查

9 議決推舉寸懷耑寸幼仁劉惆含李耀北李子舒尹以忠尹贊天李若玗趙秀發李潤珍李秋農李仁杰為籌備委員並推舉李清園寸曉帆張子雲李文龍李潤園寸春谷李含芳謝蘭芳張月舟為籌備委員會編輯主任李仁杰為內部編輯主任秋農寸幼仁寸仲猷為編輯主任共同負責籌備出版事宜

10 議決各分部及各區常務委員為年捐捐收員於週年大會傳單寄到時開始捐收繳歸總部

11 議決由外部函達內部對於被資送之學生李曰選之中途因病輟學是否屬實詳加考查並限於接到外部函件後十日內答覆若無真確輟學理由應照原章辦理不得寬假

12 議決推舉寸幼仁寸曉帆李耀北李子舒寸懷雲劉惆含

15　14　13

李清園李佑之尹贊天寸仲獻寸永吉楊少三李映三李
雨樓賈鑄生尹以忠寸相一裘立生寸正蘇李秋農趙秀
夢張子雲李君珩李潤崙鈕鑄卅李仁杰李潤崙李文龍
張月舟謝蘭芳李合芳等卅一人為籌備委員組織教育
籌備委員曾寸幼仁為籌委會主任委員共同負責討論
經濟教材學制校風等改良問題並制定擬辦教育細則
積極進行

13　議決　歸總部負責辦理

14　議決保留

15　通過開辦費　三百盾印刷費一百盾圖書館津貼費一

17　16

百盾捐贈圖書館報費五十盾會證印刷費一百盾六週
特刊經費一百五十盾內部學生獎金一百盾共九百盾
議決以後凡借用本會基金之會員若有至期不清還者
向承還保人追收如逾期除本息清繳外每月罰款十盾
以禁効尤

17　推舉寸相　張立生鈕魯生楊少三李若珩尹以忠李佑
之尹錫東劉愷含賈蔚林李子舒王德泉李清園李象瑤
鈕歸山等十五人為臨時經濟委員會委員處理經濟

民國廿年十一月十五日第七屆總部執行委員會公佈

和順崇新會第七屆職員表

職務	總部（允抹）	第二分部（冶井）	第三分部（緬京）
執行委員	尹樂育 李生光 釧德銘 劉生珮 李玉樑 釧加智 李光垣	李祖舜 尹子侯 李日蒼 寸時寶 寸算紀	李生蕚 李生魁 尹治臣 買學煥 張雲
候補執行委員	李生玟 劉命錫 張培銘	劉玉科 寸性祿	張通達 張崇達
監察委員	李生琨 釧加禮 許鴻鈞		
候補監察委員	釧相如		
常〔會計 文牘 交際 庶務〕	會計 文牘 交際 庶務	穩助 看洒 九洞南坎 恩多 澤亞墨薩	邦海 矖戊 昔渡 絞朦 仰光
常務委員	李生光 尹樂育 李光垣 劉生珮 釧加智 李玉樑	尹生源 趙秀發 李日綿 李日讓	劉振發 李葉盛 尹樹昌 寸樂榮 寸嗣徹
	南馬 賀奔 抹魯 密支那 抹港 們拱	果東渡 果領 卜毛拙果 準臘本洒 于木魯	抹谷 八嘉
	王長源 張本達 尹生才 寸俊賢 張御達 寸算然	劉啓忠 寸性誠 寸品英 賈鎔賢	釧相益 劉玉和

和順崇新會第六屆經濟收支表

收入摘要	銀 數			支出摘要	銀 數		
	盾	安	半		盾	安	半
由第五屆移交來	14187	1	6	基金儲出二十八柱	14000		
收回基金二十八柱	14000			印刷費	23	2	
收特別捐	76			開辦費	210	12	
入會金	44			零星費	30		
各區年捐	136	8		買書廚	20		
基金廿八柱利息收入	2012			五週特刊費	400		
				又交刊物籌備會	19	14	
				匯交內部	200		
收入總數	30455	9	6	支出總數	14903	12	
支出總數	14903	12		結存	15551	13	6
結存	15551	13	6	計總	30455	9	6
				兩抵實結存	15551	13	6
				第六屆總部報告			

崇新會歷屆經濟收支比較表

收　入　比　較		支　出　比　較	

收入比較

銀數

| 20000 | 19000 | 18500 | 18000 | 17500 | 17000 | 16500 | 16000 | 15500 | 15000 | 14500 | 14000 | 13500 | 13000 | 12500 | 12000 | 11500 | 11000 | 10500 | 10000 | 9500 | 9000 |

（上列為收銀數）

屆	・	1	2	3	4	5	6
		9613/15	10934/13	12244/8	15568/6	16256/4	16455/9/6
年		15	16	17	18	19	20

支出比較

銀數

| 2600 | 2400 | 2200 | 2000 | 1800 | 1600 | 1400 | 1200 | 1000 | 950 | 900 | 850 | 800 | 700 | 600 | 550 | 500 | 450 | 400 | 350 | 300 | 250 | 200 |

（上列為實支銀數前條為辦週開後條為全年總支出數）

年屆支出	1	2	3	4	5	6
	864/15	925/1	859/10	2572/6	2069/3	903/12
	372/11	355/3	439/6	367/15	532/8	210/12
開辦費年屆支出	1	2	3	4	5	6

民國二十年十一月十五日

「編者附註」
按此表之第四屆第五屆之支出總數為數過多是否訛誤待查

和順圖書館歷屆經濟收支表

No. 1　　（緬甸之部）

收入摘要	盾	安	半	支出摘要	盾	安	半
捐款九十二柱	82	7	0	儲出基金二柱	84	6	10
收利息二柱	1	9	10				
總計收入	84	6	10	總計支出	84	6	10
十五年份實存	84	6	10				

No. 2

收入摘要	盾	安	半	支出摘要	盾	安	半
上屆存來	846	10	0	儲出基金三柱	1200		
基金利息二柱	129	13	0	匯交內部	80		
收購書處交來	48	14	0	刻圖章	6	2	
收捐款二十五柱	207	0	0				
收囘基金三柱	1200						
收此屆基金利息三柱	216						
收入總計	2648	5		支出總數	1286	2	
支出總計	1286	2		結存	1362	3	
十六年份結存	1362	3		總計	2648	5	

No. 3

收入摘要	盾	安	半	支出摘要	盾	安	半
上屆存來	1362	3		儲出基金三柱	1300		
收囘基金三柱	1300			刻圖章	5	6	
利息三柱	234			印信箋	7		
捐款四十九柱	307	2		訂書報	300		
				匯內部	80		
收入總計	3203	5		支出總計	1692	6	
支出總計	1692	6		結存	1510	15	
十七年份結存	1510	15		總計	3203	5	

收入摘要	銀數 百	安	半	支出摘要	銀數 百	安	半
上屆移來	151	0	15	儲出基金三柱	150	0	
購書處來	7	6	5	代平民學校匯騰	50	0	
平民學校來	50	0		匯滬訂書費	20	0	
捐款三柱		5		匯費		3	8
收回基金	150	0					
收息三柱	22	8					
十年八份 收入總計	3821	0	0	支出總計	220	3	8
支出總計	2203	8		結存	161	7	8
結存	1617	8		總計	382	1	0

收入摘要	銀數 百	安	半	支出摘要	銀數 百	安	半
上屆存來	1617	8		儲出基金三柱	1500		
捐款二十三柱	108			開滬內部報費	30		
崇新會來四柱	604	14	6	開報費	49	8	
收回基金二柱	1500			幫經理處	200		
收利息三柱	270			零費二柱	1	6	6
				匯內部二柱	500		
				還崇新會三柱	656	5	6
				交崇新會息三柱	56	14	
收入總計	4100	6	6	支出總計	2994	2	
十年九份 支出總計	2994	2		結存	1106	4	6
結存	1106	4	6	總計	4100	6	6

收入摘要	銀數 百	安	半	支出摘要	銀數 百	安	半
上屆存來	1106	4	6	儲出基金二柱	1000		
捐款四十一柱	141			交內部	200		
基金二柱	1000			交經理處	259	6	
收利息	114	6		還尹以忠	100	2	
捐款	135	10		交經理處	157	2	
				由崇新會移交經理處	10		
收入總計	2497	4	6	支出總計	1726	10	
二年十份 支出總數	1726	10		結存	770	10	6
結存	770	10	6	總計	2497	4	6

（崇新會捐贈報費不在此內附此聲明）

和順崇新會週年紀念刊

許○○

中華民國廿式年五月出版

第柒週

和順崇新會贈

《明明印務有限公司承印》

169

170

利順圖書館兒童閱覽室

利順圖書館藏書室之一部

利順圖書館前面圖

172

☯崇新會在家鄉的成績是甚麼？

崇新會成立以來，已經有七年的歲月，對於家鄉的社會改良上較之會未成立以前自然有了相當的影響，但是會員包含着全鄉進步分子的大多數，又擁有豐富的基金，在積極方面的成績，實無與時間，會員，基金的數字不相比例，這是我們想不抱慚而不得的事，崇新會一切的施設對象是在家鄉，在家鄉的施設若無良好成績可言，那末在緬甸的會務不論怎樣有起色，也免不了如胡澳民先生所說「會而不議，議而不決，決而不行，行而不動」的結果，會的本身也與說空話團體一樣，只不過藉以滿足在緬鄉人個人的「崇新」慾罷了，有一個外縣朋友說我們「雲兩鄉鄉村中組織改良社會團體的，和順恐怕是第一個，鄉村中頒體發行刊物的，崇新會恐怕也是第一個」，固然，這也和家鄉的會務是否有了發展？他的原因在那裏，兩件事是值得我們自己驕傲的，不過也只是驕傲而已，假若雖有了社會的改良團體，而社會不會改良，那末我們在自己陶醉之後，而會刊上發表的只是失敗的堆積，因為別的縣，別的鄉村雖然不有也許會感覺空虛與羞愧能，但是也不有像我們家鄉從前唱非新會一樣的社會改良團體，但是也只是停止在原狀上不有進步，我們希望在每次大會上應

家鄉維新的人現在阻止維新，從前創設學校的人現在打倒學校，從前反對迷信的人現在做迷信的大師兄，及以個人的怪誕的信仰強行於鄉中公共學校，以個人誦讀的三聖經，代替團家指定的教科書等的荒謬現象，在崇新會未成立以前，我們還可推諉這責任不歸我們負擔，應當先感到我們的努力不足，今天，我們在自己誇耀以前，應當先感到我們的努力不足，還有不少的會員對於會欠少熱心，或根本不認識清楚組織這會的目的，將加入崇新會當做一種應門面的，是應酬朋友的一種交際術一樣，以加入會為時髦舉的錯誤，也和這是同類，所以我覺得五週特刊上村樹君的那文，再加認識的必要，各會員若不忘記我們組織這會的目的，那末在家鄉的會務是否有了發展？若無發展，他的原因在那裏，對付的方法如何，這尋少是做會員者應當關心的事，概括的說，家鄉會務之無發展，封建勢力的阻碍關係小，會員的不熱心及幹部指揮計劃不完滿適當的關係大，因為即使無封建腐敗勢力的阻止，若會員本身不熱心不努力，家鄉社

會將從來所議決而施行‥或議決而不施行的種種議案‥加以批判或檢討‥在已經施行了的議案未會完功以前少決議新議案‥‥最好由總部執行會將應行各議案編成計劃‥‥五年計劃之類‥按年執行‥限期執行‥就各議案的性質分別出其基本議案及個別議案‥順着一定秩序施行‥這是施行政策上絕對必要的手段‥尤其是在家鄉會員不多的現在‥更是必要‥現在我們來看看從來會中所施行的是那些事‥有了成績沒有‥現在當面的重要問題是甚麼‥‥

崇新會在家鄉最初施行的事‥自然就是會考‥會考固然可以鼓勵學生‥但是須長年舉行方才有效‥現在會中已從事接辦鄉校‥自然會考的必要已不存在‥不過我們對於會中第一次在家鄉教育上的這件事不能不說是極有意義‥以後由會中接辦鄉校‥在由會中舉行特別會考‥那末較之第一次由傍觀的地位而行的會考當更有效力‥我們只希望假若以後也還舉行會考‥就是當做成永久的慣例的‥每年舉行或每半年一舉行‥被鼓勵的人是大多數‥發作的偶然的舉行‥只不過給極少數學生以一時的歡喜罷了‥第二‥設立書報社及圖書館‥書報社雖相當成功‥這是崇新會所施設的事業中最有成績的‥這是因為事業本身的性質不會受任何人的反對‥

的種類比較多‥能夠給主張主義不相同的各種人以滿足‥甚至於甚麼事只要是新的就反對的人‥凡想看看報做坐在十字街談天的資料‥其次成功的原因‥自然不能不說是管理者的努力所致‥現在除成人閱覽的書報之外‥又增加兒童教育方面的書籍‥這是極有意義的事‥我們希望以後‥特別設立女子閱覽部‥專供成人女子閱覽‥又由圖書館書報社舉行巡迴圖書庫‥專備一般通俗及發達科學常識的書報到鄉中各單去巡迴借人閱覽‥使不能到圖書館來的人也能利用‥書報社又應當隨時徵求閱覽者的意見‥觀察一般所需的書籍是甚麼（但不

一定須照徵求結果購書‥）料酌添購‥這種影響‥因為屬於精神上的事極不容易調查‥不過可以利用借書簿卜所記錄着的借出去的書的種類‥可以知道看那一類的人是多是少（在某一個時期以內‥‥）因借書人可以知道某人‥再細分下去‥大略可以知道書報社圖書館開設後所生的影響‥‥全體的統計起來‥大略可以知道書報社圖書館開設後所生的影響‥

設法調查書報社圖書館設立以來所給鄉人的影響‥譬如屬於精神上的事極不容易調查‥借某書的頻繁度‥‥‥這種調查為甚麼必要‥因為圖書

社團圖書館開設後所生的影響‥然而家鄉的迷信依然濃厚‥吹賭‥‥

是因為事業本身的性質不會受任何人的反對‥因為書籍報章風氣絲毫未改‥奮侈腐化的現象也日益加增‥不能不使我們‥

羅廓家鄉人看圖書館為種種灌輸新知識的會報是看到那一頁上去。假如他們不是將書報做倒看。或只看生男育女藥的廣告。那麼不願當這樣毫不受感化二

報社的負責者不願當只是死板的將書報擺着供人看。應當於購訂書報時先有一個見解及計劃務求來看了書報的人。多少受一些影響。

第二。會所舉行關於教育的重要事業是考送學生。這是從根本上解決吾鄉教育的障礙。退步之最重要手段。第一次考送之後。以後並不繼續舉行。這是使第一次的意義減少不小。學生至少每隔一年（人數二八十人十八）。須考送兩人。至少須繼續一年（人數每次二八十人十八）。這是鄉校必需的教員數目。培植人才。是改良家鄉的根本方法。培植培植人才的師資又是根本方法的根本方法。雖然需費不少。但若知道這事是關乎大家的子弟的前途。那麼就對我們多加點負擔。這便宜也並不夠到外人身上。第一次送去的兩人之中已有一人中途輟學回來。假若是有不能不囘來的疾病。那自然是無法的事。不過以後的不繼續資送未免十分可惜。關於這一件的成功與失敗。現在還不能斷定。我們若認識這事的重要。那就應當注意使他成功。不能因第一次發生輟學者遂致因噎廢食。具體的方法。

（一）是考送時對於考送的學生的學業之外。並須注意其志操是否堅固。（二）對於資送學生的監督方法。

第四。婚喪從儉辦法。這事的舉行與會的成立有同一的歷史。但是到現在連會員都尚不能徹底實行。我們以為怪當事者的不徹底。勿甯說是經濟的狀態使然。這事是會中舉辦事業中最少成績的。我以為有錢的人要想教他不從奢侈。猶如要想數不有錢的人從儉一樣難。我們對於富有的人不必去代他操心。現在能做到的有效辦法。仍然是由會員有着徹底實行。一般人的心中。不有誰是顧意浪費的。十中之九是為勉強撐持門面。為甚麼要勉強撐持呢。只不過是怕人笑能了。若能由會員中造出一種非笑勉強撐持者的風氣。那麼從儉辦法。真是如火就燥水流溼一樣。可以風靡中等以下的家庭。纏足的風氣的轉變。其間的經過也與從儉運動相似。只要繼續努力。機會。到。就可以不費力的解決了。

第五。大碑以外的路旁植樹問題。聽說李秋農君正在努力進行。結果不到十年以外不能知道。此刻的批評無從着筆。只是我以為上街路旁的植樹只是增加風景。就實際上說。一時尚屬不必要。必要的是大河堤上的植樹。因為那是與水

利有關的事：：

第六：：現在當面的重要問題：：無過於接辦鄉校一事：：一切改革事業的重心是放在將來：：現在只不過是一過渡 代：：改革者對於現在的問題：：雖可以多少妥協：：但關於將來的問題：：則絕不能放鬆：：現在接辦鄉校的事：：就是關係於吾鄉將來無數的青年的運命之問題：：崇新會的目的既然是在造福家鄉：：那麼對於這事是應當用獅子搏兔的猛勇去做到：：我們都知道：：現在的鄉校：：已在垂死狀態：：名是全鄉的唯一教育機關而可以任一二人唱實解散停辦：：名是國民小學而所使用的教材是幼學瓊林：：甚致於三聖經：：這不是教育：：簡直早吃小孩的勾當：：我們不必去問這些書給兒童：：是希望他們成為甚麼人？我們不肯故意的去說ㄥ家喜歡的書本子是不行：：我們只說這些書讀通了：：在現在與將來毫無使用處：：使用出去對於做人：：國家的生活也無所裨益：：這景赤裸裸的事實：：不是好惡的感情問題或意氣：：假如誦着三聖經能把日本的飛機咒落下來：：那麼我們情願顧勸求全中國人拋棄了科學來誦一聖經：：好些前發先生總想把他學了半生的八股文章拿來教十五歲以下的兒童學做：：有時竟主張小學一二年級都只學國文而不習其他的學科

：：他們這樣的開口國文閉口國文真有了甚麼不得了的成績：：說句失禮的話：：好像他們對於國文真有了作過使人感服的一篇文章口他們笑人家作白話文：：而他們的得意的本領是作白頭帖：：他們笑人家作白話詩：：而他們只會在輓聯祭文ト說幾句的刻薄話挖苦死人：：

社會進步的阻碍雖有種種：：但根本的是無智與愚昧：：所以促進社會的最重要方法是在開發文化：：我們家鄉的文化在滿清末年：：民國初年雖有過黃金時代：：但現在已倒退了：：現在要根本的掃除過去的陳腐殘渣：：只有從新在幼少的兒童上滿輸有生氣的知識甘泉：：由幼童們改造一法：：這種任務自然不是舊有來底人員和組織所能負擔的：：假如他們對於教育有自信：：有方法：：那麼停辦解散之論是不會發生的：：也不會實時與東西了：：總之鄉中學校是創游鄉小文化的發源地：：不能讓他常在風雨飄搖底狀態裏受人搓揉：：鄉議會是鄉中權力底最高機關：：他的最重大任務是教育與衛生二事：：現ㄥ鄉議會也無法辦理教育：：那麼由鄉人的中堅分子的集團崇新會來接辦鄉校：：不特是必要而且是當然：：我以為這次接辦後應將鄉校的制度定一過固定的形式：：對於鄉中公共財產應使用幾分之幾做教育經費：：教員的任免加薪規程：：也要根

本的制定一個可以最久遵從的：：各單的私塾的解散：：全鄉統一學校構成等都須有一澈底而且穩定的辦法：：若能做得到：：應由鄉議會制定全鄉的義務教育制度：：根本的剷除文盲：：一般成年男女的不民教育也是非常重要：：要想婦女們不去醉心迷信：：皈依甚麼張某鄧某：：第一要在她們的頭腦內灌輸代替迷信的知識：：破除她們昇大成佛的妄想：：將妖言惑眾的人捉去監禁起來：：固然也是消極的一個辦法：：但是不積極地：：根本的消滅了迷信的發源地：：那末第一個張某鄧某監禁後：：第二個第三個以至於幾十個張某鄧某的接繼者終有繼之而起的可能：：自從楊八郎一直到現在就是好例：：對於成年的男子（不識字的）若要想他們不反對有意義的施設：：第一先要教他們知道我們要施設的事是好事：：要他們能夠知道：：當然須要他有知識的頭腦：：所以我們要替他們改造頭腦：：使他們能理解我們的注義主張：：對於成年男子的平民教育：：因為現在我們無強制力：：實行上比較成年婦女困難：：在這點：：從事不民教育的人應當不拘泥於形式：：使他們不發生反感的去引導他們：：以上這些話：：是因為接辦鄉校一事當面最重要的自然是接辦鄉校一事：：這事是崇新會將為己的理想主張正式的實行的第一件事：：這事將他完全的辦成功了：：那麼除教育以外的鄉中改革事業也就可以做到接辦的地步：：並且證明了崇新會確實有接辦全鄉自治行政的能力：：若接辦鄉校的事無成績可言：：那麼崇新會的能力既然被試驗出來：：信用也當然要喪失：：以後就不能再論鄉中事了：：接辦鄉事現在雖然還在開始：：但是崇新會能做到接辦的這一步：：不能不說是可喜可賀的事：：從崇新會的主張上說：：現在是願做的事已經做到：：那麼已經做到的事：：就應當使他完滿的成功：：此外我覺得內部教育負責的人應注意的是：：在鄉中教育界上不可樹立異己：：我們不可對不是崇新會的人加以排斥：：我們只努力要求他人和我們主張同一主張：：至於他是否會員：：那是不必重視的事：：其體的說：：只要他作學校內在我們的學制學課以內盡職稱職：：就不是崇新會員也不應當排斥：：最后我要鄭重的對負責從事接辦鄉校的會員注意的是：：接辦鄉校是我們要做而已經開始做的事：：但只是開始接辦：：還不是接辦成功：：所以我們要十二分的慎重將事二

以上我大略將崇新會成立以來的成績和不成績觀察了：：雖然有一二件事還不能如我們的預期一樣成功：：但那只是時間的問題：：此外的事業：：都已經有了相當的良好成績：：這是使我最感覺愉快而且使我們得了無限的勇氣與自信：：改良家

鄉的事業不是一朝一夕的事：應改良乃至改造的事也不只現在所說的這幾件：社會上既無一勞永逸及永久不變的事：那麼我們的努力也應當不屈不撓的繼續下去才有實現希望的一日：

●合作與農村 （天放）

現在我們中國人：窮人最多：尤其是農村裏的更窮得不了：有什麼方法來救濟呢？惟有合作：若大家組織合作的團體：共同辦理合作的事業：一定就可以致富了！

什麼叫做合作呢？合作就是結合起大家的力量：來共同經營一種事業：互相幫助互相利用的意思：用兩句簡單的話說明：就是「人人為我：我為人人」的意思：

農村的合作團體：是農人們真正自治自助共存共榮的一種組織：我團體雖無一定的合作法規：但也可以分為幾種：

（一）是信用合作

（二）是運銷合作

（三）是購買合作

（四）是生產合作

（五）是其他的社會施設

第一：信用合作　　就農村經營上說：如同火車需用煤炭一樣的重要：有煤就可以運行長途：無煤就停止不動了：我們中國的農村裏面銀錢上通融：大都是高利借貸：自一分五以至三四分的利息：這是很普通的現象：所以大多數的農民：一年苦到頭：結算下來：多是兩手空空：因此：現升有救濟這種缺陷的方法：就是信用合作：

信用合作：就是平民銀行的意思：但是又和普通的銀行不同：它是有平等博愛和互助的精神：集合社員的股銀：為平民創造信用：社員要正當的需用款項時候：便可以拿信用做保向合作社借款：社員有多餘的零碎的銀錢時候：又可以儲存在合作社中：利息很輕：養成節儉的美德：這樣一來：農村中的金融：不僅得靈活周轉：大家也可以減少了許多高利的負擔：這是最大的利益：

第二　運銷合作　　農村裏的農產物：由個人個人的售賣：一定得不到什麼利益：若由合作社來售賣：生產者可以確保其銷路：消費者也樂得以廉價購得確實的物品：這是售賣

農產物最好的方法··

例如農民的雞子··或梨··大家集攏來在一處··定出同一
的價錢··同一的包裝··分別品等的種類··共同售賣出去··貨
眞價實··保持信用··買者賣者都同得其便利··

第三··購買合作

農村中關于農業用品··如肥料··家
畜··農具等··及日用必需品··如油··鹽··醬··醋等需用很多
··向城市的商店賒買··不僅是很費時間··並且是價錢太貴··
買到一件東西··已是經了很多商人的手··每經過一次商家··
當然又加多一些價錢··都有三種四種的商家
··若農民合起力在農村辦起消費合作來··那就可以免除商人
種種的剝削··可以節省許多空費的時間··以低廉的價錢··得
到很好的貨品··

第四··生產合作

這種生產合作··是以農村的產物爲
原料··大家合力共辦工廠製成貨品··例如以小麥加工製爲麵
粉··以牛乳加工製爲黃油··以棉花織爲線布··以柳條編爲筐
箱··一切原料··勞力··資本··都是社員們自己供給··結果··
都是共同分享其利

第五··其他的社會施設的合作

說到中國農村中的社
會施設··覺得太唱高調··因爲都會上尚且什麼都不完備··何
況是農村？其實事在人爲··例如衛生方面··設電村瞖··助產
婦··託兒所··浴場··理髮店··上下水道··文化方面··建設圖
書館··音樂堂··運動場等··這些都是農民生活上重要的施設
··只要村人熱心··何嘗不能辦到··

話說多了··總之··合作事業在農村中··是起死回生的妙
藥··是農民眞正的自治自助的團結··是振興農村經濟的大道
··是解除農民窮困的良方··農友們··大家快起來進行罷！

農村合作概說

問 現在聽說··農村都要倡辦合作社··究竟「合作」是什麼
··「合作社」又是什麼呢？

答 那不是眞正的合作··

問 什麼才算是眞正的合作呢？

答 「合作」就是兩個人或多數人··合做一件事情··

問 那麼··合股做生意··合力耕田地··都是合作嗎？

答 要是同一樣的目的··同一樣的興趣··有自助互助的精神
··聯合起來··謀大家生活的改善··這才算是眞正的合作

問：「合作」的意思我明白了，但是「合作社」是什麼？「農村合作社」又是什麼呢？

答：「合作社」：就是合力作事的人，共同組織起來的一種會。「農村合作社」：就是合力作事的農民共同組織起來的一種會，用彼此類忙法子，來改善大家的生活。

問：我們自己努力：就能改善我們自己的生活，為什麼要組織合作社呢？

答：你說的有理：但是單靠自己努力：還是不夠，因為一來，我們自己的力量有限：二來我們自己的錢財不多，必須合作大家的力量和錢財才行。

問：那麼合作社不是和普通的店鋪相同嗎？

答：不是這樣：它和它的特性：

問：它的特性是什麼？

答：它的特性：可以分做幾種來說：

（一）合作社是互相的團體：合作社的格言：是「人人為我：我為人人：」合作社是為全體社員謀幸福：是一人人為我：我為人人：所以社員是互相幫助：共謀發達的：

（二）合作社是平等的團體：社員入社認了股分：就有選舉權：但是不論股分多少：一個人只有一個投票權：而且社員同負一樣的責任：這是平等的精神：

（三）合作社不是賺錢的團體：普通的店鋪是為謙錢開的：合作社就不同：它是人的結合：不是錢的結合：

（四）合作社是正當的團體：凡是有正當職業：以及行為端正的人：都可以入合作社：因為它是為多數人謀利益的團體：

問：合作社的特性我明白了：但是它的實在好處：究竟是什麼？

答：合作社的好處：第一是廢除不合理的利益：因為合作社有一種定規：凡買東西多：分得的利益也多：買東西的人：反得利益：這是和店鋪不同的地方：

問：怎見得和店鋪不同？

答：（一）合作社是互相的團體：合作社的格言：是「人人為我：我為人人：」合作社是為全體社員謀幸福：所以社員是互相幫助：共謀發達的：

問：農村合作社的性質既和店鋪不同：它的業務也和店鋪不同嗎：

答：農村合作社的業務：有和店鋪相同的：也有和店鋪不相同的：因爲農村合作社不只一種：所以它的業務：也不只一種：

問：農村合作社可以分爲四種：一種是運銷合作：一種是購買合作：一種是生產合作：一種是信用合作：

答：請問生產合作是甚麼意思：

問：生產合作　就是用我們大家的力量辦理一種生產事業：

答：譬如我們組織一個生產合作社：用我們大家所交進來的錢：買幾具織布機械：再將機械租給社員織布：賣了布增加我們的收入：這就是生產合作：

問：我明白了：但是織布機械出租所賺的錢：分配給誰：

答：我所賺的錢：自然是仍歸社員大家分配：老實說：這就是辦理合作社的好處：「自作自享」：利權不叫外人奪去

問：信用合作是什麼意思：

答：信用合作　簡直可以說：是我們農民合開的小銀行：假設我們四十八合力組織了一個信用合作社：每人買一社

股：每股價值一元：社股共四十元：我們手中有了富裕錢的時候：可以將錢存社裏：我們手中沒有錢：要用錢時：可以從社裏借：社裏錢不夠時：可以憑我們大家的信用和擔保向外邊去借：這就是信用合作的意思：

問：我們用錢時：可以自己直接向放錢的人去借：何必費精神合開一個信用合作社：再從社裏借款呢：

答：你這話錯了：你要是單獨向錢莊或放錢的人借錢：你必得出很高的利息：一則是因爲你個人的信用不大：二則是因爲錢莊和放錢的人的目的完全是賺利：

問：出高利息又怎樣呢：

答：出高利息對於農民自然有很大的害處：因爲農業不是能生高利的事業：要出高利借錢來經營農業：大半是要賠本的：要是一年到晚的賠錢：農民豈个是越要借錢：債務越多：一定是越來越窮：

問：照這樣說：信用合作社放款的利息一定是低囉：

答：是的：因爲信用合作社放款的目的不是從社員身賺錢：乃是幫助社員賺錢：信用合作社向外邊借錢：再轉借給社員：所出的利息：自然較比我們自己向外邊借錢所出的利息低：因爲信用合作社向外邊借錢：是

問：憑社員大家的信用和擔保••我們自己向別人借錢••是憑
　　我們個人的信用和擔保••

答：我們自己的力量有限••所賣的東西數量小••品質雜••因
　　為不明白市場上貨物的供給需要情形••賣的價錢太低••

問：社員向信用合作社借款••可以隨便用麼••

答：不能隨便用••信用合作社放款給社員••是專為社員生產
　　上的用途••例如購買農具••肥料••牲畜••籽種等••都是
　　生產的用途••

問：社員向信用合作社借款是可以的••但是為什麼他們還得
　　在社裏存款！

答：社員必須要將他們手裏的富裕錢••存在社裏••因為這樣
　　才能使社中時常有錢••放給用錢的社員••況且社員存
　　款在社裏••可以得利息••這不是一舉兩得麼••

問：我明白信用合作的意思了••現在請問運銷合作是什麼••

答：運銷合作　就是農民大家聯合販賣他們自己的農產物••
　　譬如我們組織了一個運銷合作社••我們每人將我們的農
　　產物，例如棉花••麥子••梨••交給運銷合作社替我們賣
　　••所賺的錢歸我們大家分配••這就是運銷合作社的意思
　　••

問：我們的農產物••可以自己販賣••何必費力組織運銷合作
　　社替我們賣呢••

答：我們自己販賣貨物大半都是賣給中間人••利益都叫中間人
　　賺去了••

問：照這樣講••運銷合作社為社員販賣貨物••較比社員自己
　　販賣得的利益多••一則是因為令合作社販賣的東西••數量
　　大••品類齊••而農民自己販賣的東西••數量小••品質雜
　　••二則是因為合作社販賣貨物••不必經中間人的手••而
　　社員自己販賣貨物••不必經中間人的手••

答：是的••

問：雖然這樣講••我們能擔保運銷合作社販賣貨物••總能得
　　高價麼••有時候市面不好••運銷合作社所收集的貨物多
　　••賣不出去••豈不是叫社員受虧損麼••

答：這話有一點道理••但是設若市場上需要貨物的少••或者

問：為什麼•不必經過中間人的手••可以直接的賣給大城裏
　　的大城裏•購買我們貨物的人••這樣的賣••自然是高••歸我
　　們大家分配••豈不是好麼••

答：由合作社收集我們的農產物••按農產物品質的好壞••分
　　去賣••賺不少的利錢••倘若我們組織一個運銷合作社••
　　吃中間人的虧••中間人把我們的東西買去••再到大城裏

供給貨物的多‥物價降落‥我們自己販賣貨物也是要賒錢‥在這種情形之下‥運銷合作社可以另有辦法‥

答‥運銷合作社可以設立倉庫‥專為社員保管貨物‥要是市場上的情形不好‥貨物可以暫且存在倉庫裏‥不要販賣‥等到市場的情形好了再賣‥這不是最好的辦法麼‥

問‥我明白了‥現在請問購買合作是什麼意思‥

答‥購買合作 是農民大家聯合起來購買他們天天所需要的東西‥和生產用具‥如鹽，煤，醋，醬，油等物‥生產用具‥我們日用品‥如耕田用具水車等‥都可以託合作社去買‥買了後‥再由合作社轉賣給我們社員‥

問‥我們要買東西‥可以自己直接買‥何以託合作社去買呢？

答‥我們託合作社買貨‥同我們託合作社賣貨是一樣的道理‥合作社替我們買貨‥可以直接向製造貨物的買‥不多經過許多商人的手‥這樣可以省錢多了‥我們自己買貨大半得出高價‥因為賣給我們貨物的人‥大半都是商人‥他們從大都會買貨‥到農村來賣給我們‥要的價錢太高‥因為他們的目的是從我們賺錢‥

問‥我們自己也可以直接從製造貨物的買‥不必向中間人‥或商人買‥又何必費力組織合作社替我們買呢！

答‥我們自己所買的東西太少‥而製造貨物的大半都是大城裏‥從大城裏買很少的東西‥恐怕人不賣‥就是賣‥算上運費就太貴了‥合作社替我們大家買東西‥數量自然是大‥買的數量大‥賣的借錢當然少算‥

問‥非合作社社員可以託合作社替他作事麼？

答‥不可以‥合作社的股東是合作社的‥合作社的買主也是合作社社員‥這一點須要明白的‥

問‥照你所講的合作社對於農民是很有益處的‥我們趕快設立合作社罷‥

答‥我很佩服你的熱心‥但是我們要切記幾個要點‥不然合作社就辦不成功‥

問‥請問那幾點‥

答‥就是上面所說的四點‥第一合作社是互助的‥要「人人為我‥我為人人‥」第二合作社是平等的‥要社員人人負責‥第三合作社是不賺錢的‥賺了錢分給買主的‥四合作社是正當的‥替有正當職業的人和品行端正的人謀利益的‥

☯農村合作社的辦法

問　辦理合作社最緊要的是什麼？

答　最緊要的是先要知道幾件事情⁑

問　那幾件事情？

答　大約有十件事情⁑

問　那十件⁑

答　第一是名稱⁑都有一個名稱⁑這名稱的字義⁑或取地方的名字⁑比如高頭村合作社⁑或取意思很好的名字⁑比如共濟合作社⁑

問　這樣就行⁑還須要把責任表明出來⁑比如不僅是這樣就行⁑還須要把責任表明出來⁑比如

答　有限責任　高頭村雙平消費合作社⁑
　　保證責任　高頭村合作社⁑
　　無限責任　佛殿村信用合作社⁑

問　第二是什麼呢⁑

答　第二是社所⁑選擇社所的簡單辦法⁑最好是借公家的房屋⁑或學校或廟宇⁑又或者借職員家中的空屋⁑不必要怎樣高大⁑

問　第三是責任⁑「責任」這兩個字的意思⁑就是自己擔任

的職責⁑共有三種⁑就是有限責任⁑無限責任⁒保證責任這三種⁑

問　怎樣叫有限責任⁑

答　有限責任⁑就是只擔負自己所出股款的數目⁑無論合作社怎樣失敗⁑除了股款以外⁑不擔負別的責任⁑

問　怎樣叫做無限責任呢⁑

答　無限責任⁑就是社員除了自己所認的股款以外⁑萬一合作社失敗了⁑如果所有的資產⁑不夠還欠賬⁑那麼社員應當拿自己的財產清還⁑

問　怎樣叫做保證責任呢⁑

答　保證責任⁑就是社員除了自己認的股款以外⁑還須擔負着股款幾倍的責任⁑比如認股款一元的一股⁑若合作社失敗時⁑還須拿出四元或五元來清還⁑

問　第四是什麼⁑

答　第四是社員⁑社員入社⁑要合章程上規定的資格⁑先要有兩個介紹人⁑還要填寫入社請求書⁑交給理事會⁑入圓請求書的式樣如左⁑

敬啓者：鄙人茲承○○○○先生介紹

擬遵照

貴社章程請求入社：此致

○○村合作社：

請求入社人○○○

介紹人○○○○

年　月　日

問　入社請求書交後又怎樣辦呢：

答　入社請求書交後：經委員會決定合格的時候：就囘他許可入社的信：叫本人填志願書和認股證。如果不合格：就給他不便許可入社的囘信：志願書和認股證的式樣如左：

號第

○○村合作社　入社志願書

具志願書人○○○：茲由○○
貴社：凡社中一切章程：皆願遵守：此存
○○
○○先生介紹：請求加入
○○村合作社：
（外附認股證一張）

中華民國　年　月　日

具志願書人○○○
介紹人　○○○　○○○

號第

○○村合作社　社員認股證

具認股證人○○○：茲遵照○○村合作社章程規定：
自願認股○股：其股款照第○條規定繳納：此存：
○、村合作社

中華民國　年　月　日

認股人○○○
介紹人　○○○　○○○

問 合作社收到股款後又怎樣辦呢？

答 合作社收到股款後：：就把社員考查表交給社員：：叫他照樣填寫：：交合作社存查：：式樣如左：：

○○村合作社

社員生活考查表

第　號

姓名		籍貫			職業			
		年齡			住所			
一	全家人口若干	父母	兄	弟	妻	子	女	
二	讀過幾年書？							
三	自己種田嗎？							
四	每年有多少進款？							
五	每年要多少出款？							
六	每年納多少租？							
七	每年納多少稅？							
八	現在借着多少賬？							
社員		介紹人						

187

問　合作社員退出合作社‥又是怎樣辦法呢‥

答　社員出社‥有兩種辦法‥（一）是請求出社‥（二）是

問　什麼叫做請求出社‥

答　社員因為別的事？請求合作社准他出社‥合作社當然不能不許可‥但是請求書須在年底六個月前提出來‥交理事會‥在每年結賬完了後一個月內‥發還他的股款‥

問　什麼叫做當然出社？

答　當然出社‥就是因為社員死亡或病廢或搬家或破產或犯罪‥有這幾種的一種‥就准其出社‥

問　社員除名的原因‥又是怎樣辦呢？

答　社員除名的原因‥不外是因違背章程‥或因為有犯罪行為‥或因為敗壞名譽‥或被多數人反對‥或因遲還借款‥或不繳清股款‥只要有這幾種中的一種就除名‥其股款在結賬後一個月發還‥

問　第五是什麼？

答　第五是社員的股份‥社員認股最少一股‥最多不得過二十股‥每股最少一元‥最多不得過十元‥繳納的時候‥有兩種辦法‥一種是一次繳納‥就是在一定的期限內‥一次繳清‥第二種是分期繳納‥社員認股後‥不能一次繳清‥亦可分做幾次繳納‥但是最多不得過三個月‥

問　社員的股份‥可不可以抵押‥或轉讓給他人？

答　社員的股份‥只要經合作社許可的時候‥可以轉讓給他人‥但是萬不能抵押‥

問　社員如果因病死亡‥他的股份怎樣辦呢‥

答　只要他的子女‥已能謀生‥而又信仰合作‥向合作社請求入社‥經合作社開會通過後‥當然可以承繼其股份的權利義務‥

問　第六是什麼？

答　第六是選舉‥選舉就是由社員大會中‥選出辦理合作社事務的人‥這種人就叫做執行委員‥或監察委員‥又或者叫做理事或監事‥

問　怎樣選法呢‥

答　辦理選舉‥有一定的規則‥比如

（一）社員開大會選舉的時候‥須要有三分之一以上的社員到會‥

（二）若是不用票選‥而用推舉‥須要有社員三分之二以上的同意‥

（三）選舉係以人為單位‥不必股為單位‥

（四）投票必須親自出席‥不准託人代理‥

（五）選舉時必須公推驗票員‥有塗改或空白的票‥都作廢票‥

問　第七是什麼‥

答　第七是委員‥委員就是被大家舉為辦理合作社事務的人‥比如執行委員（也叫做理事）‥監察委員（也叫做監事）‥

問　委員人數‥要多少才對呢？

答　委員人數‥無論是理事‥或監事‥至少須要有三人才對‥

問　委員是由那裏生出來的呢？

答　委員是由社員大會選出來的‥

問　要怎樣的人‥才有被選為委員的資格？

答　要知道合作的道理‥要有辦事的才能‥至於品行道德‥那是不消說‥很要緊的‥

問　委員的任期是多少時候呢？

答　委員的任期通常定為一年‥連選得連任‥找國實業部定的合作草案條例‥則定為每年改選三分之二‥比方說‥今年選出理事三人‥到明年就須選二人‥

問　委員們的權限‥怎樣分別？

答　執行委員做的事‥是辦理合作社全社的日常事務‥製定預算決算‥召集社員大會‥對外面代表合作社辦理一切‥監察委員做的事‥是審查合作社中的預算決算‥查看賬簿和各種票單‥并可以跟究執行委員的錯處‥

問　監察委員又是做些什麼呢？

答　委員會又是怎樣辦呢？

問　執行委員會‥由執行委員們全體組織‥若是委員會人數在五人以上‥又可以另舉二三人做常務委員‥做每天的一切工作‥監察委員會‥由監察委員們全體組織‥雖是兩個委員會‥但是對於社內的事‥須要共同負起責任‥

問　對於委員們給不給薪水？

答　我國實業部定的合作條例‥對於委員都不准支給薪水‥只是名譽職務‥但是任專實的委員‥事務太多‥不能不支一些費用‥

問　除了委員以外還有特別的辦事人員沒有？

答　有的‥就是雇用的職員‥但是在鄉村事務不多‥比方說

問　第八是什麼？
答　社員大會：
問　什麼叫做社員大會？
答　凡是合作社的社員：在一定的日期：集在一塊兒開會：討論社中一切事務的時候：就叫做社員大會：

問　社員大會：一年開幾次呢？
答　依照實業部公布的合作社條例草案：說是合作社社員大會：每年開常會一次：出席人數以三分之二爲合法：如果合作社有重要事件發生：也可以隨時開臨時社員大會：

問　開社員大會前：要準備些什麼事：
答　開大會前應準備的事有四種：
第一是計算書類的準備：比如資產負債表：貨借對照表：損益表：營業報告書§登錄分配案等五種：
第二是賬簿和票據的準備：比如社員名簿：日記簿：進貨簿：出貨簿：現金出入簿：以及各種發票：存單：
第三是議事細則和次序的準備：開大會的議事細則和議事次序：須編製印發給社員：
合同紙契等數種：

經理會計等等：都可以由理事們發任：

問　第四是通告開會的準備：在一屢期前由理事會發通告通知社員開會的日期時刻和地點：如果大會是監事會召集的：那末就用監事會的名義發通告：

問　第九是結賬和分利：
答　結賬是怎樣辦法：
結賬有一定的時期和手續：合作社與商店不同：平常商店有三節結賬的：也有年底結賬的：結賬時期：應該一年兩次：一月至六月爲第一期：六月至十二月爲第二期：第一期結賬：只計算有利或賠本：第二期則分派股息和紅利：

問　結賬有些什麼手續呢：
答　每到一年終了以後：理事會應編各種表册：在大會前一星期交監事會查看：以便提交大會：請大會承認：如果查出錯誤：可以請理事會再辦：如果還有錯誤或疑問：社員大會可以不承認：得另組織查賬委員會查辦：

合作社若是有餘利：是怎樣的分法呢：
合作社餘利的分法：有主張多提公積金的：有主張多分紅利的：主張多提公積金的人：他們以爲便於做些生產

和教育的事業‥主張多分紅利的人‥以爲社員們錢不寬

答：裕‥多得一點收入‥比較好些‥

問：究竟那一種分法才恰當呢‥

答：合作社本來的目的‥是退社員公共的便利‥並不是賺錢‥‥應多提公積金才對‥不過紅利太少‥有些眼光小的人‥‥就不願入股‥所以採一種折中的辦法比較好‥

問：以百分的二十爲公積金‥

答：以百分的二十爲公益金‥

問：以百分的二十爲職員酬勞金‥

答：以百分的四十爲社員的紅利‥

問：第十是什麼？

答：第十是合作社成立和解散的辦法‥

問：合作社成立和解散‥是怎麼樣辦法‥

答：合作社開成立大會以後‥須要在地方官廳立案‥可以得官廳的保護‥和免稅的利益‥所用的表册‥大概是章程一份‥社員名錄一份‥理事監事的名册‥一份‥財產表一份‥

問：合作社解散呢‥

答：合作社解散的原因‥大約有三種‥一種是章程上定的營

業期限滿了‥經社員大會議決解散‥二是營業賠本到中數‥經社員大會議決解散‥三是經社員大會議決‥與別種合作社今併‥

問：合作社解散後‥所有的貨品和賬款‥怎樣辦呢？

答：可由臨時社員大會‥推舉幾人爲清算委員．組織清算委員會‥辦理收拾的事務‥‥

問：清算委員‥要舉什麼人幾恰當呢‥

答：就原有的執行委員外‥再舉上幾個負責同辦也可以‥或者另選幾人也可以‥

◉再論國難與救國

杞生

本會第六週年紀念刊出版時，作者曾作「國難！救國！」一文；光陰迅速，轉瞬間又屆第七週年紀念出刊之期，迴顧過來之一年中，從本會方面言之，所努力於地方社會之工作，毫無進步可言。只給我們以無限歡愧。從國家方面言之，則國土日蹙，主權愈失，尤為我國人極慘痛極深刻之紀念。夫當此國事緊張，民族危迫之期間，固未遑談及一地方社會之進步。然欲救國家之危亡，爭民族之生存，自非先從各地方社會着手宣傳，喚醒人心，振作民氣，共同奮鬪，不足以收自強之功。作者因前文倉卒而成，謹再將國難與救國意義，引伸而詳論之，貢獻於地方人士之前。

追溯我國過去歷史上，曾有受奇辱慘痛於歐國外患，有如今日之國難者乎？又環顧世界各邦，以國土之廣，人口之多，而屈服於他民族壓迫之下，有如我國者乎？古人所謂「多難興邦」者，衡以我國今日之國難，為亙古所未有；世界所絕無者，正足為促激國人努力團結，發憤自強之時機炎！乃事實上適得其反，不特未可以言興邦之希望；且有亡國之隱憂者。蓋以國人上自執政，下至

民衆，均懷倚賴之觀念太深，失却憂勞之身心，有以致之也。夫我國在列強積威刧持之下，處放牟殖民之地，數十年於茲矣。今暴日之橫惡起釁，無所顧慮者，蓋窺列強國際間，互相猜忌，互相牽制，無力注意遠東問題之期間，乘機侵入我國。意圖一逞耳。假使我國政府亦利用此時會，屏除內爭，團結一致，舉全國之實力，挫敵寇之威風，則不特可打破野心者侵略之計劃，且因此一鳴驚人，立可脫離列強之羈絆。如土耳其之崛起矣。且我國政府之措施，竟大謬不然者。自瀋陽失陷，政府未嘗出一兵抗敵，乃使東北完全淪亡—滬軍抗敵，疊挫日軍。政府未嘗聞兵援救，遂至滬軍因無援而放棄淞滬。東北義軍，前仆後起，犧牲極大，乃我政府仍無勤於衷。坐視義軍之敗退而不恤，惟斥斥以暴日行動，連續不斷之報告國聯，欲借重列強維持世界和平之假面具，之九國公約凱洛公約等為繩束暴日之凶橫行動之工具；然所得到之結果，不特引起列強染指之貪念。（國聯報告書中，共管東北之意，已脫穎而出）「近日報載十九國委員會竟以祖日軍，面事事抑承日意以遷就之炎」，且使暴日視為「脇

「技止此」：：凶暴愈無忌憚：：最近榆關失陷：：熱河危急：：平津亦岌岌矣：：我政府除加緊訓令駐日內瓦代表報告國聯外：：無他辦法：：是延長禍端：：貽誤自強之機會者：：非政府倚賴國聯政策之罪歟

又正爲國聯行政組織之主腦者也：：今我國以身受之外侮：：而乞列強操縱下之國聯處理：：不與取消不平等條約：：有

夫黨治之政府：：不曾以取消不平等條約：：宣示於民眾歟：：惟以不平等條約之束縛我國者也：：今我國以身受之外侮

抵觸矛盾：：而爲不可能之事實乎：：誠爲以黨治國之政府不取也：：雖然：：政府之倚賴國聯：：民衆固知其非矣：：惟民衆放棄救國責任：：純以抗日任務：：實諸政府：：未嘗不與政府之倚賴國聯之害相等也：：自九一八事變：：以至於

今：：一般民衆：：均以爲有黨國諸公謀之：：吾儕小民何憂－故對於甫粵數度之和議：：名流之國難會議：：……會議……國人均祝黨國要人：：在

降至最近之三全大會：：每次開會：：必能驚醒良心：和衷一致：：共救國難：：其

破壞震天中開會：：如大旱之望雲霓：：然會議自會議：：要人不抵抗

懸盼之殷：：實如大旱之望雲霓：：然會議自會議：：要人不抵抗者自不抵抗：：而民衆觀望之結果：：除由失望而消極外：：始終之阻力：：此我國政治之所以擾亂也

求覺悟努力：：此國難所以日進於水深火熱：：萬規不復之境也：：

：：哀哉－我國人民：：內有秕政之憂：：外有強敵之患：：在國內不可：：

者遭寇敵焚殺之凶慘：：旅海外者受排外壓迫之痛苦：：國未亡而民己等於亡國之奴：：國人若再存倚賴觀念：：則恐不久暴日得志中原之日：：亦即列強瓜分我國之時：：則我民族將爲俎上之肉：：尚能生存於世界乎？思前計後：：曷勝悚然－國人如不甘淪亡者：：唯一之出路：：須全國民衆：：一致努力：：始克有濟：：我邊徼鄉民：：對於國難之危迫：：多屬隔膜：：間有似是而非之愛國行動：：如掛起

△△義勇軍之空招牌：：喊幾聲打倒暴日之口號：：實無稗益：：真誠之救國運動：：不在離能可貴之特殊工作：：只就常人能力所及者：：普及而持久行之：：即是在分消極積極二方面邁之：：

消極方面：：剷除救國障害：：

（一）泯滅鴉片

鴉片之毒：：衰弱人體：：舉國有病夫之稱：：尤最顯著之害者：：則對於社會與政治之墮落：：鴉片實不得辭其咎：：種植鴉片：：則妨害民生：：吸食鴉片：：則增加消費：：至於政府之力主公賣：：要人之挾帶私土：：軍人政客：：尤以販賣或徵收鴉片爲巨大之利源：：爲各省各縣之：：至於政府之力主公賣大

救國家：：欲強健種族：：以禦外患：：非人民自動斷絕種吸鴉片

（二）戒賭博　賭博如麻雀等類：上自軍人政客：下至販夫走卒：均嗜此不疲：其玩物喪志：最足消滅民族精神：實為亡國之妖孽：當此國難期間：憂勞尚恐未及：尚何心肝博戲：以毀救國精神乎：

（三）去奢從儉　一般人將以奢侈論列入國難中：多所疑惑：然奢侈之標準：在本文中：只以洋化之消費為止：蓋國人今日生活所需：多仰給乎舶來品：故洋貨大宗之輸入：而金錢遂無限之流出：國民經濟：可慨也已！讀生活週刊：曾有毀衣：毀食：毀住：毀行：以救國之論：在國難中：崇儉尚實：不特培養社會經濟：且足化萎靡之習：而成堅毅之風：實為挽振人心之要素：

積極方面　努力救國工作：

（一）宜傳民族觀念：夫聚家成國：聚民成族：凡一國家：一民族之事件：人人均應負責任：決不可推諉於少數人之手：我國人民族觀念極為薄弱：時至今日：寇深國危：而一般人士：處茲危機：仍怡然自得：吾邊徼鄉民：尤多視為事在東北：如秦人視越肥瘠：無所動於衷：人心之死：至此為僞：：是在有識之士：將巢覆卵碎：國破家亡之意義：及暴日慘殺：強隣臺澎之危橫：：或作文字之刊佈：或作口頭之講譜：捐者：不必專賴富人如卜式之輸將：：只須國人節無意識之費

曉喻羣衆：雖匹夫愚婦：亦知愛國：雖孺子小孩：亦懷敵愾：則人心復活：國事方可為也：昔日當汪奇（金旁）尚能執戈殉難：漆室女亦知憂國長嘯：豈今人盡不如古人乎：是在視宜傳之力量如何耳：

（二）訓練抵抗能力　吾國人體軀屏弱：因有病夫之誚：而意見紛歧：久眾散沙之稱：一旦有事：則面循推諉：故欲救國：尤須先自訓練也：以個人言之：則鍛鍊體魄：期勝重任：夙興夜寐：勿忘國恥：又如明末志士之化除自私自利之心：集中意志：增進團結力量：俾民氣磅礴：而足督促政府：外足殺敵禦侮：萬一不幸：：終有發揚光大之一日耳！絶無如明末志士之殉節不屈：如此民族精神：雖挫折於今日：終有發揚光大之一日耳！此種抵抗訓練：端賴各地有志青年：則效尤蔚興：不難風起雲湧：共赴國難也：

（三）節省日用儲金救國　吾國民窮財盡：稅捐百出：人民輸將無力久矣！故國難發生：政府羅掘殆盡：除稅收華僑匯助抗日軍之款外：人民援助政府之經濟者：仍寥然少聞：只有梁作友不名一文之三千萬：徒貽世界笑柄：實則救國捐者：不必專賴富人如卜式之輸將：只須國人節無意識之費

則實行非難事也。。

以上所述。。均就國人能力所及者言之。。以剷除陋習及蠹款國工作。。同時並進。。始收效果。。讀者勿以爲迂腐而忽之當幸耶。。移作捐款。。卻可集少成多。。如個人奢侈之費。。嗜好之資。。。。地方迷信之無益耗等消耗。。奧夫婚喪酬酢之可減減者則減之。。省無益之享用。。用以舒國家急難。。實最有意義者也。。昔昔魯士民衆。。節己奉公。。卒強德國。。只要人人化除私利之心。。。。

廿二，一，四，寫於鼠落瓦底江畔

☯

家鄉的救國運動？

攻堅

東三省被日本人侵佔了現在已是一年多了。。然而在中國人的腦子裏能夠佔很重要的位置麼？中國人。。⋯⋯有人說是「像一個皮球。。你踢它一脚它便跳一下。。專過情遷了。。沸騰的熱血結成冰了。。要它動麼？你非再很重的踢它一脚不可。。」果然的。。九一八和一二八事件被踢了一脚動了一動之後。。現在又不動了。。去年十月份的海關報告。。仇貨的入口已增加到三千八百餘萬。。不爭氣而健忘的中國人居然又在歡迎仇貨了。。其餘的各種抗日救國團體的職員。。營私舞弊。。包運仇貨的種種賣國行爲。。時有所聞。。在者（人旁）大的一個中國都是這種現象。。我們僻處山國的家鄉T縣。。自然不能例外。。家鄉到處是△國會或支令。。到處是義勇軍訓練所。。外面掛着堂皇壯麗的招牌。。問其實際。。則一盤精糕。。尤其是義勇軍訓練所。。不過就是這一塊招牌掛起來敷衍門面。。內容空空洞洞

。。飢不義勇。。亦不訓練。。人們還是在醉歌宴飲。。過着那烟賭質上的損失是有目共覩的。。東三省被矮奴佔以後。。人民的生命財產都被犧牲。。淞滬雖有爲民族爭光榮的十九路軍給矮奴以重大的懲創。。可是繁華燦爛的大市場已成焦土。。同鄉們切莫以爲矮奴只是侵佔東省。。並不是來侵佔我們的家鄉。。可以對於東省喪失的痛苦。漠不相關的作旁觀態度。當設身處地的想想。。如果強隣過處的我們家鄉。。遭到帝國主義者同樣侵佔的話。。不惟我們的財產同樣的妻被侵佔者的沒收攫取。。我們的性命難不被犧牲。。也要過那亡國奴的生活。。受人的隨意宰割。。同鄉們願過這種生活嗎？象之帝國主義下的軍閥工俱。。田

親愛的同鄉們呀
東北和淞滬被矮奴鐵歸下的胼蹄。。物
子彈來打我們自己。。送給敵人造
的生活。。尤其是爭買仇貨。。甘心拿自己的＿錢。。

中老賊的政策。不是一貫的侵吞全中國的政策嗎。它們得了
東省。還要侵佔熱河。若果熱河得了手。就可以席捲華北。直
下長江流域……淞滬的侵佔如果不是十九路軍的熱血。直
抵抗便矮奴知難而退……那麼堂堂大中華民國的首都。已經被
矮奴的蹂躪。而掩有全中國的領土也不難成為事實。因為我
國大人物的軍隊只是養精蓄銳的預備着去作內戰。而對外是
決於不肯犧牲的。我們小百姓要想不做亡國奴。只好自己向
結起來。準備着去向帝國主義者肉搏衝鋒的必要
條件。自然是要作軍事的訓練。那末家鄉的義勇軍訓練所。
就不是只掛招牌可以敷衍門面的一囘事。因為國難當前。要
實事求是的幹去。並不是掛起了這一塊招牌就會把敵人駭退
了。所以不客氣的說。遠不致受外人的恥笑。如其知道國難起
如牢性地把招牌下了。如果同鄉們不願意實行軍事訓練。不
逼國亡在即……有準備抵抗的必要時。最好名符其實的
來。作有組織有規模的軍事訓練。以養成衛國衛民的軍國民
資格。即使不能實行援助東北。「東北義勇軍完全是人民不

翼的話。黨國要人或許一日良心發現。實行武力抵抗。那末
人民與政府一致合作是必要的條件。同鄉們可要得到機會盡
一點國民的天職了。可是我們一方面以民族的精神去抵抗殘
酷的敵人……一方面還有最生效力的抵抗方法。就是經濟絕交
……可以致矮奴的死命……暴日不過是一個外強中乾的國家……經
濟已經起了恐慌……農民受資本家的壓迫和搾取……完全瀕於破
產……政府的預算案有驚人的入不敷出的數字……工商業方面因
我國經濟絕交所受的損失己不在少數……現在日本因濫發紙幣
……對外匯兌價格狂跌……就是一個最好的證據……如果我國同胞
……能繼續五分鐘以後的熱度……堅決的抵抗下去……那麼不須訴諸
武力。矮奴可以自斃……這是稍有常識的人都能明瞭的事實……
無如利令智昏的奸商……只知個人私利……即做亡國奴亦有所不
惜……在家鄉方面……以向矮奴經濟絕交時期為發財的絕好機會
……專販仇貨的大有其人……這種賣國的行為……應當受法律的嚴
格制裁……如果他們設想到自己處着東北同胞的地位……那麼掙
下這賣國的孽錢……仍是逃不了暴日的掠奪……自然不甘願再幹
這賣國的勾當……因為買一塊錢的仇貨……可使矮奴造得十粒子
彈……打死我們十個同胞……反轉來說……多買一塊錢的國貨……就
可以多打死十個矮奴……親愛的同鄉們呀！國難當前

丁—我們生死存亡的關頭到了‥作最後的掙扎‥精神團結‥整個的組織起來‥人人作軍事的訓練‥作武力抵抗的準備‥一方面更當和暴日永遠經濟絕交‥永遠不買仇貨‥舉國一致的抵抗到一年之後‥紙老虎的暴日就會完全經濟破產‥根本崩潰‥可以不打自倒‥這種悲觀的話並不是不可希冀的奮鬥‥不過要看大衆有沒有決心罷了‥如果再是以前「皮球式」的不踢不動的態度死挨下去‥那末東省同胞所受的殘酷的痛苦就要降臨到我們自身‥大家準備着去做亡國奴罷！—

廿二‥一‥月一日作

☯內部女同志對于本會應負的使命

鋤強

家鄉社會的家庭裏‥因爲生活問題的關係‥男子多半遠居異域‥和家庭作長時間的離別‥對於家庭的一切‥卻無法兼顧‥而委託之於女子。所以本鄉大多數家庭的家務‥都由女子一手包辦‥她們在家庭裏有崇偉大的權力‥又因本鄉婦女少有受過新教育的灌輸‥而承襲着傳統的封建思想‥她們對於社會的一切制度‥只知道「古聖先人做下來的」‥神聖不可侵犯的？奉行惟護的照辦起走‥這「古聖先人」的遺毒‥已經深中在她們的腦筋裏而不可磨滅‥所以你要同她們談風俗制度的改革‥和她們自身的解放‥雖費盡九牛二虎之力‥而所得的效果只等於零‥在這種環境裏‥男子雖有清新的頭腦‥和改造的精神‥無如身居異地‥鞭長莫及‥在事實上既不能行使家庭間指導的職權在理論上也自然沒有能使女性徹底覺悟的可能‥所以本鄉雖有社會改造改進的呼聲‥而終歸不能實現‥

本鄉也曾經受過新時代新潮流的激勵‥而由新的建設上努力工作‥但是工作的結果‥多半因婦女們的破壞而歸於失敗‥寺觀裏的舊式土偶推倒後的不久期間‥婦女們有實大無邊的魔力‥可以將新的土偶補充上去‥甚至擴充起來‥以戲未有的神誕會期‥現在可以杜撰擔造‥今天○○會‥明天○○會‥一年到頭天天是會‥旁的如男人生主張從儉‥婚嫁筵宴禁止無謂盧耗的一切浪費‥她們可以陽奉陰違‥送蒸糕由大門頭上傳遞‥帶帶禮由降里代爲分發‥開鍵送布可以祕密舉行‥………天足運動的提倡‥她們可以天之于外而縊之於內‥「這是好久以前的事現在已沒有這種舉動‥」攏就來說

：社會的一切進展爲婦女破壞的實占最多數：這裏頭有實任的男子雖不免放任縱容：可是婦女因受傳統的封建思想的遺韋才這麼的睛幹：已是不可掩的事實：

由女子教育方面來說：本鄉自倡辦女學到現在己有廿餘年的歷史：造成了極少數的女教員除外：女性的自身：能了解現代人生的義意爲社會服務爲同性謀解放的簡直沒有一人：她們：……或她們的家長使她們求學的意義：不過是以嫁得良好夫壻爲終點目的：她們的地位仍然是居於男性壓迫下的附屬品——

本鄉社會進展的實現：由以上的事實證明：必須先由改造女子思想着手：改造的根本辦法：自然要竭力提倡女子教育的普及化：使靑年女子個個了解現代的潮流而向新的途徑走去：尤其對於操持家政的全鄉婦女：當盡量宣傳：使她們覺悟到舊社會的一切制度習尚無存在的可能：有廢除的必要：她們才不去幹那補充和擴充土偶一類的勾當：和旁的反潮流的行爲：本會努力介紹女會員加入的用意：也就是向婦女宣傳的強本：現在本會內部智識階級的女同志多半擔負着本鄉女子教育的任務：女同志先生們：你們是擔負着本鄉和本會的最大使命的：從今日起：請你們將改造社會的實任放在

你們的肩頭兒「：：你們努力工作的結果：較之男子必然可以得到更大的成功：因爲你們一方面擔負着造就全鄉有爲的女子的任務：全鄉靑年女子的成就如何？說以你們教授方針如何而定：若是你們拿新時代新知識教授她們：她們就是一個新時代的女子：反之：若是你們拿封建思想腐化知識教授她們她們就是一個封建思想的腐化女子：請你們改良方針：站在新時代的立場上將適應潮流的新知識徹底的灌輸在她們的腦筋裏：使她們了解現代女子生活的意義：和求學的正確的目的：脫離了封建制度的束縛：不致成爲時代的落伍者：將來她們的自身才有解放的希望：因爲現代的女子是與男子站在平等地位的：：平等的條件自必先由義務上做起：然後才有權利的平等：那麼：女子求學的意義？一方面是爲社會拿衆服務而求學：一方面是爲解決自身的生活問題而求學：而不致依賴男子：

一方面你們是本鄉女界惟一的知識階級：是以嫁得好夫壻爲終點目的而求學：這就是說：必須造就一種維持生活的技術和職業：得到經濟獨立的地步：才可以談得到解放的問題：一方面你們是本鄉女界惟一的知識階級：家庭裏的賢妻：或候補良母：你們的一舉一動：都可以做全鄉女界的模範：你們應當表示自己高尙的人格：站在女界領袖的地位：對

於社會的改造努力做先導的工作••最好以身作則••廢除一切舊社會的腐化習俗••實行改造你們的舊家庭爲新家庭••然後對於本鄉女界努力宣傳••宣傳方法••一方面當作文字的宣傳••他方面尤其是通俗演講宣傳更能得到較大的效果••請你們精神團結起來••在本會主義之下作有組織的大規模演講••因爲同性才能了解同性的心理••演講宣傳的結果••必能打破女界的傳統思想••引導她們踏上光明之路••下面所列舉的就是演講的重要題目••特提出供大家的參考••

（一）女子教育的普及化••
（二）女子職業的提倡••
（三）女子解放運動••
（四）女子經濟獨立運動••

（五）女子對於服務社會應有的責任••
（六）婚姻制度的改良••
（七）婚嫁喪葬陋節的改良••
（八）一切迷信風俗的取締••
（九）天足運動的普及化••
（十）戒除一切奢侈的耗費••

我最親愛的女同志們—時代在一天一天的演進着••請你們追隨着時代前進••切莫自甘落伍••你們自身的解放是由努力奮鬥得來的••並不是不勞而獲的••努力奮鬥才是你們惟一的出路••起來罷••擔負起你們最光榮的使命••向社會的最前線衝出去••

在封建制度束縛之下

★騰人生活之危機和青年之出路

心介

「生活」這個名詞的意義••從抽象方面說來••就是人類日常動作的表現••從具體方面說來••就是人類所需「衣」「食」「住」的代名詞••因爲要有衣食人類生命才能存活啊~請到我們一國人的生活問題••是整個的重大問題••作者識淺••未敢論列••至於一省人的生活問題••作者涉足未廣••觀察未多••亦不能妄爲批評••僅縮小範圍••來研究我騰人的生活問題••

我們騰人生活狀況是怎樣？諸君猶憶數月前••騰衝糧食發生恐慌••情形多末嚴重••從緬甸運米接濟••始解倒懸之危••雖說因鄰封擾連••且事非常有••但是人口逐增••米產有限

：可見民食素不寬裕：放易發生恐慌之可能：又從衣的一面來說：膝衝因不虞棉：至一切花紗布正：都仰賴外貨：──尤以仇貨為大宗──現在印洋高漲絕頂：而入口貨亦隨市昂貴敷倍：民衣之代價：使膝人增加巨大之擔負：從此可見膝人生活狀況：是到極端的困難了──再說到旅居緬甸之膝僑生活狀況：與膝衝經濟：有重大之關係：際茲市場不景氣之秋：商業一落千丈：大多數經營：陷於絕境：閃之膝僑生活：亦不易支持：在這生活困難的環境中：首當其衝的：要算青年們最感受痛苦了：因為青年們多未達到經濟自立的地步：備受生活負擔的壓迫：又人浮於事：間有取得職業者：又飽受資本階級的壓制：所以現在青年：因生活問題當前：發生最大的苦悶：至於婦女現在尚多居於分利的階級：經濟不能獨立：所受生活困難的影響：自然與男子有迷希的關係──

由生活的危機：引起社會上兩大隱憂：一是道德的淪落：管子說：「倉廩足而後知禮節：衣食足而後知榮辱」：今日社會風氣：趨尚浮華：加上生活之壓迫：人慾橫流：正義聚滅：人類相互間：惟以自私自利之心：殘忍奸偽之行相關尚：社會更加黑暗不堪了：一是建設的停頓：政治的修明：

首須民生的發展：物質的文明：尤賴經濟的給足：我們地方閉塞已久：從遠建設：猶慮落後：況民窮財盡：百政廢弛：社會何日有進步之希望──以優勝劣敗之自然律例說來：我們愚闇的民族：始終將有被天演的淘汰之一日：這是多末可寒心的事──

膝人生活危機的由來：外因固由於世界經濟變動的影響到市面凋蔽：和稅捐過高：使民眾擔負太重的原故：但是主因卻局於農村頹廢：物產缺乏：仰給外貨：以致經濟輸出雖到破產程度：仍無挽救辦法：形成「貧病交困」的狀態──現在「生活的出路」：已成青年第二生命的問題：若是再不覺悟：跑向資本化的都市中心找職業：已經高掛了「此路不通」：「人滿為患」的招牌：青年個人本身最好的出路：和改造社會的出路：只有實行「到農村去」的一法──

農村本為我國固有的社會進礎：只惜到現在被洋化的工業資本主義所擄陷：羣眾的觀念：傾慕着洋化的繁榮：吸引農村的人才？轉趨向都市的中心：農村的經濟：改投入商業的經營：遂使農村一天天的頹敗下去了：自國民黨改組以來：到農村去的呼聲：高唱入雲：不過那是含有政治性質的作用：和因為「生活」到農村去　橫：是完全不同的：至於

農村裏的生活懷實‥消費簡單‥事業高尙‥是極易適合青年
的生活環境‥一方面農村事業得有青年人才參加努力‥必日
有生色‥同時因農村起色‥青年生活‥必更進展‥青年生活
進展‥必更增進一般人到農村去的興味‥那末「生活進步」
‥社會也就進步了‥

青年們到農村去‥首要的第一步工作‥‥‥略如下述‥

(一)實業‥遠鄉荒土甚多‥人工亦廉‥土可地尤地土沃肥
‥宜於開墾‥若個人或集資量力所及者‥擇舉之大小
‥和性之所近者辦理之‥持之以有恆‥不難立足收効
‥陸植如種棉——「由閩內寄寒地棉種來種」‥即可適
合氣候」‥置桑‥麻‥糧食‥森林‥果木‥蔗糖‥‥‥
‥‥‥畜牧如牛‥羊‥雞‥鴨‥猪‥蜂‥魚‥‥‥
‥‥‥工業如造紙‥製革‥燒磁‥竹木用器‥小磨米機
‥‥‥礦業如煤‥鐵‥及其他金屬‥事業蕍廣而簡

(二)教育‥遠鄉教育‥完全缺之‥改良之滇‥學校方面‥
由熱心青年膨務‥注重兒童教育之發展‥社會方面‥
則集衆演講‥購體書報‥陳列儀器‥標本‥印刷刊物
‥設夜學補習‥以求民智開通‥文化書及‥

易可行者甚多‥是在研究而行之—

(三)交通　要求鄉村的進步‥首須注電路政的便利‥路政
羅是巨大的工程‥然能由青年份子領率鄉人作公益之
修築‥於農事休暇之時‥合羣努力‥逐漸改進‥初由
崎嶇開為坦途‥以通牛馬車的運輸‥待地方雲榮‥更
進爲汽車路‥並非難事的‥

以上三項‥已達目的‥卽進第二步工作—

(一)合作　上逑之實業樹立基礎後‥須進行到生產合作‥
以廣出品‥運輸販賣合作‥以增利益‥並有消費合作
‥以節耗費‥及設立儲蓄機關‥以調劑經濟‥

(二)自治　這點所說自治‥不是現在的△自治‥架床疊
屋的名目多建設少的自治‥只不過共同定章‥共同遊
守‥偶有禍患‥協力防禦‥公集資金‥辦理各項公益
事業‥如醫藥‥衛生‥消防‥市政‥‥‥以需要至
切‥而力量所及者‥逐漸擴充辦理之‥

(三)娛樂　娛樂爲羣育之要素‥可以聯絡情感‥陶冶情緒
‥增進智識‥活潑身心‥尤其要改良村人之吹‥賭
‥迷信等等陋習‥更非提倡正當之娛樂不爲功‥以平日
的娛樂‥如音樂‥運動‥閱書報‥公園遊憩‥‥‥代
替不正當之消遣‥特別的娛樂‥逐年規定期間‥擧行

各種展覽會：：運動會：：遊藝會：：新劇：：放映電影等：：以代替各神會：：

以上三項設備：：不特物質生活給足：：精神生活亦可完滿：：農村成功的遲速：：是只在青年們：：堅勇的毅力：：服務的精神如何！

青年們：：大家快覺悟罷：：物質的享樂和投機的醵藥電業：：不要去追求：：還是走向人棄我取的農村：：作衣食基本的實業的開發：：才是有整個人的生活：：並且是有整社會的事業！也是我們青年和礬淵家鄉社會的惟一出路：：幸勿空談視

（編者按）吾鄉缺乏物產：：故　年子弟多少小來緬謀生：：鄉人賴緬甸商場為生活的情勢：：較之全體任何鄉村：：尤為嚴重：：現在緬甸商業凋敝：：鄉人們的職業恐慌：：已為不可掩的事實；心介君此篇顧具深刻眼光和偉大的俱體計劃：：對於青年界有很大的貢獻：：然非有堅忍不拔的恆心：：和精神團結的組織：：與惡劣環境作奮鬥：：則此種開創之事業：：不易實現：：要在有志青年：：鼓勇前邁：：以期最後之成功：：則此篇之作：：為不虛矣：：

⊙談談文明婚禮

無畏

自本刊前期仲猷君的「婚禮改良芻議」一文發表以後：：本鄉青年們頗有實行文明結婚的醞釀：：這雖不盡由於本刊宣傳的效果：：但是生在這廿世紀新文化演進的潮流裏的同鄉青年們：：對於廢除舊禮教和提倡新禮教的必要：：已經有了徹底的認識：：並且能做前部先鋒去向惡劣的守舊家庭作挑戰的嘗試：：雖的結果雖然失敗：：但是此種改革的精神：：值得我們欽敬的：：因為家鄉人受了封建的傳統思想的流毒：：從來沒有誰敢以大無畏的精神去向這傳統思想進攻：：如果有人想動一動

這傳統思想的壁壘：：或碰一碰這傳統思想的陣線：：一定會遇着十所指大逆不道的罪名：：現在覺有去動這傳統思想的陣線：：和去碰傳統思想的壁壘的青年：：所以我說值得欽敬的—此次寸▲▲寸△△兩同志舉行文明婚禮的要求：：已得對方的允許：：竟被舊頭腦的紳閥族閥的干涉而打消了：：寸同志一方面雖不能徹底實行新禮：：可是　一方面他能痛快堅決的打倒了　一切麻煩腐敗的禮節：：我們更在欽敬他的奮鬥精神：：最低限度可以給舊禮教的背景人物受一大如聲：：

：在我國別的省市已經通行而且成為最普通最平凡的制度…拿來在本鄉試用…就有許多見怪的人們大驚小怪的橫加非議…他們的理由不外乎是…「周公之禮」在他們的腦筋裏留着深刻的印像…他們的眼光…也許被「周公之禮」所遮掩了…除他自視為惟我獨尊的一部分人甘受他的支配的邊僻鄉村裏…恐怕血看不到別的地方了…所以坐井自大…不知井外還有廣泛的天…比他井裏的天野多着呢～

開倒車的先生們呀～須知古人是死的…今人是活的…世界人類是進化的…不是退化的…在古時文化未開人民野蠻生活簡單的時代…可以玩那種「周公之禮」的把戲兒…現在人們的生活複雜了…誰也沒有功夫去幹那些麻煩腐敗的禮節…信如胡適先生所說…「自古以來…禮節一天簡單一天…雖有極頑固的復古家勢不能恢復那「禮儀三百威儀三千」的盛世規模…」自右苦今…不知經過了許多的變化…在今世人類進化的過程裏…那些已死的古人的禮儀已不足法…並且有廢除的必要了…自命為領袖階級？封建思想的人物們…較之我國車載斗量的大文豪大文學家如胡適先生一類的人物究竟何如？請大家把眼光放大一點看看我國的先進人物的清新頭腦的言行和現代新新潮流邁進的趨勢…即知封建制度已被天然淘汰

而無存在的可能性…對於他人改造社會的創舉的干涉行為…徒以暴露自己的思想落伍…………頭腦陳舊～

思想落伍者如果以為事事應當效法古人的話…那麼…上古時代的人民穴居野處…茹毛飲血…今人何不回復到穴居野處茹毛飲血的生活裏去…反而住的是高樓大廈…「還有屋頂花園…新式晒台……」食的珍饈美味…衣的綾羅錦繡…擁抱着嬌妻美妾…享盡了今世物質文明的幸福…我還記得在民國以前…婦女「改妝」的首倡者…也就是因此止別人文明結婚的人物…如果衣服也有復古的必要…為什麼不使他的嬌妻美姜衣歐皮披樹葉…並且還將以前寬衣大袖的服裝…改作合時羊親的新妝束…可知人們復古的心理…也不過是掩耳盜鈴的驅人技倆…和虛榮心的驅使…事事追求着滿足自己的慾望…以達到擺架子裝門面的目的罷了～

所以事實告訴我們…人類的生活既是日益進化…日益文明的…我們不能由文明進化的生活退回到野蠻退化的生活；也就不能由享受物質文明的生活退回到穴居野處茹毛飲血的生活…更不能由新代新潮流的新禮制退回到「周公之禮」的封建制度的舊禮制…這是稍有常識的人都不能否認的…又由經濟方面來說…「膝越財主無三代」…這是稍有述

信色彩的話語：：其實家財富裕的人們：：除了創業者知艱識苦：：克勤克儉以保持自己的經濟現狀以外：：凡是承繼父兄的餘蔭坐享田園之樂的人：：所以只知追求着如上面所說的擺架子裝門面的來路的困難：：「不知稼穡之艱難」：：就不知道金錢的事去幹：：「坐食山空」：：財主自然不會繼續到三代以後：：這豈不是「風水」叫人快快的窮下去：：實在是人們：：窮奢極慾的追求虛榮的結果：：所以爲救濟這種險象起見：：積極的辦法自然是要各求生業：：消極的辦法就是要節儉無謂的虛耗：：改良婚禮也就是節儉的一端：：威此生活程度增高的環境裏：：家道中常僅足自給的人們：：對於這種去奢從儉的辦法是多表同情的：：無如享尊處優的思想落伍者：：並不知道體察多數人生活負擔的痛苦：：爲人設身處地：：而事事加人以箝製和無理的阻撓：：在家族制度束縛之下的人們：：革新改造的勇氣終敢不過聲嘶奪人的族閥！——支配者——所以一切主張終歸失敗：：會的制裁和淘汰：：

本會同志尹君的舉行文明婚禮的要求：：又遭對方的反對面失敗了：：尹君在緬旬時意志多麼的堅決：：對方的某君在緬旬也曾堅決的允許實行新禮：：可是過了紅蚌河：：進了家鄉崎

形的環境裏：：當然要減少了幾分的熱度：：「非文明婚禮不娶」的主張也只好犧牲了：：對方曾經堅決許可的約言：：也可失約了：：這雖由於萬惡社會的舊禮教的包圍壓迫：：其實尹君到底性近安協：：缺乏抵抗的精神能力：：沒有做到青年奮鬥的最後工作：：而竟至於軟化：：至於失敗：：我爲尹君的主張的意義可惜：：爲家鄉社會的前途浩歎——

事實告訴我們：：此次一般人反對文明婚禮的理由：：除以上說過的「復古思想」的箝制外：：還有身居家長地位的男子：：以受傳統的封建制度束縛更爲緊牢的後抬背景的婦女意志爲意志：：「非紅燈彩轎細吹細打不足以表示光榮」非長衫馬褂三跪九叩不足以表示尊嚴？！」「培植兒女一場：：是頭要馬褂」的奴州婢膝的禮節：：自然不能滿足她們虛榮的慾望：：而他一個：：」這一類的心理己牢不可破：：因爲新婚禮既沒有紅燈彩轎和細吹細打：：也不用滿奴服制的長衫馬褂米行那三跪九叩的奴州婢膝的禮節：：其實家鄉婦女因沒有受過新教育：：對遭她們的反對：：自然不能加以苛責：：最少數的受過教於舊禮教的信奉維護：：自然不能加以苛責：：最少數的受過教育和到過外面都市的她們？：看見到新婚禮比較儉婚禮的省時間：：省手續：：省金錢：：和舉動文明禮節簡便的好處：：對于新婚禮的舉行自然會表同情的：：尤其是青年男女更多贊成知期

望新禮的實現⋯因爲稍有現代常識的人⋯都知道莊嚴燦爛的新婚禮堂勝過陳舊腐敗的紅燈彩轎⋯有藝術性的新式音樂隊⋯「新式音樂隊在家鄉還沒有組織依時代的需要將來有組織的必要⋯」勝過賣法的亡國音調的細吹細打⋯有尚武精神的短裝禮服⋯勝過衰頹民族的表示的長衫馬掛⋯新娘的黑暗面幕有半鞠躬禮⋯勝過奴顏婢膝的三跪九叩禮⋯有廢除的必要⋯迷信作用的「推車馬」⋯「劈部時雙擋牀」⋯「吃雞湯飯」⋯等之舊禮是表示着野蠻民族的陋俗⋯這是多麼的麻煩肉麻↓新禮是多麼的文明高尚↓ ↓ ↓ ↓然而身居家長地位的男子又何嘗對于新禮制的取棄不能徹底的了解⋯不過他們沒有以身作則改造社會的決心和勇氣⋯對於家庭婦女思想的錯誤不肯加以糾正⋯而事事迎合她們的心理⋯所以家鄉社會是老不長進的↓本會同志張立生君的女公子和李曰淑君在緬京舉行文明婚禮了⋯ 同是在家長制度下不能自立的青年男女⋯同是可以使子女在緬甸舉行文明婚禮⋯而沒有勇氣使之在家鄉舉行⋯「家鄉社會」這是多麼奇怪而使人不易了解認識的畸形

狀況↓身爲家長的家鄉父老們呀↓請你們百尺竿頭作再進一步的改造社會的創舉⋯把在緬甸已經實現的新禮制⋯拿來在家鄉嘗試⋯這是輕而易舉的事呀↓同時綺羅梘李和仁君的舉行文明婚禮⋯已得到他的賢明家長的允許⋯和對方的贊成而實現⋯他的婚禮雖因舊社會的惡習太深而不能徹底化⋯可是已經建築了新禮制的基礎⋯李君的適應潮流腦筋清新的家長⋯較之頑冥不靈的腦筋已勝過萬倍⋯由此我更感覺到新禮制並不是像舊頭腦心目中的洪水猛獸⋯而絕對不有實現的可能⋯實現的問題不過是時間問題罷了⋯同是在一個滕衝縣裏的鄉村社會裏⋯我不信別練可幹的事本鄉就不能幹⋯同是親愛子女的家長⋯家長有改造社會的精神毅力⋯來做提倡新禮制的先導⋯本鄉的家長就不有同樣的精神毅力⋯而使人專美於前⋯這是一個⋯我更不信別練的本鄉人與本鄉人的結合⋯我不信在緬甸社會裏可以舉行的禮制⋯就不可以拿來在家鄉社會實行⋯我更不信大家庭的家長最好的「他山之石」⋯本鄉的家長們⋯對於鄉鄉的改造改進的感想是怎麼樣⋯本鄉有志的青年同志們⋯趕快起來⋯鼓起你們的堅強的毅力和勇氣⋯大下決心的一方面去和萬惡的舊社會奮鬥⋯以達到實行打倒舊禮教創立新禮教的目的⋯一方面須向你們的家長作堅決的表示⋯和痛陳利弊⋯以取得你們的賢明家長的

同情心‥‥而實現你們的企圖‥‥切莫表示往懦妥協的態度‥‥而
為環境所軟化所戰勝‥‥因為妥協性是主義失敗的最大原因呀

廿二年二月廿日作

○○○○○
○○○○

⊙內部同志對於刊物應負之使命　　南村

吾會出版刊物‥‥旨在宣傳一切改造事宜‥‥本會同志‥‥雖
一再努力掙扎‥‥繼續工作‥‥以期本刊內容漸有可觀‥‥而增加
宣傳效率‥‥但事實則與吾等之希望相反‥‥蓋本刊冒論‥‥多屬
抽象‥‥而不能於家鄉社會現狀之下‥‥作實地之批評與探討‥‥
所謂宣傳工作‥‥遂致迹近空談‥‥無補事實‥‥而內部同志‥‥身
居惡劣環境包圍之下‥‥對於刊物所負之使命‥‥較之外部同志為
重大‥‥蓋本刊發言自不能與家鄉事實相離‥‥而書實之供給實為
在內部同志‥‥而內部同志對于刊物之盡量撥助者固不乏人‥‥
惟吝惜珠玉緘默不言者‥‥亦大有人在此本刊不能得到充
分之材料‥‥而言論多屬於抽象之原因也‥‥本會外部‥‥儘居寫
遠‥‥對於會務之一切‥‥只有提倡之可能‥‥而現實工作‥‥惟內
部同志是賴‥‥故內部同志‥‥一方面須努力於現實工作‥‥而立
于本會之最前線‥‥與惡劣環境奮鬥者‥‥一方面對於惡劣環境之
現狀‥‥足為本會會務進展之障礙者‥‥尤當不容批
評探討‥‥以期得到真理之發現‥‥而本會工作本身‥‥亦可減少
困難‥‥故吾謂內部同志‥‥對於刊物之使命‥‥較之外部重且大
也。‥內部同志‥‥對於本刊工作‥‥以前既已參加‥‥而以後繼續
努力‥‥不甘退縮之決心‥‥亦為同人所共諒‥‥而無須詞費
‥‥惟口尺竿頭‥‥再進一步‥‥本刊之所以企望內部同志者‥‥即
對於刊物工作之體續奮鬥‥‥給以充分材料之供給‥‥使本刊發
言‥‥得其向導‥‥則本刊之宣傳‥‥可得到相當效率‥‥出版之旨
‥‥為不虛矣‥‥

●鄉公所風俗改良簡章之分析　　盼行

說起風俗改良‥‥讓我記得的‥‥在民八九之間‥‥曾有崇俊
會之發起‥‥民十以後‥‥青年會之成立‥‥亦有崇俊會之附設‥‥
這幾年來‥‥又冰消瓦解‥‥寂無所聞‥‥年來因商況的凋零‥‥經
濟之崩潰‥‥和內地百物騰貴‥‥生活日艱‥‥種種不景氣的籠罩

‥在內在外者‥又為注意到風俗的改良為不可緩‥於是又舊事重提‥高談改良‥在本會方面‥固屬一貫方針‥所以每週年會時均在研究改良方法‥即本會年出一次之——週年特刊——小小冊子‥亦有不少的轉載和宜傳‥鄉的方面‥亦以時勢日非的原因‥及以規定風俗改良簡章由鄉公所公佈‥并規定憲詞條例以便全鄉遵循‥這是多麼可喜的事‥予也不敏‥特就簡章內容‥加以分析和研究‥并追述以前關於此問題之經過‥

(一)鄉的崇儉會

以前吾鄉崇儉會之發起‥是一鄉的‥發起之時‥始則由個人贊成者簽名入會‥繼經議會正式公認‥規定之婚嫁宴客各種崇儉辦法及科罰條例‥此乃本鄉最高立法機關之議決案‥其權力當然高出一切‥其效果當然宏大‥且此舉乃為一鄉人謀幸福‥吾鄉首望‥為本鄉前途起見‥當能言行一致‥而嚴厲實行‥或不致有陽奉陰違‥及關係破壞的舉動‥殊料此事癥端‥而適得其反‥當崇儉會成立後‥即遇有特等家庭之婚喪嫁三事‥其家長實為該會之發起人‥且為一鄉表率之鄉紳‥理宜以身作則‥遵循規章‥首先實行‥以作一鄉之先導‥乃喪家方面‥親戚弔唁者‥即預為宜言‥誼屬至親‥非獻飯不可‥這是我的一點敬意‥不獻飯不足以表示敬意‥果爾要罰‥不拘多少‥亦願繳納‥卅元之罰金‥可罰六十元‥并可先繳罰款後又獻飯‥款是我有的‥我是不惜省錢‥并不怕罰的‥受弔之當事者‥明知從儉章程已公佈有效‥乃不明白表示堅決態度‥抱定不罰不辭‥緘默不言之宗旨‥終於以喪禮無主為推諉之措詞‥

婚嫁方面‥婦女對於帶禮之解嘲‥即曰‥我因為空着手而來‥不好意思‥砂糖改作冰糖‥山藥改作巴蕉‥不需點去是不得的‥為主人者‥亦遂藉口宜稱‥我却不接帶禮‥不帶開錢‥更不送布‥因為又有帶禮來‥只好一禮‥答‥多的也用了‥不關係遇一小點‥由給銅錢改給龍元‥由送土布而改送毛巾絲織品‥事後輕證明事實如此‥但因家長的否認‥或以婦女們私相授受為藉口‥家長對此事之破壞行為‥即以不能負責了事‥

崇儉會經過了此婚嫁喪諸事後‥當事者既不能履行各種規定而違法‥該會執事者‥亦不能行使職權而加以相當懲罰‥其餘會員多默不一言‥違法者‥且互相袒護‥互相掩飾;為解嘲文過之計‥而崇儉會之神聖公約;遂被撕碎而等於廢紙‥會之本身‥終於夭折矣‥嗚‥此誰之過耶‥

本會的崇儉會

本會的崇儉會：：是一部分的青年階級的自動首倡實行：：對會內則以章程相約束：：對外則以宣傳為工作：：自不能與本鄉的寬泛：：而握有行政權者并論：：然彼時婚嫁實行從儉制度之會員：：先後繼起：：即會外同鄉因本會之宣傳：：而傚效實行者亦顧不少：：本會一切規定均遵循履行：：會員中因家庭特殊關係而不能遵循者：：亦履行罰金之規定：：蓋本會會員多為青年：：於家庭多不能自主：：凡事須得家長同意：：方能實行：：較之處於家長地位及非家長而有自主權者：：自有難易之別：：然本會會員：：亦經相當之奮闘而得到相當成績：：惜當時吾鄉富裕之家：：多不肯採納施行：：此亦本會從儉之不能澈底之一大原因也：：

簡章雖只寥寥五條：：而言簡意賅：：并嚴格規定罰款：：使全鄉遵循：：與前次發起之崇儉會：：有同等之權力，而辦法之進步則過之：：然吾鄉人思想：：常與孫中山先生之知難行易之思想相違反：：而言之非艱：：行之維艱之口頭禪：：已躍中人心：：此次組織：：是否能使全鄉：：無論貧富強弱全體遵循：：而不致如前此之為頑強者所破壞：：尚待事實之證明：：

茲假定有其人焉：：對於此次本鄉公令：：玩忽視之：：而發生下列之態度：：

（一）抱定受罰而不願履行：：

（二）既不受罰亦不履行：：

（三）陽奉陰違敷衍了事：：

（四）強有力者之破壞倒亂：：

（五）藉口章程不嚴密而故意違反：：

如有以上事件發生：：而吾鄉人又皆非親即族：：非族即友：：非友即同事同業之關係：：吾鄉最高法權機關者能破除一切情弊：：嚴勵執行：：以鐵面無私、態度：：對於頑強不法存心破壞之分子：：加以嚴格之懲戒：：使風俗改良之主張得以實現：：如其不然：：則以前互相默認：：互相縱容之故態：：將必復萌：：

過去兩會之發起：：均具有同一之目的：：而為地方設想：：而其結果：：一則完全失效：：一則雖不失敗亦不能澈底成功：：失敗者由於主動者之不能堅決執行：：不能澈底成功者：：則因環境之阻撓：：然則前車之覆：：後車之鑒。失敗即成功之母：：吾鄉人士：：苟能以移風易俗為職志：：則捲土重來：：作第二次之努力：：未為晚也：：

現在鄉公所風俗改良簡單：：已經決議而公佈：：實行：：誠而所謂風俗改良之成績：：亦等於零耳：：

竊閣他鄉以前之提倡崇儉也∴首倡者公正不阿∴嚴勵執行∴毫不徇情寬假∴是以一鄉無論貧富賢愚∴遵行維謹∴或有違反章程者∴則照章科罰　有抗不繳納者∴則強制執行∴追繳罰金　違法者必受其應得之懲戒∴而後已∴此該鄉之提倡崇儉於吾鄉之後∴而成功於吾鄉之前者∴即爲吾儕∴不寬假∴公正態度與堅決不撓之精神∴有以致之也∴回顧吾鄉執事之精神態度∴則何如∴吾鄉若欲實行風俗改良∴則他山之石∴即爲吾鄉最好之殷鑒∴祈注意焉∴

至於章程之本身要在嚴密與詳明∴宜確定而不宜活動∴

今請略言簡章內容∴

第一條「凡婚嫁宴客只准男女同宴午餐一天或因親友衆多∴一日難酬者∴作男女各宴午餐一天∴若有外客當宴者∴俟事後如何酬宴∴聽其自便∴」

此條既首先規定∴只准男女同宴午餐一天∴則宴客之事∴實已減至一日即可完畢∴無論貧富均屬一律∴似不應因親友衆多∴而各宴一天∴使章程過於活動至於「若有外客當宴者∴俟事後如何酬宴聽其自便」之規定∴尤近於暗示以婚嫁之家避區就實∴事後大酬其賓之途徑而吾鄉以前所無之事後酬客之奢風∴已得鄉公所之明白予以承認矣∴此種不澈底不

嚴密之規定使欲出風頭者可以藉口於「聽其自便」∴事後大酬特酬大宴特酬∴吾儕爲執事諸公之崇儉願旨所不取∴

第二條「三朝滿月週歲只準從儉辦理讌客不得過十席以外」

此條規定由無限制之讌客劣俗∴而減至十席∴亦可謂儉矣∴然對於讌客以外∴有耗費甚於讌客之應酬∴勿抬盤∴擔子∴綾羅∴衣服∴珍貴∴手飾∴則無明白禁戒∕規定∴權其輕重則後者之浪費甚於前者∴尚望加以擴充範圍之詳明規定∴方與從儉之原旨相符∴且三朝滿月週歲∴讌客之風∴以前所無∴若能澈底禁絕∴尤爲經濟∴

第三條「凡婚娶送酒一律取消可酌送拜儀∴」

此條規定∴取消送酒∴改送拜儀∴不過改頭換面∴舊俗∴凡內親至友∴諸親府者∴均應送酒∴或折送酒錢∴主人接受後∴必答以斤肉之禮∴拜儀雖送∴即不接受∴依據簡章規定∴與舊俗無大出入∴不過舍禮物而取金錢∴若能一槪廢除∴較爲澈底∴惟際此家鄉應酬奢繁之今日∴凡事當依次漸進∴不能一擧手而澄清數千年之積習∴故對於此條∴以吾等持平而論∴嘗認爲差可人意無關重要而不宜過事急進之苛求爲

第四條：「凡遇婚喪：除應送之慶弔禮外雙方大小事禮及開錢送布一律禁止：若有違悖者將所送之禮物沒收充公：

此條規定：其對象在於婦女：凡舉行此種腐敗禮節者：皆為操有家庭權力一部份之婦女：而彼等以前已陽奉陰違：暗中私相授受：如欲徹底掃除此種弊俗：則一方面身為家長之男人：當負責嚴行禁戒：並開誠佈公：勿敷衍了事：而公所方面：亦當委任公正之人：對於婚嫁之家：詳加偵查：對於違反章程者：除沒收以外：並須科以禮物所值加倍之罰金：而此種懲罰：當向家長是問：使其不得藉故推諉：

第五條：以上各條務望全鄉男婦老幼遵循辦理：如有違悖舊傳至公所懲戒外：處以五十元以上二百元以下之罰金：

此條所定罰款：近於籠統：凡章程愈詳明：則人愈易遵守：故當以所犯之輕重：而逐條規定罰款之多寡：並訂明故犯：初犯：再犯：之詳細懲罰條例：則將來違反章程之事發生：誤犯：初犯：即可照章處理：可免曉曉爭辯之糾紛：此為該簡章之規定為不虛矣：

章之最大關鍵：應請當事諸公詳為規定：

以上所言：特就簡章本身之範圍言之耳：至於此種從儉制度：能否達到徹底崇儉之程度：尚屬疑問：而簡章所規定只限於經濟力面：對於禮制方面之應改良者：尤屬千頭萬緒

：：其性質之重要：當不亞於經濟問題：而簡章內尚未列入自須待於將來之逐漸修正：予以為婚嫁之禮節：宜現代化：除實行簡章所規定之一餐制外：或再更進而實行茶會制：亦無不可：是在將來之逐漸改進耳：

綜之：世風日下：社會盜亂：經濟恐慌：已達於危險之地步：如何能使世風日上：而社會安寧：及經濟安定：其唯一關鍵：要在負有領導社會之實的領袖：能自居於倡導地位：事事趨於正軌：勿趨於歧途：而以地方之幸福為前提：抱興利除弊之宗旨：實行為民前驅：與惡劣社會所遺留之惡劣陳腐勢力奮鬥：使地方的一切趨於新的途徑：則登高一呼：全鄉景從風俗之改良易矣：

蓋吾鄉大多數人心理多以一二人之馬首是瞻：吾鄉之居於領袖地位者：當知有以為人表率之道：身體力行之：即簡章之規定為不虛矣：

●總會職員辭職的風波　旭．川．

第六屆總會職員因將上次大會議決的接辦鄉校議案。擱著不進行辦理。寸幼人君因此致函總會催促質問。總會對次大會議決的議案抱什麼態度。我們不知道。對於寸幼人君的質問怎樣答復我們也不知道。我們所知道的總會職員因此會一度提出辭職。其後雖然辭職的事取消。但我們對於總會此次的態度。不能不覺遺憾。我們中國人自古以來就過不慣守法的生活。對於責任觀念。不認為這是自己社會生活中的義務。而以為是可以隨自己的好惡感情決定去捨去取的事。家居在有權利的地位上。任反對者攻擊他也不辭職。若無權利而只是義務的時候。一受人家指摘。就挑袖而去。這種態度的原因。是認權利作私利。而不知道義務是我們社會生活中的　種責任。這種態度的擴大。就是專制君主的唯我獨尊不許他人批評的態度與思想。崇新會是我們要想改良家鄉社會的人。在同一主義同一目的同一信念之下結合的團體。會員與會員是同志的關係。會員對會務純粹是義務與犧牲的負擔。在大會上。對於不同的意見──對於達到我們共同目的上所取的手段的見解──儘可盡量的討論。年議案既決定後。一切會員都有擁護該議案。實行該議案的責任。直接負責的總會執行委員。更不能將議決的議案擱置不辦。辦理不好。受會員的責備。也是不能推諉。何況完全不辦理而受會員質問。乃是當然的事。執行委員對於執行上發生的困難。雖可以辯明。但以辭職做威嚇的手段。未免與我們大家組織崇新會的本意相背馳。而表露出我們青年仍然缺乏法治的精神。不習慣於團體的社會的生活？所以我希望我們會員對於負擔會務的責任時。要有受得住完成責任時的稱讚與不完成責任時的非難之決心。

●內部會員通信責任的重要　旭．川．

內部會員除任家鄉擔責行在外總會的議案責任之外。最要緊的是將家鄉社會情形有系統的報告總會。及將實行議案中所遇的困難。與經過報告總會。總會將此種報告發表於週刊或在大會上發表。使各會員及大會明瞭家鄉情形。商議

對付的方法∶∶創刊號上雖有過多少的在內會員通信∶∶但通信的內容卻不有系統∶∶就是說不能分門別類的明瞭的報告∶∶大多數是好像在作「國文」一樣∶∶用古老的筆調從事修辭∶∶將重要的事實模糊去了六週刊上∶∶就連作文式的家鄉會員報告都不有一篇了∶∶我們知道∶∶由外間到家鄉的人∶∶不到十字街去閑遊的人能有幾個∶∶就不肯去調查家鄉社會情形報告總會∶∶只將在十字路所談議的∶∶聽到的∶∶見到的∶∶稍加盤理∶∶寄給總會週刊∶這就是很好的材料了∶∶週刊的內容∶∶我們希望關於家鄉社會情形的調查∶∶及會務進行上的經過及總會與會員對此所取的應付方法之類的文章多登載∶∶關於空洞的議論少登載∶∶為要做到這一步∶∶家鄉社會的通信與報告∶∶會員須努力不可了∶∶會員與志們∶∶我們對於吹烟賭錢的習慣固然不可不避忌∶∶但是飽食終日∶∶無所事事∶∶蹺着腿在十字路晒太陽的習慣也非革除不可∶∶

☯從儉結婚實行上的困難

旭川

最近有好幾個會員的從儉結婚計劃∶∶據說都被家長及有關係的親戚反對而不能不照舊式辦理∶∶從儉婚非∶∶在我們的常識上看∶∶至少比較典田當地去做要受人歡迎∶∶可是事實上∶男女兩造都情願從儉辦理而偏偏旁邊的家長親戚製反對∶∶那麼他們反對的理由∶∶恐怕不是「文明結婚儀式太簡單∶用這種儀式結合的婚姻容易破裂」能∶∶我以為他們反對的理由一是對禮教的愛執∶∶一是體面∶∶封建家長最容易表現他的體嚴的機會是在中國所認為「婚喪大事」時∶∶文明結婚廢除了無數的子女對家長的隸屬儀式∶∶結婚式的重心完全集中在新郎新婦兩人身上∶∶家長親戚，過是那些體面的子女對家長的

在家庭內的關係仍然是隸屬地位∶∶但這樣性質的結婚儀式不結婚手續上的一種證人∶∶雖然家鄉用文明結婚的人∶∶結婚後能使家長親戚滿足的來道喜慶賀∶∶這也是舊家庭中最天的議會∶∶大家衣冠楚楚的來道喜慶賀∶∶招待多數的賓客∶∶在那天賓朋齊集之下∶∶家長宣布捐款做地方教育或其他事務的費用∶∶那種一齊受人家喝采拍掌的狀況∶∶也未必不是體面能∶∶過去四五十年中∶∶用「親迎」的儀式∶∶「三滴水」的席面結過體面的婚的人想必不少∶∶但是家鄉任何善於傳述故事的人∶∶對於那些體面的結婚恐怕也記不清了罷∶∶至於尹家巷河的房屋∶∶

上街路上的涼亭的建築者寸正斗翁的義舉，却令我們永不能忘。這不是說什麼歷史上的教訓，這是我們鄉人個個感覺的事。現在有財產的人為什麼偏要在一時的熱鬧上，口頭之慾上去講究體面呢，現在反對從簡結婚的人，大都是以前熱心想着，在改良家鄉的運動過程上，他們是我們的敵對者了，那麼他們的心中，必定以為家鄉社會自從他們提倡的改裝，運動成功以後就不有應當改革之點，除他們之外，別人就不有說改革的資格，若是這樣那麼只有說他們是反動的封建思想着，在改良家鄉的運動過程上，他們是我們的敵對者了。

◎
●
●
●

家鄉消息

●和順教育委員會來函（一）

本會接辦鄉校已實現

::仍由鄉公所保留每年撥交息銀　百元共姓屠稅今年拍叫得大洋七百元由本會會計科向鄉公所會計員領取::不能直接向承包者領取::（中略）本年鄉校校長人選問題::本會同鄉公所協商::敦請李仁傑君擔任（下略）

廿二年　月八日和順教育委員會啟

●教育委員會來函（二）

初一級生稍多而達五十名時即添聘教員一人俾教著精力足以支持而學子亦多獲益基礎既將來遞級而上自可事半功倍也致於高小畢業的補習班之教授人選既正研究十大約在即便可解決其學生班數據現在僅有男生高初兩級正班六班補習班一班女生初級四班高級一班（去年高一級僅有學生十一名本年只辦一年級一班使彼等復習一年）補習班一班校內組織以李校長公務紛紜未能即時定訂大約須俟開校後始能決定組織也致於教授方面已決定用混和制以教科任級任之失計主要科目如國語等作分級制其他科目作分科制誰任何科主任何級亦須開課時由校長

和順教育委員會來函（一）

仲猷同志鑒

本年本會對於接辦鄉校舉現在各專約已就緒::不過在要接辦期間稍爲有點波折（中略）關於校內行政和組織現什由鄉公所同本會合辦常年經費鄉公所津貼大洋五百元教育專款

仲猷先生台鑒

啓者前率寸楮繼復奉彔明信一件想早邀青照所請各事當亦早勞進行何待念也本鄉公校前任李校長仁杰已竣辦本鄉職務就任張沐勤私館々鄉學校　挽留無効乃轉請李生莊先生擔任校長並請得寸仲恆先生擔任教務長校內其他職員々教授已經由本會會同鄉老先生等擬定並己發出聘書計別校高級者張月舟劉祥體育々任李薩遠助教李祖伯女校尚級者張月舟劉蘭芳初級者尹清英弱育蘭尹鳳級者尹樂文寸樹鴻初育林李麗祥體育其寸長吟上列人數不過顯往年所用者而菅本年己決定如

酌量分配未能卽行預測現招生手續正卉辦理中廣告亦經
佈出計本日起至一八日止爲報名期二　日爲試驗期廿四
日爲開學日期廿七日始行上課本年本鄉教育預測必有
變而公校內學生必較往年增多以尹家坡譽正區釀開辦而

寺閒及賈家壩者已告停辦且本年公校由會內津貼頓形多
散入似多刮目相看故在私塾肆業者亦改入公校十此可以
預戰學生數目之增多也（下略）
　　　　民國廿二年二月十三日和順教育委員會

☯ 壹 封 公 開 的 信

CK

　先生：

說起家鄉的一切眞是精糟。現在將耳聞目見的奇形怪狀約略述在下面：

一、鄉公所的組織：年來本省實行自治訓練，我鄉也掛起鄉自治的招牌了，按現行鄉村自治條例：凡屬鄉人不分性別，年齡到廿歲，認爲公民，公民就有選舉權和被選權：仍然龍套着大地，黑暗的空氣。

：鄉村自治的組織　五家爲一鄰，五鄰爲一閭　別練是根據自治條例　選舉的：五家公選一鄰長：特練名姓名報告鄉公所認可後：即卜委狀正式委任：又由鄰…推選閭長：閭長產生後才選舉正副鄉長：和閭解委員：監察委員：組織調解委員會監察委員會：凡鄉村的婚姻田土及一切爭端爲歸閭解委員會調解：在法律上正副鄉長是不特不得參加會議：連旁聽的資格都沒有：若

二、遠背條例就要處以三年以上五年以下的有期徒刑：正副鄉長的職權不過是執行調解委員會的議決案和將鄉公所的設施：報告縣政府能了：自治條例是訂得很完善的：不過若不實行：也就等於紙上文章：本鄉的自治鄉公所職員仍然是從前舊議事會的那一般：鄉的自治鄉公所長，仍是老一套：經選舉手續的由鄉公所指派：試問這些鄰　閭長：你管着那幾鄰？那幾家？他們都是在五里霧中：絲毫不懂：就是我自己也不懂屬於那一鄰，閭：唉─換湯不換藥的自治：

張懷東小玉喬：現在雖關在獄裏：仍舊幹他們的焰魔擺闊的勾當：他們的魔力比前更大：信徒比前更多：署內員役：都發它應韻倒了：只要說會張懷東：無論日夜都可直入直出：差役做了它的警衛兵：無人敢攔：劍若到

215

辱後：：幾它倆夫婦作惡的物證搜集得五十餘件：：呈請縣政府查辦：：但是查辦自是查辦：：它倆拿牢牢做妖言惑衆的大本營？：仍是門庭如市？：此事發生後本會及鄉公所會聯名呈請督辦署及縣政府從嚴懲辦：：始終到現在還沒有下落：：這嗰妖人不死一天：：家鄉的禍患不息一天！！

三

紀念週刊出版後：：任有識者的批評：：自然說它是有相當的價值：：和趣味：：爲邊僻的家鄉不可多得的刊物：：莫不以先睹爲快：：在無識的人們和一部份的會員：：他們既不看它的內容如何？：勸楓作無意識的批評：：他們在說：：「在家鄉這麼不開通的山嗰裏：：莫說這小小的刊物：：就是天天用人去叫吶吶喊着也無濟於事：：兼之年需耗費數百盾的金錢：：未免不愛惜會金了！」去年運到家鄉的刊物

四

：：現在尚有多數存在圖書館裏：：又有人說：：只用文字空談：：又不見會裏做出什麼事來！對於本會會金：：在內部一部份會員私人的主張：：近來絀旬商業如此衰敗：：若再如此借放：：將來終非穩安之計：：不如趁此匯借高漲之時：：最少先匯出勝半數：：創治不動產：：乃爲萬全之計！常此以往：：儲放已屬艱難：：前途離免危險：：

五

本鄉在石頭山闢溝的事：：是△△、發起和承辦的：：去歲己開始勘工：：由闢廟開至擦報橋以下：：用去公款千元：：事前既無計劃：：結果自是毫無成樣：：所開的溝：：由溝頭至溝尾寬不過二尺：：即使成功：：區區之水也不夠沿山流至嗰的灌溉之用：：△△△對於工程專業本是門外漢：：尤其是測量學：：是他一生從沒有聽見過的：：如今雖用去了這麼多的款：：水是滿都來不得：：現在又去向鄉公所要款：：還要繼續開築：：鄉公所因公款無存請他自行籌辦？：他想由田畝上徵收了這更做不到了？：我敢斷言這種無計劃的進行：：始終不有成功的可能：：看他後來何以對鄉人？

六

家鄉的奮興：：近來更是鬧得利害：：尤其是開風：：真爲日新月異的窮奢極慾：：飾旬商場如此失敗：：只知用錢的男人倒覺得有點樸實：：就是那些專事消費的女性：：不知金錢來路的艱難：：一家賽一家的揮霍：：鄉中只要有婚喪之家：：一般穿紅帶綠的婦女：：較之新劇場裏的演員化裝還要出奇一點：：有餘之家：：嫁女的散奮更是特別：：甚至連未來的小孩子的玩俱：：都預備得各色俱全：：鄉公所間或也貼出張把婚喪改良維持

風化的從儉簡章●婚嫁謹客規定兩天●但是它的效力等於牛皮聖紙●請柬卜雖只寫兩天●暗中仍是請三四天●●只要把表面上敷衍過去——

迷信方面●更是不堪設想●就不有人來干涉了——阿二吃齋念佛●正做著他的修仙求道的好夢●他還A說：「人生祇要常常抱定一個阿彌陀佛就萬事無憂！」旁的恐夫恐婦●更不問可知了●本鄉的善男信女較從前多了幾倍●今天什麼會●明天什麼誕●忙得不亦樂乎●●

八

最近的消息●因月來對日戰事嚴重●兵費浩大●雲南被派國防捐二千萬元●●騰越想來也要著十數萬元……

廿二年三月二十日寄自家鄉

二

編者按

張懷東夫婦為害地方●惡貫滿盈●死有餘辜●今拘身囹圄●尤復怙惡不悛●故態復萌●素仰現任張縣長關心人民疾苦●於其致新騰衝社書中所言●即知非以前專括地皮不問民事之地方官所可比擬●今張賊夫婦名應監禁而仍得為所欲為●是吾鄉之欲為地方除害市置之於法者●●尤不密置之於安全之地●使彼妖言惑眾招搖撞騙之行為●●得有差役為之護符●而吾民益苦矣●以張縣長致新騰衝社書之「與民合作造福地方」之言衡之●則差役之縱容罪犯●當非張先生之初衷所許●或為團員所瞞蔽●以造成今日張賊獄中猖獗之現狀●編者敢以十二分之誠心向張縣長請願●請縣⋯對於張賊之獄中橫行●加以嚴格之懲戒●即置之死刑亦不為過●●並將吾騰會習己深之舊式監獄不良制度加以激底之改善，使差役獄卒無弊縱囚之舉動可以永遠禁絕，則恩惠之及庶吾騰人者實非淺鮮●而張先生前者之宣言於此可以證實為非「官銜文章」矣●

三

本刊自出版以來●當以不得閱者的批評與反響為憾●●今CK君來函述及同鄉對於本刊之批評●固所歡迎●惟處此新文化演進時代●●越是出版物少的國家越是進化遲滯●是出版物多的國家越是文明●●尤其是僻處山國民智閉塞的家鄉●我們的文字宣傳更當努力●又因本會經濟和人材的關係不能發刊日刊月刊●●而祇作最低限度一度的週年特刊的宣傳●●尸團效力薄弱●若以象鄉風俗閉固●人民不能認識宣傳的義意即不宜從事宣傳工作●●那麼就等於因噎廢食●譬如初學兒童●不識一字●若是因為他不識字就說他不有讀書的程度而不使他求學●若是這

兒童始終就得不到識字的機會∴就是因為他不識字∴所以我們更願當教他他識字∴本刊為出世和同鄉們接觸∴即本此旨∴這是我們不偽棉薄的期望∴不過批評本刊的鄉和司志們∴既不欲一觀本刊內容∴只作會殼外的批評∴那麼他們批評的義意已無估價的必要∴誠勿稚人君的論文所說∴本會一部份會員既不了解本會的組織∴不過以加入本會為憑酬朋友敷衍門面的事∴他們根本上既不認識本會∴自然也不能認識本刊∴本刊自願宣傳力薄弱∴對於不認識的、們身有蒙振瞶的力量∴這是十分抱忱的事∴說到本刊每年的經費台能澈底認識本會的組織那就當然覺得浪費了∴至於本刊是不是空談∴本會是不是「毫个工作」「一筆所成,」會服務社目的一切現狀∴白有有讀書正確的公論∴我們既不屑驕傲於人∴∴自然沒有辯論的必∴∴

四

本會會金因緬甸の場的凋敝∴在外儲放生息自然難免意外的危險∴但是在家鄉中堅の子不能固定的久件內以前∴會金在內部的保管和購置產業的辦法∴若處置失當

∴∴是不是也有危險∴我們在事前應當加以慎重的考慮∴愛之漢緬匯價狂漲的原因∴是由於世界經濟恐慌∴金貴銀賤的結果∴雲南對緬貿易人超於己的數目甚大∴以前漢緬華商賴以調劑匯價的生銀大洋己被裝運入緬∴匯價有跌無跌∴己成為不可掩的事實∴在世界經濟未恢復原狀以前欲求匯價的降落己不可能∴本會同志請勿慮及於此∴

但是我們欲求會金保管的安全∴無論如何∴只好在緬甸想法子∴若是把它送到畸形的家鄉裏去∴恐怕不見得比較緬甸安全∴不過這是關係本會命脈的問題∴希望本會同志提出公開的討論∴∴使這個問題得到完滿的解決∴

五

發展實業本是繁榮鄉村的根本計劃∴不過外國人做事∴事前必須有嚴密的計劃然後才見諸實行的∴結果尚且不能依照計劃成功∴必經初次失敗的過程才得最後成功∴我們貴國人做事∴凡事既無經驗亦無計劃・只憑一己之見摸驗扶壁的亂撞∴所以家鄉從來辦實業不敢問律∴其實家鄉的實業並非絕對不可俱辦∴只要事的人成功的少失敗的多∴∴致使大衆心理視實業為畏途∴前有嚴密的計劃以科學方法做去∴結果自然成功的∴譬

218

如開墾須鑿溝引水灌溉‥那麼水源來路的高度‥是不是比較所要引到的地方更高‥尤當預先由精通測量學的人測量然後從事引導工作‥才不致虛耗金錢徒勞無功‥某墾務公司初辦時‥以不懂測量學的人去當測量員結果弄到挖溝越挖越高就是一個最好的教訓‥本鄉的開墾工作‥若是仍然不用測量功夫‥只怨一聲幹‥將來耗費了的金錢‥也同拋在〈登江臺〉一樣‥請關心鄉事的同鄉對此事加以注意，莫使本鄉的公款遺耗在無用之地‥‥

六　家鄉奢侈‥積習‥巳積重難返‥關於鄉公所規定改良風俗簡章的實行方針已有盼行君的文字說得很詳盡‥此處無須贅言‥不過我要說的是‥如果鄉公所有誠意改良風俗‥最好隨事照章嚴厲執行‥不稍寬假‥如能做到不「殺叫化子開齋」的程度風俗改良的前途才有希望‥‥

七　打破迷信‥本刊各期均有fi文字發表‥不過移風易俗的事

是要由後起的青年→實幹去‥腐化份子的修仙求道‥我們可以由他去修去求‥只要我們寄年始終持定宗旨‥（一）不受他人的煽惑‥（二）不不擇是非的去附和關人‥‥（三）個大乘的誤入迷途自己也跟着去吃「秋杆尿」‥那麼迷信的打破‥最秒必有實現的一日：‥

另一消息‥本省政府向人民派捐‥飛機七○架‥吾廖彼派三架‥每架須費十五萬元‥共合現金四十五萬元‥與前傳之國防捐二千萬元‥不知執是‥處此國難危急之際‥吾民毀家紓難‥亦所不惜‥不過我們希望所捐的國防捐能夠名符其實的用到國防上去‥所捐購飛機也能飛到華北去和倭奴抵抗‥如果全國都照本省捐款的數目的飛機‥全國廿餘省至少可捐得飛機一千五百架‥倭奴已不足滅‥那麼‥小百姓們就多捐了些也不冤枉‥‥

八　●‥‥‥‥

●‥‥‥‥

●‥‥‥

★和順圖書館消息

圖書館致函編旬辦理處‥謂得張溶才君自粵來函云及‥館內藏書舊書居多‥而新書尚未充足‥囘顧我國出版界‥又無相當大部叢書可購‥只商務印書館出版之萬有文庫一書‥各科尚備一二‥故決定函請經理處轉函張君‥請其捐贈‥經

張君戶勘向滬訂定什雜八種‥‥捐贈本館‥‥並令本館如需何書‥儘可開單寄粵‥‥由強君向滬購贈‥‥本館詳加考慮之後‥‥以

理處得函後卽已照辦‥並以緬甸經理處名譽函達商務印書館
‥委託張君爲本館購書代辦‥以便張君向該館接洽‥而得享
受圖書館優待辦法‥該館亦已覆函表示歡迎‥事後適値張治
才君由騰過仰赴學‥緬甸經理處寸仲歆復向張君接洽‥請其
抵粤時與溶才君磋商‥以兩昆玉名譽合購捐贈‥張君亦「慨

尤‥俟到粤後卽赴滬購辦‥此時適値商館大廉價期間‥於經
濟上可享較優待遇‥張君昆玉索性慷慨‥其熱心公益服務社
會‥於此可見‥本館得此〈部叢書補增後‥在此小規模
之鄉村圖書館中‥差可達到相當完備之地步‥伸望吾鄉人士
繼〈輸捐‥勿讓張君昆玉專美於前也‥

拉雜談

覺悟

●地震的預告……造謠

堂堂皇皇的某教育機關‥會散發傳單‥宣佈出了最滑稽
最荒謬的消息‥它在告訴大家說‥「由美國天文學家的推測
‥十一月十八日流星亂墜‥十九日要遭大地震‥新街瓦城騰
永龍震動尤烈叫人民爭速拖偏逃難‥」害得無知婦女‥今得
屁滾尿流‥露宿荒郊‥天下間莫明其妙的奇怪妄誕的事‥眞
是無獨而有偶‥在好幾年前本鄉天崩地裂的妖言惑衆的事件
‥又復發象的出現於今日了‥以一縣的教育行政機關‥竟會
造出這種帶有迷信色彩的謠言‥那麼‥尸位在這機關的人物
的價値‥不須估計卽可知其輕重了‥數年來家鄉社會的不進
展和腐化‥原來是這麼的一囘事‥經科學的證明‥地震本來

不是有迷信作用的事‥和流星墜地是風馬牛不相及的‥以前
日本東京的大地震和緬甸仰光一帶的大地震‥在科學發達的
英日兩國的天文學家‥尤其是火山國的日〈學者‥不斷的研
究着地震預防的工作‥但是在事前旣沒有預測而知道地震將
發生叫人預爲防避的報告‥事後也沒有疑神疑鬼的像我們貴
縣吃齋斷屠的祈神膜鬼的婦孺無知行爲‥偏偏一到了我們貴
縣‥什麼事都比人家加料的奇怪莫測‥尤其是美國天文學家
這末的對於新街瓦城騰永龍格外關切‥而認定這些地點震動
尤烈‥特意的來報告給某局長‥使他來幹這種救苦救難？大
慈大悲？的善舉，騰永龍這幾個地理名詞能名聞西大陸‥而

得到天文學家的奇盼：：真是榮幸的事：：自有騰永龍以來：：這還是破題兒第一遭：：可算了，得了：：新街瓦城也是因為有騰永龍人居留的關係：：連帶的得到天文學家的垂青：：新街瓦城的本身：：真要感恩不淺！

好！：：現在地震日期已經過去：：而所謂天文學家！的預言並不應驗：：如果這天文學家假充的貨色：：就是替他宣傳的人自造謠書：：原來某局長的工作就是這樣：社會的一切……已經暴露在牠們的眼前了—「聞某局長即因此次造謠而被撤職以上的說話想來是事實了：：」

☯掛羊頭賣狗肉　　一棒

現在的世界是掛羊頭賣狗肉的世界：：說遠一點如世界列強：：說近一點如黨團人物：：和工、農、商、學以至於販夫走卒：：無不以此種手段為活動秘訣：：國際聯盟會可以掛起公理和平的招牌：：而坐視倭奴的招牌我國：：不敢做聲：：蘇俄的共產執政者：：可以掛起反帝國主義的招牌：：而向弱小民族的貴

國侵略和搗亂：：黨國要人對外侮可以掛起抵抗到底的招牌：：做官人可以掛起廉潔的招牌：：而專幹刮地皮的勾當：：共產黨可以掛起擁護農工的招牌：：而專幹姦淫邪盜殺人放火擺暖農工的勾當：：救國團體的職員可以掛起抗日救國的招牌：：專幹包連仇貨，搾公肥私的勾當：：小學校裏叫可以在時間表上掛起新時代科學課程各色俱全不課主題的招牌：：而拿幼學瓊林代表　切科學的哩

人勾當：：本來世界上第一要緊的問題是麵包問題：：只要麵包問題一解決了：：掛掛羊頭：：賣點狗肉：：本不是什麼大不了的

☯文明和野蠻　　一棒

在英人巴洛茲 E. R. Burroughs 所著的野人記小說裏：：紀載着非洲有一種未進化的野蠻民族：：這種民族雖有人身長着黑毛：：並且尻部還生着一根長尾巴：：可是在生理上的不進化他們並不自知：：並且自以為生着這一根長尾巴才是高尚光榮的民族：：它們的心目中常常抱着「祇有神靈是有一根長尾巴的：：不有尾巴的民族：：就是為神靈所屏棄的野蠻民族」的觀念：：家鄉過着墮落「木魚」：：生活的思想落伍着：：亦並不自知思想落伍着。反而對於一句新禮制的提倡加以無理的攻擊：：說到文明結婚是野蠻舉動：：這正是和生着尾巴的「華登族」人：：批評个个牛尾巴的民族是野蠻民族：：有同樣的不自知不進化的心理：：

☯ 在野黨　　公憶

我國向來的在野黨‥是自視清高而說話較為響亮的‥因
為他們對於任何過並不有責任的關係‥所以說話可以高談
闊論‥獨唱高調‥大吹大擂‥對於社會的一切有批評攻擊的
頂呱呱叫的好本領‥如果什麼責任加到他的肩頭上時‥他也
不過照樣滑頭‥也不見得有什麼較好的辦法‥在遠僻鄉村裏
自然也不能例外‥也有不負責任專事攻擊的人物‥他們攻擊
的目標並不限定新舊‥也不問事的是非黑白‥只要發生了什
麼問題‥都是他們開來無事在十字街前說長說短吹毛求疵的
好材料‥這麼無意證無主義的攻擊‥對於社會的一切進展
雖不致受到任何的影響‥可是這種態度‥未免近於婦人的嫉
妒的「醋」意‥在努力社會改造運動的人們‥當視之為睜叫
瞎撞‥

人物‥古董先生們‥至此未免大受打擊‥垂頭喪氣云‥

☯ 族長挨拐杖　　平

某女士姊妹同意實行翦髮後‥某族長因某紳閙
‥指使出而干涉‥某女士之祖母年邁衰老‥但是顏知適應潮流
‥見某族長的無理干涉‥不禁勃然大怒‥拿起拐杖向族長打
去‥嚇得族長屁滾尿流、逃之夭夭‥幸喜跑得快‥腦壳上沒
有當着拐杖的滋味‥這是二幾年前的事‥因特種關係‥至今
始得宣佈‥

☯ 可惜極了　　鄉人

本會接辦鄉校的事‥關於經濟問題‥可惜去年議案雖已
通過‥而不能實現‥不然的話‥本會若執掌校務‥去年有教育廳派來的教育津
貼‥這是容易批准的‥如果批准了‥經濟困難即無問題‥請求
企整理委員‥本會接辦鄉校到今年才得實現，可是因去年的蹉
跎歲月‥已經坐失了最好的機會‥

☯ 猪頭三牲　　平‧

某同志因不得對方允許而不得實行文明婚禮‥但他堅持
打倒舊禮教的主張‥將「獻天地」的猪頭三牲　脚踢翻‥因
此而其餘的舊禮節亦讀猪頭三牲而惟倒‥可為本鄉打倒舊禮
制開一新紀元‥人心為之大快‥主張保持舊禮制的後台背景

☯ 再來一天　　鄉人

婚嫁簡客‥鄉公所已經規定只許請男女客各一日‥婚嫁
之家的請柬上‥也用明明白白的聲明只請男女客各一日‥第一

最後消息

◉本年鄉校學生人數激增

教育委員會消息‥本鄉學校自經本會後辦後‥對於校務
作澈底之整頓‥故學生報名入學者十分踴躍‥人數激增‥致
本會所向滬購到之課本‥不敷分配‥乃向城堡書局加購一部
份云‥

日是男客的謝期‥第二日是女客的謝期‥男客在第一日已經
謝過了‥可是到了第二日的女客謝期裏‥男客還是源源而來
‥大致因為出了賀儀‥吃一天不夠本嗎！還是主人的隆情厚
意‥只謝一天不足以表示闊綽和敬意？所以鄉雙方默認之後
‥可以通融辦理‥再來一天‥這是奧掛羊頭賣狗肉的方法迥
然不同‥翻轉來說‥這是「掛狗頭‥賣羊肉‥」

★神靈保佑

某年某寺朝斗‥某老婦失足由十幾級石階滾跌而下‥跌
得遍體鱗傷‥閒因神靈保佑‥幸得不死！但是若不去求神靈
保佑‥亦不致跌傷‥

眞、

◉看日子

近來家鄉香火大旺‥某某道士生意甚忙‥大有應接不暇
之勢‥凡誦經酬愿之家‥前來請他看日子誦經酬愿‥他所看
的日子‥就是他有閒空的這一天為黃道吉日‥百無禁忌‥

眞、

◉馬老八的銀子變了？

有這末一雙眼告訴我說‥收入方面明明白白的是大洋‥
支出方面是廣東貼水去大洋幾元‥或許旱馬老八的銀子變了
罷！

確話、

轉載

◉雲南拉偶運動擴大

▲青年對之拍掌稱快

▲老朽聞之扼腕歎息

（雲南通訊）雲南拉偶運動：：自省會於十一月七日夜發動後：：各縣聞風：：相效繼起：：普及三迤：：截至現在止（十一月十八日）已有九縣之多：：凡佔全省縣市十分之一：：其中以易門為最早：：嵩明為最堪欽佩：：蓋各縣拉偶運動：：省以縣黨部為核心：：而嵩明一縣：：尚無黨部之設：：縣立中學生：：竟能勇柱直前：：繼起拉偶：：反之：：設有黨部縣份：：若蒙自宜良開遠大理昭通會澤普洱江華坪等縣：：尚無奮勇表現：：會澤縣指委會：：僅以抽收迷信捐聞：：至若拉偶後之民眾觀感：：各縣如出一轍：：不外「青年拍掌稱快」：：「老朽扼腕歎息」：：其尤可笑者：：則為開遠城隍：：逃走「被恐哏移藏」：：玉溪縣某鄉：：亦有同樣情形：：此後各費人民金錢不足：：惟有令人感覺不足者：：則各縣拉偶運動：：多未普及于鄉村是也：：茲將各縣拉偶情形：：分級如下：：

▲易門

拉偶：：繼嵩明而起：：於十一月十二日夜：：將城內並泥塑城隍：：敲為碎士：：東西兩廊大小偶像約百餘尊：：悉數打碎：：木雕城隍：：當時並未損壞：：僅拉倒橫臥地上：：至次日復被一般保駕元老：：男女兩班復辟大臣：：從十尸狼籍中：：將焦頭爛額之木城隍：：抬放地藏殿上：：暫時偏安：：殊知拉偶隊：：一不做：：二不休：：率性連地震一齊拉倒：：木城隍亦火化而登仙矣：：又縣城西門外靈宮廟梓潼廟三處土偶：：亦於十五日夜拉毀：：

▲呈貢

城隍廟偶像：：早經搗毀將廟宇改辦縣立高小學校：：實開各縣破除迷信之先聲：：惟洛龍河之綠臉神：：龍街之五靈神：：下可樂々龍王廟：：烏龍浦之華光廟等處：：香火極旺：：耗費人民金錢不少：：縣黨的特會同縣政府：：組織拉偶隊：：運日下鄉工作，將各處偶像搗毀無餘：：

▲楚雄

縣指委會於十一月二十九日召開黨政學聯席會議：：

決議遵照內政部神祠存廢標準：：除於歷史上美術上有保留存
在之寺廟而外：：其餘西靈宮東嶽廟城隍廟以及祗園祝國等寺
之邪神偶像：：於二十日為完全搗毀一空：：總計打倒土偶一百
餘尊：：

△簡舊　黨政各機關團體於十一月二十四日：：午抗日會開聯
席會議：：討論破除迷信運動辦法：：當經一致通過議案二則：：
（一）凡在歷史上或地方上有功蹟者：：及有宗教性質者：：一
律保存：：（二）在正史上毫無事蹟可考：：而出於附會及迷信
者：：分別步驟，予以取銷或封鎖：：其銅像及有美術性之泥像
：：均　律保存：：至城隍廟之十殿鬼怪　娘娘瘟神痘神雷公審
母及類似者：：即予取銷：：辦法決定後：：是日午後五時：：由保
安大隊派武裝團丁二名：：徒手團丁十名：：公安局渥警察十名
：：會同各機關團體代表各學校教職員：：前往各廟：：分別拉毀
：：

封鎖：：

△河山　市黨部於十二月三日：：召集當地各機關開聯席會議
：：決定辦法如下：：甲：：除關岳廟觀音廟：：應即遵照內政部命
令：：保存外其餘一切迷信偶體及劉公廟：：八寨大王廟關德祠
聖等廟宇悉予取締：：乙：：（一）由獨立運迫防隊公安局派矢
會同市黨部教育局學校：：組織拉偶隊：：函弄督辦公署布告實

行：：（二）觀音廟內之劉公廟：：一八寨大王廟取消後由民
眾體育會遷入辦事：：作為該會會址：：（三）所有沒收各迷信
廟宇之產業：：依照省黨部取締迷信團體辦法綱要第五條辦理
處分之：：若發生私人財產問題：：交由地方官廳：：以法律解決
：：此外尚有以迷信事件作為營業者仍一律實行取締：：至七日
午　時：：拉偶隊百餘人：：其中小學生尤最多：：荷檜攜斧：：
浩浩蕩蕩：：向各廟字出發：：將所有偶像：：搗毀廢讀：：惟偶衡
僻巷小土地：：均為忠心耿耿之齋婆：：聞風救照：：暗藏他處夾
：：

△玉溪　縣指委會於六日開全縣民眾代表大會：：討論破除
迷信辦法：：當經一致決議：：遵照內政部頒布之神祠存廢懷準
：：對於應行除廢：：神祠：：即日進行拉偶：：並將拉偶後之廟宇
：：分別改作民校校址：：及其他正當之安置：：此外關於歷史祿
遠送攻縣破之迎士寺及活佛育太平會龍土會等迷信賽曰：：以
及蔓延全縣之巫覡：：亦議決　律禁止　議決　除於當晚各區
一致勸員實行拉偶外：：並由清除迷信團行隊：：派員赴土主廟
將木雕之士寺及其他具有藝術性之木雕偶像：：運送來城主廟
中封鎖：：並即籌備畢，破除迷信運動宣傳週：：擴大宣傳：：集

△建水　十二月五日：：中縣黨部縣政府及各機關人員率領學

生警察百餘人前往城隍廟十壬廟東嶽廟等處。。將所有偶像搗毀淨盡。。至於各邪神廟宇處置辦法。。擬將城隍廟改作民衆教育館地址。。東嶽廟改辦工廠。。以濟平民云。。

△嵩明　自省會拉偶消息傳至嵩明。。一般青年。。即欲繼起直追。。實行破偶。。只以懾於腐惡勢力。。未敢動手。嗣奉民政廳取締偶像之通令後。。縣中學生。。乃於十二月六日。。結隊前往香火旺盛之土主廟城隍廟東嶽廟小街之東嶽廟聖岳殿。。狗街之娘娘殿。。及四營黑神茵大橋乃卜村等鄉村。。將所有偶像。盡行搗毀。。

△曲靖　於十二月七日。。由縣黨部召集各機關各學校。。組織拉偶隊。。先後將城內斗母關城隍廟東嶽廟城隍廟火神廟等處偶像及街坊之井神土地。。概行搗殿。。亦於。。

△省垣　問圖僅存善後及知識界之如何努力文化運動。。所謂善後。。其要點有二。。一。。為城隍廟等隍的處理問題。。二。。為該廟住持之生活問題。。城隍廟。。處。。業經三一八次省府會議議決海心亭接交市府管理。。併入翠湖公園範圍。。申嶽廟又民政廳興辦平民工廠城隍廟授亦教育廳作辦理民教之用。。業已分別接收矣。。至於住持生活。。已由市府分別介紹至各廟宇居住。。所謂善後問題。。殆已解決矣。。破除迷信宜傳。。本極重要。。然以雲南文化低落。。出版界極為貧乏。。除各報稱有論列外販為民教館民衆生活界週刊之破除迷信專號。。與該館之科學講演。。當足「努力」二字而無愧。。

「編者按」拉偶運動。。本鄉於民元時為吾鄉首倡。。今已完全復辟。。屬民政府內政部神祠存廢標準。。既已明白規定。。除於歷史上美術上有保留之價值外。？其餘迷信附會之十偶。。省在打倒之列。。吾鄉拉偶運動早已風行全國。。本省文化落後。。倘能繼起直追。作澈底之破除迷信運動。。吾騰吾鄉。。則寂寂無聞。。想家鄉青年。。早知此種運動為改造現社會的最需要的革命工作。。且為政府法令所許可。。尚祈團結一致。。起而奮鬥。。作第二次的拉偶運動勿致落人之後。。使人專美于前也。。

獨幕劇

◉本地風光

心心

人物　一：王紳士：二：王太夫人：三：王夫人：四：王大
　　　少爺：五：王僕．

佈景　一個紳士家庭的客室裏：四週掛着名人字畫：壁上懸
　　　時辰鐘一架：中央　楊橫陳：卜面擺着一套一足齊醬
　　　的鴉片烟具：

王紳士從右門緩步入客室：披衣拖鞋：睡眼惺鬆：一望而知
駡初出睡鄉者：走到烟榻亐打了幾個呵欠：用他的留着塵垢
納汚長約寸許的指甲的手揉揉雙眼　就倒身下去：作容雲吐
霧的工作：

王僕捧洗面水上：

王紳士　是什麼烟候了？看看時辰鐘：

王　僕　十二點鐘了：

王紳士　「依然靠件牀上」我記得昨晚任張花老爺家只搓
　　　　十二圈麻雀就回來：塵上牀還个久哩：怎麼就是中
　　　　午：日子真真好過了⋯⋯我不卸牀時有什麼事？

王　僕　公所裏交來一帖傳單：說是蘭大少爺去開會的：「
　　　　雙手呈上傳單」

王紳士　「細着後知雙眉倒豎將傳單擲鄉地上」你這畜生：幹
　　　　得好事：老子不打斷你的脊骨不算漢子：請主人賞打。

王　僕　「驚惶跪卜」奴才不知犯什麼過：在這裏做什麼？

王紳士　還个快起去將你大少爺＋出來：在這裏做什麼？

王　僕　大少還過着繼呢，就是公所的開什麼會：現在地還
　　　　早得很：想來點心還不熟：議員們也還不到哩：我
　　　　又聽見說：公所的議什麼豫先已在私人家酒席或

王紳士　胡說～那裏是開會？臨塲不過給大家宣佈有這麼一樁事
　　　　罷：議員們也不分皂白的無不點頭點腦贊成不迭：
　　　　縱使大少去到：也不過議塲上多響幾下贊成罷：所
　　　　以不必催他：

王　僕　那麼我去叫來：大少？老爺叫你：

王大少爺　年約十五六歲••雖華服被體••但是面皮黃瘦••骨瘦如柴••　父親，積兒山⋯⋯

入客室••

王紳士　「不待他的話完••由烟榻上••順手拿着些毛帶向他去••讓他好生靜養••

猛力如雨般打去」••　該死的畜生••幹得好事，

王大少　母親••救兒一命呀！快來呀！　遲來不得見面了！

王僕扶王大少下••

王夫人　由卜房飛奔入客室••忙搶去雞毛帶••抱着王紳士••

王紳士　母親　請不必磣怒••容兒細稟　連昌（大少名）素

不知又受誰的唆使這樣打他了••你也該想想••我　　來胡行亂為　每年耗費七八百塊大洋••這是母親知

倆年己半百••只此一點根苗••何苦時時用眼睛釘着　　道的••他不到外人面前去出醜••我那一天都不管他

他呀！　　　　　　　　　　　　　　　　　　　　　　　　　？不料他肆無忌憚••日賭夜嫖••昨日又在小王家聚

王紳士　你的好教育，養出這種兒子••還有臉來話多！唉！　　賭••一還公所禁賭期間••竟敢妄為••恰好給鄉下巡捕

老子一不做二不休••不如將他一脚踢死••也落得乾　　獲••現公所發票來傳••苦不看我面上早巴小青龍

淨清靜••「說着，掙扎用脚踢去••」　　　　　　　　架在頸上••同他們的夥伴••一起併起！了••母親請

王夫人　「忙抱着王紳士的脚••夫婦扭作一團••」婆婆••快　　想••這繩收子••可惡不可惡！該打不該打！

救你孫兒一命呀　　　　　　　　　　　　　　　　　　　　（冷笑）你我的錢不日給他用還有誰用，每年花

王太夫人　忽忽忙忙的扶杖而來••指着王紳士，罵••　　消幾百塊算什麼事••只當你這裏一千那裏五，的

你又打他做什麼••你不肖••時刻刻不放他••　　出在學堂和圖書館裏，供那些窮小子讀書看報••

你買下三口棺材••讓奶奶孫母子一同死去••好讓　　又有什麼意味，至於連昌逢場作戲就被捕••怎

你得清靜••說着人哭，摟着人少「寶貝••我來　　麼你們在張大老爺家就不有人夫捉呢，這才是殺

遲一步••你好苦了••來生（王僕名）快扶大少進　　叫化子開齋，不平得很••

王太夫人　　　　　　　　　　　　　　　　　　　　　　　　母親••你又不明了••兒們是無事消遣••不惟不該拿

　　　　　　　　　　　　　　　　　　　　　　　　　王紳士　⋯公衆閣們還不時的來當背官呢，那裏學他

們聚些窮小子濫光蛋••不拿還做什麼體統••

王太夫人　長腳話少說了‥總之‥公所雖有票來傳‥憤憤要
我的命可以‥要連昌去是不行的‥好在你也是議
昌‥這件事情‥你去說總覺得便宜他一點‥

王夫人　這雖然容易做得到‥不過總覺得便宜還不便宜他嗎‥你真太
忍心了！—還不去代他說情別讓我發火了！

王太夫人　哼！—便宜他‥要將他打死還不便宜他嗎‥你真太

王紳士　媳婦‥他老是這樣打他‥我們也當想個法子避免
才是‥

王太夫人　兒去就去‥「下」

王夫人　怎麼不是呢？連昌又不聽教說‥常常想出來‥那些
聚賭為生的賭棍就來引誘詐騙‥年輕人那裏知道‥
自然上了他們的圈套‥不記得去年他去魁閣着一羣
吃死人不償命的十三么九活埋麼？被他們惡
打惡駡‥硬被騙去幾百塊大洋‥還虧我瞞着他老子
暗地拿錢來‥才得無事‥不然那一次就駡打死了
—這一次也無非又着他們的龍門陣罷‥要想以後他
不出門不再受濫光棍們的引誘‥只有替他娶一門媳
婦‥男有家室‥他自然安心樂意的在家了‥

王夫人　這真好極了‥除了他不再被人引誘‥又可為我家

王太夫人　多生幾個兒子‥將來做鬼‥也還有人獻茶獻飯‥
這法子雖好‥不過難行一點‥我曾幾次同他父親商
議‥他說「連昌沒有娶妻的資格‥不要誤人家女
兒了！」

王太夫人　這才胡說‥難道連昌家產不稱‥人品不稱‥年齡
不稱嗎‥比他不如的也巳經抱着兒子了‥怎麼還
說沒有資格‥

王夫人　他老子說的沒有資格‥不是人品家閥‥是因為一二
年來他在外尋風弄月‥將小茶壺弄壞了‥恐將來不
能生育‥所以說沒有資格‥

王太夫人　這更胡說「—生男育女是老天註定的事‥那裏在
人的有資格不有資格‥再說一句‥只消我去王母
閣某師姑處上兩道文書‥送子娘娘處掛道帳子‥
那還怕他不生嗎？他父親就不是我這樣做的‥以
後這一件事不消儘教他了‥可請人資訪着人才出
衆小腳細手的說他一個‥成了又才說給他父親‥
那時生米巳成熟飯‥看他又有什麼法子‥況且是
事有我做主‥他不能奈何‥

王夫人　這一件事就依這樣行去是了‥另外還有一件顧着裏

知婆婆：：就是翠兒的日子李家已看在來年正月間了

王夫人：：李親家三番五次的來說要妻文明結婚：：他父親也有
意許可了：：只是我還不答應：：我想婚姻大事：：應當
轟轟烈烈的紅燈彩轎細打的：：我想婚姻大事：：應當
備的嫁妝：：也當抬着逛逛寨子：：榮耀榮耀：：怎能草
草了事：：況且要在文宮裏舉行：：平時婆親的過都不
敢過門前：：現在要在裏面結婚：：這不是一件凶事嗎
：：

王太夫人：文明結婚可與送上轎猪過禮肉……

王夫人：這些一概不有：：聽說連三節三禮都不送呢——

王太夫人：那是不行的：：別的禮節更改一點不要緊：：怎麼連
上轎猪——都不送：：難道我家養她到這樣大

王夫人：我也將這些情由說給他父親的：：他父親還說這種物
賓的爭較簡直同賓人一樣：：只是你們縈圍腰的才較

量這些事——

王太夫人：管他說不說：：我恐怕男人不及我們的還多着呢：：
卽如劉大表兄家就不是因爲不送上轎猪……：：
而不許文明結婚嗎：：

王夫人：提到劉大表兄家：：他不惟不許文明結婚：：並且要男
家來親迎呢——男家也順從着來的：：不過儀式很奇特
：：依然荷牌打傘鳴鑼開道爆竹喧天綱吹細打的同別
家一樣：：新郎陪郎却是全身西裝：：步行而來：：到後
鞠了幾鞠躬就算了：：這樣不文不武的把戲：：想婆婆
活到這樣年紀還不曾聽過哩：：培植兒女一場：：連個
都不得受一個：：現在的世道真真怪了：：古聖先人與
着的禮節都不與了——

王太夫人：真真好玩：：可惜我不去看……：哦：：我們只顧閒
談：：不知連昌好些沒有？我們看看去（閉幕）

230

◎三字經小綱鑑呢！

我、

一片蔚藍的天空裏‥掛着放出金黃光照滿大地的太陽‥着笑着的走了進去‥

太陽兒慢慢地一刻不停的走到西南天際‥把它的光兒斜射到村子裏魚鱗似的瓦屋上和階庭間‥人們都知道午膳時候的將臨‥於是家家的屋頂上冒出了灰色的炊烟‥彌漫了差不多全個村子‥遊閒的人‥到田裏工作的人們‥以及到市上買賣西的老婦和老漢‥各都忙着歸到他們的家裏‥就是在街頭巷尾遊戲的嚷（口旁）鬧的小孩‥也都被他們的母親‥老祖母高聲的喊了幾次進家去了‥一雲時村子裏的巷里間‥呈現着寂靜‥空中吹着呼呼地大風‥吹落了樹枝上黃枯了的葉兒‥墮到路卜屋脊上‥

在一條夾窄的深長的巷道裏‥走進去的左邊盡頭的一家‥大門頭上寫着四個「洛陽世第」大字‥這座屋子是一間四合頭式的‥樑柱窗籬‥都穿上了一層炊烟染成的一件黑褐色的衣裳‥看起來一望而知已逾百年的老屋了‥

有三個青年‥——一個是穿着天青色的毛布衫‥墨色的閃花緞的裇子‥戴着還很新的氈帽‥一個是穿着一件夏布單衫‥襯着一件藍色棉襖子‥一個頭戴着一點的氈帽‥讓‥穿着一件起了些髒黃的灰色毛布衫‥三個人‥圍攏着‥談

到了裏面‥一位五十多歲的賈森‥由箱房裏放下了鴉片烟館‥脚上拖着兩片鞋子‥跨出門來歡迎‥帶着笑點了點頭說‥

「請來囉－請來囉－」

一面又伸起他的右手來‥指著客堂裏說‥

「請到客堂裏面坐－」

跟着賈森走出來了一位三十歲來往的人‥穿著裇子‥扎着褲脚面龐雖然小小地‥但已經由晰白上加起了一層淺黃色‥接着也來幫歡迎著說‥

「坐－坐－」聲音很響亮‥

經了一陣的歡迎‥三個青年坐下了‥

「小三‥來個茶－」賈森恐他的兒子和姪子聽不到他的話‥高聲的喊了出來‥「老四－來點紙筒火－」

小三‥老四‥倉促的跑了來‥各人面前送上一杯茶‥又各個靜默著‥客堂裏聽得到吃熟茶聲吹烟灰聲‥送上一支水烟袋‥

在這個村子裏的風俗‥每到結婚後的男家‥不論是有錢

的無錢的：：過到年頭節期：：必需買幾份在那個時令吃的東西

：贈送女家方面的親族：：聽說這種禮節，縱使是「窮到賣墨

寶田地的地步：：也是非送不可的：：「禮尚往來：：住而不來：：非禮也：」自然接到禮物的人家又非找送禮物的來吃一膳酬謝一下不可的：：

：買森今天的請客原因也就是爲此：：昨年他姐姐的二女兒

：嫁給王家：：王家在年盡時候：：會送了他家一份禮物：：所以

他今天故意找請這位外甥壻王與泰吃飯：：並找上幾位陪客：：

棄常老年一點的人對於青年們：：除有事而外：：大都是昂

頭不理會不啾采：：即使青年們往問到：：也都是咿咿唔唔地答應兩句：：但在這種場合上：：就特有不同：：買森雖爲村中紳耆：：自然也不會例外：：於是走到房中拿出些菓子來說：：

「抓幾個瓜子吃—」說完坐下：：最恐怕他們客氣不肯就拿吃：：於是右手的食

指：指著瓜子碟催促著說：

客堂裏仍然是寂靜：：

「請—請—」

於是買森就先提起話來向王與說：：

「你大哥近來在何處？」

「在K埠：：」

「經營什麼事業？」

「因K埠近來商場凋敝：：不做什麼事：：」

接著買森向大家問了些：：大家同買森說了些：：別的客人

也陸續到了：：買森一面談話：：一面招呼來客：：客人也一面同

買森說著：：又一面聽到談話聲：：一時買森的屋子裏熱鬧了

：：客堂裏只聽到談話聲：：吃瓜子聲：：吹烟灰聲：：

正當大家談話到熱鬧時：：忽忽容容地走進來了兩位穿馬

褂的人：：—一位是彭城：：一位是清河：：兩位都是五十以上

年歲的人：：：：清河的面龐是紅紅地廣大的地：：好似吃過了酒

似的：：口裏暖著一口板烟：：彭城的身體很胖：：臉色是白白地

：頭上生滿了白間些一些黑的鬚子：：頭是光著：：只有幾根稀

疏的絨髮：：貼在周圍：：頂上是亮光光的：：越顯見他的腦袋

大：：

買森一見：：就忙站起來很恭敬的歡迎說：：「請來囉—」

笑哈哈地：：手指著杭牀「請上面坐—」

客堂裏的來客：：一見了他們兩位：：就一齊立起來：：有些

買森感覺到寂靜的不快：：就是青年們也都感覺到不快：：

一句話也不說：：表現出不想站起來的樣子：：有些跟著恭敬的

說了些「請坐」之類的話：

清河和彭城同坐到抗林上：烟茶能後：隨便向大家談了
些談白話：清河把目光轉注了青年們問：

「山海關失守了實在」

一個青年答：「實在的：一月三日下午日軍進關：」

「鎮守山海關的人是那個！」

「何柱國：」

「有過戰事嗎？」說完冷笑一個「怕還是不抵抗能—」

「有的—結果我軍軍火不敵而退—」

「退到何處？」

「九門口石門寨」說完又補充上句「榆關進來：」

「張學良可出兵？」彭城接著插問：「老嘿又怎麼？」

「啊—精曪—真正精曪—東三省一大塊：輕輕地讓給人
家：現在居然又將山海關讓與人：這種政府是甚麼政府：只
認得括地皮：搾民膏：拿糧：收稅：國事一點不在心—」彭
城慷慨激昂的說：只是在人少的地方：不然他恐怕要大聲疾
呼的喊起來了：

清河聽著心機：順了順他的黑鬍子：就接起來
說：「現今的稅

點拿消費稅：百貨特捐稅：又有什麼於稅：酒稅：……
甚至殺口猪也要拿稅：二天怕要上稅了：
收了來又不是幫人民辦好了那一椿事：這種叫什麼政府!?如
果在君主時代一定不會弄到這步田地：你們想「滿清」曾有
過這種政治嗎：還要說什麼「民國」好：「民國」好在那點
：孫猴子—指孫中山先生—吹噓的「三民主義」好似他
曉不得到底什麼稱為「三民主義」連起說：不是什麼「三民
主義」是「坑民」「害民」「吃民」：不是青天白日，暈天
黑日了：

「真精糕—中國現在的事情：什麼都只是一個局勢：實
際一點不講求：今天用「大總統」：明天用「主席」：現在
又設立些什麼區公所鄉公所：徒使人民加重擔負能了：」一
個老年人跟著接一連二的說起來：

彭城聖顯示總是村子裏的紳士：對于村子裏的事情：他
是知道的說：「鄉公所每年的開費要兩三百元呢—」

「外國人稱強：說是他們發明什麼：其實那一樣不是中
國人發明的：」一位教書的老先生：帶著憤怒的說：「這個
時候還反來去學人：但又一樣也學不成：只學得些皮毛：弄
到教育成為了三風四邪：開萌的學生「三字經」「百家姓」

是不讀‥

有一個‥說他是明白‥實在不明白‥說他不明白他又自
負明白一點‥不等教會先生的話說完‥就來插嘴附和著說‥

「三字經小綱鑑呢—」

教書的先生又接著說‥「去讀些什麼貓囉 狗囉 雞囉
～兔囉～高等學生‥中學生「四書」「五經」是不讀‥去讀些什
麼「英文」「算術」……」……真是愚民政策‥啊—」

教書先生發揮了這一篇大論‥真是使在坐的人們佩服貼
地‥一個個的揚頭豎耳‥洗耳靜聽‥差不多要把他們稱贊的

「明達之士」「博古通今」……都喊出口來‥‥

「說也奇怪‥自己本國的文明是一點不講‥專去講外國
人的好‥一個婚嫁禮儀‥周公禮節是不想用‥要來行些什麼

☯ 衝 鋒

　　　　　　尤 今

「連長‥你現在好點嗎—」

「你同弟兄們都去休息一下‥除長‥別儘照料我一人‥‥」

明天隊伍到齊了‥我們還得要向通遼開拔‥」我把他們都支
開‥‥原想自己靜靜的睡一會‥但是全身發酸‥腿部尤其厲的
痛‥‥耳朵裏總是聽見槍聲‥‥將閤上眼便聽見我們弟兄喊「殺「

「文明結婚」‥‥還要說些什麼自由戀愛囉—婚姻自主囉 男
女平等囉‥自由戀愛‥婚姻自主‥就不是坡上的那些狗‥‥比
禽獸不如了‥……‥「彭城舊舊絡地說‥說到文明結婚‥‥他
的頭還揚了幾搖‥‥

買森見著廚房裏的菜送出來了‥‥就站起來說‥

「請坐囉—」

「坐囉—」

於是青年們就同到樓上去‥老年人在下面‥只聽到樓上
影影糊糊地傳出來些聲音‥‥

「他們懂些什麼………‥懂什麼………問他們

……………教育………文明結婚……‥」好似反駁著

那些老年人‥和附和老年人說話的人‥‥

」……等我睜開眼睛一看‥‥他們都在大坑上睡的很酣‥‥
我心裏非常害怕‥‥假使這種神經衰弱的現象如此的延長
下去‥‥我這半年來的心血豈不是前功盡棄了‥‥，

我離開了這些相依為命的弟兄一定會使他們精神上受一
個極大的打擊‥‥在這種局面緊張的時候‥‥說不定會有很大的

影響∴我想到這裏∴心中忽然發生一種不可節制的暴燥∴我訊咒自己∴同時覺得自己卑鄙可恥∴全連的弟兄都隨着我在水裏餓着打三天三夜的仗∴他們孰靈不覺得痛苦∴只有我是如此的沒出的∴

最後我才找出所以然∴我知道我是被宗法社會裏的上大夫們騙了∴我罵自己是混蛋∴是畜牲∴恨不得掏出身下的伯來賣∴重重的向自己的腦門上擊一槍∴但無論如何以住四年中公子式的大學生生活己把我整個的靈魂染黑了一半！我在痛苦與慚愧之餘∴又想到我門那羣个比蒼天的仇敵∴也想到關內期待我們的民衆與關外哭號的三千萬個同胞∴我恨不能爬起來立刻就衝上火線去∴足足有兩個鐘頭！∴一刻也不能入睡∴忽然我的勤務兵－因爲他最小∴別人稱呼他爲老拍踏領着團部的勤務兵提着一瓶酒一支小鷄走了進來∴

「連長－你的病要緊∴你若愛我們弟兄的話∴要我們打到藩陽你請我們喝喜酒好不好？」我聽了老拍踏這幅與奮的話∴立刻週身血都飛騰起來彷彿加了無量的生命力∴這孩子與是中華民族的妤種子－一月以前他跟我在火線上會用刺刀扎死十七個日本人∴但僅能博他微微的一笑∴中華民族如果有二萬萬個老拍踏∴我們何至弄得這步田地－他迅速的用刺刀把小鷄切成塊子又用大碗倒出一碗酒擺在我身旁∴然後把我的裹腿解開∴用他自己的手巾浸溼了酒∴替我擦腿∴甲小時之後我身體上感覺到二星期以來所未有的舒適∴於是我闔上了眼∴

一陣哈哈的笑聲把我驚醒之後∴屋裏已點着～油燈∴院子與屋裏都充滿了嘻笑聲∴他們看見我坐了起來∴許多人趨到我跟前把自己手裏的食物送給我吃∴

「你們那裏弄來的這多好吃的東西？」我笑着問他們∴

「剛才各村代表用牲口送來的∴他們叫我們在此地多住兩天∴還有大批東西送來夠我們十天吃的∴」我笑着看他們吃得有滋有味∴我心裏非常痛快∴幾個月以來∴我的弟兄隨着我差不多天天打仗∴有時候兩三天沒東西吃∴幾句怨言都沒有∴使我難過得流淚－他們却非常泰然的對我說∴

「報告連長∴團長打發他給你送東西來了∴」

你把東西仍舊提囘去∴報告團長說我願意與我連的弟兄同生死∴不敢一人受團長的犒賞∴」

我正要再推辭的時候∴老拍踏忽然插「嘴∴

「團長說請何連長多少喝一點∴另外再用酒把腿擦一擦∴」

「小影子輕不起三五天的餓，還能打狗日本？只要有子彈就行」真的，我們一切的弟兄在火線上看子彈比烤鴨子還貴重。然而我們是常常鬧着子彈慌。

門外的聲音非常嘈雜。弟兄們歡悅的跑進來說第二營到了，大家都預料三五日內一定要與敵人拼一次更激烈的戰事。

老拍踏匆匆的跑進來說：

「連長，團長，派人來問你能過去不能？大概是開會」

我一方面想要明白各方的軍事情形。一方面要爲鼓勵我的弟兄。我由坑上一步竄下了地。

「爲什麼不能？這點小病算什麼？」弟兄們聽見我的話，果然都拍拍的鼓起掌來。我在屋門外跳上了馬。一鞭子就出了營門，我的弟兄在背後狂喊。

「連長萬歲～」

「義勇軍萬歲～」

「中國萬歲～」

到了團部看見許多官竟先到了。我對上級官行了軍禮以後，他們都笑嘻嘻的起立和我握手讓坐。

「何連長～你這白次水灘的戰事打得眞好，倒瞧个不出你這白面書生竟如此厲害..」

「得的得，別罵我，我現在恨不能變成黑面鹹漢..」一句不要緊的話。覺惹得他們閧堂大笑。團手裏拿着一把公文起立把軍事情形報告了之後最後又輪我頭上了。他說：

「司令接到捷報之後非常歡喜，已決定升何連長爲第三營營長。」我不等他說完。我就站起來了。

「團長～我有幾句話說。我覺得我們義勇軍在組織上固然是與正式軍隊一樣。但實際上我們上至總司令。下至士兵，完全是手足一般。我所以拋棄了快到手的學士學位。離別了父母來投義勇軍。我的目的只有國家二字。並不是來作官，在寄紗帳起的時候。我們利用游擊戰略收效很大。老實說，一個連長的地位。比師長的地位還重要。團長因爲我這次小小的勝利而獎勵我。使我十二分的感激。也使我非常的慚愧。我以爲最好是團長忽然用一種變通的辦法。莫如把這一次勝利品中的手提機關槍發給我這一連用。同時允許我下一次還打先鋒..」我的話剛剛的說完。屋內的人忽然又閧笑着鼓起掌來。可是超連長忽然站起來提出抗議。

「何連長的話。小弟句句都佩服。只有仍要要求打先鋒一節。小弟無論如何也不能贊同。我連裏的弟兄都快急瘋了..再型派我們殿軍。那比罵我們五百個人的祖宗還厲害..」大

家又笑了一陣••闆長允許考慮以後••又討論許久作戰的計劃
••大家才握了手各回本部••

次日清早天將亮••連裏的弟兄就都起來擦槍••補鞋襪
的••縫衣服的幹起事來••只有王老五一個人坐在坑上••一邊
擦槍一邊嘴裏咕哩咕嚕的似乎在抱怨••這孩子心眼非常直爽
••我怕別人說話不留神得罪他••所以我走過去想安慰他一番
••但是還未容我說話••他便先開口了••

「這們大小夥子什麼••把狗日本都放跑了••還得去
追••不然那兒去出氣••真是敵（足下）扭••」

「老五—好兄弟••別生氣••等我們的子彈糧食到齊之後
••明天出發時我派你當前鋒步哨••今天把槍擦亮亮的••」這
孩子聽了我的話自己又笑起來了••我真高興極了••

次戰事損失了數十名好兄弟••我每晚總想起我這些可愛的兄
弟兄簡直是我的四百多副與奮劑••我唯一•傷心的地方是這幾
弟••我和他們相比••就覺得自己渺小••也正是為着這個緣故
••使我的心愈發的堅決••愈發的愛惜我的弟兄••

「砍了完事••砍••砍—」弟兄們聽見院外如此的呼喊都
跑出去看••老拍踏一邊往裏跑一邊說••

「連長—你不去看？捉到敵人的偵探••喝—那小子真有

骨頭••被老方打了三槍託了••他連哼都不哼••可惜這小子不
是我們同志••」一個人能發老拍踏誇獎一句「有骨頭」••那
個人一定是不得了的人物••我不由得就跑了出去••

「噯呀••我的天—快鬆綁••快••快—」我真想不到這
探就是我天天所盼望的那些同學之一••

「老張••你怎麼叫他們這樣的打你••也不說一句話—」
我的同學看見了我••弟兄們不容分說就把頃剛間他們所認為
的偵探抬到幾個人的肩上••往我的屋裏跑••

上••老張慢慢的告訴我他如何的與同學們出關••如何的以募
散乘被敵人打散••最後又說到關內氏兼是如何激昂••我父母
如何的各處登報尋我••忽然老方手裏託着一大碗肉••一手巾
莫莫（均食旁）••笑嘻嘻的走進來••

「大哥你吃••你吃••剛才是我的錯••」

「你不怕就把你們的軍情探走嗎？」我們大家都笑着••
那孩子臉紅紅的軍響才說出一句話來••

「我們連長的朋友如果有一個是敵人的偵探••我就是狗
養的」••大家哈哈的又笑了一陣••

下午沒事做••我把全連的弟兄召集在一起••請老張給他
們演說••他在學校時演說是很有名的••措詞短簡••非常有力

量∴弟兄們聽了他的話∴彷彿火上澆油似的一個個磨拳擦掌∴恨不能即刻就出發∴

翁翁翁的由東邊來一陣轟聲∴我卽刻領着弟兄鑽入了附近的高粱地∴我叫他們都散開靜悄悄的仰臥在地上聽命令∴那架飛機像蜻蜓似的漸漸奔過來∴但是飛的太高∴我們的步槍描不到∴只好讓他去盤旋∴到後來它大概看見了我們的營房?於是一個燕子大撒翅降下很低∴只聽第二營霹靂拍拉一陣槍聲∴它倉促的就想逃∴我把哨子用勁一吹∴拍拍拍的一陣槍聲∴眼瞧着這個勛斗栽出去多遠∴團的形式追過去∴飛機全身已燒得剩了一個尾巴∴

我們大家歡天喜地的正在吃飯∴團長忽然來了命令限七點鐘以前全體預備妥當準備出發∴我同老張到團部裏去了∴不大的工夫∴回來時我的弟兄們已竟排好了隊∴我對他們說了幾句話之後∴不知不覺的開始出發∴前邊的隊伍漸漸的停住了∴步哨回來報告前面約十里的地方發現了敵人∴大約總在三千以上∴我們散開之後一槍不發仍舊向前進行∴又走了半響∴漸漸的看見前面一座高崗上有敵人的前哨∴在瞭望∴王老五描準了拍的一槍那人便倒了∴不料這一槍不

要緊那邊拍拍拍跟着放了一陣槍∴我們都伏在地上不動∴只聽搜搜搜的子彈由天空中飛過去∴不久便停了∴大概他們是在探聽我們的方向∴我同趙連長命領着弟兄由南北兩側面向高崗進攻∴我們追到離高崗不遠的地方∴聽到雙方正面的槍聲很密∴在敵方專注意正面的時候∴我們側面一聲號鎗∴隨着殺殺殺的聲音衝上去∴敵人莫明其妙∴到底我們有多少人∴於是全體退了下去∴我們佔了這座高崗之後∴並沒追擊∴候正面的隊伍聚齊了之後天已大亮∴敵方的砲火非常屬害∴我們雖然也有野砲可是因爲高崗上目標太大∴不能往上調∴底下被高崗遮着找不到目標∴又因爲砲彈有限∴一棵不能亂放∴只好忍耐守着這個較好的地勢∴等夜間去衝鋒∴我們唯一的戰術只有衝鋒∴以過去的經驗來說∴十次夜間衝鋒至少有七次勝利∴他們心目中以爲中國人都是懦弱的∴而自己竟以第一等國民自居∴因此對於自身的性命十分珍視∴日本人近年來妄自尊大∴他們這批後生那裏見過∴我以我們每次衝鋒過去∴這些後生丟下槍頭便跑∴另一個原因就是他們的軍火都是新式的∴如果我們以同樣的人數用槍去拼∴那我們只有吃虧∴可是我們以純潔的碧血以鋒銳的大刀去衝破他們殺人的利器那是我們死中的活路∴

然而不幸的很：：下午敵方的人數愈加愈多：：同時天上黑

雲密佈漸漸的下起雨來：：我們的槍巳大半不能走火：：弟兄們

旣無雨衣又無雨傘：：各個都伏在泥水中一聲不響：：雙方巳入

停戰狀態中：：

我們於飢寒交迫之下在泥水中支持了一夜又一天：：

這種天時：：這種環境：：官長緊急會議又有什麼辦法，不

過是大家蹲在一處流泣：：後方的水勢很大：：旣無子彈又無食

物前方被敵人以弧形的陣式包圍着：：我們知道死神巳降到我

們每個人的頭上：：然而我們並不因此而氣餒：：我們要在死神

的靈壇的前選擇一種偉大的死之方法：：我們要以全團同志的

鮮血灑在祖國的江山上給我們的子孫遺留一點憑弔的紀念：：

我們的決心仍是衝鋒：：我們的口號是：：

殺：：殺：：殺—

（按）此篇文字中人爲國牲犧奮不顧身之精神活躍紙上

吾等不能親臨前線殺敵雪恨視之誠爲有愧故特介紹此文

於本刊亦以爲鼓起同鄉愛國之觀念云耳

編者

和順崇新會週年紀念刊

六十七

附 錄

☯和順圖書館緬甸經理處附設圖書代辦部簡章

（一）本處為便利各界購書起見：特設圖書代辦部：代理同鄉各界由滬購辦圖書：較之騰市書價：可得格外廉宜：以減輕讀者之負擔：

（二）欲購書值滬洋壹元者：先變緬幣壹角：餘以此類推：俟書到時不敷者：向購書人補收：有餘則如數退還：

（三）緬滬騰雁水：以書款交到時：以匯兌市價為準：

（四）所購各書：照各書局定價及應需寄費外：本館不取任何酬勞之費：由購書者自備：若在商務印書館預約期間：欲購特價圖書時：亦可照特價代辦：

（五）購書之價最少以滬洋五元為限：多多益善：五元以下：恕不代辦：

（六）購書者須將中英文通訊件址詳細書明：以免誤寄：在內地託購者：則由本館收轉：

（七）本館購書手續：概由緬甸經理處辦理郵寄：可較由內地直寄者為快捷：其銀幣匯兌須以騰洋合作緬幣：又由緬幣合成滬洋：較之內地貼水匯兌：亦甚廉宜：

勘誤表

頁數	行數	上下	朝規行	朝規字數	誤	正	備註
六十五	十九	上		十八			曷
六十四	十七	下		四三	朋	裏	次自裏的叙
六十三	十四	上		六二			
六十一	十	下		十一	陶	讓	讓陶
五十六	十四	上		十四三	臣	謙	漏一「人」字
五十三	十四	下		十二二			漏二三字
五十一	十六	下		六三			漏「想」字下應置「私」字
四十六	廿七	下		三十七四			漏「書」字下「罷」字行二字
四十三	十二	上		廿七			漏一「十」字
四十二	十	下		六十七	其	蚊	
	十五			十二			漏「星」字下應青一字
同州	廿八	下		十一	路	路	漏「千學」字下一字
廿五	十	下		十七			多一「此」字
十五	十七	下		九	會	父母	父母國會
廿二	十三	上		十七			
十八	十七	上		十六	督	勇	多「下」字「人」字
六五	十七	上		十五	校	諸	事在誤
二	十三	上下		六	再	在	請讀再讀

和順崇新會新年紀念刊

許□□

第八週刊

和順崇新會贈

印承司公限有務印明明

本刊目錄

轉載

漫談

小說

⊙接辦鄉校和改組鄉公所就是現在最急切應辦的事？　旭川

崇新會因為構成的大部分會員居住在鄉甸，對於家鄉應辦的事不能不付託之於內部會員，而內部會員或因人數較少，或因對於會的宗旨及會的使命的認識不大明瞭，再加以因為身居在我們要去故良的家鄉的環境中，對設會務的執行上容易受到種種的牽制和顧慮，所以在外部大會上所決定要做的事情，未必都能夠做到，就是形式上能夠做到，但實質上也許發生全然與會的目的相反的結果。這是經過幾年的經驗。我們所得到的好教訓。具體的說，我們的計劃太大、實際從事活動也不小，但致命的傷處是我們不有可以在家鄉實際從事活動永久負責的分子，

所以在原則上，我們固然希望會的活動範圍日漸擴張。由從儉，天足等的風俗改良運動，進而筆到接辦鄉校的教育運動，更進到接辦鄉公所的政治運動，因為教育運動不成功，風俗改良也不能激底。政治運動不成功，教育運動的基礎也不穩固。在這種見解之下，我們贊成前幾期所登載的村樹君及稚人君的主張，但在做事的應有步驟上，我們不能不注意着我們的行動，不要爭它犯了超時代的錯誤！躐等！反影響到將來的成功。我們做事，才其是做一種社會運動的唯一

目的，是希望運動在實際的生活上發生實際的效果，不是在一時快意或痛快。至於會員個人的名譽慾或野心的滿足，那更是絕對要排斥的事。

以現在會的能力來說。舉全力以從事教育事業，恐怕還有不足，若更用不充分的能力去侵入政治運動——改組或接辦鄉公所——結果不特政治運動不能得良好效果——改組有成績的教育運動也要被牽連著發生壞的影響。這話決不是過慮。也不是空想與杞憂。我們先就接辦鄉校的成績觀察就明白。內部會員中身居教育界的人總算不少，但是我們實行接辦時。仍不能不聘請非會員的人，這固然一方基因為會鄉

公所的約束如是，但假使我們會員中有多數能夠稱職的教員，那麼鄉公所恐怕也不能因為他是會員而不聘，卻故意去聘請非會員的不稱職的人能。去年接辦鄉校的成績如何，因為我們還不得到從事教育的會員的正式的報告，不敢妄下斷定，但從理論上推測，既然不落個支配鄉校，那麼完滿的成績當然也是不可期待的，所以理論上接辦鄉校的教育運動似乎是很不容易成功的事、也因為我們的能力——人——不充分不能完滿做到，那麼需要更多的人材，更多的經驗的改組

和順崇新會週年紀念刊　一

245

郷公所的政治運動，暫時更个能不等待機會了。因爲我們要改組或後辦郷公所，絕个是把一兩個會員送上去做郷長及副郷長就算完事。我們接辦郷公所，須要正郷公所，組織及爲內容一人的問題—完全改換過來，使她真能成爲一郷的最高行政機關。能夠使全郷人的生活受到體的利益才行，若只爲一二會員的名譽或野心冒昧地去後聯郷公所，那害就會送到會的頭上來。中國革命二十年不成功的厒因雖多麼接辦郷公所的不是會員全體而是個人，將來有利歸個人，有，但是革命着無政治經驗及手腕。一切都須去怕置舊官僚。致使革命的目的被歪曲，被濫用，結局名義上是革命匯實際仍是以前的官僚政治。利益被官僚所收，惡名由革命者享受，到現在一提起革命。人民不特不贊成反感懷厭惡。就在我們騰衡的小春運動看。也是這話了。所以改組郷公所應該不應該一次二次失敗之後。以後就要提倡也要受到阻碍和譏笑。絕對應做的事。但是內爲第一不不有神驗。第二是不有人材，合法不合法的問題，而是應該、應該。能不能的問題，我們第二步才能說到這事在會章上合法不合法，若此刻這事做，第一是要先番察在此刻改組郷公所應該不應該，能有效與否

有什麼用處？只管台法不合法，那麼即使任會章手冊上合法义凱，會昆可以用錢收買流員救他們投足法定選舉要敗，就可富大總統，中國人的所謂台法，只是膚淺的，過半數的舉手，在舉手以前應該並比絕對重要的爲於問題的性質之幾密毒疚，知忘記了。道次內改組郷公所的所謂台法從案。退還慪的，潛我們待到的消息，內部改組郷公所的所謂台法從案的背後，讓伏着對人的反感和派別的意見，個人的反感在共同目的之前放棄，派別的組織雖然仔仕，但是為促進整個組織的利益，這種美點是歐美人的政治進步的原動力。中國呢，從古就有倩清君側而懷異謀的無數人物，現在呢，可以爲反對一個人而另組織政府。割裂國家，仍然是貫之有關，畢舉振讓於「合法」手續—我們遠在透地的家郷，有大多數的地方都有殖民地人民新進自由的氣象。不受中原數千年積雷難返的一切惡習慣、惡傳統，所以滿清末年的維新運動。現在的崇新運動的活潑的氣象，在中國其他地方是不有的，只可惜鬧意氣。還私鬪的老脾氣，不知怎樣仍然與其他的中國人一樣，無道真是「天下的老鴉一樣黑嗎？」

我的結論是改組郷公所正現在會的能力上說。形式上做

內部會計主任虧款　旭川

圖書館發展上應注意的問題　旭川

得到，實際上要失敗，所以不是不是合法不合法的問題，而是應該不應該的問題，根據上述的理由，我以為此刻這事不應該的。

內部會員對於在家鄉負責活動的人，不應該用猜忌的心理去看待他，只要他能夠把我們會的使命做到，就是對他個人的感情上不好，也應該犧牲。

在會的大組織內組織小組織，原是「好的事，但若目的是任促進會的利益上，那還可原諒，若漫無目的而受人利或別有目的而圖分裂會的組織，那麼請看一看現在的分裂着的中國所得的利益是什麼？

在中國的政治組織中最不乾淨的就是會計的紊亂，官吏的貪污。新式的會計制度參入中國後，中國人的公共生活上的貪污作弊並花不減少。這是由於會計監督的人，並不認真行使監督權，所以如何精密的制度也不能達到財政清白的目的。這次內部會計連任二次後竟虧空到會欠千餘元，這真是可驚的現象。現在雖然幸而將欠款交清，會的財政不致受

影響。但這是怎樣表示出內部會務負責者的怠慢與疏忽呵！現在我們寫這文時真還覺得「猶有餘驚」呢。我們不知道內部職員是否知道這事警覺後，內部職員不特不提出根據會章的處分，反向外部掩飾的事實看。那麼會計主任的虧款，幾乎可以說是一種默認了。我以為外部對於這種公然的違反會意的

內部職員應有一種表示，不能因為虧款已交清就隨便了事。其次是以這次的例子做教訓，以後不論如何，會計主任不得連任，對於會計監督，更應該取最完密的方法，對於會員借

款方法還款日期及担保人史應該嚴重才行，會計監督就是有心作弊者也無計可施，會計監督隨便，好人也會被金錢所誘惑而為不正行為。為愛惜各會員所捐出來的寶貴的金錢，我們希望總部選舉十分的注意。

據內部傳來的消息，圖書館書籍因贈書者漸次增加，原有館屋不敷安置，不能不另組新屋，若這現象是可以代表圖書者的增加。那自然是再好沒有的事。不過我們心焦的是圖書館所有書籍雖然增加，而閱者不增加，圖書在這上應然不

少。但在質上不能滿足閱者的要求，那麼這只是意義圖書館

古董化形式化而己，我們希望管理圖書館的人注意閱讀者所要求的書籍種類，根據閱讀者的要求，為他們購置更進一步的書籍。一方面是給他們以滿足。一方面是領導他們。購買書籍時，固然要各方面都顧到，同時每一種書籍須要初級，中等，專門，的書都各方面都要購備，那麼閱讀者才能得到一種系統的知識。圖書館決不可成為一種「獨善其身」的建築物，應當利用種種方法引誘鄉人來閱覽。養成鄉人一種進圖書館猶姑進茶館，上烟館一般勇躍的習慣。只要進圖書館的人增多，那麼我們的目的，共鳴者在無形中就算達到增加了。

女學生與跳舞

旭川

跳舞在西洋社會是社交上的一種禮儀，在中國古代以禮樂做政治之一的時代，舞也是禮樂中重要的要素。不論反對跳舞者的主張是如何，我以為跳舞即使可以說是壞，是有害，但其壞其害並不比吹烟，打麻將更甚能。家鄉女子吹烟的人雖不多，但打麻將的却不少。一般人對於吹烟，打麻將的女子似乎司空見慣，不加以任何非難，但對於最近在家鄉發生流行的女學生跳舞，似乎是大不以為然。一般人或以為男女相扶着跳舞似乎是誨淫，其實西洋人的見解是還這樣「在跳舞中感覺性慾的是豬」。所以跳舞本身是不負什麼誨淫的責任。凡對跳舞有經驗的人也都知道在跳舞中是不會發生什麼怪想——除了變態者之外——的健對身體的運動上，感情的節上來說，假如有人在家鄉安教女學生跳舞我們是不反對的。「這裏所說的跳舞是指社交跳舞，至於學校中的團體跳舞，那更是不必議論的事」

我們反對的是：拿跳舞當做一種摩登事去教授學生，更籍家鄉女子不習慣於這種新奇的兩性身體的接觸面容易發生的感情的衝動，做欺悔女性的行動，初由數千年的禮教傳流的束縛裏解放出來的女性，一和男性接觸，就忘却一切自術自持的注意，容易為男性所乘。這雖然是滿渡時代不可避免的現象，但我們以為假若女性一方追涿摸做摩登，同時也知道摸做歐美廖登女性對於男性所抱持着的見解，知道對於對手男性的不純正的態度行為所應取的防衞方法，在感情未動之前，先訴之於理性，或在感情既動之後，也不忘記理性，那麼就容易從男性的遊戲的不純的誘惑裏逃出去了。

男女兩性間的接近上所存立着的障礙，事實上是不有多大的效果的。讓兩性自然的接近，反能使兩方漸漸的發生理解對手方是什麼性質，什麼思想，對於自己是否能成為適當的終身伴侶，簡單的說，男女兩為能夠養成以理性做工具去

選擇對手的能力。在過去的時代，男女關係猶如貓對老鼠一樣。貓只認，老鼠是自己的餌食，不看見則已，一看見就非捉過來吃了不行，根本就不承認老鼠的人格，老鼠也自己承認是貓的餌食，要個被貓的擒捉，只有躲避在洞裏不出，——老鼠的閨閣——一走出洞門，被貓瞧了一眼，哼了一聲，就骨軟筋鬆，不知所措。在現代，女性永久躲避在閨房裏已是不可能的事了，爲種種的必要，不能不走出閨房來和男性接觸交往，女子職業增加，女學校增加，以前兄妹尚須迴避嫌，與在男女同學，以前叔嫂授受不親，與但青年男女互相扶持着作種種交式的跳舞，社會進步的結果，這是不可避免的事情。這些摩登化的現象，就如摩登的意義是「現代」一樣，是生存在現代的人所不能避免的現象。不老形式上的摩登化，須隨伴着心理上的摩登化，只叫老鼠在摩登化名辭之下，大胆的走出洞來，而男性的心理仍然是貓的心理，女性的心理仍然是被貓瞧了一眼，譚了一聲就骨軟筋鬆不知所擇的老鼠心理，那麼還有比這更危險的爭嗎？說一句不客氣的話，家鄉十分之九的男性對女性的見解仍然是抱着貓的見解，女性雖然啟棄了自己是男性餌食的見解，但因為對男性的新的見解，對男性不純的態度及行動應取的新防衛方法還不曾學到，還不曾養成，在男性的遊戲的花言巧語之下·在與男性互相扶持着跳舞的肉體的接觸，仍然是站在最弱的，最容易被誘惑所克服的立場上。所以我們希望在家鄉對女學生從事摩登化的先生們在摩登化女學生的形式時——不如說在以前——，同時也不要忘記了摩登化她們的心理。要教給她們以一種對男性不純的態度行動的新的防衛方法，灌輸給她們一種對男性不純的態度行動的新的見解（還是教以新的知識的結果）

·若不然那只是等於教女性解除了形式上的武裝，供男性自己的吞食血肉。不知道而爲，不可恕，知道而爲那更是不可恕。我們希望家鄉的女學生——同時是一般女性——在你們摩登化形式以前，你們須先摩登化了你們的精神，你們大胆的走進男性的華羣裏時，你們須明瞭地，堅固地，維持着，提高着自己的人格。在你們迷醉對手的容貌，言辭，態度以前你們養成思用理性去審察對手的性格，思想，是否能成爲自己終身適宜的伴侶。就是對於自己認爲是適當的對手的不純潔的要求，也須養成不被誘惑的能力。因爲在大多數的時候，男性的遊戲的行動的結果，絕是給女性以巨大的災害，並且是使女性獨自負擔，而男性逍遙不管，你們和男性行攜手禮也不有什麼不可，但是須養成認擇手只是一種普

和順崇新會週年紀念刊

5

五

通的寒喧禮節。握手時也許對手方有放意的用力捏你的手才對得住自己的良心，對與不對，本文純粹以客觀的眼光，來作本鄉社

下的事，但是你要能只感覺疼痛而不神經過敏的認為這就是自己身的批評，對與不對，還要請鄉人士女向本文批評。

傳情。你和男性扶持着跳舞也可以，但是你切不要仍舊抱着我們未批評本鄉崇荷社會之前應先明白過去社會的性質

過去的女性在男性的手腕中被扶抱是羞示以是怎樣——原來和順是宗法制度色彩降厚的地方，並且是商

身許之的意思順途與覺得不知自處，你須明白地認明跳舞只業經營化盛行的地方——這兩種是互有關係的，因為宗族關係

是一種禮儀，假如你不會因和男性打麻將而發生奇怪的念頭，——或宗族連帶的姻婭關係——互相汲引，商界人才，便逐

，那麼你也不要因為和男性跳舞而就發生奇怪的念頭。你們漸加增，商業經營，也隨着發達起來；商業經營既發達，所

或許不見過歐美摩登女子對男性的態度，但你們可以由電影以有「衣食足血禮樂興」，於是乎宗族的組織，特別要請究些

上看見。若你們不看見西洋電影，那願可以由翻譯的外國小說——「衣食足血禮樂興」，逹達的結果，所以有「俗美風淳」「物

上學習摩登化形式以前，應該摩登化的心理。在過去的十年阜財豐」的稱譽，而得到「首練」的名稱。

前，你們的前輩，曾因為不智於由束縛裏解放出來的新環境怎樣批評現在的社會呢？我們可以拿「智識」和「經濟」兩

，犯了不少的過失，時代已經過去了十數年，你們現在又破點，來作批評標準。從智識的觀點來說，鄉人的腦筋，多數

放在此她們更新奇的環境裏，希望你們不要仍然退復着和她尚沉醉在舊古時代。鄉人的程度，多數尚停滯在十九世紀期

們同樣的錯誤，使你們後輩的解放運動，為你們受了阻碍。間。從經濟的觀點看，鄉人一個生利的來源，和消費的出

●我對於本鄉社會的批評和希望

冰森

路，都充滿了危机！！，這是什麼原故？是因為鄉人們富於

本刊編者先生，要我作一篇關於本鄉社會批評的文字，守舊性，沒和熱烈的研求科學技能的慾望，並且「迷信」觀念

我本是敬謝不敏，但又想人在社會中，對於太深，未有運用新思想來解決壹切問題，更加上銷磨意志的

社會上應當改良的地方，要有深切的觀察，和忠實的貢獻，妖，賭……等嗜好惡習，妨碍着醫舊進取的精神，所以鄉人

故步自封的無進步，便是受傳統觀念和四週環境的影響，

說到生利的來源，就只有跑出緬甸辦營商業的一途，但是現在商業，已飽受外人大資本商業的壓迫，並遇世界經濟不景氣的打擊，商場一落千丈，鄉人生利的來源，自然受了重大的影響。至於消費方面，一切日常需用物品，就是一針一線大牢仰給外貨，雖然金錢流出無有底止，但是始終沒有彌補的辦法，社會經濟的前途，不是危迫得很麼？

我們如果要求本鄉社會進化，第一就是要從增進智識，和維持經濟着手。我希望鄉人士女們，個個覺悟起來，一面鏟除腐化思想，振起偉大精神，勿求實用的一切學識技能，一面努力提倡衣食所需的原料種植和製造，並廓除一切無意識的消遣和奢侈；這樣實行去，不出幾年，鄉中可以產生很多的人才，鄉人可以達到給足的生活，一切建設事業，可以次第與辦，社會的進步，自然「可操左券」了？。

對於內部會務的總貢獻

記者

本會內外二部，對於會務的進展，外部不過為建議机關及理財機關。面會的一切活動，完全升於內部。譬如一大家庭，在稀經商者，負責營求生活之費，以為贍養其闔國家庭之用。而家政措施，須由家長忠實負責，對于家事全局，力求整頓，一方面使家業日漸進展。他方面並須顧及仕外經營

之困難，而撙節用度，以不負在外經營之苦心。則在外者既無家庭後顧之憂，方得安心營業。是故在內之家庭，與在外之經營者，當各盡其互助互利之職。蓋無在外鄉營之人，則家庭生活無法維持，而家庭本身崩潰。者在外經營得人，而若家政者不知體卹時艱而仟意揮霍，或對於家政措施失當，則此等家庭，亦惟有日趨隨落，而無進展之希望，則在外經營者亦失其善意矣。

本會對於家鄉建設，因限於經濟能力，以前逃無進展，茲則稍對桑梓教育略盡義務，而會務之紛繁，因以開端、吾之應與本會全體同志共同商權之問題，亦日見其繁。且本會凡事絕對公開，凡屬會員，皆有發養意見之機會與可能，為會務進展計，凡事尤當盡量探討，不容模糊樂觀。或敷衍了事，蓋一切問題，必須經詳密之研究而後得完滿之解決。否則敷衍模糊，不着邊際，則終無徹底解決之一日，茲特以內部事實電根據，作詳密之研究，惟當先行鄭重聲明者，本文對事論事，而不對于任何私人存意攻擊，即對於內部措施稍有異議，亦以會之立場，略呈管見，以求會務之改革與進展，發貢不免戇直，惟顧本會同志諒解，而不致因此再起風波，則本會幸甚。

（一一）會計代交手續不清事件，內部第七週大會時，會計上任有交代手續不清事件發生。閱現款被挪用千元之數。此事雖無內部正式公函報告，但據私人可靠消息，則確有其事。查內部七週大會議案，對於該會計員事件，亦無何種建議及表示，外露開風捉函質問，漫與措詞掩飾，以本會組織而言，凡屬內部職員，對於此種嚴重事件發生，皆應負相當責任。蓋全體職員間有互相監督之必要，對於職員失踪達犯之行為，尤當於事前防範。

前防範之方法。」凡會計職員，為管理本會生命線之理財機關，財政之應公開，較之一切會務尤為重要。乃於大會交代時始發覺有挪用公款之事，「閱此事發現後，會計員會請求立一借契為據。」該會計員無論其事後是否講變，而達反會章的罪責，已無可逃避。若使此種違反會章之嚴重事件，本會不能照章加以制裁，而以後會計儘可效尤挪用公款，醒覺後亦無任何法律章程之責任，而本會經濟破產意料中事，其危險賣有不堪設想者。記者之為本會慄慣，而於本週大會時提議議處該會計員之案，並經入會通過，內部同志對此議案亦加以注意，而照章執行，以維持本會規章，其為本會秘濟前途之保障。

本會外部慣例，理財員平時所保管現款，不得超過一百楯，在以前會長制任期間，凡存款超過貳百楯時，即將其餘一百楯存放會長處按月生息，而理財員之責權。本會此種辦法，不過有保管現金口楯楯楯一切債權契約之權。本會理財員之權限，一方面為求經濟之澎漲，一方面亦可以限制理財員之權限，以免發生意外，其實外部歷屆理財員皆本會忠實同志，故亦毫無問題發生，全即內部本非生產機關，即為銷費機關。在內部組織成立之初，本無多數之款存積，常年經費，其時皆賴外部接濟，其時本會尚添列為內部職員，對於存款凡在百元以上，皆經公及快儲存商號生息，主近年來，圖書館及教育委員會成立，「教委會財政是否由本會會計經理，不得而知。」支出日增，白非以前會務簡單時可此。然為慎重保管本會儲存商號生息，或因內部存款為臨時性質，不能存放生息，亦當以無息條件寄存可靠商號，而即本會之習慣法，要存負責同志隨時加以注意，蓋本會前自慣例，因時制宜，事事為會之利益着想，即無意外之事發上。茲此次沙現款計挪用公款在千元之數，則所保管之現款與此數相等。已超過本會慣例，而中時負監查職權者亦應負相當責任，蓋本記者亦曾添列為內部職員，對於會計主任之權限，亦不能不加以限制，如年某欺以上，即會計主任之權限。

會總章第廿七條甲項所規定，「稽查委員會，有稽核本會財政之入出與登帳之實。」若平時照章行使職權，並於每周大會時，將存款交由大會查驗，則財政虧空，不難早日發覺。乃聞每週大會時，會計主任之經濟報告，只限於賬目之報告，而存款若干，並未交會查驗，若此次會計主任仍待連任，則挪用公歡之事，尚無由發覺，幸喜會計易人，而黑幕盡露●致此之由，實因家鄉畸形社會偏重感情，及無社團生活習慣之故，吾人對此事雖能相當諒解，惟為維護神聖之會章計，當重視會務，而輕感情●蓋凡周忠實同志而以會務為前提者，而行使其革命之毅力，及入無畏之精神，破除一切私人感情，而行使其應行使之職權，一方面即所以盡其職責，他方面即為積漸改造家鄉畸形社會之初步方法●蓋家鄉社會事業之無進展，實由於個人心理，對於公義私情，不能徹底了解，凡事以私情為依舊，致公理不能伸張，本會一切措施，若仍照故轍，而不能自闢新的途徑，以異於黑暗空氣籠套之習俗，則本會即失甘組織義意，而無存在之必要矣●

總之●前車之覆，後車之鑑，內部為保管經濟於安全計，其積穢方面，當慎重選舉忠實同志為會計主任，消極方面，則監查委員會當澈底行使其稽核賬務之職權．本周大會對

於以上辦法，已有提案第五第九第十號之決議●記者萬分希望內部同志，以愛會之熱忱，切實執行，則本會前途無憂矣●

「核」關於此事件之發生，內部來函並不承諾，記者初亦懷疑，而不敢遽信●後得某同志來函證實，始知此事非評，茲將某國志家的節錄為證●「會員上屆交代時，雖現金交不足一點，但是有下屆的負斯職擔任着，所以雖則沒有交足，其實也沒有危險●

以本會會務公開的精神而言，此事內部對於外部，即失其公開的態度，而可引起外部懷疑之心理，或因懷疑而致減少信仟心，對於內外部團結之精神，所關甚鉅，內部同志所注意及之●

（二）教育委員會用人問題●內部七周大會提案第十號，所提出罷免有嗜好教員案，議決交下屆執委會辦理●至第一次執盤聯席會議時，該議案復由提案人收囘，既決議案●提案人是否有權可以收囘，而不背議會法規，姑置不論●惟吾人所欲言者，該議案既謂能免「帮嗜好」教員，則解釋「嗜好」着，必需「不良嗜好」●而始有被提案罷免之可能●吾人遠居異域，對於教員中是否有帶不良嗜好」着，固不得面知

、惟該提案人既經指明「帶嗜好教員」。自不能謂的放矢，而帶嗜好者必有其人，己無疑義，本會外部第六周大會時，關於接辦鄉校議案之校務組織，「寅項」教員資格，有「凡有不良嗜好者不取」之規定。則內部第十號提案對于本會教育方針固無不合，乃教委會諸同志對此議案亦必認為合法，而有執行之必要與誠意，即教委會諸同志，對此議案亦必認為合法，私意惴測，或有下列各種原因。

（一）教委會因惡劣勢力與環境之包圍，致不能自由行使其職權。

（二）對「有不良嗜好」之教員，有相當潛勢力，不易動搖。

（三）感情用事。

關於第一第二種原因，乃為家鄉積習相沿，不辨公私，與本文所論第一事件之發生，有同樣之含義。吾人對於教委會諸同志一切措施之困難，終必諒於用盡。基金用盡之日，即本會根本崩潰之時。蓋本至於第三種原因，則教委會諸同志諒不出此，亦自能相當諒解。致自居於被動地位，此事，而因第一二種原因之牽掣，實不能與理論相符之現象，而為我即新值過渡時代之社會癥結，本會亦尚不能例外也。

雖然，本會宗旨與接辦鄉校之義意，諸同志必較記者尤為明瞭。凡事之成功，皆由奮鬥得來，天下必無不成功之事於「要在人為之耳。吾人前曾批評本鄉教育之腐敗，故始有接之動機，諸同志當不顧一切，努力奮鬥，以打破惡劣環境之壁壘，力求所以前腐敗之教育，則本會之精神不死而接辦鄉校之意義存在矣。

教委會第一屆決算案，超過預算一千五百餘元。「參加運動會費在內」，因創辦伊始，百廢待舉，一部份之支出，有為預算時所不能預計者，支出之增加，為不可避免之事實，隨時當屆及經濟之安全問題。因教委會支出之會一切措施，記者對此固無異議。惟記者所欲言者，本增加。外部第九屆預算案支出總數，已增至二千九百餘庙。與收入相抵，出超七百餘庙，際茲商場不景氣中，會員年捐，復日見減少，若常此入不敷出，則本會基金必日見減縮，終必覺於用盡。基金用盡之日，即本會根本崩潰之時。蓋本會之生命懸有經濟維持之耳，經濟既無，於會何有。日本遇大會增築圖書館館屋之建議之不能通過，亦氣非教委會支出增多之所影響。欲求維持本會現狀，「本會基金，非遇有特別敗入，以後已無膨脹之可能，但既不能關源，惟有節

流之一法，最低限度，當維持現狀，勿使減縮。」而使本會之生命永遠存在，則對於支出非竭力撙節不可。其撙節之道，即內部一切措施，當以本會純濟力可能範圍電顧則，凡遇臨時支出，非萬不得已時，即可撙節不用。蓋此時之撙節支出，即爲將來本會繼設力增加之預備，本會處此經濟薄弱之際，既不能作大規模之建設，惟有維持經濟現狀，本會亦即維持本會工作現狀，以俟將來進展機會之來臨，此即本會循序漸進之步驟，亦即本會最嚴重之根本問題，而不容忽視者也。

（四）資送留學生問題　本刊前期稚人君所著，「崇新會在家鄉的成績是什麼？」論文中所言，「凡議案在乎實行，若議而不行，則等於不議。匯會的本身成爲說空話的團體。」本會歷屆議案，有實行執行者，亦有擱置不行或中途擱置，

如資送留學生一案，即蹈此弊。第一期資送學生二名，已舉業囘里，爲本會服務，是則本會資送津貼之費，可謂不致違鄉，而收到相當效果。以後若使繼續資送，則可造就較優較多之教材，倘此時本會辦理教育之際，即不致教材缺乏，而本鄉教材缺乏，爲不可掩之事實，即使現在不缺乏，安知將來教員不因改業而缺乏。」乃自第一期資送後，原定計劃每間壹年資送二人之規定，即不實行。考其原因，或因津貼費

大小，無人願往之故。蓋本會之津貼會，將於該生每年經費，並不完全擔負，而只及半數，其餘半數須由被資送學生之家庭擔負，且吾鄉人心理，多注重商業，而不顧其子弟深造其學問，即有材堪造就，而顧出外留學者，其家庭或因惜別，未必願爲擔負其學費，或家境寬裕，而能擔負其子弟學費，然其子弟又未必爲可造就之材。此爲記者所猜想之資送學生案之不能繼續執行之一部分原因也。本週大會有鑒及此，特將該議案修正，津貼費較前增加一倍，以資鼓勵。但執行之標，在於內部，倘望內部同志繼續執行，最好正式舉行考試選取，以昭公允。蓋此議案與辦理教育有同等之重要性，而不容稍緩者也．

（五）精誠團結。　本會成立之旨，在於服務社會，凡團職員，皆屬義務性質，熱心同志中之克盡厥職者，其措施皆以會務之容展爲前提，而並非以自利爲目的也，且本會事事公開，一切問題，皆依法定手續裁決，而非一二人所得而獨裁。故對於會之一切措施，凡團會員，皆應擁護，而不應反對，或破壞。即負責同志中，或有不盡愜人意者，本會同志當視其措施是否遵循會章，如其遵循會章而利於會務，則雖犧牲個人，亦當互相諒解，而爲之援助。蓋本會忠實同志

當知有會而不知有個人也。如負責同志，措施失當時，儘可提出質問或提議糾正，以求合法之解決，凡事尤當對事論事，而不逕對人存心攻擊。蓋吾人存理論之爭，而非對于個人有何嫌怨也。若對于某事之措施認為失當而不以合法手續以求解決，只於暗中掣肘，則不惟無補于會務，反將因此引起誤會與糾紛。因本會組織既以會議制解決一切問題，凡有意見者，儘可當場盡量發表，以求真理之實現。至於臨場不置可否，決議後又復意見分歧，吹毛求疵，或作反宣傳之舉動，則尤非認識本會之組織，愛護本會之忠實同志所應有之態度。因本會總章規定，議案表決後，即反對者亦應服從與擁護，而不應再持異議也。本會同志，對於會務概多漠視，對于會章亦少有研究，故一問題發生，即不知所可。或人云亦云，作無意識之附和。此乃本會之通病，而亦會務進展遲滯之一原因也。

教委會成立後，本會工作日繁，而各同志對於負責同志之疵議，尤復蜂起。吾人若能諒解現任教職之各同志職業之清苦，並以以前任教職者與今日比較其得失優劣，或將不致過事苛求。蓋吾鄉教員薪金較昔雖已增加，然以較之緬甸商場雇員所得，雖處此不景氣中，一伙夫之薪金，當較教員為優。「伙夫薪金每月十五兩，每年所需當合鷹洋三百六十元」，諸同志之服務教育者，既非優美肥缺，亦非舍此即不得解決生活問題，亦不過以服務社會之精神，為本會担負前線任務，以盡會員之職責耳。認識本會之同志，對此當能予以同情心也。

本會同志，或將謂記者本文中所論第一二問題，對於負責同志之措施持有異議矣。今乃對於各同志之疵議會務，復加非議，勿乃不倫。此則記者不能不為諸同志之疑著也。關於第一二問題，即記者公諸討論以求依法解決之正式途徑。「第一二問題之糾正辦法，已由記者建議外部，通過咨請內部執行。」是否含有攻擊意味，不待伸辯而自明。諸同志對於上述嚴重問題，既不聞作何措施，而對於各負責同志之不滿意，似又別有含義，而無具體之表示。故記者作此逆耳之言，以與諸同志商榷，以求互相糾正與諒解者也。

雖然，記者出言戇直，前已言之。於此不能不為諸負責志言者，孫中山先生寬大盛懷，不以陳炯明之叛逆為仇，而猶給以自新之路，此孫先生人格之偉大也。記者十分企望諸負責同志效法孫先生之行為，覓大其襟懷，和平其手段，不偏孤，不固執，集思廣益，以求全體團結，一致合作，則

本會會務之進展，可操左券矣。

（六）內外通訊之重要性。內部七週大會閉幕後，至外部八週大會時止，共向外部通訊三次。第一次為七週會議經過之報告，於閉會後三四月始寄到外部。第二三次則因須向外部提案，於開會期前寄到。在未得到內部來函以前，外部同志，盼望內部消息，望眼欲穿。蓋本會接辦鄉校伊始，對於辦理情形，急欲先知，又因私人消息報及會計員交代手續不清事件，外起修的探問，又久不得覆，遂使外部疑竇橫生，無從揣摩，而關心會務者，遂作杞人之憂。及得內部第一次通訊，疑竇始稍解。記書舊謂內部之於外他，猶前線之與後方，節線臨敵，必得後方之援助，始能致勝。後方對於前線消息，亦必靈通，而後始得其援助之道。若消息隔絕，則前線攻守之策劃，「攻守之策劃，固由前線主持，但後方亦不可備咨詢，以求戰略之完善。」軍實之補充，後方即無由進行，而前線危矣。前綫既危，後方亦必因以崩潰，此前綫後方消息之應靈通，內外部亦莫不如是也。內部因辦教育伊始，工作大忙，故對外通訊因以遲滯，致內外消息隔絕，而引起外部憂疑，已如上述。以後尚望內部接受外部第八周大會提案第七號之決議，隨時公佈會務於外部，則八外團結之精神，當益堅固，會務進行較為便利，此在負責同

以上所言六事，不過就管窺所及，進一得之言，以供內部同志之探擇。所言或當，則諸同志一顰其首，記者不敢以為喜，所言不當，則叱之呵之，記者不敢以為怒，記者惟有以忠誠之心地，作蒭蕘之獻言，其目的在求會務之進展，罪責固所不計耳。

關於本鄉教育的話

鋤強

據家鄉傳來的消息，家鄉一部份人，對於鄉校遵照教育部章程教授新時代課本，多不滿意。他們的理由是：（一）。倡辦新學教科書裏的文字過於淺淡？學童不能受益？（二）。倡辦新學後沒有造就高深的人材，連將來作祭文輓聯行述墓誌的人都沒有了。關於（一）的理由存本刊第五週刊裏，「兩等學校的歷史和現狀。」一文裏，已經約略的說過，現在各書局出版的教科書，都是我國教育專家經過慎重的考慮和研究，認為適合兒童心理而編輯的課本，並經教育部的審定，在十年前全國小學已經一致採用。惟有家鄉守舊心理的壁壘牢不可破，仍然沿用着以前不合時代的舊課本，這是已經暴露了家鄉人心

257

理落伍，和眼光的短視。在本會接辦聯校後改用新課本，不過是適應潮流，和在十年前興圍一致通行的辦法，並不是甚麼新立異的措施，在稍其現代眼光的人們，已感覺到改良太遲，絕對沒有反對的餘地。本鄉一部份智識階級，？反時代的反對現行教育制度的人們的學問，較之全國教育專家必高深，這種無意識的反對，不過是在暴露自己十八世紀的古董思想，和開倒車的行為罷了。——況且這種時代化的課本，既經全國採用，那麼，編輯教科書的書局，也不能不適合本鄉一部份人的古董心理來例外的編輯　種古董課本。在反對新教育制度的人們所認為高深的課本，不過是三字經，百家姓，和使學童讀了莫明其妙的中庸，大學，幼學瓊林。…………這些不合時代的，和造成封建思想的書籍，對於兒童心理已經毫不合用，而成為過去的廢物，已無討論的價值，請同鄉們看看東北四省，自被倭奴強佔後，即實行愚民政策，對於小學教育恢復了「三字經」「百家姓」……一類的坑害學童的課本。本鄉歡迎「三字經」「百家姓」……類死書的人們，要曉得倭奴的這種教育方針，並不是天皇明聖和深仁厚澤，而是消滅東北同胞的民族思想，和批抗能力，只造成奴隸思想的愚民政策。這麼一來，倭奴，能如願以償它的永遠侵佔

的野心。在這裏我們就該明白，如果「三字經」「百家姓」……能使學童讀了受益，倭奴也不採用它做小學課本了。主張恢復舊學的同鄉們，請你們拿東北青年同胞所受的奴隸教育做你們的殷鑑罷。

講到新課本的內容，本是極後顯而容易了解的，因為初級小學時期的兒童心理，只知道小貓小狗……和一切自然界的生物做他們娛樂和遊戲的對象，歐美文明國家的小學課本，也不過是充滿着小貓小狗一類的適合兒童心理的讀物。我國的教育制度，原來是仿效歐美，在歐美以科學成功富強的先進國家所視為適合晚代潮流的教授方法，適用於我國是無疑義的。在這科學萬能的時代，所有外國科學如無線電，飛機，潛艇的發明家，在開初讀書的時候，也是先由小貓小狗一類的讀物讀起，然後循序漸進，而達於高深的地步，作高深科學的研究與發明，他們並不是初入小學時起碼就會研究無綫電，飛機，潛艇的。請家鄉的智識階級，對於兒童的教育方針，不要忘記小孩時候初學走路的方法，在沒有學會「打高高」。以前，絕對不能就學走路。在沒有學會走路以前，也絕對不能學跑學跳。又如初生小孩消化力薄弱的時候，必須先哺以易於消化的乳汁。而絕對不能飼以堅硬的食品

258

、若是對於消化力薄弱的嬰孩，起碼就餵他堅硬的食品如「鐵豆」之類，那麼遲早孩胃力不勝任的結果，只有積食不化而得到腸胃病或致有生命的危險。小學教育也是和小孩子學走路吃東西有同樣的一定程度。這就是說，幼年兒童不先教以淺顯易懂的文字就起碼教以深奧的文字，在兒童心理和腦力上是不可能的。

關於同鄉們理想裏的人材，不過是不能忘情的尚在羨慕着封建思想的科舉的「舉」「貢」「新爺」一類的擺架子的人材。在滿清時代本鄉裏雖然出了不少的在本鄉視當「無上功名」的「舉子」。其實「舉子」中發的結果，就滿足了本人的「功名慾」而不思進取。從來科舉出身的人們，也沒見得替國家社會幹過甚麼偉大的事業，充其量不過是造成地方「權紳」能了。那麼，這種只限於「擺架子，裝門面」，無補於國家社會，而為封建思想所羨慕尊崇的人材，也不過如是。何況是科舉制度本是滿清政府用以虛糜人心。和八股取士是用以消磨讀書人銳氣的時代。對於鄉人理想的人材已在成為過去歷史的陳迹，已經不是時代需要的人材，我們所認為時代需要的人村，是能夠替國家社會服務，替民眾謀幸福的人村。任本鄉，全國各種實業的發展，和偉大建設的逐漸進行，新式機械

裏，對於適合我們的條件的人材，本來沒有造成過幾個，這是不可掩的事實。不過不出人材並不是新學制度本身應負的責任，而是家鄉環境限制的結果。家鄉人既沒有造就子弟的高深學問的決心，而大多數的目的只在由商業來解決生活問題，使子弟求學的用意，不過是任懂得寫點商場應用的常識。高小畢業後祇有跑綢緞的惟壹捷徑。能夠供給子弟求學到初中畢業的已是鳳毛麟角，自然不能造就高深的人材。尤其是現在專求實用面沒有像滿清時代用功名挽維人心的制度，更不能造就鄉人心理所認為榮譽的虛榮人材。這麼說來，家鄉人本來沒有造就人材的意志，又來說新學不能造就人材，這不是自相矛盾嗎？

至於新學制度，是不是可以造就人材和有裨益於國家社會的證明，我們又要將眼光轉移到全國裏去。我國因為倡辦新學以後，才把四千多年的專制制度推翻，民族革命宣告成功，儒家獨尊的傳統思想完全打破。歐美的科學文化思想長足深入，這是以前八股取士時代所夢想不到的結果，這就是新學的最偉大的成功。近年來我國科學的昌明，雖不能步武歐美，但是造出的各種人材已不在少數。單由物質方面來說

武器的漸次發明，如漢山工程師商建白發明的水陸兩用飛船，兵船機務司張仲智醫明的無綫電收音機，合陵大學學生鄧定發明的收穫機，插秧機，播谷機，湖南□□□發明的木炭汽車，李漢章醫明的輕便飛雷，黃芝榮發明的手提機關槍，與人孫創葉發明的電動飛機和自動發電機，都是新學人材的偉大的成績，別的還有許多許多的成功，此處限於篇幅，不能備述的證據。在家鄉不懂科學或甚至於藐視科學的社會裏，最淺顯的證據，就是由科學而造成的西醫人材，我們當然感覺到西醫用科學方法來代替毫無醫學知識的穩婆收生的危險方法，較爲安全與便利。我們又感覺到西醫用科學手術能治療醫所不能治的病症，可以減少人們生命危險的程度。由實用方面來說，科學化的一個西醫人材，對於社會的服務，勝過多數的「徒有其表」的「封建思想」的舉子進士。不過，像這一類成功的人材太少了！如果家鄉有力量的父兄肯多多的供給自己的子弟去入大學或留學歐美，造出較多的各種人材，那麼，家鄉社會早已改造成功，也不致使一部份人對於科學教育有有懷疑心了。

關於作銘辭，祭祝，行述，墓誌，的人材，並不是現代的需要。胡適之先生，在作他的母親的行述的時候，曾這樣說

「抱定一個說老實話的宗旨，故不免得罪了許多人。但是得罪許多人便是說老實話的證據。文人做死人的傳記，既怕得罪死人，又怕得罪活人，故不能說謊。說謊便是大不敬。」升我國舊禮教制度裏，作死人的傳記所說的恭維話，除了最少數的偉人，英雄，名流，烈士，足以當之無愧外，其餘都是些篇說說的應酬文章。在有相當勢力和財富的人生前雖有惡行劣迹，死後的傳記仍然是違心之言的仁義道德一類的說話。誠如本刊前期旭川若所說，他們在「挖苦死人」。

像這種作說謊話的文章的人材，將來如果絕迹了，同鄉們救盬浮誇張沽釣譽的世道人心，這並不是家鄉社會不幸的事。至於講老實話的文章，將來也許不致於無人執筆，同鄉們無須杞憂。—

我的結論是：新學教育制度的本身是好的，「現代化」的，「科學化」的。家鄉的不出人材，並不是新學制度本身的責任，而是家鄉人只注重跑緬甸，不注重造人材的原因。至於如何能使家鄉教育徹底的發展，和學童的受益，這個又是增負教育責任的本會同志們的責任。我十二分的企望本會負責科學教育的努力奮鬭，使新學的成功得到學實的證明，並且可以解釋一部份同鄉的懷疑心理。

☯ 對於改組鄉公所的我見

去惡

本會內部同志，建議改組鄉公所事件，經內部會員會議議決通過。後因一部份會員之反對，而函詢外部八週大會覆決。經外部八週大會審慎考慮，認該議決案為合法，惟以本會致力於教育事業，對於參加鄉政，無力兼顧，議決咨請內部暫為緩辦。凡屬認識本會組織及愛護本會之忠實同志，當體察時務，慎重將事，勿假公以濟私，以擁護與服從外部之最後議決案，則本會之地位與名譽方能維持於永久也。

惟余所欲言者，本會內部同志，因改組鄉公所問題，現在已暗中形成二派。會而有派，即屬會之不幸。蓋會員間己無精誠團結一致合作之精神，會務之進行，必致糾紛迭起，互相攻訐，互相牽制，而會務必因進行困難而致於停頓，則本會危矣。凡屬真誠愛護本會之同志，當以本會會務為前提，力求化除意見，互相諒解，犧牲個人利益，以圖精誠團結，一致合作，於記者先生之「對於內部會務的總貢獻」一文中，已詳實之，本文無須詞費。茲特就改組鄉公所問題為本會同志略呈所見。

未依法實行由鄉公民選舉而產生，而由少數人之推舉而成立，故有依法改組之必要。對於法律之立場及本會宗旨，固無不合，而為吾，早日所主張者。惟吾鄉大多數公民，對于鄉政之改進及選舉權之執行，多漠視之，歷屆鄉議會議員及以前之鄉董懋佐，今之正副鄉長之選舉，每經本鄉議局之傳請，而大多數人仍甘放棄其選舉權而不願親臨投票。致使少數人因無可卸責而包辦，此即本鄉自治機關之，能實現自治精神之原因，亦即吾國國民漠視民權放棄責任之通病，不獨吾鄉為然也。

本會同志之主張改組鄉公所者，其目的不外欲使鄉公所實現為自治化，惟對於使鄉公民認識自治義意之方法，不即作何準備。蓋吾鄉八之漠視漠選舉權而不能認識自治義意，已如上述，則提倡改組之各同志，專前對於鄉民之能認識自治自治義意，既無有效之宣傳工作，而鄉民之漠視民權選舉如如故。吾恐改選結果，不過換湯不換藥，匝由少數人之包辦。其所產生之新組織，亦以五十步易百步，而辜達於真正民選之義意，則改組之義意何在？又何必多此一舉。

作者於此尤當鄭重聲明者，本文就吾鄉之事實而立論，而非對於私人有何愛憎，本會主張改組之各同志，尤當認病，提議改組鄉公所之充分理由，即以鄉公所之本身組織並

和睦崇新會週年紀念刊　17　十七

題目，勿生誤會。蓋本文所言者，並非改組之合法與否之問題，而為如何而使改組結果完備之問題。蓋改組之合法既經外部大會之承認，惟對於達到改組之真正目的，則非一舉手之勞所能實現。作者以為本會對於改組之步驟，尚未實行改組之先。應有具體之計劃。如何能使全鄉公民改變其漠視民權之態度，而人人能不放棄其應行使之公民職權，使少數人包辦式之選舉方法，一變而為真正民選方法。必須經長時間之宜傳與訓練。而後可達到目的，本會應由根本辦法之宜傳工作着手，俟經相當時功，全鄉公民能認識自治意義，以行使其應行使之職權，對於鄉公所一切措施。盡其監督之責，則鄉公所於民眾嚴重監視之下，自能日漸改革，其有違反民意之措施，自有人民公意之制裁，鄉公所之本身不改組而自改組矣。令本會主張改組之同志，既無以上之準備與計劃，而仍依樣葫蘆，以包辦易包辦，其改組結果雖或不致為投機者所利用，而其成績亦將等於零，或將較甚於前，而失去改組之意義，已如上述。則吾人所企望能得到較為合法之組織既不可得，外界將視本會為輕舉妄動，以受人之議議作聚，而本會名譽掃地，本會立塲動搖，有關於本會之前途者實且大。祈內部同志慎重考慮，勿輕躁從事，以保全吾人視為惟

一生命之本會名譽與地位也、

惟作者於鄉公所之措施，有不能已於言者，茲特於本文範圍以外，附言及之。

鄉公所對於調解鄉人爭端，規定雙方當事人共須繳調解費五十元，以為筵宴之費。查吾鄉鄉議員之席敷，雖有法律之規定，惟遇有人民爭端或公務發生利招集會議時，其被招為議員之資格，並不限於議員。凡有相當聲譽財力，或與當局有相當關係者，即非議員亦被邀請列席筵議。故每次會議，其赴會人數輒悟以上，筵議招待，亦年八席十席之間。「年席六人或八人，以無席議費五元計，需費四五十元。」故鄉公所自調解費五十元之規定。惟鄉公所職權不過為調解性質，當事人不服調解時，尚可依法起訴於地方法院。吾國地方法院訴訟費之規定，等無財產關係，亦不過敷元，目由敗訴人負擔，而吾鄉調解費五十元之規定未免過苟。且鄉公所調解之事件，多為案情較輕之事件，常事人多直接起訴於地方法院，而不經由鄉公所之調解。故鄉公所調解案情較輕之事件，而收費五十元，其數已超過任何法院訴訟費之上。貧乏之家，將因不能繳納多敷之調解費，雖受人欺侮，而不能享受調解之權利

・其冤抑將無伸雪之日。故作者認爲五十元之調解費，有力行裁減之支出必要。惟本鄉議會之出席資格既不僅限於議員，則每次會議之支出必無由減縮。爲減縮調解費以減輕人民負擔計，惟有廢除議會制度。茲妄擬如下之改良辦法數條，以供吾鄉父老之研究抉擇。

（一）出席鄉公所會議之資格，僅以議員爲限，非議員不得出席，惟經當事人之邀請，始得列席旁聽，惟有發言權，而無表決權。

（二）鄉公所會議，廢除議會制度，以茶會爲限。

（三）調解費擬定爲五元，由敗訴人負擔。

（四）有出席議會資格之職員，若遇事不能出席時，須具假單請假，無故缺席者，科以相當罰款。缺席至△次以上時，得呈請上級機關，停止其職權。而由候補人依法遞補。

作者對於法律，素無研究，但以上所言，或不致與村自治現行條例有所抵觸。作者以鄉人言鄉事，略呈管見，亦以盡鄉人一份子之責耳。蓋時代演進，事事力求民泰化，時代化，上自國政，下至鄉事。少數人之專制制度，已不能存在，凡關懷桑梓而欲爲鄉人謀幸福者，應適應潮流，以興利除弊。如上述第二條之辦法，如能做到，則第三條即無問題，而可減輕鄉人之負擔。當局者事事一秉至公，則民衆樂從。吾鄉人以前不入公門，俗美風淳之榮譽，時不難恢復，而爾一條所規定出席書之限制，即不必要。蓋會議旣無議會之耗費，則雖全鄉公民列席參加，亦無不可。至於第四條之規定，不過爲不負責者而設，以前吾鄉公私宴會，以盤餐之優劣，而決定赴會者之多寡，實近于口腹主義。今倘吾鄉鄉公所若能漸次改進於民治化之組織，則被選者亦必爲熱心稱職之職員，而不致因盤餐之有無，而出席發生問題。要在當事諸君，體卹時艱，力行善政，使本鄉達於徹底民治化之地步，則本鄉幸甚。

廿三年一月廿日作於維京

【編者按】：改組鄉公所事件，有關於本會地位名譽甚鉅，措施稍一失當，則本會名譽掃地，地位喪失，而彼時受人抵議，悔之已晚。故建議改組之內部同志，雖經內部會員大會之議決通過，而繕名函諸外部第八週大會覆議。蓋內外二部，本屬一體，凡事有互相輔助與糾正之必要。外部所決之議案，必徵內部同意，方體執行。內部所決之議案，亦須得外部同意與協助方能實行。是則主

張改組之內部同志，頗能認識內外部有如上述之密切關係，且對於反對派之意見，尚有相當尊重之表示。而非一意孤行者可比。故始提出由外部覆決。覆決結果為『暫請緩辦』已由外部會員大會函覆內部及原案建議人。是則此議案之性質已經外部之覆決而變更，內部所議決執行之原案，已不能存在，而其執行時期，已有時間問題存在。凡屬真誠愛護本會與認識本會組織者，自當擁護與服從外部之覆決案，已無待言●惟茲據傳聞。內部主張改組執行之各同志，對於外部覆決結果，仍有不滿，而欲強制執行此案者，如果傳聞屬實，則原案建議諸同志，請為維護本會永久之生命與名譽計，一致擁護外部之覆決案。勿作捲土重來之強制行動。此即所以尊重原日函請外部覆議之義意，而作諸同志大公無私，愛護本會之表示。蓋民治國家，人民對於議會所訂之法律，認為不滿意時，尚有提出覆決之權。即內部表決之議案，若有出席人數三分之一的簽押，要求覆議，亦可提出覆議。若得法定人數之贊成，可將原案推翻。何況向外部聯名請求覆議者，為原案建議人，則覆議結果如何，請求覆議者尤無反對之餘地

●此次建議改組之內部同志，其中不少優秀份子，對於本會組織已有徹底之認識。違反會章，與藐視覆決案之行動，想為諸同志所不取，或編者所得傳聞之消息失實，則為本會之幸，亦與本會有密切關係之全體會員之幸也。茲將外部接受原案建議人聯名之請求覆決該案後，將覆決結果，管覩內部建議同志之匭函附錄於後，以實本會同志對於會務活動之參考。「再按原案建議人來函用意，以實本會同志對於會務活動之參考●係請求外部援助，外部援助與否，須審查內部原案之覆決，加以慎重考慮之覆決，而後有所依據，對於此案待何態度，方有確定方針。故內部同志來函雖無請求覆議之意，而其請求援助之意，以本會曾即本斯旨。又權量後消息，內部因此案聲方在爭執，不相退讓，而糾紛醞釀日烈，竟致環境惡劣，而會務無由進行，教務因以停頓，同人閱此消息，憂懼萬分。豈本會之破產，將不由於外侮而由於內爭耶？內部同志。若能根據良心之批判，以維持會務，則當消除成見，以息內爭，否則本會名譽與地位同時破產，有責者不能辭其咎也。」

「再按」。本文及旭川君首篇論文,,皆指內部同志建議改組鄉公所事,爲欲直接執行改組。茲據內部主張改組之某同志來函云及……:「原爰提議人,係促議請求本會負責招集鄉民會議,呈請縣政府改組之,而改組之事,則非本會所能執行。……」查來的原意,蓋謂本會之責任只在招集鄉民會議,而並不能直接執行改組事件。,其實該案目的在於改組鄉公所。則其進行方法,無論直接間接,而其目的則一也。本會既負責招集鄉民會議,則會議結果如何。本會應負其實,而不能置身事外。蓋本會雖个能執行改組事件,而執行改組之機關之鄉民會議則因本會招集而產生。苦改組失敗,則本會以發起招集鄉民會議之原動力機關,而謂鄉民會議之成功與失敗,與本會無涉。天下實無此理。外部因鑑於本會人材之缺乏,無力兼顧鄉政,並鑒於鄉民之漠視民權有如本文所述,惟恐於鄉民未認識民治義意以前而操切從事,則招集會議之結果,必無由達到合法之解決,而改組失敗。「實際上的失敗,」則一切罪責,將加諸今會之身,本會曾務必因此而受惡劣之影響,故始有「暫請緩辦」之決議。誠如旭川君所言:「我們的行動,不要使他犯了超時代的錯誤,」躊等!反

「影響將來的成功。……」此乃本會此曾運動應有之步驟,乃希望運動在實際的生活上發生實際之效果,而非圖一時之快意與痛快。故不能操切從事也。又內外二部,本屬一體,凡重大議密,須雙方一致固方能執行。已如上述。惟內部某同志以此次外部對於內部議案加以變更,頗覺不滿。而認爲「外部似高於內部。」未免誤會,某同志來函謂:「……但以此次徵之,外部似高於內部。蓋此案乃係內部之事務,以一百〇六人之身歷其境所討論認爲可以執行而通過者,而外部以身居海外之卅六人亦可推翻,想因外部執掌財政,故可進退一切也。……」蓋內部取決議案,而經外部推翻而不能執行者,已有前例,如以前內部決議建築圖書館於十字街之寸姓地,及本屆擴充館屋之建議,亦經外部之否決,鄉公所案之被變更。不應作何種反感也明矣。又如外部決議請內部執行之議案,內部或中途擱淺,如培植教材之資爰留學生案之被擱置,即爲最好證據,吾人服務社會,凡事當彼此諒解。即不能因內部之擱置曾經執行之議案,而認爲「內部高於外部」,反之,內部亦不能因外部之變更內部議案,而謂爲「外部高於內部」,「也。至於外部可以推翻內

和順崇新會週年紀念刊 卄一

部議案，內部亦可推翻外部議案，於前「按文」中已略言之，要在推翻者有充分之理由。被推翻者並無榮辱之可言，而不當作意氣之爭。國家最高立法機關之立法院所訂法律，人民認爲不滿時尚可覆決而推翻之，已如上述，則內部壹百八人通過之議案，既非專制君主之聖旨，則外部根據上述理由而推翻之，已不成問題。何況外部對該議案乃爲展緩執行時間之覆決，而非完全推翻者可比。在認識民治國之民權義意及本會組織者，對於此次外部覆決結果，實不應大驚小怪，尤不應過於主觀，而視議案爲鐵案。又以本會事實言之，內部猶如外部之委託機關，會之壹切運動，皆由內部負責執行，而當向外部負責，譬如國家組織，內部爲執行治權之政府，「我國治權爲行政權，立法權，司法權，考試權，監察權」，外部爲享有政權之人民，「人民政權爲選舉權，創制權，罷免權覆決權。」政府代表人民，處理國事，而其措施當以民意爲收歸。內部對於外部之推翻議案，視爲人民推翻政府之議案亦可，而外部實無兩於內部之可言。此以事實言之也。前言內外壹體者，以精神言之也。總之，編者對於此次議案，深恐釀成糾紛，而本會前途破產。故不憚煩瀆，作爲緩版來函而向內部各同志作詳明之解釋。望各同志對於本會「內外壹體」之組織，及內部立場，作澈底之認識。凡事先公義而後私情，犧牲個人以維護本會，則壹切糾紛自息。而本會之命運無虞矣。

⊙**外部八週會員大會覆內部原案建議各同志書**

某某暨各同志均鑒，橫讀十月九日來函，云情概悉。諸同志熱心會務，對於家鄉社會，力圖改造，足見精神卓越，毅力過人，而爲外部同人共同欽仰者。至於改組家鄉公所事件，於民國訓政時期村自治暫行條例，會議結果，經衆議決，謂爲對於是項決議案，認爲合法。惟本會接辦教育伊始，對於教育方面，傾注全力以赴之。尤恐不及，以本年接辦經過，內部熱心同志心力蓋悴，尚不能待到完滿之結果，可以證實。似尚無兼顧家鄉政治之可能。故外部同人，特請將故組事件，作爲緩辦，以俟將來本會對於教育設施，稍有成績，能得全鄉同情心時，則鄉政之參加，本會難波深，將來焦頭爛額，而遇外界以掣襟見肘之譏。故外部同相吻合，外部同人，對於是項決議案，認爲對

266

不願亦不可得矣。至於反對改組之各同志，有以不赴會為消極抵制者，如果陶實，則本會會章明白規定，凡對於任何事件，無論贊同反對，人人皆可盡量發表意見，以磋商研究之態度，求真理之實現，則本會會務方得完滿之解決，若以消極抵制，似非愛會之各同志所宜出者。其餘會務之進行，在職者措施未免稍有失當之處，外部同人。已函請內部力求改善。惟諸同志皆本會之中堅，以後對於會務，尚望和衷共濟，一致團結，鼓勇前進，以會務之發展為前提，使本會立於不朽之地步，則不惟外部同人之幸，抑亦本鄉本會之幸也。此請台安

民國二十二年十一月十二日第八週全體會員大會啟

●由接辦鄉校說到內部教育委員會
南邨

本會會章，以建設公益，輔助教育，為主旨。本會因擔負此項主旨的使命，對於鄉校教育的改造，成為分內應負的責任，加以幾年來，鄉校教育的朽鈍和因循，年青學童們，途大受其有教無育的影響，放蕩橫行，至於無所不為的地步，於是本會對於接辦鄉校這個問題，視為更不可延緩的一件事了。當民國十八年，開第四週大會時，議決成立資送學生

委員會，以資送學生如省學習師範，當即遴選二名，並規訂每間年資送一次，以樹熱頓教育的基礎人材，於民廿，作初次參加教育運動，向鄉公所要求擴辦鄉校，惜因彼時我們會員中，不能一致贊同。此種措施，隨又擱淺了一年，民廿一，繼細作第二次參加教育運動，並取得本鄉當局的同意，才得到半式的許可接辦鄉校。……「由此種的辦法來說，簡直是本會與鄉公所合辦。」……「因不是全權的，而鄉老們不信青年的本會過慮一些。但是儘夠給我們青年一個促進可說是鄉老們的許可接辦鄉校，能夠幹辦這樣事體能！退一層，我堅強的責任心，和團結努力的良好教訓啊！過往的，不用多事追逐了。且說現在和將來的能。當未接辦鄉校以前，本會先設立內部教育委員會，給他們負金權專責來籌備一切接辦手續。既經接辦以後，又由他們計劃，如何遴選教育人材，如何力求教育的發展，又如何節省經濟的用途，使不致浪費，而使本會經濟有攸久承辦的可能，以上三事，實在很重要的，因為教育委員會，是負担着本鄉教育的完整工作責任。也就是担負着本會服務社會的第一步工作的使命。換句話說：這種使命的完成，就是本會會務的成功。若這種使命不能完成，也就是本會全部的失敗，教委會各同志，對於所負使命的重

要，諒來已有澈底的認識。所以我所要說的是，一方面要自信自重，堅強自己的責任心，方能得到本鄉永久專一的信任，和委託。一方面要增進教育的效率，使青年學童得到實益，方不負本會接辦的土旨。又一方面，要命盤統計經濟收支，以維持本會經濟的穩固地位，本會才能永久擔負教育經費，實行輔助教育的主旨。那末，教委會各同志，才算完成了你們的使命。以上所述，是教育本身的問題，還有一個改善教育方法的九次問題，就是資送學生的問題。關於這個問題，本年大會時，已有增加資送費的議決，以為獎勵求學，和造成良好教材的根本辦法。教委會各同志，對於這個問題，尤當竭力鼓吹，提倡實行選送。使本鄉教材缺乏的問題，得到完滿的解決。也就是本會担負教育的使命，得到整個成功的惟一方法。

家鄉抵制仇貨的今昔觀

鯉生

，現在又恢復了仇貨充斥之市場舊觀，我們根據以上的事實的報告，得到一種很好的感想起，「一，抵制仇貨可以提倡國貨。二，經營仇貨的商人，改營國貨，未嘗不可獲利，智業並無任何影響。」因為事實告訴我們，年為愛國心所驅使時的家鄉商場實行抵制仇貨時，有將仇貨完全消滅的可能，而使滅貨占市面的最大多數，在積極方面，可使我國實業日益發展，利源不致外溢，任消極方面，可使倭奴經濟受嚴重的打擊，還是多麼可喜的一件愛國運動成功的事件。無如我們貴國人凡舉不能堅持到底，所以世界上公認的「五分鐘」的熱度已經成為確定的鐵案，而無法洗除這種恥辱，家鄉惟利是圖的商人自然也不能例外，所以現在又恢復了專營仇貨的營業。以前抵貨運動已經成為無意識的舉動，反使一部份誠心抵制者受到物質的損失，而存心賣貨的奸猾奸商倒可以大幹特幹他的投机取巧的事業，「一

據家鄉來客談及，家鄉自「九一八」實行抵制日貨的結果，在未抵制以前，凡是日貨充斥的市場。抵制以後，成績很好，仇貨日漸減少，由滬經省運騰銷售的國貨或非仇貨已漸增至十分之七八。但是，五分鐘熱度消滅後，抵貨連動日漸鬆懈

如某商號在萬寶山案發生後即大幹特幹他的投机仇貨。并且在八幕加價收買運騰存儲，俟抵貨運動緊張時，高價出賣，就是壹個好例。一發「國難」財，這是多麼痛心的壹件事。查愛買仇貨的好主歡迎。其實由商業的閒札性質上來說，賤賣賤買，貴買貴賣商的心理，不過是貪圖仇貨價值的低廉，在銷售處容易得到顧

，都是同樣的可以得到利益。況良仇貨的價雖低廉，質料的低劣不耐久用，是不可掩的事實，在商人加緊宣傳之下，費者得到激底的認識，自然不甘再買仇貨。在以前抵制仇貨已經得到國貨暢銷的結果，假使家鄉的抗日運動能夠繼續下去，以造成仇貨絕迹的環境，那末，卧使沒有愛國觀念的人們想買仇貨，也無處可買，想不歡迎國貨，也不可能了。又何況國貨的價值未必盡是高昂，近來國產品如棉織物之類的價廉物美較之劣貨的質料優良的已不在少數，如果商界國鄉有點愛國良心的話，在這仇貨與國貨的去取應當有暢格的認識。由上面所說的經營國貨也可達到你們的「求利」的目的的理論上來說，你們抵制劣貨提倡實貨是名利雙收的，愛國利己的，受人尊崇的行為，請你們高瞻遠矚看看東北同胞所受到殘酷的壓迫，來做你們的「前車之鑑。」尤且在強鄰虎視邊隙時生的家鄉，已經到危亡的地步，若再个自已掙扎奮鬥作愛國運動來挽救國家的危亡，那麼，過亡國奴的生活就在眼前了！

☯摩登

摩登者，西語「現代」之謂也，時代演進，舊去新來，凡事以新代舊，故謂之摩登。

無我。

西人凡百創造生產，皆科學化，思想現代化，無論男女，各有職業，以自謀生活，女子經濟獨立，故能實現男女平等，而女性不致為男性之附屬品與玩弄品。此精神之摩登，理智之摩登也。心理之摩登也。吾國之所謂摩登則不然，凡百創造生產，無不落伍，而思想僵化，男女媾首淫修，服飾器用是尚，飲食起居是安，女性則為男性之玩弄品，不思有以自立。此形式之摩登也，皮毛之摩登也。吾騰群處，互相效尤。衣服妝飾，惟對於裝人皮毛之事，墮落之摩登也，山圖、風氣閉塞，思想落後，則爭先恐後，而于女性為尤甚。近日家鄉媒侶跳舞，固亦豐節感情，健康身體之一法。而為現代中凡之事，普人亦十分同情，而並不反對。惟吾人所欲言者，吾騰事事落後，社會之一切改造建設，有較跳舞為重要而聽提倡者，不勝枚舉。對于女子之解放，如(一)女子教育之普及化。(二)女子職業之提倡與經濟獨立運動。(三)專制婚姻制度的改良。(四)婚嫁喪葬禮節之改良。(五)切迷信風俗之取締。(六)天足運動之普及化。(七)戒除一切奢修耗費……等問題，皆與女性本身有直接或間接之關係，而當改造家鄉社會之先決問題。身負女子教育會任諸公，尚望努力提倡，使家鄉女性，達於

理智壓登，精神壓登，心理壓登之境，則較之練習跳舞，吾腦女性受益多多矣。

●模範喪禮

攻。堅。

據報載，陝西省政府主席邵力子先生因其母張太夫人營葬，不發訃告，亦不徵題像贊等文字，僅于報端登告葬一則，據稱：「仰遵遺志，節約喪葬費用，捐建鄉村小學一所，如承親友惠賜賻儀，請概賜現金，當一併移充小學經費。至陝甘兩省所收之賻儀，則悉以充該兩省慈善公益之用。」我們讀到這種消息，覺得有一種欽仰邵先生以身作則的改良風化的清高和慈善的行爲。在政界人物裏是很少有的。因爲中國一般軍閥，官僚。政客們，屢屢假藉父母之喪，做發財的絕好机會。以身爲省府主席的邵先生如果想發財的話，只須一張訃告，不怕不有多數的屬員和親友成千成萬的賵送豐厚的賻儀。也不患無偉人名流來替他的母親題像贊，作墓誌。●邵先生的不愛財，不愛裝門面，擺架子，就是他的……。●邵先生的表示。不過，家鄉人對於父母之喪，也不能例外的愛裝門面的賻儀。不過，家鄉的喪事只是耗費金錢，沒有發財的機會，甚至有因父母的喪事圖撐門面而典田賣地的也不在少數。這種虛浮誇張的舉動，完全受着傳統的封建思想的影響。

●最近家鄉對於喪禮已逐漸改良，而實行取消舉布，這是家鄉社會改進的一件可喜的事。我很希望能作進一步的改良，將一切封建制度的虛禮繁文，如「題旌」「點主」「紙人紙馬」「和尚道士」之類完全刪除。尤其的希望智識階級和有錢階級，效法邵力子先生節約的喪費，來做公益慈善事業。

◉騰衝運動會紀實和我的感想

少。農。

大致是什去年四月間能，我就隱約的聽到人們說；在九月間開一次全騰運動大會。然而，究竟我是鄉下人，對于運動會的實現難免懷疑。及至後來，看到旅緬騰僑月刊的家鄉消息，才知道的確要開運動大會。家鄉！一切茫伍的家鄉，在這體育在蔓延着世界的時候，也瀰騰運而生的產生了一件值得紀念的事。這是多麼值得可喜呀！

六月廿日，我正任和學生開着談話會，教育局的公文送到了。大意是：十月十日，將名隼軍，商，學，界，開一次全騰運動大會，分各校學生從速籌備參加，限于九月卅日以前，到教育局報名。從過一天起，我們的學生非常鼓群歡躍，據我所知道的，各校都是一樣，從此寂靜的騰衝便鬧得滿城風雨，綢緞舖。大做其投機生意，裁衣匠也年那兒幾個，

270

軍帽鋪更是應接不暇。至於各校的學生呢？我相信除了少數學校仍上着幾點鐘的「心不在焉」的課程而外，誰都是大做其體育全科，學拳術，學跳舞，學操法，學……希冀着將來運動的勝利。

● 運動大會快要到了，運動會籌備處來的通告是：各校學生應於十月初八日以前齊集城堡運動場。「運動場地點決定在飛機場」，「有場無機的」，所以由十月三四日起，遠的近的，攏統到飛機場去撐涼篷，結帳幕，做各校的臨時住所。

● 不幸到八日的下午，正當各遠鄉學生到齊城堡後，即大雨傾盆，飛機場的涼篷帳幕都淌待潦倒泥濘。由這天起，就一連五日不晴，各校虛耗的經費實在不少。「聽說和順鄉的用了三幾百元，因爲猪也宰了，行李也運去了，籌備人員都到齊了，這幾天的經費就不能不虛耗。還有運動會實現時招待來賓，開的是「走馬席。」驟夫，馬夫，都混入吃席，還有一個人吃兩餐的，所以該鄉的支出最多，還是後來的話」。雙十節就在這風雨飄搖中過去了，飛機場水深沒脛，眼見得不能運動了，籌備處經幾度的磋商，才決定改期在十月廿一廿二日。改期的結果，遠來的學生因爲經費發生問題，或教

職員率領全體學生囘校或少數學生自動囘校，所以滿運動會暴，河西練無人參加，有些團體雖参加亦屬少數人，誠屬憾事。醞釀，籌備，延期，的全騰運動會，終於開幕了。廿一日清晨八句鐘，齊集主席台前行開幕禮，禮畢，由督辦縣長，統率巡場一週，然後才開始運動。這一次參加運動的，軍隊方面，有保衛隊，游擊隊。商界方面有光華足球隊，英文專校。學界方面，有男中，女中，縣立，城立，和順，綺羅，大董，松園，玉泉，倪家堡，尚家寨，洞坪，魚山里，下北，雲華，清和，西序，鳳鳴，……第四區，第五區。各男校。普通團體方面，有蠻允組，精藝武術館，和順崇新會。運動科目：有五十咪，百咪，二百咪，四百咪，一英里，徑賽。高欄，低欄，徑賽。跳高，跳遠，撐竿跳，標槍，疊餅，籃球，排球，足球，等田賽。此外各學校團體，又有按日團體表演。

開始運動的第一天，還不到下午，天就開始陰起來了，這時不論是運動員，或非運動員，都覺得大殺風景，不幸午後的天氣越更陰沈，雨終於落下來了。一陣大，一陣小，接連着又下三天，當初運動日期原祇限定二日，後來因爲參加的團體衆多，又遇天雨，臨時決定延會一天。誰知到第三天

上，運動方面雖可告一段落，但獎品未得分發，足球的勝負也還沒有決定，只得再延會一天。

女中某某，光華某某，女中某某，女中某某，光華某某，﹍﹍﹍這樣繼續不斷的殯發獎品的聲浪，什這時回憶起來，猶深代他們和她們高興。讓然別個團體也是得獎，不過究竟是少數，聽一般人的傳說，以期喚醒家鄉幕氣沉沈的男女同胞的注意體育。？其用意之善，真是妙不可言！」後來因為△老師的阻止，所以沒有實行，殊屬代為可惜。

給獎的這一天，我看得到獎品的學校團體和個人，都是興高彩烈，富然是高奏凱歌了。沒有得到獎品的，大都是垂頭喪氣，萎靡不振，的囘去。這種現像，本是青年好勝心理應有的表現。不過我以為我們注重的是提倡體育，和喚起民衆的注意，即使運動失敗面得不到獎品，也不願灰心，並且要加倍的努力，以期的後的勝利。但是又有人仆說：這話是對的，運動的目的，並不是絕對的在於獎品。如果要獎品的話，可將每一個團體或學校所耗費的金錢來製造，每人幾個的均分都可辦到。不過在滲加的人被「勝負榮辱」所盤據着的心理，還是注目在這一點的成份多。譬如說，如果自已運

動不及格，操法不對，那就不必怨天尤人，只怪你自己不爭氣。獨是運動及格，操法不錯仍然是落得一個「空」，還才使人想不過。？—

還有一點，我覺得視為抱憾的事，似乎大家對於體育運動的義意沒有真確的認識，以致一而再而三的鬧意氣，到在第四天的足球比賽，幾致雙方用武，以致無結果而散，到現在獎品仍在保管中，惟有遺笑外人而成運動會美滿結果？的遺憾。聽說英領事和稅務司因為看到了那天的情形，追悔到他們的獎品獎踏了。—運動員聽了這站心裡怎樣？提倡體育運動的人們聽了又怎樣？

這一次運動會，辦事人員的什勞任怨，參加的團體的踴躍和不避風雨的精神，選手的特色，什在都是不可泯滅的事實。惟有評判員「指少數的」或許有點顧惜情面之處。......此語我太大胆，但，事實並不欺人。我們看男中學生和許判員的爭執，雖然青年人多半意氣用事，可是就社會上的興論觀察，街談巷議，人言嘖嘖，又覺得不為無因。

攏繩來說，這一次運動會，在勝衡體育運動史上不得有占最有關係的一頁，家鄉人對於體育運動的真義，從此都有不得不

相當的認識與輔激。不過以我的管窺所及，對此次運動會的

組織敢作一個坦白的忠告，在下面貢獻我的一點意見：（一）

此次運動會，因認識運動章程和組織的人很少。我們只須看

臨時倉促即現狀和設備不週的情形，就可以窺見　斑。不過

因為倉卒初辦，本不能過嘉苛求，以後希望負責籌備者在事前

有嚴密的計劃，和詳細的工作分配，庶幾臨事鎮定，不致慌

張。（二）以後的評判員最好由每鄉鎮推舉一人，或二三鄉鎮

合舉一人。因為城鎮雖然是人材濟濟的地方，但是鄉下人也

就未必無評判員的資格，若有這樣城鄉合組的辦法，評判的

執行可以集思廣益。並其避免無理的爭執與糾紛。（三）對於

獎品的頒發，希望作嚴密的考慮與籌劃，使之得到「週到」的

結果。像這一次遠方學生不辭勞苦的來參加，比運動成績雖

未盡足取，其精神實有可嘉，如此次給獎對於遠校獎其精神

，則遠來者不致恢心，尚可希望他們作第二次第三次……

……蹌躇的參加。

　　末了，我還要忠告我們鄉下人幾句，得獎的不必喜歡

，還要更加努力，不得獎的也無須懷喪。而當努力訓練以求

將來最後勝利。我們的目光應該遠曠一點，參加運動會的人

不是湊熱鬧，看運動會的人也不是著「把戲」、運動會的所以

和順崇新會週年紀念刊　　廿八

值得提倡，就因為牠與民族精神有深切的關係。雖然這次對

於運動結果的印象不大完滿，終究是我們出國的家鄉已經開

了運動會的新紀錄，更希望籌備運動會

的負責諸公繼續努力，作改進的籌鑑，使

運動會的生命，永遠維持起來。因為凡是服務社會的分子，設

是要有仟勞仟怨的氣度方能成功。若說到以後三五棟聯合起

來仟鄉卜開運動會，那於大而不必。因為這種不合作的舉動

，也只是暴露中國人不能精神團結和散沙一般的心理能！

　　　　　　　　　　二十三年一　　七二作

【編者按】本文以客觀態度，敘述運動會之事實，並作公

允的批評，其立論可謂中肯。惟總結中對於將來改良運

動組織的主張第（三項裏：「對於遠來參加的團體或學

校，的給獎，應獎其精神、而不獎其成績；以存鼓勵……

……」此種辦法，不無相當理由。惟編者以為凡事惟

求其「公允」。使得獎者不及於「濫」，而不得獎者亦自不

致尤入，則校無遠近，人無城鄉，無不服從於公平之要

選。惟吾儕積習相沿，半無公私，猶不能打破「情面」二

字；凡事即因「情面」二字而失其真義。苟能徹底面無私，

破除「情面」做去，則吾儕一切的社會事業，自有其真義

宜存在，而日益進展矣。

273

◎騰衝運動會感言

梓濂

閒客歲騰衝舉行運動會，係為熱心家及教育家所倡辦，城鄉參加者有數十團體，綜觀其達數萬人，並有英領事，稅務司，及紳醫士，參加給獎，可謂吾騰自有體育運動以來之第一次盛舉也。查民元時曾經舉行運動會一次，其時風氣未開，設備簡陋，僅具一運動會之雛形而已，此次大會組織較善，競賽項目，應有盡有，運動成績之優良，較前遠甚。以邊塞之騰衝，而能提倡此種時代化之體育運動，凡吾騰人皆有無窮之欣慰與希望。蓋際茲物質文明科學競爭時代，吾人應認識民族生存與體育有密切之關係，提倡體育，即所以鍛練民族精神，使人人具有健全之精神與體魄，然後能努力奮鬥，以禦外侮。歐美各國能稱強於世界者，其原因雖多，而彼國人民有健全之精神與體魄，實為強國之最大要素。吾國千餘年來，專尚斯文，不講武備，書生必曰白面，武夫遂是椎埋，遂致有東方病夫之誚，種既不健，國何以強，今日河山破碎，國土淪亡，社會形成畸形狀態，人民則醉生夢死，舉目前途，實堪悲觀。其最大原因，即由於多數人民精神萎靡，體育不振。是故欲挽回積弱之弊病，非加緊提倡體育不為功，家鄉運動會想亦本乎斯旨，惟慮倡自偏來，當運動會之時，一部份青年多不認識體育義意，致比賽時劃對方發生齟齬，幾至武鬥，此誠美中不足，而實運動會之污點，吾以為運動會雖以奪取錦標領獎勵優勝之辦法，而其目的並非絕對在於個人或某一單位之勝利，而在養成民族之健全精神與技能，故凡為運動員者，除訓練其體育技能外，尤須具有勇敢，進取，互助，團結及遵守紀律，服從公平裁判，之精神，勝則不矜，而益自奮勉。敗則不餒，亦無須尤人，非惟冉接再勵，以求最後之掙扎與勝利，如此方能造就和平，堅忍，鎮靜，莊嚴，之民族性，以雪東方病夫之恥。而運動會之真義意存在矣。

世界文明國運動家，於比賽失敗之後，猶向勝者握手致賀，美人競選總統，於揭曉後恭選者必先電賀當選者，此小不外乎和平謙讓之民族精神，而為吾國所無之優美風尚，家鄉青年，祈以此為法焉。

菁柯學校遊記

拉柯

寒冷的早上，拉朽上完學課，乏味極了，走出門外。行了半點鐘，到一個荒疏零落的村子裏，見一所巍巍峨峨的祠字，上書「菁柯學校。」四個大字。我當時爲好奇心的驅使，再行移步進去。到了二門。一陣斧斲之聲，直向耳鼓傳來，再行幾步，只見上面漆着棹凳下面停，着三口棺材。左面刻着天地牌。右面刻著嶽碑。呵！原來是木匠鋪。心裏十分詫異，那時欲觀其究竟，只得繼續前進。又見各廂裏頭，堆著無數的糕粉，打開廂房門，只見許多的人，正在好夢沉睡。我也不驚動他們，走向大堂去。又見許多的石匠，席地熟，那光明的太陽，已升得卯空了。我的時計，正在七點半，心裏正想向後轉，忽有一陣書聲，由廂樓上傳來，目瞪口呆的我，眞是莫名其土地堂。心裏疑惑著自問爲什麼又是學堂，又是木匠鋪，石匠宿舍。堆貨棧呢？直向樓梯走上去，一個個的蛛綱，如戰地鐵絲綱的滿樓張掛。地下寸厚的灰塵，都印起了鞋底各個的印，好像數百年沒有掃除的。抬頭一望，在二三十個學生裏頭，有讀書的，有游戲的，見了我，都高聲朗誦起來，但是講堂上並沒教員。我心裏更在奇異，因爲教育部的章程，七點鐘就上課，現在八點鐘教員怎麼還沒有來？我就問這些小朋友，他們有沒有教員？他們的答辭是「有的」。他還是某某中學畢業生」我又問，「他爲什麼還不來」他們說：「他是一個癮着，每天都在八點多鐘才上堂」「你們讀什麼書？」。「讀三字經弟子規……」正在問答的時候，樓梯登登登的一響，來了一位先生，頭戴毛帽，身穿油亮閃光的衣裳，脚上穿着兩片拖鞋，手裏提着一個半新舊的火爐，嘴上含着三尺多長右董十足的煙桿。吸着一支道地國貨的川煙，口向壁間一咳，那濃厚的宿痰，飛貼壁間，搖搖擺擺的，直到講堂上去。這時已是八點還零了。我半疑的我，實料不到他是某某中學畢業的教員，我問他說；「先生你是本校的教員麼？」連喊幾聲，他只是用沈靜的視線注射在我身上，並沒有答覆。旁邊的學生代着說：「先生，你莫要見怪，他就是我們的教員。他耳裏的聽官失了作用。每逢同他講話，是要大聲疾呼，他才能聽得懂的。」我聽了，不再問，他坐下講堂後，把手烟緊緊抱住，將三尺長斷的口水，點綴仕他的面部。這樣靜默了十分鐘，纔開始講書烟桿放在桌上，兩足搭在桌檔上，那油綠的眼屎，和連接不。學生聽的聽着，玩的玩着，他也顧不到糾查。眞是袞現着

和順崇新會週年紀念刊 31 卅一

封建時代，古董十足的老學究的神態。九點鐘到了，我就囘來，走到大門，又聽見朗房的讀書聲，才知道還有一個另外私塾呢。我囘家後，把它記起來，使社會上知道新教育制度普及全歐的現代裏，還有這種十八世紀式的坑害兒童的私塾存在著，這就是畸形社會的真面目的表現。

十八世紀時。英國有村鎮曰堯克歇埃。其他教育之惡劣，比今日拉朽君所記的現象尤怪。教員以科學費爲問題，以戕伐學生爲能事，學校的教材，是畜馬，牛，令學生裊養，曰動物學。合植圃中蔬。榮，曰植物學。等……

……，後經小說家迭更司，述而出之，遂改善教育。於是英國教育，乃大昌熾，今菁柯學校之教育人員。人非不新之人。教育非不會遵教改學制者，實因學廠輩之便命如是耳，吾國業教務者，且此而能加以改善，和剷除，即庶幾平時代化科學化之教育，可以做到。　編者識

轉載

敬告青年

鐵窗

驥以少年養成。中國釋人之語也。年長而勿衰

young while growing old　英美人相勖之辭也：此亦東西民族涉想不同現象趨異之一端歟？青年如初春，如朝日，如百卉之萌動，如利刃之新發於刑「石旁」。人生最可寶貴之時期也。青年之於社會，猶新鮮活潑細胞之在人身。新陳代謝，陳腐朽敗者無時不在天然淘汰之途，與新鮮活潑者以空間之位置及時間之生命。人身遵新陳代謝之道則健康。陳腐朽敗之細胞充塞人身則人身死。社會遵新陳代謝之道則隆盛，陳腐朽敗之份子充塞社會則社會亡。

準斯以談，吾國之社會，其隆盛耶？抑將亡耶？非予之所忍言者。彼陳腐朽敗之份子，一聽天然之淘汰，雅不願以如流之歲月，與之說短道長，希翼其脫胎換骨也。予惟屬望於新鮮活潑之青年，有以自覺而奮鬥耳！

自覺者何？奮鬥者何？自覺新鮮活潑之價值與責任。而自視不可卑也。奮鬥者何？奮其智能，力排陳腐朽敗者以去，視之若仇敵，若洪水猛獸，而不可與爲隣，而不爲其菌毒所傳染也。

嗚呼！吾國之青年，其果體語於此乎？吾見夫青年其年齡，而老年其身體者十之五焉？青年其年齡或身體，而

年其腦神經者十之九焉。華其髮，澤其容，直其腰，廣其胸，非不儼然青年也；及叩其頭腦中所涉想所懷抱，無壹不與彼陳腐朽敗者為壹丘之貉。

寢假而為陳腐朽敗分子所同化者有之。寢假而畏陳腐朽敗分子勢力之龐大，瞻顧依回，不敢明目張膽，作頑狠之抗鬥者有之。充塞社會之空氣，無往而非陳腐朽敗，求些少之新鮮活潑者以慰吾人窒息之絕望，亦杳不可得。

循斯現象，於人身必死於社會則必亡。欲救此病，非太息咨嗟之所能濟，是仟壹二敏於自覺勇於奮鬥之青年，發揮人間固有之智能，決擇人間種種之思想－執為陳腐朽敗而適於今世之爭存，執為新鮮活潑而

斷鐵，快力理麻，決不作牽就依違之想，自度度人。社會庶幾其有清寧之日也。青年乎！其有以此自任者乎？

夫明其是非，以供決擇，謹陳大義，幸平心察之：

（一）自主的而非奴隸的

等一人也，各有自主之權，絕無奴隸他人之權利，亦絕無以奴自處之義務。奴隸云者，古之昏弱對於強暴之橫奪，而失其自由權利者之稱也。自人權平等之說與奴隸之名，非血氣所忍受。世稱近世歐洲歷史為「解放歷史」：破壞君權，求政治之解放也；否認教權，求宗教之解放也；女子參政運動，求男權之解放也。

解放云者，脫離夫奴隸之羈絆，以完其自主自由之人格之謂也。我有手足，自謀溫飽；我有口舌，自陳好惡；我有心思，自崇所信；絕不認他人之越俎，亦不應主我而奴他人：蓋自認為獨立自主之人格以上，一切操行，一切權利，一切信仰，唯有聽命各自固有之智能，斷無盲從隸屬他人之理。非然者忠孝節義，奴隸之道德也；德國大哲尼采 Nietzsche 別道德為二類：有獨立心而勇敢者曰貴族道德 Morality of Noble，謙遜而服從者曰奴隸道德 Morality of Slave。

輕刑薄賦，奴隸之幸福也；稱頌功德，奴隸之文章也；拜爵賜第，奴隸之光榮也；豐碑高墓，奴隸之紀念物也。以其是非榮辱，不以自身為本位，則個人獨立平等之人格，消滅無存，其一切善惡行為，勢不能訴之自身意志而讓以功過；謂之奴隸，誰曰不宜？立德立功，首當辨此。

（二）進步的而非保守的

不進則退，中國之恆言也。森羅萬象，無日不在演進之途。萬大無保守現狀之理；特以自宇宙之根本大法言之，俗見拘牽，謂有二境，此法蘭西當代哲柏格森 H. Borgson 之

創造進化論 I. Evolution Creatrice 所以風靡一世也。以人類之進化言之，篤古不變之族，日就衰亡，方興未已。：存亡之數，可以逆睹，故步自封，精之政教文章，粗之布帛水火，無一不相形醜拙，固可與當世爭衡？

聚凡殘民害理之妖言，寧能徵之故訓。而不可謂誣，謬種流傳。豈目今始！固有之倫理，法律、學術、禮俗，無一非封建制度之遺，持較哲種之所爲，以幷世之人，而思想差遲。幾及千載；尊重廿四朝之歷史性，而不作改進之圖；可以適用生存於今世。吾甯忍過去國粹之消亡，而不忍現在及將來之民族，不適世界之生存而歸削滅也。

嗚呼！巴比倫人往矣，其文明尚有何等之效用耶？「皮則吾民於二十世紀之世界以外，納之奴隸牛馬黑暗溝中面己，復何說哉！於此而言保守，誠不知爲何項制度文物，

希世懿德：然欲以化民成俗，請於占尺竿頭，再進一步。夫牛存競爭，勢所不免，一息尚存，即無守退安隱之餘地。排萬難而前行，乃人生之天職。以善意解之，退隱爲高人出世之行；以惡意解之，退隱爲弱者不適競爭之現象。歐俗以橫厲無前爲上德，亞洲以閒逸恬淡爲美風。東西民族強弱之原因，斯其一矣。此退隱主義之根本缺點也。

若夫吾國之俗，智爲委靡：苟取利祿者，不在論列之數。自好之士，希聲隱淪，食粟衣帛，無益於世。以雅人名士目之，實寅游惰無擇也。人心穢濁，不以此輩而有所補救，而國民抗爭之風，植產之智，於焉以斬。人之生也，應戰瞵惡社會，而不可爲惡社會所征服，應超出惡社會，進冒險苦鬥之兵，而不可逃避惡社會。作退避安閒之想。嗚呼！歐羅巴鐵騎，入汝室矣，將高臥白害何處也？吾願靑年之爲孔墨，而不願其爲巢由，晉願靑年之爲託爾斯泰與達葛（口旁）爾 R. Tagore「印度隱遁詩人」。不若其爲哥倫布與安重根！

　　（三）進取的而非退隱的

當此惡流奔進之時，待一二自好之士，深身引退，豈非善變而與之俱進者，將見其不適環境之爭存，而退歸天然淘汰已耳，保守云乎哉！

　　（四）世界的而非鎖國的

並吾國而存立於大地者，大小凡四·餘國，強半與吾有通商往來之誼。國之海陸交通，朝夕千里。古、所謂絕

國，今視之若在戶庭。舉凡一國之經濟政治狀態有所變更

世，其影響率被於世界，不啻牽一髮而動全身也。立國於今之

焉，其興廢存亡，視其國之內政者半，影響於國外者恆亦半

洲戰起，日本乃有對我之要求。此非其彰彰耶？投一國於歐

世界潮流之中。篤舊者固揀其危亡，善變者反因以競進。

吾國自通海以來，自悲觀者言之、失地償金、國力索矣，

自樂觀者言之，倘無甲午庚子兩次之顧音，至今猶在八股垂

髮時代，居今而面臨鎖國閉關之策，匪獨力所不能，亦且勢

所不利。萬邦並立，勤輒相鬩，無論其國若何富強，亦不

能漠視外情，自爲風氣。各國之制度文物。形式雖不必盡

同，但不思顧其國於危亡者，其遭循共同原則之精神，漸趨

一致，潮流所及，莫之能達。於此而執特別歷史國情之說

● 以冀抗此潮流，是猶有鎖國之精神，而無世界之智識。

國民而無世界智識。其國將何以圖存於世界之中？語云：

一閉戶造車，出門未必合轍。今之造車者，不但閉戶且

欲以周禮考工之制。行之歐美康莊，其患將不止不合轍已也

！

（五）　實利的而非虛文的

自約翰彌爾（J.S. Mill）之「實驗哲學」唱道於英，孔特
（Comt）之「實利主義」唱道於法，歐洲社會之制度，人心
之思想，爲之一變。最近邇意志科學大興，物質文明，造
平其極，制度人心，爲之再變。舉凡政治之所營，教育之
所期，文學技術之所風尚，萬馬奔馳，無不齊集於厚生利用
一之途。一切虛文空想之無裨於現生活，吐棄殆盡。當
代大哲，若德意志之倭根（R. Euken）若法蘭西之柏格森，
雖不以現時物質文明爲美備，成褐豬（下木）生活，「英文曰
life」「德文曰leben法文曰」「la vie」問題，爲立言之的。
生活神聖，正以此次戰爭，血染其鮮明之旗幟。歐人空想

盧文之夢，勢將電惶無遺。

夫利而厚生，崇實際而薄盧玄，本吾國初民之俗。而今
日之社會制度，人心思想，悉自周漢兩代而來，—周禮崇尙
盧文，漢則罷黜百家而尊儒道。名教之所昭垂，人心之所
祈向，無一不與社會現實生活背道面馳。倘不改茲而更張
之，則國力將莫由昭蘇，社會永無甯日。祀天神而拯水旱
，誦孝經以退黃巾，人非童昏，知其妄也。物之不切設實
用者，雖金玉圭璋，不如布粟糞土？考事之無利於個人或

社會現實生活者，皆虛文也，誑人之事也。誑人之事，雖祖宗之所遺留，聖賢之所垂敎，政府之所提倡，社會之所崇尚，皆一文不值也！

（六）科學的而非想像的

科學者何？吾人對於事物之概念，綜合客觀之現象，訴之主觀之理性而不矛盾之謂也。想像者何？既超脫客觀之現象，復拋棄主觀之理性，憑空構造，有假定而無實證，不可以人間己有之智靈，明其理由。道其法則者也。在昔蒙昧之世，當今淺化之民，有想像而無科學。宗敎美文，皆想像時代之產物。近代歐洲之所以優越他族者，科學之與，其功不在人權說下，若舟車之有兩輪焉。今且日新月異，舉凡一切之與，罔不訴之科學法則，以其定得失從遠；其敎將使人間之思想云爲，一遵理性，而迷信斬焉，而無知妄作之風息焉。

國人而欲脫離蒙昧時代，羞爲淺化之民也，則急起直追，當以科學與人權並重。士不知科學，故襲陰陽家符瑞五行之說，惑世誣民。地氣風水之談。乞靈枯骨。農不知科學，故無擇種去蟲之術。工不知科學，故貨棄於地，戰鬥生事之所需，一一仰給於異國。商不知科學，故惟識囤收近利，未來之勝算，無容心焉。醫不知科學，旣不解人身之構造，復不事藥性之分析。菌毒傳染，更無聞焉；惟知附會五行生尅寒熱陰陽之說，斵古方以投藥餌，其術始與父人同科。其想像之最神奇者，莫如「氣」之一說。其說且通於力士羽流之術，試遍索宇宙間，誠不知此「氣」之果爲何物也！

凡此無常識之思，惟無理由之信仰，欲根治之，厥維科學。夫科學說明眞理，事事求諸證實，較之想像武斷之所爲，其步步誠緩。然其步步肯踏實地，不若幻想突飛者之終無寸進也。宇宙間之事理無窮，科學領土內之膏腴待闢者，正自廣闊。青年勉乎哉！　一九一五，九．十五。

◉偶像破壞論

鐵嬋

「一般不做，二月無光，三餐不吃，四肢無力，五官不全，六親無靠，七竅不通，八面威風，九（音同久）坐不動，十（音同實）也無用。」這幾句形容偶像的話，何等有趣！偶像何以應頭破壞。這幾句卻可算說得淋漓盡致了。但是世界上受人尊重，其實是倜無用的廢物。又何只偶像壹，凡是無用而受人尊重的，都是廢物，都算是偶像。都

應該破壞！

世界上真實有用的東西，自然應該尊重，應該崇拜，倘若本來是件無用的東西，只因人人尊重他，崇拜他，才算得有用，這班騙人的偶像倘不破壞，豈不教人永遠上當麼？

泥塑木彫的偶像，本來是件無用的東西，只因有人尊重他，崇拜他，對他燒香磕頭，說他靈驗：於是鄉愚無知的人，迷信這人造的偶像真有賞善罰惡之權，有時便不敢作惡，似乎還這人造的偶像卻很有用。但是偶像這種用處，不過是偶像自身真有什麼能力。這種偶像倘不破壞。人間永遠只有凸己騙自己的迷信的信仰，豈不可憐！

人自已騙自已，非是偶像自身真有什麼能力。

天地間鬼神的存在，倘不能確實證明，壹切宗教，都是壹種騙人偶像，阿彌陀佛是騙人的，耶和華上帝也是騙人的。玉皇大帝也是騙人的。壹切宗教家所尊重的崇拜的神佛仙鬼，都是無用的騙人的偶像，都應該破壞！

古代草昧初開的民族，迷信君主是天的兒子，是神的替身，尊重他，崇拜他，以為他的本領與衆不同，他本身並沒有什麼神聖出奇的作用，全靠衆人迷信他，尊崇他。纔能夠號分全國，統壹國土。其實君主也是壹種偶像，他總能居然

稱做元首，一旦亡了國，像此次清朝皇帝溥儀、俄羅斯皇帝尼古拉斯二世，比尋常人還要可憐。這等亡國的君主，好像一座泥塑木彫的偶像，看他到底有什麼神奇出衆的地方呢！但是這等偶像，未經破壞以前，却很有些作怪。請看中外史書，這等偶像害人的事還算少麼！事到如今，這不但騙人而且害人的偶像，已倓我們不穿，還不應該破壞麼？

國家是個什麼？照政治學家的解釋，越解釋越教人糊塗。我老實說一句，國家也是一種偶像。壹個國家，乃是一種或數種人民集合起來，占據一塊土地，假定的名稱。若除去人民，單賸一塊土地，便不見國家任那裏，便不見國家是什麼。可見國家也不過是一種騙人的偶像，他本身亦無什麼真實能力。現在的人所以要保存這種偶像的緣故，不過是藉此對內擁護貴族財主的權利，對外侵害弱國小國的權利能了。「若說到國家以衛主義，乃不成問題。自衛主義因侵害主義發生。若無侵害，自衛何為？慢害是因，自衛是果。」世界上有了什麼國家，才有什麼國際競爭，現在歐洲的戰爭，殺人如麻，就是這種偶像作那裏作怪。我想各國的人民若是漸漸都明白世界大同的真理，和真正和平的幸

和順崇新會週年紀念刊 37 卅七

福，這種偶像就自然毫無用處了，但是世界上多數的人，若不明白他是一種偶像，而且明白這種偶像的害處。那大同和平的光明，恐怕不會照到我們眼裏來！

世界上男子所受的一切動位變典，和我們中國女子的節孝的紀念在人人目中，也算是一種偶像，因為功業無論大小，都有一個相當的紀念在人人目中，節孝必出於自身的自動的行為

孝牌坊，也算是一種偶像，

樣了，虛榮心偽道德的壞處，較之不道德尤甚，這種虛偽的偶像倘不破壞，卻是真功業真道德的大障碍！

破壞！破壞偶像！破壞虛偽的偶像！吾人信仰，

當以真實的合理的為標準，宗教上政治上，道德上，自古相傳的虛榮。欺人不合理的信仰，都算是偶像，都應該破壞！此等虛偽的偶像倘不破壞，宇宙間實在的真理和吾人心坎兒

裏徹底的信仰永遠不能合一！

一九一八・八・一五・

⦿ 內政部制定婚喪條例廢除舊俗陋規

△ 並取締淫祠邪祀裁撤土司制度

民國十七年內政部曾制定婚喪禮制條例草案，但迄未公布施行，迨民國十九年民法公布後，此項婚喪禮制條例似不

本部禮俗司草擬竣事，草案正在審查中，本部禮俗司草擬竣事，草案正在審查中。

△ 內容簡單通俗　昨據該部禮俗司長柴輔承語記者，本部擬具前項條例，非常慎重，力避主觀意見，完全從客觀方面着手，費時甚久，始完成草案，但為慎重起見，一俟部內審查完竣後，仍須會同教育部詳加討論，再由內部會令各省市綴集意見，以期成功最完善之禮制條例，而便實行，至其內容以簡單通俗為主，蓋中國民間婚喪禮制，多狃於習慣，禮各地互異，但省難免許多無謂之麻煩，此次所擬之條

例對各點，力予糾正。

△ 婚主自由配合　如對於婚禮方面，絕對主張以男女自由配合為旨，不容第三者干涉。故為劃除買賣式之婚姻起見，對聘禮以及禮金等項，不加規定。至喪禮方面，舊時習慣有所謂大殮小殮等等，不同一之俗例，極為煩瑣。此次擬定條例則以簡單通俗為禮提，極力避免奢華習慣，節省國民經濟，劃除傳統迷信。而對喪服喪期兩項，更擬特別予以規定。以資劃一。又中國習慣，喪期大致三年，此中至無標準，因孝與不孝，非從時間可以表示，守喪三年，未必即孝，而一年或半年，則未必即不孝也

282

，故關於此點，俟徵集各方意見再定之。

△廢除淫祠邪祀　內部以淫祠邪祀，為現代文明國家所不容，早經廢除什案，曾經調查填報齊全者，有山東，江蘇，廣，青島三市。及察晉六省，報告未齊者，有上海，南京，廣東，綏遠，湖南，安徽，四川，雲南等十省，聲明無有者，有熱河寧夏青海新疆。該部現為明瞭全局情況昨特再咨未報齊之各省，迅速填報。俟齊全後，按照已定標準，分期實行，並利用其財產，辦理地方慈善事業。

△停襲土司職官　又訊，該部土司制度為封建時代之一種特殊組織，與現行制度不符，曾已逐次通咨原有土司之各省分，籌議改革辦法，並呈奉行政院令准。嗣後遇有各省政府，呈報土司補官襲職等事，權不核准。現聞廣西，湖南，貴州，甯夏，青海，甘肅等省土司各職，分別裁併，但尚有少數地方，仍保留土司名義。該部特於昨日再令各省繼續督促，漸次改革，以符規制。

● 談狹義的女性自衛主義

（雲英女士）

三年前的一個秋天，南京某婦女團體開聯歡大會，請人到會演講，有一辭鋒銳利的男來賓在演詞結尾時喊了一聲：

「打倒一切壓迫女人的男子！」好，近千的女羣衆一齊鼓掌了，不想接着他又喊了一句：「也打倒一切壓迫女人的女人！」較是拍掌的幾乎一個也沒有。

今天晚上，在這蛙鳴的青草池堤之畔，幾個女朋友在揮着扇子談到這一類的問題，某君無端的殺了一句關于「花瓶」的話，于是所有在座的女友立刻向之作總攻擊，一位氣性激烈一點的女友，甚至叫出了「打倒男閥」的口號了。

每逢男人們指摘着女子的缺點時，女子方面，總得巧為隱諱，如果男人一有侮辱女性的言行，那麼義憤填膺地反攻●在女性方面是決不饒讓的，像前面這一類的例子，真是多得舉不勝舉。這種女性對于男性的壓迫與侮辱的反抗，我稱之為狹義的女性自衛主義，這意思便是說，我們沒有認清楚男性所以能夠壓迫女性侮辱女性的道理來，祇知道一味的防禦躲閃，而不能剷除他們的劣根性的出發點。

現在我們討論到這個問題的核心，即是男子從何面得壓迫女性？在我個人看來，這外乎兩個最主要的因子。

一　經濟支配權的擁有

二　宗法社會舊禮教勢力的扶助

經濟的力量可以左右政治的活動，這是誰都不能否認的

事實，男子在社會上一向操縱着經濟的生產與分配的權力，所以男子得保留一種壓迫女性侮辱女性的動力，女子要想反抗也無從反抗，其次宗法社會的舊禮敎雖則部分地在那裏崩潰，但二十世紀的中國，也還沒有禁止一夫多妻的法律只此一端，便可以說明社會是如何地迴護着男性在壓迫并且侮辱女性了！

所以倘使我們要想不墮入狹義的女性自衞主義，唯一的出路便是謀經濟的獨立！自己有了自立的本領，不用依賴男性，男子從何而得壓迫女子？從何而得侮辱女子？至於宗法社會的舊禮敎即使不用暴力去打倒，也會跟隨着經濟制度的轉變而轉變的。

漫談

⊙汽車路　　鯪生

聽說家鄉的汽車路已在籌備進行，先由城堡四首練着手修築。在醞釀多年而不能實現的家鄉交通問題，到今天才實現的一點希望，這是我們多麼值得慶幸的事。不過，凡事當由根本上着手，如同種樹，先培植了樹幹，然後才能使枝葉繁茂，天下間絕對沒有沒有樹幹而校集會存在的樹木，也絕對沒有沒有幹線「滕緝線或騰演線」而支線「城鄉線」會發達的汽車路。像家鄉這種不修幹線先修支線的主張，簡直是「舍本逐末。」因為家鄉築路的目的是，在於使交通便利，然後（一）家鄉的土產可以減少運輸費而行銷外國或外省外鄉，並可漸次提倡實業，開發鑛產的富藏，以增加生產。（二）家鄉賴以生活的衣食用品的外國貨的輸入，可以減少運费，而減輕人民生活的負担，（三）家鄉粮食和柴薪問題，可以因外來的調節得到相當的解決。……要想達到以上三項目的，必須最先修築貫通滕緝的滕緝幹綫，使滕緝交通便利，然後家鄉社會生活能夠得到築路的實惠。若是不

築幹路，先築支路，不過是為少數有錢階級坐汽車出風頭的張本，對於整個家鄉社會的發展不惟沒有發生影響，反而加重了小百姓的負擔，給小百姓苦吃罷了！因為築路的是小百姓，坐汽車的是有錢階級，若果築路的結果不能使整個社會生活得到利益與便利，那麼，築路的真意義已經不能存在，而且築路的事業也不能得到美滿的成績，不過如上面所說的使少數有錢階級得享受物質文明的利益，而人多數的小百姓是不會享受什何利益的。這是很不合算的壹件事。我希望主持路政諸公由整個家鄉社會生活利益着想，先由滕緝的幹路着手建築成功，然後談得到城鄉支線，這是誰都知道的壹定的程序。

⊙買賣婚姻與裝門面　　澄清

因為想高樂而將兒女許給闊人的妊少爺，維後又探得姓少爺並不如自己所想像的和闊人深有關係的「闊」法，而有意悔婚，但是不便措辭，只好多索至家鄉習俗定例十倍以上的聘金，以為要挾，使對方或許不能出過多的聘金而解除婚約。這是家鄉傳統的封建思想的遺毒，和買賣式的婚姻的司空見慣的事，在舊腦筋裏只有「勢」。和「利」。的關念的

和順崇新會週年紀念刊　　41　　四十一

285

人們是無足責的。不過父母對於兒女的婚姻目的是在於兒女終身的幸福，而不當由兒女婚姻上爲父母求利益，並且不顧及兒女終身的大事。假如對方的子弟不是自己兒女可託終身的適當的伴侶，那麼即使父母得了厚利也不過是害了兒女的終身，這是很不合算的一件事，何如直接了當的要求解除婚約，又何必以高昂的代價來犧牲自己的兒女。又假如對方的子弟有解決和負擔家庭生活問題的力量，和將來有發展的希望，那麼，現在的「闊」與不「闊」並不是根本問題，兒女終身的幸福才是根本問題。家鄉有兒女的父母應當將眼光放大一點，對於兒女的婚姻不應當尊重在注重「勢」，「利」二字，和現在的環境的優劣，應當注意自己兒女終身所託的對方子弟的人材問題，並且放棄舊禮教的形式的，虛榮的，要挾條件，自己的兒女才能得到適合的配偶，並且得到終身安樂的幸福。

對方要挾十倍以上的聘金，因爲要裝門面，也只好設法籌措來滿足對方的要求，至於將來的吃飯問題倒居次要地位，這種心理，也是家鄉積習相沿的虛榮心的驅使。家鄉人像這種因爲爭門面弄得力盡汗乾的真不在少數。這是家鄉社會前途最危險的一件事，將來若再不加以糾正和改良。那麼，

中產之家的生活困難是意料中事。與家鄉的先知先覺們起來提倡樸實儉約，竭力廢除誇張虛浮的，裝門面擺架子的，虛僞文，家鄉社會生活才不致發生危險。因爲裝門面擺架子十倍以上的聘金，表面上雖然事得了門面，可趁「門面」二字對於生活問題，絕對不會發生任何影響的，肚子餓時「門面」不可以充飢。到吃飯問題沒有辦法時，有「門面」又有甚麼用處？況且吃飯問題得不到完滿的解決，門面也不能存在，吃飯問題得到完滿的解決，才是真正的「門面」，其餘形式上的門面都是虛僞的門面。我所以希望家鄉人去「虛」崇「實」，打破裝門面擺架子的觀念，由實際上缺求解決生活問題的辦法。家鄉社會生活才不致恐慌。

●性的謬悞觀

妍、開、

從前美國的生物學者格格革作他著的　本小書，性的生物裏面說：「女子的性的衝動的強度，實遠个及男子」，還是強度上的分別，並不是說女子沒有性的衝動。但因爲女子的性慾衝動沒有像男子的活潑，所以她的過用，和誤用的事情也比男子較少了。其實，這是生物學者一般的論斷，並不僅格格革一人的意見，我也不過因爲便利上舉出他的名字能

了，遶論斷由表面上一看，似乎平淡無奇，但給思襲的思想，必將徹底一變，從前曾女子守性的責任似話，由責諸男子上卻起了一個大革命！

因襲的思想是這樣，只有女子有性的誤用，只有女子對於性的行為須十分負責。其實的說：如果男子和女子私通，總說是女子不貞，結婚的青年，社會不甚重責男子的誘惑，也偏重在說女子的好淫，不重責如因性慾過度，身體損傷，男子的不能自制。在古代的時候，甚而至於女子在不能抵抗的暴力之下被姦污，也是她的過失，一般的觀念，不但女子對於性的行為須徹端負責，並且簡直把她的生命繫於貞操二字上了。

要求她須有這樣貞操的是誰呢？是男子。破壞她的貞操的又是誰呢？也是男子。所以古人不叫男子守貞，專以貞操責女子，不是大謬誤麼？如近來有許多女學校，要私拆學生的信件，因恐怕有情書偷遞，然在男學校，則並沒有這種防範。從這種微細的事情上，很可以看出二重標準道德的謬誤了！在在卻從生物學上，找出一個說明，說女平的性慾不及男子的活潑。這話如再說待徹底一點，便是說男女間的關係，就一般而言，誘惑者是在男子。女子不過順從男子的要求罷了。如果一旦將這說明，便人人人知道之後，古代因襲思想

，必將徹底一變，從前曾女子守性的責任似話，由責諸男子了。這斷不是空話，近來許多性學家，確有這種思想，以為糾正性的行為，在男子方面實較女子重心得多。然而，有些這樣說，主動者雖在男子，女子的誘惑心，竟是很豐富的。這話固然也有一部分的真理，但不是全部的真理，女子的姿態，服飾，雖然在在足以引起異性的欲望，但一半仍因為男子性衝動過於強烈的緣故。男子往往好選擇胸部和醫部大的女子，因為這兩部的闊大，發生一種有力的刺激。要是再着了高跟鞋，於是走路時，為保持身體的平衡，便不得不胸向前方，臀向後方一點，因此态態便格外動人了。又女子的骨髂闊大，因此兩隻上腿骨的左右距離也遠些，所以女子行走的時候，脚步緊小，而且有着振溢的樣子。

所以我說性行為的主因，是在男子，性的責任，大部分應當由男子去負，但女子的誘惑也是有的。因此格格草對於這問題，曾說這樣的話。

「應該教導她們，使她知道，不要有某種裝束，和某種行為，而那種裝束和行為足以引起異性的性的衝動的。」

和順崇新會週年紀念刊　43　　四十三

287

◎美底養成

琴心

戀愛的真諦，在於互相欣賞，欣賞的對象，便是美，怎樣增進女子的美，這是現代研究攸生學，和社會學者，所亟待解決的問題之一。

女子的體美，完全是天賦予的嗎？不，一部分是靠着人工養成的。香水，脂粉，衣飾，是體美的唯一工具嗎？不，除了這些奢侈而不合美化的消費品外，別有高尚經濟的方法，達到自我的美化。

怎樣叫做曲線美？何以曲線才會美呢？因為曲線是代表正確的姿勢與飽滿的肌肉，祇有這樣，才是女體的真美。

現代的女子，差不多運用她們的全力與時間，去研究人工的美，結果是置備些上等的香水，脂粉，知道怎樣施用的方法，便算完事，不用說，這是「掩耳盜鈴」的辦法，這種美容術，絕對不是合理化的。

曲線的養成，是體美成功的基礎，也就是戀愛動力的起點。這種偉大的成功，靠着鍛鍊而在裝飾，第一步當然要矯正姿勢與充實肌肉，那時所最需要的，是適宜的運動，女子的姿勢不正與形容憔悴，實在異體美的勁敵，如果運動適宜，可以保持健康。健康的結果，是使皮膚潤澤，容光煥發

●革於頭的偏側，背的高聳，步履蹣跚等，都可由運動糾正，太肥太瘦，也可使着運動去補救。如果女同胞們能把酒香水塗脂粉雪花膏的時間，分出一部分來照上法鍛鍊，至少可以養成完美的曲線，直達體美的成功。

◎◎◎◎

人生沒有兩條路可走，認定了自己應走的途徑，就應該鼓着勇氣向前邁進。

得失利害，都是相對而非絕對，取舍避就，在乎自己的抉擇。

人家對我的毀譽，不能不計較，也不能太計較，不計較了，太不自愛，又遇得你無一而可，不知所從

「新」與「舊」沒有一定的標準。「善」與「不善」，是天經地義，「不合」，却有一定的分量。譬如「自由戀愛」，沒有疑問的，但濫言愛情便易流浪漫，應該有「從一而終」的精神。但是硬逼着一個青年的嫠婦要她守節，說要「從一而終」，便是大錯。

以為人人都是好的。社會上初出茅廬的人，總飽受刺激，以為人人都是壞的。其實天下絕少絕對的好人，亦

絕少絕對的壞人。可以說是可好可壞的人居多。換句話說，社會上大多數的人，你待你不差，你待他不好，他亦待你不好了。舊禮教本必殺人，不正確的新思想，倒可以置人於死。人生永遠是奮鬥的。新的生命，完全由努力而產生，但奮鬥的途徑，要適宜與正當，否則，不正當的奮鬥，適足以造成不幸的結果，

○ ○ ○

舊式婦女，如母雞一樣的可笑。母雞生蛋之後，定要大吵大叫，舊式婦女因能生子而自豪的心理，較之母雞，有過之而無不及！

○ ○ ○

舊式婦女以生育為己任。新式婦女是享樂主義之最極端的。如就民族榮枯立論。則舊式似勝新式。

時髦可以戰勝一切。所以高跟鞋雖苦亦穿，久而不覺其苦，而且苦中還可作樂。

夜裏不能安枕的人，即受一種自然的譴罰。

女子愛受男子的讚許，男子愛受女子的罵聲。

●城鄉界限

鄉巴老

和順崇新會週年紀念刊

辦教育而有城鄉界限，提倡體育運動而有城鄉界限，任何社會事業也有城鄉界限……這是家鄉社會進展的最大障礙。本來我們晉國人對於界限觀念過於認真，上自國家大事。「黨」有「黨」的界限，「系」與「系」有「派」行「派」的界限，「省」有「省」的界限，「縣」有「縣」的界限，……其大者如（閩系），（馮系），（桂系），當派紛歧，彼此同牀異夢，不能精神團結，國事自然糟糕，我們山國裏的家鄉，自然也不能例外。

欲求社會進展，最好將這種障礙工作的界限觀念澈底打破，不分畛域，一致合作，家鄉社會，才能得到光明的出路。

◉ ◉ ◉

天下事無非是「紅紙裱燈籠」，任你外表怎樣的堂皇冠冕，骨子裏也不過是為少數人或一部份人出風頭擺架子的勾當。其餘的多數人就做了這出風頭擺架子的工具，做了少數人或一部份人的犧牲品。

○ ○ ○

我們貴國人只有學生時代頭腦較為清新，不過也祇是「時間性」的「清新」能了。當任何人由學生生活而轉入他種生活的時候，自然也不免搖身一變，和以前學生時代的言行，判若兩人，以前自己所咒罵痛恨的官僚政客的行為，也不妨

45 四十五

及身面嘗試。這是惡劣環境下支配的人生狀態，而不是人生支配環境。

●馬獸醫

無畏

殺人不用刀，不償命的庸醫，往往牽人的生命做他的藥劑試驗品，和僥倖求利的手段。如一部份自命智識階級？所奉為「名醫」？的馬獸醫△△△，連寫藥引子的名詞的字眼都鬧不清楚，他肚子裏的醫學怎樣？就無須乎我們的批許了！他的拿手好戲的第一劑花治白病的藥是：附子，花椒，牛肉，無論寒熱虛實病症，也非用贈子不可。在他的藥劑試驗之下犧牲了的人命當然不在少數，此次幸賈玉皇大帝？有靈有感，將他的附子三兩，花椒八錢的藥方否決，「聞卦解決」這種莫明其土地堂的昏庸殘酷的藥方，可謂打破世界醫學界的紀錄。年稍有常識的人，對他這神昏庸行為，只好視為蛇蝎，退避三舍，在一部份信仰馬獸醫的人們的心理又怎樣？割說庸醫的藥方的去取不能自行決斷面去求神問卜以求解決的崇拜偶像的迷信心理，也是自誤自欺的行為，於事實上有相無益，忠告信仰馬獸醫的人們醒醒罷！

●是誰之咎

本鄉去年因保境會而發生李氏子侮辱婦女事件，還在本鄉歷年保境會裏是很平凡而寓意料中有發生可能，並且以前也屢屢發生的事件。假使沒有保境會的話，這種事件自然不會發生。那麼，因提倡保境會而致發生此種有傷風化的事件，是誰之咎？

◉大染缸

公憤

家鄉社會裏是一支大染缸，一進了大染缸的人們，清新的頭腦，可以染成污濁，朝氣的精神，可以染成暮氣，熱烈的意志，可以染成冰冷。從女性方面來說，在緬甸不帶迷信色彩的，到了家鄉，就會吃花齋，朝斗，過會，復而又將吃花齋的習慣帶到緬甸，「因為緬甸無斗可朝，無會可過，所以只得吃點花齋。」可是因為環境的不許可，也就漸漸的將這種習慣打破。由青年方面來說，到了家鄉就會受到吹，賭的誘惑，而深入陷穽，或竟流為流氓土棍。由精神方面來說，在緬甸時熱忱毅力超越人羣的，到了家鄉，受了萬惡環境的壓迫和支配，就會使你的熱度降冷下去，堅強的毅力，變為怯懦。在緬甸預偏着想做的事，到了家鄉就不自主的不能做，不敢做了。在緬甸敢說的話，到家鄉也就不敢出口，或噤若寒蟬了。譬如，兩親家對於兒女的婚禮，在緬甸已有

成約，到了家鄉，地會因各種閏濁勢力的壓迫而變卦。這就
是大染缸在污染着人們的形態，和心理，和人生的一切……
……●人們跌進大染缸裏面不被污染的，眞是例外。這萬惡
的大染缸。——家鄉社會，我們應該怎樣的努力奮鬥，就它
打破，誠它毀滅！●

●運動會拾零

鄉巴老

某種比賽的時候，非運動員和評判員不得人圈內參觀。
有某種特許的職員，因顏不到入場證而遭逐客之令，場規森
嚴？自可表示組織的嚴密？不過有一部份人旣不是運動員和
評判員，也沒有入場證，倒例外的可以入內參觀！

疊花表演，每校表演時間寫十分鐘或一五分鐘，惟某校
表演一二分鐘後，卽被停止表演。因爲時間沒有了？並無所
謂憐愛的關係？！

傳聞給獎標準以學級高低爲標準？不以運動成績爲標準
，這是開了運動界的新紀錄。或許不是事實能？！

居止先生對於全國運動會的訓詞裏設：「敗亦可喜勝則
雄」。這就是設，運動員比賽的結果，勝了固是光榮，敗了
並不是其麼恥辱的一囘事。戰敗了的當努力奮勉，預備爭得
將來最後的勝利。戰勝了的尤不可自滿，以防將來的失敗，
尤其是因戰收而對於對方萬不可發生仇視的心理。聽說家
鄉足球某隊和某隊，暗中早有互相仇視的觀念，這是體育運
勤前途的一大障碍。熱心運動的靑年們！請你們玩味，居正
先生的說話，消除仇視的觀念，努力運動工作能！
——

通訊

志新

編者先生：

我是方從學校生活，走進社會生活的一個青年，因環境的變換，使我覺悟到本鄉青年本身很多的弱點，苦悶縈心中，沒有訴說處，只得寫在信上寄呈先生，給我的觀點評判一下，並請你指導爲感！

一，思想方面：在這個國家民族的危機，社會環境的壓迫時期中，本鄉青年思想方面，仍然沒有甚麼刺激和變化，不是積極的從「名」「利」二字上着想，便是消極的抱着「苟安」「隨便」的觀念．我的意思在現代環境中，必須有努力平民化的大事業的意志，和服務社會爲人羣謀幸福的精神，才是真正的青年，至於國內許多人口中談着主義，心中拜着歐美，這種青年也非我所敢贊同的．

二，學識方面：本鄉青年除在本鄉兩等學校畢業後，近年升入中學的己是鳳毛麟角，若再留學外省的，更是絕無僅有．一般青年，不特具有實用的專門學識的，渺無其人，先生以爲如何？

，即普通常識，亦缺乏得很．我想青年們就沒有升學留學的機會，也應把淺近的科學努力自修，不能說毫無裨益能！至於和順圖書館，辦理雖完善，但是偏重於藏書性質，此後應請多區增進生產化的書籍，一將來若能更增加到農工業器械標本，儀器．以便研究參考，更覺完善）鄙見是否有當？

三，職業方面．本鄉青年唯一的出路，便是跑緬甸，除少數少東有承繼性的地位外，大概是「部人」生活．但是聽得緬甸己人浮於事，旅外者有減無加，我也因之不敢出外嘗試，我想約集幾個同志，到較遠的鄉村去，勿論教書，作工，種植，販運，……及製造物品都做，另謀一條出路，請你給我一個方針，使我們有把握！

四，婚姻方面：這幾年來本鄉青年因要求結婚儀式的改良，許多當事的專制家長，對於這種青年的維新運動，多表示不滿，在我想來，婚禮不過暫時的儀式，難寫改良之認書，婚姻夫婦之生活與事業，應求互相之輔助，才是青年努力婚姻問題的要着，你的意見怎樣？請你答覆，意以爲尤當注意的是婚前對方之個性與學識，（但亦不必參歐化）……婚姻是終身的幸福，鄙

撰安

，端此並頌

中華民國二十三年三月一日寄於故鄉

「編者按：志新君來函的觀點是對的，我們對於志新君的主張，表示十二分的同情。

如果家鄉青年們個個會看志新君同樣的見解，那麼家鄉社會早已進步了。僅關於第二項所說的：研究實業生產的書籍，現年和順圖書館已經從事購辦時代化科學化的圖書了，並非偏重於藏書性質。可惜本鄉像志新君道種對於該館要求的人很少，如果有多數的有求知慾的青年，於作合理的要求，想來該館容能迎合觀眾的意旨，來作更進一步的設備。最好由志新君將關於生產事業的書目介紹給該館購辦，該館在可能範圍內，當然接受志新君的建議。關於第三項，到農村去工作......另謀寄身的出路的主張，本來最青年生活的腳踏實地的根本工作。不遇須有堅忍不拔的意志，一往無前底精神，凡事才有成功的希望。我們相信志新君已具備以上的條件，並且期望志新君的實行和成功。關於第四項家鄉婚姻制度的改革，志新君主張形式與精神並重。還與我們底主張並

不兩樣。但是，在傳統的封建制度暨墨尚未崩潰的家鄉環境裡，關於惡劣風俗的改革，又是一舉手可以成功的事。所以進行的步驟，應當先由廢除舊禮教的虛禮繁文着手，然後談得到男女雙方結合的時代化的合法制度，如婚姻自由，男女地位和會任的平等。......如志新君對於婚前和婚後毛病的問題，在六週本刊裏勸強君所作的「改良家鄉風俗芻屑」一文裏，已經發表過，請志新君參看原文。

○

○　○

○　○

○

◎主客救國談

杞生

旅居沉寂，方披閱報章，以資消遣。有客造訪，以國事詢余，傷心之人，倍多感氣，就姐發揮，謹抒所懷，寄本會第八週紀念刊發表，尚新社會人士予以指正為幸！

問：週來暴日侵略我國的步驟，已漸和平。長城所失各關口，尸次第交還，外侮之壓迫，其亦少舒矣乎？

答：是不然。暴日對我，雖暫止其顯明的攻擊，然侵略政策，並未稍變，我政府雖務力親日，仍未能飽其慾壑。觀其對內蒙之煽惑手段，對中津之陰謀計劃，其得寸進尺之野

心，極爲活躍，將來禍患，正千百倍嚴重於今日也！

問：暴日對美對俄，均抱敵視態度，積極備戰，究於我國關係如何？

答：暴日備戰，雖爲對美對俄之準備，然其利益之目標，不過聲東擊西，避實擊虛，而以我國爲其犧牲品，蓋美俄之戰鬥力，非暴日所敢輕視，只有吾國戰力，對外不足，對內有餘，早爲暴日所窺破此罪點。近方有日美親善之傳聞，而我國華北局勢又復危急，足見彼之備戰，非美俄之危，實爲我國之大害也。

問：我敵國外患，其止暴日乎？

答：否，列彊協以謀我，匪伊朝夕，然以我國地大人多，有睡獅之譽，故以前稍有顧忌。目九一八變起，民眾憤激，而執政者或退讓求和，或忍辱求和，列彊無所畏懼，邊疆兩蒙之叛變，康藏之紛亂，海南琦瑚島之失落，與最近滇邊之被△軍佔懷案，均在我國力不暇顧時發生，足見我國外患，固不止暴日已也，特暴日爲直接之禍魁耳。雖然，暴日侵我！假使非窺破我國軍隊，「大私無公」，互相殘殺之心理，尚未使敢斷然冒險行動，予取予求，貪暴莫甚，是則仇敵雖爲暴日，而招致外侮之罪首則不也。

能爲割據爭雄者諒也。

問：君意蓋謂我政府未嘗不思抵抗，然國內軍事割據，意見紛歧，無絕對權力之領袖，統籌全局，故未能貫澈對外之主張，非耶？

答：不服從領袖，固爲我國今日內亂眞因，然吾國今日尚缺乏眞正之領袖資格，實無可諱言。蓋眞正之領袖，固非以權力強致，必須有公正無私之態度，忠誠爲國之精神，與夫曾有仁德施於民眾，爲民眾所愛戴信仰，始堪爲眞正之領袖也。是以某黨，某團體……及最近風起雲踊之「新生活」運動，雖有「治法」，其如無「治人」何？余希望今日黨國要人，勿以權力爲工具，應以人心爲依歸，努力從公。忠勇救國，仁德施民，則羣眾悅服，而領袖之地位自致，方足以統率全國民眾以一致對外也。

問：假使我國有眞正之領袖，救國有責，負擔有人，即可達到國家強盛，報仇雪恥之目的平？

答：不然，有賢明之領袖爲之倡率，須有團結之民眾爲之輔助，上下一心，乃克奏效。今者我國不特無決心抗日之領袖，而民眾亦無一致救國之精神，此國事前途，危機日伏

問：救國運動，誠然為民眾應盡之責任，惟有詢者，子於和順崇新會第七週年紀念刊上，發表「再論國難與救國」一文，謂剷除救國障礙，當以剷除鴉片為前提。鴉片之害，文中固已論及，然在茲國難緊張中，即能剷除鴉片，其裨益救國運動，果何如乎？

答：鴉片為害，不亞外患，只以其為慢性中毒，故人多忽視之。譬如有人，身體羸弱，百病叢生，則醫病與健身，當同時並進，始克奏効，今吾國貧弱已極，外欲禦強暴之敵，內必先治富強之道，然鴉片一日不剷除，則國家一日不富強。在此外侮嚴重中，國人誠能借此時機，憤然改革，以種植鴉片之農區，改種粟，麥……等食物，則民食充足，可免饑饉之苦，以之種棉，麻……等衣料，則可抵制外貨，減少大宗金錢之流出。以經營鴉片之資本，投資農工實業，則物產豐富，可以自給自足。以吸食鴉片之金錢與時間，從事生產工作，則生產增加，人民生活舒適。而不暇自致富強之途，如此方足以言抵禦外侮也。

問：聞徵收鴉片稅為各省行政機關收入之巨款，種植者收地畝捐金，販賣者收印花稅，運輸者收通過稅或保險稅，政府中人仰賴為利源，安能顧及毒害人民而放棄利權乎？

答：鴉片為世界所共棄絕，倚鴉片征收為利源者，實不啻飲鴆止渴，淪陷國家民族於滅亡，然若人民自動廢止吸食，則政府自不能強迫人民吸食？特患人民耽毒自甘，不知覺悟耳。此余主張民衆救國運動，應注意首先驅毒也。

問：鴉片之害，誠如子述，然賭博關係較輕，毋亦非所當念乎？

答：在國難期間，凡不正當娛樂，均應廢止，特以賭博代表而論之。近代國家，民衆均感失業為患，然失業最高率者，莫如我國，賭博一事，為我國普遍習慣，有以賭博為專業者，其妨害社會，周無待言，實為巨大之失業性質！誠能以賭博之精神，時間，應用於研求學識，及生產工作，則人才為之增加，生產因之增進！否則國家存亡關頭，而玩嬉是務，則精神先腐，救國運動云乎哉？

至於余主張剷除救國障害第叁項，廢除洋化奢侈，在表面看來，問題甚小，而其關係，亦實甚巨。假如人人具有廢除奢侈之心理，養成應用國貨之習慣，風氣所趨，生活所求，必促進農工業進步，則物產發達，經濟振興，始有實力以對外也！

倖，經濟紊亂，生活不安為其主因。若努力民眾運動，剷除救國障害，努力救國工作，則正本清源，政治自能上軌道。若靜待政治澄清，則國亡無日矣！吾人可不覺悟耶？

問：子對於救國工作之三項主張，極為重要，然其實行方法，尚希加以解釋？

答：我國因交通不便，聲氣難達，故通都大邑，文化雖然發達，然邊僻鄉村，則程度尚極幼稚，智識落伍，故民族愚闇，事事落後！是在有志青年，實行到農村去，從事農工實業之餘，提倡教育文化，使民智普及，則實地宣傳民族觀念，自易於啟發人心也。關於訓練抵抗能力，尤為邊區官民所當注意。以吾湘言之，位當兩大強國之衝，岌岌可危，為國家為地方計，有備斯可無患。即發邊荒，墾頓農村，組織民團，儲備械糧，以充實地方，以鞏固捍衛，申忠義之氣節，重犧牲之精神，以振興民氣，有此抵抗之準備，則此廣袤邊疆，不致呼應不靈之危也。

至於節費救國，收簡效宏。願各地方熱忱青年為之提倡，則靡卻無意識之費用，人人均有餘力，方足以言經濟救國也。

問：一般人以政治不良，為官者只知升官發財，苛捐雜稅，民不聊生，遂心灰氣餒，無心救國，其見當否？

答：救國為國民天職，固不能以政治不良，而放棄救國工作，並且政治不良，原因雖多，然不外人心邪僻，投機僥

小說

○癆症

面菴

看舊轎子，擔任兩個轎夫的肩上，緩緩的行米。大致是轎子後面跟着的一個四十多歲的婦人？不能走得快的緣故，轎夫更等她，所以走得慢。轎子出了小樹園，進了山鄉，

沿途都有二五成羣的有閒階級的人們，不管是男是女，是老是幼，物以類聚的坐在路傍的石凳上無聊談天。轎子經過他們的面前，惹起了他們異樣的感覺，於是由無聊得到有聊，大家互相猜疑的亂說：

在前談天無資料，現在也有了資料，

「轎子裏的人是男還是女？出那裏來的？要到誰家去？」

「轎子後面的那婦人，我有點面熟，但一時記，清楚她究竟是誰？」

「如果是男人在轎子裏，又何必用簾子遮着風雷不透，大約是女人罷？」

「你猜女人我也同意，想來是個歸寧的新婦，所以不給人見。」

「你不見後面那婦人滿臉的愁容嗎？歸寧的新婦未必如此罷？」

無論大家怎麼猜想，怎麼大聲說話，在這一行人的耳朵裏，除轎夫外，簡直沒有聽得進去一句，轎子裏的人，當轎子走在小樹園時，一切意識都消沉了，懸慈穎供寂了一睜，但她感到身子似乎躺在沉沉的地獄裏，強勉把眼睛靜了一睜，眼前是一團漆黑，一（口旁）；也似虎嘯，她也曾把恐怖的心神強行制止，說這是入聲，但一睜眼，仍是一團漆黑，仍然是在地獄中。這遭離的聲音似是鬼的聲音；鬼是多麼猙獰可怕的東西，雖然在轎內看不見它們的面孔，不禁毛髮竪起來。

忽然身子震撼一下，轎簾打開了，光明陡然衝進轎內來，她猶如雷新料了生命，一線的希望似乎已達到滿足，心裏頓增了幾分愉快。向前一瞥，一座半新的大門，擺在面前，才明白已到了目的地。應當是多麼的安慰喲！無如這時的心房，反而怦怦的跳動得很利害，她也莫明其妙。

許多批評究的帶論雖然水得解決，轎子是不能停住讓他們證明的。他們的話還說不上幾句，已到轎子到了買家洞，還時大家都毫無聲息的遙望着，且轎子到了買教仁家大門前停着，於是大家姑恍然明白。

和順崇新會週年紀念刊　53　五十三

「哦！這是賈教仁的妻子伍靜芝病着由娘家抬回來了；此理！」

後面跟着的那婦人，是她的母親呀。」

批評家的疑圑解釋了以後，這大的日子才感到舒服，各

人才安心的回家吃飯去了。

靜芝的母親把靜芝攙出轎來，正欲向大門進去，忽然磅

的聲，大門緊緊的關住了。轎夫上前去喊門，把喉嚨幾乎

喊破，門還是緊緊的關住，靜芝的眼前又漆黑了，兩脚站不

住要倒將下去，她的母親含着眼淚用力扶着她，將沈到大海去了，她

門前的石凳上坐下，她的希望沒法將絕了，

禁不住咳嗽起來。她的母親呆呆地站着。

聚攏來了些人，眼光都生射在這傍徨的母女身上，悄悄

的咕嚕着，但沒有一人敢攏近她們的身邊來。時間漸漸長

，空氣漸漸擴大，看的人漸漸增加，紛紛的議論。有幾個男

人，覺得不平，義形於色的說；

這種慷慨激昂的不平鳴發表以後，引起不少的同鳴，由

這些不平者憤患一個在賈氏族中較有勢力的去喊門。自然，

在H鄉宗法社會裏，族人的私，比聖旨還靈。假使你婚姻死喪脚

個烏合的族人可以攻擊你，無論你的爭的理由充足與否。那

絡着不來幫助；或用遊手好閒的流氓派施以武力威駭……

：教仁的母親已經活了四五十歲，過去許多事實明悉悉地

印象在腦中，這種利害何嘗不明只，況且她這種舉動自己也

覺得太過堪，這種空氣由寂寞而趨緊張，開大門呢，由

到門家，怎麼使她為難，還是最大的忌諱；不開門呢？恐怕得罪

大門進家，這真使她為難，開大門呢，由縛縫中又張見族外面的女人，由

影響，覺得空氣由寂寞而趨緊張，開大門呢？

了族人：像別家的辦法，毀一垛牆鑿一個狗洞呢？修補又要

花錢；有了，常久不開的小門，可以讓她們進來。她便命一

個家人去開小門，她却跑去房裏躲藏起來。

小門開了，靜芝的母親很感謝代抱不平者，他們臉上浮

着笑容，傍觀者都心誠悅服的恭維他們的威權，於是，一個

個心所歡欣的散了。

「賈教仁的母親真是無理，自己的媳婦懷了孕有了城，

不特她醫治，娘家接去調理，不幸又病了幾個

月，買家像沒有這個人一般，簡直不問不聞，現在人家親自

送着回來，還把大門關起了，不讓她進去，難道由她僵死在

門前的不成；別的算都昧了心，連教仁卻不來招呼，真是豈有

靜芝的母親打發轎夫回去後，和靜芝由小門進了家，問

靜芝的臥室走去，經過了花園，大廳，天井和廂房，也沒有

不見一個人影，雖然尋常是人馬喧騰的・家庭・走到臥室門

前着時，黃銅鎖已把房門鎖住了，靜芝倒退了幾步，手腳有

些發抖，額上大粒的汗滾下來，按着胸膛，又是一陣咳嗽，

她的母親瞪着眼只是發怔・咳嗽聲住，周圍便像死的一般

寂靜・

「癆病鬼！跑往娘家去打私姘子，又害了癆病，死在娘

家好了，還有臉嗎來見！？」

蕘然，由房裏發出兇惡的聲音來，尾字有點撼動，靜芝

的母親知道是親家母的聲音，認爲有說話的機會，強把心神

按定・

「親家母！不要這樣亂說，人到生病也沒法，靜芝是你

家的人，你家不醫治怎麼得？請把房門開了，讓她進去睡・

親戚是要好好往來才好・」

「丕（口旁）！這種好親戚？人好好的要來接去，病倒了

又送囘來，誰有功夫服侍病人・講點人情，要睡你們到柴房

去睡・」

牛就幽靜怯弱的靜芝的母親，柔聲的央告，得到強頭的

答覆，本來有許多責備她的話，和她抗議，但總說不出口來

・任心裏想，女孩子養到十六七歲，不見得飢餓死了，縱使

養一世也養得起・雖然自己是居孀的寡婦，沒有寬裕的經濟

前途，女兒病了，在自己家調養，又何嘗不可・然而，已經

嫁給人家，「活是婆家的人，死是婆家的鬼・」萬一不幸的

話，叫她的……歸落何所？況且，送她囘來，唯一的希

望，就是教仁，他素常對自己多麼的恭順承迎，對靜芝多麼

的和睦親愛・靜芝病在自己家裏，他不曾來看顧的原因，也

許是慍於他的媽的威權・現在使他看見她病到這樣，就是鐵

石心腸，也不能坐視不救・暫時的阻撓，當容忍下去，柴房

裏暫歇一宵也無妨，待會着教仁再作道理・還希望是母女唯

一的希望，在黑暗中希望一線曙光・

正是清秋時節，晚風帶了寒氣，侵入人身・柴房由灰

黃而趨黑暗，睡覺成了問題，靜芝的母親幸得向雕此不遠的

親戚家借來兩套臥具，便算過了一夜・吃飯問題也是向親戚

家借來幾個士碗，一口七鍋和幾升米解決了・然而期待總是

空虛，日子是一天一天的過去，病是不能不醫治的・靜芝的

母親也曾去請過幾個醫生來診治，但投藥都是無效。並且耳邊：

靜芝吃盡藥石療治的效驗，遠不如所期待的切迫。雖然在廚房裏有時發燒，有時咳嗽，而耳朵却分外地靈。彷彿聽着大廳走動的履聲，從中便有敎仁的。——敎仁不是緬甸化的人嗎？通常穿一雙拖鞋，彷彿任大廳上噠噠地逐漸臨近，但是往往又漸漸渺茫，終於消失在別的步聲的雜沓中了。

「他不在家麼？也許是他的媽不許他來挨近病人嗎？」

柴房裏是空虛和死的寂靜，除了愁容滿面的母親相伴病人而外。有時只有瓦雀在簷前飛騰或支支地叫，枯臥在床上的她，由黯淡的灰色中，往往一幕一幕閃閃爍爍地映在眼前：

——當十三四歲時候，同伴形容說：你已經許給有錢、「低下頭去很羞慙覥覦，而心中不無點欣然，誰家的姑娘不希望嫁給有錢人家。

婚期前一年裏，逐日都埋着頭在做嫁時的衣妝。這是人生的大事，一個人只有一次，誰也笑不得誰。

婚期是昏昏的過去了，似乎是一場熱鬧的戲，鑼鼓喧天，人聲嘈襄（口空）。自己是戲中的一個主角；是一個傀儡，任人擺佈玩耍，一切都已模糊，儘是讚美的言詞，猶清晰在

「新娘生得眞美麗哷！人才又好，性情又溫和，」老太婆們都道樣的誇說。

也常見婆婆露着牙齒滿意的笑。丈夫也很愛自已，凡事均能體貼，不曾受過他的半點兒氣。他每日都是安適而歡娛，自己每往娘家或親感家住幾日囘來時，他總說：「你去那裡莫遲長，你不在家我眞難過！

一

他常勸說：、早晨你把遲一點麼！日日裏沒一時得閒，夜間又睡得遲！天未亮就起，莫把身子弄壞了。」眞的，做媳婦的人，天未黎明就要起床，掃地，挑水，燒火，煮飯，洗衣⋯⋯一切家庭的雜務，都要媳婦去做，那月什麼時間得空閒？夜間不待家裏人人睡靜了不敢去睡。不論貧富的家庭都是如此，自然自己也不能例外，必須拼命的去做家事

·並且還要看婆婆的臉嘴·受小姑妯娌們的閒氣·有時自己病了·他總是悄悄的買藥來醫治·縱使毋勞碌些，更受得這種屈些，也不敢埋怨，只覺生活是新奇，甜蜜，快樂·嫁得這種丈夫，是怎麼的幸福，一直到老的幸福，私心蘊藏着無限的安慰，猶如一隻羔羊，得到一個盡心保護和愛

養的主人一樣的安慰;況乎是嫁開有錢人家。

懷了孕,婆婆們都有笑容,自己也不敢說不歡喜,明知是一件最痛苦最可怕的事。——不懷孕的婦人,不是要受老太婆們的譏笑和侮辱嗎?——

最初的病不算沈重,有時睡倒在床上,有時還可以起來做事。雖然懷着孕,家事是不能不做,不久,便勞碌生病了。

‧不過,婆婆是只願意替她做家事,替她生孫子,不喜歡替她會錢用藥的。丈夫也曾買來些藥,但病總是不好,於是,不得不去娘家調養了。

這時,對於顧嫁有錢人的一顆鮮嫩的心,受了很深的創傷,才感覺人情是非常的冷酷,人生是多麼的悲哀。一切幸福的憧憬卻成了幻夢。病雖不重而憂鬱比病還嚴分。

覺得過去做媳婦的生活,是地獄的生活。婆婆是鬼王,那張血盆似的口,兩排鋸利的獠牙,如獲得一塊肥美的肉咬嚼得有味而發的獰笑。老太婆們是一羣綻藍臉色的鬼,在旁邊羨慕肥美的肉流涎而讚美。

甜蜜的生活?當時確乎是如飲酒陶醉了的一種神經顛倒作用鍋,忽而被抽筋,剝皮‧受過種種慘酷的刑罰。——何嘗是自己不知犯了甚麼罪?忽而被叉上刀山,忽而被拋下油

,待幸福消逝時酒也醒了。

在娘家把病己調養好點,不幸又小產了。一顆被囚所盤踞的心又浸入恐懼的環境。婆婆定要責問為甚麼把她的兒損掉了。在夢中常被婆婆兒惡的臉嘴。粗暴的罵聲驚醒。每天忽燒忽冷昏昏沈沈的,任是仙丹妙藥,也難降嬰鬱恐懼沉重的心。失掉幸福的心。

母親看看病勢不佳,想到將來的問題,不管婆婆家過問與否,不得不送返來。婆婆是絕望了,還有丈夫,往常不肯受過他的半點兒氣,他是多麼愛自己,他是唯一的救星。

丈夫活映在面前,發亮的黑髮,瓜子形白臉,漂白短衣,白綢褲子,緬甸製的拖鞋……。在耳際拖鞋噠噠噠噠地在大廳上又逐漸臨近,但又逐漸渺茫,終於消失在別的步聲的雜沓中了。

秋是老了,晚風吹來,寒意漸重,牆外的棕櫚樹被風搖擺得皮拍皮拍地作響。小院中落滿了雜樹的黃葉。一陣陣的塵之氣吹進柴房,更使房內佈滿了悲悽!

靜芝的衣服薄了,並且穿得太骯髒了。她的母親幾次去央求親家母,請她開了靜芝的房門,讓她去拿靜芝的幾件舊衣裳。不對,無論如何央求都不對。

過不能怪致仁的母親，她不是絕對沒良心的人。她恨

靜芝的原因：第一當然是爲她把胎損掉了；然而她對靜芝不
無幾分疼惜。更重要的是她害了癆症。癆症是最可毒的的病
症，病人身上像有個癆病鬼什作祟；又像有蒼蠅人的癆病蟲
假如你的運氣不佳時，病就會傳染給你。

在有錢人家，一口十鍋，幾個舊衣裳，幾件舊衣裳，頂不
值甚麼，不是捨不得。完全是怕染了癆病，所以不敢拿給病
人用。如果不是怪汕的話，娘婦是自家人，大家身用甚麼她
得享用甚麼。親家母來時，則須五碗四盤的招待，怎能像現
在這種無情呀？此之謂「不是恨人，却是恨病。」更舉一事
來證明。一天，靜芝的母親請來一位醫生，這位醫生是致仁
家好牀好來的親戚。爲他是來看病，進門來一個都不和他招
呼。「不是恨人，却是恨病。」的理由，更覺聰明。而況致仁
的母親是一位燒香拜佛，初一十五吃花齋的善人。
絕對不會幹沒良心的事，朝真禮斗，誰不相信？
，柴房裏只有空虛和死的寂靜，病人的咳嗽聲，却分外地
淸響。廳上隱約的屨聲，仍深入病人的耳朵裏。
「他不能恨我呀？也許是懾於他的媽的威權，不敢來瞧
我。」病人想着。

突然，母親告訴她說：她已經會過致仁幾次了，但部受
不了他的幾頓毒罵，沒有一毫好感。罵的理由與他的母親所持
的無異。第一个該把胎損掉了，第二不該害了癆病。——前
者是怪責，後者是不認她做妻子了。他的妻子是健全美麗叫
以親近的人，不是癆病鬼。

如囚徒希望大赦而忽破法官宣佈了死刑，她的兩眼發黑
，耳朵裏嚦的一聲，覺得全身被颶風吹着在空中旋轉。雖然
發昏，意識尚不致完全消失，她願在空中旋轉着的身子，即
刻墮落在深谷裏跌待粉碎，又願世界即刻爆裂，毀滅。待覺
身子仍然臥在床上時，思想又在腦裏迴旋。——以前丈夫似
平是一隻狼，那兩顆凶銳的眼睛看她時穿透了她的肉皮。她
的身子常供牠叫喚，以爲是大經地義的定律，所以只有忍受
。現在肉已腐壞了，於是便遭了唾棄！

靜芝省悟了，糊飾世間所謂人倫的紙巳戳破了。甚麼叫
做夫妻？夫妻何嘗站在水平線上，妻子完全是丈夫的食品。
食品被吃厭倦了或不堪吃了時，便遭丁唾棄。

靜芝雖然一旦覺悟了，認淸了壓迫她殘害她的敵人了。
應該是速謀反抗，奮力向敵人反攻，殺開一條血路，衝出重
圍以挽救將危亡的生命呀！然而又自願被病魔摧殘壞了的身

軀，想舉起來搭搭眼淚而無力的兩手，又安能振臂一呼，撐

扎着殺開一條血路呢！？她深深地歎了一口氣，詩思只有死

是一條出路，死便是歸宿。

認爲死是出路，死是歸宿，死可以離開退虛僞與殘酷的

人世的靜芝，又聽得敎仁不知是自動的或被動的已悄悄的往

緬甸去了。在一班人的意料中，以爲這種消息，適當使她如

何感傷，如何悲痛呀！？其實不然，這時靜芝的心已經麻木

了，這種消息，僅能使她更加憎惡人世，咀咒人世，只求早

得歸宿。

還看　件小事，敎仁的母親，常靜芝尚未斷氣以前，早

就暗訪着她合意的姑娘做將來的媳婦，以補靜芝的缺。自然

，在H鄉——或不限於H鄉一隅，凡是有錢人家，不管是吹

大煙，賭大錢，目不識丁，胡屍不通，流氓爲友，忘八養朋

，甚至於瘖聾暗啞，五體不全……的子弟，都可以娶美麗

嬌好，才藝俱全，以至於高小，師範，女中畢業……的女

人，誰家的父母不希望女兒嫁給有錢人家？可是呢，爲了金

錢，不知犧牲了若干女人！

像敎仁這份人家，不難由蚩比靜芝強幾倍的女人。意中

人大致有了，事情卻尚屬祕密，不過，即使給靜芝知道了，

也不能刺激她已麻木了的心，她早已無意於人世了。

靜芝的腦子裏，充滿了老太婆們地獄輪迴的迷信的傳說

，她以爲離了陽世，就是到陰間了。彷彿她的震魂已離了軀

殼，若見柴房外靈床卜陳設着自己的屍首。屍首上面蓋着花

紙，靈前點着一盞昏踏的油燈。家中人頭上部戴了白，但沒

有像往常人家死了人仲靈安哭得如唱歌一般好聽的女人。忽

而一陣陰風把她吹到陰森森的地獄，奈何橋，血屍塘，剎那

間，又昏迷地吹到望鄉台，隱約望兒她的屍身關在棺材裏巳

抬在地卜走着，前面是紙人紙馬，後面卻也沒有

唱歌一般哭着送喪的女人。再向娘家一望，見母親在床上俯

胸發狂的傷慘沉痛大哭的情形，她不由一陣心酸，大哭了出

來……「我的母親呀！」

由夢中哭醒，見母親坐在牀邊，但是心中悲切仍沒有止

，面頰上沒有眼淚，她的眼淚是點點滴滴的流到心底深處。

靜芝是幻夢，她以爲世間的人都是嗅人的東西，只有母親才

是真的疼愛自己。不然，大家都怕癆病，何以母親不怕呢？

H鄉有一種特殊的殘酷的陋俗，每被婆婆小姑或其他家庭親

病勢沉重到不死不活的時候，凡是女人害癆病的！！

婦女，用麵粉把匕猛然如泥封甕口一般將病人的嘴和別的孔

303

緊緊地封滿，使她迅速地悶死。她們信爲病入一斷了氣，癆病虫馬上就由口中飛出，散佈在柱子縫裏深深地蟄藏起，不拘何年何月何時，都會飛出來到好入身上作祟。如乘病人未斷氣以前，癆病虫還未飛出口來，施以此種妥善的預防手術，那麼，傍的家人就不致傳染癆病而可保安全了，靜芝的母親也恐怕親家母們玩道套把戲，時常緊緊地守著靜芝，不敢離開寸步。

悲慘呼號，這正是死神降臨的時候了。靜芝算是得歸宿了。

在理想中，一羣烏鴉或一羣羊，當它們之中死了一個時，旁的那些，都有傷悼的表現，或聚枝頭悲鳴，或在屍旁哀叫，它們對死者是多麼痛惜啲。禽獸猶能如此，何況入爲萬物之靈呢？事實却不然，靜芝的死，在賈家及賈家的人們的感覺上。這種一個女人的死很是平凡。

除了一害，僅是街市上的棺材舖，紙馬舖，黑老鴉得到一筆進款，窮小孩於送喪時打紙人紙馬弄得百十文銅錢；賈家或許還慶幸在喪家屋頂喝幾口火餤…………靜芝的喪事就這麼輕描淡寫的過去！

靜芝一身瘦得只剩了一層乾癟的灰色的皮了，兩眼陷了進去，顴骨凸了出來，好不可怕！連話也不說了，她的母親看看情形有點不吉，慘劇，只在早晚就要開演。爲了巳嫁的女人在婆家臨死時娘家的人均須避開的習俗，不能不忍痛含淚和她的女兒永別了！

發生了一場轟動全鄉的風波，使板滯生活的鄉人們也興奮，這風波是靜芝死後的尾聲。

舊禮教的遺毒，結成惡劣風俗的果，把靜芝母女束縛得毫無反抗能力，一切只有屈伏，只有任人宰割。這不能責她們纖弱無能呀！完全是封建制度的壓迫的力量太大了。由此我們深切的認識，爲了舊禮教，爲了惡俗，不知犧牲了若干的女人！！

靜芝的母親，關於賈家對她母女種種非人的待遇，一向毫不同人消及，一切都隱忍着，完全爲企圖救仁能把靜芝醫治好了，以便親戚好住來。現在，滿腔的哀怨憤懣，不能使她不向唒书着由哭聲中一端一端地洩訴出來。這麼一個傷心的故事，只要有眼淚的人，聽了都會爲之傷，發出同情的嗚咽的泣聲。故事裏說到賈家的桀紂殿暴虐的行爲時

天空佈滿了愁雲，微弱的晨光，也被烏雲遮住了。鐵面無情的北風吹來，牆外的棕櫚樹怪響，似乎是受不住摧殘的，人人都想生啖她家的肉。

中是引動了公憤，伍氏族人以買家此種舉動，太無人道

：而且太侮辱了伍氏合族，——侮辱伍姓的姑娘，便是侮辱

伍氏合族。鬻族的體面關係，不能不與起問罪之師。

先報告鄉公所聲告買家停止安殮的進行。

買家接到聲告，全家都慌倒了，教仁的母親連忙去請有

體面的人到伍家去賠罪解和。

問罪之師尚未出發，道歉賠罪的使者已先到了。最初伍

家的態度十分堅決，宣稱對付此種硬酷的舉動，決定到縣收

府依法起訴。後來經不起賠罪者的央求和情細的關係，只得

允許他們的要求，請伍氏幾位族孝到買家從長計較。

教仁的母親，當伍家的人進了她家的時候，她卽忙來

陳的磕頭賠不是，這種手腕較之生易人對待顧客的遠為妙得

多。生易人對待顧客，只要有錢可賺，不論怎麼算稱硬客也

可以；教仁的母親，對伍家己除，對伍家不論怎麼卑躬屈

節也划得來，如果硬着頭皮幹，豈不是要把事情鬧大了嗎？

並且不抵抗還可以減低對方的敵愾。不錯，伍家在先是氣憤

填膺一條一條地賞衆宣佈她的罪狀，可是不管怎麼痛責，她

毫無抵觸的認錯，不能不使伍家稍微讓步了。訴訟打消了，

從新提出三項條件：第一，買家立刻扣電名教仁即來辦理喪

事，並向伍家道歉。第二，建七七四十九天的道場超度冤魂

。第三，諸鄉鄰公所處以五百元以上的罰款，以示懲誡，條件

提出後，事情不是馬上就可滿意解決的。居於調解地位的人

，總勸兩家寧人息事為主；任伍姓方面，入殮死了，萬分的

苟求卽使達到目的亦屬無益，只要看地步，事情便可解決，

在買家方面，教仁已往緬甸，命他回來覺為難，七七四十

九天的道場未免太大。罰款難於承認。在可能範圍內皆依

從，如七大的經功趨度，喪葬從豐豐辦理……。於是，由

雙方的讓少，加上調解者的竭力，事情才由緊張而和緩而解決

了。始終是賴致仁的母親的手腕，才把大事化為小事；究竟

還是給倉錢的力量，終於把靜之送進墳墓裏去！

等芝算是完了！

「伍叔太利害了，照這樣誰家敢討媳婦？」買家的親戚

老太婆們這樣的說。

新聲

◎鑽狗洞

大約在八九年前的夏天的上午，天際傾注着滂沱的大雨

，表演着閃爍的電光，吹奏着震耳的雷聲，和狂暴的怒風，

使崎嶇不平積潦滿地的街道，斷絕了行人的足跡。T城的武

宿關旁，有溝隘污穢的茶肆，肆裡敗榻橫陳，榻上有高臥不起的黑籍同志，衣服襤褸，閉喉狂吸，塞霧吞吐，中人欲嘔，這是兼營阿芙蓉生業的惟一茶肆，我們貴國尊惡社會裏陳列着的點綴品。茶座上有兩個態度各異的顧客，一個是頭腦清新的少年，一個是年幕的啣待他們的一個目的物，——！預約鋪面的一個人。——在他們期待未久的一刹那間，果然又來了個垢衣敝屨狀態齟齬的一個滑稽。滑稽一見他倆，就協肩諂笑的表示着不自然的歡迎狀態，並且將他倆由這茶肆——烟館裏歡迎到他的只有惟一廂房的牢壁江山的住屋裡。這住屋和茶肆相距咫尺，室裏泥濘溝隘，蓬首垢面叶聲雜還的兒童凡五六輩，有如羣鼠如啾唧奔突，來客踟躕不前，卒因主人的敦促，只好掩鼻入內。在主客沒有發言之刹，這麼卑污的住屋佈景，已經盡情表露了屋主的心理狀態，「鑽狗洞。：」的一切，也就由此開場表演。

少年是一個心地純潔初涉塵世的青年，他不知道人世的詭祕和詐騙行爲，仲不認識黑幕籠罩着的公門是陷人的深穽，他曾因信用朋友而被騙一時，他曾因試探法律的權力而感穩失望，並且對於惡劣社會的一切得到澈底的了解。

少年曾因一件氣憤的事件和一個虎而冠涉訟公門，訴訟本是最麻煩的事，尤其是承襲着孫濤制度的爲脚桿，包圍着追求飯碗的司法機關，使小百姓感到不寒而慄的痛苦。

爲脚桿索飽「一不耕出，二不種地。」專吃小百姓的宗旨，所以涉訟的人們無形中增加了無窮的負擔。除正式應納的訟費以外，還有各種方法的搭油式的剝削，單告對於破告的傳費，雖然已經繳納了傳票費，可是你要想找到破告，就要遞到，那「原告不發脚，被告找不着。」的金科玉律，奉送給爲脚桿相當的「爲脚費」。同時被告內爲脚桿的降臨，自然要破較之「爲脚費」多要數倍的……費。才可必得狐假虎威的糾纏。又有甚麼送案費，因爲民事案審理，既無一定日期，而定期之權，任於差役。差役命你今天來，你就不得不來。今天來了，他說大老爺不得開，叫你明天來，你明天不敢不來。明天來了，又是明天，橫醫誤入公門，使你脚桿跑壞了，銳氣消磨，始悔誤入公門，只好求籤孔方兄，不待不奉敬他們所規定的送案費，然稀你的卷宗，才可由科裡經胥脚桿大爺的手送到法官的面前，你的訟案才有審理的希望。還名目繁多的抄錄費，和決案後的需案……眷，……，這是小焉者耳，還有「茅草蓋山門，大串洞在

移。」「事寺同音」。

在當時有姓L的候補法官，不過是拖油袱式的駢指職務，他本是樓人子，因同鄉的援引，寅緣得了這個最鮮美最有油水的麵包。由Y城兩肩承一口的來到T城就任。在中途內麻雀戰敗，債台高築，只好將衣服作了賠償物品，到T城一無所有，急忙想拿錢的方法來補充他的途中的損失。少年和虎面冠的案件，恰好碰在他的手裏，少年雖有充分的理由，可是他經諳練此途的人的煽動，認為經濟的援助才是現社會真確的理由，彼時就有匯運西生的漁翁破友們間去幹那鑽狗洞的勾當，和L進行交涉，交涉結果，L允許受孔方的報酬，爲勝訴的代價。彼時對方的虎面冠也在營求鑽狗洞，爲勝訴的代價。他得到了一個最好的門徑，由一個黑籍中人變賣因生涯的途中掙扎着追求他的不可希冀的上訴的勝利。在上訴過程裡飽而數目較少而得到一敗塗地的結果，只如在崎嶇昏暗的途徑中掙扎着追求他的不可希冀的上訴的勝利。少年因所酬的代價被人中飽，報效給私較多的代價。猪某居間，報效給私較多的代價。必要的籌備，自然是仍逃不了鑽洞的勾當，這就是他和偷荒與骨頭會晤的原因。

滑頭是廢夷的世族之後，他並沒有任何的正當職業，他的職業就是結納公門的下壩神聖和灣脚桿一類流品卑污的人

物，藉着生風，招搖撞騙的學於訴訟作投机的漁利。他對於訴訟若有煽惑的能力和引誘世故的人們，墮入他的圈套，他可坐收漁利。少年因與偷荒相識，中偷荒介紹而識滑頭。滑頭自知牛易上門，自是無任歡迎，並允許代他偷幹旋勝訴的門徑，因爲偷荒也是遭到同樣的經濟力薄弱的結果的訴訟失敗，所以才和少年作意志不同的臨時結合。少年也因報復心的激烈而不加考慮的去上滑頭的當。

介紹他偷去和一個自稱與二級執法衰有關係的黑髯後洽一切，黑髯的心肝的顏色，和他的命名的「黑」恰是一樣。偷荒因信任骨趣的世交關係而間接的信任荒因信任骨趣的世交關係而間接的信任偷荒的同病相憐，而對於他偷的行徑並不疑惑。黑髯對於一切口頭完全負責，並允許同赴二級裁制所所在地的B城，勝利的代價仍然是孔方兄爲先決的條件，還有滑頭與黑髯的例外酬勞爲附贈條件。

三人出發後，黑髯的旅費當然由少年負擔，偷荒因係以前風行一時現在已經關門的迷信團體的呆社社員，到B城後他去拜訪富地某社的主腦人物的C君兄弟，藉資聯絡感情。

C君兄弟也是當地包辦訴訟的投機營業者，少年的對方已經託人向阿C運動包辦勝訴而得到兩C的許可，後經偷荒一度

的結納，因同道的關係而不同道的少年都得到連帶的關切．

兩C郎將少年的對方的成約放棄，可是裁判的結果，少年仍

然得不到完滿的勝利．倘荒又丙對方有強有力害的庇護而完

全失敗，並得到代價的一部的退還．最後綜當局的公開的祕

密宣佈，他倆所付出代價的大部份已跳進了黑幣的腰包，並

且還代他倆的誤投門徑婉惜，如果直接接洽，少年可以得到

完滿的勝利！●

原來B城的司法權是一頭會議制，縣長膏於訟案，並不

出庭審理，只由承審員審理後，又和縣長及司法科長作三頭

會議，以決曲直，如果孔方兄光顯的話，就要三方面同時光

顧，即可操勝算●少年此次為黑幣所誤，孔方兄只光顧到一

方面，又被黑幣從中大大掯油，安待不敗●當時的某縣長是

某應長的令弟，所以大賣清官傳，對於諒管屬員不良之輩，力加裁徹●

心，所以大賣清官傳，對於諒管屬員不良之輩，力加裁徹●

某承審因任署外居住，賄風大熾，某縣長聞風即令移居署內

●可是訴訟當事人如果有胆量的話，仍可以片紙投郵向之直

接交涉，並指定接洽地點，某承審即屈身就教，你可村到美

滿的結果．

他如二級差役，尤其階級愈多，有總巡目有副巡目，有

法警多人，凡過訟案，利益均沾．初級則分期零取，二級則

一期鏧取●有如各省統稅制度，無論案件大小，你必須繳納

統稅式的差約費八元，以彷可免盤剝？於科員，有如勝訴之得彼援手，而當事人不得

須納手續費？於科員，有如勝訴之得彼援手，而當事人不得

不盡刀喝酬者●質之對方敗訴者，東不因收訴而免納手續之

費●其理由不外一入斯門，即不能不維持彼等之麵包問題也

●

少年至此澈底的覺悟，他明瞭他自己任第二次依樣胡盧

的受人欺騙，他並且明瞭人們的一切罪惡行為是由傳統思想

的萬惡社會的本身的造因，而不是個人的道德問題．因會社

會的舊道德破產而新道德沒有產生的過程中，人們部受了金

銀魔力的驅使而無惡不作，舉國一致的自私自利心已經埋沒

了道德觀念，對於融會的小瀏的寄生蟲的滑頭和黑幣，實已

不足奇●

末了，少年對於法律的効力的信任心尤其淡薄，而明瞭

了掛羊頭賣狗肉的一齣，恒，勤，ㄥ的招牌不過如是●他永

遠不敢作法律的間津的嘗試．

（按）中國法治本來是昌明的●但是，有入則明，無則暗，是

一個真確的道理●迨自亡治中葉以降，無治人了●故法

治日見悶亂。說到邊陲地方，更是天昏地黑，似漆般㯠
●如差役皂隸，可以假威索財，苛虐小民。執法者，熟
視無睹，且任其交納惡劣之輩，竄移壞法，白黑淆亂，
無所不營。上處儼然不知，眞不知的麼？未必，相互分

肥而已。如此編之作，豈只實有其事，且未能盡其形容
之致爲。俗說「衙門大打開，有理無錢莫進來。」可以
包括至盡矣。

⊙最後消息

本鄉鄉校仍由本會續辦

據教育委員會負責人私人消息本會續辦鄉校已經決定並定男女校教員於三月廿二日開學上課至於以後教育方針決定注重精神不重形式式於經濟亦力求撙節其教授課本將於下畢期改用復興教科書以趨時代化茲將聘定教員姓名列後

男校高小教員

李生圻　劉玉瓊　李秋農

初小教員

李耀北　寸蔚然　劉蔭堂

女校高小教員　張岑達

謝蘭芳

初小教員

尹清英　寸長吟　張毓蘭

寸時經　李桂蕊

又訊

男女兩校開學後學生數共四百餘人將來尚有增加布望男校去年附設之博愛商店現正辦理結束大致稍有虧拆本年擬不再辦教委會去年又出總數約在七千餘元又參加運動會經費支出千餘元共八千餘元為鄉校創辦以來經費支出之最高紀錄其中雖因本會接辦伊始百廢待舉故應多曾然以吾人觀察所及亦不無稍欠撙節之處本年教委會負責同志有鑒及此已力主撙節預算草案已擬定約卅四千一二百元之數最近期間即可旋出通過其他如校刊之出版及資送學生案之糾紛執行亦擬繼次籌辦云云

鳴　謝　欄

敝會自明織圖書館以來多蒙熱心同鄉同志捐贈圖書報章及經費用品去年又組織成立教育委員會接辦本鄉教育亦蒙各熱心家捐助教育基金關於圖書館之捐輸除开敝館懸牌誌謝及抒本刊前期嗚謝外茲將民國廿二年以後捐輸芳名列後以伸謝悃至於圖書館成立以來所有各種捐輸容俟後日彙集又為公佈

張鴻丈先生遺囑捐助教育基金五百盾

寸懷尤同志捐助教育基金五百元

寸懷雲同志捐助教育基金五百元

張溶才同志捐贈高有文庫一部值滇洋一千三百元

張翠生先生捐助圖書費滇洋三百元

偉瓊樓先生捐助圖書值滇洋四百元

尹彥卿先生捐贈圖書值滇洋叄百元

許寸秀芳女士捐贈圖書值滇洋叄百元

李光新先生捐贈圖書值滇洋叄百元

（按）教育委員會基金由本會外部總會代為保管並不挪用以為熱心捐助者之永遠紀念此應向捐款諸君使經濟獨立每年將利息收入撥充教育經費其基金則

報告者

民國二十二年四月一日

和順　圖書館　同啓
崇新會
教育委員會

●編後話

（一）本刊根據五週大會議案，每週出版一次，歷屆編輯人選，均由大會時公舉。同人等濫竽斯職，已歷叁載，然其任務期限仍為一年，不過繼續蟬聯，而非永久性質。乃於八週大會時，對於刊物經費雖已列入預算案通過，而刊物有繼續出版之根據，惟富時關於編輯人選問題，並未提出選舉，致編輯負責無人。經敝處以前任編輯名義，呈請總部執行委員會另行公舉，經總部第一次執監聯席會議議決，仍由前期編輯人員繼續連任。於是懸而未決之編輯人選問題，至此始得確定。同人等雖不堪勝任，然以職責所在，不敢推諉，途復繼續此種獻醜工作。因大會時既未表決，故應向本會全體同志，略述經過情形。

（二）張天放先生，對於本刊深表同情，並嘗給以精神之援助，同人等謹以編輯資格，代表敝會，向張君致謝。惟此次張君所撰「緬甸自治運動的去向」一文，確為喚醒家鄉民衆之民族自衛心理的，最有價值的文字，惜本刊負責人員，皆寄人籬下，為居留政府法律所限制。凡有涉及政治問題，言論不能自由，承印者亦拒絕付印，致使張君大作，不得獲登本刊，而有遺珠之憾。此應向張君道歉，並求以後對於本刊，繼續援助。

（三）寸佩九同志。為本刊義委中熱心負責之一員，對於本刊的改進，作下列之建議。

（一）版形縮小為六開本式
（二）用新式標點。
（三）文章作橫行排印
（四）改換封面插畫
（五）加印版權頁
（六）對於圖書館及教委會之捐贈者刊登相片誌謝

同人等對於寸同志建議，表示十二分的同情與謝意，惟第（二）（三）項辦法，早為編者之設備與智慣，故以前未能實現。至于第（一）（六）二項辦法，則為經濟力所限制，因仰地電版製費印費頗昂，故辦不能實現。但敝處曾遵循寸同志意見，函滬商務印書館探訊，欲託該館代印。因彼處印費廉育，電版製費亦不成問題，若能在滬印刷，即寸同志發個計劃，可以實現。乃商舘覆函，對於代印件，不代印刷，而緬滬的件往還，需時二月，若再函託他局，則為時間所不許，故只能內陋就簡，仍年仰光印刷。惟關於第（二）（四）（五）三項辦法，已完全做到。「新式標點亦尚有錯誤，因手民無此智慣所致。」（三）（六

一）兩項辦法，因排印手民習慣及經濟力所限制，故仍不能實現。惟對於圖書館及教委會之捐輸者，除本刊前數期已發表外，茲將最近捐輸芳名刊登本期，以誌謝悃。此應向寸同志作一報告，並望以後隨時指導，使本刊知所改進。

（四）關於圖書館的一切，本有刊行專刊的必要，惟圖書館經濟薄弱，每年經常費之大部份概由本會津貼，專刊經費，實屬現在經濟力量所不許可。故編書前曾函達本館，建議將本館組織經過情形，及全部捐輸者芳名，附刊本刊，以爲紀念，但未得本館答覆。本館經濟薄弱，對於專刊會之支出，目前既個可能，已如上述，而對於本館文字之撰述，本館負責同志既未表示意見，則最低限度，應將全部捐款公佈，以符本會財政公開之本旨。對於捐款之公佈，應請本館實成經理員負責辦理。此應向本館附帶建議者。

（五）去歲若所作「改組鄉公所的我見」一文裏，編者因得傳聞，謂內部主張改組之各同志有強制執行議案之舉，故曾作有「按語」向內部各同志作忠實之忠告。據各方消息，始知「強制執口」之傳聞，並非事實，而編者之杞憂至此始得釋然。惟「按語」中所言，自信亦爲愛會而發，內部同志或不致誤會而能爲之諒解。但證諸事實，內部自此案發生後，雙方仍不能釋然，本會會務上精神上不無影響，尚望內部各同志化除成見，一致合作，以恢復改組案未發生以前之會務原狀，則本會之幸也。

會務報告

和順崇新會第九屆通告

為通告事按據本會總章規定于國曆十一月九日為本會第八週年紀念大會
循例輪流舉行于緝京第三分部所有大會選舉之職員及表決之議案應理通知
全體會員茲特製定職員表及議案各表一公佈如下　　1

和順崇新會第九屆職員壹覽表

職別	緝京部（總部）	第一分部　抹九	第二分部　恰井
監察委員	李日植　釗文運　李生尊　候補　買行賢	李光垣　李生鳳　李生琨　李樂育　尹生育　釗嘉義	李日蒼　寸長吉　劉聲崒　李日祐　寸銓紀
執行委員	寸品芳　買學照　張通達　劉振樑　寸日溥　李生魁　候補　李生儒　李維昌　釗文輝	執行委員　候補　李生光　劉金錫　寸爭然	執行委員　寸性壽　寸時保　李生欽　候補
常務委員	八慕　劉振國　玫墨　楊國楨　昔卜　尹兆卿　邦海　劉振馨　仰光　寸嗣徴　臘戌　李洪春	審只耶　寸俊賢　抹拱　張玉達　賀奔　楊俊傑　南馬　釗加有　抹魯　尹生才	恩多　李祖蔭　九洞　李生壽　果頭　十保貞　果東波　劉啓忠　裏不魯　釗相魁　木所窮　李日保　石洒　李日讓
候補常委	劉振榴　買通賢　寸長年	李元昌　釗加有　張本達　王長源　曹紹黃	寸恩　尹生烘　李生沛　寸家寶　買學安　張德有

313

和順崇新會第八週年大會議事錄

備考	議決及執行者	議案類別	建議人	提案號數
	議決于時机未到本會教育致力方面本會宗旨認為合法惟須請傳頭致力運動無力辦後請	請外部援助改組卹公所案	李生義李生澤等11人	I
	第三號提案仍合討論照原案追認會委經費追認案將元千一百五十五元九五雲儔寸允寸元印作合元「一金其中捐息志同志同求並後以部算預過經得不行案照第三號提得五○匯元餘意照當兩盾百五洋存移外內交	查經會委會超過預算八三一百四十元請不會動用並超範案追認	內部	2
	製定預算決算案由外部通過執行查外會教委預算決算案外津貼款項顧範圍內	查教委會外于津貼款項決算預算製得不超過通過執行	寸嗣徽	3
	議決後辦面以文昌宮座改後之圖書館-由教會委各負責員兒童圖書室改組因惟無圖書安度可兒童圖書室裝輸流經理	請通過以下二千盾為增建圖書館屋用費案	內部	4
	議決照舉業惟律寸懷幸書圖及部內為君主任會委教會主任寸允懷君堂補函部內任用錦李任主計會委會君	請外部及圖書館書記人計一名人志同實忠部內仟選由外部請查書及部內請人任用會計員	寸嗣徽	5
	議決通過查內部照辦	查部內委教會以後教員人選問題原為人材以能任責不若凡不有良嗜好及不用案	全上	6
	全上	查部內請將部務會議息消使務務教務時報告外通案通每須少最部	全上	7
	議決加增經費每費寸四百元以后每費寫送資費二送選或一人	查部內請續執行資送學生案	全上	8
	議決通過查部內執行	查部內對於會計賬務須每月稽查並次一外內於公佈案	全上	9
	議決通過部內請查執行	查部內轉請查圖書館會委對於該目賬計會館每須稽查次一並佈公外內案	全上	10
	全上	反會章屆上處議部內議查會計手續不清還案	全上	11
議決第三章收款第七項者須遇必要時得「增下」按月息銀收或「八字」	本會財政處理條例修正鑒			12
	議決所定製懲罰條例七條照原案修正通過（條例附錄於後）	請製本會財理員違反會章懲罰條例案	寸嗣徽	13
	議決每年共津貼二百五十盾	增加圖書館書報津貼案	全上	14
	議決由總部負責辦理	隨時報告對於各部部務凡進行須每月少須通告一次案	全上	15
	議決照辦	總執行部議案應負責催辦不行待擱當各員委會對於屆各議決未行	全上	16
	全上	所規定無名投票應改為記名寫法第十三章第六十七條選舉法	全上	17
	交建議人負責辦理	寸仲獸志同遍時議動將大會經過情形登報宣報告案	同上	18

⊙本會理財員違反會章懲罰條例

圖書館及教育委員會均適用

㈠本會理財員或會計員任內若有虧空公款或賬目不清經監查委員會查出時得經依法表決後裁除其職務另舉忠實同志充任該職並令其請保限期交代外並停止該會員以後被選舉為理財或會計之權

㈡理財員或會計員於交代時若有第一條所列情弊發生時除令其請保限期清交外並停止其被選為理財或會計之權

㈢第一,二,條所列保人資格以本會會員為限

㈣凡犯第一,二,條所列情弊之理財或會計員得斟酌情形科以卅盾或五十元以上之罰金該職員若抗不繳納時得登報警告不服得宣佈其罪狀並令其出會

㈤凡犯第一,二,條所列情弊之理財員會計員經限期交代而至期不履行時得向保人是問如保人亦不履行擔保義務時得登報警告之警告不服除登報宣佈其罪狀並令其出會外得以法律解決之以上對付辦法並須向該職員進行

㈥本條例自議決公佈日施行有效

㈦本條例有未盡善處得於週年大會時提出修正之

和順崇新會第八屆財政收支表

收入摘要	盾	安	半	支出摘要	盾	安	半
收第七屆存來	16419-	14	6	基金儲蓄33柱	16575		
收入基金33柱	16500			津貼圖書館	100		
收入息喱33柱	2287	8		捐贈閱書館報費	54		
收入會金12柱	27			津貼內部經會	100		
收入年捐56柱	58-	14		刊物印刷費	232-		
收入總計	35293	4	6	週年會經常費	275-	9	6
支出總計	18190			印刷費	104-	14	
兩抵結存	17103	4	6	郵電費	38-	8	6
				津貼內部教委會	800		
				支出總計	18190	0	
				兩抵結存	17103-	4	6
				共　計	35293-	4	6

本會第九屆支出預算表

5

用 途 摘 要	銀 數	
	盾	安
教 育 委 員 會 津 貼 費	800	
增補上屆教委會不敷經費（內有運動會經費四百餘元）	762	
資 送 學 生 津 貼 費	40o	
週 年 會 經 常 費	300	
津 貼 圖 書 館 經 費	250	
津 貼 內 部 經 常 費	100	
刊 物 印 刷 費	200	
郵 電 印 刷 零 星 費	50	
修 理 兒 童 圖 書 室 經 費	50	
總 計	2912	

和順圖書館第叁屆財政收支表

收入摘要	款數			支出摘要	銀數		
	盾	安	半		盾	安	半
收第貳屆存來	683-	8	6	支交緬甸經理處書報費	100		
收入基金壹柱	500			支交緬甸經理處轉交本館經費	160		
收壹柱息銀	75			支儲基金壹柱	500		
收崇新會津貼來洋	100			支交經理開寸秀芳女士贈書運費	50		
收入總計	1358-	8	6	支交經理處開張治才張溶才二君贈書運費	50		
支出總計	860	4	6	支出總計	860		
兩抵實存	498	8	6	兩抵實存	498-	8	6
				共計	1358-	8	6

本會外部新會員人名表

姓名	性別	住址	姓名	性別	住址
寸源輪	男	緬京	謝尚義	男	緬京
李啓興	男	緬京	李應聲	男	緬京
李祖給	男	邦海	寸學文	男	邦海
楊大明	男	絞脈	楊大圖	男	絞脈
李生茂	男	恩多	寸時坤	男	八慕
張德瑰	男	果勳波	劉翠芳	女	恰井

本會內部新會員人名表

尹治勤　劉玉英　劉淑蘭　李爲英　買秀蕓　寸彩舫　尹生芳　寸遲芬　寸蓮芳

李竹鳴　尹治玉　寸彩芝　張景淑　張彩煥　尹鶯芳　寸鶴蘭　寸蓮湘　買貞賢

楊名書　陳嘉蕙　李鳳儀　趙秀菊　王秀英　寸時美　李桂芳　寸守英　尹鑾定

尹鶯靜　尹鳳英　以上卅一名皆女性

寸源深　張岑建　張德浩　李鴻春　許恩沛　李祖孔　尹鑾道　李葉海　李曰紱

寸時順　寸寅　　張溶才　釧相才　　　　　以上十三名皆男性

7

本會內部會務報告之一部份

會議時期及名稱	程序	議案類別	決案及負責執行者	第八屆職員表		
廿二年五月七日第七週年大會	1	呈函外部撥助內部款案	呈請外部聘基金二分之一匯存放相機購匯不動產	監察委員 寸性職	寸時久 張溶	李生義 買學煥
	2	組織第二次秋季運動會案	通過限於本鄉舉行但不得參加他處運動會			
	3	圖外部抽匯基金半數回鄉案	附歸（1）號決案	常務委員 李生光	李祖華 李曰選	李生圻 李涵春
	4	推選圖書籌募捐委員案	交下屆執行委員會辦理			
	5	股分校子 戀溪張家坡高谷庄東山脚案	保留			
	6	組織秋季運動案	附歸（2）號決案內	執行委員 趙秀發	李寸劉李段祖佩啓游玉久光春助銘	
	7	四級教室外關操場並購體育器或案	交下屆執行委員會辦理			
	8	購置滴合桌小教材自然科儀器標本模型案	同上			
	9	能免帶嗜好教員案	同上	候補執委 李沛春	尹樂文劉李謝振祖蘭仕伯芳	尹鳳英
	10	組織不定期刊物案	通過交下屆執行委員會辦理			
	11	通過新入會會員案	交下屆執行委員辦理	文牘 李祖華	李生光	
六月一日第八屆一次執監聯席會議	1	解決大會混案4,7,9,五則10,11,案	4.由常務委員會函請純老代辦不達目的又由本會委派7,10由提案人收回8.通函外部建議11通過			
	2	教育委員複選案	選定二十五人（附人名表）	會計 寸樺潤		
	3	稽查會計員眼目	公推李錦臺實蔚林李滙川三同志稽查稽查結果無誤			
	4	通函外部撥匯會款案	由文牘主任負責起草			
	5	李庶務來函辭職案	一致挽留	庶務 李維周		
	6	籌備出版不定期刊物案	公推李秋農為編輯主任			
	7	改選圖書館館務委員案	選定十九人（附人名表）			
九月十日八屆二次會員會議	1	參加全鵬運動會籌備事宜案	組織總務處內分十一股負責籌備之責	圖書館館務委員名表 李廣農 劉惠卿 李潤珍 李秋農 李文生 段玉龍		劉園助
	2	確定參加運動經費	先向鄉人募捐不敷由本會津貼			
	3	確定參加運動科目	足球鉛槍跳高撐竿百米賽一哩賽接力八百味高欄百味籃球跳球選二百味賽四百味賽低欄百味賽	李燮臣 寸少林 劉維周山 李結虛林 段競天臣 劉杜臣		
	4	推舉各股職員	當場推定	李韶泳 寸稽久 劉佩奮 李恩純 寸純楨		
	5	通過新入會會員	通過認可			
	6	擴充館址案	呈請外部准予滙回建築費印洋2000/-外并派代表向公所請購劉姓地為館址否則先砌廳牆於館頭前面	教育委員會委員名表 李祖華 李生溶 張生圻 李生義 寸樹瑋		
九月十二日第二次執監聯席會	1	推舉向鄉公所請求購給館址代表	由寸仲恢尹以忠兩同志代表要洽	李生祖啓培誠慈 寸啓培 李育德 李穎銘		劉
	2	女生制服優待案	男女生制服津貼最低數大洋50元候募捐之視成績之高低再作增減			
	3	運動會總務處主任之推選案	總務處主任公舉寸仲恢尹以忠兩君協負於監護股一職（原稿不明）	趙尹劉劉劉李秀樂振宗必啓曰發文仕恩美光霖		
	4	常務委員輪值辦理會務之時間分配案	每人輪值一星期	寸樺葉清 李性苔 寸寸性久 尹志怡 段改		
	5	請舉尹以忠為常務委員案	通過			

茲將由民國廿二年二月十一日起結
至民國廿二年十月三十日止男女校
財政出入列後

　　　入款

入鄉公所津貼來大洋銀陸百元
入屠捐來大洋銀貳百八十元（原七百元因抵制總局發生問題
　因之餘款尚未全收）
入外部津貼英洋八百磅合大洋壹千陸百捌拾壹元貳角五先
入兩級女校上學期學費收合大洋肆百叄拾捌元
入兩級男校上學期學費收合大洋捌百貳拾九
入由寸懷雲先生捐款項暫借用大洋壹千元
以上六條共收入大洋肆千八百壹拾九元貳角五先

　　　出款項下

一支男女教員上學期修金共去大洋貳千零肆拾捌元
一支教員預支下學期修金去大洋壹百壹拾四元
一支男女校校工薪資去大洋壹百零五元
一支買書籍紙張用品等去大洋貳百壹拾五元
一支蒸茶炭火燈油零星等去大洋貳百捌拾五元
一支裝圍寢室修理講堂及製運動器具等
　去大洋四百六十五元
一支添置書桌凳壹百張去大洋四百三十元
一支男女學生夏季遠足辦東津貼去大洋伍十八元七角
一支男女校丁條辦東津貼去大洋壹百五十元
一支交際招待各費等去大洋壹百叄拾元五角
以上十條共出合大洋叄千玖拾貳元貳角
兩抵實存大洋捌百壹拾元零五先

茲將由民國廿二年十月三十日以後
入出款預算錄后

　　　入款

男校學費　擬收大洋八百元（因有自動辭學者及無力按徵者）
女校學費　擬收大洋四百卅元
二條共收合大洋壹千貳百卅元

　　　出款

下學期教員修金　擬支洋壹千壹百叄拾圓
男女校校工薪資　擬支洋五十圓
油炭烟茶交際零星　擬支洋七十圓
紙張用品等　擬支洋五十圓
秋季男女遠足費　擬支洋壹百圓
支還寸懷雲捐借用項大洋壹千圓
以上入大洋壹千貳百卅元
　　出大洋二千三百元
兩抵不敷大洋壹千零七十元
除去餘存大洋八百三十一元零五先
抵外預算不敷大洋壹千壹百卅八元九角五先

教育會員會章程草案

```
                  ┌── 會 員 委 員 教 ──┐
                  │                    │
          ┌───────┼────────┐
        執行委員會  監察委員會  常務委員
          │
        常務委員
          │
       校務委員會
    ┌─────┬─────┬─────┐
  訓育主任 教務主任 ...
```

第六條 本規程如經開會丁丙乙甲會文（丙乙甲）課文之種各關進修之……

第七條 ……

第八條 ……

第九條 ……

第十條 ……

第十一條 ……

第十二條 ……

第十三條 ……

第十四條 ……

第十五條 本規程如有未盡事宜得隨時修改之

勘誤表

頁數	行數	第幾字	正	誤	備註
二	上十五	廿三	如	姑	遺漏與重複
四	上七	七	躬	勇	漏一所字
同	上八	四	篇	蕭	漏一字
同	下十	六	部	□	漏一字
六	上七	十五	宜	宜	多一這字
八	下五	十四	歸	舊	漏一字
八	上十	廿一	原	□	
九	上四	廿一	對	將	
十	下一	八	于	干	漏一字
十四	上六	十八	經	在	漏一字
十六	下十	三	材	㋐	
十九	上四	七	潑	杓	
廿六	下四	廿一	與	與	漏一字
廿七	上三	十一	敗	欺	漏一字
卅二	下十	十四	充	完	漏一字
卅三	上六	一,二,三	之	一之	漏一一字
卅三	下三	十六	盾	循	漏一大字
卅六	上八	廿四	行	云	漏一大字
卅七	下二	廿七	十	|之	漏一俍字
四十七					漏一字
五十三					
五十四					
五十五					
六十六					

歡迎投稿

本刊歡迎同鄉及外界人士投稿，凡與本會服務社會之宗旨相同之著作，皆所歡迎。茲將投稿簡章列後。

（一）來稿無論評論，小說，詩歌，戲劇，或家鄉時事，皆所歡迎。

（二）來稿須繕寫清楚，並加新式標點符號，勿過潦草。

（三）文體以語體文為尚，文言亦可，惟須淺明易曉。

（四）來稿發表時，署名由作者自便。但須於來函內署真名，及中英文住址，以便通訊。

（五）本刊編輯，對來稿有增刪之權，如不願增刪者，須預先聲明。

（六）來稿登載與否，原稿概不退還，如欲退還者，須預先聲明。

（七）刊載之稿，愧無贈品，僅以本刊為贈。

（八）投稿請照下列英文通訊，寄緬甸仰光九文台文定路廿四號寸仲獻君收。

To Mr. S. W. SUEN,

24, Vinton Street,

Kemmendine, Rangoon, Burma

中華民國廿三年六月出版

和順崇新會八週紀念刊

「非賣品」

編輯及
發行者　　和順崇新會
　　　　　雲南騰衝縣和順鄉

印刷者　　明明印務有限公司
　　　　　緬甸仰光河邊街

本刊稿件於二月間即彙集完畢因付印後手民內部改組常有更換職員及停工之事故遷延不得出版致勞閱者盼望至今歷時四月始得出版然編者方面並未稍致疏忽以負職責此應向同鄉同志聲明者

　　　　　　　　編者

和順崇新會第九週年紀念會刊

春耕者　　　　　　白朗尼攝

目錄

鳥國

徐夢麟

今天（四月三號）到定縣西建陽村，看了公營的民眾露天劇塲，感覺到十分有趣。

這恐怕是中國第一個最新組織下的劇塲，形式彷彿古希臘的樣子，不過有大小之別，可以容納二千人，舞台在一個較高的月台上，有一個正方形的背景左右是兩個長方形的，觀眾坐在月台對面的斜坡上，每人有一個可以移動的小木凳。

平敎會戲劇研究會（主任是熊佛西）建築這露天劇塲，做農民敎育和娛樂的機關，不必出錢，就可入座，像古羅馬一樣。

、今天公演的「鳥國」，是一篇用新形式表出的戲劇。

原來戲劇的起原，是和農人生活有密切的關係的。希臘戲劇是起原於酒神祭，當葡萄收穫，農民歡忻鼓舞的時候，祭祀代育尼瑣士，就有假裝行列，扮演故事，這是希臘戲劇的起原。

古中國的北方詩歌：「我田旣臧，農夫之慶。琴瑟擊鼓以御（迎迓）田祖，以祈甘雨，以介我稷黍，以穀我士女。………乃求千斯倉，乃求萬斯廂，黍稷稻粱，農夫之慶！」（這一段默寫不知有無錯誤因手邊無書所諒）那一種狂歡的祝祭，是戲劇的起原。「琴瑟擊鼓以御田祖和祭巴考士一樣的熱烈。最古的蠟祭：迎猫，迎虎，祭昆虫；和希臘的假裝行列，很有共通之點。

這樣的戲劇有幾個特點：是集體的，大眾的；打破了演員和觀眾的界限，一國若狂的去參加，有時觀衆可以走進行列，去做演員。表演的是大眾，觀賞的也是大眾。

「鳥國」——定縣平敎會戲劇研究會陳治策先生編的，就采用了這樣的形式，這是最古而又最新的形式的試探。我自己以前編過一本「我們的時代」雲南婦女會公演，叙一個女青年率義勇軍出關戰死，當出發的那一天，大眾到車站歡送，舞台上唱「萬里赴戎機，關山渡若飛……」舞台下的觀眾也合唱起來，這也是一種新形式的試探。

鳥國開演了觀眾席中三年級的初小學生，各帶着筆記本

子，一面看，一面記。

第一幕：幕開遠遠的歌聲——
「救救我們，救救我們，我們都是逃難的。」（大意）

歌聲漸近兩個受傷的鳥兒登場化裝像童話中的鳥兒一面探索，一面歌唱——
「久別了家鄉，家鄉不是舊風光；哥哥弟弟，你們都在何方？姊姊妹妹，你們都在何方？」（大意）

六個烏鴉從相反的方向登場看見他們倆在鳥王宮外探望，說他們是漢奸，要加殺害，他倆向觀眾席跑到遠遠的對面，六個烏鴉追了下來。

鳥王登場把他們從觀眾席中叫上舞台，知道他們是逃難的人責罵烏鴉一頓，他們請鳥王發兵去打獸國，鳥王說：
要先建築國防，於是鳥兒們工作起來，唱着雄健的歌曲
「大家快來做工；建立鳥國，修理鳥巢。」在歌聲中，閉幕。

第二幕：
內唱勞作之歌，鳥兒們在建築城池；勞作的韻律，和

內面的歌聲相應。
杭育！杭育！杭——
杭育！杭育！杭——育！
杭育！杭育！杭——育！

建築完了升起國旗，呼鳥國萬歲！
一隊黃冠鳥（鴨）代表海軍，一隊紅冠鳥（雞）代表陸軍，鳥王也登場，海陸軍大臣和他的隨從鷹鵰鶴鷺孔雀白鷗等等，隨着登場。兩隊鳥兒向觀眾席中唱着軍歌繞行一周，全場都歡呼起來，大家和唱：
「可愛的鳥國，偉大的鳥國！」
鳥王有一段很長的演說，他在軍樂悠揚的聲音中退去，幕下。

第三幕：
是鳥國和獸國宣戰，鳥國大勝，把獸國征服，全體和唱：「大同之歌」
這是一本雄壯的喜劇中國現在急迫的需要這樣的戲劇，劇文很長，上面所寫的太少了。
不過這一本戲，未免太樂觀了一些，世上真沒有這樣簡單的事呵。

二四，四，六，草於北平。

在騰越

Theophilus
祥華

我停留在騰越的時間超過了我的預期，但是不看看那些可看的地方就走了是可惜的。于是我特意匆匆地訪問那些火山的遺跡。石頭山是最有趣的，而且離城不過十多里。走出去不遠，我就能夠看見那奇異的「天然劇場」。要是再加上坐椅和階梯牠就可以成爲一座完備的羅馬式競塲了。地面十分平坦，有幾畝的寬闊。很像是一個熄火山的噴口，但是找不到證明。有人告訴我，有人曾經打算在此地開運動會或演戲，但是恐怕這地面會開裂把人衆或演員吞沒了，所以沒有實行。我覺得這很像是由于記憶着古老的火山事蹟而產生的神話。然而這裏的火成岩並不有顯著的可怕的；這是可怪的。這裏的火成岩是新的，附近有火山的神話，這是可怕的。近有許多溫泉；而且騰越是歷次遭受局部性質的劇烈地震的。

美好的鄉村

由此前去，經過水碓，有人又叫牠做督辦村，因爲督辦的家就在這裏。我在中國還沒有見過比這更好的鄉村。道路是修整了的，還有蔭翳的樹林。房舍的建築也很結實而整齊。有一個養着金色魚的池塘，四圍是石砌的小橋，很像是從那起點的圓椎體一直波浪似的薄開去。這裏有許多廟和美好的碑坊豎立在路上或路邊，其中之一是紀念督辦的妻母親的。總說，站在路邊那些碑坊都是爲不嫁第二次的寡類的草花。在雨天的時候，一定是很好看的。

火山石和蘭花

在和順鄉鄉對面，過了一片田畝的小平原，就是一段火成岩，有着石頭山上那種挺出的圓椎體。過一個沙灘就到岩下了。說這岩床是地質學上的古物是不可能的。一方面中國人民來到這裏是比較新近的事。說這岩屑有五千年那麼古老是沒理由的。溶岩很像是從那起點的圓椎體一直波浪似的薄開去。岩面是被各種動向所穿透而形成的，岩屑露出頗大的裂痕。岩上各處都生長著蘭類的草花。在雨天的時候，一定是很好看的。但是除了這

婦的光榮而建立的。水碓確是騰越的勝地之一了。

我們從騰越平原走下去到一個較低的地方，中間經過和順鄉。這已經不能叫做鄉，因爲牠的人口比騰越全境的還要多，雖然那密集的房屋只佔了一塊較小的地面。但是牠究竟是一個大地方，綠油油的山坡便是這一鄉的廣大墳塲了。街道雖然窄，却充滿着各式建築的古蹟：碑坊，石階，宏麗的門面，平整的市塲。肥得圓圓的小孩們在游戲，老祖母們在晒太陽，很大的豬蠢蠢然躺在泥溝裏及宏麗的大門前。這個鄉是由于勤勞的人民歷代的蓄積而成的。而可惜的是：現代的中國人並不想發揚前人的工作，所以每個居民都顯出一副頹廢的神色。

些花草而外，這裏什麼都不生長。石頭山上的圓椎體從亂石堆裏一直聳起三四十丈高。在斜坡上生長著茂草，還有浮石崩解而成的沃土。有許多松樹生長在兩旁和山尖上。火山口的遺跡還完全保存着，不過只有一百五十丈那麼深。這熄滅的火山口的北邊現在有一個杯形的丘壑。山的西邊還有三個小噴火口，緊接在一處，可以說是原來是一個口。這岩是有人開鑿取石的，用牛來運走。

火山地帶

騰越所有的這些火成岩是表示牠們是地殼上一大薄弱地帶的一極端；這一地帶從緬甸的波巴，明布一直到爪哇，菲利濱，日本，阿拉斯加：這一帶有許多沸泉，火山口以及火成岩。除了少數例外，世界上最大的火成岩都在這一段窄而長的地帶上。雖然在人類的記憶中騰越的火山並未暴發過，但是這地方是常常遭受劇烈的局部地震的。今年震的次數較少，去年就很多，而且那劇烈的程度達到當地歷史上數百年來僅有的紀錄。我沒有餘暇去看其他的火成岩。

外國人在騰越的很少，幾個緬甸人，幾個瑞典與教士，兩三個英國人而已。可怪的是並沒有一個印度人。印度不是和緬甸很接近嗎？

這裏的民情很和善，而我參加過的中國筵席是很有趣的，尤其是王先生請我在「壘水河」上面亭子裏吃的那一次。我們一共二十五個人，其中有三個英國人。在川流不息的佳肴中，就只有「豬蹄筋」，腿子和墨魚這三樣我不喜歡。其餘的都很合我的口味，尤其出色的是胡桃仁炒子雞丁，還有蠔豉和栗子作的「布丁」，涎魚也不壞，魚翅也好。這一餐飯任自然而爽直的情調中進行了兩點鐘：我們才一從席座上站起來，就穿上外套走了。回到寓所已是十點鐘，卻並不厭倦。如我所說的這些中餐席上的優點是值得我們歐洲人學一學的。

……

在此地縱然是富室，一天也不過是幾個辦士的開銷，六個緬洋就可以算是一個月的工錢了。生活情況自然是很簡單的。因為物價的低廉，可以說，在此地就沒有錢，人們也能夠舒舒服服的過日子了。他們不感受缺乏，幾小時的工作就足夠幾天的生活了。他們很少焦慮。無須交易事項還是以物易物，譬如：多少帽子換多少綿紗之類。許多的教育並不是強迫的。坐在門前晒太陽就好了。兒童的教育並不是近代的。這地方的空氣是寧靜的，並沒有近代的煩惱來攪擾這去舊的生活法。人民是澈底的馴良的。在最近這兩年中，騰越只有過一次謀殺案。這在緬甸是每天都有兩三次的。也有一股上匪，但這是該歸罪于住在山裏的野「開青」的。一九二六年他們曾經叛亂過一次，燒了幾個鄉村的房屋。這種亂事是隨時都可以爆發的，但是據我所知，中國人民。騰越是富有忍耐性的，況且這些山裏人決不肯把事情弄到極端。

譯者對于原文並不認為有多大價值，而且他所說的又都是些騰越人熟悉到勿須說的。炎菊正四篇……

悉，勿須說，經過初到的外國游客一提，對于熟悉者或者會有什麼新意義也說不定。但是我譯牠的意思還不在此，而是因為我讀了牠之後所引起的懷舊之情。

二十年前我從家鄉到大理讀書，看見苍山，洱海，三塔寺，五華樓，是顧為滿足的，而那時的腾越同學却瞧不起大理，說他的家鄉比這好得多。似乎後悔不該路遠迢迢地跑到這裏來。當然，他們或許因為學校的設備不能滿足他們的求知慾而怨及地方也是有的，但是他們確是留戀他們的故鄉的。

二十年後的今日，偶然看到這原文，把我的埋藏在記憶深處的許多少年同學的聲音笑貌都喚起來了。我想為他們作點事情，就把這譯稿送了來。

譯者，一九三五，五，十五，北平

編者按：誠如祥華（二十年前在大理讀過書的人，請注意這名字是譯者的筆名，若是說出他的真名字來，那是你們所最熟悉的一個人，）兄所說，這原文並不有多大的價值，不過祥華兄的譯文却夠使我們感覺迷惑了。

我們的家鄉，加上這個歐洲的旅行者的讚美，似乎『大地方』『美好的鄉村』的名稱是有世界的意義了。但是，人家的讚美不是指着和順鄉的自然環境，就是指着過去的榮華的遺跡——房屋，街道，寺廟，池塘等等，對於現在生活在這鄉村裏的人們所得的印

象是：『不想發揚前人的工作，每個居民都現出一副頹廢的神色』，和泥溝裏，大門前躺着大蠢豬而已！！至於『無須乎養老的設備，坐在門前晒太陽就好，兒童的教育並不必迫的』，這地方的空氣是寧靜的，並沒有近代的煩惱來攪擾這古舊的生活法，人民是澈底的馴良：……』等話，正表示人家將我們看做『太古之民』，偶然生在現代，而占據着美麗的自然環境，人民的馴良，澈底到國境線一天天向內收縮，快要接近自己的祖墳而仍然不知道反抗的程度，專喜歡宰割佞略的歐洲人，看兒這樣古老的馴得像豬一樣的人民，那能不稱嘆呢！！假如這歐洲人又知道我們唯一的鄉校裏面，還□□□□□在施着讀經教育，主張『打倒新思想，恢復舊道德』，復辟跪拜的奴才禮，以及全鄉紳士淑女迷信客佛，青年少年（這是說老年中年以外加上青年少年的意思）吹鴉片，賭錢等等的光怪陸離現象，那恐怕這位旅行者的讚嘆，更不知要達到怎樣田地能！！經過了崇新會多年的努力，我們家鄉除了自然的風物及前代榮華的陳跡原樣不改之外，仍舊保留着『一副頹廢的神氣』『澈底的馴良』的現象，恐怕泥溝裏大門前躺着豬』不是崇新會的名譽，更算不得是崇新會的成績罷！！在家鄉負責的人們，我們希望你們少爭些意氣，多做一點實際工作，不要讓這種可恥的現象，永久籠罩在那美麗的鄉村上！！

*

*

*

我所希望於崇新會的重要工作

雪　光

和順在清末民初的時代，不是於人自命為驕衝的小日本；而別的人也照樣稱許嗎？的確，像那種人口集中，建築雄偉，生活寬裕，學校勃興，而殖民的數量，留外的學生，也都激增的鄉村，無論在騰衝，或全滇，尋不出第二個；也許全國也不會多能！現在怎樣？似已大為神權所籠罩，（久已死去的燈影子，二三年來竟復活起來，可為代表）無復當年的銳氣，這是無可諱言的；也是極可惜的！

崇新會是和順青年的集團，歷史已十餘年，宗旨在改造新社會，以應付世界潮流，而謀民眾的幸福，也是非常的偉大。千里鵝毛，貴會想不以為薄能！

今歲適值光榮的九週紀念到來，照例出刊物，使會員有深刻的認識，以利進行，用意至佳。今承編者徵文於予，雖公私蝟集，內容都很有精彩的。過去所見到的四期，的也很多，基金有印幣一萬餘盾，也不得不勉述一得之見以為禮物。

速施行識字運動：不識字的害處，小點說：在民權時代，不能寫自己的姓名，於選舉權上，已發生障礙。事業上，缺乏應有的常識，那麼辦事的能力；生產的效率，也自然低微了！大點說：法治的精神怎樣養成？民族的思想怎樣輸入？團結能力，國家觀念，也自然的薄弱了！最近教育部調查國人不識字的，仍占百分之八十，約為三萬萬多人。建國於這樣不健全的組織上，政治能上軌道嗎？民生能不凋敝嗎？匪患能不猖獗嗎？漢奸能不多嗎？民族地位能不一落千丈嗎？欲謀復興，捨國民全體自覺和努力，一致的埋頭苦幹外，都是走不通的死路。但怎樣總能自覺和努力，要在使全人民都受教育，都能讀書看報，都能自立，都能為社會謀幸福，都能擔當國事。所以救國的方式，無論雖多，要以推行教育為最可靠。而推行教育，又當以得到一切智識的必要工具的識字運動為起點。以我膽說：無論從那一方面研究：都是應請首先提倡以為模範的！只要大家肯努力，不怕麻煩，不避嫌怨，我想是能成功的。下面的幾條，是我個人的主張：提出來供大家參考。

（A）識字運動籌備處：此舉體大事煩，組織不可不嚴密，故應先成立一籌備處，以籌備一切。因為下面諸事的需要，應組織的部分是：

（一）編制教科起稿委員會。
（二）編制教科審查委員會。
（三）調查文宣股。
（四）會計兼庶務股。
（五）教務股。
（六）宣傳股。或由教務股兼任。
（七）指導委員會，或即以起稿委員會兼任。
（八）獎勵委員會，或即以審查委員會兼任。
（九）……股

總以各有專責，而又能互助以利進行爲主。欲達到此目的，非愼選其人不可。（先由崇新會邀集男女學校校長教員和地方上熱心的紳士，有爲的靑年，協商組織。能由本鄉以外，聯絡與此事有關係的人才更妙。）

（B）調查文盲：識字運動的全盤計劃，須依文盲的人數，男女的性別，和牠們的職業屬於何種而定？故調查不可不嚴密；有精確的統計，設計方不空疎，功效方易成就。故除由宣傳股，敎務股……出發外，須請縣黨部縣敎育局，協同按戶調查，勿徇情面，勿使遺漏。

（C）收羅人才：凡事的成功。不僅在經濟充裕；尤在有適當的人才。發展識字敎育的前提在敎師，若同時施行識字敎育的，當然不敷用。除現有之敎師，若同時施行識字敎育的，當然不敷用。除加意招致會員和非會員中有可做師資的外；並設法禮聘鄉外熱心於此事的，極有效的方法。也是要聯絡縣黨部和敎育局；牠們都負有指導或啓發地方文化的責任，若與協商，自然也必是竭力贊助的。

（D）籌措經費：金錢是一切活動之基礎，所幸崇新會基金旣豐，那末就是撥出大洋三千元，或四千元，也不過是英洋一二千盾，無多大損失，況且辦理這樣有意義有關係的事體，即認爲犧牲太大，也是有價值的，若仍有不足，或請縣政府指撥補助費；或徵收文盲捐；（規定受識字敎育的年齡，到識字時爲止，也是有意趣的），或舉行烟酒屠宰……附加稅，也自然夠了！

（E）編制敎材：施行識字敎育最後之目的，除使其能識字讀書看報外，尤在能應付環境而不失爲一良好的公民。根據此原則，那末除採用平民千字課本，和復興的公民，衛生……外，當另編一適合環境的一種課本。此事應由起稿委員會編制；交密查委員會審查；再請敎育局復查，即可印行敎授。

（F）愼選材料：和順殖民的資格，在我騰（也可說是全演）爲最老戶人數也最多。那末調查的結果，本鄉是必不識字的，因爲和順多是大田主，佃戶幾乎都在鄉以外的發烟八排一帶，不識字的，婦女很少的，工人軍人，則更微乎其微了。至於農人，想必不少。這是預測的事，將來編制敎科應社重何方面？當依據精密的統計而定。我個人的意見，以爲應注意下列數點：

文字方面：必須用語體文，使淺題易知；字數亦不必過多；更以能引起讀者的興味爲妙！

材料方面：除上述須根據統計表的文盲，屬於那幾種？而定其應探的材料外，應當對症下藥的是：

（I）破除迷信。在今科學昌明的時代，而猶過求神拜佛，還惡做齋，或過「墮落」「墮落」的木魚聲生活，無論其是爲經濟的壓迫，或政治的失常態，或有人藉以取利，都應破除。釜底抽薪的辦法，就是民衆，尤其婦女，有澈底的覺悟。有了澈底的覺悟，那末就是什麼僧道尼姑，什麼端公師娘，以至什麼星相……，也就無法誘惑利用了

！簡要的方法，即在介紹關於科學和衛生的常識，使明白自有很多的迷信事件，都是自然發生的現象；和所以然的原故，而非神權的作用。（此層請參看新光第一期新聲君「取締迷信運動與縣黨部」說得很精詳）。

（2）改良早婚　我們國家的頹弱，民族的衰萎，誰能否認不是由大多數羸弱的國民體格所化的原因極大嗎？體格的不健全，自然會影響意志的薄弱；意志薄弱的人，無論是表現在一般的心理上；或一般的行為上，處處都缺乏積極性，沒有沈毅持久的能力，勇敢犧牲的精神，所以什麼好的抗日運動；什麼好的建設事業；什麼好的科學方法……，一樣都沒有把牠弄好。不努力埋頭苦幹，發憤自強，以應付當前的困難，──抗日勦匪。……反懷疑，或鄙薄科學的無效力；開倒車，過原始的生活的成績，有些竟想復古，……完全是生理上萎縮不健全的病態所誘發，造成生理萎縮不健全的病態的原因……的衛生；不講究……的運動；或是受不良善的政治上的影響；或是受經濟不景氣的影響。但我以為最大最普遍的莫過於早婚罷！未成熟的男女，以即結婚，精神上，身體上，以至事業上，損失是怎樣的重大？父母俱羸弱，其所生的子女，安得不更頹弱？早婚的人，無論男性或女性，本身都未受過相當教育，對於子女的胎教，以至幼稚

……的教育，當然不能盡引導啟發的責任，其子女安得不愚頑。這樣的一代一代的……傳下去，其子民族性安得不衰縮，幾至不可救藥呢？早婚的人，無論男女本身未能自立，而為父母的寄生虫；其所生的子女，也必為其祖父母……的寄生虫，生生不已，必愈加重家長的負擔，以致養成重崇族而不知有國家；重子女而不知有事業；重迷信而不知求真理的惡智慣。常見志⋯卓絕的英傑，也往往一生受子女之累，一無建樹，而即溘沒無聞。比較歐美人，雖富有的子女，也必要到自已的身體健全；受過應具的教育；更須到能力足以供給妻子的衣食以後，才結婚（三十以上至四十歲的很不少）的種種利益，真有天壤的區別了！若不急謀改良，就高喊什麼救國？也是無益的！我騰早婚的區域，有多人說：「和順與西練右永⋯⋯為甚」。據我觀察，情形自然各不同；原因也有分別。在和順恐怕是經濟較豐一層多）的心理容易引發，想做「不公⋯，「婆婆」，而又容易辦到呢！而又容易辦到呢！生活較易，想做「不公⋯，「婆婆」，而又容易辦到呢！

（G）設立學校：根據調查隊調查的結果，看文盲共有

其他如國恥的提倡；婚喪的改善；和本省，本縣，本底的辦法，也是應該使民衆有了徹底的覺悟；國貨的提倡；婚喪的改善；和本省，本縣，本鄉的時事，也都是編制教科的應有的好材料。並也都可以做宣傳的材料。

若干？男性若干？女性若干？成年未成年的又各若干？商人工人農人又各若干？乃可定施教的方針，和地位的怎樣？設立的方法約有後列數種：

（I）識字學校　地點，以圖書館爲最宜，從文盲之性質說：當分爲婦女識字班，商人識字班，農工識字班以適合特殊的需要。從地位說：設立於張家坡大莊水碓……。以免文盲，路遠不便的藉口。從時間說：除設日班收受無職業的青年和成人外，如有職業的文盲多，日間不能入學；應設夜班以收受了。

（2）設民衆間字處於各梭內，使有指導啓發的地方，也是很緊要的。

（H）指導和獎勵法：識字教育的計劃，和定施方術，已如上面所述。但欲其進步速，則不可不加以指導，故應設指導委員會，（或卽以編委會兼任）。根據指導員報告的成績或優或劣，當施以相當的懲賞，使知警惕或奮勉。爲愼重起見，也應設一獎勵委員會，負此責任。（或卽以審查委員會兼任）。識字教育，爲各項訓政建設的基本設施，原非一省一邑一鄉的，而是整個的問題。但以貴鄉經濟較豐，生活較易，人口較爲集中，風氣較爲開通，而財力充足的崇新會，又夙負改造社會的偉大志願！故極願首先提倡實施，以爲其他城鄉的模範。

『編者按』本文所主張的識字運動，是我們絕對贊成的。不過，因家鄉崎形社會現象的存在，凡是新事業的建設，難免多方面的阻碍，兼之這麼重大的事體，不是少數人和少數團體所能勝任的事。最好由全騰教育行政機關的教育局出而提倡，並由縣黨部的負責指導，通令城堡及四首練先行試辦，俟稍有成績後，又爲推行全騰。至於編制教科書的起稿委員會，『各司地更當普遍施行』，較爲容易收效。至於編制教科書的起稿委員會，更須深具教育經驗和豐富的科學知識的人材，才能勝任。在家鄉印刷事業尚未發達的環境裏，編制印刷方面都有相當的困難。『在騰印刷教科書恐成本太貴，不大經濟』，我以爲關於這個問題，尚有審愼研究的餘地。現在滬上各書局新出版的教科書，已經日益增多，爲節省經濟和辦事便利計，儘可選擇適合家鄉環境的課本來教授，無須任騰編印。不知雪光君以爲何如？

談談騰衝男中的白話文

迷穀

自五四運動後提倡白話文以來，在這十餘年當中，總算是逐漸風行全國了。但是，風行雖然風行，不明時勢而仍迷戀文言的人們，依然不少。如近年來政府公文，報章文字，多沿用文言不可。一部份高級和中級教育機關所舉行的考試，亦非文言不可。廣東省數月前所舉行的記室考試，不特用文言寫作，連題目都與科舉時代的試題相髣髴，甚

至弄起駢體的玩意兒。又如汪懋祖先生於舊歲五月在「時代公論」第一一〇號上發表「禁習文言與強令讀經」，痛罵白話，擁護文言，又引起了一次文言白話的大論戰。即以贊成白話文的人們而論，有的向艱澀方面作去（如周作人俞平伯先生們），最近更有曹聚仁先生們的「大眾語」創設的討論。情形雖然是這般樣複雜，但從世界各國文字改進的歷史上觀察（如意大利日本等國），從適應現代生活的進展和需要上推論，我們敢斷定言文言文是不能復與的，而白話文則將更進展更普及。文言文之所以偶爾似乎要死灰復燃一下，一方面是因教育界自身的矛盾，一方面是政府無形中的提倡，有誰能遏止已來的潮流呢？所以使一般社會及青年學子對於文言抱一種模棱態度。世界是時時刻刻在前進然而這種現象，是正如吳研因先生說的：「不過是青天裏一時的雲雨，過一會就會好的」。

騰衝是偏僻的地方，一切比較地落後，關於白話文的推進，也難逃這個現象。然而正因為落後，我們當努力追着時代先生跑，不可猶豫，徘徊，或甚至開倒車。不久之前，我因想知道男中的白話文的進展狀況，曾調查過民二十二年第十九班同學的六個月內的課藝。我的發見是：（甲）在這六個月內，共出了二十三個作文題目，其中有二十個是作文言，三個是作白話。由這一點觀察，大概可知道男中仍然是側重文言而輕視白話。為什麼有這種現象呢？據我個人的推測，大概有下列的三個理由：（Ⅰ）中國人民的性質，對於政制文物等等，大多是「習故厭新」。邊遠地方的人，對於新的事物，比較地更不容易接受，與通都大邑的人們迥異。騰衝的多數國文教師，歷年來習慣於文言文，所以仍舊迷戀。

（2）國文教師們屢根兒看不起白話文，以為是膚淺無味；並且認為是容易寫作而無須練習。這一種觀念是絕大的錯誤。我們須當知道文學革命的健將們，如「南陳北胡」，周氏兄弟及其他諸君子，對於舊文學俱有高深的造詣，並不是因不能文言而始提倡白話文學。我們更應當知道白話文較文言文組織更完密，詞類更豐富，用文言文不能曲盡其致地表現的思想與情感，用白話文可以辦得到。胡適之博士最近尚慨嘆地說中國文壇第一流白話文字太少，可知寫白話並不是一件好弄的玩意兒。

（3）普通一般地說，出白話文的作文題，大概題旨多係關係於新的事物的居多；那些迂腐陳舊無味的題目，總覺得不便拿來敷衍。所以作白話文，作者的思想要新，文章的組織，文法，詞類，標點符號等等都要新。因是，改白話文較改文言文還要多費點氣力，而尤以「半路出家」的人為甚的人，常然更怕得很了。（此係指學識淵博而能懂白話的人而言，不懂

（乙）他們所寫的白話文，大都是草草了事的人，因為是描寫的技藝不嫻熟和詞類不夠用的緣故。碰到無法的時候，因為是描

他們就把文言文中的爛調硬加進去；標點符號也是亂來，看起來令人生一種不快之感。改文的老師，對於這些地方，大多是毫不改竄。

我又向第十五班的一個同學攀談過，據他告訴我，他們在畢業前最末一個學期內，所出過的作文題目是：

（一）文言文十八個：

(a) 觀榜說；
(b) 改過說；
(c) 春日觀花感言；
(d) 選將論；
(e) 莫春旅行記；
(f) 寶峯山避署記；
(g) 國文為諸科之母論；
(h) 延攬人才以救國難論；
(i) 清心說；
(j) 多難與邦論；
(k) 校訓勤苦恆誠四字解；
(l) 趙武靈王胡服騎射論；
(m) 送友人晉省當教育代表序；
(n) 仁天之尊爵也人之安宅也義；
(o) 素不養士而欲求賢猶不琢玉而求文彩論；
(p) 中華民國之國民宜放任主義歟抑宜保育主義歟試詳論之；
(q) 國府新定教育宗旨謂各級學校之訓育宗旨以養成刻苦勤勞之習慣及嚴格之規律生活為特別注重之方試各引申而暢言之；
(r) 中國地大物博位居遠東二十世紀為世界必爭之點今日人首先發難勢繼戰守既無可言國聯態度復不明諸生畢業伊始之雄心勃勃宜於楚歌四面之中籌一萬全挽救之方以期對列強而解國難策。

（二）白話文一個：
勸告全國同胞永久不用仇貨宣言。

（三）舊體詩一個：
莫春旅行寶峯山龍王寺各一首。

由這一個小統計觀察，也可以看到白話文是怎樣地被忽視。即以文言文而論，由時代的觀點與學生的興趣和能力來說，那十八個題目當中的（a）、（g）、（i）、（l）這些題目，似覺是很無味的。（n）這一個題目，試問現在初中的學生能否肯得動？即使肯得動，又有什麼益處？這簡直是逼着學生們去翻「大題文府」，「小題文府」一類的書籍，白幹些無聊的工作。倘倖家裏前輩是弄過八股的人，尚還可找得到一點兒線索，否則這篇文章的內容，也就可以想像了。以我個人的經驗而論，常我讀書的時候，八股的餘燄未盡，九歲十歲時尚還寬寬枉枉地弄過點八股初步功夫；在民國初年作這種題目，已經就提不起勁兒，感不到興趣，何況現在的中學生呢？又如（p）這個題目，頗令人有點兒疑惑。究竟「放任」與「保育」是由什麼觀點來說？一國的國民，大概不能籠統地說絕對宜放任或宜保育能！？

我們再來談談作詩的話。上面所述的那個詩題，據說是作舊體，大概是絕、律，古風不論。我們放眼看看現代中國的詩壇，詩體的解放，已告成功，雖然優美的作品尚不能多見。在這個時代教學生作詩，當然以新體為宜；舊體詩的桎梏，不必再給青年們帶上。不過，教作新體詩也是要有一點分寸，像那種豆腐乾式的十四行，又係一付新裝錄鍙，實在也是沒有道理的，似覺也不必鼓勵學生去仿作。

這個同學還愁眉苦臉地對我說過，他們當時曾屢次請求多出幾個白話文題目，但老師不肯賞准，到現在時常嘗到落伍的游味。我曾詰問他為什麼不向校長或教務主任請求？他說：校長係兼職，無暇到校，故機會難碰；教務主任係國文教員（作文題由國文教員出，另一人改）舊日的高足，不便說；所以也就無可如何了。

還有一點，我在這裏順便談談。當這個同學抄寫題目給我看的時候，我問他「莫春」的「莫」為什麼不寫作「慕」？他說：老師是這樣寫的，據說是古寫，可通用。這種古寫的玩意兒，對於學生們順口提一提，倒還可以；若實行在文字上應用她，可以說絕對不必要。我們知道，每一個文字，從原始的寫法漸次蛻化，不知經過了若干次有理由的變化，纔變到現在通行的這個寫法，荀卿所謂「約定俗成謂之宜」。如果在一篇文章內儘量地去翻雜上些古寫的字，那麼，這種文章，只好找小學專家去讀。從前章太炎先生抱「舍借用真，茲為復始」的宗旨，喜用古字代替通行的字，有卓識的學者尚非議他，何況在現代文字力

求大眾化的時代，尚可從事這種「復始」的功夫嗎？現在是講究「今色今香」而不是鬧「古色古香」的時候了。

I，

我敬以誠意向中校當局貢獻下列的幾段拉雜話：

男中的白話文是這樣地被忽視，為青年們的前途着想，我們居於邊遠省分的人，不可妄存愚昧心理，以為通都大邑的地方，尚有人竭力提倡文言復興，我們怎麼不可仍循故道。我們不宜妄自菲薄，當認清時代潮流，往前奔跑，即不能做到時代先驅，亦不致遺識落伍。

2.

看不起白話文的老師們，請他們揀選幾篇名人撰著的紀事的，抒情的，以及陳述學理等等的白話文章，把牠們譯作文言，讓他們自己體驗一下，比較比較，憑良心估一估白話文學的價值。

3.

初中的學生，我們不希望他們作出什麼大文章。我們只希望他們漸次練就就相當的描寫技術，能夠把心中想說的事理成章地寫得出來，弄得到一個「通」字就夠。所以我主張除了出題目給學生自己寫作而外，我們可以參照西洋人教作文的辦法，由教師想定一題，將題中要旨分段草就，用口向生眾講述；同時學生們用筆儘量地擇要記錄下來，然後自己整理增減寫成一篇文章。例如出一個「兒童節」的題目，教師可分作下列的幾段講出：

一·兒童節的起源；

二·兒童在中國的地位；

三·我們舉行兒童節的意義和希望；

甲‧今後中國的政府對於兒童應當怎樣；
乙‧今後中國的社會對於兒童應當怎樣；
丙‧今後中國的家庭對於兒童應當怎樣。

四‧我國兒童應有的認識。

這個題目，不過是聊舉一例。最主要的，是在教師酌量學生的程度和興趣來出題，由淺而繁，循序漸進。這種辦法，一方面可以練習他們的速記功夫，以為他日到大學記錄教授講演的預備，誠屬一舉兩得。這樣地每月舉行一兩次，青年學生，受益不淺。

4. 還有一種辦法，也是摹仿西洋人的。由教師選定一篇長篇的或中篇的文字，命學生將其緊縮成為一限定不逾若干字數的中篇或短篇，而不失其原意，使讀者依然能得相同之印象。此法一方面訓練文學的經濟手段，一方面訓練整理材料的技能，俾將來作硬性文字時，對於所搜集之材料，知有所安排，而不致茫無頭緒。

5. 中國詩的變遷，由三百篇的風謠，變而為南方的騷賦；騷賦變為漢以後的五七言古詩，五七言古詩變為五代及宋代的詞；宋以後詞變為曲；現在再一變而為新體詩，打破詩體，詞調，曲譜，不拘格律，平仄，長短。這多次的解放，都是由語言的不自然而趨於語言的自然，是一種天然的趨勢。所以教現代青年作詩，應當專事新體。但是，現在舊體詩就絕對不可作了嗎？

6. ？這到也不然。我們大家弄過點平平仄仄的人，儘可以作，絕律也好，古風也好，但須要使人家讀得明白有味方可。青年們有他們自己的新的園地，應當讓他們去耕耘，去收穫，纔是正理。

中校的圖書閱覽室內，宜儘量添置關於新文藝的書籍和定期刊物——尤當特別注重第一流小說作品，使學生們多認識詞類，觀摩成熟的描寫技術。

假使學校經費困難，可由教職員學生分組向社會捐募，用這個方法進行，可說是輕而易舉。如果連這點小事都不肯做的話，那我們就要疑惑是對學生施行「愚民政策」。

7. 宜多出白話文題目。由時與地的觀點來說，題目似宜多出關於時事的及現實的社會生活的，對於騰術的青年比較有益。

8. 國文教員出題，而另由一人改寫，出題者與改文者應當怎樣合作，這問題是值得注意的。這種辦法好與不好，也是值得注意的。

信手寫來，的確是太過拉雜了；不過，為鄉里青年們的前途着想，這些話好似「骨鯁在喉」，不吐是不快的。末了，我還要忠告男中諸同學，如果你們不想嚐落伍滋味的話，你們須要自己

〔掙扎〕。

民廿四，一，廿九，脫稿於驪樂聲裏

本鄉女校應加改進的幾點

小溪

我對於教育是個門外漢，不知道教育原理，不知道什麼是道爾頓制，什麼是設計教學法，並不曾研究過各科教學法……。現在來談教育，真有點牛頭不對馬嘴，貽笑大方，是意中的事。不過，我也不敢翻翻書本，抬出杜威、孟羅等的話來駁人，只是把個人的小小見地，本本分分的寫來，不偏向理論，只任改進的可能範圍內說說。

難道本鄉女校沒有優點可說嗎？何以大都揀說她的缺點？似乎是吹毛求疵了。其實優點不必我一個人來贊揚她，她的優點自有她的存在。我所說她不對的地方，也是望她改善以臻進於盡善盡美的地步，故寫本文的動機是善意的，還請學校當局勿疑爲惡意。信手寫來，難免無拉雜粗陋之弊，惟是芻蕘之言，尚望學校當局採納之。

甲，教務方面

A 時間問題——

女校自來是上午十句鐘來上學，下午二句鐘放學，三句半或四句鐘又來上學，五句鐘，或五句半鐘放學。上午上學來得遲的原因，完全是爲顧及學生清晨在家庭裏要幫助操作家務，以及等候男校有兄弟的學生們，得於九句鐘一齊開早飯。爲了這些關係，結果不並無齊驅了。

這個就有賴於教師的教授有方了。假使教師對於數學，根本就不發生興味，沒有心得，強勉教授學生，沒有好的成績是必然的結果了。此後女教師中如果沒有數學特長的，無妨請男教師來擔任，好在近已男女學校合辦，教師們儘可商酌挑換課堂的，則女生的程度，就可以和男生

B 各科教授

（一）算術——

算術爲女校數年來成績最低的一科。這並非憑空亂說，前幾年的崇新會會考，我也曾參與其事幾次，試驗算術，每弄到傍晚，學生不能交卷的尚多；即使能早交卷，及格的只有三分之一。究其原因，也許是女生性情猶豫，決斷力薄弱所致；然而平常受課時理會模糊，算法生疏，也是最大的原因。以後應由教授方面着手，務使學生理會正確，運算純熟，才能遇題解答，迅速而不錯誤。

以操作點點家務，白日裏可以盡量的在教室裏作業；又或時間仍不夠分配，不妨將樂歌等不傷腦筋的科目，移在午飯後教授。那麼，就有時間來體操運動了。至於學生隨便吃頓早飯來上學一層，恐怕不成問題吧？

的程度，就可以和男生行語，務使删去各種方言，訛音，俚語。這個目的，女校

賽跑了。

（二）國語——

國語的授分讀法，作文，寫字三科。讀法的目的在使學生能讀文字及文章及使學生能夠把捉文字及文章中的思想感情。此外應使學生多習全國標準的通

授課時先歌誦一句課文，又歌誦一句雜以複詞，方言的解釋，命學生循聲朗誦的方法，恐怕有點違背了。譬如先讀『弟弟從學校裏回來』。解釋讀為『小兄弟由學堂裏頭回來』。又讀『經過街上』。解釋讀為『過着街子上』。又讀『看見有人在那裏演說國恥』。解釋讀為『得見有人在那股些演說國恥』。這種本是淺顯的白話文，只須解明什麼叫國恥，我國有些什麼國恥，什麼是演說，學生便可以明白。像上述那種不合理的教授，女校裏不僅國語是這種讀法，其餘常識，三民，自然等科也是這種讀法。不特把白話文弄成土話文，反會讀了把課文淺顯的意思弄晦澀了。故我以為應當刪除去牠，不知當否？並且，作文的目的在使學生養成以文字發表自己的思想的能力。假使作文時寫些不是自己心中想說的話，只去批草湊篲，抄襲堆砌，縱使作成一篇花團錦簇的文章，已違反了作文的目的，即是等於無病呻吟，人云亦云了。這種弊病，過去有許多學生犯着，每當教師出了題目後，她們便埋頭去翻論說文範國文成績或老班生的作文課本，找尋合於本題的文字。恰巧碰着同樣的題目，便不假思索地全篇抄起；又或題目不同，也要東拉西扯的來填滿白紙。故作議論文起首不是『人生於世』，便是動輒就用『是日也，天朗氣清…！夫！』等詞句；作遊記文則多用『嗚呼！哀哉…』等詞句。我們只要去考察畢業學生的文卷，看他們的題目相同的文字，口氣雷同的地方很多，並多空洞，抽象的門面話，內容幾乎可說十分空虛。因此，女校過去的作文

，漸有流為變相的八股文的趨勢，學生只會上刻板的作文，而不能暢快地發表心中的思想。故寫一封信時，很感困難。因為要注意形式，點綴門面話，搜索枯腸多時，尚不能說到自己要說的話。所以提到寫信，視為畏途的人很多。那麼，叫她們遇着快樂，委屈，壓迫，痛苦，各種感想的時候，要把牠用文字發表出來，又怎麼能夠呢？究其所以致此的原因：第一，以前女校裏作文都用文言文，因為文言是不能直接表現思想的；故每有詞不達意之苦。第二：女生自來的觀念，都以為只要能把所學的功課習熟，便算盡了讀書的能事。考試列在甲等的，便算是學問好的學生。彷彿舊時代的讀書人，專攻四書五經，以為天地間萬事萬物的道理，皆備於其中了。因胸中讀書無多，毫不旁及，以為是消遣的閒書，看之無益。第三：教師多出枯索無味的題目。故作文時就思路狹窄，資料短率了。每出『自立論』『學貴有恒論』『說菊』『說蓮』等題目。不特使學生有抄襲的機會，並且常作這種題目，很難引起學生的興趣。要改除這些弊病，第一：作文應以語體文為主。不過聽說作文近年已改為語體文了，這是最好沒有事的。第二：學生於正課外，應多閱報章雜誌，各類圖書。關於這一層，我還有些話說，姑且留在下面。第三：教師須提出富有趣味的題目。說到這裏，我所指學生的作文，須有幾句聲明的話，我所指學生的作文，多偏重於高級的，以上所述的情狀，係指讀文言文課本用文言文作文時代，及改用語體文課本仍用文言文作文的矛盾時代而言。最近的情狀，我不知道，因為我離開家鄉又好久了。

（三）總說—其餘如歷史，地理，常識，三民等科的教授，也不必一一分說，歸納起來，除了上述不能用俗詞，方言的解釋朗誦而外，最重要的便是教師於授課前須有充分的預備，到授課時才能於課文之外有補充的資料。譬如講一課國恥，如果教師未曾看過國恥小史及未悉知國恥故事，只憑教授書上那小點參考來講解，自己對於其經過的底細和意義，就有點含糊，難免學生也鬧不清了。因此，教師有暇時應該多閱參考書籍；也應該多閱報章雜誌，因為一切智識是有聯貫性的，需用着時是不能臨時抱佛腳的。這樣，匪特教師可以增進個人的學問，又可為學生的自動努力求學的倡率。因為我們的學校只是小學校，小學校的課程只是幾種智識的開始；我們以小學畢業的程度來社會上應用是萬分不夠的。可是本鄉的女生，小學畢業後什九便沒有升學的機會。所以只能在小學時代訓練其自修的能力，希望她們將來有深造，並非望收大效於目前。我們應該打破以教科書為一切智識的寶庫和畢業以後便不須看書的觀念。如不相信，請假設幾例：例如十多年前的一個高小畢業生，她出校後就丟棄了書本，現在她已經退步到和她未讀過書時是一樣了。又例如一個師範畢業生，在校時她也算是一個高材生，出校後她也不看書，雖然她所讀過的教科書還有些背得，却不能寫一封通達的信函，應用方面，還貽人以許多笑柄。又例如一個做了五十年的老教師，她教書的生活，是與做一日的和尚撞一日的鐘一般的刻板，除了照常上課而外，就毫不雜覽了。假使將她五十年前的程度和現在的比較一下，結果還是相等；不過後來較以前人情世故多老練點能了。以上這些，都是不進取的結果，所以古人說得好『學問如逆水行舟，不進則退。』又說：『書到而時方恨少』。這些話都是教我們日新月異，努力不息的進取呀！說到這裏，又近似於老生常談了，然而這並非不着實際的高調；現在呢，如果這種提倡是在民十三四以前，則近於高談闊論了；現在呢，和順圖書館已成立好幾年，裏面藏着數萬卷圖書包着幾十份報章雜誌為什麼呢？又為甚麼人的需要增設兒童閱覽室呢？都是為要發展地方文化，增進民眾學識以及建設兒童讀書的良美環境而設的。我們不能強迫民眾去看書閱報，却可以引導少書報供人閱覽的時代的高談闊論是不同的。現在只要你有精力和時間，那滿架的圖書，你儘可以埋頭伏案，皓首窮經了。

乙，調育方面

我不大悉熟女校訓育施行的情狀，所以不能說那些地方是應該改進的；但我想揭出本鄉女子普遍性的幾種缺點，來為女校訓育上避惡的張本。

一，本鄉女子多自私和忌妒性——你說你的兒子好，我說我的兒子乖覺。你的兒子打我的兒子，完全是你的兒子的不是。這種偏性，如果影響到學校裏，在教師方面，就會成為自私和忌妒的行為。譬如初二級的學生是你的學生，高二級的學生是我的學生，你的學生和我的學生口角，完全是你的學生的不是。我擔任初二級的國語，每週只消改十二三卷文，是我的幸運。你擔任高二級的國語，

每週要改五六十卷文，是你應該獨自吃的苦，你只有埋怨你為什麼被分派擔任這一級的級任？固然，訓育只是對學生施行的，不是對教師上面去施行的。為什麼要說到教師上面去呢？因為教師的是學生的模範，教師的一舉一動，學生都會慕仿。假如教師有上述的行為，學生就恐怕會由各私其私，進為各師其師，各友其友去了。在學校裏沒有共同生活的習慣，互助的修養。出到校外，更沒有提倡公益，盡力社會，以及結合團體來作婦女解放運動等的事了。

二，本鄉女子多迷信——學校與社會的關係是很密切的，社會的陶染力較學校的訓練力為更大。本鄉女子迷信之深，是無可諱言的。學校裏雖沒有迷信的舉動，然而不能制止學生不受社會迷信的同化。請看歷屆畢業的女生，本鄉女子迷信的行為。須由教師以身作則，絕對任校外不能吃齋，過會，求神，拜佛，燒香，還願，與一般婦女同流合汚作種種迷信。並且出了學校，能有幾人毅然的不和一般婦女信神信鬼呢？所以我們要破除迷信，平日對學生應授以科學常識，以證明迷信的荒謬，並禁止她們在校外作種種迷信的行為。在先所謂「身先足以率人，」「然後學生們才能仿效而行。並且在社會上作這種反抗的革命，必須有團結有援助，才不致孤立無援，獨唱寡和，心灰氣短而失敗哩。如果破除迷信的運動，在女校就培養好勢力，將來在社會上必能擴大運動。那麼，本鄉女子，便可由此打開桎梏，推翻專制，走向光明之路了。須知本鄉女子所處的地位，是居於被壓迫的地位，歷來就是在黑暗之中了。那些壓迫人的階級，他們行使威權的時候，假神權來為護身符的地方最多。因為女界覺悟的人很少，故大家安於奴隸的生活而不自知，或有覺悟而無力反抗。所以我希望女校現在應該培養下將來社會改革的份子，婦女解放的先驅。這話在大人先生們看來，也許以為太過火點吧！

丙體育方面

前年騰衝開破天荒的運動會，本鄉女校因之也實行破天荒的運動。——如籃球排球田徑賽以及團體操等。學生本非復是從前的深閨弱女了。這種勃興的現象，希望她莫要像曇花一現，終竟幻滅了。要能繼續不斷的努力，學生本身才能受實際的利益呢。致於教師的人選，勿寧請各級教師去領導着學生去作各種球類以及田徑賽等的運動還好得多。

丁結尾

話說完了，須得有幾句聲明的話，本文所指時間係本會接辦以前，接辦以後的現狀，我則不知道，因為我到他鄉接客又幾年了。現在女校如果進步超越了我所理想的希望以上，那是再好沒有的事。那麼，本文可以算為一篇廢話了。還幸本文令有貢獻於本鄉教育界作參考的意義，故不妨胡說說。

編者按：迷殺女，小溪兩君的文章，對於騰衝男中的國文教育及（和順女校教育（也許是全騰越的女生教育）的欲摘言未言之梗隔；激為之消化不少，使我們許久藏在胸中的指摘，真是說得透澈精密極了。君所提出的各種對策，我們也是全面的贊成，至於兩君直言的，並且雅量，我們能有容納兩君直言的雅量，君希望在家鄉負的各種教育責任的人，能有全面的贊成的雅量。

參觀山東鄒平縣鄉村建設工作記

張天放

一，參觀的動機

現在衆省知道農村破產，國本動搖，解救之道，惟有復興農村。於是各方識者，或改良縣政，或建設鄉村，均欲研究出一妥善方案，推行各地，山東鄒平所實驗之鄉村事業，亦即其中之一。

我回國後，雖在河北陝西兩省數十縣內奔走，實地實驗，然不觀慕他人工作，終有閉門造車之憾！鄒平所辦之鄉村建設事業，已有數年歷史，故此次我因赴天津之便，即取道平浦線南下，順道赴該地參觀，然後換由隴海線西返秦中。

二，參觀的時日

二月二十日由北平出發，二十一日抵山東周村，二十二日參觀鄒平，晚車即返濟南。

三，實際的情形

二十二日午前八時，由周村乘汽車出發，九時半抵鄒平縣城東關，山東鄉村建設研究院，即在路北，下車後，由同車之一學生，引導入內，秘書徐樹人先生接談，謂院長梁漱溟先生南下未回，約定午後二時，在院談話。先令庶務處馬君導至距院里許之農場參觀，農場主任于魯溪先生，逐介紹農場工作，特別對於該縣合作事業，歷一時半之久。後導往場內巡視一週，又至院中。有包頭辦理墾植事業的朱君，與河南的李君亦在座，共同聞徐樹人先生介紹該院工作。畢後，擬再參觀病院，時已向晚，逐座人力車，行二小時半，返周村，隨即搭次車回濟南。

茲將你于兩先生所談情形，分誌於左：

（1）山東鄉村建設研究院之內容

山東鄉村建設研究院，是於民國二十年六月，在鄒平縣成立，以研究鄉村自治及一切鄉村建設問題，並培養鄉村自治及鄉村服務人材，以期指導本省鄉村建設之完成。

其組織設正副院長各一人，主持全院事務，並設鄉村建設研究部，及鄉村服務人員訓練部，訓練人材。縣設縣長一人，辦理全縣行政事務。農場方面，有主任及技士其他辦事員。醫院有主任及醫士其他辦事員。該院經費，每年爲二十餘萬元，地方收入欸內，保留在百分之五十以上，省政府並另有相當之補助金。

該院的重要工作，一面是研究鄉村建設的問題，一面是指導鄉村建設的實施，所以以研究部訓練部爲其推進一切的動力。在鄉村則以鄉農學校爲工作進行的中心。鄉村學校的構成份子，一是鄉村領袖，二是成年農民，三是鄉村運動者。此種鄉村運動者，可以說就是全村社會的導師，直接村的就是訓練部的人員，研究部人員，則又負指導訓練部人員之責者也。遇到鄉人嘆氣連天，沒法可想的問題，如匪患，兵禍，天旱，時疫，糧賤，捐重，烟賭等，則鄉村運動者，要能指示一條正道，想出一個解決的辦法

來，合他們連成一氣的去進行。

鄉農學校的功課，如識字，音樂，唱歌，精神講話等，這是各校皆同；惟精神講話一門，特別注重，因其以爲中國鄉村，不止經濟破產，精神方面，亦同樣破產：比如社會上許多舊信仰觀念風俗習慣的動搖摧毀，而新的沒有產生樹立，以致一般鄉民，都陷於窮悶無主，意志消沉之中，這是極爲危險，所以要努力把他的精神振奮起來。

問題，例如有匪患的地方，就幫他辦理自衛；山多的地方，就倡辦共同造林；產棉的區域，就幫他們選用好種子，指導栽培法，辦理運銷合作社。這一切的一切，都是鄉農學校的功課，普遍的鄉村農民，都有了知識和技能，自然就能成功推動社會，建設鄉村了。

（２）研究院農場

研究院農場，一方在鄉村建設上，爲各地示範；一方在訓練上，爲學生實際練習之所。規模不大，全部面積僅二十餘畝，尚有民地百餘畝。內部事業，應實際需要，次第擴充。例如棉業試驗，牧畜試驗，蠶業試驗，或其他爲地方所切需者，陸續添辦。其目標，即在於改進農民生產技術，增加農產收入。其辦法，注重收集各地農業機關試驗有效之品種，作一度之地域試驗，再將有效之結果，以表證方法，推廣於當地農民。推廣方面，以適合農民需要，並分區進行爲原則。如造林，養蜂，改良果木，及改良蠶業。區域在在一二三四五各鄉，進行推廣試驗有效之脫字棉；並組織美棉運銷合作社則在六七八九十十一十二

十三各鄉。又在十三鄉提倡機織，改良土布；四五六七八九十各鄉，提倡鑿井等，皆漸有成效。推廣美棉，尤著成績。棉花之品質等級，經上海華商紗廠聯合會品評，在靈寶（河南屬）棉花之上。爲國產棉中最優之品，現已推廣全縣。

該場辦理棉花運銷合作社，起始於民國二十一年，社數僅十五社，人數僅二百一十九人，村數僅十五村，放欸額數僅三千五百八十三元。至二十三年，則增至社數二百一十三社，人數五千九百七十五人，村數二百二十五村，放欸額數十三萬餘元。三年之間，增加數倍。蓋因有鄉村學校之推動，故發展甚爲迅速。運銷方面，東有青島張店，西有濟南三大棉花市場，地利上佔有優勢，故進行上並無若何困難問題。三年來的盈餘，已有三千餘元。曾任孫家鎮棉區，置備有六匹馬力之發動機軋花，本年不敷應用，擬另增設十二四馬力者。以後該院對於經濟路線，即以合作組織進行，故對於合作前途，頗抱樂觀。至於各社貸欸之來源，亦由中國銀行魯分行接濟，現在上海銀行四省農行亦在聲東一帶鄉村，積極投資，幫助農民也。

四，結語

綜觀該院的工作，即在重新建立中國自身所適用之一種新組織構造。此種新組織構造，必由鄉村培植苗芽，而後吸取近代進步的生產技術，生產組織，乃能開展成長；而促進此種生機，必須啓務訓導，培起鄉村的經濟力量，鄉村的政治力量。此培起鄉村力量的功夫，即是鄉村建設

定縣農村婦女的偉大性

吳　瑛

編者按：河北的定縣和山東的鄒平，是中國實驗鄉村建設農村復興的最初而且是最有成績的地方，天放君此文，在比較不大長的字數內，將鄒平鄉村建設工作的概況，告訴我們，崇新會的工作，若多少有走向與鄒平同一方向的傾向，那麽天放君這文章給我們的指示就不小了。

× × × × ×

此種建設之研究試驗，又非短期間所能決其成功也。

中國數千年來，重男輕女的風氣，一天比一天厲害，已成爲牢不可破的惡習慣了！這種觀念，深深的印在每個人的腦海裏；直到現在男女自由平等實現的時代，都還在不改變，這是何等可悲歎的事情！固然歷來男性社會，打着舊禮教的旗幟，喊着舊道德的口號，想盡法子來束縛女性，壓迫女性，直把女性躑在宗法社會制度下蹂躪，其罪固不容誅！可是女性又何能獨辭其咎呢？大多數是由女性自身墮落，甘於卑賤，做男性的寄生蟲。譬如都市上的婦女，終日油頭粉面，打扮得花枝招展，出入於跳舞場和電影院，或义麻雀，或看戲劇，成爲男性的裝飾品，原無足怪；然而國家社會直接間接地受其毒害，實非淺鮮！就消費方面來說：據國際貿易局發表，本年十個月香脂粉進口總數折合國幣二，四八六，九七四元較去年日期增六萬元，這是何等駭人的數目！這種恥辱，全是有閒階級婦女們的賜予！像這樣浩大的金錢，隨便讓它流出，國家焉得不窮，而農村又焉得不破產呢？雖然這種現狀，不僅中國如此，就是世界各國也是具

有這種病痛；但是各國女性覺悟較早，所以在歐洲大戰期中，特別發揮她們的能力，從事於後防工作，努力奮鬥，終博得顯著的成績，並不亞於男性的貢獻，這是各國人士之所公認的。所以英法美俄在這時候，都先後地容許女性參政的權利。這是女性社會的一大進步，同時也是女性歷史上最光榮的一頁！

我去年從都市來到定縣，才領略農村社會的滋味，據出了農村社會的珍寶，知道女性能力的偉大，不僅歐美人所獨有，我們中國農村婦女更有駭人的表現。茲就觀察所及，拉雜寫在下面：

定縣農村婦女與男性，毫無區別隔閡，同是一樣勞動，一樣勤苦，從未聞婦女們因國家事繁瑣，便把田間工作棄掉，亦未聽過男性因婦女們能力微薄，便加鄙視；只要是生產事業，能多賺利，就是疲倦刻苦，無論男女都是同樣的盡力幫助家庭去做。這種吃苦耐勞，堅忍不拔的精神，眞夠得我們敬愛！

每當春種秋穫，農家忙碌的時候，天只要剛一發白，婦女們就起來預備早餐，兼做些喂豬喂雞，晨雞尚未啼曉；

和澆菜園等雜事。飯後略收拾一下鍋籃，卽趕忙同男性下田工作，同樣赤足挽袖，奔跑於田隴間，或幫助他們散佈籽種，或是挽犂耕地，凡男性所能做的艱距工作，他們是

一樣的負擔。雖是資產豐富的家庭，她們還是願意勞動，因爲既免在家裏坐食消費，又免多僱長工；並可借此從事積蓄。更是勤苦，家裏無田可種，多半出外傭工，同男性一樣地替地主工作；終日流滴血汗，胼胝手足，而所得工資則較低；眞是悲慘！還有有兒童的婦女，困於兒童的糾纏，只

實任無法做工。但限於經濟困難，又不得不勉强工作，小的嬰孩則好令較大的兒童幫助人家做些喂猪牧羊等事，一面看顧，一面種田。雖是在田間休憩的當兒，她們仍然是縫綴破舊衣服和鞋襪。有的家庭可做時，則向外兜攬針黹，每件衣服可得工資三四角。以備助家用。這種工作，往往成爲她們工

除的唯一生產之業務。

夕陽西下，暮靄蒼茫的黃昏；她們才帶着疲倦歸家。不急需錢用的人家，歸家後稍休息一下，便又開始紡織。工作還稍鬆綏；否則機聲軋軋，一直紡到深夜；有的老嫗，也依然幫助工作。有因爲年齡幼小，精神容易疲乏，而她母親還是仍然督斥，甚至鞭打隨之。如果有姊妹二三人的家

庭，則她們日夜相繼，輪流不息，絕不讓紡車休止。可憐她們這樣拚命勞作，而所得代價，却是那樣微末！就是整

日整夜的織布，所織也不過『二丈一尺』布左右，（定縣所謂半截布）每疋布售出後，除去本錢外，僅能賺資一百二十枚！這就是她們憑自己的血汗能力，所賺來的益利

如此！

定縣農村素缺水源，值此經濟破產，農民無力鑿井；只靠轆轤打水，灌溉田地；常任烈日炎炎酷暑薰蒸之下，夫婦二人繼續不斷的搖着轆轤汲水。有時男性田間耕種太忙，無力兼顧汲水；則此項工作多全由家庭婦女們擔任。每因汗流過多，中着署熱，倒斃田間者，不知多少！她們

並不畏怯！

定縣農村婦女識字者甚多，因此平民教育會施行除文盲工作有年，有初高級女子平民學校的訓練，婦女們的勞動能力，越更加强，故能表現在生活上的偉大性實較勝於他省婦女也。

以上諸點，是我個人觀察所得，希望研究婦女問題者

，不要把眼光專集注在都市的智識婦女們身上；應該知道我們大多數的農村婦女，依舊囚處于地獄中，被舊禮敎的束縛，宗法社會的壓迫；而不得翻身，正不知有多少等待拯救呢？！

一九三四，十二，二十一，

編者按：吳君這篇文章內所介紹的定縣婦女的偉大處，正確地說，恐怕也是除了都會的有閒婦女以外，任何農村的婦女的偉大處能。我們家鄉和順，雖然原來也是一個農村社會，或農村社會的要素不少，但現在一般婦女——百分之九十九——的生活形式，却

由我國婦女的地位說到家鄉

攻堅

全然是商業社會內的有消費——奢侈的消費——而無生產的生活形態了。吳君的文章，雖然使我們的認識更深了一層，但是我以為就在我們的故鄉，像定縣婦女一樣的同胞，只要一走出了城保四首練，到處都可以遇到的。就是足不出里門的人，至少到了秋子長大時節，總會看見過由西練北練方面來下田工作的皆練足婦女能。從來習慣於消費的享樂的家鄉有閒階級婦女，固不用說，就是自命為有覺悟的智識階級的婦女，又何嘗把這些騰越的偉大的女性放在眼睛裏過！！所以我很願家鄉注意婦女問題的青年男女，在讀完吳君這文章後，假如發生了些什麼感動，那麼請你們把你們好容易發生了的這感動，移轉到我們家鄉的那些同定縣婦女一樣偉大的婦女身上去。

由大都市方面看來，我國婦女的地位在增高或已解放了，這也未嘗說不過去，在早先的時候，婦女的生活是局限在家庭裏面的，社會上的事業，她們絕少參與，不但如此而已，特別是中上階級等的婦女，步行街上的時候都是很少的，有時出門去看戲或看賽會，被遊蕩少年所瞥見，往往跟在後面，「油嘴滑舌」的談論或胡鬧，隨行的男子往往跟在後面，為了保護自家的女人與之爭鬧以致於打架的事情是常有的，近年來這類事情已經減少，不僅在都市，就是在邊僻的家鄉社會裏，青年婦女路上已走慣，見者已並不以為奇：婦女的確比先前已經解放而自由得多了。

由許多人看來，婦女的地位的確已積極的增進了，學校的開放女禁，已經有十餘年的歷史，近來幾乎各學校都並收女生了。至於職業，也已對女子開放有年，近來各項職業中，不容許女人進去的已很希少。講到婚姻方面，女子也比先前自由得多，從前婚姻是父母包辦的，現在不僅能夠得到勝利，我想也不過是少數人而已。也許一部份的

許可當事人參加意見，甚至自主的也多了。大家族制度破壞後，女子便從家族的奴隸的地位解放出來，在小家庭裏就漸漸成為男人的平等的伴侶。婦女的地位的確漸漸在增高，不但如此，而且行政和司法機關裏也不時有女子的蹤跡，再加以法律承認女兒也有承受遺產的權利，女子的地位是無疑地增進許多了。

但是，婦女的地位的增高是部份的，不是整個的，先說教育平等的問題，近來學校開放女禁是事實，但在別一方面的事實，因為學校的貴族化和商業化，結果使大多數人失學了，到了男子無力入學校求學的時候，我想女子也不能獨異能？！所以，表面雖說學校已經開放女禁，教育趨平等了，實際上能夠享受這權利的只是極少數的女子罷了。至於職業的解放，在幾乎以失業為常例，有職業者是例外的狀況之下，女子如何能夠獨得職業？即使和男子競爭，女子也不過是少數人而已。也許一部份的

原因還是為了點綴，或者工資較為低廉，卽使病假事假較多，但核算起來，也還算上算的緣故呢。？若講到僅是參政權的取得之不能解放女界全體，是極明顯的，我們且看在男子專政的社會裏，能否解放全體男子，使不受壓迫和痛苦。遺產權的問題，更是對少數有產者的女兒，一點得不到便利。婚姻近來是自由了一些，但還祇是許多問題中的一小部份，這一點收種是不足補償他方面的許多缺陷的。

再從另一方面看，少數婦女雖然比先前已經解放而且自由，然而也受了不少的損失。從前若干婦女所做生產工作，近來已不必說，中等家庭的婦女，也常常養蠶，紡紗，織布，近來這些工作移到工廠裏去了，於是許多婦女成為閒散者，婦女的生產工作如被剝奪了，那是多少有點危險的，她們卽使不做專門的「孵卵器」，也不致玩物化，也許漸成為室內的妝飾品，這可能性是存在的。除非她們能向社會上找到新的工作，但是這等工作的不易找到，看了前節所講的情形，已可以窺見一斑了。

現在回過來說到我們邊僻的家鄉了，我們家鄉的教育，雖沒有男女同學的學校，可是男女雙方面都有同等的求學機關。不過，不能例外的，仍然和大都會的學校一樣，雖不是商業化，也是貴族化了，在貧寒的子女，連小學教育都沒有機會享受，那更說不到中等教育，尤其是現在家鄉的中學教育，不過為少數富有階級開設的，尤其是女子，因為家長頭腦的固執，對於現在女學生在學校裏的種種自由，和屬於體育運動等類的飛舞靈活的舉動，他們看了多麼的刺眼，而視為反常的事，所以在同等家庭財力和環境之下，女子求學的機會，因為家長的固執，當然要比男子減少。講到職業方面，除最少數的女子得到小學教員的職業外，中學教員和行政司法機關的位置是不為女子而設，而為男子所獨占，因為家鄉女子因環境的限制，在家鄉既沒有大學教育的最高學府，在封建思想的女子，自然沒有出外求學的勇氣。尤其是婚姻問題，女子不能得到較高的職業，這是環境限制的事實。尤其是婚姻問題，仍然是由父母的包辦，與賣式的婚姻制度繼續着摧殘大多數的女子，在大家族制度未打破以前，男子為家庭裏惟一承繼遺產和傳宗接代的人，沒有子嗣祇好由旁支或外姓承繼，女子承繼遺產的問題更是不能希冀得到的！

我們說到家鄉女子的解放和地位的增高，不如說是貧苦階級的子女的解放吧！因為貧苦階級的子女，自然談不到解放，這是負有全體教育行政機關的教育局和熱心社會的智識階級的責任，大家應當起來提倡，實行義務教育和強迫教育的普及化，使貧苦階級的子女也得到求學識字的機會，對於現代科學化的一切，得到相當的認識，還不致永遠的思想落伍行為腐化。尤其是在家庭裏還屬於附屬品而沒有得到平等地位的女子，更當發奮起來，努力奮鬥，縱不能人人造就深高的學問，也當力求解決生活問題的知識，才可以在社會上謀到職業，生活問題上才不致完全依賴男子，這才能得到解放和地位的增

賢妻良母的條件

徐友文

我國自古看女子的地位，以為女子根本就沒有立足或顧問社會上的權力，只需「三從四德」，成就一個美滿的淑女，童年，壯年，老年的發展機能，就在「女子無才便是德」同「女正位乎內」的枷桎下完全犧牲，我國的所以弱，不能不連想到女子的地位，女子最重要的使命，不外乎結婚後教育子女的責任，所以怎麼能夠使每一個女子都成「良妻賢母」，是值得我們討論的，現在我把他的條件分述於下：

一、樸素自愛　現在的女子，終日沉浸在花粉叢中，自己人格的墮落，完全置之不顧，實堪痛心！一旦嫁了丈夫，決不會同心互助，到後來必定感到家庭沒有樂趣，趨於自暴自棄，像這種怪怪現象，實在不勝屈指，烟，賭，吃，著，債台高築，累及丈夫，所以要完成「賢妻良母」，必先樸素自愛，決不可被虛榮心所驅使，而至於一敗塗地。

二、責任心和應付社會　女子要有應付社會的能力，同服務社會的責任心，切不可抱一種敷衍的消極主義，去依傍丈夫，對於社會事業，應用確切的目光去觀察和決斷

高。講到婚姻問題，是女子終身幸福的問題，家鄉的女子既有了相當的知識，就要對於自己切身的問題加以力求解放，自動的由女子理智的判斷來選擇終身的婚姻制度，不必專由父母來「越姐代庖」。至於女子承繼遺產的權

利，是法律所許可的，由女子奮鬥的結果，在家庭裏有了生活能力的時候，女子的地位自然增高，就可以得到合理的要求，和應享受的一切權利。

×　　×　　×
×　　×　　×

，並且從勇毅方面，負了重大的責任，去開闢新生的出路。

三、刻苦耐勞和健全身心　一個女子要掌理家政，決不是容易的事，「弱不勝風」的時代已經過去，「刻苦耐勞」的精神，正待提倡，在經濟開着恐慌的時候，決不可以蓄婢雇傭，一切勞作，妻子應當刻苦操作，一方面可以使丈夫安於外業，一方面可以養成健全的身心，依賴丈夫的是不爭氣的女子！

四、明晰常識和家政　社會，經濟，教育，生理，家政等常識，做妻子的也應有相當了解，那末，不至於做一個家庭的奴隸，或丈夫的劣傭，要知道一個家庭，就是一個社會，一個家的命脈，全繫在女子的掌中，因為女子要負着教育兒女的責任，必須明晰上述各項的普通常識，兒女是將來國家的福星，像日本女子學校所採用的「作法室」，就是使學生實習「賢妻良母」的，所以日本的女子，雖則國家沒有特殊的憲法保護，但是都成了「賢妻良母」，而具有自立的才能了！

以上所述，都是做「賢妻良母」所必經的要道，決不

可忽略，這裏，我還希望女子將嫁後的光陰好好的利用，看將來一般天真的小國民，都受着「賢母」的教導而成功

衞國的「良民」！

怎樣才能使本鄉學校得到長期服務的良好教材？　記　者

教書匠生活是文人的末路，「只限於這是我國智識階級所公認的。且由最高學府的大學教授來說，國立學校祇發幾折的薪水，甚至欠薪至幾個月幾年。私立學校有事或請病假照鐘點扣薪水。當教員的人，若是沒有別的副業，專靠拿薪水吃飯，就要饑餓。這是多麼清苦可憐的生活？

在家鄉的教員薪水，雖沒有打折和積欠的事，可是小學教員所得的薪水，真不及在緬甸的一個伕夫。在家鄉生活程度一天增高一天的環境裏，一個小學教員所得的薪水，不夠維持他的家庭生活，這是不可掩的事實。所以家鄉的知識份子，少數有特別原因的人除外，若不是走頭無路，決不願意幹教書生活，而甘願跑緬甸，我所說的特別原因，有下列幾種：

1. 家庭的獨生子，因子嗣問題父母不願使之遠遊，始幹教書生活。

2. 家庭生活富裕，不須靠薪水維持生活的人，始幹教書生活。

3. 初出學堂門的青年，一時找不到相當職業，始幹教書。但這是暫時的，

4. 跑緬甸的人，返里休息，順便教書。

而不是長期的。

上面說的四種特別原因，都是相對的，而不是絕對的。第一種原因所說的獨生子，若子嗣問題達到完滿解決後，還是跑緬甸的占多數。有第二種原因的人，有時也想希求個人事業的發展，或較教書生活良好的生活，自然不願意長期的做教書匠。第三種教員和第二種相同，一得到較好的職業，就和學校脫離關係。第四種教員是臨時性的，而沒有長期服務的希望，在上面已經說過。所以，本鄉教員除有第二種原因的李景山先生，不肯令棄本鄉學子，任本鄉服務終身『李先生亦曾被中學校聘請，但不肯高就』以外，旁的就找不到像李先生這種道德學問和服務終身的教員了！

人類本來是有慾望的動物，我們自然不能責備任何人犧牲個人利益，來『舍商就低』的，為本鄉教育永遠服務。所以當教員的，自然是向收入加增的地方跑，像李景山先生那樣有特別優越的家庭環境，拿教書做消磨晚年歲月的事，而不肯高就的，自新學成立到現在，已經『舊去新來』的，更換了許許多多的人物。在這短期限裏離職的教員裏面，一小部份是跑緬甸，一小部份是因教育成績的優良，得到較高

的位置，而別謀出路。或許有服務較久的，但也不過是時間問題。

「這是本會未接辦以前的情形，本會接辦後，一年任職的教員，到第二年離教的，將及半數，就第例是一個好

不客氣的說，當教員的不過是任學校裏一面教書，一面等待機會，而存着「五日京兆」的心理，機會一來，自然高飛遠走，不願死守着這種無出息的「水晶板凳」。所以本鄉學校自然沒有長期服務的固定教員，在這種環境裏，當教員的既沒有抱定「與教育相終始」的決心，對於教育上的擴施，既然抱定「做一日的和尚，撞一日的鐘」的宗旨，對於學校前途的發展，自然沒有遠大的計劃與貢獻。這裏面雖也有過少數人的努力工作，其實也不過是「人存政舉」的，如同精神衰弱的病人，服了「興奮劑」後，感覺到一時的「興奮」，及至努力工作的人去了，也就像「興奮劑」的「興奮性」消滅後，又恢復了精神衰弱的常態。──慢性病態。──這種常在「慢性病態」的學校，要想期望他得到優良的收穫，自然是不可能的事實！

本會接辦鄉校以後，對於以前腐化的教育制度，雖已經廢除，而代替以時代化的教育部制定的教育制度，現在已經有了兩年的歷史，即使我們自傲的說：比以前腐化教育已經有了相當的進步。但是，若果對於教員的待遇不加以改良，使他們的生活問題得到相當的解決，而不致別謀出路，那麼，現任教員的本會同志，都是差不多有上面說的四種原因才當教員，我敢斷定他們裏面找不到一個有長期服務的決心的人，只好像以前「走馬燈式」的，「舊去新來」的，更換着，本會改進教育的希望，也不過是夢想，而不能實現，本會精神上物質上的犧牲，將永遠不能得到代價。在稍懂本會教育歷史的人，只要回顧以前鄉校因教員不時更換，而教育方針變遷，和成績差異的事實，對於沒有長期服務的固定教員，而致沒有一貫的教育方針，致教育不能進展的理論，想來再沒有人否認的了。

關於改善教員待遇的辦法，因為關係本會經濟問題，事先不能不加以慎重的考慮，一方面須使教員得到較好的待遇，他方面又要使本會基金不致受到鉅大的影響。世界文明各國，為國服務的人員，都是有「養老俸」的。「中國海關職員亦有「養老俸」。我國因為經濟的枯竭，和政治沒有上軌道，所以對於公務人員還沒有「養老俸」的規定。本鄉教員生活的保障的惟一方法，自然是「養老俸」的規定。但是，在本會經濟力薄弱的環境裏，對於此種辦法尚覺「力有不殆」，我們只好用折衷辦法，以教員服務年限最為比例，不以任校的資格為標準，在本會經濟力範圍以內漸次增加教員薪金，來獎勵長期服務的教員。並且對於服務期間亡故的教員，酌給相當卹金。這樣辦法，教員生活問題雖沒有得到充滿解決，但是也得到相對的較優待遇，才不致存着「五日京兆」的心理，而專心一志的為本鄉教育忠實服務，本鄉教育的改革與進展方針，才能繼續不斷的推進，而不

致像以前發生退步墮落的現象。「以前鄉校曾因教材缺乏，使低劣份子濫竽充數，而教育腐化，學生不能受益，致曾有主張取消公校，由各單自辦的風潮，但執教務者既無清新頭腦，復為飯碗問題的關係，對於腐化勢力不能反抗，惟有屈伏，致鄉校完全復古，三聖經，金剛經，幼學瓊林，那麼，本會的大上好運，此時為鄉校最墮落的時期。」改進教育，才有成功的希望。

下面是教職員加薪程序，和卹金條例草案。我希望本會熱心同志，對於這個草案加以注意的研究和指導，如有不對的地方，大家可以公開討論，來做將來提出建議和實行的張本。

1. 現任教職員，忠實服務，而無過失者，服務滿三年後，遞年增加原薪百分之五。五年後，增加原薪十分之一。十年後，增加原薪十分之二。十五年後，增加原薪四分之一。廿年後，增加原薪十分之三。

「註」本條所稱「原薪」，概以初服務時之薪金數計算，其服務年限，自本會接辦後計算。

2. 在職教職員身故，服務不及三年者，給以原薪三分之一之一次卹金。服務三年以上者，給以原薪二分之一之一次卹金。五年以上者，給以原薪三分之二之一次卹金。十年以上者，給以全薪一次卹金。其有特別勞績，及不幸遭際者，得由教委會酌量情形，例外增卹金。但增給之卹金，不得超過原定卹金二分之一。

「註」本條所稱「原薪」，以該教職員身故時所得薪金計算。

3. 圖書館職員，亦得享受上列之待遇。

4. 上列應增薪金，俟規定期限滿應支用時，得列入教育委員會預算案內，由本會支給。其卹金款項，由本會隨時支給。

「註」依上列規定，鄉校教職員為長期服務性質，該教職員若無過失，不得無故辭退。

「按」據教育委員會二十三年度預算表所列，教職員薪金每年支出為二千七百四十元，照上列增薪程序，則至民國二十五年，照原支出數應增一百三十七元。二十七年，應增二百七十四元。三十七年，應增五百四十八元。四十二年，應增八百二十二元。但須現任教職員繼續服務，無一人中途辭職者，員全團體繼續服務，實上實不可能。因家鄉環境的限制，所增薪水之跑塵莫及。如某同志為鄉校之第一任好教材，較家鄉超過三倍以上。且僑緬同志為鄉教育，所得薪金，尚未發達，故無多數位置，以安置家鄉教員。若僑緬同鄉教育發達程度與閩粵僑相等，則家鄉好教材，而家鄉教材，將益恐慌。此特就教育職業言之，若從商之得失，則非人所能逆料，將盡為緬甸所收羅，就教育職業言之，矣」始須支出此數，若有中途辭職而另補新教員，則應增薪金之數即行減少。以本會經濟力論，任最

荷澤鄉村小學教師信條

一，鄉村問題是中國根本的問題。

二，鄉村建設，是救國的唯一路徑。

三，培起鄉村力量，就是鄉村建設。

四，鄉村教育，是培起鄉村力量的利器。

五，鄉村兒童，是鄉村力量的泉源。

六，鄉村兒童，是鄉村社會的生機。

七，鄉村小學主要工作，在培養鄉村社會生機，以開鄉村力量的泉源。

八，鄉村小學要培植兒童生活力，使之向上生長。

九，鄉村小學教師，要注意兒童身心之發展，及羣性之養成。

十，鄉村小學除培植兒童外，應為改造鄉村生活的中心。

十一，鄉村小學教師，除教育兒童外，應協助鄉農學校，推動社會，組織鄉村。

十二，鄉村小學教師，要與鄉民作朋友，利用機會，指導鄉民自己解決本鄉問題。

十三，鄉村小學教師，要指導農業改良，宏天地之化育；提倡合作制度，攻同胞之飢寒。

十四，鄉村小學教師改造鄉村社會須從革新自身入手。

十五，鄉村小學教師自奉無妨菲薄待人却要厚道。

十六，鄉村小學教師，要無代價地為人類服務，才見出為人的高貴。

十七，鄉村小學教師，要內外清潔，手腦雙全。

十八，鄉村小學教師，要有求學不厭，及誨人不倦的精神。

十九，鄉村小學教師，要以最少的金錢，辦理最好的教育。

二十，鄉村小學教師，要實事求是，不在表面舖張。

『至民三十一年止』

近期間倘無問題。至十年以後，若本鄉教育有相當成績，則本會每年增加支出五百餘元，亦不為虛擲。且彼時成績昭著，則向人勸募，本會本會不乏熱心志士，必樂於捐輸，吾敢謂經濟問題，實無問題。所患者，教職員生活困難，則缺乏良好教材，而教育必無生氣，則本會教育經費之支出，雖能日漸減少，亦無補於事實，而等於虛擲矣。

編者按：埋頭苦幹，只是希望人，勉勵的口號，實際上要人苦幹，也得給以一定的生活基礎才可能，鄉校教員像走馬燈一樣的變換，對於我鄉教育所給與的無形的損害，眞難以計量，本篇作者的主張我們能夠得到大數會員的賛同而迅速的實行，為我們的子弟的教育起見，我們大家是不會惜省有限的金錢能。

二十一，鄉村小學教師，要發悲憫的宏願，深信世間無不可敎之人。

二十二，鄉村小學教師，要吃苦耐勞，忍辱負重，畢生從事鄉村敎育。

取締迷信運動與縣黨部

新聲

據家鄉傳來的消息，本年騰衝縣黨部實行取締迷信運動，已經將「三月會」「保境會」……等類傷風敗俗費財耗時的迷信舉動取消了。任家鄉迷信空氣十二分濃厚的社會裏，縣黨部居然有這種奮鬥的成功，真是使我們十二分的快慰和欽佩縣黨部的精神毅力。在另一方面的迷信思想牢不可破的人們，又要如喪考妣的痛哭流涕了！

不過，現在取締三月會的事件，對於家鄉取締迷信運動工作，只是最小部份的開端，而不是全部的成功，因為家鄉社會類似保境會三月會，其或比它更壞的迷信舉動，真是各色俱全，不勝枚舉。我希望縣黨部對於取締迷信運動須作通盤計劃，以期達到澈底成功之目的。這通盤計劃，當分為治本與治標兩種辦法：治本辦法就是要增進婦女教育，和破除迷信的宣傳工作；治標辦法就是要取締一切迷信舉動，和依據迷信而產生的土木偶像。因為取締迷信運動的過去事實，在民國成立時已經給了我們最好的教訓，在彼時已經有過轟轟烈烈的推倒偶像，和取締一切迷信運動的破壞工作。不過在根深蒂固的舊頭腦的男性，也在竭力提倡迷信了，或許不祇婦女，而自命為知識階級的舊頭腦的男性，她們對於偶像的推倒，只認為「佛祖遭劫」；不惟不承認偶像有推倒的必要，迷信有破壞的必要，反而視推倒偶像取締迷信為大逆不道。而對於偶像的復辟，她們就是惟一的忠臣。所以在不久之後，各城鄉的偶像完全復辟之外，反而比以前塑得光華美麗；一切的神誕會火，也是無中生有，妙想天開的比以前增加了數倍。但是以前尚祇限於婦女方面，現在却是男性首倡而婦女效力尤了！它的根本原因，就是因為婦女教育不能普及。

她們沒有新知識新思想的灌輸，致彼舊社會傳統的神權觀念盤據了她們的心靈，事事只知道依賴天地鬼神來作她們的護身符；好像她們的生活問題的解決，都是由天地鬼神的賜與，而不是她們的父兄丈夫的供給。所以生活舒適的婦女，雖然是由她們的父兄丈夫拿血汗換來的代價，但是她們仍然歸功於鬼神，而竭力的去諂媚鬼神。生活困難的婦女，也是希冀着鬼神的青眼，使她們由困難的生活轉移到舒適的生活，自然也是要去求神拜佛，所以造成了十足迷信的家鄉次鬼神酬答他們的擬心妄想。這是家鄉多數婦女的普通心理。還有現社會而不可救藥。自己幹了對不住人的虧心事，因內心的譴責的恐懼，乃藉故吃齋過會來求鬼神解除和赦免她的罪惡。更有一般狡點的藉着神誕會火來從中漁利，因是而助長了迷信之慾。籠統來說，他們這麼深入陷阱的迷信心理，是由於傳統的神

權觀念的遺毒，任上面已經說過，不過我們回想到到民國以前的迷信程度，並沒有像現在這麼的濃厚，民元時代經過一次取締迷信運動以後，現在的迷信程度反比以前加甚百倍，這又是甚麼原因呢？這又不能不歸罪於知識階級的人們的提倡「同善社」。他們自居於煽惑迷信的地位，使婦女們益復放肆，繼造成了家鄉漆黑一團的社會。這是家鄉社會歷史告訴我們的事實，我這話想來也不寃枉他們能。

依據以上事實的教訓，她們對於迷信的禍害，根本上既不認識，又加上男性的竭力引誘煽惑，「同善社現在雖已關門，但是該社份子過着「墮落」「木魚聲」生活，天天在敲木魚，吃齋，過會和勾結會尼巫現為害愚民的仍然遍地皆是。」

我們要想澈底的取締迷信，真不是一件容易的事，除對於提倡和煽動迷信的男性應加以法律的制裁外，必須先將迷信的婦女心理加以改造，使她們覺悟和了解迷信的害處，纔能永遠破除迷信，迷信的根苗將來纔不致死灰復燃，取締迷信運動才能達到澈底成功的目的。改造婦女心理的辦法，當然要普及婦女教育和演講宣傳，雙方并進。下面的幾條是我主張的辦法，特提出供縣黨部和關心改造家鄉社會的同鄉們的參考。

一 現有各城鄉女校，當以「破除迷信」列為校訓，每星期由訓育主任搜集關於迷信的禍害和有破除的必要的材料演講一小時，使全騰女生得到澈底的覺悟，俟將來創造新家庭時為鏟除迷信根苗的張本。

二 各城鄉倡辦婦女半日學校，招收中年以上婦女，授以科學常識，「科學常識；如地震是因火山噴發，地殼崩裂，而不是鰲魚翻身。日蝕月蝕，是地球和月球相遮掩，而不是天狗吃月亮，下雨是空中的汽體遇冷的變態而不是龍吐水。時疫流行，是因為天氣的惡劣和不講究衛生的結果，而不當去求送子觀音。女子生育困難是生理的問題，而不當送五牲愿。……這些，都是極好的演講材料。」和衛生常識外，并照第一條辦法，以破除迷信列為課程的一種。

三 由縣黨部提倡各城鄉大規模演講，以各城鄉現任教職員及各社團份子為負責演講專員，輪流分往各街巷演講，以「破除迷信」為主要題目。旁的如改良婦女生活問題，獎勵婦女求學求職業……為次要題目。

四 製成破除迷信標語張貼各城鄉，及出版刊物加緊宣傳。

以上所說的是治本辦法，還有治標的辦法，也列舉在下面。

一 實行第二次推倒偶像，各寺觀改建公共場所，或工場，強迫僧尼還俗婚配，并將各寺觀財產沒收為當地教育及公益建設經費。

二 取締一切關於迷信的公開的或秘密的集會結社。

三 取締一切關於迷信的投機營業，如巫，筮，星卜道士，地師，及製造迷信應用物品的營業。

四　取締一切迷信文字和書籍。

上面所說的「治本」和「治標」的辦法，當然要雙方進行。因為若是只有「治標」的辦法，而沒有「治本」的辦法來改造婦女的心理，使她們澈底覺悟，那麼，婦女心理對於取締迷信運動，根本上既不了解和悅服，而只是一時的隱忍，她們自然希望着捲土重來恢復舊觀的一天，而取和迷信運動也不過是暫時的破壞工作；而不是對於婦女心理的新的改造的建設工作，將來一切迷信的死灰復燃是意料中事，禁止了的保護會，三月會，……次的復辟，可以復活，第二次推倒了的偶像可以作為第三次的復辟。

末了，我對於縣黨部的本身，還要在下面貢獻幾句忠實的話。

這是上面所說的歷史告訴我們的事實，所以我希望縣黨部的執事們堅決奮鬥，由根本問題上做去，將來還不致徒勞無功。

以這次取締迷信運動來證實縣黨部是在努力奮鬥的幹着改造家鄉社會的工作，這是誰都同情和欽佩的。不過，在家鄉沒有社團生活習慣的大多數人們，對於黨的組織是什麼意義，恐怕明瞭的人也還任少數。除了現任縣黨部職員和頭腦清新的智識份子外，對於入黨的作用或許有人拿它當作應酬朋友，和飲酒讌會的一回事，漫無目的的加入黨裏。那麼縣黨部的招收黨員，就不能不嚴格的考慮，使招收的黨員不及於一濫。黨的本身組織才能為什麼意義，恐怕明瞭的人也還任少數。

因為我們中國裏各種社團，上自國民黨，下至……會……會，多半因份子的複雜而致團體的本身組織鬆懈，和失去團體的精神和真義。「民元以後的黨員誠心為國者固多，假藉民黨招牌來謀個人利祿的也不任少數。旁的如假藉救國會，抗日會來包運仇貨於中取利的也時有所聞。現任縣黨部的執事們，是負着改造家鄉社會的責任的，對於投機取巧假公濟私的人們，尤當擯棄之於百里之外」。（此處作者應當聲明的是：作者對於黨部的現狀，以上的說話，都是抽象的理論，而不是『有所指』的，請縣黨部執事們不要誤會。

腐化份子，尤不能容許他們加入黨裏，因為家鄉社會是黑暗的腐化的，黨的工作是貼任黑暗腐化壁壘的敵對方面而向他們進攻，這進攻的勝利是很不容易期望的事。倘使黨裏再容許腐化份子加入，那麼腐化份子因他們的壁壘堅固勢力雄厚，恐怕將來對於黨的本身應用同化的作用，那就是極危險的一件事。這雖是作者的太過杞憂，其實我們為家鄉前途永遠的光明着想，不能不未雨綢繆，預為防範。

會造家鄉社會的責任的，對於投機取巧假公濟私的人們，尤當擯棄之於百里之外。縣黨部的執事們對於我的說話看是怎樣？

第九週大會「總部職員普選」議決案「由總部所轄區域內各地會員中選舉之」的義意

的分晰與商榷

記者

本會自促進青年兩會合併改組以來，已經有十年的歷史，在此十年期間，本會最高權力機關的總部，皆由第一，二，三，分部輪流支設。此種總機關無固定地點的活動組織，為各種普通社團組織所無。蓋本會會員散居全緬各地，對於會務負責人材，不能集中於惟一地點，故始有此種特殊之流動機關之組織。一方面即使散居各地之較為集中之人材，得以循序盡職，而不致遍勞任何方面之會員。他方面即使本會經濟保管權活動週轉，而不致有任何方面獨佔或尾大不掉之弊。此種適應本會特別環境之辦法，固至善也。歷屆總部職員，尚能力盡厥職，而無任何意外問題發生，此本會之幸也。惟近年以來，本會會員多因私人營業關係，及生活問題，或住甲埠者遷至乙埠，住乙埠者遷至丙埠，而無確定住址，致會員較為集中之總部所在地之會務負責人材日漸減少，「尤以緬京一地為甚」，致本會會務漸受其影響。即以第九屆緬京總部之負責無人，平日招集常會，亦多不足法定人數而流會，吾人為會務進展計，不能不別籌補救之方法，故於第九屆大會時，之建議。茲將原建議書節錄於後：

「前略」本會總部執行委員之被選權，以總部所在地會員為限，但為便利會務起見，若總部所在地會員不足時，得由與總部鄰近之一埠之會員中選舉三分之一，使二埠合組總部。惟兩埠距離不得超過二車站以上。「中略」。

茲將具有合組總部資格之各埠列舉於後：

（1）抹允與南馬，
（2）抹允與賀奔，
（3）南馬與賀奔，
（4）恰井與果洞波，
（5）恰井與果領，
（6）果領與果洞波，
（7）其餘二埠相近，而會員足法定人數者，皆可合組。

作者建議之義意，因鑑於本會總部之固定地點，為抹允，恰井，與緬京，而此三埠對於會務負責之會員，時有遷移，而固定居住者日益減少，已如上述。則於某總部人材缺乏期間，可擇鄰近之一埠負責會員較多者與之合組部，以達互助合作之目的，故始援用本總章第五章第二十五條，「監察委員被選舉資格，總部所在地人數不足時，得於他埠會員中選舉三分之一。」之規定，以適用之於執行委員選舉法。此三分之一之他埠職員，常然以人材為標準，且對於會務較為負責者，始能當選，而可以補助總會人材之缺乏。其餘三分之二，仍由總部所在地之會員中選舉之，且此三分之一之他埠，「他埠二字，當作鄰執委所在地之會員中選舉之，較為切確。」

與總部之距離不得超過二車站以上。『上緬每車站相距約省七八英里』。此種組織，一方面即可使總部負責人材集中，而鄰埠執委因距離較近，凡遇總部發生任何事件，於時間上及人事上皆無妨碍，而可隨時赴會，以解決會務，是公私兩方，皆不致發生困難。是以本提案中應選三分之一之執委所在地之鄰埠，與總部之距離，在稍懂會務者，不難認識其用意，而爲全案之關鍵。而『兩埠距離不得超過二車站以上』，爲此案必要之條件矣。如本提案所列舉之抹允與南馬埠，……恰井……皆適合此種條件，於總部招集會議時，鄰埠執委赴會，可於二十四小時以內返其原地，對於私人業務毫無妨害，已如上述，則身爲執委者亦樂於盡責，而本會會務亦可隨時解決與進展，不致有流會及遷延不決之弊。然，此種組織亦不過適用於第一、二、分部，而不能適用於第三分部之緬京。因緬京並無適合此種條件距『離二車站以內』之鄰埠負責會員，而總部職員仍須由總部所在地選舉，此乃環境之限制，吾人尤引以爲憾，而無可如何，惟有希望緬京爲上緬商場中心地點，本會會員因而較爲集中，於本會支設總部時，負責人材或不致再爲減少，則尚可打破此種難關。否則當更思他種較好方法以補救之耳。作者此次提案，關於兩埠台組總部之條，僅得大會通過其此次提案之一部份，而僅採取兩埠以上爲總部地點之辦法，

對於職員之選舉問題，則有李若珩同志建議：『總部所轄區域以內各埠會員，皆得被選爲總部職員』。竟得大會通過。而作者之建議，『只限於鄰近二埠之總會會員之被選權』，當然不能通過。任李同志建議之主旨，以私意測之，不過使本會散居各地而較爲負責之會員，皆須對總部會務負其職責，以避免徧勞總部所在地之會員之弊。以義務平均之原則言之，則李同志之建議，作者亦表同情。惟凡事當以事實爲重，因本會會員散居各地，總部所轄區域遼闊，總部職員不能集中一地，會務之進展是否便利，大有慎重考慮之必要。茲以個人管見所及，分條述之如下，以與本會同志共同商榷以求便利於會務。

（一）本會之總部，猶一國之中央政府，而分部猶如地方政府，中央政府總攬全國政務，而中央政府之職員亦必集中於中央，凡事方易辦理，亦猶本會總部職員亦必集中於總部，則人材集中，而會務易於進展。縱觀古今中外，旣無中央官吏散居各地之國家，『中國國民政府委員，亦有爲各省政府主席所兼任者，然不過徒領空銜，坐領薪俸，於中央政事固毫無補益也。』團，若本會總部職員因李同志之提案而不能集中於總部，遇有急待解決之重要事件發生，而散居各地之職員，因時間與營業之關係，不能如期赴會，則會務即無從解決。亦猶一國之遇重大事件發生，則須立即應付者，若待散處各方之中央大員集中，則爲時間所不許可，而遺誤國事，其害可

知。本會雖爲一小團體，而總部職員之間，有互相輔助與合作之必要，此次決案旣已形成總部職員散處各方之局，而對於常務委員與文牘，理財員散處各方之局，理財、等職，旣無集中總部之規定，其爲散處各方也可知。總部對外函件，或對內通告，必須函達往、居他埠之文牘員擬稿後，寄至總部蓋章簽押，然後發出。又如會欵之支出，經住居他埠之理財員函請總部，轉函理財員說明理由後，始得支欵，理財員又須將此應支之欵寄至總部，由總部轉寄他埠之庶務員。其間往返遇折，曠時費事，麻煩實甚，本會應辦之事，須一種手續可以辦淸者，將增至三四種手續，會務進展之遲滯與困難可知。此亦不便者一也。

（2）以地理方面言之，本會第一分部所轄區域，自密支那至南巴，相距一百三十三英里。第二分部所轄區域，自格洒至瑞波，相距一百六十一英里。第三分部所轄區域最爲遼闊，自緬京下至仰光，相距三百八十六英里，上至夷山之臘戍，相距百七十五英里，北至八慕，則由緬京至格洒二百六十四英里，由格洒至八慕之水程一日，而遙領總部職務，不問可知。玆假定第三分部支設總部，於會務之進行是否便利，八慕臘戍，西波，後脈，仰光，各埠，中選職員一名，各埠職員遇事須赴會時，往返至速非三四日不辦，八慕至緬京則需時一星期以外。卽以第一二分部區域較狹者而言，由密支那，至抹攻，至抹允，由恩多，卜毛，準臘，瑞波，至恰井，往返及開會時間，亦需時三日，而總部職員會議，每月至少須開會一次，事多時或至數次，以相距數百英里，往返需時數日之遠地職員，爲服從會章及力盡職責計，勢不能不將其大牛光陰消耗於赴會之用，蓋赴會期間，勢不能不因事不能赴會，則須受總部之處罰，赴會則妨害其私人業務及生活問題，遠埠職員皆爲熱心盡責而能犧牲其個人利益，實亦大難。吾人且假定遠埠職員不能因會務而犧牲個人利益，則於總部招集會議時或因事及道途遙遠而不能赴會，則總部之會議將因不足法定人數而流會，或永遠流會而致會務停頓，其不便之處，較之集中總部或住居鄰埠職員「與總部相距二車」之隨招隨到者，實相形見拙。且職員集中則今日開會不成，明日仍可招集，職員遇事，可互相邀約勸勉，於時間空間上亳無困難，若散居各地，則遇事須籌備通告，開會一次不成，至二次開會又須延期十日半月，常此流會，而常此延期，會務將無由進行，若遇急待處理之事，則更無法應付矣。且年來緬甸商場受經濟恐慌之影響，本會會員亦因營業額敗生活困難，而對於會務日形冷淡，集中總部之職員，對

於會務尚不能力盡厥職，「如第九屆緬京總部之

若謂遠居外埠之職員，被招集時皆能如期赴會，則余尤不敢信，此不便者二也。

（3）由經濟方面言之，總部職員集中於總部及鄰埠，職員赴會旅費食費由本會支給，若此次通過各外埠當屬不菲，茲將第三分部各地職員赴會旅費估計表列下：

埠名	車費	盾	安
仰　光		12	3
臘　戍		11	1
西　波		7	14
後　畢		6	11
八　募		11	7
共　計		49	4

第三分部各區職員赴會旅費估計表
由各埠至緬京（去來）三等車費
（數　欠）

上表所列，僅就車費而言，且假定五埠，每埠被選職員一人，其車費每次卽需五十盾，若加食費及總部東道費，至少每次亦需廿卅盾，則所費尚不止此。「若外埠職員增多，至少需七八十盾，若每月開會一次，每年需費八九百盾

，卽以最少數五折估計，而為每二月開會一次，亦需四五百盾，又以第一、二，分部所轄範圍較小者言之，開會一次亦需十盾二十盾以外，茲假定第一，二，分部每年支出增加百五十盾，第三分部增加四百五十盾，平均計算，每年本會之支出實增二百五十盾。以本會年來收入減少，及支出增加之經濟狀況言之，則每年多費此二百餘盾，亦不能不加以顧惜。凡愛護本會之忠實同志，當建議設法使本會經濟膨漲，而不當建議使本會經濟耗費，此為經濟方面不便者三也。

總部職員分居各埠之不便，旣如上述，吾人為便利會務計，節省會金計，對於第九週大會之議決案，當思有以修正及補救之法，以求避免上述三種之不便利，則會務方不致受惡劣之影響，否則吾人欲求會務之進展而有所建議，而決議結果則適得其反，旣不便利於會務，復不便利於會員個人，而公私均蒙其害，當為愛護本會者所不取也。

且「二埠合組總部」之提案，在稍有社團組織常識者，當知其用意在使總部職員集中於總部所在地之附近二埠。今此案之總部地點問題則已通過，而對於與此案性質相反之「總部職員由各地會員中普選。」之提案亦通過之，一方面旣承認總部由二埠合組之地點問題，他方面則又使總部職員散居各地，所謂總部之義意已名存實亡，此誠滑天下之大稽。本會同志平時對於會務概多漠視，只知舉手贊成通過，於加以理智的決斷，而致人云亦云，遇事不能此可見一斑。蓋凡事「理無二是，」旣「二埠合組總部」

366

之議案為合法，即不容有職員散居各方之決案，若以職員散居各方為合法，則所謂「總部地點，」事實上已不能存在，今大會竟將性質相反之二案合併通過之，吾故謂此決案之矛盾，適足以暴露本會會員社團組織常識之極端幼稚，以遺笑外人。吾人於此尤當設法糾正之，以免鑄成大錯者，他日會務進行困難，悔之晚矣。蓋作者非敢謂一己之提案為合法，而謂他人提案之不合法，因性質相反之意見與主張，猶如原告之與被告，二者之中，必有一是，而一者為非，身為決官者，會之法官。「大會猶如本萬無判斷原被告為「都有理。」之理，本會同志其以為然乎？

尤有進者，本會職員為義務性質，而無絲毫權利之可言，本會會員散處各方，已如上述，總部所在地之會員，對於會務自必較為負責而偏勞，僻處各方之會員，因環境限制而不能負責，此環境使然，而非遠埠會員之咎。總部會員若能以服務社會之精神毅力，以為本會忠實服務，則對於遠埠會員之不能負責，常能諒解，而不當責其義務之均，而期期以求事實上不可能之「掛名太守，」之遠埠會員擔任此名義上之總部職員，以給予本會會務進展之困難也。

作者於此尤須聲明者，吾人以會之利益為前提，對於會務，以研究探討之態度，作詳密之分晰與評論，其目的在於會務之便利。如所言為當，則本會同志採納之，所言或有不當，則糾正指導之，吾人對於本會同志之意見，由他方面言之，則真理自明而會務亦因而進展。若認為不適於會務而有討論之餘本會者，無不竭誠擁護，

地者，則管窺所及，知無不言，言無不盡，必求所討論之問題得到完滿之解決，方盡吾人之職責，此吾人言論之目的也。本會同志對於此次提案，「總部職員散居之表同情，」之提案，各方之表同情，必能加以慎密之考慮，以為修正之進備，則作者之管握，為不虛矣。

「作者按」二十四年一月十二日，得總部第二十七號通告稱：關於本案之議決，內部來函反對，故由總部發出通告，徵求各區意見，答覆總部。又據，第二分部私人消息，答覆總部一致主張，略述意見。關於此案之覆決結果如何，截至發稿之時，尚未得總部通告。茲將總部及內部來函節錄於後，以供本會同志之參考。

二十四年二月七日附記

總部來函

逕啟者，自本會第九週大會通告發出後，於月之三日接內部來函，對於大會時通過議案反對數項。按本會章程，經外部通過之議案，有無覆決之必要？茲特將內部來函抄呈一份，至祈共同參酌，各陳意見，即希答覆，俾便函覆內部，是為至盼。

二十四年一月十日

內部來函

「前略」又外部更改本會週年大會開會地點，及總部職員

作全區普選一案，固屬避免獨裁，法至善也。惟就第三分部緬京而論，隸屬區域極為廣泛，若施行全區普選制，則職員不能集中，若遇緊要會議時，照會亦非易易，雖云交通便利，縱然當選者亦屬熱忱份子，設因事不能如期赴會，則會務勢必擱淺。倘一月中或有數次之集會，則往來旅費，公私雙方，亦非經濟。懇祈仍照昔時辦法辦理，較為妥當。「後略」

編者按：我們會的組織，是為會務進行的便利而存在，不是為組織而存在的組織。這次大會所通過的矛盾的議案，大概是一時的錯誤；現在既已經發見了不合理，不便，又有內部及多數會員的反對，我們希望總部能迅速採取一種補救的辦法。

騰衝第三區區公所徵收貨馱捐

攻堅

據家鄉消息：「騰衝第三區區公所，曾向縣政府立案准許該公所於經過甘蔗寨，緬箐涼亭坡，等地的出口貨駄，每駄徵收『駄捐』一角，以充建築清水練市街道路之費·。該公所徵收人員，每月約須支出經費百元之數，而經過上述地點之貨駄，以中區為最多，中區之中，又以和順練谷類為多，和順公所今已呈請縣政府，將該區存案註銷，免徵駄捐，以減輕人民負擔。此事能否達到目的，須待縣政府之裁決。

我們得到這種消息，不禁對於家鄉社會現狀，連帶的有無限的感想，所以對於這「貨駄捐」的問題，來說幾句話。但是作者要先聲明的是：作者並不是以和順鄉人的立場，來替和順鄉人說話，而是以騰衝縣人的立場，來替全騰的人民說話。

作者旅居緬甸已經十年了，對於家鄉現行的地方自治行政區域的劃分，絲毫不懂。什麼地方是中區，騰衝共有幾區，什麼地方是三區。中區之外，當然有一，二，區或至四，五，六，七；……：區。三區之外，是不是還有東，南，西，北，區。三。但是不論牠是什麼區，都是家鄉實行地方自治以後產生的行政區域上區分的地理名詞，以騰衝十八練來說，區數自然不少了。第三區可以由經過牠的地方範圍的貨駄徵收「駄捐」。來修築他們的街市道路，那麼，其餘的第一二區以至四，五，六七八，……：區，和東南西北中區，向縣政府然可援以例案，請求徵收「駄捐」立案，就有產生徵收「駄捐」的十個二十個區公所的可能。兼之由這一區到那一區的境界，不過是幾里的距離，如果各區均可徵收駄捐，那麼，每駄貨物在騰衝境內須經過若干區的地方，就要受到層層的盤剝。以前的釐金不過是此縣到彼縣的交界才徵收一次，現在的「駄捐」就要在一個縣的境內徵收若干次，這不是太苦了小百姓嗎？國民政府成立

來以，因為釐金的病商害民，才有裁撤釐金的命令公佈。
如果我們家鄉因為地方自治的設施而產生了較之釐金更大
的苛虐的徵稅機關，那麼，小百姓們誰都不願意來享這自治
的名，受到苛捐雜稅的實惠了！況且現在國民政府已經嚴
勵取締各省苛捐雜稅，我們家鄉反因地方自治區域的劃分
，而增加人民的負擔，這與取締苛捐雜稅的公令，不是站
在相反的地位嗎？

第三區區公所徵收「駄捐」人員的經費，每月在百元
之數，如果屬實的話，那麼，該徵收機關每月至少須徵收
一千駄的駄捐，才可與支出相抵補。在騰衝境地狹小的地
方，每月未必有一千駄的貨物來供給第三區徵收員的經費
，若是貨駄不足一千駄，第三區就要賠本，又若是不超過
一千駄以上，第三區就無利可圓，祇不過使徵收人員飯碗
。

問題得到解決的辦法，他們修築市街和道路的目的，自然
不能達到，徒使人民增加負擔，而該區並沒有得到實惠的
希望，這是很失算的事，又何必多此一舉呢。？
我十二分的大膽的向本縣政府請願，對於地方自治的
措施，總要顧到小百姓全體的利益，而不能因一部份人的
利益，來妨害大多數人的利益。徵收駄捐這一件事，在全
騰方面可以造成各區援例徵收的惡例，使人民的負擔日益
增加。在第三區方面，不過是損人而不利己，徒作各方反
對的集矢之的。因為第三區的市街和道路都有修築的必要，
其餘各區的市街和道路有修築的必要，縣政府就不能單獨
允許第三區徵收駄捐，而拒絕別區，別區既可援例徵收，
許結果全騰的若干區一齊徵收，吃苦的還是各區的小百姓
。咳！！地方自治！！

官鹽與私鹽

攻堅

提倡國貨抵制外貨，這是富國強種和缺乏武力的弱國
的維一對外方法。家鄉禁止人民辦運海鹽，提倡官鹽，也
是提倡國貨使政府稅收增加的好法子，我們自然不能反對
。但是，騰衝歷年組織的食鹽專賣公司，多因運輸的不便
，以致官鹽不能繼續運轉，常有求過於供不敷分配的恐慌
，以致鹽價飛漲，人民生活負擔增加，所以才不得已的購
食海鹽。在以前曾因官鹽來數稀少，供不及求，人民和遠鄉
公司常起衝突，而經縣政府判令縣城以南及遠鄉夷地得購
食海鹽。這不過是臨時救濟鹽慌的辦法。聽說現在新公司

又改組成立，嚴禁鹽私，鹽價也隨着嚴禁的命令一天一天
的飛漲了。鹽價飛漲，自然是因為官鹽供不及求的原因，
家鄉人處此生活程度日高和經濟困難的環境裏，對於日常
必需的食鹽的昂貴，有力的自然不成問題，貧寒的難免感
受到生活負擔壓迫的可憐。我很希望經營鹽公司的老販們
，一方面當然要顧到個人的利益，他方面也要為一般貧民
設想。最好是改良運輸的辦法，使鹽駄機續運轉，不致間
斷，才不致發生鹽慌的事件，鹽價當然不會飛漲，小百姓
們自然樂食官鹽，誰肯作奸犯科去偷運海私呢？如果一方

面禁食私鹽，一方面又不能將官鹽充分供給人民，人民遇到無鹽可食或食不起的時候，除了「淡食」以外，只好挺而走險，偷運私鹽。公司方面雖能如何嚴密偵緝，而邊遠各地仍將私鹽充斥，政府的稅收和公司的利源仍然不免外溢。所以我們對於家鄉人民運食私鹽，在理論上不能歸罪於販賣的人，因為事實告訴我們，官鹽缺乏和昂貴是「因」，才生出了販賣私鹽的「果」呀！

在以前鹽公司的組織，多有不完善的地方，譬如城市方面和公司職員有感情的商人，隨時可以向公司領到鹽馱的人就不同了，如果沒有得到公司職員的諒解，拿了錢去都領不到鹽，這是最不平等的一件事。希望鹽公司的老販房除以前的弊習，對於出錢買鹽的人，無論城鄉，不分畛域，見錢交貨，公平待遇，對於遠鄉鹽販之門，尤當給以便利，才不致使遠鄉鹽販感到向隅的沒趣，和食鹽的困難。鹽公司也是營業性質，若能鼓勵遠鄉人樂食官鹽和達到由消極方法消彌私鹽的目的。因為出錢買鹽的人給價既沒有兩樣，如果厚此薄彼，僅使一部份人得到便利，旁的大部份人出錢買不到鹽，這就如同驅使遠鄉人民不得不向便利的道路走，吃私鹽了！

家鄉現在覺得事事稍有點進步了，上面說的以前鹽公司厚此薄彼的弊病，現在或許已經改善了，作者在外已久，所以不能知道，才將舊事重提，來作鹽公司老販們「前車之鑑」。這是以前的事實，並非作者捏造，讀者諸君若不肯信，祇須玩味領鹽的「領」字的義意，就可以知道以前遠鄉人出錢買鹽常有問題發生，如果出了錢就可買得到鹽，常然叫做「買」鹽。因為出了錢「領」得到與否還有問題，所以叫做「領」鹽。

末了，我還要聲明的是，以上的說話並不是為販賣私鹽的人們「張目」，而是為政府稅收，和鹽公司利益，以及全騰人民的便利起見的說話。關心民眾疾苦，和家鄉社會問題的同鄉們，對於這篇文字的用意，想來不會發生誤會吧。

二三，十二，二十五，作於緬甸旅次

編者按：國家專賣的制度，一方面是為財政收入，一方面是為防止與國民日常生活最有關係的產業被人獨占而影響到民生，但是國家的專賣，若成了私人的獨占，或事實上發生與獨占壟斷同一的結果，那麼他的弊病就不小了。我們和作者一樣地希望這現象已成過去，或正在過去着。

騰緬交通改道之趨勢

梓　廉

騰緬交通，取道八莫，自昔已然。迨至民國十三年，經干崖亂後，該地野匪猖獗，乘機截劫行商，肆無忌憚，甚至傷殘人命，時有所聞，凡旅客往來，須納保路費於干崖土司，由其派兵護送。但該司所派士兵一名不過「招牌

』作用，但有時尚不免被裁刼，而土司每年保路費之收入，已大有可觀。當此經濟困難再加一重負擔，故近年以來，吾騰之馬幫上下緬甸者，漸有傾向密支那路之勢。蓋可免裁刼之虞，復省金錢，由客藏至今，商貨運輸，絡繹不絕，惟行旅之經由此途者尚少。自古永猴橋築成後，內地道路亦稍加修補，現在中緬兩界，均是康莊大道，雖兩季亦無溝河之阻，所欠者只沿途旅店耳。緬甸鐵道部，為抵制八募輪船運輸起見，曾公佈，由本年一月起，凡裝火車經密支那運騰之棉，紗，傚費實行減價。至於由密至騰沿途支設旅店，在緬界方面，已着手進行，而不難早日實現。俟旅店支設成立，則行旅尤為便利。惟我國道路政，較之外人難免相形見拙，倘望吾騰當局，對於此路交通，力加整頓，則吾滇僑之視干崖路為畏途者，可改道經古永路以達密支那，於精神物質方面，皆較便利，而土司藉口保路，挾制商旅，以坐收鉅額之保費，將無可施其伎倆矣。

『編者按』，野匪搔擾行旅，實受土司之約束，蓋土司所設之保路局所派護路兵一名，手無縛雞之力，何能敵強悍兇暴之多數野匪，但野匪見有『招牌式』之護路兵護送行旅，即不裁刼，若無護路兵之護送，可知士司之與野匪，實互相默契，互相利用。有時因少數行旅者，吝惜小錢，不納保路費，而遭裁刼，雖已納保路費之同行者，亦被波及。當保路局初成立時，被刼者向局報告，該局即賠償損失，機後卽不履行賠償之責，或雖賠價亦賠其最少部份，商旅旣納保路之費，復不免裁刼之虞，此誠所謂『吃崗不保路』矣。

致此之由，實以前昏庸無能之鎮守副使，縱其舅子郭某敲詐勒索，以釀成土司之亂，亂後野匪橫行，道路阻塞，土司遂利用機會：設局保路，坐收漁利，沿至今日，吾騰當局亦視若無睹，任其剝削商旅，希望商旅所受損失，沿至今日，吾騰當局，對此問題加以合法之處置，此時應先遣派軍隊駐守土司各地，以保護行旅，而裁撤保路局。對於野人，則剿撫並用，狃獷不法者，痛加剷除，馴良者周須施以中國教育，使其漸漸進化，各謀正業，則沿途裁刼之事，自可消滅矣。

緬甸邊界，亦有野居人種，名為克慶 KACHIN 與吾騰邊界之野人本為同族，惟當地政府能以政治手腕，將野蠻兇悍之克慶種人，施以教育，『將英文字母編為克慶文字，以教授克慶人。』授以職業，以前散居山林之野人，今已變為進化馴服之民族，而為緬甸政府服務兵役，不惟以前強悍兇惡之民族性已消滅盡淨，且被倚為捍衛邊疆之重寄。此雖屬於殖民政策，然反觀吾騰邊界野人兇悍，仍過其裁掠殘殺之生活，對吾華人之隔膜仇視如故，則吾國政治之不良，於此實無可諱，而一界之隔，彼克慶人種卻能被人馴服役用，吾人視此誠有愧色。此種有關國防及地方榮枯之問題，負有邊防職責之殖邊局，應速起而籌謀，以善其後，則吾騰或可倖免於淪亡。蓋野人散處邊地，若能施以良好教育，使其進化，可為我邊防之助。若任其野蠻兇悍，則將為人利用，而可引起邊隙，且野人進化，不為非法之舉，則騰緬交通便利，商務發達，而

吾滇地方繁榮。否則常此裁刧爲生，則交通阻塞，商務不振，而地方亦必枯竭也。至於土司制度，乃封建制度之存餘，已不適於民治國家之組織，他省早已改置縣治，惟吾滇各司僅存，是在本省當局，有以善處之耳。

〇〇〇

對於圖書館無線電收音機的幾點小貢獻

館卒

據圖書館消息：「尹大典同志所捐贈本館之無線電收音機，已裝置完畢，開始收音，由李秋農尹大典兩同志負責工作。並分別歡迎本鄉男女界每晚到館旁聽，來聽者頗形踴躍。本館並將收到新聞編爲三日刊，分贈各學校，社團，機關。此種刊物，因消息快捷，頗得社會之歡迎。」

因爲家鄉僻處邊隅，裝置收音機是對於家鄉社會有相當價值的貢獻的。任交通不便消息遲滯的家鄉，郵政運輸，既沒有輪船火車，也沒有汽車公路，完全依賴人力和馬力，「傳聞本省郵政，對於新聞紙類及印刷品，必俟堆積日久成駄，寄遞，由外省外國到省之印刷品，一月可到者，始發一次，須時二月，或前後顛倒，而新聞已成舊聞。」這是交通不便的結果，希望本省郵政當局加以改良，將一切郵件逐日派寄，則識字階級受益不淺。本館有了無線電收音機，對於國內外時事新聞寄到家鄉時，已成明日黃花。本館有了無線電收音機，對於國內外時事，可以在二十四小時以內傳達到家鄉，這是多麼便利靈通而值得我們慶幸的一件事，同時對於尹同志的有價值的捐贈，更值得我們的感謝和欽佩。

但是，在我個人的意見，對於無線電收音機的功用，希望本館同志不祇是拿牠做傳達新聞消息的一種工具，而

當拿牠做宣傳文化破除迷信的一種絕好工具。現在家鄉男女界到館旁聽的人不是很踴躍的嗎？那麼，本館同志就可藉此機會，對本館旁聽的男女界，「尤其是竭力宣傳，拿女界」在相隔萬里的地方可以如同對面談話的收音機，就可以證明科學萬能，最好由本會負責同志每晚輪值演講，將最淺顯的現代科學的發明，電力，機器，的功用，如無線電，飛機，潛艇，坦克車，和一切工業軍事利器，作演講的資料，來證明現代世界的一切都是由科學成功的。並且藉此可以反證神學的空洞荒渺，和迷信的無益有損，又如對於引起本鄉男女界閱覽書報的興趣，也是附帶宣傳的絕好機會。因爲本館成立到現在，閱覽書報的人只限於男性的知識階級，女性和農工階級到館閱書看報的人很少。這種現象，是在表示着本館好像是「專爲知識階級而設，」和大多數的鄉人倘在隔絕，對於圖書館提倡社會教育的宗旨，完全沒有做到。因爲圖書館的功用，一方面是在使知識階級有研究參考的憑藉，他方面更要引導識字較少的農工階級和女性來館閱書看報。使他們增加知識，和領悟到現代科學化的常識。本館對於後一層的工作，既沒有做到，這是我們極爲抱憾的一件事

。我們正可藉着鄉人來聽收音機的機會，向大眾解釋看書閱報的利益，竭力勸他們和姺們來館閱覽。那麼，本館才可以和大眾接近而收到社會教育的實效，請本會同志切莫將這機會錯過。

對於收音和編錄新聞的工作，也不是一二人所能常期單獨負責的事，我希望內部同志和男女校教員都負起責任來，組織一個「無線電收音委員會」，每晚由委員二人輪值擔任收音和編錄新聞的工作，再由二人擔負演講宣傳的工作。這樣做去，一方面可以養成收音的熟練習慣，音台播報告新聞的人，因為方音的差異，家鄉人初使這種工作隨時都不致感覺困難。他方面也不致徒勞一二人單獨負責，以免將來負責人發生問題時，「負責人因有事或生病工作不能工作的時候。」的間斷。

建築××鐵橋的觀測

體元

日本侵略中國的計劃，對於中國的山川險要，風土人情，……無微不至的測量偵查，甚至那裏有什麼井，什麼河，作麼……都詳細知道，比我們本國人還要明瞭一點。難道他們每處都來調查嗎？這是由於在中國營業的僑商，隨時注意調查，詳細報告給牠們的政府，所以才有地利之勝。我們中國在外的僑民，除汲汲於求利之外，就是中國馬上亡了，也與我無關。對於外國整頓軍備，和存心侵略的野心，都是大夢沈沈，胡胡塗塗的毫不注意。

尤其是我們西南邊疆的騰僑，在外人眼光看來「蠢如鹿豕」的孜孜為生活勞碌，尚且不暇，還說什麼國事？外人有見及此，所以侵吞蠶食，日進不已，以前的片馬××坡…不費一粒子彈，完全佔領了。旁的雖沒有正式佔領，可是已經任人的勢力包圍之下，加以邊界人民沒有國家觀念，被宣傳力的誘惑，感化而存心向外的，已岌岌可危了！

現在建築的難堪和巴摩交界的××江橋，是邊界交通的樞紐，這橋建築成功後，由難堪可以直達漾光，再由巴摩貫通美其拿，就成功了全×的交通網，在軍事上是有嚴重的威迫的義意。這橋長約四百五十呎，銅板厚約十二吋，需費五十萬元，在我們無意識的人看來，為什麼他們背這麼的犧牲，來為人民造福，殊不知骨子裏自有深刻的用意。

這橋成功後，一切的一切，都得到極端的便利，我們以前譏笑人家做亡國奴，在不久的將來，恐怕就要輪到我們自身咧！

我們邊省的同胞，如果不想做亡國奴，就應當大家猛省起來，團結合作，督促和幫助政府，作國防上的下面幾種準備：

1. 發展交通，建築騰緬，騰濱，『由騰衝至昆明』演桂，『由昆明至南寧』汽車路，使交通便利，一旦遇着外力的侵略，防禦的武力才容易調集。

2. 整頓邊防，本省邊防空虛，應當在各邊地要隘駐防相當的軍隊，和訓練民團，仿效桂省的民團制度，凡成人的國民，和中學以上學生，都要受一定時期的軍事訓練，使人人有捍禦外侮的能力。

3. 建築防禦工作，騰衝為本省的門戶，本省又為西南的門戶，但是，本省邊防的防禦工作，絲毫沒有準備，一但遇着外力的侵略，就要被人乘虛直入，而無法抵抗。所以，現在應當在古力卡美島麻栗坡，小江坡勒哇和各邊區要口建築礮台，和置備高射砲，以防外人陸空軍的侵入。

4. 本省已經捐派了大量的飛機捐款；應當拿這些錢實行購製多數的飛機，尤其在邊界各地，應當有空軍的防備，並且設置無線電台和長途電話，及一切傳達消息的設備。

以上幾種設備，是關係本省存亡的重要事件，本省政府和人民，若再大夢沈酣的祇顧個人利益，不作救亡的準備，那麼，本省亡了，西南各省也就不能保存，西南亡了，全國也就要隨之滅亡，我們就只好做亡國奴，任人的宰割奴役了！

街談巷議與『癆症』

無　我

本刊前期而庵君作的『癆症』一文，在緬甸方面頗得到一部份人的歡迎，因為這篇文字是描寫封建制度的舊家庭狀態的寫實小說。對於『婆婆』的威嚴和虐待媳婦的手段和狀態，以及非由雙方愛情結合，而以金錢勢力結合的夫婦裏面，女性受家庭種種壓迫輕視的可憐，尤能描寫得淋漓盡致。作這篇文字的起意，是在將舊家庭的黑暗情形暴露出來，使關心社會問題的人們，對於家鄉社會和大家族制度組織的缺點，作改善的參考。全篇的描寫，都是確鑿的事實，並非作者的捏造，或過甚其詞。作者對於文字裏的人物，既沒有挾慊中傷的用意，更說不上是謾罵。這在稍有文藝知識，和頭腦清新的人，都不能否認的。但是在家鄉舊社會裏，受了傳統的封建制度束縛的人的眼光裏，對於這篇文字的批評和感想，就不同了。家鄉的『街談巷議』是這樣的：『每年花費許多金錢就是用在作些文章，咒東家，罵西家，對於事實完全無補』我們對於街談巷議，本來沒有歸論的必要，不過我們要說的是：本刊的宗旨在於逐漸打破家鄉的封建制度，家鄉社會才能踏進新生活的途徑。對於舊家庭的組織的腐敗和病態的描寫和批評，像『癆症』一類的文字，自然合不着舊頭腦的脾味，得不到他們和她們的歡迎。尤

其是太過主觀而擁護舊家族制度的人們，自然將牠看作「罵」人的文字了。其實本刊既不是專於罵人的刊物，也不是某人對於某人挾憾洩憤的言論機關。這篇文字是不是有罵人的作用，在懂得文藝作品的人，看來是不辯自明的。由反面來說，如果本刊的言論對於家鄉舊社會的腐化黑暗，不能加以理智的批評，而專事迎合「街談巷議」「製造者的心理，那麼本刊也就沒有出版的必要和價值。所以被「街談巷議」「視為「咒東家罵西家」的文字，就是本刊得到較好的反感和以後應當努力撰作的文字。

說到「癆症」——肺病——的話，這是中國婦女的致命傷和最普遍的一種病症。因為中國大多數婦女，沒有科學的衛生常識，對於這種病症，事前不知預防方法，事後又不知用科學方法來醫治牠。所以染着肺癆的人或女人，很少有治愈的。其實這種病症在初期時候，用科學醫術的診治，是可以治療的。若果過了初期到二期三期就不能治療。我們家鄉既沒有精明的肺病醫生，所以得了肺病的人，只好望着他或她早死。甚至於從事用麵粉團去閑塞患者的呼吸，使他們快死的犯罪行為。

街談巷語

心心

肺病的預防方法，就是在乎「運動」。外國婦女多有運動的習慣。她們每天下午沒事的時候，必有一定的時間去到運動場上作種種的運動，使血脈流通，而身體健康。中國婦女以前不大講究運動，吃了飯無事的時候，就是睡在狀上，或是坐着「說長道短」來消磨她們的光陰。所以外國婦女染着肺病的實在很少。這就是一個好例。中們的血脈不大流通，身體欠缺健康，常常染到肺病。尤其是家庭生活舒適，使奴喚婢，不事操作的婦女格外來得多。操作勞工的貧家婦女，從來不會染着肺病，這更是一個欠缺運動而染肺病的好例子。

現生家鄉的體育運動也逐漸發達了。不過女子方面只限於學校團體。在校外和年長的女子，還沒有感覺到體育運動的興趣。我十二分的希望家鄉的女界，全體覺悟起來，從事體育運動。這就是對於你們的致命傷的大敵「肺癆」「下總攻擊的惟一利器，也就是保全你們終身健康的惟一方法，你們去到運動場上運動，較之去敲木魚參禪打坐和吃齋過會的利益不止幾千萬倍。

心心

「馮玉祥先生說：「這年頭少說話的好！」誠然，這年頭想說兩句「老實話」是很不容易的，最好是充耳不聞，蔽目不睹，閉着嘴不說，擱着筆不寫。要是稍有觸犯的話。就得說你搗亂，或想出風頭，若果是政治機關，便得隨便給你一個「擾亂公塲」或……的罪名，你若果是有錢，罰你三百五百，免受肉皮之苦，若是窮光蛋，那麼責打盜賊的警棍，進會打到你身上來的，總之，要你活或死，直一舉手之勞耳！又何用依法定程序進行哩！

心心睹此危機，年來已噤若寒蟬，不敢一言，偏偏本刊編者又幾度要我說幾句話，說吧，又怕惹人怨，或竟致招禍，錢雖罰不出，警棍或不免，不說吧，又使編者失望，也是大過不去的。無已，爰就平日街頭巷尾所聽到的，記述出來，做為交卷，如此，則可免禍而不負編者了。

文明結婚

年來家鄉一團漆黑中，稍可令人滿意的事，就是已往醞釀了只七年竟至本年方始實現的李劉兩姓的「文明結婚」了！這次兩姓的結婚主事者，兩方均係女人的，這一種勇於改革的毅力，真可愧死過去子女欲行文明結婚而不許可的鬚眉家長！

因為此次事係創舉，而主事者又為女人，又因環境的關係，難免有許多不能盡滿人意的地方，如宴二日客，禮堂設在家裏，……不過一切帶有迷信色彩的退車馬……封建條喪的逐清儀仗，都刪除盡淨。結婚時又蒙黨務指導委員親臨證婚，觀禮者的踴躍參加，莊嚴隆重，前所未有。

在家鄉惡勢力盤據的環境裏，竟能產生這樣結果，真是始料所不及，而在我鄉改良風俗史上，亦為不可磨滅的一頁。

同時又有兩大家之舊式結婚舉行，那種禮節的繁縟，幾令人疑計非民國，為迎入室，老婆婆還要化裝作一丐婦，要求家庭的清吉？若再看見逐清衣冠，「謹依星士選擇」「吉日」「良辰」的親迎……

（據說這可以保翁姑的安全的）這樣細密的佈置，而不幸的事變，竟會出人意外，——新婦歸寧日，新郎卽以病故聞。

記者，述此之意，非以某致死之因，為行舊式婚禮，不過把來證明結婚時一切迷信的舉動，對于未來的禍福，是沒有關係的。這一層請讀者沒要誤會，而同時有心行文明結婚而怕不退車馬……冲犯者，觀此，亦可大膽做去了。

取締迷信

白縣黨部成立後，對于吾騰素來勞民傷財的迷信舉動——三月會，打保境——嚴加取締，我鄉一年一度的保境勝會，當然在禁止之列，鄉公所接到這一角公文，付費幾番的妥議決派員向政黨機關請願，做為設壇諷經照舊，其餘抬閣高蹺化裝遊行的勾當取消，居然邀准，所以我鄉的保境勝會，才得不事鋪張的鬧了三天經，吃了三天素，得將龍舟恭恭敬敬的送了。

據此，破除迷信，是破除抬閣高蹺的娛樂行為，則諷經送府，常為文化運動，本年家鄉誦經文化之所以發達，鄉公所及當事諸公，提倡之功實多。

「編者按」取締迷信運動，為吾人始終一致之主張，吾人方喜極欲狂，家鄉之有縣黨部出而提倡實行，實吾騰社會之幸，吾人方喜極欲狂，以為家鄉社會可達光明之途，茲懷心心君所言，本鄉之保境會，竟得縣黨部之許可，取消娛樂部份之行為，而諷經送龍舟等事，依樣胡蘆仍然存在，則縣黨部之行，乃為道取締迷信運動，似覺尚未澈底。蓋諷經送府等事，乃為道

地之迷信行為，而化裝抬閣高蹺等類，乃為無關迷信之娛樂行為，而縣黨部竟允許本鄉取締其不應取締者反任其存在，是則取締迷信之義意與目的，並未達到。編者大膽，敢為縣黨部進一言，縣黨部所標榜之取締迷信運動，如誦經念佛，吃素過會，及妖僧淫尼，星相巫覡等行為，於取締之行為着手。至于吾騰舊俗之裝抬閣踏高蹺之少年娛樂行為，儘可任其存在，否則舍本逐末，取締迷信運動，將無成功之希望。

不平之鳴

某富戶建築新屋，因同某某巷道糾葛，經鄉公所幾次調解，判由某富戶出大洋三百元給某某，乃某某因地基無他處可開門位，若將巷道割讓，則此地已無門出進，（係指其房屋左方之荣園），因此不能割讓，某富戶遂以「飛騙地基」之罪。控某某，於縣政府，經幾次審判踏勘。卒歸某富戶不費分文之地價，而獨占巷道。

鄉公所方面，記者以其不肯澈底盡責為憾。鄉公所調解委員會既判某富戶以給地價了事。但是某富戶因强占不遂，而以「飛騙地基」誣控某某時，不曾覺見鄉公所出來說句「老實話」。

據鄉鎮自治施行法第三十二條及第四十二條。（三十二條「鄉長或鎮長於調解委員會辦理左列事項，（三十二條「鄉長或鎮長於調解鎮公所應附設調解委員會辦理左列事項，一，民事調解事項。二，依法得撤回告訴之刑事調解事項。呈報區公所或函報該管司法機關」。但是這件事涉訟公堂後，當承審員下鄉來踏

勘時，某某請鄉公所當局代將此事調解經過。陳述給該委員會辦理者說他不有陳說的必要，記者不知他根據何條，不能說話，抑或因某某是窮措大，而不有受鄉公所代陳述調解經過的權利。

縣政府方面我不敢說，因為縣長是官。官做的事是不有相符或過占的。某富戶的地契，是否破題兒第一遭得聽委員來踏勘時，某某請其代為丈量一下，與某富戶的地畝，是某委員來踏勘時，某富戶所買的地四丈三尺五寸幾，幾尺丈數的差異，就是我們肉眼的小百姓，也可以看得出來的，委員來踏勘時，某富戶所買的地也是一樣，沒有用過測繪的。

量房地要測繪生，還是破題兒第一遭用牛刀的。記者已虛度二十五年。量房地，從來沒有玩過測繪的把戲。況且家買賣房地，不過像這樣豆腐乾大的房地是不必殺鷄用牛刀的。

繪，故不能代量「誠然丈量城池山川，自然要有精密的測繪技術，才得真確的統計，固然不是一般人所能執行的，豈請其代為丈量一下，某某請委員同說。料委員為丈量地畝是要請測繪生的，本人不懂測繪，原因是這樣，某富戶前向張姓所買之地四丈三尺，而所建築的地皮竟有五丈幾，就是我不過像遺樣乾大的房地是不必殺鷄用牛刀的。

玩味的，不過某委員來踏勘，所說的幾句話，倒是很夠會錯的。

為法治哭

全鄉唯一鯁直之士Y君平素公正敢言，不畏權貴，尤注重造林。月前因見本鄉河隄泛濫，乃向鄉公所當局，建讓河隄栽柳，以防止水患，乃因言語激烈，被鄉公所科以擾亂公場之罪，而用前團保局用以責打盜賊的警棍，（俗名牛舌頭）由在塲之多數長衫短掛議員閻長們，作孩童打數拾，至棍斷折乃止。Y君受此奇冤，乃扶傷打往縣政府上訴，至Y君之上訴，謂Y君為瘋人，鄉公所實不責打過他，所以Y君已進先入之言，乃事前鄉公所已進先入之言，又被縣政府拒絕。據鄉鎮自治施行法第三十九條「鄉公所應辦理之事

項……八，水利事宜，九，森林及保護事宜……」則Y君之建議河隄栽柳，不爲無據，又擴第四十一條鄉民有左列事情時，鄉長得分別輕重緩急。報由縣政府或區公所處理之。達反現行法令者。2.達抗縣區命令者。3.反鄉自治公約或一切議案者。4.觸犯刑法或與刑法性質相同之特別法律者。我們納上面事實，而認爲有犯罪行爲之，至棍折乃止。

再退一步說，Y君縱使實係犯法，而應受責打盜賊之警棍之責打，就現在本鄉公所之組織上說，執行的人，應歸鄉約或鄉丁，亦不至任長衫短掛之議員先生們，親自動手行刑。

至於事後，因懼被冤者之上訴，乃先陳說否認事實，而不當偏聽一面之詞，若經由縣政府查驗，則事實自明。乃縣政府並不詳查，竟拒絕Y君之上訴，任今日標榜法治之中國，使Y君之冤無處伸雪，此現象，法治之義意何任？

基本會員

內部某週年會時，有某君因對於少數執委之執行會務，認爲不滿，於開會時有所糾正彈劾，乃有某同志起而反對，謂會員糾正領袖爲不當，後覺質問某君「君亦知本會成立之歷史乎？」某同志之意，盖謂己身爲本會創始之基

本會員也。

記者目睹此情，謹以客觀之態度，聊進數言，某君所請彈劾少數執委，事實昭然，孰是孰非，無再贅言之必要，茲就基本會員與領袖之應打倒與擁護部份分析之。

平心而論，始創本會之各同志，實有相當的功勞，這是不可磨滅的事實。但是基本會員與領袖之應否打倒或擁護，其樞紐在其工作之是否合乎本會之主張與有利於家鄉社會爲轉移，而不應以開會之歷史爲標準。倘若某本會員或領袖的實際工作，誠能合乎全會之主張而有利於家鄉社會所信仰，會員不但不願打倒，且願竭誠擁護；自爲全會員所信仰，會員不但不願打倒，且願竭誠擁護，這一層要請某同志及本會全體同志加以注意。

『編者按』心心同志的批評，是對的，但，本會忠實會員，須始終忠實同志服務於本會，尤不應因一時的意氣而灰心，而放乘忠實同志應盡的責任，盖吾人服務社會，當以大無畏之精神，努力奮鬥，不當稍受挫折，即心灰意懶所謂有爲青年之字典中，常無灰心二字存在。惟心心同志亦愛護本會之忠實同志，亦望以大無畏之精神，爲會繼續服務，勿因小事而灰心，則心心同志畏之精神，爲會繼續服務，勿因小事而灰心，則心心同志的批評，對於會務方有偉大的效力。這是本文範圍以外的話，編者因一時的感觸，附帶說上的。

實驗自治

推行地方自治，已有幾年的歷史，這一次周視察員來對，認得自治成績不對，乃倡議由全騰之鄉舉出一鄉對，謂會員糾正領袖爲不當，後覺質問某君爲「自治實驗鄉」以資楷模而促自治的進步。於是全騰

各鄉中，我鄉已得榮膺斯職，鄉公所門外，又多加一塊「自治實驗鄉」的招牌，加以大門上的黨徽，使外人對着，當不勝景仰。

掛牌後的第一宗：「自治實驗」就是民選參議員。選參議員，須由全鄉公民投票，方爲合法，但我賢良的當事者，深恐公民會議要費公欵（雖然是茶會）要虛費（？）公民寶貴的光陰，所以不肯招集，而由他底下的幾個能員代勞。將全鄉公民單開出，並代塡票，這種自我犧牲的精神，眞夠佩服，但縣政府開票員們，看見我鄉幾千選票，只是四五樣字跡，不知又作何感想！

超時躐等

心心

在未講到本題，先得申明的，就是本文之作，完全是對事論事。並非有死灰復燃之企圖，內部已謹依本會的主人（蓋人民爲國的主人，編者對會內外，謂外部爲人民，內部政府，故稱外部曰會之主人）之囑而不敢「躐等」的幹矣！

八週特刊旭川君對於內部之招集全鄉公民，改組非法鄉公所事，認爲「超時代」的錯誤。我們不知所謂「超時代」也者，是指國家制度，若指會的工作程序，則內部應認爲違法，或是會的工作程序，若指國家制度，內部爲外部委托機關，只能承受主委機關之命令，而不能自由行動，前此行爲當自認爲違法也。

若指國家制度：則記者未敢盡同，蓋民十六年以來，即開始訓政，訓政的主要工作，就是推行地方自治，所以議事會搖身一變而爲鄉公所，就是這個原因，但其生產之合法與否，自是有耳共聞，所以改組非法組織，對於國家制度，正是合乎時代的一種行爲，況且中央的憲法亦已草就，這時期推行自治認爲「超時代」難道要等到憲法公布後推行方爲合法麼？

同時旭川君又說：（我們希望會的活動範圍，日漸擴張，由從儉……更進到接辦鄉公所的政治運動……「崇新會在法律上是一種私人結社，對於政治運動，參加則可接辦則萬不能做到，（內部所以請招集全鄉公民者以此）。處今民治時代，崇新會有什麼權力，能以私人結社而接辦政

治運動呢？這才是「蹤等」的企圖，不圖以「蹤等」譏人者而實蹈蹤等之行為。

『編者按』心心同志對於編者前期所言：「內部猶如外部之委託機關，會之一切運動，皆由內部負責執行，……」和『內部猶如政府，外部猶如人民，』的譬喻。即指定外部為本會的主人，未免『斷章取義。』請心心同志將編者的『按語』由頭到尾的再讀一遍，不要單讀牠的一部份，或一段一句。編者不是曾說本會在精神上『內外一體』嗎？又說到改組鄉所的事件，經外部大會覆決緩辦後，內部第八週大會議事錄曾經明明白白的告訴我們。「提案第一號，對外部大會議決案應有之表示。」議決，一致同意照鄉公所案「保留討論。」「提案第十四號，本辦，惟對鄉公所案「保留討論。」『李趙兩同志負責擬兩建議，擬好了沒有？趙國珍，並且曾經依照決案，向鄉公所建議沒有？』李趙兩同志負責擬兩建議鄉長任期已滿，應否函齊鄉公所依法改組案。」「李趙兩同志向鄉公所挽留連任，本會主張改組的中堅份子，已經『知難而退，』「『自動的』將建議改組的事無形取消，所以第十四號決案雖沒有經外部的反對，也是「決而不行」的，沒有執行。照以上的事實來說，心心同志所說的「內部已謹遵外部之囑而不敢「蹤等」的幹矣。」內部對於外部的覆決案，不是曾經議決「保留討論，」而有第十四號的覆決案，不是曾經議決「保留討論，」未免自相矛盾而不敢「蹤等」的決案嗎？第十四號決案的決而不行。照以上的事實來說的改組派的「自動打消原議，」這豈不是證明了心心同志

對於外部的覆決案根本上既不尊重，而堅持着原定計劃在那裏繼續工作，可惜工作的結果沒有達到目的，只好「看風使舵」的自己收場。但是，心心同志並不承認第十四號議案的本身執行困難而無形打消，反將這個責任想來加在外部的肩頭兒上。『如內部已謹遵外部之囑而不敢……智的判斷，就要有相當的認識，而不應再打加找。『忠告心心同志，對於這個議案的執行，既已經深刻的了解到牠的困難和失敗，那麼，對於外部的緩辦的覆議的理

旭川君的「超時代的錯誤，——蹤等，——」的批評，當然是指本會的環境。他的論文裏不是主張由改良風俗運動，進而達到發展教育運動，更進到接辦鄉政的政治運動……嗎？但是，主張是主張，事實是事實，本會在事實上人材缺乏，「可惜像心心同志這種人材太少，」沒有力量去兼種主張，卻也不能不顧到本會的事實。本會在事實上人材顧鄉政，若果不顧事實的幹去，結果只好受人利用，而本會蒙其害，這就是說，本會現實的環境裏，對於改良風俗運動，和發展教育運動，既還沒有成績，而去幹不應當幹無能力幹的政治運動，就是本會「超時代的錯誤——蹤等

——」而不是指國家制度。

別的話自有旭川君的解釋無須乎我的辯駁。

☆

☆

☆

☆

對心君的回答

旭川

心心君似乎對於八期上我所說的超時代的錯誤——蹂躪等感到至大的不快。看他本期的文章末尾說了什麼『不圖以蹂等躪人者而實蹈蹂等之行爲』，就可想見他是怎樣地傷心蹂等兩個字了。其實我何嘗有拿着蹂等而去譏笑他或「人」的半點意思，我那文內，明明白白地說「……」但要使他犯了超時代的錯誤——蹂等，反影響到將來的成功……，在這幾句話裏面，假如頭腦不害着壓迫感的人，從什麼地方能尋找得出我「譏」「人」的成分呢!?

心心君請平心靜氣地想一想，或再將我那文從新看一看，究竟是我以蹂等譏着人呢，還是你有兩個心——多心呢？

我整個的意思是說我們的運動的終極目標是政治，但是在我們的人力不足，教育運動及其他的運動尚無成績以前，是不可以就跳上——蹂等——政治運動。假如我這個命題心心君不反對，那麼違反這命題的行動，說他是超時代的蹂等，乃是正當的批評，何嘗有半點譏人之意？

心心君對於我所說的崇新會運動擴大的程序，找不到反駁的理由，所以只好在文字上面去尋找差錯了。我那文內『所謂「超時代」也者指國家制度或是會的工作程序』（心心君本期的文句）呢？這只有請明眼人（或者只有一

隻不大亮的眼睛的人也就可以了）去看，我不必再多說。

心心君最注意的似乎是在『接辦』二字上，但是我那文內使用接辦二字，自然是因爲寫了接辦鄉校以後的墮力而寫下來的，同時又是與「改組」並列使用的，請心心君看看我那文內使用了的改組和心心君本期文章內「……」所以看看我那文內使用了的改組和心心君本期文章內「……所以看「改組」非法組織，對於國家制度……」所使用的改組有什麼區別不有？心心君的文內，在前半節說「改組」非法組織，後面又說「參加則可以」，若是我們斷章取意的說，我也可以問心心君：崇新會又有什麼權力能以私人結社而改組鄉公所呢？

我那文的末尾，已經明白說着，這問題不是合法不合法的問題，而是應該不應該，就是說崇新會的能力有無的問題。若是崇新會的組織擴大，人材充足，成績顯著，那麼，接辦也好，改組也好，參加也好，任取那一種形式都不有關係。若要咬文嚼字的吹毛求疵，又不顧事實，那麼，鄉校在法律上是在全鄉的教育行政權管轄下的組織，崇新會又有什麼權力，能以私人結社而去『接辦』着了呢？

末尾我要再對心心君聲明，我所謂的「超時代」，和心心君自問自答的什麼『等到憲法公布後推行方爲合法麼』完全無絲毫的關係，我寫那文時，這種主張的影子也不曾想到過!!

博愛商店

子平

博愛商店經理李祖伯同志，因爲沒有商業學識和經驗，弄得商店裏的收入支出都沒有詳細的登記，致該店營業盈虧無從決算。經本會舉定查賬員查核結果，才發現該店應進贏利一百六十餘元。這事發生後，李同志卽已聲明，謂因不懂賬務而有此紛亂的結果，但營業方面所蒙損失，彼願負責賠償。及查賬員查出贏利數字後，李同志卽將該欵如數淸償。此種勇於負責的行爲，較之存心拉用公欵和希圖蒙混的人，其心地實已光明磊落，並且可做「文過飾非」的人們的榜樣。不過我要說的是，學校裏設販賣部，非但這一次是本鄉學校設販賣部的創舉，第一的創舉的，並且這一次是本鄉學校設販賣部的，得到相當的調節，不致向市上購買較爲價貴的用品的支出，使學生們對於文俱用品的支出，就發生問題而停止營業。外界人或許任說：「看呀！青年人做事成功的在那裏？」

博愛商店的如此結局，由根本上說來，我們不能不責備本會用人的失當，因爲李同志是才出學堂門的學生，既沒有商業的知識和經驗，對於商店經理的任務自然不大了解。本會任用不懂商務的人去當商店經理，結果的失敗是無疑的。以後希望本會負責同志對於用人方面，須抱定「人盡其才」的方針，有什麼技術的人幹什麼事，將來才不致再蹈前轍。並且我們更不能「因噎廢食」，因爲遭了一

次的失敗，就把我們應做的工作停頓下去，我希望本會所辦的學校，仍然恢復販賣部，只要在經理人選方面愼重選擇，以富有商業經驗的人材爲合格。那麼，我敢斷定「博愛商店第二」是不會遭到第二次的失敗，並且可以恢復第一次失敗的名譽。

李同志的勇於負責，是我們十分表同情的，已經在上面說過。但是，因爲不懂賬務就將自己應辦的事擱起不辦，這是李同志的怠於職責，和服務精神不堅強的表現。因爲李同志是「朝日初昇」的有爲靑年，凡事當拿靑年的毅力去對付牠，不當遇着困難就退縮不前，因爲努力奮鬥的結果是可以戰勝困難的。世界上本沒有「生而知之」的人類，一切的事業和偉大的成功，都是由學習研究和經驗閱歷得來的。李同志雖然沒有商業的知識經驗，但是遇事若不粗心，能夠竭力研究練習，那麼，這渺小的一個博愛商店的任務，是輕而易舉的。我很希望李同志以後拿靑年奮鬥的精神去對付一切困難，牠的結果是沒有不成功的。

以上的說話是善意的批評和忠告，作者和李同志的父兄是最要好的朋友，所以才不客氣的說幾句老實話。希望李同志方面對於這篇文字的用意不要誤會。

取締私塾的商榷

鋤強

在民國四五年的時期，本鄉的私塾曾被教育局取締一次。但是到了現在，因為復古思想的活動，「子曰店」又到處皆是了！這是家鄉畸形狀態的表現，對於這種畸形狀態的存在，凡關心教育和負有教育職責的人，應當加以注意，而設法將牠澈底解決。因為現在新舊過渡時代的中國，國民思想尚未健全，勵行新時代化的學校教育，猶恐不及，若再容許十八世紀式的「子曰店」存在，那麼，牠的結果，一方面是任造成封建思想的頭腦，來專幹開倒車和違反潮流的勾當。一方面是任摧殘新教育，使新教育的進行受到阻碍而不能普遍施行。本鄉去年因為「子曰店」的增加，而兩級學校的學生減少，就是一個好例。本會辦的學校好與不好，各單才自辦「子曰私塾」。有人或許任說：「因為本會辦的學校不好，這裏無須我的辯護，只看本鄉學校分台的歷史和成績，就可以解釋同鄉們對於現代新教育的懷疑心理。在民十二三年的時候，因為兩級學校教員的初級小學，如雨後春筍。但是，各單所聘用的教員，也不過是曾在兩級學校供職或被淘汰的教員，所以各單自辦學校的教授方法，最低限度是一個教員擔任一級的教授，而各單自辦的學校，是一個教員擔任三四級以上的教授，退一萬步說，即使各單學校教員有特長的天才，

以一個人的精力，任同一時間來教授三四級以上的學生的課程，教員的吃力不討好，致學生不能受益，已是不可掩的事實。何況各單的教員，也不過是兩級學校裏淘汰出來的教員。以前本會招考全鄉學生的結果，各單學生的成績多不及兩等學校，就是一個好例。這是，本鄉公辦和各單私辦學校比較上的優劣的話，至於專讀死書如「三聖經」，是自摑「金剛經」之類，來造成封建思想的「子曰店」，更談不上成績與不成績：

話又說轉來了，在本鄉頑固思想古董頭腦的人們的勢力存在一日，就是本鄉向新的途徑進展的障碍存在一日，多一隻違反潮流的「子曰店」，就是多一隻違反潮流的製造廠，而坑害了一部份的青年學童，摧殘了他們現代的人造廠，新制學校裏就減少了一個學生。「子曰店」裏多了一個學生，新制學校裏就減少了一個學生。新舊不能同時存在，有了舊的，就沒有新的，有了新的，就沒有舊的，家鄉社會若是要想向「新」的途徑前進的話，非將違反教育部章程的「子曰店」，嚴勵取締不可。

本縣教育局，應當把這件事放在肩頭兒上，澈頭澈底地幹牠一下，凡各城鄉自辦私塾，應令其遵照部章辦理，若有違反教部章程的野鷄私塾，即當嚴勵取締，並向教育局立案，若有違反教部章程的野鷄私塾，即當嚴勵取締，並拒絕立案。這麼做去，舊式的「子曰店」即不……

能存在，那麼，家鄉的新教育才不致受到腐化勢力的惡劣影響，而有盡量發展的希望。這是全騰最高教育行政機關

——教育局——，的責任呀！

❀　❀　❀　❀

騰衝飛機捐的感想

雪光

據家鄉消息傳來：我滇省當局，為組織空軍，已往所有的不計外；擬再購各項飛機七十架，平均每架價演半開洋十五萬元，共需一千零五十萬元。全省計一百零八縣，十五個設治局，（司地包括在內。）分五等攤派：特等縣為個舊，應購四架，即應捐六十萬元；一等縣如保山……，應購三架，即應捐四十五萬元；二等縣如騰衝……，應購二架，即應捐三十萬元；三等縣……，應購一架，即應捐十五萬元；四等縣……，五縣合購一架，即每縣應捐三萬元；五等縣如各設治局，亦各有捐購，或數千元，其餘黨政軍學各機關，也各有捐購。並且這辦法，已積極實施，除三令五申外；尚不斷的派委員，派參軍，到各縣坐催；雖怎樣的請求減免，亦不稍寬容。現在地方上鬧攤歉的事，已成「滿城風雨」了！

役，即足以證明空軍的無力，犧牲是怎樣的重大！我滇地界兩大強國之間，危險不減於東北。政府當局，急起直追，自是極足令人欣幸的事！

假使點滴歸公，全數購買飛機，沒有「中飽」；沒像鐵路股欵的「煙消雲散」，一沒效軍閥的慣例，「挪為軍費」或「移作他用」的話；那麼雖是指派的數量過多，（四十五萬元，）也應無怨；雖是委員參軍聯來坐催，急似星火，也應無怨；雖是政府指令殷實富戶輸捐，結果小百姓全被攤派，也應無怨；甚至遠練的老窮百姓，被派而揭大鐵鍋賣的，也都應無怨，（話雖這樣說，關係農村的破產頗不小，他日當另為文討論。）因為空軍是救國的，救地方，救自身再好沒有的工具！就有什麼不公，不平，不……，也只有狠著心的且把它擱在一邊。

過去省府的信用是怎樣？已不待言。據聞現在的當局，頗欲「勵精圖治。」一但襄今後努力的保全信用，使民衆敬服。若其信不立，那麼現在雖然勉強的指派下去，以後有同樣的事發生，又怎麼向民衆開口呢？！

×

×

×

×

×

我國怎樣呢？「一二八，」與喜峯口，古北口……諸次世界大戰中做勝利者。

其於空軍，更是鈎心鬥角的積極預備在不久即爆發的第二其實施，尤於死命的。所以現在的強國，雖然沒一個不是高喊：「軍縮，」「非戰；」但骨子裏也卻沒一個不在擴張軍備，的確，空軍的威力，是超過海陸軍之上，而可制敵人

哭『喪』

鯁生

緬甸人對於重要人物和老和尚的喪事，有僱人代哭的風俗，並且還有專以替人哭喪爲生活的這一類人，緬人叫他『哭喪者。』這種風俗，也不過是裝門面的作用，對於死者說些恭維話，將他的歷史和光榮，如同戲子唱『哭板』一般的哭訴出來。傳聞前清的皇室，也有這種風俗，凡是皇族裏的人死了，皇族裏的婦女都是十分賣力的去『點哭』，並且以哭涕的沈痛程度來計算功勞的大小。我們中國以前的大戶人家，也有出錢僱人來『代哭』的習尚，這也不外是一種擺架子裝門面的舉動。

我們家鄉裏的喪事，雖沒有僱人代哭的風俗，但是以哭涕來表示子女的孝道的事是常有的，不過同是死者的子女，同是裝門面的一件事，男女間依然含蓄着不平等的用意。譬如說：弔客來了，女孝子就起忙一齊哭起來，男孝子不過在靈旁答禮罷了！弔客去後，哭聲也就隨着弔客的腳步聲陸續消滅了。還有舊禮教裏『點主』的禮節裏，禮生唱到『舉哀』的時候，孝子就須一齊哭起來，隨便哭子幾聲，禮生又唱『止哀』時，哭聲也就停止了。這種的哭法，何嘗是子女們對於父母孝道的表示，不過是作僞的醜態。古人『哀至則哭，』哭豈是爲弔客哭的嗎？又豈是聽了『禮生』的指揮隨時可以『假』哭的嗎？

人類社會在一天一天的進化了，古時繁雜的禮節也變

簡單了，我們主張改良風俗，應當由這些細微的節目上改良起來，做孝子的感到悲痛的時候，隨時都可以哭，不必要在弔客的面前才可以哭和應當哭，也不必像唱歌和奏樂一般的聽禮生的指揮時才哭或止哭，哭到不能哭的時候，儘可以不哭，如果做子女的真個孝道的話，又豈是『禮生』的『止哀』的命令所能停止悲痛的哭聲呢？所以我們要想改良禮俗和喪禮，最好把這些裝門面擺架子的虛僞的儀式廢掉。

家鄉的婦女，最會『藉他人的喪堂，哭自己的淒涼。』遇着親戚家族的喪事，即使她們對於死者沒有感情和值得一哭，也要唱歌般的連哭帶講帶罵的大哭特哭，來揍熱鬧，或發牢騷。這種的哭法是我們家鄉的特產，在別省別史，以及指桑罵槐一類的言語。這裏頭除了一部份的婦女，還是有哭死人來討好活人撐門面的作用。又一部份的是因爲她們自身的不善處世而對家庭起了反感，是藉題發揮的以哭代罵。又一部份的是女子生成的多愁善泣的特性，想藉抑揚曲折的哭調，來博得無意識的人們的『會哭』的嘉獎。這些哭成的哭調，來博得無意識的人們的『會哭』的嘉獎。這些哭

鄉的婦女，最會『藉他人的喪堂，哭自己的淒涼。』即使她們對於死者沒有感情和值得一哭，也要唱歌般的連哭帶講帶罵的大哭特哭，來揍熱鬧，或發牢騷。這種的哭法是我們家鄉的特產，在別省別史，以及指桑罵槐一類的言語。這裏頭除了一部份的婦女，還是有哭死人來討好活人撐門面的作用。又一部份的是因爲她們自身的不善處世而對家庭起了反感，是藉題發揮的以哭代罵。又一部份的是女子生成的多愁善泣的特性，想藉抑揚曲折的哭調，來博得無意識的人們的『會哭』的嘉獎。這些哭

鄉人生產與消費的矛盾現象

知盾

的作用雖各有不同，其實都是暴露自己思想落伍腐化，或個性的潑悍。

在以前，女子結婚的前幾天，也是要和她的姊妹們你一句我一句的說「對白」一般的「對哭，」現在結婚的女子，祇要進過學堂受過一點新教育的，已經不哭了。這可以說是女子自動的覺悟，和對於她們自身儀式的改良。不過對於帶哭帶講的哭死人的哭法還沒有改良，現在家鄉受過教育的女子也在不少了，最好以取消結婚時對哭的勇氣，來改良哭「喪」的哭法，如果自已對於死者沒有相當感情和值得一哭，也就不必「揍熱鬧」的或藉題發揮的去唱「哭板，」來暴露自己的思想落伍和腐化。如果死者對於自已實有密切的關係而感到十分的痛悼而非哭不可時，那麼，儘可痛痛澈澈的大哭而特哭，但是，不必連哭帶講的來表白你內在的心曲，因為這種哭法已經不適宜於現代，並且不一定是活人對於死人誠心的恩愛和傷悼的表現。

×　　×　　×
×　　×　　×
×　　×　　×

因為世界各強國生產過剩，以致物價跌落，而影響到全世界的經濟恐慌，我們家鄉自然也不能例外。因為我們鄉人恃以謀生的緬甸商業，已是一落千丈，鄉人中的小資本家「這裏說的小資本家，不過是與傭工階和傭工者，已經稍有區別，還不夠稱『小資本家』。」經在繼續崩潰，營業結束收盤，由店東變為傭工，由傭工變為失業的人，已不在少數。但是反觀家鄉的消費者，還正在不顧一切的瞎鬧瞎撞，不問經濟來原的困難，只知任意揮霍，來過他們虛偽誇張的生活，這不是矛盾的現象嗎？試看鄉中遇到婚喪事件的時候，一般婦女，漂亮？的妝飾，互相炫耀，較之舞台上化裝的演員，還要摩登？一點。還有饕殄不堪。婚喪之家，每次的耗費，勝過中人之產。撐一撐門面，雖然屢次經鄉公所的，也要掙命的鬧一鬧，崇儉條例的公佈，和奢侈的禁止，但是耗費的習慣是始終

能廢除的，這是本鄉多麼危險的一件事呀！？

記得某刊物上曾載過馬君武君遊日歸國後的感想演詞中說：「日本人民的生活，雖經過幾次的夕陽，但青山還是依舊，他們還是衣和服，穿木屐，誠樸之風，數十年來並不變更，至于他們的生產方面，處處採用新式機械的生產方法，他們利用機器力之偉大，不必到日本去看，只看他們的布，沙，糖，麵粉及玩具等，差不多充滿了中國，而且他賣給我們的貨物，是做成價廉物美而不能經久的，和製給他本國人用的是不同的，他的用意是在以迎合中國人的所好，和節省他自己的消費為主旨，由此就可顯見他們生產與消費方法的妥善了」，我們邊僻的鄉村，既談不到生產，更談不到採用新式機器的新法生產。現在雖有幾家小規模的織造業，都是

在很狹小的環境裏瓦相競爭，而不能聯絡合作，弄到供過於求，將來發展的希望是不能肯定的。這種不過是家庭工業的小組織，還夠不上說「生產」。鄉人既不能從事生產，力求外表的摩登與奢華，將來弄到力盡汗乾，就是經濟破產的末路。

但是在消費方面卻不顧死活的「捧命」，同鄉們處此經濟恐慌生活困難的末路，大家應該覺悟起來，研究科學智識，用新的方法來消費，衣食問題，以飽暖適宜為主，不必虛張門面，企踵效尤，才可以補救將來經濟的破產，和挽回外溢的漏巵呀！

舊年的話

二月中，本鄉舉行全鄉婦女修齋過橋大會，辦事的男人們十分的賣力。四月間，魁閣呂祖「狸鼠」殿，慶祝聖「腎」「誕」「蛋」，參加者具屬全鄉聞人？，且有少數青年也去參加。但，那天的酒席並非吃素，大略牠的用意是，在使來年的會員因口腹問題而增加罷了！

聶木寨某巫女，「俗稱師孃婆。」至尹家巷以妖言惑衆，一時無知婦女，趨之若鶩。聽說，因為吾鄉自小玉秀被捕後，不見巫女之面已久，此次大家不肯錯過機會，所以有許多婦女，正在設着法壇要去歡迎她們的「寶貝」，巫女不料三四日後，即被該巷青年報告鄉公所，將她驅接去，該巫女尙是懼怕，不敢公開作法，該莊青年對於這巫女的妖言惑衆。但是十多天後，河尾莊某某家又將她星夜接去，將她驅逐出境。

，並無任何表示。可見河尾莊青年久在善鬥？裏面工作，已經得到善？的修養。

體育消息

年來鄉中青年學子，對體育運動十分注意，從前未有相當的進步，廈次與外鄉比賽，均獲勝利，這是本鄉可喜的一件事。但是，運動員的一部份，對於學業工作和家庭生計，完全不顧，因此就難免家長的責難。和反對體育運動。以後希望一般體育運動方面總要有時間性的限制，一方面要顧到自己和家長的責難的業務，不可因體育運動來荒廢了你們的職業，並不是可以。因為體育運動不過是職業以外一種健康身體的訓練，如果因體育運動而荒廢職業，那麼個人生活就要發生問題，你們的家長就有正當的理由，來反對你們的體育運動。牠的結果，將使你們熱心體育運動的精神受到打擊。

本鄉開闢公共體育塲於跑馬墈的提議，已經本會議決贊助，並得一部份熱心者的認捐開闢費。後因地皮和地主不允，此事即無形停頓。我以為開闢體育塲，對於地主是沒有絲毫的損失，這種惠而不費的公益事業的贊助，希望地主的慨然允許，使本鄉青年得到較好的體育運動塲，將來訓練成功精神健全的國民，捍衛國土，都是很值得紀念的地主的賜與。其有現代眼光的地主，又何樂而不為呢？

私塾

我國現代任何城市村鎮的公私立學校，概是遵照教育部規章辦理，只有野雞式的私塾是例外。二年來本會的刷新整頓，但是仍然有一部份人，對於新式教育不大瞭解，而自聘教員開了子曰店，來教授自己的子弟。這種私塾的產生，由來已久，牠的成績不見得較好於新式學校，已不待言，惟有去年柳河頭私塾的怪現象，很值得我們的一述，特來在本刊發表，使愛辦私塾的同鄉們做個「前車之鑑」。

延師教子，本來是父母希望子女造就有用人材的初步方法，子女的能否造就，又要看教師是否「品學兼優」和能盡職責。父母對於聘請教員的問題，事前須加以審慎的考慮，才不致上人的當和坑害自己的子女。因為小學教員「私塾雖非小學，但是牠所教的也是幼年的子女。」的一舉一動，對於幼年學童在學問上即使能夠受益，可是人格上就要被低劣，學童們在學問上低劣的教員的污染。若是教員有才學而品行低劣，那麼教員的學問仍然裝在他的肚子裏，不能傳達到學生的腦筋裏去，學生自然無從受益。又若是既不能講又不盡責任，那麼不過是混飯吃的寄生虫，簡直不配稱教員，這一類人給人上當只是一次，結果只有受社會的制裁和教育界的淘汰，而掉穿西洋鏡。聽說，某私塾教員也是堂堂的中學畢業生，所得薪金

超過本鄉鄉校教員一倍以上，只教授學生六七人，他是芙蓉城裏訓練有素的專門人材，每天祇授二三個鐘頭的課程，並且隨時吞雲吐霧，學生也得到真正的自由，可以隨時下堂游戲。這麼的混到年底，但是，學生的成績都付諸教員的「吞雲吐霧」的數照繳，這真是教員「高枕無憂」，學生「樂而忘返」的「雲霧」裏去了！

以我們鄉村經濟的環境來說，每個學生出了幾十百十塊的學費來求學，必須學生的家庭有特別優越的經濟能力，才能辦到，肯出這麼特別豐厚的薪金的家長，對於自己子弟的造就，當然也有特別的希望。享受這特別豐厚的薪金的教員，也應當施展天才，力盡厥職，來造成學生的特別成績，才無愧於「特別豐厚」的薪金。但是事實常常和理論相反，聽說這私塾還沒有到寒假時期，已經被嚴冬的冷風吹散，教員也得提前休假了！特別豐厚的薪金，卻不勞而獲的進了腰包了！這不是辦私塾的最好的榜樣嗎？試問那家的家長甘願送他的子女去入學？反觀鄉校學生的成績

較之「芙蓉君子」混工度日的又是怎樣？說到這裏，我很希望肯出大錢倡辦私塾的學東們，能知「前車之鑑」，將熱心維持私塾的精神和物質，來維持全鄉學生共同受益的公校，使公校日益發展，一方面自己的子弟可以得到較之私塾優良的造就，他方面全鄉的青年學生可以得到你們的惠賜，這才是一舉兩得的自利利人的事業呀！

飛機捐

捐欵買飛機來作國防的準備，凡是愛國的人這種義舉，誰都情願幹的。所以我們騰衛縣年來，因為有幾家大商號經營某種特別白色營業，大獲其利，本縣也就連帶的受到特別區「在一等縣之上」的待遇，被派義捐四十五萬元。貧寒的小百姓，生活困難，自然希望大富翁們慨解義囊，捐助政府，來替貧民減輕一點負擔，聽說綺羅裸某富翁因富冠一鄉，就很熱心的認捐了大宗的義欵，這是值得小百姓們感繳的一件事。本鄉的捐欵較之各城鄉為最多數，鄉下人寧人息事，吃得虧，忍得氣，不肯與人力爭，自然應當多挨一點，在地理上佔優勢的近水樓台，自然事事得佔便宜，盡可少出一點，本鄉因為派欵獨多，照糧冊分派捐欵的辦法，在有力的自然不成問題，可是收租二三十籮不敷糊口的人家，也被派數元，或至數十元那就太可憐了！

🏵 🏵 🏵

由薩爾區投票說到家鄉……

無我

德國舊領土薩爾區，自大戰後，歸國聯共管，至今期限已滿，其統治權由該區人民投票解決。該區人民有僑居美洲亞洲者，皆自萬里以外，遠涉重洋回國投票。投票結果，薩爾區已決定歸還德國。於此可見外國人愛國心的濃厚，較之我國人民，對於國事漠不關心者誠有天淵之別。

尤其是家鄉同胞，對於民治義意既不了解，復置若罔聞，而由少數人一手包辦。在包辦者雖難免「越俎代庖」之答，其實本鄉公民對於個人應享受的選舉權，都不問不聞，而由少數人一手包辦，自甘剝奪。若果吾鄉公民人亦由於吾鄉公民之放棄責任，對於選舉義意，對於選舉權而一手包辦，人人認識民治義意，對於選舉權不肯放棄，那麼鄉公所當局的少數人員，欲剝奪人民的選舉權而一手包辦，亦不可得了。本鄉公民先生們醒醒罷。時代在一天一天的演進，人

生的義意不僅是為衣食住問題，還有比衣，食，住，問題重要的問題，就是要行使你們民治國主人翁應行使的民權，來謀公共的利益，和社會的幸福。你們既居於主人翁的地位，就要負起責任來通力合作的幹去。如果仍然像先前的飽食終日不問鄉事和國事，──那麼你們只好自居於被壓迫的地位，任人宰割。你們血汗經營的收穫，祇好預備着去供給貪官污吏土豪劣紳的敲榨吸取，你們的人生幸福，是沒有希望的。在滿清政府時代，對於立憲政體的實施，曾藉口人民程度不足來實行專制政策，我很希望同胞們，不要使「人民程度不足」的話成為「讖語」。

× × × × ×

家鄉消息一束

編者先生

弟每期讀本會特刊，深見　先生等關懷桑梓之情既殷，而改良社會之念尤切，私衷無任欽慕。茲聞本會第九週特刊又將付梓，弟僅撫拾家鄉見聞有關於地方社會者聊舉一二條，錄充篇幅，雖略加按語，然仍有賴於高明之批評，以為輿論之指導也，耑此敬頌

文安

大中華民國二十三年十二月十五日

　　　　　　弟陽暉上

一，飛機捐欵之形形色色

政府藉抗日題目發起民眾救國會於昆明由該會提倡人民捐欵購買飛機實行航空救國由各縣成立分會，以資捐欵普及。騰衝亦遵旨成立民眾救國分會於縣黨部。會中由殖邊督辦李于暢先生及政商界數人任職員，為徵收飛機捐欵之執行機關，縣長區長鄉長等則為徵收捐欵之負責人員。騰衝一縣，由省方指定捐派大洋四十五萬元。而該分會則又分配各區各練應捐負若干元。第一區為城保，和順，綺羅，小西，北練，議擔之欵為二十餘萬元，占總額之半。又此四十五萬元，分四五期繳納，第一期為十萬元，本鄉被派一萬餘元，第二，三期亦各被派一萬餘元共三期約四萬餘元已全數繳足

當捐欵公文發佈地方後，騰衝縣長張祖蔭到處演說，

委婉曲折，勸人民接受此重大犧牲。並由省委來視察員周某到騰司理其事，由騰五區各區贈賜金一百元，打發回去。繼又由省派來楊參軍（忘其名惟衆呼為楊秀軍者）督促其成。據聞該救國分會開會時，該楊某武裝到塲。發表意見，謂「該捐欵有反對者以手槍對付」，又聞該楊某談話，「現在捐款已不買飛機，將由省政府建設兵工廠，擴充軍備之用……」（弟因足不出市，僅得傳聞，姑有聞必錄之）因之區長鄉長等，奉命惟謹，收錢愈力，百姓有遲延不交者，輒報委員，及差役親候，除追交捐額外，尚須破費茶水錢等，始得無事。本鄉某某某，因「言論自由」，被拘捕入縣署中，至今未出。又某某款已交出，猶被拘留

鄉公所中數小時。聞其他遠鄉，尤為酷烈，新紳閥借機大肆活動，於中取利，大有子取子求之概。

騰衝自數年來，社會經濟，已極緊張之態，民困商艱，本無力量擔負此巨款，然人民又未敢公然反對，僅要求縣長，代懇省府減讓，然張縣長為人頗圓滑，一面代為請求；然請求則緩辦，而徵收則猛烈。後來地方紳老復上公稟請督辦轉稟省城，而督辦亦不允代轉，至騰人逐有「呼籲無門」之勢矣。張縣長因徵收有功，已得有「廉潔勤政」之獎狀，獎金四百元，及在騰留任之鼓勵。

390

聞保山捐款，原指定爲三十萬元，惟該地紳士頗能盡力爲百姓請命。當省府委員到保山時，該縣紳首質問委員「……民衆救國，應由人民自動捐款；不知我保山何人到省城，作捐款之請願？請委員說出其人……」委員無以答，故保山捐款僅以四萬元解決云云。

任騰民衆救國分會開會時，有一幕足以紀述者：第一區區長爲綺羅練李君，年老就聾瞶，而其餘數區區長則均年少多謀者。當該會討論各區分擔捐欵時，二三四區區長已串謀包圍第一區，効民國十七年大欵辦法，使第一區獨當一半之數。（民國十七年劉振倫據騰造反，引入大包頭匪千餘集騰，地方行將靡爛，乃由紳商輸欵供張，保全地方。匪去後，乃由地方擔抬全數用費，四首練分擔一半）該提案提出時，李君，亦附和通過，故此次第一區五練，有擔至二十餘萬之數。聞李君於通過後始聞知議決事件內容，已翻轉不及矣。

陽暉按吾滇邊防空虛，岌岌可危，充實軍力，以備外患，則人民忍痛犧牲，極有價值；惟是國家軍備，數十年來，內爭有力，外戰無心，爲世界訴病，此次捐得之欵應請當局切實用於邊備，則「民衆救國會」之名義，爲不虛矣。

二，在陰曆九月間，遮島土司襲綬與行政官袁某交閧，釀起軒然大波，然不久即平，內外均所共聞。此種過去新聞，本不足列入刊中。惟內中有一事，多爲外人所不知者，以當時袁恩膏特有省城某官爲內援，故敢爲所欲爲，而襲則勾結各司，調集民衆，相持不下，良久未決，雖商會調停，亦歸無效，羣情惶駭萬分，地方靡爛在卽。後由甸人逃出小辛街電報局拍省一電，省政府卽電騰撤退袁某，事始平息云

陽暉按襲綬狡展拔扈，非袁某不足制其機；袁某貪婪強暴，非襲綬不能抗其勢。吾人殊不能批評二人間孰是孰非，惟所爭不離權之關。使因此而使地方靡爛，人民流離失所，並使多事之邊疆，受無窮之危害，則二人者均應負同等之責任也。深冀省政府委任賢明之邊官，並指定士司之職權，和衷共濟，以謀國是。鏟除弊政，禁煙戒賭（賭商承辦納稅開賭）提倡生產，普及教育，修內地之公路，戰行旅之劫途，時有搶劫，最近在十月間，有許某在混水溝被劫，失去印洋千多元，行旅常有戒心」，使農村發達，移民殖邊，邊地充實，邊防鞏固，則地方幸甚，國家幸甚。

三，民國二十二年冬，某國與某銀礦公司合作，由某地進兵佔我滇邊屬地班洪。蓋其志在開拓殖民地，而該公司志在開礦也。因班洪附近爐房有銀礦爲清初吳尚賢所開探，閒置已久。後爲班弄人時到該公司請願開礦，在三數年內，省政府亦派人勘視該礦，遂啓外人之野心，借未定界爲名，發兵佔據爐房，我國外交部雖有一二度抗議某國政府亦置之不理。近聞該公司試開辦少許，認爲不滿意，已暫停探；惟某軍佔有猛拉山，一切軍事佈置，均極完密，有加無已，似非我國無

抗之抗議所能收回也。一般地方人士對此，漠然不問不聞，人心死至此步，豈非至可悲痛之事耶？江心坡（卽野人山）與公明山（卽猛拉山）爲滇西脣齒。民國十五年間，某國進佔江心坡，至民國二十二年，經略成功，土人完全歸服，乃改道從事猛拉山，將來外患，正無已時。爲「亡羊補牢」計，我政府及人民，對於未失之邊疆，宜如何注意其開發與設備之工作耶？

四，騰衝縣黨部接辦之抗日會，對於檢察仇貨工作，頗爲努力，足以欽佩。惟仇貨旣拘捕破獲後，或割錢了事，或拍賣繳款。致一般輿論有「仇」物依然存在之語，似近於「生賊之道」云！貨一物依然存在之語，似近於「生賊之道」云！爲縣黨部計，並應注意兩方面工作：（一）鼓勵生產，增進製造，仇貨漸有代用品，自然消除。（二）提倡穿用上布國貨，使婦孺以服華麗之仇貨爲可恥，再輔之以檢察之工作，始達經濟抵制之目的矣！

五，二十三年陰曆九月間，騰衝商會因海關扣留某某巨號紗駁及金貨事，發生抵制，停付出入口，貨駁但不久，亦卽恢復運輸。茲所紀者則在整個商界停止運輸期間，仍有少數人借機大運其貨，因瞞蔽關稅，遂大獲其利，可見投機者之倖運也。滇西投機商業可分三類（一）由緬甸私運外貨入口，

不上稅，（名瞞關貨）（二）從內地運金銀出口，在緬甸銷售。（三）在內地以鴉片爲大宗，買出買入，投機取利。第一項以關稅高，故納稅外則無利可言。第二項則出口貨缺乏，不得不以金銀爲買貨交換品。第三項則上自軍閥政客，亦特爲利源，故投機者視爲正宗營業。然此三種有害於國家民族，地方社會，實非淺鮮，雖云人慾橫流，自私自利之心太重之有以成之。正本清源，除禁絕毒物外，以經營外貨之資本，而經營土貨，以求生產加增，製作精進，則個人社會，均蒙利益，較之販運外貨之爲人作嫁，博些微之餘潤，貽地方社會之害者，相差何如耶？何商人之不省也！

「編者按」關稅增高，則國家收入增加，並可藉此以抵制外貨之輸入，而提倡土貨。以愛國人民之心理言之，則關稅增高，不過使銷費者負擔增加，而於中營利之商人，則貴買貴賣，實無所損，爲國家利益卽計不應瞞關漏稅。且一被破獲，則全軍覆沒，其損失更甚。若商界一律照章納稅，則雖因關稅增加而貨價高貴，而各人之成本相同，銷售時卽不患不能與人競爭，而公私均蒙其利矣。

談談桑梓教育

驚添

近來中國文化建設協會發起全國讀書運動，各地報紙的宣傳，各界人士的響應，眞是登高一呼，萬山皆應，很迅速的形成一種讀書的風氣，這種運動，在中國革命的過程中，是極有價值的，中國文盲，據專家統計，佔全國人民總數，百分之七十以上，我們欲民族復興，必先求國民文化水平線的提高，及民智的充實，非掃除文盲不可，現在中央執行委員會，有掃除文盲的三年計劃，在上海方面，市政府設有民衆識字委員會，預計在一年當中，把上海全部文盲掃除，這是拯濟智識飢荒和培養國力國運的運動，是有極大的意義的，說起文盲，我們雲南是特產區域，尤其是我們邊僻的騰衝，更不待言，社會之所以衰落不堪，的現象，就是大部分的民衆不能得受教育所致，作者不是教育界中人，對於桑梓教育改良和發展的大政方針，不敢多嘴，不過將我感想所及，提出幾個問題來，拉雜談談而已，（一）普及鄉村新教育；吾騰教育之不普及，是無可諱言的，最高學府，僅有初中一所，還辦得不大完善，一般中等家庭的子弟，小學畢業後，想進中學頗不容易，在經濟上非小康之家，便不能負擔所以很少人去讀，無力想升學者，須由各練津貼公費，一面中學當局須特別優待，稍能敷衍外，其他各練，都是辦得不三不四，有多數不過每年花幾十吊銅錢，幾斗米，請個冬烘先生來教子曰大學，新教科書是什麼樣都未見過，還過着十幾世紀的生活，常識絲毫不懂，世界和國家大事，完全不知，甚至國家元

393

首是誰，也不明白，如同隔世，窮苦人家的子弟，小小的就要奔忙衣食，永無讀書的機會，所以文盲日多，真是可憐，作者希望吾騰教育局設法救濟窮苦不得入學的，各練成立半工半讀學校，並且推行新學，取締老學，實行強迫教育，效學耶穌天主傳教的精神，雖窮鄉僻壤，普及義務教育，或者可以漸漸掃除文盲，（二）男女受教育須平等；吾國重男輕女，自古已然，但自民國以來，各省女子教育發達甚速，惟我騰衝女校等於鳳毛麟角，有許多人，還未將重男輕女的傳統惡劣觀念打破，往往同一家庭環境之下，男子得受教育的機會，女子連學校門都沒有得進過的多得很，有些人則以為女子長大要嫁出去，讀書是白花錢，於己無補，這完全是自私自利的卑鄙觀念，其不平等為何如耶，現在的蘇俄，男子能做得到的，女子也能做，今後的桑梓教育，應努力把不平等打成平等，（三）須注意職業教育；吾騰有許多初中畢業的，學生。把他們養成一副紳士氣，回到家裏，百事不理，稍下賤的事，即不屑為，以為有損他們架子似的，出外繼續升學的，寥若晨星，都

希望做紳士或候補紳士，有機會還可以當一個小學教員，若沒有紳士做，又沒有教員當的人們，有錢的還可以擺着架子，在家裏食老米，無錢的，則去幹無意識的勾當，做高等遊民，不能從事生產工作，走到墮落之途去了，今後的桑梓教育，對於職業教育，須加以相當注意，（四）須注意體育；桑梓父老有許多把體育看做無謂的東西，以為讀書的人，打球體操，都是徒廢時間，其子弟稍注意體育而禁止之者，殊不乏人，因此大牢養成弱不禁風的體格，學校方面，對於體育一科，也不大注意，其實體育一科，在學校課程中，要算最重要的了，因為要得到高深的學問，須有健全的體格，要有健全的體格，非注重體育而莫由致，今後的桑梓教育，對於體育一科，不可忽視，末了，欲維持我騰人生命於垂永，非改良教育不可，作者希望我騰人全體動員起來，速謀教育的改良與發達，最要的，快掃除文盲，以發揮我騰文化，望桑梓父老兄弟諸姑姊妹急起而圖之。

廿四，五，十九，脫稿於上海

394

滇緬勘界消息一束（摘錄大公報所載）

滇 緬 重 行 劃 界

◆ 中英商定 ◆

△組織勘界委員會
△由國聯派員參加

（南京十七日電）自去春班洪案件發生以來，中英雙方爭執各殊，外部以該案癥結所在，仍由于南段界線未定，關於解決滇緬南段未定界線事，迭經我外部與駐華英使商議，現已同意設一共同勘界委員會，重勘舊界，中英雙方簽換照會十七日已公布，該會組織共有委員五人，中英各派二人，國聯會行政院主席選派中立委員一人，即以該中立委員為該會委員長，該會正在組織中，我國代表劉已內定，照會原文錄後：

英使來照

第一件（照譯），為照會事，關於一八九七年二月四日中英兩國在北京簽訂之中英續議緬甸條約，附款第三，第四兩節，所指之滇緬邊境南段未定界問題，近經雙方磋商解決辦法任在案，本使現特聲明，關於奉命調查該段未定界之勘界委員會之設立，及其職權一節，中華民國國民政府與印度政府接受下列之任務大綱，（一）中華民國國民政府方面與英國政府及印度政府方面，現因咸欲解決久懸之滇緬南段邊界問題，並為妥協互讓之真正精神所激勵，茲同意設立一共同勘界委員會，以委員五人組成之，由每方各派二人，該中立委員即為該委員會之委員長，如遇其他委員意見歧異難於相等時，該中立委員，有最後之票決權，（二）委員會之首要職責，應將一八九七年條約第三，第四兩節中，與未定界有關部分所定之界線，實地查明，並繪於地圖之上，委員會於解釋各關係政府之約文之際，對於上述約文所規定之各點，及指明之各點，應予以相當之考慮，（三）委員會之第二職責如下，如發生彼等認為即關於交點分水嶺，及文中所載之各處地名，應予以相當之考慮，（三）委員會之第二職責如下，如發生彼等認為基於互讓，對於紀定界線，應作局部修改之各項問題，如原約第六條所指明者，委員會應根據彼等實地視察之情形。報告各關係政府，留待考量，（四）中英兩方之委員，如認為必要時，得將彼等個人之見解，提供各關係政府之考量，本公使現請貴部長證實中華民國國民政府，亦可接受上述之任務大綱，相應照請貴部長，查照見復為荷，須

至照會者，西曆一九三五年四月九日。

外部復照

第一件，為照復事，接准本日貴公使照會內開，（照錄來照原文）等由，准此，關於奉命調查滇緬邊境南段未定界之勘界委員會，本部長聲明，中華民國國民政府，對於有關該段之勘界委員會之設立，及其聽權如上述之任務大綱，亦可接受，相應照復貴公使查照為荷，須至照會者，大中華民國二十四年四月九日。

英使來照

第二件（照譯），為照會事，關於調查滇緬南段未定界勘界委員會之設立與職權，本日貴我兩方所互換之文件，茲本公使代表英國政府及印度政府，證實貴我各政府，對于建議解決該段未定界之談判，另有下開之附加諒解，以妥協互讓之精神進行磋商，為進行此項將來之談判起見，依照委員會之報告書，或依照與本問題似有關聯之地形的因素，或依政治的因素，關於任何修改，將來應由雙方，各關係政府，對於本段界務案，仍各保留其原有之立場，在內，俱將規定於一新協定中，在此項新協定訂立之前，之結果，開一會議，委員會報告書之結論，及嗣後任何談判，於必要時即在南京召集各關係政府代表，連同滇緬代表，本公使現請貴部長代表中華民國國民政府，對於上述之附加諒解，相應照請貴部長查照見復為荷，須至照會者，西曆一九三五年四月九日。

外部復照

第二件，為照復事，案准本日貴公使照會內開，（照錄來照原文）等由，准此，查上述諒解，本部長代表中華民國國民政府予以證實，相應照復貴公使查照為荷，須至照會者，大中華民國二十四年四月九日。

滇緬勘界

我方委員人選已確定

（南京十九日下午十時發專電）滇緬勘界委員會中英委員由兩國政府簡派，無須互徵同意，我方委員已確定，不日即由外交部呈行政院簡派，國聯中立委員由中英分別照會國聯請派，亦毋須雙方會銜照會，中英委員將來是否在南京會齊後分別前往滇緬邊界，現尚未定。

（南京十九日電）滇緬南段勘界委員會由中英兩方各派委員二人，國聯行政院主席選派中立委員一人，共同組織，茲悉中英兩方委員正由兩國政府遴拔中，國聯所派中立委員亦已由兩國分別照會國聯行政院，請求選派，一俟選派，該會即可成立，並風該會各委大約俟滇緬邊地瘴氣期過，即前往會勘，至各方委員究由南京倫敦分別前往，在昆明會齊，抑在京集齊後再一同出發，現均未定。

（日內瓦十八日哈瓦斯電）滇省與緬甸邊境南段勘界事宜，國聯行政院現任主席魯舒第已允許指派中立國委員，大概不久即可派定。

滇緬劃界問題（轉載天報大公津四月十八日社論）

關於滇緬劃界問題，據日前公布之換文，中英兩國業已議定設一共同委員會，重勘舊界。此為中英間之數十年懸案，實有正式解決之必要。

查緬甸與我雲南隣接，漢唐宋以降，嘗遣使入貢，至元朝乃正式為我藩屬。至清光緒十一年（一八八五）中法之役，越南為法所併，英國乘我戰後疲敝之際，武力侵緬，不二旬而下全緬。翌年中英兩國談判緬事，清廷命慶親王奕劻與英使歐格納商訂條約五欵，該約第二款「中國允英國在緬甸現時所秉一切政權，均聽其便；」第三欵「中緬邊界由中英兩國派員會同勘定：……」滇緬界務實自此始。光緒二十年（一八九四）我國使英大臣薛福成與英外相勞思伯力締結「中英續議滇緬界務商務條欵」二十條。該約第一、二、三，均屬記載邊界之如何劃分。第四欵「今議定北緯二十五度三十五分之北一段邊界，侯將來查明該處情形稍詳，兩國再定界線。」光緒二十三年（一八九七）訂「中緬條約附款」十九條，大體根據二十原約，一，二，三條略有改動，惟第四條仍如原約，留待後勘。滇緬界務自光緒二十年薛勞兩此訂立續約後，兩國即派員實施勘界，計已定者為：（一）由南奔江（紅畔河）流入太平江（大盈江）處起，至尖高山處止，長一千餘里；（二）由南奔江與太平江相匯處工陸渡止，長二千餘里；（三）由猛阿附近之南馬河流入南卡江處起至南阿河流入湄江處止，長一千數百里。

是為滇緬已定界。至於未定之界有二：一自尖高山以北起，即薛勞約中所謂北緯二十五度三十五分以北之一段未定界，是為北段未定界。江心坡、片馬等地即在此段界內，面積廣袤，位置重要。一自迤南鎮邊廳（瀾滄縣）屬南帕河流入南定河處起，至瀾滄縣屬猛阿之南南馬河流入南卡江處止一段，是為南段未定界。中英注目之班洪，即在此段界內。該地鑛產豐富，轟傳年餘之班洪事件，即基因於此。光緒二十五年，我方派應越鎮劉萬勝，進以班洪以薛福成圖為憑，循猛林山公明山至南卡江，以山脊江流為界，與約文所載相符。英方另出一圖，強指瀾滄縣附近之孔明山為公明山，將猛角所屬之猛洪所屬各地歸滇，班況所屬各地歸緬，拱弄，拱勇，小猛弄各地及孟達所屬猛撫，四盟各地，皆劃歸緬甸，與約文所載「順南奔江而行」均不符合。簡言之，南段界務為公明山與孔明山之爭，而注目之點厥為班洪一地。界務交涉，自光緒二十五年以後，即縣而未決，交涉亦未進行，在漫漫歲月中，所不斷刺激吾人耳，鼓者，則為英人侵片馬，占江心坡，擾班洪一類之消息也。

滇緬界務糾紛，久為中英懸案，延不解決，則兩國邦交及地方人民交受其累。根本解決之道，即為會同勘界，將未定之界公平劃定，永久遵守，則糾紛悉泯。此次中英商定重勘滇緬邊界，並由國聯派員參加，實為極正當之辦法。惟據換文內容，此次勘界似僅限於南段，吾人以為滇緬未定之界悉應劃定。南段之班洪糾紛固應解決，而北段亦不容其長此懸擱，使偌大疆界模糊不清也。我政府尤應

慎選委員，根據歷史條約，爭我所必爭，讓我所當讓，總使疆土不再喪失，邦交得以協洽，斯爲至善。抑吾人尤有感者，我國外交一向失敗之原因，固由積弱之勢，而歷代政府之顢頇濡滯，尤爲償事之主要原因，而於我外

近來國難演至如此境地，吾人固憤强鄰之侵凌，而於

交應付之拙劣，尤爲痛心。茲當世局阢隉遠東風雨之際，而有此段交涉之開始，即使無關大局，要足見我政府已有在外交上與友邦進行解決懸案之識量，誠不禁有空谷足音之感也。

秋　心

◎　◎　◎

我 的 話

一向盤旋着，縈繞着，欲言復止的話，管算把它宣洩出來，

但是這說話的目的是純然爲會的前途，和生命着想，並非是舞筆弄墨，也不是站在任何人和任何派的方面說話，這是預先聲明的。

我們爲什麼組織這會？當然是眼見家鄉的落伍與腐化，事事陷於岌危的局面，我們既是鄉人的一份子，難道甘心使這寶貴的家鄉到墮落的地步，仍然袖手旁觀嗎？我敢相信，只要是有血氣的青年，總不願意將家鄉的前途和生命置身事外的，所以才有本會的組織，來團結起青年的羣衆，作一切『舊』的破壞新的建設的工作，這就是本會組織的義意。

但是，會的成立已經有十年的歷史，會的成績是什麼

？恐怕沒有人肯定的解答吧！中國人只有五分鐘的熱度，熱度過後，努力的精神，奮鬥的勇氣，不知消減到那裏去了？到了現在，內部簡直只有軀殼存在，精神上已經半死，這也無須乎掩飾，除週年會外，每次招集會議，赴會人數不及全體會員十分之一，甚而至於爲有。一次二次十次八次都是流會，一切的會務總是擱置起來，而進取呢？更是夠不上說。這只限於內部的情形，外部的我卻不知道。這種情形，很見得會的不景氣象，推其原因，就是會員的不合作，不諒解，不破除

已往的譬如昨天死了，未來的譬如今日生，總希望大家化除成見，精誠團結一致合作的幹下去，才對得起我們的會，和我們的良心，這就是我的話。

我們所負的責任

波蕩

世界文化漸次演進，一切惡劣野蠻的風俗，都隨着時代而消滅，當這時候，雖也有頑固守舊者拚命他掙扎，希

圖苟延殘喘；究竟大勢所趨，無能為力，結果惟有歸于崩潰之一途；我國在辛亥光復後，舊的勢力，在較為開通的省份，都已逐漸革除，不幸地處邊僻的雲南，尤其是我們的家鄉！膡衍，大多數人腦筋裏，舊思想非常濃厚；對於世界的潮流，國家的大局，簡直莫明其妙，與各開通省份比較起來，事事落後，這是不可掩飾的事實。

這幾年來，不景氣瀰漫了全世界；商業凋零，農村破產，歐美各國，皆極力設法企圖恢復繁榮，究無良好方法。為着爭奪市場的緣故，列強各自擴張其軍備；國際風雲，日緊一日，二次世界大戰的爆發，大都逆料卽在今年，雖也有人故作樂觀論調，以為大戰或可避免；實任，這是欺人自欺的話，戰事之爆發不過遲早的問題，而非能不能的問題。

可憐我們家鄉的一般人，還是在醉生夢死中一味死守着舊的習慣，不知道覺悟，這裏，且拿婚姻喪葬來論，雖在經濟恐慌時期，一場婚事或喪事，多者用到幾千元，最少也要幾百元，方能了事，這麼的耗費，在富裕的本來不成問題，但是我們家鄉的勞工階級，每人每天用血汗掙得的……不過三五角錢，還不夠維持一個人的生活，何來這許多的金錢？所以貧寒之家，因婚姻喪葬而愛爭門面，以致典產負債的，已成為常見之事，其他關于迷信的，如迎神賽會，朝斗，誦經等……每年也要消耗互歎，若是關于教育的事情，公益的建設，和救國的工作，大家都漠然置之，講起來實在令人嘆氣！

聽說，家鄉這幾年來，大家已有相當的覺悟；一搬頭腦清新的青年，和智識份子，對于舊的不良風俗習慣，如婚姻喪葬，也略有改良，關于迷信舉動，如三月會，保境，朝斗，過會等，也已實行革除，這是我們膡衍極可慶幸的一件事。

回想二十餘年前，辛亥光復後，改良風俗，與較頹教育，也曾蓬蓬烈烈的一時；現在天天唸着「阿彌陀佛」的老腐敗，也曾轟轟烈烈的領導着推倒偶像。不過我們中國人，思想變化無常，向來做事，有頭無尾，五分鐘熱度過後，前一項工作，便鬆懈下去。久而久之，連推倒偶像的人也拜倒在偶像之前，舊勢力完全恢復，新勢力又被摧殘了，一直到了現在，一般有志革新的青年，也因為這些人的思想的善變和腐化。而對于新社會的創造懷疑了，勇氣消沈了！

家鄉的青年同志們呀！我們要認識清楚，時代和環境是不停的前進的，二十年前提倡革新而現在腐化的人們，以前不過出于一時的感情衝動，並非有什麼深刻的瞭解，所以他們的行為是自己打自己的嘴巴，是時代的落伍者將來會被天然淘汰的，社會的一切，都是我們青年的責任。只要大家認定目標，激底的向前做去，一定能夠收到美滿的結果，堅決的意志是不會受到腐化派無意識的行為的影響的。

崇新會，是家鄉青年有組織的聚團，我們的宗旨是在團結互助，以謀家鄉的幸福。我們對于家鄉的一切，負有改良的責任，我們大家應該內外一致聯合起來，努力奮門，延長五分鐘以後的熱度，繼續工作，不要再受舊習慣的

束縛。我們相信，時代總是前進的舊的勢力終有一日打倒──，我們要由黑暗中來創造光明，這才不愧為新時代的青年，這才無背于本會的宗旨。

後漢王景理水之探討 （轉載）

李儀祉

中國治河之歷史，以元泰定元年（一三二四）為一大樞紐。在是年以前，黃河與汴河須兼顧而分治。是年以後，則汴為黃河所奪，汴之歷史告終，只有黃河而已。

汴與黃河之關連，自大禹時亦已有之。然春秋一書，未有道及汴者，則恐有商一代，河屢變遷，汴之交通，久已湮廢，而楚漢之鴻溝，即其遺迹。其後汴水交通復活，則始於西漢就鴻溝道址而治為莨蕩渠，其後遂稱汴渠。賈讓治河策中言滎陽漕渠，亦稱漕渠。即指是也。

汴渠既沿治於古，其後汴渠日益東侵，河復屢徙，於是河與汴交相為病。漢建武十年，張汜上言：「河決積久，日月侵毀，」所指河決，必決在南；所謂日月侵毀，必指汴渠。蓋隄防舊已有之，宜改修隄防，以安百姓。又曰：「一宜改修隄防之，因河之決，汴之侵而須改移也。史稱「汴渠東侵日月侵毀」，而或以為水門數處，皆任河中，竟豫百姓怨嘆，而或以為水門，令更相洄注，無復潰漏之患。」此所謂水門者屬於渠乎？屬於河乎？其用若何？史載不詳，輕起後人之疑。

河流入汴，巠蕢蒙利焉。蓋汴渠，過中牟即東南行，而彌廣，因河之決，而太平寰宇記稱右汴渠在縣（襄邑）北四十五里西從雍邱（今杞縣）入考城界，則是其東侵之道也。至永平十二年（西歷六九）始議修汴渠。十三年乃使

王景與將作謁者王吳修渠，築隄自滎陽東至千乘海口千餘里。

王景所負使命為修汴渠。而修渠必須治河，為一定不易之理。故自滎陽築隄東至千乘海口千餘里，所以防河之南侵而害汴也。景之事功，按史書所載，為「商度地勢」，「鑿山阜」，「破砥磧」，「直截溝澗」，「防遏衝要」，「疏導壅積」，「十里立一水門，令更相洄注」，又播為八，故水有所洩而力分，偶合於禹功。

今一一加以檢討，（一）「商度地勢」所以定河與汴分治之要道也。（二）「鑿山阜」所以引渠道也。（三）「破砥磧」（四）「直截溝澗」裁灣取直之功也。（五）「防遏衝要」防禦溜衝之事也。（六）疏導壅積（七）「十里立一為修渠事。所費解者則為（四）（五）（六）疏導壅積。所以通渠道也。皆不難解。

水門之制，王景以前，則已有之矣。故史稱「汴渠東

400

侵，水門數處，皆任河中」。言數處，非一處可知也。水門應屬乎渠之左岸，潰襲其左岸，致水門立於河中。所謂河，指汴河，非黃河也。

至是等水門之用處，則不出乎引黃河之水入汴河以濟漕運。其必用許多水門者，以門制不能過大，一門之流量，不足以供給汴渠之需要水量，故多立數門也。當時滎陽以東，河與汴平行而東，故由河引水以濟汴甚便也。過汴以東，緣河積石為隄，通淮口，亦號金隄，則順帝陽嘉中作也。（一

西厓一三二——一三四）此金隄應在河之右岸，以分隔黃河與汴渠，使不相混。蓋景時尚為土堤，後以其易潰，改砌以石也。賈讓治河策中所謂「故大金隄從河西北行，至西山南頭，迺折東與東山相屬，則在河之右岸，蓋漢時凡大河左隄皆稱金堤也。東西兩山即大伾，在今濬縣。

汴渠於漢靈帝建寧中（一六八——一七一）又增修石門，以過渠口。水盛則通注，津耗則輕流。似石門之制相為滾水壩。河水盛則越堰以給渠，水落則渠水斷流。此制相沿至宋代。汴渠舊制有閉口，十月則舟不行（見雲麓漫鈔）。

但王景治河修汴所作之「十里一水門」是否與其先後之水門一律，則有可疑：

一．使此水門仍為引河水入汴渠之水門，則須就地勢而引水，按需水之量而立門，又何必十里立一水門也。

二．使此水門如後代運河之閘，跨渠而設，所以調劑渠面坡度而節其流，則每十里立一水門，無乃太近而煩

數。

三．十里立一水門，令更相洄注，又何說也？使此水門介乎河與汴之間而使河水與汴渠更相洄注於河，則不可通。蓋因汴水源於河洛，無論何時汴必下於河。是汴水無洄注於河之理也。

四．若令河水與汴相洄注，則無復潰漏之患，又何說也。蓋景之功，在使河與汴不相混，故必使其間之堤不至潰漏。但若令更相洄注，則又何異乎潰漏，故知其必非若此解也。

然則如之何？竊謂河與汴分道而驅，必各自有其堤，河與汴去不遠，故易受河之侵襲。今試以左圖明之。設汴河之左右均有堤，而其左堤鄰於黃河。

右汴隄

黃河右隄

左汴隄

黃河左隄

水漲時水由水門入隄內為泥水

水海時水由水門注入渠為清水

設在左隄上每十里立一水門，則河水漲時其含泥濁水，注於汴渠而汴因以漲，水由各水門，自上游而下游，挨次以注入隄內。其所含之泥沙，即澱於河汴二隄之間，水落時，澱清之水，復自上游而下游，挨次由各水門注入汴渠。其結果如何？（一）汴渠之水不至過高以危隄岸。（二）漲水所含泥沙，澱於隄後，使可與汴之間地勢淤高。（三）清水注入汴渠，渠底不至淤積而反可刷深。此，故可使無復潰漏之患也。

至漲水由水門注入隄後，何以能使之淤澱，則可以下圖明其理：水自甲水門注入隄後，其流速 V，必較緩於正河之流速 V，即 $V、\triangle V$。故甲門之水至乙門時，正河之水亦已自乙門注入。堤後之水為其所托，其勢更綏，且更向後漫旋。其所挾之泥沙，勢必無力携帶，而盡捨於是，愈積愈高矣。此後世所放淤之理所從出也。

（圖：乙、甲、河、隄）

落水之際，隄後之水舍其泥沙而復競注於河之正槽，則使正槽之水量激增，而得以刷深其槽也。所謂更相洞注者，正此水門與彼水門更相洞注也。

方修斯論治黃河，主張築近隄而卑之或缺之，使蒔常洪水，得洄旋於近隄與幹隄（遙隄）之間，其意亦合乎王景也。

余問恩格爾斯黃河試驗，曷以寬隄距之河漕刷深，能較多於狹隄距？恩曰：正因洪水漫灘，澱其泥沙後，復入河漕，故能刷深較多也。其理與王景不謀而合。以今人之試驗徵前人之遺法，十里一水門，可以豁然貫通矣。但王景以此法獨施汴渠乎？抑兼施於黃河乎？則未可知也。

景既導黃河由千乘入海矣，其最後一功，則使德棣之河復播為九河。此所謂疏導壅積也。蓋河流近海愈平，復有海潮之頂托，河水不免壅積於此，故疏之也。後世言治河者，多所爭辯。主河不宜分者，謂分則力弱而易淤，宋時河道之弊，以分之過多也。主河宜分者，謂河水盛漲，木床不能容，與其不分而待決，何如早分之為愈也。恩格爾斯對於此點與余意見完全相同，主張宜疏不宜分。顧「分」與「疏」之區別何在？「分」是河道分岔，平時並流，洪水之時，分弱水勢，自不免同歸淤廢。「疏」是用減水壩，只令洪水一部分越壩而過，以減低洪水壓力以免潰決之險。其用與汽鍋之安全閘相同。

減水或用滾水壩；或用質頂壩安設活動壩，或實質壩上安設可以拆去之部，如江北運河之草壩。美國密細細比河，近亦採用此極古且舊之法於隄之一段，介於石工裏頭之間，特使卑薄，名曰 Faso Plug。其法較之活動壩及草壩略有區別者，彼恃人力而啟，此則使水自開其道。洪水過度，則自行衝開，而減盛漲之勢。恃人力則常以人力之壓迫，情感之牽累，致使法律失其效用。

無論用何法減水，必有減水渠道，以歸於海。余意更有所進。黃河不宜分於上游而不妨疏之於下游。不宜分於泥沙過多之處，而不妨疏之於泥沙減少之處。蓋分於上游，則易致牽掣改道，疏之於下游，則此慮少。分於泥沙過多之處，則易致淤塞，疏之於泥沙較少之處，則此患輕。

德棣處河之下游，王景播之為八，與禹疏九河，同一作用。

故王景治河，必有其切中肯要之處。以十里水門之法，固隄防而深河槽，以疏導之法，減下游盛漲下游減則在其上游潰決之患自弛。本此法也，故能使河一大治，歷晉·宋·魏·齊·隋·唐八百餘年，其間僅河溢十六次，而從無決徒患，河工見於史書者，亦僅唐憲宗元和八年於黎陽開右黃河道一次。至昭宗景福二年，河從渤海北至無棣入海，唐亡而河亦遂多事矣。故余謂王景之治河，可以為後世法也，其治功幾與大禹相埒，而合乎今世科學之論斷。惟今世之人但知與水爭地，專尚防堵而不求其他，於是河終於不可治已。

> 編者按大盈江堤決時，對於家鄉農田所給與的損害，就像是黃河堤決的小規模，黃河的治理，已經是全國注目的問題，但是我們和順鄉人對於大盈江的淤淺，反有聽其自然的氣概。遺原因，大概是由於對於治水無經驗而來的無可奈何的心理使然。所以轉載了這文，供有心者的參考河

附刊

和順圖書館歷年「和順書報社期間在內」募捐謝啟

甲 緬甸之部

（I）經費

李任卿 六十盾 寸相一 五十五盾 寸仲獻，五十二盾

七五五 張一卿 五十盾

李雲山 張魯卿 各捐三十盾

敝館自民國十三年成立和順圖書報社至二十一年擴充組織為圖書館至今已有十年之歷史歷年多蒙熱心同鄉同志及有名學者捐助敝館經費圖書刊物報章及文俱用品題字等類敝館至今粗具模型皆同鄉同志之賜銘感之餘特將捐助本館諸君芳名欵數及圖書用品種類錄列於後藉伸謝悃「恕不稱呼」

李滙川　賈蔚林　劉鑄山　寸懷允
寸尊琳　唐沛然　張玉清　賈鑄生
楊奉禮　李潤珍　寸永吉　劉啓玨
寸以莊　許卓如

以上四名各捐二十五盾

以上拾名各捐貳拾盾
劉悃舍　尹仲芳
又經手捐來九盾
寸尊琦　寸永安
寸純貞　寸文卿　李雨樓
釧魯生　張蘭廷　李善初　玉順興　釧容生
張玉峯　張茂生　劉必禎　李容廷　趙愚齋　李清園

以上五名各捐十五盾
寸俊卿　李曰相　寸尊岑　寸仲邦　李映三　（十四盾）
釧壽生　李錦堂　李若珩　寸子道　（十三盾）
李受天　李少生　尹同和　尹樂元　劉桂臣　（各十二盾）
寸于天　寸懷雲　釧利生

以上二十六名各捐十盾
寸紹曾（九盾）
李秋農　賈瑞廷（各捐八盾）
劉啓孝　劉玉清（各捐七盾）
寸幼仁（六盾）
寸承恩　尹澤生　尹滁川　寸耀東　寸性榮　協益恒
寸鏡泉　李少岳　尹少川　楊顯良　李祖文
楊發有　李碩臣　尹家榮　楊發明　賈鍾貴　張玉樑
劉子福　張玉軒　許鴻清　許鴻鈞　尹恢五　張立生
尹兆帆　劉用武　王長順　何自貞　李泳園　賈仲能
尹逸仙　李儀三　谷顯清　寸時明　釧相如　李槐三　尹祖舜
李如椿　尹致卿　張九疇　張顯丞　許錫友　寸尊棟　尹慶之

以上四十七名各捐五盾
劉子清　劉金璋　蔡達春（各捐四盾）
張培銘　李敏之　李生禮　張壽卿
李星田　寸曉帆　楊國珍　李種福　寸尊培
寸煥平　李祥昌　楊少三　李生蕙　寸遜五　李維志　李輔國

以上十六名各捐三盾
寸仁之　尹錫東　李月軒　李佑之　寸從光　李生瑤
寸品才　張培潤　許錫慶　張仕達　寸用賢
李生建　唐家訓　趙毓謙　張培有　李生超
李曰農　張德岑　寸品超　寸時良　李子勤
李子謙　張積中　賈子才　尹樹人　尹懷瑾
李潤明　段有興　尹備南　寸長安　寸永清　寸時玉
張就三　張信誠　李潤初　寸子雲　張子雲　李受之

以上四十二名各捐二盾
尹治富　張學朝　尹樂進　寸安國　李瑞昌　李祖純
李繼昌　李曰書　寸性蕙　李兆達　許鴻美　劉振三
楊學廉　楊永茂　寸鶴照　李秀川　段潤生
李泳仁　李林聲　寸尊富　趙秀發　許惠卿　尹化國

以上二十四名各捐一盾

（2）圖書刊物及用俱

和順崇新會，自民國十三年至十九年每年捐贈仰光報一份，自民國二十年至廿二年每年津貼書報費一百五十盾，自民國二十三年以後每年津貼書報費二百五十盾。

十盾

寸海亭　捐贈四部叢刊全部值滇洋一千二百元

張子耕　捐贈百衲本二十四史全部續古逸叢書全部共值滇洋八百元

張溶才　捐贈萬有文庫第一集一部值滇洋一千三百元

張澤生　捐贈圖書費滙洋三百元

張瓊樓　捐贈圖書費三百元

尹懷瑾　捐贈圖書掛圖值滇洋四百元

李光新　捐贈圖書值洋三百元．

賈蔚林昆玉　捐贈新聞報一份『十七年份』

李鏡天昆玉　捐贈新聞報一份『十八年份』

楊少三　捐贈新聞報一份『十九年份』

趙愚齋　捐贈新聞報一份『二十年份』

寸仲猷　捐贈書架一架　馬占山相一幅　畫刊五冊

寸幼仁　合捐東方文庫第一集一部

劉悃舍　捐贈書架一架

寸相一　張立生　合贈民國日報三年　無色鋼印館章一俱

李清園　捐贈民國日報一份

賈鑄生　捐贈民國日報一份

賈仲能　劉柱臣　各捐國聞週報一份　地圖三張　山水鏡屏四幅

寸雲帆　張少雲　各捐東方雜誌二份

寸仲邦　張友于　各捐婦女雜誌二份

李子舒　李秋農　各捐教育雜誌二份

尹贊天　李生華　各捐學生雜誌二份

釗文瑞　捐小說月報三份

寸國生　捐小說月報一份

尹以忠　捐民鐸雜誌二份

李泳園　學藝雜誌二份

李生馨　小說世界一份

張蘭階　現代評論一份

張德平　良友畫報一份

趙育楨　攝影學畫報一份

李子琴　北平日報一份

寸曾厚　中國五十年一部

寸耀東　中國年鑑一部

許惠卿　少年雜誌一份

許永安　中國五十年一部

李少生　少年雜誌一份

賈仲能　李鏡天

民國十四年捐購四部叢刊芳名『此書後由寸海亭先生捐贈該欵托寸以莊同志另購他書』

李任卿　五十盾

賈蔚林　寸以莊　李雲山　釗鑄山各三十盾

賈鑄生　許卓如　二十盾

李容廷　趙愚齋　寸仲邦　李少生　以上七名各捐十盾

李清園

寸文卿　李泳園　劉用武　各捐五盾

寸懋德

以上十八條共捐來三百〇五盾

李勳廷　報費十盾〇一八盞　劉文運　報費三盾二五

李映三　報費二盾　李祖舜　報費二盾〇至五

尹以忠　報費二盾二五　李祖舜

尹生源　報費二盾二五　張通達　報費一盾一二五

張友于　報費三盾九三七五　寸時昭　報費三盾二五

寸永安　報費二盾　李映三　報費二盾

劉振樑　報費二盾二五　賈子名　報費二盾七五

趙子厚　報費二盾一二五　劉必聞　報費四盾二五

李槐三　報費十八盾七五　李映堂　報費三盾四三七五

李清園　報費一盾八一二五　尹錫東　報費四盾四三七五

李子舒　報費四盾八七五
賈蔚林　報費四盾
李潤珍　報費三盾八七五
劉玉科　報費二盾五六二五
李雨樓　報費十五盾
寸守禮　報費三盾
劉星樓　報費二十盾
寸壽仁　報費七盾
賈宏章　報費十盾
崇新會第三分部代捐報費一盾四六八七五

乙　家鄉之部

李子暢先生　捐贈聚珍叢刊全部
任　□□先生　捐贈□□
李朝卿先生　捐贈佛藏經全部
趙愚齋先生　捐助年捐十年五十元
教育叢書全部
咸新社　捐贈九通書全部
寸純貞先生　捐贈玻璃六箱
寸子天先生　捐贈玻璃二駄
寸秀芳女士　捐贈圖書二百九十一冊
複印機一架
寸少元先生　捐贈雲南通志全部
劉鑄山先生　捐贈九通全書一部
劉振模先生　捐贈涵芬樓密笈全部
飲冰室叢書全部
張玉峯先生　捐贈飲冰室全書一部
兒童雜誌全年二份
尹彥卿先生　捐贈中國古今地名大辭典一冊
段樹生先生　捐贈騰越廳志全部
李佑之先生　捐贈古今名人墨蹟一部

寸曉峯先生　捐贈永昌府志全部
李鏡遊先生　捐贈雲南日報全年一份
寸采亭先生　合捐雲南日報全年一份
李鏡天先生　捐贈教育雜誌週刊全年一份
尹大典先生　捐贈世界論壇週刊全年一份
寸品才先生　捐贈大衆畫報全年一份
文學月刊全年一份
無線線收音機一架
禮拜六週刊全年一份
李受天先生　捐贈書架一架
劉有位先生　捐贈書架二架
寸玉佩先生　捐贈書架一架
寸算岑先生　捐贈書架一架
銅靜元先生　捐贈書架一架
謝蘭芳先生
張轍蘭
尹清英　四女士合捐贈書架一架
寸時金先生
賈仲能先生　捐贈書架乙架
李鏡澄先生　捐贈書架乙架
尹子道先生　捐贈書架乙架
劉鎮廷先生　捐贈書架乙架
許澤生先生　捐贈書架乙架
李懷雲先生　捐贈書架乙架
釧容生先生　捐贈書架乙架
李如春先生　捐贈書架乙架
李協之先生　合捐書架乙贈
尹來卿先生　捐贈書架半架
李槐三先生　捐贈書架半架

賈承之先生　捐贈書架半架

張溶才先生　捐贈現代月刊全年一份
申報月刊全年一份
東方雜誌全年一份
讀書月刊全年一份
文化雜誌全年一份

李鏡舟先生　時代畫報全年一份
漫畫大觀一冊

李仁則先生　捐贈現代月刊全年一份
叢書月刊全一年一份
禮拜六全年一份

寸永安先生　捐贈國聞周報全年一份
農業雜誌五本
捐贈生活周刊全年一份　地圖兩張

唐作衡先生　圖書數十冊

李生莊先生　捐贈圖書二十本

張煥然先生　捐贈圖書五十五本

劉蔭堂先生　捐贈平民讀物一百一十四本

劉松年先生　捐贈文藝月刊全年二年

劉振權先生　捐贈申報月刊全年一份

李燮丞先生　捐贈新生周刊全年一份

李潤珍先生　捐贈圖書十五冊

李文龍先生　捐贈民眾叢書十七冊

李新農先生　捐贈自然科學書三本

趙國珍先生　捐贈美術學書三本

釧鑄山先生　捐贈中山大相一張

寸時淮先生　捐贈世界教育狀況一張
捐贈生活指導叢書一部

唐家訓先生　捐贈巴黎和會秘史一冊

寸豐森先生　捐贈東語完璧一冊

劉友衡先生　捐贈新訴狀彙編一部
全國獵影記一冊

李若益先生　捐贈畫刊十本
畫刊二本

『附註一』書報社成立時，曾蒙同鄉同志捐助開辦費，及李鏡天先生經手由臘戌埠捐募得經費一百餘盾，因改組圖書館後，館址遷移，致將以前募捐冊遺失，各捐款人芳名無從錄出，應向當時捐助者道歉，以後若將捐冊尋獲，再為公佈。

『附註二』在緬甸所捐募之款，有一人捐數次者，以上所列，概係將數次捐欵合計公佈，但因時間倉促，或有錯誤遺漏，尚祈指示，以便更正。

『附註三』由家鄉捐募者，概由敝館錄寄緬甸經理處交叠新會刊物編輯處公佈，其在緬甸捐募者，則由緬甸經理處彙錄公佈，因刊物出版期近，而敝館之「募捐錄」寄到甚遲，因時間關係，故在緬募捐錄經已造就，概不稱呼，家鄉募捐錄則有稱呼亦不及修正，以求劃一整齊，此處理應有稱明，非敢厚此薄彼，並所在緬捐輸之同鄉同志原諒。

『附註四』書報社成立以後，尚有各界捐贈圖書多種，亦因募捐冊散失，無法公佈，並所各界原諒。

『附註五』胡適之先生曾書贈「和順圖書館」匾額一張，中華民國廿四年三月五日雲南騰衝和順鄉和順圖書館啟　志原諒。
已由在平社員寄李鏡天轉寄回騰矣。

會務報告

提案人	提案	議決及執行方法及執行者
寸尊爵等	請捐助振華學校建築校舍經費案	捐助三百盾因該校為本鄉旅緬同鄉上緬車路一帶惟一組織之學校本會以輔助教育為宗旨故有捐助之必要他埠學校非同鄉完全組織者因本會經濟薄弱不以為例
寸尊然	已故會員楊材棟之妻請求資助返里路費案	將前存資助釧文達之旅費五十盾「釧君不返里故未資助」資助之交寸相一同志負責辦理若該氏不返里即不資助 上列二案合併表決
李生珮	請更改本會總部地址並使總部所轄區域以內之會員皆有被選為總部職員之權案	總部職員應於總部轄區域內全體會員中選舉之不得限於總部所在地。總部地址則照寸嗣徵同志之建議抹允
寸嗣徵	二埠合組總部案「說明」總部執行委員之被選權以總部所在地會員為限但為便利會務起見若總部人數不足時得由與總部附近之一埠之會員選舉三分之一使二埠合組總部惟兩埠距離不得超過二車站以上茲將具有合組總部資格之各埠略舉如後 1 抹允與南馬 2 抹允與賀奔 3 南馬與賀奔 4 恰井與果洞波	南馬賀奔三埠為第一分部。二分部所在地恰井果洞波為第三分部所在地以後總部因事須招集職員會議時各地職員赴會旅費由公津貼但只限於三等車票一切從儉

李生瑞	同前	寸嗣敳	寸嗣徽	寸嗣徽	寸嗣徽	
5 恰并與果領 6 果洞波與果領 7 其餘二埠相近而會員足法定人數者	咨請內部教育委員會不得自由用款案	請暫減放欠利息三年為月息一分案	齊請內部教委會添辦女校高二級一級其應	增經費以教育基金利息撥充案 齊請內部澈底執行資送留學生及各決案	外部所代內部選任之兩會計員及候補會計 齊請連任案 刊物籌備委員會職員改組案	李子舒擔保劉玉清價欸尚未繳清請處理案 決案二條從略
應照教委會預算案支用若有超過預算時須徵求外部同意否則事後不能追認	保留由下週討論	十盾 齊內部照辦由教育基金利息項下每年增撥經費一百五	咨請內部照辦	齊請內部照辦	齊請內部照辦 經表決推舉職員如下 編輯 寸仲獻，寸雨卅，李文龍，寸幼仁 籌備委員 尹以忠 寸佩九 李變承 張岑達 李秋農 李耀北 劉蔭堂 趙國珍 劉貞一 寸蔚然 李清園 張子雲 李潤園 劉㓜合 寸曉帆 尹贊天 謝蘭芳 刊物籌備委員會職員任期改為三年	函達李同志追收

外部第十屆全體職員表

總部　抹允

執行委員七人（兼職）

李生昆（會計）　李光垣（交際）　劉玉樑（文牘）　釧金錫　劉玉義　釧家義　候補執委　趙育謙（書記）　許洪鈞（庶務）

監察委員　各區部常務委員

李玉發（蜜支那）　賈任賢　張洪拱（侏碘）　尹樂什　寸尊然　候補監委　劉振三（南馬魯）　李曰芳（賀奔）　張本達　張德萃（抹魯）　寸安國　釧相才

備考

第二分部　怡井

執行委員　各區部常務委員

寸長吉（恩多）　寸聲恩　劉曰蒼（九洞）　李曰長（九洞）　寸算爵（莫所穹）　賈學祥　寸算紀（果洞汲）　劉啟忠　劉聲萃（果頷）　李生沛　李長恩（寸恩）　李生壽

第三分部　緬京

執行委員

李曰植（錫戈）　李生尊（後脈）　劉振樑　釧蠻昌（卯光）　寸嗣敫　李澤春　寸樹昌　張德蕙　李淇春

外部第九屆入會新會員人名表

張學有　李祖仲　李祖傑　尹曰志　張德善　張泳才　尹俊仁　劉玉發　段自興　段紹興　段樹興　寸尊旺
賈正賢　李生竹　以上均男性

內部第九屆入會新會員人名表

尹坤書　龐德才　均男性
李桂蕊　女性

410

第九屆經濟收支比較表

收入摘要	款數 盾安	支出摘要	款數 盾安	摘要
利息經常收入款	2287 2	第八屆大會總費支出	210 13	〔註〕內部本屆匯用之款，一次二百五十盾，由少林經手向匯用。內部匯用二百盾。此款作何用途，內部匯用，茲將當然否。
第九屆新會員入會金14柱	52 0	內部教委會津貼費（購運動用品）	114 11	十盾，賦署明匯交內部，函外部，茲說明理由。
年捐特別捐	50 0	第九屆津貼圖書館書報費	200 0	但理財員不知賬務方法，賬書明匯答理，理財員之誠懇，實不能辭。
收入共計	2389 2	郵電印刷費	3 4	缺項二次四百五十盾，後經總務看，亦只
支出共計	1870 4	刊物經費	224 8	其餘，照本會章程，每年應津貼內部經費
兩抵存餘	518 14	津貼內部教育委員會	500 0	員二百盾，讓內部貸實同志，松
		津貼內部經費	150 0	一百盾，而教委會私人報告，本屆肯只
		內部經費	100 0	受津貼六百餘盾，
		內部匯用（理財員未將用款名目聲明）	200 0	編者對於不明用途之
		退還教委會教員基金息銀11柱	131 0	四百五十盾，列經津
		支出共計	1870 4	貼內部100.盾，律
		兩抵存餘	518 14	貼教委會150.盾，津貼內部200.盾不明用途，尚有
		共計	2389 2	待內部之證明。
				編者附識

外 部 第 十 屆 支 出 預 算 表

支　出　摘　要	要 款	
	盾	安
1. 津貼內部經費	100	0
2. 津貼教育委員會經費	800	0
3. 資送學生津貼費	400	0
4. 週年會經常費	300	0
5. 刊物印刷費	200	0
6. 捐助恰井振華學校	300	0
7. 津貼圖書館書報費	250	0
8. 各區職員往來旅費	100	0
9. 郵電印刷零星費	50	0
10. 贈已故會員楊材棟妻返甲旅費	50	0
共　計	2550	0

『註一』教育委員會津貼費尚須增150盾，爲
　　增辦女高二級一級經費。

『註二』第八條各區職員往來旅費100盾，
係由大會時總部職員由各區會員中普選一案
而產生，但第十屆尚未實行此決案，而總部
職員皆集中總部，故此條尚無須支出。

和順圖書館外部經濟收支表

七

收入摘要	數目元安	支出摘要	數目元安
收第八屆存來	500 0	緬甸經理應支去	200 0
收崇新會津貼來	200 0	支出共計	200 0
收來利息一柱	75 0	抵存	575 0
收入共計	775 0	共計	775 0
支出共計	200 0		
抵存	575 0		

和順圖書館緬甸總理處財政收支表（二十三年份）

收　入	款數	備考	支　出	款數	備考
上脹日清尾存來	2415		訂購書報及各種刊物費	169 9	
崇新會津貼	200 0		擬還張蔭才君捐款（撥歸秋委會）	500 0	
向崇新會借來	100 0		張德珠君代買商務書冊	300 0	
向崇新會寸仲獻息項撥借	75 0		匯還商冊（匯秋 $100 ）	80 12	
張德珠君捐來墊借	300 0		購付本館用品費	40 12	
張德珠君捐來	300 0		圖書運費（入藏代理者在內）	95 14	
寸壽仁君捐來	7 0		郵費	26 14	
代辦書報共收入	247 3		刊物籌委會借去	24 8	
住活報費退還	6 5		日清尾存欸	37 14	
刊物籌委會還來	24 8				
收入共計	1284 15		支出共計	1284 15	

刊物籌備委員會經費收支表（第五週刊）

收入摘要	欵數 盾	欵數 安	支出摘要	欵數 盾	欵數 安
由總部支來（此柱有本會同志捐助經費一百餘盾在內）	39	98	支印刷費（電版費在內）	38	00
隱名同志捐助	2	00	支郵電印刷及零費（信箋及徵稿啟事刊圖記等）	1	51
收入共計	41	98	刊物寄費及郵費	2	47
			支出共計	41	98

第 六 週 刊

	盾	安		盾	安
由總會支來	182	10	籌備零星費	2	8
收入共計	182	10	刊物印刷費	16	18
			刊物寄費及郵費	18	10
			支出共計	182	10

第 七 週 刊

	盾	安		盾	安
由總部支來	23	89	籌備零星費	4	5
隱名同志捐助	2	00	刊物印刷費	23	20
收入共計	25	89	刊物寄費郵費	2	23
			支出共計	25	89

第 八 週 刊

	盾	安		盾	安
由總部支來	22	48	籌備零星費	2	12
收入共計	22	48	刊物印刷費	20	50
			刊物寄費郵費	16	12
			支出共計	22	48

吳順和新會內部第八週年大會議事錄

議決及執行者	類別	議案	提議人	提議數案
蕭莉保愛所公鄉對辦照意同致一	示表之案決議會大週入部內會新吳順和	案費學育教有定額內	圖書席主	1
查係良本於春耕奬勵圖十員書要李本事眼零生係員本新允眼委珍從創附天子李員商苑蕭劉會員會員零先籍查名籌匯（表算預附）通過元十六二十四表算預照		案費眼查審推	上同	2
		案員眼查審推	上同	3
任連員會收嶽任前由		案員收費學事推	上同	4
將由責負志同川匯李李公支捐志北李售貨員校費		案員用存儲時會動運應處諮	上同	5
收郷同鄉零員公本		案員存店商零加請處	上同	6
志同懷守推文		案員存校賣貨攤	上同	7
連嶽實員會有執文		案生學留送賣行執	上同	8
沙文責負志同嶽錦李川匯李事推		案員育有關求所鄉應照運定員眼元二則辦本	員教女男校本	9
辦照		案費學生費所名松	員委主	10
準議免減定鏡再接照勳同清函得核結審查求意見且須大辦助再權銷始束使會大辦助再權		案月四低積鏡員所對	臣治孫	11
洽准所公鄉及主地向人購銷事並辦照		案婦女精共公寓賬圖	臣治孫	12
		略	權振劉	13
分同關由點勳助所鏡勳同清照任志芳潤則權四任志芳李英爭		案員人理助店商零加請	培日尹	14
貼准志同爭非不公關銷鏡鎊銅		案得秋學校本用先籌前案抗感局水源所鄉四差銖鏡四鏡助生卒守	伯祺李	15
		案若費津利无已公照千會有育育本事抗感局水源所鄉元一基教助生卒	蔡秀湘	16
稱緻責負志同各國請丞丞李因照制阿丞		案員人理助店商零加請本抗感局水源所鄉四差銖鏡四鏡助生卒守	蔡庄李	17
		議若費津利无已公照千會有	園席主	18

416

本會內部第九屆職員一覽表

職別	姓名
執行委員	李生玷　尹志成　李祖華　李生義　賈學煥　趙秀發　劉振仕　釧德銘　李日祜　李生玷　劉玉瑞　李生澤　李祖培
候補執委	寸樺清　寸育林　李生魁　劉振權　劉啓珖　李生玥
監察委員	寸性怡　寸時久　李日翰　李日清　寸性誠
候補監委	
教育委員	尹志成　李祖華　李生玷　寸時久　劉振仕　張溶　李祖培　李生魁　李生玷　寸育林　李日祜　趙秀發　劉玉瑞　釧德銘　李日清
候補教委	寸性怡　寸性誠　劉玉瑞　寸樹瓊　李啓慈　寸樹瓊　李生義　謝蘭芳
圖書館館務委員	尹志成　李祖華　李生玷　李沛春　李生魁　李生義　李祖伯　李祖培　李日祜
候補館委	李生玷　寸樹瓊　趙秀發　劉振仕　釧德銘

崇新會內部第八屆經濟決算表

類別	借方金額		類別	貸方金額	
第 七 屆 結 存	273	CCO	郵　　　　　　　　費	2	950
李仁杰八屆息項	1O	CCO	買　柴　二　馱	1	7CO
李仁杰還借項	1CO	CCO	控張懷東呈文費及小工	5	CCO
李桂蕊會金	3	CCO	週 年 刊 運 費	8	540
尹坤書會金	5	CCO	買　筆　五　支	0	750
龐德才會金	2	CCO	李 仁 杰 借 去	1CO	CCO
			第九週年大會辦東	54	070
收 入 總 計	393	CCO	支 出 總 計	173	010
			結　　　　　存	219	990
	393	CCO		393	OCO

第一屆教育經濟決算表

類　　　　別	借方金額		類　　　　別	貸方金額	
二十二年分學生學費	2494	800	教　員　薪　金	3808	COO
寸懷雲懷允兩君義捐	1000	COO	商店經理薪金	160	COO
鄉　公　所　津　貼	600	COO	校　役　勞　金	190	COO
崇　新　會　津　貼	1891	250	建　　築　　費	947	815
大　　　稱　　　捐	460	COO	遠　　足　　費	91	690
售　建　築　用　品	15	500	開　學　辦　東　費	34	130
			元旦提燈及丁祭	172	500
			交　　際　　費	90	920
			炭　　火　　費	145	450
			文　　　具	186	260
			書　　　籍	212	186
			雜　　　費	203	775
收　入　總　計	6461	550	支　出　總　計	6242	726
			結　　　存	218	824
	6461	550		6461	550

第二屆教育經費預算表

類　　別	借方金額	類　　　別	貸方金額
崇新會津貼	1700.00	男高敎員三名薪金	900.00
大　稱　捐	550.00	男初敎員五名薪金	1000.00
鄉公所津貼	500.00	女高敎員一名薪金	200.00
敎育基金息項	100.00	女初敎員四名薪金	6,0.00
學生學費佔收	1500.00	建　　築　　費	300.00
		運　　動　　費	200.00
		交　　　際	150.00
		書　　　籍	150.00
		雜　　　費	150.00
		校　　　役	170.00
		遠　足　費	100.00
		丁祭津貼費	100.00
		文　具　費	100.00
		炭　火　費	100.00
收入總計	4350.00	支　出　總　計	4260.00
		差額	90.00
	4350.00		4350.00

類別	議案名稱										備考
報告	平民學校經費報告	會務報告	平民學校經費報告	教育經濟報告							一年來教育之經過
	會務報告	商店收繳報告									李耀五 李鑒丞 報告者及報告建議
提案	尚收清食費蔚庭終堂學生項悉案同志	守悭堂	推定專賣委員				寸悭堂	寸悭堂			用全經費目下童積存之款不補校本年由校已由教育方面
	組圖珍等		公推	公推	公推	公推	寸悭堂	寸悭堂			推況大陸會車之來執行
	并李以從忠達等	守悭堂									
		分一放三頭	教育定算每年	委教育員劉松牟	實入 92.38元	方所退向清商店借用之款	共入 937.025元 共出 760.780元 抵存 176.245元	共入 4365.324 抵存 452.873元	總入 1243.302 總出 219.99元	393元 總出 173.01元	
			預算總入 $4968.343 總出 $5010.000			存 3912.451元					備考

421

本會內部第十屆職員一覽表

職別	職員名錄
執行委員	李生魁　尹志成　李日祜　劉啓珖　劉玉瑞　劉振仕　趙秀發　李祖華　李祖培　李生圻　李生珖
候補執委	劉振權　寸育林　寸樹瓊　李生澤　李生玨
監察委員	李生義　寸性怡　寸日清　李日清　寸性誠　寸時久
候補監委	寸樑清　李樹春
教育委員	李生圻　劉振仕　寸育林　李祖培　李志成　劉玉瑞　趙秀發　張岑達　李性怡　李生珖　李啓慈　李生魁　寸樹瓊　寸性怡　劉啓珖　李生珖　寸時久　謝蘭芳　李祖華
候補教委	李生義　尹子貞　張溶　張德良　劉崇恩　尹清英
圖書館務委員	李生珖　李沛春　劉振仕　寸育林　尹志成　李生圻　寸樹瓊　李祖華　李日翰　寸樑清　劉玉瑞
候補館委	李生義　李日祜　趙秀發　李生玨　李生魁　劉啓珖

第 二 屆 教 育 經 濟 決 算 表

類　　別	借方金額	類　　別	貸方金額
第一屆會計李潤珍手結存移入	218.824	教員修金　　男女校共13名	2740.000
二十二年份學生學費　移收來	75.700	校役勞金　男女校共二名共去	125.000
崇新會津貼印洋Rs686·　合入洋	1440.600	遠足費　　男女校共津貼	56.200
鄉公所津貼　　　　收來洋	500.000	丁祭雙十節　共津貼去洋	136.400
鄉公所撥收來纏足罰款大洋	100.000	會考兩次　獎品辦東費共津貼去洋	165.375
大稱捐　七個月　　共收來	230.000	交際費　招待大董綺羅學生費	48.295
大稱捐　22年份項　收來洋	50.000	運動費	39.500
學生學費　上下學期　共收來洋	1750.200	文具費	86.320
		建築費	78.505
		炭火費	81.180
		什費	74.435
		代上屆參加運動會還博愛商店借項	100.000
		代上屆博愛商店還平民學校息洋	180.941
		代上屆墊開畢業文憑印花稅費洋	.300
收入共計	4365.324	支出共計	3912.451
		差額結存洋	452.873
	4365.324		4365.324

圖 書 館 決 算 表 (民國二十三年份)

類　別	借方金額	類　別	貸方金額
第八屆結存移來	36.550	印刷費	4.500
李靜之君捐	40.000	郵　費	8.750
雋緬桂花	2.200	建築費 (製造書架等)	404.460
趙愚齋君年捐	50.000	運書費	59.960
寸懷雲君捐	50.000	裝置無線電收音機	92.870
博愛商店還來書項	78.275	文具費	2.700
寸仲猷君捐款	50.000	訂書費	15.000
李曰涵君捐	45.000	什　費	0.600
賈成之君捐	23.000	館經理及館役	166.300
尹子道君捐	46.000	招待費	5.640
李如春　李協之　尹彩卿　三君同捐	48.000		
崇新會津貼	420.000		
劉鎮廷君捐	48.000		
收入總費	937.025	支出總計	760.780
		結存	176.245
			937.025

425

平民學校收入決算表（民國二十三年份）

類　　　別	借方金額		
博愛商店還來本銀	786.700		
息銀	180.940		
息銀	24.000		
彩銀	198.662		
運動會餘存移來	53.000		
	1243.302		

第三屆教育經費預算表

類　　別	借方金額	類　　別	貸方金額
崇新會津貼	1900.000	校長薪俸	500.000
鄉公所津貼	500.000	男高教員三名	900.000
大稱捐	500.000	男初教員五名	1000.000
學生學費估收	1600.000	女高教員二名	400.000
第三屆結存	468.343	女初教員四名	640.000
		修建費	200.000
		運動費	100.000
		交際費	150.000
		書籍費	100.000
		遠足費	100.000
		雜　費	100.000
		炭火費	100.000
		丁祭費	150.000
		文具費	100.000
		獎品費	200.000
		校役費	170.000
		油印機全套	100.000
收入總計	4968.343	支出總計	5010.000
差額	41.657		
	5010.000		5010.000

農林科經濟決算表（民國三十三年份）

類別	借方金額
前屆結存	69 350
稻增收入	23 000
總計	92 350

427

編後話

1.
本刊因經濟的關係本期在北平印刷一方面欲圖節省印費一方面欲使印刷上得到較好的成績但是平綏間的往返寄稿和刊物寄運在出版的時間上難免延遲這是不可避免的事實，不過本期祇是『試辦』，如果試辦結果既可節省經費，對於出版的時間也不過於落後，下期只好仍然在綏印刷，如果對於出版期限不大便利，那麼以後仍當繼續在平印刷，這是應當向本會同志報告的一件事。

2.
本期得徐夢麟，祥華，張天放，迷穀，雪光，吳琰……諸位先生的投稿使本刊篇幅增光不淺，本刊誠懇地向諸位表示謝意的。

3.
徐夢麟先生即著中古文學概論，近古文學概論（崇新會的圖書館是應當購置的書）的徐家瑞先生，他曾經到過騰衝，並且到過我們和順鄉。他雖然稱讚和順鄉是『大地方』，但是他似乎不知道我們這個『大地方』的黑暗面，所以對於他的稱讚，我們覺得有些不好意思。我們只希望崇新運動能夠成功，使和順鄉能像

4.
河北的『定縣』山東的『鄒平』一樣的有成績，雖受寵而不驚！！徐先生給我們寫的『鳥國』，雖然是屬於文學的作品，但是這文章內有豐富的暗示，所以我們就將『鳥國』當作卷頭語，排在最前。

南甸土司龔某，和設治局長袁某交閧的記述，後經作者陽暉君的實地調查，則龔上司的專橫把持，確較甚於袁。惟袁某亦不能無過，不過該消息裏對於袁某的指摘，實有過甚之詞，此處應為更正。吾騰此次不致重演以前干崖亂事的慘劇，實商會調停之功。但，身負邊疆治安的官吏，當愼重人選，應知『前車之鑑』，對於司地的用人行政，實行廉潔政治，則邊亂自息，並且對於司地政治的改善，亦不難漸次收效。

5.
本期刊物因在北平印刷，故徵集稿件和截止期較以前各期為早，以致遲到稿件，不及付印，難免有遺珠之憾。但，遲到稿件，若無時間性者，當在下期發表。以後尚望投稿各同鄉同志，將大作早日惠賜，以免落後。

6.
祥華君及警添君的文章是在板已排印後才送到，各頁的號碼已不能更動，所以只好不列號碼排印。

428

◄► 稿 投 迎 歡 ◄►

本刊歡迎同鄉及外界人士投稿，凡與本會服務
社會之宗旨相同之著作，皆所歡迎。茲將投稿
簡章列後。

（一）來稿無論評論，小說，詩歌，戲劇，或
家鄉時事，皆所歡迎。

（二）來稿須繕寫清楚，並加新式標點符號，
勿過潦草。

（三）文體以語體文為尚，文言亦可，惟須淺
明易曉。

（四）來稿發表時，署名由作者自便。但須於
來函內書寫真名，及中英文住址，以便
通訊。

（五）本刊編輯，對來稿有增刪之權，如不願
增刪者，須預先聲明。

（六）來稿登載與否，原稿概不退還，如欲退
還者，須預先聲明。

（七）刊載之稿，愧無贈品，僅以本刊為贈。

（七）投稿請照下列英文通訊，寄緬甸仰光九
文台文定路廿四號寸仲獻君收。

To Mr. S. W. SWIN,
24, Vinton Street,
Kemmendine. Rangoon. Burma.

中華民國二十四年四月出版

和順崇新會九週紀念刊

「非賣品」

編輯及
發行者
　　　　雲南騰衝縣
和順崇新會
　　　和順鄉及緬甸外部

印刷者　榮華印書局

和順鄉

第一卷　第一期

和順崇新會編輯會委員會編輯

和順鄉風景之一

和順鄉蕉溪龍潭風景

和順鄉雙虹橋風景

433

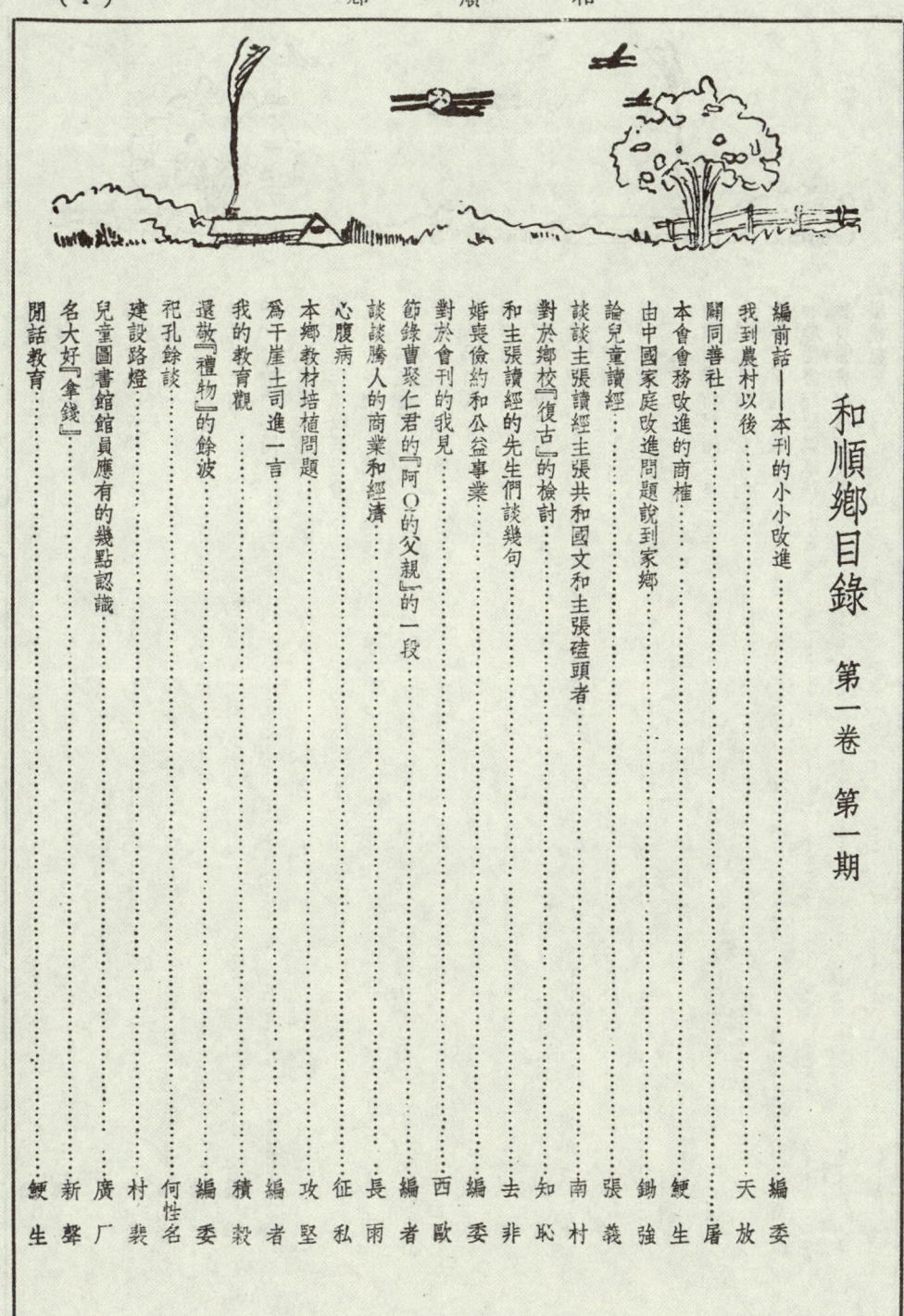

（1）　　　　　　和順鄉

和順鄉目錄　第一卷　第一期

435

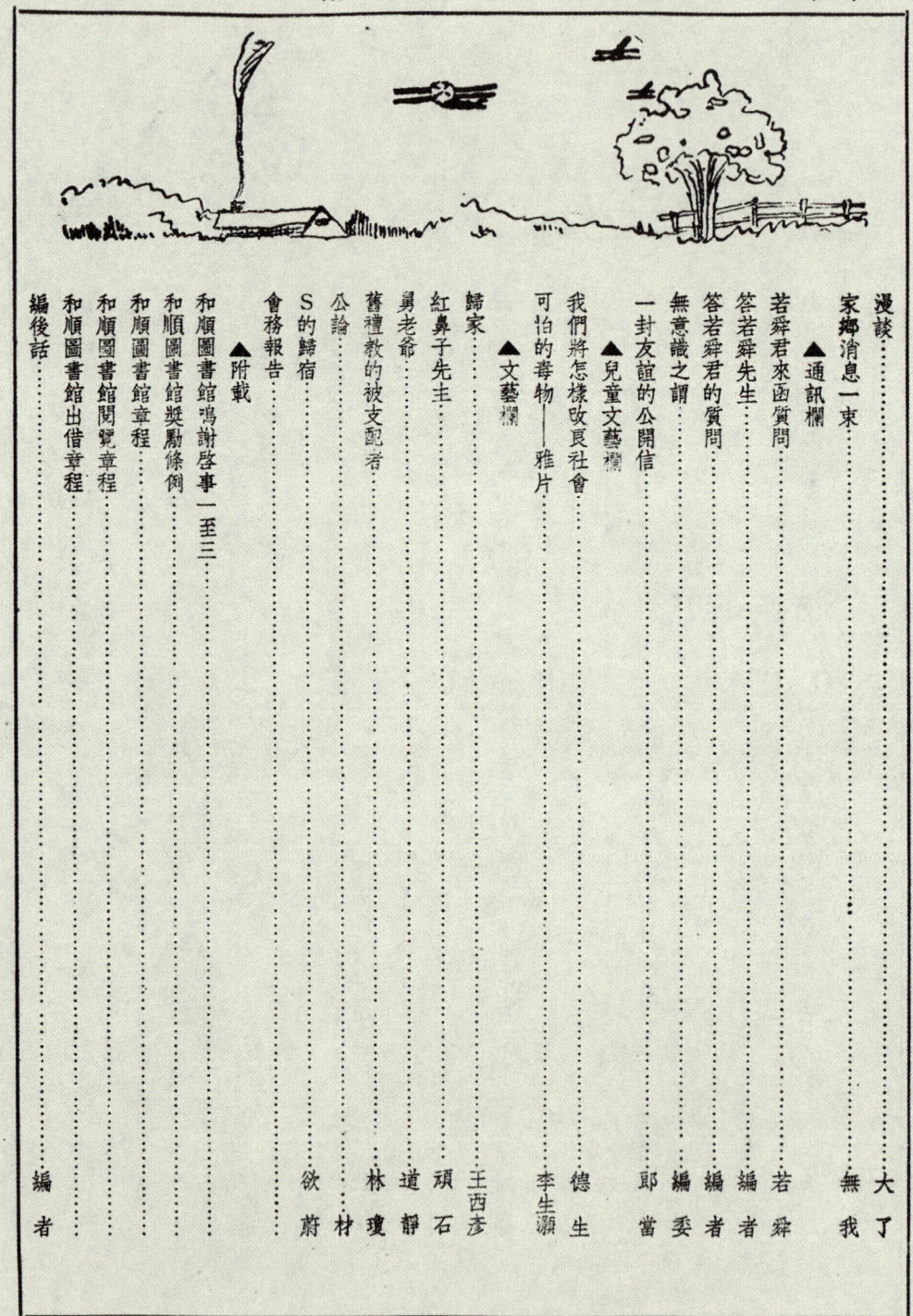

編前話

編委

本刊的小小改進
——改變出版時間，改易名稱——

本刊自產生到現在，已度過五載的歲月，同時也和讀者們相見過五次了。可是，這五期中，不論那一期，在質上量上，都極其幼稚。薄弱，以這樣的刊物，要去推動不進的社會；改革不良的一切，誰都知道是很有限的了。但，我以為一個集團，也應和人一般的看重了他的能力，運用喉舌，把他的意見盡量的傳達到社會裏去，以求社會的明瞭和同情，而增加了他對社會改進的力量。要能這樣，這個集團的組織，才有意義，也才能實現他的企圖。所以，我們不應以本刊的幼稚，薄弱而自餒；更不應以他人的嫉視而灰心。我們須要保持着他的健康，使他的力量增強，使他的生命永存。

本刊的幼稚，已如上述，而會的規定，又須一年才出版一期。在這變動不停的時代，等到一年一度的本刊出版時，一切多已事過境遷了。既講不上乘時革新，也談不上亡羊補牢，因為前進着的時代，等不到你來革新，補救了。所以，我們如果要使本刊能担負起這把握着時代，去推進本鄉，改造本鄉的重任，那不惟要努力護持他，而且還要使他每年出版的期數增多，使他不失時代性，能給社會以研究，探擇的充分機會，而增強了他的力量。

事實告訴我們，水是能夠滴穿石頭的，增多刊物的出版期數，固是目前感覺困難的事，但，只要我們毅力的勤勉的做去，也未始不能實現我們的希望吧?!因此，現在放棄了一年一度的規定，而改為不定期的刊物，一年裏，能出版兩期也好，三四期更佳，只要在經濟能力範圍以內，而有相當的材料。

人物的名稱，本來是給人便于認識的一個符號，但每由族類，性質，功用……的不同，而不同其名，使人由名稱上而推知他或牠的族類，性質，功用……是怎樣？一種刊物，自然也不能例外。教育雜誌，是研討教育的；文藝雜誌是刊載文藝的，把牠地名做刊物名稱的，人們便知道牠是刊載關于某地的文字的；把團體名稱做刊物名稱的，人們便知道牠是刊載關于某團體的文字的；雖則刊物名稱裏實際上也許刊載了牠範圍以外的文字，但人們總是「望文生義」的這麼斷定牠。

為改進本鄉，才有本會的組織；為要改進本鄉，也才有本刊的刊行，事實上，探討的對象，自然不僅限于本會的事務，也許會談談鄉事，也許會談談鄉以外的事件。然而，人們總是由名稱的字義上，而生出了畛域的觀念來，能夠寫文字的，既抱了一個「他們崇新會」的觀念，而不肯投稿，向本刊發表意見；閱讀的人們，也抱了同樣的觀念而不肯細讀深究，結果，刊物的質上量上，終不免于幼稚，薄弱，精神上離開了大眾。這樣，怎能去改革人心，怎能去推進社會？所以，本刊的名稱，應當使牠質普通化了，把那無形的畛域線——其實並無畛域——消滅了，使大家都瞭解本刊是全鄉人的喉舌，大家齊來護持牠，運用牠，更由牠的能力，進而推動了本鄉的一切。因此，本刊改用了現在的名稱——和順鄉。

我到農村以後

天放

一　為什麼來到農村

有人說救中國就如扶醉漢一樣『扶得東來西又倒』！其實根本就沒有人扶，只有加以傷害能了！比如為國家根本的農村，從來就無人管所以現在到了破產的地步，使整個的國家，發生了動搖，這是多麼可悲的現象！近年大家都嘆着『國家興亡匹夫有責』的話了，我雖不是能扶醉漢的腳色，但是不能不『盡其心力而為之』所以傻幹笨幹的跑到農村來，也不問地到底效果怎樣？來到農村究竟從何處下手呢？找到了病源，認定了路線在第一時期我們只有從『合作』方面努力把農民組織起來團結起來，把經濟狀況改善，才能說到其他的一切。

二　為什麼利用商資？

到農村後知道這種窮困的農村第一急需的，就是對于農業生產上要用的『錢』只有利用『商資』的一法。就是說要把銀行的錢流到農村裏來，使城市和農村的中間，打通一條大道就容易解決！原來照現代金錢流通的情形說，所有的一般銀行，都是在各處城市上活動銀行，所有的金錢，都是在現在的世界上無論那一個模型，所以城市上的金錢，越弄越多；錢多的利益越弄越厚，弄來弄去只是工商界得到便利，說到農村，尤為可憐不像樣！有了錢沒地方放，那就吃苦不堪了！我們中國的農村，結果就是死藏而需要用錢的人沒地方借，能借又是四分五分甚至大加一的高利。使一般小農民，一年苦到頭脫不清背上負着的債賬債越積越高人越弄越窮，因之傾家喪產缺乏衣食的農人偏地都是！于是地方秩序社會人心一天比一天壞影響到整個的國家，天天受外人的欺侮壓迫，幾至到了快要亡國的地步！這原因是因為金錢都集中在城市誰也不肯把金錢流通到農村！其所以不到農村的原因，（一）是無厚利可圖，（二）是擔保抵押恐不穩妥，（三）是手續上不能不比較既阻塞所以結果就發生下面的兩種現象。

一、是農事上的生產量　一天比一天減低

二、是高利貸的盤剝力　一天比一天加重

因上而的這兩種現象把農民的生活就弄成一年到底如牛馬一般的勞動，結果下來仍然是不能免脫了飢寒！農村走到了破產的窮途，若是銀行袖手旁觀，那就是同歸于盡，豈能獨自存在，所以銀行覺悟到了這點也不能不來到農村。

三　對農村的任務

銀行既未到了農村，他的任務不單是要打消高利的借貸，更可以增加農業的生產，使農民的收入加多，使農民的生活改善，下手的方法，是採用合作的組織，來流通金錢，以發展農村經濟，達到改進農村造福農民強固國基的最終目的，所以竭力的辦理農村合作社，同時還要極力的舉辦各種農村事業。

四　對農民有些什麼好處？

介紹銀行來到農村後究竟有些什麼好處呢？顯明的效果就是利息很底，（月利八厘）各地的高利貸漸歸消滅。其他的方面，如每戶社員或多加了一二個牲口，或多添了一二種農具，也算是能

促進了農業上的生產，能多增了農民的收益。使華北各省合作社每省都普遍了十數縣，什麼兼營運消供給，什麼設倉掘井等等事業，所在皆給與相當的協助，甚至習俗上文化上亦隨時促其改進。此外對于合作社的進行，更注意下面的幾點：

（一）審慎社的組織　合作社是一個一個人的結合，不是許多許多錢的結合，所以對於社員份子的質量上特別重視，不重在數量上之多，更不希望眼前就要收功效，在五年十年後收效也不嫌遲。所以社員盡是要勤苦耐勞的農民，最忌的是游手好閒的流氓，或是土豪劣紳，經紀商販，一類的人，不求急進，只求健全。

（二）擴大社的功用　不單是使合作社的功用只限於（一）低利貸款取消高利，（二）促進農業增加生產，其對於社員的功效還有下面的好處：1.引起教育的興味，如識字求學。2.養成儲蓄的習慣，如節儉積錢。3.灌輸道德的觀念，如急公好義。4.涵養衛生的思想，如整齊清潔。5.促進行為的改善，如戒煙戒賭。

（三）促進社的聯合　農民向來的毛病就是過不慣共同的生活，雖是有了社的組織，每多精神渙散。團結不堅，所以在各縣除鞏固合作社的基礎以外，還極力促進區的聯合，以增大合作社的力量，發揮合作社的價值。

五　發現了合作社許多缺點

介紹銀行到農村後，一面在盡力辦理合作社，同時又發現合作社的許多缺點，舉例如左：

（1）多數社員只知道以借錢為目的。　合作社向外借款，不過是社務裏頭的一種，並不是整個合作社就只是辦這樣一種事。可是有許多的社員，誤解了合作社，以為合作社辦起來，就是可以借錢，所以只要湊合起九個人以上，就掛起合作社的招牌，來向銀行借得錢使用，便高高興興的稱贊合作社真有點用處，並不健全自己的內部，活動自己的社務，合作社還是等于關門。若是向銀行借不到錢使，便馬上大罵合作社無用，或者就冷心冷意的不問合作社的事，于是合作社就無形中尼解消滅了！

（2）變成家族親友的集團，原是中產以下的勤勞農民結合起來的幾個弟兄集合起來，若不夠數再拉上幾個親戚，馬上就可以辦成一個合作社，實際就是他一家人的『合借社』，他們不願意別人加入，就有加入的也多成為家族的親戚，所以雖然辦了數年的合作社，仍是不見發達，而在村中反形成一種派別，這是極可怕的現象。

（3）易被土豪劣紳操縱。　農村中的農民，忠實厚道者很多，而因識字較少，辦事能力有限，因此不得不仰賴村中的智識份子，而智識份子之為土豪劣紳者，又當不少，于是彼等運用狡猾的智識，愚弄忠實的社員，加入社中，就把全社當作私物，任憑自己的意思，把持操縱，日子餓久，社中又少會議，社員對于社務也不明瞭，上下疏隔。

（4）不明責任的所在　合作社是由大家合力辦成的團體，合作社之利，就是大家社員之利，合作社之害，就是大家社員之害。信用合作社多是無限責任，那就是信用社的社員負着無限的責任。比如社中債務不清時，大家社員都有連帶的責任，如一追索，就認為是意外苛求，此係因不明應盡的義務，不明責任之所在也。

（5）借款用途不正當　社員向銀行申請借款時，都說得十分正當，但是錢到手裏，或買水車，或買肥料等等，或買牲口，或挪作經營買賣的本錢，或移作娶妻嫁女的費用等，這些都與幫助增加農業生產的用途不合。

（6）借款數額不公平，合作

社辦事的理監事，和一般社員都是平等的地位，並不有什麼階級的。分別借用款項，也是一樣的按地畝計算，但是有些合作社的理監事，借用的款，其數目常比一般社員用的多，形成了特殊的階級，這是極不合理的事。遠反社章的辦法。

六　我所希望的農村合作社

中國的合作社雖然已有了十幾年的歷史，但是在農村裏熱鬧的組織起來，才是近幾年來的事，農民因為學識上的關係，有很多社員對于合作社的意義不明白，馬上要希望辦成怎樣完美的合作社，那是事實上不易作到，除了認眞的辦理合作教育，訓練社員，使他們自己覺悟自己努力外，沒有便宜的路子。但是，我也有一個幻想，只要農村裏有賢明的智識份子，（除了土豪劣紳）肯眞心誠意的來幫助農民，辦理合作社，那三五年間也可以辦成功具備下面幾條的一個良好的合作社：

1.有忠實勤儉的中小農社員一百人左右。2.每人每月儲金在一角以上。3.辦理各處兼營的業務。4.賬簿記載詳細清楚。5.每月能按期開會，缺席者訂有處罰規則。6.熱心倡辦村中的公益事業。7.有良好的理監事委員，能實踐下面的條件：

理事

（一）社會資金不敢應怎樣計劃向外借款，以資調劑。（二）放款應怎樣經營，以期社員合作社兩得其益，而且使保證確實，用途正當。（三）存款怎樣吸收，以養成節儉的美德。（四）社員儲蓄，應怎樣獎勵，以增加土地的效力。（五）耕田種地，防水防旱，應怎樣改用機器，以增加資金的流動。（六）銀錢出入清白，報告確實。（七）當開會議時報告事項極清楚，議決事項能實行。

監事

（一）合作社的賬簿和財產，要隨時監督查考。（二）理事辦事，是不是忠實的為全社謀利益。（三）如果發現社內有不正當的事件，就要鐵面無私，報告社員全體大會處理之。

七　收尾的話

我到農村傻幹笨幹，介紹銀行，把錢流通到農村來，就因要打消高利的借貸，促進農業的生產，復與破產的農民，改善農民的生活，所以極力的興辦合作社，團結農民的力量，中間雖有不少的毛病和難關，但是總希望各合作社努力把牠除去，成功我們所理想的合作社的建設。

闢同善社（上）

屠

說的是人話，喫的是人飯，做的是人事，能如是者，吾人名之曰「人」。反是，說的不是人話，喫的不是人飯，做的不是人事，世間如有這樣一個東西，不怕他是圓顱方趾，能用兩隻脚走路，吾人亦名之曰「不是人」。何謂人話？不講鬼的話叫人話。何謂人飯？不忌腥羶，不拘蔬菜，凡可喫的都拿來喫，叫做人飯。何謂人事？不修仙，不唸佛，不當烏龜，不下流，要孟晉，要奮發，要為社會建設事業，此之謂人事。我說你是一個人，為的是你不曾違背這三個條件。至若，說鬼話，吃素食，做和尚，有一于此，都不是人。這樣的東西，說好聽些，可以呼之為仙，說惡劣些，儘可名之為鬼。吾人恆言，曰鬼神，曰神仙，鬼卽

神，神即仙，故鬼即仙。又鬼在神之上，神在仙之上，仙又不如鬼。但不管你是鬼，是神，是仙，總之一樣的不是人。不是人而偏食于人間者，猶如身上之排洩物，不惟無用，而且有害于發育。然社會上竟也有這類東西，舉例則如同善社之類。

國之將亡，必有妖孽，古語中曾有這兩句語，近人中有見到同善社之流行者，則常引之來應用。其實，中國並不會亡，這兩句話應該改作「世運不佳，尚有妖孽」才好。這些妖孽，是帝制的遺留，他們感覺到自己的時代已經過去，於是，左手抱着他還露透了的尸主牌，右手拉住時代的大輪，在挣扎着要他留住。原因倒不是怕他政府對于這些活屍的蠕動是曾經明令禁止過的，們有多大的作為；怕的是這腐透了的東西，發臭生蛆，在人間繁殖作祟，如身上有了瘡痬，終歸不是健康之理，與其養癰遺患，不如除惡務盡。大盜的帝制也已坍台，跳梁的小醜做得甚

我說同善社是小醜並不曾挖苦他們，他們也就自己承認是醜，承認是病，他們要遮醜而愈醜，要使社會都醜，要除病而愈病。他們一人病還不要緊，而乃結社宣傳，此非愈醜愈病而何？知自己醜而不能盡量掩飾自己的病，乃非將自己的醜，自己的病，社會都病，病而不能盡量掩飾自己的病，傳染與人，而欲人人皆醜，人人皆病，知自己醜一人病還不要緊，而乃結社宣傳，天下之喪絕良心者，莫此為甚。吾為世道人心計，安得不為文以關之。

（下）

對畜生道而講正經話，等于打狗還要對它陳述理由，這將愈見其徒勞，有什麼用處呢？但若不說幾句正經話，反怪人不懂狗道理。因為狗，尚自以為舉世皆濁我獨清，好像人們都睜着好覺，只有狗在睜着眼睛一樣。故此處也對狗來講幾句道理，使它也知道人其實並不是有如它們所想像那樣昏睡着的。

同善社的人向外宣傳，說他們的宗旨是在卻病延年，又說他們所要尋求的是三教的正道。靜坐節慾可以卻病，這當然是不否認的。同善社之所以有點好處者也在乎這一點，不過卻病何以一定要靜坐，老農夫一年苦到尾，不能靜坐為何事，也不見他生病，壽命較之同善社的君子並不短，這關鍵是仕于勤勞和運動。至于所謂正道就很難說，他們口口聲聲在呼孔子，故卻病延年之法門很多，倒是同善社把人弄得文縐縐，論健康其實不如一個老農夫。牛頭馬面，妖精，鬼怪，在人前也一定自稱為正道，狗喫屎這其中自然也有狗正道，狗絕對不能自己承認其喫屎是為邪道的。所以，誰是正道，誰是邪道，真不容易說。

如果同善社所講的僅是一些理致性命之學，及得上宋明代，或者特別提出來，及得上王陽明，那勿論是怎樣虛玄，也還不失其為學問的氣味。可是，事情改變了，他們固本，卻忘記了論語的文章：「夫子之言性與天道不可得而聞」，「未能事人，焉能事鬼」。於是用手在臉上一揩，現出了原形，則完全離開了孔子：講鬼話，開佛壇，請天恩，燒冥票，扶乩，講經，和鬼打交道，提倡做法事，一言以蔽之，曰提倡迷信。

青天白日下的世界，乃人的世界，今同善社以鬼道行于世，蟲惑羣衆，淆亂是非，外道妖孽，與白蓮黃巾，同為亂世邪說，若不禁絕，為害非淺。聞日間黨部函請縣府將此間社壇封禁，詎非大快人心乎？

教育向後轉

試執一小孩而問之曰：「今年何年」？則必答曰：「民國廿四年」。「何謂民國」？曰：「沒有皇帝，以人民為政治主體，故曰民

國」。是故，時至今日，皇帝亦已打倒，則附屬于皇帝之種種觀念，種種制度，亦無存在之餘地。不合潮流之廢人與廢物，只合丟入馬桶中去。

又執一稍明西洋歷史者而問之曰：「今年何年」？則必答曰：「一九三五年」。「為幾世紀」？曰：「二十世紀」。「二十世紀之特徵安在」？曰：「科學發達，人文進步，經濟鬥爭，社會整個的變形」。是故，廿世紀必然不同于前此之各世紀，如有人焉，執古以繩今，以為古皆是，則其人即非神經有病，亦必不達時務者矣。

故凡制度，以能適應于時代要求者為最合法，所謂適應于時代要求者，即適合于實際需要之謂。譬之今以鞠躬為大禮，行之甚便，乃復古者，非提倡跪拜不可，冗而無當，適得怪焉。又如今之服制，以袍褂及短裝為最便，有人焉，起而提倡古衣冠，先自試為服，詎非瘋人而何？是故教育亦然。懂教育之原理，而妄談教育之是是非非者，無識也；一味提倡讀經，不懂兒童教養之

分量者，民賊也。不幸吾騰竟于民國廿四年，西歷一九三五年，竟有此種敗類制度之發現，且發現于文物比較進步之某鄉，吾于是嘅然笑，驆然驚于世風之漸古，而悚然懼于教育之走入墓地。

吾欲悼之而無由。謹誌之曰敎育問後轉。

然瘋人演戲，好右既不敢大過非今，于是不牛不馬，不倫不類，不東不西，不古不今，學校是兩級小學，學科中有三民自然，亦有後子們一見頭痛者焉，以「小貓小狗」之教科書為淺近，于是改用共和國敎科書新國文，買之不出，則翻印之，既翻印之，並役其形；然吾不知共和國文初等第一冊第十課之「紅黃藍白黑」五字，該校如何翻印？如何用「紅黃藍白黑」五字，則已被革命之旗徵又被保存，翻印者難免無反動之嫌疑。如改作青天白日滿地紅，則字數既多，且名詞形容詞兼用，又不合于初級第一冊第十課之編制。然則主辦者其何以下

刪訂之筆？嗚呼！

本會會務改進的商榷

鍊生

『作者按』，這篇文字是暴露本會的弱點，本來不會受人歡迎的，不過，我們抱定講老實話的宗旨，尤其對於會務應與應革的事件，不能敷衍了事，文過飾非的自欺欺人，所以才寫了這篇『苦口良藥』的『忠言』，做本會忠實同志們的一個小貢獻。深望本會同志有容納直言的雅量，而認這篇文字是愛護本會的諍言，而不是攻擊任何私人的牢騷話，那末，於本會會務不無小補了。

本會內部自改組鄉公所事件被外部覆議否決以後，內部一部份同志，對於會務的責任心，完全發生了變態，會員和會員中間，也發生了無形的裂痕，因而影響到會的組織，一天一天的鬆懈，造成了現在萎靡不振精神渙散的狀態，這是本會憂患交迫的一個危險時期，凡是忠實同志，對於這種現狀，都應當注意想出辦法，力求打破此種環境，為本會謀出路。我們對於這個當前的嚴重問題，拿出平心靜氣的態度，來研究討論，愛護本會和認識本會組織的同志，想來是樂於接受的。

改組鄉公所的那一回事，牠的本身問題的應該不應該，合法

不合法，已經在第八週年刊裏批評過，這裏無須再說，我要說的是。因這個問題而發生的影響的事實。

　本會同志裏面，對於社團組織澈底認識的，也大不乏人，不大注意而不認識的，也不在少數。譬如說。對於自己和自己同意的提案的通過不通過，大有榮辱得失的觀念存在。對於自己不能通過，或者通過了又被覆議的否決，就視為一種恥辱而發生憤懣，因憤懣而發生反響，或表示消極，是以本會的一切社會運動方針和步驟為標準，經最後的考慮而所決的。提案的內容適合於本會會務進展步驟，並且在社會環境裏可以實現的事件，自然可以通過。提案人應認清，不適合於本會會務進展步驟，和為社會環境所不容許的事件，自然不能通過，即使勉強通過了，在事實上既不能執行，也不過是決而不行，對於提案的本身是不會有益的。反轉來說，和為社會環境所不容許的事件，不能通過，而以客觀的態度提出提案，而不應當存有絲毫的榮辱得失觀念，那就不會因為提案結果的不完滿，而發生任何反響了。

　還有一層，因為各人的見解不同，所以個人對於會務的主張，也不能全體一致，因而發生意見的爭執和衝突，是任何社團常有的事。在認識社團組織的人，對於會務的主張，能夠澈底認清公私的界限，自然不會把會務拉扯到私人身上去。譬如說，自己的主張失敗了，自己就要反省，和諍出自己的主張被人反對而對於反對者而服從眾意，並且不應該因為自己的主張被人反對而對於反對者發生任何反響。因為反對的是會務而不是個人，更不是個人間的恩怨關係所發生的結果。「假公濟私藉題發揮的人，自然不能相提並論。」所以因會務而自己的意見爭執關係所發生的結果，爭執程度雖如何的激烈，表決結果無論是和自己的主張怎樣？都要能夠「心無芥蒂」的，絲毫沒有榮辱得失

的觀念存在，既不因為主張失敗而灰心，也不因為主張勝利而得意，因而對於爭執的對方也就不會發生任何不良印象了。換句話說，我們要認清會務的討論研究是會議室裏的事，而與會議室外的私人關係是沒有關係的，在會場裏沒有私人關係。在會場外而只有會的組織，而只有會場裏的會務事件，一出了會場門，就要恢復了個人間的原有關係和狀態，而不應當把會務拉扯到個人上去。我們常見居留地法庭裏的律師，仍然互相親敬，不失同業和友誼的態度。這就是本會務發生意見爭執的時候個人應有態度的最好榜樣，我十二分的希望本會全體同志，自居於本會「律師」的地位，不要自居於「原被告」的地位。那末，會員個人裏面，就不會發生任何糾紛和隔閡了。

　本會社會運動，是以風俗改良運動為第一步驟，教育改良運動為第二步驟，鄉政改良運動為第三步驟，在八週年刊裏的旭川君已經說得很明白透澈。本會對於干涉鄉政的問題，並不是合法不合法的問題，而是事實上可能不可能的時間問題。內部同志對於教育復古運動的不能完全負責，堅決抵抗，而須待外部的最後解決，已經證明了本會在家鄉屬化環境裏的革新運動的勢力薄弱。所以在最近期間，沒有能力去插足鄉政，已經是不可掩飾的事實。因為教育問題不過是鄉政的一小部份，對於鄉政的一小部份的教育問題，還沒有堅決邁進的精神，去抵抗一切外來的壓迫，而以安協軟化的態度，應付環境，若是有人再說：本會有負責

接辦和改革鄉政的充分人材和力量，那才是自欺欺人和大言不慚呢。

我們對於教育的被復古運動的侵襲，並不灰心或失意，因為這件事洽好是本會革新運動的『試金石』，主持內部會務的同志們，經過這一次，『試金石』試驗以後，應當了解外部對於改組鄉公所議案的否決，是『識時務』的『理智』的判斷，並且應當消釋了以前因為這件事對於外部不滿的心理，而恢復以前對於會務熱烈擁護的精神毅力，才足以表示個人的大公無私的態度，和認識現實的理解。

說到本會的教育宗旨，凡是担負本會教育責任的同志，都能徹底認識的。本會接辦鄉校的動機，既是因為以前鄉校的腐化而力圖革新，那末，負有責任的同志，就當根據這個原則，竭力的向着『和以前腐化教育相反的路線』。前進，才不致違反了本會的教育宗旨，並且使本會物質精神的犧牲得到相當的代價。對於復古運動表示『默契』『軟化』而不肯竭力抵抗的行為，已經違反了本會的教育宗旨，這是本會教育原則上所不許可的。凡是舊化和革新運動是不能並存的，腐化的勢力擴張一分，革新的勢力也就退減一分，如果一方面談革新運動，他方面又在接受復古的條件，那就是和和敵人妥協而表示屈伏的行為不有兩樣，牠的結果只有自身被人打倒，而不會在侵略者壓迫宰割的環境裏苟且偷安的。如果對於本會宗旨沒有徹底的認識，和嚴格奉行的毅力，辦理教育的結果，也不過是虛應故事敷衍門面的那末一回事。不只是不能達到本會革新教育的目的，或許因為辦理教育而使本會的名譽地位受到不良的影響，以致於塌台呢。

負有教育責任的忠實同志們，請你們不要把自己的責任看得

輕鬆了，應當拿去年復古運動的侵襲，來做我們埋頭苦幹堅決邁進的一種刺激性猛烈的『興奮劑』，抱定不妥協不屈伏的宗旨，『和寧為玉碎不為瓦全』，的決心，來抵抗一切的反動勢力，才能實現本會理想的時代化科學化的教育。

我的結論是：本會對於鄉政所取的態度，應當『度德量力』的認識自己的『實力』，不要圖一時的快意與痛快，而輕率從事，尤須防範為私人利用，換句話說，就是在本會沒有勝任有餘的人材，對鄉政完全負責作正義的主張以前，不應當被動的作干涉或參加的嘗試。我們應當化除私見，一致合作，來充實我們內部的實力，然後對於一切社會運動，有整個的破壞和建設的能力，才能達到我們最後所期望的目的。因為本會的環境，恰似強鄰侵略國難日極而內部分裂不能一致合作的我們中國，在內的實力既沒有充實，自然沒有力量去對付嚴重的外患。中央政府現在已經感覺到內部實力不健全的痛苦，所以在政治軍事財政方面力謀統一，來實現內部的精誠團結，才能夠一致對外。本會內部既不能一致團結，因而實力薄弱，常常受到反動派的嫉視和侵襲，逐致會務沒有長足的進展，對於社會的改進工作，使家鄉社會仍然在黑暗腐化的空氣籠罩之下，本會的一切運動，只是等於紙上空談，和不兌現的空頭支票。這種現像，完全沒有辦法，本會既然存在，就不應當使這種腐化黑暗的現象存在，如果放任的使這種腐化黑暗的現象永遠存在，那末，本會也就沒有存在的必要和可能了。所以我拿十二分誠懇的態度，向本會全體同志籲願，希望本會的全體同志清了現實的惡劣環境，會員和會員，互相諒解，互相默契，的打成一片，來堅強我們的陣線，充實我們的實力，才能打破惡劣環境，尋到我們最終點

由中國家庭改造問題説到家鄉

鋤強

的光榮出路。

家庭改造的要點

中國的舊式家庭，『尤其是家鄉的』因爲時代潮流的影響，是有澈底改造的必要。試看社會上舊式的家庭的不安和衝突，這種不安和衝突，都是制度和實際不合的證據。要知社會上一切組織，是要適合需要的，倘使這種組織已經覺得不適合需要，當然要設法改造，這是絲毫不容疑慮的。改造家庭的目的，一方面在適應時代的潮流，一方面在助長社會的發展，改造家庭要從下面四個中心問題入手。

（1）家庭組織問題　中國以前的社會，都贊美大家庭，同居的代數愈多，愈博得多數人的欣羨，所以『五世同堂』，至今還稱美談。然而大家庭的同居生活，流弊很多，例如同居的人是共爨的，不生利的，往往要仰給於生利的人，因此發生苦樂不均的現象。又如同居的人數太多，因爲個性的各別，行爲的迥異，意見的分岐，或者家長的專制，往往有許多意氣的爭執，什麼妯娌勃谿啦，兄弟鬩牆啦。夫妻反目啦，子女不孝啦，家庭裏充滿了乖戾之氣，這是大家庭的根本缺點。所以要改造家庭，應先從改革家庭制度入手。以其過那不自然的大家庭生活，還不如直捷痛快的改爲小家庭制。至於父母的迎養，根本和家庭的組織沒有關係，換句話說，就是採用了小家庭制度，一樣可以迎養父母，至於那般悖逆的人子，就是在大家庭裏也不過貽父母許多的隱痛，談不到什末迎養呢？

父母對於子女的養育，應當看牠是一種義務，而不當以養育子女使子女孝養父母做父母的絕對不可侵犯的權利。因爲人人都要做父母而盡這種養育子女的義務，做子女的受了父母的養育成人，將來也是要養育上一輩的子女。所以父母做父母的養育兒女，是一種人人應盡的義務，而不是拿子女孝養父母做父母的『專利品』。不過，賢德的子女，自然會知道孝養父母，悖逆的子女，雖然有父母的權威，也是不能發生效力的，在上面已經說過了。家鄉社會裏，做父母的人們，最好效法西人的辦法，只盡養育兒女的責任，使子女成人以後，就算是父母的責任終了，有產業的父母，在子女結婚以後，給以足以維持生活的經濟力，使子女分居，各自求生。一方面可以養成子女的獨立精神，和生存競爭的力量，而不致有依賴父母兄長的依賴性。他方面也可以減少家庭間內在的衝突和齟齬。這樣辦法，不祇可以免除勞逸苦樂不均的現象，並且對於不知謀生的子女，使他失去了『寄生』的保障，而自知奮勉，自謀生活。較之大家庭裏養成不事生產而專於分利的份子同居制度，是好得多呢。

（2）家長權力問題　在大家庭最盛行的時候，家長的權威差不多是絕對的，不獨管理一家的財產權，主持家人的一切，而且家庭制度，偏於父系，和女子毫不相干，中國有『殺父之仇不共戴天』，的一句話，卻沒有聽見『殺母之仇不共戴天』的話，原來大家庭就是男子行使權力的機關，妻子都是奴隸，家庭形式的變更，都依於家長權力的消長。歐洲各國家長的權力，已經小到最低的限度，所以就由大家庭進而爲小家庭。只有中國的情形包含

二種矛盾的現象，一方面家長在法律上社會上還有很大的權力與權利。一方面又因爲特殊權力的反應，發生種種不安的衝突。在這矛盾的情形下，家庭的需要改造，毫無疑義，家庭不安和衝突的樞紐，既然癥結在家長權力上，所以要改造家庭，應先從減少家長權力去入手。

尤其是在家鄉社會家長萬能的家庭裏，除上面所說的家長主持家人的一切外，對於子女的思想行動，都有以舊思想舊制度來束縛梏桎他們的超於一切的權力，迷信的家長，就不許他的子女維新，思想落伍的家長，就不許他的子女思想進化，好像子女的一言一動，都要步武家長的後程，而時代潮流的趨向，是怎樣的突飛猛進，做家長的人是不能認識了解的，所以家鄉青年，雖然得受了一點新教育，而得到一點新知識，要想對於家鄉社會的不良風俗有所改革與整頓，多半是因爲家長的阻撓和壓迫而不能實現。譬如最近提倡的婚喪禮節的改良，和教育的革新，都是青年男女的本身極端贊成而被家長的壓迫而打消了，一切的改革運動而沒有一線光明的希望，一切的常被黑暗腐化的空氣，瀰漫籠套，弄得家鄉社會，老不長進，像這種專制家長，不只是摧殘了他們的子女的現代新思想和前進有爲的精神，並且還影響到社會的進展。我很希望身爲家長的人們，要有現代的眼光，追逐着現代潮流來處置自己的家事。除第一節所說的家長盡了養育兒女的責任以後，即可退居於監督的地位，對於能夠自謀生活的子女的言動思想，如果沒有越出常軌，就應當取放任主義，使他們在現代的立場上，竭力發揮他們爲社會服務爲人羣謀幸福的本能，而不當事干涉和束縛，因爲凡事壓力愈大，則反動力愈大，現代新潮流思想的突飛猛進的勢力，不是封建殘餘的舊思想所能永遠屈伏和禁鋼的。新思想的普及化，不過是時間的問題，而不是可能不可能有做到。

的問題。由大處來說：有三百年歷史的『恩威並施』的滿清政府，因爲世界政治革命思想的蕩動，終於不能禦制革命勢力的抬頭而自身不免崩潰。由小處來說，前清腐化的舊知識份子，連結幾遍全國而有相當聲勢的同善社，因爲國民革命軍北伐成功而革新思想遍佈全國，也終不免於下招牌而銷聲匿跡。『現在雖有少數人夕陽反照全國，也不過是舊思想舊制度被新思想制度所消滅的事實的證據而已。

（3）婚姻改良問題　中國的婚姻，向來是偏重在『父母之命媒妁之言』，至於婚嫁的男女，反而一點不能自主，最近因爲受了新思潮的鼓蕩，才有『婚姻自主』的趨勢。舊式的婚姻，雖然也有偶然的圓滿，但是飲泣吞聲貽恨終身的，却居多數，結果不是積極的趨於離婚，便是消極的趨於自殺。婚姻問題，除與個人有切身關係外，對於社會也有密切的關係。兩性的結婚，雖然應當建築在戀愛的基礎上，但是，從經濟方面說，稚知識淺薄的時候。不免要被盲目的情感所衝動，所以一定要經過兩方家長的允許，不能過於自信。從經濟方面說，大學畢業後，雙方都有職業，都能夠獨立生活，纔能結婚。至於做家長的，在現代的潮流中，應該認定婚姻是子女自己的事情，婚姻的責任由子女自己去負擔，家長祇要退居監督指導的地位，否則非但不得子女的同情，而且將來的結果反而要和自己的始願相差很遠。

在家鄉裏，家長對於子女的婚姻問題，仍然是襲用着『包辦婚姻』，和『買賣婚姻』的制度。由雙方家長片面的在子女尚未成年的時候，即行訂婚，『還有指腹爲婚，童養媳』的制度都存在。『由子女自己負責自己主張』，和『父母退居監督指導的地位』，沒有做到。對於與婚姻問題有切身關係的當事人，——子女，——

反而沒有過問的權限。這種包辦式的婚姻，近來因任何一方面的不滿意而於未婚以前由家長協議解除婚約的，已經數見不鮮。但是，因爲羨慕對方金錢勢力而結合的婚姻，結果遭遇到不良的丈夫，而成爲終身怨懟的，就沒有像未婚以前提出離婚的勇氣的堅強了。我以爲做家長的對於未婚的子女，因不滿意於對方而能提出解除婚約的要求，對於已婚的子女，遭遇到不良的伴侶時，又爲什麼不能或不願意提出離婚呢。因爲未婚的既可以解除婚約而再爲另聘，既婚的又何嘗不可以離婚而再娶再嫁？凡事付諸命運而維持現狀的辦法，只有葬送了自己子女的終身幸福，尤其是女性過着『以淚洗面』的日子，更是一種遠反人道的慘酷行爲呀！

還有女子的貞節問題，做女子的就要守着『從一而終』的貞操，男子就可以娶三妻四妾和嫖妓納婢的種種發洩性慾和摧殘女性的行爲，這不是男女間最不平等的一件事嗎？家鄉社會，因爲家族主義和父族主義的色彩濃厚，男子妻死可以無條件的再娶，女子夫死，雖然有條件和有限制的，所以大多數的女子，仍然被金錢勢力和舊社會裏視爲穢惡的行爲，是夫族有相當遺產和子嗣的寡婦，因爲『貞節排坊』的虛榮心的誘惑，多年青年守節，來過那有背人道的枯寂悲慘的生活。她的半生『性』的享樂，就葬送在這『貞節』二字上面。尤其這種寡居的女性，對於她的『獨生子』多半姑息溺愛，牠的結果，就把這種獨生子養成了不事生產的『寄生虫』，寡婦的晚年因而遭到悲傷困苦的環境，又是必然的事實。還有因爲『性』生活的單調而不能自制，或許發生了和舊家庭守節的意義相反的不合作的，這都是舊家庭制度所給予女性的無窮的痛苦和恥辱，還有一部份的家長，對於寡婦的再嫁，視爲『奇貨可居』，故高抬市價，要想由她的身上大大的撈回一筆金錢，『再婚婦的身價比較闊女多數倍』的損失，因而使『中人之家』的鰥夫，失去了再嫁的高貴，不敢過問，結果使這『待價而沽』的寡婦，年華蹉跎，仍然『沒奈何』的過那單調的可憐生活。這又是女性做了拜金主義者的犧牲品的事實。

孔老二都在說：『男女居室人之大慾』。因爲性問題是精神問題，而不是任何物質的享樂和虛榮心的誘惑所能代替解決的，所以我們對於家庭制度的改良，應當以『人道主義』爲原則，絕對主張解放寡婦，使她們無條件的可以自由再嫁，晚年生活才得到相當的安慰，不致遇那痛苦無告的悲慘生活。

家長對於子女的婚姻，雖不能絕對開放，實行婚姻自由，最低限度，也要廢除家長片面的爲幼年子女包辦婚姻的辦法，以我們對於男女成年時期，才可以由家長的選擇，和徵求子女的同意，或由子女的自由選擇，而徵求家長的同意，然後訂婚。如有子女任何方面的不同意，家長就不應該強制執行。對於子女的社交，在相當範圍內，家長也應當給以公開的機會，使他們雙方互相認識，那才不致再蹈以前『盲從』的和『買賣式』的結合的覆轍。

再說已婚的子女，如果做家長的實行提倡小家庭的組織，而獨立謀生，他們的自身就有自動離婚的自由和權能，可的，只不過家鄉社會裏還，也沒有這種習慣和決心。男女雙方如果有任何一方不滿意於對方的待遇和行動，『這是民國法律所許可的』，只能退居在監督指導的地位，而不能再事干涉，因爲強制干涉的結果，只會造成了畸形的不合作的渙散零亂的家庭，在這種家庭裏既說不到『幸福』，而只會感覺到『痛苦』，並且對於家庭本身的進展，是永遠沒有希望的。

（4）遺產支配問題　在部落時代，各人漁獵牧畜所獲的財產，都爲全體所共有，所以當時沒有什麼遺產支配的問題。自從家庭制度發生，從前團體共有的財產制度，一變而爲一家的私有財產。怎樣支配家庭的遺產？各國學者頗不一致，有的主張「靈魂不滅說」，有的主張遺傳說，有的主張公益說的，有的主張「人性」。

至於遺產支配的種類，大概來說，一種是分配繼承，被繼承人所遺下的財產，由其子女平均分配去繼承，而獨由其子女中的一人去繼承的，叫做總括繼承。還有一種是宗祧繼承與遺產繼承。宗祧繼承祇有我國和日本有這種制度，我國古重宗法，大宗爲一屬之統，大宗無後，族人應以支子後大宗。所以「敬宗睦族」「綿延宗祀」極爲重要。

但是，士庶人之家，衣食皆足，苟至垂暮而嗣續尚缺的，輒以祖宗血食自我而斬，無不引爲隱憂，因此便擇立嗣子，以承宗祧，法律智慣均認爲當。但立嗣以繼宗祧，必限於同姓，倘係獨子，則兼祧以濟其窮，而以一子兼祧，一房之子再行兼祧的遺制，亦爲法律所不禁，雖然是崇拜祖先的觀念，實爲宗法社會的遺制。以前遺產立法院所擬的繼承法制，可是揆諸世界潮流殊太背馳，國民政府立法院最新通過民法繼承編，規定男女繼承平等，女子無論已未出嫁，皆有繼承權。

毅然廢除宗祧繼承。至於遺產立法院所擬的繼承法，男子，女子是沒有分的，這種現象當然在男女平等的法律上所不許。

家鄉社會，因爲「宗法社會」的遺制，——家族主義——的流毒，對於遺產的繼承，每每爲家族所覬覦而互相爭奪，這個「繼承權」。得不到繼承權的人，最低限度也要得到相當的酬賚，對於獨享繼承權的人，大家才能公認。

甚至有聚訟公門，久年不決的。如果一個窮光蛋死了，沒有子嗣，家族間對於死者的繼承問題，就沒有爭奪的目的物，或許就沒有人願意繼承了。尤其是在家鄉社會鄙視「承繼或入贅異性」的環境裏，因爲「好人不上門」的公認的「革言」，異鄉異姓人繼承宗祧的，更不能得到良好的結果。因爲大多數繼承人的目的只在遺產和妻子的佔有，對於所繼承的家產，或者捐入慈善機關，創辦公益事業，自由支配。或者帶妻子的事件，更是司空見慣。這都是家族主義的禍害，而應當設法改革的一個嚴重問題。在外國人本來沒有家族主義的觀念，而爭奪遺產的事件是很少的。我希望我們中國「尤其是家鄉」社會宗祧，漸次的打破家族主義的觀念，對於立嗣人在未死以前先立遺囑，儘可效法外人定立遺囑，將遺產的一部份做公益事業，一部份分給親族間能夠做事的子姪，這種辦法，可以避免爭遺產的糾紛。因爲繼承人未必能夠爲家庭的進展而努力進取，他的繼承人「食種殺」的「寄生虫」資格，較之一人獨佔，並且把自己的財產用在正當的用途，也不致養成繼承的目的。是不會達到的。那末，以其拿自己的血汗遺產無代價的去給一個人不勞而獲的坐食山空，又不如由自己的自由意志支配結合的家庭環境裏，對於被繼承者，以繼承人爲繁榮家庭的工具，在上面已經說過，在這種「敷衍門面」的「假情假義」的虛僞的明瞭現代潮流的趨勢和認識家族主義已經失去時代性的人們，對於以上的主張必能表示同情，而對於國民政府的立法機關所廢除的宗祧繼承法，必能奉行法令而決然舍棄的。

449

論兒童讀經 （轉載騰衝週報）

張 義

讀經問題已成為眼前中國學術界裏爭辨的大問題。所謂經者呢？記得孟子上有過一段故事：有一次告子和孟子爭論性的問題，告子說性猶杞柳義猶杯棬，以仁性為仁義，猶以杞柳為杯棬，孟子是聖人，告子是異端，今孟子罵之為戕賊人性，禍害人義，強兒童讀經，正等于戕賊杞柳而後以為杯棬，與聖賢之道大相乖悖，誰知聖人之徒竟實行了異端的告子之道，亞聖有知，不瞑目矣。

常然是指五經或十三經而言，再其體的說，則為四書，易經，詩經……等。這些書，誰也知道其為中國古代文化記載之最重要而且是最有價值的文獻，但其價值也僅只限于文化保存這一點；此外，若一定要將它捧作神聖不可侵犯，千秋萬世凡人皆應遵守的無上規律，更進而欲以之教育兒童，則期期甚以為不可，茲矣。

其次經上的觀念，大多不是兒童所需要的，仁、義、禮、智、恭、儉、讓、廉、德、善、治、平、恃、齊……等等抽象字眼固為兒童所不能了悟，還有些是根本所不宜用來攪擾兒童們的純潔的腦經的。記得小時候也被長輩強迫讀經，那時的教法已陸續進步了，除唄之外，還與講解。劍川老師講到了淫字時，他無法解釋了，然又終不能不解釋，最後他解釋作「過分」。但過分又怎麼講呢？我在儘想；可又不敢問。覺得這個字怪好玩，為什麼連老師也不能解釋？老師也會打隔躂呢？經過若干的研究，才豁然大悟起來，所謂淫者，係指男女之事之謂，于是經書給我的教育成功了，我童年的心竅，至于我能懂得淫字含有「不好」的意思，那又是到了後來不讀經時才了悟的。這是一例。此外，詩經開宗明義第一首所歌的便是「關關雎鳩」，在

將理由陳述如次：

教育原理，以適應為原則，所謂適應者，即順其性之謂。故教育兒童與教育成人完全異趣，因為兒童的境界和成人不同，教育成人我們儘可以用我們所能體驗到的道理去和他們講解，教育兒童則不然，由于成人的境界兒童不能體認的緣故，所以教者非先將自己的思想變作兒童的不可，這就是初小教科書上用「小貓小狗」的唯一理由。以教成人的辦法去教兒童，不惟不會收功，反而是摧殘兒童靈性。拿「大學之道在明明德，在新民，在止於至善」之類的句子教兒童死讀死唄兒童不會了悟，不會起興趣，然和同善社的齋公講不會起興趣等于拿很多有價值的現實教學問，去和同善社的齋公們不能研究和自己興趣不相投合的高深科學一樣。同善社的齋公們不能研究和自己興趣隔得十萬八千里的經書，為什麼一定要強迫兒童學習和兒童境界隔得十萬八千里的經書，為什麼一定要強迫兒童學習和兒童境界

凡是一椿有悠久歷史或是相沿成習的事情，改造起來是不大容易的，何況根深蒂固的舊家庭制度呢？但是，上面說的各種制度，在根本方面既然發生動搖，那是遲早必須改革的，在改革的時候，要認定目標，確定步驟，努力進行，一定可以發生相當的效力。俗語說得好，『天下無難事，只怕有心人』。這是一些也不

錯的。我們要把改革家庭的根本責任攬在自己身上，按步就班的做去，並且希望家鄉裏有相當名望的大家庭，來做這種改革工作的領導者，首先實行，大多數的鄉人自然樂於仿效，我們的改革運動，那就不患沒有成功的希望了。

河之洲」，聖子賢孫們把它注釋爲『后妃之德，人倫之始』，未免太會掩飾，欺人反以自欺。其實這首詩并不比現在流行小曲「十八摸」「二十四糊塗」高明得多少，乃係男女相悅相愛的戀歌。關於他一下，譯爲今音，當讀如「咕故」。咕故者何？雄鳩呼雌聲也。雄鳩在何處呼雌？在河岸呼雌。後文緊接着便是：「窈窕淑女，君子好逑」好看的娘娘，誰不喜歡呢！後面文章再一緊，于是寫到「求之不得，夢寐思服」！悠哉悠哉！輾轉反側」！翻過來也不是！翻過去也不是！睡不着呀！我的天！張生想鶯鶯也不至于這般厲害。然而是經呀，神聖不可侵犯，兒童受惠不淺矣。以此教兒童，兒

談談主張讀經主張讀共和國文和主張磕頭者

南村

我看過某校長貼在鄉公所的大文後，引起了我的笑神經的興奮，不禁發了一次大笑；一方面又衝動了我的憤怒。要想怎樣的恭維他一下，因爲感到他這次胡鬧，輕輕的，便將三十年來的和順維新榮譽？鬧個精光，這樣豐功，使我找不到恰當的文字來恭維。

大家試想，現代小學校長的職責，是何等的重要。他那種開倒車的言行，不是坑害了成千的學生嗎？但是，他還不自克勉，自思補救，還在那裏「撒嬌，辭職」，人家拿大肚皮把他裝了，不肯「過爲已甚」，他還自鳴得意的又弄那篇糊塗文字出來，而且不知自量的貼到鄉公所的壁上去，以爲「里中無豪易高」麼？未免太欠斟酌了。這種論文，要不是擾亂社會觀聽的話，儘他怎樣胡謅，與吾人不相關涉，但看他的論文，他是醉心復古的舊老爺。我們鄉中荷鋤持鏟的勞工，不容穢惡糞草的存在，見了就會給它鏟絕鋤盡，以免遺害人羣。在這兒，應該請他們努力一下，而我們也不能不稍稍盡點同情的勸助責任。他那篇挾七帶八的大文，我不耐煩完全駁斥，所以只單提下面三項說說：

1　主張讀經

他的主張讀經，我可不客氣的說一句：簡直是逢迎的，委瑣的，進退失據的。怎麼說呢？當他加授經學給本鄉小學生時，吾人不同意而提出反對。後來讀到教育雜誌讀經問題專號後，他對于專家中的贊成者流，又在門角落裏作逢迎式的歌功頌德，轉而毅然的自認主張了。患得患失，朝夕移趨，所以他的主張讀經，是進退失據的。本來，自己個人既沒有理智的判斷，對經書更沒有充分的認識，隨聲附和的攏統，說一句『讀經是爲保道德』。像這樣的得失是慮，頭腦不清的人物，配得上主張讀經嗎？

2　主張讀共和國文

這是很悖謬的一個主張啊！共和國文，早經教育當局認爲不適于現在的國是而應當拋棄，牠已同陳奐塗飯，不可飲餟的了。而他反而珍貴視之。說是給學生讀了，能「稍知文法」。難道是國語教科書中，不有文法嗎？他懂得沒有嗎？至于對語體文的注重，本是追逐世界潮流的，科學化的，使文化容易普及的。他說語體文的教科書是仿倣歐西的皮毛，那末，他不曾看過用語體寫的紅樓夢水滸等，及元明人的詞曲嗎？他在緬甸抹谷時的發起穿西裝，不更是仿人家的皮毛嗎？現在已經是在青天白日滿地紅的旗幟領道着的中華民國了。而紅黃藍白黑的五色旗，也已屬過去的

陳迹了。由他的主張上來說，他是完與國家的舍取，立于反對的地位，並且裁視了教育法令。像這樣充滿了達反時代的思想者，又怎能將成千的學生，造成頭腦健全的現代國民呢？所以我說他這種主張是很悖謬的。

他曾說：「磕頭是由他良心的驅使而磕的」。那他磕孔子頭而又受學生的頭，同是他的良心使然？這麼說來，他對于孔子和他自己的良心，真的堅强極了。但是，他尊崇良心，却違背了國家法制。因爲民國禮節，早將封建制度的跪拜禮取消了。而且，孔子既是一個聖人，他總不會叫人去達反國家法制吧！甘于達反國家法制而以磕頭受頭爲有良心的人，他的良心，必定與吾人不同。那身爲小學校長，有成千的學生在他指導之下，他敎他們拋棄國民職責，違反國家法制，這更是教育界的罪惡呢。

3　主張磕頭

對於鄉校「復古」的檢討

知聰

去年，我們鄉校「復古」——讀經啦，改授共和國文啦——的聲浪，傳遍了城、鎮、鄉、邑，以至于緬甸各地。這事的發生，無非由于一些食古不化的妖人作祟。但是，爲時未久，讀經卽被停止，同時，共和國文也被教育當局禁印沒收，陳腐的氛圍，管算被光明逐開，煙消雲散，告一段落。

當這腐化勢力行將消滅的時候，曾有腐化代表Ｃ君：旁徵博引的由敎育雜誌讀經問題專號裏，抄寫了一篇文章，張貼在某公所的壁上。他那篇文章的內容，簡括的說：就不過是要說明讀經的必要。他的心理，以爲大家都在睡覺，只有他醒着，所以特別寫出那篇醒世文章來給大家看看哩！現在我所要說的是關於他的前段論文，至于他整篇的內容怎樣？有他的原文在，讓大家去作公正的批評，這裏無須我的費詞。話歸本題。我要說的是怎樣會有「復古」事件的產生。

，自然能臻上進而不致于落伍。我們和順，是大地的一小部分，一小角落，當然也不能例外。

我們的和順，已被時代的互輪推進了沒有？然而，我們以爲，在這封建思想濃厚的社會裏，新的思想還未普及呢！我們以爲，在這封建思想濃厚的社會裏，因爲社會的改進，而引起新舊思想的衝突和傾軋，是無可避免的必然現象。而在這新舊思想衝突的過程中，負有改造社會責任的人，如果意志稍不堅決，而具有安協性時，那末，就要被那惡劣勢力的威迫佔領而爲其所屈服。因爲，新舊勢力是不會永遠並存的。

事實告訴我們，當受腐惡勢力的包圍時，一般負改造責任的人，不是俯首貼耳，甘拜下風；就是緘默而不言，抱着「各人打掃門前雪，休管他人瓦上霜」的樂天主義。這樣的退讓，這樣的軟化，于是，把一種積極的合理的主張，變而爲「妥協的」「折衷的」辦法。隨事敷衍了之，不能貫澈主張，一讓「古」的復活，而形成了這倒車的局面。

這囘復古問題的發生，原來是Ｃ君的媒介，而主張者則大有人在。他所要說的是讀經啦，「復古」啦，換言之，他的前段論文，那麼，他整篇文章的內容怎樣？有他的原文在，讓大家去作公正的批評，這裏無須我的費詞。

怎樣會有「復古」事件的產生。寫出那篇醒世文章來給大家看看哩！現在我所要說的是關於他的前段論文，至于他整篇的內容怎樣？有他的原文在，讓大家去作公正的批評，這裏無須我的費詞。

時代的互輪一天天的轉着，人們的思想行爲，也隨着日新月異而歲不同，一切都依着它的社會環境而遞變。新陳代謝，交替靡已。於是，凡事能夠順着潮流的趨向，以時代的需要爲依歸的才會有「復古」事件的產生。

其人。過去，C君在緬地辦過新敎育多年，而且是鄉中維新的倡導者，那倒不錯；但，現在的偏於勢利的崇拜，和迎合腐朽的行爲，都是C君的開門揖盜，C君却不能辭責的。還有些昏庸的，違反時代，自爲主張的翻印共和敎科書，自恃其惡勢的强大，而毫不顧忌到律令上去；盲從的，竟把C君「述而不作」的大文，奉爲金科玉律。直到黨政人員到鄉宣傳，共賞?了奇文，被嘲諷了，還不知到臉紅。所謂模範實驗鄉者，得着「敎育向後轉」的頭銜，眞是名符其實，「當之無愧」了！

總之，過去的一切，都由于負着改造社會責任者的主張不能澈底，忍受了惡劣環境的壓迫而使然的。『物必先腐，而後蟲生』。我想，今後如果要使敎育有進步，只有用鉄肩頭毅然的担當起來，本着需要，依着時代；不折衷，不妥協，奮勇的幹去，能這樣，大家的精神和金錢，才不致無謂的犧牲了，而敎育也才有進展的希望。

和主張讀經的先生們談幾句

去非

藏狗茄果，衣羊瓜袖，而自命爲鳳毛麟角希奇罕有的先生們！你們太拘泥了！請問你們：「人是與時偕行呢？抑是背時而行」？我想你們必定毫不遲疑的回答我說：「相時而動」吧！因爲背時的話是詛咒人的。

對啦！既知道人是因時而動的動物，然則「居今之世而不能言古之道」，不是很明顯的嗎？因此涉身現實界的我們，姑勿論社會糟到什麽程度，我們亦不應從之而糟到什麽程度；更不能引古非今，吃新米講舊話。不然，那就是拉倒車的「古董」，是不許存在天演界中的。是故，『聖人不以立異爲高，不以逆情而干譽』，你們讀聖人書，所學何事？你們不是自命學聖人嗎？聖人尚且如此，而况你們望塵莫及聖人的，不知更當怎樣的順從潮流呀！你們不是說：「你們是孔子的信徒，不容許現實的白話文」？然而，你們却不顧到孔子是「聖之時」，我們相信，假如孔子處於今日，他必定不惟不反對白話文，而且還要積極的來宣揚白話文的好處，提倡使用白話文。因爲，他既是「聖之時」，時者，摩登之謂也；決不有摩登人物而幹背時勾當的。

有的還說：『中國應該亡了！爲什末不讀四書五經而讀白話文』？這該怪你們躬逢白話文藝勃興的今日，而不知白話文學的價值，憑着自己瞎嚼瞎講，無理由的秤擊。「爲什末不敎子程子曰，而敎小貓小狗；不用之、乎、也、者，而用的、呢、嗎、囉」？這固然你們有你們的落伍的眼光和思想，和你們談潮流，等于對小孩子講「正心誠意，修齊治平」一樣的傻，你們是由八股廠裏製造出來的機械，從小就是死讀，死唄、死打、死挨的碰了多少壁，跪了多少死磁巴，過了多少黑暗的日月；才入一名學，中一名舉，領了一個虛銜，造成一個奴才。所以你們的眼光裏，只有獵取功名的八股文章，和混飯吃的幌子——假仁假義——而不懂所謂「現代敎育」和『兒童心理』。但是，你們須要明白，現在已不是你們認爲深仁厚澤的滿清天下，而是中華民國了。時代既然進化，那末，你們雖則已經做了封建制度下的機械，不能使你們的兒童再襲了你們做機械；你們是腐儒，再不能使你們的兒童成腐儒；你們已走錯了的路徑，也再不能使他們跟着再走。

須知，現在的兒童，是未變的蛟龍。說他們是將來的明哲也

可，是將來的民族領袖也可，說他們是將來的流氓，亦無不可；他們將來變成什麼，全看今日的領導而定。你們能順其性，便會成棟樑之材；逆其性，便會拳屈癱腫而不成材。一個腦力單純的兒童，只能了解淺顯易明的事物，你們所不屑道的小貓小狗，便是兒童的意識所能理解的。由這上去引導他們，自然能引起他們研究的興味，然後由卑及高的教育他們，必能事半而功倍；反之，在這麼惜惜懂懂的孩童年齡，就教他們深玄的哲理，和結屈聱牙能讀深奧的文字的孩童年齡，意識界裏還沒有「正心誠意」的領域，還不能讀深奧的冷澀文字，他們碰幾頭不通，興趣消失了，養成了畏學的心理，是會影響到他們畢生的事業的。『欲速不達』，這是阿誰之咎？蘇轍曾說過：『百氏之書，雖無所不讀，然省古人之陳迹，不足以激發其志氣』。是很有道理的！因為一時代的社會情形和一時代不同，你們的錦繡文章抵不住日本的哀的美敦書：你們的仁、義、道、德，抵不住列強的兵艦飛機。你們想叫現代社會復古，那完全是夢想。

先生們！醒醒吧！頑固不是好東西。

婚喪儉約和公益事業

編委

本會第八週年刊裏，曾登載過『陝西省政府主席邵力子先生為其母張太夫人營葬，遵照遺囑，節約喪費，並計告親友，將弔儀概捐現金，移充建築鄉村小學經費，做他的母親的紀念』的消息，並且勸告同鄉，仿效邵先生的義舉，竭力節省無理的耗費。在不久以前，有一喪家的親戚，自願捐款贊助某公益機關，為死者留紀念，不過是因為當事人的反對而被打消。反對的原因，不過是因為家鄉社會還沒有人實行過這末一回事，而沒有『自我開端』的勇氣，這是多末的可惜呀。當事人如果放大眼光，對於現代潮流的趨勢加以審查，而擇善仿效，那末，對於這種事就毫不懷疑的樂於為善了。

最近的報紙告訴我們，『邵力子先生的女公子參加首都集團結婚，邵先生謹守新生活運動之旨，絕未鋪張，只於報端登鳴謝啟事一則，並移親友賀儀千元，助賑水災，藉為增女造福』。『又有林康侯先生，六旬壽辰，亦將各方所贈壽儀五千餘元，及筵資千餘元，悉數捐助上海籌募義賑會，以充賑款』。我們看到邵林兩先生儉約助賑的義舉，不禁連想到家鄉風俗的老不長進，婚喪事件，除比較以前更加奢侈外，對於新式的婚喪禮節，無人提倡實行，大多數人的心理，只知注意在出風頭裝門面上去用功夫，對於有迷信色彩的騙錢團體的煽惑，則慷慨損輸，其餘的社會公益建設，反而沒人肯掏腰包，對於婚禮方面，還有禁止同族文明結婚，而以革出族外為恐嚇的表現。因為社會是在一天一天的進化着，生存在現代潮流的人類，不能永久的停留在十八世紀的時代裏，而不被天演的淘汰。在進化的省市，已經感覺到個人婚禮的耗費麻煩，而實行集團結婚，較之家鄉中人之家，因為婚喪事件而典賣地，以撐持門面的，真是有大愚大智的分別。我們應當想像到省政府主席的女公子結婚，並不是沒有金錢的能力來出風頭裝門面，不過邵先生徹底認識在形式上開排塲的耗費是無補事實，並且連想到全國災民飢寒凍餒困苦無告，不忍自己一人一家獨享安樂，所以以身作則的實行首倡節

節生活，賑助災民，使災民不致轉死溝壑。如果全國有錢階級，都能效法林邵兩先生的行為，又何患不能養成全國儉樸的風氣，而數千萬的災民，都可死裏求生了。

話又說回來了，家鄉自民國以後，除受過幾次地方變亂的虛驚而外，可算是安享太平的過着安樂的生活，較之外省的常受兵匪水旱的災禍，不能安居的可憐境況，真有天堂地獄的分別。就是因為太過享樂了，所以漸次的互相炫耀的造成了驕奢淫侈的風氣，尤其是坐享父兄遺業的人：『不知稼穡之艱難』的，天天在『穿』『吃』上用功夫，天天在想法子浪費他的祖遺的血汗金錢，這是家鄉社會最危險的一件事。關懷桑梓的人們，如果囘想到『樂極生悲』的道理，並且為全國屢遭兵匪水旱的災民設身處地，推想到你們吃山珍海錯的時候，他們在冰天雪地裏飢寒凍餒着，你們住高屋大廈的時候，他們無家可歸。不然的話，家鄉經濟的緬甸市場，一方面受了居留地人民排外思想的排擠，他方面因為世界經濟恐慌的壓迫，而漸次感激到營業的危險，大資產變成了小資產，小資產變成了無資產，勢工階級變成了失業階級，在歐戰期間華僑的繁榮景象，已經成為過去的幻夢陳迹，在經濟充裕時期，愛出風頭裝門面的人們，遭到營業失

敗和生活困難的時期，才覺悟到當年奢侈的錯誤，但是悔之已晚，已經沒有挽救的辦法了。在現在過着驕奢淫侈生活的人們，應當自知覺悟，才不致再蹈以前的覆轍呀！

說到婚禮的改良，在開通的省市，已經成為過去的陳迹，並且由個人的文明結婚，改進到多數人的集團結婚了。這種省時間省經濟的辦法，實在是給予生活困難的人們容易結婚的最好機會，並且由政府要人的提倡，和大多數的樂意實行，這是開了我們中國四五千年以來婚禮的最新紀元。家鄉勞工階級的青年男女同志，如果不願受着經濟的壓迫，而感覺到結婚的困難，和不願意因為結婚而典賣你們們唯一的祖遺田產，最好鼓起勇氣，打破一切封建思想的家族和家長的專制的桎梏，邀約同志，實行你們自主的，自動的，最經濟的，最時代化的，集團結婚禮。一方面可以節省你們的血汗金錢，他方面可以為家鄉社會風俗開新紀元，這是頭腦清新的模範青年男女所應當做的事，而不是受着封建思想奴役的，食古不化的，頑固頭腦所能夢想得到的事。因為堅決奮鬥的精神，是可以戰勝環境的一切困難，和違反時代的落伍思想，我最親愛的青年男女同鄉們，起來吧！

對於會刊的我見

西歐

會刊出世，已經五年──連本刊要算六年了，在這過程中，牠對和順社會的改進，雖然也有了相當的效果，可是和順社會的

封建勢力太大了，保守觀念太深了，這個「效果」像一粒寶貴的鑽石，落在廣泛的沙漠裏一樣，你想揀出來看看，確是不容易的一

455

件事。因此，遂引起了一部份同志的懷疑，常有不滿意的表示，爲此事，當私人談話的時候，引起的辯論，已成「司空見慣」，不算一回事了。

外部第幾週年大會開幕的前一夕，傳來了一個消息，似乎說：「有一部份同志，聯合起來，要反對會刊了」。又似乎說：「要反對復古專號的出版了」。已赴會的同志們，得到這消息後，便紛紛討論起來，當時的空氣的緊張，私人討論會刊，是自來沒有過的。不過，討論的結果，既沒有清楚反對者是誰，大會開幕，也沒有什麼動靜，大概是謠傳了。

然而，「無風不起浪」，一般比較了解會刊的意義的，深信會刊具有改進社會的能力的同志們，已不能不爲會刊的前途抱悲觀：因爲這次的消息，雖然不是摧殘會刊的暴風疾雨，却是一個慢性的病菌。待牠蔓延繁殖起來，也許要把會刊送到墳墓裏去——會刊已經動搖了！

反對會刊者的理由，據我零三碎四聽到的，大致有下面的幾點。

1. 阻礙本會基金的澎漲。
2. 沒有良好的影響。
3. 常常引起糾紛。

在第一點，我們試問：本會的組織是爲什麼？牠的使命是不是要改進社會？若然，會刊正是協助我們改進社會的唯一工具，牠和一個國家的報章，什誌有同樣的作用。我們改進社會的工作，什靠牠來作目標。換一番話說：會刊是我們改進家鄉社會的力量的總匯和焦點，本會基金，雖然受到一些剝蝕，牠的澎漲稍有阻礙，我們也得咬緊牙關，忍着桶楚，竭誠的擁護牠，

使牠的生命永遠存在。

有人說：「本會的人心，現在已渙散不堪了。解的原因，是全賴有基金維繫着的，倘基金剝蝕盡淨，恐怕本會也要隨之瓦解了」，這個見解未免幼稚了些，我們須認識：本會的組織，固然少不了基金，但，並不是爲基金而組織的，若果一味的單以基金爲前提，把會所負的重要使命——改進社會——反撇開了，那末以其入會，勿寧集一個股，幹一囘買賣，倒要來得有意義些嗎？何況幹起買賣來，是否能保證沒有虧賠的危險，也還成個問題呢！

對於第二點，我以爲影響是有「現實」和「抽象」兩方面的，現實的方面，譬如纏足的徒倖，雖然也另有他的原因，但我們決不敢否認不是受了會刊的相當影響的。退一萬步來說吧！本會同志的對於會務更加明瞭，又何嘗不是受了會刊的影響呢？（比較顯著的影響還有，留在下面再談）。至於抽象的影響，那是關於精神方面的，一個人的思想已經改向了新的途徑，我們既不能以耳目窺測，更不能以肢體接觸，又怎好武斷沒有影響呢？

我們務必要尋牠的一點疵纇，說牠還沒有充分的力量或者可以的，因爲處在這黑暗空氣籠罩着的和順社會裏，撰稿的人們也被惡勢力的威脅，顧慮到說了幾句「大公無私」的老實話，會被人們的咀咒與攻擊，不自覺的減低了說話的勇氣。然而，我們也決不能爲這樣，逐加以反對的。我們只有「再接再勵」的避免已前的弱點，來加強牠的力量。才合乎邏輯，也才見得本會的精神，若果像「曇花泡影」般的僅僅一現，不應消滅而消滅了。那！「三分鐘熱度」的護誚，不要輪到本會頭上來嗎？我不相信：會刊這樣「暮鼓晨鐘」的呼喚着，尚且沒有影響（?），待牠消滅後反而會發

影響的！

對於第三點，大致是指讀經問題的辯論和女校教員全體辭職的事件而言的。但是，這一點，反對者如果站在本會的立場上加以考慮，就能認識會刊的對於本會的主義怎樣的忠實維護了。因為這個「糾紛」，便是會刊的「影響」，（上面還沒有說的，也便是這一點），這便是會刊發生「影響」，和對於崇新運動的侵襲者不肯妥協而竭力抵抗的鐵證。

一個遍體生着爛瘡的人，當你替他刮洗污血臭膿的時候，他不是不明白：這是替自己掃除危害，為大衆預防傳染，然而他也要叫一陣，掙一陣的。會刊也和這個一樣，社會發生影響後，當然也會引起一些「糾紛」的。我們值不得什麼大驚小怪，若果會刊永久存在，社會也永久風平浪靜的，沒有這個「糾紛」，那就等於生爛瘡沒有「叫」，沒有「掙」，一定然是你沒有替他着實刮洗過。污血臭膿沒有淨，他斷不會痊愈的，那時我們的會刊真的可有可無，牠的消滅，沒有什麼可惜了。

以上的解釋，是我個人的「管見」，自己也不敢相信是對的。不過我存着「愚者千慮」或有一得的心理。就很忠實的把牠作為本會的一點小貢獻，牠的動機是純潔的，沒有屛着絲毫「挑釁」的成分。若果認為還不錯，希望本會同志加以採納，錯了，儘可當作「廢話」看。

還有幾句須申明的：對於第三點的解釋，並非說，會刊定須引起糾紛，社會才能改進；而是說，糾紛是難免的意思。「反對者」三字，也是為行文的方便而用的，意思是說「不贊成者」。希望不要悟會才對。

編者按，反對『反復古專號』的同志們，對於本會的組織，都有澈底的認識，並且是熱忱擁護本會的忠實同志。他們反對的原因，是因為不明瞭『專刊』的篇幅內容，恐怕把錢花多了，而發生對『專刊』表示同情了。後經明瞭內容的解釋，各同志們都打消成見，對『專刊』表示同情。其實各同志並非對於會刊根本反對，不過反對『專刊』出版的動機，也是愛護本會基金的表示，事後明瞭『專刊』義意的表示。西歐同志作這篇文字的動機，當然不是專為這件事而發的，因為旁的無的放矢的反對會刊的人，已『不自今日始』了。我希望對於這件事有關係的反對同志，對於西歐同志的言論加以諒解，不要誤會，那末才不會因為這篇文字又發生任何反響。

節錄曹聚仁君『阿Q的父親』的一段

清朝臣子對皇帝跪拜扶股，自稱奴才，（其實漢人做臣子的，不僅是奴才。還是奴才的奴才），有一位據說是富有蠻子氣的學者——辜鴻銘，他曾用學理證明天生膝踝是為着跪稱奴才的。但歷史告訴我們，古代的臣子並不跪倒，也不自稱奴才的，賈誼和漢文帝坐而論道，說到稱心愜意的地方；漢文帝還前席以聽，

自從趙匡胤做了皇帝以後，把坐而論道的老法子改變了，皇帝坐而聽政，臣子只能立而對答，直到朱元璋做了皇帝，又重新改定規章，臣子朝見，要跪在金鑾殿上對答，唐宋以前，昏暴的皇帝嚴刑峻法，殺戮忠良的事，歷史上本來很多，但為人君的總以士大夫的廉恥為重，決不肯侮辱人臣的人格的，（士可殺不可辱）明

主禮賢下士，更不必說，從明朝起，開廷杖之風，一言不合，皇帝就叫左右的把朝臣拖下去打屁股，士大夫的顏面剝奪無餘了，明正德以後，廷杖至死，竟是家常便飯，因此讀書人不敢留一點剛正的骨氣，大家部到嚴嵩劉瑾魏忠賢門下去做乾兒義子，一個讀書人，如阮大鋮那樣的大作家，那肯拜權勢的太監做乾老子，那對自皇上稱奴才；當然很是心安理得的了，清初有一七十多歲的耆年大臣，跪了半天，神志便昏了，太監就大聲叱罵他，還準備用杖打他，一品當朝的大臣，也只好忍耐下去，由「坐論」進而「立對」，由「立對」進而「跪陳」，又由「跪陳」「受廷杖」進而「自稱奴才」這可驚的進步，乃是奴才學上一件大事。　未完

談談騰人的商業和經濟

長雨

我們的故鄉，號稱滇西重鎮的騰衝，雖是僻處邊邑，但在全省尚屬一等縣份。因為騰多小康之家，所以外表上有富焉的名譽；但若從實際觀察，對於地方經濟程度和大眾生活情形，會使人感觸到現在的困難，和將來的危機！

我們要明白騰衝經濟與別縣稍有不同之點，是有兩種，一是騰衝為滇緬通商埠，滇西商業重心，集中在騰，地方濟經也隨之繁榮。一是騰人多經商緬甸，得貿易之利益寄囘家鄉，所以騰人生活，稍獲優越了。

但是騰衝始終是中國農村的一個地方，不特生產技術落後，就是商業智識也完全是陳舊的；貿易方式，也完全是被動的。大部份性質是洋貨的推銷員。只抑給帝國資本商品中吸收餘潤而已。實際上地方因生產缺乏，入超過巨，大眾經濟，已被舶來品榨取枯竭，農村早呈崩潰現象。自世界經濟發生恐慌以來，騰緬商業均一落千丈，騰人經濟之憑藉，已受重大打擊矣。

至於騰衝商埠的地位，在從前從緬入口貨物，概經騰衝然後散佈迤西各地，近世以來，從順寧龍陵等處達內地途徑甚多，可以不須燒道騰衝。近更因滇越商約修改，安南減收過境稅，省內公路又漸發展，於是滬港貨可從省城銷到大理永昌，騰衝在商場地位，已漸投閒置散矣。所以自八募密支那輸入騰之進口貨已大減少，並因印洋價格升高，關稅担負加重之故，利益亦至薄弱，騰衝商業艱難之情形，於此可見矣！

再說到騰人在緬甸經商的，亦日呈退步之景象，洋貨商業之受印人資本勢力之排擠，土產商業之價值低落，黃絲商業之受人造絲廉價抵制，銷途日減；玉石商業，則擱此中商人消息，謂中日感情惡化，銷途因之塞窒。（作者按至石屬於奢侈品，非生活所必需，故彼彼國人自動廢除無益之費耗，作經濟之抵制耳，吾國人曷未醒諸）以上所說是商業的狀況。至於商人日常生活，與商業不無影響：如私人生活，或習染大煙，或流連賭博，或享用奢侈……每因開支過巨，而影響營業之活動，及消遣荒廢至怠工作之精神，這兩點關係於事業和經濟極大，騰人的失敗者，不能概誘說「年時」的不利！

總之騰人大多數過在艱難的環境中！

根本說來，騰衝是騰人的桑梓，緬甸是騰人的出路，我們居留緬甸，應當籌生存的辦法，我們關懷桑梓，應速謀挽救農村，增進生產方針。作者附述意見：騰衝方面，應當思改進地方之方針，使人民生活，自給自足，使地方經濟，常得繁榮。旅緬方面，應

458

依各業聯合起來，使採辦方面，有直接購買之利；販賣方面，無競爭拋售之害。並改良私人生活，力求世界智識，實爲挽救之急務。

心腹病

征私

像春天的樹木一般，本會在社會上正萌出嫩柔的新葉。一般人們，都在期望着這初苗新葉的樹，將來定會長成花芬果肥，枝高葉密，且能庇陰牠所在的境域的；而我轉來作近於悲觀的論調，我想，縱然能倖免了反動或煽惑人心的罪名，至少，怕也免不掉「杞人憂天」的譏笑吧。

我們的會，本來不但是許多有爲青年的集合；不但有正大的宗旨，有許多的金錢，並且，事實上已有福利社會的正大事業——辦圖書館，辦學校等——，的經營，如果不息的努力向前幹去，那末，牠將來對於人們所預期的實現，是極可能的，還有什麼可慮呢？不過期望只是期望，事實卻不是這樣簡單，我們僅就會的表面看來，固然大可樂觀，倘若我們肯從牠的各方面細心的加以考察，那末，至少就會發生下面幾個弱點，不，簡直可以說是幾處致命的心腹病。

（1）人心冷淡而散漫——「羣策羣力，衆志成城」。這是說世界上沒有不可爲的事，只要人們肯熱心的團結的去工作，那就什麼事也可以成功的。做事不熱心的人，斷不會做好一件事；沒有團結力的集團，根本已失了合作的精神。作事更沒有不失敗的。

前幾年，本會的會員是多麼能團結！做起事來何等熱心！這幾年來的情形是怎樣呢？僅就開會一端說吧，每次開會——除了週年大會——到會會員，不及七分之一的關係，似乎不有問題，至於內部呢？大家既在一鄉，至遠不過四里

路程，費時不過半時間。以理而論，開會是不會有不足法定人數的了。然而事實卻大相反，每次發出傳單二百多張，有三十人的曾有幾次？雖則週年大會，到的人數較多些，但是有些卻又懷着過會而不是開會的心理，事未議完而人已走空了。

「只知今天吃些什麼菜，而不知今天議些什麼事」。不是常有人用這類的話，譏笑由鄉議會出來的議員先生嗎？我們開會的情形又是怎樣？不是也會鬧這種笑話？記得有幾次曾有人連自己所選舉的人究竟是誰也不知道。以一個負有改良家鄉職志的集團，而發生這種不負責的自欺欺人之行爲，真夠滑稽了！

會議是工作的初步。會議猶且如此！做事的精神已不問可知！像這樣的冷淡而散漫，誰說前途可抱樂觀？誰說會有圓滿的收穫！長此以往，誰又說不是致命傷？

（2）好妒忌而善仇視——辯論和批評是會議和工作應有的要素。這是我們無論如何也不能否認的。因爲越辯論才越見真理，有批評才能分是非，所以我們要求眞理的實現，便不得不互相辯論；要求措施得當，便不得不有批評。

況且崇新會原來是全體會員的會。凡屬會員，都有參加意見和督視會務的權利，對于會的一切，人人都應該參與辯論和批評。我們的辯論是爲求眞理，我們的批評是爲分是非。兩者都

是爲公而不是爲私的。所以心目中應以眞理爲前題，只要眞理實現，措施得當，我們就應該互相容納，互相遷就，

彼此諒解。不當偏執己見，更不當因私情而蔽公理，或因真理的辯論和批評而仇私人，這樣才不失辯論和批評的原則，才得到辯論和批評的精神；假如我們的辯論或批評失卻了以上的條件。那末，就不能算是辯論和批評。只可以說他是因忌妬，仇視而生的相詆和謾罵。

本會是為改良自己家鄉而成立的。所以有為會服務的人，全是由自己良心所驅使而幹。既沒有榮譽可言，更沒有利祿可圖。論理是定能同舟共濟，不致再有妬忌或仇視發生的可能性了。但是，事實上卻又不是這樣，幾年來，開會時候的情形，已像上節說的，到會的「寥如晨星」。而這寥如晨星的人數中，一部分又鬧口不談。是，舉手；不是，也贊成。看起來是多麼心同意合。誰知等到出了會場，不談某等的專橫，便說某事的無理。甚至無事可罵時，便造上些謠言，做攻擊的利器。間或有幾次高興辯論了，不是事前預伏黨派，便是當場意氣洶洶的。簡直勢同對敵，還求得出什麼真理！一個會裏許多黨派。甲派登場，乙派攻擊；乙派向東，甲派偏要向西。互相忌妬，互相仇視，把許多有用的精力和時間，白送在言語是非上，會務卻落得個遲滯不進。唉！「同室操戈」。我們縱然想抱樂觀，成嗎？

（3）不能以身作則——「打倒迷信」！「婚喪從儉」！「取締私學」！這類的口號，真算十分的熱鬧，十足的起勁了。但是，喊的只管喊得口乾舌燥，而事實上卻是相反。迷信不但打不倒，今日過會，明天開光，東家請師娘，西家接齋公的。反較以前來得熱鬧；婚喪不但不能取締，不但不儉，反較以前華……私學不但不能取締，想辦私學的反張家賽李家的，一年比一年豐肥奢學校裏面也學私學讀經來了。這是什麼原故呢？推其成因，雖是由於鄉人的舊觀念太深，舊勢力太厚，不易破除。然而，我們

不能以身做則，不得不算是一個重大因子吧。請看！我們所謂崇新的會員，有的正像會外人一般的禮神信鬼？家裏不是也和會外人一般的持齋還願？至於遇有婚喪必求鋪張的，更是大有其人！講到倡辦私學，熱心也不讓于會外人！試想崇新的人猶如此，怎好去期望不崇新的人們呢？凡事自己提倡而自己不能實行，不能以身做則，只圖張着嘴空喊。屠戶勸人戒殺牲，抽大烟的先生叫學生戒紙烟。莫說口乾舌燥，縱然把喉嚨喊破了，也萬不會收到效果的。所以我以為要改良家鄉，應當先整頓會務。要求會務進展，應當由每組會員自己能實行會的宗旨起始。倘然不是這樣，——不能以身做則——那末，會雖不至于夭折，最高限度，也不過是造成一個吶喊機關吧了！

（4）基金問題——說到會的基金動搖是會的致命傷，或許更要遭人們的反對吧。他們反對的理由，定然是：「我們的會並不是生易性質。怎好望找錢！本會的宗旨是改良家鄉，所有的金錢當為改良家鄉，所有的金錢當為改良家鄉，整頓家鄉的一切而犧牲！不過，我們的基金當為改良家鄉，整頓家鄉的一切工作而犧牲」，真的，改良社會，整頓家鄉這種工作，難「破財免災」的勾當。錢用完了，家鄉未必就受益，照這樣說，不是道會的錢就不可用嗎？不是，我的意思是說：我們所做的工作，自然非用錢不行。當用的自然要用，卻不得不節省着用，用一分錢要求他得到一分的效果，不計劃着使他能永久敷用，敷用到我們的一切應做的事業的成功。另一方面，有力的會員，大家要按年捐年捐，來補支出的不足。

本會自接辦鄉校以來，歷年支出已超過息項的收入。於是基金不得不跟隨年歲而動搖。而縮小，像這般繼續下去，將來恐慌程度，定是一年要比一年的增高。本會的基金能有多少？能供幾年超出的剝蝕？假如努力到半絲而錢用完，那不是會連前功盡棄

嗎？況且本會的所以受人重視，所以能在社會立脚，就不是能做有利社會的事業？錢完了，一切事業怎樣去做？那時，還有誰仰慕！在社會上還有什麼立脚的地步！轉過來再就多數會員的態度來說：會金完了，誰還肯認會？所以，本會的所以能成為本會，正惟因為有這些錢。錢完的時候，怕也就是本會壽終正寢的時候了。

以上所說的，全是根據事實，自己因愛會心切，希望於會的前途至深。所以才不避一切的寫出來。至于人們對這篇文字的批評是不敢計及的。不過，如果大家肯從近幾年來會務的各方面加以正確的回憶。那末，自然會承認這並不是詭詞欺人，或含有反動性，又或是存心攻擊誰人誰派的了。

末了，我以為任何一個集團，恰似一個人體。一個感受外面刺激不健康的人，他的生命斷不像一個患心腹病的人這麼來得危

險。現在我們的會是正患着上面所說的心腹病了。而救治他的藥劑，又全在我們不顧會的前途，是沒有說的了。倘若我們要想完成我們的使命，要想使我們這株初苗新葉的樹，將來能長成花芬果肥，枝高葉密，而能庇蔭牠所在的區域。那末，以後我們大家應該怎樣？

征私君此作，對於本會歷年內容狀態，作明白坦直的描寫，立意忠實而態度誠摯。吾人讀之而能自省，未必不是對症之藥。由本會會員方面來說，能夠團結合作，極力化除黨見，而互相調協，互相涼解，實為本會會務進展之根本問題，尚望本會同志，視此文為善意的忠言，而加以採納，則本會前途，或有一線希望，而此文之作，亦不致徒費筆墨矣。

編者附識

廿五，一，五日。有ＳＷ村

本鄉教材培植問題

攻堅

本鄉教材缺乏，已為不可掩之事實。作者於前期本刊中，曾主張製定教員優待辦法，以計年加薪制度，使教員生活稍為安定，而可永久服務。然以家鄉生活程度之日益增高，而小學教員薪金之菲薄，已成慣例，即依照作者所擬辦法，實行加薪，而教員所得薪金，其最高數字，視之在緬甸工者，尚不能望其肩背。且吾鄉青年，非有特別原因而不願遠鄉井者，決不願幹此清苦生活，『請參閱第九週年刊，怎樣才能使本鄉得到長期服務的良好教材一文』。而凡任教職者，多為臨時性質，而非永久服務，致歷年鄉校，如『走馬燈』式之一年二換，而欲期望此種臨時服務之教員，對於校務有所整頓，既存『五日京兆』之心，實為時間與環境所不許可。蓋彼任教職者，既存『五日京兆』之心

理，則對於教育一切設施，亦不過抱定『做一日和尚，撞一日鐘』之宗旨，而無遠大之建設計劃，此吾鄉學校無進步之最大原因也。

吾人欲求解決本鄉『教材慌』之當前問題，即當求其以現實環境之下，以最低薪資而能解決其生活問題，使能為鄉校長期服務之教員，即可避免以前『走馬燈式』歷年更換之弊病。此種教員為何？即女教員是。蓋女子性靜而心細，對於教育方面，有循循善誘之特長，而無好高務遠之野心，且吾鄉大多數女子，對於家庭生活，既無負擔，則身任教職者，尚可以其所得，為貯蓄之資，而無生活問題，即望其終身為吾鄉教育服務，亦無不可，此吾鄉

之欲得長期服務之教員，非以女代男不可也。

雖然，以現實之局面言之，以之教授女校，尚不敷分配，吾鄉本年雖有倡辦女子師範之計劃，卒以教材問題困難，而不能實現，就吾鄉環境而論，雖倡辦女師有實現之可能，而其所造就之教材程度，尚有遜於初中畢業生，而以之為初小教員，尚嫌不足，惶論高小。故吾以為欲造就勝任愉快之女教材，非送女生留學外鄉，使得受較高之教育不為功，最低限度亦當受初中教育後，再受高級師範教育，對於女子遠離鄉井，留學他方，不惟為家長所不許可，即女生自身有此勇氣者，亦無幾人，此家鄉女子之無享受中等以上教育機會之原因也。

處此廿世紀男女平等之時代，女性與社會事業，日益接近，不當再效以前之伏處閨中，泥守舊制，以禁錮其新思想。而永遠自居於被男性侮弄宰割之地位。吾鄉女同胞，尤當高瞻遠矚，力圖進取，以求職業及經濟之獨立，而不致事事依賴男性，則女界之解放，方有一線希望。（子女較少或有子女而可托人看護之婦居女子，及丈夫年女子，遠遊在外而無須侍奉翁姑者，最為合格，即現任教員，

現環境許可者，亦最為適合造就較高教材之條件，有志女士，應趁此大好光陰，力求深造。若得其家長允許，可受本會之資送而入他省留學，既可為鄉校長期服務，而有裨於教育前途，而個人生活，將來學成，亦有恃而無恐。蓋本會資送之男生以培植本鄉教育之教材，今已漸覺其『此路不通』，蓋被資送者雖有信約為本鄉教育服務，然以個人環境之各異，及為希望心理之所驅使，而本會資送學生之目的，終不能達。故為今之計，本會資送學生，當由女界着手，凡吾鄉女界之有上進資格，而為其家庭環境所容許者，願各女同胞鼓起勇氣，力求進取，以開吾鄉女界留學異地之新紀元，而為後起者闢一途徑，以造就大量之女教材，則吾鄉『教材慌』之問題，得以解決，而青年學子受益不淺矣。

作者於此，當以最誠懇之態度，向吾鄉身為家長之父老進一忠言，凡有姊妹女媳之有上述條件者，當力主開放，使其自由求學，以為女界造就獨立人格，而自求解放，並為服務社會之基礎，亦即所以減輕男子負擔之消極方法。凡我賢明之家長，諒無不樂為之也。

為干崖土司進一言

攻堅

自民十三四年干崖變亂之後，即造成干崖境地野匪猖獗，殺人越貨之局面，干崖土司乘此機會，設局保路，收保路費，因而每年收入，增加不少。惟保路局初成立時，行旅納費請保，尚能安然過境，繼後保路費日益增加，而行旅尚不免時被搶劫，而視為畏途，是誠如吾俗所謂『吃崗不保路』矣。

近年以來，因干崖路之不平靖，滇緬郵遞已經改道古永路而達密支那。自古永路猴橋修道後，由緬入滇貨馱，亦多改道由密支那路而不經八慕，惟因此路中國界內，沿途尚無旅店，故行旅之過此者，尚須露宿三夜，而感覺不便，故經由此道往來之行旅尚少。然干崖路若日益阻塞，則右永路之行旅必日益增加，而旅店之設，即不成問題，旅店既設，則無論貨馱行旅，往來，將有完全改道古永路之勢。干崖司當局，當知此事關係該司地方繁榮

者甚鉅，若該司能肅清盜匪，使成康莊大道，則貨馱行旅往來，必將經由該司境地，而保路費之收入，將無問題，或藉匪以自重，則交通改道之後，該司境地卽失去以前繁榮，而變爲枯竭。蓋保路費旣無收入，該司每年經濟上之損失，爲數不菲也。是故該司對於地方治安之維持，不惟可便利商賈，實亦可增加其收入而繁榮其地方。該司爲個人計，爲地方計，對於該司轄地治安，應負全責維持，使道路清平，商賈因而雲集。否則改道之後，該司所受損失，將挽囘無衝矣。

尤有進者，干崖地方之匪亂，該司大有藉以自重之勢。若使此種局勢，常此存在，則省政府與騰衝縣政府，爲肅清邊境計，恐亦不能坐視無視，而將以有效方法，解決邊境問題，或派軍隊進駐司地，以保護商旅治安，則此挾匪自重投機取巧之保路局，亦將不能存在，又何有於保路費。該司當局，當知有以自處也。

我的教育觀

積　毅

我來援筆揮毫，便須預先聲明，我既非學識深純經驗充足的教育家，也不是身經嘗試剎奪兒童的鐵面虎。我所說的話，也不是發牢騷，若是有人疑我『假公洩私』，或是『道短說長』，那倒是自問無愧於心的在所不計的。

教育既非敷衍了事的『應酬』機關，那末，我們個人於這件事不能不有相當的認識，若是一概的阿附和搗鬼，莫說對人，也許自己過意不去，這便是作這篇文字的一點小意思。

說起我們『紅紙裱燈籠』的教育，廿年來，把堂堂皇皇的一頂反來預約三年的吃酒，『啞子吃黃蓮』說不出的苦，還要一誤再誤，打鞭竿的吃酒，只是一致贊成：未滿半年而笑話百出。但是『不死不活的毫無生氣，祇解決了個人的飯碗，而遺誤許多的前途設想，寧可失去一個冬烘的飯碗，而遺誤許多的青年學子，來把他們的天才戕賊和埋沒了。所以我們爲兒童的前途設想，寧可失去一個冬烘的教材。

像是一個陰森的冬天吧，我去到一個齋公們包辦的學校裏，恰逢他們議論聘請教員，有一位熟眼客，首先推舉一位一脈不通的老先生，在座的人，因爲他門第的煊赫，以及在族裏地位的高貴？無可如何的，只是一致贊成：這眞怪誕，難道不是感情用事嗎？由此類推，由這一條路產生的教員所教援的學校，任你經費充足，終歸還是不死不活的毫無生氣，祇解決了個人的飯碗問題能了。

學校和家庭，是輔車相依的，有了良好的學校教育，而沒有家庭教育，必須有良好的家庭教育。若果單純的只靠着學校教育，那末，就要失去教育的功效。找見許多家長，對於兒女教育，未免太過放任，把自己的兒女送到學校裏後，除每年納幾元的學費而外，和養牛的人把牛送到牧人的手裏，以後祇要牠早去晚囘

譬如姐丈居高位，舅老爺就有要職。所謂『一人有福，帶率一族』，雖是各親其親，但是凡事一經說破，就要使關懷家鄉社會的人們得到意外的失意。追源溯流的說起來，牠的癥結所在，是很複雜的。

矛盾的人類，『情面』二字，已經成了金甌鐵壁，牢不可破。的話，已經成了顚撲不破的格言。我們不能因爲維持一個人在公私的界限上，也不能不加以審愼。我們不能因爲維持一個人

不管牠在牧場裏是怎樣？的同樣的態度，只…他們出了家門，就是逃學也好，在校裏打瞌睡也好，晚上回家，只要不橫吵橫鬧，便心滿意足的，毫不過問他們的讀書的成績，有時遇到婚喪事件，還要叫他們去積極的『翻本』，——曠廢學課。豈知科學是一線穿珠的，『黑』了一節，對於全部的課程不是很有響影嗎？這樣讀了下去，到出學堂門求生活的時候，才知道自己的兒女不行，但是，做家長的不怪自己的缺乏家庭教育，反來說是教員的『媽虎』。

『人心不同，各如其面』。我認以為是的，安知別人不以為非，我不能以我之是，而非人之非，亦不能以人之非我，而對之發反感，甚至互相傾軋，互相仇視，以至於各分黨派，排除異已。因為凡是社團的一份子，都應當有服從團體的精神，凡事以大多數人的意見為依歸，而不宜固執一己的私見。辦教育也是同樣的要有服從眾意的精神，教育的一切措施，才能進行無阻。我希望大家以後化涂成見，實事求是的努力於新的建設，那末，才不致使本會的接辦教育，等於無理的犧牲。

編委

還敬『禮物』的餘波

我們因為要貫澈『教育現代化』的主張，所以對於張貼在全鄉公共場所的思想落伍的『倒車論調』的壁報，不能鍼默不言，所以禮尚往來的，還敬了一點禮物——反復古專號。但是，我們的發言是以教育為前提的『復古』和『維新』問題的討論，而不是專於攻擊私人。卽使對於壁報原文的錯誤點加以糾正，致使『紙包不住火』的『老牌』現了原形，這也是以文學家自居的夜郎自大的人的『咎由自取』，而無須乎旁人的大驚小怪。在稍有現代眼光和教育常識的人，對於我們的言論，或許會表示相當的同情吧！

這一份『厚禮』還敬了後，有人在說：我們『不當如此』。說這種話的人，大約可分為兩派。一派是和對方氣味相投而對於暴露醜態的壁報表示得意的。他們的用意不過是『只許州官放火，不許百姓點燈』罷了。因為在家鄉腐化空氣瀰漫籠罩的環境裏，可以拿老招牌來做護身符而向青年示威，青年人理智的合法的抵抗，是在舊禮教裏所不容許的。舊禮教是不是已經破產！和思想落伍的倒車文字是不是不許別人開口辯論，姑置不論。我要說的是那種胡涂文字貼仕公共場所賜給本鄉的污點的嚴重性！

像這種胡涂文字，對於牠裏胡涂的貼在堂堂皇皇的全鄉行政機關裏，對於牠的謬誤點不惟無人看穿而加以糾正，還有一部份人在那裏盲目的『時捧』，這不是表示本鄉知識界無人嗎？由大體上來說，我們對於這種落伍的思想，和謬誤的文字的糾正，也許是『鄉人不盡肯從』的一種向外界的表示吧。奉勸盲目時捧的人們，要把公義私情的界限弄清一點，不要自吹自唱的，對『銅薄』當作『金葉子』，為本鄉教育界遺留下一個『不通』的污點。

還有站在現代的立場上，反而對於遠反時代的復古運動『唔送秋波』，別人指桑罵槐，自己充耳不聞，別人打到自己家裏來了，自己不負責任的『作壁上觀』，說風涼話，在門角落裏向對方表示默契，有人出來抵抗，還要說你是『多事』。我真不明白這是什麼心理。如果說對方的『倒車言論』是合理的，金科玉律的，那末，本會對於復古運動的取締，又何得多此一舉。如果說對方的話，對於這種違反時代混淆聽聞的胡涂文字的宣傳認為有打倒的

464

必要，而不容許牠滋暗長，那末，我們向腐化的蟹螢進攻，又有什麼『不當如此』的理由存在呢？

祀孔餘談　　何性名

一見標題「祀孔」二字，也許以爲我也是跪在神座前的人物了——不，絕對不是。在五四運動時代被三拳打倒了的「孔家店」，而今又再掛起招牌，生意興隆了。在不道陽歷還是陰歷的八月廿七日，爲紀念他們的已故店老板孔丘先生的誕辰，焚香燭燒紙錢，供設冷豬頭——不，是燒豬了。

老先生們領胙肉去了。

是崇拜偶像呢，還是迷信神權呢？小學生說：「是拜孔子菩薩啊」。我知道孔老先生是政客，是教書匠，並不是什麼宗教家，更不是邪神妖道。不幸他老人家是被利用了：各朝代的封建皇帝不是尊孔讀經嗎？統治者製造種種信仰來維系人心，使被統治者不知反抗的俯首貼耳去做順民。

於是，有人扛中山石像進文廟和孔老先生泥塑並肩齊坐了；有人提倡祀孔讀經了；有人主張恢復舊道德了。一個歷史上的人物，他的思想學問，我們只能把他放在解剖床上，不能供在神座里，幾部經書能勾抵禦現代科學的文化嗎？真正的道德這東西，

自階級發生後的社會，早同人類的蠻跡化石去了。現在的道德，成爲統治者維持社會秩序，約束被統治者精神的工具了。所謂「忠孝仁愛」這些封建意識形態，是隨着時代的進展政治經濟關係的變化而崩潰的。所謂紀念的認識，原來完全是剝竊黨國要人的理論，可見應聲蟲的淺薄了。

那白首窮經的老學究，那迷戀骸骨的忠實同志，蓄妾姦婢，驕貧詔富，難道不是違背「孔子家訓」嗎？又如讀聖賢書的鄭孝胥一輩漢奸，也提倡尊孔讀經，卻只知賣國。同樣的，這些和那些東西，固然希望中國羣衆能在「復古運動」中，囘到五十年以前的睡夢狀態，以便被他們彼們的出賣。然而，時代畢竟是前進的，一切復古的企圖只是封建勢力的囘光返照，只顯得他們的「心勞日拙」吧了。

時代昭示我們：在文化的領域中，要反對軍閥的統治，和一切封建殘餘制度及意識形態——如舊文化禮教道德風俗及偶像崇拜等，向一切廠醉羣衆思想的反動的勢力，實行破壞的斗爭。

建設路燈　　村裴

夜的襲來，誰人不怕，小鳥畏黑便歸林，小孩望火就歡喜，本鄉道路綺曲，蹄躂難以放步，說到夜行里，更是痛苦難言，或有要務，或因會友，一出門來，便是東碰西踏，不至跌交，每至深夜獨行，便想到建設路燈的事。欲建議鄉公所，又恐父老叱咤，罵我孩子家的話，如能實現，人我皆益，如或一口儍痰，我也得藉此出出筆墨風頭，也不算壞，恐有未明眞象，說我發甚牢騷

團圓美景，村嫗亦好，曹孟德的詩說：「月明星稀，烏鵲南飛，蓋亦因鳥之懼黑夜吧！

故藉本刊發表意見

？那是絕對不有的事，特此聲明，聊以當序。

建設計劃

買三十根木桿，長一丈（露地面七尺，高一尺七寸，寬七寸，底七方寸，劈作四方形，以鋅製燈三十只，四面裝玻璃，一面作門，可以開關，并加門扣，便於關鎖，以防揩油，燈頂加冒以防風雨，每棵木桿頭頂裝置玻璃燈一只，沿鄉中三岔路口，巷頭巷尾支設，每單平均三盞，和順分七單共須二十一盞，以餘九盞，設於單與單的距離間。

經濟

一棵木桿，約需五毛（遠買鄉人砍來者）一只燈約計一元五毛，買一只燈盞一只鎖合計一元，總計一盞路燈不過三元，三十支合計亦不超過一百元，想非救國捐款，自可不必仍須只有十籮租些。

谷者也要抬上一點，由鄉公所支出，不為過分，較之一百六十元白印一百部共和國教科書來攤起和五百元僑整一堵照壁，總要有價值一點，至於常年燈油費，鄉中善男信女頗多，樂燃常明燈者，想來不少，（寺腳黃菓樹都有紗燈）且有因眼疼而許愿者，儘可向他們募捐，年捐也好，月捐也好，油料最好是用國產臭油香油，惠而不費，想捐者必湧躍樂從。

管理辦法

地方自治法規，不設鄉約，以每年鄉約之薪俸，可招僱夜間服務之鄉丁二名（晝間任其所去）合併現有一名共三名，每晚由此三名鄉丁武裝巡察順便燃燈，並防盜匪，鄉間也可比較安寧一些。

兒童圖書館館員應有的幾點認識

廢厂

作者不是好事，不敢批評和攻擊他人，更說不上指導他人，不過只把個人平素旁觀所得的事實，本本分分的寫出來，作個善意的貢獻。

說起來：在鄉村裏組織的任何社團，服務者所得的報酬，真不及緬甸的一個火夫。這是不可掩飾的事實，不過我們存心為社會服務，就要本着犧牲的精神去做，這就是為大衆謀幸福的意義啊！記得一年前圖書館的職員。實地在裏面服務的，除兼任職務之外，有館員一名，這館員的職責，最要的常然是經理兒童圖書館，旁的如清潔，收發信件，和啓閉館屋書庫，等事務，都要由他一人負責，真是紛繁太甚了。所以最近才增用館役一人，以分任經理和館員的工作，這種辦法，正是給予館員以盡量的服務於兒童

圖書館的機會了，現在作者為館務進展計，特提出以下幾點，請當事者加以採納。

A.館員應本服務社團之精神，不能以報酬的多寡，而疏怠館中職務。

B.館員應按時到館收放借還書籍，更當指導兒童閱書的方法和應守的規矩，因為兒童智識尚在幼稚，雖館裏定有章程。可是到館兒童倘無了解章程能力，故必得館員隨時指導，使兒童增加閱書興趣，和養成嚴守規章的智慣。

C.館員當不憚煩勞，每期新到兒童讀物。要把牠陳列案頭，並常隨時監視，以免損壞遺失。使到館兒童，不消向書廚裏尋找，就得飽其眼福，並最有興致的書報

466

D.館員更當指導閱覽兒童，按分類法借閱書籍，養成兒童守規律的習慣。

E.館員應當負責每月或三月稽核書本之增加和現在數目。及

F.館員應本大公無我之精神，執行本館規章。

借出圖書以那種爲最多，列表報告，以資採購。

名大好『拿錢』　　　新聲

我們貴國的俗語在說：『名大好題詩』，因爲大人物的大筆無論如何都是好的，並且祇是『題詩』，無論什麼事，都是『馬到成功』的。現在我們貴國人已經由個人生活進步到社團生活了，××社，××會，多得個『不亦樂乎』，『尤其是國難期間』。但是，無論什麼社團體或公益事業，都少不了經濟做地的後盾。所以募捐員和募捐隊也隨處皆是。在這經濟恐慌的不景氣裏，叫人出錢的事是多麼的困難，勸捐員到處，大有被人視爲『洪水猛獸，避之猶恐不及』的氣概。但是，在大人物出手募捐的場會裏，都是例外的可以得到意想不到的好結果。因爲

大人物是有偉大的『局面』的，出錢的人因爲看『局面』的關係，雖然心裏不願意掏腰包，也不得不迎合大人物的心理，來慨解『慳囊』，並且都可博得『熱心公益』，『慷慨捐輸』的美名。至於這種捐款的正當不正當，該出不該出，更是不成問題。若果你不是大人物，並且沒有『局面』，那麼，你就休想當勸捐員。因爲你既不是大人物，你所負勸的使命多麼堂皇正大，都無濟於事，只好準備着嘗『閉門羹』，或自討沒趣，而結果感覺到失敗。因爲這『馬屁』世界，出錢的人並不問出錢的應該不應該，只看勸捐員的面子大不大。所以我說，『名大好拿錢』。

閒話教育　　　鯁生

女學閥因爲資格老了？並且受了『領袖慾』的支配，所以隨事都是『法西司化』。後進的教員，都是她的學生，現在雖然是同事，但是師生的界限和階級，仍然嚴格的劃分着，並且將高級和初級劃了一道『鴻溝』的界線，暗示着高級多末樣的『高』？初級多末樣的『低』？初級教員要受高級教員的支配和約束。這是封建思想和階級制度的遺毒，在現代教育界裏是不容許這種思想存在的，因爲對於教育的經驗和資格雖有差異，其實各盡職責的爲鄉里服務是沒有兩樣的，所以高級初級間不應當有階級思想存在，而應

當平等相待，一致團結，來收分工合作的效果。

幫老師洗衣服的學生，才能得到老師的青眼。還有因爲洗衣服太多，洗得精疲力竭，兩手打戰的學生，就可以得到特許的放假休息，像這種『洗衣服專科』畢業的學生，別種課程不會受到影響嗎？當教員的不愛閱覽書報，並且連帶的鉗製小學生們？除正式功課而外，也不許旁的兒童讀物，這種見解是不認識現代兒童教育的表示。因爲單單靠着學堂裏教授的課程，是不能夠滿足小

學生們的求知慾的。當敎員的不惟不知指導學生在課餘時間閱覽兒童讀物，反而加以干涉阻撓，這種敎育方法眞是莫明其妙。像這種專制敎育是不宜於現代潮流而應當激底改革的，難道不願意使學生們多得到一點知識嗎？當敎員的如果認識兒童圖書館的組織義意的嚴重，那就不會再有反對小學生在課餘時間閱覽兒童讀物的事件發生了。

因爲自己在學堂裏燉午飯吃，可以節省囘家吃飯的往返時間，就不按時間表規定的時間，並且不管學生的到齊不到齊，而提前上課，使遠道的學生急於上堂聽講，連吃飯的時間都不有，或許飯都不敢吃飽，就『開跑步』的跑到學堂來，還要遲到而不及聽講。這眞是損人利己的一種辦法，因爲敎員上堂授課的目的是在於使全班學生得到了解課程的利益，而不是路近的學生的專利品，並且提前上課也不足以表示敎員的勤勞盡責。

下午兩點鐘放學，四點鐘上課的規定時間，是很經濟的，路遠的學生，囘家和來校要一點鐘的工夫，吃飯要半點鐘的功夫，已經是沒有再可節省的餘地。如果放學囘家飯還有熱，或許家庭裏發生了旁的事件不能卽時開飯，那就還要超過兩小時的規定時間以外，方能到校。當敎員的如果不爲路遠的學生『設身處地』，而不按時做事，由個人的『高興』來隨意提前上課，以致妨害遠道學生，使他們不得不完全聽講，那就不帝視遠道學生，這是最不合理不公平和損人而未必利己的辦法，學堂裏制定的時間表還有什麽用處？這也是應當改良的一種慣病。

總辭職的把戲是一個人主演的，其餘的都是被迫和被動的配角。主角的權威眞是不小，但是這種鬧意氣的舉動，不過是表示自己氣量狹小，和顢頇自大，並且沒有認識『輿論的重要性』的弱點？因爲賢明的帝國君主，和民國總統，還有接受輿論的批評的虛心和雅量，只有昏暴的君主和法西斯蒂的領袖，以至於野蠻軍閥，才有鉗製輿論的行爲，若是凡事飾非文過不求實際，在事實上是不會發生良好結果的。

當敎員的應當抱定爲敎育界忠實服務，爲家鄉造就眞人才的宗旨而當敎員，而不應當抱定爲個人造『老資格』和『擺架子』而當敎員。（其實能夠忠實服務的敎員，自然能夠得到社會的好評和信仰，他的資格自然也因爲社會的信仰而日益高深）。對於敎育的措施方針，應當接受合理的輿論的建議和批評，而不當文過飾非的自足自滿，以造成敷衍了事的，紛飾昇平的敎育現狀。因爲假面俱終有被戳穿的一天，凡事的『功』『罪』自然有社會的理智的裁判，有責任的人們不是可以含糊卸責的。

漫談

大公

自稱老招牌的『老學家』，假面俱已經戳穿了。在假面俱未戳穿以前，我們以爲是什末了不得的？『老飽學』。所以才有一部份『物以類集』的臭味相投的人，竭力的替他『瞎捧』，並且捧到他的一脉不通的胡塗文章。現在這種胡塗文章已經在顯微鏡裏加以詳密的分析解剖，分析解剖的結果的報告在說：『他的肚子裏糟糕得很，對於『老』的根柢他也沒有弄清，對於『新』的一切，他更是胡塗，一脉不懂。敎育界會有這種『不通』的角色，眞是敎育界的恥辱。對於他的爲家鄉敎育史留汚點，並且拿出胡塗文章來暴露

自己的醜態的行為，盲目的『瞎捧』他的人看到了，不會感覺到肉麻嗎？不會覺悟到把人捧錯了嗎？無意識的瞎捧的人們，醒醒吧。

某縣長來騰越括地皮的手段，十二萬分的高妙。聽說，括去了小百姓的血汗錢不下卅萬元，並且還有種種侮辱女性的獸行，括去當派飛機捐款的時候，鄉下人說了兩句公平話，就被罰大洋一千五百元。在當時，某縣長曾允許撥充本鄉學校及圖書館經費各五百元，事後僅捐給某女校三百元，其餘的一千二百元，想來是裝進荷包裏去了。到某縣長撤任時，本鄉派人前往交涉，某縣長竟不承認認捐鄉校及圖書館經費的事，只允許拿出百元錢了事。貴國的官場，真是無奇不有，吞沒了冤枉錢，也可以做『落濫賬』一般的高低了賬。聽說，還有人打電去挽留他，難道還嫌他括地皮括得還少，還要留着他多括一點嗎？

以前被政府取締，已經下了招牌的同善社，現在又在鄉里間躲在門角落裏秘密活動，『在賈家壩某姓家裏開了幾次壇』。又在幹那妖言惑眾的勾當了。聽說，他們為掩蔽政府的耳目計，已經改頭換面，不用同善社的名稱，而用某某商號的名稱，社長改稱『豬屎大新爺』，尤其混淆人的耳目。有人請求該社的阿三寫字屏，社長也被追入社了，希圖混

以前清時代的『豬屎大新爺』，現在已經效法滿清時代的加捐狗苟蠅菜的辦法，特別減價，以廣招徠。以前三千元才能買得的『天恩』頭銜，現在只減到六十元，不折不扣，貧者可以紙幣折

算。真是貨真價實，童叟無欺，將來生易易冷淡，或可再減至銅元六枚。又有某君入社，吃了社裏的三餐，每餐索價大洋五毛，因此引起爭吵。這真是公平交易，現在穀高米貴，每餐五毛，真算便宜，某君吃飯不想開錢，在樓上秘密工作。但是因為他們的蠱惑人心，害得全鄉婦女，不顧家庭工作，由寨頭跑到寨尾，天天幹那墮落（木魚聲）生活，真是害人不淺，又覺得他們這種行為是不容存在於現代社會的。縣黨部對於這種妖言惑眾的祕密集團，聽說已經有過取締的準備的。但是，又因某某老頭子走漏消息，該社急忙消聲匿跡；他們會死灰復燃的又在門角落裏妖言惑眾他們的，歛錢惑眾的把戲。在不久以後，躲到門後頭去。但是，『紅米春不白，人心改不得』。

我十二分的希望縣黨部諸君，該社諸君，都是自命為鄉黨領袖的人物；我們貴國的俗語說：『口齋心不齋』，在道德墮落的現代社會環境裏，像這一類人太過多了。尤其是自命為鄉黨領袖的最大專幹『掛羊頭賣狗肉』的言行相反的勾當，這才是社會進化的最大障礙。譬如說，道貌藹然的天天在參禪打坐，吃齋念佛的號首，可以拉價地方鉅款，拖延不還，面團團做富家翁。這種『瘠公肥私』的人物，他的『道？學』程度，更是『婦孺共迷』，而受到一般盲從者的馬屁派的捧場。我不知道他講的是什末『道』？是不是『取之有道』？

家鄉消息一束

無我

（1）修築公路——交通的發達與否，和國家強弱有密切的關係，我國因為幅員廣大，要使交通的發展，真不是短時期間所能完成的，聽說這次國府擴充雲南築路費國幣卅萬，並嚴令各縣區急速進行，現在我們騰衝已經實行工作之役由十六歲以上五十歲

以下之男子負擔，據稱本鄉劃爲騰緬幹線修築區，由北倚閣坡沿新路至東山脚，作最直線，經舊涼亭對向張家坡而前之石頭山，由山內直修接鎮夷關，其各鄉轄區，由各鄉負責修築，現在已經努力工作，相信不久就會成功的，不過我們民衆，對此事既認爲正當有益，我們被派着幾個工力，幾元金錢。或是自己的田產被佔着一點。我們要本着愛國熱忱不惜犧牲的來盡我們的國民責任，並且希望政府，早日修築滇緬公路，使滇緬交通便利，人民和國家才得到築路的實益，聽說以前阻止修築通緬的路線，實在是閉關主義，在現代社會，是不容許閉關主義存在的的。

（2）爭執地權——此次舉行築路開工的那一天，城保鎮工忽然藉口該路由舊路石門坎以上屬城保所轄，把北倚關以下的路心挖去幾丈，我鄉紳老據此，即向政府申明，謂此路實屬和順管轄，並有確切鐵證三項。（1）騰越志書，載和順界址，東至疊水河。（2）本鄉修築新路至該地點時，城保人並不提出任何反對意見。（3）去年春，本鄉推毀北倚閣凹子之土坎時，城人亦不過問。可知此路爲本鄉所有，城保方面已經默認，交涉結果，亦沒有歸秦歸楚的解決，但是本鄉有此二人在說：本鄉負擔修築區域太多，放棄此一段，可以省些財力，這真是不懂問題的界限了，我們要曉得修路是我們應盡的責任，地權問題，又是一個問題。不能因爲修路的負担而將本鄉應有的權限放棄和轉讓給別人的。

（3）文化事業（甲）邊地師範——政府因爲重視邊民教育，現在決定在騰衝成立一所邊地師範。據談：學生不限種族，不限程度，成立後，將分設六班，以增進邊民智識爲宗旨。還要創設一所高中學校，敎授中學以上畢業生，俟高中學生畢業後，即派往各邊僻夷地設立邊民學校。這事在不久期間，即能實現，這件事是增進邊夷民教育的一種最好的辦法。

（乙）民衆教育館——政府一面爲推行陽曆，一面爲增進民智起見，特於騰城聲宮內，創設民衆教育館，並於本年元旦日在館內舉行藝術展覽會，開幕三天後，即繼續陳設書報以供民衆閱覽，且聞有大規模之計劃，此舉對于騰地文化之推進，實屬有益。但我們希望主辦該館的熱心家，要繼續不斷的努力，使該館館務日益進展，才不致蹈以前辦書報社，僅有一塊空招牌的覆轍。

（4）民族自衛——各縣政府鑑於國衰民弱，所以才不遺餘力的提倡救國，各縣政府去年嚴令各鄉鎮訓練壯丁。這事常然也是武力自衛的預備吧！不過中國人辦事，大牛只是虛應故事的，把民族自衛的真義完全喪失。這就不能不歸咎我們民衆和當事者的不盡責了，現在我先把某鄉第一期壯丁的創辦和經過及其成續略說一二，以明我國人辦事『不務實』的劣點。

A.開創——此次某鄉壯丁的徵集，當初係用抽籤法，由全鄉壯丁到場抽籤，抽足應徵名額，抽籤不中者下期又抽，不過某鄉人對于壯丁訓練這件事，多視爲畏途，所以抽籤的那一天，有些人退縮不前。當事者才想出「不到者，以中籤論」的妙計。以絕漏避，不料有些壯丁是遠出在外而不在家的，於是這事就觸礁了，抽籤的人有很多是不在家的，最後才改爲自動應募，凡有壯丁資格的，須按月負擔壯丁費一毛以至三毛，雖家有數千而省旅居外地，或家裏只有生活困難的婦人，也要掙扎着努力愛國了。

B.實行工作——多數人都喊着——鎗枝缺乏，有識者，就解答說：這只是訓練民族精神，用不着鎗枝，不錯——每週禮拜六下午，三十多名壯丁到場集合，敎授些新式兵操，有時蒼天不留情，出操時就下雨，使我們的愛國志士不得盡意操練，幾分鐘後就要叫他們解散，又有些婚喪人家，常常要請着服務的壯丁幫忙

或吃酒，以致耽誤了他每月四點鐘的寶貴光陰，並且要被罰「扣了月薪四分之一」，現在第一期的六個月已滿，因為要續辦第二期，所以第一期提早休假一月容幾天，這也是服務者應得的報酬，但是經不住雨滴的壯丁不知能夠上火線嗎？

C.罰款——訂例缺席一點鐘扣片薪四分之一，這罰款集集少成多，還有貧乏不能繳費者，因為求辦事的澈底起見，也把他收作罰款，作為畢業典禮的辦東費。這種風不吹雨不滴的畢業壯丁，當然是有好成績的了。聽說第二期開辦在即，已經取消了壯丁的薪資。我希望辦事人凡事要由實際上做去才對。

1.某紳說：『執財政者，家資富足，怎肯妄用公款，就是賬物有點錯誤，亦當念其勞心勞力，予以諒解的』。這話對的嗎？

2.根據議事錄查出某項錯誤以後，某紳代為解釋說：『議事錄抄完後才做的事，有證人在旁，還沒忘記。不能以議事鑒為憑，當以證人為憑』，哈哈！滑天下之大稽，二天國家的憲法也怕要用證人為憑了。

3.原來鄉公所和土神廟處隔壁，不知公所裏議事時，土神老爺來參加沒有，因為有一位我們還在騎竹馬時候他就自稱維新的議員說：『恐怕某項錯誤之銀主所說不確，應當叫他到場叩頭發咒』，不知他們請着土神糾儀，還是土神會判斷人的錯誤嗎？嗚呼！鄉自治實驗區！早年維新的叩頭虫？

471

通訊欄

若舜君來函

編者先生

第九週年刊上，排在最前烏國這篇文字，顯然的是文學作品，但是我們多數友人再三細讀討論，終不了解這樣深刻與原文如此想係奧字之妙的用意。（此字誤——編者）

有的說，如果做一段戲劇看，就不有排在最前的可能性，有的說，我們取其大意，只合於國而不適於鄉村。徐先生亦說得明白，有的說：如果點段文藝作品，那嗎？就不有很豐富的暗示，有的說：因為他是文學家，所以他說的一言一句，我們就以為金科玉律，不可更易果耳，未免給有識者不值一笑。

的確是一件疑惑的事實，為什麼編者盡量地把他的事業來介紹，而不把烏國的大意暗示說一說，近古文學概論，他曾到過我們鄉間，稱贊過我們大地方。

試問究竟與烏國有什麼相關，他曾說過這些話，沒有什麼不好意思，又不是大姑娘真無意識之謂。

雖然，這不過是一般智識簡單的人以為然的，本來裏面有很豐富很豐富的暗示，然而我們實在猜不通所以十二萬分誠意的請你改釋（編者按『改釋』二字應作『解釋』，這也是原文的錯誤。）想先生是很如意和藹無奇的來說明給這般低識愚蒙的人。

敬請

撰安

廿五，一，廿五 若舜

答若舜先生

編者

若舜先生：第九週年刊上將「烏國」排在篇首，並不有如你和你的朋友們所不了解的什麼深刻與妙的用意。你和你的朋友一定要將這事當做尋找差錯的材料去利用，所以很平常的一件事就成為大問題了。將「烏國」排在篇首的理由：第一是因為徐先生不是騰衛人，更不是和順鄉人，年刊是和順崇新會的出版物，我們請外鄉人幫忙寄稿，在普通的禮義上說，主人是應該讓客人在先的。這種慣例是一般編輯者所通行的，詳華君的文章排在第二也是依此慣例。第二是烏國的內容確實是有豐富的暗示，一般雜誌的卷頭言，通例也是用不大長而有含蓄的文字充當，有時僅用簡短的幾句詩；最好請你看一看其他雜誌的卷頭言就明白了。

崇新會的目的是在建設新的鄉村，「烏國」裏的鳥兒們唱：「大家快來做工；建立烏國，修理鳥巢」。這些話我們可以看做暗示我們崇新會改造和順鄉建立新和順鄉的工作；第三幕烏國大勝，把戲國征服，也可以看做暗示崇新運動成功，舊勢力消滅；你從那裏會看出他是『取其大意只合於國而不適於鄉村』呢？你怎麼說『如果是段文藝作品那嗎就不有很豐富的暗示』呢？有名的文藝作品中具有豐富的暗示的又在什麼地方『說得明白』呢？你不曾看到過罷。

太多了，大概是你不曾看到過罷。

暗示原來是『暗』示，不是『明』示，凡含着暗示性的文藝，不特讀者不能具體地指出作者是指着什麼，就是作者本人也不願意明白指出的，否則就無所謂暗示，也無須暗示了。對於帶暗示性的文藝，假如一定要打破沙鍋問到底，那麼只好請你注意圍繞着你的環境（鄉村、縣、省、國家、世界）是什麼環境，你所生存着的時代是什麼時代，你所遵守的風俗習慣法律禮儀是什麼性質的東西，你所過着的經濟生活是什麼東西，那麼作者的暗示總脫離不了這些範圍；至於理解的深淺，那是各人的教養所關，所謂仁者見仁，智者見智，不仁不智，那見『？』不能一樣的。你和你的朋友既然是『有識者』，對我的編輯方法認為『不值一笑』，那又何必再來命我解釋？這不是無理取鬧嗎？

你的朋友說『因為徐先生是文學家，所以他說的一言一句我們就以為金科玉律不可更易』。『為什麼編者盡量的把他的事業來介紹』。這些話第一是不有根據，第二是與事實不符。編後話裏關於徐先生的幾句話是將讀者不大認識的作者介紹給讀者應有的

常套話，只舉出他的著作兩冊，不能說是盡量介紹他的『事業』；

答若舜君的質問

一月廿九日，我們接到若舜君的信（一月廿五日自騰越發的）對于我們把烏國那篇文字刊在卷首的事，有所懷疑而來質問，本來編者既負了編輯的職務，對于讀者的合理質問，是有解答的當然責任的。

若舜君是何人，既不書出姓名，信裏又沒有圖章，在理，他既不守質問上應有的秩序，我們也儘可以置之不答。不過，若舜君的質問，是愛護本刊的表現？所以，我們在感謝之下，作了破

把一個他鄉人的作品排在卷首，不能說起「他說的一言一句就以為金科玉律不可更易」；他因為到過我們家鄉，所以對於我們的崇新運動表同情，替我們的年刊作文章，因為人家雖客氣的稱讚我們家鄉為大地方，但是我們家鄉的外表雖好，而內面卻不盡然，因此我們才有從事崇新運動的必要，因此聽到「大地方」的稱讚，是你和你的朋友對我們稱讚我們家鄉是大地方時，要哼了一聲，摩一摩大姑娘不生長着的鬍子大過其好意思的癮，才算不是大姑娘嗎!?是我「真無意識之謂」嗎？還

最後我以鄉人的資格忠告你和你的朋友：你寄來的那封信，連文字都不有寫得清楚，話病連篇。我希望你和你的朋友：你寄來的那封信，暫不必問文藝品是否可以排在篇首，請你和你的朋友先把你們要說的話寫清楚一點再說罷。你和你的朋友若還是青年，那麼我誠懇的希望你們多多的努力：若你們已經是中年以上的人，那我只有長嘆息而已——嘆息家鄉過去教育的失敗而已!!

編者二五年二月

例的答復。

讓我們先說一說選排文字的標準：一種刊物有一種刊行的目的，而記者對文字的去取和編排，都有一定的標準的。本刊的刊行，是要改進本鄉的一切而辦的，所以在取材方面，凡要與我們的標準符合的，我們便有把牠

改進本鄉增進本鄉福利的標準來辦理，只要比較的切于我們的需要的，我們便需用牠，不問牠是詩歌，論說，小說，或戲劇……

排刊載在前面的可能，不問牠是

因為牠們同樣的能夠激動人們的心弦，激起人們的共鳴的。

鳥國，是用輕鬆流利的筆調，叙述戲劇的歷史，和看演的經過的一篇好小品文，我們把牠刊在卷首的理由是：

1　鳥國暗示我們以淪亡的慘痛，

2　鳥國示給我們救亡圖存的途徑，

3　鳥國暗示我們以救亡圖存的方法，

4　鳥國示我們以抵抗的方法，

5　鳥國示我們戲劇對教育的功能，和牠應趨向的革新途徑。

鳥國第一幕裏的歌聲『救救我們，我們都是逃難的……』久別了家鄉家鄉不是舊風光。是把土地淪亡後人民逃奔的苦楚，感到敵人的可憎可殺，激起他們同讎敵愾的心理。

『物必先腐，然後蟲生』，這句老話，在科學上已無存在的價值；但在社會的事件上，仍不失其證實的價值，一國一地的淪亡，固由于自身的衰弱和野心者的侵略所致，然而，在一佔一失的當中，每每為一種媒介所促成。我們來說：便是漢奸。鳥國在幾句——說他是漢奸要加害……平淡話裏，示給我們在失地喪權的事件裏，常有「漢奸」操縱着，這漢奸是該殺的。

一個人家，要想防止盜賊的侵入，必得鞏固了他的牆垣，使盜賊沒有鑽擾踰越的機會與能力；一個國家，要想防止別國的侵入，也得要充實了他的國防。但，國是全國人民的，全國人民應該協力建築國防。這點，鳥國很明白的指示給我們。

一個國家被侵略時，應該不惜犧牲，不畏強敵，毅然的去抵抗他，因為，地失給人家了，國亡給人家了，要想收復牠是不容易的，前後要犧牲是一樣，失了亡了才犧牲，何如在未失未亡以前犧牲了而保全的好？鳥國在國防相當建築了後，便毅然的去攻打獸國。而且把獸國打敗，這是不惜犧牲，不畏強敵而得到好結果的指示。

鳥國充滿了悲壯的民族情緒，在畏葸與漢奸交互纖成失地喪權現狀的中國，鳥國的確是人人應服的極好與奮劑，這是我們把鳥國選排在卷首的理由之一。

一切事物的表示，文字雖可消滅了空間時間的阻礙，但總不及生動的實象使人易於認識，而刺激力強。看一篇名著，不如聽一段名人演講；看一篇小說，不如看一齣表演事實的戲劇，因為雖則同是說一樣的話，表現一樣的事實，但他的刺激力迥然不同，所以戲劇在現代，占了重要的地位，而且成了改進社會，普及教育的一種重要方法，各地都積極的提倡着，鳥國指示我們以戲劇的革新，戲劇對民衆的力量，本鄉聽說也在用新的戲劇來做引導民衆，教育民衆的工具，實行過多次了。對于這種戲劇大衆化的新方法，也許尚未用到，所以才把鳥國排在卷首，介紹給鄉人，加强了對牠的注意，這並不是無義意的妄舉吧！

我們把鳥國排在卷首的理由說過了，再來談一談若舜君所懷疑的各點：

若舜君們說：『如果做一段戲劇看，就不有排在最前的可能性……』這未免有點前人輕視戲劇的傳統觀念，須要知道，文字是表現人們的思想意志的工具，只要能傳達了人的思想意志，所寫的文字，固不須限于一體一格，就是論說也好，詩歌也好，小說也好，戲劇也好……，牠們有傳達的能力是一樣，並沒有甚麼貴賤高下的區別的。若舜君們說戲劇不能排在卷首，是由輕視戲劇演員的觀念進而及于戲劇的文字的表現，這未免對文字的功用上，認識有些兒未清。

若舜君說：「取其大意，只合于國而不適于鄉村……」這是說者對國與鄉村的認識未清所致，我們應該明白，國是若干鄉村的集體；每一個鄉村，便是國的一分子，就和五官四肢對于全身是一樣，適于他某部分的食品或動作，便是適于他全身的；轉過來說：適于這個國度的事物，斷沒有不適于他組成分子的鄉村的事件，和鄉村無涉，鄉村可不負保衞國家的責任了。這種見解，未免幼稚了些吧！

文藝作品的評價，不僅在乎字句的組織好，尤其要注重文字有沒有寄托？暗示力的強弱爲定，就和對一個人的評價，不在他的容顏，修飾的美醜，而在他的技能的高下爲定是一樣的，我們看看過去和現在的名作，任何一種一篇，都有牠的寄托，暗示的。因爲，不有寄托和暗示的作品，雖則寫得怎樣流利，但，牠已失了牠的生命，失了牠的靈魂，牠便失了在文壇上的價值，若舜君們說的：「一篇文字，因爲牠成了文藝作品，那嗎就不有牠的暗示……這理由是怎樣？我們不解。

若舜君懷疑到我們介紹徐夢麟先生的功業——先生著中古文

學概論，近古文學概論——上去，這事平常得很，別的刊物和書籍上，這樣介紹的事件多着呢！這並不是創舉：就算創舉能，本鄉有着圖書館，有着多少讀書人，介紹了一下，似乎也平凡得很，而且，也許于本刊無辱！于本鄉無辱吧！

總之，我們介紹了鳥國，介紹了著者，更介紹了他對本鄉的批評，來鼓勵鄉人努力建設本鄉，改進本鄉，這是我們負編輯職務者責任上應有的供獻，我們並不是偶像崇拜者，也並不因爲徐先生是文學家，才有這種捧拍的舉動。

人家譽我們鄉村爲大地方，而事上卻毫無大地方的建設，這是每一個鄉人都應該引爲極不好意思的，因爲，人是有理智的動物，不合理的稱譽，我們受了便應該慚愧，不好意思，並不是大姑娘的專利有動作。

當然，我們以爲好的，也許未必眞好，而且也不敢強人也來說好，對于本刊，作善意的指示，我們十萬分的歡迎，不過，也請指示者莫忽略應守的規律與秩序！

末了，我們還要來一個聲明，以後對於不書出眞姓名的作品，一概『恕不答覆』。

編委

無意識之謂

凡是稍具文藝常識的人，必定知道文藝作品裏有一種是用象徵的技巧寫成的，牠已經打破了外形的束縛，用了魔術般的美的事象和微妙的言語來寄託一種深意，牠是以小的來喻大的，以特殊的來寓普遍的——我們讀這種作品的時候，如果只理解牠所描寫的表面的事象，而不能領會其中所含蓄的深意，那就根本談不上能夠鑑賞文藝了。所以讀周作人的小河，要知道小河一詩，不是爲能描寫一個農夫屢次築堰而河水終能把堰冲倒的平淡事象而成爲名作的，而是爲其中有象徵有暗示才能成爲名作的。讀荷馬（Homer）的奧德賽，也應該知道這部傑作裏面，不單是能夠叙述神奇的故事爲可貴，而是其中有象徵有暗示才成爲不朽的史詩

。至於讀到象徵主義派的作品，更要注意其象徵的所在了。象徵派作家中，最爲一般所悉知的，是戲曲家梅特林（M. Maeterlinck）我們讀他的獲得諾貝爾獎金的童話劇青鳥，如果把地看成一篇有趣的童話，那就是大大的寃枉。因爲其中含着非常深遠的思想，我們要去追求地的象徵所在，才是我們研究學問應趨的途徑。

以上我所舉的這些作品，若舜君必定讀過的，因爲這些書和順圖書館裏都藏得有，就是我所說的文藝常識——關於象徵的話，想來若舜君不是不懂的。不過爲什麼他還以爲本會九週年刊上的鳥國『不該排作最前』來非難編者呢？並且爲什麼他據以爲非難的這一項理由，說得太簡略了，使我們無從知其『何所謂而云然』。或者他別有一種用意吧？

徐夢麟先生作的鳥國，本不是『鳥國』的正文，却是他看了公演『鳥國』那篇戲劇後有感而作的，徐先生的鳥國也就是隨感錄，書後一類的小品文，絕對不能把地看做一篇戲劇的。何以若舜君還會疑心到『如果做一段戲劇看』呢？

編者在編後話裏已經說得很明白：『徐先生給我們寫的鳥國，雖然是屬於文學的作品，但是這文章內有豐富的暗示，所以我們就將鳥國當作卷頭語，排在最前』這些話若舜君不知看過沒有呢？我們姑勿論徐先生作卷頭語，也不管地是文學作品或非文學作品，現在我們要討論的只是這篇文章當作卷頭語的『可能』與『不可能』的問題。我們知道不論是何種刊物雜誌，都容許有卷頭語的編排，別的且不舉例，只消看本會的五週年刊上，就有卷頭語了。——用做卷頭語的文字，不論是幾句短語，一首詩，一篇散文，以至一篇戲劇……都沒有不可以的；只是卷頭

語的文字，必得具備一個條件：就是某種刊物上的卷頭語，只要能表示——顯明的或暗示的——某種刊物及其所宣傳的運動的前進的途徑和目標就可以用了。像如若舜君說的『有的說如果做一段戲劇看，就不有排在最前的可能性』；說這話的人，或許他一則是認不清鳥國裏所含蓄的意思，二則是把編者的『當作卷頭語』這句重要話看不清楚，三則是不明瞭卷頭語的，所以才有這一層誤會。如果有人根本以爲鳥國這種文字不配做卷頭語，那麼，我倒要請他說出那種文字才配做卷頭語？

『鳥國』是一篇象徵的戲劇，唯其是象徵，所以有豐富的暗示。徐先生因爲看了公演『鳥國』以後有所感動，作了一篇隨筆把裏面的豐富的暗示介紹給本刊，編者才把地作爲卷頭語，我以爲這是絕對『可能』而應當的，編者的編排並無錯誤。因爲這種豐富的暗示，大則對於中國的『救亡運動』，暗示着現在中國雖將瀕於完全淪亡，只要全國上下能夠合作，共赴國難，終歸必能獲勝，小則對於我們的『崇新運動』，暗示着現在雖是糾紛迭出，會務形成了一種風雨飄搖的局面，阻礙搗亂力是那麼龐大，可是只要我們大家認清了目標，認清了敵人，一致合作的奮鬥，終歸必能達到目的，得到最後之勝利。這種豐富的暗示，給與了每個人民，每個會員若干的勇氣，又何見得『就不有排在最前的可能性』呢？

若舜君說：『有的說我們取其大意只合於國而不適於鄉村』，這話雖使人不明白他所根據的『所以然』的理由，然而恐怕也是說話的人不知道暗示的作用才說出這種話來的。我以爲鳥國裏的暗示，除了可以適用於全國的救亡運動，本鄉的崇新運動而外，其他比鄉村大或小的團體運動，未嘗不可以接受這種暗示的，怎見得是『只合於國而不適於鄉村』呢？

若舜君說：『有的說因為他（指徐先生）是文學家，所以他說的一言一句，我們就以為金科玉律不可更易果耳，未免給有智識者不值一笑』，我很不明白這句話究竟是指什麼而說的？徐先生說的那些話是『我們就以為金科玉律不可更易』的？雖然『有智識者不值一笑』，但是也要請說給『無智識者』聽其中的理由嗎？編者盡量介紹作者的文章事業是很平常的事，請若舜君去參看商務印書館國難後出版的教育雜誌就可以明白，這裏勿庸再行討論。

別人稱譽自己的話，除了喜歡戴長襪子的人外，誰都不好意思接受的。這種『不好意思』，不單是『大姑娘』才有，『非大姑娘』也會有的。不過，只怕若舜君是例外能了，所以若舜君給編者『無意識之謂』的評語，根據上述理由，這句話已經沒有著落，只得還是請若舜君收回自己領受罷！

關於若舜君的質問，編者已經有充分的理由詳細的答覆，不過我覺得若舜君所提出的問題，很有討論的價值；；若舜君懷疑的態度也是很對的？所以才來加入研究，見解有不對的地方，還要請若舜君的指教！

我也自知以上所說的話是『無意識之謂』，說出來就用『無意識之謂』做題目，來表明自己並不敢自以為是。

有智識者不值一笑』，既而又想想這是屬於研究性質，值一笑不值一笑是毫無關係的，所以說了出來就用『無意識之謂』做題目，來表明自己並不敢自以為是。

一封友誼的公開信

郎富

和順父老親戚朋友諸姑姊妹們

在我還沒有說話之先，我應該自己先介紹自己一下，然後說話才不冗突。我本來是一個外路人，但自小就常常跟了我的母親在那裏，喝過了不少的陌河水，跑過了不少的石頭山，所以多少是染著點和順風氣。十六歲以後，又跟了你們到了你們的第二家鄉——紹句——說也奇怪，十數年的長時期，同外處人處的日子少，同和順人處的日子多。這不得不使我想到了一定是我的娘將我生錯了。否則，必定要投胎在和順鄉的。惟其我和和順有了這不絕的關係，所以對於編者先生的徵稿，我不得不向這友誼的地方人說幾句衷腸話。雖然所說的話，不能如你和順人說話時的客氣的客氣，然而一本忠心，當無傷於大雅，並且良榮不一定就是甜的，蘆葉榮實在是可以驅寒發汗，但是吃時或許要捏着鼻子忍着氣的。

和順！它是一個多麼樣美麗莊嚴的地方，除了天然的山清水秀而外，加以富有的經濟力的佈置，無怪說：「鼎明以西，無此佳境」。本來人財兩方，確實盛極一時，先就人才來說，在滿清時代舉人出過，貢爺出過，至於秀才，真是多於過江之鯽，雖然我們的鄉下也曾出過舉人貢爺，但是每在老人們的口中講着，說來還是津津有味，使人羨慕，只可惜那只是幾十年前的話能了。到了今除了有幾個中學生及一兩名城立縣立高小畢業之大學生，藉以在討親嫁女時打高脚牌，在喪事處題題旌而外，那裏有像和順鄉這樣現巴巴的擺着的舉人貢爺，討兒子媳婦都不消請人家的銜而用自己的銜的便宜呢？這才是夠使我們這些外路人開眼界，聽說從前對地方，也曾出過不少的力的，現在因為道不行，只得

相率參禪，然以總高望重，致乾坤兩造接踵臨門，參研眞理，小子無福，因宮牆太高，不得其門而入，不見宗室之大，不見廟堂之富，但知其爲明哲保身早修來生之福，有工業大家，有實業大家，有⋯⋯總之人才是辭極了，至於能不能對於地方造福呢？這當然是能的。假如不能，又怎樣說人才盛極呢？

其次，又說到錢財方面。說起和順人，因爲地土的狹小，眞可說是一不占山二不占地了。但所以能成爲富有的緣故，很明顯的；是有緬甸爲其生命線。因和順鄉人，根本是賦有「和順」的脾氣，所以非常的受緬人歡迎，加以鄉人互相提攜的原故，十八歲以上的兒童，不有不跑到過緬甸的。經了幾十年來的經營，間接地使家鄉就成爲富有之鄉了。由於緬人的經濟破產而使緬甸華僑的生意，也跟着一落千丈。（和順人也不能例外）從前擁有幾十萬財產在緬甸的，現在莫不叫苦不發；至於小有產者，不少的是關門大吉了，雖有些些維持着不致破產的，但，已經是極小的一部份了。年前我遇到過一位我所敬佩的和順老人，他說「和順近年來匯款囘來的已少了，從前買田買地的，現在已在賣田賣地了，然而家鄉的奢風侈俗，將來不知是如何得了」。說後似代和順鄉人有無限的隱憂。的確，緬甸的商場失敗，已經有事實擺在面前。而家鄉方面呢，因爲幾十年來商場的順利，在不期然而然中，染就了一種奢靡的習俗。雖爲由緬甸吃過苦囘去的人，誰也不贊成這樣舉動，可是但凡一件事情，如果已經成了風氣，那麼，儘你反對不也反對不下來。譬如請春客，雖然別鄉也有，但總不有和順的風行。再如小兒做滿月，婚嫁時的迎親送親，嫁女時的陪奩⋯⋯這些這些，都好像跟了二十世紀的物

質進步而進步。我曾聽說：某家嫁女，箱子兩人抬不動，以致使三丁拐。這不知實在是箱子枱不動抑或是想「開假」。還有，現在陪嫁時的枕頭一項說來：起馬至少是一打以上。是不是預備下給未來的小寶貝應用呢？所以需要這樣多。諸姑姊妹們！這種耗費而無意義的勾當，實在不必，父母兄弟的錢。不是大叫雞賦來的，是一點血一點汗換來的呀！某家某家爲打發姑娘而致破產，眞是何苦呢？彷彿聽到或見到過：和順崇新會和鄉公所的婚喪儉約細則，實行起來，是再好沒有。無如目前的世界的公式是：文人的筆抵不過武人的槍；窮人的話敵不過富人的金錢。在他們這樣願繳出罰款而從事鋪張，不願遵守細則而維護鄉規，你叫他們做自願合理，因爲他們的金錢除了用在這些富人的或小用到什麼去處呢？對他們自己不能非議，苦却苦了這地方而產之家；中國人素來好面子，這是不分省縣鄉界的。不過和順鄉因爲素來的情形不同，好面子的脾氣怕要比別處的濃厚一點，說不定。所以往往一有事，內裏是苦得不得了，而外面仍不得不裝做有錢人。構成這樣情形的主動力，大牛是管理家政的婦人，因爲男子多數是出外了。對於家事鞭長莫及的緣故，此外我對於出外謀事的和順青年，也還有幾句話要說：我們常常聽見老年人說：「現在的青年人，實在不成樣子了，吃不得苦耐不得勞，一出來就要學穿學吃，我們那時穿的衣裳是大布的，穿的鞋子是特意由家縫了來的。現在的是動不動要穿毛貨，洋鞋，要戴洋帽，一要⋯⋯」這話有一大部分是對的但我們也不能籠統的來說吧。就我所知道的朋友裏面，他們也算實在夠苦了，但就那大部分來說，動輒非「洋貨」不用，猶其是不出門的分利份子。所以造成這樣的主因，我們就應該責備由外囘家的人。在外，誰都是知覺吃苦不得了，但每當囘去的時候，因手中已有了幾文「活動」錢；

一到新街或密支那，毛貨，洋裝至少是一套，洋帽洋鞋那自然不消說了。不這樣就不足以表現他是完全的一個『出門人』，或者是一個『有錢人』。本來屠戶賣肉他要看你的服色或者衣領白不白，可是這問題實在太小了，只要我不存着心白吃，賣也好，不賣也好，等一等也好；等不得率性走了更好，又何必拿衣服來做招牌呢？因爲你的衣服太好了，在你不自知之中，已種下了一種惡因；那就是一般沒有出過門的年輕人，在他們的觀念上已深映下了一些牢不可破的『洋派』痕跡了。近年來家鄉的毛貨大傾銷，論功行賞，也不得不歸功於你們一部份。至於說到那些不出門的青年人，在家時就非毛貨不穿，出門來自是更不消說。雖然新幫人有點情形不同，可是一過了這一個階級，那他的洋派觀念的模仿性發作了，無怪乎老人們說非「洋」不用了。處這樣的年頭，也不是合於經濟打算的路子。關於以上的這個問題，似乎實在值不得在刊物上來說，但我自己爲求一點普遍的供獻起見，所以也不計及。此外我們還要說的，就是由於經濟的破產，而正比例的失業者的增加，出外謀事的無法安身，囘家又無事可做，則一天天的增加，試問誰家有『郭家金穴，鄧氏銅山』而能取之不盡，用之不竭呢？而且向來富家和中產之家的子女，因爲環境造成一種視上山割草，下田種地是一種可恥的勞動事業的心理，寧願穿起鞋襪暖石板，嘴上學著敲鼓打鑼，看天上的雲彩變把戲，看陷河裏的鷺鶿飛，不惜願做一個生產的輔助者。不論任何地方，有了這一種社會的危機。總觀以上的情形，和順的經濟恐慌，有了這樣的情形，都是……中，雖然還有不是我所能觀察得到而比這種還要更重要的原因存在，但由此也就可見一斑了。

其他，我對於和順的地方行政及教育事業方面，也來說一說。我們曉得，現在的地方行政，已非從前事事歸一人包辦的團首或團總，而是公開的鄉委制度。和順素來的行政機關是議公所，而鄉公所的主腦人物，自然是鄉長和鄉議員。但和順鄉的情形是特別的，如同日本的天皇一樣。一遇有疑難要案，即就商於西園寺老，這情形的好壞我們不說，我所要說的是只要判事公平，處理認真，即受命於阿Q也是對的。無如人言嘖嘖，恂私偏袒，已是不可掩的事實，這實在不是行政人員所應幹的。至於不論調解案件的大小，只要一上鄉公所，就非五十元大洋的東道費莫辦。如幸而典當借貸得了五十元錢；假如是同有錢人對抗的話，勝負還是在不可知之數。說到這裏，我們還要看一看和順鄉紳的造成，似乎也是怪有趣的；只要你有了錢由緬甸囘家去，請一場客，那麼以後的鄉公所讓會裏就有了你的一席，你也就得堂乎列入紳士之林了。假如我的娘沒把我生錯了的話，像我這樣的窮措大，即使有了很好的見地與學識，要想當當紳著，那也只有望梅止渴的一法。紳者既是金錢造成的多，（雖也有窮人當紳士的但窮人沒有發言的餘地）仍然只好讓有錢的人說話（這是實情），則處理公務會的結果如何，我不知道。也不敢亂說我們知道的是，現行的鄉委會在處理地方地或政府指令的公務時，即召開鄉務會議，出席的有上自監委鄉長調委下至閭鄰長。如遇民事訴訟，則由調委排解，鄉長不得過問，亦無非杜弊端而收集思廣益之效能了。在和順因爲政府的命令是非如此辦不可，想來與他處也是一樣的，不過會議的方式，不同一點，我素未聽是這樣說的。再說和順的選舉職員，在別處公民已得到了一點票選的權限，而和順的仍然不出少數人推舉的階段，還有公家已經推定了自己當閭長鄰長了，而自己還在

其次說到教育方面，在騰越的情形是，教育經費大半是附屬於地方經費裏，雖各地皆有義學堂，但多數是與地方經費合一的。因為如此地方行政的好壞，就可以影響到教育的良窳。年前和順復授共和國教科書的風潮，這自然是教育經費不獨立的影響。我以為以後各鄉辦學的經費，實應使之獨立，勿使之捲入鄉政漩渦。單獨這一點，還不是這一次學潮的主因，其實是因為現行的教科書，在無經不通？的先生們看來，確是太不成話了。即且辦新學校的人當然不會作輓聯祭文，幾乎要絕跡了這麼多的年代，真是豈有此理？無怪三綱墜，八德隳了。這裏我應該本著良心的說幾句，不見得讀經時代不會產生的罪惡，所產生的罪惡，會比現在少。讀小牛小馬的人，成績在那裏？作輓聯祭文的人，但也不見得一是讀經就能夠的。並且作輓聯祭文能不能當飯吃？我老實說；讀了這麼多讀經時代的人們所得干涉的，不是思想落伍的人們所得干涉的，不是一讀經就能夠的。中國之所以糟，不是『糟』，自有其『糟』的主要原因在。一部份

不知道，這又是怎樣的一回事。年來又因為財政的不公開，致鬧得滿城風雨，這又是不是一種好現象？因為行政方面有等等的不滿人意，似乎年前曾醞釀過改組鄉政的提議，但不久即告沈寂，這個據說是因新的勢力薄弱無人出頭，舊的壁壘堅固不願下台，不過我人的主張是只要舊的能一秉至公，那麼提議改組的人，就有點『自私』的嫌疑。如果舊的實已無法維持，而鄉公所又是全鄉人民的自治機關，則不議其勢力多大，只要眾意所趨改組也不是一件困難的問題。

糟糕的一部份原因吧！

關於現行教育制度，本是全國教育專家審慎制定的，一鄉一隅的少數人的見解，本必會比全國教育專家的見解高超吧！這個問題，我本想談談，但是商務印書館的教育雜誌讀經專號裏，和崇新會的反復古專號已經說得很透澈，不須我的詞費。並且也不是這短短篇幅所能說得完的。所以最好是讓貴鄉負有教育責任的青年人辦一辦好了。不過這裏我也要順便對貴鄉負擔教育責任的青年進一言：辦學是良心義務，雖然家鄉的報酬是這樣的少，而你們所負的責任又是這樣的大。總要不計報酬的微小而用出硬幹的精神來負起這偉大的責任。但是雖有不贊成讀經的決心，如只照現行教科書教教，那也不算就盡了你們的責任，現在我國已處到了這種非常時期，兒童已不是他父母的子女，也不是你們一家或一族的兒童，他已經是國家的一分子，要擔負起救國的責任的時代了。認清了這一點，辦教育才有效力，才不愧是現代的教育。負有這樣重大的教育責任的青年們，我謹以一瓣心香，敬祝你們努力的成功。

二十五年三月十三日

的程度不及人，而受敵人多利的飛機大炮的威迫，或許還是中國的滿清遺民，迷信神權，不知研究甚致反對科學，以致物質文明嚇退日本人。它的所以『糟』，自有其『糟』的主要原因在。關於目前全國奉行的教育制度，不是思想落伍的人們所得干涉的，並且作輓聯祭文能不能當飯吃？我老實說；讀了這麼多讀經時代的人，但也不見得一是讀經就能夠的。

兒童文藝欄

我們將怎樣改良社會

恰井振華學校學生　德　生

現在我們所處的社會是甚麼樣子？是進步而且是安寧的嗎？不！差不多都是黑暗的，惡濁的呀！這種黑暗惡濁的氛圍，瀰漫了四週，使我們年幼的人們，也覺到苦悶而且煩燥起來了。

個人與社會是不是有密切的關係嗎？不錯；個人與社會是有莫大的關係的；良好的社會中，個人可以安靜的求各人事業和學問的進步，惡濁的社會中，個人就是要想求進步，也會受到煩擾的惡影響。

讀者先生！請看我們家鄉的社會情況，是那樣的黑暗，惡濁，多數的人們，是那樣的頹廢腐化，社會的建設事業，是多麼的受打擊，社會經濟狀況是漸漸不如從前，婚姻死喪，又是何等的迷信與奢侈，唉！讀者先生！我寫到這裏，不禁爲我家鄉社會放聲一哭。

但是社會既然與我們有密切關係，那裏現在社會的黑暗，惡濁。我們就聽其自然的沒有方法來改良麼？當然我們在小學生時代，是夠不上唱改良社會的高調的，可是在這黑暗的社會中，我們也不能不一樣談談，希望成年先生們，努力去改良社會：——

第一：要普及教育，因爲教育不普及，一切社會改造的事業，無從着手。

第二：要興辦工、商業，因爲工、商業不能振興，則人們無工可做，變成失業游民，社會上發生的許多糾紛，不安，大半是無業的人，閒着沒有事，產生出來的。

第三：要注重衛生，因爲人們不注重衛生，常有疫病流行，疾病叢生，所以衛生也是很重要的。

第四：要廢除不正當的娛樂，像煙、賭、等……有很大的害處，能使人們的人格日漸低落。

第五：要設置正當的娛樂機關，使人們工作完後，能得有益的消遣。

第六：要破除迷信，因爲迷信是社會進步的大阻礙，如果不竭力破除，一切社會改造的事業，都要受到打擊的。

總而言之，凡是有益於人們的事，我們就竭力去幹，凡是有害於人們的事，我們就努力去除掉他，照這樣做去，這黑暗，惡濁的社會。才能得到一線的光明啊！

可怕的毒物——鴉片

恰井振華學校學生　李生灝

鴉片本來不是我國的「國貨」，係由外國人搬運到「中國來毒害中國人民的。他的害處，只消看劉韻珂先生說的：「黃巖一邑，

白晝無人。竟成鬼市」。又如林則徐先生說的：「國日貧，民日貧，十餘年後，豈惟無可籌之餉，亦且無可用之兵」，申這些話上，就可以明白鴉片煙的惡影響是非常之大的。他們兩位先生雖然見地很高明，無如大家仍不能警惕禁戒，直到現在，反而吸食得更加起勁了。

誰都明白鴉片是有害的，就是有煙癮的人也明白，假如你逢着這類「癮士」，和他談起鴉片的話來，他總說：「造孽囉！造孽囉！我們被這口煙害的不淺呀！說起來也害羞，莫說了能」！我很懷疑，大家既然已經明白鴉片是可怕而不可親近的毒物，為什麼這一般人還要拿牠當作無上的消遣來吸食呢？我覺得十分的奇怪了。因為我的年齡尚幼，還是個小學生，沒有嘗試過鴉片的滋味，所以很想請求吸食鴉片的人，登台演講，告訴我們鴉片的滋味如何？吸食的趣味如何？利益如何？使我們小學生能增長智識，我們必定很感謝的。

我實在不明白我們家鄉為什麼婚姻死葬的宴會場上要擺設着鴉片煙具，以為招待客人的尊貴物品？一個小鄉村為什麼烟堂會這麼多？我覺得許多上流下流的「癮士」，只消一橫躺在烟床上，擁護着烟盤吞雲吐霧就談起世界大事，國家大事，地方公事，把弟兄間的事，人家家庭間的事，好像世間一切糾紛的事，只要他們去辦理，沒有一件事解決不了辦不好的，我常常默默的想着說：「中國的所以不強，大概是為了這許多能幹人來隱居了的原故吧」？

我們華僑在緬甸的很多，可是凡是華僑所在的地方，就有幾位吸食鴉片的人，大點地方，就有烟館的設立，並且有私運「黑貨」的商家，我以為大家很辛苦的遠離祖國到異域謀生，是不應該拿辛苦掙來的金錢來毒害自己的身體，更不應該做居留政府的

法律所不允許做的生意。

我們常常聽見有些僑民，私販黑貨被居留政府捕入獄裏去了○又常聽得華僑旅行在車上或在船上，多數受到嚴厲的檢查，這些痛苦和恥辱，是誰給我們的呢？我們怪得居留政府有意虐待我們嗎？

同胞們，我們的人民受鴉片的毒很深了，我們因為吸食鴉片和販賣鴉片，外國人把我們視為劣等民族了，我們能剷除這種毒害恢復名譽嗎？

大家不要再躺着瞎嗮了，起來揉揉眼睛吧！

484

文藝欄

歸家

王西彥

楊老頭子在一株大欅樹下的斷石上坐下來，把擔子放在路旁邊，隨即拏出一把水磨牛骨的黑紙扇來揮着。喘累得要命。在烈火依的太陽下，幾乎要暈過去了。

剛坐端正，便逼上一陣子氣，咳嗽了起來；

『呵喀喀，呵喀喀……』

楊老頭子就不明白為什麼今天竟會這樣不濟事，半個月來竟像老了十年。這條路計算來至少總也跑上個二三十趟，每趟不是在端午節從學生家送來的幾十斤粽子什麼的，便是剩下來的兩大布袋米和鐵炭：米都是上白，學生家很少不拿上白來送楊老頭子的；炭呢，窰炭不是沒有。不過楊老頭子特意把鐵炭留下，燒飯能有那心情啊。

用不着這好炭，帶囘家來起碼可以賣它個五個銅子一斤。把這些炭送鐵炭的也不多，只有鎮上首的李家和開醬園的孫家。

今天的擔子只是一隻書箱，一個銅罐，還有一把斷了嘴的粗瓷茶壺，照算及不得平日子一半重量，但楊考頭子還沒有走到五里亭便在大欅樹下坐下喘氣了。

一陣子咳嗽後，身上的汗便流得更多。一件細麻布的短衫濕了一半，連褲子也貼在大腿上，像剛剛跌進河裏去過一般。楊老頭子知道流汗就是流的精神。他愛惜自己的汗，所以愈加用力揮

着紙扇，一邊不管三七二十一地便把一口濃痰吐在路旁邊。但剛吐出口便懊悔，連忙向四邊張望了一囘，看見石板路上並沒有第二個行人，才放下了心。

這時候太陽正升在中天。荷池的四岸黏着一半枯萎的水草，稻禾靜靜像要給晒得發燃了。石板路上閃爍着火光，兩邊的短草地站在水田裏，微微覆過瘦葉子，彷彿耐不住猛烈的天火——楊老頭子看看田間沒有人，才想到已經中午了，囘到家裏還有七里長路。自己僅僅早上吃過張家的一頓飯，而且並沒有吃飽——怎麼能有那心情啊。張六堂今天已經說到盡頭話了，絲毫沒有其他的辦法。『那不是我六堂的主意，那不是我六堂的主意。』這一長串的話還在楊老頭子的耳邊響着。『我六堂也沒有辦法好想』！楊老頭子在那子曰舖子裏過來三年了，沒有教過半個別字。四書五經爛熟得倒背順流，並且看風水，看日子，寫斗方，寫對聯，那一樣不熟套？可是縣裏頭什麼『教禍局』裏派了人來查，第一句話問楊老頭子星期一有沒有做『鷄眼球』？什麼球不球的，楊老頭子只知道那一天是龍虎日，那一天是出殯的好日子却不管星期不星期，更不作與什麼『球』。『鷄眼球』？這真是『世道日下』了。然而就是那麼一次縣裏頭來了公事，張六堂和為首聚蒙的五家便辭掉了楊老頭子，叫他不得不挑着破書箱銅罐茶壺囘

裏就時行叫小孩子踢球，小孩子怎麼可以那麼蠻？現在的新學

家來……

楊老頭子嘆了一口氣。

隨着這口氣，又咳嗽了起來，咳得胸口微微作痛了。楊老頭子今年已經六十九歲，鎮上人還時時提到明年那個節日——又會讀美到楊老頭子的這簇花白的長鬚和幾近一寸半長的大耳朵——「人生七十古來稀」，勸楊老頭子排場一番，照例地……

楊老頭子在鎮上以善講「三國」博得大家的歡喜，那個諸葛孔明不是也年紀在半百以上才出跡的嗎？由諸葛孔明，又想到八十遇文王的姜子牙。姜子牙八十歲，而自己卻七十也還差一年，論理實在不遲。只是天下變了樣，竟連一個老塾師的位面也保不牢。這事情叫他無論如何也想不透。讀書，四書五經爲至聖先師孔夫子所著，豈有不讀之理？教育孩子首先得使他們認識之乎，懂禮義，現在却教小孩子學螢，踢球，這真是造反了！在楊老頭子的蒙館裏受訓的一起有三十七個小孩，其中不乏「英才」：像那個章木匠的兒子章有才，年紀不到十二已經讀完四書，寫得一手好字；還有孫家醬園老板的兒子孫志堅，才九歲，「三字經」、「論語」已讀完牛本，而且讀起書來歷架子就反了！如今楊老頭子挑着書箱回家來，那些孩子難免又要去學蠻了。

『可惜可惜，真是誤人子弟，誤人子弟！』

這麼喃喃地嘆息着，楊老頭子真想回到鎮上去對張六堂他們說明這些道理，這簡直是「見孺子匍匐入井」了。楊老頭子的惻憶之心實在不忍那些「英才」被糟塌掉，想該救救小孩子們。

於是又瞥到那攔在繩子裏的破書箱。這破書箱是從祖先承代下來，楊老頭子跟它作伴已有四五十年之久，在那裏面蘊藏着楊老頭子全部的財産與希望。箱子雖說破一點，却保有幾部好書。四書五經不用說，此外還有一部「康熙字典」，一部「三國志演義」和一部「湯頭歌訣」；但頂貴貴的還是那本「天師靈驗符書」。仗了這本書，鎮上頭只要有人犯了頭痛寒熱。沒有不來央求楊老頭子的，所以楊老頭子絕不肯把這本書裏面的三十個靈符借抄給人家，輕易也不放在案頭。記得有一次開便飯館的張掌櫃得了急病，請了三個醫生不見半分效，後來就求到楊老頭子，只須五張錢符三根香，就把病鬼送得一乾二淨。張掌櫃除當時送來四圓大洋外，每月初一那天總捧來一腕好菜，而這本「天師靈驗符書」的大名也就遍了全鎮……。

想到這些，楊老頭子驕豪地看着那漆落斑駁的書箱心裏邊稍稍安慰了點。這當兒面前出現了幾個背勤頭出畈來的農人，才又想起時中午還未吃中飯的事情了，於是便站起身來。

挑着担子往前走，稍稍感到肚餓，太陽愈來愈猛，剛剛乾了的汗又流着了。

兩邊是三尺高的稻，擠得連石板路也顯得狹小了。從稻叢裏騰出股難耐的悶熱，沒有風，僅僅有一陣使人透不過氣來的稻香。

到五里亭了。楊老頭子進去把担子放下，且坐在一邊的石磴上，揮着扇着。亭子四壁牆上歪歪倒倒地塗寫着不通的詩詞，楊老頭子只是搖搖頭。但隨即又站起來去讀一遍那已經讀過幾十遍的石柱上的對聯，不過心境却顯然的不同了。現在來讀這些對聯子好學問，豈是那班毛頭小子所能及到的？天下愈變愈壞，沒有老聲不知將開成什麼個樣呵！即像那鎮上沒有了自己，將來不唯風水日子沒人懂，連寫付對聯的人也難找。生起病來也沒有靈符

，到那時候一定仍要找到楊老頭子，請他回去訓誨，或許還會增加束修呢。

正想得意間，忽的聽見鈴聲響，兩匹馬進亭來了。馬上騎的是一個年輕男子和一個——是短頭髮着黑裙的女人！一進亭，由趕馬的勒住馬，一對男女從容容地下來，男的舉出手絹給女的擦着額上的汗，女的又給男的整整吊在頸上那條花花帶。笑得極隨便，但却擺出一付不屑的神情，連看也不看楊老頭子一眼。

楊老頭子從前不是沒有看見過這種年輕人。今天却更加把他們作爲仇人看待。年紀輕輕的男女在一起，眞連人倫也淪亡了。諸如此類的古怪事物的逼來，都足使楊老頭子相信眼下是草寇時代，所以像自己這樣眞有學問的老輩反而吃這般毛頭小子的虧，楊老頭子看不過去了，便立卽挑起担子離開了五里亭。

『難道鎭上那些「我的學生」將來也……』

楊老頭子低下頭，担子顯得更重了。

過五里亭，這一帶楊老頭子都極稔熟。走近自己村坊了，連那一坵田是誰家的都知道。人事眞變得快呵！這些田畝在楊老頭子的眼前就換過多少主，從前田地大家搶着買，現在却沒有人要買田地了。這事情楊老頭子覺得萬分奇怪。就比方楊老頭子自己，三十多年前捧着四書趕考時，跟班兩個，家裏田地多過

吧，

單大水牯就養有三頭。那麼舉旺的家道，隨着自己的年齡，田地跳到人家手裏了，「二十四間」的大樓房變成了平屋。三個兒子：

大的做手藝了，第三個小的今年三十二歲還討不起一房媳婦。自家沒田地種便流在村坊裏，聽人家的不好言討。六十七歲的楊老太太呢，四年前犯了一場惡病，病好了眼睛却給毁了，一直就靠着楊老頭子唱子曰挑米挑炭來養活她。「人生七十古來稀」，楊老頭子一想到這上面，脚步便遲緩下來，肩上的担子也更沉重起來了。

五里長路把楊老頭子累得連連喘氣，滿身大汗，眼睛發光。然而家到了。適他一走過山下的兩株大樟樹時，便有一羣航髒小孩子跟在他後面，一直跟到家。楊老頭子每月都要囘一次家的，這一次却頭一眼就瞧見自己那兩間平屋的後牆不知怎麼的塌了一大塊，瞎子老太一把抓住他衣襟，不分來由地哭了起來：

『你囘來了，你囘來了，快給我飯吃。老不死的，我餓了兩整天，你才囘來……』

楊老頭子放下担，在用門扇攔成的桌子邊坐下，剛從太陽光下進來，只覺一屋子的黑暗，什麼也瞧不清。來不及拭汗，就連忙囘答道：

『我也餓着呵』！

紅鼻子先生

——童年時代回憶之一——

頑石

我入小學校開始讀書的那年，敎我的先生是誰，我已模糊記不清了，只是入二年級和三年級那兩年的先生，倒還記得：一位

是叫做李逢林先生，一位是叫做紅鼻子先生。這兩位先生都是外縣人；大致來我們村裏任敎，我也記不清楚了。兩位先生誰在前

是劍川人吧。——因爲在我們家鄉做木匠的，多數是劍川人，他們

單另有一種土話，講起來我們一點都聽不懂，只覺得是一片嘟呢啲的聲音。他們講起普通話來也是很難聽，每句語尾，常常加上一個「啲」字。我們這兩位先生說話的腔口，便是劍川木匠的腔口，所以我猜想他們是劍川人。不過這是我的猜想罷了，是與不是，我不敢負責肯定，根本沒有人告訴過我說他們是那裏人。這兩位先生在我的腦海裏所盤踞的地位各不相同，李先生只有「李逢林」三字的印象；「紅鼻子先生」呢，不特這四個字的響號有深刻的印象，就是他的形容態度的印象，也還清晰不可磨滅。僅是他說過的話，完全是一片嘟呢啲的淆雜聲音不能以文字記述而已。

我們村裏的初等小學校是在一座寺觀裏，說起這座寺觀，在本縣的名勝裏，卻有相當的地位。牠是倚山建築的，樓台亭閣，層層地不相遮蔽的矗立着，聯貫起來，這座寺彷彿是嬌懶的美人斜倚着屏風一般。山崗不甚高，滿生着悠閒自得的古松和蒼鬱的雜木，把寺的頭上左右緊緊地保護起來，只留下寺面前的低窪處，小朋友們常常用小石子擲去驚散牠們。池塘的三面都是路，右邊是進寺的路，只消進了「隔九」那座小牌坊之內，便覺涼氣襲人，更進到寺裏，簡直會使人起一種森嚴戰慄的感覺。

原來這寺被崗和樹木所蔽，陽光射進去的機會很少。夏天陽光還多些，冬天的陽光就寶貴得很。在着酷暑的天氣，只消跑進去，寺內馬上就會涼快起來。冷天進去呢，就不免寒氣侵骨了。更加寺內塑着三教九流的泥像，寺內有觀音殿、魁星閣、三官殿、龍王廳等殿宇，每殿至少有三四尊泥像，那些奇形怪像的樣子，便是成年人看了，也會覺得身子縮短了的。況且，裏面又住着我們

每天進去不可避面的紅鼻子先生，於是綜合造成的環境，使童年時代的我們會起森嚴戰慄的感覺不是沒有理由的。

稱呼自己的先生，膽敢稱其綽號而不稱其大名，真是大不敬。其實他的真姓大名我根本不知道，只記得大家都稱他「紅鼻子先生」。現在我既然要追敘童年時代的讀書生活，提到先生，沒有個符號來代表他是寫不成的，所以只得從衆稱呼他了。

一個人為了身體上某一部份而成名，他的某一部份必定有特殊的異點。我們的先生，便是為他有那管特別的鼻管才成名的。他的那管鼻子既粗且大，顏色鮮紅得如猪血一般，亮光閃閃地峻立在一張瘦削而有皺紋的面龐上，十分顯得不相調和，把人家一望見，自然視線就會集中在他的鼻子上。淡紅的臉色，倒也把鮮紅的酒糟鼻子烘托得濃淡分明。一雙三角眼，上眼皮好像被蜂子螫着浮腫着一點。眉毛有幾根是直立着，卻是白花色。一口稀疏的鬍子，被金壇煙燻成了金黃色。鼻孔裏伸出的幾根毛，和鬍子的顏色是一樣。腦壳上戴着一頂舊得好像被香油漬過的瓜樣帽，帽子罩不圓的地方，露出些花白的頭髮。身上常穿一件青布馬褂，都已舊得退色了。褲子脚上紫着青色帶子，下面有着名稱雖白其實像黃泥口袋的大布襪子，外面套着一雙青布淺口鞋。兩脚走動起來，肩膊一聳聳的，兩手也跟着搖擺，鼻子卻屹然莊重地跟着身軀移動。當我初次會見先生的時候，我很奇異的注視着先生的鼻子發呆了好久，那時我還不懼怕先生。

我們學堂裏只設着一個講堂，學生大大小小的有四五十人，分成好幾班。新的有國文修身，說句新名詞，自然是複式教授了。科目有新有舊，舊的有論語、孟子、幼學瓊林、三字經、百家姓等。前者為必修科，後者可以任隨各人選讀一兩種。我依稀記

得我那時除讀國文修身以外還讀上論語。先生教書所唸的字音，我們簡直聽不來，任他逼尖了嗓子叫着敎授我們，那難聽的腔口，使我們莫明其妙的望着他發呆。我所讀的國文修身都能夠順着字面唸得下去，都是聽大點的同學唸着自己跟着唸的。論語雖被先生的紅筆點過半本，那時怎麼唸過些現在想起來和不讀過是一樣。——就是李逢林先生敎會過我們些什麼字，也只有天知道了。

紅鼻子先生初來敎學那些時，不論是大小同學都畏懼他，他坐在講堂上鐵板板的沒有一個笑容，常時把醒木在講席上拍得怪響。一到同學觸着他的怒，重則被拖在板凳上打得殺豬似的叫，輕則拉起手來把手心打腫。我雖沒有被先生責打過。但小小的心靈，禁不住被森嚴的威風嚇得怔忡不已。在學堂外面還敢嬉嬉哈哈的玩笑，脚一跨進學堂門就起緊就正正經經的糚老成，學堂竟使我們兒童視爲可畏的地獄了。

「大師兄」是先生帶着來的兒子，大約有十八九歲了。他沒有遺傳性的紅鼻子和紅臉皮，只有灰白色的多酒刺的方形面孔。滿臉的油膩，我疑心他不大喜歡洗臉；那件骯髒的油燈灰色衫子，不見他換過一次，倒不是誣賴他的。

「喂！大師兄！大師兄！來同我們玩麼」！我們也常常親熱的呼喚他，但不知是因爲他太呆板了或者是他說的話不能使我們了解他的意思，以致彼此之間無形的有很深的隔閡。

我們很愛唱歌，由別人的口中學會了幾句「紅紅紅公雞……」以及「軍國民……騰騰」之類來在自己的嘴上不東不西的唱。可惜讀書的音調如唱歌一般的悠揚，很能攝引我們的愛美心。最初還靜靜的聽，後來也跟着他一抑一揚的讀起來。他讀論語，我們也

含含糊糊的跟着他讀論語。他很討厭我們攪亂他的心思，停着書罵我們幾句劍川話，瞅上一個白眼。根本我們聽不通他的話，毫不介意的仍然嬉皮笑臉的逗他玩。

可憐的大師兄有時也夠令人同情的，當他被先生責打的時候，那二寸寬的竹板一上一下的在他的大腿上拍拍地打，鼻子變成紫色，油燈灰色衫子被拍出許多塵灰，更使先生火上加油，黃鬍一根根跳起來發抖，白的唾沫四面飛濺，打着劍川話嘡呢咳咐的罵，又把大師兄的衫子後襟褪向上身，舞着板子竭力的打，大師兄疼得再不能忍受了，亂跳亂哭的想逃脫；先生那裏饒他，拿一根棕繩把他綁在柱子上又打，直打到手提不起才肯停止，讓他綁在柱子上餓一頓飯或者守一夜柱子。這種責打法實在不止一次。每逢打的時候，我們在旁邊直嚇得縮脚縮手的篩糠。

有些時候，大師兄真的逃走了，逃到什麼地方去我們不知道；隔了十天半月，畢竟給先生找了回來。

同學們受處罰，雖沒有大師兄受的厲害，但也不很輕。有一次，一個大點的同學，被先生拉着打手心，打得他不能支持了，板子正往上舉起的當兒，他使勁一掙就掙脫了，板子止不住落將下來，只得落在先生的左手大拇指上，把大拇指打得發腫。先生怒極了，連忙再給他揪上，但他拔脚就跑，先生也忙的往後追。起先師生倆還一先一後的在講堂上咒圈子跑，後來他倆又順着寺裏右邊的石級向上追着跑，由講堂追到三官殿，由三官殿追到魁星閣，由魁星閣追到觀音殿，然後又瞥向左邊的石級奔跑下來。始終是先生年紀老了，追不上年輕的學童，被他獨自一趟飛跑出寺門外去，逃脫得無影無踪了。

從來學堂裏還沒有出過這樣大的亂子？那時大家一個個都嚇得坐在位上茫然的不會扭動絲毫，恰似一堂泥塑的佛，耳朵裏倒

聽得石紙上樓板上的嗒嗒嗒咚咚唑的混亂腳步聲和先生沙沙的罵聲。最後先生同來講堂上坐着喘不過氣來，講堂上又啞然的沉寂了好久。

事情不是這樣就算完台的，第二天，那位同學的祖母，到學堂裏來和先生大吵了一頓。

「呵！先生！我家孫子犯着什麼大錯事？懇得先生發火，打得他爹吱媽呼的叫，還要撐着嚇他，把他的魂魄都嚇掉了！昨天逃到家來，吃飯時候筷子也担不得，手掌都青黑啦！腫得多高啦！夜裏睡着一跳一跳的驚醒了，嘴裏嚕嚕咕咕的講些什麼紅頭髮綠眼睛的夢話，把一家人嚇得睡不成，連夜的帮他叫三魂七魄歸身附體哪！煮雞蛋燒紙火倒漿水涼飯給饞癆餓鬼哪！今天他還睡着爬不起來。咳！先生！你默着我家沒有錢沒有勢，兒子又出門去了，就欺負着囉？呃！你小心些，我家孫子有個三好兩歹就來找你，你招防着些」。

她一串連珠似的罵着，像破鑼破鼓般的喧嚷着？毫不容先生容辯一句，先生的下上唇白白的開閤了好幾次。

她一面罵着一面提起脚走出寺門外去了。過幾天那位同學平平安安的來上學了，先生也沒有什麼話說。

由此以後，大家曉得先生是經不起家長來鬧學堂的，橫豎各人都有靠山，有下事來自然會有人出馬；先生是沒有靠山的，又跑不贏學生，所以漸漸的大家胆子大起來了。有些大一點的同學，每逢被責打總是使勁掙脫了逃走。先生也不耐煩追了；他就得在魁星閣或龍王廳大胆的破口辱罵先生了。當然囉！先生已經不敢干涉學生了，別的還有什麼人來干涉呢？

「東方太陽快出，

寺裏有個小馬鹿；
紅鼻紅燒香，
他的兒子拜佛」。

這首不三不四的歌謠，不知由什麼人編造出來，不久之間，學生們個個都唸得爛熟了。

每清晨，先生還沒有起床，學生們就嘈嘈雜雜的咿咿唔唔的諷誦着書了。表面倒是一堂很勤學的學生呀！其實何嘗誦着什麼書，還不是誦那首紅鼻子歌謠！高興起來，大家還要相約着齊聲朗誦地叫。一直誦到先生來上堂才肯停止。先生也不在心這些，還是不清不楚的教他的書。

我們雖不再學先前那樣懼怕先生了——好像龍王廟裏塑着的財神龍王的那種威嚴雖不在我們的感覺之中了，但是先生仍然不能使我們去親近他，原因也很簡單，因為他嘴裏所講的話不通，不能完全了解他的意思；在課餘之暇，他也不問聞我們的一切，教師生間的感情真無從去融洽。

什麼叫做「讀書的趣味」，學生們真無法得領略一二，大家只曉得每天不可逃學，照常來學堂裏被關起來，便是不違背父母送子女入學的意旨，便是盡了自己上學的學務。「上學」這個名目多麼名正言順堂皇正大呵！在姑媽表嬸的談話上，還可以討到「小×，上學倒還乖哪」。放學回家來，飯還不熱，儘可以拿筷子敲着碗嚷道：「媽！快些煎菜囉！上學去遲了得吃板子呢」。吃完飯，父母敎「小老×先去河裏挑一担水來家才去上學」，又可以搖着頭答應道：「噢！時候不早囉」！如果有人問「你們在學堂裏讀得些什麼」？那才糟糕，實在沒有一位同學可以切切實實的答覆得出，事實是「一句學而時習之」唸得通泰的都還少呢。

讀書求知的途徑不讓學生們去發展的。

幾個大點的同學在堂上經營起商業來了，生意雖小，帳目却掛得很有條理，只消看其中的一頁，便能推想到其他：

八月初三日
×××　欠梨錢十文
×××　欠鐵豆錢一文
×××　欠瓜子錢一文
×××　欠落花生錢三文

又有一夥是開彩，五文一彩，頭彩得獎五十文，二彩二十文，三彩十文，尾彩三十文。

由本鄉人多數都是從商這方面看來，學做點小生意也不能說完全是壞，至少可以說是爲將來謀衣食實際基本練習哩。

雖然是秋末的天氣，寺裏已經冷得使人手脚痲木了；進到冬天，陽光射進寺裏的機會少了，瓦上的霜水，一天到晚沒有晒乾的時候，於是照往年的慣例，學生每人都得提着一個火籠來上學。我們的火籠，不同老的人們烘的是用熱灰掩埋着火炭，我們的是要使火炭常常熊熊地吐着火炭，火炭陸續變成灰了，又陸續添上些黑炭。上學放學的時候，每人提着一個火籠，在池塘邊走着也很熱鬧了，到學堂裏更添了好些活的意的材料。

較遠一點的原因還是爲學堂裏的小商人把同學們衣袋裏的銅錢吸收多了，大家都沒有能力購買鐵豆瓜子吃，以致牙巴骨閒着發癢。自從火籠提進學堂以後，很自然的發明了燒鐵豆的技術。

每個人在家先裝好半衣袋乾鹽豆，連火籠提到學堂來。當先生上堂講書的時候，每個同學在座位上也暗自把乾鹽豆丟在火籠裏燒着，看看豆皮燒得黃而且焦了，一粒一粒的撿起來藏在桌心裏涼着。先生下堂了，大家一齊嚼起鐵豆來，發出來的聲音，好像許多馬蹄踏在石子的繁碎而清脆的饗亮。

接看又有人發明在火籠裏用裝牛乳的洋鐵罐煑稀飯吃——這樣的玩法，也太愜意了，但不久年歲將終，先生也辭館離開了我們。

先生分別了我們，忽忽已有十餘年了。現在我仍和那童年讀書時代的沒有長進。在刺激紛亂煩悶苦劇的自己不長進的過程中的一個階段，回味起來，也說不出是悲或是喜。對於先生始終我不敢埋怨他一句，自己沒長進，只能怨自己，怪得誰來。

『編者按』廿年前的廢物，像『紅鼻子先生』一類的人物，又在畸形的家鄉社會裏『走紅運』了。這種人物越『走紅運』，青年學童越『遭阨運』，要想使家鄉教育現代化，科學化，這一類人物是絕對不容許在教育界裏混飯吃的。頑石先生的這一篇文字，對於『地獄式』的私塾的黑暗情形的深刻的描寫，給人以深刻的刺激的印像，並且能夠使腦筋靈活的人，感覺到冬烘先生的不適宜於現代教育，實在是現在提倡復右教育的『開倒車者』們的一個當頭捧喝，所以樂爲發表。

舅老爺

道靜

夜半落了雨，收稅員舅老爺沒有合了一下眼。好容易天亮了——巴巴地望着日頭爬上窗子，忙着起來叫小丫頭打水洗了臉，就忙

輪到牀上烟燈旁去過癮，那麼匆忙，心裏也那麼亂。縣長太太聽到耳旁裏響動聲音，走過來，招呼大舅；

『大兄弟，起這麼早』？

『姐姐，趕街子』！

舅老爺歎息着，又微微閉了眼，唧唧唧地抽起來。

縣長太太默默地在一把椅子上坐下，咬着嘴皮想了一會，

『又快三十了，你這個月到底攏共收着多少錢』？

『姐姐，你說多少錢』？舅老爺冷冷地一笑，精神十分慘。

姐姐低低的頭，

『不管多少錢，你自己也還要用點，是不是』？

『是呵，快一個月了，三天一街，攏共也趕了七八回，在往年不說旺月，就是枯月也收了個足足的了？不說繳款不用發愁，自己還會少了的用的？他媽的鬧什麼共產黨，縣城雖然沒有撲着，村子裏已經洗得比猪肉舖的案板還要乾淨，誰還有錢買牛去耕地，買猪養得肥肥的去過年？單靠城裏這點子交易，不喝西北風喝什麼』？

舅老爺一時瘦瘦的黃黃的臉漲得紅通通的，歎了一口氣，又唧唧地抽起來。

縣長太太蹙一下眉，說道，

『你姐夫總是太固執，太死板，一切都得按着他的老規矩作，不肯通融一點。你沒有錢繳也得想法子繳，你想不出法子來時，我也得替你想，你該繳多少你總得繳給他，我們不能失這個面子。你姐姐自從嫁到張家來，沒有說錯一句話，沒有作錯一件事，也沒有人說過汝家一句閒話，現在公婆雖然去了，我們也不能在小叔子小姑子面前丟這個臉。你姐夫給你這個事是想叫你找幾文錢，我們總不能使人疑我們存壞心，想作弊，不知好歹，忘恩負義。唉，舅老爺，天知道』！

舅老爺不作聲，放下槍，獃獃地看着燈，聽姐姐說。

作姐姐的惋乎其言之發完了這段議論，突然想起大兄弟一清早起來還沒有半點東西落肚，便向窗外高聲叫丫頭來喜，剩下的火腿湯燙熱碗粑粑來給舅老爺。來喜答應着，又高聲告太太，太太站起來，絞着眉毛告大舅，說少爺醒了，小姐等着要上學，請太太過去。

『你吃了粑粑就出去罷，不管怎麼樣，你得想法子，我們不能丟這個臉』！

太太說着便走了。

舅老爺過足了癮時，放下那枝鳥竹槍，面對烟燈出神。來喜送粑粑進來，舅老爺叫住她。

『來喜，老爺起身沒有』？

『沒有。怎麼樣，舅老爺』？

舅老爺看着來喜那張紅嫩健康的小臉，動了心，拉着她的手，露着一排黃黃的牙齒笑道：

『來喜，你吃點！我們兩人打夥吃』！

說着舉起牙筷來餵來喜，來喜推就着吃了，把手一甩，笑道：

『舅老爺，說話就說話，別這樣拉拉扯扯，人看見了不成樣子，太難看見』！

舅老爺看着這丫頭來喜嬌嗔樣子，越發動了情，索性拉過來摟在懷裏，鼓着嘴使勁往小臉上聞。來喜又急又亂，只是掙扎，小聲地嚷，

『臭，臭，臭，舅老爺！怎麼地，怎麼地』？

舅老爺忙着把她放了，冷笑道，

「是、是，我臭，二老爺香」!?來喜臉色突然一變，『舅老爺，你說什麼?‧好不知羞』!

說着、大辮子一甩，賭着氣跑了。

舅老爺看着那俏麗動人的背影，懊悔說錯了話，又想起剛纔的事，越發不高興。粑粑也不再想吃了，一個人提了「百寶囊」，到大堂外叫了跟班的，趕街子收稅去。

正是秋天裏的好天氣，轉過衙門照壁，就可以看見花山在不遠的天邊斜臥着，那麼朦朧，那麼美、如一個惺忪嫵懶的處女。舅老爺想起過去的日子，到三四點鐘時街子就散了，裝得滿滿的，叫跟班挑着伙食擔子，同幾個朋友到對面花山山龍泉寺裏去吃，「併伙」喝足酒，迎着月光下山來，彈着月琴，唱着「碰着黃牛黃牛叫，碰着水牛水牛驚的野歌」，多末瀟灑，多末樂。現在是有這樣機會也沒有這樣興與致了。兩個人默默地走到京門外趕街子處，淺淺沙河兩岸疏疏落落地點綴着幾隻牲口，幾個人蕭瑟得眞像秋天！舅老爺從石頭上跳過對岸去，幾個販子奔過來叫了聲舅老爺，又散開了，沒有生意！

舅老爺在河邊特設的櫈子上坐下，喝了一口茶，翹着兩懶腿，兩隻手合籠抱着膝，抬頭瞧看深藍色的天。到了日中，遠遠的北門衙門裏已經打過午炮，數數錢，纔收得兩塊零。舅老爺有點不耐煩，站起來背着手在河邊走，猛抬頭，看見李蔭堂迎面走來，含着旱烟管，邁起八字步，從城樓橋那邊轉出，順着河邊迎着走來，看見舅老爺，就那麼拱拱手，笑着叫了聲『舅老爺』舅老爺也忙着答應「李二爺，你家好」!於是碰了頭，站在一塊兒了。

這是縣裏一位士紳，很有錢，會玩，好交朋友，新近在這東門外蓋了一所樓房，擺幾桌麻將，很有錢，歡迎遊手好閒人到那裏去消遣，牌後還有酒肉款待，雖然抽點點頭。也祇是那麼一點子意思，應個景兒。這個人一切行為規矩皆沒有可非議處，祇是為人稍稍瀟脫一點，也就顯得放蕩一點，惹起本地人不時說一兩句閒話。但這一兩句閒話但不能點汚了李二爺的清白，在這社會裏，壞人有人說壞話，好人也有人說壞話，好像生就一張嘴，就不能辜負這份天賦權利，無事時就得評長論短，尋是生非。旁邊人聽來邊能當作耳邊風。

李二爺笑道，

『舅老爺，生意好』!

舅老爺緊了一下眉，強笑道，

『李二爺，別笑話，除了天氣什麼都不成，生意清淡得很』!

『到舍下坐坐怎麼樣』?

『好，好』，舅老爺答應着。又叫跟班，且先去吃飯，囘頭再來。

兩個人談笑着走到新蓋房子裏去。上了樓，在一間小小精緻房間裏坐定，李二爺就叫跟班挑二兩上好老烟來給舅老爺燒。舅老爺笑着說別客氣，躺到牀上去了，李二爺也跟着躺下來。兩個人兩枝烟槍兩盞燈，唧唧地抽了一陣。李二爺一面燒烟一面寧閒話。

『舅老爺，好久不到舍下來，衙門裏事情很忙』?

『哪點有什麼正經事，天天就是陪太太們打幾圈小牌』!

李二爺微微一笑，理會得到舅老爺那種悲觀心情。又抽了一陣烟，李二爺便告訴舅老爺，昨晚喂得一沙鍋帶筋牛肉，又濫又肥，請舅老爺喝三杯。舅老爺倒不客氣，就答應了。李二爺便叫跟班把牛肉大碗盛了來，擎陳年的包穀酒來請舅老爺喝。

跟班答應着，使就窗前光亮紅漆方桌上擺好。兩個人笑着落

了坐，用紅紅的辣子油醮着牛肉下酒，吃得十分溜刷，十分香甜。三杯酒下肚後舅老爺話比較多了一點，且話裏咀不缺少點牢騷：

『李二爺，這年頭眞變了，就繹我們收稅的來說，以前每月也收個千二八百，現在不成了，今天一早上繹收得兩塊多，這不是叫人喝西北風』？

李二爺微微一笑，說道，

『舅老爺還不知道前幾年的稅的事呢。那時這地方的稅眞旺，每月總可以收個一萬出頭，收稅的誰不是裝得滿滿的，嘴油油的』。

舅老爺露出一絲笑來，十分羨慕：

『這也是人家的福了。李二爺，我看說死說活也不如你們收租吃飯的人，一天無憂無慮，清閒瀟灑，像一位活神仙』。

李二爺哈哈大笑：

『舅老爺，你眞是這山望着那山高。做官在前淸說就是一份功名，沒命的人拏着成千成萬的銀子也得不到呢。我們收租吃飯的人至多有錢也不過被人叫聲員外，——這也是過去的名稱了，其實說起來你李二爺比我勝過你勝過』。

『我自然不是官了，不過就繹我們縣長說，我看就沒有什麼施不全，誰不是從七品官出身的？張縣長愛民如子女，親廉如水，將來鵬程萬里，誰敢說不是未來的省長廳長？而你舅老爺爲縣長的幕賓，從旁襄助，將來也準可大大地發展一番』！

舅老爺聽罷哈哈大笑，

『李二爺，你眞有意思。來，乾一杯』！

『乾』！

兩個人乾了杯。李二爺又叫跟班換了熱牛肉來，繼續暢飲。

『舅老爺，近來衙門裏有什麼疑難案件』？

李二爺一面揀着大塊帶筋的牛肉吃。

『這倒沒有聽說』，舅老爺替舅老爺斟上了一杯酒，笑了笑，說道，

『新近縣東邊村子裏王宋二家因爲一點婚姻葛告到縣裏來指腹爲婚許許給王家的兒子，去年她媽死了，她爹就不認賬，且把姑娘另外許給一家姓孔的，已經過了禮，準備冬天迎娶了。王家的不服氣，就告到縣裏來。信義乃爲人之根本，一個人總得講點信義，她媽旣然把女兒許給了人，她爹就不該反悔，這是第一點。第二，常言說「烈女不配二夫郎」，女子最要緊的就是個貞節，這件事還是宋家的不是，顯然於女兒的德行有虧，按之情理，殊屬非是。舅老爺，你覺得怎麼樣』？

『那是，那是，唔……』李老爺搖擺着身子，聽入了神。

『前些天那姓王的老頭到舍下來，說請我幫帮忙，向縣裏疏通這是主持公道，仍然把宋家的女兒斷給他家。我們縣裏的良好風氣不能讓人來破壞了。我想得這是主持公道，我馬上就答應了他。他們還預備有一點款子，就繹過來孝敬舅老爺』。

李二爺說着便走到對面屋裏去，用包袱包着一大包洋錢過來，一共是八封，一封五十塊，端端正正擺在紅漆桌子。

李二爺笑道，『這是四百塊錢，數目很少，請舅老爺無論如何代爲設法，成全了他們』！

舅老爺聽到四百塊錢，心由不得一跳，一雙眼睛了瞟榇上用

紙包着的錢，微笑道，

『這，恐怕於法律有抵觸』？

李二爺笑了，說，

『舅老爺，請你用不着猶豫，也用不着客氣。法律不外人情，青天大老爺斷案就是這樣』。

舅老爺忍不住笑了，說道，

『好，李二爺，就是這樣辦，我盡力去做』！

李二爺一面重新把洋錢包在包袱裏，一面笑道，

『那是，祇要舅老爺肯費心，沒有不成的』！

『哈哈哈哈』！

『哈哈哈哈』！

交易成功。兩個人已經喝夠酒，便擧了飯來吃。飯畢，舅老爺又抽了一陣烟，緩起身告辭。

舅老爺走出門來，心裏十分高興，今天，這兩三月來，就祇有這瞬間感到了點快樂。銀子的份量眞重，祇是往下沉，累得一隻肩膀怪酸的。

走到趕街子處，日頭已經爬上東邊關帝廟的大殿頂上去，淺淺沙河兩岸顯得陰涼涼的了。跟班默默地坐在邪裏，想打磕睡。

舅老爺也沒有問他收得了多少錢，祇叫他再待一會，舅老爺有事先囘。

舅老爺囘到自已房裏，正敷着錢，猛不防來喜撞了進來。來喜看見棹子大洋錢，楞住了。

『舅老爺，太太請』！來喜還不忘却早上那場羞，紅着臉走了。

舅老爺的心咚咚地跳了兩下，三分鐘後繞定住了神。繼續輕輕地數，一封五十塊，一點也不錯，滿意的笑着放在箱子裏，又緊緊鎖上鎖，然後慢慢地踱到太太房裏去。老爺不在家，兩個丫頭唧噥了一陣，舅老爺又繞滿意地笑着出來。

過幾天的事是舅老爺天天同朋友吃『併火』到李二爺家打牌。宋家輸了官司，那姑娘偏同她爹一個主見，氣得上吊死了。滿街發現了無名帖子，說縣長吃了錢，屈斷官司逼死人命。縣長氣得暴跳着，抱怨着，夜裏不睡覺在花廳裏走來走去。

丫頭來喜猛然想起了一件事，爽心地笑着，悄悄地告訴了二老爺。

過幾天後太太半夜害急症死了。

舊禮教的被支配者

林覆

一

席地而坐的一羣婦人，已經把早餐宴畢了。菜蔬固然不像王大嫂們辦理的那一次的豐肥；但有些以爲到這個地方來，原是佛家，不能說吃的好與不好；有些則不以爲然，放下了碗，不喜歡的一個家 就到陽光照臨的階下，舖墊上了一個草墊子，有些還在手數菩提，正念『阿彌陀佛』於是開起談話會來了。

『那碗荣豆花，完全是壞的』一個聲浪大而放肆的婦人說『只合宜送與在門外候着的人』。

張嫂現出輕蔑的樣子得意揚揚的，『我們辦理的是要使人吃一個眼飽肚飽』，翠翠左右，『從不像這樣菲薄』。

「是喲！前次的彌勒誕，每桌還有蘿蔔干的」，髮已半白的婦人也接着說。

由菜蔬的不豐肥，就使大家議論紛紛，引起王三嫂觸景傷情。

「說來造孽一途，雖是講料子的好壞，但技術是大在乎的」她用手拉拉鄰二嫂一下，又說「你曉得啦，我家那個小姑娌我家公婆還說她出衆，一天，我的大哥來望我的病，她炒一碗醬炙雞肉，直是拙於人」。

她們的話更扯到四面八方去了——李二嫂遭着一個惡毒的婆婆，并且小姑還在從中作祟——趙大嫂的兒子壞了公婆，姑娌姑嫂都得手鐲，獨她沒有，她由幾年前想到現在都是老的不好，不是她有錯處。

李三嫂做出關切的樣子問謝二娘

「保與今年幾歲了？成大人了」。

「正十五歲，是喲，長大了些」。

「明後年可以娶婦了」李三嫂又補充上一句：「你們人手少」。

謝二娘暗自一計，今年十五歲，明年十六歲，後年有十七歲了，十七歲的保與是比今年大多了。便囘覆說：

「是的，我擬在後年娶婦，我成不得了，近年來多疾多病，我得把他姊妹們培植了，我就死也得個瞑目」。

李三嫂凝眸注視：「要是得在後年，剛是得使我把媳婦接囘來了再嫁女兒，人手不致空虛，你曉得嗎？趙大洪家已經來報過鸞玉的喜期了」。

「保與的媳婦，可是李玉聲的二女」？王三姐又來上問。

「是的，二女，二女是比大女高一些」她還怕她不明白。

王三姐半實情半批慌的稱贊：

「保與的媳婦眞不錯，近來愈長愈美麗了，娉娉婷婷，二娘好福份」。

謝二娘在先想到娶媳婦，娶後的……便幾乎露出笑容，現在又被王三姐道及，她不能制止了，微笑起來了。一會，她又想到她丈夫去世的悲傷，連想到將來辦喜事，她哀懼起來了，便低下頭以菩提念佛來抑制神經。

二

長長的一條巷道裏，謝定英慢慢的走出來一面走，一面說：

「就是這個日子好了，恰巧比我家發芝的婚期在前一個月，辦理畢你們的事，剛好來幫我的忙」。

「是喲！你瞧我本是說與星士，請他擇在這個期間」走了幾步，「我還怕不有日子，要到嫁了鸞玉之後」。

「只是時間短一些，那不相干，我可多找幾個廚師和相幫的」。

「這個日期荣蔬多，眞好」。

她倆走到市場上了，謝二娘誠意地，要約她的姑姑謝定英去吃午飯，謝定英好像家家中有多大的要事般，總在推委：實在是想到怕去了生她的怨。

「我忙着，我家裏做着的豆腐還不得放下礶子，還有醃荣喲！我要家去叫媳婦們把牠洗來曬着」。

太陽斜照在街頭，南邊的房子牆垣的影子，參差高低的，如剪貼一般的，現在路上。

她倆在街頭分散了。她倆都像若有所思的眼睛只是望着路，相背而去了。

鸞玉在廚房裏，正用刀俎在灶上切着，她媽進來了，她一回頭望望真是她媽，她便脫口而出：

「你剛出去了，表嬸家就來送一塊肉，兩個大粑粑」！

「唔！他們真早！我還一樣都沒得做清」。謝二娘說。

飯棹上陳列着馬鈴薯的油炸圓子，炒藕和醃蛋，……菜蔬是很豐盛的，保興，謝二娘，鸞玉，圍坐開餐，家庭容容洩洩。

謝二娘唱一般的說：「保興！吃完飯拿這塊肉和粑粑去送舅父家」。

「我們今晚上尹先生來教英文」。保興欲想推卸。

「上英文要緊？還是送禮要緊？你說！你讀書讀出那裏去了」！李二娘責罵兒子。

「今天我已去擇得保興的喜期了，在後年冬月間」，母先說。

鸞玉剎時臉現杏紅，連想到自己的喜期，在後年冬月間。

謝二娘并不看女兒的臉色，只是望着天空作瞑瞑凝想，想到自己辦喜事的錢由何處籌出？如何找人幫忙？如何定「吹拾」？如何定廚司和定碗盞。

夕陽移上屋頂，隔隣的樹的影子，射在瓦上，風吹樹枝，樹影一搖一擺的，母與女坐着靜默無聲。

三

喜事將近了，李二娘一夜不能熟睡，不等朝陽出現就起牀，家裏隨便照顧一下，便一直箭的去娘家，天空的老鴉，呀！呀！飛過她的頭上，地面瓦屋上滿是一片白雪，四野山坡都冷得呀！把頭縮起，長上一層黃毛衣，凜烈的寒風，吹得村子裏的人們，多是不敢開門。但，李二娘則表現精精神神進一座屋子裏去了，

屋的周圍都是石灰敷着一層，現在却變了顏色，已成半白半灰的牆壁了。

「保興的喜事要到了，叫我如何辦法」！謝二娘對她媽訴苦。

「哦！是啲，第一是你的錢由那裏籌呢」？母親也愁容的囘答。

謝二娘說：

「我問過表嫂了，她大兒娶婦用了一千五，還是多少不算，我想我是頭一場事，多少三親六故不能不找，多少朋友往來不能請請，我的怕還要比她家多費一點，我想賣四籮種」。

「唔！要這多錢！世道變了」！謝二娘的母擔憂的說：「但是你頭一椿事，一下同你大哥商量」，臉色轉而寬懷了。

不一會，一個小孩走來扯着謝二娘儘在喊：「姑母！姑母！吃飯！吃飯」！

謝二娘被牠們催促不已，同她母親走出來了，她的大哥看見劈頭就親熱：

「你來了！來上樓吃飯吧」！

大約是有姑姑來的關係，桌上的茉蔬陳設得滿滿的，一蓋人圍坐而食，現出快慰的樣子。

「保興的喜事將到了，你要幫我籌二千錢呢」！謝二娘想了一陣，望了一下，暫時沒有小孩們的要飯要菜的聲音，才對她大哥說。

她大哥問答：「年時困難，借二千錢是不輕易的」，說完了，還一左一右的搖着頭在歎息。

「這是成家立業的事。我已決定主義賣田，無論如何你要為我設法」。謝二娘懇切的說。

「唉！穿衣吃飯是大問題，你年中百多穀子，我帮你想，還是由儉省處着手」。她大哥熟思了一會。

室內沉靜起來，一喃不喃，但所到人嚼飯的聲音和小貓在桌下吃骨屑和費菜的響聲。

謝二娘的母親說道：「這是她的頭一回喜事」說着手又去取一箸菜「三親六敬是多的，隨那方面是不找不得」。

說完又添上一句：「這是大勢，不能不用」。

謝二娘的大哥轉一個念頭想想，這也不錯，成家立業的事，是她的頭一回喜事，於是便允許了！

「我得聽范亮山要買二千錢的田，我多時幫你問他」！

「大約有九分許可」！他怕他妹子向他開口，急忙說上這一句」。

「姑姑！你們吃飯時是講保興的喜事」？大嫂說「是的」！謝二娘答。

「我勸你一句」，喜事是要做三天，不要去學人做兩天囉！一天囉！非鹿非馬的」。

謝二娘脫口而出：「周公製禮，還有什麼錯的，我也決計要做三天，三天方能從容辦埋」。

大姪女也說：

「三天好，接賀禮也好接，反正你我家去送人多少，到自己上來。如果做一天兩天，接也不便，不接又不上算」。還補充上一句「就是人家也好來」。

四

事實是這樣：

保興娶婦的時候，新娘因為穿衣的關係，不曾聽命令，並且一個姑娘家，長長的一綹頭髮，要去把牠剪成什麼鴨屁股，也是

不滿謝二娘的意，何況是不聽命令，謝二娘的火幾乎由頂上冒出來。

天天都在尋媳婦的錯，不說她做的東西不好，便說她早晨間懶起，不論何時，凡遇到一個熟人，便坐起說她媳婦的壞話，如果對方聽了不生怨，甚至坐到月斜欄杆，都還在人家大門外的石條上咻咻不已。

謝二娘恨媳婦，生恐怕兒子和媳婦的情感好了。對於自己不利，於是反間兒子和媳婦的感情，要兒子絲毫不能聽媳婦的話，就是晚間進臥室，也都防範周到，下下希望他們夫妻反目。

或有空閒，謝二娘就訓戒兒子要如何懂大義，要如何孝順，不說李二哥因妻得罪了娘，就打妻子，說男子漢，大丈夫，是不能聽枕邊語。

時時刻刻，望保興幫她維持威權，使她一說的話，媳婦聽，聽而要實行，實行着不大好，平常是多麼矯生慣養的，那裏受得住謝二娘的這樣搓磨，但是又不能不勉儘忍耐，年輕人呀！那裏有多大忍耐心，謝二娘一罵她做的菜不好吃，她就得蔑視的說：

「一樣也不有，叫人如何作無米之炊」。

謝二娘聽了媳婦刺激的話，一面悲慟丈夫的早死，一面要勉強維持威權，所謂柴米公婆。只得向娘家向姊妹們各方借款來維持生活的常態。

戀玉的喜事一閉眼就到了，客難可不請，但是取笑於人，材料，用具裝飾……是一切不可少的，否則是取笑於人；穀子又只有四五十籮了，如果儘出去了，全家只有餓飯，事又不能不下場，借是已經無路了，於是謝二娘決定了，水到田頭便開溝，

498

對着的親家是高門大戶。

公論

材

×年×月×日　時××，社開大會，略備午餐，眾皆早於傳單上見之，雖定時間開會，但你忙省我不忙，始見一二會員，悠然而來，望望光景尚早，尤恨催者之性急，鐘打十二響，日至中天，零零落落，參參差差，過一會又到三三兩兩再過一會，又到三五一羣，到者雖不足法定人數，但依慣例亦認為法定數也。於是擲鈴三次，方克全體出席，其中有一二人，尚欲逗留於茶盤烟盒所在地，幸同志中高唱『守開會秩序』，之後，推委再三，一嵜年始莊嚴登台。男會員前坐，女會員後坐，公推主席何可自不振作而貽笑他人。乃驚悟我之來此所為何事，

主席：云，云，云，——報告開會理由。

會計：本會總入×××，總出×××餘銀×××。

主席：請甲同志，報告一年來之會務，無甚話說。（說畢坐下）。

甲同志：主席先生！報告一年來之會務！一年來之會務，

乙同志：

主席：現在選舉下屆職員，請乙同志發選票。

乙同志：（起立，走到主席台前，取選票分散與各席，一面分散，一面咿咿唔唔的，將甲同志和他所說的便於辦事的一層，向大家宣傳）。

衆同志：（張頭羅耳，望望前，望望後，方開始填寫，多數同樣填一二人的姓名）。

主席：現在我們來開討論會，第一條，追認前次所選負責×事職員及增選案，（選舉完畢，主席高呼）。

丙同志：（起立呼）主席先生，李同志一人頗得大衆之贊許，惟張

一天晚上約着保嬰和隣伯去寫僞田契了。

同志一人，我的意思要另舉。

庚同志：主席！我與丙同志一個意見，丁同志因事未到，我亦可以代表他和我一個意見。（慷慨急昂大有「張同志爾何人也的氣概」）

主席：現有丙同志發表意見，有庚丁二同志副議，請各位付表決。

代同志：主席先生（高呼）現旣付表決，得說出理由，方好立議案。

（有過半數舉手，有一部份因人情關係贊成也不舉手，不贊成也不舉手）。

庚同志：何用說甚意見，自有公論，你以爲我們是爲私嗎？（怒而起立，大聲疾呼，好似聲淚俱下者，一面喝茶一面在會場上走上走下，竟走至茶酒處，以爲戊同志何乃大胆敢來反對自己，表現出你反對我便要征服你，無論如何是你錯我不錯，你再不服，我就聯絡羣衆以武力解決你）。

戊同志：主席，我是善意的發表意見，庚同志須得諒解（說完坐下永不起立了）。

（會場上香煙四起，裊裊娜娜盤旋室中，人聲嘈雜紛亂）。

甲同志：主席先生，此案留到二次解決罷，在先旣不同我商量，又非我之提議，此事須加審慎考慮，此時不便解決。（

冷靜的甲同志原本三緘其口，不願發表意見，萬不得已方說出口來）。

衆同志：同意（聲音不整齊的發出）。

（會場仍是淸亂，大家交頭接耳）。

乙同志：你爲什麼不贊成×人（對辛同志問）

辛同志：我不知怎的。怪不喜歡這個人，我一見這個人我怪不高與我亦不爲什麼！

S 的 歸宿

欽蔚

S垂頭喪氣，含羞帶怒的囘家，終天忙碌奔走，結果碰到一鼻子的灰。抑鬱潦倒日暮途窮的心情，一天天的增加，他覺得他的一切完全絕望了。眼前的吃飯問題，又不能不求解決，究竟有什麼辦法呢？在小室內踱來踱去的深想。

正在這時候，郵差遞到一封家信，急急的撕開讀着：

某佷入覽：別後歲月屢更，不獲欣叙一室，頗馳遠念！不知佷旅况如何？諸凡順意否？佷在家所訂?家之女，曾幾次來退庚帖。因佷不在家之故。叔亦不敢作主，今伊家不顧一切，已又另許?家。訂於某月某日完娶，望佷接信後，速抽身返梓，請速位鄉紳同伊家交涉。縱不能全盤挽囘，至少亦須得數百元之償金，速囘勿誤！忙中草草，餘不盡述。

傷心的舊夢一件一件的印上心來。大約在三四歲的時候吧，得力於媒人的鼓吹力，大牢也許靠着資產的家庭，很容易的聘定，門當戶對的千金小姐，他們有時在路上相逢，總是一語不發的微笑，他倆愛的心靈，就在這微笑裏互相默契。

這迅速無情的流光呵！使一個個少年，領上添了縐紋；使一個個老人進了坟墓。S也轉眼就是雙十了！他的幸運之神也逃之夭夭了。

她家雖然用了許多心血和手段，說他「如何不成器，如何不做人，如何…」不過是無理由的理由者能了。

但是幸得他的族戚出來說公道話，所以暫時也不發生什麼問題，然而她家也不因此罷休，却出了一個難題，向他要挾，若是在這月內不娶，她家也不因此罷休…本來她家已猜着S是兩袖淸風，在這月內是沒有辦法的。S呢。他在不久的以前，因受了親朋的冷嘲熱諷，什麼我們鄉間至多亦不遇十六七歲就…他已稍微有點進備。

似乎給他一個絕好的機會，將家裏餘下惟一的田產，儅做三四百塊。以後的生活，和贖囘囘田產的問題，不是他意裏想得到的問題。經濟問題總算成功了。不料又來了一個難題是：『五年才行，不然就退』。橫豎都是她家有理。S眞忍不得這些嘮叨，放棄了由別處請人另說。訪問了十多處，結果祇得到當面冷酷的諷刺和不自然的和氣苦笑的拒絕，並且隱隱的還審得說：「這種窮小鬼，今天吃到口，明天還沒有，也配有妻子嗎？眞是異想天開！懶蝦蟆想吃什麼天鵝肉！」

但是S是一個俱有現代思想的靑年，最後決定了自由戀愛的辦法，這是本鄉空前的創舉，並且戀愛也非金錢不行，又有誰人來睬他一眼呢！什麼戀愛自由，婚姻自主，也不過是資產階級享有的特權吧！想到這麼，他也不得不把堅決的意志輭化了。

雖然他的自信心不弱。老天總會有眼，並不像人類這樣的刻薄殘酷。拿着這點錢到緬甸火車路一帶，勤儉克苦細持把穩的做點小本生易，漸漸的謀發展，很有把握的詳細思量計劃了一番以後，他的腦海裏，又蕩漾着一種成功的幻想。到了三五年後，當然一躍而成一個財主，那時什麼人都會親候我，恭維我了，親戚朋友也來送禮，什麼問題都解決了。想到這裏，他更不得不做進一步的要求，非選一位師範生，天足的，剪髮的，如花似玉的不可。到結婚那天，穿着整齊的西裝，亮錚錚的皮鞋，手錶戒指……。

前面放着火炮金盞銀台，後面奏着西式的音樂，徐徐的經過以前訂過婚那家的門前，使她悔恨的深想到「潑水難收」的錯誤。S想到這裏，心頭一種得意的神情，由微哂而破口大笑，身不自主的逃出新郎的模樣，直僵僵的轉來轉去。因為轉得太起勁了，足尖蹑着門限，他才感覺到足趾的痛楚，連帶的覺悟到一切的一切都是幻想，幻想是空虛的，毫無濟於事實的。

「秋高氣爽」，「日朗風清」的時候，一陣陣的馬蹄聲，正是S逃出這永被愁雲慘霧籠罩着的金錢勢力的魔窟的時節，去到大多數的同鄉視爲唯一的出路的緬甸去了。

這黃金遍地的國度，早已被提足先登的人們攫取了一切的優先權益，只留得滿眼凄涼，百業凋敝的枯竭的地殼。S已來了好幾年，雖用盡他平生事的成敗好像由命運之神的判斷，不用說，帶來的錢，可以幹呢！回家去罷，不發財死也不回去。那麼就竟到那裏去呢？當然本埠的大小商店，什麼職務，都尋遍問週了。初下來的時候，還有幾個談話的朋友，現在的環境可不同

了。就是正親正戚，一見着就遠遠的走開了，差不多把我當做虎了。有時偶然過着他們的門前，從來不會看見人影的。點小本生易是絕望了！還是要到外省人那邊找件事情幹幹，只要能夠維持生活，什麼事都可以幹的！

他這樣想着，就毅然的決定，向最後一線希望走上實行。到第二天的中午，他沒有把握的往街上走，走遍了外省人的商店，除了受到兩個店員的譏笑外，他的理想終歸還是失望。或許是不景氣的侵襲能！「老板你們這裏要用雇員嗎」？S是這樣的說：他們似乎聽不懂，卻很奇異的看了他一眼。把他亂髮蓬蓬的頭，被舊的汗衣，露着大脚趾的拖鞋，從頭上看到脚下。立刻現出一副鄙夷不屑的面孔，他看見這種情形，好像冷水澆在頭上，想要退出門去，但是吃飯問題要緊，只好暫是忍耐，復而又鼓起一點勇氣，先生你們這裏要用雇員嗎？S又重複說了一遍，「哈哈，雇員，我們還要想找工作的地方呢」？S似冷笑又近乎真情，不約而同的都是這末回答，就垂頭喪氣的，急步的跳出門外。他的神經似乎被羞憤和失意所麻木了，沒有痛癢的感覺了。他也沒有怨恨譏笑他的店員，拿着時才來的信，反覆的看了幾次，再都想不出第二個辦法來。毫不留戀的撕成粉碎，每一事一物的問憶，什麼婚姻問題，終身大事，光榮事業，在他腦子裏，一點點痕迹都沒有存在，他只伸長頭項，長長的深嘆：老天爲什麼永遠對我這樣的殘酷，我的運命怎麼想不到第二個辦法來，毫不思索，毫不留戀的撕成粉碎，什麼爲什麼永遠對我這樣嗎？社會爲什麼不睜眼？我真不解人間世上，何以有這樣複雜的不平的場合？一生就是這樣嗎？低下頭來，眼淚也不覺撲簌簌的淌上，他硬着心頭，拭拭眼淚，向一面牛舊的鏡子看看。他自己的面竟會墮落到這個地步！一生就是這樣嗎？低下頭來，眼淚也不覺撲簌簌的淌上，因受生活的鞭韃，已充滿了衰類的象徵，兩頰瘦屑下去，額

上添滿了縐紋，灰白的目光，已落在深陷的眼眶裏，營養不足和許久沒有梳理的頭髮，蓬蓬鬆鬆的，已斑白了大部份。齷齪糢糊的滿佈了口唇邊。一看他的容貌，勿論何人，絕對的猜不出他的年紀，他的面貌正和他的心靈同樣的像死灰一般永遠沒有掙扎的勇氣。

唉！真是一生決定了這樣頹敗的厄運麼？殘酷的金錢的魔力啊！你殘殺了許多青年的生命！你阻止了社會上許多勇敢的進步！你吸枯了多少窮人的血液！多少不合理的事情，由你造成，S不願屈服的，瘋狂的，痛恨的，詛咒了金錢一番。就這樣挨着餓着期待着死嗎？我，我只有自殺的。但是自殺是意志薄弱的表示，有血性的青年是不願意自殺的。他愈想愈沒有辦法，祇增加了他的苦痛，只好握着拳頭向空中打去。

在這剎那間，他忽然轉了念頭，得到澈底的「解脫」的覺悟，好像由睡夢裏驚醒起來。峨！哦！人生是無聊的幻夢，終歸一天的泡影嗎？什麼金錢光榮，在須臾的幻夢醒後，不是成了空虛的泡影嗎？

過了不多幾天，清靜的早上。由街上走過了一隊隊的善男信女，和後面肥頭大腦的披着新袈裟捧着鉢兒沿街接受佈施的僧人。S奇異的眼光，很呆板的凝睜着後面的黃色隊伍，他好像已經得到歸宿的辦法似的，面部表現着安慰的神情。

哼！這不是生活的大道嗎？他自言自語的發現了自己的出路。

從那一天起，塵世上沒有了S的踪跡，異鄉的彈林裏，又增加了一個披新袈裟的青年僧人。

一九三六，一，二五。

會務報告

外部第十週年大會及大會特別委託委員會會議報告表

提案號數	提案人	提案內容	週年大會議決案及執行方法與執行者
1	寸仲猷	近因車路毀斷無法赴會來電建議對會務教務館務有個人及內部重要提案請大會組織大會特別委託委員會以待寸同志携帶案件到會時再開會議案	組織大會特別委託委員會以待寸同志出席開會大會特別委託委員會全體職員組織之
2	李生蕚	懇請殺價所担保劉玉清借款餘數案	准其殺期至十一週年大會清償但須另請承還保人另立借契
3	李雨樓	請求減低會款利息案	利率照舊惟臨時收用之款則減其二月之息
	大會特別委託委員會		

502

8	7	6	5	4	3	2	1
圖書館	圖書館	教務外部委員會／寸仲猷委員會	內部教委會	內部教委會及教育外部委會	李映三	寸懷允	李雨樓
請通過本館預算案及撥平民學校基金利息充本館經費案	從略	請改組教務外部委員會案／請組織總部評議委員會案	請求購置小學儀器案	關於教校續辦鄉題及內部問委會提議請由外部委任教育任負人員案	第十屆總部資助寸品齊身後郵金壹百盾其五十盾為總部應有權限餘五十盾因憫其慘死越權支助請大會追認案	請求辭去兩校會計一職案	內部匯用款項須先徵求外部同意然後匯用案 指明用途
該預算表所列四八四元除將平民學校基金利息撥充及收趙愚齋同志年捐五十元外不敷者由經理處基金利息項下支用 共計　四八四元 二〇〇元 二〇〇元 二六〇元 二四〇元	原擬預算案之書報費二百五十盾由本會津貼交經理處負責支配外該館經費通過如下表 文俱及該館經費俱及運輸什費 經理處薪金 館員 館役『本省報費在內』	二案合併討論評議委員會暫綏組織教務外部委員會仍須存在並改選寸相一張立生李映三李潤珍劉惘含寸幼仁尹德修兼文牘主任龍寸仲猷九人為委員寸仲猷兼常務委員尹德修兼文牘主任	購置儀器經費先定一百盾交圖書館經理處向滙購辦	以遵照教育部章辦理嚴屬拒絕復古為原則繼續辦並根據內部教委請求由外部直接聘請李生莊先生為校長李秋農同志辦理一切內為教委會主任尹以忠同志為教委會委員亦由外教委會推舉並徵求現任教員同意後聘任惟現任教員不得兼任校長對酌之情形並徵求教委同意後聘任茲委任內部委員會委員如下 尹以忠 劉有位 寸以雲 李虞農 寸永安 寸珮九 段鏡秋 李鑑秋 劉惠卿	追認	志寸會計若實行南下則由候補會計李錦堂同志暫為代理俟寸同志返里時又為復職若寸同志南下久任則由李同志負責專管	咨函內部凡本會預算案內所列內部應支款項需用時應於半月前預告並預備然後匯用時由內部及會計函達外部

16	15	14	13	12	11	10	9
刊物籌委會	刊物籌委會	寸仲猷	寸仲猷	寸仲猷	寸仲猷	寸仲猷	寸仲猷
刊物籌備委員會改組爲編輯委員會案	擬照原定經費改組年刊爲不定期刊物案	擬請印刷本會總章案	本會總章第八十三條後擬增『凡被停止會員資格之會員對於本會經濟捐納槪不退還』一條	本會總部職員改用複選制選舉案	請求覆議二埠合組總部案『附組織條例』	本會會員大會由赴會會員中選舉若干人爲代表代表大會以代行會員大會職權案『附代表大會組織條例』	寸源深被本會資送而轉入軍官學校對於彼之津貼應如何辦理及以後資送學生槪屬辦法之制定案
編輯委員會由前任編輯員負責改組之其人選問題由前編輯員推舉呈請特委會任之於舉定編輯委員會全體職員如下　編輯主任　寸仲猷　李文龍　李秋農　寸幼仁　編輯副主任　寸雨舟　李品九　李變臣　趙國珍　編輯委員　尹以忠　張岑達　寸佩九　尹德修　劉悃舍　張子雲	通過	可將歷屆修正章程及各種條例整理增刪後附載於十週年刊之內無須另印單行本	通過	照原案通過	照原案通過其組織條例列入總章內此處從略	照原案通過『其代表大會組織條例附載於本會總章內此處從略』	寸源深之津貼費應向其家庭追繳由寸幼仁同志負責兩達其在省其家長負責償還其遺缺一名暫爲緩送本會雖有規定但應由內部斟酌酌省方生活程度情形以足資維持該生生活爲原則酌量減少之

和順崇新會外部第十一屆職員表

總部 恰井

監察委員—李曰祜　寸性壽　寸筹紀

執行委員—
劉啟忠常委　寸家寶常委　劉聲萃常委
寸長吉文牘　寸長泰　李白蒼會計
李曰選　劉玉科候補　寸時寶候補

第一分部執行委員—李生珮　李生珖　李光垣　李生琨　劉金錫

第三分部執行委員—李曰植常委　劉玉樑　釧加智　李生蓴　寸品芳　釧相賓　李繼昌　寸學炳

各區常務委員—蜜支那　寸俊賢　南馬　張德萃　抹港　賈學炳

和順岁新會外部第十一屆支出預算表

支 出 摘 要	款項數安
內部經費津貼	1000
教育經費津貼	8000
圖書館費津貼	2500
資送學生報費津貼	2000
津貼內部經費	2000
購置小事（樂器）經費	1000
刊物經費	2000
過年大會經費	3000
郵電零星費	500
共計	20000

尹樂仕　賀　本　楊俊傑　抹　魯　尹生才
恩　多　李祖蔭　九　洞　李生壽
李曰績　果東波　許錫增　千木魯　釗相尵
臟　戌　李葉盛　臟　卜　楊因珍　八　慕
李澤春　仰　光　寸偏徼　皎　脉　張溪

以上九名均男性

張德康　寸品智　賈希賢
尹俊仁　李租盛　釗嘉瑛　劉玉忠　楊發瑞　李祖光
寸瓊芝　女性　李玉珠　女性

本會第十一屆新入會會員

外部第十屆經濟收支比較表

收入摘要	款項數安	支出摘要	款項數安
經常收入	25504	津貼教育經費	8000
會金收入	300	資送學生津貼代	3500
臨時收入（年捐）	240	津貼內部經費	1000
收入共計（年捐）	26044	捐振華學校	3000
兩抵出超	1519	會員身份郵金	1500
共計	275513	臨時代表會議經費	1106
		利息支還（教育基金）	1698
		年刊印刷費	17711
		圖書館津貼	2500
		大會經費	2814
		郵電館零星各費	670
		支出共計	275513
		收入共計	26044
		兩抵出超	1519

〔註〕本屆代上屆支出教育經費536屆因係上屆應支之數故未列入

和顺图书馆缅甸经理处财政收支表（民国廿四年份）

收　入　摘　要	款 盾	安	支　出　摘　要	款 盾	安
日清尾结存	37	14	还崇新会上届借偿款	1750	
崇新会津贴书报费	250	0	汇汇书报代图币 $1000.00	1056	10
预支崇新会津贴费	1000	0	酬接定报费	83	5
外部理财员移交来	375	0	购付本馆文俱用品电器用品	145	1
本金收回	375	0	汇本馆经费	1000	
书报代办部收入	3783		审放款	3750	
丛书集成捐款36柱	5800		新放款	1250	
买江票券捐报费	100		图书文俱零售	301	
利息收入	423		邮电文俱遣足	365	
售结婚证书一套	5	8	退还书报费	212	
不敷	21		撥本馆经收	2611	
收入共计	2155	13	支出共计	2155	13

「註」崇新会外部理财员代保管之基金经九届大会议决移交缅甸经理处後本届基金仅存RS125—0—0按
存经理员处除崇新会津贴250盾外权足支付本年一年之经费矣。

類別議案名稱	平民學校經濟報告	會務經濟報告	教育經濟報告	農林科經濟報告	圖書館經濟報告	公推開票員	公推查賬員	對外部來函之表示
建議及報告者	寸懷雲	寸懷雲	寸懷允	寸懷雲	寸懷雲			
負責執行及議決事項	總入 1752.802　總出 1600　存 152.802	總入 975.98　總出 860.135　存 115.845	總入 5796.313　總出 4717.7　存 1078.63	連存帶入共 119.35	總入 748.745　總出 589.95　存 158.795	監票 劉惠卿 劉振樑　唱票 李錦堂 劉振權 劉玉瑞	李森園 劉振樑 賈永康	A.李秋農同志為教務主任一案議決改為教育委員　B.教員不得兼任教委案議決為便利辦事起見仍得被選為教委

和順崇　　和順　　內部第十週年大

507

新會

會議事錄

案由	姓名	議決
外教委建議三條		議決照辦　C.聘請教員案仍由教委會與校長樹酌聘請之　D.寸源深轉學軍校案議決將寸源深向本會所立志願書寄交外部請外部酌裁執行餘案一律贊成通過
請李秋農為館務指導委員	寸仲猷	議決通過
保管新朦衝社基金案	該社會計李維周	議決該社存有基金26.54議決暫由本會保管苟該社復興時又由本會照本價還之
敎委餘款購買小學儀器案	李生圻　李生魁　張德良　趙秀發	議決購買小學儀器外部已由基金內撥出一百盾請寸仲猷同志選購惟銀數有限恐難敷用再由內部教育餘金撥出五百元補助購置之
請代更正九週刊登載經手賬目錯誤案	寸樺清	咨請外部於十週刊更正之
處理經濟案		平民學校收梅生盛還來大洋肆百元教育餘款大洋二百元共計六百一元卽放與李生萃同志年利牽乙分計算以田契抵押如遇必需時當於一月前照會主籌措

第十屆部內職員一覽表

監察委員	李本仁　寸懷雲　李若泉　李匯川　寸懷允
候補監察委員	寸仲恆　尹坤書
執行委員	趙國珍　劉松年　劉振樑　李耀北　李燦城　尹以忠　賈永康　寸仁山　寸佩玖　寸貞吾　賈哲生　劉振權　張德良　李錦堂　張良臣
候補執行委員	李森圓　李子文
教育委員	李虞農　趙國珍　劉惠卿　李燮臣　李耀北　李生莊　李仁杰　寸懷允　寸懷雲　寸以忠　寸仲恆　張月舟　寸佩玖　寸錦堂　李坤書　尹坤書　劉松年　張德良　謝蘭芳　段鏡秋　寸永安　劉有位
候補教委	張良臣　尹清英　許子質
館務委員	寸佩玖　尹大典　趙國珍　劉振權　李沛春　李耀北　尹以忠　李燮臣　寸玉佩　劉派樑　張德良　寸貞吾
候補館委	李若泉　李若愚　許子質　李蔭遠

崇新會內部第九屆決算表

類　　　　別	借方金額	類　　　　別	貸方金額
第八屆移存二柱	129.980	開會辦東七柱	151.165
外部津貼五柱RS4821	842.000	郵費十五柱	13.320
收入會金二柱	4.000	賚送學生津貼七柱	654.000
		買會考紙一柱	1.650
		津貼赴永參加運動會費一柱	40.000
總計	975.980	總計	860.135
		差額結存	115.845
	975.980		975.980

第三屆教育經濟決算表

類　　　　別	借方金額	類　　　　別	貸方金額
崇新會津貼	1721.000	教員修金	3620.000
鄉公所津貼	500.000	會考獎品費辦東	206.450
兩年教育基金息項	200.000	校役費	171.750
大稱捐	500.000	建築費	122.700
廿四年份學生學費	2347.900	丁祭費	76.980
零星入款五柱	41.915	文具費	51.175
第二屆移入	452.873	書籍費	12.280
		炭火費	73.605
		遠足費	86.650
		運動費	6.500
		國慶紀念費	52.910
		交際費	11.270
		李生莘借款	2001
		雜費	161.475
		購置小學儀器	5001
		代圖書館塾開彩籌備辦東費	31.330
		總計	5385.075
總計	5763.688	差額結存	378.610
	5763.688		5763.688

第 四 屆 敎 育 經 濟 預 算 表

類　　　　　別	借方金額	類　　　　　別	貸方金額
崇新會津貼估計	1900.000	敎員修金	3540.000
鄉公所津貼	500.000	建築費	200.000
敎育基金息項	100.000	運動費	100.000
大稱捐	500.000	交際費	150.000
學生學費估計	1800.000	書籍費	100.000
第三屆移入	200.000	遠足費	100.000
		雜費	100.000
		炭火費	100.000
		丁祭費	150.000
		獎品費	200.000
		文具費	100.000
		校役費	170.000
借方總額	5000.000	貸方總額	5010.000
差額不敷	10.000		
	5010.000		5010.000

圖 書 館 第 四 決 算 表

類　　　　　別	借方金額	類　　　　　別	貸方金額
上屆移存	176.245	舘經理舘役薪金	239.000
寸品才捐來	57.200	印刷費	76.600
李生莊捐來	115.300	文具費	38.300
張縣長捐來	110.000	郵票費	10.000
趙愚參年捐	50.000	無綫電費	74.700
釗睿生捐來	40.000	建築費	91.350
崇新會津貼	200.000	運書費	22.000
緬甸經理處撥收六柱		招待費	10.700
（RS35-11-0）	74.943		
		雜費	1.500
		訂書費	25.800
收入總計	823.688	支出總計	589.950
支出總計	589.950	差額結存	233.738
兩抵結存	233.738	共計	823.688

平 民 學 校 決 算 表

類　　別	借方金額	類　　別	貸方金額
上屆結存大洋	1243.302	福盛和借用	400
福盛和還來息項	36.5	樹生盛借用	400
梅生盛還來本息	436.5	永義興借用	400
永義興還來息項	36.5	李子文借用	400
總計	1752.802	總計	1600
		差額結存	152.802
	1752.802		1752.802

內 部 新 入 會 會 員 名 冊

李玉珠　　女性

賈希賢　　男性

附載

和順圖書館鳴謝啟事一

敝館蒙各同鄉同志捐贈經費書報除於崇新會第九週年刊登載

謝啟外茲將民國廿四年以後捐贈者芳名及款數錄列於後藉伸謝悃

李朝卿君捐助經費五百元

釧盡安君捐贈自然科學小叢書全部值滇洋一百廿元

段翊卿君捐贈現代新書一單值滇洋八十元

捐贈叢書集成全部及小學生文庫全部六省通誌全部捐款
者芳名

玉順興寶號五十盾　　李朝卿君五十盾

楊耀廷君五十盾

寸益仙君　李受天君　劉有位君　寸永安君　寸保之君

寸培德君　寸壽仁君　寸仲歆君　劉柱臣君　釧星樓君

釧嘉英君　以上十一名各捐廿五盾

張雨秋君　李祖耀君　張成椿君　李應聲君

釧文運君　寸春谷君　李幼興君　賈成之君　李槐三君

以上九名各捐十盾

許錫增君　李曰可君　張德川君　李生吉君　李相卿君

寸珍君　李曰蘋　寸時俊君　寸忱君　李祖舜君

李佑之君　李秋農君　釧嘉泰君　張匯源君

以上十三名各捐五盾

李生莊先生捐贈開明本廿五史一部

張槐三先生捐贈佩文韻府漢魏叢書各一部

尹治仁君捐贈體育季刊勤奮體育月刊各一份

以上卅六名共捐得五百八十盾

和順圖書館鳴謝啟事二

敝館於組織書報社期間得買鑄生先生及已故寸以莊先生自費

鳴謝啟事倉促付印故致遺漏茲特補誌數言藉伸謝悃並誌歉意

和順圖書館鳴謝啟事三

出發全緬募捐成績良好又蒙寸季義先生捐贈神州日報一份因前期

敞館自成立以來多蒙熱心同鄉同志及有名學者作精神上及物質上之贊助敞館爲永久紀念計特制定獎勵辦法並徵求各捐助者惠賜相片但徵求結果惠賜相片者雖大不乏人但仍有多數同鄉同志或因僻處邊遠寄遞不便或因相片尺寸差異未蒙寄茲特再爲請求望旅外同鄉同志依照敞館獎勵條例於便利時隨將相片寄交敞館緬甸經理處其居住內地者則請惠賜敞館以便彙集而資紀念是爲至禱

和順圖書館獎勵條例

1. 凡捐助本館經費及一切物質之贊助者先於本館懸牌鳴謝並刊登和順崇新會年刊鳴謝之

2. 凡捐助本館者一律彙集四寸半身相片於紀念冊內並序述捐贈種類及數量以紀念之

3. 除第二條紀念冊獎勵辦法外凡捐助多數之經費及物質者依其捐助之多寡而規定下列相片之大小懸掛本館以紀念之

　甲　捐助萬元以上者　廿四寸相片
　乙　捐助五千元以上萬元以下者　廿寸相片
　丙　捐助二千元以上五千元以下者　十六寸相片
　丁　捐助千元以上二千元以下者　十二寸相片
　戊　捐助五百元以上千元以下者　八寸相片
　已　捐助百元以上五百元以下者　六寸相片

4. 捐助本館圖書用俱來者除照第二三條獎勵外得將捐者芳名刊載於所捐贈之物品之上

5. 捐贈本館建築物者除照第二三條獎勵外得以捐者芳名命名於所捐贈之建築物上

6. 爲本館義務服務而著有勞績者得享受第三條丙項或丁項規定之獎勵辦法但須由館務會議決定之

7. 本館經理忠實服務成績特著者經館務會議之決得享受第三條丁項或戊項之規定之獎勵辦法

8. 本條例有未盡善處得由館務會議議決修正之

中華民國廿五年一月一日雲南騰衝和順鄉和順圖書館公佈

和順圖書館緬甸總理處來文通訊

HO. SHWIN, LIBRARY AGENCY OF BURMA,
24, VINTON STREET,
KEMMENDINE,
RANGOON, BURMA.

和順圖書館章程

第一章　名稱宗旨館址

第一條　宗旨
本館定名爲和順圖書館以輔助教育增進地方文化爲宗旨

第二條　館址
本館館址在雲南省騰衝縣和順鄉

第二章　組織

第三條
本館之組織系統如左

名譽館長
館務委員會

總務部：建設股／推廣股／國內募捐股／會計股／國外募捐股／國外經理處
圖書部：庋藏股／閱覽股／編訂股

第三章　館務委員會

第四條　館務委員會由鄉民選舉熱心文化教育者十一人組織成立之

第五條　館務委員會之職責如左
（甲）代表本館對外關係
（乙）組織本館各部各股
（丙）決定本館應進行之工作及其步驟
（丁）決定本館全年預算
（戊）修改本館章程

第六條　館務委員會互選執行委員七人組織執行館務對館務委員會負其全責

第七條　執行委員會互選常務委員一人執行館務對執行委員會負其全責

第八條　總務部由左列各股組織之
（甲）建設股
（乙）推廣股
（丙）募捐股
（丁）會計股

第九條　總務部設立主任一人主持全部事務

第五章　建設股

第十條　建設股由主任一人委員六人組織之辦理左列事項
（甲）建築或修整館屋之設計及督工事項
（乙）修整館內器物之設計及督工事項

第六章　募捐股

第十一條　募捐股分國內國外兩股每股由主任一人委員十二人組織之辦理左列事項
（甲）捐募建築物
（乙）捐募經費
（丙）捐募圖書
（丁）捐募器物

第七章　推廣股

第十二條　推廣股由主任一人委員六人組織之辦理左列事項
（甲）增設分館事項
（乙）循迴展覽事項
（丙）館務宣傳事項

第八章　會計股

第十三條　會計股由主任一人委員二人組織之辦理左列事項
（甲）編製預算決算事項
（乙）編製各種經濟報告
（丙）收支經濟
（丁）保管重要券據

第九章　國外經理處

第十四條　本館爲便利辦理國外事件起見特設國外經理處於緬甸交通便利地方
　（甲）國外交涉事項
　（乙）國外購辦事項
　（丙）國外經濟收支事項

第十五條　國外經理處設主任一人辦理左列事項

第十章　圖書部

第十六條　圖書部由左列各股組織之
　（甲）庋藏股
　（乙）閱覽股
　（丙）編訂股

第十七條　圖書部設主任一人主持全部事務

第十一章　庋藏股

第十八條　庋藏股由主任一人委員六人組織之辦理左列事項
　（甲）採購圖書事項
　（乙）徵集圖書事項
　（丙）保管圖書事項
　（丁）檢查及整理圖書事項

第十二章　閱覽股

第十九條　閱覽股由主任一人委員六人組織之辦理左列事項
　（甲）圖書收發事項
　（乙）閱覽室及研究室監查事項
　（丙）編製閱覽統計事項

第十三章　編訂股

第二十條　編訂股由主任一人委員六人組織之辦理左列事項
　（甲）編製目錄事項

　（乙）考訂板本事項
　（丙）讎校及撰擬提要事項
　（丁）補輯及裝訂事險

第十四章　會期

第二十一條　每兩月開會一次如執行委員會認爲必要時得隨時召集之開會時總務圖書兩部主任得列席會議並有表決權

第二十二條　館務執行委員會每月開會一次如有必要時亦得隨時召集之開會時各股委員得列席會議並有表決權

第二十三條　部務會議每半月開會一次如部務主任認爲必要時亦得隨時召集之開會時各股委員得列席會議並有表決權

第二十四條　股務會議按事務之繁簡隨時由各該股主任召集之

第十五章　職員之任期

第二十五條　本館職員分支薪與義務兩種支薪職員永久任用義務職員每年改選一次被選者得連選連任

第十六章　經濟

第二十六條　本館經費除由和順崇新會津貼及鄉鎭公所補助外概由熱心鄉人捐募之

第十七章　鳴謝

第二十七條　凡捐助本館者本館視其熱心與所捐之代價照左列鳴謝辦法斟酌鳴謝之
　（一）建立銅像
　（二）建立石像
　（三）懸掛特大像片
　（四）於本館刊物內刊登像片

（五）於本館紀念冊中珍存像片

（六）於本館刊物內刊登芳名

（七）於館內名謝牌上題錄芳名

第十八章　職員優待及罷免

第二十八條　本館為鼓勵職員熱心任事起見特制定左列優待辦法

（一）本館職員之薪金按照逐年增薪制度發給

（二）本館職員如服務滿二十年而告退者給以半俸終身

（三）本館職員如有特別功績者得照第十七章第二十七條所載鳴謝捐者辦法各條酌行獎勵之

第二十九條　本館職員如有左列情事之一得隨時斥退之

（一）有不正當行為犯刑事處分者

（二）任事不力者

（三）假借本館名營私生事者

第十五章　總則

第三十條　本章程自宣佈日施行有效

附則

本章程有未盡善處依照本章程第三章第五條戊項由館務委員會修改之

和順圖書館閱覽章程

閱覽室規則

1. 本館閱覽分『閱覽室』及『出納』兩種

2. 本館開館時即得入館閱覽

3. 本館不分性別不限區域凡能遵守本館章程者本館一律歡迎

4. 凡入館閱覽者須先於簽押處簽名

5. 本館閱覽者須先於目錄櫃中尋取卡片目錄或書本目錄上之號碼通知管理人借在館內閱覽或出納閱覽

6. 入館者不得攜帶雨俱入室須縣掛欄外

7. 閱覽者不得高聲朗誦喧嘩笑叫及有擾亂他人之行動

8. 入館者不得吸烟及隨地睡吐或食零物致污穢室內

9. 書報有一定之位置閱者不得擅自移動或攜出館外閱覽

10. 閱覽者對於書報不得任意汚損縐折及圈點批評

11. 出納部規則另定之

和順圖書館出借章程

一、借書人須先領得本館借書證然後得享借出之權利

二、本館借書證不論男女如有相當保證者均可向本館出納科請求發給

三、借書保證分現金及人的兩種現金暫定為五元人的保證則須信用充足者

四、本館出借圖書暫以出納科流通範圍內者為限惟團體學校有必

要時得變通借與

五　借書時須繳驗其借書證並將本館所備之借書券依照卡片目錄逐項填寫清楚交與本館出納科存俟還書時發還

六　借書時如遇所欲借之圖書已經借出時可先行登記俟該書收回後通知與但借給之先後以登記之次序為定

七　借出圖書每人每次以二冊為限惟學校教師有特別情形者得酌量借給

八　無論何項圖書不得在書上圈點批評及使書縐折破裂捲曲等弊如有前項情事應照該書全部價格賠償

九　借書人須按照書券上註明之日期將書送還本館如到期不能閱畢時應先聲明展期惟至多以一星期為限如逾所展期限仍未送還者除追繳其所借圖書外並停止其借出權

十　借書人如遺失圖書應即來館申明按照全部價格賠償如逾借書期限而未到館申明者本館認為有意隱藏除加倍追繳其全部圖書價格外並即停止其借出權

十一　借書人借還圖書須親身來館辦理如有特別情形時亦可委託他人代理一切意外損失由借書人自負全責

十二　借出圖書惟遺失損壞而借書人不能賠償時如有保證金者可由其保證金內扣除之否則即責令該借書人擔保人擔負賠償

十三　本館借書證以一年為滿期滿期後仍得請求繼續發給

十四　借書人繳還其借書證時經出納科查核無誤後即發還其保證金該保證金之保證人義務亦即宣告終了

十五　本簡章未妥善處得隨時增刪之

編後話

（1）本會第九屆經濟收支比較表裏，關於內部匯用款項，編者曾加註語說：『理財員不知記賬方法沒有將這一筆匯款用途說明。……』就因此引起了內部會計員寸少林同志的誤會，而於內部第十週年大會時提出『請代更正九週年刊登載經手賬目錯誤案』的提案。其實編者所指的理財員是指外部的理財員，並不是內部的會計員，因為內外部理財員的名稱並不一樣，在外部稱理財員，在內部稱會計員，編者所指的外部理財員，實在和內部會計員寸少林同志沒有關係，應請寸同志不要誤會。

（2）郎當君的文章，對於本鄉的一切，作精詳的批評和指導。或者想說而未說的話，沒有詳盡。我們已經說過一部份而沒有都給郎當君澈頭澈底的說出來了。我們一方面對於本鄉不進展的現狀表示十二分的慚愧，『尤其是本會維新運動的不努力而不能成功的慚愧』，一方面對郎當君善意的忠言，表示謝意。郎當君所說的本鄉一切不良現狀，雖是由於腐化派的一手造成，但是本會也要負相當的責任。因為本會是以改進家鄉社會為使命而組織成的。不過，腐化勢力籠罩着的社會環境裏，民國禮節已經取消了跪拜禮，『移風易俗』的事本來是不容易成功的。還在那裏過着『三跪九叩』的『戀』，無形中違反了國家的法令，還說是他的良心的驅使，就是一個最好的事實的證明。我們並不因為現實的不進展而恢心，並且因為得到郎當君『他山之石』的勗言，凡是本會忠實同志，以後應當怎末的努力奮鬥，以大無畏的精神，力求打破不良現狀，和從事新的建設的工作，才不辜負郎當

君作文的善意，和本會所負的使命。

（3）本刊去年在北平出版，在經濟上得到絕對的便宜。本年因為華北時局的不安定，所以又在移滬印刷，並且將年出一冊的本會年刊，改為不定期刊物，預計至少每年出版二期或三期。但期數的增多，必須得到同鄉同志的稿件的大量援助，方能實現。並且滬上的印刷費，比較北平已經增加了一倍，不過比較緬甸還在廉宜五分之三。所以本刊期數的增多，在經濟方面也是一個問題，我們只有在經濟能力範圍以內量力的幹去，一方面使本刊的改組不致成為空談，他方面又須使本會經濟能力不致受到超出範圍的損失，這是應當向同鄉同志們說明的。並且希望同鄉同志們繼續努力，作精神上的援助，撰賜大作，多多益善。

（4）署名石坤君的『記劉君新婚演說詞』的一篇文章，因為沒有書明真姓名，照例不便發表。以後若蒙各界惠賜大作，尚望以真姓名相示，方便登載。

（5）本刊計劃以後每期將家鄉和本縣風景，登載一二幅，使『久離鄉井』的同鄉們，得觀家鄉『本地風光』。同鄉同志們，若是藏有本縣本鄉風景照片，請寄交編委員稽本刊一用，用後當又奉還，照片寄費當由本會負責，若外界惠藉，當以本刊奉酬。

中華民國廿五年四月出版

和順鄉 第一卷 第一期

一 非賣品

編輯者 和順崇新會
　　　雲南省 騰衝縣

發行者 編輯委員會
　　　和順鄉及駐緬甸外部

印刷者 華豐印刷鑄字所
　　　上海浙江路五三六號
　　　電話九○三五八號
　　　電報掛號二二二二

To Mr. S. W. SHYN,
24, Vinton Street,
Kemmendine, Rangoon, Burma.

歡迎投稿

本刊歡迎同鄉及外界人士投稿，凡與本會及本社會之宗旨相同之著作，皆所歡迎，茲將投稿簡章列後。

（一）來稿無論評論，小說，詩歌，戲劇，或家鄉時事，皆所歡迎。

（二）來稿須寫清楚，並加新式標點符號，勿潦草。

（三）文體以語體文為尚，文言亦可，惟須淺明易曉。

（四）來稿發表時，著名由作者自便，但須於來函內著寫真名，及中英文住址，以便通訊。

（五）本刊編輯，對來稿有增刪之權，如不願增刪者，須預先聲明。

（六）來稿登載與否，原稿槪不退還，如欲退還者，須預先聲明。

（七）刊載之稿，淸無贈品，僅以本刊為贈。

（八）投稿請照下列英文通訊，寄緬甸仰光九文台文定路廿四號寸仲獻君收。

和順鄉

第一卷　第二期

和順崇新會編輯會員委編輯

和順鄉風景之一

雲南省騰衝市和順圖書館　編

雲南和順旅緬華僑史料彙編

下冊

國家圖書館出版社

和順鄉　第一卷　第二期　目錄

關於建築公路的話

鯁　生

建築公路，在國防上和交通上的重要性，凡是稍有現代常識的人都不能否認的。人民被派建築公路，（每人被派日工七天，）也是國民應盡的義務。因為公路完成後，國民一份子，應當踴躍負責，而不當致怨政府。因為公路完成後，國民一份子，一方面對於外來武力的侵略，才有敏速抵抗的能力，國防上才能得到相當保障。他方面因為運輸的便利，可以減低外來貨和土貨的運輸費，因而減少人民生活負擔，並且使工商業發達和地方繁榮。『尤其是交通阻塞的家鄉，更是急不容緩的事件』。所以國民的建築公路，實在是建築在國民自己的切身利益上，而不是無代價的幫政府出力。國民對於這種工作的犧牲，是值得犧牲的。

但是，在生活困難的勞工階級的小百姓們：對於被派築路的負擔，就難免發生問題了。因為『家無隔宿之糧』的勞工階級，專靠一天的工作的收入來供給他的家庭。如果被派去築路一天，他的家庭就要『挨餓』一天，被派七天，他的家庭就要『挨餓』七天。在中產階級以上的人們，對於七天的工作的代價的徵派，本來是沒有問題的，只是苦了由人道主義上來說，對於徵派人民築路有挨餓的危險。所以我們由上面所說的勞工階級，使他和他的家庭，不應當『一視同仁』的不論貧富的，一律徵派，應當分別等級，使富者替貧者代負責任。在有錢階級的人們，替一個甚至幾個勞工階級擔負七天工作的代價，是毫無問關的。可是勞工階級所得到的不致挨餓的『活命』的恩惠，就不淺了。

聽說鄰近的Y縣，曾發生過被派築路工人因為無法維持家庭生活憤而投崖自殺，他的妻也跟着他帶起子女全家投崖自殺的慘劇。如果上面的事件不是謠言的話，那末，建築公路的負責當局的人民都不能否認的。如果上面的事件不是謠言的話，那末，應當曉得『前車之鑑』，替勞工階級籌妥善的辦法，使他們不致因為築路而無法維持生活，因而發生像Y縣的同樣的慘劇！

在殖民地裏居住的人民，對於交通上的建設，並沒有直接被派的那末一回事。殖民地政府雖然向人民徵收各種稅捐，是拿來在交通上和一切建設上使用的。對於全國公路的建築，是拿來在交通上和一切建設上使用的。對於全國公路的建築，有交通部的人員專門負責，所有的支出不會波及小百姓一分一文，測量路線的時候，如果人民的田地被劃入路線，政府就用估計員來估計這田地上所種植的農產物和地皮的價值，（如果地皮是人民私產的話）按值賠償，並不像我們貴國的任意佔用民產。還有測量員故意測割路線，經過人民的住屋，或填墓，藉以勒索發財的事，更是殖民政府統治下的公務人員絕對不會發生的事。所有築路的工程，都是由工程司投標包辦，築路的工人也是得到公平的代價而『按工受值』，也不會有餓着肚子去工作的事。我們堂堂自主國的國民，看見了殖民地政府對於地方的建設不遺餘力，並且絲毫不會波及小百姓，真覺得我們貴國的政治相形見拙。（這裏應該聲明，作者不是頌揚帝國主義者的德政，並且有事實擺在面前，但凡到過緬甸的人都不會否認的。不過我們的『債台高築』的政府太過窮了，我們當然對於政府的措施加以相當原諒。只是民國以後，中央和地方的稅收也不算不增加了，如果能夠實行組織廉潔政府，排除地方上一切的貪污土劣，使國家的收入涓滴歸公的話，那末，對於地方上一切的建設事業，又何致波及『生活困難』的小百姓呢?!

給現時的中國婦女（轉載東方雜誌）

王孝英

一

時代的車輪，不停的進展着，社會的現狀，也在極度的轉變着，因此人事日見紛繁，社會問題愈見其複雜了，最不易探討的，莫過於婦女問題，所謂婦女問題，絕對不是男女兩性對立的問題，而是婦女對整個社會制度的問題，牠與政治、經濟、法律、教育、宗教、勞動、等社會問題有着極密切的關係，不容有一絲的割分。我們既承認婦女問題是整個社會問題的一環，那末首先就該研究婦女在社會上所佔有的地位，以及如何纔能使婦女實質上獲得與男子平等和男性一般的自由的權利，俾她們能以合情適理的改變不爲功。在社會進化的過程中，婦女都深深地感受到不平等的壓迫，要想解除這種壓迫的苦痛，非將國家的法律和社會的制度加以合理適情的改變不爲功。近來常有人說：中國的婦女運動是一天天的消沉下去了，我想這是一句片面的非事實的話，細考這微弱的原因，有以下三點：一、歷代的封建制度重男輕女的風氣，未有徹底的掃除，二、一般從事婦女運動者，缺乏埋頭苦幹的精神與堅忍不拔的意志。三、教育不普及大多數的婦女根本不明瞭婦女運動的意義被壓迫的腦海裏，充滿了三從四德的貞操的腐敗的觀念，更加以復古運動的活躍致使婦女運動受了極大的阻碍，可是我們並不因此灰心，我們認爲這是任何一種社會問題在牠革新奮鬥的進程中必有的反常的動態，那纔是婦女運動的本色，婦女前途縱有光明勝利的一日。

二

目前婦女運動最惹人注意的，要而言之，可分爲兩大派：一爲白色的復古運動派，一爲紅色的急進運動派。

所謂白色的復古運動派，他們簡直是背着時代大開其倒車，想把婦女趕回牢籠似的家庭去過那奴隸式的女子無才便是德的死生活，這派最顯著而推行，最熱烈的便是希特拉統治下的『三K』主張和莫索利尼的『養猪』政策了；現在先說在希特拉統治下的德國婦女，誰都知道那在國社黨統治下的今日，婦女所受的苦痛眞是一言難盡，但希氏的所以能得到勝利，得力於婦女的地方實在不少，當希氏爭選之時，便提出了許多欺騙婦女的條件：如男子應該給予充分養活其家庭的生活費用哪，於是一般婦女被一時熱望所鼓惑，都投票贊成國社黨了，在男女分別投票的區域婦女投票的比率反高過以前的態度，反將女性置於極危殆的境地，他會通令全國警察取締婦女集會結社，解散婦女作家會，婦女文化聯盟德意志女權同盟等組織，甚至將一九一八年憲法上所規定的政治上，法律上，經濟上的男女平等權利，也完全廢除了希氏爲着復興家庭生活，而有驅逐婦女勞動生產的政策，其實這種政策的推行，適足以破壞家庭而有損於社會；無怪一九三四年五月十三日內務大臣蒲剌列克要說：『兒女多的母親固不必從事於工場，即年輕力壯的女子也應當守在家裏；德國社黨婦女部的機關雜誌，在一九三四年七月號中對於廢止僱傭婦女的問題卻這樣的寫着：『……三，德國年青的

女子，須緊執着鍋和器皿掃帚，這樣你可獲得滿意的郎君……

四，婦女以其從事其他勞動職務，不若學習爲賢妻，放在家中，你自身回到家裏去，好將你的職業讓給你的丈夫啊！……」可是德國尚有不少的婦女，她們有的是堅強的意志和充分自立的前進的精神，並不困壓抑而順服，她們有的夫人和一些有知識的份子組織反希團，於是婦女界領袖司諾登的自由，沒有個人自立的，在這一點上看來，已足證明希氏欲將德國現狀下所有的婦女的自由，以及將婦女們經過數十年艱苦奮鬥得來的若干效果完全加以毀滅，那恐怕不是一件容易的事吧？

至於在法西斯特殊政治統治下的意大利的婦女與希特拉統制下的德國婦女，並無甚差異，墨氏也是鼓勵着三從四德，良母賢妻的一套的愚民政策，他認爲婦女只要打扮修飾，取悅於人以及大量的生產孩子便得了，用不着有什麼參政或其他社會事業的活動，雖然意大利有個婦女法西團，但在這團裏婦女的活動，是意大利南北的婦女在教育上智識上……也有着極大的差別，一是受着極大的限制的，該團的目的不在政治、社會，而在慈善、溫柔？重要的工作如製衣，注意兒童幸福，護養病人或看照傷兵，較自由些，一是非常的守舊，毫無進取的精神。在立法方面女子不可以犯姦淫罪，若被親夫舉出，須受一年的監禁，但男子若在外面軋姘頭，只要不鬧出大危險，法律是不科以罪的。去年五月報載羅馬電：『意大利今日成爲蜜月國，蓋有二千對以上之新夫婦，由法西斯黨供給費用共度假日也』。又路透社電：『昨日羅馬共有二千三百五十三對男女行結婚禮，蓋遵法西斯『早婚』與『大家庭』之標語也，新夫婦大都不滿廿五歲，且有若干年僅十六『里拉』此係政府獎勵結婚計劃中的一部，新婚夫婦每對可得五百者」。

我們看了以上的消息，便知道意大利的所謂提早結婚與大家庭制度，正如我國的封建制度，實行早婚的用意，無非是預備第二次世界大戰的大屠殺，因此法西斯要高聲疾喊着：婦女不要參加其他的工作，趕速囘家庭去，好加緊生產小國民，預備將來做炮灰，總之，法西斯統治下的婦女，在外表看去似乎有着相當的快慰，其實婦女的內心又何嘗不感得難以言喻的苦悶！

所謂紅色的急進運動派，他們是想把女子的地位在法律上、政治上、經濟上、完全與男性平等，這派的運動者便是蘇聯，他們的主張與前一派處於極端相反的地位，如提倡國營托兒所，廢除家庭，及公共食堂等，婦女得正式的參預政治社會的種種活動，爲國家效勞，在蘇聯憲法上有明文規定男女一律享有選舉權和被選舉權，即事實上她們確去管理國事了，因之婦女政治的活動日見其勃興了，如在一九二七年選民當中，婦女只有百分之三一•一，一九二九年則爲百分之四八•五，一九三一年卻有百分之六三•一，到了一九三四年突增至百分之八十。在蘇聯不徒生活城市的婦女熱烈地參加選舉，即窮鄉僻壤的村婦，天天都感到與問國事是件極有意義的工作了，如在一九二六年時，城市婦女參加選舉的爲百分之三八，但在一九三四年城市婦女參加選舉的亦增到百分之四三，鄉村婦女參加的增到百分之九十，而在資本主義的國家裏，婦女在名義上雖有參政權，其實能當選爲國家的重要人員，那眞是鳳毛麟角，而在蘇聯每次改選時，便有千萬的勞動婦女被選爲國家行政機關的重要人員，如在一九三四年選舉時女子當選爲鄉村蘇維埃的主席有百分之八十以上，同時女子當選爲城市蘇維埃的委員有三萬九千九百六十餘人之多，當選爲城市蘇維埃的委員有三萬九千七百六十餘人，總計女子當選任職行政機關的，約有四十

萬之多，所以女子在蘇聯可以任工廠廠長，大學校長，法庭審判長，以及其他男子所任的，在女子任職中最重要的，如柯崙泰任蘇聯駐哪威大使，並兼任蘇聯出席國聯大會的代表鴉柯夫洛任財政委員長，烈寧夫人任教育委員會次長，以上是屬於政治方面的，至於一般在社會勞動方面的婦女，那更是佔大多數了。我們知道自一九二九年世界經濟發生恐慌以來，凡是資本主義的國家，為了要解決男子失業的危機於是便很殘忍的剝削女子的職業以剝奪女子的事業去做，將千百萬勤奮有為的女子，置於才無所用的失業地位，可是蘇聯至今卻沒有這類不公平的事件發生，婦女反而在社會勞動方面更形活躍了。在一九二八年七月，女子就業的只佔百分之三七・六，但到一九三三年七月，女子就業的便為百分之四七・七了，又如科學研究所的助理職員總數為二萬一千四百七十四人，而女子卻佔一萬二千四百九十六人之多，在蘇聯教育人民委員會管轄的高等教育方面，女教授有四十一人，女講師有二百七十一人，助手有四百七十一人。由於這許多事實上的證明，知道蘇聯社會文明的活躍，與婦女運動的前進，尤其是當第一次五年計劃的提早完成與夫第二次五年計劃的突飛猛進因此便特別引起世界各國的注目了。

三

我們看了以上兩派的國家的婦女現狀之後，心中不免要掀起一憂一喜的感想吧？不過在中國目前的境況之下，研究婦女運動的人，應該先明白了本國的實際情形，同時更須明了世界各國社會政治上的特殊組織，然後對於我國婦女問題方有所貢獻解決的希望，倘一味妄從他人所行所為，總不免有『盲人瞎馬夜臨深池』

在各種科學研究所中，婦女所佔的地位也很多，如科學研究所長，女子便佔一百二十二人，又如科學的助理職員總數為二千一百人，而女子便佔一百二十二人，

現階段的社會裏，往往有一般人在嘆息婦女運動的失敗，只是專以色相事人的意義，不顧家庭的摩登小姐、太太、奶奶、和一些專以色相事人的意義，不顧家庭的摩登小姐、太太、奶奶、和一些專以色相事人的什末花、什末后、花瓶等等，所收的效果，不過是放足剪髮婚姻自主自由戀愛等等美好的名詞而已，一般的女生，成天的在學寫情書，在交際舞上用功夫，全沒想到學一點基本的知識學問，一味的在講究燙其髮、畫其眉、染其指甲、塗唇擦粉、着時髦的花花綠綠的衣裳。甚至還有人引證國際貿易局十月廿六日發表的本年九個月當中婦女妝飾品在上海一埠的消耗：如脂粉香水進口值為十萬五千四百四十一金單位，首飾進口值為十萬五千七百廿二金單位，化妝用俱進口值為八萬九千三百八十八金單位，各式花邊進口值為二百九十三元，於是太息婦女運動的人們，認為這些無意識的消耗，非徒有損國家經濟的元氣，甚且會引起社會上種種傷風敗俗的惡花樣，便故意的將一種特殊的現象來抹煞一般社會上的事實，不顧一切的大聲疾呼着：反對婦女運動，女子應同到家庭去

的危險。他們要選擇他人之所長，且適合於我國現實情況者而效法之，時至今日，婦女應亨受自由平等的權利，已成了不可否認的客觀的事實，雖然有一二國家在極力設法阻止這種人類文明，社會運動的推進，我敢說至多只能獲得一時的勝利，最後的成功仍然是屬於人類的公理的。中國的婦女運動，在理論上雖已獲了相當的勝利，但一觀事實卻又不令人毛骨悚然了，大多數的婦女，還是在過着那牛馬的生活，她們不僅是不了解婦女運動的意義，甚且將整個的人生的前途看得非常黯淡，長此以往，若不另謀救濟之道，要想婦女運動得着實效，那怕只是一種夢幻吧！

他們的理由是：十餘年來婦女運動的結果，常會發現於報端的，一味的自由自主自由戀愛等等美好的名詞而已，常會發現於報端的事件，常會發現於報端的人生的前端，長此以往，若不另謀救濟之道，要想婦女運動得着實效，那怕只是一種夢幻吧！

做賢妻良母！憑良心說：這種婦女妝飾品的消耗以及其他種種問題的發生，決不能單純的歸咎於婦女，更不應訴病於婦女運動的本身？我們對於任何一種的事態，絕對不可以舍本逐末的來下片面的論斷，值此農村破產經濟恐慌的國勢之下，除了少數的都市摩登婦女得有機會去揮霍大量金錢購買妝飾品外，大多數的婦女，連日常的生活都不能解決，那有餘資去獲得其他非必需的享受呀！更何況有一些婦女因了勞動力無法出賣，不得不出賣她們的肉體，從名媛、閨秀、交際花、舞女、以至於娼妓、招待、按摩、花瓶，都在變相的不同的式樣中或公或私的出賣她們的肉體，因了要想多招引顧客，所以又不得不抹粉塗脂，大事其修飾了，試問生活在這般情況之下的婦女，我們敢說這不是社會的病態嗎！總之，近年來中國婦女運動已臨到緊要的關頭，身為婦女運動的人，已感得職責的嚴重了！在意德復古運動的高潮中，首蒙其影響的是中國，如男女分校哪，禁止男女同行，同泳哪，提倡新賢妻良母為教育方針哪，以及什末『女權愈發達，生活之墮落愈甚，文明愈進步，習尚之腐敗愈烈』。因而有所謂婦女道德會哪奇形怪狀，難以盡述，可是我們也得承認確有若干的婦女，借了婦女運動之名，而走上墮落之路。

但在社會的另一面，又有許多痛心的事跡湧現在我人的眼簾：如黎本危之三妻四妾之再醮，乃社會論調與青市當局均認爲不道德之事，而男性的三妻四妾或廢置外室者，比比皆是，社會並未加以非議，這難道也認爲是婦女運動的結果嗎？他如江蘇溧陽將大批災區的婦女運往各地出賣，每個最多六十元，最少只廿元。在浙江孝豐農人將子女送至城市求賣，尤以十歲的女孩爲多，賣與富貴人家爲婢，至多不過廿元，在安徽當塗將女人出賣，論斤計價，每擔售銀廿元，還有貴陽有所謂租妻團之組織，其中婦女以年在廿一二至廿五六歲者居多，亦有已過卅歲及未滿十八九歲者，欲向該團租妻者，其租費每月五元，次則三元，最低者一年不過五元，視其年齡容貌而定，甚至有四五人合租一妻者。而北平本年七月正當整頓風化之際，突亦發現有租妻惡風有嚴密偵查取締之舉，以上所舉均曾載於報章，反對婦女運動的人們，確係事實如此，看了這許多的事件後，又將作何感想呢？要之，社會上任何一種問題的發生，決不是單純的，必有其綜錯複雜的關係，欲解決這種種問題必須從整個社會的組織着手，尤以經過複雜的問題爲甚，因爲經濟的變動，而政治組織，法律制度，及其他社會問題亦將隨之而改變，可以經濟爲改進社會的重要元素，爲革新民族家的生力軍。

四

在這新舊時代衝突的巨大的漩渦中，凡稍具遠見的人，都認爲女子在社會上應該與男子平等，有同樣的自由的權利，但女子怎樣纔可以達到真正自由平等呢？我以爲先決的條件有以下三點：

（一）須受良好的教育具有完美的知識　在中國婦女解放的進程中，知識的啓導是佔着極重要的部份，只稍把中國廿餘年來婦女生活思想的演變的情形，加以精密的觀察，便可以證明是解放婦女職業與婚姻等問題的基本元素，中國的文盲佔全人口百分之八十以上，其中婦女文盲當較多於男子，據教育部廿一年度全國中等教育調查，女校數爲五百卅九，男校數爲二千五百〇八；女生爲十萬三千九百〇三人，男生爲四十四萬二千三百〇九人，女生佔男生百分之十九，而初等教育男生共一〇、三七六、九八三人，女生共一、八四六、〇八三人，女生佔男生百分之一五・八三一，再高等教育男子佔十分之九，女子僅佔十分之一，中國教育

尤其是女子教育，若是之不發達，一般女子不能受良好的教育，得完善的知識，於是社會間無形中便樹立了一個保守的舊勢力的壁壘，教育不發達的結果，人民的知識便落後，本不知新文化為何物，更不明女子要求解放的意義，受良好的教育，有着新的完美的知識，所以女子須正實力，我們一看政府的教育方案的第六條中的「男女教育機會平等……」等字樣，不禁有點黯然感傷了，

識就是權力」。（Knowledge is power）這句話是多麼的光明正大而含有至理呵，一個沒有知識的女子，要想地位權利和人一樣高，那是萬萬不能的，在中國一般舊思想的父母，把子女遲早要嫁的，所謂「嫁出門的女，潑出盤的水」，而其目的大半是想女兒求得個資格，以便來選良好的夫壻罷了，這種淺見，顯然給婦運前途一個極大的打擊，今後須以全力來消滅這種謬見，掃除一切的障礙，使婦運得依正軌而前進。！

（二）社會職業完全平等　所謂職業平等是要求男女同一勞役的壓迫，和夫權的壓迫，經濟能獨立，同一報酬，要求保護母性，除去一切職業上性的差別待遇，使女子在經濟上，能夠完全獨立，不依賴男子的養活而做個可憐的寄生蟲！這問題的重要，不亞於參政問題，教育問題，但欲求得經濟獨立，必先有求得職業生活的技能，而生活技能之得來，在於受有完全教育，一個女子有相當的職業，經濟能獨立得，便不會感得『色衰而愛弛，愛弛則恩絕』的痛苦。社會間男女都能各盡其能，各取所需，非徒兩性關係平等，即國家的一切亦將蒙其利益，大意云

據本年四月廿日中華日報載廣東，廣州市之酒樓，茶室，工會認為女招待有奪他們的工作，影響會員生計，呈請政府加以禁止，並說女招待憑其色相以迎合顧客的心理，對於酒樓茶室工作，毫無專門技能，更無業務之經驗，僅為營利者利用社會弱點，招徠顧客，照此情形看來，在這資本主義的畸形發展的社會裏，倘當局不速為設法救濟，則男女職業的爭奪，將日見擴大而尖銳化了，社會間任何一種職業，文明國家所承認，更與政治法律相適合，決不是叫女子不做工就可以得着解決，因為社會的組織，不是這般的簡單，何況時代的潮流已在明示着我們女子在今日應有謀職業的就是社會的生產者，無職業的女子，有職業的女子，只有一天天的墮落下去，毫無進展的可能，若經濟能夠獨立，而精神方面亦可連帶得着獨立了，不過養育小孩等事，為女子不可推諉的職責，不過養育小孩並不是受了『不過現在有一些女子，一找得職業便將整個家庭簡單化，倦撲化，對於家務也當負盡的責任，最好能將得了職業，但在可能範圍內，對於小孩子的事，為養育小孝有三無後為大』的誘惑難有人反對女子從事職業，可是經濟的壓迫，和夫權的壓迫，女性的醒悟已足夠使女子從事職業的意志更為堅決而日多一日了。！

（三）須戒除虛榮心理　虛榮心理某於某一觀點上來講，並不是絕對無絲毫好的地方，不幸現代社會有一般婦女，因了虛榮心理的原故，引起了種種謬誤的現象，甚至因此而養成惰性，雖然這種罪惡的形成固自有其複雜的社會原由在，但女子的本身卻不能不負相當的責任。在婦女問題討論集中說：『一個高等小學畢業的女子，必須要嫁個中學生，一個中學校卒業的女子，必須要嫁個大學生才願嫁，在大學畢業的女子，一是要嫁個博士碩士之類的女子，但我想確有一部份的女子不免有此心理，那末照此類推，一個碩士或博士一類的女子，

要什麼樣兒的人才願嫁呢？這樣的女子在她自己或以為是新女性，其實已走入了新女性的迷途，一個女子不徒在婚姻方面不應有此心理，即在其他的社會事業上也不可存此徒慕虛榮的念頭，應該自我尊重力求上進，不為物質所誘惑，不為權勢所麻醉，處處以理智克服感情，以常識判斷人事，以技能自謀生活，以忠實為處世之道，這樣才可稱之為現階段的新女性。

五

親愛的婦女們，在這國難嚴重的今日，在這第二次世界大戰的前夕，我們應該抖擻地勇敢地來擔起救亡圖存的責任，請看阿國婦女協助軍隊委員會，議決組織團體於戰時救護患病的傷兵（見申報七月廿日哈茂斯電）及阿比西尼亞羣衆要求阿皇獎賞希勒里流域援助，丈夫抵抗意軍之婦女三人（見申報十一月十日）阿國婦女的忠勇的精神確乎值得景仰效法，他如蘇聯的婦女，正在推行新的使命，婦女軍訓一天加緊一天，投入陸空軍的婦女，日見多她們有着和男子同樣尚武之志趣，埃及在反英運動中的高潮中，婦女準備全力贊助獨立運動，甚至意大利的婦女，亦有將結婚戒指呈送莫索里尼熔化以充抵制裁軍費，（見十二月十一日申報）總之，她們都在為國奮鬥，為國犧牲，我們一想到次殖民地的國家受帝國主義的慘酷的侵略，就不能不有應付大難的準備。唉，中國的婦女呵，你們不是已感到國家的危急了嗎？那末，應該怎樣準備呢？

『按』這篇文章，雖是對全國的婦女界發言，但，家鄉婦女也是我國婦女的一份子，自然不能例外的，而有將這篇文字介紹給家鄉來做提倡家鄉婦女運動的必要。所以特意把它介紹給家鄉的女同胞們，和關心婦女運動的男性們。我想愛吹毛求疵的若舜先生，或許不會再說這篇文章『只合於國而不適於鄉村』吧！

廿四年十一月底

會員應有的認識

中

一個社團是由多數會員集合組織而成的，也就如身軀是由多數細胞組織而成的是一樣。有整個意志的份子，纔有整個的社團，有強健的細胞，才有強健的身軀。反之，社團也不成其為社團，身軀也是屏弱多病，這是誰也不會否認的，那末，本會也不會例外。

誠然，本會要有整個的發展，須得我們會員要有整個的意志，要我們會員有整個的意志，那就不是口談筆唱就可辦到的，須得個人對會的組織有相當的認識，和找出會員的路子來，互相勉勵，互相努力的，脚踏實地的抱定為社會服務的宗旨做去，會的本身才有實力，才不致希望和事實相反，而達到我們最後的目的。

我以為是下面的幾點：

（1）會員對於本會組織的宗旨，應當有澈底的和正確的認識。（請參看本會總章）因為認識了會的宗旨，會員們的行動才能一致，而使會的實力增加，會的一切運動，才有成功的希望。

　　會員對於本會組織，應有的認識，和做會員的路子是那些？

　　我們會員自身也才算是盡了會員的義務，而不愧是會員一份子，那末，不特是本會之幸，又何嘗不是本鄉之幸呢？

（2）會員應當認識自身和會的關係，把會的榮辱看做自己的榮辱。因為一個會員既是如同一個身體的細胞，那麼，身體

自然不會和細胞分離而生存的。明白了這一點，對於會務的一切，才有熱心負責的決心，而使會務向前推進。

（3）會員對於會務，須澈底認識公私的界限。公私界限認識了，凡事方不致意氣從事，而能消除成見，服從衆意，以達到羣策羣力精誠團結的地步，使會的步伐整齊，才能抵抗外來的腐化勢力的壓迫和侵略。

（4）本會會員，須具有現代化的頭腦，對於社會的一切現狀，才有正確的鑑別和去取的標準，才不會有隨波逐流依達兩

漫話教育

郎 當

年前和順鄉的教育，在幾位年高望重的紳老主張之下，恢復子曰大學，提倡共和教科。這？恰與兩年前的廣東政府恢復讀經的事，相映姹美。猶歎盛却，誰謂老年人不順潮流，這話應該打嘴。不幸，一般糊塗青年，偏要小題大作，鬧得滿城風雨。教育局也試多事，誰叫你出來干涉，致使死者不安，生者將實恨以沒未免大煞風景！

我們當知道，某一件事的發生反響，不論是好的或壞的方面，自有其相當歷史的造成。不有具體的理論，或事實，來證明某一件事的成功和失敗，而抽像的來批評人家的辦法是不對的。並且；我們知道廣東政府的提倡讀經，以至於國民政府之訓令全國尊孔，自有標相當理由和背景，蓋中國自發生反響的所以然。因此，我們當以冷靜的頭腦，來分析某一件事倡辦新學以來，三十餘年間，不是拾東鄰的遺唾，便是襲泰西的皮毛。所得的成績是：國勢貽危，愈趨愈極，頹風敗俗，愈演愈甚。所謂摩登，所謂時髦，無一非亡國的前奏曲，難怪國人對於

可和開倒車的言行。若要具有這種條件，少不得要多閱覽現代化的書籍報章，同時對具有望遠鏡和顯微鏡的觀察力，作精密審慎的多方的考慮，凡事才不致因爲感情的衝動而誤入歧途，甚至爲反動派所利用。

本會同志，如果都能具有上面的四種條件，那末，本會對於家鄉社會的改革運動，的確不算一囘什末辦不到的事。本會的同志們，請你們拿出堅決的毅力，把會務擔在自己的肩頭兒上，努力做去吧！

新教育效果的失望，而有提倡讀經尊孔的舉動了，不過欲專恃讀經尊孔，而倒挽狂瀾，其功效如何，也不難槪見。蕭精神文明，已不合於廿世紀的時代。它的功用，目前只有保存於古物陳列所的資格了。如欲以之爲治旺乎天下的工具，那背定的是開倒車的行爲！『堯舜之道，……』的時代是過去了。所以，一味子的提倡讀經尊孔，我們不敢苟同，我們所需要的是能確定一條正當的途徑，做一做對症下藥的工夫，都不是科學昌明的現代民族得到復興的出路。讀經尊孔的復古的勾當，都不是科學昌明的現代民族所應當走的路。

據傳說是欲造就些作賴聯祭文的候補人才。我想，該老們的眼光，怕不會狹到這一步以爲現行教育點多半以作反對現代教育制度的人民的心理，在一部份反對讀經時代之國治？天下平！人人有飯吃？人人能說仁道義，不來，說仁道義的也罕見。再看中學畢業的，既不願囘到農村裏去工作；又無相當的事業可做。衫子鞋襪是不得不穿，知識架子反不如現在六七年的小學畢業生，寫家常信寫不通，掛日用賬掛

不得不擺，終於成了上等的遊民」。假如我所說的話，不幸而符合於鄉老們的理想，那麼，我們只能來說：那是該老們的視覺錯了，現代教育制度雖然沒有盡善盡美的地步，但是，我們可以說是「科學化」的「現代化」的，大家應當把眼光放大一點，由大處遠處着想，退一步說，現代教育就是不良，也不會比「子曰店」更壞罷。！

家鄉教育的不滿人意實不自今日始，因為教育的功能，最低限度，就是在能應付當前的事情，和解決個人的生活。這一點點不做到，還談什麼教育。然而我們家鄉自倡辦新學以來，所表現的成績在那裏？那一天不是教師在講堂上照本劃畫？學生坐在位子上一動不動地聽講。就這樣，一天一天的過去，一學期一學期的終了，就算了事的，什麼生產教育，勞作教育，職業教育，農村教育，……有那一天在實行過，本來在上面所說這些教育，就由實行過的地方來看，也不一定馬上就能收功的。但，總要比讀死書的多有一點經驗，多表現一點事實。自然，假如我們的青年是不會被環境所征服的。作者以一門外漢的資格來談現代教育，自然不敢肯定的說自己的是不過抱定「愚者千慮，必有一得」的心理，而聊呈管見。亦無非欲使此種讀經復古，開倒車的事件，不致滋生蔓長，層見叠出罷了。

一個地方的教育的好壞，和牠的最高行政當局，是息息相關的。也就如一個國度裏的政治良好與否，看其政治領袖如何而定的。

現在我們先由騰衝的教育局說起。「Ｘ×××」，現在教育局長我知道他是一個和藹可親，接近平民，不帶官僚習氣的青年。是我們同一戰線上的勇士。並且能夠接納各方善意的建議，而不是成見太深的人。所以現在隨便說了，或許不致於開罪他罷。在從前的教育局，除了奉上行下「等因奉此」的轉轉公文外，別的有什麼好看，衆目皆知，不必多說。現任局長接辦以後，自然不似從前的了。他對於和教育有關係的事件，如運動會，展覽會的先後舉辦，就是一例。然而我們不能以此就滿足希望的。我覺得，做現在的一個中國的智識份子，本來很乾難曉一曉否。猶其是在我們騰越的畸形社會裏，不論什麼事，就算與自己是風馬牛不相關的，因為感情的作用，「應酬品式」的也都使人參加不可。因此就是自己對於自己的事業，當然因為應酬太多不能做到「專」的工夫了。惟其不能「專」所以功績自然渺小了。這裏並不是對局長有「請息交以絕遊」的希望，而是希望局長是這樣希望的。中國現在所負的重大使命，做一做專注的工夫。中國現在不缺乏無所不能的萬能博士，只是缺乏專精一門的專門家。在教育局應該做的工作，不止是刷新刷新自己的公署，和像以前的轉轉公文，以至於局部的維持一兩個小學校的。（局長對於附近的一兩所學校，很能鞠躬盡瘁的維持這是事實。在平時，局長常常說起·「自己非常注意邊民教育」。（指邊地夷民）這一點，非常的值得我們欽佩。但，邊民教育須有澈底的辦法和埋頭苦幹的人負責方能收效。但，依目前的政治經濟情形來說：能否澈底做到，尚不可知？而目前所急於整理的，還是十八練的教育。至於近日家鄉傳來的消息，騰城已有邊民學校之設立？這當然是教育部的注重邊民

13

教育和局長等的努力的結果，在各司地的本身的根本問題沒有解決之先，這也不能不說是適應家鄉的環境的『治標』的相當辦法。在國防問題嚴重期間，居於本省第一門戶的地位的家鄉裏，有這種建設是值得慶幸的•再說怎樣注意騰越城教育工作；我以為，第一步辦法，就是要請局長實地調查各地方的教育情形一下，而後努力罷了、對於全騰的教育能夠忠實服務的盡到『視』的責任的頗不容易，而使視學員先生每年到一到的話，在以前只是一種報到的工間，而局長或者以為自己雖不能親身調查，自有各學校每年所填報的表冊為依據。這也是靠不住的事。以我所知（一部份的，並非全騰如此）你問他『教員的履歷如何』？他答的是：『某也師範，某也中學，某也前清貢令，在某處任教幾年，在某處又任教幾年』。是耶非耶，你知道嗎、你問他：『所授科目如何』？他答的是：『根據國民政府的教育部章實行教授商務印書館的復興教科』而掛羊賣買狗肉的暗底下教的是子曰大學，你知道嗎？你問他『學校的經費充裕麼』？他答的是：『拮据得很』！其實，他怕你來提款，不敢直出。並且他們的心中是：某處廟宇要修理，某處菩薩要裝，塑款項提去，叫他們怎樣辦。在從前，還有更滑稽的事：有些『學校，因懶於填表，或連表也不會填的；好在教育當局，大開方便之門，你可以送兩元錢或是一元文去，裏面的書記先生，就可以代你填寫準確與否，實不敢包。現在當然不會有這種情形，不過這也可以表示各處學校的『敷衍了事』。教育當局如果要望全騰教育的澈底改進，在這些地方是應當非常加以注意的。

我還要說：目前的青年人，凡是能為社會服務的一員。那麼，他自己就必定要具得有科學的頭腦，勇毅的精神，農夫的身手，接近平民的態度。如果習氣官僚，腦筋封建，要想在平民之前擺架子，自己實在不敢揚！記得以前有一次，是視學員罷，出進望煌煌威武，不亞於遜清之學院。（學院之威嚴，未克寓目，只理想大約亦是如此。前夫後勇，荷槍（實彈與否不可知）之衛兵，實足以寒盜賊之膽而萎矯夫之心了。幸自己不執教鞭，否則亦將戰戰兢兢，如臨深淵耳。（國民政府雖通令公務人員不准坐轎，但我們這地方還沒有汽車，不能一概而論）。我所仰望的：是學先生不坐轎，不帶衛兵。能到鄉間視察各地方教育的情形，是好的。也不一定要視多注意、多調察、多宣傳，多指導和提倡平民教育）。教育才能辦得好！

話應該說問來了，我不是要請局長非到鄉間來不可。只是說旁的：再看各地方主持教育的人員，他們大半是年高德重的紳望。但，紳望是整個騰越的教育，紳望有沒有辦教育的經驗與知識，這實在就難說，可是整個騰越的教育、是紳望所主辦的，這是事實。以不懂教育的人來辦教育，功效如何，讀者自知。然為順潮流起見，城保首練，不得不跟起人家的維新而維新。學校產生了，新教育的招牌掛起來了，教員聘足了，學生入學了，呼啞之聲遍於鄉村了，好了！好了！社會的人才，不久就可以一批批的製造出來了！所謂校長，所謂學監，所謂……無非是為將來呈文或填表便利起見，不得不推定了，以免臨時抓不到人。至於辦法，還不是老師怎樣辦就怎樣好了。這也難怪，對於報紙雜誌，素不看一看的人，（年老人不喜歡看報紙），又是子弟的父兄，其送子弟入學的動機，是不外下列二種：

1. 大多數的農民，希望兒女能唸唸信，寫寫『包』，算算帳。

2. 略具封建頭腦者，奉『三代不讀書，猶如一窩豬』為金科玉

律。希望讀了書能說仁道義，能在地方當紳矜，能為統治階級，光大門楣，不振家耀。

他們送子弟入學之動機，也就簡單極了，他那裏還能夠來留心教育呢。及至子弟入學之後，「天地君親師位」，唸做「夫他居觀帥立」。那時有些怪自己的兒女蠢，讀了這多年的書，還鬧這種笑話」。有的又說耀：「你這樣蠢東西，讀了這多年的書，還鬧這種笑話」。有的又說耀：「你的先生怎樣教你們？......現在的學校有什麼用」？這是一種普遍的現象，在騰越。

復次：要說到教育人才了。自倡辦新學民來，也曾辦過兩班簡易師範。第一班是在宣統年間呢，抑或是在民國初年。其成績如何，未克窺全豹，不敢亂言。不過每聞某也師範生，某也師範生，觀其教學方法，還不是過着三家村教師的癮。至於民十八所辦的這一班師範，自己雖不得列入宮牆，但也莫躬逢其盛。其辦法是：每練送兩名，如自己的練下找不出這樣的人才，可由鄰練僱用。書給人家讀，錢是自己開。所定的投攷簡章是：要初中畢業，或有初中相等程度（如某△之讀師範，就是東練送去的那二位，所送去的那二位而外，那一天攷的科目。那一天攷的科目，實在是要講頂瓜瓜叫。教書七八年的老夫子，占了全人數的十分之八。他們「之乎也者」和「起承轉合」是那樣的透熟，你真無所用其代他們焦心了。至於英、算兩科呢？一是那樣的透熟，你真無所用其代他們焦心了。至於英、算兩科呢？連ABC123都不懂得，叫他們怎樣攷呢？說來傷心！連ABC123都不懂得，我的天！叫他們怎麼哥！所幸主攷教員通方；兩眼轉注街外樣答呢？豈不難壞人也麼哥！所幸主攷教員通方；兩眼轉注街外去。一心不管課堂中。因此旁人才得大做其槍替工作。揭榜後，

先生，中學既不畢業，程度亦難相等，但除他二位而外，實在是找不出去再作道理。那一天攷的科目，實在是要講頂瓜瓜叫。教書七八年的老夫子，占了全人數的十分之八。他們「之乎也者」和「起承轉合」是那樣的透熟，你真無所用其代他們焦心了。至於英、算兩科呢？連ABC123都不懂得，叫他們怎樣答呢？說來傷心！連ABC123都不懂得，我的天！叫他們怎麼哥！所幸主攷教員通方；兩眼轉注街外去。一心不管課堂中。因此旁人才得大做其槍替工作。揭榜後，

我們大着胆子送去的那二位先生，不特攷得上，而且還名列前茅。在這裏有一件事，值得說一說的：某練送來的。除了兩名而外，還有一名老先生，年紀大致在四十與五十之間的。在該練本怕不為人才缺乏如我練一樣，又怕攷不上，不得不大載歡送來，為因人才缺乏如我練一樣，又怕攷不上，可是他終於落選了。其落選的原因，怕不無關係吧？然而老夫子雄心不退，他不要公家津貼，情願自費加入，由此我們的運動場上，就常常看到腳繫大香的老同學，又那裏能攷得進去」。其事可笑，其情可憐，老實這一班學生裏跑去跑來。他肯怎樣來苦幹的原因，為什麼？就因為他本下是行醫帶教學，後來被些中學畢業生去同他槍飯碗，因沒有文憑的原故，軟硬自知。所以橫豎要來弄一張文憑，然後才好向敵人宣言曰：「你看這硬邦邦的文憑是什麼？不是要比你們中學生裏的文憑高一等嗎？我難不是中學畢業，但確有了中等程度，否則又那裏能攷得進去」。其事可笑，其情可憐，老實這一班學生裏面，像老先生這樣的心理的人，實在多得很呢！事實告訴我，特有了這張文憑，可以穩有學教，而且還可以入於紳士之林哩。你看，這幾年來，出入衙門的有，當教學的有，以致於當要人的也有了。（但有一部份少數學生，其入學的動機，不是這樣簡單，其畢業後的做為，也不是這樣無意義自然不能一筆抹殺特此批明）。再說他們所受的課程，除了一部份的雜糧：如國、英、算、自然、常識、公民、三民、文通等）而外，再加上師範生所應習的真使學生如劉姥姥之入大觀園，看都看不完。我佩服！萬能以中國人，以一年的短短時間，教師們不費力的也將這些課程教授完了，學生自然也就習完了。由此，鄉間就添這一批不折不扣，貨真價實的師範生。這一段話，似乎說得太噜囌了，然而我們為要明瞭我騰的師資人才起見，不得不說說：為要明

瞭辦教育者之馬虎塞責起見，也不得不說說：

還有同這一般師範塞責起見，師資訓練所所產生的教育人材。爲節省篇幅一般師範生相差不遠的，師資訓練所所產生的教育人材。某君，師資訓練所畢業生也。其解釋常識給學生說：「日本人之科學昌明，誠非吾人意料所及；比如種穀，今晚播種，明日收穀」。學生甲問曰：「用何方法」？曰「電種」！這是一例。某日，又講到熱帶植物，則曰：「熱帶上之植屋，一棵樹的枝椏，可以蓋四五所四合頭房子」！這又是一例。雖然大家怕不盡如道一位仁兄，但就我知道，是實在沒有什麼好成績在那裏。

由上面說來，我騰師資人才，實在太缺乏了，就算這三班師資人才都可充用，而人數至多也不過是一百名何況……但是又有人說：每年畢業的中學生，不是儘可充當嗎。是的，我不否認。各縣的教員，確有不少的中學生在內。但我們所需要的是成績者，成績又在那裏。本來家鄉的薪水，又是這樣的少。慢請仰事俯畜者，幾乎連自己一身都難顧到。有學問的，只有打別處跑，幹別種事業去了。就是在家教學的，他必定是爲別的不得已的情形下，有些誰不是三日京兆的心理呢？所謂在家鄉盡義務一句話，根本要推翻不出教員，不得不將地輿家、相命家、秀才、寶爺、以至地方請不出的老童生請出來。萬一連這些也請不到的地方，只好於久敷不中的老童生請出來。

請那大廉價的三十元或五十元的外路貨。由上面看來。騰越教育的成績，可以略知其概了、

末了，我還要聲明的是：本文所說的騰衝過去的教育的敷衍了事，不澈底。這是人的問題，而不是教育制度的問題。因爲在現代教育制度之下，在別的省市裏辦學堂有良好成績，和造出有用的人材的，自然不少，現行教育制度難然要有相當改進的地方，但這是局部的問題，請讀者不要誤會，將家鄉教育的沒有成績，歸咎到現行教育制度上去。尤其是封建頭腦的先生們，更不要誤會到我的批評家鄉教育制度上去，就是贊成復古，開子曰店。因爲現行的教育制度，自有全國的教育專家研究改善，使牠達到盡善盡美的地步。至於封建制度遺留下的經書，絕對的不適宜於教授兒童，已經有商務印書館出版的讀經專號裏的多數教育專家，說得很明白，不須我的詞費。主張讀經的老先生們，請你們適應潮流的使自己的子弟受點新教育，不要固執着讀經的專幹『開倒車』的勾當，那麼，家鄉的教育前途才有改進的希望。因爲家鄉新教育的不能澈底推進，在一般老先生們從中阻撓破壞，使教育的新生的嫩芽不能盡量的滋生長成，也是一個最大的原因，這一輩老先生們，對於騰衝教育的不進展，是要負相當責任的。

廿五年，四月，十六日

鄉人應有的覺悟

昨非

在一個半傾斜的坡面，呈現着一簇密集的厖屋，蜿蜒的盈江水，嶙峋的石頭山，和那陰翳的森林，依稀的隄柳，互相掩映着，遠遠的望去真像一幅天然的畫圖，這就是我們的故鄉，——和着『遊子』的生涯，這要算是故鄉給我們的美中不足的一點缺憾，

提起故鄉，誰都眷戀，但爲環境的驅使，許多人免不了在度

掉轉來我們不免又要咀呪故鄉了。——因為故鄉只是像一個清幽美麗的公園，只許一般婦孺們和有閒階級的享樂者，或是暫為休業的人們，作憩息的所在，決不容許勞苦生活的大眾，日常生息住裏面的，反正是在故鄉裏難尋得到生活的路子，所以大多數的人，必然是被逼着向外跑了，正是這個原因。

每當隆冬的早上，不是在故鄉裏，常時可以看見輕裝走縮的跋山涉水，經七八日的崎嶇山道的行程，到達了目的地，也不管天氣多末的酷熱，同時也不計較榛莽荆棘的山芭角落裏，抱定『不入虎穴，焉得虎子』的決心，只要有人煙的地方，就有家鄉人的足跡，斬荆棘，闢草萊，『臥薪嘗膽』的，埋頭苦幹，來求解決家庭生活問題。可想見我們同鄉來緬甸尋得的『金錢』的代價，純是『血汗』的造成，『勞苦』的結晶呀！。

看看我們家鄉社會裏面，真是一個無生產而惟一消費的淵藪，社會上的『應酬』往還，不少『窮奢極慾』的『狂妄誇張』的行為，任你怎樣改革，總還是取締不了這封建思想遺傳下來的裝門面擺架子的勾當。尤其可怕的是處在這商場裏落的時期，各地都是為不景氣所籠罩，前途黯淡，岌岌可危。

我希望家鄉人士們，急宜改變以往的『固執』心理，走向新的途徑，迎合時代潮流的隨事從『便宜』『經濟』方面著手，多做些有裨益於社會人羣切合實際需要的事情，人人都鼓起自我發動的勇氣，廢除麻煩的繁難的舊習尚，才足以救濟家鄉窘迫的危機呀！現在我們唯一的困難，不是已經感受到經濟力的壓迫，走到了『日暮途窮』的末路了嗎？我們鄉裏素所好尚的『虛榮』，都是戕賊我們的工俱，只會把我們送進墳墓裏去，那是不會有裨益於我們個人和社會一絲一毫的，我們家鄉只是像一盞紙裱的『燈籠』，由外面瞧着很好看，殊不知裏面燃料的供給，是很缺乏的了！。

救濟我們家鄉社會的方法，就是要居於領袖地位的人們的『自覺』，一行一動都去從實際有益處着想，以『便宜』『經濟』為目的，才不致將有用的金錢，去消耗在無意識的和虛偽漂渺的地方。若再牢不可破的抱着舊觀念，去消耗時代的互輪開着倒車往後面跑，極力阻撓一切『新』的發展，這都是我們的心理和行為的錯誤。這種錯誤的心理和行為，終歸一日是要受現代社會的制裁淘汰，而沒有存在的可能。我們現時切迫需要的是要抓著現實，在金錢和時間雙方面，都以絕對『經濟』為原則，由個人主義改變為大眾福利主義，在人羣的立場上來解決一切虛偽的『繁文縟禮』，以及封建思想和迷信色彩的舊習尚的行為，事事向時代化科學化的途徑前進。

我們在這推行的起始，縱使各方面的障礙壁壘尚在堅持，不能馬上達到我們理想中的要求，但是，我們中國人是摩仿性最大的，儘可拿別人做過的模型，摩仿做去，把舊禮教裏。無謂浪費的金錢，節省下來，移來倡辦公益，既可減少精神上的麻煩，還可以造福社會，『馨香千載』，較之無意識的浪費，不是好得多嗎？。我們在報章上，也時常看見的，如節約婚喪儀費，拿來助賑啦，捐資興學啦，購機祝壽啦，……等等的提倡，不勝枚舉，這種事早已有人在倡導着實行着，我們的模範了，我們只消這樣的摩仿做去，漸漸的力求推進，奮風陋俗的取締，就不成問題了。

我們鄉裏對於從儉的實施，過去曾有過幾度的提倡，可是候起倢滅，終成泡影，現在反而變本加厲，越發揮霍得異樣翻新，奢侈的習尚，日益高張，富者互相炫耀，貧者企踵效尤，單拿一庄細微的事來說：（這裏並不是專為此事作何諷刺，不過是引來

做個奢侈的例證罷了，合當聲明）。在五六年前，嫁女所用的枕頭，通常只是二個，近來就不是那樣簡單了，聽說由一對已經激增到八、九、十、對，不等，這種無意識的耗費，和怪誕的現象的突飛猛進，真是使我們沒有恰當的名詞來批評牠，只好說牠是開了『暴殄天物』的新紀元罷了。無怪乎中產之家『枕頭高築』正是債台高築的象徵，嫁了一個女兒，或是娶了一門媳婦，惟一的祖遺的田產，就非典借不可，生活因之發生問題。即此一端，還有嫁女的一切需要，甚至不需要的，都要加料的特別包辦。可見家鄉奢風的無理由的尖銳化了！

家鄉因為享慣了『太平』的快樂，沒有像別省的遭過水、旱、兵、匪、無家可歸，吃樹皮草根的災難，所以沒有嘗過『困難』的苦味。，尤其是腦筋固陋的婦女們，不知道金錢來源的困難，當作她們的『用之不盡』的『金穴』，把家鄉人惟一出路的緬甸，當作她們挑繡的金錢，當做『俯拾即是』，把的丈夫父兄在外吃苦受辱尋得的金錢，當做『俯拾即是』，把她所以才有現在的『異想天開』『暴殄天物』的浪費，處在最近生產力衰落消費日益增加的矛盾現象裏，我們家鄉已經快要臨到危險的地步了，我們應當猛省，來挽回家鄉社會的厄運，不然的話，將

來弄到經濟總崩潰的時候，那時已是『悔已無及』了！

在過去的從儉聲中，不能維持久遠的原因，多半是由於『情面』的影響，沒有堅強的制裁力，往往弄得龍頭蛇尾的，為山九仞，功虧一簣，這是多末可惜呀。我們對於『公約』的施行，要把牠當做神聖不可侵犯的金科玉律的信條，言行一致，裏裏符合的努力做去，萬不會有實行不起的道理。家鄉人士們呀！艱窘的時際迫近我們了，一齊起來，打破情面的，向前程進吧！

對於風俗改良運動，已經在鄉自治法規中立有條款，有鄉公所分為『鄉自治實驗區』，那末，作者不獨整求區區風俗的改良，對於家鄉社會的一切，應請鄉政當局『實事求是』的努力做去，將來才有好成績表現於家鄉的地方，也才不愧是『鄉自治實驗區』。

對於風俗改良的問題，在過去的本刊裏，曾有過很多的宏著，研究討論過了。本無須乎作者再來嘵舌，不過討論自討論，事實自事實，任你說得天花亂墜，到現在還是沒有人首倡實行，所以本一得之愚，『姑妄言之』的再來說一說，希望愛護桑梓的同鄉們，起來首倡愛護桑梓的同鄉，使家鄉久未實現的風俗改良運動，成為事實，這就是作者惟一的希望了。

廿五，八，一
脫稿於朱波客次

貢獻給鄉校一點管見

左 村

本鄉小學，自崇新會接辦後，校中一切設施，已由腐敗化的教育制度，而代替以時代化的教部制定的教育制度，比以前確有進展而得到外界的誇譽……』這些錯誇的話，本校無論在表面上或內容上夠得上享受與否，我們姑置不談。不過我們既受了各界的誇譽，自己是要益加奮勉，力求改善。才算『不負於人，不負於己』呢。

那末，我們要怎樣進行改善呢？我以爲鄉校目前的刻不容緩的問題，是增添班級的問題。因爲鄉校數年來學生有加無已，全

數將及四百名。但其中僅分七班，高級三班，初級四班。初級每班學生，多至七十名，少者亦有五十名。但每班都是一個教師。以一人的心力，教授這末多的孩童。其不能充分受益是無疑的。或謂每班學生多至七八十名之多，為歷年過來之質況。且各處私塾，都是一個教師教授六七十名的，其艱難較鄉校為甚。增加班級的主張是為任教的減輕職責吧？要知私塾學科簡單，多重唄唔。一教師已能應付。公校則學科較繁，授課時間亦較多，且以現代學制之國語一科來說。每禮拜限定六時至八時的國語鐘點，勢要在二點鐘內授教一課，才能在一學期內授完所規定的課本。但每班學生多至七十名，若果要在二點鐘內授完，斷然不能完畢，於是只能敷衍了事的做去，這並非教師畏難苟安，卻是時間的限制啊！

由以上的情形看來，以其說「有過來之事實可證」。不如說這是歷年辦學者感覺到困難而無法改善的缺點。這只消回憶自己做學生時，遇着同班學友太多，甚至還有些天聰有限的同學，每逢上堂的時候，教師多把工用在「天聰有限」的同學或其他同學上，責的時候，對於進步了的同學，是不那時自己不是曾感覺到討厭嗎？那末，這時的學生心理，又何嘗不是和以前一樣呢？

以上便是作者平素觀察所得的一點管見，雖說在內部也可向

漫談

A.鄉務——一年一度的選舉鄉長，二十五年度的又已舉行了。本年辦法，青年也得到選舉權，由每單選舉公民十人，代表各單到場投票，這種辦法都得到衆人的同情，不料結果仍然是由四十多人填夠七十人的七十張選票，裏面被選的人名只有三個。別的人就一票沒有。這也是一件趣開呢！

B.體育——本年省教廳命令鹏永龍聯合在膦開運動大會，消息傳出，一般體育健兒。都歡天喜地的振起精神來練習運動術。因此本鄉許多青年，又被運動的波濤鼓動了他們的腦海。最近已

署名 尸方

教委會建議辦理，但因這問題和本會有經濟關係。不是空談可成事實的。所以現在才把個人的小小見地本分的述出，以供各熱心教育的同志們做研討的資料。

現在再將增加班級的辦法略述於后

A.添聘教員。因為增添班級，當然要增聘教員，但是教員的人選更須慎重選擇。

B.每班學生，超過六十名時，就當分做兩班教授。

C.分班當然要另設教室，可由三元宮後層開設。

D.經濟的負擔，視每年學生數量的多寡，而決定經濟增加負擔的數目。

話說完了，須得有幾句聲明。就是接辦鄉校為本會服務社會之唯一目的。學校辦好了，本會的職責才算盡到一部分。添設班級的事，表而上雖說不大緊要，但是其中利害，對於學生的學業很有關係呢！況且本鄉學童求學的年限很短，若果我們負擔教育職責，希望這許多學童在小學畢業後就有點普通知識程度，那麼我們負擔教育職責的，對於鄉校有當改進的必要，是不是可以較受到實益，而不致使牠有相當的解決辦法，那末學童們才可以較受到實益，而不致使教員因為教授的困難，而造成敷衍了事的狀態。

19

由許多熱心份子發起組織一社團，定名為和順體育會。擬定會章。積極練習。其主旨在鍛鍊民族精神預備參加運動會云。

C.婚姻——年少離婚，在舊禮教支配着的家鄉，以前是絕對沒有的。數年來風氣漸開，老少的離婚事件已時有所聞。其原因雖各有不同，但始終都是雙方的家長，居於主動的地位，男女雙方仍然是居於被支配的地位。不過離婚的越多，替兒女訂婚的越早，這未嘗不是『互相矛盾』的社會現象啊！

D.鄉校——（甲）新劇——去年鄉校試演新劇。引起多數民衆的歡迎，但去年籌備不週，所以本年特提早練習。以期達到藝術化的表演並擬期於『雙十節』表演云。

（乙）建築——本年又裝建新樓一座，於大成殿後殿，以為裝貯小學儀器之用。又在操場之一隅新製學生運動器具，多件。俾學生練就健全之身體云。

渝君自海上寄給家鄉華的一封信

賓　森

和順鄉第一期已出版了，編者先生寫信叫我作下期的稿，我又完全無預備，有搜索枯腸之苦。值昨在華君處讀到他兄自海上寄來的一封信，對於鄉事等等有所論列，實可作社會及青年的借鏡，因商得華君同意，錄寄本刊，正是俗語說的「捉野豬還願」聊以塞責。

華弟：

你寫給我的信，前天已接到了。「一紙家書抵萬金」，我的喜歡可想而知，但你出給我的題目，太多且難作，只好隨便表示意見，不負你的盛意能了。

你出給我作的題目，大約分三項：：（一）是將你報告我的家鄉現狀，要我批評一番。（二）要我報告國內外時事。（三）對家鄉青年的出路，命我表示意見。——好在是弟兄間，閉門論道，對與不對，不足為外人道的！

第一項答題——

（一）改良社會的基本問題：人才是社會的基礎，要社會邁進，必須人才做原動力推進方可。家鄉青年，不為不多，但說

到人才方面似乎空虛得很。勿論是政治、經濟、教育、實業、建設、藝術，……那一項人才，却是缺乏，這是無可諱言的。人才缺乏，就是家鄉不進步的主因。人才的造就有四個條件：思想的維新，科學的研究，意志的堅決，德性的修養，方能造成良好的人才。「時勢造英雄，英雄造時勢」。現在需要人才以改進社會極為追切的時候，一般青年正要努力上述四項，以期造成良好的人才，造福桑梓呢？

（二）我對和順圖書館貢獻一點意見：和順圖書館，是地方有價值的文化建設事業，據你信說：逐漸擴充甚有進步。並且絲維也有書報社，城內也成立民衆教育館……這是很可喜的事情。我要發表的意見是：A和順圖書館重要意義，是為灌輸民智，有益社會而設，對於選購圖書方面，從前之國學書籍，頗將完備，今日購辦，應多注重生產技術，製造方法，及衛生醫藥，農村事業，組織合作……一切學識的書籍，使大衆得到生活上，事業上的實際應用。B圖書館

的使命，既在灌輸民智，那麼牠的收穫，便就要看大家方面得到的效力如何？如教職員學生以及智識份子固然得到參考研求的利益幸福；但是一般失學份子與及無閒階級，是無多大的緣份；能者的館員，更應多注意到下列兩種工作？一、是將平日讀書報者，多愛讀的書籍，是文學的？科學的？藝術的？時事的？……加以統計，才得明瞭民眾智識那幾項發展。一是誘導沒有機會進圖書館的失學份子和無閒階級到館，測驗其性之所近，勉其習看粗淺的書籍，或規定每星期由教員演講普通學識一次，召集大眾聽講，這須效法教士盡力宣傳的態度循循善誘實是灌輸社會智識的媒介，圖書館的效率必然加增。望主持圖書館諸君，百尺竿頭，更進一步，為啟發愚蒙，增加與趣引誘求知的慾望以補助圖書所不及計，在經濟能力可能範圍內，購辦新式農具，機械模型，理化儀器，礦植物標本，及含有教育性之娛樂用品……另闢一部份，陳列館中，以資觀覽。更定期每年幾次，舉行展覽大會，其啟愚增智的效力，當與圖書並駕齊驅。

（三）改良風俗之我見：會刊對於改良風俗運動，深具苦心，鄙見以為除婚喪繁儀，迷信復古等外，社會惡俗如吸鴉片，賭麻雀，以及棍搪等類，均為風俗之障碍，且為國家民族之隱憂，更應暮鼓晨鐘，警頑醒迷。並且風俗繫乎人心，正人心為政風俗之根本，但是正人心還是要從青年方面着手，深冀會刊編者諸君，對於青年訓練與修養，多加以獎掖和糾正之文字，並於將來制定為會務施行方案之一，以造成模範青年，方足以改進社會。

（四）政府勵行禁烟之良政：來信說政府勵行禁烟……記得本刊某君論救國，以禁烟為消除救國大障礙之一端，良以我國家的貧窮，民族的衰弱，人心的麻木，社會的墮落大半受鴉片毒素的影響，只要政府實行到底，官吏認真，奉行自有成效。惟鄙見斷烟辦法，宜截然禁止販賣長種，作公賣，以延專禁絕日期。至於懲罰方面，應對青年科以重罰，中年老年處份較輕，因青年與社會關係較為密切，而施行斷吸方法亦較易，如此分級而吸，則寬嚴適宜，無過與不及之弊，不知執政諸公，以為然否？

（五）公路修築中，地方人才應有之準備：據來信說，省城汽車路，已通大理，芒市汽車路可通緬甸，……滇緬公路，亦努力修築中，本來省城和各縣的交通，實為國防、行政、教育、生產……各項極需要之事，將來各路修築完成後行的問題，當然完全利賴汽車運了。但是家鄉有志之士，應當趁機會之研究和汽車連帶的事業：如A.探察石油礦苗，或試驗酒精製造以代電汽油，或改良木炭爐行駛汽車，以節省汽油之費，使將來汽車原動力不發生影響，而俾益民生經濟。
B.培植植物油，製造機械油，以代礦物機油。C.預備學習駕駛及修理汽車成為專門人才，以為他日地方有汽車組織時之需要，而不致臨時發生人才恐慌！

第一項問題說個四五種，尚有土司問題，小工業意見問題等，因為時間關係下次信中又再談及。

第二項國內外事項：
（一）世界大戰不能爆發而將來又不能避免：在現在國際間最矛盾的是各國力擴軍備，而又力講和平的矛盾。但二者又有連帶關係，因為預備戰爭是圖奪掠分配市場（如過去的意

軍佔領阿國）；講求和平，是關維持固有利益（如×帝國維持其殖民地利權），橫豎是以該各國家本身利害爲前提，以殖民地次殖民地爲侵略的對象，故侵略一日不止，則列強分臟不均，而被壓迫者亦總有反抗的一日。並且社會主義的——蘇聯，與資本主義的國家，因立場的不同，形成對敵的壁壘；各個國家中，少數資產階級，壓制多數勞動階級，也難免要出一次亂子。我國處在列強侵略壓迫之下，擴充軍備，雖無力量，然團結自強，正自可能。在此國家存亡關頭，國人不再努力，眞是「國亡無日」！

（二）×帝國主義滅亡我國的手段：暴日自強佔我國東北五省，威脅我政府：對政治則干涉我行政，侵犯我主權，對軍事則增兵華北，危害我國稅收，擾亂我國海關，對商業則拋售傾銷，吸搾我國金錢，摧殘我國工業，其事實種種，你時常看報見着的。總之是要把我國家假他的附庸，我國士做他的殖民地，我國富源，做他的勝利品，便是他的一貫政策。惜乎！我國人上下異心，視被侵略爲常事，我國土爲無足輕重，視國家危亡，而不動心，這眞是民族的危機！

（三）國內的進步和退化：國內的情形，因歷年受到天災人禍的摧殘，致國家元氣凋傷，民生命脈漸衰，生活破產，失業加增，情形頗爲複雜，但近年政府對於建設事業，極力整頓，大有進步，對於挽救農村，亦極設法進行；惟是社會經濟，消費萬方面，生活程度，日高一日，而生產方法。依然故我，蓋因受外國資本勢力的威脅，及關稅的不保護，

故工業甚少發展。至於農業亦因農村失敗，經過天災人禍的摧殘後，一時不易繁榮。教育不普及，民智因之缺乏與列強人民思想日新月異的進步相比例，實居於退化地位，國人若不奮發圖強，則與歐美各國家，有望塵莫及之勢，其何以生存呢：——

第三項青年出路的問題：你說家鄉學生出學校後，沒有職業只好跑緬甸，緬甸的商業，已凋零萬分，來鄉華僑只有減少，沒有加增，在家鄉又人浮於事，生活困難……這些情形，不止山國緬甸之情，形自然不能例外。但是折轉來想，只要縮小目標，囘顧進農村去，解決生活，是無問題，因爲農村的消費較都市爲低。而做微小資本之生活，也比都市爲易。並且農村——中有很多的土地，要青年們去開發；尤其是邊地的農村——中有很多蘊藏着的礦物，要青年們去探掘；有很多的藪衆，要青年們去領導；有許多的社會職業，如教師、醫師、工程師、美術技師……要青年們去服務，有許多事業，要青年去改良，有許多的外來物品，要青年們製造自給，有許多的社會進步的事業，促成社會的進步，而增進國家的強盛，是我國立國之本，爲固本培元計，必須整頓農村。但是農村是整個中華民族的農村，若僅賴政府整頓，是不易普及的，所以各地青年，均應看起整頓農村的責任，才算得是國民的義務。家鄉青年不少有志份子

，你可以徵求有嘗試的興趣，和犧牲的精神的同志，聯絡起來，再討論到進行的方針，及詳細的辦法，然後按實際的步驟做去，關於這項，我很希望你做點工作。孫中山先生說「只要做大事，不必做大官」，現在國家的亂，便是人人均脫離不了「升官，發財」的慾念，所以弄到「爭官，競財」的禍害，青年們應先放棄「名」「利」兩字，然後可做大事。事事從名利打算，只是利己主義，無益於社會。青年們努力農村事業，雖然沒得到名利的享受，但社會却受益不少；雖然艱苦從事，但內心自由愉快的真樂趣，勝過富貴中人的「假樂」！華！你能勉為其難麼？你的意見如何，也望你回信表示意見。祝你努力成功

兄渝寄　廿五，六，廿。

關於訃帖的話

鋤強

本會第六週年刊裏，曾登載過胡適之先生的「我對於喪禮的改革」一篇文章，牠對於喪禮的形式上精神上作澈底改革的敘述和討論，正是我們家鄉社會舊禮制的改良方法的對症靈藥。可惜家鄉社會到了現在，對於一切宗法社會遺留下來的舊禮制，仍然沒有改革的勇氣，仍然在十八世紀的階段停滯着，對於喪禮的改革雖然把「孝布」取消了，但是對於傳統的封建制度和迷信的浪費，仍然不能決然廢棄，反而因為不下「孝布」的原故，有一面之交的都來弔喪，以致客事比較以前用「孝布」時代更甚的多，因而經濟的耗費仍然不能減少。其實這是因為家鄉中年以上的人們富於保守性而沒有澈底改良的勇氣，所以對於移風易俗的措施，自然沒有堅決的意志。凡事只是「襲其皮毛」的敷衍了事，牠的結果沒有好的收穫。尤其是一部份人們，被虛榮心的驅使，愛裝門面而擺架子的維持「稀屎門面」的工夫，對於無理的虛禮繁文，不惟沒有廢除，反而加甚於前，家鄉社會的老不長進，這一部份人是應當負完全責任的。對於喪禮的麻煩禮制和無謂的浪費，這裏無須詞費，現在只就「訃帖」的裝門面擺架子的騙人的文章來說一說。

訃帖裏的『××罪孽深重，不自殞滅，禍延××』，一派的鬼話，是含有兒子有罪連累父帶的報應觀念的見解，在今日已不能成立，況且現在的人心裏本不信這種野蠻的見解，不過因為習慣如此，不能不用，那就是無意識的行為。又如『孤哀子等泣血稽顙，…』的套話，我們在『民國』禮制之下，已經不『稽顙』，更不『泣血』，又何必自欺欺人呢？。又如『孤哀子』後面排着那一大羣的『期服孫』，『齊哀期服孫』，『期』，『大功』，『小功』，…等等親族，和『抆淚稽首』，『抆淚頓首』，『拭淚稽首』，…等等一大羣人為什末要在訃聞上佔一個位置呢？因為這是古代宗法社會遺傳下來的風俗如此，現在我們既不承認大家族的惡風俗，自然用不着列入這許多名字了！還有那從『泣淚稽顙』到『拭淚頓首』一大串的階級，又是因為什末呢？這是『傷家』『親親之殺』的流毒，因為親疏有等級，故在紙上寫一個『哭』字也要依着分等級的『譜』，我們絕對不承認『哭喪』是『有『譜』的，所以這些『有『譜』的虛文也是在應該刪除之列。還有兒子在外，父母死了，兒子回家奔喪，無論回家的途程是幾百或幾十里，訃聞上都要用『匍匐奔喪』的字樣，無

，試想兒子的孝心無論到什麼程度，都能由幾百幾千里外實行「匍匐」到家嗎？恐怕一里半里也不有人願替這種傻事行吧！這些和事實完全相反的騙人的文章，也是應該刪除之列。現在特意將陳繼承的母親的『訃帖』載在這裏，介紹給家鄉愛裝門面擺架子的人們。

聞

顯妣謝太夫人慟於中華民國二十四年十二月四日戌時壽終內寢距生於清咸豐九年九月二十九日巳時享壽七十有六歲不孝亦盧淮沂隨侍在側親視含殮遵例成服不孝繼承在漢口軍次請假奔喪未奉允准乃在漢口寓所成服遵例二十五年四月九日辰時敬奉靈柩安葬於靖江東門外祖塋與

顯考選卿公合兆先期於四月八日在靖

江家奠哀此訃

畸形社會裏的形形色色

子陳　泣告　<small>沂淮繼承　亦盧</small>

鼎惠懇辭如蒙
賜唁請寄
漢　武漢警備司令部
南京磨盤街第一軍辦事處
江蘇靖江東門本宅
（恕不另寄訃）

這訃帖裏面對於上面所說的四種搗鬼的弊病，已經完全刪除了，家鄉的身爲家長的人們，所以知道現代的禮制的改革，已經有人實行，並且不只是陳君一個人，還有其他的很多的人，對於訃聞的改革，我們常常在報章上看見，陳君不過是勇於改革的人們裏面的一個。並且希望家鄉社會裏居於領袖地位的人士們，能有改革的勇氣，棄繁就簡的來改革一切舊有的宗法社會的禮制，並且漸次推廣到整個社會的改革，那才是家鄉社會的改革的唯一出路。

世界文明急急的進展的時候，任何野蠻，頑固，不進化，守舊的地方，也因現代潮流的波蕩，必然的不能不更換本來的面目。

某一個僻處邊隅的素以民智較開自豪的社會裏，不能例外的追逐着時代的互輪向前推進、文明、自由、平等、維新、種種狂呼亂喊的口號，聽來好像是一件很可興奮的事，然而事實上卻使你失望得很，禮制依然是三跪九叩，婚、喪、客事，非四五日不足以出風頭裝門面，喪禮的紙人紙馬，做五七、做工課、的點綴，當然是不會少。日夜不息，鼓樂宣天的，爲道士發財的打百解

的把戲，遍處都看得到。各私塾「子曰子曰」的不斷的在哼着。提倡白話文，和現代教育被視爲一種兒戲的勾當。社會的一切都表現着『向後轉』的『自掘墳墓』的象徵。

但是，和以前不同的所謂形式上代表文明進化的，只有西裝、革履、長外套、毛絨衫、顏色褂衣、長旗袍、短外掛、燙髮、高跟鞋、遍佈在鄉村城鎮的大街小巷裏，十足的顯露出新時代的摩登化的現象。還有青年男女，組織什麼赫赫有名的『飛機隊』，專以談講戀愛（？）爲宗旨，十二分的迎合一般青年男女的口味，所以入會者十分的擁擠，自命爲超時代的文明先進的新智識份子

泉茵

，出口就是『自由戀愛』『婚姻自主』，但是這般青年，根本不了解什麼叫戀愛？戀愛的目的是什麼？戀愛的目的是戀愛的成功，所以，就形成了有夫之妻與人私通，有妻之夫濫交情侶。師生戀愛，同姓交歡，寡婦潛逃的種種離奇現象，真是層出不窮。無怪舊頭腦的人們，要說『世風日下』了！公子哥兒千金小姐們有錢有勢的，固則因鄉老看家長情面的關係，再越軌的事，也得逍遙法外，窮小子就不討好的，上公所、打大板、遊街示衆、嘗鐵窗風味，這一類的新聞，由這兩年來，無可諱言的，層出不窮。這不能說不是誤解文明維新適應潮流所得的結果罷！

可敬可愛的，前程遠大的青年們呵，我們把文明進化誤解了，文明不是在衣冠上用功夫的、皮毛上的工作。更不是發洩獸慾的那末一囘事。

現代文明是叫我們認識個人在現社會所處的地位，和應負的責任，和世界經濟崩潰恐慌的波濤激盪到我們家鄉社會時，我們應當努力，而不致遭到天演的淘汰。依賴父兄的餘蔭，而生吃種谷，自求生存，不啻表示自己卑劣的人格，在現社會裏是有損無益的寄生蟲。我們要了解現實和人生的意義，爲人生而努力，爲全民族的生存而奮鬥，才不致擔負『毀滅家鄉社會』的罪名。

日記的一頁

『舊禮敎的素描』

春音

在皮拍皮拍的爆竹響聲裏，新郎對捧着花碟來迎的人說：『朋友不用這套兒吧』，嘴才說着脚就跨進門裏去了，迎接的人無奈其何，兩個素常不相見的外鄉『陪郎』，急急的跟着走到了裏面的站起，三跪九叩後，又到原位坐下，什麼灶君、祖宗、願牌、『廣子』來傳，好像看不見又好像從來不行過這種禮似的，屁股還沒有坐穩，一個小孩捧着『廣子』來傳，『三個人不等人請，就一齊坐下，郎一拿，原來是用綫兒穿着的，做一個的帶起來了，『哦哦！我不要這樣多，一小包就夠了』哈的一聲，笑得他莫名其妙的低下頭去，接着『傳菸』的又來了，他堅決的推辭，不受，他怕上當，木雞似的呆呆的坐着望家堂牌，望得出神，也許他看不起吸草菸，也不定。他不會吸菸，

起來戴好，嘩嘩的一陣笑聲給他滿臉緋紅，低下頭動都不動，直到『陪郎』提醒再叩一首，才像宜告死刑而被赦免的罪人，直僵僵的用手去接，哈哈的又一陣笑聲，他似羞帶遞過來的，一脚跨遞過來，然而無勇氣的，又俯伏下去，第二次站起來時，才將要轉背，又是『請某位升升』……接着連三趕四，批的扯的拉的，『磕在家堂上……姨媽，只見新郎站起跪下的，『揭蒜』一般的點大媽二媽三嬸……姨媽，頭都磕得發昏了，頓時怒髮冲冠的，不能再忍受這種奇恥大

他輕聲問陪郎：『這囘又怎樣行禮』，陪郎在他的耳邊低聲的附着在旁邊的人說：使他剛才定了的心，又緊張起來，一直到人家等得不耐煩的時候，才有人說『時間不早了，快些行了禮』，新郎很不願意似的，立刻現出一種癱病一般的，雙膝跪下，帽子跌落地下，他從容不迫的把帽子拾頭。副慈眉切齒的，望得出神，懶洋洋的走過來，不自然的面孔，不耐煩的，『叩首』『叩首』一不提防，帽子跌落地下，他從容不迫的把帽子拾頭，頭都磕得發昏了，姨媽

辱似的說：『先生，馬虎點罷，什麼姨母六奶的，請他們出來』。一邊丟眼色給陪郎，陪郎才說：『請出來升升，在裏面未免不恭敬，不光彩』，旁邊那個『請升升』的司儀員『捉弄者』才啞口無言，也不取再請『升升』了！

社會的一切都被封建制度的空氣籠套著，人們都是封建制度的被支配者，甘心屈伏的做牠的玩弄品。但是毫不覺悟的還在那裏自鳴得意的玩弄別人。

（註）『請升升』是我們裏村上請人受磕頭禮的話。

鄉校消息

內部教育委員會五月八日來函稱：『本年鄉校教育，男校高級聘定李秋農、張月舟、趙國珍、李耀北。初級聘定張希房、寸仁山、李沛春、許子質、寸守剛。體育主任劉松年。女校高級教員謝蘭芳、尹清英。初級寸秀清、李桂蕊、劉振湘、尹生芬。男女兩校高二級畢業學生，均編入補智，班教授，惟女高二級則因人數太少，及教室經濟之限制，故將程度較低者仍編入高一級，程度較優者編入補智班。女校補智以謝蘭芳爲級主任，而由張月舟、李秋農，代爲分担科學。男校學生全數約三百五十八人，兩校學科，依照李生莊校長之指定，高級主要科目爲國語，初級主要科目爲國語、算術、社會、英文、自然。補智班加授國文，初級主要科目爲國語、算術、社會，算術。本年添購小學儀器，由上屆教育經費餘款項下撥出五百元，交圖書館緬甸經理處向滬商館購辦，所需課本，亦撥款由圖書館緬甸經理處向滬商館購辦，現在該項儀器及教科書，均於七月內運緬轉運本校，又將教務處後面之平房，裝成樓房，以爲藏貯儀器之用』。云云，本年該校校長得人，凡事概照教育部章辦理，復古派對於該校撥施，已帶法干涉侵襲，任敎職之各同志，省能和衷共濟，對於該校前途之進展，負責任職，鄉校前途之進展，吾人實有最大之希望也。

轉載

『大公日報』

關於兒童讀物的研究—介紹給騰衝小學教師們—兒童讀物的提倡與小學教學效率的增進

趙廷為

為什麼我們要提倡兒童讀物？我的簡單的囘答是：因為對于小學教學效率的增進，頗有幫助。茲略加說明如左：

（一）讀書教學效率的增進　讀書能力是一種基本的能力。我國小學兒童程度低落的最重要的原因之一，便是我國小學兒童的讀書能力過于薄弱。要增進兒童讀書的能力，每一小學，必須預備多量的兒童讀物，叫兒童自由閱讀。若小學兒童的閱讀範圍，僅以幾部薄薄的教科書為限；則小學六個年級的教科書的總字數的合計，恐怕也不及一部三國志演義或水滸傳的總字數來得多。

靠着這字數不多的閱讀材料，我們如何能發展兒童的優良的讀書的能力呢？同想我們自己的讀書能力的進步，也決乎不是得力于幾部教科書，而是得力于注重指導報紙小說等的閱讀，現今一般小學，僅能使兒童循誦，記憶，同講及背誦教科書內的字句，以增多兒童閱讀的數量～是提高讀書教學效率的最重要的方法。提高了讀書教學的效率，間

接卽足以提高其他各科教學的效率，自不待言。然我們還抱着一個很大的希望。我們所希望的是自從提倡了兒童讀物的編輯和選用之後，小學教師，會從此改變其教學各科所採用的方法：現今一般小學教師，都把教科書當作唯一的教學的對象。他們只要求兒童把教科書裏的字句記憶純熟，而能夠在考試時正確地回答，新教育運動所攻擊不遺餘力的，便是這一種方法。把死知識的記憶當作唯一的教學的對象的「所謂書本教育」。在我們看來，教科書的性質，只是像一種指南或說明書一樣。用比方來說，如果我們遊西湖，我們最好購一本西湖導遊，供作遊覽時的指導。當兒童研究社會自然等科時，他們的研究對象，乃是他們所處的環境，正如同西湖導遊可供作遊覽時的指導，但教科書可供研究時的指導，正如同西湖導遊一樣。如此看來，兒童的主要學習工作，乃在直接經驗去補充。我們所以要提倡兒童讀物的閱讀，完全是因為我們認定，兒童讀物的閱讀，只是一種獲得間接經驗的方法。心理學告訴我們：兒童只能從經驗中學習獲得間接經驗的緣故，而經驗卻包括直接經驗和間接經驗二大類。我們希望，今後的

不設法增多其閱讀的數量～我以為在現時提倡兒童讀物的唯一的原因～是提高讀書教學效率的增進。

（二）其他各科教學效率的增進　提高了讀書教學效率的增進

一般小學教師，不再強迫兒童記憶教科書中的字句和事實，而利用教科書中的暗示，來引導兒童從環境中獲得直接的經驗，並從各種兒童讀物中獲得間接的經驗。如果一般小學教師所採用的教學方法能夠如此地轉變，則各科教學的效率，就不難大大地增進了。

在這篇不滿千字的短文裏，我只能作如此簡單的說明。

明日之小學教科書

吳增芥

教科書是輔助教師的一種工具。就我國目前的情形說，大多數小學，還只是依着教科書教學，不能自動地引導兒童學習當地當時所最需要的一切，所以教科書的關係很重大、教科書的研究和改進，確是刻不容緩。現在就個人所見到的，提出下面的幾點：

第一、教科書應兼以鄉村兒童的生活為對象。教材要適合兒童的生活，教學應以兒童的舊經驗為出發，這兩點意思，是沒有人否認的。我國小學兒童，大多數生活在鄉村中，所以教科書的取材要顧到鄉村兒童的生活，不能專以城市兒童生活為對象。

第二、教科書不只是供兒童讀的，並且要引導他們去想的。現在的小學教科書，雖已顧及此點，但所設的問題，是否適當，還有討論的餘地。；要激起兒童的思想，是否在課文前後列下幾個問題，就做得到，也是一個疑問。

第三、教科書不但要能激引兒童思考，還得指導他們去實做。兒童所需要的知識技能，不是靠書本傳授的，而必須從實際做的行動中使其獲得豐富的經驗。教科書應指導兒童做實際的工作（例如寫寫畫畫找參考資料等），並指導其記錄所得的經驗。

第四、教科書的課文與練習，要打成一片。目前教科書裏雖列有習題，但因限於篇幅，分量不多，而且未能適合兒童學習能力的差異。今後兒童應做的練習，要和課本合在一起；或用練習簿和工作簿，供兒童應用。

第五、教科書的種類可以減少。低年級兒童識字不多，只要國語科用教科書，常識重在直觀……；算術重在練習，都不必用書；中級國語科常識科用書，其他科目不必用書；高級國語、社會、自然、算術用教科書，其他科目不用。

總之：教科書是用的而不是讀的。教師不能盲目的採用，而應加以審慎的選擇。教科書裏的材料，不是完全都適用的，有些應該盡量的補充。教師對於教科書，如果能夠注意選擇，可以促起教科書的改善。

兒童和故事

馬客談

28

故事是什麼？兒童為什麼愛好故事。這問題頗值得研究。要是從故事的內容看來，不外乎一點社會和自然的材料；可是故事卻不能就算是社會和自然。因為世界上有用故事來寫社會和自然教科書的，卻不能拿一切社會和自然教科書當做故事。

那麼故事究竟是什麼，兒童為什麼愛好故事呢？故事，從形式上看來，可以說是藝術，可以把牠看做圖畫和音樂一樣。因為藝術最高的目的是惟美，而美的功能任引起人們的高尚而愉快的情緒。故事的目的，也在引起兒童高尚而愉快的情緒，所以他的形式和功能是同圖畫和音樂相等。本來藝術有靜的藝術和動的藝術之分，像圖畫可說是靜的藝術，音樂就是動的藝術。兒童欣賞靜的藝術能力還小，而欣賞動的藝術能力很大。所以兒童歡喜音樂比歡喜圖畫更甚，故事是有延續性的藝術，所以兒童歡喜故事更甚於音樂。加上故事的內容能適合兒童的經驗，使兒童容易了解；有時還可用想像的方式，補足兒童實際生活的不足，使兒童格外感覺愉快：這都是故事的特有性，也就是兒童歡喜故事的重要原因。假使我們更能利用其他動的或靜的藝術和故事聯絡起來，故事的功能，就格外的偉大。譬如我們把美妙而生動的圖畫和故事聯絡起來，就可以增加兒童閱讀故事的興趣。或者我們把表情達意的音樂和故事聯絡起來，就可以增加兒童聽講故事的興趣。這種作用，我們可以叫做藝術的共鳴。

我們成人的生活，不能有張而無弛。假使一天到晚只是緊張的工作，而沒有絲毫的休閒工夫，那麼我們就要覺得枯燥或沉悶，也許因此工作的效率就要減低了。兒童身心發育倘未完全，肌肉的耐勞力，固然沒有成人來得大；而意志的堅強度也不如成人來得久，所以每日的休閒時間，更要比成人來得多，除去睡眠的時間要比成人較長外。就是愉快的機會也要得多。因此故事逐做了兒童最歡喜的消閒品了。試看任何頑劣的兒童，只要聽到故事，他自然就和柔了；任何急燥的兒童，只要聽到故事，他自然就安靜了；任何冷淡的兒童，只要聽到故事，他自然就注意集中了；任何散漫的兒童，只要聽到故事，他自然就興奮了。我們成人分析真假太清楚，對於故事知其真假，就不大動情。——其實真正好的故事，也能使成人動情的，兒童對於故事，只是欣賞，無暇去分別他的真假，所以他們能在故事裏得到更多的滿足和更多的樂趣。

我們知道人類的身體和精神，是有密切關係的。身體健康可使精神快樂，同樣精神快樂，也可使身體健康。所以故事對於兒童直接可使精神快樂，間接也可使身體健康。這是說故事對於一般兒童普遍的效用。再談到學校裏的教學方法，會利用故事的先生，他的教室中常常充滿了快樂的空氣；師生之間也常發生着親密的關係，使兒童對於一切工作，皆樂於進行，而不感疲乏，這是何等完美的教學法啊！總之：故事是兒童唯一的嗜好品，也是兒童的生命線。倘使用得其當，真是其妙無窮。——這當然是指好的故事而言。至於如何才是好的故事，不在本文範圍以內，只好過一天再談。

故事既然是兒童惟一的嗜好品，所以兒童讀物，最好多用故事體裁編輯。卽使是社會自然等教科書，也得用故事體裁編輯。

生字分量對於兒童閱讀興趣的影響

高君珊

談談「鳥言獸語」的讀物

陳鶴琴

兒童對於書本的興趣，常受種種因素的影響。艱深的意義，生僻的字彙，不自然的造句，複雜的結構等等，都足以影響對於閱讀的興趣。生字的份量，也是其中一種很重要的因素。無論是社會科學，自然科學，或是文學的書，凡是生字過多者，都可以減少興趣。所謂生字的多寡，並非指全書中生字總數的多寡，是指生字在全書字的總數中所佔的比例如何。如全書有字5000個，生字佔500個，則該書平均每十字中必有一個的生字；也可以說平均每一個生字有十次的複見。

常然印象較深些，而遺忘較少些。故所謂生字的多寡，是要看全文字的總數的多寡。全篇二百字中有二十個生字，與全篇一百字中有十五個生字，雖然前者多五個生字，而實際上後者生字的負擔較重，因為複見的次數較少。

假若我們現在選取任何十種國語課本，去計算其中生字的多寡，其結果各書一定有很大的差異。至於普通補充讀物生字的分配，編時尤毫無一定的原則。但是過多的生字所發生的困難，可以減少兒童對於閱讀的興趣，所以不能不去注意。往往一般初級的課本或補充讀物，比高級的容量較少。頁數或字的總數較少——而同時初學者所識的生字又較少，因此無形之中就是去增加初學者的困難。這是很不對的事。

美國芝加哥大學各教授對於閱讀心理，曾作很詳細的研究。他們用攝電影法去攝取兒童閱讀時眼球運動的狀況。他們發現善

「鳥言獸語」的讀物，在世界各國，早已風行了。去年本人赴歐洲各國考察教育時，對於「鳥言獸語」的讀物間

讀者眼球的運動，是十分有規則，十分有節奏的。當眼球注視時所見到的字，不是一個個獨立的單字，而是接連的幾個字同時看。閱讀的時候，是一個字或兩三個字注視一次至兩三遍。及至向前看一行的字，可以有十餘次前後不定的注視。總之，一行的字動，是毫無規則的。即每一行注視的次數，也為狠一致的。至於不善讀者眼球的運動，有時對於生的字先注視字頭之後注視字尾。及至向前看這個生字一遍至兩三遍。五六字後，又回來重看這個生字二三次。可見過多的生字是讀書上一種很大的障礙。

但是善讀者的人遇到過難的材料，或過多的生字，也有此不善讀者的現象。不必說兒童如此，就是富於閱讀經驗的成人，也不免如此，周誥湯盤，就是博覽羣書的韓昌黎之流，都覺得難解。

喜歡閱讀的人，一定是覺得讀書是一種狠容易的事的人。如果感覺閱讀的困難，就狠自然的避免閱讀的工作。閱讀雖然是一種技能上的訓練，也是一種養成的習慣——而且須自幼養成。我們如果要想養成兒童對於閱讀的習慣，須從培養兒童對於閱讀的興趣入手。兒童所用的課本或補充讀物，須盡量減少生字的份量。閱書多的兒童，遇到生字的時候，不用字字檢查字典也能了解。但若每數十字中祇有一個生字，普通能力的兒童，就是成人也感困難，加增閱讀，也覺無味了。所以減少兒童讀物中生字的份量，就是獎勵兒童閱讀，加增閱讀與興趣的一種有效的方法。

題，附加以注意：

在英國兒童讀物中，認為最普遍，最受兒童歡迎的，敢說就

是「鳥言獸語」的讀物。例如 Winnie-The Pooh by A. A. Milne 這部書在九年中，再版了十三次之多，可見牠的價值，和牠的吸引力的一斑。

記得蘇俄政府在革命之後，曾經一度禁止「鳥言獸語」的讀物，以及一切神怪的故事；就是幼稚園裏的洋娃娃，也在禁止之列。當本人觀光蘇俄時，鳥言獸語的讀物，已經開放了，洋娃娃在幼稚園裏也可以公開任小孩玩弄了。

世界各國「鳥言獸語」的讀物中很流行而著名的，如美國的潘彼得及曼麗漫遊記，意大利的木偶歷險記，英國的小熊歷險記，以及丹麥的安徒生童話集等，這許多讀物在各國學校中無不爭先購讀。兒童對於這類「鳥言獸語」的讀物沒有一個不喜歡看，不喜歡聽，不喜歡講的。

現在我們要問小孩子何以對於滑稽影片，對於「鳥言獸語」的讀物，比較任何影片，任何讀物，來得歡迎。這個問題，大概可舉數例來證明。

其中最被人所歡迎的，莫如(Filex)小黑貓(Mickey)米老鼠，以及(Silly Syphony)滑稽音樂隊了。據說在美國好萊塢影片公司所出影片銷路最廣的，就要推這幾種。因為這類滑稽影片不但小孩愛看，就是我們成人也非常歡迎。

我們曉得做戲而不化裝，看起來就要減色。一經化裝，那就會使我們看了立刻與趣橫生。倘使我們拿同樣一幕戲，用木偶來表演，從兒童的眼光看來，比人做的戲，格外來得有趣，格外來得出色。這完全是因為小孩富於好奇心。他們所不常看到的，或偶戲就比人做的戲，已經有這種顯著的分別。何況在讀物中鳥獸出於他意料之外的那些東西，足的使他們驚奇，使他們注意。木

虫魚本來不會講話的，而會講話。在影戲中不但鳥獸都能開口說話，就是一切器皿之類，如碗盞瓦罐，杯壺鍋鑊等，也能人格化，也能一樣的動作，一樣的講話：怎麼會不使小孩看了愉快驚奇呢？

本人對於這種「鳥言獸語」的讀物始終沒有懷疑。覺得對於小孩，只有好處，沒有什麼多大害處。他可以啓通兒童的智慧，發展兒童的想像，使兒童快樂興奮。讀了木偶歷險記，兒童也決不會相信米老鼠真能講話，真能像人一樣的活動。看了米老鼠，兒童也決不會相信木偶真會遊歷，真會有奇遇。這是做父母的，但因為有趣，所以可讀可看。

不過有一點要慎重聲明的：就是「鳥言獸語」的讀物，最好做一種補充讀物。好比影戲中的米老鼠，最好做正片；讀物中的木偶奇遇記，最好給小孩做一種自修的補充讀物，不做正式課本。

又如我們在平常吃飯，倘使滿桌的菜肴，那就覺得太無意思，勢必加上小碟子，如青菜，豆腐等來調和口味「鳥言獸語」的讀物，正如大菜中的小碟子一樣。

「鳥言獸語」可非難的，只有兩點。

(一)帥怪恐怖的故事。這種故事是很容易引起小孩子不正當的活動。看了封神榜就會出門拜師，看了紅毛野人，晚上就要做惡夢。凡是帶有恐怖性的故事，小孩看了，恐怕都將發生這種危險，都要受着很大的影響。所以那種荒誕不經，容易引起恐怖性的神怪故事，當然絕對應當禁止。

(二)編輯的不當。我常聽人說：「現在的教科書中多是些狗說貓說」一類的文字。本人以為這是「鳥言獸語」分量太多的不當，並不是「鳥言獸語」的不對。利用小孩喜歡閱讀「鳥言獸語」的心

理，而隨意濫編，其實也足以減殺兒童對於「鳥言獸語」的興趣的。

最後要聲明的，就是「鳥言獸語」的讀物，自有他相當的價值，相當的地位，小孩必須對牠有相當的享受。但是在我國低年級兒童讀物中，可說十之七八都是「鳥言獸語」，這未免太多了。現在我們所亟需的，是各種探險的故事，科學的故事，（包括發明，等等）；這種讀物，真如電影中的正片，菜蔬中的魚肉。我願我們同志，今後努力提倡！

現代婦女應該提倡大衆化的健康運動

魏精忠

中國人歷來都是崇拜那種弱不禁風的，和多愁善病的嬌娃美人的病態美的，自然，這是數千年的禮敎的束縛而演成的結果。自從婦女運動發生，即就提倡天足一件而言，經過了很長的一個時期的奮鬥，人則總覺得步步蓮花，是婦女的一種痛苦，因為摧殘肉體的發育，影響到身體的健康。

近數年來，女子們除截髮，解放束胸，裸露頸胸，膀臂，兩腿外，還努力地利用科學上的理論和實驗，提倡健康運動，使婦女們能具有勻齊長大的軀幹，輪廓整潔的四肢，這是中國現代女性的第一步走到健康美運動了。

但有仔細檢討一下現階段的女性健康運動，不由得我們不批評它是幼稚的，片面的，非大衆的。因為現在所講健康美運動，或極經濟的健身房，徵求大量的會員來參加，鍛鍊各人的身體，祇限於一般的女學生。並且他們離開學校以後，參加職業或組織家庭，就不肯再練習長短跑，玩球類，和其他運動的，更不用說一般從事筋肉勞動，和腦力勞動的婦女了，她們簡直是沒有機會受健美運動的練習，甚至無從了解健美運動是什麼一囘事呦！

日常生活中最緊張，最活躍的一部工作了。

婦女她不去練習日常的身體運動，就會引起旁觀者的冷嘲熱罵。英美兩國，各大都市中，體育館，健身房到處林立，婦女們祇須繳納極低微的入場費，便可以每日去鍛鍊身體，並且有專門體育家在場替你糾正姿態和指導。她們都十分理解：女子健康美的關鍵，係操縱在自已手裏，絕對不是化裝品和衣飾中所能辦到的。

我們希望中國的現代家庭的婦女們：第一，怎樣地在婦女界中有組織地宣傳健美運動對於個人的生活，社會的服務，人種的優生演進是何等的重要。其次，集合資本，建築大規模的體育館，或極經濟的健身房，徵求大量的會員來參加，鍛鍊各人的身體，或我們的都市的婦女生活，必定另有一番新的氣象，在她們活動的任何事業上，必也定有大的變革的，不消說，還要影響到我們中國這萎萎靡靡的民族，立刻轉變傳統的生活方式。

我們相信在這個時代輪輪的進程中，中國婦女們，最值得去提倡，去實行的，就是這種大衆化的健康運動。

什麼是家庭預算——家庭預算應如何編製？

子泰

在本刊上，關於如何用合理的方法，去支配家庭中的經濟，已經有二篇文字發表；那二篇文字，對於家庭的經濟問題，雖然有很多的討論，但是具體的用什麼方法去編製預算，却還沒有談到。在這新曆的歲首，舊曆的歲末，許多家庭一定想到他們來年的經濟狀況，而且一定想將他們的經濟，有合理化的支配；那末在這時候，對於家庭經濟的預算，有一番詳細的討論，想必是讀者所歡迎的。

一、什麼是家庭預算？

所謂家庭預算就是家庭中一定時間內的用錢計劃，這計劃必須以家庭中的總收入為基礎，而使家庭中的收入和支出能夠相抵，或是有盈餘。編製家庭預算時，有的以一月做標準，有的是一年做標準，這二種方法，各有它的長處，但是每一月做一預算，太嫌麻煩，而且一年的預算，可以統括一年中的需要，支配時就較一月來得容易，所以通常的家庭經濟預算，就以一年做標準。

二、家庭預算有什麼利益

有許多人，因為不明瞭家庭預算有什麼利益，所以在未說明家庭預算的編製法前，我們應明瞭家庭預算對於家庭的利益。

下面幾點是比較重要的：

1 使家庭中的生活，各方面可得到平均的發展。不致於偏於多的時間和頭腦去編製這預算，或使家庭中除了生活必不可少的費用外，衣、食、住的任一方面，對於交際、娛樂等費用就缺少；因為精神上應用的錢正和物質上的同樣的重要。

2 能夠用較低的代價購得較佳的物品，因為有了計劃，購物時就可有適當的選擇，而且可以乘商店廉價的時候去購買，這樣比較匆促去買當然經濟得多。

3 每年可以有適當的儲蓄，因為預算中應有儲蓄一項。

4 金錢不致浪費，因為在預算表中，對於一年的各項費用，已經有詳細的考慮和預算，應用時就不會無目的的浪費。

5 家庭中一般的生活標準可以提高，因為有了預算，就不致使家庭中十二人的生活標準特別高，而另外的人生活特別刻苦。

6 可以彌補家庭的積欠，因為家庭有了積欠，預算表中就應該列入還債一項，如此可使債款逐漸消除。

7 可以使家庭的經濟出入，得到平衡，不致陷生活於窘境。

三、家庭預算應如何編製？

因為各家庭的收入和生活情形，都不相同，所以這一家庭的預算表就不適於那一家庭，但是在編製預算時，他們的方法和原則是相同的。現在將編製預算的步驟簡述在下面：

1 編製預算表時，應該將全家（小孩等除外）都集合在一室討論。

2 將預算表分為食、衣、住、經常費、生活進展等五項。

3 由家庭各份子將他個人在每項下所需的各類費用寫在紙上，再共同討論這費用的正當否而列入預算。

4 開列全家的共同消費，討論後，分列入食、衣、住、經常費、和生活進展各項下。

5 開列每年應儲蓄的款項。儲蓄數的多少應該以家庭經濟來源的穩固與否，家中各份子的年齡如何（有年老或年幼的人，儲蓄就應較多，備喪葬或教育等用），平日生活狀況如何為標準。

6 家庭中有積欠者，應該以能力所及，在預算表中開列每年還債的款項。

7 開列全家中每人的所得稅，或其他的稅如租稅等的數目。

8將第一項的全家收入減去第五、六、七各項的款項，就是全家每年的純收入，也就是該家全年的用費。

9將家庭中全年的純收入，平均分配於食、衣、住、經常費、和生活進展等五項。

10比較第三，四兩項的支出和第九項的進款如是否相等，假使有超出五分之一的，應該設法減去不需要的，必須使出入能得平衡。

上述預算表內五項中的「住」應包括房租、修理、和保險；「經常費」應包括電燈，自來水、電話、燃料、車費、工資等；「生活進展」應包括敎育、醫藥、娛樂、交際、書報雜誌，旅行費等。五項中的各類細目，可以隨各家庭的情況而變更，但是在編製預算表時，這些細目就應詳細的確定。

在編製預算表時，有一點必須注意的，就是在家庭純收入和五項總支出相平衡的原則下，各項費用也可有相當的伸縮性，譬如某家的敎育費佔純收入的五分之一，那麼生活進展項下的其他費用就無處着落，敎育費既不能減少，其他各項的費用就應極力減少，來增加生活進展項下的費用。所以在編製預算時，對於上述的方法也應該有活的應用。

在末了，有一點最重要的，必須和讀者說明的，就是家庭預算重要的並不在編製，而是在實行；所以假使諸位已有了一個完美的家庭預算，必須有決心按預算的計劃去實行，不然，太辜負編製預算時的心血了！

適合小朋友們閱讀的三種報紙

——本鄉圖書館應從速定閱——

馬星九

讀死書的時代已經過去了，現在不但成人每天應有一種或數種報紙閱讀，就是兒童也不應敎他或她們把精神釘在死丁丁的書本上；因此有向兒童介紹幾份報紙讀的必要。

（一）兒童日報　上海海甯路華眞坊三號兒童日報社發行，主筆爲黃一德先生，總編輯爲何公超先生，定價外埠一月四角，半年二元一角，全年四元。

這是去年暑後才出版的新報紙，每天一中張，現在才出到一百多期。這個報紙共分四欄：一欄爲國內新聞，一欄爲國外新聞，一欄爲兒童公園，一欄爲兒童創作。

關於國內外新聞記載，絕不同於普通大報。這個報沒有這個電那個電的電社名，編述上純用淺白的白話，記事則務求系統，能使兒童們和看短文也似的讀每一段新聞。尤其值得稱述的一點，卽他的新聞記載，頗注意於被壓迫的民衆。這裏邊不向帝國主義進讒言，不向黨政要人獻歐頌。使每一個兒童讀他，都能鼓起他或她們的清醒的意識。

兒童公園一欄，裏邊有長篇連續故事畫，童話，半週文選等。這一欄執筆的，都是成人。文字的深淺，和兒童世界小學生小朋友差不多。

兒童創作一欄，是給小朋友們關的小園地。這裏邊的文字，都是各地小朋友們作的。因需稿較多，選稿不甚精密，但因爲投稿容易，這裏邊不知道培養出來了多少小作家呢。

（二）新兒童報　上海福州路二八一號新兒童報館發行，主編爲李白英先生。定價外埠全年一元，現在半價期間，全年五角。

這個報是個周刊，創刊於民國二十二年十二月四日，到現在已經出至七百多期了。這個報也分四欄：一欄為國內外新聞，一欄為科學世界，一欄為新兒童副刊，一欄為新兒童園地。篇幅和兒童日報一般大。

因為這是個周刊，編輯上比兒童日報編輯先生意識得多，這個編輯先生比兒童日報編輯先生意識尤為前進。談到他的意識問題，這個編輯先生比兒童日報編輯先生嚴密得多。時刻刻忘不了揭破社會的黑幕，在他的小短評裏，小記事裏，處處能使讀者得到清新的陽光。

另外比兒童日報一個更好的地方：一、是他這裏邊有兒童通問班，無論你提出什麼問題，只要法律所許可的，他都給你解答。二、編輯先生對於各地兒童投稿，負責批閱。用的不用說，不用的稿件，只要你附有退稿郵資，他都給你一一退還，並且他在稿末打上批，批明你這篇有什麼缺點，及不用的原因。

（三）兒童新聞　無錫公園路人報社發行，編輯人未詳，定價外埠半年四角五分，全年七角五分。這也是個周刊，篇幅比兒童日報新兒童報小一半，每期出一張半。淨用紅藍黃綠色紙作報紙，印工上不如前二報之精美。然而取材則倍稱活躍，不但勝過兒童日報而且勝過新兒童報。

這個報共分五欄：一欄是國內新聞，一欄是國外新聞，一欄是兒童社會，一欄是兒童文藝。這個報的特點，即不帶一些貴族習氣，如說商務兒童世界兒童畫報是公子哥兒們的讀物，則這個小新聞報就可說是小農人小工人的讀物。

在編輯方面，不但注意事實，而且解說事實。他在遇見了國內或國外重大事變，都在普通講話中，給以淺顯的解說，如在意亞衝突，國聯出來干涉時，他就登了一篇國聯不許意國獨吞亞國，如在中國頒行紙幣政策時，他就寫了一篇貨物漲價的原因一篇紙幣政策。

此外更值得大書一筆的，就是對於廢除漢字，這報現在就正在登載，很明顯的莫大的使命，中文拉丁化字母，這小報更盡了拉丁化運動，在編輯先生的心目中，是中國文字正當的途程了。

讀死書的時代已經過去了，現在不但成人每天應有一種或數種報紙閱讀，就是兒童也不應教他或她們把精神釘在死丁丁的書本上。於此我奉勸大家，少抽一棵煙，少買一塊糖，給兒童定兩份報紙看！

蘇俄的婦女

祁敏譯

在不久以前，離婚，在蘇聯是一件很簡單的事。只要你厭倦了你的伴侶，你就可以到註冊局去，說明你要和他脫離關係。只須交納三個盧布的離婚費，然後註冊局就有一張明信片送給你以前的伴侶，不問這張片收到了沒有，反正在你們就可以分開了。

現在忽然的改變了，這科用明信片的離婚方式是被取消了。蘇維埃的出版物上都在那裏高談婚姻的責任，家庭生活的需要，和父母子女之間的相反責任等。那種擁護固有中產階級，而摧殘蘇維埃新的自由的論調也消逝了。現在造成了一種新的論理規律。現在對婚姻不滿意的人，當然仍舊有離婚的權利；但是離婚現在

已經不是一件偶然的，太輕易能夠辦到的事了。夫婦雙方必須在公文上簽字。假若是一方面被棄的控告，原告一定要至少等六個月的功夫，才可以奉官命正式的離散，並且，還有一件要緊事，就是在離婚時，雙方的小孩子是必得要顧到的。

蘇維埃供給錢來教養離婚者的幼小的兒童，雖然如此，有許多孩子被離了婚的父親留給國家，或更不公平的留給母親一個人管，這是一個很麻煩的問題。領到國家所給的教養子女金的人（Alimony）一旦逃了，如果被捉到，從前要受六個月的徒刑，現在卻要受兩年的徒刑！在他們的護照上還要這段恥事註上；並且還要從他們的工資裏扣出錢來給他們的小孩和以前的妻子。假若他們要是逃避了的話，內政委員會（Commissariat of grternal Affairs）就得負責去偵察。

不只法令一方面對于結婚和離婚態度的改變方面可注意，就是在其他方面也是一樣。當一個攙扶為了虐待兩個孩子被判定了五年的徒刑時，法庭中的旁聽者也會歡呼。一個工程師共有過十個的職業，包工，當他每得到一個新的包工時，就另娶一個太太，並且他連所有這些太太的名字都記不住。法官為了他這樣的反社會，就會把他下獄的。

報紙上常常登載着『為母的快樂』等的文字。青年共產黨們也都願意有一種新的道德的規律。艾米里安亞羅斯拉夫斯基（Emelyan Yarovslavsky）說：「成立家庭是生活中最重要的一步。對于家庭的道德漠視是常常會引起罪惡的發生的；于是就需要社會和法律的干涉。結婚的目的就是為的子女，父母對于子女的生活和發展是負着很大的責任，從兒童的教養中，做父母的可以感覺到他們的生活特別充實和愉快，並且他們的工作也格外的有效」。

再有一們領袖，克里蘭客（N. V. Krylenko），以前的監察委員，他一向最反對那些革命的敵人，他對於最近三年以內蘇聯法庭發生了500,000養口金訴訟案的事（Alimony Cases）很不以為然。對於新的養口金法律。他是贊成的。

我們不相信新法律的施行會把壓制停給養口金的方法取消了。固然公眾輿論是很有力的，不過，當必要的時候，我們也不能不用武力。我們記得列寧（Lenin）的一句話，「無產階級的獨裁是成功的，因為它知道如何去把持和勸告合在一起用」。

因此，藉了法令和宣傳的力量，人們對於蘇維埃平均每兩個婚姻中有一件離婚案的記錄發生了攻擊，婦女和她在蘇聯計劃中機續發生了的職務可以囘答這個問題。

究竟是什麼使得蘇維埃對于家庭的觀念輕變了呢？說共產黨是日趨于中產階級化，這是不很治當的。和父母責任的嚴重化，都只不過是婦女在國家的表面上的征明。欲了解婦女地位逐漸增高的傾向，必須囘轉頭去看看蘇維埃在世界大戰將要告終的時候，俄國有數百萬的壯年都在東普魯士（East Prussia）的濕地被慘殺了。在一九一七年的革命（Boisbevist revolution）以後，又緊跟着不幸的外侮和內亂。於是俄國的聲望受了打擊，它那些資本主義的鄰國都用懷疑和恐怖的眼光來看它。這時俄國的領袖們覺悟俄國必須要把破產的農業經濟取消，改為一個近代的工業國家才行。

後來就出現了列寧的新經濟政策，維持五年計劃，在最短期內建設一個很重要的初步的新工業，使一般勞動階級不再依賴資本主義國家的工廠和機器了。這幾年是很苦幹的，領袖們認為國家必須去掉那些家庭觀念和個人關係的舊束縛才行。

當社會主義的祖國在危急中時，個人的生活或快樂的家庭還有什麼重要？那時一個蘇維埃公民唯一的忠心就是，趕快與起他的國家；開始努力造機器，使外國的發明家和國內的中產階級無法克服他們。在民衆間做這種宣傳，於是他們的思想就被統治住了。

在蘇維埃聯邦中漸漸的產生了一種時常移動的。居處無常的人口。他們是開闢者，並且在特性方面，他們的道德與需要是很相合的。在這社會中，婦女必定要做男人的工作，因爲國家是需要每一個男子和女子的力量。政府對它那無數的帶有中世紀意味，落伍的公民們有索求。這並不算是一件過分的事。

一個年輕的丈夫，如果被派到荒野的地方去修築鐵路，對於一個願意維持和親愛的年輕的母親，就告訴她說，把小孩子送到托兒所裏會管得更好，她如果到工廠去做工就更愛國。爲得使她到一個主婦的「麵包證」只能領到很少量的麵包；因此，她往往社會被逼得不得不做一個工業的勞動者。

這時期的報紙上常常登着帶着笑容的挖溝女士，開礦的女士，和搬運灰沙桶女士的照像。國家既把家庭都幾乎整個的拆散了，也就不必再在這方面多宣傳了。

現在報章上的口號和照相就和以前大不相同了。現在的是：在你所喜歡的場合之中爲你自己做一番事業；搖船，遠足成跳躍來鍛鍊你的身體。假若你要豎立一個家庭的話，國家可以給你保護，並且還可以使你的伴侶和你同樣的負責管孩子和維持家庭的清潔。

第一五年計劃的完成和第二五年計劃中的進步，給了蘇維埃和它的工人們一個綏氣的機會。重工業的基礎已經立好了，生活程度也已經提高，在國際方面，蘇俄也佔了強有勢的地位。史丹林(Stalin)要求「對個人多注意些」，保護人要和保護機器一樣」。 'more attention to the individual; guard the man as well as the machine.' 拖載者造成了一種根基，使得將來會需要更多的裝箱者和技術家，更多的精製品和社會安逸。

今後的婦女將要有什麼任務呢？在這兩個五年計劃以後蘇聯的訓練過的男女將來有什麼權利呢？而俄國將來卻是要牽引五年用使人移入國境的方法來引誘外人，是另有一種功能，在它自己的人民。對於生育子女的婦女給她以穩固的家庭組織，在這穩固的組織中，就可以把未來的光明的，有社會思想的人口培植起來了。

這並不是說就把女子關在廚房裏了，社會上仍舊承認女子有權利和男子一樣的參加所有的職業~不過，國家同時感覺到婦女生育小孩，是另有一種功能現在是很被重視的。

社會主義者 Jzgoyen 說：「蘇維埃婦女的地位和家庭這整個的問題，在蘇維埃社會中是有了一種新的演變，但是絕對沒有一個人說它是又回到了 Philistine 道德觀念的。蘇聯社會是正在繼續它那解放人類的偉大工作。爲健全的家庭生活而奮鬥就是爲種族的繼續而奮鬥，爲母親的好，爲將來的安全，爲看管小孩子使他將來能過着人類夢想了一百年的生活」。

在今日的蘇聯，沒有一種職業使婦女不站重要地位的：在工業方面，製鑰匙的工業她們佔了 9.2%；在運輸方面佔 4.4%；在商業方面佔 5.8%；在科學的工作方面，30.6%都是女人。

按全國的調查，婦女在各種職業方面都和男子有同等的酬報和同等的機會。黨派現在蓴出了關於保障婦女在任何方面前進的法律已經實行了。

（完）

國民大會代表選舉及組織法原則

譯自：「The Peiping Chronicle.」
December 20, 1935,

選舉法原則　（選舉方法名額）　（甲）選舉方法，（一）區域選舉與職業選舉並用，（二）一人不得有兩個選舉權，（三）在區域選舉與職業團體選舉中，均有選舉權者，以參加職業選舉為原則，（四）在兩個職業選舉者任擇其一，（乙）代表人數及名額之分配（一）代表人數八百至一千二百人，（二）職業團體代表總額占百分之三十五至四十，區域代表占百分之六十至六十五，（三）各省市名額之分配，屬於區域者，以人口為比例，屬於職業團體者，視地方各業發展情形為標準，（四）實業團體及自由職業團體，以團體為單位，不另分區域，其名額分配以會員人數或事業範圍為標準，（丙）（一）選舉人及候選人資格，（一）選舉人資格，以曾經行使公民誓者為限，但有下列情形之一者，不得有選舉權，（子）反叛國民政府，經判決確定或尚在通緝中者，（丑）曾任公務員有貪污行為，經判決確定者，（寅）褫奪公權尚未恢復者，（卯）禁治產者，（二）二十五歲以上者為限。除具有選舉人資格外，（丑）職業團體之候選人，除具有選舉人資格，（辰）有精神病者，（巳）吸食鴉片或其他用品者，（二）候選人之資格外，應以在各該團體有選舉權者，年齡在二十五歲以上者為限，（三）區域選舉與職業選舉，均由中央指定候選之程序，（候選人產生程序），（子）區域選舉候選人指定及選舉之程序，（一）區域選舉，由中央就地方情形，將每省劃分為若干選舉區，（二）各選舉區，由區內各縣鄉鎮長聯合推選十倍於該區應出代表之候選人，（三）各選舉區推選之候選人，經省政府核減五分之一，再由中央指定三倍於各該區應出代表之名額，（四）各區代表，由各該區以普選方法，就中央所指定候選人中選舉之，（丑）職業選舉候選人指定及選舉之程序，由各職業團體之機關職員選出三倍名額之候選人，經中央指定三分之二，由各職業團體全體會員選舉之，（寅）不分區域之實業團體及自由職業，其候選人指定及選舉之程序與職業團體同，（卯）候選人以選舉區域人民與本團體為限，（華僑與邊疆代表），（丁）華僑之選舉，由僑務委員會辦理，（戊）邊疆省區及未經設省之區域，其代表之產生，由中央政府決定之，（一）蒙古西藏選舉代表，由蒙藏委員會辦理，（二）東北四省選舉辦法如下，（子）各區域與職業之區域，由蒙藏委員會辦理，代表名額亦不由人口比例，由中央決定（丑）候選人之別採混合制，之三倍或二倍指定，由四省區域人民或團體決保，向寄居地方政府領取，（寅）中央印發選舉證，向當地政府覓票，或將選舉票遞寄中央，（卯）領有選證，向當地政府投票，（辰）各地方政府對於四省公民投票，三十名，其選舉方法另定，（己）軍隊代表二十五至應另備票匭，候選票運寄中央，（庚）戴委員傳賢意見）於國民大會代表選舉法原則之意見，（一）乙項第四款實業團體及自由職業團體，以團體為單位，不另分區域，戴委員傳賢對織，在本原則通過後，至開始選舉前，應有時間之限制，以防止因辦選舉而組織團體之流弊，（二）候選人資格問題，關於年限

的規定，應有一個說明，以免將來發生選舉訴訟時無法解決。（三）丙項第三款選舉區域如何劃分，似應於選舉法加以規定，俾將來劃分時有法律根據。（四）華僑選舉與蒙藏選舉，均應有選舉監督，似應在選舉法上加以說明。

組織法原則　（國民大會組織法原則）出席與列席人員，（甲）組織，（一）以依國民大會選舉法選出之代表與組織之。（二）中國國民黨中央執監委員為得出席國民大會。（三）左列人員得列席國民大會，（子）中國國民黨候補中央執監委員，（丑）國民政府主席，（寅）國民政府各院部會之長官，（辰）國民政府國民大會主席團特許之人員，（四）國民大會出席者，互選二十

五至三十一人組織主席團，（職權會期與地點）（一）制定憲法，（二）憲法所付予之其他職權，（丙）會期十天至二十天，必要時得延長之，（丁）法定人數之出席，（一）非有到會代表過半數之出席，不得開議，其議決以出席代表過半數之同意為之。（二）憲法之通過，應有到會代表三分二以上之出席，經出席三分二以上之同意決定之，應有到會地點，（戊）地點，國民大會開會地點，在國民政府所在地，（己）召集，由中國國民黨中央執行委員會召集之，（庚）國民大會設秘書長一人，由主席團推定之，（辛）國民大會得設各種審查委員會，（附記）關於已項大會之召集，將來實際事務之辦理，應由政府交行政院督飭內政部辦理。

國民大會代表選舉法施行細則

第一章　總綱

（第一條）本細則根據國民大會代表選舉法（以下簡稱選舉法）第六十一條訂定之。（第二條）選舉人投票時，應呈驗公民證。（第三條）鄉鎮坊公所，應將該管區域內曾經宣誓領有公民證之男女公民，造具選民冊，於投票前一月前，逐級彙呈省事務所審核，並宣布之。（第四條）宣布選民名冊，以三日為期，如本人以為錯誤或遺漏時，得於宣布期內請求更正。（第五條）職業選舉人有三個以下選舉權者，應於選舉二十日前聲明參加某種團體選舉，並由其所決定參加之選舉機關，通知其他選舉機關，逾期由選舉監督指定之。（第六條）各種選舉機關，在轉呈候選人時，應於票面註明被推選人之籍貫，候選人決定後，並由選舉推選候選人之姓名年齡籍貫經歷職業造冊呈報選舉總事務所，轉呈國民政府指定後，發交各選舉監督，分別公告之。（第七條）各種選舉票上，應分別載明國

民政府指定各種候選人全體姓名，依照姓名筆畫之簡繁，按次編定號數。（第八條）在區域選舉及職業選舉，或在兩個職業團體選舉均為被選人，而同時當選者，應聲請擇定其一所選之額，以該區域之團體之代表候選人依法遞補，其票數相同時，以抽籤定之。（第九條）選舉人候選人年齡，以造具名冊之日計算，職業團體候選人之從業或服務年限，以被推選之日計算。

第二章　區域選舉

（第十條）選舉監督須定期通告該區內各縣市長，依限造報記載左列各款之簿冊，轉呈該管選舉總監督審核。（一）各縣鄉鎮劃分或各市坊劃分之情形。（二）鄉鎮長或坊長之全體姓名及履歷。（第十一條）各區候選人應由各該區選舉監督，按照所轄各縣公民人數之比例，分配其應出候選人之名額，逐級呈報選舉總事務所審核，并公告之。（第十二條）候選人之推選，由各選舉區鄉鎮長

（在市爲坊長）按照該區應選出代表之名額，以記名連記法聯合推選之，例如江蘇第一區代表名額四人，該區內之每一鄉鎮長可有一選舉票，推選候選人四名，不以本縣籍爲限，（彙送各該選舉區事務所開票，依前條之分配，以各該縣之得票較多數者爲候選人，無鄉鎮長之縣，由聯保主任或相當人員行使推選權）。（第十四條）候選人服務或寄居他處，而籍貫未變更者，仍得爲本籍所屬區域之候選人，經請選舉總事務所覆核。（第十五條）各選區候選人之候選人，送請選舉總事務所覆核。（第十六條）直屬行政院之市所推選之候選人，由各該市長送請選舉總事務所覆核。

第三章　職業選舉

（第十七條）選舉法第三章第十九條所稱依法成立之團體，以曾經當地主管機關立案者爲限。（第十八條）職業團體中有下級團體之機關如左。（一）農會在縣爲其所屬之各業工會。（二）工會爲其所屬之各業工會。（三）商會爲其所屬之各業同業公會。（第十九條）選舉法附表三所定江蘇省工會代表名額內，應有一名爲京滬滬杭甬鐵路工會代表，湖北省工會代表名額內，應有一名爲平漢鐵路工會代表，湖南省工會代表名額內，應有一名爲粵漢鐵路工會代表，河北省工會代表名額內，應有一名爲北寧鐵路工會代表，一名爲平綏鐵路工會代表，山西省工會代表名額內，應有一名爲正太鐵路工會代表，上海市工會代表名額內，應有一名爲隴海路工會代表，廣東省工會代表名額內，應有一名爲中華海員工會代表。（第二十條）選舉監督須定期通告該區域內各團體，均限期

造報記載左列各款之簿冊，轉呈該管選舉總監督審核。（一）組織章程，設立程序及其經過。（二）立案機關及立案年月日。（三）職員及其經歷。（四）會員姓名年齡籍貫及其從事該職業之年期。（五）會員有同時爲其他團體會員時，其他團體之名稱及依選舉法第五條末段擇定之團體。（第二十一條）職業團體機關職員選任候選人，依照各該團體應選出之代表名額，用記名連記法於選舉監督指定之地點開票，送該管選舉總監督審核。（第二十二條）自由職業團體之機關職員選任候選人，用記名連記法於選舉監督所指定之地點開票，轉報選舉總事務所覆核。（第二十三條）其他團體有同時爲其他團體會員時，其籍貫住所及其從事該職業之名稱及依選舉法之地點開票，彙轉選舉總事務所覆核。（一）立案機關及立案年月日。（二）組織章程，設立程序及其經過。（三）職員及其經歷。

第四章　特種選舉

（第二十三條）自由職業團體之代表名額，自由職業團體之機關職員選任候選人，依照各該團體應選出之代表名額，以通訊方式行之，送由各該主管行政機關轉送選舉總事務所指定之地點開票，彙轉選舉總事務所覆核。（第二十四條）遼寧、吉林、黑龍江、熱河四省公民宣誓，各就其所在地政府依公民宣誓登記規則第五條之規定行之，凡分居各省而有本年六月以前之戶籍冊可查依據，曾經公民宣誓者，得依法選舉，選舉證即以公民證代之，其無戶籍可憑者，並應取具確實證明。（第二十五條）選舉法第三十一條第一款所規定之代表九名，其名額之分配爲錫盟及察部八旗羣二名，烏伊兩盟土默特旗及綏東四旗四名，阿拉善額齊納兩旗羣一名，青海左右翼盟二名。（第二十六條）選舉法第三十一條第一第二兩款所定選舉區域之劃分，得由蒙藏選舉總監督，按照各該盟部旗原有行政區域之

便利酌加劃分，送請選舉總事務所核定之。（第二十七條）選舉法第三十一條第一款內各盟部旗應推出代表候選人九十名，其分配方法如左。（一）錫、察、烏、伊四盟部各出代表候選人十二名，共爲四十八名。（二）青海左右翼兩盟各出代表候選人九名，共爲十八名。（三）阿、額、土三特別旗各出代表候選人六名，共爲十八名。（四）綏東四旗共出代表候選人三十名。（第二十八條）選舉法第三十一條第二款內各盟部旗應推出代表候選人三十名。分配方法如左。（一）巴圖塞特奇勒圖盟八名。（二）青塞特奇勒圖盟十名。（三）烏托思索珠克圖四路盟十二名。（第二十九條）選舉法第三十一條第一二兩款內各盟部應出代表候選人，照規定名額由各盟折圖札薩克聯合推選，各旗應出代表候選人，照規定名額由所屬參佐領導聯合推選，並由各該選舉監督彙呈蒙藏選舉總監督簽註意見，送請選舉總事務所覆核，轉呈國民政府指定後，依法選舉之。（第三十條）選舉法第三十一條第一二兩款內各盟部旗內各盟選舉監督令各選舉監督，照依國民政府指定之候選人名額，比照區域選舉辦法辦理之；各依國民政府指定之候選人名額，分配名額，擬具名表候選人，由蒙藏選舉總監督按照實際情形，分配名額，擬具名單，並得簽註意見，送請選舉總事務所覆核，轉呈國民政府指定之。（第三十一條）選舉法第三十條第三第四兩款代表之選舉，由各該盟各地領有公民證之蒙人，各就蒙藏選舉監督指定之場所投票，選舉人如不能親到投票時，得將選舉票選寄蒙藏選舉總監督，照參照實際情形，分配名額，比照區域選舉辦法辦理之。（第三十二條）選舉法第三十條第一款之代表，送請選舉總事務所覆核，轉呈國民政府指定之。（第三十三條）選舉法第三十二條第一款代表之選舉，由各地推選後報由噶廈，彙呈國民政府藏選舉總監督簽註意見，送請選舉總事務所覆核予分配。（第三十四條）選舉法第三十二條第一款代表之選舉，府指定之。第三十二條第一款之代表候選人，由各地推選名額，由噶廈按照西藏各地情形酌予分配，送請選舉總監督簽註意見，蒙藏選舉總監督簽註意見，府指定之。

由蒙藏選舉總監督令噶廈依國民政府指定之候選人名額，比照區域選舉辦法辦理之。（第三十五條）選舉法第三十二條第二款所稱之西藏人民，指暫時寄居各地之西藏人民而言。（第三十六條）選舉法第三十二條第二款之代表候選人，由蒙藏選舉總監督就居各地領有公民證之西藏人民，擬具名單，並得簽註意見，送請選舉總事務所覆核，轉呈國民政府指定之。（第三十七條）選舉法第三十二條第二款代表之選舉，由寄居各地領有公民證之西藏人民投票，選舉人如不能親到投票時，選舉監督指定之場所投票，由寄居各地領有公民證之西藏人，就蒙藏選舉監督指定之候選人名冊，呈報選舉總監督審核，但候選人名冊，應由選舉總監督指定之場所投票，選舉人如不能親到投票時，得將選舉票選寄蒙藏選舉總監督，轉呈國民政府指定之。（第三十八條）在外僑民之選舉人推選人之資格，經選舉監督審核後，將候選人之姓名及候選人之資格，經選舉監督審核後，于選舉監督審核後，分別造具下列各種名冊，呈報選舉總事務所覆核，轉呈國民政府指定之。（一）選舉人名冊，應記載各選舉人之姓名年齡籍貫住所及其職業。（二）團體會員及職員名冊，應記載姓名年齡籍貫住所及職務，組織情形，設立經過，及各該團體會員及現任職員之姓名年齡籍貫住所及其職務。（三）候選人名冊，應記載候選人之姓名年齡籍貫住所及從事該職業之年期，或爲該會規定團體之機員之姓名及團體及職員名冊，應記載各選舉人之姓名年齡籍貫住所及其職業。（第三十九條）在外僑民候選人，于選舉監督審核後，分別造具下列各種名冊。（第四十條）在外僑民候選人之推選，由僑務委員會規定團體之機關職員行之。（第四十一條）在外僑民之資格。（一）有選舉人之資格。（二）年滿二十五歲。（三）曾爲該團體之會員滿三年以上，曾從事該職業滿三年以上，如爲職業團體，曾從事該職業滿三年以上之僑民，而現爲該團體之會員。（第四十二條）在外僑民候選人名額，爲各該地方應出代表名額之三倍。（第四十三條）在外僑民推選及選舉監督，以通訊投票方法行之。如有特殊情形，得向各該團體之現任職員爲限，方應出代表名額之三倍。（第四十四條）在外僑民對於推選及選舉，如因特殊情形發生窒碍，如有特殊情形，得向各該地方選舉監督，以通訊投票方法行之。

，各該地方選舉監督不能解決時，應呈報選舉總監督，轉請選舉總事務所核辦。（第四十五條）軍隊候選人之推選事宜，由各選舉單位之最高長官辦理之。（第四十六條）前條推選手續，由軍隊選舉總監督規定之。（第四十七條）各選舉單位之候選人選定後，應送由軍事委員會簽註意見，彙送國民政府指定九十名爲候選人。（第四十八條）在區域選舉及軍隊選舉同時當選者，應聲請擇定其一，所遺之額，以該區域或軍隊之代表候選人同法遞補之。

第五章　選舉事務所及選舉監督

（第五十條）各種選舉事務所之組織規程，由選舉總監督定之，各種選舉事務所於選舉完畢後，即行裁撤。（第五十一條）選舉監督所爲候選人訂定，由選舉監督訂定，呈報選舉總事務所備查。（第五十二條）選舉監督所爲候選人資格訂定，呈報選舉總事務所備查。（第五十三條）選舉監督所爲候選人資格之審查結果，須呈報選舉總事務所備查。選舉總事務所就蒙藏選舉區之最高行政長官派充之。（第五十四條）選舉監督所劃各選舉區之設置，由選舉總事務所核定。選舉法第三十一條第一二兩款適當人員充任之。（第五十五條）選舉法第三十一條第三四兩款各蒙部旗之選舉監督，選舉法第三十二條第一款所指派適當人員爲選舉監督，西藏各地選舉事務。比照選舉法第三十二條第二款之選舉，由選舉總事務所指派適當人員爲選舉監督，辦理調查登記及選舉一切事宜。（第五十六條）各種選舉須於三日內辦理完竣。（第五十七條）現任省市區縣各級長官，司法官及軍警長官，不得在所在地選舉區內當選爲國民大會代表。（第五十八條）現任省市區縣各級長官選舉區域選舉辦法辦理之。（第五十九條）選舉總事務所主任、副主任、總幹事、副總幹事、參事、組長、幹事

不得當選爲國民大會代表，指導員、視察員於其指導視察區域內選舉總監督，選舉監督，於其辦理選舉之區域或團體內，不得當選爲國民大會代表，選舉監督，於其辦理選舉之區域或團體內，不得發給選舉通知，載明左列事項。（第六十條）選舉所及開票所地址。（一）投票所及開票所地址。（二）投票方法及日期。（三）各該區域或團體代表名額。（第六十一條）投票人有左列情形之一者，選舉監督應令其退出。（一）冒名頂替者。（二）在場喧擾，勸告不服制止者。（三）攜帶兇器入場者。（四）其他不正當行爲，不服制止者。（第六十二條）投票管理員之職務如左。（一）掌管投票簿及選舉人名冊。（二）其他由選舉監督委任之事項。（第六十三條）開票監察員之職務如左。（一）保持開票秩序。（二）清算投票數目及被選人得票計算。（三）保存選舉票。（四）其他由選舉監督委任事項。（第六十四條）投票監察員，開票監察員，分別監察投票開票事宜。（第六十五條）選舉監督按照所表定式製造，分發各選舉票及投票匭「投票訖」字樣，並將原籌發還。（第六十六條）選舉票及投票匭，由選舉監督決定之。（第六十七條）開票秩序。投票管理員，於各種選舉開始前，會同投票監察員，將投票匭當衆開驗後，嚴加封鎖。（第六十八條）各選舉監督應照各投票所選舉人數，分別造其投票簿，前項投票簿，應載明選舉人姓名年齡籍貫及住址。（第六十九條）選舉票分交於投票所，由投票管理員會同投票監察員查明數目，合密封存，非屆投票日期，當衆驗明封識，不得啓封。（第七十條）投票匭于投票完畢後，非屆開票時，由投票管理員會同投票監察員，即時當衆嚴密封鎖，非屆開票時，由投票管理員如認爲必要時，得公推代表在所在地選舉區域記及選舉完竣，當衆驗明封識，不得啓封，投票人如認爲必要時，得公推代員，當衆驗明封識，不得啓封

表九人至十五人，另加各人簽名蓋章之封條，加封于投票內。（第七十一條）蒙藏選舉票依式製定時，除用漢字外，得於各該地通用文字譯印於選舉票之裏面。（第七十二條）頒發蒙藏選舉通告時，除用漢字外，得附譯各該地通用文字。（第七十三條）投票管理員應於投票簿記載左列事項。（一）投票場所及投票日期。（二）發出票數及投票人數。（三）選舉人之姓名年齡籍貫住所。（第七十四條）投票人有犯本細則第六十一條各款之規定勒令退出者，應將其選舉票收回，附記於投票簿。（第七十五條）投票完畢後，應將投票情形，造具報告書，連同用餘之選舉票，投票簿，選舉人名冊，呈送選舉監督，前項報告書，應由投票管理員連署。（第七十六條）投票管理員遇有天災及其他不可抗力事件發生，致不能投票時，投票管理員得呈報選舉監督，改定投票日期或場所。（第七十七條）投票開票時間，不得在上午八時前，下午六時後，其未投畢或未開畢之票匭，開票時當眾驗明啓封。（第七十八條）各區選舉監督，於各投票匭送齊之翌日，應酌定開票時刻，先行宣布。

（第七十條）選舉人得請求開票所參觀開票事宜，至座滿為限，遇有必要情形時，得臨時限制入場人數。（第八十條）開票管理員於開票時，對於選舉票作廢之認定，應會同開票監察員為之，認定後須當眾宣布。（一）投票總額。（第八十一條）開票管理員應作成開票筆錄，記載左列事項。（二）各被選人之得票數額。（第八十二條）開票管理員于開票完畢後，應將開票監督，前項報告書，連同開票監察員廢票數額。（第八十三條）投票錄、開票錄、選舉錄，須繕副本，以備

選舉人或被選人請求閱覽。（第八十四條）各地方選舉監督，于選舉完畢時，應造具報告書，連同各種選舉書類，呈送選舉總監督，于本屆選舉年限保存之。

第六章　選舉及當選無效

（第八十五條）選舉無效，不及改選仍無結果者，得由國民政府就候選人指定之。（第八十六條）同一地方，其被選舉人有二人以上同姓名，當選無效時，當選證書已發給者，應令繳還，並將姓名及其緣由宣布。（第八十七條）各地方代表當選者，由各該地方選舉監督發給當選證書，其式樣如附表，當選無效時，應由各該地方選舉監督依法遞補名及其緣由宣布。（第八十九條）各代表應於開會前五日內，親到選舉總事務所報到，並繳驗當選證書。

第七章　附則

（第九十條）本細則之解釋權屬於選舉總事務所。（第九十一條）本細則自公布日施行。

（完）

編者按：我們全國，在最短期間，就要選舉國民大會代表，出席國民大會了。依憲法的規定：國民大會的職權是：（一）選舉總統、副總統、立法院院長、副院長、監察院院長、副院長、立法委員、監察委員。（二）能免總統、副總統、立法委員、監察委員。（三）創制法律。（四）複決法律。（五）修改憲法。（六）憲法賦予之其他職權。

……那末，國民大會是由國民大會代表組織而成的，國民大會代表是代表我們人民去行使政權的，他的責任的重大，並且和我們

民衆的權利，及政府組織的前途有密切的關係，這是稍有民治常識的人都能認識的。代表選舉得人，他才不負我們人民的委托，力盡厥職的來替我們民衆行使政權，依法產生健全的，眞民意的民治政府，使我國名符其實的達到憲政實施的時期，不致再像北伐以前的時代，使軍閥政府掛羊頭賣狗肉的名民國實專制的政府仍然存在。那末，我們民衆渴望的民治政體才能實現。如果代表選舉不得其人，國民大會和憲政實施的前途，就不堪設想了!。尤其是在人民漠視民權的家鄉社會裏，歷年對於地方自治行政人員的選舉，人民多半放棄職權的不肯參加選舉運動，所以就會發生由少數人包辦選舉的弊端。這一次國民大會代表的選舉，可就比較以前地方選舉的意義重要得多了。所以編者特意將『國民大會代表選舉及組織法原則』，和『選舉法施行細則』，在本刊裏介紹給家鄉同胞，使家鄉同胞對於選舉法有相當的認識，然後能夠各本民治國國民的天職，憑個人理智的裁判，依法參加選舉運動，不要再象以前的漠視民權的態度，把自己的天職和權利放棄了，仍然依樣胡蘆的由少數人包辦。那末，家鄉的國民大會代表才會由力能勝任的人，名符其實的由合法的手續產生出來，替我們民衆和國家社會謀幸福，這就是本刊介紹的一點意思。

附載

和順圖書館鳴謝啟事

本館蒙熱心同鄉捐贈圖書經費玆將捐者芳名列下藉伸謝忱

趙毓金先生捐助大洋四百元

釧文瑞先生捐助大洋二百元（購書）

李鏡天先生捐贈下列各刊物

中央時事週報　一份　　民衆教育通信　一份

知識　一份　　邊事研究　一份

鄉村建設　一份　　婦女共鳴　一份

新建設　一份　　兒童時報　一份

文化建設　一份　　科學世界　一份

共捐贈全年十種

寸春谷先生捐贈新文藝書二冊

凌純聲先生捐贈什書五冊

李子謙君捐購書款五十盾

馮紹寬君捐助緬幣卅盾

中華民國廿五年七月卅日　和順圖書館啓

編後話

本刊因在滬印刷，對於校對方面，編者無法策顧，只好託承印者辦理。承印者對於這種工作，自然不會絕對的精詳週到的代負全責，所以本刊第一卷第一期難免有排印訛誤的地方，如『關同善社』這一篇文字是由騰衝週報轉載來的，和『教育向後轉』接續排印起來，這是第一期，手民竟將性質不同的一個大錯誤。因為『關同善社』接續排印的兩篇文字，報裏是接續排印的。在不明內容的人看見這兩篇毫不相關的文字，無理由的拉攏成一篇文字，必定要感覺到莫明其妙，我們對於後一篇文字的論調是完全贊成的，不過，本會已經在十週年大會的時候出版的『反復古專號』裏，還有登載不完的三篇，也在本刊第一期裏發表，所以對於『教育向後轉』這篇文字，因為篇幅的關係。現在既已經由手民的錯誤把牠登出了，我們仍然承認這一篇文字對於本刊應有的的價值，但是我們應當說明牠被手民誤排的理由字對於本刊的承印者，以後對於稿件校對方面，代負相當的責任，才不致使本刊再發生第二次的錯誤。

第一期裏，『第三屆教育經費決算表』裏面，出款方面有李生萃借款二百元一條，手民誤排為二○○元一元，『內部第九屆決算表』入款方面，外部百元，誤排為五○○一元，購置小學儀器費五津貼五種為四八二元，誤排為四八二二元，樹生盛誤排為梅生盛，和旁的不少的錯誤，在出版的慣例是應當製造一個『勘誤表』的，不過因為編者和印刷者各居一方，在事實上有種種的不便，所以只好在這裏擇要約略更正，並且希望讀者的原諒。

第一期裏，攻堅君的『為干崖土司進一言』，的主張，是有關國防的當急之務，而為當局者應當虛心採納的一種好建議。不過，據家鄉來客的談話：『野夷猖獗，殺人越貨的行為，在遮島土司轄境裏的混水溝一帶，較干崖司轄境更甚。干崖司轄境裏野夷截刧行商的事件，已經逐漸減少』。作者因為在外已久，不知還有一個後起的『吃崗不保路』的遮島司，所以文字裏只對干崖司發言。這裏應當替他補充意見，將他單獨對干崖司進言的題目，改做『為遮島干崖二司進一言』，才與事實相符。

又據最近家鄉的消息：『騰緬路在遮島干崖二司的轄境裏，已經由楊營長派兵駐守，將二司的保路局，二司的每年投機的大宗收入已化為烏有。聽說楊營長對於行旅十二分的愛護，有時親自護送，不取分文的保路費，並且對於不法的野夷，竭力剿捕，現在野夷開風畏懼，已經匿跡不出，從此可望平靖無阻。我們在這裏應當代表，縮商賈，對於楊營長捍衛邊疆愛護商民的德政，表示十二萬分的欽敬和謝悃。

本刊第一期第二期得張天放、屠、張義、郎當，……諸位先生的投稿，使本刊篇幅增光不淺，本刊誠懇地向諸位表示謝意，並且希望諸位對於本刊繼續援助。

歡迎投稿

本刊歡迎同鄉及外界人士投稿，凡與本會服務社會之宗旨相同之著作，皆所歡迎，茲將投稿簡章列後。

（一）來稿無論評論，小說，詩歌，戲劇，或家鄉時事，皆所歡迎。

（二）來稿須繕寫清楚，並加新式標點符號，勿過潦草。

（三）文體以語體文為尚，文言亦可，惟須淺明易曉。

（四）來稿發表時，署名由作者自便，但須於來函內署寫眞名，及中英文住址，以便通訊者，須預先聲明。

（五）本刊編輯，對來稿有增刪之權，如不照增刪者，須預先聲明。

（六）來稿登載與否，原稿概不退還，如欲退還者，須預先聲明。

（七）刊載之稿，愧無贈品，僅以本刊為贈。

（八）投稿請照下列英文通訊。寄緬甸仰光九文台文定路廿四號寸仲猷君收）

To Mr. S. W. SWIN,

24, Vinton Street,

Kennendine, Rangoon, Burma,

中華民國廿五年九月出版

和順鄉　第一卷　第二期

「非賣品」

雲南騰衝縣

編輯及發行者　和順崇新會編輯委員會

和順鄉及駐緬甸外部

印刷者　華豐印刷鑄字所

上海浙江路五三六號

電話　九〇三五八號

電報掛號　二二二二

和順鄉

第 二 卷 第 一 期

和崇順新會編輯 委員會編輯

（雙虹橋）一之景風鄉順和

和順鄉耗時耗財之送信舉動

過會橋

婦女關居無事　日思消金錢之方法　以竹木
建橋一座於時會期　時耗之男女走行其上　可
後於去請可造福於來生　其愚可笑亦復然

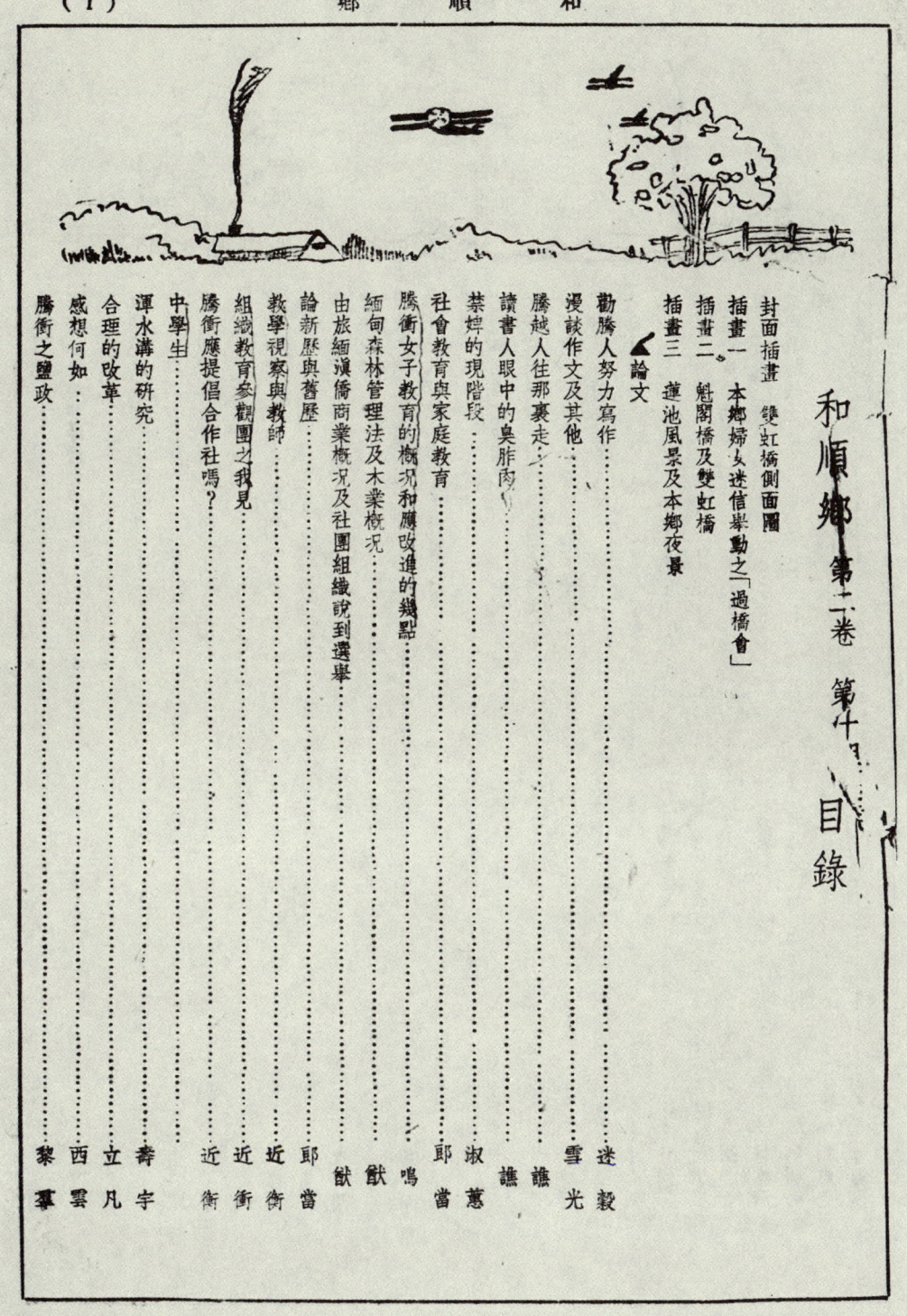

和順鄉 第二卷 第四期 目錄

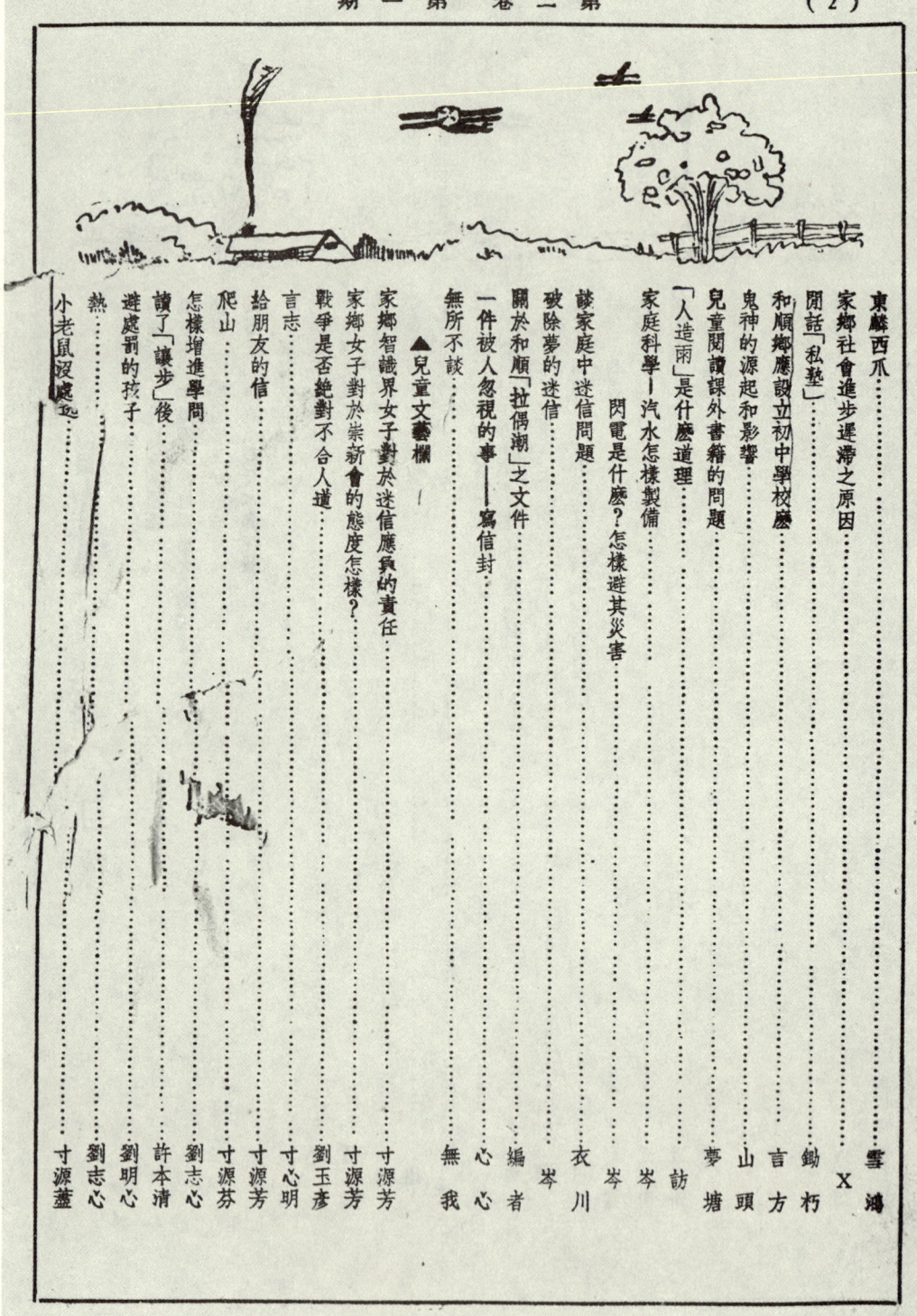

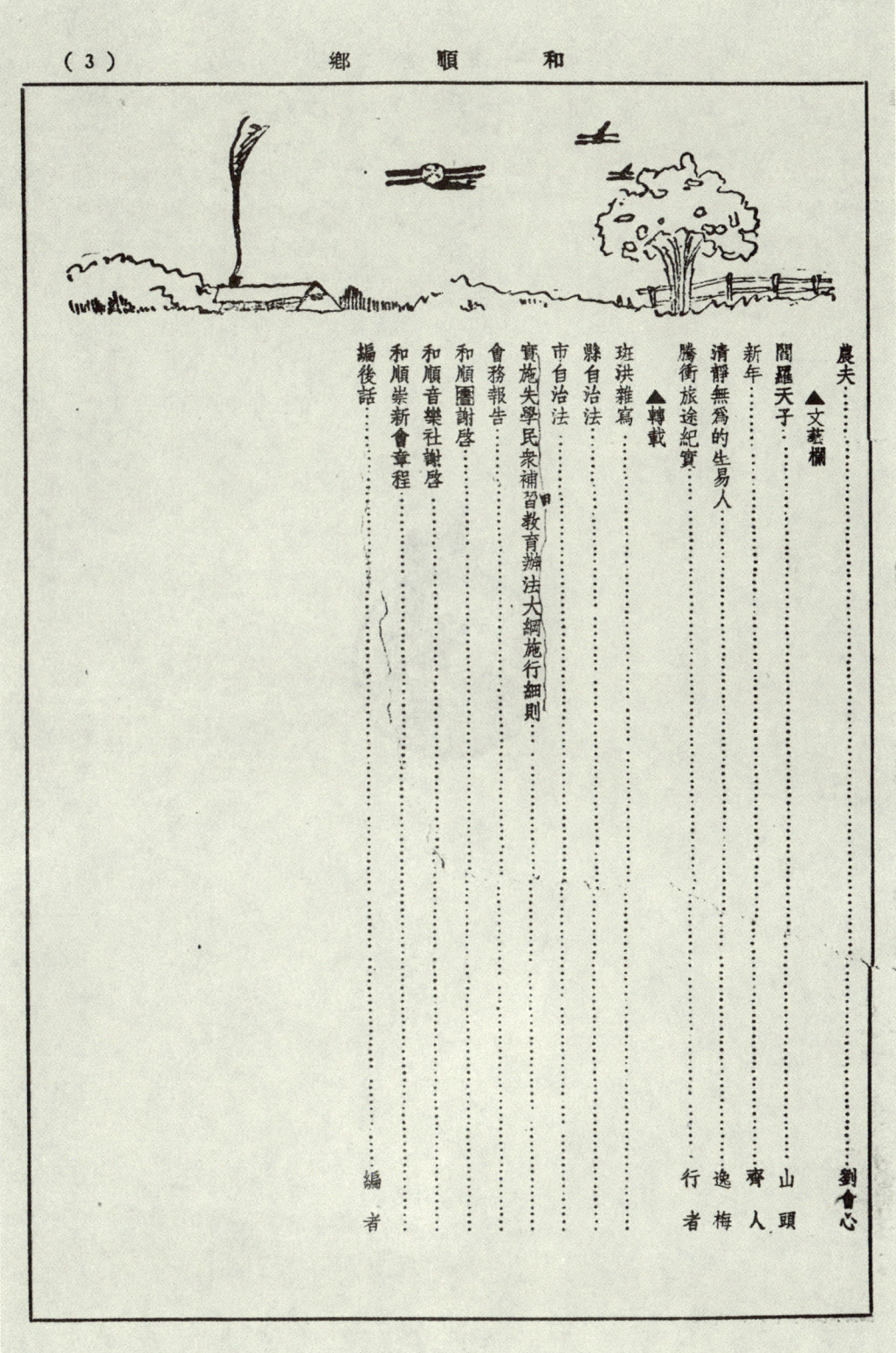

勸騰衝人努力寫作

迷毅

一

在新文學未興以前，我們談到雲南的文風，大概都是推許石屏為第一，其次又到昆明，大理，永昌，劍川等處。本來，一個地方的文風的盛衰，自有牠的種種特殊的關係，我們試揀一兩端談談：

（1）交通便利　交通一便利，智識交換的機會多，書籍容易得。省份如江蘇，浙江，廣東，牠們的文化水準高，都是為此。普通大家說「山水生人」，我說不如歸功於交通便利為安。

（2）曾受過特殊人物的影響，我們試以永昌為例。自明代楊升菴狀元謫居永昌之鐵樓街，以鑽研之餘力講學，與張禺山侍郎輩唱和；文人學士，受了他們的薰陶，數百年餘風未墜，人才輩出，可見特殊人物影響之大。到了清代，因為永昌府是肥缺，地方也受了不多有名的翰苑人物，如王夢樓等，都來做過知府，很少濡染。所以永昌雖在滇之西鄙，與騰衝相距僅二百餘里，而文風較騰衝盛得多。

雲南是中國的山國，而騰衝又是山國的僻邑，地方的歷史又甚短，文化的低下，那也是自然的事。但是，聰明才智之士，隨時隨地都還是產生，不過質量上稍有差異而已。滿清末年，新會黃笛樓（丙堃）兩任騰越廳，替來鳳書院購買了不少的書籍，竭力獎掖後進；固始秦幼衡（樹聲）署迤西兵備道，課士衡文，專力意訓練那時所謂有功名的人士。經了這兩番之後，騰衝風氣開通，不落人後。地方人士赴省垣，京，滬，日本等處留學者，數以百計，學之一新。又自光緒末年，廢止科舉以來，識豐富，寫作優美的人，數亦不少。然我們試看一看近百年來地方人士的著作有些什麼呢？據我個人所知道的，僅有下列數種：

1. 尹藝的什我齋詩鈔
2. 李印泉的西巡記略
3. 李印泉的騰越杜亂紀實
4. 劉夢澤的政治論文（書名偶忘）
5. 李生莊的雲南邊務雜纂
6. 李印泉的雪生年鑑

上面所述的1.至5.，我自己曾閱覽過。什我齋詩鈔，是李印泉先生光復後輯印的，把我們稀有的詩人的心血結晶，這樣表彰出來，地方增了光榮，後學得了嘉惠，印泉先生的功勞，實在是不可湮沒。西巡紀略是李印泉先生光復後由愛護桑梓的動機而西巡的一切事實，曹琨先生的騰越杜亂紀實，是把他親身閱歷過而我們幼年時常聽老祖母們在月下燈前片斷地談的「紅白旗」的鬥爭，有系統地寫出；這兩部書看了，使我們對於軍事時期的混亂，緊張，苦痛等等狀況，有一個比較其體的印象，而且也是地方史的好資料。夢澤先生的政論集，是他任衆議院議員時期及努力反對曹氏賄選的一切關於政治的議論，博學宏識，正氣磅礴。生莊先生的雲南邊務雜纂，是他歷年來研究滇西邊務的結晶品，內中有很多關於自滿清末年以來的珍秘故實。第6.種我自己是沒有見過，但是據朋友們說，材料精審，識見宏遠。以上這六種，各有各的價值，雖然由時間空間的關係上而有大小的差異。

二

為什麼多年來僅僅只有這幾本著作出現呢？以我個人的觀察，大概有下列的幾種理由：

（1）在舊時代大家的觀念，以為一部文集，總要有些什麼賦呀，論呀，序呀，神道碑墓誌銘呀；一部詩集中總要有古風，律，絕，各體俱全，並且還有些擬古樂府，擬出塞曲，擬工部秋興八首等等題目，方纔稱洋洋大觀。因為有了這種錯誤觀念，所以很多人士不敢存刊行著作的願望。

（2）在從前，很多人以為要科甲出身的人，才配刊行著作，翰林進士這些字樣聽起總「壓紙」——這是我們的北練盧星樓的名言。殊不知這些寶貝，實在如曹聚仁說的，不通的居多。因為他們的思想受了八股的毒。到了近來，很多人又以為要由專門大學的出身的人纔配，這也是可笑。

（3）有些學者，他自信他的著作也有相當的價值，不過不敢在生時就印行，以為恐人非笑。所以只好抱「藏之名山，傳諸其人」的政策。又有些是生活太浪漫，作品稿件不細心保存。加以碰到我們地方的人不識貨，素來不知寶貴先賢的遺著，子弟們又不能承繼書香，只落得散失湮遺，被無知婦孺取去引火覆瓿。

（4）有思想能寫作的人，想作硬性文字時，為環境所限，找不到參攷書籍，弄不到益友商酌，只好擱筆。

（5）騰衝因通緬甸而成商業要區，文藝之士，或因功名蹭蹬，或因世業關係，半途從商的居多。

（6）因經濟困難的關係，雖欲刊行而辦不到。

以上所說的這幾端，我們的上一輩的學者們，大多數有這種理想，第（1）所說的，雖不敢云包括無遺，然大概亦不外乎此。

這是我們在幼年時常常聽到的。殊不知量的關係是小，而質的關係纔大。我們試以詩集為例。陸放翁的大量生產，稱有名詩人，而曼殊大師的僅僅八十六首詩，內中七絕佔八十首，也還是鼎鼎大名，各有千秋。這也足見量的關係不是很重要了。我們如果試研究歷代的攷試制度一下，就可知道科甲出身的人真不少，尤其是以八股取士的時代為甚。就拿我們地方有功名的人來比較比較，也就灼然可見。第（3）提起來我特別感到一種苦痛。記得幼年時候，自己喜歡弄弄詩詞，因為常聽老前輩們同聲地讚美王月卿和劉桐軒兩位先生的詩好，就千方百計地向人探索：「女兒心事從頭訴，只怕如來會笑人」。劉桐軒的詩就連一句都聽不到，你想這是多麼失望的一回事！所以我在上面讚佩李印泉先生輯印廿我齋詩鈔的功勞甚大，否則別的都且不說，單里把那幾首可稱絕唱的竹枝詞運沒掉，也就是一椿大損失了。第（4）想來的確是勤於寫作的人，都時常感覺到這種痛苦。本來參攷書籍和益友你是怎麼了不得的大學問家，都不可少。我們只要看看胡適文存內所附錄的一切，便可窺見一斑。以他這樣博學的人，又在最高學府中掌教，仍須要別人替他搜求書籍，供給意見，其他也就可想了。第（5）是普通一般人都有相當的感想。一個讀書人，正在壯年學力有相當火候而宜於精進的時候，丟却書和筆而天天去抓算盤，天才漸次淹沒，這也是可痛惜的一椿事。第（6）我可以舉兩個實例：和順尹坤書先生有一部關於緬甸的著作，久欲印行，純因經濟關係，未曾辦到。河西張浴先生生前有些詩稿，也完全為經濟關係不曾刊印。這種例子，我想在過去的幾百年當中，一定不少。

三

我現在幼騰衝人努力寫作，必定有人以爲寫作不是容易的事，地方的文化水準低，即使有作品出來，也不見得有大價值，兼之發表出版等等，尚有經濟的問題。這些話看起來似乎頗有根據，然而大家細細思量一下，得可發見其中有大錯誤。我們應當知道，一個地方的文化水準低下，不是永久就低下而不可以提高。我所以勸大家努力寫作，就是一種漸次提高文化水準的辦法，其中的理由，讓我來詳細談一談。

1.老年壯年人的應先努力

老年壯年的人，學識比較豐富，技藝比較嫻熟，大家應該先努力寫作。無論是純文藝的，研究學理的，致據的，紀事的，批評的，謠譯的……只要不違背時代潮流，都可以盡量的寫作。

但是，我們地方的人，常有一種心理，以爲寫到想寫，不過無題目可寫。這是一種懶惰的心理。我敢說可寫的題目其實是多得很，你很只要隨便思索一下，拈出一個題目來，先向有學識的友朋商酌商酌，請他們供給些意見和材料，再向圖書館去參攷一下，然後你把所得的寫出來，包你成功一篇可讀的東西。寫作了幾次，然技藝逐次嫻熟，學識思想附帶有進步，如果你平素留心由書籍報章雜誌上，把你所需要的參攷資料摘錄或剪貼下來，則你的文章將更有精彩，興趣更可加增。我可以肯定地說，只怕你一次都不寫，如果你寫到幾次，那就不愁無題可寫了。

但是，我們這樣努力一下，過了三兩天後，這一點熱度又低落下去，也還是無用。頂好的方法，還是組織文藝學術的團體。既由幾位熱心的人，倡導組織，合作研究，分頭寫作。所有的作品，先儘由了攻錯的功効，復因競爭而得精進的益處。

本地方的刊物上發表，如量多不能容，則自己可以先出一種小規模的刊物。騰衝現在已有石印機和鉛印機，這並不是難事。假設我們要印一種週刊，以牛張新聞紙用六號字印四面，每期印一二百份，所費亦無幾，字數僅約一萬，稿件亦不難致。近代世界進化的策動，一鄉，一鎮，一機關，一學校，都有這一類的會社。即以中國而論，進步的省份，大都出版一些刊物；有些刊物的幼稚程度，實在還較我們騰衝現有的爲甚，而多數的有名作家，它們的發祥地也就是在這種幼稚園地內。我們大家豈可妄自菲薄而不努力嗎？

假如社員們有了優美的寫作，又把牠投到國內有名的報章雜誌上去登載，或者印成集子，那種光榮會使別人生出一種極大的興奮。

似這樣先由團體發動的辦法，最初社員們是被強迫寫作，過了些時，就自己發生興趣自動地來做，久而久之，寫作就成了地方的風氣。因爲寫作而去思索、參攷、研究，有時得到意外的收獲，那更使你知道思想的邏輯，求知的門徑，有時得到意外的收獲，那更使你感覺一種莫名的快慰。似這樣地積年累代相沿下去，難到地方的文化水準還不會提高嗎？

或許又有人懷疑，以爲組織文藝學術團體，談何容易。地方人材少，思想還有新舊之分，恐怕有點難做到。在我個人的意見，這是不成問題。譬如我們現在組織一個「龍光社」，出版一週刊，發表各種性質的寫作。最初，我們儘可以拉攏各種年齡思想不同的社員在一處混，隨意寫作。老年的先請他們寫一些關於地方的掌故，或風俗習慣的變遷——有很多是我們所急欲知道的。假如有一位前輩先生不喜歡用白話，就用合理的文言寫亦無妨。假如有一位前輩先生從前曾到北京去赴過禮闈，就請他把從在家籌備起，以及沿途跋

涉，禮部報到，入場，攷試，放榜等等情形寫出來。只要寫得有精采，未嘗不佳。也許他老先生覺得有些地方因文言文不夠用，悄悄地用白話文試作，結果弄出一篇很滿意的處女作，那就不是一件很妙的事情嗎？應過鄉試和府攷的，在舊時代舊制度下有過其他各種經歷的，也可以這樣做，可以慢慢地加以思想的傳染。大概我們的目的是在先引起寫作的興趣，購置些新書報，社員們總常有在一堆閱讀談論的機會。這種接觸的關係，最容易使一個人的思想轉變，因為是潮流所趨，任何人不能倒逆而行，古今中外，莫不皆然。我們青年人不可以存一個籠統的觀念，以為前輩先生都是頭腦陳舊的人物，不過在現階段裏，稍為徘徊遲疑而不前進罷了，只要一開步走，或許比青年人新得更透澈。我舉一個我曾親靈過的人為例：紹興劉大白先生，較胡適之先生更大膽，陸成為新文學運動健將，比青年人更大膽，更直率。這不是一個很好的例子嗎？

有一部分人或許會說：現在時局混亂，生活不穩定，那有心思去弄這些東西。這是屁話。說起曾湘鄉的事蹟來，知道的人大概不少罷！他在那種「羽檄紛馳，簿書獝掌」的時候，還在按日治學。這種精神，應不應該學？如果以為他是天生聖賢，而我們學不到，那我就不願再說了。

2.興趣的關係

我在上面勸老年壯年的人努力寫作發表，一方面固然是希望大家因努力而臻於成功的境界，一方面引起青年人閱讀的興趣，使其漸次成爲一種習慣。希望他們自幼就耳濡目染，增加知識，

假使現在有一篇古人寫的最優美的描寫貪官污吏的文字，內中牽涉的人物，有太守，通判，某某道監察御史，以及某中丞，某中堂，某廉訪等等。這些官職都是古代的，甚至不是純粹某一朝代的，因為中國文人的習慣，都是喜歡雜糅地寫古代的官銜，在老年壯年的人，多讀過點書籍，或者可以全懂得這些官職，還可以想像猜度古代的官街，以矜博雅。這種文字，大概某種官職可以與現代的某職相似。就是不懂的，劈頭幾個廉訪，讀起來方感興味。若使青年人去讀，就弄得頭昏腦脹，打不起精神去讀，舍人，就是文中的線索意義，必定晦澀，終歸不能領悟其中的貫串，即使勉強讀下去，文中的某某職可以與現代相似。以後如果碰到類似的作品，或許就不敢再去領教了。假如另有同性質的一篇，是現代人寫的現代事。內中所牽涉的官員，都是我們所習知的，如部長，省委，縣長，局長，監委，執委等類，那就容易明白生趣。若是這篇文字是我們本地人寫的，其中更提到一些設治局長，長官司，宣撫司，撫夷省或本縣的，那就更加強讀者的興趣了。

又爲我們現在翻開一本商務的教育雜誌，內中有一篇「江蘇各縣的教育統計和比較」。讀這一篇硬性文字，第一，要對於教

育多少有點興趣；第二，最少心目中要知道一點江蘇的地理情形。先是江南江北的界限，其次是淮河流域，那幾縣是在長江沿岸在太湖沿岸，那幾縣是在淮河流域，因為地方的交通便利與否和富庶與否，是與教育發達大有關係的。懂了這些，然後你總可以發生興趣，否則即使勉強讀下去，也是乾燥無味。青年人碰到這種文字，大半頭疼的多。假使我們「雲南的雜誌上，有一篇「雲南各縣的教育統計和比較」那就比較有趣味了。因為雲南的情形，較為熟悉，而且自己的本縣是其中的一個單位，與他縣比較比較或許因為讀了這一篇而懂得一點統計文字的手眼，將來另具一種興趣去讀別的統計文字，乾燥的程度，差不多完全變軟了。青年們篇「膽衡各區鎮的教育統計和比較」，那最容易生趣味了。因為一切更熟悉，更切身，硬性文學，一定會大大的減少。

我們再具體地用幾首詩詞來作一個例子看一看。我們試讀陸放翁感慨時事的詩：

公卿有黨排宗澤，帷幄無人用岳飛。
遺老不應知此恨，亦逢漢節解沾衣。

夜讀范致能攬轡錄言中原父老見使者多擇涕感其事作絕句
諸公可嘆善謀身，誤國當時豈一秦？
不望夷吾出江左，新亭對泣亦無人。

進感往事
廟謀尚出王導下，顧用金陵為北門。

感事
雞犬相聞三萬里。迂都豈不有關中？
廣陵南幸雄圖盡，淚眼山河夕照紅。
堂堂韓岳兩驍將，駕馭可使復中原。

覺得他的痛心故國，痛恨漢奸，痛惜愛國志士，都是很感切動人。但是，這些事實是宋朝的，我們不在那個時代環境內身親閱歷，畢竟有點隔膜。對於史事有相當知識的人，尚還有若干興趣，否則就難得意味了。我們又再試讀近人陳芷町的感慨時事的詩（五首錄三）：

朱仙一捷萬方驚，日色於今暗廟行。
杜宇苦啼歸路血，櫻花夢斷望夫情。
方期雪恥堅薪胆，已報要盟能甲兵。
泣下江南胡馬路，亂飛誰復恤鸞鶯。

億兆同仇躍怒蛙，當途翻教怯螳車。
避戎已誤迂周寶，破膚還聞罪岳家。
九合諸侯皆伏甲，孤征漢使枉浮槎。
貔貅百萬威何在，蠻觸紛紛急鼓撾。

燕雲諸古漢家州，敕毖胡堪任沐猴。
揭竿抗志求田隴，擊楫虛傳出石頭。
早識鯨鯢吹海立，可憐豚犬擅風流。
倘悔噬臍兵錯曳，針車猶指戰螢光。

這三首七律，典故較多，字句較難，表面上看起來，覺得較前述的四首七絕為難讀。然而實際卻不然，因為這占首律詩內所感的時事，是關於淞滬之役及華北抗日兩件事，這些事實，平日已由報章雜誌傳開等等注入我們的心目中。當時局勢緊張的時候，大家心中已經有若干感想，若干苦痛，或曾在口頭上表示過，或仍蘊藏在心裏面。尤在有人作出來了感時的詩，未讀之先，就預存着一種熱烈的興趣，一方面想看一看作者是否與自己有同感，另一方面想想他的文藝上表現的技能。我們假使叫一個青年去讀，即使他不能如數看得懂，只要請一位前輩指示一下，說明某

個典故是什麼意思、某句是說剌某人，某聯是感傷某事。我敢說：這個青年閱讀這首律詩的興趣，定較那首絕句高得多。但是，關於一件時事，由於報章雜志的派別和態度的不同，而紀載遂生差異；由於路途的遠近各別，而感想常人各異其趣。所以，詩人——與我們居於同一的環境，閱讀同類的書報，得到相似的傳聞——，也寫出同性質的幾首來，那麼，讀者一定感到更熱烈的興趣去讀，變後的印象更深。閱讀五七遍後，或許就可以約略嗜誦，而裏面所引用的詞類故事，也連帶地牢記不忘，這真是一種便宜事。

語言文字的關係，也是不可忽略。近代學術進步，本國文字的構造，也不得不變化以適應潮流而敷應用，甚至採用別國文字的優點以補其缺，所以現在的新文字較從前的靈活而完備。我們半路出家的人，現在讀起某種文言文來，尚覺得有點不爽氣。青年們自動就習慣於白話文，叫他們讀文言文，多半是不合口味。在舊時代文言家數，講義法，一字一句，都要足以登大雅之堂。

現代文字解放，毫無拘束，任意用方言，土語和俗諺，尤以小說中為甚，隨處表現地方色彩，注意描寫個性。我們試借海上花列傳第二十三回裏衛霞仙對姚奶奶說的一段話做一個例：

耐去問聲看，上海夷場浪阿有該號規矩？故歇勒說二少爺勿曾來，就來仔，耐阿敢罵俚一聲，打俚一記！耐欺瞞耐家主公，勿關倪事，要欺瞞仔倪個客人，耐當心點！老實搭耐說仔罷：二少爺來裏阿有該搭堂子裏，耐拿家主公；到仔該搭來，就是倪個客人哉。耐有本事，耐府浪，故末是倪家主公人，耐倒先到該搭來尋耐家主公？倪開仔堂子，阿要笑話！耐倘做生意，走得進來，總是倪個客人，阿管俚是倪人個長處，故歇到該搭來尋耐家主公，該應到耐府浪去尋哉。耐倘辰光交代撥倪耐個家主公末，該應到耐府浪去尋哉。耐倘放俚到堂子裏來白相？來裏該搭堂子裏，耐再要想拉得去，為

老哥子！我跟你嘆。昨兒老王拉鬼子扎黃腔，今兒我想倒起還有點兒鬼火冒，拉開口耗子，閉口耗子，直是欺祖。講到我們四川，自古豆是有名。黃河發源於崑崙山，先到我們四川。天下府，數夔府；天下州，數瀘州；天下縣，數萬縣。講到鬧熱，十里一停，五里一哨。四川乃天府之國，富足得很！

四川的「跑灘將」，言談大半有這種神氣。看小說，成語流言，開口便是雲南人同四川人接觸的機會多，這種傳神的描寫，青年人讀起來定感到興味。又如另有一段描寫一個四川醫生替人看了病後，同別人「日高白」談起：

今兒早上，我去看維之的勒病。我到拉家裏去勒時候，拉已經到了鬼門關前。我趕忙跟拉一把拉住。我說「維之！去不得呀！你小兒碎女多！」我又跟拉帶轉來。

這種描述四川醫生的談吐神氣，也可莫入骨三分，讀者試用四川腔調來試述一遍，或自己會發笑。青年人讀了上述這二段後，大概對於方言文學的長處，也繞有一點相當的認識。

還有一種心理關係，我們讀相識的人所寫的作品，每感到興趣濃，印象深，因是而容易記憶。我們幼年時代，看見鄉里前輩

漫談作文及其他……

或自己的先生，替人家作了一篇墓誌或行述，特別喜歡多看看。如果其中有些我們所認為新奇的字樣，詞類，典故等類，大多記得牢，到自己用着的時候，用得下去。不過，我們還抱憾幼年時不獲多見前輩們的著作，誰然天天在讀古文，實在很少感到興趣。實際使我們的文筆清順的，還是幾部卿聊齋誌異，水滸，紅樓夢之類的書，那也就是因為讀時有興趣的緣故。

我再拿自己個人的經驗來談一談。我從前在上海某大學求學的時候，校內出版的有三種刊物：（1）年鑑，（2）月刊，（3）週刊。前二種是自己出版，後一種是鼓吹合作制度的前驅物，由民國日報代印并附送。最初入校的時候，以一個雲南人而同全國英俊聚處一堂，頗有自慚形穢。加以功課忙迫，故對於各種刊物，不敢存投稿的觀念。但是因為是本校的刊物，與自己有一種親切關係，別的刊物不看都可，本校的則無論如何要從頭看到底，看後同相知的朋友又談批評一番。過了年把後，自己的手就有點癢了，乃大起胆子來幹一幹試試看。先寫了一點小品文投在週年鑑內，又寫了一篇關於雲南邊地夷民的生活情狀，投在週刊內。那時文言文還在盛行，我的小品文是以文言文寫的，在那一本年鑑內，比較還雋永有味，關於夷民情狀的寫作，因為比較少見，所以大家都還喜歡看。後來那些編輯主任，大家都來看我，表示很親洽的態度，把我的名列入編輯員內，并勸我努力投稿。主編週刊的一位紹與人許君，還拿了一本英文的農業合作來，囑我謡譯，按期登出。并且對我說：「邵力子先生〈時任民國日報編輯兼我們的中文教授〉說，你的筆墨還可以去得，勸你努力寫作。經了這一次「傳旨嘉獎」，我頗覺「受寵若驚」然而這一針啡針終於使我興奮起來了。後來編印甲子年鑑，我被推舉擔任中文總編輯，於是又大起胆子來再幹一幹，結果還勉強敷衍，不曾鬧笑話。我們試以我的母校例我們的一縣，假使也有三數種刊物，我相信一定會有很多的青年，先眼癢，繼手癢，結果心癢，癢到不可開交的地步。

所以，由青年人的各方面觀察結果，我們大概可以說：青年人讀古代人的寫作，不如讀現代人的起勁，讀同時代人的寫作，認識的人和同區域的人，要較不認識的和不同區域的多引得起興趣。「非三代以上之書不敢觀」這一類屁話，在從前誤了不少的人，現在是該打嘴了。我們不可以壯年或老年的主觀見解來斷定一切，我們應該顧念到青年人的學力和環境。有時我們認為幼稚平淡的作品，而在青年們讀起來，或許已認為有興趣的了。我們這一輩的人，在二十歲以前，就是吃虧不肯讀後生小子們自己瞎境的東西來讀，現在雖然有一點知識，也不過是二十以後自己瞎碰出來的。我們應該在它們的幼年時代，竭力引起它們的閱續興趣，替它們砌好了石腳，到它們成年後，那就不愁深造了。

劉半農先生序光社年鑑首集說：『說到「愛」，就不得不說到「興趣」。興趣是因，愛是果，興趣是內心的衝動，愛是行為上的表現。』可見對於閱讀寫作要生「愛」，興趣是不可忽視的了。

（待續）

雪　光

我寫此文的動機，是在民二十三先君寄贈騰衝破天荒女中的曇影錄的時候；後來在崇新會九週年紀念刊上，見到迷穀君的談談騰衝界中的白話文，更使公私蝟集的我，不得不奮勉執筆以應熱心文化公益的本刊主編者再四催促的雅意了！

無論做什麼事體，都須有其目的存在。作文教學的目的，雖然各派所說不同。但概括起來，不外：技巧的訓練；能力的發展；智識的獲得；人格的涵養，社會效率的增加；……。施教的方法，當視學生的年級和程度而定標準。至其所用的工具，——文字，常以全國大多數學識經驗豐富；的教育專家所公認為易於表情達意的語體文為較適宜。所以教育的課程標準：高初級小學的教科書全用語體文；作文也全用語體文。即初中甚至到高中的教科書除國文兼採文言外，也全用語體文。作文除高中逐漸採用文言文外，初中也以語體文為主。這完全是根據學生的心理和程度為標準，由淺入深的以求效率，並非任何私人得以私意主張，也非任何一知半解的舊頭腦的冬烘先生所得擅自更變，不意素號文化較為開通的某鄉的某校長，把他廿年前自號為革新人物的面目，全盤改變了，大開其倒車，把兒童的心理，能力，和潮流的趨向，環境的需要，擱置一邊，竟提倡讀經；和改用共和教科書，真令人莫明其土地堂呀！！

迷穀君在他的談談男中的白話文裏，根據事實，——十五班在將畢業的一個學期中，二十個白話文。十九班在二十二年的六個月裏的二十三個題目中，也只有三個是白話文，證明太輕視語體文；又把教師不肯以語體文為主的原因歸納成三個；又把救濟的方策列為八條，都是善意的對症下藥的，都深刻精警的，適合潮流的主張，更足以證明初中以下的不能不用語體文了！（請參看原文）看不起語體文的教師，和非教師們，和具有文學與趣的人們，試一試動手作幾篇語體文，是不是像原來心目裏所想像的那樣容易？是不是需要很多的練習？半路出家的人（指文言文已經好的）作白話文是不是比較文言文困難些？！……

我們再拿女中的曇影錄來看一看，據曇影錄二十一篇；學校選十九篇；並前面的題記一篇；序二篇；末尾的後記一篇，學校共三十五篇，無一不是語體文。協之少青二君的兩序，在指示畢業生以今後和環境奮鬥的方法；最精警的是：「……能力程度合于作賢妻良母的，隨她自去決定，這原也是社會家庭不可少的一種需要。可是能力程度，或有超過賢妻良母而能有自立自存的思想的異軍特起的女子，卻不宜埋沒在一般深閨高閣的脂粉叢裏，而應當趁此機會樹立下創造『精神的我』和『永久的我』的基礎。……」先君的題記在叙明聚散匆匆，變幻無常，有如曇花泡影的象徵，不能不有寓意於同學錄以作紀念！學校略歷在叙述的創立女中的梗概，經濟的來源，和教職員維持的苦心。最有意義和最有價值的，是後記，亦即所謂的「穩穩把住人生的舵！」把他多年服務教育界上所得不少的經驗，條條重要，非僅學生文，把方法歸納為三項、（因篇幅所限，不能多為引證，請參看原文。）句句切實，條條重要，非僅學生應永記不忘；就是教師們也可藉為參攷。他描寫女子們的環境說：『……現社會，尤其騰衝的社會，對待她們，實在是特別的冷酷！破別的殘忍！不怕她們的程度超過於同等的男子；而社會看她們總是一個女人。在現社會裏除了忍耐與屈服外，有什麼辦法呢？！封建殘餘的道德監視她們，地方的惡習慣限制她們！女子有學問，有智識，簡直是笑話！或者家庭要她們到學校裏去取得一個女中生的頭銜，打量在她們掉換來點什麼東西？！總之，這裏是一個圈子，那裏又是一個圈子，則處都是圈子，她們只得在若干

的圈子內打些轉，……左想也不好，右想也不好，隨時隨地都可以碰壁，覺得世上的事，眞是茫茫！前途眞是一個不可解的糊塗的夢境！於是她們對於人生的看法，就不能不走到悲觀消極的那一條路上去！她們的情緒只是感傷！只是哀颯！只是悲愁憂鬱的那灰色的影罩住了她們的人生！使她們縱然要想振作，也提不起勇氣來振作，……」是多麼地沈痛悲慘的傷心話！和多少頭腦清晰者所要說而未說出的痛快語！「做道姑尼姑的都一天比一天多；吊死，吃煙死，廟脖子死的也一天比一天多了。實在是地方上的怪現象，惡現象！思想高尚一點的而抱獨身主義的其數也不少了。「不斷的向前！不斷的奮鬥，於與洪濤駭浪奮鬥的失敗中，亦至光榮！」又是多麼的透闢精嚴的人生觀：「不斷的生長！不斷的開拓！勉勵學生抓住現在孤舟的舵，穩穩的映去，不畏難，不屈服，終有達到彼岸樂園的時光。不幸而死的人們，和封建思想的人們，抱定「女子無才便是德」的腐化學儒理，解釋宇宙人生的種種原理，和個人在社會上的地位，確定了中正不倚的自強不息的開拓！勉勵學生抓住現在孤舟的舵，穩穩無論怎樣分析？總要認此爲各原因的主要者了！跟續着他又用佛

倘使有人要做一篇騰衝衝女子的侫佛和自殺……的文章。

二號三號……以至學作的）都用科學的方法，精密的眼光；博愛的心腸，注意到農村生活，勞工生活的社會上去；都注意到國防問題上去。莫再弄風花雪月，甚至迂腐不堪的工作了！以上所述，都是屬於教師方面的。即以學生方面來說，她們所作的曇影錄，雜選十九篇，雖然所說的大概是女人的話，所表現的也大概是女人的意識。但是立場的不同，地位的所限，終不碍於她們的聰慧與成就。她們已弄到『暢達』兩字，把她心中所要說的，能委婉曲折的一一道出，就是描寫也有相當的技巧；什麼樣的景物，用什麼樣的思想和感情，用什麼樣的筆調來表現，什麼樣的

而爲人生的南針！我十二萬分的希望以後地方的作者（自一號

文章來描寫！像她們中的余維芳所作的曇影錄，逑墨，讀文心雕龍物色篇後，讀書明理說，秋的象徵，談鳳登。李景淑所作的曇影錄，談談文學，明理新釋終於上了飄泊的程途，我奈何不得這間人的陰墨之天，秋之夜，冬夜，人生小景，又如李瑤華所作的曇影錄，文學與物色的關係，和先君的指導有方，尤其會用新文學的技巧來描寫的成績，平情而論，實有超過男生的本領。雖然吳她們聰明好學的成績，和先君的指導有方，恐怕不會有法，批改適當的結果；但非注意語體文應用的好處，就同等的男子程度而言，怎樣才是我們女人的出路，小感慨，偶筆，這樣的成績能！前聞余維藩李景淑兩女士去年初即已同赴省升高中，（由地方資助四百元？）將來她們的造詣，更不可限量，並且開了家鄉女子留學外地的新紀元，女界的前途更多一番的希望和光明！先君和其他維持女子教育的熱心人士們，也就得到代價這樣的希望人們，和封建思想的人們，抱定「女子無才便是德」的腐化而不徒犧牲了！這不是時代化的新教育的結晶嗎？輕視現代新文學的人們，和封建思想的人們，抱定「女子無才便是德」的腐化

作文究竟要怎樣才容易進步呢？除善用在第二段上，已叙述過作文教學的五項目的；和利便的工具——語體文外；命題的關鍵；供給材料的方式；批改的手段，都是急須研究的事。現在我再把我對於後面三個要件的意思分述於後，請大家作者和改文的教師們，加以深切的討論和指教，那就是我作此文抛磚引玉的一點誠意了。

命題要怎樣纔適當！是作文教學裏極關緊要的問題。在相當的範圍裏，命題命得好，作者作出來的文章自然容易好！命題命得不好的，作出來也自然不容易好！古人說：「文章本天成，妙手偶得之！」大概就是說無論怎樣會作的人，若碰不到好的題目

65

，也不會作出很出色的大文章。讀書人到了通字水平線以上的，大概都體驗過來了！我以為題義廣的，使作者思路多；而能拖其要的也好！題義狹的，使作者雖係搜索枯腸；而也有路可通，有話可說的也好！（像我的家庭，我的學校，我父親的生日……，）也好！「我的……，」「……一則」也好！「遊……」的見聞一則」也好！「理想中的……」（像學校、家庭、國家、世界……）也好！時代的潮流，環境的需要，關於農村社會的生活，勞工社會的生活，婦女界的生活，美術的問題；時事的研究；尤其是國防意見的敘述，討論國防問題的信函，杼寫衛國情緒的詩歌，（無論新舊體裁）研究國防問題的報告，關係國防問題的寫作，須加倍的注意。至於迂舊陳腐，迷信無用，像「桑林禱雨記」，「諸葛南征賦，」甚至「賦得十月先開嶺上梅，得梅字五言八韻」的一類題目，真應當置諸廁坑了！

至於欲訓練整理材料技能，文學經濟的手段；使將來作硬性的文字，對於所搜集得的材料，知所安排，不致茫無頭緒。那末選有意義有價值的短篇或中篇文字，使學生補充成若干字數以外的中篇或長篇的名字，而不違背原來的題品；又或選有若干字值的長篇或中篇的名字，使學生在所限定的若干字數以內緊縮成中篇或短篇而不失原來的本意，是最好的法子。若要訓練描寫的技術，文章的佈局，和練習速記的功夫，以為將來進大學記敘授講演的預備，那末選學理較深，義意較精的名篇文字，作有系統的口述；同時令學生筆記出來。又或想定一有價值的題目，把題旨和其中的要點向學生講述；同時也令學生用筆盡量的記錄下來，然後整理增減寫或一篇文字，也都是適當的法子！這是從英文裏採倣來的；並且已經過名教師試驗有效；在最近好的作文教科書裏，也已應用得不少了！

供給材料，也是作文教學的緊要問題。有不少的大學生，雖然在校裏求學，可是除極少數的時間，（有些僅選愛好的一二種或三四種，）到課室裏聽講受指導外，幾全在校裏或校外的圖書館中，埋頭苦幹，也弄得到，很高深的學問！或覺有新發現！又有些雖未曾入大學，（如著有中古文學概論，近古文學概論，和在本刊九週紀念冊首篇上的鳥的作者徐夢麟）有些未聯中學也未在校裏曾讀過。（如商務書館的總理王雲五）而能努力不斷的自修！還有些雖復有良師益友切磋琢磨！尤其有很多的公立圖書館，和私人豐富的藏書，可供參攷，也能造成大學問！又有些學者的著作，尤其人口士地資源的調查。關於硬性的國外的地方，來供給有關係的圖表書籍照片原物……，方能有切實的統計；精刻的理論。說前人所未說，言前人所未言，然後對於人羣社會有所補益。足見圖書館關係於地方文化的前途非常之大，亦足以證明供給材料的重要了！但本篇所討論的範圍，係屬初中以下，那末上面所述選長篇或中篇的名文，使學生緊縮為若干字數以下的中篇短篇，或選短篇中篇的名文，同時使學生補成若干字數以上的中篇長篇，或口述名文，使學生筆記，都是供給材料的好法子。或出一題而令學生搜集關於這題旨的材料，在黨義裏搜集得也好，在公民國語裏搜集得也好，在自然歷史地理裏搜集得也好，若材料愈多，選擇更當怎樣的謹慎；倘學生有不明瞭的地方，當加以適當的指導，最好是暗示。但這都是臨時的供給；最重要的還是平時的供給。就年齡的大小，程度的高低，在興趣和能力的可能範圍裏，選出國語（中文）若干篇，使其略讀；又選出若干篇，使其精讀。（最低限度五十篇）。自少而多

，自組而精，亦卽所謂自「格，律，聲，色」，而進於「神，理，氣，味。」不斷的努力，不斷的研究，把文法全然的了解胸中；那麼所作出來的，自然也就不會有文法上的錯誤了！至於由校裏設一小圖書館，購買各地有價值的學生圖書，報章、雜誌、和關於新文藝的書籍，尤其有意義的小說，使學生多了解文法認識詞類，觀摩術語的描寫技術，......也是極緊要的，若仍有反對閱小說者，請看鄭振鐸傅東華主編的《我與文學》週年特刊上的許多名作家的自述，不是十有七八都得力於小說？所以小說，可說是供給材料當中的重要工具。不過講小說也須有一個範圍。在意義方面：以合於現實生活的；救國志士的；含有改進社會現狀的，民族性的，國防問題性的，......；合於學生身心發育的程序的為準則。文字方面：以叙事詳明；說理精透的，描寫眞實，造句自然，能耐諷誦的為準則。至於迷信的，淫詞的，甚至頹喪青年志氣的浪漫文藝，都應在禁閱之列。總之，供給材料，在引起欣賞書和作文的能力愈為強大！我們貴地方沒有什麼多量的好著作，理智的增加，思想的啟發，......同時更能使讀書和作文的興趣，恐怕就是很重要的原因能！

批改是作文最後的工作，也是作文能有進步迅速的極大關鍵。批改得好，學生的作文自然容易得好！批改得不好，學生的成績也自然不容易進步！大概命題命得好的人，自然也批改得好的，命題也會好了！反過來說，批改得好的，命題也會好了！但是也有些原來的作文功夫很不錯，可是因不懂作文教學法，命題命得不好，學生的成績仍然還是不易進步，不易良好。假如教國文者又為一人，出題者又為一人，雖然有時是不可避免的事實（有時是校長......）批改者又為一人，出題者又為一人，雖然有時是不可避免的事實；倘再毫無聯絡，毫無補救缺點的辦法，那就糟透了！

，一般批改文章的，雖然各有不同的方式；但可概括為三派：一是極可厭的敷衍派。祇他們賞過了十年二十年......的改文生活，頭昏目眩，一碰到改文的當兒，加上了畏懼的念頭，於是馬馬虎虎的閱了一遍，或竟未閱，改正了幾個錯字；加上了一兩句空泛的批語，便算了事。有些還要取學生的歡心，滿圈滿點，把全紙弄得黑壓壓的，其他一概不管。更有些不懂新文學的，學生文章裏所用的新名詞，新術語，（文化，經濟，政治，外交，國際法，都常常有新製的）和新式標點符號，或杜撰的西哲......曰......。已錯了的不代為更正。已用台的，還要加以粗大的橫槓，可直問學生，來自何處，有什麼意義。）屬於這一派的，無論國內外都不少。二是熱心的炫奇派。文裏的錯字別字，澀不明，或遺漏未舉，或不合選輯的地方，任意東塗西抹，墨水滿紙，失却原意！甚至有拿自己的主觀觀念來做學生的標準。（瓊好幾省的明友都說：私塾裏這種陋智更屬害，一言一動，寫的作的，都在暗示或明示中叫學生都要做了像自己一模一樣，方稱做傳統的弟子，中毒青年，實在不淺。雖然有思想特出能作翻案文章，並足以自圓其說的，反都把它一筆勾銷，而另完全作一篇，以顯其能的大本領。反都把它一筆勾銷，而另完全作一篇，以顯其能的大本領。雖然社會上有不少的人們的心理，也反以這樣的批改，乃是熱心心的，難得的！殊不知把學生天真並以為這樣的批改，乃是熱心心的，難得的！還有些整個的深埋深葬了！還有什麼興趣可言！！進步可說呢？！所以這派不特徒費精力，沒有成功。還要把學生最寶貴的志趣思想。所以這派不特徒費精力，沒有成功。三是取折衷主義的中庸派。初學改文和私塾中的一部分先生，多屬於此派。統統犧牲了！初學改文和私塾中的一部分先生，多屬於此派。這派的批改法，當然不像敷衍派的馬虎主義，不能指示學生對於文法上思想上

的錯誤，使其無法求進；也不像寬枉的炫奇派，勞而無功，反使學生性靈斲喪。即是繁複的地方，如有未當，就把牠縮簡；缺略的地方，竟有晦澀，就把牠補充；不能貫通的地方，即代爲貫通；不能暢達的地方，即代爲暢達。總之：依據學生的心理，年齡，程度，而加以適當的改正，合法的誘導，使其進步迅速，是這派的長處。死了的祝從龍李景山兩先生，雖然一主「豪放」，一主

「謹嚴」，而都享善改文的盛名的！不過景山先生雖然在聯合中學改過了很多年的文，究正僅任改文而不任教，對於命題，供給材料，……的一切未能面授機宜的緣故，所以收效也沒有怎樣大！活着具有這樣本領的是那些，請讀者用精密的眼光，科學的方法，切實的調查，並加估計，大概就可以知道是「鳳毛麟角」的了！

據我的幾種經驗，雖然覺得折衷板流的那種批法，比較要安當些，完善些；但如果你不能精密的觀察，尤其是善用測驗的法子。那末批改後，學生即得到相當的效益嗎？倘使你隔一二日後將原來的改文本先收了，照樣的把舊題出給他（或她）另作，那末他

（或她）所作的，十有八九仍然像從前的依樣畫葫蘆，不見什麼改進。因爲一般的學生不過把教師發給的改文本收到後，詳為核閱，然後看：分數是怎樣的多?!圈點是怎樣的好法?!批語又是怎樣的好法?!就把它置諸高閣。所有教師的一切批改指正……的地方，都滿不在意。所以雖然經良教師善爲批改後，效力幾乎還是等於零。我因此曾試用過一法，即把學生的改文本收到後，那點應補充，那點應刪除，那點是別

字錯字應當更正，那些是……。令學生拿囘去一一的自動工作，結果學生的進步很快，因爲學生雖在教師指導之下，然非經一番深刻的認識，精密的分析，怎能自己逐一作有效的更正

!?多經一番自己有效的更正，腦海中的印像自易深入；思路的靈動自易敏捷，文法的應用，也自易「得心運手！」但教者一一的照顧而教，在學生少的時候，自然沒有什麼問題，學生愈多所費的力也越大，也就不能不趕辦，在學生方面不易記清，愚笨的有時竟越弄越壞。爲便利起見，一一代爲訂正後，就可以免除許多無謂的麻煩，而效率較前更加大，看見一位陳

平塔先生所創造的符號……，我把它抄在筆記簿上，已經抹去而復用的：誤字用×加在右旁，脫字用／，字句不通的用直線旁豎——，上下氣不連接的用直線橫豎，有語病的文句，在右旁加細點，用：字，正確的用○，更正顛倒的用S，脫句的用＼；＜號在有關係的兩段中間，或前面，或後面，再試驗了好久，覺得是批改作文再好沒有的良法了！

以上所述討論作文裏的目的，題目，材料，描寫，和批改的諸種問題，雖有時是側重在初中以下，側重在教學方面；然任何作家的基本工作，除了這些又有什麼？不過把範圍更擴大罷了！所以我最後的結論是：要請服務教育界的教師們，（尤爲是改文的）和一般有文學嗜好的人們，甚至現在高小以上的學生們，（無論男女）倘認作文是必要而又富有興趣的話，那末除了平時多讀，多看，多思想之外，今後還要多多的寫作。因爲你如果背不斷

的勢力寫作，不論是思路上，理智上，技巧上，自然會左右逢源，有意想不到的妙處，意想不到的快樂處！俗話所說：……

「熟能生巧」的那句話，用在這個地方是最恰切不過的！

拉拉雜雜的寫了七千餘字，覺得有些疲乏了，就此擱筆罷！

但還有一句要申明的，文裏雖然有幾個人的意見，或者有人認為是批評，以我自幼即抱定「愛而知其惡；惡而知其美」的觀念想來，我敢說：純是討論性質的，善意的，對事理的！絕非對人，更非有愛憎的感情存在其間，這是要請讀者和當事人萬分原諒的！

騰越人往那裏走

譙

經濟的不景氣潮，震蕩着全世界，使縱然是窮鄉僻壤的小地方，也不能免掉的波及。年來騰越正是走在這樣的一個不景氣的程途上。由於海關收稅，使用金本位，及印洋高漲的結果，商業情形是一落千丈。

洋貨入口已經不能賺錢，以前大宗的花紗生易現在也告哀敝，前年的大條出口已造成了一時的商業機會，可惜又不是商業正軌，故年來牛易是一天比一天的冷淡。大商家停下款來無貨可辦，小商家小本營生，有時還不能餬口；冒險的則瞞關偷漏，圖賺稅錢，但一經拿獲，則傾家蕩產。騰越本是以商場成名，而現在騰越的商場却覺變得這樣的不景氣，想起過去的繁榮，不能不慮到未來的衰薇，『生活難』的罡風不斷吹來，單就和順一鄉而言，往年一到乾冬，則成羣結隊，都是跑往緬甸的。大抵空手而往，三年歸來，一個討媳婦錢總會有。

和順的經濟生命，全靠此路維持。兩年以來，因緬甸的土產跌價，舊時小康之家做生易而破產的已不一而足。而擾蠻綫開店者言：以前冬季，只見出門的人，現在則適得其反，只見囘家的人。這當然是商業上不景氣之一例。倘此不景氣還要延續下去，而且更要一天天的壞，那麼騰越人往那裏走。

總之一句話騰越是商場，騰越人也全得力于生易。處世界經濟繁榮時期，此地商業也便跟着有起色，現在，全世界都受着不景氣的厄運此地也當然不能逃出這經濟枯縮的羅網。我們還要想恢復過去的繁榮嗎？路子何在呢？走舊路？走新路？向緬甸？囘家鄉？那一條路子平穩？凡是騰越人都應該想仔細想一想才對。

馬到懸崖，騰越人往那裏走？

讀書人眼中的臭胙肉

譙

讀書人提倡孔教，自以為尊敬孔子，實則孔子並不為讀書人所敬。

夫曰吾敬重某人者，必吾對于某人之學問道德有深切之研究，及了解，因敬其學問道德，始及而敬其個人，如此之敬斯為真敬。

非然者，以耳代目並以耳代心聞人言某某當敬，即不問是非皂白，以為某某的確應接受吾人之敬，而不知敬之之原因果安在也。今日牛頭當敬其人聞之，見牛頭即納拜；人曰鳥龜當敬其人亦不察見鳥龜而叩首，夫此之謂迷信，肯從。一涉迷信斯不敬已。

是故吾人若言尊敬孔子，應從了解孔子學說做起。否則任爾如何諏歌聖號如何三跪九叩，頂禮膜拜于至聖先師文宣王牌位之前，口呼夫子，心存胙肉，事近諂媚常人尚以爲鄙，聖如孔子，豈樂于斯享者？

淹沒也久矣，豈非喫盡臭胙肉之虧耶？臭胙及肉在讀書人腦中作祟，使讀書人眼目昏花，只見臭胙肉，不見孔子。彼輩十載寒窗，攻讀經史，其目的豈在乎認識孔子，亦不過欲分得八月二十七日文廟中之一塊肉而已。

不幸世之讀書人，大抵皆心存胙肉之徒，嗚呼孔子眞義之被

吾嘗見胙肉不至，有抱牴衆杖相向者矣，此輩果知祭孔意義之云何則一塊臭肉，分待來固無用處，分不得亦于已無損固不必好勇鬥狠，效黃忠之故智，而遺笑柄于地方也。

中國之讀書人，其讀書目的，並不在于探索眞理。讀書人中百分之九九爲陋儒，陋儒讀書，熱中功名，所謂書中有黃金，又謂讀書人得做官者，凡皆足以代表陋儒之觀念。讀書人中百分，功名到手，則臭胙肉有分，于是胙肉難臭，陋儒嗅之味斯無窮。以分得胙肉爲讀書之目的，胙肉之價值提高，中國之學術斯無進步：孔子眞義愈日晦矣。政府今年定祭孔新儀制，陋儒聞之，驚爲未聞，雖不致痛哭流涕，然失去胙肉，孔子之眞義顯，誠有如喪考妣之悲哀，雖然陋儒之胙肉失，孔子之眞義顯。蓋新儀制如紀念週，除行禮如儀外，更演說孔子遺敎。較之但舉行宗敎儀式之祭祀，意義當爲深長。然則吾爲孔子喜，不能不爲陋儒悲。

禁婢的現階段

淑蕙

我國之有婢制，由來已久，主張優待奴婢之說者，雖代有其人，實行寬待奴婢之法者，亦常聞其事，則肇端於近代：大清律例有略賣子孫爲奴婢者，杖八十，徒二年，和賣者減一等；未賣者較已賣者減一等之規定，其例則又云：『凡誘拐婦人子女，或典賣，或爲妻妾子孫者，不分良人奴婢，已賣未賣，但擬後監候，爲從杖一百，流三千里；若以菜餅及一切邪術拐誘小子女，爲首立後……爲從者發極邊足四千里，充軍；凡夥乘開窰誘取婦人子女，藏匿勒賣事發生，不分良人奴婢，已賣未賣，審保開窰實情，爲首照光棍例，擬斬立決，爲從改發雲，貴，兩廣，烟瘴地方充軍。與販婦人子女轉賣與他人爲奴婢者，杖一百，流三千里。』

民國元年，南京臨時政府，曾頒明令禁革一切不平等之階級制度，蓄婢一項，在此令內已爲概括之禁止。又民元明令公佈前清法律與國體不抵觸者，仍繼續有效。清末有有一禁革買賣人口條款，經民國改爲條例，此條例中有言：『嗣後買賣人口，無論爲妻妾，爲子孫，爲奴婢，概行永遠禁止，違者治罪。』『今旣禁買奴婢，改爲僱工，此後卽永無奴婢名目』。『舊時婢女限年婚配』。擴以上條文，則知淸末民初，卽已明令屬行禁婢。

中華民國訓政時期約法第六條：『中華民國國民無男女種族宗敎階級之區別，在法律上一律平等。』所謂無階級之區別，卽禁止之意，此語卽爲禁止奴婢之根本，又刑法第

無爲命令詞，

70

二九六條第一項：「使人為奴隸，或使人居於類似奴隸之不自由地位者，處一年以上七年以下有期徒刑，第二項：『前項之未遂犯罰之。』蓄婢為法律所不許，已昭然在人耳目。

民國十一年，廣州軍政府大總統明令嚴禁蓄婢：「蓄婢之風，前清末造，業已成為厲禁，凡買賣人口者，科以重刑，民國成立，人民一律平等，載在約法，至今未已，甚至買賣典質，視同物品，賤視虐待，不如牛馬，既乖人道，尤犯刑章，茲特明令嚴行禁止，嗣後如再有買賣典質人為婢及蓄養者，一經發覺，立即依法治罪，着內務部大理院分別咨令各省行政司法長官，令飭所屬一體奉行，並着內務部通令各省，妥籌貧女教養辦法，以資救濟，此令。」此項政令，已較前為具體，言禁婢而注意事後之救濟問題，則自此始。

民國十六年，內政部維護人道保障女權通令，亦直指蓄婢一事。茲欲明瞭其全部意義起見，特將通令原文摘錄如下：「查中國國民黨第一次全國代表大會宣言，所定之對內政策第十二款，於法律上，經濟上，教育上，社會上，確認男女平等之原則，助進女權之發展，其對於女子保護問題，視為何等重要，現值北伐完竣，民解倒懸，亟應保護女權，以重人道，除關於禁止纏足一事，已經本部規定條例外：（一）取締倡妓：女子不幸，淪為倡妓，畢生墮落，馴至於死，究其主因，或係生計艱難，藉以謀食，任其為娼妓，甚有父母欠債，將女押娼，亦有父母圖利，強迫其女為娼妓之營業者，是在地方官吏分別調查，其因拐賣押娼，及被父母強迫為妓者，設法改業，以助其生活之發展，一經查明屬實，或據人告發，及本人奔訴，均應依法究辦，並將該妓女發交濟良所擇配，一面由地方官吏，集合慈善團體，籌集之款，創辦各種手工業之女工場，收容失業及貧乏婦女，俾得有所糊口，以期婦女為娼之事得以日形減少，並逐漸達到廢除娼妓之目的。（二）禁蓄婢女：使人作奴，久為厲禁，曾經廣州軍政府於民國十一年間頒佈禁令有案，現時新頒刑法，並且列為專條，嚴定刑罰等，而富家大族，往往仍沿舊習，買用婦女，摧殘人道，殊堪痛恨，應由地方官吏查明嚴禁，不得再蓄婢女，違者依法究懲。」

其後迭有禁令，茲不備述，迄至廿一年九月，頒行禁止蓄奴養婢辦法，禁婢始能具體化，各地始能遵令實行，其中關於禁止之步驟，禁止之執行程序，與其事後之救濟途徑，大體均能兼籌並顧，茲摘要述之如次：——

（一）禁止之對象：——非僱傭關係之奴婢，不論以買賣贈與或慈善關係而蓄養者；均依本辦法禁止之。

（二）禁止之步驟：——共分四端：（1.）勸告，（2.）解放，（3.）救濟，（4.）處罰。

（三）查禁之執行：——（甲）執行機關：各直轄市政府及各省所屬之市縣政府，應督飭警察機關，切實調查，如發現有蓄奴養婢情形者，須立即報告該管市縣政府，執行勸告，其在首都或直隸於省之公安局，得逕由各該警察機關執行之。（乙）罰則：凡蓄奴養婢者，經勸告限期解放後，而仍不遵守，或在本辦法公布後，而新有蓄養者，送由司法機關辦理，各市縣政府除依刑法第三百四十三條，使人為奴隸之罪，並將所蓄養之奴婢，立時強制解放外，並得處以三百元以下之罰鍰，作為當地救濟院或其他失業慈善團體救濟奴婢之用。（丙）彙報：各省政府，及直轄公安局，應於收到本辦法後三個月內，將辦理情形呈由省政府，及直

轉報內政部查核，其直轄市政府及首都警察廳辦理情形，報內政部查核。

（四）解放後之處理：——（甲）雙方關係仍繼續者：凡蓄養婢者，經勸告後，須於一定之期限內解放其蓄養關係，如願繼續使用者，應一律改爲僱傭，酌給工資，受僱者與僱主之一方，均有隨時解除僱傭關係之自由。（乙）雙方關係不繼續者：各市縣如因同時解放多數之奴婢，而僱傭關係一時又未能成立者，應送其囘家，如無家可歸，或家屬無力瞻養不願收留者，應送當地救濟院收養，如無救濟院者，由當地政府設法送入慈善團體撫養之。（2）已成年之奴婢，無論男女，均須自由擇配，另謀職業，如一時無相當配偶，而有失業凍餒之虞者，當地政府得酌送救濟院或慈善團體安置之。

民國廿五年一月間，內政部公佈禁止蓄婢辦法，前頒禁止蓄奴養婢辦法，則予以廢止，以比較觀點論之，此項辦法，較前爲進步，先述其特點如次；

（一）規定調查期間，使事前之規劃，事後之處理，有從容辦理之餘地，如辦法第三條。

（二）規定婢女得自行聲請登記，或托他人代爲登記，與解放之根本原則相合，如辦法第四條。

（三）解放後婢女之處置辦法，較前爲縝密，無論僱傭關係是否繼續，婢女已未成年，均分別加以規定，其對於未成年而無家可歸者，設置監護人一節，關係婢女本身福利之保障，尤有莫大關係，如辦法第五條，第六條，第七條。

禁止蓄婢辦法

第一條　凡以慈善關係或收養養女名義蓄養婢女者均依本辦法禁止之。

第二條　本辦法之執行機關在首都爲首都警察廳各省爲直隸公安局及縣市政府直轄市爲市公安局

第三條　各執行機關於奉到本辦法後應即將調查期間公共週知並督飭所屬調查婢女數目列表登記其表式另定之前項調查期間爲四個月於必要時得延展兩個月但以一次爲限

第四條　在調查期間內蓄婢者應向主管機關聲請登記婢女亦得自行聲請登記或託他人爲之

第五條　已經登記之婢女即無條件解放恢復其自由如係未成年而無家可歸或歸家而家屬無力瞻養者應送當地救濟院或其他慈善團體安置之

第六條　已滿十六歲而無家可歸之婢女執行機關得徵求其本人同意代爲擇配

第七條　已經解放之婢女其已成年者如雙方願改爲僱傭時其工資由執行機關酌當地工資情形核定之如未成年又無家屬或家屬所在地不明者由執行機關選定當地之救濟院或其他慈善團體之主持人爲其監護人

第八條　已逾第三條規定之婢女得由執行機關處以十元以下之罰鍰並令補行登記前項罰鍰應撥充當地救濟院或其他慈善團體經費

第九條　凡蓄婢者對於已登記之婢女抗不解放時應送司法機關依法辦理

第十條　直轄市公安局各省直轄公安局及各縣市政府每月應填具婢女登記表呈報各該省市政府彙轉內政部查核首都警察廳巡報內政部

第十一條　本辦法公布後前項禁止蓄奴養婢辦法應廢止之

第十二條 本辦法自公布日施行

總之，我國婢制，淵源甚古，周禮秋官即有『其奴男子入於罪隸，女子入於舂藁。』之說，大抵此種社會病態，最初起於戰爭之俘虜，其後罪人亦沒為奴婢，在昔有所謂官奴婢。繼因貧富不均，貧乏之子女，亦有鬻為奴婢者，是我國所謂奴婢具備政治，法律，經濟之三種原因，然與西洋昔時宛如貨財之奴隸截然不同，今後更盼望政府當局，以及社會事業家，分途努力，窮本追源，使社會日益進步，而社會病態日益減少，則人類福利，始有保障，控制於事前，預防於無形，斯可矣。

「編者按」：蓄奴養婢，為我國舉國一致之通病，家鄉自亦不能例外，而禁者自禁，蓄者自蓄。此文所述，祇限於有時間性之奴婢，若幸遇賢主，尚有脫離奴籍之希望。惟『世襲奴婢制度』，為封建階級制度之產物，尤為有乖人道。若其個人非生為奴婢者，不過因生活問題所壓迫，致為人執賤役耳。蓋凡人材堪造就，則前途發展，非無希望。惟吾鄉（不獨吾鄉為然，或許全國如此。）之所謂『世襲奴婢』者，則為其主人之附屬階級，永無脫離奴籍之一日，此種男奴，大率為婚喪之家，司鼓樂之職，而音樂非賤業，竟因操此業者之地位被人賤視，而因及於音樂，（洞經非樂不在此例，）女子則供人驅使，執賤役，其飲食起居及一切生活，皆不得與普通人平等，常見青年男女，對其幼年主人，稱叔稱祖，不平孰甚。且彼等既被視為奴婢，致為世襲文盲，除少數人兼操農工生活者外，其餘多賤役終身，即間有可造之材，亦為環境及階級制度所限制，而個人永無發展之希望。曾憶某村胡某，旅緬經商，營業發展後，因其子為『奴籍』中人，恐返里後遭人歧視，致終身不歸故鄉，而子孫淪為異族，所有財產，亦化為烏有，非但個人損失，實國家社會精神物質之大損失也。編者深望家鄉父老，取締『世襲奴婢制度，』將彼輩之解放，使其地位與普通人平等，並有求學之機會，而各適所適，則不惟不致埋沒人材，之成大業者，不少出身低微之人，而風雲際會，即飛黃騰達，並不因其出身低微，而影響及於其功業，乃因『世襲奴婢』制度所束縛，而致埋沒之天才，實屬不少，吾人常適應潮流，為改造社會之張本，破除封建制度之階級觀念，以民族平等之原則，要在能打破『貴己賤人』之觀念，則此文之轉載，為不虛矣。

社會教育與家庭教育

郎 當

誰都不能否認；小孩子是將來家庭的重要份子。是社會的改造士角。是國事的負責人。這種關念，在鼓勵生育速率的國家特別明顯。其實，是不鼓勵生育速率的國家，也未始不將子女看重；只不過其希望子女成人後所做的事業程度有差異罷了。在鼓勵生育的國家，其希望每一兒童，他不是家庭的子女，而是國家的主人；像蘇俄德國是。反之，是祖父祖母的孫子孫女，是父母親的兒子兒女，是家庭的私產，不是國家的公有也罷，這是我們貴國人賦有的特性。但不管它，是國家的公有也能，是家庭的私產也能，其希望的動機，總不外能負家庭和國家的責任罷了。他們希望他們其他的動機，總不外能負家庭和國家的責任罷了。他們希望他們其他的且不說，試先來看看我們騰衝的子女。

的子女能讀書，能寫信，能掛賬，能繼承遺產，能重創家業。雖又得到，當初的希望，後來竟變成不兌現的支票呢！希望能讀書的不能讀，希望能寫信掛賬的不能寫不能掛。希望能承繼遺產的，反送清遺產，希望能重創家業的，則坐吃山空。（這雖不是籠統的，而確是多數的。）我常常奇怪？難道真是騰衝的風水淺嗎？難道真如俗語所說的：「……財主無三代，清官不到頭」嗎？我虛度了廿幾年，到現在才發現：一不是風水土淺，二不是山無頭，而確實實的是教育不成功。

說起教育，又可剖成兩項來說：一是家庭教育，二是社會教育。在社會教育裏、又可以分成學校教育，與非學校教育。然不論它是家庭教育，或社會教育，說來是一貫的。；談到家庭教育，就要論到社會教育，也就要論及家庭教育。如果我們只注意家庭教育，而忽略社會教育子女就要歸於染蒼則蒼，只注意社會教育而忽略於家庭教育。反之，子女亦難免黃的「朝入天子堂，暮歸盜賊鄉。」說來，可知社會教育與家庭教育是不能分離的。茲為清晰明瞭起見，先來說社會教育：

目前，騰衝的社會，因經濟的崩潰，和舊德的破產。仁義禮智信，除了少數的舊禮教家一談外，多數已不知仁義是什麼一囘事。所以，千奇百怪的生活方式，層見迭出。奸詐狡猾，蠅營狗苟，一樣樣的擺在眼前。這是一種自然的演進。兒童於耳染目濡之餘，不期然而然的潛移默化了。雖有人仍持這樣的論調，並不是五六十年前的兒童忠實，現在生的兒童不成樣子。我們當知道：小孩子的智性，是『決之東則東流，決之西則西流』的。不入於善，即入於惡。不善不惡的人、我從來不見過。社會上既然是壞的，小孩子必不會好。所

以我們要想小孩子好，社會上就要做一番澈底的解決。而改良的方式，有消極和積極的不同。關於消極的，希望政府當局，嚴屬取締煙賭的害人，迷信的引誘，和不良習氣的傳佈。關於積極的，則成立社會公共遊戲場，兒童俱樂部，兒童圖書館……等。捨此，要想叫社會給兒童一點良好的暗示力，那等於痴人說夢。是的，以那樣崩潰的家鄉，要做這樣事，固屬不易。不過只要政府和地方人士，有改革和整頓的決心，則慢慢達到目的。至於說：社會雖然是壞的，好在四鄉八練，都有學校，也可以改正他們的壞習氣。無如，事實不是這樣的，依自己所執教數年的經過，只感到教育的虛空，不着實際。在這裏，我應該先向讀者諸君致歉意。無如，我也是一個教員，所以對於學校教育，比較清楚。不能循循善誘，充當教員，自己也是南郭濫竽，於抱愧之餘，試一一表而出之，以供非教育者的明瞭，和有心教育者的注意。惟說來頭緒太多，茲只能隨便說說而已：

第一是辦學的人：雖說鼎革以還，有了廿六年的歷史，辦新學則辦了卅幾年。然因辦學的人，多數是地方的紳士.；而紳士又多是科舉遺老，其腦筋較新的，倘能注意三R（Write, Read, Arithmetic.）的教法。迷信復古的，率性注意於經史的唔誦。這不止某練為然，除了接近城保的四首練外，遠處的鄉村，日誦「趙錢孫李、周吳鄭王還是那樣的起勁。只須看一看木版棉紙四書的那樣銷行，就可以知道了。不過在某練的讀經是有意的，而遠鄉的讀經，則是見聞落後。再說：有些練份，也與科舉遺老辦的不相上下，甚或不如。其他有些練份，已非紳士主辦，而是嶄新的革新以還的人主辦了。其結果，不論是科舉的，或嶄新的，橫豎一開學了，就將職權與責任，委諸教職員一手包辦，這也不在

少數。

　第二是教員人材：地方的教員，多數也就是地方的紳士。這因為是「才難」的關係，固屬無法。雖然心中也並不得有「天是王大，我是王二，怎樣辦都無人干涉」的心理，但因為「生易拌莊稼，一定兩跟塌。」所以結果使學生說：他們有時間辦公事，無時間教學。有時間抽大煙：無時間教學，自是難怪！除了這樣的紳士教員而外，多數的教員，是初中畢業生所學的，能適合於兒童的教養。我的同學，請恕我說這樣話。因為我喜歡研究的，那自然不可一概而論。將心比心，所以說這樣話。（這裏恕我不能細說，請讀者諸君觀察一下子好了。）

教學數年，除了當初老師怎樣教我、我怎樣教人而外，實在無時間來研究什麼管理、心理……。好在橫說豎說，我們中學生能負教育責任，總要比那遠方的雜牌教員高明得多。

　第三是學童：除了極度的少數能不缺課外，大多數多是三日打魚，四日晒網的，尤其是遠方的，因城保除外，完全是農村的組織。幫助父母上山下田、佔去了兒童的大部份時間。因此教師無辦法教，兒童無辦法讀。有等溺愛兒女的，上山下田固不須兒童去，但讀書也任隨他的自便。因此虛應故事的，所在省有。父母面前說是到學校裏去；教師面前又說是家中有事不能來。一年年的過去，結果是「甘蔗吹火，一脈不通。」還有因兒女逃學，教師處罰他，做父母的反來求情，這更是養成孩子逃學的脾氣。

　第四是設備：根據我涉獵教育的經驗看來，是有莫大的輔助的；因兒童是生來就賦得有審美和好動的本能。如果學校裏面，有美雅的教室，豐富的掛圖，寬敞的遊戲場，較好的證備，（如籃球抬球軒轅板鞦韆滑梯……之類）則兒童樂於課內，得美好的觀感；課外亦不感枯燥乏味。有跳，有說有笑，他們出了校門，找不到這樣多數兒童集在一起的熱鬧地方，自然就不會有逃學的舉動發生了。觀騰衝整個的學校的設備是怎樣呢？說來酸心！除城上的一二學校，佈置較合原則（只是較合原則罷了）外，多數都說不上設備。那一房屋是宗祠改成的。此以寺觀廟宇改充學校，生人與泥人共處，無形中倒培植了不少的迷信觀念。且以寺觀廟宇空氣不流通，光線不充足，坐位不合度。無掛圖可供欣賞和研究，無遊戲場可供散步和玩耍。

我想起一件事：有一年，我鄉的女校，因教室多的人，住這樣狹隘困於經濟，其擠擁可知。而天井的寬大，又只約一丈見方。設備因困於經濟，無從談起，要想走動動，動輒就受教員或別的同學干涉。勢又不能如老僧坐禪，一動不動，好在他們也各有辦法：……屋角落設有一缸水，以供磨墨及吸飲之用，他們在要想走動時，就跑到缸邊來飲水。這樣，可以避免老師和學友的干涉，在他們這真是一個妙法。且因飲水愈多，當然小便就愈多，而跑側所的次數也愈多；跑側所的次數愈多，走動的機會，自然愈多了。又因所內剩有四五尺長的一方地，還可以在那裏換換空氣，聚首談心呢？說來可憐？那不是學校，簡直是囹圄，請問諸君，有誰情願進囹圄呢？騰越的學校，與這樣情形不相上下的，怕不少。學校既如囹圄，不願做囚犯的，當然不願進去了。學生的缺課多，這不是偶然的，而是一定的了。

　第五教授方法：三家村老師只背不講的教學法，固然要不得。做教師的不必多講，（注入式）的教學法也要不得。就是憑嘴講講，

講多說，只要能引起學生研究的興趣就夠了。不必不放心學生不明白，不會做。當知他們自有天地，不是強迫可以成就的。最要的是你要有和氣的容色，親善的口吻，端莊的品行，純熟的技能；隨時都要身到、手到、口到、心到，師生集於一堂，如家人父子然。你以慈愛之心對他們，他們也以赤子之心對付你。師生打做一起，學業自有進境了。至於常常一柯教鞭捏在手上，一付屬子，容放在臉上，那已是過去時代的教學法，不合於現在了。再說授課方面：不必專據課本，要能於課本之外，找尋些合於兒童口味，以及將來出校後⇆用的生活材料。那才不致閉戶造車呢。

第六教員的待遇：我常常奇異？我們那地方待遇教員的特別情形。一個高小教員的薪水，每月少的七八元，多的亦不過十四五元。動不動就說：「地方人辦地方事，多勞累你們一點，只當是白盡義務。」無如人不能枵腹從公，這樣的結果，使有才者打別處跑。即使不跑的，也必定是脫身不動，而心目中又何常不是盤」；說來是一塊瑰玉，打開變成了雜巴石。那才寃哉枉也。我們練下，上這樣的當，已不止一次了。所以對於待遇教員，不得不另換方式的。我以為聘請教員，應儘量的搜羅本地人才，非至萬不得已時，不必另聘外人。茲再將待遇教員辦法介紹於下：

（一）維持小學教師最低限度之生活待遇：鄉村之小學教師，最低薪額，每月應爲三十元。城市小學教師，最低薪額，每月應爲四十元。並保障按時發放，不折不扣。

（二）實行年功加俸，及地域加俸辦法。

（三）保障小學教師的子女，有求學上進之機會。

（四）保障小學教師疾病衰老時，生活的安全。及家庭生活的安全。

（五）學校附設教師住宅，使得長期住校，專心校務。

（六）家庭遇事，與學校教師合作，以增多教育的效力。

（七）社會民眾，尊重優良教師人格，使教師得到精神上的安慰。

（八）各大學開放，使小學教師，得於公餘，選習需要的課程，以增進學識。

此外，再看一看他們着重教員所喊的口號。

復興國家必先改進教育！

改進教育必先多得良師！

欲爲良師必先努力修養！

要多良師必先安定生活！

關於社會教育，上面已大致說完。其次再說家庭教育：人，無一個不愛護的兒女；但能愛護兒女的，不一定就能教養兒女。試看一看幾百年來騰衝的家庭教育，再做進一步的探討。自洪武到騰，社會基礎立定以後，因科舉制度的流行，無形中人們就養成了入學是陞官發財的。一途徑的觀念能達到目的的，這就是所謂的書香世第。他們謹記着「三代不讀書，猶如一窩豬」的格言。孩子生來，不論其個性如何，就是以一種入學中舉的明說暗示，叫他賣命的讀書。其他的教養能不能達到目的，無暇可入，無官可陞的。生來就好保註定着應治於人。有了子女，只任其自生自長，將來成龍的上天，成蛇的入地。怎樣成就怎樣好！因雖欲教育，又苦於不懂教育，有什麼辦法，所以只好走放任的一途。就間或教教說說，也不見得就合教育的原則。一

直到了現在，似乎還有很多人寫着這張影本。我常常聽到有不少的人說：兒女不長進，學得多少前人所不帶的壞脾氣。我說：不是兒女不長進，是教育失掉了功能。是的！確然是現今的兒童，智染得了不少前人所沒有的壞脾氣，現在的社會，也不像從前的那樣簡單了。但我們也應知道，現在的社會，已加多了多少錯縱義雜的關係。不論好的或壞的方面，已比從前多了。稍一不慎，兒童的走入歧途，也要比從前的容易得多。惟其如此！所以教育也特別的加重了它的責任。我們要想杜弊防患，除社會教育良好外，還要努力於家庭的教養法。我真正的家庭教育，一不是如上面所說的書香世第的教養法，因爲那是封建思想的個人主義，而不是爲社會而生存的意義。二不是讓它自生自長，怕如黃河決口，一塌而不可收拾。茲試將家庭教育，所應施的步驟，也略爲說明於後：

1.不要妨害兒童天性的發展：我常常看到，有不少的人教養子女。生怕子女將來不能成人，以少他尚不能領受的話，要叫他做。他做不來，或學不來，而他倘不能領受的，要叫他做。又做父母的，往往以一副嚴厲的容貌或聲調，給他看，給他聽。又或兒童喜歡做這樣做，父母的不揣自己兒童的個性，硬要叫他做那樣。這都是能阻礙兒童天性發展的。

2.不要過於溺愛：人本賦有抵禦風寒的本能，做父母的，怕他受寒受冷，大熱天還是給他衣裳很厚的穿着。三兩歲時，幾乎連地氣都不給他沾着。直到養成了屍弱的身體，要還說：小人生來氣單。大一點，又學得什麼，要玩什麼，就給他吃什麼，這是製造疾病的根源。要玩什麼，就買什麼這是培成奢華的習氣。愛罵人就給他罵人，愛打人就給他打人，將來必定驕傲的。一教師處罰，父母去喁咐或責怪，可以斷定這樣的孩子，一定不能成器。

3.不要過於嚴厲：若以爲兒童須要打罵才能成器，這是一種錯誤的見解，你動不動就以嚴厲的容貌和聲調對付他，只增加兒童對自己的懼怕心，養成隨時規避父母的惡習氣。尤其是父親，因爲不能理解你的打罵是要他好。能認識兒童心理的父親不須要打罵。假如你能有慈愛的容顏，和靄的口吻，端莊的發言，審慎的發言，在這情形下，教育子女，其收效較諸打罵好得多了。

4.不要讓他自生自長：小孩子不能分辨善惡，若你不從旁加以指導，則往往會流入惡途，因爲壞的事比善的多，壞的事比善的容易做。

5.要完成他的良好習慣：要使他睡眠有一定時間，要使他養成勤儉習慣，要使他養成耐勞習慣，要使他養成好學習慣，要使他說話和做事有條理。

6.要讓他玩耍：要使他知道清潔衛生。我們常知，在大人以爲無意義的，而在他則樣樣都是新奇的。你認爲是糟塌時間，而這時就是砌下成人時的基礎。只是你應該要多給他些有益的東西玩，(如洋囡囡之類)看，(兒童畫報兒童書籍)聽(啓發智慧的故事詩歌謎語)之類，他就不去玩骯髒的無意味的東西了。至如兒童在一起玩耍，也是對的他能養成一合羣、博愛、負責等等的好習慣來。

7.要讓他自由地發展他的本能：他做什麼事情，你不必不放心他，即使他做壞了，他也學到了多少寶貴的經驗。

親愛的父母家長們！賢明的教師們！我謹以一瓣心香，代那些無量的嫩芽，做極度的懇求！請你們留心保護它，注意灌漑他，勿使之夭折，勿使之受壓抑，勿使其任人殘踏，他有一天長本文的草成，不是出於心願，且編輯先生所限時間又過短，

既無書籍參攷，又不多加思索，順筆寫來，不詳不實，第一理論，多舉例少，這是作者最感到不滿意的一點。惟自己旣站在敎育立場，且知惟敎育始足以敎國，所以多少寫一點出來，以就敎於社會人士，並希對於敎育事業，彼此注意及之。

緬甸森林管理法及木業概況

仲　獻

緬甸爲產森林最富之國，木材之種類甚多，其中尤以柚木 Teak 爲堅韌耐久，且色黃而美觀爲造船廠及偉大建築之必需品。其上等木料，皆運銷歐洲印度。其次則爲丙格斗，Pyinkadoe. 仔雅，Thitya. 恩錦，Engyin. 性極堅實，多供給印度緬甸建築之用，並可作鐵路枕木。又次爲恩木，Eng. wood. 格引木，Kanyin. 爲普通平民建築之必需品，在建築之地位上，有如吾國之松木，而其質較松木爲堅，亦爲運銷印度之大宗。總之，緬甸所產柴之木類，及各種雜木，種類甚多，不暇詳述。第一等爲柚木，大約可分爲四等，即第二等爲丙格斗，仔雅，恩錦。第三等爲恩木，格引木，及其餘雜木是也。茲將上述之四種木材營業概況，分別略述於後。

（1.）柚木　柚木在建築業上所居地位，最爲重要，已如上述。因其地位之重要，故緬甸柚木之營業大權，完全操諸英人資本家之手。彼等並有優先專利之權，凡產柚木最富之山林，即經政府以鐵絲圈圍，專供各大資本家之採伐，其餘商人不得染指。政府徵收出山稅，上等木材爲每噸緬幣廿五元，（每元約台國幣一元二角五分）較次者以次遞減。各大資本家所組織之木材公司，皆擇上等木材採伐，由上緬附近江河流域之地，放之入江，使之隨江流漂流至仰光，然後以機器鋸解成村，運銷歐美。其納稅辦法办享有優待權利，凡順江流漂往下緬之木材，由各該木材公司撈起者，方須流至緬京以下之緬巫埠，Myinmu. 由各該行納稅，若有沈沒損失，則各木材公司不負責任，而爲當地政府之損失。各公司得此優待權利，其獲利也可知。至其餘華印木商，則不過拾取各大木材公司之所遺棄者，（各森林經各大公司採伐後，有較劣之木材，爲彼等所不取者，始得由商人採伐，各大公司所採木材，經審定後有較劣者，亦拍賣與華印商人。）尚須誠食人唾餘，不審爲人之間接創辦階級，華印木商在緬木業市場之地位，與營業之受人壓迫限制，於此可見一斑。而彼各大公司旣享有優先專利權，所採木材，只費最微之採伐費，及由山林運至江岸之運費，尤占便宜，而其成本之減少可知。觀其柚木售價，則以每噸（長五十尺週圍一方尺爲一噸。）緬幣一百元起碼，上等木材則售三四百元，此資本家之所以成爲資本家也。

至於華印木商，於採伐木材後，雖可裝成木筏，以運送至其目的地，然大多數不通江流之地帶，仍須由火車裝運，而增加其成本，且所經營者又皆次等之木材，售價自因以低微。在歐戰期間，緬甸商場繁榮之時，猶可稍稍獲利，今則受不景氣之影響，而木價日益低落，其成本則無由減低，遂致營業不能發展，因而停業者實繁有徒，其能立足不敗者，亦爲較少數之幸運者耳。

（2.）丙格斗，仔雅，恩錦　上列三種木材，較柚木爲堅實，且入土不腐，其色褐黑，惟無韌性，故宜於建築房屋橋樑之用，

而不宜於造船，而輸出歐洲者較少，為緬甸各大木材公司所不經營，而以華僑經營者為多。印緬人營此業者較少。又有緬商經營枕木，以供給緬甸鐵路公司，惟供給者多為與該公司早年立約之『承包人』，於其約定供給之數目，須每年供給一次。其餘非立約之木商，則雖欲求供給者亦頗不易。在歐戰期間，枕木供給之數激增，價格亦高，枕木商之獲利者頗多。今則枕木之需要日益減少，而定價亦日漸減低，各枕木商省無厚利可圖。（緬甸鐵路為狹軌鐵路，其枕木長六英尺，寬八英寸，厚四英寸半，以前每定價緬幣二元五角，今則降至一元八七五、二元。）然亦造成少數人之專利品，而非他人所得染指。

關於緬甸建築方面，除大都市多用鋼骨建築外，上緬甸房屋橋樑之建築，多用仔雅木恩錦木二種，下緬甸則多用丙格斗木。蓋印度所需木材，幾完全仰賴於緬甸之輸入，而緬甸每年所產木材，其輸出印度者較本國銷費者為多。其經營機器廠似鋸解此種木料者，在仰光一地，華人多營『木廠業，』而不知經營對外輸出業，完全為印度人所獨占。蓋印人習熟於本國木材之需要情形，對於木材之採購，可任意操縱，故『印度莊』木材，其質料須較『緬甸莊』（在緬甸銷售者，）為佳，而其價格則較『緬甸莊』為低，此亦生產過剩及印人潛勢力之操縱使然者也。在緬甸商場繁榮時代，各木商之獲利者頗多，今則木價日漸低落，而成本不能減輕，已無利可圖，吾華人木商已漸有停業者，其情形與柚木商略同，而印商則能維持其商業地位，蓋吾華人生活浪費，對於

衣食住行之享用，儉約者少，奢華者多，值此不景氣環境之壓迫，自難立足。而彼印度人則生活程度最低，衣食之費最儉，每一印人每日以銅元數枚即可解決其生活問題，此則我華人所當視為龜鑑以取法之，方能保持吾華人之商業地位，否則前途實不堪設想也。

（3）恩木，格引木，此二種木材，為普通平民階級所最歡迎，以其成本低廉，故售價亦低廉，（丙格斗等類木材，已如上述，以其成本低廉，故售價亦在七八十元至百元之間，今則價格低落，僅及半數。當歐戰期間，此種木材之價，每頓亦在七每頓售價自七八十元一百數十元，而恩木格引木不過四五十元）故為平民階級所最歡迎，除供給緬甸建築之需要外，亦為對印度輸出之大宗。而經營此業者，華印緬三種人皆有之。然對於印度之輸出業，仍由印度人執其牛耳。惟印度人之營輸出業者，倘能維持其現狀，致有『欲罷不能』之勢。而成本減輕之比率，則不能與售價低落之比率相等，今則價格低落，僅及半數，故營此種木業商人，與上述他種木商，皆同受不景氣之影響，而視其營業如同『雞肋』含之無肉，棄之有味。蓋機器工廠之創造，所費甚大，而不致如木廠業者，受成本過高之影響也。

（4）火柴木材及雜木　火柴木材，較上述第三等木材之價格為低，（上緬一帶所產此種木材，因距銷場過遠，而運費過高，已不能運銷至商業中心地帶，蓋其成本已較售價為高。（火柴木材每頓售價僅緬幣十餘圓，而火車運費即須十餘圓。）而設有火柴廠之商業中心地，（仰光）其木材之供給，多為附近之山芭，並有江流可供水運之各地，而其贏利甚微，在木材業中亦無何種重要

地位。其餘雜木僅供製造裝貨箱及燃料之用者，其價尤為低廉，十年以前，緬甸鐵路公司尚用柴作燃料，頗可獲利。今已改用煤炭，至於農村燃料，而供給該公司之承包人（指森林當局所指定供給燃料之木材而言，至於農村可任意採樵，不得採伐。）而城市所需燃料，其價亦至廉，其餘可供別用之木材則蓋緬甸隨處皆有森林而交通又甚便利，故價可隨處皆有森林而交通又甚便利，以視吾國大都市之薪桂米珠者，即可售錢，此即生活易於解決之一斑。（人民住屋問題，可採伐木材而加以人工之建造，題至易解決，實不可同日而語。有識者謂緬甸天富之國，人民生活問題至易解決，已如上述。又如農村與山林至近，伐木為薪，即可售錢，此即生活易。

上述四等木材營業概況，不過言其大者，此文因限於篇幅，不能作較為詳密之記述。茲更將緬甸森林行政機關管理森林之辦法，略述如後，以為吾國提倡造林者有所取則也。

緬甸森林最高行政機關為森林部，部之下分於各道，府縣，區設森林局，局設局長一人，以縣森林局為最低行政機關。而受制於道府森林局，府縣森林局長，須以時巡察山林，以考查屬員之成績。縣森林局之下，復置巡士多人，專司農村地方及山林調查監視與緝私之工作。以其監視之嚴密，故人民對於森林禁例，不敢或犯，凡森林較多之山嶺或平原，無論其產生何種木材，皆經當局以鐵絲圈圍並列號登記圈內所產森林之種類數目，並禁人民入內採樵，犯者即被科以懲罰，至放火燒山之舉，則尤干禁例，而無人敢於輕試，此緬甸森林當局組織之嚴密、而能盡保護擴展之能事，致森林發達之原因也。

森林圈內木材，除柚木為各大木材公司之專利品外，其餘各種木材，由政府視該森林區與商業中心市場距離之遠近，而規定稅則之多寡。（祇柚木一種稅則無大區別。）如丙悌斗之類，上

緬格沙瑞波府屬地帶，每噸為緬幣七八元，下緬與仰光相近地帶，則為九元至十二元，恩木格引木，上緬為三元，下緬為五元。蓋上緬較遠地帶，則運費增加，而稍減低其稅則，下緬一帶，運費減少，則稍增加其稅則，使遠近之成本持平，此亦公平待遇之意也。各木商之欲採伐木材者，除須照例納稅外，對於各森林圈尚須投標購買，以視投標數之多寡為標準，而以投標人信用為之，投標者如有相當之名譽，而為政府所信用者，則投標款數雖少，亦可取得採伐權。反之，如為政府所不信用者，雖投標款數較多，政府亦拒絕之，蓋恐其中途違約，則政府稅收將受損失也。

投標者既取得森林之採伐權。於規定年限之內，須將該圈內所產木材全數採伐，若逾期而不能全數採伐，則將被科以相當罰金，而宣佈其違約，並取消其將來任何投標權。故得有採伐權者必按期履行其條件，以維持信用，而政府稅收方無虞失。至圈內森林完全採盡後，又由森林當局派人播種造林，之嚴密保障，俟經相當年限後，新造之林又可成熟，而長此新陳代謝，將來不致有「木材慌」之虞。至於森林圈以外之林木，則無須投標，可由各木商領取執照，於其所指定之木類，及噸數之內，則於初期採伐時，限定採伐週圍五英尺以上之大樹，其較小者即不能採伐，須俟所限定採伐之大樹採盡之後，較小者又已長成至相當限度，採伐者始得減低其樹木週圍尺寸之規定，（如限定採伐週圍五英尺以上者，可縮減至四英尺。）其設廠鋸解之木商，則於納稅採伐。惟對於樹木週圍五英尺以上之大樹，亦有採伐先後之規定，如噸數之內，則於其所指定之木類……無論大小，凡可用者皆得採伐。是則當地政府，優待實業家並其木廠附近之森林將盡時，亦可呈請政府特許其無限制採伐，（即為「物盡其用」之意，蓋每一木廠，其組織範圍較小者，每年納稅

之數亦在數萬元以上，而對於火車運費之支出，且倍於稅款之數，（緬甸鐵路完全國營，鐵路之收入即政府之收入。）故木廠主實爲政府之好顧主，政府稅捐加倍待，則於稅收方面所裨非淺也。

又如較大之樹，週圍在十英尺以上者，則因其樹太大而不易搬運，且此種大樹，於鋸解木材時，不如較小之樹之合算，而爲木商所不願探伐，政府即規定週圍十英尺以上之樹，稅則減半徵收，而各木商即樂於採伐，此亦森林當局處置得宜之一斑也。

政府規定專供燃料之樹木採伐之，亦無須納稅，此即當地森林當局，所給予人民僅有之便利也。

至於人民自建住屋，可向當地森林局領取「鋸坑」執照，（鋸坑英語爲Sawpit）免稅探伐木材，自行鋸解，以敷其建築之需要爲限，但不得轉售木材與他人。人民所需燃料，則由森林圈以外利木商之好辦法也。

他如森林當局，特設『木類辨認局』於仰光，專司辨認木類之責，凡有不知名之木材，只須截取小片，寄呈該局，請求辨認，明認該木材之種類名稱，毫厘不爽，此亦便利木商之好辦法也。

緬甸森林，雖爲緬王時代天然產生之物，然彼時交通不便，政府於萬端待舉之期，尚未能盡利用天然而棄貨於地，且人民可任意探伐，難免浪費天然利源，今英政府則設部管理之，一面盡保護之責，一面施以人工之擴展方法，使之發展，以政府之立場視之，固屬有益，惟其所徵稅則，未免過重。惟此爲殖民政策，自與自主國家之政策不同，然固顧吾國大部份省區之童山兀兀，利益之能事，對於全國森林之製造與管理監督，倘無何種獨立機關之設置，鄉愚人民，又多漠視公共物產，尚不知盡保護之責，（作者故鄉亦多漠視荒山，有識者亦知提倡造林，惟對於森林區之保護方法，倘無嚴密之措施，故無知鄉愚，入山探樵之時，多縱火燒山，使萌茁未久之小樹，因以焚斃，彼鄉愚樵夫，即以此焚斃之小樹爲其目的，故吾故鄉除有少數私人森林外，公共森林實無法造成，致燃料缺乏，完全仰給於遠方，而其價格之高，幾超過滬港以上。此雖爲鄉愚無知，不知有公益所致，然政府對於森林之保護監督尚未有完善之組織，以向鄉愚宣傳，而鏟除惡習，亦一原因也。）或且任意摧殘，則彼殖民地政治之上軌道，而爲吾人所可取則者，是又不可忽視之耳。

吾國之提倡造林呼聲已久，惟對於造林之實際工作，尚未聞有何措施，抑作者僑居海外不知其詳，吾以爲造林之基本工作，在於制定法規，設部管理，對於民有森林，則加以監督保護，使人民探伐以時，方不致浪費天然物產。（如上述之以樹木周圍之大小爲採伐之先後之規定等辦法，爲吾國宜取法者。）對於荒山廢土，則由政府監督人民，實行造林，而加以法律之保護，如對於鄉愚農民妨害森林之舉動，（縱火燒山摧殘樹苗等行爲，）嚴加禁例，並向各森林區設置管理局，多派巡丁，專司巡查山林之責，並向農民宣傳造林之利益，使彼等對於公共物產加意保護，則森林之成功方有希望。他如植物學之研究，及管理森林人材之養成，尤爲造林工作當務之急。作者以經營木業，故將經驗所得，拉什成文，以供吾國政府，及各森林區設置管理局中央當局，對於他國善政，採擇施行，則他山之助，不爲無補，而吾國森林事業之發展可期矣。

廿五，十二，十二，作於緬甸仰光。

編者按　此文因國民政府軍事委員會資源委員會舉行全國專門人才調查，寄送表格，令作者填報木業經驗情形，作者因爲此文，發表於外交月報，茲得作者同意，復在本刊發表。文中所述，雖有關係全國問題，但吾鄉亦爲全國之一部份，而對於造林問

題，尤為當急之務，則此文所述，於家鄉亦不無小補，吾鄉「大文學家，」諒必不以為「只宜於國，而不宜於鄉」也。

由旅緬滇僑商業概況及社團組織說到選舉

仲猷

旅緬滇僑來緬最早，較之閩粵僑尤有悠久之歷史。滇省雖與緬甸接攘，但以前交通不便，初來緬時，既無海道可通舟揖，又無鐵道以達南緬，故滇人多住居上緬各地，而以緬京為最終點目的地。上緬地多貧瘠，又非緬甸商業中心，故滇人雖有悠久之歷史，而在緬經濟勢力，反不如閩粵僑之後來居上，蓋閩粵僑胞待海道之便利，且有冒險進取之心，足跡初履緬地，即至緬甸商業中心之仰光，而因地利之關係，營業易於發展，此其經濟力較滇僑雄厚之原因也。

吾滇僑於滿清末葉，曾執有上緬商場之牛耳，並插足緬甸政治，彼時緬王對吾滇僑，感情融洽，特殊優待，稱中緬為兄弟之國，至今緬人猶稱吾華僑為弟兄者，職是故也。

緬王時代，閉關自守，交通不便，且盜賊充斥，吾滇人披荊斬棘，互相聯絡，在政治方面，既得緬王之優待，故彼時對於商場實具有相當勢力。及英據緬甸，廣築鐵路，並由伊拉瓦底江自仰光通航至上緬之便，而交通日益便利，緬甸農產物亦因輸運之便，日益發展，而購買力日益增加，遂打開以前鎖關自守之局面，而商業大權操於外人資本家之手，且奇競爭，日益激烈，優勝劣敗，吾華僑自不能避免天演之淘汰，吾滇人自亦不能例外，而營業日漸衰敗。且吾滇人富有深刻之保守性，安土重遷，始終株守於上緬各地，對於下緬商場，無進取之心，故因環境之限制，對於營業日漸衰敗。而無遠大之發展，更因滇緬相接，歸國最易，吾滇人常抱『衣錦榮歸』之心理，稍有所得，即返里坐食山空，而不知繼續營業，

有如閩粵僑之世代代相傳者，此亦營業不能發展之一小因也。

歐戰期間，因舶來商品及農產品之價格高漲，緬甸商人皆蒙其利，吾滇人亦不能例外。歐戰以後，日受歐風美雨之激蕩，民智日漸進化，吾滇僑以前之以婦女出外為忌者，亦漸覺悟而攜眷南來，作久居之計，不如以前之「常思歸計，」而子繼其父，弟繼其兄，以繼續推進其營業。嗣後世界經濟恐慌，緬甸商場雖受不景氣之影響，而吾滇僑在緬商場勢力之不致完全失敗者，賴有此也。

以上所書，為吾滇僑商業概況，今更就團體生活之概況言之，吾滇人『或許不祇吾滇人』素抱『各人打掃門前雪，莫管他人瓦上霜。』之個人主義之宗旨，而不知互相團結，民國以前，上緬各地雖有雲南同鄉會及公會館之組織，然彼時組織之意義甚簡單，其目的不過止於商務之聯絡，及排難解紛而已，至於同僑之互相團結，同僑子弟教育之提倡，及一切公益之建設，實多漠視之。近年以來，緬人

智識日漸開通，排外思想漸萌，且弱國之民，為人歧視，在所不免，吾滇人因無團結之力而受人壓迫之事實，不勝枚舉。此次國民大會代表選舉，參加祖國政治運動，尤須以團體之組織為基本，此次國民大會代表選舉，吾滇僑因無嚴密之社團組織，且不明選舉意義之重要，而加以漠視，致事之落後，以吾滇僑人數之多，尚不能與人爭勝，此誠吾同僑之缺乏社團生活常識有以致之也。作者因地理關係，對於此次國大代表選舉事務，稍明

內容，茲特管窺所及，略述於後，顧吾同僑懲前瑟後，而知有所改進焉。

華僑選舉，以團體為單位，凡不參加任何團體者，即不得舉行公民宣誓，而無選舉權及被選舉權，即有呈報僑務主管機關立案，其會員經舉行公民宣誓後，方得為正式公民，而享有選舉權及被選權。吾滇僑之因無社團組織，或有組織而不知呈報主管機關備案，致自行剝削其選舉權，實不勝枚舉，如抹允，怡井，果領，果洞波，抹碌之雲南同鄉會等，省因未辦立案，而放棄其會員公民權之重要，不大認識。又如參加社團之同僑，對於社團組織之意義及公民權之重要，不大認識，而漠視之，因而不知舉行公民宣誓者僅數，致喪失公民權者，如八募同鄉會會員數百人，舉行宣誓者僅數十人，南渡同鄉會會員一千九百餘人，舉行宣誓者僅五十餘人，緬京同鄉會會員二百餘人，然亦有多數人經團體執事之勸導，而不願舉行宣誓者，（此種狀態，不獨吾滇僑為然，他當僑團體會宣誓之公民雖達二百餘人，然亦有多數人經團體執事之勸導，而不願舉行宣誓者，亦多有不及十分之一者，全緬華僑稱卅萬，而有公民宣誓者僅一萬二千餘人，不過卅分之一耳。）其結果遂使吾滇僑之公民權數，微乎其微矣。

曾經立案之滇僑各團體會員人數，約四千餘人，而曾經舉行宣誓之公民，僅約二千人，以全緬公民全數一萬二千八百餘人計之，國大代表候選人四人中，須得選票四千以上，方有中選希望，而吾滇僑公民權數已止於此，此誠前途如何，不卜可知，實因吾同僑之漠視社團組織及放棄國民權利有以致之也。

至於未經組織團體，及已組織而未經立案之同鄉團體會員人數，當在數萬以上，僅就波首（青銀廠）及抹碌玉石廠之勞工同僑而論，合計其人數已在五千以上，於此可見一斑，時至今日，吾人當知前車之覆，後車之鑑，失之東隅，收之桑隅，為亡羊補牢之計，尚未為晚，以後願吾同僑注意下列各事焉：

（1）無社團組織之各地同鄉，應速起組織團體，並向主管機關立案，而圖精誠團結，以禦外侮，並可享受民治國國民應享之權利。

（2）已經組織之同鄉團體之尚未立案者，應向主管機關立案，並加緊其組織，以求實現社團組織之意義。

（3）各地同鄉團體，應互相聯絡，以緬京同鄉會組織中心，以達全體滇僑大團結之目的。

關於第一項者，如波首，玉石廠，夷山一帶，及密支那路，各地之同鄉，尚無社團組織者，並加緊其組織。關於第二項者，如騰戌，西波，抹碌，果領，怡井，果洞波，各同鄉團體，應造報會職員名冊，並附組織規章，呈請仰光中國領事館，轉呈僑務委員會立案。關於第三項者，緬京雲南同鄉會已有『大團結』之組織，則對內對外，有備而無患；幸吾同僑起而響應，以早日實現之。

此次緬甸國大代表選舉事務所辦理公民宣誓辦法，係將全緬分為七區，每區派監誓員一人前往監誓，惟和順崇新會因所在地程途太遠，事務所因經濟關係，不能派人前往，而委托本會總會職員負責辦理監誓手續。本會一部份會員之漠視民權，亦與其他團體同，且各地會員散居各埠，而不能集中一地，舉行宣誓，本會乃不惜自備旅費，派員前往各地監誓，故宜舉行宣誓成績，較其他同鄉僑團體為優。然本會旅緬會員四百餘人，舉行宣誓不過三分之二

，共得三百人，因少數會員有參加二個團體以上者，多以其他團體會員資格宣誓，而不以本會會員資格宣誓，又如夷山（暹邦）一帶會員，則劃歸選舉事務所所派之監督員辦理監督，而臘戍，西波，各埠會員，對於公民宣誓所所舉行，亦不大注意，且監誓員於到達該埠時，亦未通知本會會員前往宣誓，致監誓員何日抵步，亦不得而知，而無從舉行宣誓，此本會公民權減少之原因也。以後尚望本會同志，對於社團組織之意義，及民權之重要性，加以澈底之認識，則不惟本會之組織日益嚴密，亦所以盡國民一份子之義務，及享受其應享之權利也。茲因論及濱僑社團生活概況，故對於本會同志所忽略之點，亦略及之，幸乘鑒焉。

論新曆與舊曆

郎當

昨於朋友案頭，得閱騰衝週刊一份。內有本地新聞一段；大意是：「為推行陽曆起見，於某日又查獲舊曆通書十三包」。係付自漢口，寄交騰衝仲生和書局者，已將其如數沒收云云」。閱後試檢算騰衝五年來推行新曆經過並加以探討。我們要知騰衝推行新曆，應先由全國推行國曆來說：新曆之定為國曆，是由中華民國產生日起。由此說來，中華民國產生了廿六年，則新曆之為國曆，自然是有廿六年的歷史了。無疑的，舊曆之與逐清一齊退位，自不待言。孰知時至今日，還運用得着「執法以繩」的推行新曆，這難道不是一件滑稽的事嗎？我們要檢討這一筆賬，不能以人心守舊，風氣不開就不了了之。這是與專制遺孽封建社會有切膚的關係。幾千年來，封建制度的氣燄，毒透了整個民族的腦筋，一般小百姓們，只知甘縣長吧，出張佈告，仍會有「定於古曆八月初四日起，至八月初八日止，就商會內諷經禮懺……」。這也不必苛責甘縣長之會會神心；其實廿幾年來的舊報紙，隨處都看到整個中華民國，何處不是陰陽並用呢？雖近幾年來，機關學校，大致已通用陽曆，而廣大的民間，又何嘗不是在度着陰曆的歲月吧！由此我們發

現了這是「風氣」問題，是「習俗」問題。我記得曾國藩有過這樣的名言：「撓萬物者，莫疾乎風；風俗之於人心，始乎微而終乎不可禦者也」。有人說：通都大邑，早就通行陽曆了；不像我們這閉塞的騰衝了。是的，我不否認，惟其是閉塞的騰衝，自不能趕得上通都大邑了。但，我們看一看通都大邑，難怪仍然暢銷舊通書了。再看我們住在南洋的華僑說吧，新曆年關，除了領館休假外，還不是單用國曆的月份牌，也是不受歡迎，我們家鄉自然不能例外所以卽使有通行來的。雖然不在流行着舊曆，無疑的廣大的華中華南，仍然是有看到過北平天津的通書，無疑的廣大的華中砲，熙熙攘攘送往迎來。及至舊曆年關，則停職業，放鞭你做你的生易，我行我的舊曆吧。所用曆頭，還不是陰陽台壁。前天同朋友研究這一件事，他說他記得幾年前南京中央日報副刊，辯論過長衫與西裝的存廢問題。那時參加辯論的人確是熱鬧。擁護洋裝的理長，擁護長衫的理亦不短。經過了長久時間，仍然是公說公有理，婆說婆有理。到了最後，仍只有請出了編輯先

牛來說：「辯論不已，各有道理，從此停筆吧！」在我的朋友的意思以為討論新舊曆這一層，最好是如討論長衫與西裝這一件事，將它擱置起來。喜歡過新曆的過新曆，喜歡過舊曆的就過舊曆

。我說穿西與長衫，只是方便與不方便，美觀與不美觀的問題，而行新舊曆是關於一國的日曆問題。比較起來，推行新曆，當然要比擁護西裝來得正大，所以不能夠將推行新曆的事來鬧起。惟如何纔能推行呢？以武力禁止放砲仗吧？難免不有第二次打黨部的事發生。示衆的刑法。禁止人民砍年松吧？也是等於現在的無效。退一步說：就算騰城附近一百年後，也將使人有「乃不知秦漢，無論魏晉」之事發生。此非過甚言之，緣作者係一鄉下人，自身經歷，較爲明白。人民只要有天吃天，卽感已足。實不須知今日何日，今年何

因逼於威令而推行新曆了，而寫遠的鄉練的人民智識，敢相信近騰城的普遍。你想推行陽曆，只好徒喚奈何。至於禁止通書流行，那只是治標辦法，緣遠的鄉練的人民智識，遠不如廿三灶君老爺上菁天的俗智。且較遠鄉練的人民呢？他還不是在過着瞞月二百年後，也是在過着膽月差池，日蝕月蝕仍有一定，他必定就不佩服張天師的算法妙了。到了這樣地步，陋智於潛移默化中自可廢除，而新曆也就能普遍的運用了。如何才能做到呢？我大標八字曰：普及教育，提倡民識！！

也。話應該說說轉來；前面說過，人民扭於習氣，這是封建專制的遺毒，不是口說可以轉，武力可以服的。譬如甲君說：中國的陰曆真準，日蝕月蝕不差分毫，那天節氣，就要下雨；張天師的算法，真夠佩服。在有識者聽來，當必啞然失笑，笑其「所見者小」的人，真是充滿於每一個角落啊！然而不幸廣大的中國，廣大的民衆，像這樣「所見者小」的人，試問以口說或武力可以做得到嗎？總括上面看來：我們可以看到第一是智俗問題，而緊接着的第二問題，就是知識問題。假如他曉得了新舊曆日月難移，而節氣不會

廿六年一月六日

教學視察與教師

近　衡

「教學先於視學，」這是說我們無論做什麼事，必先經過實際的練習，有了許多的經驗，天天不間斷的觀摩，尋求、研究，天天雖是教學，終年仍無進展，這是什麼原因呢？一則是「一種瓜得瓜，種豆得豆。」他們以前的教師不對，使他們受到影響；一則是教師們自己不有進取之心，昏昏終日，得過且過，以爲他們是已做了教師了。一切都是「故步自封」，「夜郎自大。」天天閉關自專的把他們的打油詩詞，臭八股，腐化不堪的封建思想，和教學方式，呆記，監獄般的困在那黑暗不見天日的屋子裏，桌椅滿塵，叫嚣喧雜，縮頸向日，暮氣頹唐，有時

視學員們視察到他們的不合教育原理時，有的也很虛心接受，有的或陽奉陰違，等到事過境遷。甚至還有加倍的開倒車，針對的破壞新教育，行政人員，因爲鞭長莫及，教育經費，又日趨破產，也把他一時淘汰不盡，政府當局，天天又只忙應付比他更重要的事件，要教師們的自己視察，自動的改進。所以我對於教學視察，眞正的教學，並且教育是一種精神事業，良心才是眞正的視察，並且教育是一種精神事業，良心才是眞正的視察，不從事教育則已，既欲從事教育，則應該負有專業化的精神，革命化的思想，自強不息的力求進步，來改進舊時代的教育，也才不愧是知識階級的一

份子啊。教師們自己視察，就是要常常的檢查和評判自己的工作，不住地問着自己：「怎樣才能使這種功課的教學，下次更有進步？」「當我教下一課的時候學生是不是受益？什麼樣的優美的思想，可以供我採用？」而引起學生的興趣？這種態度，才是一個優良的教師在正式教學視察前的一種意識的表現；換句話說：當一個忠實的教師，要看得自己的職務是很神聖的，很高尚的，隨時隨地，都要把精神振作起來，向前努力，奮鬥，使自己的教學效率，不斷的進步，改良，才不致「誤已誤人，有碍進展。」所以教師們能有自己教學視察的實踐，不特是兒童的幸運，教育前途的幸運，即將來社會的一切進展，自不難一天天的推廣達到完滿的地步哩？

組織教育參觀團之我見

近衡

遊歷參觀與集團觀摩，這是教育人員應有的工作，用不着討論的，所以歐美教育人員，凡服務在六年以上，即有半年之休閒教育，十二年中，即有一年的休閒教育，儘量的可以到各地遊歷參觀，像這樣，教育人員乃有充分的修養，和改進機會，以增其辦學之經驗，專業化的人才，也才可以蒸蒸日上，但是我們不幸處此教育落後，農村破產和種種無軌道的壓迫下，雖有革與奮起之士，十萬分的犧牲精神，誰也怕難達到相當的改進能？不過我們既從事教育，則應勇往直前，打破一切困難，關開一條新路，把教，學，合成一片，我們欲實地之觀察，和深刻之研究，必須組織教育參觀團或觀摩會，每年一度，應由政府當局，教育當局，學校當局，酌籌相當經費，輪流辦理，以資激勵，或本校敎員相互參觀，或參觀外埠各縣市區，相互參觀，觀摩互勵為職志，藉此人人可從服務中，求經驗，從經驗中求真理，舉經驗之所得，觀察之所及，集思廣益，協同討論，相互的共謀改進，將來於個人經驗上，各地教育的優劣比較上，都可以看一個深刻之認識，不致「故步自封」誤己誤人，也不致受到「吃了桑葉不吐絲」的批評了。能這樣做去，雖則僻處天末的騰衝，交通梗阻，文化遲滯，也不難一天天的走上光明之路！騰衝的教師們，努力能。

騰衝應提倡合作社嗎？

近衡

合作社不是為生活程度增高。應一時之急而組織的，他的歷史，很早，在十九世紀初年，即始倡導於英國，種類很多，如銷費合作社，農業合作社，生產合作社等等，他的宗旨，是在適應人類生活上的需要，發展互助的精神，和尋常商業，專營私利的性質迥不相同，他是以公平互助，合理，及共同利益為原則之營業，講到所得的贏利，每年除按股均分外，或留為公積基金，或用以謀社會公共之福利，而不專以私利為目的，我們遠處天末的騰衝，對於合作運動，似尚未萌芽，目前對於各種合作社，雖不

能完全實現，可是年來教育上的需求，一天更甚一天，還有文具商的居奇貪利教育界所受影響實大，所以我認為教育文具銷費合作，是有早先提倡之必要，不過須有嚴密的組織和忠實的負責人員，並且由全體的師生，以最低限度的股本集股辦理，而避免大資本的壟斷，此種組織如能實現，一方面可以便利教育用具的需要而使教育設備日盈健全，一方面可使大多數的學童經濟節約，而家庭負担減輕，而居奇漁利的奸商也無從施其技，倆初辦之時，可於城堡成立總社，於附近鄉村成立分社，俟社務發達，又推廣及於僻遠鄉村，或將營業性質擴充，改組為銷費合作社，以至於各種合作社，這都是可以實現的事。只不過是以有忠實，熱忱的負責人為先決條件能了。

我國全國的合作事業，近年來已日漸發達，尤其是河北一省為各省之冠。河北各縣裡，又以定縣為最發達，並且已經收到相當的「扶助農工」的效果。本縣的學者張天放先生，也是在定縣努力提倡合作事業，並且將關於合作事業的言論記錄，介紹給過崇新會的紀念年刊。也不過是希望家鄉仿效他省來倡辦合作事業。（請參看崇新會第七週年刊裡，張君所作的「合作與農村」，「農村合作概說」，「農村合作的辦法」。第九週年刊裡」的參「觀山東鄒平縣鄉村建設工作記」，和「指南針」裡所提倡的決心的話，那末，張君的著作，都是我們很好的參考書。我很希望本縣青年，從今日起，對於合作事業提出詳細的討論與研究，並且由研究而進於實行，那末，牠的利益是不可限量的。

中學生

近接家書，知道舍姪一年在中校讀書的費用，共耗去大洋三四百元，其中伙食書籍學費等正當用途約占三份之一強，餘牢數以上係用吃消夜，買毛直貢鞋子，買呢帽，縫毛呢衣服等。這些都還有可恕，乃居然學會打廝而且非打不可了。我看完這封信，真感到異常的不舒服，不知我這一位姪兒，他入中校，是為愛吃，全無實際的上等遊民，敗家子，實不如趁早敎他歸農或從商，倒可免得異日高不成低不就的危險。

這裡所說的，雖然祇關於舍姪個人方面的事，但是我想全體人與我感覺同一心理的，怕也不少，學校是培植人材的地方，不是研究穿吃和誇耀富貴的場所，無論由那方面說，都應當竭力使玩公子哥兒的派頭，以我家寒素的環境而論，本不配造就一位中學生，但因不忍其於高小畢業後，卽止步不前，深慮其學識淺薄，難以應世，故寧節省家用，不甘誤其前途。乃不料他竟不體諒父兄的苦衷和自己的地位，居然染上了公子哥兒的智氣，所謂不度德，不量力，真是家門不幸。

本來我原打算要馬上退學，但又有些不忍，結果痛澈的寫信教誡了一頓，限他卽時改悔，努力向學，否則有如造出一個愛穿愛吃，全無實際的上等遊民，敗家子，實不如趁早敎他歸農或從商，倒可免得異日高不成低不就的危險。

其平民化，而不應當流入貴族化，但話雖如此，而實際決不是空口作得到的，最好的辦法，應於訓育方面，依照粤桂等省，實行

軍事訓練，俾學生不分貧富，也分不出貧富，紀律嚴肅，澈底矯正驕奢頹廢的風氣，造就國家有用之人材。必須以最低之費用，換取最高之學識。如是則離環境艱苦者，亦可量力入學，而不致望門興嘆。即環境優裕者，能夠少花些錢，也未嘗不是好事，不知中校當局者諸公，以為然否。

值茲空前國難期間，尤覺得為社會中堅之青年學生所負之責任之重大，遙望滬平學生以血肉抗暴敵之悲壯運動，及隨國難而俱來的救國使命，吾騰學生，亦常有所奮發矣。

渾水溝的研究

壽宇

天地之大，無奇不有，「黃河之水天上來」中國之一奇也，「渾水溝之水天上來」騰衝之一奇也，黃河為害中國，渾水溝為害騰衝，其為奇同，為害亦同，然而黃河猖獗，談者色變，渾水溝猖獗，則僅供騰人於茶餘酒後談精說怪時之資料者何耶，此無非黃河為心腹巨患，渾水溝乃癬疥微疾之故耳。

渾水溝屬于崖司地，橫亙滇緬交通要道，久為行旅者所視為最討厭的一段，歷年山洪暴發，險狀奇絕，排山倒海，驚心奪魄，其威力之大，實非言語所能形容於萬一，騰人未能窮其理，自古即以神祕視之，至於今日，以致渾水溝之神祕觀念之深印騰人之腦際，並由此觀念，而聯帶產生一切老母猪龍，禿尾巴龍等作怪的笑話，老實把它認為妖魔鬼怪潛跡現形的恐怖之窟，不是生人可以近得的地方。這種謬論，若不把它打碎而任其存在，那真是要給外人笑掉了牙齒，可憐騰人的頭腦真太落伍了。

蠻煙瘴雨，紅沙白石間，一小溪渾濁的流水，悠悠地流着，終年是這樣的流着，說來幾乎不令人相信，這小小溪流，竟能夠使天地變色，山川易位。幸而這情形倒也不是常有的！渾水溝好像是頂愛惜氣力。它不到適當的期間，決不發動，而且外來的暴力不加到它的頭上，使它忍無可忍時，它也是安份守己，不會輕易發怒的，但假使它遇到了黑雲如墨，雷轟電閃，暴雨兜頭潑下，使他忍到可再忍的分際時，馬上會勃然大怒而發出驚天地的威力，震撼一切，使酣臥的山谷在戰抖，靜止的大地在顛簸，草木在搖擺，落葉在飛舞，禽鳥在悲鳴跌撲，野獸在狂竄號叫。沙石在凌空飛旋，同時蠻大的巨聲，如萬馬奔騰，如亂軍吶喊地自陵谷中怒吼而出。把雷聲雨攪成一片。我的天！地球快要粉碎了，吼聲所及，山陵解體，高如絕壁，快如飛鳥，推攘起伏，波濤洶湧，石浪的撞擊敲打，宛如兩軍惡戰之槍聲炮聲，震耳欲聾，轟隆！轟隆！浪頭至處，摧枯拉朽，它掃除了任何的障礙，充填了任何的不平；這超越一切的力量，是什末也抵禦不住的，幸而它狂暴的時間不長，否則這破壞力之大，是可以想像的，最少地球之一角，是要被它改造了。騰人把它視為神祕，誠無足怪。

大凡走過夷方路的人。大家都知道渾水溝附近一帶低窪地方，無不是亂石參差，黃沙漫野，路徑是從無一定的，今年朝東走，明年卻又朝西去了，且所謂路徑也者，無非是在黃沙亂石間，被人馬踏出一條條的痕跡罷了。沿途的高崖峻壁，又好像每年都有一把大刀把它齊根削去了一部份似的，每當我們路過的時候，

很快的映入眼簾的一切地形狀況，使我們可以知道這些地方，在很古的以前，必有巨大的洪水泛濫，長遠的江海盤據，現在這些沿途的山嶺，不過是當時巨流沖積的沙石，和被地殼收縮的力量，把它皺起來的東西能了，我們祇要看它的結構，全都是些大大小小而又圓滑如鵝卵的石子和些無量的沙土所組成，是大家都承認的，這些組成的不堅固，卻正如中國的民族性一樣，是完全無粘着性，而很容易被外力所分離的，只要一經大雨或大水，馬上它就會將它的骨軟筋酥的攤下去了，這些沿途顯露的情形，人們熟視無視，當然更很容易的被水流衝去了。至於渾水溝的出山之路，口內各大小山谷所崩陷的沙石泥土，又異常堅固。每當山洪泛濫，會天生成了一緊鎖的關口。地質的構成，不會詫它為神奇的。致於渾水溝的情形，與上述的又何曾兩樣，更不過渾水溝的出山之路，一齊混和起來，成功了一個泥海，又因在後所崩陷者的竭力排擠，而使這泥石的洪流，一齊由谷口張牙舞爪。怒吼而出，他這互大的，是受不到任何阻礙的，然而造成這威力的原因，實全為這偏強的谷口所拘束着的關係，

假使這谷口不是如葫蘆的嘴而是敞開着的，那末就再大的洪流，也容易宣洩。渾水溝也就平淡無奇了！滕人又何致以神祕視之呢？

自來地形變遷，每非人力所能想像，如平地之突然陸沉，汪洋的大海忽有高山凸起。是則渾水溝亦不過屬於地形變遷中之一種平常的現象而已，古話說的滄海桑田，確非謬論，今日的渾水溝，恰才正是他變遷中的階段哩。致於渾水溝之為害滇緬交通，滇人受苦已久，例如將來滇緬車路實行修築，或處處實行修築，是要被捨棄了的一天。此地無論如何，神祕的渾水溝，如是而已。

這一篇文字，雖是未曾實地考察而僅憑臆測，但想來是大不差的。我很希望能有幾位喜歡探險的朋友，任冬季無雨的期間，實行到裏面觀察一番，我想在冬季，裏面必是一片荒茫的沙灘，和些無量的亂石堆聚，致於平時所流出的渾水，則必是水源發生處混質的不同，或泉泥流所經的地方，不斷有泥土之墜落，以致逐真的渾水溝的成功也；「在山泉水清，出山泉水濁了」。渾水溝如是而已。

合理的改革

立凡

中國人自來愛作假，尤其於喪禮上面更假得露骨。夫作假者，即裝瘋也，裝瘋，而竟成風尚，狗歟盛哉！此中國所以為禮數之國乎？

人，始終是肉做的，既不會長生不老，到了生機不能延續的時候，當然要死，這是誰也不能勉強的。

人誰不愛父母，又誰不望父母百年長壽，可是儘管愛，儘管望，但到了要死的時候，也是毫無辦法。中國人講究孝順父母，報答父母的養育深恩，其中實有至理，這不論世界進化到那一步境地；但是我們中國人這一種美德，實應當萬古不變，誰也把它推翻不了，不過愛父母，應愛之於在生之時，孝父母，應孝之於未死以前，若徒於死後裝瘋，真是大可不必。

人既有生有死，則父母之老死，也是常事，但我們中國人偏

要說父母之死，是自己的罪孽深重，禍延顯考妣，好像父母是不應當死的。死，就是出於自己的坑害一般，眞是假到萬分。有些人間常對待父母的態度壞到極點，但一到父母死後，偏要老着臉皮，冒充孝子，一般的會說血淚俱盡，痛不欲生，苦塊昏迷，語無倫次等一類騙人的話，其實何嘗有這些事，祇是虛僞成風，無人追究他的眞假能了。

本來父母死亡，原是人生極不幸事，除了一小部份，有特殊情形的人們而外，致於大多數的人，本是哀痛達於極點，可是一定要做出比四犯不如的樣子，顯示他的罪大惡極，這又何必呢？人們爲着不得父母的死去。而表示追念的意思，所以不論中外，當父母死後，都免不掉要舉行一種喪禮上的儀式，這是人情之常，但外國人的喪禮，是簡單的，隆重的，悲哀的，靜穆的。全不似中國人的叫囂，雜亂，哭聲，笑聲，無秩序，乏體統，簡直不是出喪，而是遭亂事，尤其孝子的衣服更特別妝模作樣，醜態百出，一似犯下了彌天重罪一般，必須遇人下跪，隨地叩頭，否則就不成其爲孝子，試想想人子遭逢不幸，身心已哀毁異常，精神肉體，已備受莫大之打擊，更何忍使之再受這苛重之懲罰，然而孝子不叩頭，則爲無禮，來賓不受頭，這些無謂的形式，實在是封建制度的遺毒，孝子能行能走，偏要攙扶，眼淚哭不出則乾號，尤極醜態之大觀，並且越乎人情之外，致於出喪時，把兩條綠鼻涕拖得幾寸長，說它是對死者盡孝，眞是滑天下之大稽了。

此外更有因父母死，而不得不散發布，不得不預備豐盛的酒席，招待來賓。於是乎在幾日幾夜的吃喝哭之中，逼得典田賣地，傾家蕩產，這一類的例，眞是多不勝書，我想「天下父母心，誰不愛兒女，」誰也不忍因爲自己的身後問題，竟使兒女破產，

所以善體親心者，確應當把這種違反人情的喪禮革掉。致於吾騰富室發喪，更是莫名其妙，動輒宴客幾百桌，幾千桌，肉山酒海，牲畜遭災，空氣緊張，頭腦發脹，全不像悲哀的出喪，而是盛大的快樂的集餐會，有些關到擁擠不開，甚至爭座名誰，都還弄不清楚，連喪家坐東朝西，孝子姓甚名誰，此而曰出喪，眞是忘乎其所以然了。這種拿父母的屍骸，做出風頭擺架子的工具，祇有中國人才玩得出。

實在說起來，中國的舊式喪禮，不獨是一人或一家的問題。我國民間經濟破產的嚴重性，爲這種不正當的喪禮所促成的原因，也不少。

中國人的性情，最愛守舊，所以凡事不論合理與否，祇要一遷，然而這全無理性的喪禮，不論世界如何進化，時勢如何變遷，匪惟保守之不固，更要花樣翻新，爭強鬥勝，誰敢道聲不字，就是大逆不道。所以古往今來，對於這早應改革的喪禮，乃竟把它看做金科玉律，全無人敢碰他一碰，革命家可以革掉大清的命，却不敢革掉這陳腐害人的喪禮的命，尤其是邊遠省份，保守得更加利害，同時華僑社會裏面，也一樣的奉行不替。

前年緬京懷忠先生夫人因病近世，解君能順應潮流，破除俗見，毅然將舊式喪禮之醜惡風俗，澈底剷除，新創喪禮改革四事，首先實行，不瞻徇，不妥協，霹靂一聲，光明頓現，畢數千年之陋劣喪禮，一蹴而粉碎之，並首奠新式之喪禮之基礎，造福社會，誠非淺鮮。致於新創之喪禮改革四事，雖非盡善，但與舊式喪禮比較，確已優劣顯判。利使，簡單，靜穆。都是舊式喪禮所夢想不到的長處，這裏，我誠懇的熱望着一天一天的有人仿行一天一天的推廣開去，傳佈到

全旬和我們冥頑固陋的家鄉，打破了數千年作假裝瘋的惡俗，更希望新式喪禮，一天比一天進步，一天比一天改良，以達到更簡單，更隆重，更莊嚴，更靜穆而誠實不假的喪禮：

末了，我再把解宅計聞及喪禮改革啟事照錄在下面。讀者如不嫌煩瑣的話那末看一看也是有益的。

室人惰舉吾不幸於本月廿八日逝世存年七十歲茲擇於十二

二日中午十二點鐘發引安葬於雲南新墳山謹此

訃聞　伏祈　矜鑒

附啓者喪禮從簡垂諸古訓酒後世踵事增華於今爲烈種種繁褥文禮殊失臨喪以哀之本意值茲世界日趨文明復當此不景氣瀰漫之秋一切勞力傷財貽笑外人之陋俗務宜毅力鏟除堅予禁絕查吾旅僑胞以前每逢喪事例有爲送殯賓客負擔車費之習俗流風所及竟種惡根富有者誤於虛榮祇圖奢華熱鬧區區車費原不介意而貧乏者困于先例途致有促襟見肘左右爲難之苦以哀毀之身心更受經濟之壓迫此情此境可憐實甚滇僑有鑒及斯經會議議決毅然將此不良劣俗嚴予取締在案數年以來利便殊多而滇僑之不幸遭逢喪事且處境寒苦者更蒙其福利不少於此可知凡一切陋俗吾人均應決心改良不容再

綬且近日新生活運動國內風從於喪禮之立主從簡更有明文規定法至善也茲特遵仿擬定喪禮改革四事由斂宅首先試行此不特對于妻孥固應如是即本人身後喪事亦囑定照此辦理雖非盡善但實準古酌

今順應潮流有當與否俾後將人君子知所去取焉

一　舊俗喪冠喪杖孝宅閹家全身素服臂纏黑紗隨柩送葬所謂哀出至誠人情之常一切舊俗醜態殊于生死無補理宜改革

二　來賓輓弔喪喪前敬辭行禮孝宅男女正當悲痛之際亦恕不出幃

三　來賓喧送存歿均感高誼深情永誌不忘但爲除繁從簡起見恕不以酒宴報酬

四　錦帳輓聯耗財無用應予免除特先心領敬謝

（編者按）此文係騰僑月刊餘稿，該刊因故不能出版，蒙編者先生轉贈本刊，至今對於本文所述事實，雖屬舊事重提，但爲移風易俗之創舉，而有裨於僑界及家鄉社會實非淺鮮，故樂爲之發表。深望家鄉父老兄弟，能勇於改革，而效法解君之行爲，則此作爲不虛矣。

感想如何

西雲

大西練，在騰衝十八練裏頭，是最窮和最苦的一練，大西練人，是最愚蠢和最狡猾的人，這種輕視和誤誤的心理，不料大多數人竟都是一樣，而且竟會很久很久的成了一種搖不動的觀念，這真是大西練和大西練人的背時倒運。

嚴格的說來，這真是富貴，豪華，愚蠢狡猾的對象是富貴，豪華，愚蠢狡猾的人，就全都是富貴，豪華，聰明，忠厚的，試問，這些輕蔑的名詞，把它裁給大西練和大西練人，是否確切不移，是否與事實完全符合，我不是西練人，但是我頗爲西練人抱不平。

本來大西練人的窮，苦、愚蠢、狡猾，卻也是事實，不過以一部份的情形；而概括其餘，天下事斷無是理，反之大西練以外的人，就全都是富貴，豪華，聰明，忠厚的嗎？這是誰也不會相信的。可恨憑什末都不配說人的人，都愛拿西練人當一種玩弄輕

薄的對象，好像西練人竟不是人一般，可惜他不曾用鏡子照照自己的尊容，是不是應該羞死。

西練人當人待，可是這些態度，不論說好說壞、甚至心目中全不把西練人事實自來勝於雄辯，於西練人是毫髮無損，反而事實上處處顯出絕對的反證，證明了這輕視的心理之謬誤。我們大家都知道西練人是比任何別練的人都能夠自食其力，隨處都能夠戰勝環境而不為環境所困，他們的足跡遍於全騰的每一個角落，他們用強健的體力，賺回去大宗的金錢，他們能惡衣菜食，把所有的出產盡量輸出，換成了金錢回去，是以血汗換來的，頗與蘇俄相仿，總之他們的生活，是有意義的，光榮的，他們既不怨天，亦不尤人，祇知埋頭苦幹，硬幹，蠻幹，他們不取巧，也不虛偽，全用一點一滴的血汗，一步一步的精神，向生活的前途奮勇搏鬥，不氣餒，不鬆懈，打熬成鋼的筋骨，鐵的意志，成功了整個騰衝人裏面最重要的一根骨幹，在理，他們應當受人的尊敬；而不應該被人的輕視。以上這些話，是有根據的，我希望素來看不起西練人的朋友，想想究竟對不對，並請自己檢察自己一下，是否有資格小覷他人。

中國人自來最吃虧處是重表面，輕實際，尤其是騰衝人吃虧得最厲害，儘管喊打倒帝國主義，取銷不平等條約，北實不特帝國主義打不倒，返而自己被打倒了，不特不平等條約未曾取銷分毫，返而加重了重重的桎梏，假如自己肯稍重實際，斷不致吃虧到這步田地。騰衝喊發展交通，口號高唱入雲，並也花去不少的金錢，但結果卻祇修出了一小節不夠樣子的糖稀路，致於切合實用與否，那祇有天曉得，好在現在雖有路而無車，所以路的好醜，騰人多半是不知道的，總說路雖修不好，但一部份少數人的荷

包容量却增加了，阿彌陀佛，倒也是一椿功德。

騰衝有句俗話，說是愛叫的山鴿子不壯，可知嘴巴最響的人，其實際的成功最少。桂省不重宣傳，却遠非別省可及，西練人也是素不會宣傳的，他一聲不響、祇遜苦幹、蠻幹、硬幹的精神，在全騰人都看不起的環境之下，不知不覺的把公路修通了幾百里，猛可的一鳴驚人。這才給大家看看真正的顏色，西練人是不是應當受人輕視的傢伙。雖說這一次的成績，多半出於蔣濟武和趙荆候兩君領導推動的力量。但假使把兩君請到別練來辦一辦試試看，恐怕也將束手無策罷。這好比有好的發動機，也要他各部份的機器完全『聽使』才行。

昨據騰衝週報上登了大篇大西練公路的遊記，裏面說到有一位曾當過十九路軍連長的俄國人，很高興的去參觀了一下，他曾奇怪的發問說，這一段路如何政府不修，長官不修，偏讓大西練人民自己來修，這一位俄國朋友的心理，總以為這是政府和政府的負責人所應當幹的事，可憐他根本不明瞭中國政府所以比他們蘇俄政府的負責人的聰明處，也就是這些。

其實這位俄國人，又何常不知道呢？他實在是把政府和政府的負責人員，峯來同西練人一處比較，可知他的佩服西練人之心，真是灼然如見了。

現在西練人是拿出真實本事來給大家看了，我不知大家又能夠拿出些什末給他們——西練人——看看，請問素來輕視西練人的人們，究竟感想如何。

騰衝之鹽政

黎　犀

鹽稅，自古即爲國家財政收入之要源，鹽政制度，因時因地之不同，或爲官海專賣制，或爲就場專賣制，或爲商引岸制，或爲就場徵稅制各種。雖徵稅之方法不同，然其目的則一，即國家寓稅於鹽，人民雖欲避稅而不可得也。

鹽爲生活日用必需品，重徵鹽稅，即重苦人民，但爲國家財政收入計，犧牲人民的利益，以爲國有，猶有可說，一切大權，乃今日之鹽制，實爲『商專賣』政府只賣令商人包稅，途均操諸『專商』之手，人民所納鹽稅，實際歸入國庫者，微之又微，多數利益，概爲鹽商中飽，鹽官分潤，官以商爲利藪，商以官爲護符，官商勾結，人民益苦，害民以利國猶可，害民以利商，誠天下第一之秕政也。

鹽之專賣權，旣入『專賣者』之手，於是各棧轉運機關之設置，各處分銷人員之聘用等，經費浩繁，開支龐大，又區與區之間，壁壘森嚴，爲嚴杜走私起見，勢不得不嚴密關卡及添設緝私人員，以增厚緝私力量，以致支出愈大，鹽價愈高，除城市與附近鄉村，不能不購食外，偏僻區域，一般鞭而走險之輩，途多從事販私，得利旣豐，效尤愈衆，人民又利其價格廉宜，樂於購用，海私之獲利旣大，消途愈廣，官鹽之定價愈高，銷數愈少，於是海私充斥，緝私困難，值茲經濟恐慌之秋，人民購買力低下，多數農村民衆，連少數食鹽亦無力購買，而須忍受淡食之苦。

鹽旣爲人生日用必需品，而稅率又爲從量稅，按賦稅，本是以公平爲原則，同屬一國人民，旣食同等之鹽，即應納同等之稅

決不可强迫某區域的人民，獨担重稅，而某區域的人民，反担輕稅，今已騰永之鹽價而論，人民負担之不平衡，已極端失其公允之道，此中關係，實『專賣』之爲害，有以致之耳。

夫衆怨所歸，智者不取，自來騰衝『專賣商』之受社會厭惡久已痛心疾首，成爲不可掩之事實。一般『專商』雖頗能獲取充分之利潤，然其所種之怨毒，亦至爲深烈，如過去右永之人命，即其一例，論者，甚至謂『專商』剝削人民之程度，深入普及，超於一切之剝削階級，而人民之切齒痛恨，亦自過於一切，原無足怪『專賣』以所獲有限之資財，而招無窮之怨恨，有識者，實不應爲。

總之騰衝鹽政之一切弊害，推源禍始，皆由於鹽制之不良，故今日之應從速改革鹽制，實爲政府當局救民的急務，而不容或緩。

吾國於民國二十年曾公佈新鹽法七章，三十九條，第一章爲「總則」第二章爲「場產」第三章爲「場價」第四章爲「徵稅」第五章爲「鹽務機關」第六章爲「倉坨」第七章爲「附則」其中最重要的有五點，一破除專商引岸，二整理產場，三檢查鹽質，四劃一稅率，五改革鹽務機關。

這五點之重要切實處，根本將我國舊制之弊害，一掃而空之不過滇省地并極邊，騰衝又爲極邊之極邊，與國內各省的情形，均有不同，茲爲節省篇幅起見，僅將與騰衝鹽制最關重要之第一點詳述於後，一破除『專商』引岸制，新鹽法第一條規定『鹽

「……就場徵稅，任人民自由買賣……」這就是禁止商人攏斷和取締專賣的一種規定，因為人民既可以自由買賣，就可以直接完納應納的稅捐，而得到廉價的食鹽，不致受那居間經手人的重利盤剝，而致生活負擔增加。況且國家專賣制度，一方面是為財政收入，一方面是為防止與國民日常生活最有關係的產業被人獨占，而影響到民生。若是國家或商人專賣，變成了「私人獨占」的情形，或事實上發生與獨占同一的結果，那末，他的弊病就不小了。

家鄉的食鹽，不祇是可以由專賣者隨意定價，而使人民日常生活負担日益增加，並且有時還會因為運輸的困難而發生食鹽恐慌的問題，致人民無鹽可食。這也是驅使人民購食私鹽的一個最大原因，私鹽的暢銷和官鹽的減銷，既成為正比例，因而減少。關心人民疾苦的地方當局，對於現在的害國病民的不良鹽政，應當以民衆的利益為前提，加以改革糾正，將少數私人專賣的辦法，改作多數商人自由販運的辦法。人民在價值上既感覺便宜，在購買的手續上也感覺便利，便不願意去買食那于犯法紀的私鹽，這樣一來，官鹽的銷數自然日益增加，政府的稅收也自然因而增加，無形中就是減少私鹽的一種消極辦法，和推銷官鹽的積極辦法，不惟全騰人民受惠不淺，對於政府的稅收也是得到較好的結果的。因為以前的官鹽既有供不給求和價值高昂的事實，人民既不能淡食，自然去趨向那價廉物美的『海私』，政府的禁令和專賣者的偵緝，雖怎樣的森嚴嚴密，有時也會不生效力，或許會發生不良的反響的！

現在中國的一切，都在力求改進的過程裏了，獨有我們山國的雲南，好像有特殊的情形，事事不能和別的省市同時並進，所以貴省的一切落後，是無可諱飾的事實。希望有責者將遠大的眼光放到全國和全世界裏去，事事追逐着現代潮流，拿別的進化的省市來做我們的榜樣，力圖革新，不要使我們貴省永遠不能脫離『落後』的階段，那末，家鄉社會裏應當改革的事，又豈只『鹽政』一端呢？

『編者按』這一篇文字也是騰僑月刊編者轉贈的，原文自『新鹽法第一條規定：……』以上，原稿遺失。但是，「新鹽法」可供參考，所以祇好將編者的意見，代原文續寫下去，使這篇文字有一個結束。但是，無法將『新鹽法』的重要部份作詳明的引證，實是一個缺點，希望作者和讀者原諒。

東鱗西爪

雪鴻

和順崇新會週年紀念刊內登了一篇編譯的文章，原著者是一位外國人，他到過騰衝，稱譽和順鄉為中國不可多得的鄉村，這話到是不錯的：就是騰人曾到過江浙等省的也大都是這樣說，可知這位外國人的話是真話而不是譏諷，本來一個鄉村，能有這樣的繁盛，真是少見，和順鄉誠足以自豪哉。

騰衝自回亂以後數十年，休養生息，從無勤亂發生，雖然民元變政及張宋等匪光顧騰衝，同年政府軍剿匪之役，騰人雖也飽受虛驚，而實際還算草木不傷，全騰精華，保全無恙，及今思之，猶覺僥倖，否則今日的和順鄉，又那能留外人的一盼呢？

這裏我覺得有幾點很足注意，卽雲南的軍紀，確較別省為優

　而雲南的匪亦較別省的客氣，所謂「盜亦有道」者非耶，在雲南什末「匪如梳，兵如篦，民團好似剃刀剃」的現象卻不常有，或竟可謂絕無，這實在不能不說一句「端的雲南不錯」但是雲南的官呢！我就不敢說硬話了！所謂家醜不可外揚者是也：

　騰衝接近緬甸，因環境的觀察，所以便榮陞了一等縣階級一「一等縣」這夠多惹人眼饞啊！西廂上的張生想鶯鶯情急了說出「若能夠湯他一湯，早與人消災障」的肉麻話來，「騰衝」在一般人的眼裏，也早變成崔鶯鶯了；聽說騰衝縣雖肥（注意不是老爺肥是缺肥）但掛牌是不容易的，第一要靠山硬；第二要本錢多；第三要有媚骨，但是如能夠湯上了，那就不獨消災障而已，是必樂哉樂哉得的，荷包滿滿。不過天下事也不能作一例看，騰衝地皮雖厚，但也到過幾位清廉自持，愛民如子的好官，所以我說的也祇是些餓虎貪狼，聲名掃地之輩，致於好官。我方馨香頂禮之不暇，何敢道聲不字！

　閒話少說，書歸正傳，和順鄉的確太美麗了！他有修潔的村路，優美的風景，整齊的建築和充足的財富，憑什末都顯得起大拇指，但是和順鄉的所以爲和順鄉，它決不是憑空掉下來的，而是一點一滴的血汗造出來的，我們只看在緬甸，無論是山陬水涯都有和順鄉人在努力的披荊斬棘，別創天地，他們以這一種精神而後始換到這一些成績，真是天公地道。

　放衝人出外的最大目的，是找錢回家蓋房子，買田產，替兒孫樹百年之大計，這是誰也要玩的一套，不過和順鄉出外的人多，找的錢也比人多，自然新房子和上水田的增加率，也比別鄉猛進，聽說一所四合頭的地價，動輒以萬計，這種大都會才應有的現象，真是駭人不淺，這緣因無非是有錢人；第一要佔龍脈旺地

　第二要揀臘肉心心；但龍脈旺地和臘肉心心可惜太少了。

　於此我又記起洞管村某巷內的情形來了，它們也是這樣擠做一堆的，有些怪我家奪自己的情形，真會令人噴飯，又有些望着一嘴，有些別家的房子高壓着自己的地脈龍神，殺氣騰騰，大有白刀子進紅刀子出的氣概，真是何苦來哉。我們局外人怎不肉麻也麼哥。則談起來就要拍胸脖子，殺氣騰騰，大有白刀子

　聽說和順鄉最近開車的方向開倒了！弄出學校讀經的事來，雖未嘗實際的詩云子曰，弓腰駝背，但這祇好怪一般無識青年，及旅外鄉人之不懂事。在古氣橫秋，滿懷提倡讀經的同志，必將說起和順鄉，又令我想到別村來了。

　綺羅——因地勢平坦，村居蜿蜒，除了和順鄉。它也算是出色的一村，可惜和順鄉廢地太少而綺羅則廢地又太多了。這真是出一種不平，綺羅同羅所冲人眼中的肥肉，因爲這些山上，除却茅草而外可憐什末都不有，這些苦命的山，真是生在歐美，不講生在歐美，就是生在緬甸，他一年也要生出若干的利益來，綺羅人雖不怎樣喊窮，但假使集合公私力量把他盡量的培植起來，則將來所得的收穫怕也不小，尤其一般貧苦人的生活問題，無形中更能解決不少，這真是何樂而不爲，可惜綺羅人不願幹，還有什末說的。然而要拼命不讓人家佔去，這意義就深奧得很了！我想，這些荒山廢土，若果不把它培植起來，則將來仍是不會風平浪靜的。

　綺羅雖風景財富較次於和順鄉，但他也有非別鄉可及之處，一無權紳；二無長鼻子；三能老幼和衷共濟，一切均以全村福利爲公衆之目標，尤以青年之主張，概蒙老輩贊成協助，而不固執

反對爲難得，聞該村最近將建築一規模完善之學校，承該村鉅富李本仁先生慨允捐助印洋五千胥，仁風義舉，造福全村，李君誠該村之胡文虎陳嘉庚也，不知別村亦有繼起者否。

編者按　作者對於和順財富的獎藉，太客氣了，其實和順也不過是『紅紙裱燈籠』──也許是繡花枕能了，外面雖是美麗可愛，裏面是空虛的，和塞滿了些稻藁粗糠之類，尤其是被黑暗空氣的籠罩，在顯微鏡的分晰之下，是不配作者的稱贊的，因爲本鄉的青年沒有綺羅青年那末的勇敢舊鬥，所以仍然在灰色勢力支配之下，如果你要想抬頭的話，就要會被封建勢力的摧殘壓迫的。這一次搗毀土偶所發生的反響，就是封建勢力腐化份子猙獰面目的表現。在這裏我又不得不欽羨綺羅練紳老的具有現代眼光，能適應潮流，與青年一致合作，這是本鄉所「望塵莫及」的。古人說的「物必先腐，而後虫生之。」實在是值得我們注意的話，如果本鄉青年能夠精誠團結的一切改造問題並不是絕對沒有辦法的。本鄉的青年同志們，起來罷，綺羅練的青年，就是我們最好的『榜樣』呀！

家鄉社會進步遲滯之原因

X

社會是隨時代而俱進不息的，有如逆水行舟，不進則退，不治則亂，不盛則衰，這是任何人都不能否認。要亦事實昭然，本鄉那能律外。

現代世界各重要國家的社會，都是自強不息，日求進步。鄉社會比較最富強的國家社會，固然提不出口，即以本省略爲開明之鄉，亦是相形見拙，事事落後，毫無進步可言。

每一提起家鄉，真令人不寒而慄，如果我們不謀自強進步，失敗固然難免，即謀推進而速度不如天演公例所淘汰。是以關心家鄉社會者至以爲憂，編者先生，以進步遲滯之原因徵稿于余，余固不學，尤不能文，但以鄉人一份子，會員一份子關係人，勉就管見所及，拉雜述之，以作拋磚引玉，而期鄉人之羣策羣力，共圖改進，豈止不負編者先生之關切，要亦本鄉之幸。

本鄉社會前者之積弱不振，進步遲滯之原因，說來固然複雜，但歸納起來，我以爲不外三大端，一是智識份子與領袖人物之腐敗因循溺職。

一是鄉人之自曝自棄不知自強。

一是本會之精神渙散，畏難苟安。

綜上三者互爲因果，致首倡無人，改進無術，遂造成者不長進之本鄉社會現狀。

雖然三者之互爲因果，固無可諱言，但智識份子領袖人物和鄉人與本會比較起來，終久還是鄉人最爲重要，未有鄉人之能自強不息，而執鄉政者能溺職貪污者，鄉事之日益腐敗，實鄉人放棄，知不問鄉事而家鄉社會能開明進步者，亦未有鄉人之能目強不息，而執鄉政者，鄉事之日益腐敗，責任有以致之，故中山先生全部遺教，『都承認人民是國家的主人，』又說：『國家之興衰治亂，視其民力，主治者其末矣。』蓋欲造成神聖莊嚴之國家，必有優美高尚之人民，以無優良民力，則無良政治，無良政治，則無良好國家，國家大社會也，鄉村小社會也，大社會如此，小社會亦莫不如此。

故吾以爲吾人欲求本鄉社會之隨時代而俱進不息，非求鄉人

96

起而共圖不爲功，優秀者勿獨善其身，庸常者勿隨意而安，羣策羣力，共謀改進，尤其是本會會員，更須精誠團結，以身作則，出而倡導，則一切進化　均可早日實現也。

閒話「私塾」

鋤朽

老是不換湯頭的「私塾，」還在做着「子曰店」的生易，而實際不過是殘灰未盡，「腐」果僅存而已。

不論它是私人的設立，或是小部份社團的倡辦，因爲它並沒有合教育部章的規定和國民小學的組織，所以概稱它做「私塾」。

本來一個地方的學校，惟願其越多越好，但是，設立的意義，總沒要忘却了「時代，」不然的話，不如少些也罷。

這裏所說的「私塾，」它的宗旨和「公學」有點迥然不同。

說起我們鄉裏的「新學，」自從遜清末年成立以來，一直到現在，都能負着它的使命，不斷的延續下去，自有它的光榮歷史和與時俱進的一貫主張，當中難不無偶有坎坷，受着腐氣的浸襲，以及復右派的從中摧殘，結果只不過是留給我們的教育史上些微污痕吧，始終還是不失却它的根本精神。

好似「私塾」成立的目的，並不是爲要發展鄉中的教育起見，爲的大牢是「食古不化」的「守舊思想」太深沉的人們，因爲要撐持他們的「偏見」和「解決少數人的飯碗問題，」所以必得要幹他們的「反時代」的「偏右派」的「一格，」總足以滿足他們的心願，開着倒車，走入迷途，以誤盡「蒼生，」這是多麼危險的事呀！

「私塾」——「子曰店」的「後台老板」們，既不自知他們的腦筋陳腐，偏只怪責主張「新學」的人們的思想過激，對於新的提倡不加思索的一筆抹煞，謾罵着謂「新學」要不得，於是阻止兒童去進「公學，」喊着「教育向後轉」的口令，把扔到毛廁裏的東西，做他們的金科玉律，這是他們的拿手好戲。

可是任你怎樣的束縛，總壓抑不住那天眞活潑，好摹仿，新奇的兒童心理，有時爲「求知慾」的激動，會引起他們的自動的要求，像說：爲什麼？「先生」不敎給我們算術，圖畫，唱歌，體操——等科目呷！這時當「先生」的人定會覺得他們要求的願望懇切，而且是實情一致，無可壓抑，不得不勉爲其難的接受這合理的請求，由是「子曰店」的老牌和貨品也不大認眞了，也只得實行隨事敷衍的「門戶開放主義，」所以「私塾」的敎授書，除原有的四書，幼學，天範——等外，又少不了要增上一批新敎科，新舊合璧的鎔爲一爐，這樣一來，「子曰店」變形了，說它新又非所，說它舊又非舊，畢竟弄得不新不舊，無以名之，僅名之曰：「畸形兒，」一或「四不像」也可，這也許是「私塾」的特長，未敢厚非，至於各科學程，怎地分配，怎地敎授，是不是掛羊頭賣狗肉，只好留待關心者的去實地考察給它一個公正的評判吧。

很可惜天眞活潑的兒童，不幸生長在「右董化」的家庭裏，好像被禁錮在深鎖的地窖裏面一樣，儘任那打轉，老是不見天日的走不上光明的大路；這些「老朽」們反把合乎時代，順應潮流，適於兒童生理心理的新敎育，看作洪水猛獸似的，不說自己坐井觀天，還要妄自尊大唱着「小白話文，不値一讀」的高調，其實這裏頭文理精通的也不見得有幾個，自命爲文言文專家的也不過是魯魚亥豕一類，掉穿了不値一文的紙老虎，並且已經有了事實的

證明，像這一類的人，在教育界混飯吃的罪過的小，摧殘青年的罪過大，負有地方教育行政權的行政機關，對於這一類違反潮流的現象不應該隔岸觀火而應該加以取締的。

如果有人要問「新學」和「私塾」的優劣在那點，那自有它的成績的表現存在，能夠找得到很顯明的判別，俗言說：「真金不怕火來燒，」又說：「不怕不識貨，只怕貨比貨，」只消拿進「化驗室」裏一經化驗，是真是假，馬上就現出原形。

恰巧這些年來，我們鄉裏每年都有招集全鄉男女學生會考的舉行，雖曰鼓勵，藉可鑑別，這就是我們的絕好的「試金石」或「化驗室」了。

末了，我要說的話是今後十二萬分的誠懇希望「子曰店」的「掌櫃先生，」和「後台老板」們在實際上體察一下，悟上自己心坎來，才不致一誤再誤以至於誤己誤人。

二六，一，三〇日。

和順鄉應設初中學校麽?

言　方

和順鄉，很應設一個初中學校的，為什麼？因為，和順雖是一個小鄉村，而讀書的人數卻很不少。為什麼？高小學生們，每年畢業的，兩性合算起來，最少不下四五十人。此四五十人中，家庭環境寬裕的，可以送到城上去入初級中學，以造成他們普通智識的基礎，稍稍滿足他們的求知慾。其餘家庭環境困難的，就成了一個失學的人物。我們村裏，家庭環境許可而能升學的，不過是最少數的幸運者。旁的大多數有希望的學生；因為環境的壓迫，而埋沒了他們可造的天才。這是社會國家的大損失。嘗說：教育救國，不是竟成了空談麼？因為，家鄉既不能造就相當的人材來改造社會，自然說不到救國的，所以我肯定說一句，和順這麼一個地方，僅設初小兩級學校，而不辦初中，決不會滿足多數青年的求知慾。同時也不能得到教育的良好收種的。

更有一層，尤其重要的。我不說，大家也知道，不過不肯定說吧了。現在我就管窺所及，特來和讀者們談談。

由我國男女學生的兩性方面來說，求學的機會，男子比較女子為多。男子只不過受經濟環境的，限制和壓迫罷了。至於女子方面，除了受經濟力的壓迫而外，還要受舊禮致的封建思想的家長的束縛和鉗制。所以（在同等經濟的家庭裏，女子不能和男子享受同等的教育，這是多末不平等的事，男女一律平等。因為男子能辦的事，女子也能辦得到。男子能到達的地方，女子也同樣的能到達了。可是只限於歐美文明各國，不是這樣，實因教育的不普及，所以國人的舊禮教觀念尚深，對於女子求學的一切束縛，還沒有完全廢除。尤其是家杭鄉會，中國社會就於女子的一切機會，既比男子更少掙扎生活的力量，自然不及男子。而永遠任男子的支配玩弄之下，過着無意義的生活。所以家鄉的女子，還停留在十九世紀的社會生活裏。而沒有得到現代光明的洗禮。造成這種現象，是舊頭腦的家長們，應常負其責任的。

舊頭腦的家長們，因為對於女子解放運動，有所懷疑。從而發生了輕視女子的心理。也就連帶的對於女子的一言一動發生懷

98

疑。譬如說：他們見個現代化的女子、舉止大方，言行勇敢，智識優良，有為社會服務的決心。他們總給她起些風波和謠言，甚且加上各色無稽的誹謗。這實在是阻礙家鄉社會進展的最不良的惡習慣。他的根本辦法，還是要男及男女雙方的教育。由設立初級中學著手。並且還要使女子男子有同等的求學機會。使她們造就相當的生活技能，來謀社會服務。那末，所說的解放女子，男女平等的話，也才不致成為不兌現的空頭支票。

我很希望全鄉父老。和熱心教育的同鄉們，團結一致的努力合作。由精神上和物質上。作犧牲性的決心。來創辦一個初中學校。供給本鄉的男女學生們就地升學。使他們不致中途廢學。而得到某本的普通智識，來為社會服務，那就不只是全鄉教育的光榮。也是青年學生們一點小小的出路。和實現教育救國的基礎。因為鄉村社會，如果不能澈底的改造，教育救國是談不到的。

末了，我還要說的是家鄉辦教育將近卅年了。在封建頭腦的心目中，視為越出常軌的行動，多半歸咎到新學上去。其實現代末本的社會，已經不是十八世紀的社會。家鄉女子，也不是禁錮在閨房裏的貨品了。如果家鄉有辦法的話，那末，為經濟力的限制，男女同學是不可避免的事實。在舊眼光裏，又要大驚小怪

，來做他們造謠生事的好材料了。我希望身為家長的人們，隨事適應潮流，拿出坦白的態度，對於子女的求學，須取放任主義。同時青年女子，再不要拘泥於舊禮教，走到現代社會的立場上來。同男子競爭學業，自謀出路。才不致辜負了你們寶貴的人生呀！

［編者按］本鄉倡辦初級中學，在理論上是應該的。不過對於事實上的經濟問題，就是，不容易解決的一個問題。以本鄉的經濟力來說，如果有錢階級都肯關心教育，樂於輸將的話，那麼，辦一個中學也不是什末不能實現的事。可惜家鄉的大慈善家，多抱大量的金錢去用在「打保境」，「朝斗」，…解義囊，」如果把每年「打保境」，「朝斗」，「過會」，…的錢用到教育上去，辦幾個中學都沒有問題。培植人材，繁榮地方的用途，和迷信神權諂媚土偶的浪費，那一條較台算？在稍有普通知識的人，都能了解的。光明和黑暗的道路，很顯明的擺在面前，如果鄉人們肯向光明的道路走去，以理智的判斷來改革家鄉的一切問題，廢除了一切無益有損的迷信的耗費，將有用的金錢移作擴充教育的經費，那麼，作者的主張是很容易實現的。

鬼神的源起和影響

山頭

鬼神是神權時代的產兒，在今日唯物論的照妖鏡下已無立足和存在的可能，更無研究之價值！

然而我偏要來寫這篇皇皇大文無疑的會被稍有科學常識的人拊掌大笑；也會引起老善長們的與高彩烈極口稱讚，不過，笑與讚是客觀者批評的事；和我們的主觀在喚醒迷夢，——改造社會，絕對無干，所以不論你是笑我或讚我，我想說的話還是不得不說：

原始時代的民族，誰都知道他們的頭腦是簡單的，知識是薄

寨的，心理是善懼多疑的。在大自然界裏耳所聞目所染的一切自然現象，遠生出離奇的思想：萬物通行，日月盈昃，山崩川竭，江潮海嘯和草木的榮枯，禽獸的繁息，尋其因不得，便歸到神明的作用，所以往往有選擇一種植物或動物來當作他們崇拜的對象，這便是汎神論的根脈。中國的三代以前，正是民族制度的繁藻期。鬼神的觀念更深且熾，政體也弄成了神權制度的。由殷而下，又出了巫覡那末一個人來大擡大吹的。不特政治成了神權政治，文學也都成了巫視文學！

迄于秦漢，各種學術已較昔爲盛。爲了幾個貪生怕死的君主唱什麼長生不老的高調，使王少翁，欒大得大肆活動；變本加厲，致便鬼神之風匪特不能稍熄，而且竟入了萬刧不復的鬼道。漢明帝不蕆不以漢武巫蠱之禍爲前鑑，反來接受印度的佛法。上乘之法旣不得聞，流傳于中土的率多下乘之法。因果，輪迴，汗漫。禹域。推而六朝三唐，蔓延日甚。雖出了些韓愈錫無鬼諸人，總抵不了唐三藏梁武帝的利害。

自此以後，鬼神而外更加以佛法了！一直像洪水猛獸的佔據了幾百年間。宋代理學勃興，佛法與鬼神之說稍替。元朝以後餘爐復燃。到如今愈發不可遏止了！總觀過去四千餘年的歷史，鬼神之說麼根兒沒有脫離過竄日。對于鬼神過去之于中國的情形如此。我因爲不是講鬼歷史，寫佛學大綱，則除我題外者姑置不論。現在把它的起源說囘來吧！鬼神的起源其因有三：

（一）以宗教代法律：人的初生，即具有羣能，加以抗禦外侮和宗法社會的傳統關係，有權感者欲使他的權威永遠存在，便利用宗教來維繫。因宗教的浸淫人心，較之任何麻醉性專制魔力更透澈了。藉此以輔助法律，安謐人心，以維持他至高無上之威權。卽印度韋陀經，摩西之十戒亦易以宗教來代法律的鐵證。

（二）以神權降服人心：趨利避害，人心所不能免。因趨利而求福，因避害而免災。人君藉此心理而恫之以神道：『爲善身後必受其賞，爲惡身後必受其禍。』又說些什麼；『皇天無親，惟德是輔，鬼神非人，適親惟德是依。』使人民有所顧畏而不陷于非僻，以爲冥冥中有神司之，十目所視，十手所指，雖屋漏也該愼獨！

（三）詛盟 專制魘王憑其優越地位，任所欲爲，於是賞罰失當。在下位的找不出一個辦法，才弄出詛盟的勾當。蘇公權暴公之謗，出三物以訊爾斯；屈平遭讒告五帝，以拆中命。其後楚越的文化式微，越人多鬼的風俗彌漫禹域。什麼卜雞雜占的噲頭日盛了！

爲此數端。始有祀典之說，卜占之風。追源他們所信仰的諸神，也不外下列幾種：

天神。在三代以前經驗時代都還夠不上說，什麼科學更遠得遠；其自然現象都認爲神的幌子：日蝕則人失德，月蝕則皇后失修，伊洛竭則夏桀無道，白虹貫日則荆軻行刺，這些塊象視爲天的哀頓書。不特此也，物理學還沒人研究，什麼自然現象都致知做不到，更沒功夫。物理科學更離得統領神的卽是天，代天司職的卽上帝，盈天地間，無一物不認爲有神。是國家，上帝卽國府主席，雷神，風伯，雨師卽各部院，然而當日的人沒有這末恰切的比喻過。天神混爲一談，如禮記的萬物本乎天。

屈原的：天者人之始，奉天命而直接處理民間毒惡的就是天

子：天子二字，顯然表露出天的兒子的意思。換句話說：他是受父親的命令管理我們奴隸（人民）的，所以才有什麼『予畏上帝，不敢不正。』古帝命湯武正域四方的話。既如此，則祀天的理成了！」

地祇：漢族的來源，自帕米爾高原而殖民于黃河流域。因想念自己發祥地的西方，尤以崑崙山為切。就以西王母為西土的神祇⋯⋯據列子屈原所言，加以封建制度的諸酉分治。從舜移祀崑崙之典而祀五嶽——觀山海經——後來生息日蕃，各地的諸侯于他所轄的範圍內而崇奉社稷之神。所以宋祀祀河于商邱，魯祀少皋于曲阜，齊崇奉夾鳩蒲姑，晉崇實沈台駘，荆楚則祀湘君河泊，江都諸地則有衡嶽祠。——舜典載巡狩恰宗後各四。——周書詳封梁父以後，雷神潛跡于岡山。諸如此類。若從史書風俗記上詳徵博引，不特此也，據山海經云：凡名山大川皆有神焉，——雷澤，貳負寄跡于剛山。漢書地理志：「以死勤事」，再不會為得窮盡的。

人鬼：大別有二：（一）宗法社會為了血統關係認為豺獺尚且報本，萬物之靈的人對于紀念祖先當然不可少的事實。於是禘嚳之典成了，祭法之說起了。（二）崇德報功，祭法云：「以死勤事

以上的天神，地祇，人鬼，受人存享的緣因和興起之說，大概如此。在當日用心未始無所補益，誰知行之既久，影響于社會竟至於此。

（一）君主藉以愚民而濫用他的威權，生殺予奪任所欲為。人民惑於君權天授，不敢有絲毫反響，那知千百年下弄得民不聊生。『始作俑者』豈將無後而已，就鞭他的尸，揚他的灰，亦不能赦其萬一！

（一）亂民惑眾。人民為了衣食所迫，不能不假宗教以來號召而施他的主張。如陳勝的鳴狐，張角的妖書，城頭子路的眾族，宮裏蔣侯的下拜，彌勒的士兀。——韓山童米賊的亂漢，洪楊起義，拳匪禍國，莫不藉此來惑亂人心，同流合污，真可痛心之極啊！

（二）愚民祈禱。人民既賦有趨利避害心理，于因果輪迴迷信尤深，因冀福而佈施，許多的人往往為此破家蕩產的，耳不暇聞。但亦藉此而獵利的所在多有。這就是給狡詐者害人的極好機會。

有的人自稱曰：「善人君子，比丘沙彌。」動輒以因果輪迴嚇人，倘用愛克斯光透明的一看他的心還比盜賊黑萬分。

總而言之，鬼神之為害中國到今日把國家變成了這般不活的現象。洋大人的科學不能普遍中國，一切現代化的激底不能推進到社會的最前線，無一不是鬼神之說的影響。假使五四以後中國政府澈底的破除迷信，也決定不是這個『慢疹』的樣子了。可是行之不力，使迷信到澈底不能說完全科學化，這時雖不能說完全科學化，我們包管會自己消滅的！

有，中國的四萬萬人定準有多少有理信的，假使再過十年，中國人成了鬼神世界，那時不須日本的槍砲打我們，我們包管會自己消滅的！

無忌憚的，天天破除迷信，天天幹迷信事業。于是反對我們的也有，做僧尼齋公的也有，造天恩道長的也有，主張祈禱救國的也有，

我們現在既不是蓁蓁狉狉的民族，知識已不似昔日的庸愚，天有天文的研究，地有地理的解說。大皇帝是死完了，既沒有人愚弄我們，則又何苦自己愚弄自己呢？人鬼之說：吾人未知生，焉知死。假使人死如燈滅，則何有於鬼。

靈魂不滅之說：則靈魂學者又沒有徹底的研究出來！我們為紀念我們的祖先，就是褅嘗也還不錯；我們為要紀念有功于民的偉人，是當然的事。但我們須就撇開了天神地祇，不能把我們的祖先和偉人去同那些想象的東西打成一片！

兒童閱讀課外書籍的問題

▲不加選擇的濫讀貽害身心
▲限制範圍的閱覽確有裨益

蔓　塘

誰都知道，知識不十分充足的兒童，單祇倚靠課程的灌輸，那是絕對的不夠，當然我們為他們得補救這種缺陷。是的，閱讀課外書籍是唯一方策，同時也是最有顯著效果的一條路徑。可是有些父母往往以為孩子從學校裏回來，已是很疲乏了，得讓他們休息，不該再來閱讀課外書籍了。的確，這是一點疲乏的地方，要知道，在學校中所學習微末的一點功課，絕不會使孩子感到什麼沉重或吃力的。所以現代的父母對這一點儘可大胆，用不着替他犿心的。

閱讀課外書籍究竟有什麼幫助？這個問題如果是詳細地解答起來，那是需要大量時期的，撮要的說：可以使他認識一切。是的，我相信所有的父母都希望自己的孩子有着豐滿的學識，廣泛的見聞。說也不願意他是一個「井底之蛙」。

當現代父母理解閱讀課外書籍對兒童知識上有極大裨助以後，要知道，僅足了解是不夠的，還需以極大的精神，對這個問題施於注意。這樣始能收到圓滿的結果；否則是會釀成意想不到的壞局面。

現在個人對兒童閱讀的書籍的問題分正反兩方面來述說，俾現代父母更清晰地了解這問題的重要性。

（一）對閱讀課外書籍不加選擇的影響：——有人以為，凡是書都是有益的，這真是錯誤的見解，書的意義不同，體材不同，在這互相差異的情形之下，他的成績也絕不是一樣的。在價值上往往差得更遠。所以書的價值在人們的眼中是具有很大的伸縮性的。不過兒童因為學識的關係，對書籍的選擇力量，可以說是整個缺乏，於是在這不能審別的景象之下，得到了許多不幸的結果。

現在有好多的兒童都在嗜讀一般低俗的劍俠小說，這種毫無價值的小說能夠把握兒童心理的緣故，是以一種新穎的玄想來率動孩子的好奇心，於是許多的孩子任夢想看做無所不能，一向無敵的劍仙。腦海裏整天憧憬着飛劍，法術，企圖打敗自己的仇人，消滅國家的敵人，使自己陷入夢景；精神呈現着畸形。有的兒童在精神上受到更強烈注入的時候，甚至約了同伴犧牲了功課，拋棄了慈愛的父母，竟私自潛行，登山求道，期冀實現「身為劍俠」的夢想。

還有一些對性的認識不充分的時候，很容易促成他的手淫壞習慣，或者是對性上發生更玄妙的理想。以身心上受到很大的影響。所以現代父母

歸根的講：這些事態的釀成，都是閱讀這個問題有機微的忽視。所以我們不能對這個問題有絲毫的忽視。

還有一些對性烈的愛情小說的時候，

對孩子閱讀的書籍，該加以限制。或為他們選擇，否則這些可怕的弊害，是無法避免的呵。

（二）對課外書籍應怎樣地選擇……在未加選擇的以前，應對兒童有一個清楚的限制，凡是荒誕不經，愛情質分強烈，內容非非的書籍，一體禁止他們閱讀，要使他們在正當的範圍裏去覓發展。

至於父母為他們選擇書籍首先當注意孩子的年齡上與知識上的需要，不然了口味的不同，是不會有什麼效果的。所以這點也是必須顧及的。

（1）童話與兒童故事這都是適宜七八歲的孩子的。因為他們的學識還不能看懂更深奧一點的東西。雖說童話和兒童故事的內容很平凡，但是所蘊含的教育性也是很濃厚的。最好的是圖文並重的書籍。同時在興趣上他們亦更新鮮些。

（2）歷史小說和名人的傳略什十一歲上下的兒童是最恰當的讀物，同時在功課上他們也正要着這種資料。不過現在市上流行的通俗演義，雖也能涉及歷史，但內容多荒誕，一般人稱為野史，所以也不適宜兒童。名人的軼事。理想的是新體材的歷史小說，或是國內外英雄的傳略。這種讀物的是可以供給兒童指示和摹仿的。

（3）科學讀物，是最有趣的，同時也是好奇的兒童所喜讀的，例如飛機怎樣會飛，汽車怎樣會走，等等的問題，都是極有趣的，所以父母為他們選擇這一類的讀物，無疑地是使孩子在認識一切，理解一切的。

（4）有的兒童好像是需要明的些，他們在嗜讀着現代的文藝作品，雖然還有許多的地方，他們不能明白，可是他們喜歡那種真實的描寫，淋漓的刻畫。在這，我們知道他們是在嘗試着認識社會，窺探人生。

還有，譬如一個孩子對某類的書籍是極嗜愛的，是的，這時父母應當把這類書籍更多地介紹給他，同時更該明瞭許多的偉人都是在童年培養起來的所以不能橫加攔阻！

最後個人熱忱地希冀現代父母養成閱讀課外書籍的好習慣，同時幫助兒童選擇，以期跨上健全的人生大道。加果一味地放任，疏忽，等待孩子在壞的書籍上受到影響的時候，再企圖搬回原狀，就不是什麼容易的事了。所以在開始的時候，就該給他一個範圍，這樣才會有好的效果的。

訪

人造雨是什麼道理？

天旱了，鄉間的愚民，紛紛祈雨，在這科學昌明的現代，實在是我國所特有的怪現象，我們瞧，歐西各國的人造雨，早已成功了，尤其是俄國，他們不住的在那裏試驗，真是讓我們望塵莫及。為大家明瞭起見，特將科學家試驗的原委說它一說。

這件事是美科學家華倫（Warren）及彭克洛（Bancroft）二教授首先試驗成功的。據云在上層大氣中之濕氣，以微粒狀存在，此種微粒極為輕小，各自獨立，若有塵埃與之接觸，則彼此固着聚凝，致使每滴之重量增大，再加以電荷之結果，凝成更重更大的粒點，卒至過重，逐下降為雨，根據此種道理，他們用多量的帶電的細紗，由氣球載之昇空，

撒播大氣中，不久，雨即下降。人造雨即告成功。他們又利用空氣的天然雲，使之成雨，於是以飛機載以荷電之沙，撒播該沙，不久，遂由雲中降下急劇之雨，少頃，天氣變爲晴朗。據彭博士之估計，謂四十磅受電化之砂，可將一平方哩的雲完全溶解成雨。

緊接着有教授費辣的，(Leraat)又發明了一種造雨的方法，此法。是以一種極細小的「乾冰」即體固二氧化碳，用飛機撒播雲中，雨即下臨。

費博士用飛機帶上一噸半的乾冰，飛達二千五百公尺之高，由特殊製造的儀器向空中撒播，約降下二百公尺，則有多量之雲溶化成雨。他的原理是：因爲撒播之二氧化炭粉粒帶有電性，很容易促雲之凝結，遂盡化成雨。費氏並宣稱：應用此法可隨意調節天氣，欲得晴朗之日，則可於早晨之時，將大氣中之雲，或濃霧，依法化雨，要想下雨，神得天氣得以清朗。

根據上述的試驗，依法下雨，不是太難的，只看是否能利用科學而已。足見所雨的鄉民們，事太滑稽了。

雷閃是什麼怎樣避其災害

每有大雨，常隨以雷閃，有人爲之驚恐；有的人覺得有趣；但對雷閃的一切現象，則多不明其究竟，而委之爲神力。於是對於電聲的危險，亦不知以科學方法防避，而只言修幅求佑，今詳解雷閃之一切，以破此種迷信。

一、雷閃之成因

雷閃爲雲中多量電氣所起之放電現象，放電時所發之火光，即是閃光，所發之聲音，即是雷聲。空氣中之電氣與塵埃，皆爲水蒸氣凝縮時之中心，故雲中之小水滴，亦皆帶有電氣。如此由無數稍帶電氣之水滴集合成雲時，則雲即可視一帶電之大導體。電氣滿佈於雲之表面；其表面之電氣量亦甚多。如此帶多量電氣及電位極大時，遂突破中間不道體之空氣，與他雲或地面相感應，兩者之間，電壓極大時，即發生雷鳴與電光（閃）。

致大氣中何以會有電氣，則有如下諸說：

1.地上之水蒸發時，則蒸汽帶陽電氣而上升；大氣中因此種關係，遂帶有陽電氣。

2.大氣中之水蒸汽，當凝縮液化爲水滴時，則生電氣，與距地面之距高成正比例；距地愈高，其電位亦愈高。

3.地球原來爲帶有陰電氣者，與地上之物體相摩擦，塵埃發生陽電，而地發生陰電，當流動時，故空氣中含陽陰電。

4.冰與水滴相摩擦時，則冰帶有陽電，而水帶有陰電。由此事實推測之，則大氣上層所有之冰片與水滴，互相摩擦之結果，生陽電。

5.含塵廛之空氣，常流動時，與地上之物體相摩擦，塵埃發散之特性；此亦爲空氣中逐帶陽電氣。

6.日光中之紫外線，射於某種物質之表面時，有使陰電氣消散之特性；日光中之紫外線通過空中時，空氣中含有陽電氣之原因。

7.日光中之紫外線通過空中時，空氣中一部，被解離爲陰陽兩伊洪與埃塵等，皆爲空氣中水蒸氣凝結之核心，其作用在陰伊洪電氣隨雨水而至地下，雨滴之帶陰電氣特多者，即此之故。如是陰電氣隨洪之處尤速……

二、雷聲隆隆之原因

放電時所生之音波，只為極短一瞬息者，故雷聲亦應即時消滅；而實際則不然，每聲音漸隆，歷久而不絕。蓋電光之長於至數里者，其各部即使同時發音，自屬當然之理。而其主要原因，則因發出之音波，被雲及山嶽樹木等阻礙而反射，因其遠近不同，逐順次達於吾人耳中。又雷鳴時初則極強，後則漸次弱小而至衰息者，因音之強度距離之自乘成反比例。最初時所聞，為由音源經最近之距離而至吾人耳中者；其愈遲者，則經反射之後，由遠路而達於吾人耳中者也。

三、先見閃後聞雷之原因

雷鳴與電光乃同時發生者；見電光時，即應同時聞有雷聲，但因聲與光進行之速度不同，而音一秒間，在攝氏零度時，則只有三百三十一秒之速度；溫度上升一度，則每秒約增六分，故電光由起雷間能開繞地球數週，而音一秒間，幾為不要時間；而雷聲與電光同時聞見時，乃在極近之空中所起者，極為危險。在屋外時，務宜留意。

四、雷聲所及之距離及其測定法

雷聲雖極大，但並非聞於無窮遠者。有時只見電光，而不聞雷聲者，非只發電光未發雷聲，因距離過遠，雷聲不能傳至故也。據平常之經驗，雷聲所及之距離，約為五十里上下，又音之起於濃厚空氣之處者，比起於空氣稀薄之處者為大。故起於濃厚空氣之音，易波及於稀薄空氣之處，反之則難。故上層稀薄空氣中所發之雷聲，不易波及於下層濃厚之空氣。

上言雷聲之後於閃光者，因聲之速度漫於光者遠甚，故由二者相

隔之距離，即可測定雷距吾人之遠近。音之速度在零度時，每秒為三百三十一秋，每溫度上升一度，則增快六分，故測雷距離之公式為 $(331+0.6 \times t) \times S =$ 雷與聞者之距離，t 代表當時空氣溫度，S 代表閃與雷相隔之秒數。

五、落雷之生成

有時雷電距地甚近，聲尤其大者，俗名之曰劈雷。即此地之電，雲與地表間之電壓，若能突破其間之空氣而放電，即成為落雷。

令設帶陰電氣之雲，與地面接近時，則地面因感應而帶有陽電氣，此種陽電氣，逐由地表而集於樹木、烟突、家屋等之上；此等電氣與雲中電氣放電時，每選距離較近，及其間抵抗較小之處，故落雷常在樹木家屋等。而平野中較少，但若平野中有大樹或孤立之廟屋，則常在此等地起落雷，落雷之時，樹木焦枯，人畜死傷，房屋破壞，或起火災者，時有所聞，此皆放電時所起之發熱作用，生理作用，及器械等作用所致。俗所謂大逆不道者，實為迷信之說。

落雷既多起於雲接近之物，故避雨於大樹下及野樹廟塔之中，甚為危險，吾人不可不注意也。

六、避落雷之方法

落雷既有破壞樹屋、及殺傷人畜之危險，故設法避之，實為必要。茲述避雷之數法如下：

1.裝置避雷針　避雷最普通之裝置為避雷針，蓋電氣每集於導體之尖端，由此向空中放散，避雷針即利用此理而製者，其法高立於屋頂或柱上，金屬棒上，轉以數本之粗銅絲，銅絲之一端，埋於地中；若有帶陰電氣之雲，接近

地面時，則地面即發生陽電，此種陽電，難向樹木，房屋等之表面擴佈，而通過銅絲集於避雷針上者爲最多。由此逃出帶陽電氣之風，吹入雲中，即可使雲中之陰電氣，十分中和，其電壓若降至不能起落雷之程度，即可免落雷之險。但若雲中陰電氣之量極多，避雷針所送之陽電氣，不能使其電壓降下時，則反足招落雷之禍。不過此時因尖端放電之緣故，避雷針與雲中間之抵抗爲小，故雖在避雷針上落雷，而家屋之落雷，則可免却。惟避雷針之尖端須十分尖銳，並由此引入地中之銅絲，須通入地之深處始可。普通於銅絲之一端，每連一銅板，則可使此電壓降下，導於塡炭之箱內，將此箱投於井水之中者爲多。

避雷針之尖端，因常暴露於空氣中及放電作用，極易氧化。

1.尖端若氧化時，則失却避雷之效用，故尖端常用白金或鍍金等。

2.用粗銅絲之網，將房屋包住，網之一端埋於地中，亦可免落雷之險；蓋此乃利用電氣只存於表面之理。

3.焚火亦避雷之一法，；蓋焰爲良導體，因雷之關係，地面所生之電氣，由火焰而移於炯中，即上升天空，與雲中之電氣中和。否則即在燃火中落雷，亦可保護他處也。

4.落雷之際，入蚊帳中，亦可免落之險。蓋帶濕氣之蚊帳，無論其爲何質所製，皆爲電氣之導體；在蚊帳中，猶如被良導體包圍者，故可十分安心。房屋等處落雷時，電氣多由房頂或柱等處而入地中，若房屋不起火災時，則在屋之中央靜坐，亦極安全之法也。（完）

談家庭中迷信問題

衣川

迷信一事，雖爲世界各文明國家的人民所不能免，但是比較起來，總沒有中國人這樣的利害，別的不說，祇就各地的廟宇及香燭店的數目，就可以知道了。每逢香火盛的時候，都是人山人海的擁擠得途爲之塞。至於講到家庭的迷信，那更可說是極普遍的現象，你看在舊曆年關中，那家門上沒有貼着「門神」，那家廚灶上沒有供着「灶神」，至於像什麼「老母」啊！「財神」啊！「大仙」啊！等等的神龕，家家也都是認爲必不可少的設備。最可怪的，有許多時髦的新人物，在外面是高唱着破除迷信，但是到了家裏，竟也同流合汚起來。這樣的家庭迷信，我認爲至少有下列的幾層害處：

（一）阻礙正當能力的發展——人們的生活，都是靠賴自己的仰仗鬼神的庇佑，而不求正當能力的發展，那麼對於社會上的各

能力來維持的，所以能力大的，生活就寬裕，能力小的，生活就困乏。我們如要生活狀況寬裕，祇須謀正當能力的發展就行，但是一般迷信人的觀念，就不是如此。他們所相信的，則在冥冥間的鬼神，以爲對鬼神表示了一番盛意，任何要求，都就不成問題，而不必拘於什麼能力的培植。這樣一來，試問正當能力如何還能冀其發展呢？

（二）妨害社會的進步——人們迷信之所以能妨害社會之進步的，共總有兩層原因：第一迷信的風尚一盛，世界上的一切勢力，都就歸之於鬼神，而不肯求各種真理的實現，社會怎樣還會有進步呢？第二人們既

項事業，也就袖手不顧，社會之所以能進步的，完全要靠賴人類替它努力，假使個個都袖手不顧，怎樣還有進步的可能？

（三）養成人們貪得無厭的惡德——人生所享的權利，本來是和義務相對待的，此念一開，必定就要因着私人慾望的要求，漫無限制妄求權利。這樣一來，迷信一事，不是能養成人們貪得無厭的惡德嗎？

（四）妄費家庭間的正常用度——人們一染有迷信觀念，登時的就會妄費許多正當的用度。少不過的只就香燭紙錢而言，一家人家在一年當中，總要化去大洋幾元。要是再加什麼祭品啊！僧道的齋飯啊！那更加不可勝數。如若全國合攏起來，那是何等可驚的一個妄費！這種妄費，如若用之於正當的事業當中，其效益豈是何等的可驚？

（五）持久迷信風尚的遺毒——家庭常中，如若時常的做迷信事情，兒童們必定就漸漸的印到腦子裏去，他們因為理知薄弱和記憶強固的緣故，受的印象，必較成人還要格外的來得利害。而且兒童最崇愛的乃是父母，他們見父母都如此五體投地的做，當然也一心一意照做無疑了！這樣一來，迷信風尚的遺毒，不是愈要持久下去了嗎？

根據上述的五層理由，可見家庭間的好尚迷信，乃是更有害處的事情，而且家庭乃是組織社會的個體，要社會上的迷信事項能以剔除，先要使家庭迷信能夠稍釋無餘。不然，要社會上不發生迷信事項，也是妄想能了。但是如何就能將家庭的迷信事項剔除得乾淨無餘的呢？要回答這個問道，我以為要先要明白發生迷信的原因，然後才能根據各種原因去逐漸剔除，否則就很難澈底的辦到，那麼迷信的原因有那幾項呢？個人所見，覺有下列數端：

（一）科學不發達——人類在自然界裏面，因為宇宙間的變化，常常會發生出許多好奇的心理，因着這好奇心的驅使，便會任意摸索的求其所以然之道，很使摸索到盡頭，仍不能明其究竟，於是就一一的歸之於鬼神的魔力。要是努力的提倡科學，用科學上的真理證明宇宙間各種現象之所以然，那末大家也就不再附會其說的崇尚迷信了！

（二）做迷信事業者的鼓吹——社會上因了迷信的原故，於是就有許多人借着迷信，發現許多迷信的事業，以維持他們的生活，——例如僧道占卜算命的人，——他們的生活既然要靠賴迷信才可以維持，那麼他們就刻刻的希望着人們的迷信程度愈過愈深，假使有什麼妨害迷信程度提高的事情，當然就要竭全力出來打破。因為如此，所以人們的迷信觀念，便難以消滅了！

（三）誤解宗教的意義——信教自由，乃是任何國家的憲法都是這樣規定的，其所以如此的原因，就是因為宗教的存在，頗有許多的真理蘊呼其中，這種真理，對於人生很有許多地方可以幫助，所以就隨着各人的信念去選擇，而不加以約束，但是講到宗教，第一重在信仰，因為重信仰，所以就易使人發生機械的崇拜心，誤解了宗教的意義，久而久之，一般人的迷信觀念，也就因此滋長不滅了、

（四）道德心的退化——道德不好的人，也是很容易迷信的，因為人做了壞事，往往不過是一念之差，到了以後，為了受着良心的制裁和責備，就時常會發生懺悔和恐懼的情緒，甚而至於想借冥冥中神的力量為之庇佑，為之救罪。這樣一來，於是迷信一事，也就因之旺盛。此外一般做了壞事的人，到了臨死的時候，往往會自悔以往行為的非是，而妄言見神見鬼，這種情形，都是增加迷信風尚的根由。

（五）女子教育不發達——中國人的迷信觀念雖說得很深，但是男子與女子比較起來，女子卻更利害。家庭間的迷信程度之所以較社會來得格外利害些的，也就是由於這個原故。因為我國的女子，為了社交不公開的關係，都只是在家庭裏面料理家務，所以比較男子利害些的，我以為就是女子的迷信，女子的迷信教育發達了，女子的知識就提高，一切的理路都就能夠明白，不致為一般邪說所蒙蔽的，還能發財迷信的事實嗎？

（六）智慧的魔力——迷信的發生，本來是起於古代學術的幼稚，到了學術進步了以後，本來就可以剔除得乾乾淨淨，但是人們對於任何事情，如若以成功習慣，在心理上就不容易剔的，所以迷信觀念在中國之所以如此入人之深的，我以為也就是由於習慣的魔力。譬如舊曆的過年和實行國曆，稍具常識的人，本來都可承認是合理的，然而事實上總未免要發生許多不慣的心理。

（七）謀生能力的缺乏——崇拜乞信，往往是因為企求的原故

者之參考。

我們知道家庭迷信的理由有上列的幾層，那麼我們要剔除家庭迷信，必須就要努力於下列幾層工作：

（一）提倡科學，闡明宇宙各種現象的所以然。

（二）公家嚴行取締各種迷信的職業，違者給以處分。

（三）詳細解釋各項宗教之真義，並且戒絕一切迷信的儀式。

（四）崇尚道德。

（五）提倡女子教育，實行家庭講演。

（六）努力揭破惡習慣。

（七）注意生產教育，提高人們的生產技能。

以上所述，僅就個人的感想，略略的寫出，以做注意本問題

，至於所以企求的原因，大牛出不了生活問題，假使人們的生活能力充裕，當然就不必妄事企求了。所以人民謀生能力缺乏，也是開迷信的理由。

破除夢的迷信

岑

一、一般的見解——一般的意義

做夢是人人有的事情，尤其在有所想念，或有所煩悶的時候，常常要有解除想念或離奇不經的夢出現。有的人對夢是不甚注意的，但多數人則甚關心；認夢為真，以夢為預兆。尤其在家庭中的主婦，常以夢來預測家庭的吉凶，甚至一舉一動都受其一夢的影響。自古至今，人們對於夢的迷信，可說是十分深遠了，但近來以心理學的發達，關於夢已得到科學的解釋，夢的迷信，一般人似乎應該破除了，今撮各家要解，略述如下。

1. 從意識上解釋——欲從意識上解釋夢的現象，須先知道什麼叫意識。所謂意識，就是一切的觀念思想的活動。某人行動有意識，就是某人對於其行動，有思想，有評量，知其所以如此。某人行動無意識，即某人對於其行動無思想與評量，不知其所以如此。有的心理學家，即某人對於夢的現象，以為有意識與無意識之間的半意識狀態。即為一種茫漠的意識作用，為有意識，故當作夢的時候，意識狀態。

2. 從生理上解釋——當人作夢的時候，生理上的筋肉弛緩，神經聯絡不情，甚或斷絕，故夢的演進，常常前後不接。

3.從刺激上解釋　體外的聲，味，觸等感覺，體內的消化分泌狀態，與其間精神活動的餘痕，均可為夢的刺激，引起夢的作用。

4.夢的活動狀態　由上三方面綜合的結果，可以知夢的活動狀態，在意識上因茫漠，故缺少注意力及統御力，在生理上因神經失却聯絡，故各個孤立的觀念，得行自由的活動，忽此忽彼，互不相干，因這雜亂的刺激，繼續發生，成一種不合理的聯絡。

二、弗羅伊多的研究

弗羅伊多為意大利人，世界上研究變態心理——病的心理——最有名的學者，他對夢的解釋，也比較精微深刻。

1.弗羅伊多的意識說　弗羅伊多分意識為三種：即意識，前意識與隱意識。其所謂意識，與普通之意識的解釋同。譬如正在研究心理學時，其他對文學數學等觀念，均暫時降下；但隨時可以引起其再呈活動，即為前意識，隱意識者，乃不能引起其活動，但不能隨時召回的觀念。此被忘的觀念，即謂之為隱意識，隱意識與前意識即普通之所謂無意識。

2.欲望之衝突　人是一個欲望體，一個人不知道有多少個欲望，無窮無盡，永遠得不到完全的滿足。但是各個欲望不同，常常互有衝突。互相衝突的欲望，何者得以發洩：這須看其他的情境如何，設有欲望X，同時有A習慣，B道德，C風俗，D教育，E職業，F人格，及GH種種觀念，設若此X欲望，與ABC……等觀念調和，即性質一致而相容，則此X欲望——即一觀念——即存於前意識，而同時可以召回，引起活動。但若X與ABC……等觀念不調和，是為一種欲望，但與習慣，風俗，人格，教育，……均不調和，則此欲望——即一觀念——被逐至隱意識。故隱意識界實為一罪犯觀念逃避所，前意識界不容其存在，更逐之至隱意識，有似古之梁山泊然。

3.欲望的發洩　各種欲望，無論是正當的或不正當的，無一不想發洩。被抑壓而退於隱意識界的諸種欲望，時時欲動，設法活動，以進至前意識界。比如今日之失意的軍閥政客，時時想活動，一有機會，即思回至舞台。但因在台執政者之監察而不得。隱意識亦然，雖欲進至前意識，因有意識與前意識諸種正當觀念之監察，不能活動。惟當睡眠時，監察作用減少，好比街上之警察減少樣，隱意識遂又加活動，改換面目，用X變為Y而假裝混過監察者，而進至前意識界，此時即成夢。因其非欲望之本來面目，若能將真面目明白，則夢之混亂狀態立解。

4.夢之顯相與隱意　在前意識活動之假的欲望，只能表示夢的外相，而不能表其真意。夢中所表現之假的意義，是謂之「顯相」；好比一謎語之謎面諸字然。夢中所隱之真的意義，謂之「隱意」；尤一謎語之謎底。故若能明夢之隱意，則顯相之荒誕離奇立解。弗羅伊多之為人解夢，即防其隱意被人知也。絕對不許外人竊聽，則顯相之荒誕離奇立解。

5.夢之假裝作用　前已言夢之顯相，非真的欲望，乃假裝而成者，今更言假裝之各種方法：

A凝縮　隱意識向前意識闖進時，為避免受監督，乃以凝力凝縮，以減小監督者的目標，其凝縮的方法，乃以簡單代表複雜，以欲望之特色代表其全體，有如唱戲者之以一人代表三軍同。又

混合以代表多數，如夢中見一人，相貌似甲，衣則爲乙，職業爲丙，而夢中則始終認爲丁一人，如此則丁一人，即代表甲乙丙丁四人。亦或夢中一人，鼻似一人，耳似一人，而衣與言語又各似一人，是爲若干人由一人代表之。夢中之姓名，亦多由多數人之姓名組成。

B轉移　轉移亦是假裝的一種方法。所謂轉移者，即輕重大小的轉移，夢中所認爲驚天動地之大事，而所代表者則爲一小事。亦或在夢中爲茶飯瑣事，而所代表者爲中心重要之事。如此假裝，即可瞞過監察者之耳目，得以活動發洩。

C描寫　演劇時，恆以一二小時工夫表演數十年大事，此種表示，必須描寫，方能表演清楚，如一角初出台時爲小孩，再出台則成了老者，如此則可表出已過數十年。同域夢中亦常有此種描寫作用，如夢見一凶犬向已恨咬，或許爲描寫一仇人屢向自己攻擊。夢見一朵鮮花，或可描寫代表一美人。描寫多爲視覺的描寫，故夢中常爲看見什麼，而不爲聽見什麼或觸到什麼。其如此者，因視覺常睡時與醒時不同，易於描寫，不若耳皮膚之醒睡相同，易於驚醒也。

D精鍊（潤飾）　假裝除上三者外，尚有潤飾之一種。即荒誕使之盡可能的荒誕，無秩序者使之盡力雜亂。潤飾的與真象之愈遠，則念可脫去意識作用之監察，而得自由活動，則意識明其真象而活動，至醒而不能完成夢之作用，離奇之夢不醒，平易之夢易醒者即爲此故。

6.弗羅伊多解夢之實例

A某婦之夢

顯象：——此婦，夢見一葬式，葬埋X人。有軍隊送葬，做軍樂，婦人見之，有一種輕微之心理，即意謂死此無用之廢物，做何必如此隆重，後見X之弟，著婚服舞踏而來，隨即有X之姊妹三人著新表，歡迎慶賀而來送葬。

隱意：——X與此婦人之夫，幼時均爲有志氣之青年，後均染嗜好，均同樣匯落，夫婦之間，感情疏遠，夫亦有弟及姊妹三人與X者同，此時即以X代表其夫，夫曾充義勇軍，故有軍隊送葬（X與軍隊無關係）。實X及其夫均活着，但因其匯落，故婦急欲其夫死而再與X之弟結婚。曾有一次欲與X代之，將事情縮小，易被驚醒，故以X代之，實因X乃代表其夫，婦即夢者本人也。

B某幼婦之夢

顯象：——夢中夢見以繼絞死一小白狗而驚醒。

隱意：——婦有一小姑，姑嫂不和，而婦爲一性情柔順之人，婦心中早已會有殺人之舉者，小姑則爲一身材短小而急躁之人，婦心中早已懷恨其小姑，但受社會禮教之監督，不能有害於姑，故夢中以小白狗代之。

7.夢之效用

人幾日日做夢，所謂久而不做夢者，實爲夢的忘却。按弗羅伊多之解釋，謂隱意識之種種觀念，無時不在奮鬥衝出，夢既爲隱意識之假裝活動，若意識界活潑，監督嚴密，則夢之隱意破發現時，則隱意識逃避而使忘却。

若正在做一夢，忽被人喚醒；因其隱意未見，故很少忘者。

因隱意識無時不在衝出，若均被人喚醒，則一活動即驚醒之，將無時能睡，必須以假面目活動，方能不防睡眠，兩得其全。

故夢實爲睡眠之保護策。

三、夢的另一種解釋——前二者之間的解釋

1. 刺激　夢之構成，與刺激有密切之關係。因刺激之不同，而發生不同之夢。如一人睡眠時以涼風吹其皮膚，彼因感受涼，或即夢爲坐船遠遊落於水中。不但外部刺激有此作用，即內部的一切生理的刺激亦均有此作用。

2. 先存狀態　所謂先存狀態即身心活動之餘痕，常有一身心活動，則神經之交通關鍵，抵抗力減小，及活動過去之後，神經未梢尚在伸長狀態，故一稍有刺激，則此神經即易依舊路而活動，白天種種之身心活動，留有若干餘痕，睡時一有刺激，則易起稍有刺激，即可引起全部的活動。人當睡眠時，重合作用發達，故活動。此種活動即成爲夢。

3. 重合作用　刺激不必與涼餘痕盡相符，才能活動，一部分的刺激，即可引起神經的活動。

4. 延岩行動　每有一種活動，若不能充分發揮，則身心即留有一種延岩狀態，即活動朝向，如在A置燈並肉，肉而不得食，此時犬之身態爲去A食肉，復將燈吹滅，蔽之，經相當時間後，犬仍能直至A而食肉，此即犬之行爲朝向，人亦有此種身態，且特能持久，故白晝之欲爲事情，若不得發揮，則留有一種心態，至夜而活動。

上面關於夢的三種解釋，以弗羅伊多爲最精深，但其他二者，於夢之解釋亦有相當幫助，就此吾人已明夢爲一種心理作用，而非有神鬼之力，不可藉之以判斷吉凶，而迷信之。

「附註」弗羅伊多之病態心理的解釋，均發現與性有關，夢亦然，多數之夢，均因性慾引起，尤以青年男女爲最，彼解夢曾歸納出許代表物。如棒狀物，突出物，有容物性，則常代表男生殖器，而一切長方形方形或三角形及有孔物，有容物性，則常代表女性生殖器。凡除草上樹，登梯等行動，則多代表手淫。（完）

關於本鄉「拉偶潮」之文件

編　者

本會此次因增建圖書館館屋，而搗毀文昌土偶，際茲科學昌明，政府提倡拉偶之際，實爲適應潮流，一舉兩得之快舉，在稍有現代思想者，無不稱快，而視爲破除迷信，所必需之初步工作，乃爲地方神老所不諒，致涉訟公庭，自與內訌，以遺譏外人，本會對於鄉老此舉，不勝拘憾，且同是鄉人，『非親即友，不爲已甚。』乃鄉公所致本會外部公函，所表示者也。而究其事實，則是否「不爲已甚，」或『過爲已甚，』『自有社會之公評，本會姑不置詞。茲將鄉公所致本會函，及本會覆鄉公所函，及呈李督辦呈文，摘錄於後，以供家鄉社會批評之參考矣。

和順鄉鄉公所來函

旅緬崇新會諸君鑒，別久念深，無任神馳，邇維鴻業進展，興居納福，爲無量頌！竊念：諸君熱心愛國，數十年來，凡屬地方文化事業，如男女學校，圖書館等，省賴貴會極力提倡，進步無已，凡我鄉人莫不額手稱慶，即凡屬騰人，靡不羨慕不置，以故貴會自有建築圖書館之議，開彩籌款，鄉人無不樂從贊助，至買地擴張館址，地價二千元，亦經鄉公所議決，於萬難中由地

方欵項下提出補助，蓋鄉人俱有同情，無畛域之分，無新舊之別，凡屬善舉有裨於鄉人，有益於地方者，決無旁觀和反對之理也，乃事有出人意外者，于本月十三日忽有李生義、趙秀發、劉振權等。假

貴會擴張圖書館，改修大禮堂為名，臨時召集會員數十人，不說事由，迫從書贊成二字者，得過半數，遂將文昌塑像，孔聖四配牌位，及神龕，神台等，一概拉毀無遺，鄉人聞之莫不憤恨，查民國二十三年中央通令，一切古代建築，及土木偶像等之必要者，亦應由地方主管機關保存。即無縣史無價值之偶像，不得擅自拉毀等語，是則本一切民元改祀孔聖，均應由主管人負責舉行，不論任何團體之偶像，有取消此舉，鄉公所事前並未與聞，事後亦無通知。不惟貌視國家法定之鄉公所，亦且視國家政令若無物，破壞鄉規其過小，目無法紀其過大，況文昌宮自民元改祀孔聖後，即改名大成殿，至今六字區額猶存，繼為鄉人復塑文昌于其中，於是文昌與孔聖並祀，民國以來於文昌有特殊崇奉之明令，孔聖絕對不容容褻瀆，以故鄉人幾次開會，公憤大起，一致表決控訴法庭，請政府嚴屬處理，追究首謀，以為擅毀公物者戒，與貴會名譽絲毫無干。恐傳聞失實，致瀆聽聰，故特函達，想諸君公道為懷，素仗大義，對于此事諒有同情不致以鄉人為多事，又猶有進者，凡屬鄉人非親即友，祇要事可轉環，則斷不能為已甚，若能由貴會函致彼等，勸令恢復原狀，則所謂公憤者，不難立即冰釋，至彼等所謂擴張圖書館，既經買地另築，斷無擴張到大成殿

之必要，即修整大禮堂，則以前之士神廟，及文宮之大廳無處不可修改，若必欲得大成殿而後為堂皇，是必欲置萬世師表之孔聖於不堂皇之地矣，揆情奪理，豈可謂乎，臨書不勝迫切待命之至，肅此

　敬候
公安
　　　和順鄉公所同人及鄉人等敬啟
民國二十五年十二月三十一日和順鄉公所圖記

本會覆和順鄉鄉公所函

和順鄉公所暨全鄉父老公鑒，奉讀十二月卅一日來函，概悉種切，竊思敝會自成立以來，對於地方公益事業，無不克共濟，與鄉中父老，對於敝會一切擴施，亦多予以贊助，早為敝會同人所深感，惟關於推倒文昌土偶一事，敝會內部亦有來函詳述經過，與貴會來函所云稍有出入，不能不為吾鄉老稍加解釋，幸垂鑒焉。

（1）貴公所來函稱「李生義趙秀發劉振權假貴會擴張圖書館改修大禮堂為名，臨時召集會員數十人，遂將文昌塑像孔聖四配牌位及神龕神台等一概拉毀無遺。……」查圖書館因增建館所，為暫時貯藏圖書計，而裝修文昌宮大殿，乃經敝會內部於十月卅日開會議之議決案，並非李趙劉三君之私人行動，且開會之日劉君並不出席，而貴所乃指名控告李趙劉三君，恐非全鄉鄉人公意。蓋修大禮堂為圖書館之必要行動，而對於裝踅樓向之障礙物文昌土偶，際茲科學昌明政府提倡拉偶之際，似無存在之可能，而有拉倒之必要，敝會內部此種行動，上既不背政府法令

112

下亦適應潮流，而

貴公所乃以敕會團體行動所發生之結果，單獨控告私人，敕會以為稍有現代思想者所不取，而為

貴公所不勝婉惜焉。且敕會會務，事事公開，凡開會時皆由出席會員從公表決，其中並無絲毫強迫他人之行動，而李趙劉三君不過敕會一會員耳，既非有槍階級，更無何種權力足以強迫會員「從書贊成」。而

貴公所來函云云似與事實稍有出入。至謂將文昌塑像孔聖四配牌位⋯⋯拉毀無遺，則文昌塑像之拉毀，固為事實，惟孔聖四配牌位既非塑像，即無從拉毀，似亦無與事實不敷，且敕會為社會服務近組織，對于政府公會，無從違反之行為，則對于政府通令尊崇之孔聖四配：既多拉毀之理，亦無拉毀之事也明矣。而

貴公所來函云：⋯拉毀無遺，則無從拉毀，似亦無與事

（2）來函又謂：「查民國廿三年，中央通令，一切古代建築，及土木偶像等⋯⋯均應由地方主管機關保存。⋯⋯」查中央通令⋯只限于有歷史價值及藝術化之工作品與古跡之保存而已，來函所謂「木偶像均應由地方主管機關保存⋯⋯」等等，實與事實不繼，蓋土木偶像，政府提倡拉毀之不惶，若非提倡迷信，則必無通令保存之事理。且文昌土偶，于民國元年即已拉毀一次，乃由無知愚民復關另塑，若非提倡迷信神權者所不滿而已。既無古跡之可言。亦無藝術之價值，則拉毀之適與政府公令實相符合，不過一部份迷信神權者所不滿而已。

（3）來函又謂：「民國以來，於文昌雖無祀典，於孔聖則有特殊崇奉之明令，則文昌縱應拉毀，孔聖絕對不容褻瀆。⋯⋯」云云。文昌既應搗毀，而為

貴公所所承認，則敕會並無拉毀孔聖四配牌位之事而

貴公所之提出訴訟，恐將難免為少數人之迷信文昌土偶者籍題發揮之嫌

疑而訴訟之目的似已失其真義矣。

（4）來函既謂「文昌土偶既應搗毀」即無恢復原狀之必要，乃又命敕會勸令拉毀偶者恢復原狀，是則前後所言，難免稍自矛盾，蓋應搗毀既由敕會搗毀之矣，即不能迎合少數人迷信神權之心理以削足就履，而使並無國家祀典之士偶從新復闢，而所搗毀之神台，亦為文昌之神台，並非孔聖四配之神台，則神台之為貯藏圖書裝踦樓板之障礙而搗毀之，更無不合，而孔聖四配之牌位既未搗毀，則牌位之安置問題，更易解決，而不應小題大作，以傷鄉人感情，致起訴訟公門，以遺笑外人也。

以上所言皆按 尊函所持理由，加以解釋，貴公所以現代新潮流之眼光，向偶之合法，既為 貴公所承認，則為睦人息事計，敦睦鄉里計，為家鄉社會利益計，敢請 貴公所光明正大之態度，不惟敕會感激欽仰，即外界人士，對迷信神權者加以徹底之解釋，而將訟案撤銷，和平了事，則于 貴公所之持正不阿，適應潮流，亦將同聲共鳴矣。尤有進者，敕會此舉，實為圖書館之建築而出此，其動機係為公共利益，而非為私人利益者，其理甚明，為本鄉公共利益計，貴公所對于敕會此舉，亦祈加以諒解，則家鄉幸甚，敕會幸甚，臨書不勝翹盼之至。

再者，民國以來，文昌並無祀典，不知文昌何物，能與孔聖並祀，乃來函又謂文昌與孔聖並祀，不知文昌何物，能與孔聖並祀，而 貴公所乃更承認並無祀典之文昌土偶與孔聖並祀，敕會竊以為不可。而 貴公所所謂他人褻瀆之文昌土偶者，反自蹈褻瀆孔聖之嫌矣。總之，敕會內部此舉，並無褻瀆孔聖之事實，不過一部份迷信神權者痛文昌土偶之被推倒，遂假褻瀆孔聖之題目以加人於罪，貴公所為吾鄉最高行政機關，對于此點。敢請加以考慮

為幸。至於貯藏圖書，土神廟則嫌管理不便，文宮大廳為出入大道，不便裝踩樓板，故不得已而取此地點，並無欲置孔聖於不堂皇之居心。而應 貴公所諒解者也。

此請

公安

民國廿六年月日旅緬和順鄉崇新會謹啟

呈李督辦呈文

呈為適應潮流推倒土偶，權紳迷信無理干涉，懇請依法判理事，緣敝會組織以推進家鄉地方文化，改革陋俗，及服務社會為宗旨，對於地方社會公益建設，無不努力推進不餘餘力，如以前天足會之成立，而天足運動卒以成功，和順鄉立男女兩級學校，亦為敝會負責辦理，並力求校務之刷新整頓，又於敝鄉創辦圖書館，成立於茲，已將十載，該館長年經費，皆為敝會完全負責，而館務之進行，亦由敝會會員，以義務性質擔負責，至今規模粗具，圖書日漸增多，原有館屋已不敷儲藏，特由敝會內部（在鄉之部），議決向各方捐募款項，並蒙 鈞署准許開獎籌款，以增建館屋，惟建築期間圖書須移置貯藏，為該館經理及保管便利起見，特由敝會會員大會議，擇定文昌宮大殿，為臨時裝踩樓柒貯藏圖書之地點，惟對於裝踩樓板時發生障礙之文昌土偶，及神台，際茲科學昌明，政府提倡拉偶之際，化機關之圖書館應用，且又此破除迷信，在稍有現代思想者，無不稱快，竟出而反對，並由張德濱、李曰良等，出名控告李生義、趙秀發、劉振權等於縣政府，請求將土偶恢復原狀，查倒土偶既為政府公會所提倡，而文昌土偶，在民國既無祀典，亦

為敝鄉鄉公所來函承認。而此事既經敝會之議決執行，以公共文化機關供用公共揚所，並無不合 既非李、趙、劉等三人之私人行動，而原告等竟指名控告李、趙、劉三人，其用意何在，不難揣測，幸

邱縣長思想維新，秉公辦理，前已親臨敝鄉公所，宣佈對「於原告之請求依復原狀。不予准許，惟對於敝會建立中山紀念堂，與孔聖並祀之請求，則須俟 鈞座回署解決。邱縣長既以土偶之恢復原狀為不合法，而加以拒絕，則敝會之推倒土偶，自屬合法，對於建立中山紀念堂，與孔聖並祀之請求，亦為舉國一致營崇，孫總理及孔聖之誠意之表現

在情在理，亦無不合，乃近聞邱縣長發出提票提取被告審訊，夫被告等對於拉倒偶事件，既非個人行動，即無犯法之可言，乃提票提訊，查民國法律對於拉倒土偶，破除迷信者，提倡之不暇，何有「提訊」之規定，且滇垣土偶，早經首黨部提倡推倒，而為實行取締迷信之初步工作，以破喻此，對於政府公令及現代潮流合，而毫無罪責之可言，故特函呈 鈞座，懇請為桑梓文化機關設想，對於敝會之措施，予以保護，供圖書館之建築得以實現，並請將該訟案撤銷，以敦睦鄉誼，而聯絡感情，庶不致自生內訌，以遺笑於外人，則不惟敝會感戴大德！而敝鄉文化前途之推進，亦莫非

鈞產之所賜也。

此上

雲南殖邊第一公署懇辦李 鈞鑒：

民國廿六年三月卅日旅緬和順崇新會謹呈

常務委員 ○○○簽押常務委員○○○簽押

一件被人忽視的事——寫信封

心心

時針指在十二字上，郵差先生慢慢的到臨，於是恭候的人們，蜂擁的把他圍起，人人心裏都像煞真的會接到所希冀的信似的高高興興地注視着郵袋，郵件取出來，可是圍的人太多了，不能人人接目，只得由最接近的一人放空喉嚨像中元節喧色般的這樣喧出來：

「內要信煩請貴郵局帶至○○○交吾兒到力三收讀」，「煩請貴局帶至○○○交岳父佐位李老大人鈞啓」，「一煩帶至○○○呈嚴父尊印林木尹老大人安稟」，「……賢妻楊門張氏小萱親啓」……

這樣無奇不有的喧了一大串，我在圖書館裏看到的情形，聽聽這種可笑的無味請求，肉麻稱謂。

這是一個星期的中午，才把一大串圍着的遣散了。（注意，這裏所說的稱謂是指書封上的，請勿把它誤認爲書封裏的）覺得有改良的不要。

先來講講書封上的稱謂，這種稱謂是對普通人的稱謂，並不是寄信人與收信人的稱謂，是在信裏，寄信人對收信人的稱謂。就照上面的書封稱謂來說；若把它混而爲一，勿怪要鬧笑話了！

使郵差跟着叫你的「妻子」作「賢妻」，「兒子」作「吾兒」，甚至叫他你的「岳父」作「岳母」，叫他跟着叫你的「孫兒」「兒」，你是寫給父母長輩的，郵差照着信封去尋找「嚴父」「慈母」或「伯」「叔」，那還不至要，假如是寫給「岳父」「岳母」，豈不倒霉，若是寫給「兒子」「孫子」「妻子」的，那不是大吃虧的事嗎？所以書封上的稱謂，非有一番改革不可！在自己的意思。書封既然是對普通人的稱謂，那麼凡是寫給男姓的，可以一概稱以「先生」或「君」，若果收信人是長輩而要表示一點尊敬的話，可以在「先生」上面加一個「老」字就儘去得了。寫給女姓的，要從其夫姓，可以稱「某某某（夫姓名）夫人，不從夫姓，可以直書女士，這樣稱謂，豈不落落大方，省却許多肉麻笑話能嗎？

至於「煩請費郵」這一類的話，也可以取消。因爲郵局替人寄信，是他的職責，只要你納足郵資，就是你書封上請與不請，他都是照地址帮你交去的。他如內裏是「要信」或非「要信」他更不管了。所以這種無味請求，大可取消。只消將收信人的地址詳詳細細寫在上面就可以了。

寫到這裏，忽然想起吾友某君因教學生寫書封而引起一般遣老遺少們的毀謗來。

事情是這樣的。某君任教兩級小學，因感應用文的重要，所以在課餘教學生練習寫信，看見家鄉寫信封的稱謂太肉麻可笑，特教學生男姓的作「先生」「君」長輩冠二「老」字，作「老先生」（至於信內稱呼，當然是「父」種「父親」「母」種「母親」自稱「男」「女兒」）…並抄有一稱呼表。該級學生，都錄得有的信封，不期就驚動一般衛道先生們的重視，以爲這樣對父親長輩的信封也只稱「先生」，眞是「不講倫常」「大逆不道」了！這種在通都邑裏一二年級的小學生都認爲極平常的稱謂，居然也曾引起家鄉大老牛老，以至於到四分之一老的大驚小怪，這種行爲，說客氣一點，可算是「少見多怪」，不客氣的說，簡直是

狂吠了！

中國赫赫有名的大文學家陳仲甫先生駡他的兒子與他的兒子寫信給他，只叫「仲甫」，前陝西省主席現任中央宣傳部長部力子先生的兒子寫給他，只叫「力子」，這雖不足爲法，然而也可想見封建傳統思想和形式之不足保持了。

民國二十四年商務印書館出版的小學生分年補充讀本二年級國語科裏的小弟弟的信（此書幼童文庫亦有）第五頁李小明寫給爸爸的信封，也只是這樣。

> 北平鐵獅子胡同三號
> 李 達 三 先生 收
> 上海民國路十八號明寄

按小學生分年補充讀本是該館按照部頒小學課程標準編輯的小學生分年補充讀本，而教小學校的小學生，想必不會到「不講倫常一大逆不道」吧。這種少見多怪

的誹謗，說它是「狂吠」，當不爲過。

有人說中國是文字國，眞是不錯。專於任文字上粉飾，行爲上是不計較的。就把寫書封的稱謂來說，只要文字上寫作「嚴父」「慈母」「大人」「安人」就以盡了子孫的責職，而他人也以爲這是很講理的孝子賢孫了，至於在家裏使父母親流幾行眼淚下飯的行爲，誰都把它不在意了。我以爲少使父母親流眼淚好了，何必在文字上粧孝子哩，況且因粧孝子而鬧笑話：這又何苦！明明是騎馬乘興，而硬要說是

騙人的事還多，如父母死了，兒子由外囘來，這又…此外在文字上硬要說是「葡萄奔喪」明明很舒適的睡在軟褥上，而硬要說是「苫塊昏迷」那些，那些，都在作僞因與本文無關，所以也不搬出來，而本文也就因此勒住。

（編者按）封建思想者是專一任形式上用功夫的，骨子裏怎樣的「糟」，倒滿不在乎，聽說：××仙人主張：『男人磕頭須上齊顏，下齊足，女人磕頭上齊鼻，下齊膝。如未遵背，定遭天譴』做磕頭蟲太也可憐，磕額不合有形，都要遭天譴的·心心先生竟敢主張在書封上稱長輩做先生，勿乃大胆？

無 我

無所不談

入××社等於入瘋科大學，修業期滿後即可升學瘋人院，該科造出人材已屬不少，尤以女性高材生爲多。

某一年，某仙人說：『只要專心做工，土匪來到大橋頭也不怕。』及至張樑宋金榮駕臨貴地時，男女老幼跑得雞飛狗跳，也沒有人嘗試過做着『工』等土匪到大橋頭的危險，任你多末『護道心誠，』的人，究竟怕土匪的心理，比做工來得利害吧。──

某大仙說：『買罌烟八排田，不爲多買金剛經。』但是事實告訴我們，某大仙並沒有賣了罌烟八排田去買金剛經，某大仙的名震一方？都是『食罌烟八排田之賜，』而不是得力於金剛經。

聽說鄰縣的某社首領死後已入『畜牲道』這是『功行圓滿』的結果呢？還是天理報應？

文明結婚的意義。一方面是在廢除封建制度的虛禮繁文，一方面是在節約經濟，不是單單把形式上的禮節改良了就算了事的·所以無論在精神上形式上都重澈底化，才算是達到文明結婚的

116

真意。聽說：這一次張寸二姓實行文明婚禮，還算差強人意，減除了無數的應禮繁文，並且將積習相沿的「跪拜體」，也取消了，男女兩方面都各宴客一餐，一切的「搬妝」、「過禮」、香燭紙火，和婦人的帶禮以及「歸寧」的禮節都廢除了。在女家方面，由女家長主持之下，得這樣的結果，比較那些愛出風頭裝門面的浮華誇張的男性家長，要勝過百倍。只是移風易俗的事本來不容易「一蹴而就」的，以後對於婚禮的改良，最好是禮堂要設在公共場所，由男女兩家家長聯名請客，就在結婚的這一天裏合宴來賓，而將「歸寧」這一天取消，才算是真正的新式婚禮。

經過這一次的新婚禮實行以後，後起的照樣實行的聽說又有幾家在醞釀之中了，這是本鄉婚禮上漸趨光明的一個好象徵，還要希望家鄉的父老們更進一步的實行「集團結婚」，那就比較個人結婚更在「簡樸化」和「現代化」了。

已經縣黨部取締了的「保境會」，竟由「豬」的領導，並且假藉某軍官准許的名義而實行復活了，一鄉堂堂「善舉？」，類的人物領率倡辦，那末「善舉？」的本身又值幾個錢一斤？以某軍官的清新頭腦，決無提倡迷信和被人利用的事實，這種「黑天冤枉」的「把戲」，只有「天曉得」。

某君所作「緬甸略述」一文裏說：「又築鐵道，以通汽車。」

在鐵道上行馳的是火車，而用汽油發動的才叫「汽車」，不知某君所指的「汽車」是那一種？想係「火車」之誤。又說「西曆一九五三年」現在還是一九三七年，不知用什麼法子計算，離一九五三年還有十六年，但是又說乾隆十八年，將一百幾十年前的事，和未來的十六年以後的事拉在一起。以上的討論，因為某君是文學大家，所以應當請教高明。但是對於登載某君的文字的刊物裏的全部文章並無任何異議，這裏理應聲明。

兒童文藝欄

家鄉智識界女子對於迷信應負的責任

寸源芳

家鄉智識界的女同胞們啊！我們家鄉的社會是不是要牠增進文明嗎？是的，是不是女子也有參加服務社會的責任嗎？是的。那末，我們要增進社會文明，就有和男子共同努力一致合作的必要了。原來整頓社會的一切責任，是不分別男子和女子的。並且有些事件，得到女子的參加工作更覺得比較的有力量而發展迅捷有效。因為一個社會是由多數的家庭組織成的，女子，既是家庭的一分子，對於家庭的改造，應常由女子負起責任，才能達到改造社會的目的。若果各個家庭不能改造，那麼，改造社會也是不會實現的：

家鄉女同胞們：服務社會的第一個重要步驟，就是打破迷信。尤其是要由智識份子以身作則的做去。因為整頓社會，就是要先把社會上那些三不良的風俗習慣徹底掃除。不良的風俗智慣，足以障礙社會進步的就是『迷信』。因為迷信深入了全鄉婦女的心坎，她們只知道迷信神權而不了解現代科學的能力和人生的意義自然談不到改造社會，所以我說破除迷信，是改造社會的第一步驟。

在上面所說的破除迷信的步驟。期望家鄉知識的女同胞們負起責任，努力宣傳，凡事用理智的判斷。先由本身家庭做起，然

後廣推到親戚朋友的家庭。以至於全鄉、全縣、全省、全國，只要隨時隨地，談論所及，都可鼓吹宣傳，對於年老的長輩，因為他們沒有受過現代教育。不懂科學的效用，自然迷信更深，我們就要拿現代科學的能力，來解說給他們聽，而不是封神記上的騰雲駕水的那末就會潛水。譬如飛機會飛，潛水艇會潛水。都是科學的作用，推的關解給他們，他們自然會領悟的。

再說到有智識的女子，大多數是不迷信的。反轉來說：女子而迷信，決定沒有智識。智識的說法，是怎樣？就是能夠甄別事物的是非？她的見解自然較高於尋常女子一等的。如果有了相當的學識，還不能甄別是非，而只知盲從着舊社會的愚智慣做去，那就不算是有知識的女子，也不是我們所期望她來負起改造社會的責任的人物了。

在不久以前，我曾聽見過智識界的女子，不只不肯破除迷信，反而加入了迷信的團體，又從而宣傳迷信，使吾鄉社會的迷信空氣更加濃厚，這實在是知識界的汙點。但是不堪造就的只好由她自生自滅，她要加入的由她自己加入，我們自信頭腦清醒的就要立定腳跟，不受他人的攝惑，並且還要加緊的宣傳，向迷信的譬壘進攻自然會達目的的。因為知識界中的女子徹底明瞭的多着呢？只要我們勇往前進，不爲舊勢力所屈伏，那末，將來社會的改造，不只是迷信打破的一端，我們的前途正有無窮的希望呢！

家鄉女子對於崇新會的態度

怎樣？

寸源芳

家鄉女界對於崇新會的態度怎樣？是反對的嗎？還是同情的嗎？我以為還是同情的比較多點，為什麼呢！因為崇新會創辦的主旨，就是為謀到一鄉的福利權益和青年男女的解放運動，自崇新會成立以來，我們一般可憐的女界，雖沒有完全得到解放運動的實現。但是取締女界的一切壓迫和束縛，及提倡普及教育，促進女界參加社智運動，提倡女界體育運動。都是他們不遺力的隨時工作着，譬如當初試辦天足運動的時候，輕視着，而不能早日實行，可是到現在終歸達到目的。不能說不是他們提倡的功效。似這樣的堅忍不拔的做去，將來把女界拉在他們同一的水平線上。也不是不可能的事實。但是人的助我，究須要我們女界各人自助，乃有遠大和迅速的成就。這是一定的道理呀！

戰爭是否絕對不合人道

劉玉彥

我親愛的女界同胞們。我們不必再自暴自棄，扭於過去的積習了。我們應常拿出十分同情的態度，努力協助崇新會的一切發展，一致合作的力求前進，那末，今後女子的解放的結果呢。女同胞們，起來吧！光明的大路，擺在我們的眼前，我們要跳出黑暗的籠罩，來尋覓我們唯一的出路，只有跟着我們唯一的導師，「崇新會」向前衝去。

戰爭是一種最不合人道的事，因為一有了戰爭，就要戰死許多的兵士，人民們就要受到兵災，不得安居樂業，所有的建築任你多美麗，多精華，一經戰爭，也要變成頹牆廢壁，完全燬壞，甚至有亡國的慘，如果再戰得常久些，國家就要弄到民窮財盡，戰爭，是專指為爭奪的權利，或希圖侵佔別國的土地，而引起的戰爭而言的，如果我們被別國侵略，或強佔我們的土地，因為我們的抵抗而引起戰爭，那末這種戰爭，在我們是為了正當的自衛，也可以說是為了世界和平的正義，是極有價值的，我們不但不能說他不合人道，還應該承認牠正是為了維護人道，又譬如林肯釋放奴隸的戰爭我們是「惟恐其少」那裏還能說他不合人道呢？

所以我說戰爭的是否合於人道，須視他的動機是否正當為斷，決不能說他是絕對不合人道的。

言志

仰光中華國民小學
高一級學生寸心明

凡是普通的人，個個都有一個志願，我也有一個志願的，我常想現今的中華民國所處的地位，是多麼危險而使我愛心啊！我看孫中山先生所遺的三民主義非常有感，欲求世界各國以平等待我，必須我國自強，自強之道，應先研究科學，發明利器，如炸彈、鎗炮、坦克車、和防毒面俱潛水器等等，為國牲犧，這樣或能將中國的土和喪失的主權，完全收回，為國出力，這就是我的志願。

給朋友的信

果東波崇實學校
高一級寸源芳

朋友：

我和你好久不通信了，今天我看了報發生一點感想，特地來和你談談：

我們中國，因爲自己不振作，常常受外國人的侵略和壓迫：土地喪失，主權受辱，民貧國弱國勢危險萬分。

前幾天，我父看了報紙，告訴我們「我國：忠勇的軍隊在綏省和日本騙道下的蒙僞軍抗戰，節節勝利。」我聽了，非常歡喜，心想：從此我國漸漸的能收囘已失國土恢復固有．的光榮前途有一線的曙光了！不料：今天報紙來了，課後．我隨便拿起來看看，呀！載的是：我國最得民衆信賴的有爲的領袖蔣委員長介石，因學良叛變扣留在西安的不幸的消息。你想我是多麼悲憤呢？

晚上，老師又把這囘事詳細的講給我們了一番，並且說：「照這樣我國內部，勢必又被野心的軍閥鬧得不可收拾了。這真是我國的一件大不幸的事。」一腔上現出十分憂愁的面容。

你想想這消息多麼使人痛心，這種情形真是不把中國鬧到滅亡，不肯甘休了。

我們常常呼喚着：要把我國散沙似的四萬萬人的心，結爲一條心，組成一個很堅固的團體，把那惡毒的帝國主義推翻，把那不平等的條約廢除，使中國得到自由平等永久存立於世界。現在我覺得道些似乎完全是「癡人說夢」了。

我因爲意志的薄弱和學問的淺薄，經了這些刺激現仟只知道憂國卻再想不出要怎樣救國了。你還有什麼可以安慰我呢？

祝你努力於救國工作！

　　　　你的朋友某某
　　　　　某月某日

爬山

果東波崇實學校
初四級寸源芳

爬爬爬，快快爬，
爬到山上去遊耍。

山上有奇異的小鳥，美麗的野花。
大家抖擻精神，往上爬。
遇到懸崖，遇到峭壁，切莫懼怕。
脚登穩蒼老的古藤。
手緊攀野樹的技丫，
莫囘頭，直往上爬。

×　　×　　×

啊！經過了許多的危險，用過了許多的力量，山頂到了，看吧！這裏原來是平壩。
也有清冽的流泉給我們解渴，
更有濃密的樹陰輭綿的草地供我們戲耍。
一切的景物超過了我們的希望——別有天下。

怎樣增進學問

果洞波崇實學校
初四級劉志心

我們要怎樣增進學問呢固然是要靠我們努力用功。但是我以爲單努力於學校的教科書是不對的。因爲校裏的課程，只是給我們砌一個基礎，所給予我們的學問是有限的。譬如一件偉大的建築物，雖然已有了基礎，卻並不就是偉大的建築物。我們的學問也是這樣。偉大的建築現在我把增進學問的幾個要件提在下面：

一、注意體育　我們無論辦一件什麼事，必須要有強健的體格，充足的精神，假如體格懦弱，精神萎靡，便沒有成功的希望。求學問當然不能例外，所以注意體育實是一個先決的條件。

二、注意課外讀物　這一條更須注意，因為書本上告訴我們的，大多是已經過去的，陳舊的。對於目前的新智識，世界的大勢，國家的情形，變幻不測，和我們的國家、民族、個人，隨時都發生影響。設使一個人沒有明瞭這一點，那麼其他的學問，任憑怎樣高深，也是沒有價值的。

三、留心社會　一個人的所以要學問，不單是為了個人的利益，應該是為了社會人羣的福利。這樣一來，社會便因我們得到改良的接觸，負起改良社會的責任。所以我們應該時時和社會接觸，負起改良社會的責任。這樣一來，社會便因我們得到改良的機會，我們又因社會而得到更實際的學問。有人說：「社會就是學校，」實是一句合理的話。

小朋友們，上面提出來的，是我個人的意見。對不對呢？我希望你們在下期的刊物裏，提出更好的意見來指導我。

讀了讓步後

果東坡崇實學校
初四級　許本清

今天我讀了讓步這一課書後，覺得那一匹阿剌伯馬，當駱駝開始侵佔他的士地——帳幕的時候，他一點不知道。讓了一步又一步，直至駱駝佔領了全個帳幕，趕他出去的時候，才知道把戲吃了。我真的要罵他世界上再蠢沒有的動物。但是再一想，想到中國來。我却不敢再罵了，自為阿剌伯馬原來就只是一種獸類，根本就沒有知識，他的被侵佔，是出於「不知」。那麼聰明的人類，根本就沒有知識，他的被侵佔，是出於「不知」。那麼聰明的人類，尚且「不知者不罪」，似乎他是還可恕了。

我們中國，真的不是我自己侮辱自己，確乎要比阿剌伯馬更蠢了。你想，我們的「友邦」，先侵佔了我們的東三省，再強奪了我們的熱河，更把勢力伸入了華北……一步一步的進迫，好像駱駝侵佔阿剌伯馬的帳幕一樣，簡直存了吞滅整個中國，不肯罷手的野心。這是我們中國三歲的孩子也知道的，然而照舊的我們中國事事屈伏，着着讓步，似乎不把整個中國減亡了，決不甘心，這是「明知故犯」豈僅「比阿剌伯馬更蠢」一句話可以了得的呢？

同胞們：忍辱而生不如奮鬥而死，大家趕快團結起來，和我們的敵人奮鬥吧！團結的精神，是勝過一切的；是可以制我們的敵人於死地的。不然，我們的國家就有步阿剌伯馬後塵的危險了。

被處罰的孩子

果東波崇實學校
初二級　劉明心

從前有一個小孩。他讀書很笨，可是他又偏喜歡逃學。一天，他又想逃學了，坐在家裏不動。他的爸爸哄了他幾次，他也不肯聽。後來，他的爸爸發怒了，就打了他一頓。並且把他送到學校裏去報告老師。這時老師又處罰了他一頓，真好笑極了。

熱

果洞波崇實學校
初四級　劉志心

夏天到了。當正午太陽酷熱的時候，使我十分的難過。今天我在發怒着這夏天酷熱的太陽的時候，全身像受了創傷般的不快。偶然望見門外有許多正在太陽下工作着的苦力，他們搬運着笨

小老鼠沒處逃

果東波崇實學校
初二級寸源蓋

一隻小老鼠，想偷吃主人的肉，輕輕的走到廚房裏小白貓看見了張開爪兒，要捉小老鼠，小老鼠急了，趕快逃到櫥櫃後。小花貓追來張開爪兒。要捉小老鼠，小老鼠又急了，趕快逃到倉房裏。小黑貓追來，張開爪兒：要捉小老鼠。小老鼠更急了，趕快逃到屋頂上。大貓追來，張開爪兒，要捉小老鼠。小老鼠小老鼠再也沒有逃處了。

農夫

果東波崇實學校
初二級劉會心

農夫是我們的恩人，因爲有了他們很勞苦的耕種，我們才得有飯吃。如果沒有農夫，全世界上的人，恐怕都要完全餓死的。所以我們要尊重農夫。

重的東西，汗珠像雨點般的直由面部流到赤裸着的棱黑色的胸部來，但是他們彷彿是生來就不會知道痛苦似的？還在有說有笑的，互相諧謔着。我不禁慚愧起來了；我再也不敢向這醉熱的太陽發怒了，我們這樣幸福的躲在家庭裏，倘然僅僅是「熱」，就須發怒的話，這些可憐的工人們，應該是怎樣呢？

我感覺到慚愧了；我再也不敢向這醉熱的太陽發怒了。

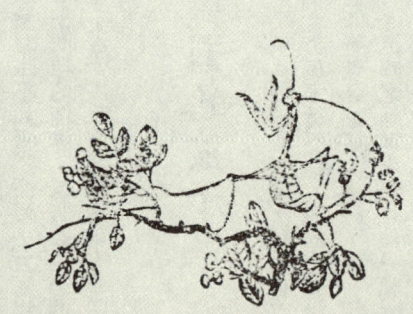

騰衝女子教育的概況和應改進的幾點

鳴

騰衝近年來，因人民的自覺，漸漸知道教育之重要，便是女子小學，也雨後春筍般似的各地出現了。什麼縣立，城立，鄉立，……等名目繁多，這似乎是一種樂觀的現象。然而站在新舊交替的時代，且又處于黑暗勢力籠罩下的騰衝，斷不能因少許的樂觀，便驕傲地矜誇吾騰女子教育辦得優良，持着一種夜郎自大的態度，不加觀察不思改進，這是極大的錯誤！茲將吾騰女子小學教育的概況和應改進的幾點分叙于下：

1. 學生和家長對于女子教育的態度：——吾騰人因陷于傳統觀念——重男輕女的惡習，篤信「女生外向」的信條，對于女子教育，並不充分注意，往往女孩子到了相當年齡，父母便會下到尊嚴的命令「輟學」。習練家事，整茶做飯，做針黹，……等各種技能。預備到夫家去應用，並可供此省得些教育經費，添補粧奩，給女兒入校的目的，原爲博得一個女學生的名譽，以便選擇女媳而已。他（她）們的思想，既是這樣，其對于學校之態度可想而知。希望做父母的，快點覺悟和認識現代的潮流，絕對不須依靠男子爲生活，也絕對不是不能孝養父母，爲社會人羣謀幸福的。若得一般做父母的，推其愛……兒之心，以及其女。而注重她們的教育，對于女子學校亦有切實的認識，和相當的援助！

2. 社會對于女子教育的觀念，——我騰社會極大的缺點，便是彼此嚴分疆界，人才肯負責；鄉立小學亦得係本鄉的人才肯和它發生關係；縣立小學，據理常得全騰人士共同維持；然事實卻得其反，這樣的嚴分疆界，不惟失掉互助的精神；團結的力量，且極易引起隔閡，與糾紛，希望全騰人士；本着分工合作的主張，互相維持，互相補助，更希望全騰的女子小學教員，合組一個小學教育研究會。各教員按期出席，討論教育事務，會址及主席，由各校及校長輪流充當。這樣既可收集思廣益之效，而得到一致推進的良好教育方針；尤能化除城鄉意見，聯絡感情。管蠡之見，顯嘗試而行之，不無稍有裨益！

3. 女教員的責任——教員是學生之領導者，責任之重大，誰人皆知，吾騰女教員中，能勵精團治，力謀整頓校務的，固有其人；然濫竽充數的亦未嘗不有。她們有的實行教育商業化；以教育爲營業性質；有的實行保姆教育化——領起小孩到校內；有的實行宴會教育化——親友處飲宴留連、曠廢敎職，有的醉心時髦——吸紙烟，搓麻雀；有的崇尚虛榮——燙髮，擦粉日專修飾或高瞻遠矚，荒廢家務有的效法簡陋呆板——不肯預備和參攷研究……種種病態指不勝屈！在此我應向閱者申明：並不是每箇女教員都把這些病態帶齊全的；不是騰衝的女教員都是如此，更不是每箇女教員都把這些病態帶齊全的；過是能夠避免以上病態的也不易多得我還要希望全女教員明白我所說的話，雖是形容過度。然而這是「苦口良藥」的一種誠心的忠言，希望各箇女教員的自省和自勉！——因爲要我們想想，今日我們的環境，重複地怖滿着恐怖的黑沈沈羅網，假使我們偶一失足，便陷于萬刼不復的境地。『婦女仍回家庭去』的謬論。不是有人明幌幌的把它擺在旅省學會會刊上嗎？我們還不努力掙扎，掙出

第二次的羅網嗎？我們現在的身體，要算一半屬於社會，一半屬於家庭，我們決不能只顧家庭，而放棄社會上應盡的責任，——和忽視校務；也不能只顧校務，而荒廢我們應做的家事；我們須爭氣做一箇完完全全的新女性，來消滅我們的敵人藉口的理由，那麼，婦女仍囘家庭去的謬論，方能打倒。因爲當此國仇未報！天天處在風雨飄颻的環境裏，首都婦女，已準備武裝救國了！我們不要自餒，只要我們有堅決的志願，亦不難追蹤于她們之後；現在我們惟一的工作只有從事興學救國做起，才能盡到國民一份子的責任，女同胞們！快快猛醒自新！起來尋找我們的樂園！努力推進女子教育，才是我們唯一的出路呀！

4.女子教育經費的困難！——騰衝各小學校大半都存着經濟的恐慌，尤以毫無基金的女子小學校爲尤盛，這原因是一方面因爲在這重男輕女的情形之下，要想和男校同樣徵收學生的學費，是萬難做到，一方面又因公立學校所領之款是有限制的，無法擴充。如此學校，全盤教育經費的支出，恆覺不足。倘有其他建設計劃，無論鉅細，只有向人揖募之一途，當此經濟困難之時，募捐度日，大半偏重虛榮，而不務實際，比如做高壽的，每年至少須耗費數百元，年年都是如此，到了旬頭上，又要酬客，所耗費的金錢便要增加一、二倍；又如發與開弔，勸輒花費數千元，這樣的用法，都是裝門面擺架子的心理，所驅使並不值得誇耀於社會，或替生者和死者遺留紀念。才值得我們的欽佩，和地方上公子生澤先生，捐賓興學的壯舉！譬如綺羅練李壽嶽先生和他的令的紀念不忘，我想，這超人的義舉是永遠不會泯滅的！希望吾騰的殷室富戶，能把做高壽大喪這一類無益的耗費，改良用法或捐助學校，或建設其他公益事業，則不惟騰衝的教育得有蒸蒸日上的機會，且能給與社會上的進展的良好影響呢，至於做家長的對於子女的學費，請採用平均式的負担，這也是培補女子教育經費的一種要素！

以上膚淺之見，自愧才疏學淺，豈敢有佔篇幅，不過想用抛磚引玉的方法，以博到地方長官的注意和提倡，也想借此得到熱心教育的志士們的指示和援助！俾騰衝女子教育達到完美和發展的目的！這就是我的深切的希望啊！

文藝欄

閻羅天子

山頭

判官佈置安當了森羅殿，籤筒，筆架，樣樣都齊，陳設得井井有序。

『吆喝』一聲！穿着黑龍袍，戴着鐵紗帽，纏着白玉帶朝靴的閻羅天子。面龐，黑黑的，團團的，眼球是黑白玻璃逗成的亮晶晶的。不晝什麼洞冥記，游十殿，那末想像的青面獠牙。只有一口黑鬚比較的長。慢慢兒由側面的一度寬不五尺的門裏走出，到公案桌的一把披着桃紅色椅披的墩兒上坐下。

兩側的鬼使，亭亭兒扒着腰板的鵠立着，嚴肅得可怕！

接近天子右側的一位判官，低着頭，捧着文件行至公案前，誠邊誠恐的由另一個接呈天子。——大約

天子聳登肩頷，陰慘慘的沉思，過不到十分鐘：由鬼使牽來了一名罪犯。

面皮是黃瘦的，形容枯稿，腳下噹噹，噹噹的響着鐵鐐聲，走到了殿前，身子抖頭着，臉色發青了，流着淚兒的跪下，頭也不敢舉望四週，閻羅天子徐徐的問：『下面跪的是王黑嗎？』

兩側的人齊聲應：『是！』他也輕輕的應了聲是。

『混蛋，你這十惡不赦的東西！』天子黑閃閃的臉上堆添了怒容，你怎末這樣胡行，在陽間專幹奸險的勾當，你也知有今日嗎？『拍！』天子說了，拍一拍醒木！

王黑抖着聲音哀惋的說：稟明大王，小的在世是個齋公，平生倒沒做過多大的惡；洞冥記，金科玉律字字行行唸過，還願，講聖諭，我向來很虔誠的做過，請大王垂察吧！

拍——醒木聲——哼，你十惡不赦，就是這些騙人害人的勾當！

『難道我做錯了嗎？』大王！

『拍』你還願乾嗎？

『昨年的三月小兒害了病，一連七天水米不到喉，人說還願會好的，我就還願了！』

拍——哼！還抵賴，明明你把我們看如陽世上的官吏，犯什麼罪有財便行，咱一不用錢，二不受賄，除了公理，什末都不成，閻羅喚判官翻開天律，輕鬆的一『哼！』『哼！』——『犯了第十六條求神還願者罪同行賄永不超生！』

王黑戀了一聽，打個冷禁，大王恕我吧！小的被人迷住了的愿，所以我也學聰明人做的。

拍——不成不成，你為什麼當假齋公，到處口吳心非的宣講，委實是盲從。心裏並沒有主見，因爲比我聰明的人更愛求神還愿？

小的看見當今的年頭，臣弒其君，子弒其父，想代天宣諭勸

化人心；所以才宜講的，難道君不君，臣不臣，父不父，子不子，才好嗎？

拍——不錯！當今風俗人心的險惡有勸戒的必要。但聖人行孝，貴躬行實踐，正己正人，有何不好。不過你這個不倫不類不孝不義的東西，你勸人行孝而己身不孝。對兄弟不友，交友不信，為人謀不忠。不孝，不悌，不信，你還講聖諭管甚嗎？不是為御口嗎？見你把那個感化下來過？

閻羅怒髮衝冠，再看一看天律，這又犯了第二十八條口是心非假仁假義，應淪為扁毛！

大王：我悔恨了，小的瞳一萬個頭吧！從此洗心滌慮了！

拍——遲了！你該早知！你又為何勸人吃齋過會？

不敢了！真不敢了！小的因鑑于婦女的三從四德的淪止，特意勸導她們，並無什麼存心。饒我吧！饒我吧！（接着又磕了幾個響頭。）

照你說的也還不錯。但你藉此漁色獵艷，傷害了許多良家婦女，罪與滔滔！

不，不，那敢喪心病狂！大王委實沒有，發個誓吧！若有…天老爺天老子……。

拍——我騙你嗎？誰瞞得住我。也罷，且問你許多少女入廟燒香。不說公公的長；說張家的非。同和尚談情，跟道人暗渡。把個威嚴的聖地弄得烏煙瘴氣，天帝的禁止婦女入廟燒香的諭文，你沒有看見嗎？你是誦經的人，這該不該提倡。是不是違『天律？』拍——天子又拍了一下。按第三十五條：誘惑婦女入剃地獄！

王黑低着頭，無話可答了。天子拍了拍醒木，拂拂袖兒。——說完退堂去了！

當下差使蜂踴着走上前，捆的捆，拷的拷，亂鬧鬧的把王黑送到十八層地獄去了！

王黑回憶他生前的事蹟，無惡不作；無作不惡。他明白了，在陽世拿十六層功夫來騙人的，原來是預備死後進十八層的基本呢？

新年

犇人

K縣長皺着眉頭，長嘆一口氣，對他的心腹L秘書說：『唉！L秘書！新年快要到了；而行囊仍是如此清空，並且任元旦日日不是又要請客花錢了嗎？唉！真沒法，你想如何是好？』說罷兩眼呆望着坐在西牆下的椅子上的L秘書的嘴唇，似在等候着他的回答，也許是等他的辦法吧！可是這一雙深帶有渴望的眼珠待了好久，終于失望的轉向旁邊的案桌上望着那幾件公文，不覺又想起捆載而歸的事來。更使他急燥異常，一顆心似在騰沸着的油鍋裏煎熬般的疼痛，又強提起氣來說：『這S縣不也是一個二等缺嗎？怎麼竟是這樣的苦呢？轉眼在任已是兩年，而……』說到這裏，他真無勇氣再接續下去了，只是憂鬱不安的連連嘆氣，可是不用他說明，L秘書也深感其意了，為秘書的一時轉想到自己的現狀，也不是同樣的只有明月清風』而已經，更同情地現出愁眉不展的模樣來。他倆以同樣的愛思悲恁。『縣長着那幾件公文，終日嘴默默不語。可是這一雙深帶有渴望的眼珠，望着坐在西牆下的椅子上的L秘書的嘴唇，似在等候着他的回答，也許是等他的辦法吧！只見秘書緊閉着嘴默默不語。更使他急燥異常，只是相互沉默的愛思悲恁。找不到一個辦法，找不到一條出路。

，張老太爺來見！」一個隨從闖破了他們的沉靜，端正的站在辦公室的門外。這樣報告了一聲，等縣長答聲「是」！便轉身出去了個。K縣長懶洋洋地走出會客廳裏來，向張老太爺行了個二十度的禮說聲，『請坐！』自己在對着門的一把軟椅內坐下，一聲不響的。K縣長在這兩月內竟變成了這種冷淡的態度。再不像初上任時那樣的和藹好說了。張老太爺默靜了一會，滿面浮着愁雲似的開口說『縣長：唉！家裏不幸，現在又要煩你了。』一面說着，一面將頭低了下去，恨恨的又長嘆一聲，縣長聽到這話很詫異的伸長了頸項輕聲問：『什麼事？』同時把視線直射在老太爺皺癟的面孔上。聽候囘音，稍停一會，老太爺慢慢的走近縣長的左邊的一把椅子上坐下。附近縣長的耳旁低聲的嘆一口氣，接着用細微的聲調說『唉！真不幸，昨晚次子在外胡鬧竟弄出人命來了啊！現在沒法，諸事要望縣長維持』說着又把頭低了下去，這一來K縣長眞似服了一付十全大補，立刻內心裏湧起了熱氣，想道：『張老大爺要算得本縣的第一富翁，現在不重重的敲他一下，更待何時。眞所謂：『十年難逢金滿斗。』于是現出張惶困難的樣兒皺着眉，垂着頭，冷冷的說：『這⋯⋯就難辦——』『眞難了。爲什麼竟會弄出這樣大的事來？』張老太爺又把頭伸得更近縣長的耳朵一些，放出搖尾乞憐似的聲音悲楚的說：『爲的什末事，我始終都還不明白，不過，事到如今總要縣長關顧。』接着由衣袋裏掏出了五張一千元的鈔票遞給縣長，更輕微的說『這小點不足酬勞，』而在笑意中已滿含得有『謝謝，謝謝！望縣長勿却罷！』縣長口裏雖並連連在說『不必不必，』K縣長已轉過了以前的面色，謙和的對老太爺說：『我總會替老兄辦妥，請不必心焦。』張老太爺立起身來說聲『費心』辭去了。縣長收了這筆巨款，堆滿着笑容，走出來十分高興的吩咐下人，表紙燈啊！紫松亭啊！龐戲班啊！請客啊！可要大樂而特樂的過新年了。

清靜無為的生易人

逸 梅

龐道仕被喧噪的鳥聲驚醒了！揉揉朦朦朧朧的睡眼，把那疲乏沉重的眼睛，慢慢的睜將起來；隨卽又行閉上，直直的伸了幾下脚幹，大大的打了幾個呵欠，有點睡不夠似的神情，雙手再揉揉眼睛，睜開一看，太陽已照射到窗前了。於是才掀開鋪被，披起藍色的長衫，黑色的馬掛，覺得寒氣非常深洌，使他偏體顫抖了，牙齒不住的得得的響着。他拿起襪子脚帶，一步一步的捱到天井裏來，坐在樓上，他的子媳——瑞貞拿着一個火籠來交給他，他一言不發的接過來，那寒氣減煞了好多，四肢也覺得靈動了。他才無精打采的把襪子拿來套在脚上；又把脚帶紮上。瑞貞又拿着洗臉水和面巾來。他拿起面巾，在水裏逛逛，馬馬虎虎的揩揩臉，又依然坐在樓上了。他的煙癮來了，他便呼喚婢女——玉蘭去拿那根川煙袋和川煙合來。玉蘭一面答應着，一面就跑去拿那根川煙袋，捲起一枝川煙，塞在煙袋上。把火籠安在地上，向火籠上引火，那煙子便由鼻孔裏噴出，苦苦的面龐紅腫着咳嗽起來了。停了一會，才得暢快的吸了幾口，這時廚房裏的菜飯已熟了。並且已經陳設好了。家人已經團團的圍坐着，玉蘭走來請他⋯

「大爺！吃飯哪！」他才起來走到桌邊，在上席上坐下、嘴裏覺得非常乾燥，勉強的吃下去半盌，便把筷子丟下了。

婦人——淑仙道：「龐得果（他的兒子）去那裏去了？」淑仙道：「今天街期，天濛濛亮，他就起來上街去了。」

「哦！有甚麼事？怎樣連飯也不吃就去上街呢？」道仕現出很驚疑的樣子來。

淑仙低頭告訴他說：「他們新辦到些貨品，交鍋頭『瞞關』運來，聽說已發出好多日，計期已能抵埠。且現時行市甚佳，可提賣很高的價格，所以他趁着早早上城去招抖，如果貨物抵埠，也就可以委主發售，博得良好的利潤。」

道仕道：「這樣應該早早去的。」他吃完飯後，步出家門，拿着煙袋，沿着荷池迤邐的走到善壇裏去。那時道友們還沒有到，境地非常寂靜，安恬，他獨自把香案陳設好，把香燭燃起來，頓時香煙繚繞，一間屋子裏，就勞攘嬝繞一般。不久以後，他們的道友也次第的來了，大家相見之下，歡欣莫名。他們把話匣子打開，談論了一陣關於現時社會的道，繼而龐道仕笑逐顏開的說道：「晚近以來，人心不古，世道虛僞，一切都變更了，與人無興，與世無爭，是何等的自樂其樂啊！可憐的一般衆生，天日辛苦於風塵之路，勞神于僥倖之門，埋頭鑽營着靑銅臭物，是多麽的卑鄙啊！」大家道友們，聽了這一番話，都點首稱是，有一個攢着眉頭，推正了帽子，徐徐的說道：「世間凡俗的人，尤其是靑年的一般娃娃，他們那裏曉得道中的三昧呢？」過了一下，他們一個一個的便走進禪房裏去參禪靜坐，頓時一間屋子裏，又沉靜無聲了。龐道仕走到屋子裏去參禪，正在屈着膝頭，坐在蒲團上，摒棄一切慾念，却不奈一切的幻想，湧上心頭來

。他儘是設法遏之止牠，橫直是遏止不下去。他剛才閉上眼睛，靜默玄關，而他的腦際裏，就浮現着圓圓的，白白的，在他的耳際裏鏘鏘的作響，他簡直連想到：今歲的穀子，差不多來齊了，可恨的小老家抗傲不交，真是可惡極了！我要去公安局具報，叫兩個警察，再貼上他幾文背時錢，把他捉來。給他試試有力的拳屈起來。同時又想到他的兒子龐得果買着的貨物，得好趁着到得，那麽賣得良好的價格，豈不是這一年的用費，就抓來了嗎？他這樣胡思亂想了幾個鐘頭，肚裏輾輾的響着，他就由禪房裏走出來，那時各道友也次第走出來，各自分頭囘家吃飯去了。龐道仕背抄着手，拿着煙袋，踱着慢步囘家來了。他走到家來。到客室裏。玉蘭就去拿着茶壺，泡着茶來、注在茶杯裏。擺在地板，好像在作甚麼深奧神秘的玄想！一忽兒，玉蘭又抬着荣荣飯來，陳設在桌上。上面一盌肉脯，三盌小菜，一盌荣湯。他首先坐下、捧起盌來吃。雖然他心裏鬱悶，口裏乾燥，任你如何鼓舞食慾，也都難以嚥下，然肚子饑餓，看看家人很有滋味的咀嚼着。而他呢？雖覺得就把盌筷擺了，抽身走進客室去了。

及至暮色蒼然，龐得果由街上兼程囘來，一趟就跑到客室裏，在細微的燈光下，氣息喘急的報告他的爹爹今天的情形說：「我們這次，交鍋頭運來的貨物，真是誤事！今天還沒有抵埠。落人之後，就失却了機會。更担心路上在最近期間，真是誤事！今天還沒有抵埠。所以物，是有一大批抵埠，他家曉得我們的貨在最近期的貨，竭力的委主低價賤賣，將來我們的貨的抵步時，白白的辛苦一場而外，還要蝕本。龐道仕聽了。很氣憤的說：「豈有此理！他家這樣幹，攪亂

128

市場，狡黠至極！你們可以注意着他家下次的貨物，幹他的報口！」說完，相對沈默了半晌。

騰緬旅途紀實

行者

騰緬交通路綫，向來多趨重於干崖至八募一途。對於該綫途中記載，本刊尚少發表。現在所紀述的，是把沿途所經村舍地名及所須時間，作簡略的述明。這雖說是本鄉甚至全騰的士女們走過的路，對於沿途的情形，已是瞭如指掌了。但我寫這段文字的意思，對於將要來緬甸的人們，也是一點小小的貢獻呢。

（按）這段紀錄，係以每點鐘十里馬程計算。

第一日　由家鄉至南甸

早十時。由家鄉起程。十一時到甘蔗寨。為上下旅客休息喝茶處。約二十分鐘起行。又廿五分到小河底。一點十分，過一小村。住戶三五，名沙坡。一點四十分，至熱水塘。馬脚到此必開棺。在田野間須坐臥兩點多鐘。因由家起程較遲，故本日不開棺。二點十分過一小河，名腊巴河。乘馬涉水而過。二點四十分，至鬡宋關。草屋五六十間。離關不遠，有大石橋一座，柱石三十二，但因每年兩季水泛，橋身多受剝蝕。現已倒塌無用。（但冬季亦無甚大水勢。）三點十五分至坪山。四點至新沙垻。道途多經田畝。與騰城東西街約同。此站有客店三家，旅客宿食收費大洋八角。若宿費僅二角而已。

第二日　南甸至舊城

黎明起床，收拾行李。早餐後，計時六點半。起行。過遮島，南甸司府設此。每關分署亦設於道右。出口貨如醃腊餌絲等每駄亦須納出口稅騰洋四元左右，每旅客騎馬納專鈔柒角。八點過一蔴地坡，老樹粒百株，枝葉蔽天，八點十分，由坡頂至坡脚。約經五分鐘。坡下有大河一條，水勢湍激。道經河岸約半里，卽走入嶇崛之山徑，八點四十分，至一小平原。有草屋一間，為賣茶水糖果者，可供旅客之休憩。九點半，至一樹園旁隨脚入開棺，休息一點半鐘。十二點，又起行。道途忽上忽下。曲折周轉。有一山澗，流貫凹中，旅客經此皆存畏心，俟抵坡頂，有茅屋七八間，最高處卽當地岡房，前曾闢駐騰軍獨立營已將沿途闢稅取消，並未確實，尚望當局加以注意，以減旅客之負担。此外尚有賣午食者，亦無送行標幟，每過客須納闢銀二角，但只收岡，並不保路。溝面日漸廣闊，形勢凶惡，行十分鐘，至一叉路口。溝水大時，須由此口登山越嶺，若冬季儘可順溝流而下。直上經時半點，至山頂復沿曲徑覓下十五分，至蠻軒馬棧，有寬敞之茅屋，專供脚人留宿。至坡脚，已二時四十分。又五分鐘，至朗宛。破茅舍兩間，卽朗宛岡房，每旅客納岡銀五角，也是吃岡不保路，三點二十分，過上蠻岡及下蠻岡。三點四十分，平坦之田野，路旁村落二三，只茅屋數間，至四時半，抵舊城。有客棧三五，宿食費一元或幾角不等，以招待及菜蔬之優劣為定價之該城因遭匪亂後，尚未恢復舊觀。市面之廣闊與南甸約同。

標準。

第三日　自舊城至小辛街

八時起行，經田間曲徑，九時十分至售茶處，稍事休息，十時，至馬幫開梢處，（此站路較騎馬不開梢，十時三十分至蠻璋街，四周土牆圍繞，牆外茅屋數十間，遇街期居民在此交易，十分熱鬧，平常則寂靜聲息，牆內為居民住戶及商店，但僅竹雞茅舍點綴其間而已。旅客經此多休息約一句鐘，又行經田畝二里，初見一佛塔倣街人佛塔式，蓋夷人迷信亦不讓於街人，又半時，過一小坡，有瓦屋一間，據云以前曾設崗房於此，旅客至是必納崗銀，過此後，向右轉，經叢林十分鐘，又行經田畝二里，即至小辛街，市街較上兩站稍冷靜，客棧每人收費騰洋一元，街尾設有電報分局一所，並附設郵寄代辦所。

第四日　自小辛街至蠻線

七時半起行，道途多經田畝中，八時見塔人所築佛塔於道旁，又二十分，過弄璋街，交易者多夷人，八點五十分，為干崖所建合璧式之屋子一座，專供該司官紳等免暑及遊息之用，九點四十分，經一村落，道旁有歪斜之廟宇一所，十時，至輪夫休息處，有土人於途中賣零食，十分，到姐帽村，又五分，至馬帮開梢處，即姐帽街，過一平野，有草屋及瓦屋六七間，星散建於坡頂，此全係野夷住戶，過此多竹園草野，偶遇野夷三五，但該等均係隨地覓食者，旅客見之多疑懼，而有戒心，然該等未嘗盡屬凶悍者，惟野夷藏劫之事，不時發生；故杯弓蛇影，不能無芥蒂耳，此段路多曲折迴旋，須經野夷村落二處。始抵蠻線，該站並無市街。僅有客棧及馬棧六七家，及住戶廿多間附售零食食品而已，但該站旅棧之食品則可為全途冠，每客宿食費印洋一盾。站中設有海關分卡，上下客商經此須經嚴密之檢查。由緬來者則檢其漏稅貨，由滇來者則檢其運金銀出口，消費局亦設於此，保商局前曾負有盛名，今則等於無矣。

第五日　自蠻線至芭蕉寨

八點十分起程沿途荊棘叢生。曲折迴旋，九點十分，過鐵橋一座，約長三丈餘，此為滇界第一鐵橋，橋下水勢滔滔，顯與各處之木竹橋差異，九時四十分，沿坡腰均有馬幫開梢，旅客亦息於道旁，一時，到占力卡，即滇緬交界。滇界草屋數間，野夷住於道旁，界上有五丈餘橋一座，過界後有英兵營設於坡頂，電椿亦即增添。據云電報可直達八募，道途方面，已較寬闊半輊，非若滇界之不容雙騎，崎嶇難行者矣。在此休息約一句鐘，即起行，二點四十分，至一坡腳轉灣處，旁立草屋一間，住野夷長幼三五，每遇旅客經過，即趨前索買路金，據云名為獲路者，實則英兵營所放之步哨也。三時半，抵芭蕉寨，旅店均草屋，旅費一盾，住戶亦多野夷，住戶四五間，常駐軍廿餘名。防守嚴密異常，不許過客越雷池一步，若因好奇心而往窺探者，難免不被被蠻之驅逐，此乃常有之事也。本日道途計共十七英里。

第六日　自芭蕉寨至茅草地

七時半起程，經一鐵橋後，道途依山勢迴轉。八時半，下一小坡，又一鐵橋一座。約半里許，又一座，九時半，在轉角之小坡，限有野夷之洋瓦屋三五間。十時五分，又經長約三丈餘之鐵橋。十一時，依山道之旁，與腳人心，然該等未嘗盡屬凶悍者，惟野夷藏劫之事，不時發生；故杯

開稍。約二句鐘。又起行，一點五十分，經一鐵橋，二點十五分，過一叉路口，椿號爲英兵營房之路。下途爲往緬甸之路，二點二十五分，至椿號3⅖處之叉路。該處有木牌，上書英文 ALAWPUM.據云，下途卽英營房貯藏軍械處。上途卽赴緬之路。三點鐘，到茅草地。抵站後，頃見汽車二部，載運白色人種，但英營房則多於民房。住戶只數家，旅店亦只二三，及軍警八九名。往芭蕉寨方面進行。旅客見之以爲往來八募之專車，均色然以喜。及詢之客棧主人，始知此爲軍營運兵之運軍車一部，已暫返旅棧門口招攬乘客，予等數人，於四句鐘許。卽整裝僱乘該車直往芭募，若平時欲由八募僱乘專車至該站，每部約須印洋十五盾。該晚每人只費二盾可乘客五人，登車後，但見道旁樹林山壑，向後而去，眞如風馳電掣，晚八時半卽安抵八募矣。計自芭蕉寨至茅草地，程長十六英里，由茅草地至八募，計三十英里。若不乘汽車，次日須再乘馬五小時，至西霸河，始有公共汽車可達八募，今則減少一日之程途，機器力之便利於此可見一斑。吾騰執政當局，已提倡建築滇緬公路，若能早日通車，則其便利商旅，及發展滇緬貿易，更可知矣。

轉載

班洪雜寫

（雲南老廠通訊）自班洪事件發生以還，全國人士，始注意西南邊疆情形，然因南段地域遼遠，人種不一，夷漢殊方，語言隔閡，所以其中一切，有非長時間或少數人所能盡知者，故對邊民之如何發展，邊疆之如何建設，鮮有深切之注意焉，茲因參加邊務，於今數月，凡南段純野卡瓦之地，已歷三分之一，對於邊民之生活之困苦，知識之簡陋，莫不目擊心傷，欲哭無淚，爰就見聞所及，概括述之，似為採風之一助焉。

余曾聞邊地之長者言，劉陳與司格德會勘之中止，一方面因雙方圖線之爭執，而仇英甚急，當英人駐猛角時，被卡民殺死英人，一方面因岩帥之殺死英人，傾心向我，因此中止不勘。此案發生，事雖甚小，然予對方以重大之教訓，乃不可以武力壓服。岩帥地段，作嚴密之準備，而仇英甚急，當英人入猛角董趕場時，於途中，殺死英軍二名。雙方知永和，岩帥地段，自此以後，英人知卡民之忠勇絕倫，及不可以武力壓服，乃改變對邊民之態度，而進一步作文化之侵略，派多數之傳教士，到邊地一帶傳教，以大量之金錢，買服每寨之領袖，使得深入邊區，調查情形，軆則學習卡民智語，服卡民服飾，謂人之所以得病，病之所以能療，皆上帝之靈佑使然。醫藥等事，爲卡民治病療疾，遂趁機宣傳，與卡民互相往還，以易親履，因此英人之忠勇絕倫。一班卡民，因知識簡陋之故，

信以為真，日復一日遂亦忘為其同化，而初出力毒殺英人之岩帥永和，今又首先仇中親英矣，數十年之中，已叛若兩人，故此次我方欲往該地查勘分水嶺而不可得，致有忍痛剿辦之舉，其英人文化侵略之毒辣，至斯已可概見，今後若不急起挽救，則再數十年後，恐屬我者，亦將變色矣。

洋人在南段邊地除收買漢奸，魚肉邊民，攙取邊地礦產，施行文化侵略，蠱惑卡民而外，復在未定界線以內，設營駐兵，如戶版，戶算，班遇等地，均有英人之營盤，每營至少駐兵一營。戶版地方，人民全屬擺夷，先前本為宋國梁割出，至此而英人益肆，胞兄宋忠福與馬美廷勾結投英後，遂逐國梁出，至此而英人益肆，繼因國梁無忌憚，在此築有營盤一座，駐兵死亡甚多，乃移駐於戶算，因而戶算亦駐有軍營，建築較戶版尤佳，內馱馬四千餘匹，卽用以馱爐房之礦渣者。班弄地方為馬美廷割地，共十二間，駐有英軍一營。後以此地氣候不佳，兩地為覽，

班弄頭目馬美廷者，本同教一無賴徒，幼時因事逃往夷方，繼又入班弄，因人甚機警，深得以前班弄頭目之喜，遂贅以為壻，日往月來，對班弄情形，備極稔熟，由是創生覬覦之心，追彼岳沒後，該逆卽逐岳母出而自代，自此廣集黨羽，橫霸一方，勢焰囂強，無惡不作，附近居民，為之側目，迨民二十三年冬，英

人因老銀廟礦產將盡，將謀侵略爐房金廠霸兩地，乃用金錢買服該逆，該逆遂與宋忠福等互相勾結，偽造出售爐房證據，致惹起班洪事件之發生，現該逆仍不歛迹，作惡如故，所以佈告，膽敢大書「班弄政府主席馬」等字樣，觀之令人切齒，至於親英媚英，彼則曲盡其妙。

擺夷分水旱兩種，且各有一種語言，文字，風俗，習慣，水夷較高於旱夷，旱夷較高於羅黑，卡瓦，故水夷在夷人中，且爲較進化人種，又因彼此文字在夷方通用之故，對敎育方面，故有學校司之，即俗所謂緬寺爲僧，幼後入寺爲僧，有如漢人之送兒童入學然，所受科學，純是夷文佛經，間有一二能讀四子書者，則皆貴族階級子弟，（各土司子女，或土司同宗子女，始享有此種）因此擺夷人民，均懍縱土司一人之手、夷民每每一戶之負擔，至少不下新幣七八十元，以致日常生活異常困苦，而此擺夷，又懶惰非常，既不從事工作，亦不作何貿易，祇賴田中穀米以度日，然此中所得，爲數無多，迨土司之苛捐派完，則倉廩已虛矣，擺夷每遇外侮之來，各不相謀，不論敵人之多寡，都束手無策，不如卡瓦之勇敢善戰，而所來保護者已裹應外合，大肆燒擄矣。

即如上年永和，岩師之燒殿猛角董一案，當匪未來國之先，該地已有消息，而土司人民，不思一致聯合，兵禦外侮，祇圖苟安一時，使匪得喬粧好人，偽稱到寨保護，至大部卡匪到燒猛撲時，而所來保護者已裹應外合，大肆燒擄矣。

去年五月，猛角之一家八人爲野卡所殺事，當晚野卡來寨時，地方人已多數瞥見野卡共二三十人之多，大家不思驅逐，率性祇鎗閉門，堅守不出，致使野卡得到某家屠殺，雙方爭執，懸殊之數，一室之內，八屍橫陳，茅舍竹籬，血花飛濺，吁！可哀小時，哭聲震天，而隣舍仍「見死不救」，野卡則從容不迫，取八特鎗閉門，頭而去，

矣！同隣擺夷，見此慘變，時時驚懼，然祇夜守晝眠，餘無抵禦之方，其懦弱之處，已可概見。

羅黑人種，較遜於擺夷，然仍自有一種語言，其風俗智慣，除不跳擺及幼後不入緬寺外，都與旱擺夷同，但生活非有擺夷之舒適而已，每日工作，或自耕，或備耕，以每日工作所得，必須待自身給足以後，所餘始得歸用於家庭，故家庭組織，非常簡單，且羅黑人種，烟癖甚大，男女孩童，四五齡吸草烟，十歲以上，即吸鴉片，致收入金錢，多用於此無益之消耗以內，於是貧無立錐者有之，家徒四壁者有之，即富庶之家，亦不過米百錢而已。

卡瓦分純野兩種，顧名思義，即可知其各種之性質，此兩種人，以進化而論，遠遜於擺夷，羅黑，而其性質忠誠英勇，誠有過於漢人者，凡火卽毋主子之號令一下，無不卽到卽行，雖死不懼，純卡如班洪，班弄，……彼等傾心中紹興，感賽，……野卡如紹興，感賽，……既已爲英人所惑，反對吾國，而彼雖傾心于我，亦無敢如何，明知我之感靈難犯，惟對吾國，固屬死有餘辜，而以忠言誠言，則其心確屬可嘉：以後吾國政府，能決心扶植邊民，則此等英勇誠實之人，未始不爲我用也。

誓不投英，雖英國之百般引誘，而彼終不陷於羅網，吾邊地之得以安全，廠地得以存在，皆此等人之愛國熱忱所致，又以此次永和，感勒兩地純野卡觀之，彼等王子，既已爲英人所惑，反有一死而已，以抗拒我者，固屬死有餘辜，而以忠言誠言可嘉：

縣自治法

（立法院修正通過）

第一章 自治區域

（第一條）縣為自治單位，其區域依其現有之區域。（第二條）縣之廢置及其區域之變更，應經中央政府之核准，十戶為甲，十甲為保，十保以下為鄉鎮，鄉鎮內之編制為保甲，依地方自然形勢或習慣，鄉鎮之劃分及編制，得上為鄉或鎮，但依地方自然形勢或習慣，鄉鎮之劃分及編制，得酌量變更之。縣政府所在地方，得劃分為若干區，區與鄉鎮同級，其編制亦同。縣政府所在地方，得劃分為若干區，區與鄉鎮同級，核准，並轉報內政部備案。（第四條）前條品域之劃定或變更，應經省政府之核准，並轉報內政部備案。

第二章 縣自治事項

（第五條）縣自治事項如左：一、縣戶口之調查登記事項。二、縣地政事項。三、縣財政事項。四、縣交通水利及其他工程建設事項。五、縣公營事業及合作事項。六、縣警衛治安事項。七、縣教育文化事項。八、縣衛生事項。九、縣保育救濟事項。十、縣公有財產之保管及整理事項。十一、縣名勝古蹟之保存事項。十二、其他屬於縣自治事項。

第三章 縣公民

（第六條）中華民國人民，無論男女，在縣區域內繼續居住一年以上或有住所達二年以上，年滿二十歲，經宣誓登記後，為縣公民，有出席縣民大會，本鄉公民大會，本鎮公民大會，本區公民大會，及行使選舉，罷免、創制、複決之權。（第七條）前條之宣誓登記，於鄉公所鎮公所或區公所舉行，其辦法由內政部定之。（第八條）縣公民行使選舉、罷免、創制、複決四權之程序另定。

第四章 縣民大會

之。

（第九條）縣民大會以縣公民組織之，行使選舉權罷免權創制權複決權。（第十條）縣民大會每三年舉行一次，必要時得舉行臨時縣民大會，縣民大會，于各鄉鎮區分設會場，同日舉行。（第十一條）縣民大會或臨時縣民大會，由縣長召集之，但因選舉或罷免縣長或其他縣長應迴避之事件而舉行者，由縣議會議長召集之，有全縣三分一以上之鄉鎮區，聯署提請縣長或縣議會議長召集時，縣長或議長應即召集之。（第十二條）縣民大會臨時縣民大會時，有全縣二分一以上之鄉鎮區，均各有公民總數十分一以上之到場投票，投票公民過半數之決定，始生效力，前項決定，應由召集人公告之。

第五章 縣議會

（第十三條）縣設縣議會。縣議會由縣民大會選舉之，縣議員由縣議員組織之，（第十四條）縣議員之名額，在人口未滿十五萬者七名，五萬以上未滿十萬者九名，十萬以上未滿十五萬者十一名，十五萬以上未滿二十萬者十三名，二十萬以上每滿三萬增選議員一名，但至多不得過三十名。（第十五條）縣議員任期三年，連選得連任。（第十六條）縣議會職權如左：一、議決縣預算及審核縣決算事項。二、議決縣稅及增加縣庫負擔之契約。三、議決縣有財產之經營及處分。四、對於縣財政之審計事項。五、議決縣單行規章事項。六、向縣政府建議縣政興革事項。七、議決縣長交議事項。

八、對於縣長質問事項。九、受理縣民請願事項。十、其他法律賦與之職權。（第十七條）縣議員不得兼任本縣縣政府及其所屬機關之職員。（第十八條）縣議員為無給職，但在開會期內，得酌給公費。（第十九條）縣議會設議長副議長各一人，由縣議員用無記名投票法互選之，議長或副議長因事故缺席時，應則補選。（第二十條）縣議會開會時，議長為主席，議長有事故時，副議長為主席，議長副議長俱有事故時，由議員互推一人為臨時主席。（第二十一條）縣議會每年半年開常會一次，但經縣長或縣議員三分之一以上請求，應即召集臨時會，常會會期一月，臨時會會期不得逾一月。（第二十二條）縣議會非有過半數議員之出席，不得開議，議案之表決，以出席議員過半數之同意行之，可否同數時，取決於主席。（第二十三條）縣議員開會時，得請縣長列席報告或說明。（第二十四條）縣議會決議案齊送縣長執行。縣長認決議案不當時，得詳具理由，送交復議，如出席議員三分之二以上仍執前議，對於縣長應即執行，如延不執行，縣議會得召集縣民大會，對於縣長為罷免應否之決定，經縣民大會否決時，縣議會即為能免與否之決選。（第二十六條）縣議員除現行犯外，在會期中，非經縣議會許可，不得逮捕或拘禁。（第二十七條）縣議會置書記長一人，書記二人至四人，承議長之命，辦理紀錄文書及會計庶務，縣議會在開會期內得酌用僱員。（第二十九條）縣議會議事規則，由縣議會定之。

第六章　縣政府

（第三十條）縣設縣政府置縣長一人，由縣民大會選舉之，報經上級機關給予任狀，縣長候選人，以經中央考試或銓定合格者為限。（第三十一條）縣長之職權如左：一、受省政府之監督，辦理全縣自治事項。二、受省政府之指揮，執行中央及省委辦事項。（第三十二條）縣政府公布縣議會議決之縣預算、決算、及縣單行規章。（第三十三條）縣政府於不牴觸中央及省之法令範圍內，得發布縣令。（第三十四條）縣長遇有非常事變，並得逕向各該軍隊長官調用之，縣長得呈請省政府，調用鄰近軍隊。（第三十五條）縣長任期三年，連選得連任。（第三十六條）縣長違法或失職者，由縣民大會通過後，縣議會應即解職，由縣議會推定代理縣長，於一月內召集縣民大會選舉縣長，其任期日常會常年起算。（第三十七條）能免案通過後，被能免之縣長應準用縣長任期之規定。（第三十八條）縣政府設左列各科，第一科、掌理全縣戶口之調查登記及地政事項。第二科、掌理全縣實業、交通、水利、及工程建設事項。第三科、掌理全縣財政。第四科、掌理全縣警衛治安事項。第五科、掌理全縣保育救濟及衛生事項，掌理全縣教育文化及名勝古蹟之保存事項。其他關於縣自治及執行中央行政事項，得由縣政府視事務繁簡，分配各科辦理。（第三十九條）前條所列各科，如有必要情形，由縣政府核准，得酌改科為局，或減併科數。（第四十條）縣政府置秘書一人，典守印信，辦理機要文件，並經省政府核准，承縣長之命，辦理紀錄文書、庶務，及其他不屬於各科專管事項。（第四十一條）各科置科長一人，科員一人至五人，助理員一人至四人，辦事員及僱員。（第四十二條）縣政府因行政人員任用資格及程序，另定之。（第四十四條）縣行政人員任用資格及程序，另定之。（第四十五條）縣政府因事務之必要，得由縣長召集縣政會議，會議時以縣長為主席，前項會議，秘書科長及有關係之縣鎮區長均應出席。（第四十六條）縣政府辦事通則，由內政部定之。

之。

第七章 縣財政

（第四十七條）縣財政收入如左：一、縣土地稅稅收百分之七十以上。二、縣營業稅稅收百分之三十。三、縣公有財產之收入。四、縣公營事業之收入。五、其他依法律應為縣有之收入，前項各款收入不敷支出時，得請求國庫或省庫補助之。（第四十八條）前條各款收入，至少應以總額百分之六十為辦理教育、文化、經濟、建設、衛生、治療、救濟等事業之經費，不得移作他用。（第四十九條）縣公有財產，縣公營事業，非經縣議會之議決並省政府之核准，不得抵押變賣或為其他處分。

第八章 鄉鎮區

（第五十條）鄉鎮區之鄉民大會，鎮民大會，或區民大會，以本鄉鎮區之公民組織之，開會時以鄉鎮區長為主席，但因選舉罷免鄉鎮區長或其他鄉鎮區長應迴避之事件而舉行者，其主席由到會公民推定之。鄉鎮民大會，如鄉鎮居民在二千戶以上者，得分設會場，同日舉行。（第五十一條）鄉民大會，鎮民大會或區民大會，每年開會一次，由鄉鎮區長召集之，如有特別事件，或由各鄉鎮區公民總數二十分一以上之請求時，應召集臨時鄉鎮區民大會，前項臨時會，如因鄉鎮區長迴避之事件而舉行者，由本鄉鎮區之監察員召集之。（第五十二條）鄉民大會，鎮民大會，或區民大會，臨時鄉民大會，須有本鄉鎮區公民十分之一以上之出席，出席公民過半數之同意，其決議始生效力，前項定議，應由召集人公告之。（第五十三條）鄉民大會，鎮民大會或區民大會之職權如左：一、選舉罷免鄉鎮區長副鄉鎮區長及鄉鎮區監察員。二、議決本鄉鎮區自治規約。三、議決與其他鄉鎮區間之公約。四、議決本鄉鎮區預算決算。五、議決所屬保甲提議事項。六、議決鄉鎮區應行與革事項。七、議決鄉鎮區長交議事項。（第五十四條）鄉設鄉公所，鎮設鎮公所，區設區公所，辦理本鄉鎮區範圍內關於第五條所列各款自治事項。（第五十五條）鄉置鄉長一人，鎮置鎮長一人，區置區長一人，辦理前條事項，鄉置副鄉長，鎮置副鎮長，區置副區長各一人，襄助鄉鎮區長辦理事務，鄉鎮因事實上之必要，得增置副鄉長或副鎮長或副區長，鄉鎮區長不能執行職務時，由副鄉長或副鎮長或副區長代理之，副鄉長或副鎮長有二人時，以年長者代理之。（第五十六條）鄉長、副鄉長、鎮長、副鎮長、區長、副區長、任期二年，連選得連任。（第五十七條）鄉長、副鄉長、鎮長、副鎮長、區長、副區長、均為無給職，但經鄉鎮區民大會或區民大會之議決，得酌給公費。（第五十八條）鄉公所、鎮公所、或區公所、得置助理員，或酌用僱員。（第五十九條）鄉公所、鎮公所、或區公所、為處理第五十四條事項，得召集鄉鎮區會議，鄉鎮區長，副鄉鎮區長，及所屬保長，均應出席，以鄉鎮區長為主席，鄉鎮區監察員得列席。（第六十條）鄉置鄉監察員，鎮置鎮監察員，區置區監察員三人或五人，檢舉本鄉鎮區及其他職員之違法或失職。（第六十一條）鄉鎮區監察員，監察本鄉鎮區財政之收支，認為不當時，得隨時報請縣政府糾正之。（第六十二條）前二條職權，得由監察員一人單獨行使之。（第六十三條）鄉鎮區監察員為無給職，任期二年，連選得連任。（第六十四條）鄉鎮區監察員，不得同時兼任其他自治職員。（第六十五條）鄉公所鎮公所或區公所，得調解本鄉鎮區民之民事及依法得徹回告訴之刑事案件：（第六十六條）前條調解，應召集監察員...調解會，由左列人員出席：一、鄉長鎮長或區長。二、監察員一

人。三、兩造各推一人或二人，調解會開會時，以鄉鎮區長爲主席。（第六十七條）調解須得兩造當事人之同意，方爲成立。（第六十八條）調解不得用法庭形式，並不得索取費用收受報酬及處罰。（第六十九條）鄉鎮區公民年在三十歲以上，具有左列資格之一者，得爲鄉鎮區長，副鄉鎮區長，鄉鎮區監察員之候選人。一、經自治訓練及格領有證書者。二、曾在初級中學以上學校畢業者。三、曾任地方公益事務著有成績者。五、曾任職業團體職員一年以上者。（第七十條）鄉鎮區財政收入如左：一、依法賦與之收入。二、鄉鎮區公營事業之收入。三、鄉鎮區公有財產孳息之收入。四、補助金。五、經鄉民大會鎮民大會或區民大會議決徵收之臨時收入。（第七十一條）鄉鎮區每年度預算決算案，應於鄉民大會鎮民大會或區民大會開會前，揭示於公共處所，經鄉民大會鎮民大會或區民大會通過後，應由鄉公所鎮公所或區公所報縣政府備案，並公告之。（第七十二條）鄉鎮區因遇重大災變，緊急支出，超過預算時，應先經監察員過半數之同意，再提交鄉民大會鎮民大會或區民大會追認，報縣政府備案，並公告之。（第七十三條）保置保長一人，甲置甲長一人，襄助鄉鎮區長辦理本鄉鎮區自治事項。（第七十四條）保甲條例另定之。

第九章 附則

（第七十五條）縣自治法施行法另定之。（第七十六條）本法自公布日施行，縣組織法自本法施行之日廢止之。

市自治法

立法院前日修正通過

第一章 市之設置

（第一條）凡人民聚居地方，具有右列情形之一者，設市，得隸屬於行政院。一、首都。二、人口在百萬以上者。三、在政治上經濟上有特殊情形者，具有前項二三兩款情形之一，而爲省政府所在地者，應隸屬於省政府。（第二條）凡人民聚居地方，人口在三十萬以上，而工商業發達者，得設市，隸屬於省政府。（第三條）市之廢置及其區域之劃定或變更，應經中央政府之核准。（第四條）市分爲若干區，區以內之編制爲保甲，十戶爲甲，十甲爲保，十保以上爲區，但依地方情勢，得酌量變更之。（第五條）市所屬之鄉村地方有特殊情形者，得編爲鄉鎮，準用縣自治關於鄉鎮之規定。

第二章 市自治事項

（第六條）市自治事項如左。一、戶籍之調查及登記事項。二、育幼養老濟貧救災等之設備及管理事項。三、糧食儲備及調節事項。四、勞工事項。五、合作社及互助事業之組織及指導事項。六、風俗改良事項。七、振興國貨事項。八、公安及消防事項。九、市財政事項。十、市有財產之管理及使用益處分事項。十一、市營業之管理事項。十二、地政事項。十三、公共土木工程及其他建築營繕事項。十四、市民建築工程之指導及取締事項。十五、公用事業之設備管理及監督指導事項。十六、港灣河道頭倉棧船舶之管理及取締事項。十七、教育及其他文化事項。十八、名勝古蹟之保存及取締事項。十九、公共衛生事項。二十、其他屬於

市自治事項。

第三章 市公民

（第七條）中華民國人民，無論男女，在市區域內繼續居住一年以上，或有住所達二年以上，年滿二十歲，經宣誓登記後為市公民，有出席市民大會，及行使選舉罷免創制複決之權。（第八條）前條之宣誓登記於區公所舉行，其辦法由內政部定之。（第九條）市公民行使選舉罷免創制複決四權之程序，另定之。

第四章 市民大會

（第十條）市民大會，以市。（第十二條）市民大會，由市長召集之，必要時得召集臨時市民大會，市長或臨時市民大會，因選舉或罷免市長或其他市長應迴避之事件而舉行者，由市議會議長召集之、有公民總數二十分一以上之聯署全提請市長或市議會議長召集臨時市民大會時，市長或議長應即召集之。（第十三條）市民大會或臨時市民大會，有全市公民總數十分一以上之到場投票，投票公民過半數之決定，始生效力。前項決議，應由召集人公告之。

第五章 市議會

（第十四條）市設市議會，由市民大會選舉之市議員組織之。（第十五條）市議員之名額，在人口未滿三十萬之市為十一名，人口在三十萬以上者，每滿五萬增選市議員一名，但至多不得過五十名。（第十六條）市議員每年改選三分之一，連選得連任。（第十七條）市議會職權如左：一、議決市預算及審核市決算事項。二、議決市有財產之經營及處分。三、議決市有財產之經營及處分。四、對於市財政或增加市庫負担之契約。五、議決市單行規章事項。六、向市政府建議市政興革事項。七、議決市長交議事項。八

、對於市長質問事項。九、受理市民請願事項。十、其他法律賦與之職權。（第十八條）市議員不得兼任本市市政府及其所屬機關之職員。（第十九條）市議會設議長副議長各一人，但在開會期內，得酌給公費。（第二十條）市議會議員為無給職，但在開會期內，得酌給名費。（第二十條）市議會開會時，議長或副議長用無記名投票互選之，議長或副議長因事故出缺時，由市議員用無記名投票選之，議長為主席。（第二十一條）市議會開會時，議長為主席，議長有事故時，副議長代理。議長副議長俱有事故時，由議員互推一人為臨時主席。（第二十二條）市議會每半年開常會一次，但經市議員三分一以上之請求，應即召集臨時會。常會臨時會之會期，均不得逾一月以上之請求，應即召集臨時會。（第二十三條）市議會非有過半數議員之出席不得開議，議案之表決以出席議員過半數之同意行之，可否同數時，取決於主席。（第二十四條）市議會開會時，得請市長列席報告或說明。（第二十五條）市議會決議案，咨送市長執行，市長認決議案不當時，得詳具理由，送交覆議，市長應即執行，如延不執行，市議會得召集市民大會，對於市長為能免與否之決定。前項能免案，經市民大會否決時，市議員應即全體改選。（第二十六條）市議員在會議時所為之言論及表決，對外不負責任。（第二十七條）市議員除現行犯外，在會期中，非經市議會許可，不得逮捕或拘禁。（第二十八條）市議員違法或失職時，由市民大會罷免之。（第二十九條）市議會置書記長一人，書記二人至九人，承議長之命，辦理紀錄文書及會計庶務，市議會在開會期內得酌用僱員。（第三十條）市議會議事規則由市議會定之。

第六章 市政府

（第三十一條）市設市政府置市長一人，由市民大會選舉之，市長候選人，以經中央考試或銓定資格，報經該管上級機關給予任狀，市長候選人，以經中央考試或銓定

合格者爲限。（第三十二條）市長之職權如左：一、受上級機關之監督，辦理全市自治事項。二、受上級機關之指揮，執行中央或省委辦事項。（第三十三條）市政府公布市議會議決之市預算決算及市單行規章。（第三十四條）市政府於不牴觸中央或省之法令範圍內得發布市令。（第三十五條）市長任期三年，連選得連任。

（第三十六條）市長違法或失職時，由市民大會罷免之。（第三十七條）罷免案通過後，被罷免之市長，應即解職，由市議會推定理市長，於一月內召集市民大會選舉市長，其任期自當選之日起算，市長因受懲戒處分而免職者，準用前項之規定。（第三十八條）市政府設左各局。一、社會局，掌理第六條第一款至第七款事項。二、公安局，掌理第六條第八款事項。三、財政局，掌理第六條第十七款及第十八款事項。四、工務局，掌理第六條第十九款事項。五、教育局，掌理第六條第十款事項。六、衛生局，掌理第六條第九款至第十二款事項。

（第三十九條）市政府於必要時經上級機關之核准，得增設左各局：一、地政局，掌理第六條第十二款事項。二、公用局，掌理第六條第十五款事項。三、港務局，掌理第六條第十六款事項。前二條規定各局掌理之事項，如因地方特殊情形必須變通者，得呈准上級機關劃歸他局辦理。（第四十條）前二款之市外，其餘各市之市政府，均以設科爲原則，如有必要情形，經市議會議決，得改科爲局。（第四十一條）除第一條第一款及第二款規定各局掌理之事項。

（第四十二條）各局或各科各設局長一人或科長一人，由市長呈請上級機關任命之，各局得分課辦事，科員課員均由市長委任之。（第四十三條）市政府置秘書長或主任秘書一人，秘書一人至三人，由市長呈請上級機關任命之，典守印信，辦理機要文件、庶務、及其他不屬於各局或各科掌理事項。（第四十四條）市政府因事務之需要，得聘用專門技術人員及酌用僱員。（第四十五條）市政府因事務之需要，得由市長召集市政會議，會議時以市長爲主席。前項會議，秘書長或主任秘書局長及有關係之局長，均應出席。

（第四十六條）市政府辦事通則，由內政部定之。

第七章　市財政

（第四十七條）市財政收入如左：一、市土地稅稅收百分之七十至八十五。二、市營業稅稅收，在隸屬省政府之市爲百分之三十。三、市公有財產之收入。四、市公營事業之收入，前項市公營事業之收入爲市有之收入。五、其他依法律應爲市有之收入。

（第四十八條）市公有財產，非經市議會之議決，不得移作他用。

（第四十九條）市公有財產，市公營事業，非經市議會之議決，並上級機關之核准，不得抵押變賣或爲其他處分。

第八章　區

（第五十條）區民大會，以本區公民組織之，開會時以區長爲主席，但因選舉能免區長或其他區長應迴避之事件而舉行者，其主席由到會公民推定之。（第五十一條）區民大會每年開會一次，如有特別事件或區公民總數二十分一以上之請求時，應召集臨時區民大會，前項臨時會，如因區長應迴避之事件而舉行者，由本區之監察員過半數聯名召集之。（第五十二條）區民大會或臨時區民大會，須有本區公民十分一以上之出席，出席公民過半數之同意，其決議始生效力，前項決議，應由召集人公告之。（第五十三條）區民大會之職權如左：一、議決本區自治規約。二、選舉能免區長副區長及區監察員。三、議決區交議事項。四、議決所屬保甲提議事項。（第五十四條）區設區公所，

襄助市政府辦理市自治事項，區公所辦公費，由市政府支給之。

（第五十五條）區置區長一人，副區長一人，任期二年，連選得連任。區長不能執行職務時，由副區長代理之。（第五十六條）區公所得置助理員，或酌用僱員。（第五十七條）區公所得置區監察員三人或五人，檢舉本區區長及其他職員違法或失職。（第五十八條）區置區監察員，得由本區監察員一人單獨行使之。（第五十九條）區監察員不得同時兼任其他自治職員。（第六十一條）區公所得調解本區區民之民事及依法得撤回告訴之刑事案件。（第六十二條）前條調解，應召集調解人，由左列人員出席：一、區長。二、監察員一人。三、兩造各推一人或二人，調解會開會時，以區長爲主席。（第六十三條）調解須得兩造當事人之同意方爲成立。（第六十四條）調解如不得用法庭形式，並不得索取費用，收受報酬及處罰。（第六十五條）區公民年在三十歲以上，具有左列資格之一者，得爲區長副區長及區監察員之候選人：一、經自治訓練及格領有證書者。二、曾任初級中學以上學校畢業者。三、曾辦地方公益事務有成績者。五、曾任職業團體職員一年以上者。四、曾任小學以上教職員者。（第六十六條）保置保長一人，甲置甲長一人，襄助區長，辦理自治事務。

第九章　附則

（第六十七條）市自治法施行法另定之。（第六十八條）本法自公布日施行，市組織法自本法施行之日廢止之。

實施失學民衆補習教育辦法大綱施行細則

第一章　總則

（第一條）本施行細則根據實施失學民衆補習教育辦法大綱第十條之規定訂定之。（第二條）全國超過義務教育年齡之失學民衆，在實施失學民衆補習教育六年限期內，（即民國二十五年八月至民國三十一年七月）應一律入民衆學校，受補習教育，各省市有特別情形者，得將限期縮短或呈准酌量延長之。（第三條）失學民衆補習教育，應遵照中華民國教育宗旨及其實施方針，切合實際生活之需要，使失學民衆於短期間內受到公民之教育。（注重民族意識與現代生活常識）識字教育，有便利時，並得施行自衛訓練。民衆學校課程爲國語（包括公民）、算術、樂歌、體育（施行自衛訓練者得不設體育）。（第四條）民衆學校不收學費。（第五條）民衆學校課本，由教育部編印，並斟酌地方情形，免費發給，至其他優良課本，經教育部審定者，各省市亦得採用，民衆學校補充課本，得由各省市自編，但須送由教育部審定。

第二章　強迫入學

（第六條）在民衆學校已定收容當地失學民衆之地方，凡身體健全之失學民衆，應由所在地辦理失學民衆補習教育機關，依其年齡及家庭狀況，督令入民衆學校，並得由各省市訂定強迫入學辦法。前項強迫入學辦法，應報部備案。（第七條）在實施失學民衆補習教育限期內，超過義務教育年齡之失學民衆，除依本細則第八條受民衆學校教育者，應認爲已完成其補習教育外，其曾入短期小學或普通小學肄業一年者，或已受他種訓練，及已在私塾家庭或場廠、公司、商店、受有與民衆學校程度相當之教育，經當地民衆學校考察及格予以證明者，均以曾受民衆補習教育論。

第三章　施行程序

（第八條）各省市應於民國二十五年度令飭所屬縣市，依照自治區坊鄉鎮之區域（自治組織尚未完成者，得照保甲制或原有鄉村之區域）為實施失學民眾補習教育之單位，分期設立民眾學校。

（第九條）各縣市所設立之民眾學校或公共機關，至少應有半數為單獨設立，其餘得附設於各級學校或公共機關。第一年度內，大縣應設立四十校，中縣三十校，小縣二十校，以後每縣市每年應增設二十校。每校每年可辦兩期，共計四班，每班五十人，計每校每年可教二百人，計全縣……每日教學約二小時，教學時間，得在假期或夜間行之（在鄉村地方應避免農忙時間），各以四個月為完成期（必要時得縮短為三個月或延長為六個月，但教學總時數不得少於二百小時）。

（第十條）凡超過義務教育年齡（十二歲）之失學民眾，均應入校學習，但應先自十六歲至三十五歲之男女實施，繼續推及年齡較長及較幼之民眾。民眾學校之分班，在應受補習教育人數較多之地方，得依年齡、性別、或職業種類，分別編級授課。

（第十一條）各縣市除在本辦法大綱施行細則頒布以前，已設立之民眾學校，應繼續辦理，仍應遵照本細則之規定，分年增設足額。

（第十二條）實施失學民眾補習教育，各省市應依照實施失學民眾補習教育辦法大綱及本細則之規定辦理，其有特殊情形必須變通者，應呈請教育部核准備案。

（第十三條）各省市應根據實施計劃之規定，擬具各省市六年實施計劃大綱，並將第一年度詳細實施計劃，至遲於二十五年九月十五日以前，呈送教育部，以後每年度詳細實施計劃及上年度實施經過，均應於七月十五日以前，呈報教育部備核。

第四章　師資

（第十四條）單獨設立之民眾學校，其班數在兩班以下者，設校長兼教員一人，其班數在兩班以上者，得增加教員。

（第十五條）教育部於必要時，在中央設立民眾教育師資幹部講習班，由各省市選派辦理民眾教育人員來京講習，講習完畢，仍回各省市辦理訓練民眾學校師資事宜。

（第十六條）各省市應自實施失學民眾補習教育開始後，分區設立民眾教育師資訓練班，招收相當於初級中學畢業程度之學生（教育不甚發達之地方，得兼收高小畢業程度之學生），予以一月至兩月之訓練，其課程以充實民眾學校教材，及教學方法，及自衛技能為中心訓練，期滿考試及格者，充任民眾學校校長或教員。各省市並得斟酌情形，令派公務人員……

（第十七條）各省市各民眾學校校長或教員之師資，得由附設機關，指定文理清通，常識豐富人員充任之。

第五章　校舍設備

（第十八條）各鄉鎮單獨設立之民眾學校，得充分利用當地原有機關學校或公所祠堂寺廟等房屋，並得借用或租用民房，其無可利用或租借者，得暫建極簡單之棚舍應用。

（第十九條）各鄉鎮民眾學校單獨設立者，應在六年期內，逐漸充實設備，以備改為小學或其他民眾教育機關之用。各重要鄉鎮民眾學校施教之桌椅無可利用者，得由學生自備。

（第二十條）各鄉鎮民眾學校施教之附屬設備，如播音電影等，由教育部斟酌各地力情形，予以補助。

第六章　經費

（第二十一條）辦理失學民眾補習教育機關之經費，在省區所屬各縣市者，以省縣市斟酌分擔為原則。在直轄市者，由市政府統籌。

（第二十二條）省市失學民眾補習教育經費，應按照地方情形，在……

省市教育經費項下，及在省市總收入項下，提出若干成，或指定專款充之。（第二十三條）縣市失學民眾補習教育經費，應按照地方情形、指定學產，或特種捐稅充之，並得勸導人民盡力捐助。

第七章　機關

（第二十四條）失學民眾補習教育之實施，中央由教育部主辦之，各省市由省市主管教育行政機關主辦之，各縣市由主管教育行政之科局主辦之。（第二十五條）各縣市應分區指定民眾教育館，或中心民眾學校，或其他主要民眾學校，擔任各該區民眾學校輔導考核之責，並彙辦全區播音教育及電影教育等事宜。

第八章　獎懲

（第二十六條）失學民眾補習教育辦理之狀況，於地方行政人員考核時，應視為特別注重事項。（第二十七條）人民捐助辦理失學民眾補習教育者，得照捐資與學獎勵辦法，從優獎勵之。（第二十八條）關於推行失學民眾補習教育之獎勵辦法，由教育部另定之。

第九章　附則

（第二十九條）本細則自公佈日施行。

會務報告

本會第十一週年大會會議報告表

提案數號	提案內容	議決案及執行方法與執行者
1	本鄉理事會請撥款建築圖書館經費案	以本會某種收入及寸子葊君捐款撥充建築費外不敷者由募捐而得補充之在捐款未募集以前若急需用款時可由本鄉向外借用俟收入時償還之惟對於建築務須力求實力俭約去
2	請由駐緬理事會組織圖書館募捐委員會辦理募捐事宜案	照辦並推定各地職員捐委員會人名表（附各地募捐委員會人名表）
3	請本會各機關負責辦理圖書館獎勵辦法案	照辦
4	請追認本會總章第十一章第六十五條至七十四條之新規定案	通過
5	請下屆執行第十二號改用複選制之本會職員大會議決案之規定案	照辦
6	請增加組織本會各分會及劃分其區域案	除原有三個分會外增組密支那第四分會九洞第五分會果顧第六分會皎脉第七分會八募第八分會（附各分會區域暨分表）
7	教務駐緬委員會之存廢問題案	該委員會仍然存在除上屆各職員連任外並推舉李變臣尹以忠為教務委員
8	咨請本鄉教委會對於初小五十二年級學生超過五十八人時應添聘教員分班教授案	咨本鄉理事會照辦
9	請執行第十週年大會之議決案關於○○○教職員之取締案	咨請本鄉理事會執行

142

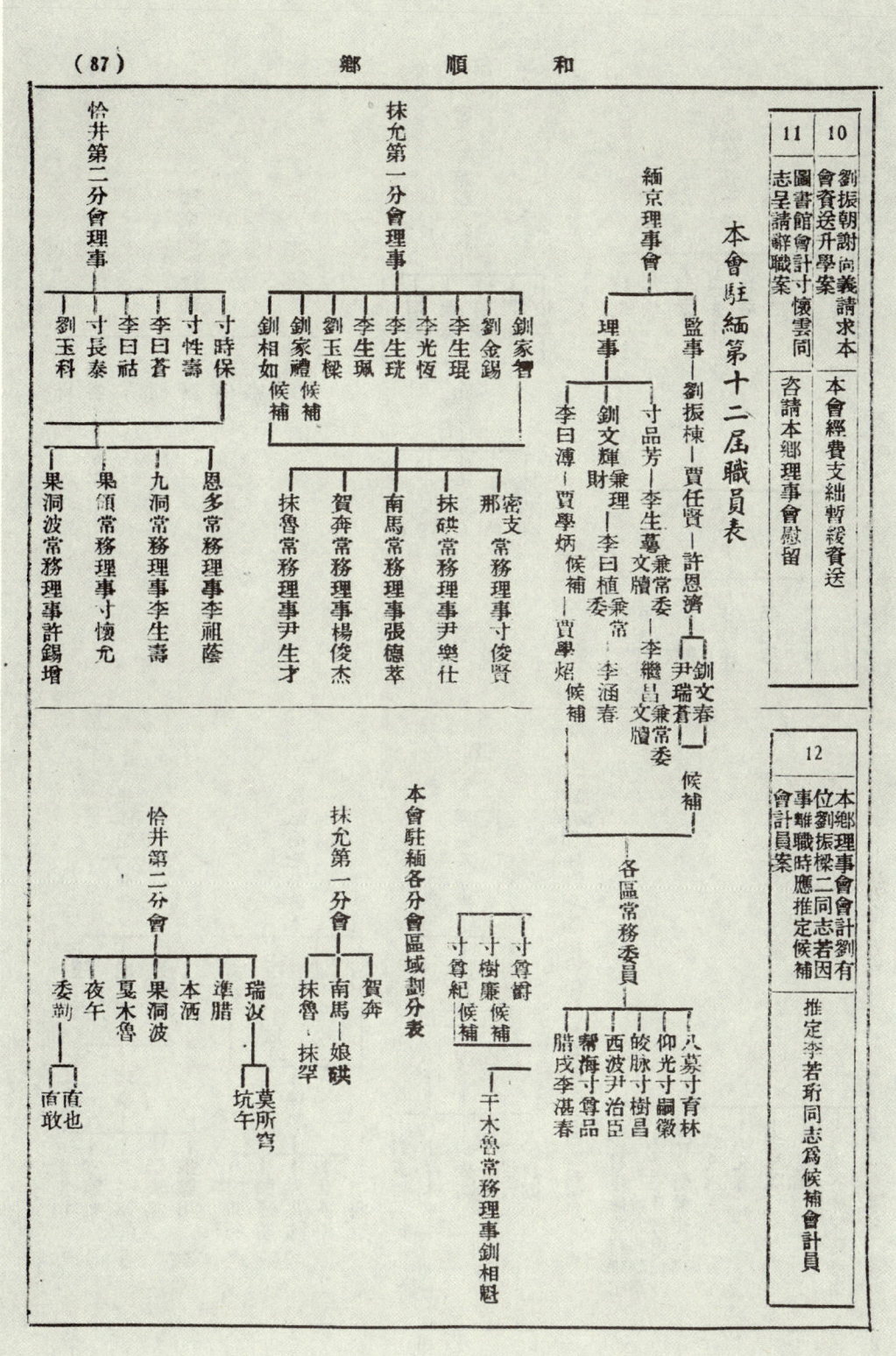

本會駐緬第十二屆職員表

緬京理事會
　監事——劉振棟——賈任賢——許恩濟
　　　　　　　　　　　　　釧文春
　　　　　　　　　　　　　尹瑞蒼　候補
　理事——寸品芳——李生蓉兼文牘
　　　　　　　　　　　李曰植兼常委——李繼昌文牘
　　　　　釧文輝兼理——李曰植委兼常——李涵春
　　　　　　　　　　財——
　　　　　李曰溥——賈學炳候補
　　　　　　　　　　　　賈學焜候補

各區常務委員
　　八募寸育林
　　仰光寸嗣徵
　　皎脉寸樹昌
　　西波尹治臣
　　幫海寸尊品
　　臘戌李湛春

本會駐緬第一分會理事
抹允第一分會理事
　釧家智——那居常務理事寸俊賢
　　　　　密支常務理事寸俊賢
　李生珌——抹礄常務理事尹樂仕
　李光恆——南馬常務理事張德萃
　李生琨——賀奔常務理事楊俊杰
　李生珊候補——抹魯常務理事尹生才
　劉玉樑候補
　劉金錫——恩多常務理事李祖蔭
　釧家禮候補——九洞常務理事李生壽
　釧相如候補——果領常務理事寸懷允

恰井第二分會理事
　寸時保
　寸性壽
　李曰蒼
　李曰祜
　寸長泰
　劉玉科——果洞波常務理事許錫增

本會駐緬各分會區域劃分表
抹允第一分會
　賀奔
　南馬——娘礄
　抹魯——抹罕
　寸尊爵
　寸樹廉候補
　寸尊紀候補——干木魯常務理事釧相魁

恰井第二分會
　瑞汶——莫所宵
　準臘——坑午
　夏木魯
　本洒
　果洞波
　夜午——委勒——直也
　　　　　　　　直敢

10　本會經費支絀暫緩賚送
　劉振朝謝尚義請求本會賚送升學案

11　本會經費支絀暫緩賚送
　圖書館會計寸懷雲同志呈請辭職案　咨請本鄉理事會慰留

12　本鄉理事會會計劉有位劉振樑二同志若因事離職時應推定候補會計員案
　推定李若玎同志為候補會計員

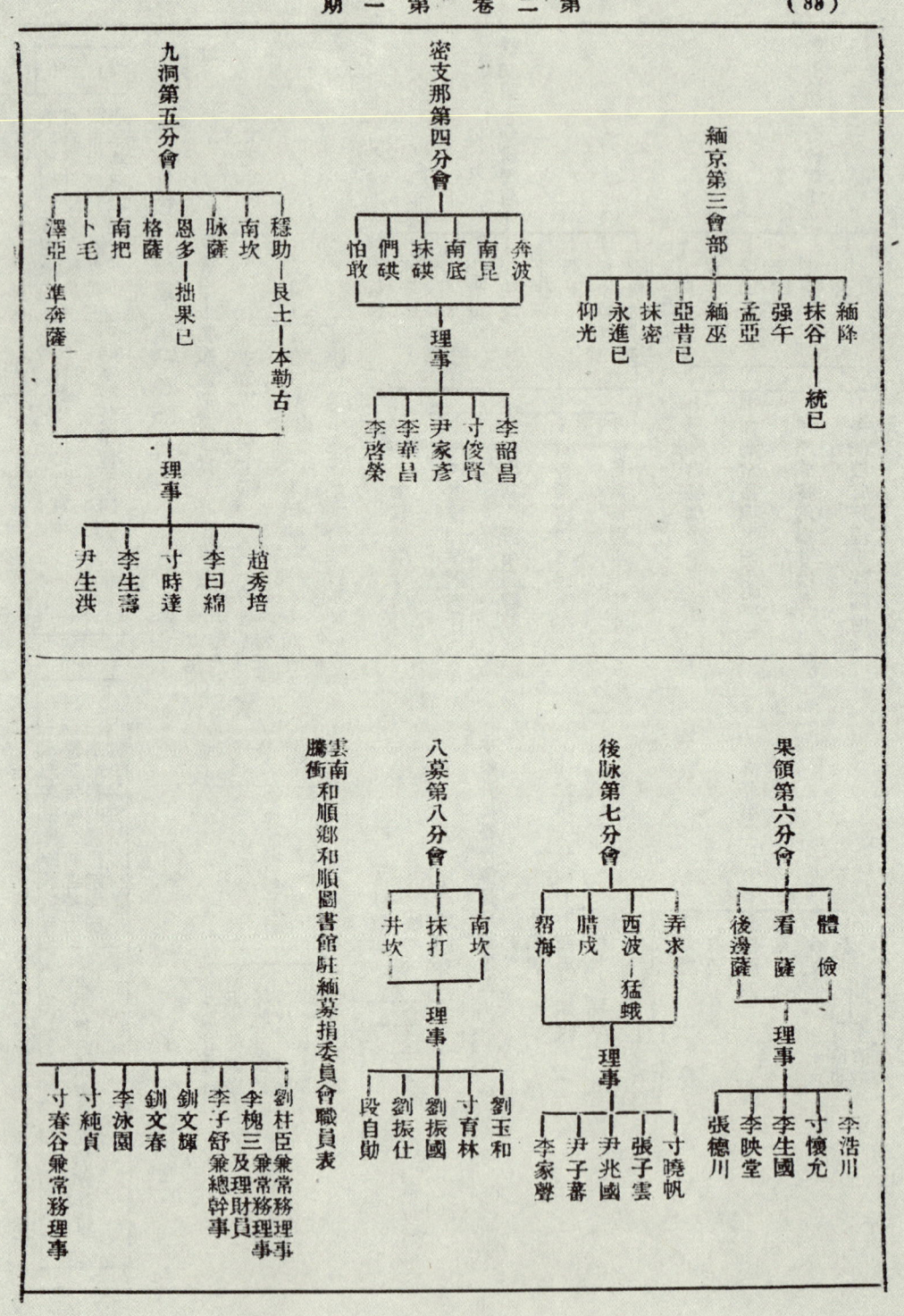

144

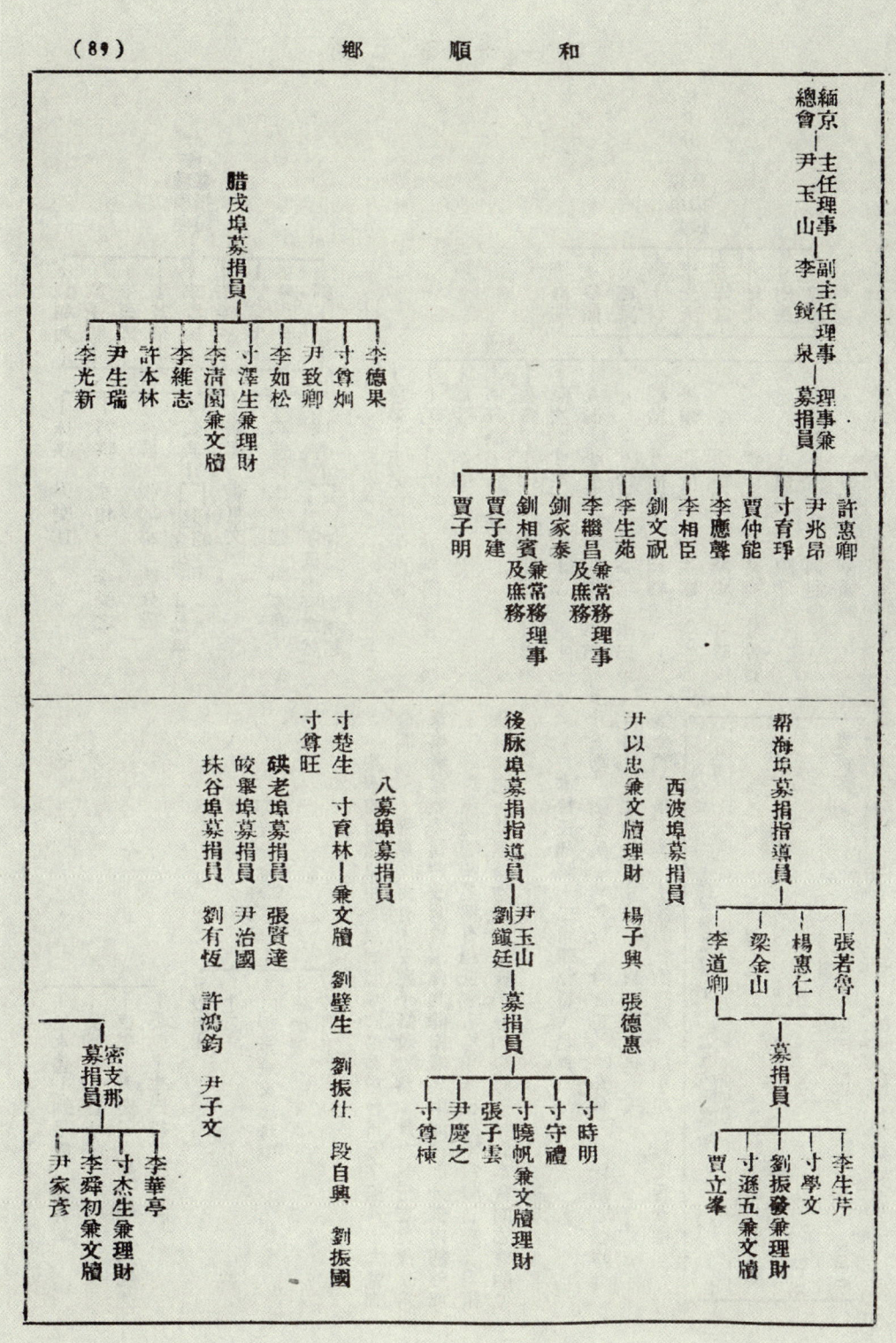

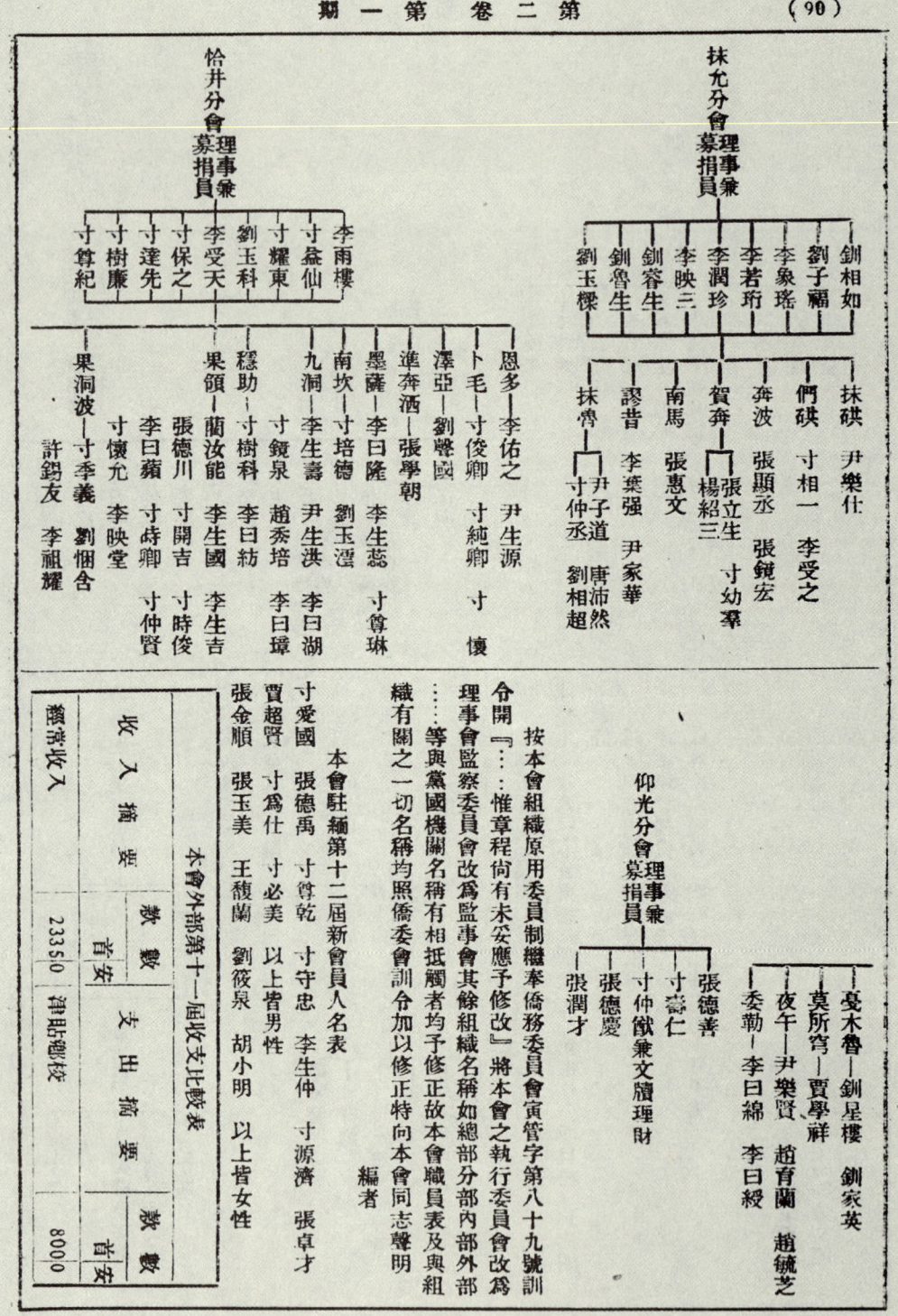

抹允分會理事兼募捐員

- 釧相如 —— 抹碘　尹樂仕
- 劉子禧 —— 倜碘　寸相一　李受之
- 倜碘
- 李象瑤 —— 奔波　張顯丞　張鏡宏
- 李若珩
- 李潤珍 —— 賀波　張立生　楊紹三　寸幼犖
- 李映三 —— 南馬　張惠文
- 釧容生 —— 謬昔　李葉强　尹家華
- 釧魯生
- 劉玉樑 —— 抹膂　尹子道　寸仲承　唐沛然　劉相超

仰光分會理事兼募捐員

- 張德善
- 莫所竇 —— 賈學祥
- 夜午　尹樂賢　趙育蘭　趙毓芝
- 委勒　李日綿　李日綬
- 葽木魯　釧星樓　釧家英
- 張壽仁
- 寸壽仁
- 張德慶
- 寸仲猷兼文牘理財
- 張潤才

恰井分會理事兼募捐員

- 李雨樓
- 劉玉科
- 寸耀東
- 李受天
- 寸保之
- 寸達先
- 寸樹廉
- 寸尊紀

分支：

- 恩多 —— 李佑之 —— 尹生源
- 卜毛 —— 寸俊卿 —— 寸純卿 —— 寸懷
- 澤亞 —— 劉馨國
- 蓬奔洒 —— 張學朝
- 墨薩 —— 李日隆 —— 李生惢 —— 寸尊琳
- 南坎 —— 寸培德 —— 劉玉漣
- 九洞 —— 李生壽 —— 尹生洪 —— 李生湖 —— 李日漳
- 穩助 —— 寸樹科 —— 李日紡
- 果領 —— 蘭汝能 —— 李生國 —— 李生吉
- 李受天 —— 果領
- 張德川 —— 寸開吉 —— 寸時俊
- 李日蘋 —— 寸峙卿 —— 李映堂 —— 寸仲賢
- 劉玉科 —— 趙秀培 —— 李日璋
- 賈超賢 —— 寸爲仕 —— 劉筱泉
- 張金順 —— 張玉美 —— 王馥蘭 —— 胡小明
- 果洞波 —— 寸季義 —— 劉惆含
- 許鈞友 —— 李祖耀

按本會組織原用委員制繼奉僑務委員會寅管字第八十九號訓令開『……惟章程尚有未妥應予修改』將本會之執行委員會改為理事會監察委員會改為監事會其餘組織名稱如總部分部內部外部……等與黨國機關名稱有相抵觸者均予修正故本會職員表及奧組織有關之一切名稱均照僑委會訓令加以修正特向本會同志聲明

　　　　　　　　　　　　　　　　編者

本會駐緬第十二屆新會員人名表

寸愛國　張德禹　寸尊乾　寸守忠　李生仲　寸源濟　張卓才　以上皆男性
賈超賢　寸爲仕　以上皆男性
張金順　張玉美　王馥蘭　胡小明　劉筱泉　以上皆女性

本會外部第十一屆收支比較表

收入摘要	款數（音安）	支出摘要	款數（音安）
經常收入	2335:0	津貼學校	800:0

和順鄉

摘要	款數（省安）
年捐及特別捐收入	1240
入會金收入	440
收入共計	25030

摘要	款數（省安）
資送學生津貼費	2000
津貼圖書館俱樂報費	1500
刊物會經費	22013
週年會經費	255｜12
特別委員會基金項	468
津貼本鄉經費	1000
郵選教育基金慰項	13310
郵電零星印刷各費	1862
盈餘	4103
共計	25030

摘要	款數（省安）
津貼圖書館俱樂報費	2500
刊物會經費	2000
週年會經費	3000
郵電零星	500
共計	19000

和順圖書館緬甸總理臨財政收支表（民國念五年份）

收入摘要	款數（省安）	支出摘要	款數（省安）
崇新會津貼來	2500	崇新會津貼款由上眼放支	1250
捐款收入	33812	本基放出	1000
圖書代辦部收入	10921	匯還商務印書館辦事	129413
本金收入	1500	匯還上眼不敷	2｜1
什款收入	110	定印光報一份	270
息不收入（註本年息銀收入一部份歸入下眼）	713	購辦部退還入款	40
素捐處由崇奴匯票款來	66	賀壽人情贈物	130
（尚有于樂代經手移交第一二三屆數捐匯移交支）	35	郵電零星	619
兩批不敷		印刷費（從審集成募捐紀念錄印費在內）	188

（編者按）本屆因自費辦理會員公民資選舉事宜故本年是郵電費較各屆增加應代聲明及三屆分部國大代表

本會外部第十二屆支出預算表

摘要	款數（省安）
支出	
本鄉教育經費津貼	800
資送學生津貼	200
津貼本鄉理事會經費	1000

編輯委員會第一屆經費收支表

收入摘要	款數 首|安	支出摘要	款數 首|安
匯滬華豐印刷所印費	220|13	總務經支	210|0
購稿紙贈各投稿人及郵	$250	匯滬華豐印刷所印費	
向滬經理處借用	30|0	購稿紙贈各投稿人及郵	4|0
		郵寄各處及刊物運印	45|13
共計	250|13	共計	250|13

（編者按）本屆因附印本會章程一千冊印費在內故支出稍增理應聲明

收入共計 18672	
編委會移借去（現數已在下眼開還）一條	30|0
代鄉校兒童器樂各費	69|3
代鄉校兒童遊藝第一屆小獎	7|13
圖書文件運費（入素恩和賬年代墊書在內）收款	28|14
購付本館用品及揀本館收款	85|5
支出共計	18672

經本年郵電費因匯款關係曾拍兩電一電支去電費廿二首故郵電費支出較多理應聲明

經理寸錕徽附識

和順圖書館謝啟

本館蒙熱心同鄉同志捐贈圖書經費茲將各台銜列下藉伸謝悃

彭脉尹玉山先生捐印洋二百首
無名氏捐來一百首
劉棟之君捐十三首
張德順君捐三十首
張存仁君捐五首
唐沛然君捐三首
尹俊仁君捐三首半

尹繼周君捐五首
李華廷君捐五首
李舜文初君共捐五首
寸鶴蘭女士捐二首
尹家育君捐八首
李兆漢君捐二首
李俊仁君捐三首

寸杰生君捐五首
賈秀瓊女士捐一首
李受之君捐三首
張德慶君認捐建築費一百首

尹志仁君捐贈勤奮體育一份月報

中華民國廿六年三月三十日
和順圖書館啟

和順音樂社鳴謝啟事

敝社蒙諸熱心同鄉發起募捐，向滬購辦音樂，使敝社得以組織成立，不特敝社之幸，亦家鄉社會風俗改革之開端也。蓋舊時

音樂雖有可取，但已不合時代，而際茲廢除舊禮敎，提倡新禮儀之際，凡公共團體之集會，及於國家慶典，以至於私人婚喪慶悼，亦莫不以新式音樂爲適合潮流。本社組織成立，將來廢除舊式音樂，而對於風俗之改良，禮節之刷新，亦不無小補，敝社向滙購辦樂器倘餘，特將捐者芳名錄刋於後，藉伸謝悃，其敝社向滙購辦樂器倘未寄到，一俟到時，又當公佈，尚祈捐款諸君原諒。

玉順與寶號捐印洋一百元
李鈺泉先生捐印洋一百元
李浩川先生捐印洋一百元
文瑞記寶號捐印洋一百元

寸仲歈先生捐印洋一百元
楊少三先生捐印洋三十五元
李受天先生捐印洋廿五元
劉悃含先生捐印洋廿五元
釧星樓先生捐印洋十五元
釧嘉英先生捐印洋十五元
許惠卿先生捐印洋十元

以上十一條共來印洋六百三十元

民國念六年三月念五日

雲南騰衝和順音樂社謹啓

旅緬和順崇新會章程（民國廿六年呈請僑務委員會修正）

（仰本會會員注意保存）

第一章　總則

第一條　本會定名爲和順崇新會

第二條　本會以謀精誠團結及地方社會之進展爲宗旨

第三條　本會設於緬甸及雲南騰衝縣和順鄉

第四條　本會會員不分性別凡年滿廿歲而屬本鄉籍貫確能遵守本會會程者均得入會

第五條　會員入會時須得本會會員二人之書面介紹或口頭介紹照章繳納會金填具志願書表經所請求之分會理事會認可後方得爲本會會員

第六條　會員入會後須在所屬機關領取證書其證書由本會理事會制定頒給之

第七條　會員移居時須在原駐地方之分會報告並向所到地方

第二章　組織及職權

第八條　本會設理事十五人候補理事五人組織理事會監事七人候補監事三人組織監事會其人選由本會會員選舉之並以本會所在地會員爲限但爲便利會務起見若本會所在地字衆望之人數不足時得由與理事會所在地之鄰近各埠之會員中選舉三分之一惟鄰近之埠相距理事會所在地不得超過二十英里具有被選舉理監事資格之各埠列左

第九條　之分會登記同時即爲所到地方之會員

1.抹允與南馬或賀弄埠

2.恰井與果洞波或果領埠

3.其餘各埠相近合於法定距離及會員能勝任負責者

149

第十條　本會理事遇故離職時由候補理事依次遞補之
省得被選

第十一條　本會理事會之職權如下
甲　代表本會對外關係
乙　執行全體代表大會及臨時代表大會之議決案及各分會之請求案
丙　組織本會各分會
丁　選派出席各分會代表大會之代表

第十二條　本會理事會按會務之繁簡應隨時召集理事會議會議時候補理事亦得列席惟無表決權

第十三條　本會理事會互選常務理事三人組織常務理事會在理事會閉會期間執行會務對理事會負其責任

第十四條　理事會須將其辦理經過情形隨時通告各分會

第十五條　理事會遇有重大事件發生不能解決時須通告各分會取決之

第十六條　各分會遇有特別事件發生而該項事件屬於各地區域性質者理事會得派代表赴各分會執行會務

第十七條　理事會於必要時得設特種委員會以辦理特種事務

第十八條　監事會之監事人選以本會所在地之會員為合格惟本會所在地乎衆望之人數不足時得由鄰近各埠之會員中選舉三分之一惟該會常務監事之人選以本會所在地會員為限

第十九條　本會監事會遇故離職時由候補監事依次遞補之

第廿條　監事會之職權如下
甲　稽核本會之財政出入與贏虧
乙　考察本會會務之進行

第廿一條　監事會互選常務監事一人執行會務對監事會員負其責任
丙　考察本會職員服務之成績
丁　審查本會各分會之設施是否根據本會宗旨及章程之規定

第廿二條　監事會開會時候補監事亦得列席惟無表決權

第廿三條　監事會得派監事赴各分會執行會務

第廿四條　監事會對於本會各分會理事會所執行會務認為失當時得令其暫停執行付諸討論

第廿五條　分會設理事五人候補理事二人組織理事會其八選由分會會員大會選舉之

第廿六條　分會理事會互選常務理事一人於分會理事會閉會期間執行會務對分會理事會負其責任

第廿七條　分會理事會之職權如下
甲　執行及採納本會理事會之命令令分會會員大會之議決案及各會員之報告與建議
乙　召集分會會員大會

第廿八條　分會會員大會

第廿九條　分會理事會開會時候補理事亦得列席惟無表決權

第卅條　分會理事會遇故離職時由候補理事依次遞補之

第卅一條　分會理事會須將會務進行情形隨時報告本會並通告各會員

第卅一條　分會會員對於本會理事會之設施認為失當時得提出抗議請其暫緩執行付諸討論

第卅二條　本會最高機關為全體代表大會分會最高權力機關為

第三章　會議

分會代表大會

第卅三條 全體代表大會每年舉行一次與週年紀念會同時同地舉行之惟本會理事會認為必要或經三分之一以上分會之請求亦得召集臨時代表大會

第卅四條 本會理事會遇有不得已情形對於全體代表大會之召集得通告展期惟不得超過一月

第卅五條 各分會或會員遇有所提議其提案須於大會前十日寄到於本會以資審查

第卅六條 全體代表大會由各分會會員中選舉若干人為代表組織之其代表人數多寡由本會理事會決定之

第卅七條 全體代表大會由各分會全體會員大會所產生

第卅八條 全體代表大會及臨時代表大會分為甲乙二種甲種大會為乙種大會為臨時代表大會

甲 會議性質 本會代表大會之組織法茲制定如下

甲種會議

子 全體代表大會本會理監事為當然代表得出席會議候補理監事得列席會議

丑 全體代表大會以全體代表四分之三之人數出席為法定人數代表因事不能出席時得經大會主席團之許可派代表自代

寅 被選代表須絕對遵守本會議場規則及大會臨時之規定

卯 代表大會為各分會會員大會之委托機關對各分會會員大會負其責任

辰 代表大會閉幕時應將議決案向全體會員知告閉幕後仍以會員大會名義通告各分會轉知全體會員

丙

巳 非代表之赴會會員亦得列席於大會但有發言權而無表決權

午 經濟處理委員會委員之被選資格不以代表為限非代表亦得被選為委員

乙種會議

1. 臨時代表大會由本會推舉七人各分會各推舉四人為代表

2. 臨時代表大會除（一）項之規定應派各分會代表外於必要時得由本會指派各分會為會議性質所需要之專員其資格以人材為標準而不以平均分配為標準

3. 各分會因特別情形不能派足法定代表人數時所在地會員凡本會會員皆有被選為代表之權至少亦須派代表一人（代表人選不限於分會）若任何一分會不派代表則臨時代表大會不能成立惟事前對大會表示默認者不在此例

4. 臨時代表大會出席會員皆得適用全體代表大會丑項之規定

5. 臨時代表大會代表應絕對遵守本會議場規則及大會臨時之規定

6. 本會理監事亦得列席臨時代表大會但有發言權而無表決權

第卅九條 全體代表大會之職權如下

甲 接納及末行本會理事會及其他各分會之報告與建議

乙 修改本會章程

丙 決定本會應進行之事務及其步驟

丁 選舉本會理監事

戊 於必要時組織特種委員會

已 決定全年預算案及審查決算案

庚 處理經濟

第四十條 全體代表大會及臨時代表大會議決事件全體會員須遵守之

第四十一條 全體代表大會及臨時代表大會已決未決各案於閉會後由本會理事會製成冊表通告各分會

第四十二條 分會會員大會每年舉行一次但遇本會理事會命令該分會認為必要或三分之一以上之會員請求時亦得名集臨時會員大會

第四十三條 分會會員大會之職權如下

甲 接納及採行分會理事會及會員代表之報告及建議

乙 決定分會會務之進行

丙 選舉分會理事

第四十四條 會造成冊表報告本會並通告所屬各會員

第四章 選舉及任期

第四十五條 舉慣例不得有潦草污染塗抹等弊

第四十六條 本會職員用複選制由本會選舉若干人為候選員然後由全體會員由候選員中票選之

第四十七條 各分會理事由各該分會會員用普選法選舉之

第四十八條 選舉時不得徇私舞弊如有上述情弊發生經任何一分

第四十九條 會證實提出不信任案時該選舉即為無效須另行改選被選人不得兼任二職惟經全體代表大會之許可者不在此例

第五十條 代表大會代表於大會終了時其任務即為終了但須向所代表之機關報告會議之經過及結果

第五十一條 本會及各分會職員之任期為一年但期滿後得連選連任

第五十二條 各分會理事及常務理事如有違反本會宗旨及章程之措施經本會監事會認為必要時得提出彈劾並暫時或長期停止其職務

第五十三條 被停止職務之職員如有不分理由對職務之停止不服時亦得提出抗議請求全體代表大會覆決之

第五章 經濟

第五十四條 本會經費以會員所納之會金特別捐年捐及其他收入充之

第五十五條 本會會員入會金納繳幣二首特別捐則由會員自由捐輸

第五十六條 會員無故下納年捐至三年者得永遠或暫時停止其會員資格惟居處邊遠無法寄帶者不在此例

第五十七條 本會收入款項除照預算案支出外餘者存作基金放存生息

第五十八條 本會以週年紀念會為收放款時期其經濟處理辦法由全體代表大會選舉經濟處理委員組織經濟處理委員會處理之

第五十九條 本會經濟處理條例另定之

第六章 會務

第六十條　本會以服務社會為宗旨對於家鄉一切事務尤須竭力進行使家鄉達於現代社會化之域

第六十一條　本會對於家鄉急應進行辦理者如左
甲　教育之革新與普及
乙　風俗之改良
丙　社會新事業之建設

第七章　會規

第六十二條　本會會員須絕對遵守本會會規不得違犯致影響於會務前途

第六十三條　本會會員如有左列行動之一則由該管機關以書面勸導之使其自新
甲　不尊重自己人格者
乙　不守中政府及居留地政府法律者
丙　仇視或嫉忌本會會友者
丁　擅自加入不經政府許可及與本會宗旨相反之一切團體者

第六十四條　會員有左列行動之一經本會理事會及監事會調查屬實者得暫停或永遠停止其會員資格
甲　損壞本會或本鄉名譽者
乙　違反本會宗旨阻撓本會會務之進行者
丙　對於會務有破壞行為者
丁　假藉本會名義招搖生事或假公濟私者
戊　有不正當行為犯刑事處分者
己　違反第七章第六十三條各款屢勸不改者

第六十五條　已被停止會員資格之會員對於本會輕濟捐納概不退還

第六十六條　已被停止會員資格之會員有不服者得向代表大會伸訴之

第八章　權利義務

第六十七條　會員有不幸變故困苦無告或疾廢無能者得享本會之救濟

第六十八條　會員有無故被人侮辱者應享本會之援助代為伸雪之
會員有內爭者應由本會代為排解之

第六十九條　會員有喜愛事故報告本會後慣例之慶弔
會員死亡如不幸而無戚族代理善後者本會當為安善處理之

第七十條　凡忠實服務之會員不幸死亡時本會當開特別追悼會以紀念之

第七十一條　會員有享受本章程一切權利之權

第七十二條　會員有為本會服務之義務

第七十三條　本會會員有為本會服務之義務

第七十四條　本會會員有監督各職員之權限

第九章　附則

第七十五條　本章程如有未盡善處得於代表大會時修正之

第七十六條　本章程由會員代表大會通過呈奉主管機關核准施行

▲附錄

本會駐緬理事會及本鄉理事會辦事規則

（1）本會駐緬理事會章程適用於本鄉理事會

（2）駐緬理事會與本鄉理事會之組織地位平等對於服務社會之一切工作以駐緬理事會為理財及咨詢機關本鄉理事會為委託執行機關

（3）凡本鄉理事會應行會務由駐緬理事會議決後咨請本鄉理事會執行之

（四）本鄉理事會執行駐緬理事會之議決案時在本會經濟力可能範圍內駐緬理事會負其責任

（5）駐緬理事會議決各案咨請本鄉理事會執行若本鄉理事會認為不便執行而有充分理由時得向駐緬理事會請求覆議將原案修正之

（6）駐緬理事會對於本鄉理事會請求覆議之案件須依法覆議之

（7）本鄉理事會議決重要案件其性質與駐緬理事會有連帶關係或須駐緬理事會負責合作者須徵求駐緬理事會之同意然後執行之

（8）為本鄉理事會務進行便利起見駐緬理事會於必要時得組織特種委員會與本鄉理事會合作以收集思廣益之效

（9）本鄉理事會所屬各部經濟之職員為經濟之保管安全計於必要時得由駐緬理事會選定本鄉理事會員咨請任用之

本會經濟處理條例

（1）本會經濟之處理依據總章第五章第五十九條之規定處理之

（2）每柱放款以五百首為率每人祇能借用一柱經承還保人之擔保及經濟處理委員會之認可始得借用借銀人只能以個人名譽借用不能以以商號名譽借用

（3）承還保人每人祇能担保一人不許二人互相交換担保及同夥互保

（4）本會經濟借期一年以本會週年大會期十一月九日上午十二時前為償還之期不得逾限

（5）放款利率月息一分二五但經代表大會之議決得增減之

（6）借款人及承還保人只限本會會員凡經經濟處理委員會之指定有借用資格者被指定人不得推諉

（7）本會理事會須於週年紀念會期前二月照會債務人及承還保人

令其預備至期本息清繳若遇必要時得提前收回該款之一部或全部經本會照會指定清償日期後該債務人卽須按期本息清償

（9）於必要時得按月收回利息債務人不得拖延

（10）債務人如有逾期不還月息生息外按月罰銀十首以禁效尤

（11）債務人逾期不還本會因其逾期而有特別支出時須由債務人負責償還

（12）債務人逾期不還經本會限於五日內清償時若仍無完滿答覆者卽向承還保人追收本息清償不得推諉卸責若債務人與承還保人均拒絕償還經本會認為必要時得以法律解決之

（13）債務人不能償還如一月以內經承還保人代為償還後該承還保人得照本會第九項所規定之罰款本息援助承還保人向債務人依法追收

（14）本條例自公佈日施行有效

本會會場規則

（1）本會開會時因事不到會者須具假單向常務理事請假若缺席而不請假者罰一首但有特別事故者不在此例

（2）本會會員或代表到到須簽押處簽名

（3）本會會場分設男女二部

（4）本會開會時赴會者須按時出席並不得着縐人衣服入場後不得嬉笑喧嘩交頭接耳及吸烟等弊

（5）發言人發言時有不同意者須待其言畢始可發

（6）發言時必須起立以昭鄭重

154

7　議一事未畢時不得更議他事

8　議事未畢時不得擅自離席

和順崇新會教務駐緬委員會組織條例

1　本委員會依據第十屆臨時代表大會對於鄉校之各種議決案負籌劃進行之責

2　本委員會並爲本鄉教委會之咨詢機關

3　本會理事會對於第一條應辦事件交由本委員會辦理時經本委員會議決後呈請理事會執行之

4　本委員會由臨時代表大會選舉委員若干人組織之又由本委員會選舉委員一人秘書一人共同負責辦理會務其委員人數於週年大會時定之

5　委員資格以人材爲標準而不以各區平均分配爲標準凡忠實服務於本會及有教育知識者皆得被選爲委員凡被選委員不得藉故推諉

6　本委員會委員任期與理監事相等係義務性質

7　本會對於第一條應辦事件發交常委辦理時常委員須擬具辦法以書面徵求各委員之同意後交理事會執行之遇必要時得以電訊徵求意見各委員亦以電訊表示意見

8　各委員於接到常務委員徵求意見之通告時須於廿四小時以內答覆之若置不答覆即視爲默認事後不得反對

9　本委員會遇重要事件發生超過第一條所規定之範圍而不能解決時得依法定程序擬其辦法呈請理事會依法解決之

10　本委員會對於第二條所規定之應辦事件其辦理程序與第一條同

11　本委員會之秘書負責擬稿及繕寫對外文件與對內一切規章之制定其對外文件由常委蓋印並交由理事會蓋印後寄發之惟對

12　內普通文件則由常委兼理之

13　本委員會經費由理事會友給之

14　本條例自公佈日施行有效

本條例有未盡善處得由委員一人之建議過半數委員之同意修正之

155

編後話

（1）本期蒙迷毅，雪光，譙，郎當，近衡，齊入，諸位先生的投稿，使本刊篇幅增光不淺，本刊誠懇地向諸位表示謝意。

（2）中學生，渾水溝的研究，合理的改革，感想何如，騰衝之鹽政，東鱗西爪，這幾篇稿，都是騰僑月刊的餘稿，由該刊編者先生轉贈給本刊的。本刊除向騰僑月刊編者先生表示謝意外，並向這幾篇文章的作者們壽宇，立凡，西雲，黎拏，雪鴻，諸位先生表示謝意。

（3）新年的作者齊人先生，是一位女性學生，本刊除以前得徐夢鱗先生投給島國一篇文章外；家鄉的女性投稿，這一次還算是破題兒第一遭。家鄉女性的智識份子也不算少，但是都沒有寫稿的興趣和勇氣，齊人先生不過是一個青年的學生，而有寫稿的勇氣，牠的內容怎樣？姑且不論，這種勇氣是值得欽獎的，所以特別在這裏說明一下，希望家鄉女性的教育界人物、提起勇氣努力寫作。

（4）迷毅和雪光兩位先生的稿，本是趕辦在本刊第一卷第二期裏發表的，因為稿件遲到，不及付印，只好在本期裏發表，希望兩位先生原諒。

（5）本期因為期待各方的來稿和家鄉的會務報告又因為家鄉發生了「拉偶潮」而大會延期，所以家鄉的「會務報告」，究竟沒有寄到，而致於出版延期，這是應當向讀者們聲明的。

歡迎投稿

本刊歡迎同鄉及外界人士投稿，凡與本會服務社會之宗旨相同之著作，皆所歡迎，茲將投稿簡章列後。

（一）來稿無論評論，小說，詩歌，戲劇，或家鄉時事，皆所歡迎。

（二）來稿須繕寫清楚，並加新式標點符號，勿過潦草。

（三）文體以語體文為尚，又言亦可，惟須淺明易曉。

（四）來稿發表時，署名由作者自便，但須於來函丙署寫真名，及中英文住址，以便通訊。

（五）本刊編輯，對來稿有增刪之權，如不願增刪者，須預先聲明。

（六）來稿登載與否，原稿概不退還，如欲退還者，須預先聲明。

（七）刊載之稿，愧無贈品，僅以本刊為贈。

（八）投稿請照下列英文通訊。寄緬甸仰光九文台文定路廿四號寸仲戰君收。

To Mr. S. W. SWIN,
24, Vinton Street,
Kemmendine, Rangoon, Burud,

中華民國廿六年五月出版

和順鄉　第二卷　第一期

「非賣品」

編輯及
發行者　和順崇新會編輯委員會
雲南騰衝縣
和順鄉及緬甸

印刷者　華豐印刷鑄字所
上海浙江路五三六號
電話：九〇三五八號
電報掛號：二二二二

和順圖書館

十週年紀念刊

龔自知題

和順圖書館外觀全景

雲南騰衝和順鄉
和順圖書館編輯委員會編印

159

和順圖書館十週年紀念刊目錄

和順圖書館十週年紀念刊目錄

總理遺囑

余致力國民革命凡
四十年其目的在求
中國之自由平等積
四十年之經驗深知
欲達到此目的必須
喚起民眾及聯合世
界上以平等待我之
民族共同奮鬥

現在革命尚未成功
凡我同志務須依照
余所著建國方略建
國大綱三民主義及
第一次全國代表大
會宣言繼續努力以
求貫澈最近主張開
國民會議及廢除不
平等條約尤須於最
短期間促其實現是
所至囑

163

蔣委員長肖像

文化醫藥

和順圖書舘十周紀念

李根源

165

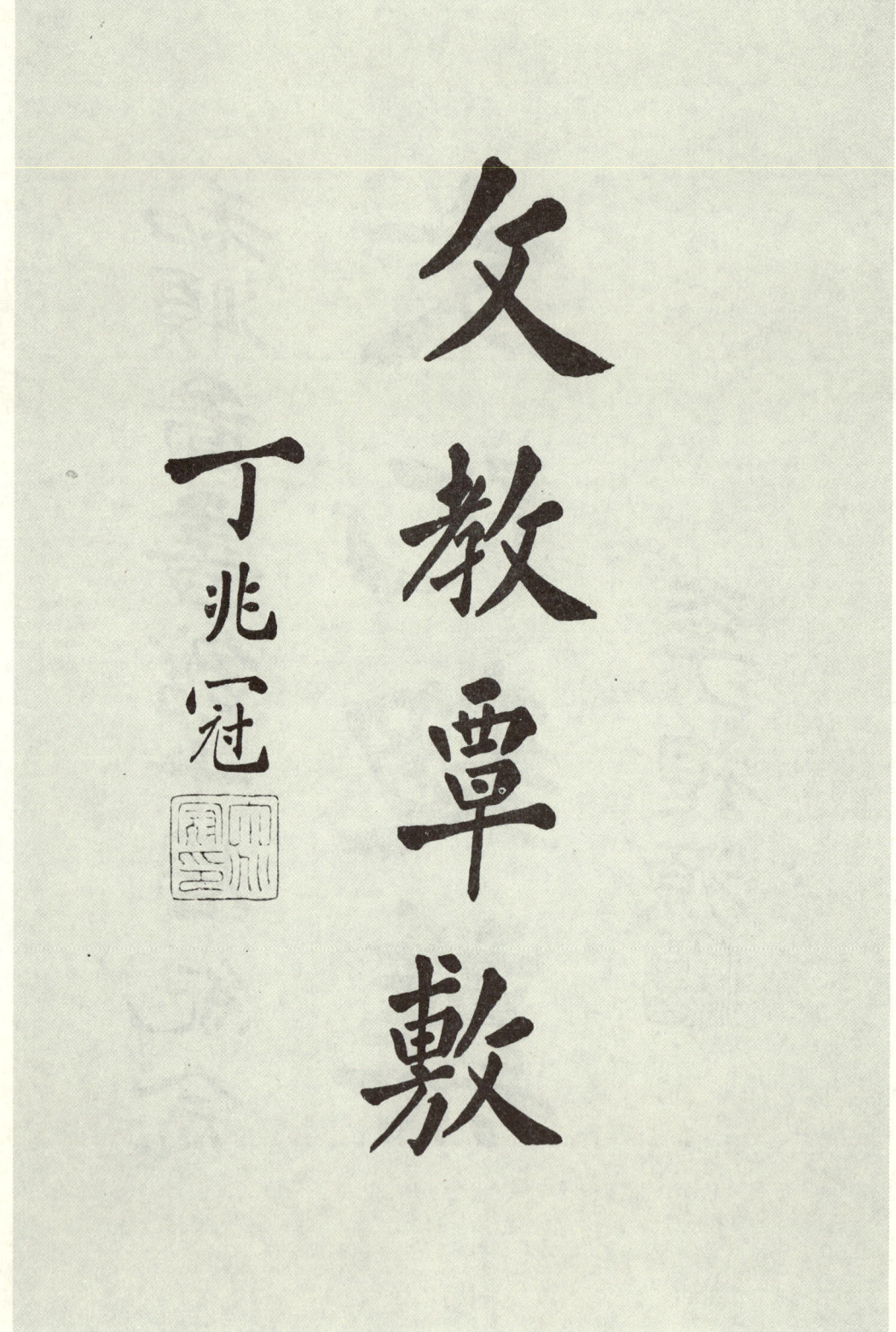

父教覃敷

丁兆冠

166

和順圖書館十週年紀念刊題詞

貢山之陽和順有鄉

十載辛勤精神駏耀

蘊二酉秘耀不窒光

香飄芸帶出琳瑯

硯蒙益智人文孔昌

龔自知

167

文化溯源

騰衝和順閲書館十週年紀念

雲南建設廳之長張邦翰題

文化源泉

和顺膏书馆

王雪五

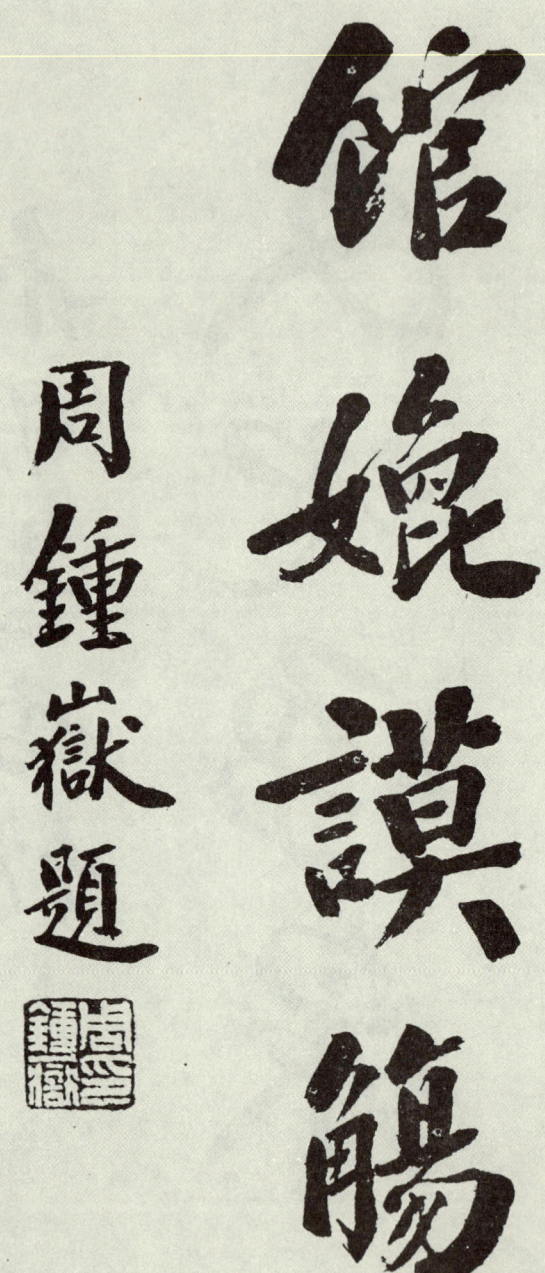

館娩謨觴

周鍾嶽題

和順圖書館十週年紀念

民智泉源

熊慶來題

蘭讔止門

李田坂
[印]

文化津梁

徐绳昶

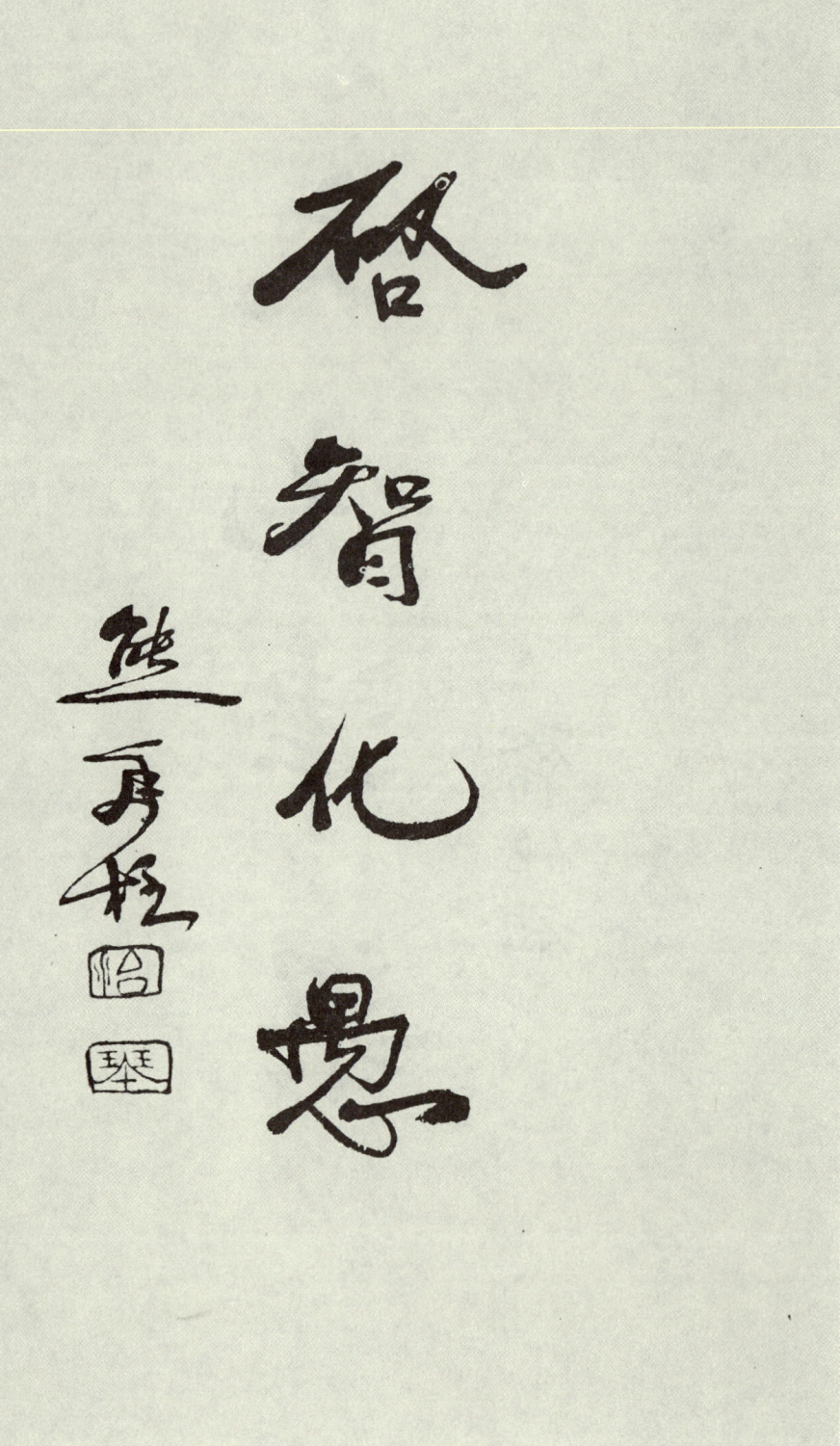

在中國鄉村

文化界堪稱

第一

和順圖書館

十週年紀念

張天放

175

和順圖書館十週紀念致頌十首　　萬慧獻稿

其一
滇南風物最宜人　和順鄉中俗更淳
東西今古學皆親　藏得圖書供衆覽

其二
作賦明心傳盛覽　押不蘆花歸上添
勞逼癲癵有卅春　及今多難與邦日

其三
戰事長期正不休　西南學府占鰲頭
良機共際新時代

其四
萬卷書城歲十週　烟波浩汗任遨遊
金馬碧雞圖百流　欲窮二酉山中秘
旦上龍威最上樓

其五
能文能武憶仙鄉　卅載奔馳記渺茫
有書爲證細端詳　入定守衣諸未了

其六
富有收藏過石渠　仰天俯地及蟲魚
願課兒童前線書　莫輕強虜瓩團結

其七
哀牢古道舊烽烟　五尺曾通漢使前
靈鍾來鳳彩雲邊　漫爲蘭津歌渡苦

其八
鄉稱和順見人情　共把堅頑石軍營
五尺曾通漢使前　化俗文翁無兩道

其九
愛國男兒意氣豪　河山還我敢辭勞
千生一致國干城　剛強女子亦抗敵

其十
團結精誠究六韜　前線遙遙未及參
徒將書報憶天南　緬中極望通車後
和順多傳抗戰談

和順圖書館十週年紀念

其一
紀功恰屆十週期　文化宣傳早樹基
充棟縹緗資瀏覽　何須負笈訪名師

其二
五千文化嘆衰微　極目中原涕淚揮
却喜右滇維道任　絃歌猶自集前徽

朱偉明　廿八，三，十四。

和順圖書館樂成紀念

迂柔迷誤久無望　今病哀哉執古方
詩書好似殼亡羊　乾坤新構端須學
道德空成脛斷鶴　智盧獨臻在自強
從此勵精趨時變　光昌豈必是吾鄉

和順圖書館十週年紀念刊　　里人劉醴題

贈和順圖書館落成小序

今欲覽中外百家之說，收全書四庫之多，則教育一方深資裨益鄉村各界，詎限域參觀。卽謂內社會而外通衢，合成一致，連全鄉而爲一社，畛域無分。至於辦別是非，宜取春秋之義，肝衡時勢，近窺報紙之傳，雖然風靡之中，不少佳士，敬謂科學而外，絕無通才。所以沈約處之座右，必文義之略商，裴頠探諸古今，亦歧疑之就質。蕁書問義，葛洪素不畏崎嶇，負擔從遊，刑卅伺終成博覽。豈高崇其書館，而私偏於學校哉。在昔張叔病俗不知學，徒向葉楡以典墳，尹珍恨自生荒谷，期傳平康以經籍，斯書館之巍峨，雖與古人不侔，而愛鄉之意殆不外是歟？斯書館也，如有歸鞍故里，解組田園，老師宿儒，欲拔除害焉，等向朗八旬校書。如未解全牛，學元翰七秩好學。抑或深者而見深，淺者以見淺。書萃中西，隨聰明之擇閱。館開村境，儘賢愚之樂觀。設有寫產置書，義貴捐報，累積萬卷，同任昉之收藏，儲貯千函，效孫蔚之僑觀。若此者，人人欲求博識，說異書不讓左太冲，仿用束脩，先投贄，可學倪若水。假使書館未開，詞海長閣，王仲任素處家貧，安得閱書市肆。徐文休回多富置，因能學資弟兄，不智者到此來，都能強記。何別異類，有心人入斯室，勿論親疏。或者敏悟多能，銘辭盧實，見捷於鄭欽悅，討論有壞。倘書眞僞，將易博奇。虔。故吳大帝勸呂蒙讀書，期其博覽。宋太祖令趙普求學，無非廣聞。惟魏文候開閱圖書觀，可惜偏限於人才，盧尙書有藉船貼，不輕易充許別貨。今者僻壞雖窮，欲觀書而有居可

託，珂鄉如故，闊閱報而建館足棲。既陳賓主之筵，來學堪補，特結友朋之會，聚譚維胶。乏舒學士之胸樣，免窺欲空，復少寬閒之餘地。意圖大其規而宏其範，足睞，得一室常載，避其塵而掩其囂，願離德萬趣之境。志豈欲張華三十乘書籍之繁。若乃號稱富，則眞有書之可遠藏，李泌八千帙卷軸之繁。渺渺盆江，無關風水，勝閒矣。雖然區區方士，猶似燈邦，服善稀而增進何憑常爽覽讀不息，莫探異聞，學劉鸞緝勿荒。向慕雖多，著逃少而搜羅無由，往還雖勝，寄，濬河巳勝枯魚。奏曲頻歌，驚心先傳父老，開前代未有之風，啓後來無彊之禍。蓋魁傑不羈之才，瑰璋卓越之士，亦向係文風。古今來最益人者，莫過於書，善轉化者，全賴於禮。長幼不明，知傳家之無藏，是非未析，解社會之失教。僕巳視書如仇，觀斯館而莫不欽藏，彙濟鴻儒。聚有兼於同堂，能決疑問，賦博探於傳舍，見報怕覽。際茲館舍落成，同人攝影，用爲贈序，非播壯觀，勉祝徵詞，愧深雅頌。

年六十一里人張德溶月樵甫敬贈

民國念有七年孟冬月下浣錄本

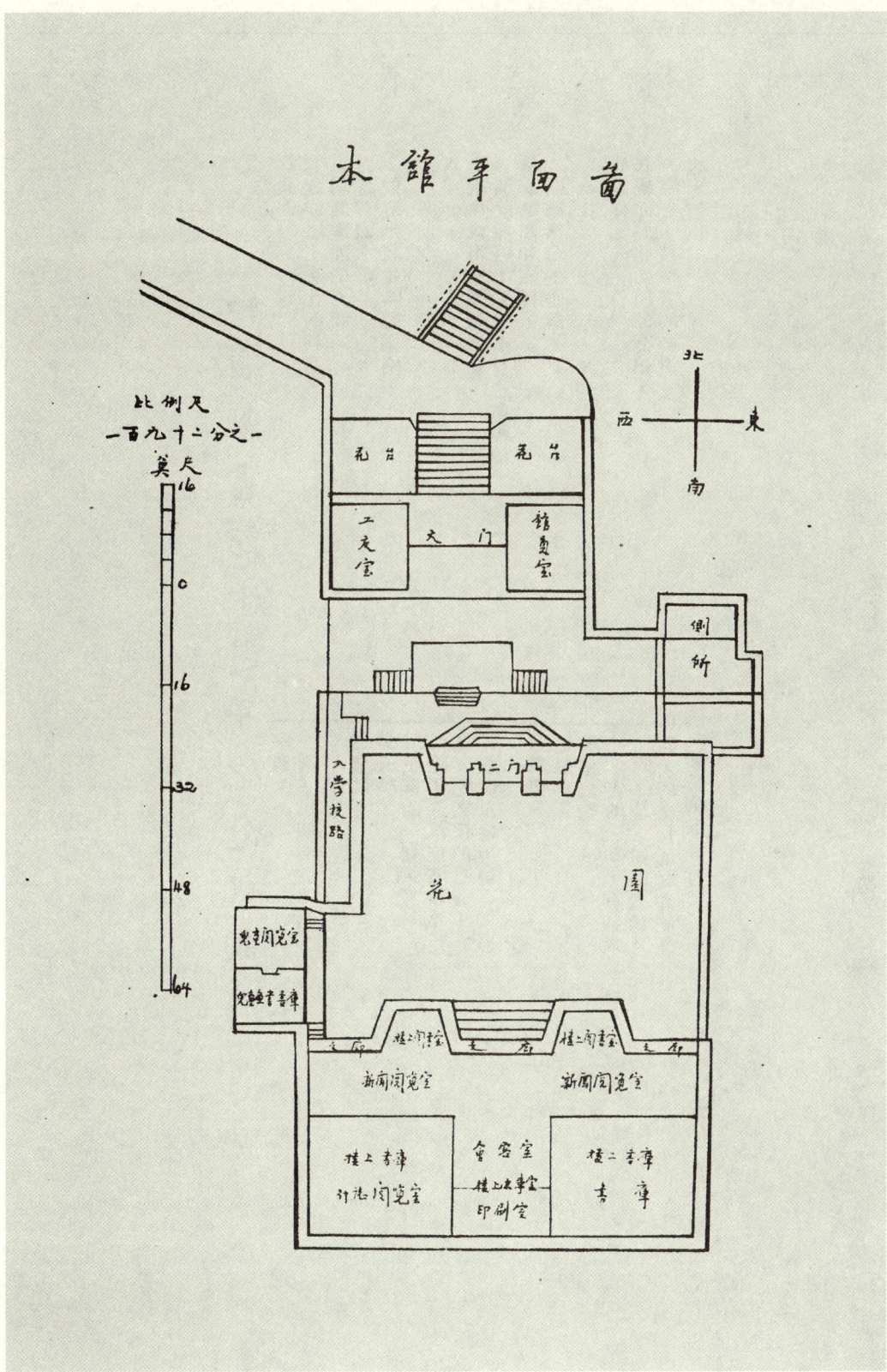

本館平面圖

179

和順圖書館十週年紀念祝詞

我祝你，我祝你搭上文化的利箭，
射到邊陲的人間，
提高智識水準；
創造「新生」的樂園
× × ×

我祝你，
我祝你拔出智慧的鋒劍，
斬除障礙：封建與神權，
拿起鋤頭和鐵錘，
開闢活命的路線。
× × ×

我祝你，
我祝你燃起光明的烈焰，
沸騰了被壓者的心田。
起來！

衝鋒！為了民族解放，奮勇向前，
× × ×

這豐功，
這偉績，
偉大的文化的母親！
祝你永遠康健。
× × ×

這利箭，
這鋒劍，
與這烈焰，
宇宙的一切，有甚堪比擬？
除了是太陽的光線。
偉大的文化的母親啊！
祝你與日永年。

寒光

180

本館二門外觀　　　　　本館大門外觀

館屋之一角　　　　　本館二門內景

181

本 館 館 屋 背 景

角 一 之 屋 館

兒 童 閱 覽 室

（一）室覽閱書圖

（二）室覽閱書圖

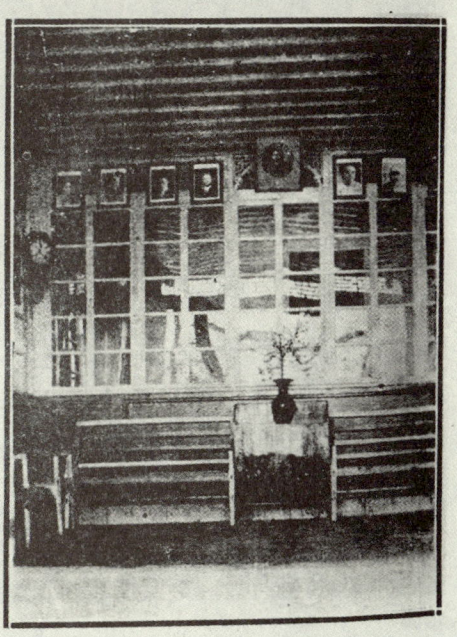

本館會客室

3

本 館 辦 公 室

（藏報室） 書 庫 之 一 部

本 館 出 納 台 及 目 錄 櫃

本館書庫之一部

什誌閱覽室

5

新聞閱覽室之一部

書　庫　之　一　部

書　庫　舊　觀
（舊館屋期間）

書　庫　之　一　部

6

本 館 外 景 舊 觀
（ 舊 館 屋 期 間 ）

本 館 內 景 舊 觀
（ 舊 館 屋 期 間 ）

禮幕開成洛陸館新館本

本館駐緬工作人員合影

189

（以上照片均張月舟君代攝）

本館獎券募捐職員合影

本館歷屆職員之一部份

本館新館屋建築委員會職員

10

像遺生先亭海寸

助多所資 及文化事 維新運動 對於現代 叢刊全部 本館四部 生捐贈

生先耕子張

全部 叢書 古逸 及續 本廿史 本館 捐贈

生先暢子李

全部 叢刊 亟珍 本館 捐贈

191

李朝卿先生

李致卿先生

李任卿先生

先生等昆三等玉贈本館佛經全及大量經費建築費

尹玉山先生
（皎脉）

捐助 本館 大量 經費

尹玉山先生
（緬京）

捐助 本館 大量 建築 費 及 圖書

李光新先生
捐贈 本館 圖書 數百 冊

寸澤生夫人遺像
夫人 遺囑 捐助 本館 大量 經費 為 本 女賢 鄉界 助 文化 事業 開 新 紀元

張溶才先生

張治才先生

先生二玉贈館有庫部
生昆捐本萬文全

張瓊樓先生

張生澤先生

先生二玉助館大岡
生昆捐本書發

14

194

張正一先生
捐助本館量大建築費

寸子天先生
捐助本館量大建築費

寸子蓂先生
捐助本館量大建築費

李滙川先生
捐助本館量大建築費先生二昆玉

趙毓金先生
捐助本館量大圖書費

尹懷瑾先生遺像
捐助本館量大圖書費遺囑先生

15

李生莊先生

（本館現任館長）

先生學識湛深，對於文化工作最爲努力，本館館務之推進，得其指導贊助尤多。

寸佩九先生

（本館現任經理）

對於本館最爲忠實，服務其人之一，其人工作價值，超過其所得之報酬。

13

196

先生對於館務，熱心不遺餘力。和順書報社之創辦，先生贊襄不少。迨本館成立以來，在緬設立經理處後，民國十九年起卽承先生擔任義務經理之職以至於今，館務紛繁，賴先生宏才毅力，理之裕如，本館得有今日之雛型，泰半先生殫慮所致。本館建築館屋，先生與諸熱心人士在緬奔走募捐，成績斐然，其功至偉。先生對館捐輸甚夥，詳見本館募捐徵信錄，物質精神，貢獻旣多，厥爲本館唯一之柱石也，

李生莊謹識

寸仲猷先生
現任本館駐緬經理

李仁杰先生
前任書報社社長及本館館長
先生爲騰衝教育名家對於本館館務多所指導贊助

17

197

尹大典先生

本館副經理並捐贈無線電收音機一部

寸懷雲先生

本館會計及建築委員會獎券勸募委員會職員

尹以忠先生

前本館駐任經理與園山出墓捐一發先李清並帶夷本館務推進之生贊助力之多

李秋農先生

前本館駐任經理及指導對本館組織切能使規得先生稍用自工及館對指導任駐本館學作一於皆此之於生力

李沛春先生

前任本館經理對於本館工作忠實服務

18

198

賈鑄生先生

先生對於本社書館贊助多與圖書費用以來先生壯年所期報助發費自出全捐募

寸以莊生先生遺像

先生對於本社期報務力作餘件費發捐募全出自賈生服務本社書間生

劉有位先生

捐助本館大宗圖書書架建經築費及

李園生先生

先生為本社工員之忠服之館於員功築之尤其建屋新對一作實作節對生多

劉桂臣先生

先生與李泉仲二君發寸獻捐本館館始
成得屋新仝出全二仲泉李生

李清園先生

先生為報社書之發起人一與尹忠夷出慕一捐帶山發君以

李鏡泉先生

先生與劉仲臣君發寸獻捐本館館
落生館本全出二柱獻寸生

劉振權先生

於對館所多贊助服務本館建築工作此功尤多

楊少三先生

先生捐助本館量大經費

李受天先生

先生捐助本館最圖書架建築及經費

20

200

發刊詞

李生莊

文化程度是測驗社會的寒暑表，因之，文化工作在改進社會的進程上是需要的；因為人不單單是解決生活問題，這以上，還要去找一點所以安頓這身心之精神享受，而這，就是此處所說的文化；是故文化為吾人之精神的糧食。

我們和順鄉人，由於居住地的條件所限，人口是那樣的稠密，而擺在我們家面前能供我們耕種的土地又不過僅區區的四五千畝，我們不能任本鄉自謀衣食，因而不得不背鄉離井，奔走他邦，出入於鎗煙瘴雨之區，僕僕於風俗語言完全不同的殊域。我們為了要解決生活問題，不能不冒險，就由這冒險，竟不知犧牲了我們中之若干有為的青年子弟，也由這冒險，有時竟獲得了為他處所未曾有之意外收穫。和順鄉的虛名，便以是而傳播到了遐邇各地方去。

然而，這不是和順鄉之福。和順鄉人只要一到青年時期，便都奔往緬甸去；衣食的驅使，同時也是衣食的誘惑，和順區區的青年沒有遠大的志向：讀書能達到可以寫信掛賬便算滿足，和順鄉人的活動區域只是一個緬甸，和順鄉人最高的希望，亦只是到緬甸去找幾文蓋房子錢；這單純的希望算是從個人的努力裏而大半達到了，和順鄉的比着同瓦房就是一個事實上的證明。可是，就因為這，無論誰地說，和順鄉的社會竟變成了畸形的狀態；這裏的文化程度顯然不能和它的經濟條件適當地配合起來，而得到平衡的發展。

有志的青年見到這裏的危險，於是，在崇新會這一集團的努力下，便創設了我們的圖書館，意思是想補救地方的缺陷，推動地方的文化事業，使地方人的活動能走上更高尚的那一面去，這無論從任何方面說，對於地方要算是最有益的創舉。

今年，已到了圖書館成立後之第十年。

十年的期限並不算多，但也不能說少，我們以這十年來的努力，對於地方文化上生出些甚麼影響，事實俱在，不必由我們自己來「丑表功」；我們的希望，並不欲將我們的工作停止於現階段上，以為有了現下的成績便可以心滿意足，因為我們工作的前途還很遠，我們要課驗我們的成績於燦爛的未來。不過，這創始的第一個十年，不能不算是我們的寶貴紀念，它對於我們的文化工作含有不可隱滅之歷史的價值。為了這，我們不能不有所記載，這就是這本紀念刊之必須刊印的唯一理由。

我們的工作區域說起來不過是一個很小很小的鄉村。這就一方面說，凡事都應從小處着手，小處做得好，則大處當然也有辦法做得好，我們不貪多，不騖遠，一點一滴，從切實處做去，希望耕此得告無罪於社會。再就他方面說，我們的工作所能發生的效力，當然不使它局限於和順鄉這一區區的小範圍內，我們要讓它去影響到它的能力所可達到的寬汎地方去。因之，我們希望各方面的人士能同情我們，並且能幫助我們，使我們的工作能達到我們所希望達到的那日的目的。

廿七年十月十九日寫十勝衡

和順圖書館十週年紀念刊

1

和順圖書館十週年紀念

戰火燎空赤血霏　連年寇簌孰云低
全民協力尤今日　祖國重光最近期
前敵奮揚施薄掃　後方建設盡機宜
精神改造爲何若　資爾圖書遍及之

其二

五億同胞總動員　增高智識最爲先
十年厪績功同奏　通里文明景足懸
牧子晚歸求博物　農家晨起疏眞詮
賢才碩學庸能畢　願以宏規亟播傳

前二首哦成後方僑館中光景未及只字
发再賦一首以足餘興

爍爍牙讐庚粟繁　緗緗青紫燦春妍
古香縹緗披墳典　浩氣遒流讀馬班
美雨歐風來宇下　天文地質列塵前
滇甸勝境知多少　佳趣笑如是遠縣

楊采侯
廿八，三，十八，於仰光旅次

一封家信
為和順圖書館紀念刊寫

艾思奇

某某：

接到來信，因為工作太忙，不能即寫回信。

鄉間成立圖書館，並將刊行十週年紀念冊，就個人對鄉間的責任說，要我作一篇文章，我當然無推辭的理由。不過，我離鄉太小，中間雖一度回鄉，但也只在十歲前後，家鄉的輪廓，在我腦中是非常模糊，若佔任宗法的立場上說話，我要算是一個最不肖的遊子。家鄉自有了我，我實在是對不住家鄉。

不過，我們的時代教育我，我這個人只合做一輩子的浪子了，家鄉事業沒有我的份，或者，在時代的洪流裏，我盡我的全力做點比較更為人樣的事，拿別方面的成績來贖不盡責於家鄉的過尤，你說可不可以？

圖書館事業在發展文化的工作上是最重要的，家鄉人能熱心及此，我非常地高興。我在這裏能貢獻的芻蕘是：

第一，要大眾化：書只供幾個特等人看讀，那時代已經過去了，現在的書是要大家都來讀，要多多去找適合大眾閱讀的書，古董書籍雖不可不有，但有了也就算了，在實際供應上那是不大有用的。

第二，要普遍化，要設法使館中的書甚麼人都能拿去閱讀，衙門式的圖書館，只圖表面的堂皇美觀，那是沒有用的。

第三，要多購備社會科學的新出版物，這是因為社會科學在現備社會的需要上是一切學術的骨幹。

要我作文章我覺得是不必的，而且也不知從何說起，茲將此信寄你，請你斟酌交給館中的負責人，如認為可用，就將它當作要我作的文章罷！

延安　廿七年十一月廿九日

弟奇

本刊行將出版，擬徵文於艾思奇先生，託其令兄代為寫信，茲其令兄將覆信寄來，特照登於此。編者記

和順圖書館十週年紀念詞

李曙夫

余在城小任教時，與友人白平階及故友甘雨若兩君，恆至和順圖書館借書閱讀，余固不甚曉書，然被兩君之薰染，亦因而少事涉獵。雖苦天賦之駑鈍，難縱覽羣書；而於斯館，亦已結深緣，每值禮拜之日，即與兩君前往，雖間遇風雨，已結深緣，每值禮拜之日，即與兩君前往，雖間遇風雨，不能阻也。當時斯館規模，尚未如何完備。去歲旅居省垣，忽接友人書，謂斯館謀事擴充，有一二守舊份子，出而阻礙，至涉訴訟。余得說後，即與任省諸同志，以留省學會立場，致函家鄉有關機關，力請主持正義。今春奉令回鄉承乏教

和順圖書館十週年紀念刊

局，抵家之日，即開斯館新屋已落成，數日後，乃約平階同往參觀，則佈置陳設，均坂代化，書籍之種類，較前增多，幾應有盡有，至建築之宏壯，猶其餘事耳。湖斯館之得以有今日，實由和順熱心人士之幾經努力與撐扎而成。或由緬輸捐，或開彩募勸，未嘗得政府之補助，當道之扶植。其名雖為一鄉之圖書館，而其功效之溥，達於全縣。開幕至今，已閱十載。其間埋頭自修之青年，得斯館之助力，己不一而足。然則斯館也，謂為騰衝近年文化轉移之原動力，又烏乎不可？

余於紀念斯館之餘，而又不能不廢然有所感！當斯館未具雛形時，全縣當道者，即招獲大批款項，籌設縣立圖書館於來鳳坡；乃以策劃未周，用人不當，數載工程，一旦灰燼，厥後又請撥公款，各處募捐，謀繼其成。憶自籌備至今，已有十稔，尚未見正式開幕。夫和順圖書館以一鄉一隅之物力，以少數青年之負責，由小而廣，以至於蔚成偉觀。縣圖書館以一縣之財力，以多數先進之主持，乃由成而敗。個中情由，誠有使人百思不得其解者在。余於縣圖書館，實不忍言，於是乎書。

余於紀念斯館之餘，而又不能已於言；於是乎書。

和順圖書館給我的印象與幫助

白平階

讚以一個自學青年的衷曲；
致敬於和順圖書館的十週年紀念！

最初聽到和順圖書館，我剛肄業在小學。有位好評說國事的先生，他是悍強而愛國的人，每年教「貴土貨賤洋貨論」上課時候，滿身農裝裝發台，痛詆舶來品，學生界傳為佳話。

課餘，學生要求他講國事，鼓掌歡呼，有時攔腰斬去水滸石頭記與時代生活游離的故事；他掠袖舞拳，先在黑板上橫書「吳，孫，段」三個大字，蓋謂以武力統一中國之吳佩孚，首倡革命的孫總理，馬廠督師的段芝泉，北伐以前五四以後，自是政治機構混亂中的突出人物。我們的先生即以他們做骨幹，自己權充了演員，活串出一部中國革命史。

先生是由那裏取材呢：
「到和順圖書館看報！」他自己說。

常時我們沒有腳力走到過和順鄉，不知道和順圖書館是甚麼樣子，報紙又是甚麼東西？但微弱的心靈上總覺得來頭很大。序幕式的談話中間常聽到先生說，昨禮拜天在大山腳遇雨，或來鳳山後見狼，一次晚餐後，他還召集學生進校去，把他由報上抄來的一段論文教給我們做課外讀物，而今還記得一起有：「張之背後有日，東三省小兒夜啼……」之句

稍人與長者遊紹春園，跨雙虹橋見螢燭巍峨，台階高豎，以為所謂和順圖書館者常在是，何日可以進此智慧寶庫一探珍藏？但聞高樓上陣陣傳來抑揚之朗誦聲。鬱鬱自恨。

歐書承康老師和多位前輩傳來母校教員，因懷以為師範，不懂教學法；僅憑選探受教時之良正體教員，回憶以為師法，灌注時事教育即其一例：時事為課題，時文為課本，以

4

204

國際警報激發學生之智能學術，以民族思想提增學生之道德意識。幸此時得友人垂念，將一縣屬文化教育機關之圖書，借供參考，不料此風一開，青年如旱見雲，踵門求借；尤以我與亡友雨若不能自持：暮借朝還，朝借暮還。主管人大為麻煩，途以整理及重編號為理由，一律拒絕，多人問何時再借？，答謂不知。恨恨卽退，惟雨若與我少不更事，勒不還書，以為要挾；謂旅外同鄉用血汗騰贈大批圖書囘鄉，是希望鄉人士子弟閱讀，不是給書蛀身受也！話近情理，主管人忿而囘鄉。行為則幼稚可笑，抗爭几三月，屈服的仍是我們；更不幸己播下我們前途荊棘的種子！

飢渴無奈，只有到和順圖書館去。

一個禮拜天，雨若和我，還約了樹華，同向和順圖書館進發，顧不得望一望館額，順瑩牆就轉入和順小學校內。經校役指點，才由側門入館。豁然開朗，雅潔宜人，館舍備置雖無今日之宏偉麗都，但已園庭清秀，窗門適宜，桌位光線均合度。一玻璃之隔，廚中藏書整齊在望；簽名處有一年逾五十之光頭老人與三四青年滔滔論時事，言談精采而正確；處處使人看出此地有秩序，有精神。我們信手翻閱許多新鮮雜誌與日報，但沒有敢提出借書的請求-因為年青人胆氣不約勻，一個若石一個，橫豎怕若又遭白眼，縣屬文化教育機關的一個釘子，給我們撞得氣餒了。二來覺得我們生長城上關的一個釘子，給我們撞得手出來了，這是多麼悔辱的事體！，近水樓台不得月，反行乞使下鄉，還惹樹華罵了起來，說害他這壯大身驅熱天白白走遭遠路！割由雨若和我共負一餐涼粉的午膳，以資慰勞。讀書進中學，跟着有段光輝

生活的大學夢總不會不做的；然而夢終於是夢，經不起現實鐵手的撕擊。生活場輪高舉時：有崇山的山崇起，有肩頭的肩扛起；不然，倒下，或把鍋底黑煙塗在臉上；再不然，不能不重新追求一塊園地，想從頭學習起來！剛低頭走出和順圖書館的下一禮拜天，雨若和我，又不能不忍着內心的羞慾走進和順圖書館去！

捱巧遇育林，承他介紹，擔保，歡欣的獲得借書證。不多日，佩久繼任館經理，館務孟進，內容益合理化，我們有同硯之誼，和順圖書館簡直成了我們的學校，家庭。不論雨天、晴天，每禮拜總去一次，其間僅因我外出服務，間斷若干時期。不久，城上的許多小同學都到他們兒童圖書室來了

青年朋友託我代介紹去借讀的，範圍擴大到西練北練；外省外縣的，也有專誠要介紹去參觀。我沒有走過很多地方，也沒有讀過圖書館學，但據外邊朋友說：和順圖書館是州縣尤其邊城所僅有的，而佩久管理圖書能自學使用「中外圖書統一分類法」，更為難能可貴。

進入和順圖書館，我們沒有看過一張施主的臉嘴，沒有受過一次員外的架子與習難，雖然這是屬於一鄉的私產，若報，讀書，或遊息的，見了我們都打招呼，或同作一個某項問題的談話；但其間沒有寒暄與客套！就如每次都見的那位五十多歲的光頭老人，去年還看着他和許多有熱有力的青年同為歷史積壓的痰毒所困，險些首先步入監獄，至今我們還沒有問明他姓甚麼？

開首我們去借書，也許苦悶較智識慾來得強烈，因之多在文藝圈裏迂迴；得生莊先生和一羣朋友的指引，由文藝理

和順圖書館十週年紀念刊

5

205

論轉入哲學，社會科學，態度略加認真，似乎已近學習的起始。我曾向囑我試寫寄文的岑遠和佩久說。

「蠶葉吃着了，絲呢？」

題外文章

七八年的光陰就痛苦而偏狹的打發了去。

★　★　★

二十七年國慶後一日寫完

6

周禾青

和順圖書館到今年已經成立了十週年；並且新建起了輝煌壯麗的館屋：主管的人因爲新廈落成的原故能，要替它大做一下生日，打算出十週年紀念特刊，要我寫一篇稿子。就圖書館的本身說，已經十分值得慶祝，再加上主管人們的熱心，我雖然不學無術，也不能推卸了。但我對於這個圖書館，既無能力捐貲補助；也不能貢獻什麼蒭蕘之見，使圖書館稍有裨益；若一味的從好處恭維，雖然倒也合乎做人的祕訣，但這種「逢人說好話」的普通應酬態度，那又對不起徵稿人的原意。這就難了！

想來想去，只好撇開恭維話不說，來作點題外文章，從青年人身上說幾句。我覺得和順方面的青年，每個人的心中有一點特徵，那就是撲人眉宇的朝氣，勝過別處的青年，每個人的心中，都燃燒着一把求新的火焰。雖然處在一個古老鄉規的環境下一切被經師，宿儒，前輩大紳們把持着，但青年們不被他征服，不撓不屈的同老先生們對起立來了。儘管讓老先生們罵他們年輕，浮燥，無知識，他們的認識，卻一天比一天淸楚；他們的力量却一天比一天萬實；這時代的一切將要漸次爲他們所有。這不是全由於這個剛剛滿十歲的圖書館所賜予他們嗎？

我這樣的判斷，是有一個先例的。七八年前——那時我

還在上海——上海申報館的主人史菡才成立了一個量才圖書館，這個圖書館的館址是租的，在大馬路八陸商場的三層樓上。那裏面沒有經，史，子，集，這一類的書；有的是些外國名著的譯本，通俗的社會科學的著作和新興文藝的小集子設備也非常樸素，坐位是一些鋼皮圓發（木旁）子，圍着一張長方棹，或者沿衖口沿壁放着，非常堅硬的。借書的手續並不麻煩，經手借書的人，也異常和氣，敏捷的。到裏面看書的人，非常擁擠，無論風，雨，寒，暑，只要在開放時間內，都是人滿的。若書的人，八半是十多歲到廿多歲的青年，有的是學生，有的是商店的小夥計，有的是公司，銀行裏面的小職員，有的是賣文吃飯的落拓書生。頭髮留得長長的，衣服穿得舊舊的。這些人，每大都到裏面去埋頭追求他們所要了解的問題。注意着時代的動向。興致淋漓地，把裏面的書看了一本又一本。一些書被他們的手捏得烏黑。

凡是到裏面看過書的人，出來總是氣昂昂的，歷次的民衆示威遊行，便是這些人尤主腳。最先他們不顧生死地向政府請願出兵抗日；抗日戰事爆發之後，他們不顧生死地在前線奔走策應——有些却直接跟着軍隊跑了；上海失陷之後，他們散應民間去做宣傳組織的工作：現在依然有人不時的在上海糾合民衆示威。他們都成了國家民族的前衛戰士。這的

確是由於蕞才圖書館所賜予的呢！

另外在國內也頗有一些國立、省立，或大學附設的圖書館。它們裏面所藏的書，超過蕞才圖書館千倍，裏面有各朝代箋注翻刻的經、史、子、集、海內孤本、西洋原本的世界名著。環境是優美極了：四面有廣大的花園，大理石的白石台階，滑亮得堪與跳舞場相伯仲的地板，美術裝飾的電燈，安樂舒適的籐椅。可就有一件，對於穿得闊氣和藹的人卻是特別和藹——但對於穿得闊氣和藹的人，多是穿漂亮西裝的大學生，有紳士名流架子的人——真的名流紳士，是無暇到圖書館走的——此外也間或有藏而且那些長頭髮，舊衣服的小市民是走不進去的。進去看書的人，殷勤——借書的手續也非常遲滯，得叫你等得不耐煩；眼銳踏方步的國粹先生，是無暇到圖書館走的——這些人每天從從容容的進去，面對着花園，手上翻閱着海內孤本，在那裏吸着香烟，喝着濃茶，消遣餘生。他們認為這是最高尚的文化生活。

多餘的話

無疑的圖書館是補助學校教育的不足因為每一個人，在這樣的窮鄉僻壤裏，能夠讀到高小畢業，已經算是難能可貴了：看那麼多的兒童，正在一批批的「流學」呢！

無疑的圖書館是社會人士的精神食糧。除了那些曹（足旁）踏人生，自甘墮落，竄烟堂，跑賭場……者外。只要認識人生多少是有點意義的，那他必定要嶽讀書閱報來消磨他的大好光陰。

和順圖書館十週年紀念刊

然而自從日本飛機來投彈以後，這一類高等圖書館的顧客竟毫無抵抗的向後方逃跑。從北方跑到南方，從上海跑到香港，從香港跑到雲，貴，川。他們做了些什麼工作呢？堅苦嚴重的工作，還是讓那些長頭髮舊衣服，坐硬板凳（木）旁，看大衆手捏過的書的人去支持呀！

我對於和順圖書館印象最好的便是裏面都充實着青年們所急需的新書新報。這十年來的成績，已經產生了一批，有生氣，有認識的青年，而且還正在機續製造着。將來建設新膁衝的工作，只有望從裏面再造出一批人材來。目下貪汚土劣之縱橫，也祇希望多有幾個明白一點，有氣節，有步驟的青年出來澄清；對於國粹先生，和假革命的青年們是永無希望的了！

我敬祝和順圖書館十五週年二十週年的時候，膁衝，更有一番新的現象。那麼這圖書館的命運，也正是新膁衝的命運！

郎富

和順圖書館已經誕生了十年了。在十週年的今天，我願佔一點寶貴的篇幅，來說幾句多餘的話：——和順圖書館的得有今日。雖不怎樣的「締造艱難」。然據我所知道的，確也費了「幾許心血」。我願和順鄉人珍惜新會的諸同志。

他，培養他，使他能結出美麗的果子來「多得讀書，是前生修來之福」。我常常用這一句不科學的話在勗勉着我所知道的每一個人。今天，我也願這一句話，永久縈環在貴鄉男女老幼諸姑姊妹的腦海裏，而加以實

7

207

踐。

我們既然是一個人，我們就應該由人的道上走。只要他不走入鳥道獸道以及一切的岔道去，那他對於自身所處的世界。至少也要留下一點小小的補益。我們今日得在這一朵文化的經濟的政治的絢爛花朵裏長成起來，我們得感謝幾千年來不肯走入鳥道獸道以及一切岔道的億萬人們。我們既然也要在這一條人類的道路上走，很自然的就要負起培養灌溉這一朵美麗的花的世界，使他越開越美麗。比如你是天才，學問的造詣好。當然你負起推進國家社會的責任，好了，他握起維持良好家庭的權能。說到我呢，造詣真不成話。那也不要緊，我就獨善其身好了。橫豎不肯走入鳥道獸道以及一切岔道就是頂刮刮叫的辦法。

說到造詣，你就該得求學問。我真艷羨貴鄉人士的顗份真不小。那樣富麗堂皇的館址，那樣汗牛充棟的書籍。你看

本館新廈落成典禮誌盛

本館新搆館屋既完工，乃於廿七年十二月十七日舉行館屋落成典禮到縣屬各機關長官及鄉間紳老約數百人。下午一時舉行剪綵禮，由館長李生莊先生引導各來賓向館屋升進。行至館屋前之臨時禮堂舉行開幕禮，即由館長主席報告開會理由，略謂：本館設在鄉間，禮節草率，對各來賓，深覺愧歉！但各來賓自白城上惠然光臨，實增加本館光榮不少。和順鄉一向即負有小小虛名，此小小虛名，一方面固爲和順鄉之光榮，另一面以和順爲此虛名亦不少。和順鄉人因往緬甸經商，確一度博得過名譽上之光榮；但此光榮早經過去

罷。淪陷了的半個多的中國；大學被炸，中學被炸，小學被炸，圖書館被炸，所有的圖書，也全搬到黃海那邊去了。不淪陷的土地，圖書館雖不僅你們這一所，但你們以鄉村的環境而能成立圖書館。也可以算得特別點。而況其他地方的圖書館，天日還在顧慮着敵人的鐵鳥來下蛋呢！，說句笑話，你們賞鄉的地址，夠得上說是抗戰後方的又後方了。你們安心各事其事能。不須驚恐，不須流亡。只要你們能保持着孤臣孽子的悲壯心理，認清了對國家應負的責任。則圖書館雖小，它將給你們無限的助力。

請勿妄自菲薄，我的話離題並不太遠。「楚雖三戶，亡秦必楚」。時代雖然不同，但我們也應抱這樣的雄心，站好自己的崗位，努力努力，前進前進，則人行道上將不會少你們的一點遺蹟。

本館

，今日之和順鄉因受世界商業不景氣之影響，光景已大不如當年。以今日和順鄉之一般情形看，個人之日常生活猶有問題，尚何以言光榮二字。任此時期，論能力，當然夠不上建築屬於物質生活以外之圖書館屋。惟念文化事業在社會上之重要，故勉強撐恃，今日歡迎各位到此，以最大努力，咬住牙關，將館屋建築落成，今日歡迎各位到此，並非有意在各位之前誇耀自己之富麗，此不過如父母養育兒女，至成年完婚，請各親友前來觀禮，並加以指示而已。吾輩深知凡所作爲，未必盡是，應請各來賓不客氣批評，從今日起，吾人更當川倍努力，將館務

擴充發展。吾人當使吾人工作之表現，不僅影響於和順鄉，更當影響於全縢；如有可能，當使之影響於全省或全國。只吾人今日不能以最大成績供獻諸位，深用歉仄耳。

吾人今日參加和順鄉圖書館之落成典禮，深為榮幸。中之熊怡琴先生講演，略謂：兄弟離去家鄉十八載，此次省親歸來，復得於今日參加和順鄉圖書館之落成典禮，深為榮幸。兄弟在美國四年，在國內國外，凡經過之各地圖書館，從未見過有如此壯麗周備之圖書館，此則萬不能謂為不是地方之光榮，此豈僅是和順一鄉之光榮，抑我鄰鄉亦有無限榮施。此種創造精神，使吾人不能不對各當事先生表示廿四萬分之敬佩。繼由義教視導員吳子衡先生講演，多致鐵詞，未希望本館注重內容，善于利用機會。

適應環境需要等。今後再將工作範圍擴大，除供給社會閱覽圖書外，並加做其他有關文化之各種工作。來賓中尚有黨部李委員國質，交通部派來之公路視察專員林文英先生，海關陳卦辦員等，因時間關係，未得一一講演。按本館成立已十年，過去就舊屋辦理應用；近因館務發達，舊屋不能容納所有書冊，只得另建新屋，即此次舉行落成典禮者是也。屋計兩層，棟上藏書，樓下閱報。熊怡琴先生，本縣綺羅人，民十一年離鄉，先畢業於南京東南大學，後以公費赴美留學，去年回演，在建設廳任職，茲有機會參加本館新屋落成典禮，亦可貴之紀念也。

邊地的燈塔

楊正芳

在西南一角那塊荒僻的土地上，生長在那兒的人，雖然也是黃帝之裔，但常被外邊人稱道為愚昧與野蠻；這話雖然有些一概抹煞，但也是實情。愚昧並不是不可啟發的，野蠻也並不是不能感化的，只因山上人缺乏精神的食糧。愚昧野蠻並非山上人的天性，山國裏的文化落後影響了他們。鄙視愚昧野蠻的也由他，山上人不廿白棄就好了。我們需要教養夫克服野蠻，責罵我們的頭腦武裝起來去掃除愚昧。生長山上的人，你飽到能夠飢餓嗎？山國已產生了個精神食糧的儲藏所了，——和順圖書館。

和順圖書館的誕生，雖遠在我開始能記憶的時候，但那時牠只是個小小的略具雛形的書報社；現在就各方面說，牠已是一個設備相當完善的圖書館了。和順圖書館之能這樣健全的長成，我們應該向和順旅緬嶧新會的朋友們深深致謝！他們過去是赤手空拳的出來奮鬥，中道經了許多的壓迫和困難；在物質精神方面，他們什受到多大的痛苦！邊地精神食糧的恐慌現象，能一天比一天減少，那要歸功於崇勳會的朋友們堅苦耐勞的精神。十年前，和順圖書館在邊地只是一點微弱的星火，現在牠已成為一座明亮的燈塔了，多少過去是在黑暗中摸索的人藉着那燈塔之光輝的照耀，如今他們已走上合理的道路上去了，我們不能忘懷給我們指示方向的燈塔，我們永遠記憶着那燈塔的創造者。

就和順圖書館的外表來說，雲南全省確沒有第二個能和牠相匹敵，但我們並不專就此點而給牠以誇耀，形式論者才有這樣的心理；就質的方面說，和順圖書館在雲南不數一也。

和順圖書館十週年紀念刊

9

要數二，但牠不會因此感到滿足，而懈於日趨充實的工作，牛角尖主義者才這般想。

和順圖書館是邊地的，邊地人都應該珍惜愛護牠。願那燈塔的光輝，普照在邊地！

我對於圖書館的感想

黃子騰

10

我初到昆明的那一時期，因為人地生疏，暫時又找不到職業，一天就是東跑跑西走走，生活萬分的不安定。當時有幾個朋友也是同我一樣的過着不安定的生活，他們不是初到，就是失業，大家在「同病相憐」的原則下很覺氣味相投，因而行動（浪漫的行動）漸趨一致。今天到大觀樓，明天到西山，以至金殿，黑龍潭，……只要是昆明的風景，在那一時期無一處沒有走遍。最糟糕的是跑「壞」的地方，走自殺之路。這樣浪漫的度過了半年的光陰，已經墮落不堪。這理由很顯明的，是因為自己沒有正當的工作，和思想的混亂所致。所以到後來雖然有幾次謀事的機會，可是一經考驗之後，每次都是「名落係山。」於是更使我感覺到失敗的苦悶，而走向牛角尖端去了。到今回憶起來，在那一時期的我，真算是走到「懸崖」的一個最危險時期。

有一天，吃過了早飯，我一個人悶沈沈的走進民眾教育館的閱覽部，簽了名後，翻看了一會目錄，找着演講類中的一本「論青年的修養，」還沒有坐下去，就把書翻開來，發現了開首的兩句等於給我一下常頭捧喝的話。它說：「青年生活不安定的原因，是沒有正確的思想。」在我思想說亂生活苦悶的環境裏，好像「對症下藥，」使我感覺到「道在此矣」的喜歡得幾乎叫了出來，剛才懶洋洋的我，竟一變而為精神煥發的我，絲毫不敢怠慢的從頭至尾一字不漏的讀了，直至閱覽部關了門我才出來。它給予我的興奮劑，指示我生活的途徑，是在說：「青年應該怎樣修養，怎樣克服弱點，怎樣尋找正確的目標和出路。」看了這一篇演講詞，好像被它把我由醉夢中叫醒，我想若是早來問津這藏有充分圖書的民眾教育機關——閱書館，——或許不會有以前半年的浪漫生活和墮落行為。從此以後，我才澈底覺悟地脫離了以前不良生活，把閱書閱報的時間代替了「走壞地方」的時間，民眾教育館的閱覽部，也就成了我唯一的讀書處了。

檢討過去的墮落，雖然一部分原因由於環境的造成，大半原因還是由於自己缺之知識理智，以致受到環境的支配，而不能支配環境。自從斷絕了「跑目殺之路」來跑閱書館以後，我的生活紀律化了，隨時都是樂觀的積極的，這是我生活的過程裏不可磨滅的一件事，使我不能不感謝閱書館。

因為有了上述的經過，我更感覺到任何一個社會裏，不論都市，縣鎮，或是人口最少的三家村都應該設置一個適當地環境的圖書館或閱報社，供給大眾閱讀，使大眾能夠增進智識，因以找到正確的出路，和有紀律的生活，並可以防止青年們的誤入岐途，而對於各該社會的文化水準自然可以提高。但是，設立圖書館的條件，只在於當地青年的富有熱心

毅力，能夠埋頭苦幹，卽能成功。所成問題的還是閱讀的大
衆是否能夠人人認識圖書館的組織意義，而回館裏去追求學
識。欲要得到大多數的閱讀大衆，必須普遍化的努力宣傳，
才能實現圖書館的目的。

我過去在學校裏讀書的時候，對於我的思想，學校裏並
沒有給我任何的影響。自從步入了圖書館以後，才覺得圖書
館的力量比較學校更大，而有今昔之感。我覺得牠能給我解
決我所懷疑的問題，牠能指示給找新的出路，使我不畏荆棘
與任何困難而積極前進，牠能改變我的病態心理成為健全心
理，牠能把我由苦海中拔上光明的道路。我以為每一個有前
進思想的靑年，都應該繼續不斷地踏進牠的門檻裏去。

和順圖書館已經成立了十年了，我雖沒有機會去瞻
騰衡和順圖書館，但是，以我在仰光目擊和順崇新會會員對於牠的熱
心努力，和由崇新會會刊裏看到該會對於該館的工作情形，
並且由朋友間的傳說，知道牠已具有適合常地環境的充實設
備，而為迤西甚至雲南全省裏較為現代化合理化的組織。以
鄉村的立場而有這樣的成功，我不禁為和順鄉的靑年幸福表
示羨慕。我並希望和順靑年人人都能夠認識牠的組織意義而
向牠追求自己所需要的精神糧食，而不幸負熱心創辦者的原
旨。但是，先決問題還要館裏的負責人力盡宣傳的使命，使
像我一樣的知識缺乏，思想泥亂，生活墮落的靑年，得到補
救的途徑，而不致永遠墮落而「囘頭是岸。」這才是圖書館
對於社會教育的最大收穫。

❋❋❋❋❋❋❋❋
本館著論
❋❋❋❋❋❋❋❋

本館經濟史略

仲猷

民國十三年，和順崇新會的前身「青年會」在家鄉成立的時候，第一步的工作，就是成立和順書報社。當時由作者和李濟園同志的發起，得到全體會員的贊同，在毫無準備和計劃之下，便輕鬆的掛起了「書報社」的招牌。在成立初期，經濟方面，旣不名一文，對於書報的購定，也沒有事前週密的籌備，招牌雖掛起了，內容實屬感覺空洞，連可供陳列的書籍都沒有半本。不過全恃當時多數熱心同志熱烈贊助，不顧一切的，如同建築的人「不蓋正房，先豎大門。」

起後，才着手進行由本鄉募捐基金，在家鄉經濟困難和募捐者「人微言輕」的環境裏，募捐的成績說來真覺可憐。由「兩毫」起碼，名人闊老最多不過「五元」。彼時作者雖屬勞工階級惟以募捐人的立場，也不得不強支門面和名人闊老並駕齊驅，也來一個「五元。」還有一段趣事，值得紀錄的是：一位同鄉，欲將芳名列於首位，竟破例多捐了一元，成為六元。這就是當時書報社的最高紀錄，全鄉慕化的結果，得到二百餘元。這就是書報社的唯一財產，也就是演變為現在稍具規模漥水外界贊許的圖書館的基礎了。到了十餘年後的今天，回憶過去的魯莽從事，實覺荒唐冒險。假如招牌掛起之後，不得在種同鄉的大力贊助，那就會有下了招牌關門大吉的危險。但是幸運得很，這邊僻山國裏先天不足的嬰兒——書報社——呱呱墮地之後，經過大多數的「保姆」——本鄉熱心教育文化的同鄉同志——的熱忱維護，和十餘年慘淡經營的過程，出乎當時意料之外，而得到現存適應「鄉村環境」的組織的成績，又不能不歸功於當時不顧一切，魯莽從事的舉動了。

書報社成立的初期，凡事因陋就簡，儉約樸實，常年經費，除社所租金卅十元，（由崇新會津貼三分之一）和庶務津貼費每月五元外，其餘什費支出有限，因「一切圖書報章，多由各方捐贈，」可謂毫無支出，而全年經費的數字，實屬微乎其微。但是在當時窮窘的經濟現狀之下，所有基金不夠維持二年的經費，所以對於社裏的先決問題的「書報費，」完全不能談到，只好由各熱心同志將所有新舊藏書或借或贈，陳列社內，並函請駐緬崇新會捐贈仰光各種日報，和自定本省日報一份，就這樣的暫時維持現狀。說到經理問題，都由當時熱心贊助的各同志李濟園，殷鎰秋，李鏡泉，李鏡天，劉惆令，李潤珍，……等，輪值負責，每二人共同義務經理一星期，由李彝初，寸杰生，李生園，殷鎰秋，李鏡泉，劉惆令，……等為社長，當時社務多得李君指導，這末週而復始的繼續維持了本社初期脆弱的生命，經過兩年的時間，「社」的命運也就漸趨「坦延」得到內外同鄉熱烈的精神和物質的援助。

在書報方面，整部的古今圖書，和京滬各地的著名報章，郵漸次擴充定購。在當時郵寄方面，因為本省交通不便，郵遞遲滯，（自滬至騰印刷品因中途的擱滯數川方到。）各地新聞到社後已成為明日黃花，而失卻其時間性，本社安籌辦法，

將京滬各報和定期刊物經由緬甸轉寄到騰，牠的結果就得到本社「消息靈通」的外界批評，城鄉智識階級，也就「聞風而至」的來社閱覽。本社在彼時「因陋就簡」的狀態逐漸演變之下，因爲各同志「自我犧牲」爲社會服務的偉大的精神的培植滋養，也就潛伏着未來的逢勃的生氣。

民國十五年的春天，作者因生活問題，離鄉赴緬，社務方面，得李秋農，寸佩九，李文龍，李沛春，尹以忠，李潤珍，段鏡秋，和各熱心同志的繼續努力工作，社的組織日趨健全，社務也漸次的擴充進展，舊有社所，已感覺不敷應用和不適合需要，乃於民十七年遷入「咸新社。」（該社爲本鄉先進發起，實行維新的機關，組織初期，亦購有大量圖書，供人閱覽，後因管理不善，圖書散失，而該社因以停辦。）

至十八年，爲環境的需要而改組爲圖書館改組之後，一切組織計劃，和規章的厘訂，圖書的分類編排，以秋農同志苦心研究的功績爲多。經理的熱心負責，和長期的服務，當推佩九同志。其餘在鄉同志，都是各盡所能的努力合作，使本館才有現在粗具規模的組織。同鄉方面物質的援助，捐贈圖書的比較捐助經費的更爲踴躍，所以在書報社期間，捐贈曾經在緬募捐一次，當時本館基金的最高紀錄不過二千盾，但是因爲捐贈圖書的踴躍而圖書日漸增加，致本館館屋無可庋藏，才有現民廿六年建築新館屋的事實，因爲繼續捐助的以後，就日漸用盡，而常年經費的來源，專歸崇新會的津貼維持下去。以本館現在圖書的數量相當充足的狀態之下，（

所謂「充足」但指鄉村環境而言，以比國內大圖書館，自然望塵莫及。）而基金毫無，這也許是本館的特別狀態，外界來館參觀的人士們，多半推測本館的必然的有一筆很可觀的「基金」，及至明瞭本館的不名一錢，而以崇新會的津貼費維持館的生活，任何人都要感覺和詫異本館現狀的「特殊」意味。

本館的書報，大多數由各同鄉同志捐贈，本館對於書報費的支出，其數甚微，在上面已經說過。在成立初期，各種日報和定期刊物，大半在崇新會「年會」時，由赴會會員自動認捐，或一人擔任數份，或數人擔任一份，各量其力的各盡其責，和「無間始終」的繼續下去，所以本館設立於雲南邊區的騰衝縣的鄉村「和順鄉」裏，物質的援助，多半來自緬甸。本館因此爲募捐和購辦圖書的便利起見，在緬特設經理處，辦理對外一切事務。初期經理爲李秋農同志，繼後李同志回國服務，又由尹以忠同志繼任。及尹同志返里，適值作者移住仰光，卽濫竽經理職務，以至於今，惟以不能身履故鄉，參加本館內部工作，實以爲憾。

上面所說的是本館組織成立經過的大略，作者因爲身居異鄉，對於本館改組以後的經過情形，既沒有「身歷其境」的責任的同志們作詳密的報告和紀錄。現在只將本館經濟情形，一一緬甸和本館方面歷次募捐的經過，一一約略的述在下面：

在書報社成立後的一年，青年會——崇新會的前身——尚未代本社舉行募捐的時候，曾得李鏡天同志前往夷山臘戌埠舉行募捐，約募得一百七十餘盾，這是本社在緬募捐的第

13

一次。彼時曾將捐者芳名在本社裏懸牌鳴謝，繼後本社由十字街舊址遷入咸新社，竟將各種鳴謝粉牌遺失，致該項捐款芳名都無可考稽，這是本社常時職員的忽略，很覺抱慚的一件事。

民十四年五月，和順旅緬青年會接受本社的請求，公推寸以莊賈鑄生二同志，自費出發全緬募捐，共募得八百餘盾，放存生息。彼時商務印書館出版的「四部叢刊」發售預約，又由寸賈二同志和駐緬京同志發起，募捐四部叢刊全部書費，結果共募得三百餘盾。繼後該書由寸海亭先生全部捐贈，所捐得的款，仍交寸以莊同志赴緬購辦他種圖書。寸海亭先生彼時年雖七十，但腦筋清新，事事適應潮流，與思想落伍者迥不相同，不惟慨然捐贈本館寶貴的整部圖書，以為首倡；並且對於青年會一切維新的措施，都是力盡指導護持的責任，青年會在緬成立，得力於寸先生的庇護而不致受反動者的摧殘，其功實非淺鮮，這是值得我們在這裏鄭重追述和表示景仰的一件事。

是年十一月緬京青年會和上緬甸的促進會合併組織，更名為崇新會，舉行第一次聯席會議於抹允埠，即以抹允為總會所在地之一，以後每屆總會，用「輪值組織」辦法，由抹允果領，（後移恰井埠）緬京，依次接辦。民國十五年十一月緬京，舉行第一週年大會於果領，因崇新會為本社之創辦人，對於社務，須於本會大會時議決執行。彼時作者已赴緬出席，人會，即當場發起募捐本社經費，共得一百七十九盾。至此本社基金及利息收入已達一千二百卅餘盾，自此每年繼續勸募，至十六年十一月，崇新會二週年會時，除本社經常費支出

外，增至一千叁百六十餘盾。十七年增至一千五百餘盾。至十八年，本社已改組為圖書館，基金又增至一千六百餘盾。彼時因「改組」的醞釀，已有相當時間，而始能實現。釗鑄山同志因旅緬返鄉同宣傳，請求贊助，得李印泉先生二同志認捐廿一史一部，李子暢先生捐贈珍叢刊一部該刊不久即運抵本館，惟廿一史運費發生問題，即於崇新會四週年會會場中舉行募捐「運費」，共募緬幣百餘盾，彼時李估因事未蒙踐約，所捐「運費」，復倂入為本館基金，因本館改組伊始，館屋原為咸新社舊址，須加修葺，故本館支出日漸增加，至十九年十一月，崇新會五週年會時，本館基金即縮減至一千一百餘盾。適得趙慰齋同志自動認捐廿一史一部，對於本館經費不無小補。又由崇新會大會議決，每年津貼本社書報經費一百盾，交由緬甸經理處負責購辦。作者即於此時接手經理職務，因以前寸以莊賈鑄生二同志募捐時，未赴「夷山」（Northern Shan State）各地，復建議推舉尹以忠、李濤園二同志赴該地募捐，共得百餘盾。彼時緬甸商場，已受世界不景氣的影響，各同鄉在緬營業，漸感困難，以前認捐日報刊物的，多停止捐贈，而須由本館自費定購，本館書報費的支出當然「與日俱增。」一至廿年十一月，崇新會六週年會時，本館基金又降至七百餘盾。至廿一年又降至六百餘盾。廿二年降至四百餘盾。崇新會之津貼費增至三百滇元（一百五十盾），至廿三年增至五百滇元（二百五十盾），基金再降至三百餘盾。本館原由崇新會兼理，至此因議決，移交經理處經理。至廿四年，本館購辦圖書，除由各同鄉捐助者不

14

計外，崇新會津貼之五百元完全支用後，尚支出二百餘盾，而基金僅存百餘盾。至年終時，並此百餘盾亦全數撥充圖書費，而本館至此已「不名一錢。」自民國廿五年以後，只靠崇新會津貼費和零星捐款，及經理處代人購辦圖書稍得佣傭的收入，摶節度日，以至於今。本館經費方面，雖無「的款

，」但是各同鄉人宗圖書的捐贈，則日益增加，除上面所說的已故寸海亭先生捐贈四部叢刊，李子暢先生捐贈集珍叢刊外，又有張子耕先生捐贈百衲本念四史，和古逸叢書，尹彦卿先生為紀念其令先君而捐贈圖書費四百元，李光新先生捐贈圖書數百冊，值數百元，皆緬京同志宣傳勸募之成績。而

經理處適店緬甸商業中心之仰光，為同鄉中巨商人買的「據點，」隨時向各同鄉募捐圖書。如張治才張溶才昆玉捐贈的萬有文庫，值海幣千元。繼後始溶才先生由瓦過仰復捐助圖書費五百盾，合滇幣千元，當時治才先生已在滬將該書購安付仰運騰，溶才先生乃將此捐款以其令兄鴻才君名學，改捐本鄉兩級小學校。其他如張澤生先生在滬捐助圖書費國幣叁百元，其令弟建模先生捐助圖書費國幣叁

百元，因家鄉教育發生「復古」問題，崇新會召集臨時代表大會於抹允埠，作者因趙會出席之便，即向緬京，恰井，果洞波，恩多，賀奔，干木魯，緬坐，各埠同鄉同志勸募台資購贈叢書集成全部，共募得五百八十盾，除購該書領，果洞波，恩多，... 廿六年，皎脈尹玉山先生六十壽辰，節省費用，捐助本館圖書費二百盾，寸

子華先生和滬玉石獲利，捐助經費一百盾，李子謙君捐助圖書費五十盾，他如八埠方面得李潤園同志勸募得鈕盛安什捐贈自然科學小叢書全部，叚翊卿先生捐贈現代新書數十冊，皆值海洋百元以上，尚有其他捐贈定期刊物者甚多，此處限於篇幅，當由本館募捐徵信錄發表誌謝。

本館方面經手募捐的常民廿一年改裝咸新社舊址為館屋的時候曾得鄉公所津貼四百元圖書方面有館長李生莊先生捐贈明本廿五史及補道全部，李朝卿先生捐贈圖書數十部，咸新社及鈕鈃山同志捐贈九通全書各一部寸秀芳女士捐贈圖書數二百五十元，及復印器一架，寸少元先生捐贈雲南通誌全部，騰衝縣長張槐三先生捐贈漢魏叢書及佩文韻府各一部，趙毓金同志捐贈圖書費四百元，鈕文瑞同志捐贈圖書費二百元。本館造書架，所費不貲，亦皆由各同鄉同志捐贈，本館並未支出分文。如寸于大同志寸純貞先生捐贈玻璃各數馱，李受大劉有位同志捐贈書架各二架，寸品才，寸玉佩，寸肇岑，鈕靜之，劉鎮廷，買仲能，李銳澄，尹子道，李協之，寸仲獻，諸同志名捐贈一架。李槐三同志，買成之先生，各捐贈牢架。許澤生，寸懷雲，張毓蘭，同志合捐一架。及尹大奧同志捐贈清英。李槐三同志，買成之先生，各捐贈牢架，省其塋塋人者。廿七年，張德善君行文明婚禮節省耗費捐助經費一百元寸澤生夫人遺囑捐助本館經費二百五十元緬京尹玉山先生六十壽辰，節省費用，捐贈建築費三百元。其餘捐款及購贈圖書，除由崇新會年刊逐次發表外，當付「本館募捐徵信錄」發表誌謝，茲不備述。

民國廿六年，因本館圖書日益增多，原有館屋不敷庋藏

，乃由本館議決增建館屋。由本鄉鄉公所捐資二千元，向劉姓購得與本館舊址毗連之園地一方與舊館址合併擴充建築。惟建築費籌措不易，乃呈准當地最高當局，發行獎券，當年春季獎券第一期開獎後，約得贏利三千餘元，建築工事即着手進行。及第二期開獎時，因獎券銷售市場以緬甸爲尾閭，而緬甸各種彩票充斥，其外國彩票所得獎金，超過本館獎金數倍或數十倍，且第一期獎券銷售不能足額，預定獎金數目自亦不能足額，至第二期即銷數大減，所得贏利甚微。吾人預期之建築費來源，已有「此路不通」的狀態。而建築工作已在進行之中，勢不能半途而廢。時黃新會駐緬理事會輪値至緬京，由乃李鏡泉同志發起向旅緬同鄉募捐，並公推李同志劉桂臣同志及作者爲募捐員。作者於廿六年七月由仰出發緬京，與李同志及劉桂臣同志出發向各地同鄉募捐。計募得緬京七百廿六盾，居全緬第一位。果洞埠募得五百六十四盾，居第二位。八募埠募得四百五十九盾，居第三位。恰弄埠募得四百廿九盾，居第四位。抹尤及南渡埠各募得二百廿二盾，西（抹尤較多六巫二五）居第五位。皎脈埠得一百四十盾，夏木榮埠五十九盾，果洞波埠一百一十盾，本薩埠七盾，九洞埠波埠六十八盾，臘戍埠得八十六盾，賀弄埠九十一盾，宷木抹港埠一百四十三盾，們拱四十九盾，坎支那八十七盾，抹魯六十六盾五，黑薩四十八盾，恩多廿九盾，澤亞五盾，卜毛十八盾奔峨廿盾，南馬八盾五，謬昔六盾莫所筥四十四盾，委勒一百零五盾，南巴三盾，格薩二盾，緬坐十盾，永進埠廿盾，統埠五盾，抹谷五十盾，謬薩十五盾，得則十盾

，仰光一百零七盾。全緬募捐成績，共得四千二百卅七盾一二五，其間外界熱心人士贊助者，計六百九十九盾，同鄉捐助者叁千五百卅八盾一二五。又個人捐助者最高紀錄有二百盾三名，爲寸于天先生昆玉，及李匯川先生昆玉。一百盾四名，爲卞順與文瑞記寸時欽張正一君寸仲猷同志五十五盾，李潤珍昆玉五十二盾，鋇容生，寸楚生，怡怡和，張茂生，劉必禛，楊少三，許益三，張恆豐，劉子衡昆玉各五十盾。五十盾以下捐款芳名，皆已由仰報新聞欄中發表，外界捐款則登報鳴謝，茲不再贅。

九月十四日，在瓦城名集嶺新會總會理監事聯席會議，處置捐款。計共募得四二三七盾一二五，張茂生君認捐五十盾限期一年交款外，實收四一八七盾一二五，除去三人三次往返旅費二百六十一盾三七五，實存銀三千九百廿五盾七七五，經出席各同志決議處理如下：

一撥充本鄉大成殿裝修費二八四盾二五。
一撥充建築補助費一千五百盾。
一撥充本館基金二千盾。
一撥交緬甸經理處決議處理。

四條共計叁千九百廿五盾七五。
四撥交緬甸經理處建補助費一百四十一盾五。

此次募捐成績，還不太壞，它的原因，一由於外界人士的熱心贊助，各友好的誠意指導。二由於各同鄉同志的勤躍捐輸。三由於李鏡泉同志交游的廣泛，得到多方面的援助所以才有這樣的結果。在這裏作者應當代表本館向外界友好和各同鄉同志表示謝意。還有李同志發起募捐的功績，也是不可磨滅的。對於上列議案的處置捐款辦法，雖已通過存案

，但是因為本館建築費的無形增加，除將議決撥充基金的二千盾全數支用外，大成殿裝修費二百餘盾也沒有實行「裝修」這一筆款也是用在本館建築費裏面。還有和順○新會津貼建築費一千三百四十七盾九三七五，都用光了，本鄉義務教育基金和造林基金……等也挪用光了，本館館屋雖已落成，但是仍然不能脫離依賴崇新會的津貼度日的生活。

本館建築費預算案的規定，不過是一萬元，繼後建築範圍逐漸擴充，竟由一萬元一躍至二萬元。崇新會對於本鄉的如數支用，已經在上面說過。本館什緬募捐以後，甚有在家鄉募捐的提議，因為抗戰開始，家鄉捐輸頻繁，所以本館募捐的企圖就被無形的打消了。本館嶄新的前屋既已落成，支出方面富然日益增加，對於本鄉的負擔也日益加重，繼後建我十二分的希望愛護桑梓的同鄉同志們，對於本館的唯一文化機關，繼續維持愛護，總要想到本館的確定基金的一種辦法，使本館的內部力量，隨着外表的莊嚴，一天比一天的充實起來，使本館才能夠永遠的存在。那末，各同鄉同志的大名，不惟可以「永垂不朽」全鄉人的子子孫孫，可以享受到圖書館的一切精神上的賜給，那才是無窮盡的利益呢。！

本館醞釀已久的建築物，在適合鄉村需要的環境裏已經實現了。但是，拿小規模的本館來比較國內外的大圖書館，我們就要感覺到「望塵莫及，」不過在本鄉的經濟現狀，和「鄉村」環境裏，只能在可能範圍內由這「小規模」開始做起，我們不能存着「滿足」的心理，尤須繼續努力，將這「小規模」的基礎弄得堅實穩固，然後由有計劃的道路前進，逐漸擴充本館的範圍，使牠與現代的圖書館「並駕齊驅」

」才算達到我們的最後目的的。這並不是不可能的「奢望，」不過要看同鄉同志們的努力工作的程度是怎樣罷了。！

本館代理和順○新會信件後，各種郵件由騰衝郵局送到本館後，都是放在信架上俾隨收件人自來領取，而沒有郵差送到收件人的家裏去，這樣的辦法，就發生了不少弊端，像信件遺失和冒名竊取……一類的事件，所以在民國廿七年，本館為本鄉人的便利起見，才發起只僱用郵差在本鄉遞送郵件的辦法。不過，本館既沒有固定的經費，對於僱用郵差自然無力負擔，只好由本館駐緬經理處仍然用回旅緬的同鄉舉行募捐，同鄉們對於這種便利人羣的辦法，自然一致贊同，而樂於贊助。但是處此國難期間捐輸頻繁的環境裏，同鄉們對於救國工作都有相當的負擔，所以這一次「郵差捐」的勸募結果，受了相當的影響，沒有得到優良的成績。所募得的是恰弗埠六十三盾，抹穀

埠三十盾零五，賀奔埠廿六盾二五，墨薩埠廿五盾，果洞波埠廿四盾，八募十八盾，皎脈埠十七盾五，委蠻莫所寫十七盾，果領埠廿三盾七五，卜毛埠十二盾，仰光九洞，疆戍，恩多，抹港各十盾，抹允埠十叁盾，果洞光六盾西波，緬甸，各五盾。總數不過三百餘盾，除先匯五十盾作為開辦費外，第一次又匯交本館差百盾，得新滇幣壹千二百六十元，並已函囑本館放存生息，以為設置郵差的基金。這個數字，對於達到設置郵差常年經費充足的地步，本來相差遼遠，不過這件事既是便利和鄉人的事。（尤其是旅緬同鄉，）並且得到大多數同鄉熱烈的贊助，將來有機會的時候，在同鄉們合力贊助的場合裏，我們還是可以另來一個「統

17

「籌全局」的妥善辦法。這也是本館經濟的一種附屬事件，所以也在這裏附帶的記述一下。

民國二十二年，崇新會第八週年會開幕的時候，本館曾經提議由本會補助建築夢的一部份——二千盾，——由鄉公所補助一部份，建築館屋於十字街頭寸姓地士。彼時出席大會各同志，覺感到十字街「喷嚏」的地位不適宜於圖書館，加以本會的經濟力十分薄弱，提出補助的數字也不夠建築費的幾分之幾，如果魯莽從事，就妥遇到「半途侗廢」的困難，才證明了當時否決那個議案是合理的。又在民國十七年，崇新會第三週年會開幕的時候，李秋農同志建議籌備建築現代化的館屋於雙虹橋，那種計劃是偉大的，但有現代科學的眼光的計劃，並且也不是最短期間可以成功的事，必須本鄉的人士「羣策羣力」的，無間始終的「苦幹」下去，最後的成功是可以企望的。可惜當時一部分同志衣決並且沒有堅決持久擁護這議案的決心，所以竟將這叚經衣決並且執行了一部分工作的議案，因為少數人的破壞而打消。(該案決議叚同鄉募捐年捐，放存生息，俟相當年限以後，始實行購田填士，建築圖書館和會所學堂……合璧的偉大建築物，當場認捐的將近千盾，至某區時議決案的繼續執行遭遇阻礙，而將原案推翻)。這是多未遂感的一件事，現在本館竟由最初空洞的書報社的一塊招牌的開端而實現了，以過去的事實來證明，若果積數十年努力的結果，而達到李同志理想的現代化的大規模的圖書館的成功，牠的距離也不算很遠。如果當時的議案能夠順利進行，或許本館六規模的基礎已經成功了大部份。(由十七年到現在已經是十一年的時間，如果當時的年捐得到勢力雄厚的份子的援助，現在的經濟力當然比較本館已成的事實超過幾倍，可惜當時反對的同志對於公益建設的心理不大濃厚，就促使這偉大的計劃半途天折。)現在由本館小規模建築物的成功而回憶到以前有計劃的設計，才感覺到牠的價值的「不可磨滅」，所以特懇「舊事重提」，希望同鄉同志們對於本館的現狀，切勿存着滿足的心理，並且拿出堅定持久的態度，從事「由小規模擴展到大規模」的工作，那才是偉人的成功也就是李同志的偉大計劃的有成功可能性的證明。

本館　廿七年十月五日作

本館概況

(一)圖書的選擇

圖書館裏的圖書，有如資本家對於金錢一樣的不厭其多，不論種類，不論新舊，總是以越多越好，本館蒐集圖書的目的也是如此。惟現代的出版物，真是汗牛充棟，本館限於經濟不能作廣博的大量的購備，但為適應閱者的需要起見，故對於各種科學的基本智識的圖書，是很努力蒐求的，尤其新的方面適合社會環境的圖書更是為本館現時選擇圖書的目標。所以各書局書店的圖書目錄，是本館所最歡迎的一種珍品。同時報章什誌上所登載的圖書廣告也是本館所注意剪截保存的，選擇的辦法分兩種：

18

經過選擇後的圖書仍是很多的，本館爲適應經濟力的所
及，擇其比較重要者特別提出分其緩急，次要者留在後購買
。這又是本館選擇後的圖書的一種選擇法。

報章什誌的選擇，閃限於經濟的關係，也只能各種具備
一點，日報定選擇十種，什誌廿種，畫刊五種，日報以國內
外各個區域的分別選擇有名的一二種，以期消息普遍，什誌
則各種學術的都選擇一點，畫刊是多注意於時事方面的。其
他有種種適應時代的又臨時選擇，選擇好的種數，除了刊物自動
停版外，就是把它做爲連續的定閲。

(二)圖書的訂購

本館成立以來，一切全賴慕捐，圖書一項，大部份也是
慕捐得來，所以本館的圖書除由經常費中劃一部份訂購外，
大部是將選好的圖書問人慕捐訂購，有時又是將捐得的款項
提出一部份訂購，本館僻居邊陲，訂購圖書是感到非常的困
難，所以一部份的訂購圖書，除少數向出版的書店直接訂購外
，大部是託商務印書館和生活書店代爲訂購，商務印書館和
本館往來的歷史很悠久，所以除代本館訂購圖書外，還替本
館代辦其他的東西。

報章什誌的訂購還是和上述的訂購法，是一樣的，但是
本館的報章什誌有多數是妥連續不斷的，要能在滿期以前最
少一倆月去續訂，方才不致中途脫落，本館惟恐滿期不及續
訂，特製成一個「刊物續訂備忘月份夾。」分十二片，一片
爲一個月，共十二個月，把收到的刊物的定單一概夾在裏面

和順圖書館十週年紀念刊

夾在滿期的前一個月，按月翻右一片，如果是滿期要續訂
者，就通函圖書局代訂，這樣一來，報章什誌就絕對不會到了
滿期還不及續訂了。

(三)圖書的收受

圖書收受是圖書館裏對書局的一種重要手續，本館收受
圖書完全根據書局發單，有些發單是同圖書一齊寄來，但有
些發單是早已由書店寄來，凡收到的圖書，當即照發單點查
，如有下列情弊發現時，即向書店交涉或退還。

一、書數和發票不合
二、書價和發票價不合
三、書內篇幅差少平損或倒裝
一經點查合格的圖書一概印上本館無色硬印章記，

(四)圖書的分類

美國圖書館學家卡特氏對圖書館的分類下過一個定義說
：

「圖書分類是集合各種圖書，選擇其性質相同的放在一
處。」

舉凡圖書館的圖書分類，無一不是照着這一個定義來辦
。惟是各國的圖書館不同，所以分類法也各有不同，外國的
有杜威十類分類法，布朗氏種類分類法等等。中國的又有杜
威十類分類法，沈祖榮仿杜威書目十分法等等。查修杜威十分法補編。
美國國會圖書館分類法，拔羅士萬國分類法
王雲五氏中外圖書統一分類法等等。考國內外的圖書館的分
類法的採用，要以杜威十類分類法爲最通行，但是這個分類

19

法拿到中國來，中間尚有好些不能包括中國的特有學術，後經王雲五氏改編爲中外圖書統一分類法後，已經是一種最適宜於中國圖書館的分類法了。所以本館的圖書分類就採用王雲五氏的中外圖書統一分類法。

（五）圖書的登記

圖書登記就和商店裏的貨物登記是一樣，登記冊就是總底簿，所以圖書登記是圖書館裏的一椿最重要的事，惟其重要，本館的圖書登記也辦理得特別認真。本館的分類法是照中外圖書統一分類，這個分類法是照杜威十類分類法改編成的，所以本館的圖書登記不用混亂式的登記而照十類分類法分類登記，計分：

總類

哲學

宗教

社會科學

語文學

自然科學

應用技術

美術

文學

史地

十大類，每一類分爲一册計十册，經過分類的圖書，就照它的類別分別登記在登記册上，登記册式樣如下：

和順圖書館圖書總登記部

第　　冊　　頁

進館日期	類目	圖書名稱	編著者	版式	發形圖數及地圖	頁數	册號數量	版次	出版日期	出版者及住址	版書價	加裝總價	備註

（六）圖書的排列法

本館的分類法是採用中外圖書統一分類法已如前述，所以圖書的排列法是照分類法的標記的數字的次序來排列，由左而右排起，數字小的在前，數字大的在後，這個排列法非常適用，能有伸縮的餘地，絕對不會有臨時增加圖書時會發生沒有排列的地位的弊病，同時也不會有排列起來要牽動着其他的部份和會發生不倫不類的現像。尤其是中國特有的圖書照這個排列法能夠把它提出來特別放在一塊，同時又能夠不違反同類相集的原則。

（七）圖書的編目

桂定有說過圖書館的書庫好比是寶庫，分類法好比是一把鎖，目錄就好比是一把鑰匙，這比擬是最比得恰當不過的，本來圖書既然放在寶庫裏，當然要用鎖來把鎖，但是鎖起來了就任他鎖着，那又非用鑰匙——目錄的宗旨了，所以要圖書發生它的效力，又是鎖着——鑰匙——目錄來開開它不可，為要使閱者得到開鎖的鑰匙也要容易尋究書庫裏的寶藏——圖書，所以圖書館的這只鑰匙——目錄也要特別製造得良好一點。在圖書館學未分怎麼發達的時候，圖書館的目錄，多是採用書本式目錄，自圖書館學發達以後，書本式的目錄已被遺棄不用而多採用靈活適用的卡片式目錄了。所以本館的卡片目錄分：

類別卡

著者卡

書名卡

譯者卡

四種，這四種卡片的製法，純是照中外圖書統一分類法所定原則，惟類別卡一種為適應環境關係，本館把它略加改變。為使閱者明瞭一切起見，今將本館卡片目錄索引法錄下：

本館目錄索引法

本館目錄分「卡片目錄」與「書本目錄」二種，茲分述如下：

卡片目錄

本館照中外圖書統一分類法，編製卡片四種：

（一）類別卡

（二）書名卡

（三）著者卡

（四）譯者卡

每一書按照此四種分別編製卡片一張，類別卡把圖書的類別標明出來，書名卡把圖書的名稱標明出來，著者卡把圖書的著者標明出來，譯者卡把圖書的譯者標明出來，分別排插於各種的卡片箱內，其排插法是依照各種卡片上所標明出來的字樣的四角號碼編成一個分類的數字（寫在卡片背面），按照數字的大小而定其前後，（論數的大小，非是如分數然，係先論分子位置上的數字的大小）。其編法是有一定的定律的，第一字取四筆，寫在分母位置上，第二字取第一二筆，寫在分子位置上，第三字以

21

下均取第一筆，連寫在分母位置上，分子位置上固定爲四位數，分母位置亦常爲四位數，如有不足以〇號補足，如有超過則删去。

照上所述，兹舉例說明之：辭源一書的書名卡號碼，因「辭」字的四角號碼爲2024，源字的第一二筆的四角號碼爲31，把這些數字按律編成一個分數的號碼，2024/3100辭源的主編者爲陸爾奎其著者卡的號碼則爲7421/1040，辭源按分類係屬於「中國語文學」其類別卡的號碼則爲5000/6003，又如科學大綱一書，原著者爲英人湯姆生，其著者卡號碼則按湯姆生三字編爲3612/4720此書到中國來爲王山田盧等編譯，其譯者卡的號碼則爲1010/2500。

懂得上述種種，要想來尋找書看的，但知一書的「書名」「著者」「類別」「譯者」，隨便那一種，便可以按律一尋而獲了，要想借閱便可以把卡片的正面的左上角的分類碼（非背面的號碼）和書名抄下給管理人，便可以得到所想看的書了。

不過本館的卡片目錄，與中外圖書的統一分類法有幾點不同：（一）本館不設叢書卡，（二）本館加設譯者卡，（三）按中外分類法類別卡非常寬泛，普通人難找門徑，本館爲便利計，特把他律定爲一個「類別表」，使閱者有所遵循，（四）外國人著的書按中外分類法，其著者卡應照其英文姓名編爲號碼，但是英文非大衆普遍知道，故改用漢譯名。

總類
- 圖書館目錄
- 百科全書類
- 新聞學
- 特種叢書

哲學
- 哲學原理
- 哲學概論
- 哲學字典
- 哲學論文
- 哲學雜誌
- 哲學學會
- 哲學教學
- 哲學叢書
- 哲學史
- 中國哲學
- 形而上學
- 派別
- 心理學
- 論理學
- 古代近世哲學家
- 哲學家

宗教
- 宗教原理
- 宗教概論
- 宗教字典
- 宗教論文
- 宗教雜誌
- 宗教學會
- 宗教教學
- 宗教叢書
- 宗教史
- 佛教與佛經
- 耶教
- 神話及其他各教

社會科學
- 一般社會學
- 社會學原理
- 社會學概論
- 社會學字典
- 社會學論文
- 社會學雜誌
- 社會學學會
- 社會學教學
- 社會學叢書
- 社會學史
- 統計學
- 政治學
- 經濟學
- 法律
- 行政

22

類別表

社圖與各機關	希臘語文學	技術學會	水彩畫	西班牙文學
教育	各國語文學	技術教學	印刷	拉丁文學
以分類：初等，	自然科學	技術叢書	攝影學	希臘文學
中等，高等，課程，等	科學原理	技術史	音樂	印度文學
行政	科學概論	醫術	娛樂	俄國文學
商業	科學字典	醫學	文學	史地
交通	科學論文	工程學	文學原理	史地原理
中國古禮儀	科學雜誌	農學	文學概論	史地概論
習俗禮儀	科學學會	商業實踐	文學字典	一般歷史
語文學	科學教學	家政	文學論文	史地論文
語文學原理	科學叢書	化學工業	文學雜誌	史地雜誌
語文學概論	科學史	製造	文學學會	史地學會
語文學字典	算學	建築	文學教學	史地教學
語文學論文	天文學	美術	文學叢書	史地叢書
語文學雜誌	物理學	美術原理	文學史	史地史
語文學學會	化學	美術概論	中國文學	地理與遊記
語文學教學	地質學	美術字典	以分類：詩文，	中國地理遊記
語文學叢書	生物學	美術論文	戲劇，詞，文言	中國傳記
語文學史	考古學	美術雜誌	書牘，彈詞，書	世界傳記
比較語文學	植物學	美術學會	小說，雜著，	世界上古史
中國語文學	動物學	美術教學	美國文學	歐洲史
英國語文學	應用技術	美術叢書	日本文學	中國歷史
日本語文學	技術原理	美術史	英國文學	亞洲史
德國語文學	技術概論	建築術	法國文學	南美洲史
法國語文學	技術字典	雕刻術	北歐文學	北美洲史
意大利語文學	技術論文	圖案裝飾	德國文學	大洋洲史
拉丁語文學	技術雜誌	中國書畫	意大利文學	兩極地帶史

23

卡片目錄備設起來，倒是很好的一件開鎖的工具了，但是爲顧及有些閱者不知道卡片目錄使用法起見，故又加設書本目錄一種茲將書本目錄索引法錄下：

書本目錄

本館除用卡片目錄外，恐有人苦於「不熟習」四角號碼，故又持設書本目錄一種，按照圖書統一分類法分爲「總類」「哲學」「應用技術」「宗教」「美術」「社會科學」「文學」「史地」「語文學」「自然科學」十大類分裝爲十大册，把圖書按類分別抄錄於目錄册中，並把分類號碼也抄錄在書名上，要想借讀任意翻看，如若了合意，可把分類號碼和書名抄下給管理人，便可以得到所想看的書了。

（八）圖書的典藏

圖書典藏是圖書館裏最重要的一件工作。同時也就是圖書館裏面的第一個責任，凡爲圖書館是爲圖書面設立的。關於典藏這一事，現在有兩種最通行的辦法：一開架式，二閉架式。

開架式：開架式是近來圖書館裏面的一種新趨向，主張把圖書館裏面的書庫全部公開，任人走到裏面尋找圖書閱覽，意思是在促閱者（一）要想看的書直接得由書架上取下來（二）可以免去閱者從目錄上尋覓圖書無從下手的困難（三）從書架上取閱有無窮的樂趣。同時要想換閱另一册圖書也無須經過管理人的手。

閉架式：閉架式是把所有的圖書放在書庫裏藏起來，閱者要找尋書庫裏面的任何一册圖書，必須要從目錄上翻看，然後通知管理人命出來。書庫裏除管理的人或特許的人外，一概不准到書庫裏面，這樣辦法的原因是（一）防閱者竊取起見（二）避免閱者紊亂圖書排列的次序（三）圖書太多，排列的方法複什，圖書館所存的位置閱者難於找尋。

以上二法，小型的圖書館多採用前一式，規模大的圖書館多採用後一式——閉架式

（九）圖書的閱覽

本館圖書什誌，不分性別，不分畛域，凡是來閱覽的一概歡迎。來館閱覽時也不用入門券，只是進館時到簽名處簽一個名字就可以了茲將閱覽規則列下。

和順圖書館閱覽規則

（一）本館不分性別不限區域凡能遵守本館規則者一律歡迎閱覽

（二）本館開館即得入館閱覽

（三）本館開館時間規定如下：上午九時至下午二時。下午五時至六時

（四）本館規定禮拜三爲休假日。是日不開館

（六）本館報章什誌放置案上者公開閱覽

（七）本館圖書管理法爲閉架式，凡欲借閱圖書者須通知管理人借覽。

（八）入館閱覽不得攜帶雨具入室須懸掛室外。

（九）閱覽者不得有高聲朗誦喧嘩呼笑及妨害他人之行爲

（十）入館不得吸煙不得食零食。

（十一）入館不得隨地唾吐及塗汚牆壁，

（十二）報章什誌有一定之位置閱者不得擅自移動

（十三）閱覽者對於書報不得汚損及圈點批評

圖書館的圖書，能供給閱者閱覽，這是已經辦到相當的完善的辦法了，不過專是供給閱者來館閱覽圖書充分的發生更大的效力，為什麼呢？說來話很簡單，讀書研究學問的事是大家知道的，不是一朝一夕就會辦得到的，若是真正的要讀書要研究什麼學問的，那能在幾點鐘以內就會辦得到，就是以最小的單位一冊書來說，恐怕在很少的時間內也不會讀得完的。在館閱覽的辦法那無非是供給無目的閱者和參考的閱者罷了。所以本館的圖書為使其充分的發生效力起見，除供閱者來館閱覽外，又規定借出館外閱覽的辦法。現將本館的出納規則列下。

利順圖書館出納規則

一，借書人須先領得本館借書證然後得享借出之權利

二，本館借書證不論男女如有相當保證者均可向本館出納科請求發給

三，借書保證分現金及人的兩種現金暫定為拾元人的保證則須信用充足者

四，本館出借圖書暫以出納科流通範圍內者為限惟團體學校有必要時得變通借與

五，借書時須繳驗其借書證將所借圖書依照出納手續辦理

六，借書時如遇所欲借之圖書已經借出時可先行登記俟該書收囘後通知借與但借給之先後以登記之次序為定

七，借出圖書每人每次以二冊為限借期至多兩星期惟學校教師等有特別情形者得酌量增借及擴展限期

八，借書人須按照到期日期將書送還本館如到期不能閱畢時應先聲明展期惟至多以一星期為限如逾所借出權

九，未送還者除追繳其所借圖書外並停止借出權無論何項圖書不得在書上圈點及使書繳折破裂捲曲等等如有前項情事應照該書全部價格賠償

十，借書人如遺失圖書即來館申明按照全部價格賠償如逾借書期限而未到館者本館認為有意隱藏除加倍追繳其全部圖書價格外並即停止其借出權

十一，借書人借還圖書須親身來館辦理如有特別情形時亦可委託他人代理惟一切意外損失須由借書人擔負責

十二，借出圖書有遺失損壞而借書人不能賠償金者可由其保證金內扣除之否則即責令該擔保人擔負賠償

十三，本館借書證以壹年為滿期滿期後仍得請求繼續發給

十四，借書人繳還其借書證時經出納科查核無誤後即發還其保證金該保證人之保證義務亦即宣告終了

十五，本草章未妥善處得隨時增刪之

領取借書券後閱者如非先交現金作抵押，就要請妥實的人作保證人請求書格式如下

和順圖書館十週年紀念刊

25

和順圖書館借書請證書求和

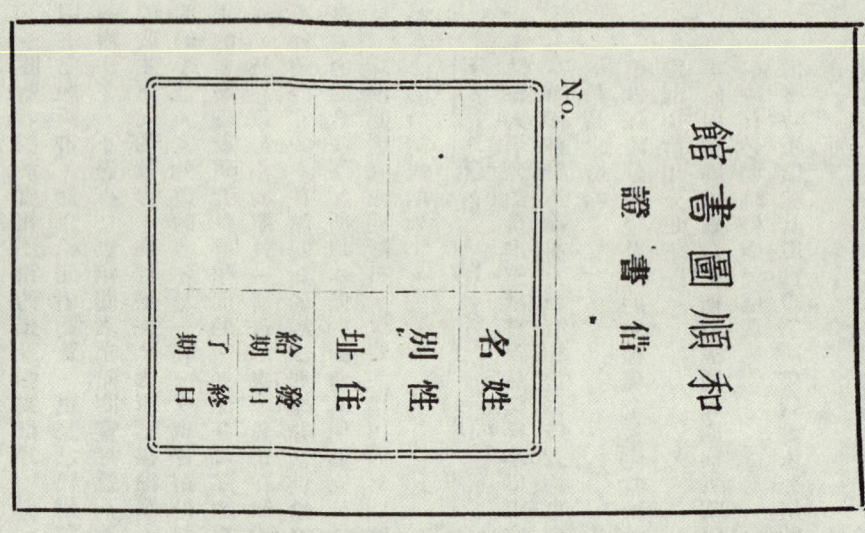

館書圖順和
證書借

No.

姓名
性別
住址
發給日期
丁期終日

經交押款成請後本館發給借書券·格式如下

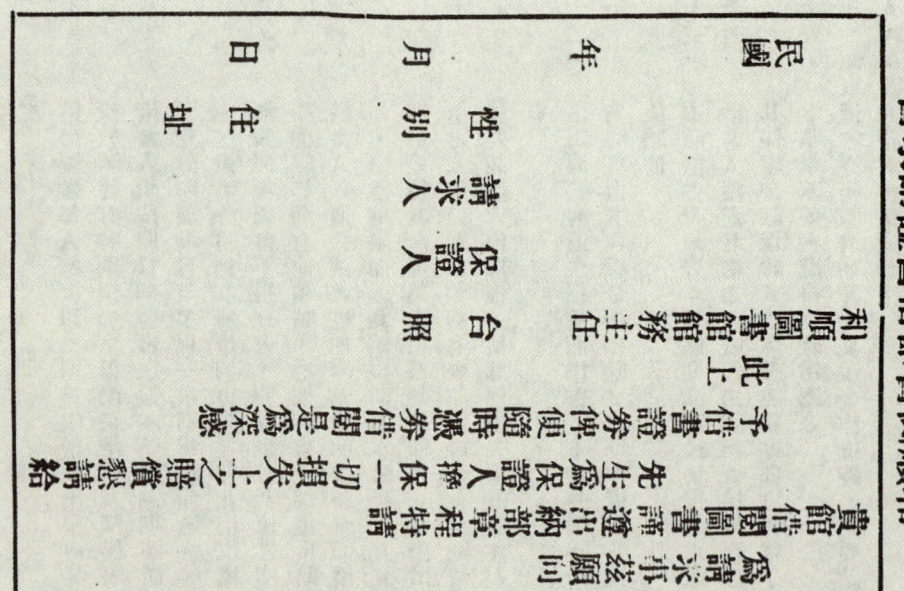

和順圖書館借書請證書求和

26

貴館借閱圖書請同

和順圖書館上此借書證伴生遞迴願

茲非

圖書館務主任此借書券伴生為繳迴願印

請求人保證人臨時憑券借書一切

性別台照

月

年

日住址

民國

日住址

貴館借閱圖書請爲非茲同

借閱圖書，概有登記。在本館閱覽的有館內閱覽的登記，館外閱覽的有借出登記。今將館內閱覽的登記格式列下。

出借圖書登記存根

借書人

圖書名稱	冊數
	冊

日期

和順圖書館館內借閱圖書登記表

借書人　　　　住址

圖書名稱	期態	編洋出版	版式裝形	冊數
				冊

日期　（圖書交還時將此頁登記裁交借閱人）

借出閱覽的登記，另用一種書本式，每月一册，按月份　序列起，借出的圖書，按月按日翻看，有滿期的就通知催收

的大小裝釘爲二十八，三十，三十一篇不等，一日一篇，順，格式如下：

和順圖書館外借閱圖書登記表　　28

日期	借書人	圖書	編著者	冊數	裝形	借書人住址

年　月　日　應還書者列上

230

（十）兒童圖書的分類 排列 編目

本館為將來的小主人翁的教育計，故對於兒童讀物特別大量的購置。因與和順兩級小學校鄰近，故即以發展學校的小學生的教育為目標，在本館的左廂（舊朱衣閣）特設一兒童閱覽室。又為小閱者們的便利計，即將兒童圖書什誌庋藏在裏面。同時為顧及兒童與成人的智力不同起見，關於圖書的管理法也有改變。現分述如下：

分類：本館的分類法係採用王雲五氏的中外圖書統一分類法，兒童圖書本應沿用這個分類法，惟是這個分類法內容非常複雜，兒童不易了解，且以兒童圖書的種類的簡單，也無須平用這個分類法，故本館又特自創一種分類法，以商務印書館的小學生文庫的分類法為一個藍本來分類，共分為四十類，以四十個注音字母做分類的標記，每一個注音字母代表一類，每一本書照它的性質來分類，分類後又照著者的姓名的四角號碼來做類碼，著者姓名的第一字取二碼，二字三字各取一碼，於是一個注音連上一個四位數的數字就是一本書的分類標記了，現在把分類表列在下面：

兒童圖書分類表

現在我們把兒童閱覽室裏面分書的面下為四十類：

ㄅ	總類
ㄆ	哲學
ㄇ	社會
ㄈ	政治
ㄉ	國際
ㄊ	經濟
ㄋ	語文
ㄌ	數學
ㄍ	自然
ㄎ	天文
ㄏ	物理
ㄐ	化學
ㄑ	地質
ㄒ	生物
ㄓ	植物
ㄔ	動物
ㄕ	礦物
ㄖ	工業
ㄗ	農業
ㄘ	工學
ㄙ	醫學
一	生理
ㄨ	衛生
ㄩ	叢書
ㄚ	道德
ㄛ	律法
ㄜ	實業
ㄝ	工藝
ㄞ	商業
ㄟ	勞作
ㄠ	美術
ㄡ	音樂
ㄢ	遊戲
ㄣ	文藝
ㄤ	神童
ㄥ	童話
ㄦ	寫話

學科（自然科學）：自然、天文、物理、物化、地質、生物、植物、動物、礦物、工業、農業、工學、醫學、生理、衛生

工藝：商業、勞作、美術　音樂：遊戲、文藝、神童、童話、寫話、故事、言語　語謎：諺語、信、雜、笑話、詩　歌劇：歌本、劇本、小說、地理、歷史

29

，分類規定如上，但是恐怕這四十類還不能包括其他科學，故又製定用「十」加在每一注音字母的前面來另設一類，作將來增類的準備，這樣辦法就可以不致另增一類而會牽一髮而動全身了，

排列：圖書排列法，是先論注音字母的次序又論數字的大小來排列，小的排在前，大的排在後。

編目：兒童來館借書時，多是蜂擁而入，弄得管理人手忙足亂還照顧不來，為便於管理計，兒童圖書也做閉架式，故亦須編製目錄，以便小閱者憑籍目錄找尋圖書，目錄編為兩種，現分述於下：

（一）卡片目錄：每本書照它的分類編製卡片一張，卡片上把類碼，類別名稱，書名，分裝在各類的卡片箱內，

著者姓名，册數等等，標明出來。小閱者來翻看後，要想借閱的可把類碼抄寫下來通知管理人借閱。

（二）書本目錄，除製卡片目錄外，又添製書本目錄一種，把分類後的圖書分別抄錄起來，書名，著者姓名，册數等標明出來，使小閱者翻看後找尋借閱。

上面所說的，是本館的組織和管理方法的大概情形，但是本館負責人對於「圖書館學」，並無「專門」的研究，只憑着幾本書而自學使用，難免有疏漏的缺點，本館希望當世圖書館學者對於本館的一切不吝賜教，使本館組織日益合理化，無任歡迎之至。

圖書館發展上應注意的問題

雨丹

據家鄉傳來的消息，本鄉圖書館因贈書者漸次增加，原有館屋不敷安置，不能不另建新屋，若這現象是可以代表閱書者的增加。那自然是再好沒有的事，不過我們心焦的是圖書館所有的書籍雖然增加，而閱者不增加，圖書館存量上雖然不少但在質上不能滿足閱者的要求，那應這只是意義圖書館古董化形式化而已，我們希望管理圖書館的人注意閱者所要求的書籍種類，根據閱者的要求，為他們購置更進一步的書籍，一方面是給他們以滿足，一方面是領導他們，購買書籍時，固然要各方面都顧到，同時每一種書籍須要初級，中等，專門，的書卻各要購備，那麼閱者才能得一種進圖書館的知識，圖書館決不可成為一種「獨善其身」的建築物，應當利用種種方法引誘鄉人來閱覽，養成鄉人一種進圖書館猶如進茶館，上烟館一般踴躍的習慣，只要進圖書館的人增多，那麼我們的目的…其鳴者…在無形中就算達到增加了。

這篇文字是民廿三年在榮新曾八週年刊裏發表的，作者離開家鄉已經很久，對於本館現狀當然不大明瞭不過他對於本館館務發展應有條件的指導，仍然有軸的價值存在，並且值得我們藉鑑採納的，所以把牠轉載在這裏。

編者識

為和順圖書館十週年紀念刊拉雜地說幾句話

張若魯

仲猷兄函囑為和順圖書館十週年紀念刊撰文，十年未履國門，對於家鄉事多半隔膜，頗難落筆；加以悼亡新賦，兒啼女號，心境也是難過。但多年老友，義不容辭，祇得勉強應命，胡亂地來說幾句。

「讀萬卷書，行萬里路。」這兩句讀書人的豪語，在我們幼年時是常常聽到。但是，在那時候講這種話的人，大多數是「過乾癮」。何以呢？在我們幼年的時候，這兩件事是極端不易做到。關於書的方面，那時的公共藏書，只有騰越城黃箭樓替來風書院選購約值二三千兩銀子的廣東板書籍，僅僅騰業書院的先生們，繞有資格去閱讀。加以管理不善，逐漸遺失殘闕，甚為可惜。至於私家方面，普通大家除了四書五經以及關於八股文的書籍而外，祇有些古文觀止，東萊博議，昭明文選，或同一書而兼有幾種版本或幾數千部而已。藏有大部頭書，大概要到過北京，廣州或昆明的人家，繞多少有些特別書籍，試以城堡為例：西街張雲齋先生家有一些「佩文韻府」，漢魏叢書，南門街張崇仁先生家裏多有幾部晚清人物的全集，當時也願覺少有。這是多麼樣的可憐啊！

讀到報章雜誌，那就更加可憐。當時出版的雖然很少，然在我們地方真不容易得到。我們幼年時候，很難看到報紙，我記得僅福春棧內某家號上有一份「嶺南日報」，偶爾間接地由那裏弄到一張報屁股——「消閒錄」，非逐字逐句看完不可。宣統年間，我的父親受革命黨人的囑託，在東街三保靈官廟成立一「光華閱報社」，只有一份鼓吹革命的「光華日報」。但成立不久，省城卽有密電來嚴究革命黨活動的事，幸喜那時的道縣很好，預先走信，逐途夜將存報燬滅，不致闖出滔天大禍。上海的新聞報，至民國初年始得承父執的厚惠，看了幾個月。雜誌也是很少。最初看見的，是雲南留日學生出版的「雲南」雜誌，然而每一本到我們手裏的時候，總是數十人先看過了。後來偶爾得到幾本康有為主編的「庸言」，梁任公主編的「新民叢報」或「大中華」，或章士釗主編的「甲寅」，簡直是珍若拱璧，當金視寶。有很多人甚至連一本都弄不到手。那裏像現在的青年有幸福，起碼可以常看到幾十種呢？所以我說「讀萬卷書」是「過乾癮」。

講到路的方面，是可使交通不便利的省份的人們嚇一跳。我們是住在中國極偏僻的山國裏面，所謂山高皇帝遠，交通非常不便。到本省的省城昆明，就要走二十四站，在滇越鐵路未通以前，到北京去要經過貴州，湖南，湖北和河南等省，約走半年的工夫。以這應遠的行程，由經濟精神兩方面來說，是多麼難辦到。所以除了有會試資格而能得到卷金津貼的老先生們而外，別人是難做到的。卽以滿清末年而論，雖然由緬甸有水路可通，但是爬山慣了的人，畏懼航行，因

此也只有少數人由此路到外面去過。所以「行萬里路」也只是「過乾癮」。

現在，由於數十年來各種進步的結果，這兩件事可以容易辦到啦！因為公路網的成功，家門前不止通北京，直通至全世界，行萬里路，非常容易。但是這與本題無關，故不多談，讓我們來多談談關於書的事。

一個人對於書籍的閱讀欲求廣博，非依賴公共的圖書館不可，因為除了極少數富有的人們而外，個人的經濟能力，勢難備置大量的書籍。現代國家的文化水準的高低，可以拿圖書館數目的多寡來估計。騰衝之有圖書館僅係最近十年來的事情，歷史雖短，然賴當事人的毅力進行及社會上的熱心贊助，進展甚速。現在我把我所約略知道的幾個簡述如下：

（一）鳳山圖書館 這是騰衝五屬聯合中學的圖書館，大概在民十九成立。先是中校原有一閱覽書報室，備置相當的書籍報章，以供學生閱覽；後得雲南民政廳長朱曉東先生捐助千元，遂添購書籍擴充而成立。藏書數不詳。

（二）騰衝縣立圖書館 此館乃推進地方文化的老前輩劉夢澤先生苦心孤詣，經長時期的努力奮鬥而成，館址在來風山麓，約民國廿一年成立。館內所藏書籍，一部份係上述的來風書院舊藏之舊文學書籍，另一部份新購。此館成立後三四個月，不幸被燬於火，幸當時有一部份書籍，因廢置及編號等問題，尚未被移入，倖免於難。後經劉先生重新努力，以劉先生的熱忱毅力，再加以數年的擴張，不難成為一個完備的圖書館。

（三）木欣圖書館 因為縣立圖書館被燬於火，六保街

的張木欣先生乃將其私人的圖書館開放，請教育局長謝少青君負責管理。此館藏有精本新舊書籍數百種，并附設美術展覽室，陳列張君珍藏的名人書畫，以供地方人士欣賞。開放四五月後，因張君離鄉他適，遂即關閉。

（四）教育局臨時圖書館 縣立圖書館被燬，木欣圖書館又復關閉，謝少青君以地方文化食糧不可付之闕如，乃於民廿二初商借縣立圖書館燬餘書籍，及地方婦女團體書籍若干種，於教育局內闢室陳列，供人閱覽。後重建縣立圖書館將告成，而謝君亦於是時去職，乃將書籍分還停閉。

（五）和順圖書館 這是一個十年前呱呱墮地，現已長成得驚人出色的寵兒，其詳史已見本刊的幾篇大作裏面。此館乃一鄉村圖書館性質，初成立時，因陋就簡，固屬不足稱道。但和順一鄉，在吾騰為極富庶之區，人材輩出，風氣早開，一切新事業，俱較縣內各地早倡，而進步亦最速，歷年來此館經常地人士及崇新會的努力，不特書報增多，并已建築偉麗的館屋。其完備之程度，我可以大胆地說，不特雲南全省內的任何鄉村圖書館無出其右，恐大部份的縣立圖書館尚屬望塵莫及。現在我把地的內容狀況列在下面：

（一）藏書……約二萬册，值二萬餘元。
（二）報紙……十餘種。
（三）雜誌……三十餘種。
（四）館屋建築……二萬元。
（五）常年經費……一部份臨時籌募，一部份由崇新會津貼印幣二百五十盾。〔合滇幣一千二百五十元〕

（六）擴展計劃……或許擴充為民眾教育館。

由上面這幾項看來，在一個鄉村圖書館中，有二萬冊的藏書，十餘種報紙，三十種雜誌，值二萬元的建築，最少千餘滇洋的常年經費，在雲南可算是難能可貴，即在全國的鄉村圖書館中，恐怕也無疑地可列入頭等了。若再經過十年八年的進展，那更是不可限量了。

和順圖書館現在編印這一冊十週年紀念的刊物，是一件很光榮的事情，我們很欣幸有這一個機會曾來致幾句讚頌之辭。我現在試以國外的和國內的一些圖書館「以在這可憐的山芭能得到統計資料者為限」來同牠比較一下，那就不難證實這個圖書館的價值。

近代世界各國中，對於公共圖書館普遍設置的推進，首推蘇聯。因為在蘇聯公共圖書館是國有的，又有國立印刷局，一切由政府統籌辦理，對於經費的來源，書籍的獲得，不愁困難。第二屆國際圖書館協會在瑪德里及巴色龍尼亞開會時，俄國代表報告，據一九三四年統計，蘇聯有民眾圖書館「約等於我國的縣鎮地方的圖書館」一二八四六所，每所平均藏有書籍六二二六本。其外又較小圖書館「等於我國的鄉村圖書館」三七五六零所，其所藏書籍之數雖不詳，但可推定其較民眾圖書館之數甚少。以上述之例比較，和順圖書館藏書有二萬冊，駕之世界鄉村圖書館之林，可稱毫無愧色。

現在又以國內的一些圖書館再來比較一下。我國的縣市及鄉村圖書館的統計資料，不易尋到，或者甚至連政府機關也不有。我試把幾個大學的藏書統計「民廿二以前者」列在下面：

「按」張君對於敝館館務之指導：（一）「對於英緇文書籍刊物之購定」，實為適應潮流及敝鄉環境所急需，而為敝館原定計劃之一。只因經費支絀，故未實現，一俟經濟力稍有可能，即當實行。（二）「巡迴小文庫之創設」，敝館前已有第一二三四分館之成立，其用意與此相等，若辦理得宜，則其效果當不亞於巡迴文庫。乃因當地負責者後繼無人，致各分館館務不能發展。至於巡迴文庫之辦法，較之設分館為便利省費，若負責得人，可收事半功倍之效編者深望本館同志，努力實行。以彌補各分館停頓之缺憾，並可以本館所設郵差兼理此事，對於經費並無任何影響。至其詳細辦法則須嚴密規定，此處從略。（三）「互借制度」，為敝館最低限度之要求，並曾經相當努力工作。以後尤當繼續努力，力求進展，以達最終目的。（四）「吸引閱讀興趣」，尚望縣屬各文化機關起而實行。（六）「創造特點……」，此事非一鄉一隅之人力所能及，尚望各界人士加以指導輔助，則敝館於經濟力能範圍內，無不努力推行。

以上張君各種建議，對於敝館服務裨益實多，除應表示謝忱外，並望各界學者不吝賜教，使敝館知所遵循，而館務得以進展，則敝館服務社會之目標，非低一鄉一隅已也。

「此處地位因不敷排印下列之表，而有空白，故將此按語補排於此。」

編者

大學名稱	中文藏書册數	西文藏書册數	中西書籍藏書總數	中西報誌種數	圖書總值	備攷
南京中央大學						
漢口武漢大學			文學院數萬册 理學院四千五百餘册		十二萬元	
天津南開大學	七萬册	一萬五千册		百餘種	廿五萬元	醫學院有小規模圖書館一所藏醫書三千餘册醫學雜誌七十餘種民卄九購置中國醫藥書籍約五萬餘册值三萬餘元
北平中法大學	五萬○九百册	一萬四千三百册				
上海大同大學		二萬○二百册	二萬四千册			
廈門大學	四萬五千二百册					
上海滬江大學	一萬六千餘册	一萬三千餘册		二百餘種		
濟南齊魯大學			二萬四千册	六百餘種		

在未加比較以前，我們應須先明白一重要之點。大學圖書館，類皆設置於通都大邑，歷史較長，經費較充，範圍較廣，得書較易，用來比一個鄉村圖書館，似覺不倫不類。但是一則統計材料只能得到這樣。一則我們只是大概作量的方面的比較，所以也是無妨。由上表的數字看來，八個大學的圖書館中，藏書最多者約在七八萬册，而大同滬江等校，則不過二萬餘册。和順的鄉村圖書館中，竟有二萬册的藏書，真足以自豪了。

上面我把和順圖書館和中外的圖書館兩相比較，可見得不是客氣地胡亂地稱譽的了。但是，牠也不是不有尚應注意努力的地方。我們應當「善頌」。但也應當「善規」。只要是熱心社會事業的人，宜儘量貢獻意見，俾此裨利社會的事業，辦到盡善盡美的地步。所以我把我的拙見，分成幾點列在下面，以供負責推進的諸君子作一點點參攷。

（一）應添購外國文書籍　和順圖書館的藏書二萬册，純係中文。以騰衝人的觀點來說，最少應添置英緬文的書報

若干種。權衡現在懂英文的人是較多了。現時高中、初中和簡師合併，改爲省立，我們地方已成爲權衡高中區的首善之地，人材漸次增多，文化水準日益提高。定期刊物，也有幾種在印行。無論是關於英語的研智學術的探討，或供執筆者的參攷，幾十部重要的英文書籍及幾種定期刊物，斷不可少，像六英百科全書，智識叢書，完備的英漢字典，漢英辭典以及關於威語文法修辭等等的書籍和英語週刊旬刊之類，都是旧要緊的。比方有了一部六英百科全書，則關於世界學術的大部份，供可參攷，即使欲參攷的人，不識英文，亦可倩人幫忙。英國有幾家大書局——如 Newnes 之類，特別注重編印大部頭的書籍，與中國的叢書相類，有價值者頗多，既適於研智而又便於參攷。這些書局任印度和緬甸大半有支店或代理人，價值較大的書籍，都有分期付款的辦法，故採購亦易。我們地方刊物上的文字，欲使其有價值，非必備參攷書不可，否則硬性文字就寫不成。任何大文豪大學者，假使離了參攷書籍那就要一籌莫展。現時本國文的參攷書實任尚不夠，我們不能不借助於他種文字的書籍。緬文一項，係因我們隣近緬甸，有商務上的關係，識緬文的人，數目亦不少——尤其是在和順鄉內。故最少亦應購置幾部重要的參攷書籍并須訂上一二份緬文刊物，以便明瞭緬甸的一切動態。緬甸自一九三七年四月一日與印度分治而新憲法同時實施後，緬人頗力圖自治自給而有排外的傾向。滇緬鐵路將來接軌後，兩國貿易必有急劇的進展。我們素以緬甸爲生命線的人，在這個時機，更應有推進學習緬文的必要。

（二）應添設設巡迴小文庫　我們地方的人，大多數離了學校以後，就懶得看書，甚至一部份教育界的人，都有這種現象。所以我們很難期望社會上多數的人們，老遠地跑去圖書館裏閱讀書報，須先設法遷就他們，俾養成一種喜歡閱讀的智慣，然後就好像有種一樣，不得閱讀就有點難過。又有一部份人，因爲職業和環境的關係，不能到圖書館去，也不得不設法便利他們。所以設置巡迴小文庫，是必要的事情，也不時因地而制宜，總以「好吃不花錢」爲主。可以製造幾個輕便而簡單的竹架子或木架子，略如從前川鄉親賣「麻雀嫁女」【張四姐賣花記】一類書籍所用者一樣，揀選一些稍爲過時一點的定期刊物，及薄本頭的有關抗戰建國、政治動態、農藝知識，社會改良等等的書籍，懸掛在上面，并且附上一個目錄。將全鄉分爲幾區，逐日派人將書架抬去照計劃指定的地點，輪流陳列，以供附近的人們閱讀。例如甲號書架，拜一清晨至十字街，午後至大石巷脚，拜二清晨至張家坡，午後又至買家填；拜三清晨至蕉溪，午後至尹家坡。……照這樣的輪流辦理，對於民衆智識，一定可以迅速地提高。上面說的那種書架，如嫌不佳，亦可製造幾個木頭手推車，上置一個分成若干格數的二面書架，這樣在雨天較爲便當一點。還有一個可能的辦法，擇全鄉三四個比較重要一點的地域，在每區找一個小小的地方，將館內關係普通知識而容易搬動的書報雜誌，輪流陳列。每日開放若干小時，由附近的熱心人士，輪流負責當值管理。這也是既省經費，又利便閱者的一種辦法，不過管理的規則要定得嚴密一點。

（三）應倡立互借制度　在這世界不景氣的時候，凡

事業，籌款維艱；加以我國年來抗戰建國，各地經濟，更加吃緊。所以我們應常想出方法，以少量的金錢，而得到多量的書報。互借制度，是彼此有利的一種辦法。和順圖書館應與本縣內其他各圖書館共同商議，訂立一種協定，彼此交換書目，並互商分配訂購新書報辦法，在一週內或二月內可互借若干種。在我們邊僻地方，又值此百凡艱難的時候，這種以有易無交相受益的事情，的確是應該辦到。

（四）應吸引社會人士的閱讀興趣。圖書館要來看的人多，纔不致虛設。所以每次添置新的書報，應該用方法吸引社會人士的注意，激起他們閱讀的興趣。最好的方法，應組一個委員會，分門負責預閱新的有價值的書籍或刊物，將其中的大要提出來，並指出其優特的地方，而以簡評筆加渲染，以帶廣告性質的佈告，在館屋外面，熱鬧區域或新聞篇幅內公佈出來。社會人士閱了之後，或為好奇心所驅使，或發見與自己的研究有關，大家自會致資料，再加以輾轉告語介紹，或許會源源而來，爭以先覩爲快，會關到應接不暇的●

（五）應創造一個特點使和順圖書館馳名 凡事都是在人為，小小的一件事物，弄得好會名馳宇宙。美國的「留蘭香糖」，賣通全世界；英國的幽默小刊物 Punch（有人譯爲「笨拙」，我們中國的「論語」，或許就是摹倣此刊）的編輯，會弄到受英王賜以 Knight 爵士銜；四川的「姑姑筵」菜館老版作古。路透社琴他發電報喪。此外國內如北京之「王麻子」，蘇州的「稻香村」，杭州的「張小泉」，皆以微物而享大名。可見得我

上面說的微小事物能名馳宇宙，不是瞎三話四。國內外的各型圖書館，有很多數部以某種特點知名。俄國列寧格勒的公共圖書館，藏有手抄本三十三萬冊，這是牠的一個特點。已燬的上海東方圖書館，雖然藏有不少名貴書籍，然牠搜藏全國各地的方志，無疑地是一個特點。山東齊魯大學，購藏中國醫藥書籍五萬餘冊，在國內大學圖書館中，大概僅這一間有這個特點。和順圖書館怎樣可以創造一個特點呢？據我的拙見，可以搜藏古今來雲南人的著作，無論是方志、詩文集、學術專著、戲劇歌曲、一切等等，儘量收羅，使其蔚爲大觀。如無印本的，可商借手抄本謄錄（我相信大多數雲南人的著作，因爲經濟，印刷和銷售等等困難，都不有印行；又有一些著作，在從前認爲不足以登大雅之堂，而由現代眼光看來，亦自有其價值，如我幼年時所見的大理楊解元所著的戲劇手抄本，彈詞——即我們所說的唱書——這一類的著作無一不備，所以像楊解元解元所著的戲劇——這一類的著作，亦自有其價值）。在現代圖書館中，像宣卷——即我們所說的善書，彈詞——即我們所說的唱書——這一類的著作，我們應當搜求抄藏。更可視經濟力可能的範圍而定，再進而搜藏一切關於雲南的著作，那就更加美妙。我們以數載的工夫，搜集到大量書籍後，細加整理珍藏，將來對於參致有一兩次重要貢獻後，不難一鳴驚人。甚至可以由這些書上想法，刊行點什麼ⅩⅩ集之類，對於館中經費，或許也可以有點補益。現時李印泉和李子鹍兩位老先達都任省，如果想進行這件事，可以敦懇他們兩位大大的叔忙，倒是一個絕妙機會。

上面拉雜地說了一大堆，不過是我個人主觀的見解：多年不有囘到故鄉，我希望不要鬧隔靴搔癢的笑話纔好。

30 F

末了，我還要向駕衝各鄉的人士及騰衝的青年，盡一點忠告。

現代的學問，是黃金學問，入大學或專科學校，每年所花的費用，至少三五百國幣。有很多人家每年的收入，連這個數目都還不有達到，那能夠供給兒女去受高等教育呢？據教育部民十九的統計，全國大學及專科學生共四二三零五八人，以四萬七千萬人口分配，每百萬人口中，祇有八十九人，有入專科以上學校之幸運。所以在社會制度未改革以前，求人人有均等求學的機會，那是不可能。但是，據我個人的經驗和觀察，有很多門的學問，雖不入大學或專科學校，亦有辦法。只要你常常到圖書館裏面去閱讀有關的書報，再加入函授學校，以便練習和質疑問難，可以費少數的金錢，造成成功高深的學問。聽說王雲五先生，便是這樣成功的人物？所以我希望各鄉的人士，以和順爲法，努力成立圖書館，視經濟能力的大小，而定推進工作的緩急，我們過去淹沒了不少的天才，此後應當給他們以相當成功的機會。此種關係地方文化的「百年樹人」大計，本非一蹴可幾，不過只要有了一個基礎，再以熱忱毅力繼續下去，幾年或幾十年後，一定大有成績可觀。我并希望地方的青年，須努力應用圖書館，皆是昔年埋首於此中的青年。

現代多數有名的人物，

民國廿五年五月廿日，脫稿於淒淸的春夜。

本館概略

導言

秋農

當世界潮流沒有激盪到這裏時，我們這小鄉村裏，大家還日出而作日入而息的過着十八世紀的生活，把國家政治看做皇帝家的事，誰也不敢去談；什麼是教育什麼是文化，更少有人注意到。就是極少數的所謂士階級者，也只知求達他們「優則仕」的目的而同經書裏去鑽研，從沒有肯舍去仕途而去研求有益地方社會的學問的。所謂地方教育與文化，更沒有誰去注意到了。

庚子變後，新潮漸漸地邊遍了中國的每一個角落，我們這山陬裏也才給澎湃的餘波激盪醒了，才知道除十三經外，還有很多的科學；除自己的生活外，還有教育與文化，一般

和順圖書館十週年紀念刊

前進的智識份子，才多舍了經書而去研究其他的學問，更由單獨的研究，進而爲集體的研究，這事業的創始者，便是寸佐廷，張盧谷，李景山，李任卿前輩們所組織的成新社。他們購備了很多的新知識圖籍，供給社員們的研究。同時他們把新的知識傳播給別人。我們這小鄉村裏，頓時充滿着新的前進氣象。可惜的是，那些圖籍沒有給予鄉人普遍閱讀的機會，又因爲管理的不善，不久的幾年，便散失無存了。這不能不說是我鄉進化上的一大損失！

我們生得比較晚些，雖則讀的書已經不是四書，五經了，而除幾本課本以外，可供參考的書籍簡直找不到。不能滿足求知慾而相當的影響到學業的進展，這是當時每一個求學青年同感到的缺憾，也是每一個青年所想解決的問題。而且

30
G

239

大家都是和緬甸的關係比較密切，間接的曾感受過點兒西洋文明的青年！

世界的巨輪不停地運轉着，世界在不停地演進着，我們這小鄉村裏也不斷地受着新潮徐浪的激盪；因「五九」「五四」和世界大戰的刺激使鄉人們對現代的求知慾，普遍的增強起來，而在知的供給上，便成了本鄉急待解決的一個重要問題。

一 書報社時代

民國十三年，由寸仲猷，李清園，賈鑄生先生們和在國內的熱心青年，發起組織一個書報社，訂些書報，給鄉人閱覽的機會，相當的去滿足他們的求知慾，一面也得增高鄉人對世界和國家政治的認識。捐款的，贈報的，得到鄉人的助力不少，於是，在十字街租了小小的一間舖子粉飾修理了做為社址，更聘請李景山先生為名譽社長，李仁傑先生為社長，主持裏面的事務；至於社裏各項工作，因為當時的經費，萬分薄弱，沒有力量僱用員役，就是洒掃的工作，都由寸仲猷，李清園，李舜初……們輪流擔負，直到第二年經濟稍稍充裕了，才僱用一個看守的人。這時，書報雖然還很少，但對鄉人的求知慾，已能相當的饜足，雛形已具，早奠下了今天的基礎了。

二 設駐緬經理處

書報社成立以後，國內外的鄉人，都感到我們文化的低下，民智的淺陋，與這書報社的迫切需要，都熱烈地來援助，捐書捐報的，一天比一天多，社務也跟着一天天的發展起來。可是，我們遠處在山國裏，交通萬分不便，和國內各文化城市，有如遠隔着重洋，每每要兩三月的長時間，才能到達，而且，對外的捐收，和書報價款的匯寄，也很不便。民國十五年，筆者到緬甸曼達里即由筆者任駐緬甸經理，設立經理處，負書報的訂購責任。因為水上交通的便利，筆者把向國內文化城市訂購的書報概經緬甸轉運寄，這麼一來，書報到社，較之由國內陸運來的，減短了一半以上的時間，消息的靈通，也較騰衝的任何報社早了一倍。社務也便飛騰猛進了。

在這時，又得旅外熱心鄉人的協助，努力募捐，鄉人的慷慨贈予，得到極好的成績，捐贈比較多的，有：寸如東先生的四部叢刊全部，李子鬯先生的聚珍叢刊全部，張子耕先生的續古逸叢書和廿四史各一部……，其他私人和社團捐贈的也不少；在緬甸募捐得的款項，又由寸以莊先生到滬游來大批的新書，社裏由此更充實了。駐緬經理職務，十八年筆者回國後，由尹以忠先生擔負，十九年尹君囘國，又由寸仲猷先生擔負，仲猷住仰光，一切比較便利，他一直負責到現在。

三 改組為圖書館

我們的社址，只有三四方丈的面積，這麼小小的地方，容納不了這多的圖書，更容納不了多量的閱者，勢有擴充和改組的必要。後來因為地址的問題，曾一度把這問題擱置了，民國十八年四月，才遷到成新社裏去，並且把地擴充做圖

書館，一般定期刊物，一部份仍陳設在十字街的社裏，讓人們隨時於上市購物時，乘便閱讀。

在前面已經說過，我們是僻處在西南山國裏的小鄉村，因爲交通的阻塞，民智萬分落後，尤其對於學術方面，更感到萬分的缺乏；我們已把書報社擴充爲圖書館了，而對於內部的組織，館務的經營，和圖書的管理，也往在需要求其嚴密與合理化了。但在這人才缺乏的山國裏，要求一個對圖書館學有相當認識的人來指導我們，是不可能的。無已，筆者才把國內各圖書館學的著作，參酌了當時的需要和經濟能力，把各方面都整理了一下：

A組織：本館的組織，在書報社時期是用社長制的。

成立初期，社長之下有義務經理多人，輪值負責經理社務，在上面已經說過。自書報社成立至改組圖書館期間爲止，均由李仁杰先生担負社長職務。李先生對於社務熱心指導，本社得他的贊助的力量很多。至民十七年改組圖書館後，仍由李先生担任館長，至民廿一年爲止。在那一時期，我們爲集思廣益起見，成立了一個館務委員會，委員會下面，設了對工作有需要的小組。館務的經營，由一個館務經理來負担；館長一職，即聘得李生莊先生，生莊先生，學問淵深，熱心社教，館裏得他指導扶持的力量眞不少。館員館役，視事的繁簡，隨時聘任，到這時候館務才有相當的基礎，而得努力向發展的路上走去。次年，寸同志他就，改

經理，民廿一年由寸佩久同志担任。

由李沛春同志担任；後來，李同志轉任公校教職，復由寸同志担任，直到現在。

B館屋：館址邊到咸新社後，因爲經濟力太簿弱了，不曾按照着圖書館的需要，切實的修理過，僅只隨便的粉染過一下，具體而微的區分了書庫，閱覽室，借書臺等，使各部門不致混淆不清，職員和閱者，都得靜心致力在他的工作上。不敷的書架，都向鄉裏的熱心家募捐了來。

C編目：假設館裏的圖書只不多的幾本的話，那我們也無需乎什麼目錄。可是，館裏的書籍，捐的購的，在民十八年間已有萬二千册的數垔了，這末多的圖書，如果每本不給牠一個號碼，把牠插到架上去，那末，要檢取一本任何所要閱讀的書是很不容易的。對於目錄的編製，筆者做了幾月，使閱者得按圖索驥的去找得他所要讀的書。廿一年李沛春兩同志相繼到館工作去了。

各家的目錄學書，編訂目錄，並且用四角號碼，編製了卡片，得詳盡，而且用四角號碼，閱者也較易學易懂，生的分類法，編訂目錄，並且用四角號碼，要閱讀的書是很容易的。對於目錄的編製，並且編製了幾月，使閱者得按圖索驥的去找得他所要讀的書。李沛春兩同志相繼到館工作去了。

D借閱：館裏的圖書，本來只要是簽名到館的人，就隨時可以借閱的，不過，我鄉始終是小鄉村，人民都給他們的生活束縛着，館裏開放時，人們正忙於工作；人們休息時，館裏又已關閉了。而且在這舊思想還籠罩着的小鄉村裏，一般女性，很少敢越出雷池而跑到館裏去；就是大家都有功夫去，有去的可能了，那三弓人的一點地方，事勢上也不能容納這多數的閱者，所以更進一步地訂定借閱的章程，開放了借出館外去，手續是：借圖書出館外閱讀的人，要先向館裏領取一張請求書，得担保人在該書上簽名以後，便可以去

30

Ｉ·

換領借書證，而得享隨時借出館外閱讀的權利。不過在借取時，要繳驗借書證芬一次。同時，借閱者要確切担負了圖書的保護責任。這末一來，閱讀的人，已不被時間空間的限制，就是被深鎮在家庭裏的女性，也有閱讀的機會了。借出館外的圖書，數量也激增起來，現在借出館外的常在千本以上；有些大眾愛好的圖書，每年借出次數，多達五十次以上，流通區域，也由本鄉而達縣城，而達鄰近鄉村，一步步地展開了去。

借出的圖書，自然有一小部份不能依照出借章程盡充分保護責任的，但，我們覺得，那損失了的少數圖書，任普及文化上，牠已得了相當的代價，館方也有了相當的收穫了，這些微的損失，是我們應該承受的！

E裝訂：館裏捐到購到的圖書，裝訂很不劃一，這對於插架，成了嚴重的問題。我們決定了把線裝書相當的裝成函，使得和洋裝書一幷插架，但館裏收到的大部圖書，多是線裝本，如果託人代製，經濟力有所不許。幸得熱心的青年同志多，一邀約，不分遠近的馬上聚集了二三十人，大家歡欣的合作起來，經過半月多的時間，把大量線裝書裝起樸質的布函，插到牠應該排列的架上去。

F參考科：每一個圖書館都出借圖書，而每一個圖書館，都應該幫助人們去解決他們所要解決的疑難問題，因為圖書館是推進社會教育文化的中心機關，所以參考書籍的應該重視而盡量的購備固不必說，就是人們要知的事物，圖書館都應該盡量的幫他們去解決。這在國內外有名的圖書館，常供給新聞記者和著作家以所需的材料上，足以證明每一個

圖書館對於這項工作是應該重視的。

以一切都很簡陋的和順圖書館，要供給一般人所需的材料，固然是不可能的，但對青年學生求知上的困難，是能力相當許可的，而且也是責無旁代的——如果圖書館重視地方教育文化的話。

民國廿二，本館任男女兩公校，各設置了一個參考箱，讓學生們把不明瞭的問題，提出來投到箱裏去，館裏由參考科各同志分別答復他們或她們。這樣舉辦以後，學生對閱讀的興趣，增加了不少，而他們和她們的學業，也相當的有些進益。可惜的是任參考科的同志，都負着公校的教職，精神時間，都不夠分配，第二年卽告停頓了。

G增設分館：我們住的雖然是周圍只有十來里的小鄉村，但為時間空間的關係，全鄉人固不能完全來館閱讀，同時全鄉的人，也未必都到館裏來借取，我們為要使每一個鄉人都得到閱讀上的便利。在廿二年，計劃着在離本館較遠的地方，去設幾個分館，以便利閱讀的人。

第一分館是焦溪。那裏本來有着一間焦溪書報社，得李文龍·李受天·李子明，李燮臣諸君和當地多數熱心青年的努力，便把焦溪書報社改成了第一分館。那是民國廿二年夏初的事。

當時本館只供給書報。分館職員，由當地熱心份子義務担任：所需經費，亦由當地熱心者自行籌措。成立後，報章雜誌，一部份由本館取去陳列，一部份是得自當地人士捐贈的。書籍方面，因為保管上發生問題，究竟沒有去陳列過甚應。

第二分館是尹家坡，廿六年由劉啓瓏，尹贊天，劉松年，尹樂道幾個同志和當地的熱心者，發動起來，把他們公共休憩的場所，修理了做成館屋，並且把屋前的隙地，植起花木，造成良好的閱讀環境，經費的籌措和報章雜誌的來源，仍和第一分館一樣。

第三分館是八右巷。牠本來在廿五年便成立了，我們沿着區域的智慣，列牠做第三分館。那裏近着市廛，在書報社停辦了以後，牠實際上負着舊時書報社的重責，牠得常地熱心靑年的努力，訂來了相當多的報章雜誌，而館裏不曾補助過一文。

天寶鄉（明光）分館，是廿四年成立的，那時因爲李子孝君在那裏担任小學教職，他常來館裏借取報紙去，後來，卻把那裏人士們的閱讀興趣逗起來了，要求予以借閱上的便利，館裏以爲「學術文化，不分國界」。處在同一國家，同一縣治，這要求當然歡迎。在商量之下，由他們去成立了一個分館，一切由他們負責，館裏僅只担負供給報章的責任，廿五年，便無形的停頓下來，如果機續到現在的話，那比我們更邊遠，文化更落後的鄉村，可惜當時交通不便寄帶困難，一個分館，民智也許會提高了一點了。

本館因爲經濟能力太薄弱了，對各分館的經費，都讓各地方自己去籌措，館裏未曾去幫助過一分半文，使各分館都不能發展，而形成有名無實的幾具軀殼，寧負了致力於分館的熱心者，和有閱讀興趣的人們，這是一種極大的缺憾！本館擬計着，到經濟力相當充裕時，要把離本館較遠而未曾設立分館的區域，如：東山脚，高谷庄，張家坡，寺脚幾處都

設起分館，同時妥以本館的財力物力，把各個分館的內容充實起來，使全鄉民衆，都得到閱讀上的便利而增高大家的知識。此外，本館更願與其他的書報社，圖書館協力合作，辦起巡迴的工作，讓全縣的民衆，不論在那一隅的，都有閱讀的機會，來促進全縣文化的前進與普及。

日刊行無線電刊：本館處在這邊遠的地帶，所訂的刊物，雖則多耗寄，費能比任何書報社或私人所訂的來得早而獲得消息靈通的榮譽，但華竟爲交通的不便，未能如期望上的迅速，終不免有明日黃花的遺憾。幾年前，就想設置收音機了，又爲了本地沒有電力廠，對電力的供給成了嚴重問題而打消。

民國廿三年春，尹慶五先生由緬歸來，帶來自己配置的中波短波收音機各一副，因爲沒有交通部的執照，被海關扣留了，遷延着沒有領出。是年秋，得尹若同志捐贈，由本館交涉領取，更得海關監督李公子暢的優遇，准予先行發還。那時正是秋高氣爽的時候，經幾次試收後，成績還覺不壞，才決定把收得的新聞，用油印刊出，貢獻給大衆。不過集三天所得的出刊一期，就給牠個名稱叫和順圖書館無線電刊，由尹慶五，李沛春和筆者同負收音和出版的工作，三日刊，那時廣播電台上播來的消息很少，不便每天都印行，只好積刊出後分贈縣城和近村各機關，學校，商店，不取分文；就是較遠的隣縣各地方，只要有信來索，本館也照址寄贈，讓他們把新聞更遠的傳播出去，補助本館能力不逮的地方。

廿五年，沛春有事不暇，筆者也的赴緬甸，這項工作，

30
K.

便由尹慶五和寸佩九同志們負責工作。

七七事變後，民衆繫念着國家的存亡，對新聞更顯示着熱烈的關懷，每天都有很多的到來詢問消息的人，本館爲滿足民衆的願望，借着提高敵愾同仇的心理，於是把三日刊改組了日刊，漏夜趕印。本鄉範圍裏，並託了熱心分子，極早的在通衢張貼了，讓人們隨地可以就閱。於是前一日戰事怎樣，世界動態怎樣？第二日很早的便傳遍全鄉了。就是縣城方面，也有專人迅速派送，十一時以前，也便都送到了。

因爲消息的迅速與準確，很得大家的愛護，來函索閱的志，和許多協助的青年，都增加起來。每天都見增加，刊印的數量，也增加到四百多份。本館經濟薄弱，負不起這多的支出，不得已才由閱者擔負一點兒紙費。這時期的工作者是：尹慶五，寸佩九，寸壽仁，李沛春各同志，和本館一樣的刊物，而刊行數量較多，傳播的區域也比較廣些，後來擴張了改辦做騰越日報。

民衆由於國事的進入嚴重階段而驚覺，對於新聞的供給，更見來得迫切，於是裝畫收音機的，便如雨後春筍的多起來，開始裝置的有：縣黨部，明星電影院，省立簡師，簡師由校長李生莊先生的指導，刊行了和本館一樣的刊物，而刊行數量較多，傳播的區域也比較廣些，後來擴張了改辦做騰越日報。

廿七年夏季，本館工作人員無暇工作，毅然地把牠停刊了。本來，在國難嚴重的時期裏，負有教育責任的機關，正應該努力的工作，增強抗戰的力量的，不過已有騰越日報，消息一樣迅速地傳到民間，而且傳播的區域要大幾十倍，那本館無線電刊的刊與不刊，覺得已不有甚麼大關係，所以便讓牠這樣的和讀者永別了。

四 籌建館屋

本館自改組後，得國內外鄉人贈予的圖書，越見增多，數量較多而筆者還能記憶的。如：咸新社的大九通全部，李朝鄉先生昆玉的佛藏經全部，旅緬同鄉募款合捐的叢書集成，各省通志，小學生文庫，張治才先生的萬有文庫第一集全部，李生莊先生，張澤生先生，張瓊樓先生，尹懷瑾先生，李鏡天先生，尹玉山（瑞琳）先生，寸秀芳女士，李光新先生們，都各捐贈了大量的圖書，此外多的少的，還有很多人的捐贈，就是外縣外省到過本館的同胞，也有不少的贈予，統計所有的圖書，已超過兩萬册了，這麼一來，狹隘的館址，已不再能容納這多的圖書，而不得不更謀擴充了。

廿五年秋，請得鄉公所的同意，用公款購給館側私人的地皮，連同舊址，已有三十多平方丈的面積，這麼大的點兒地皮，建起館屋，固然還覺小了一點，但別的地方，又不適合建築館屋的條件，所以才決定把舊屋柝除了，另建新屋。不過，地皮雖然買到，而建築費又成問題了。募捐吧，任商場不景氣，生活程度飛漲的時期，要想募集多量的建築費是萬分困難的，在無辦法之下，只得也來一下獎券，等到積得相當數量時，再來實行建築。

第一期獎券是廿四年秋間開始籌備發售的。在本省的，由殷實商號和熱心教育的職官，團體，學校代銷；在緬甸的，由駐緬經理處及崇新會負責推銷，但，被空間的支配，把時間相當的耗廢去了，不得不在獎

分還未銷完時，提前開獎。廿五年夏開獎結果，三萬張獎券，三分之一強，館裏雖然抽來百分之二十，而除去開費外，所得實在無幾了。

第二期是廿六年夏開獎的。大家鑒於第一期的組織有點兒欠完善，對於推銷的數量與時間，都相當的受着影響，這一期不得不使牠緊密些，合理些，所以任緬甸方面，除由募捐委員會竭力宣傳推銷外，並設了一個經理處，擔負獎券外銷的收發轉寄全責；國內方面，也在縣城設立着經理處一處，隸於館內總務處，辦理對縣外的收發事宜，期望着這期的成績比第一期好些。而這期的成績可壞極了。緬甸方面，因為商業的不景氣，國內也為生活程度的高漲，人們已沒有閑錢來賭幸運。就是一般對圖書館關心的人，也買得少了。結果，售去的票數，不過四千多張，本館所得幾乎不敷支出。而第三期可不敢再實試了。

本館舉辦了兩次獎券，雖則成績太壞，而且使幫助本館而購買獎券的人受了相當的損失，但本館用公正的態度，嚴密的方法，（第二期更改用搖獎機）來辦理，讓幸運的人都中了獎，這是足以自慰的。

這時，連館裏原有的基金計算起來，不過只有四千多元的數目，要以這少數經濟來建築一間容積相當大的館屋，確是不可能的。然而，多數圖書需要館屋容納，也是急不容緩的事。

「幹呀！做着看，到那時經濟總有辦法的」。關心地方文化的鄉人，很多的這樣鼓勵大家當職者；大家也以為蠻幹下去總會有辦法的。也便毅然的來籌備，而提到籌備，最重

要而須最先解決的，仍是經濟問題；獎券已經此路不通，惟一的方法，只有募捐。，而任商業凋落，生活艱難的時候，提到「募捐」，大家都談虎變色的無把握。幸得駐緬和順

新會的同情，更得本館駐緬經理寸仲猷先生，和李銳泉先生們的慨然出任艱鉅，努力捐募，同鄉的慷慨輸將，這冒險的工作，才走上成功的大道。

這兒沒有建築公司，不論大小建築，都要自己購料，自己設計，而後雇工工作，本館為集思廣益起見，組織了一個建築委員會，裏面分為設計，購料，監工，會計，幹事各股：各股職員，都是義務性質，不支薪金。

「土木不知工。」我們過以，不惟沒有建築公司，就是土木工程的人材，也簡直沒有。所以，對於一種建築工程的估計，絕對的不會準確。本館原有的經濟和原擬的建築計劃，相差得就很遠了。而在建築時，除了原定計劃以外，更修整了好些地方，結果，原有的經濟用完了，仍是不敷，更不得不挪用到其他的基金上去。（參看本館經濟史）使得完成全部的工程。

本館的建築，在相當「西化」裏仍保存着中國的建築美。內部有書庫三，（一在樓上，一在樓底，另一間是兒童書庫）書籍閱覽室三，雜誌閱覽室二，報章閱覽室二，兒童閱覽室一；計由廿六年春初興工，到廿七年春末完工，前後經過了一年的時間，建築費總共用去了新滇幣二萬零七百餘元。

尾聲

僥倖的很，在全鄉民衆協力經營之下，在短促的時期裏居然草草的把新館屋建成了，不過在這小小的鄉村，經濟拮据的環境裏成就的，我們覺得太藐小了。我們感到差堪自慰的是牠已奠定了相當的基礎，牠像一株小花，已由細小的種子裏，萌出新的芽兒，只要大家不斷地澆灌牠，總有一天，牠會開出紅豔的花兒，結出肥美的果兒，讓社會裏的人們企望着牠的長成，企望着關心社會文化的人們，充分的給予牠生命活力！

筆者對圖書館的工作，雖則也參加過一些，不過工作的時間是間斷的，而不是連續的，我曉得的，也只是一些兒零碎的斷片，而且，幾年前的事，在意識界裏，早已模糊得很了。

這篇文字，自己也知道是掛一漏萬的殘缺，不能把館的詳確史實報告給讀者；但爲職責所在，又不得不來獻一下醜的。將來刊印十五週年或二十週年特刊時，能得比我深悉館務的，把我的錯點和遺漏的地方指正了，補充了，使成一篇詳確的史實，那我是十二萬分感激的。

附言

各界捐助圖書，經濟的芳名和數章；各期內外工作人員芳名，請參看各種報告表及本館經濟史。筆者述稿倉促，不曾一一備錄，順便在此道致歉意！

30 N

和順圖書館十週年紀念

陸 淘然寫於緬甸華僑總工會

其一

國防要溢號騰衝　屏障面南夏秀鏡
滇緬交通今異昔　人生何處不相逢

其二

欲求民智日開通　端賴圖書富且豐
世界渾如棋一局　應無頭腦太多烘

其三

紀念而今屆十週　圖書館裏共優游
長期抗戰終須勝　記取春秋切復仇

從讀死書的苦悶說到和順圖書館給予我的幫助

爲恩

幼年時候，我曾經做過許多幻夢。這些夢境，有的還大致記得，有的早已化爲烏有，不在記憶中了。

每自涼秋到暖春時候，客居於異鄉的人們，間或有幾個返囘故鄉來。如果是騎着高頭騾子，或坐着兒子，還有旁的牲口替他們運來三五駝不等的行李什物，那便會引起老年人們熱心的訓誡孩子們說：「你看！他們又找得錢囘來了！這次囘來大致是要來蓋房子，你們要學好，到大來要像他們會找錢。」我在這種地方這種環境裏面生長起來，自幼就能知道找錢是人生的第一要義。

年紀漸漸的長大，社會漸漸的給我些經驗我知道我們地方的人士們對於婚姻死喪的形式上，怪會講究的。他們怪會咀嚼對聯柬帖行述墓誌那些作得寫得好與不好合格與不合格。在宴會上這些是主要的談話資料，而社會無形的階級上形成有地位的，便是有錢人和會作寫應酬文字的人。

於是我期望着到大來要爭取得講種地位。

很明顯的第一步驟要先學智應酬文字。不幸在初小時代學堂裏教授的論語孟子幼學瓊林等課程，我簡直讀不通，覺得非常頭痛，就連共和國教料書也不發生興趣，所以常常借故推諉逃學。這個時期就已經證明我的前途無望了。

大約是在初等三年級時候罷，我在家裏躱學開得無聊，開始碰着一部小說，名叫乾隆遊江南，我由第一囘看起，初看完全不通，因爲第一囘所敍的是朝廷裏的故事，和童年的意

和順圖書館十週年紀念刊

識界，遠格格不入。並且生字太多，每次只看得二三行，但逐日跟着看下去，漸漸有一點趣味了，這算找對於書籍感到趣味的破題兒第一遭，隨後在家裏的書箱中，搜出兩部小說來，一部是紅樓夢，一部是水滸，初看也難懂，隨後也就覺得趣味盎然，不忍釋手了。很奇怪的不知着了什麼魔，看小說看得津津有味，簡直有起癮來。一直到初中時代，在課外所得讀過的中國舊小說，如聊齋誌異三國誌演義儒林外史鏡花緣子不語濟公傳今古奇觀……等不下數十種，凡是任可能範圍內尋得出來的小說爲消遣的閒書，大半都得看過。這種看法，依然如一般人以小說爲消遣的閒書，高興時看看，不過因性之所近，閱讀過的數目不在少數罷了。至於所謂「研究」「心得」絲毫說不上，這正足以說明，環境允許讀性近的書籍充其量只是這一類，而我到現在對於各種學識仍萬分簡陋者，應恨自己的蹉跎無能——小時不用心讀四書幼學瓊林，大來不會尋章摘句逗湊應酬文字；然亦不怨環境於我的限制，使我欲在家鄉成一個「學者」（？）的企圖失敗之外，也不能獲得像樣一點的別的學識。

還牢牢的記得在高小二年級時候，有一位同學由他家裏拿着一本少年雜誌來學校裏，同學們爭着借看。這本雜誌裏而有生莊在少年時作的一篇騰衝火把節的風俗，又有一首遇文詩作者已忘記，題名賞花歸：詞是，

31

同學，每人都很殷切的願意訂購一份來滿足我們的慾望，於是各人向家長討得一元二角錢，請我們的先生寸幹永老師去代辦訂購手續，由郵局匯款到上海或省城的商務印書館去訂購。誰知那時我們騰衝的一等郵局不收匯兌，在這麼邊遠的地方，這點微末的款項，別的辦法也沒有想場。我們的希望成了泡影，我們幼稚而熱烈的向上求知的心無形中受了打擊，我們為環境所玩弄了。

已經向家長要得錢想買自己心愛的很普通的書籍也買不到，除了學校中的課本而外，環境容許我們看的書籍，還有什麼呢？這種環境，不僅在當時使我失望，卻足以影響我的一生。那時我的求知慾是多麼高熾，假如那時外喜歡看書的癖好，是從看乾隆遊江南就養成的。圖書館已經成立了，有豐富的正確的讀物供我閱讀，指導我研究的途徑，灌輸我有用的學識。直到中學時代也讓我享有這種美滿的讀書環境的話，那麼，我現在在社會上或許不致成為無用的畸形人呢。

寸幹永老師代我們訂購不到少年雜誌，便由市上書店中替我們買着幾部書囘來，我得的是一部隨園詩話，初看也莫名其妙，連句讀都鬧不清。原來隨園詩話是，「詩評」之類其文字體裁，有簡短的散文，兼以全章或片斷的詩句。當時初看，自然弄不清裏面說的究竟是什麼。待到高等三年時候，得李景山老師的教導，得他詳細的指示這書的讀法，我遂照着慢慢看下去，漸漸會看一點，並漸漸領會得一點詩的意思，

景山先生最善教學，古文尤善教授，我們得他的教導，

折開來讀是

　　賞花歸去馬如飛，
　　去馬如飛酒力微，
　　酒力微醒時已暮，
　　醒時已暮賞花歸。

此外尚有別的文字，但已記不詳了。當我看完這本少年雜誌之後，彷彿哥侖布發現新大陸一樣的驚喜，才知道除了教室裏的課本而外，尚有適合兒童心理及程度的有趣味的讀物哪！──這種話說起來未免可憐，現在正當求學的小朋友們，只要高興跑到圖書館裏去，就有大量的兒童讀物可以隨意閱覽。如果以現在的眼光來看我所說關於課外讀物貧乏的窘狀，小朋友們或許會加以貌視和恥笑呢。然而這種情形，恰如富家子弟，絕不能想像出貧家子弟生活困苦的況味來。確實我們做小學生時代，課外讀物的缺乏，是無義的。

可諱言的。我們是多麼的不幸啊！更不幸的當我們發現了這本少年雜誌以後，我和三四個

孟子已不再感頭痛而且喜歡讀了。古文得選讀過些。我最喜歡司馬遷報任少卿書，曾經熟讀多遍。然太史公因受廬刑而發憤著作的史記，直到初中時代，終無福得一寓目。讀書三國志及歷代古文大家的文集，亦無法可獲一視。漢書三慕林黛玉教香菱作詩而先教他讀古人的那幾部詩集，（似乎是杜工部等的詩集吧？因與書籍絕緣日久不能記憶了。）及寶寶玉常提到的牡丹亭等曲文，心雖嚮往與覓求，終亦不得飽足眼福。

聽說「咸新社」從前也購置得許多書籍，後因管理不善，藏書都失散了。我們所見到的只那塊高懸着的匾額而已。高小畢業後，所有的夢境，非常惡劣。幼稚的理想的烏託邦，景仰的象牙塔，立志追求學術的憧憬，完全被擊得粉碎。美麗的夢想，都幻為泡影了，而不覺的卻在十字街頭徘徊了幾年。

幸運地又入中學校讀書，少年時熱烈求知的心復而活躍起來。校內的課程當然均照教育部所訂教授。國文一科，仍十分注重文言文，教師是請前清有過功名的人物擔任。我因篤信教師的指導，在課外仍致力在詩經楚詞漢唐詩文老莊諸子這些故紙堆中瞎碰。最冤枉是國語一科，（每星期一點鐘，）教師還是老究究。講解時無所謂講解，只是照着書唸唸罷了。國語教科書裏面，有胡適陳獨秀魯迅郭沫若等人的作品。因其時距劃時代的五四運動，已在十年以後。我們對於白五四運動以後。中國文化有怎樣的變遷，新文學產生到發展成為怎樣的局面，還懵然不知，完全為環境所蔽，猶如蒙在鼓裏一般，豈不是大可哀憐的事嗎！有一二位教師，依學

和順圖書館十週年紀念刊

生要求，在課外講故事。他們講天方夜譚的時候，大家都聽得出神。因這類故事很新奇，較中國的神異小說，又別開生面，但大家想看看這本書也尋不到。後來校內也成立起圖書館來，但大家實不夠，學生在課外難得其他讀物。偶由同學處借得一二本學生雜誌，其文字合脾胃的又很少。

後來曾到X地，始知白文學革命以後，新文學已有燦然的成就。新文壇上又還有很多很多未經耳聞的作家，還有很多多的作品。初中國語教科書裏面的那些現代作家，不覺使人望洋與嘆，自愧為鄉下人不齒。在X地讀書環境常然非常美滿，我使得貪婪地瀏覽未見過的書籍。惟在X地所看過的書，都如走馬觀花，未暇深刻研究。並且還有更多的書籍，只有書本的印象，未得翻閱其內容。

返囘家鄉，恰好書報社已山十字街搬進咸新社來，大門外縣起「和順圖書館」的招牌來了。報紙雜誌，已陳列着任人閱覽。但多數圖書還未公開。隨後經過裝修染刷，藏書室和閱覽室，書架成行的陳列着，圖書有次第的排立着，並得熱心家的捐助，書籍與日增加，由此我使得幸福地享受到圖書館給予的教益。

小學時代渴慕的稀世罕寶——少年雜誌，在圖書館裏俯拾即得。（還只是形容詞）像這一類的兒童雜誌，尚有二十種上下。供給成人閱讀的雜誌，如屬於普通雜誌組，國際外交，社會，經濟，政治，法律，自然科學，醫藥衛生，婦女家庭教育，體育，文藝，書報，學術，史地之類的不下數十種。還有各地的日報，總在十份以上。我由這些報章雜誌裏面，

33

獲得少許現代國民所應知的普通常識。從前僅希望一份少年雜誌都不能如願，在圖書館裏閱報抬案上，却滿擺着值得遍覽的刊物。這樣絕對相反的兩個境遇，前者如貧乏困頓得對生活幾乎絕望，後者如暴發戶一時使煊林的富貴起來。這種幸運，完全是圖書館賞賜的，我又怎能不誠懇的感謝牠呢！

圖書館能讓人滿足慾望之處，還不只這些，這些只是屬於定期刊物的話。館內庋藏的圖書也相當的充實。當你枇開類別卡片的廚匣一看，圖書館應備的十大類（總類哲學宗教社會科學語文學，自然科學，應用技術，藝術，文學，史地，）每類的數量，有多寡的差異，正須地待於大量補充呢。我毫不費力的享有這種讀書環境，怎敢錯過機會，故不白費力的隨便閱過幾本。要感謝牠的恩惠還須不厭煩的談談。

圖書館裏藏書最富的要算古書，假如你要想把這些古書全數一字不遺的泛覽一遍的話，二不要說精深研究——恐怕用二三十年的功夫，都難做到。古書雖分經史子集四大部，然就現代的分類法分之，仍各類俱備。譬如佛藏……屬於宗教類，管子韓非子……屬於社會科學類，說文爾雅……屬於語文學類，周髀算經九章算術……屬於自然科學類等等。假如你要廣泛的向古書裏去涉獵探求，還會使你感到「一部廿四史不知從何處讀起」的困難。我對古書，本無這般野心，何况程度精力時間均不允許。不過我少年時即蔣祝一見富有文學意味的史記，以及韓昌黎・蘇東坡，王荊川，歸震川，諸大家的文集，杜工部，李太白，高常侍，孟浩然，岑嘉州，王右丞，白居易諸名家的詩集，蘇，辛，周，姜，南唐，

二主等的詞，關漢卿，吳昌齡，王實甫等的戲曲，裴鉶，牛僧儒，谷神子等的小說，我因不敢辜負圖書館的美意，亦嘗在這些文學遺產中，翻讀其中的一二篇，不管看得通與看不通。

在上面說過我欲在家鄉做一個曾寫作應酬文字的「學者」的企圖，早就失敗了。後來我又漸漸的發現古來許多文學大家之所以成名者，並不在乎能寫應酬文字。而在能以普通人不能運用的筆調，巧妙的組織，充實的內容，寫出至性至情的文字。隨你翻開一部古人的詩文集，並不見應酬文字為其主要成份。韓昌黎，多寫過些墓誌，韓文價值並不因之增加，適反受其損。可見文學領域中，應酬文字是不能立足的。家鄉老年人每以人材無後起寫憂，他們的思想當然不是這樣簡單。可怪是四十零點的老年人。認真有學問的人，便穿起長衫馬掛紮起大香爐省長烟桿「裝老」起來了。他們學着老年人的腔調，在青年人面前動輒就以「行述墓誌」一類武器來威嚇。其實這一類人，無論是新是舊都是不通的。我想請他們趁年紀還不見真老之前，天天請進圖書館來研究研究古文的真面目，和吸收點現代智識，不論對自己對社會都是有益的。

幼年求學時，曾經有過選棟幼稚偏窄的見地，一部古文觀止，便是古人最上乘的作品。除此之外，想來均不足與之比擬。讀完古文觀止，就可「嘆觀止焉」，而且能學得吃猪脚受長措的枝倆了。一部幼學瓊林，已把宇宙間的種種現象和智識包括無遺。讀完幼學瓊林，便有上自天文下至地理的

34

250

智識，而且能煉成尋章摘句套用古典的法寶了。這種見地，後來雖與年紀漸次的淡薄消逝。但根本推翻牠，還是在進圖書館觀光以後。圖書館給予我推翻牠的口實。看能一書架上陳列着這麼多的古人文集，古文觀止那裏算得「古文」的「觀止」呢？又如自然科學社會科學史等叢書，才是現代人所應知的正確智識。況且足以表現現代生活的白話文，有些簡直荒謬絕倫的文言文，像幼學瓊林告訴人的智識，已經代替了古典語的文體，更不值得現代人去學習了。

從五四運動以後，中國新文學露出嶄新的姿態，新出版物如雨後春筍般的由市場收納進圖書館來。創作方面，已有大量的收穫。其餘如文學概論文學批評文學思潮文學史各部門中應介紹的或討論的，均略備一格。我從這書籍裏面，約略知道一點文學的常識。並喜欣賞一般人感覺內心壓抑得死緊的而不能用文字吐訴出來的話却被文學家以輕鬆的筆調老年人或「三班老人」（簡稱二老）鄙棄的白話文描寫出來的小說或小品。一方面認識了時代給予人們苦悶的原因，一方面堅決的信仰，要表白現代人的情思，自應需要現代的白話文。

在初中時代，由國語教科書裏讀過魯迅的孔乙己故鄉等篇。當時十分茫然，覺得平淡無味，亦以為白話文實不值一讀。後來讀他的，吶喊，彷徨，野草，華蓋等集，才知道魯迅大師之所以被舉為東方的高爾太者，自有其偉大處。讀阿Q正傳，自愧我也像一個阿Q，而且覺得像阿Q的並不只我一人。讀狂人日記，想到社會裏確實有人喫人的大盟成份存在。同時每讀一篇其他有價值的作品，必然增加其一層對時代的認識。從前我常為「聖嘆」們的興論所炫惑，後來我把「聖嘆」們的談叶視為阿Q談革命。

從前以為司馬遷，李白，杜甫，施耐庵，曹雪芹，諸大家的作品，就算盡天下之美，沒有同樣偉大的作品了。殊不知閉關時代所視為「聲夷之邦」，倘有更多的最值得我們理解和鑑賞的文學名著。

林琴南先生譯茶花女十字軍劫後英雄略塊肉餘生述後，乃知賈左腐遷外，記事能手，復有大小仲馬，司各德，迭更司，諸人，且更能於左，遷，外別出心手，以數十萬言寫十數日間事，假如他（不懂英文的）老先生，不從事翻譯，定是只在中國古文方面繞圈子，决不曾發出這般讚嘆。

我得看過幾本譯文，仍是得圖書館的幫助，並非如荷馬的史詩，莎士比亞的戲劇，哥德的浮士德少年維特之煩惱，華茲華斯的抒情詩歐集，拜倫，雪萊，濟慈三人的詩歌，雨果的巴黎聖母院，悲慘世界，巴爾扎克的人間喜劇，大仲馬的俠隱記，小仲馬的茶花女，盧梭的愛彌爾，塞萬提斯的吉訶德先生傳，左拉的小酒店，易卜生的問題劇，莫泊桑的漂亮朋友和短篇小說，果戈理的死靈魂，王爾德的杜連格萊的遺像，梅特林克的青鳥，以及高爾基，蕭伯訥，羅曼羅蘭，辛克萊等的作品，均為不朽的傑作。可愧我雖略知這些外國文學大家的人名和書名，然就上面舉例的，看過的僅僅是其中的一二能了。況且外國文學名著，這些那裏便算「觀止」？總括來說，對

和順圖書館十週年紀念刊

35

於外國文學名著，近年國人翻譯介紹工作，還十分不夠，圖書館收藏的譯文還大半不夠，我閱讀譯文則萬分不夠。

這些記賬式的舉例，我不是有意誇炫乃欲說明這些才算是有價值的文藝作品啊。

圖書館的藏書，常然不只文學一類使我們愛好。我亦常然知道即使名讀了些小說，到社會上並不能換得碗飯吃，必須知本學智點實用智識，較爲實際些。所以曾經有些時候，對科學有些認識。然而這些幻夢，經不起現實的攻擊，霎時間便消滅得無影無蹤了。

有時夢想學心理論理，有時夢想學藝術，更荒唐的有時夢想圖書館的炫耀，使我做了許多幻夢。有時夢想學經濟社會，

但現實環境卻逼迫我要找利用圖書館的便利，和牠給人幫助的能力，左裏面找尋心要的參考。果然所有的質疑問難，牠就有左逢源的毫不隱晦而詳明的指導你，不由你不感佩牠的偉大。

總之，最令我感謝的：在讀死書時代求之不得的書籍，在圖書館的玻璃書櫥裏，使我得瞻仰其書本的面目。雖無能力盡讀其書，亦可爲最大的滿足了。與我有關的這些書名，亦不必再作記賬式的敍述。

爲了第一個企圖——做家鄉的學者——失敗之後，不得不作第二個企圖。——找錢以謀尢二班老人而作聖嘆——可是這更無望了。爲了生活，只得與圖書館暫別，跑入社會大學。

「出外不比家」，在異地飄泊，常生這種感觸。尤其在文化荒涼的地方，動輒便人想起家鄉，想起家鄉的圖書館。遙想圖書館，更近面目一新，新建築物與學校的禮堂並肩的盎立着。雙虹橋的楊柳婆娑地擺動，橋頭上坐着期待郵差送報到來的有辦的閱者們。郵差到了，閱者們也進了館，靜靜地閱報。兒童閱覽室裏，卻有小朋友們熱烈的借書。每當有辦的閱者們閱完報紙歸家的時候，又被些熱心聽新聞的人們半路攔住詢問，於是大家又縱談起時事來了。有時因各人觀察見地的不同，引起五相駁辯而論戰起來，不知道的還常他們吵架呢。這些情景，我們遠人，便勾起祝福和懷念圖書館的心情來。

本館建築新館屋的經過

佩九

建館的動機

在年歲很老的有名的和順＾橋的上面，和橋旁邊的柳欄一樣高的一個大石臺上聳立着一間殿宇。假使在春天花明柳媚的時候，走到＾橋外邊豎起來，這間殿宇就彷彿是站在柳梢頭上，和文昌宮（現在的小學校）是緊緊的擠着并列着，這間殿宇裏面有一間屋子，他的面積約有35×20，在逝淌時裏面是塑着木偶的，到民國初年間，木偶取消了社址。到了民國十八年，本館由和順書報社改組以後，就由十字街遷到這裏來，把裏面的這一間小小的屋子以後，就改裝成一個圖書館的模樣，劃一部份做閱覽室，劃一部份做書庫，閱覽室裏可容納十餘人，書庫裏約可藏書一萬册。

36

，翦形雖俱備了，但是限於狹小的範圍，沒有發展的餘地。地既狹窄，且又是U着學校成一就成了本館遷來此地的一個人缺點，近年來本館的圖書又遞年增加。約在民國廿四年間，一間書庫裏便排的滿滿的滿架圖書，假使再有圖書進館的話，那就找不到排插的地位了，說也湊巧，剛在那年又捐得一大部書，叫做叢書集成，計四千册，於是便不得不設法另建新館了。另建館屋着手募捐款書，館裏原已塞滿了圖書，現在又要來添排這一大部圖是年年便倡議了。在民國十七年，曾經在緬甸着手募捐款，擬在大碑外面田塊裏新建一間範圍很大的館屋，惟因本館在鄉同人又主張建在十字街，爭論還沒有結局，卻因籌款困難，就把這事擱淺下來了。這事雖然一時不能成功，但近幾年來無日不在設法想把它實現，故至民國廿五年舉辦獎券募券結束下來，便得款三千元，有了這一筆款後，館裏的圖捐，用意就是在籌一筆建築經費。辦來也順利，於是就由這一小筆款項引起建築的事，繼而屢次的商議，越開度藏無地的恐慌，是酒母－一大缸白酒由一小點酒母起了醱酵作用而釀成一大缸很甜的白酒來了。

開始籌劃

建築館屋的事決定下來後，首先要解決的就是地址問題，本鄉空地既少，尤其是在中心地點的空地更少，要想在中心地方找一塊寬大的館址，真是譚何容易，因此另覓館址的事根本便不敢說，并且現有的館址，地點正居中心地方，且和學校臨近，對教育上已收到相當的效果，根據這點來，館址便決定用舊有的館址了。只舊有的館址所佔地和可用的

空地約有35×80尺的面積，地既狹窄，且又是U着學校成一長方形，寬處有三丈，長處與舊址相等，恰巧旁邊劉姓有一塊空地，寬處有三丈，長處與舊址相等，要是把這兩塊地合併成一塊，便成爲很好的館址了。於是便決計問劉姓進行購買。經濟是萬事的基礎，一切的一切都是建設在它的上面先要籌好了經濟，建設的事方才說得到。建築館屋的事雖然決定了，但是區區的存款，經召開館務會議後決議以此事關係地方文化甚大，應呈請地方提撥公款補助，劉姓空地經人問明後，經鄉公所會議議決補即約同曾謁劉姓空地經人問明後，助，於是籌劃的第一着就很順利的達到願望了。空地說成和順是在廿五年八月間，恰遇學校祭孔的便利，當即邀請鄉中各紳首并約劉姓到館裏面來定立契約，名份是由劉姓賣給和順鄉公所，又由鄉公所轉贈本館。擴大館址的計劃成功以後，即經開會商討建築的具體辦法，并請富有建築經驗的專家，由最低限度上計劃，經擬就下列預算表：

支 出 預 算 表

項目	金額
木料費	4000.0
石料費	800.0
磚瓦土基費	700.0
木 工	1500.0
石 工	750.0
水泥小工	750.0
什 費	1000.0
總 計	9500.0

37

預算下來，款項不敷很多，當經於廿五年十月廿一日開館務會議，討論籌款辦法，經會議決：均以為處在這種不敷氣氛籠罩下的年頭，如果募捐籌款，想是不容易的一件事，就是做得到，收穫也不會好，本館成立以來，得本鄉人士贊助者本來不少，但是多數還是和順崇新會的力量。現在建築館屋的事體很大，理應向會中要求補助建築費四千元（印洋二千盾），不敷的數目，再由第二期獎券上來籌，會議後，當即具函連同預算表請求緬甸和順崇新會第九週年大會補助建築費二千盾，並兩本館駐仰經理寸仲猷若從中斡旋。約在個半月後，得到覆信，允許將特別收入若干補助，繼又得寸仲猷若來函竭力贊同，並表示款項是有辦法的話，於是建築的事就如火如荼的動作起來了。廿五年十二月十日召開館務會議決定建築處的組織如下：

館屋建築委員會……
監工股……負責監督工人
設計股……負責設計
會計股……負責經濟收支
收料股……負責收材料
總務股……負責一切事務

并經推舉下列職員
監工股……寸寅卿　寸玉佩
設計股……寸寅卿　李秋農　李生園
會計股……寸懷雲　劉振樑

收料股……劉振權
總務股……寸樹瓊

由上面各股股員來組織館屋建築委員會，負責建築館屋的一切事務。

設計圖樣

照圖書館的需要來說：書庫，閱覽室，事務室，什誌閱覽室等是絕對不可少的，閱覽室裏面又分：圖書閱覽室，兒童閱覽室，新聞閱覽室，本館除兒童閱覽室可以沿用舊址外，（舊時的朱衣閣）上述的種種必須設計建築，圖書館的建築是和一般普通建築不同，當初擬繪出地形帶到京滬間請有名的工程師代為設計，但因時間的不許可，並且又恐設計和地方建築的情形不能適合，也是徒勞無功。當時恰如騰越海關有一位金師爺，是一位土木工程學專家，對於工程學很有研究，當經請他代為設計，承他親自到鄉代為測勘後，繪給一幅很精細的圖樣，設計周詳，堪稱完美，本擬照圖建築，繪成圖會議結果，仿照他的圖樣大同小異些另設計成五大格的一間樓房，由第二第四兩格面前又伸出兩間半六角亭來，方向是坐南向北，面對擺鼓峯，和學校大禮堂在一平行線上并列起來，屋面前闢一寬大的花園，和學校大禮堂在一平行線上并列起來，屋面前闢一寬大的花園。花園外建一三孔式四柱二門，形式仿東吳大學校校門，大門仍用漢景殿舊有的鱗宮式的大門，當經建築委員會會議決定建築圖樣如下：

38

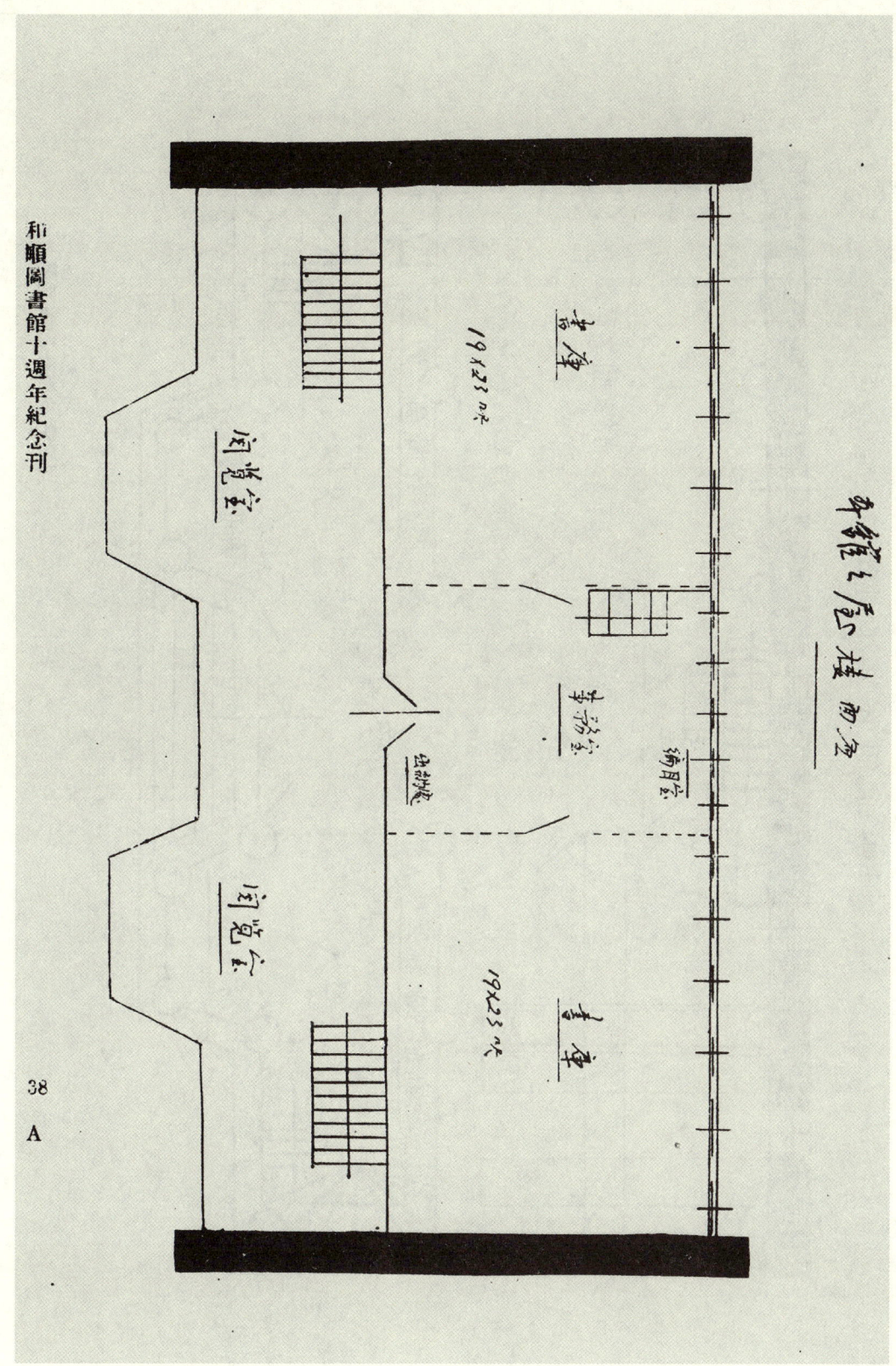

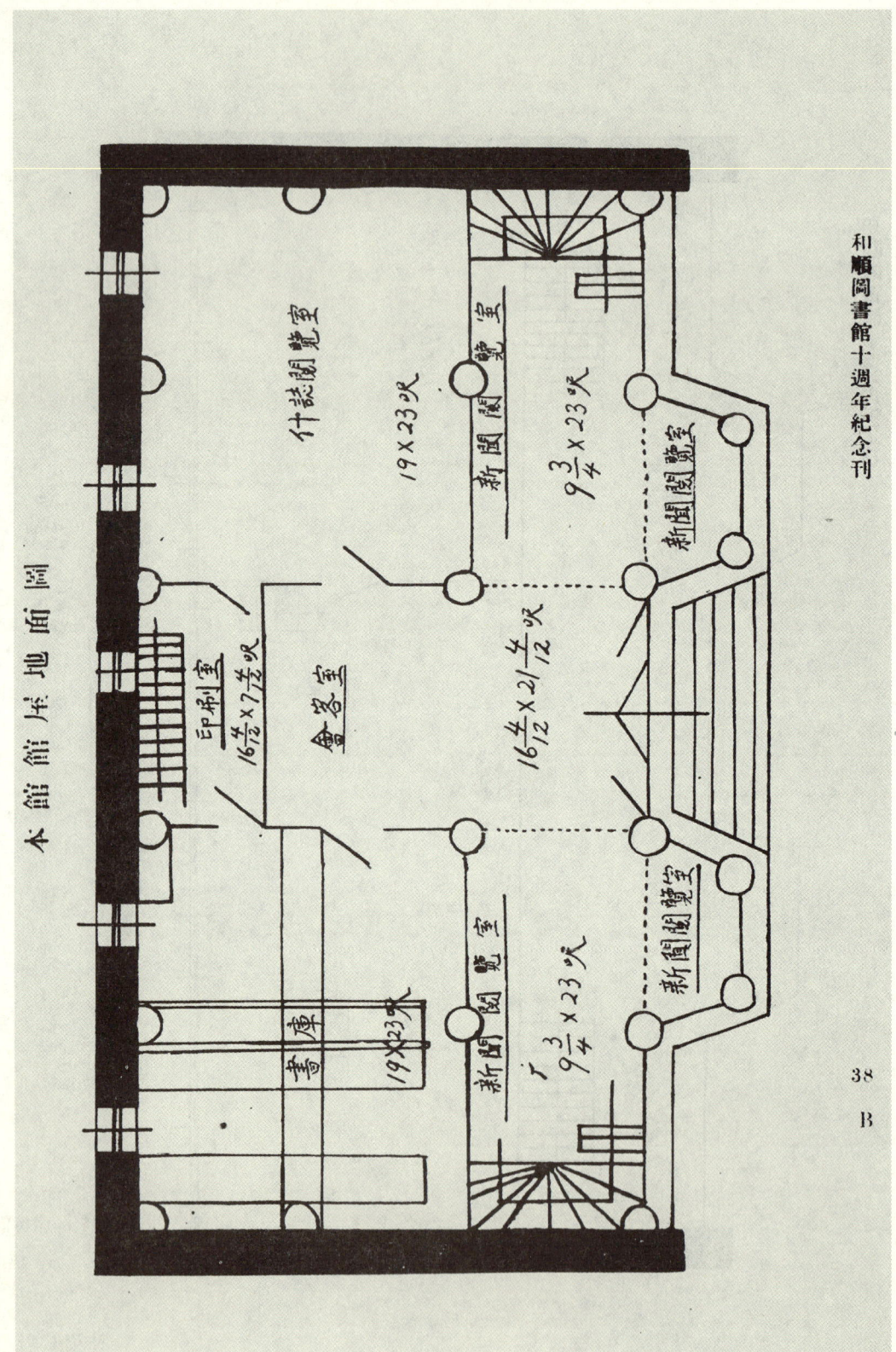

本館館片地面圖

和順閣書館十週年紀念刊

38

B

256

工　程

在沒有動工以前，當經名開建築委員會會議決定工程計劃經準如下：

（一）堅固耐久
（二）適合需要
（三）簡樸而美觀
（四）適合衛生

堅固耐久：圖書館是永久性的，所以建築必須要堅固耐久，故本館所用的材料，除少數材料外，其他一概擬用楸木。（楸木為害南騰衝縣特產，性質堅韌細鉄不易朽腐與緬甸所產柚木相伯仲）柱子橫樑都是很粗大的。如牆垣的石基也是很堅固的。

適合需要：這是最緊要的一點，圖書館是和普通住屋不同，要能夠處處適合它的特種需要，所以本館為要室內寬敞起見，故少用柱子多用過樑，這就是怕柱子在室內障礙着的關係。

簡樸而美觀：建築屋子美觀也是最重要的一點，一個人如果有那一部份發展得不平均就會難看，建築房屋如果有那一部份配置得不大恰當，同樣的也是會難看的，所以本館對於美觀一點是很注意的，惟是本館限於經濟，故各項工程都是力求簡樸，同時由簡樸中又求美觀。

適合衛生：圖書館是人衆常到的地方。如果不注重衛生是最危險不過的，本館為要使光線和空氣充足，所以樓上樓下的架步都很高，並擬定多用玻璃窗。處處都是要它各乎衛生的原則。

根據上述種種，當即於廿六年一月間，邀請木商瓦商來館議定價目，并僱妥木工，石工，泥水工小工開始工作。因為石料是由附近山上採用，所以石工在先就動起工來了。木料因要等到木商自西三練等處遠道運來，遲至二月間方得動工。木工動工時，石工築的石脚已成功一部份，於是泥水工也就開始築造牆垣了。惟因各種動工時間少遲的關係，所以各種工人都盡力的加多，以期加速工程的完成。幸各種工人都能聽命，就是最延岩時間的木商，也多能如期送到木料，到三月十八日便得將樑柱一齊豎立起來，磚瓦工程亦粗糙的完成，到八月間四周的牆垣和二門的工程也就完成，到了年底木工，石工，泥水工各種工程使一起都完竣了。計木工四千八百四十個半，石工二千二百二十八個，泥水工二千七百六十七個。

設備和染刷

設備：設備一事，是圖書館裏的一椿最重大的事件。本館對此事也特別注意，在建築開始時期就着手研究，曾經參考各大圖書館的設備和圖書館專家討論圖書館的論著，尺寸大小處處都是力求合乎規定，合乎需要，絕對不媽虎了事，計先後共製

書架　二十架
報架　四架
什誌架　四架
目錄櫃　二架

和順圖書館十週年紀念刊

39

257

閱書棹　　　　　二張
閱什誌桌　　　　二張
閱新聞桌　　　　十張
大號辦公桌　　　一張
二號辦公桌　　　二張
單人崇背椅　　　三十
三人崇背椅　　　三張
兒童圖書書架　　十二部
兒童圖書目錄櫃　三十部
兒童圖書桌　　　一架
文件櫥　　　　　一架
　　　　　　　　一架
　　　　　　　　三架
　　　　　　　　一架

染刷：普通染刷大概分粉刷和油漆刷二種，粉刷容易剝落，那很不好，本館爲經久計，就決定用油漆刷，爲顏色永久不變，所用顏色概用土藥。此項工作，本應早日辦理，因等待木料乾定的綠故，直至廿七年七月間方得着乎染理。爲防止藏汚起見，煙上下的低倭處概染做深褐色。但是過深的顏色對於光線是很有防礙的，幷且容易傷害人的眼目，故除一部份染深褐色外，其他部份，概染淺色，天棚樓板部份染成淺藍色，板壁和窗格染成淺綠色。染刷一項最初是擬全部染刷的後因漆料不夠，故內室一部份又暫不染刷，只大門改用粉刷，用黑白二色調合起來，倒也非常美觀。

40

經濟

我們家鄉有一句俗話說：「打着花巴絆做事」這話是形容手上沒錢的話，本館這一次的建築，正可拿這一句話做比喻，最初的底款只是有三千餘元已如上還，拿這筆款去和最初的預算比起來，懸殊尚多，如果拿最後的決算來比較，那其實是相差不可以道里計了。因爲是一面籌款一面動工，款項還沒有籌好，工程就已「三下五除二」的動作起來，中間竹感到經濟上萬分的困難，困難到幾乎樑柱豎起來了沒有瓦片水遮蔽風雨。到後來算是得崇新會內外部熱心同志的樑本館籌款有方，本會這一間館屋才有今日的結果。其中尤以本館駐仰經理寸仲猷君和李錗泉劉柱臣兩君在緬甸各地奔走募捐得到很好的成績後的成就更大。假使沒有這筆捐款進來補助，這間館屋的情况就可以想像了。

建築館屋的決算表列在本館館務報告欄裏，請閱者參看，就可以知道這一次建築的結果，比較當初的預算計劃增加的數字了。

本館

本館辦理獎券募捐的經過

怎樣組紹起來

民國廿四年的一個秋天的晚上，夕陽墜下馬鞍山去了。涼風吹着棕樹集子悲悲縮縮的響着，以忠。雙水和樹瑢讀完慈惠一個的同聲喊出：

報紙後在圖書館裏面談天。說到本館的將要建築館屋，和建築費的困難籌措。便一個問題很快的又轉到開尖的事來了。

258

於是開獎的事就從此動作起來。最初在九月九日開館務會議討論籌備的事，繼經會議決果，咸認為這事體很大，須邀請多數對館務熱心的人士來共同負責，集思廣益的此事將來方才會有好的收穫。當經於十月廿日正式召開獎券籌備大會，到場者計有五十餘人，通過組織簡章，並推定職員如下：

組織簡章

第一章　總則

第一條　本會組織由本鄉熱心人士開成立大會決定之。

第二條　本會組織另有系統表說明之。

第三條　選舉各職員除董事會由成立大會票選外，餘均依表次第推選之。

第四條　「任期」各職員任期以開彩終了時為止惟有因事他往而離職者，得由常務董事會另選補足之。

第五條　「罷免」各職員有不法行為經監察員及董事或職員三人以上之察確證實後卽由董事會能免其所負職責。

第六條　各職員均係義務性質唯司眼及常役各一人得由董事會的予薪資。

第七條　各職員務須遵守本簡章之規定及忠實服務努力工作以求會務之發展

第八條　會議分董事會議及常務董事會議二種。

第二章　會議

第九條　董事會議的職權如下：

甲，接納常務董事會之請求與建議。

乙，增修章程。

丙，決定應進行事務及步驟。

丁，推選監察員。

戊，確定彩票額數價格及揭曉日期。

巳，決定開辦預算及審計決算案。

庚，確定分配彩金法案。

第十條　常務董事會之人數由董事會決定之。

第十一條　常務董事會之職權如下：

甲，執行董事會之議案及總理之請求案。

乙，組織各部職員。

丙，有表決財務之收支權。

丁，有補選各部職員之權。

第三章　職員

第十二條　各職員由常務董事會推選之。

正總理，有領導督促管理及執行常務董事會議決案，推進一切事務之責。祕書，管理一切文書事項。司庫，管理一切銀錢重要票據事項。司務，管理分配各種事務工作，警衛，維持秩序治安，交際，負對外交涉招待等職責。

第十三條　副總理及副主任輔助正總理及正主任辦理一切事務。

第四章　附則

第十四條　各部職責另由系統表述明之。

第十五條

第十六條　本組織有未完善處得由總理請求常務董事會增刪之。

組織系統圖

成立會 ← 崇新會會員　鄉紳　教育委員會　崇新會執委　各界代表

成立會 → 董事（由董事會推選并決定人數）　監察

常務委員會 → 正副經理

- 警衛主任 → 警衛組 → 負維持治安秩序之責
- 事務主任 → 庶務 → 辦理一切什務
　　　　　　　飲食 → 辦理飲食
　　　　　　　佈置 → 佈置會場
- 祕書主任 → 文書組 → 掌管文書擬章法規辦事　細則及彩票式樣
　　　　　　　宣傳組 → 本會宣傳宗旨及勸售彩票
- 司務主任 → 會計組
　　　　　　　保管組 → 保管銀錢票據
　　　　　　　推銷組 → 推銷彩票
　　　　　　　司事 → 理管及登記各部賬務
　　　　　　　稽核 → 稽核各部賬務
- 交際主任 → 交際組 → 負交際招待之責

本會職員表

監察　李慶農　尹立周　劉有為　李朝卿　尹壽生　李仁傑　趙子忠

董事　許卓如　劉惠卿　寸少元　李生莊　寸仲恆　李若泉　寸懷允　李匯川　尹堯卿　尹坤書　寸懷雲　趙愍需　李錦堂　尹福田　李本仁　寸玉佩　張月洲　段德之　李蔭遠　李協之　段鎰秋　劉

常務董事　李生莊　李蔭遠　劉惠卿　寸懷雲　劉松年　趙秀發　李雙丞　許子質　尹以忠　尹大典

經理　劉惠卿
副經理　寸懷雲
祕書主任　尹以忠　趙秀發
文書組　許子質　李沛春　張良臣　李生魁　寸樹琼
宣傳組　寸仲恆　李生園
司庫主任　許卓如
司事　李本仁
司事組　劉惠卿
會計組　張瑞峯（第一期）　劉振權（第二期）
交際主任　李本仁　寸仲恆
交際組　劉振權　張良臣　寸樹琼

42

推銷組　劉蕙卿

事務主任　寸少林　張成仕

佈置主任　劉聲洪　李秋農　李勳廷

委員　張慧源　尹贊天　張竹泉

醫衛組　請公安局警察負責

寸永安　劉有位

李仲才

募捐委員會緬甸各埠職員一覽表

緬京總部　委員

委員長，尹玉山，副委員長，李銳泉，執行委員，劉桂臣，李槐三，李子舒，釧文暉，釧文春，李泳園，寸純貞，寸春谷，許惠卿，尹兆昂，寸育琤，賈仲能，李應聲，李相臣，釧文祝，李生䖝，李幼興，釧家泰，釧相斌，賈子建，賈子明。

常務委員，李銳泉，李槐三（兼財務），劉桂臣，李幼興（兼庶務），寸春谷，釧相斌（兼常務），總幹事李子舒彙文牘。

臘戍埠

寸澤生理財，李濟園文牘，李維志，尹致卿，許本琳，寸尊炯，李如松，尹生瑞，李光新，李德果。

幇海埠

名譽委員長，梁金山，楊惠仁，名譽副委員長李道卿，張若魯，執行委員，劉振發，寸學文，寸贊品。

昔卜埠

委員長，尹玉山，執行委員，劉鎮廷，張子雲，寸曉帆，尹慶之，寸守禮，寸贊棟，寸時明。

八募埠

執行委員，寸楚生，寸育林（文牘），劉振仕，劉璧生，段自助，劉振國，寸贊旺。

拱老埠

張賢達

皎巴埠

尹治國。

抹谷埠

劉友恆，許鴻鈞，尹子文。

仰光埠

寸仲猷（文牘理財），寸壽仁，張德善。

蜜支那埠

寸杰生理財，李舜初（文牘）。

們　　拱

寸相一，李受之，奔渡埠，張顯丞，張鋭宏。

賀奔

張立生，寸幼犖，楊少三。

抹港　尹佐國。

南馬　張惠文。

李葉強，尹家華。

抹尤埠

執行委員

李生光，李光垣，李生佩，劉金錫，李生琨。

釧家智，劉玉樑，釧加禮，釧相如。

抹碧埠

膠昔

順圖書十週年紀念刊三館

尹子道，唐沛然，寸仲丞，劉聲超。

李佑之，尹生源，

恩多埤

寸俊卿，寸純卿，

卜毛

澤亞埠，劉聲國。

准奔酒，張學朝。

脈明　李曰隆，李生蕊，寸曾琳

南坎　寸培德，劉天雲

九洞　李生壽，尹生洪，趙秀培，寸時達。

李曰湖，李曰璋，穆助，寸樹科，李曰紡。

果傾　蘭汝能，李生國，李生吉，張德川，

寸開吉，寸時俊，李曰蘋，寸時卿，寸仲賢，

李生輝，寸性誠。

果東波，許錫友，寸家和，劉惆合，李祖耀。

怡非　以燊新貿全體職員尤之。

莫木停　釧相魁，釧加英，

末所窵　賈學祥。

夜午　尹樂賢，趙育蘭，趙育芝。

委勒　李曰綿，李曰毅。

廿五，十一，十八

和順圖書館募捐委員會佈

獎券數目和獎金的分配

第一期獎券

44

獎券數目

第一期獎券，共發三萬三千張，以三萬張為正額，以三千張報酬勸捐的人，每張售大洋壹元，印洋半盾，每廿二張裝訂為一冊，計裝訂為一千五百冊。

獎券分配

騰衝地方有買獎券習慣，紳人的心理對於中獎是着重任銷售種甸，種人的心理對於中獎是喜歡得到多數的獎金，故獎金的分配特別使頭獎獨多，獎金分配如下：

開獎以實捐得之款數百分計算

第壹獎　獨得百分之三十四　計洋一萬零二百元

第貳獎　獨得百分之七　計洋二千一百元

第叁獎　獨得百分之四　計洋一千二百元

第肆獎　獨得百分之二　計洋六百元

第伍獎　獨得百分之一　計洋三百元

第陸獎至拾獎　合得百分之三。四　計洋一千零二十元

第拾壹獎至壹百獎　合得百分之十二　計洋三千六百元

第壹百獎末一字相同　合得百分之四。四　計洋一千三百廿元

壹獎上下二張　聯號附獎合得百分之二。二　計洋六百六十元

第二期獎券

獎券數目

第二期獎券，共發三萬三千張，以三千張酬勸捐者，每張售價大洋壹圓印洋半盾。第一期每冊裝訂廿二張，推銷多覺停滯，故第二期改為十一張裝訂為一冊。以便推銷。

第一期獎分着重在緬甸，獎金的分配是以緬人的心理為對象，但結果第一期獎券在騰衝售出的比緬甸多，故第二期獎金的分配又以騰衝人的心理作對象。騰衝買獎券人的心理如果中了大獎獎金多得固然喜歡，如果不中大獎，多少要得一個小獎得到一點獎金方才滿意，故第二期獎金的分配是使平均獎獎金數得多，每一冊獎券中至少要中一獎，同時頭獎的獎金亦使它和第一期是一樣，期望在騰衝和緬甸多銷售得一點，

獎金分配如下：

獎金分配開獎以實捐得之款數百分計算

獎別	百分比	金額
頭獎獨得	百分之三三，五。	計洋一萬。五十元
第貳獎獨得	百分之五	計洋一千五百元
第叄獎獨得	百分之三	計洋九百元
第肆獎獨得	百分之一	計洋三百元
第伍獎獨得	百分之二	計洋六百元
第陸獎至拾獎	合得百分之三	計洋九百元
第拾壹獎至貳拾獎	合得百分之三	計洋九百元
第貳拾壹獎至肆拾獎	合得百分之二	計洋六百元
與頭獎末一字相同者	合得百分之二二	計洋六千六百元
頭獎上下聯號附獎	合得百分之二	計洋六百元

開獎方法

第一期開獎方法

第一期開獎方法，是一種簡便方法，用一只大鉄筒和五只小鉄筒來做工具，大鉄筒是獎等筒，小鉄筒是號碼筒，獎

和順圖書館十週年紀念刊

等筒裏面是放入所有的獎等木珠，號碼筒是分為萬、千、百、十個位各一筒，每個筒裏分別放入千個木珠，木珠上面是分別寫着0123456789，十個數字，因獎券只有三萬張，故萬位的號碼筒裏只放入四個號碼珠0～3，開獎時由各筒裏面抽出木珠一枚，由那個位置筒裏抽出來的就代表那一數，於是那五個木珠的號碼聯綴起來就成一個萬位數的號碼，如果知道這個號碼已經售出去了，那就可底着抽出一個獎等，僥幸抽出的獎等珠是一個「1」號，那就是某號中頭獎了，號碼珠抽去來後，仍須放入號碼筒內，獎等珠抽出來一個，便不再放進去了。如此繼續抽號碼珠一次，獎等珠抽一次，以至於獎等珠抽完為止。

第二期開獎方法

第二期開獎方法，是一種簡單的方法，并且大半是用人力，開獎的公正雖得到購票者的很好批評，但是本館為求購票者的進一步的信任起見，故第二期開獎方法便改用搖獎機開獎了，搖獎機是由本館自製的，製法是仿中國航空公路建設獎券用的搖獎機，共製機四只，分為「甲」「乙」「丙」，和「獎等」。甲，乙內機裏面分別裝入雙位數的號碼球一百個，號碼由00010203至99止。獎等機裏面裝入獎等號碼球，獎機製成後十個01至9止，獎等機裏面可以攪拌使之均勻，每機下面開一活門，能使球由裏面出來，(一次只限定一個)開獎時由甲乙丙三機下把活門一開，號碼球即分別由機上掉下來，由甲機裏面掉下來的號碼代表「萬，千，」位數，由乙機裏面

掉下來的號碼代表「百、十」位數由丙機裏面掉下來的號碼代表「個」位數，把這五個位數的號碼聯綴起來，就成一個萬位數的號碼了。經搖出來一個萬位數的號碼後，又廣着由獎等機裏面搖一個獎等號碼出來，搖出來的是 1 號就是頭獎，搖出來的是 2 號就是二獎，繼續搖搖至獎等號碼完全搖出為止。

開獎的地址，日期，和職員。

地址：開獎地址，初擬借用城上公共場所以昭鄭重。繼因籌備種種發生困難，故決計在兩級小學校大廳內搭一木台。開獎機放在台上，由開獎人站立台上當眾開獎。

日期：第一期獎券原定廿五年三月十五日開獎，後因屆期在綢所售存根未到，故改於廿五年四月十七日。第二期獎券原定五月十五日開獎，又因到期後獎券銷售甚微，故又展期在六月四日開獎。

職員：第一期開獎職員如下：

第一期獎券開獎職員

主席圑　寸仲表，李生廾，劉惠卿，李嵐農，寸懷雲，李致卿，許卓如。

監察　各機關長官。

招待員　董事會全體職員。

對票員　張希房，寸永安，李子文，劉振權，寸守綱，劉振權，劉松年寸樹琫。

對號員　李鴻春，李生贊，李生約，尹大典，許恩沛，李日淑，李生滄，李維周。

第二期開獎職員如下：

第二期獎券開獎職員

主席圑　李生莊，寸中恆，李嵐農，

監察　各機關長官。

招待員　李本仁，段銳秋，李銳天，段德之，寸玉佩，李象瑤，李滙川，李若泉，鋼文瑞。

對票員　李沛春，李子文，劉振權，寸守綱，張少雲，李生約，李燮承。

唱號員　寸仁山，張良永。

標號員　李潤園，張月洲，李耀北，趙國珍。

記錄員　李沛春，李秋農，尹贊天。

傳號員　劉有位，李若愚，叚銳秋，李生園，李如春，李協之，許子質，劉啟瑤，張竹泉，張慧源。

唱號員　寸仁山，劉松年。

標號員　李潤園，張月洲，李秋農。

記錄員　尹贊天，趙國珍。

對號員　劉振綔，許澤生，尹慶五，尹耀之，張良永。

搖獎員　張子鈞，寸宏，李槐二，李若珩。

傳號員　李鑑洲，李生園，李如春，劉振朝，寸鎮興，寸壽人，李協之，張竹泉，張國珍。

警衛員　公安局警察。

結果

本館開獎結果，茲將第一二期收支表列後，以示公開。

第 一 期 開 獎 收 支 表

收入摘要	銀	數	支出摘要	銀	數
由緬甸共售得Rs.2191/8	4383	00	兌獎金	8308	00
在騰共售得	8081	92	緬甸各種開支	84	00
總計	12467	92	騰衝各種開支	1114	04
			交寸會計保管	2411	78
			撥交第二期經費	550	00
			總計	12467	92

第 二 期 開 獎 收 支 表

收入摘要	銀	數	支出摘要	銀	數
由第一期撥來	550	000	在騰兌獎金	713	00
在騰售二期獎券	3416	900	在緬兌獎金Rs.1045/-	2282	225
在緬甸售 2/45/-	4499	000	在騰各種開支	1492	900
總計	8165	900	在緬各種開支Rs.247/-	543	538
			在緬交經理處買料Rs.760/9	1673	257
			在騰交建築處	1654	500
			外欠四柱	105	000
			在永昌開支	1	500
			總計	8165	900

47

本館建築館屋在緬募捐經過

仲猷

48

民國廿六年本館因建築館屋經費不敷，函請和順崇新會駐緬理事會及本館駐緬經理處向外募捐，時崇新會駐緬理事會輪值至緬京，作者濫竽緬甸經理之職，乃由李鏡泉同志提議接受本館請求進行向全緬同鄉募捐，並公推李同志及作者為募捐員，作者乃於廿六年七月四日由仰光出發抵瓦，即與當地同鄉同志舉行勸募，計緬京外界八十及同鄉捐助共得七百二十六盾，居緬甸各埠第一位，適值李同志因事不能出發，乃派劉桂臣同志於五日晨同時出發竣脈，得張子雲，守曉帆，尹慶之，及各同志的贊助指導，並向外界勸捐，共得百四十盾。六日至西波埠，得尹以忠，張蘭階同志贊助，但因該埠同鄉較少，共捐得六十八盾。七日至南渡，得楊惠仁李道卿張若愚先生的指導，和劉舜卿賀立峯同志的贊助，其捐得二百二十二盾。至十日晚乘汽車至臘戌，得李清園李維治同志的贊助，共募得八十六盾。至此第一期，夷山一帶募捐工作完畢，余與劉桂臣同志於十一日夜車返抵緬京。適值崇新會參加國民大會緬甸代表選舉事務，初選完畢後，各候選人已發表，而須於七月終舉行複選，余因對於本會選務稍有工作，乃將募捐之事暫行停止，遄返仰光，至八月初選舉完畢而仰光緬京間鐵路中斷，尚未修復，余乃於八月十日由仰乘車至卑謬，由山水道乘船北上，至十三日抵緬降，就地舉行募捐，得江春廣君之贊助，而該埠同鄉不過二三家，共向外界捐募得四十盾。十五日由緬降抵緬京，十六日即與李鏡泉同志出發果領埠，途中經過果洞波，即約劉慨含寸幼仁同志赴果領，其同募捐，得五百六十四盾，居全緬第二位。次日由果領出發赴茇木魯埠，並約恰井埠李受天，寸永安同志同行，共募得五十九盾。復乘上行車至果洞波埠，募得一百一十盾，又乘下行車至恰井，得該埠各同志之踴躍捐輸，共得四百二十九盾，居全緬第四位。並託該埠同志代向本薩埠募捐得七盾。是日因加緊工作及交通之便利，募捐工作共計三埠，至次日（十八日）由恰井出發九洞，穩助，南坎各埠，得寸鏡泉，李仲山，李贊廷同志之贊助，九洞募得五十六盾，穩助募得三十八盾，南坎募得五十四盾，悃舍，幼仁，永安受天各同志皆同行至南坎，休息一日，至十九日四出募得各原地，余與鏡泉同志出發至抹尤埠，事前電邀寸相一同志來尤相候，共同募捐，至抹尤時，寸同志已早先到彼一日，並得李潤珍李映三及各同志的贊助，共募得二百二十二盾六二五，居全緬第五位，由楊少三、張立生各同志之贊助，並邀李文龍同志自南昆來會，廿一日與和一潤珍同志出發賀奔，並邀李映三、尹佐國同志之介紹，並向外界同志出發募捐，共得一百四十三盾。又乘下行車至門拱，共募得九十一盾，廿二日，潤珍同志自返募引，又與和一鏡泉出發抹拱，得尹善初昆玉及寸杰生同志之贊助，募得八十七盾，廿四日鏡泉同志因事先行返瓦，余與相一同志出發抹魯埠得廿九盾，澤亞得五盾。廿五日至墨薩，募得四十八盾，恩多埠得六十六盾五巫。並託劉聲國同志代往卜毛募得十八盾，相一同志即由恩多與余分手北返，余則返瓦約鏡泉同

志再赴八募，其餉馬，謬告，舜波各埠，則託相一同志負責募捐，計舞波得二十盾，兩馬八盾五坐，謬告六盾，至此第二期募捐暫告一段落。

九月五日，復與鏡泉同志乘車出發莫所窘，募得四十四盾。又至委勒，得寸贊元曾伸能同志之贊助，共募得一百零五盾，六日晨出委勒乘車出發八募，募得三盾。該二埠同鄉僅一二家耳，七日午後抵八募，得格薩得二盾。劉壁生張正一，劉忠九，寸蔚然，劉隆堂，各同志之贊助指導，募捐成績居緬甸第三位，得四百五十九盾。在彼流連數日，至九月十二日乘船至格薩，換車南下，十三日抵緬京。尚有其他邊遠作埠，不能一一發募捐者，或通訊勸募，戈託緬京同志就地勸募，計募得緬巫與十盾，永進舉二十謝側」。

盾，統舉五盾，抹谷五十盾謬薩十五盾，德則十盾。仰光經余募捐得一百二十一盾五巫。全緬募成績共得四千二百三十七盾一二五，其間外界熱心人士贊助者計六百九十九盾，（民廿七年間隨時補同鄉捐助者三千五百三十八盾一二五。

捐者約得百盾）其個人捐助之最高紀錄及捐款之處置辦法，已於「本館經濟史略」中作詳細之報告，此處無須贅述。此次募捐成績，尚不及壞，軸的原因：一由於外界人士的熱烈贊助，各友好的誠意指導。二由於各同鄉同志的關懷桑梓，踴躍輸將。三由於李鏡泉同志的交遊廣泛，得到多方面的贊助，所以才有這樣的結果。作者附驥工作之餘，特紀其事實經過，以示不忘各方面的隆情厚誼，並寫本館表示「謝側」。

本館裝設收音機及出版無線電刊經過

尹大典

在沒有寫本文的三天前，佩九拿着圖書館編委會的信來，笑嘻嘻的說：「老人，你看能！倘若你仍然因循抗繳，要在刊物上不客氣的罵你偷懶了！」

啊呀！這真難壞人啦！要我搖旗吶喊倒還可以，要我由空洞的枵腹裏，產生出篇文章來，是難於登天了，說起薄懲，我可不敢推諉，說到責任，我不計較；只好把經我工作過的收音，無線電刊，寫點報告出來兜賣，好壞可不顧了！

自馬可尼氏 M. G. Marconi 發明無線電後，整個世界，對無線電事業之發展，逐大加注意。經歷若干之研究，改良，自長波而中波而短波，已可謂登峯造極，而現在更有超短波電視電台及短波治療器等之相繼成功，更屬介人驚奇。

余對無線電及短波機之認識，距今已閱九年，其發端因學製礦石收音機而感覺興趣，後得友人 Mg Aye Mg 之指示，對於設計配製，日有進步，乃於同年冬，配製二管收音機一座，旋於二十一年又配製短波機一座，二十二年冬返里，將機件隨身攜帶回騰，因轉口執照問題，被海關扣留，余以事率，亦任其自然，二十三年五月，館務委員李秋農同志等請余捐助一架，余因對於桑梓，毫無貢獻，正思有以報效之時，當即允許，隨經館方呈准海關監督，先予領取，於是該機途得裝設，而邊地之新聞，于焉頓告靈通，不復為時間空間所操縱矣。

49

和順圖書館十週年紀念刊

余之於收音機，因好奇開始，繼獲相當技術，但其用途，亦僅限於娛樂而已，及至騰後，始變為傳達消息，服務社會之工具焉，茲將一切情形，分述如後：

甲，裝置：該機取出後，經相當試驗與改變，裝設館內，天線長一百二十尺，為V字形，可與四面傳來電波，充分接觸：地線銅片，周約二尺半，埋置深度為八尺，長約四十尺。

乙，機件類別：該機因自行配裝，各用品均單獨購買，非同一公司之出品，機為二座：

子 一為中波 Mediumwave 機，三管再生式，線圈五個，四十圈，五十圈六十圈各一個；七十五圈二個，為蜂巢式：視情形分別使用，可變儲電器0005 MFD.漏柵 2 Meg；固定儲電器0002 MFD.一個；全波 Choke 一個，真空管為 Mullard 牌，檢波用 PMIHL。初級放大用 PMIHL.F；末級放大用PM2A。檢波器二個，均一比三，初級放

電源：甲電用三弗打；乙電用一百二十弗打；丙電用四弗打半，收音範圍，自一百五十米達起至六百五十米達止。

丑 一為短波Short Wave機，二管Lisson Triple Range式線路，線圈圈數不明，可變儲電器00025 MFd.一個..05015 MFd 一個，固定儲電器0901 MFd.一個..1 MFd.一個，漏柵為5 Meg變壓器一比三，全波抑制圈Choke 一個，真空管Mullard牌，PMIHL用於檢波，PM2A用放大。

電源：甲電三弗打；乙電七十五弗打；丙電一弗半，該機使用聽筒，收聽範圍，十二至八十五米達，兩機用電極省。

丙，收音成績：騰衝為淫區，高出海面五千尺，周圍高山，以地勢言，收音極不佳妙，但無鋼骨建築，發電廠，電車，電扇，電療器等之干擾，吸收，尚屬不幸之幸，而收音實際，非常良好，可收電台如下：

國內：南京中央 XGOA。金陵 XGB。XGOX。上海一處（冬夏無播），長沙 XGOV。漢口 XGOW。XGC。雲南XGOY。廣西XGOE。廣東XGOK。成都XGOW。重慶 XGOH。新近落成之貴陽 XPISA。俟組織電台北平，長春，南京等電台。

國外：香港ZBWZBK。英國B.B.C.；荷蘭PHI。法國FYA。德國DJA·DJB。意大利HVJ。12RO。菲律濱KZRM。及印度。緬甸。暹羅。安南。日本。台灣。馬來亞。東印度。澳洲等電台，與國錯不明者若干電台。

丁。發刊經過：自裝置後，每晚歡迎各界到館觀聽，館中并加解釋，使邊民對科學功能，有相當認識，自此一般人士，對國情新聞，大感興趣，每以當天新聞，爭相詢問，街頭巷尾，多集談國事者，而筵席之間，亦多以國事為談話資料矣。

騰衝地處邊陲，郵便遲滯，所得新聞，全為過去黃花，關心時事者，亦徒喚奈何已耳，館方為普及消息起見，乃決刊印所得新聞，當由李秋農，李沛春兩同志與余擔負聽錄刊印之責，因經濟所限，僅三日出版一次，定名「和順圖書館無線電三日刊」刊載所得重要時事，分送各機關，各學校，各鄉公所，各商號，以資擴大宣傳，其外縣來函索取者，

亦甚踴躍，但每屆夏季，則因天電干擾，無法錄取新聞，而告停頓，民二十五年，中央設立短波電台XGOK於南京，夏季收音，又告無阻，惟該台組織，注重海外華僑，專以國粵方言報告新聞，國語報告，則屬缺如，館方乃函請該台，用國語報告，以利邊陲收聽，並請改波長至十九米達；旋得該台復函，允於校驗有相當結果後卽改波長，並允於平日十八時起，加播國語新聞一節，至此，夏季收音困難，迎刃而解，而三日刊亦得繼續不斷與邊地人士相見矣。

自七七事件發生以後，每日時事，為一般人所急欲洞悉，館方為適應環境之需要，本服務地方，宣傳全民抗戰之旨，將該機移至舍間，以利工作，所得新聞，漏夜趕印，次日分送各地，日出一張至二三張不等。如是者歷十月有奇，以經濟力有限，始略收報費，以資彌補，在工作人員中，如寸佩允寸壽人兩同志，戮力維持，艱苦備嘗，子夜未得歸寢，如寸此種精神，實不易得。當時電刊銷路，與日俱增，邊地人民對國家之觀念，已稍濃厚矣。

其後，李生莊先生主辦之騰衝日報出世，一切俱勝電刊萬倍，館方以「拋石引玉」之目的已達，電刊亦無須再行出版，遂於二十七年二月停版，旋因鄉中父老懇促而復刊，在刊行中，深得騰衝無線電台及騰衝日報社諸君之助助，此須為館方感謝者也。

騰衝地面寬闊，且交通未便，處此抗戰後方之嚴重地帶，對抗戰之宣傳，尚有賴於此種收音機設置之普遍，吾騰不乏關心國家之同志，尚望起而努力也！

本館宣傳工作概況及對於本鄉教育之效率

少才

本館成立至今，不覺已有十周年。在本館成立後十年來的和順，和未成立以前的和順，究竟有沒有差異——進步或退步——應得加以檢討，以為將來本館館務改進的借鑑，這是本館紀念刊出版的原意。若說是因為有了十年的歷史，而來大吹大擂的慶祝，徵父白壽，那是非本館所敢妄想的。

這個題目所要述的，就是檢討本館過去十年中對和順的宣傳工作概況和對和順教育的影響。現在且來講宣傳工作概況：

宣傳工作，可分作時事宣傳和文化宣傳；而時事宣傳尚可分民二十的壁報宣傳和民二十六的無線電刊宣傳兩時期：

民國二十年「九一八」事件發生，那時和順——也可說是騰衝——對國內最快消息的供給，要推緬甸報了。但是由光寄到騰衝，須八天才到，所以很不能滿足一班關心時事的觀眾。本館為使消息靈通起見，特商得雲南第一殖邊悟辦公署的同意，由那裏逐日帶給本館官電一份，再由本館以一寸見方的行書照錄出來，張布在十字街上，那時頗能引起鄉人的注意，和順孩童們會喊「打倒○○帝國主義」和十九路軍的特別，」老太婆們會照「挨萬刀的○○人，」也就是由那時起。印人鄉人腦海中者，民國二十三年，本館承尹人興估贈送無線電收音機一座

51

，於是曾一度在館內播音，公開歡迎鄉人往聽，開騰衝街人民和無線電響接觸的新紀元。繼後又創辦無線電三日刊，專於介紹時事，不久也就停刊了，或許因為那時國內沒有什麼大事件，所以引不起人的注意罷，民國二十四年，赤軍二萬五千里的西征，曾有一部分到了雲南，無線電刊又有短時期的恢復。民國二十五年的綏遠抗戰，和蔣委員長西安蒙難，本館無線電刊都盡了相當的宣傳工作，並且宣傳範圍，已由和順而擴大到全騰，甚至達永，龍陵郡了。由民二十三年至二十五年，本館電刊，都是義務贈閱，外埠則收點寄費而已。後因索閱的人太多，紙張油墨和電池等的消耗，因之陡增，每月大量的支出，已不是本館經濟所能勝任。至民二十六年，才不得已向閱者酌收紙費，並僱用專人，逐日上城分送。（訂戶曾增至三百戶），接着全面抗戰開展，騰越日報誕生，商之本館，供給該社新聞材料。本來本館電刊之產生，純為宣傳國事，既非為名，更非為利。有騰越日報來負起此種責任，本館是最樂於後助的，但是因為遠地訂戶，多不滿期，故本館電刊，不便即時停刊，一面供給騰越日報新聞，一面仍自行出刊，直到民二十七年一月，訂戶大半滿期，始結束了本館電刊的印行。因為本館電刊的原故，和順有一時期確成了騰衝新聞的中心，這在騰衝新聞史上，實佔有不可磨滅的一頁。

文化宣傳，對這方面，我們只有自愧沒有盡過宣傳的責任，所以外面文化怎樣向前邁進，和順的文化卻仍然向後轉。但是這並不是本館的不想努力，實有其不得已的苦衷，因為文化的改進，和政治有密切的關係，不是由幾個人吶喊做

得到的。

本館對教育的影響又怎樣呢？這問題也可分做學校教育和社會教育兩方面來說：

學校教育，本館自信尚有相當貢獻。教師方面，可以得儘量的參考，因為現社會的變遷，真是朝夕萬態，新科學，新理論，新名詞，新事物等等，一個當教師的人，專靠那幾本教學法，已不夠用。尤其是社會科，自然科，更非有豐富的參考不可。本館成立後，教師得到許多參考的便利，學生也自然因之受到不少利益。或者有人要問：

「不設圖書館以前，不見得這兩科就教不下去？」當然這是「彼一時此一時」的話。過去有人曾把理科（即現在的自然）給學生當國文讀哩。這難是教者對理科的認識太差，同時也是沒有參考書的原故啊！

學生方面，因為本館特關有兒童閱覽室，使他們得不少的課外讀物，獲得了不少的意外收穫。本來小小的幾本教科書，實不能滿足學生的求知慾的。（不好的學生例外）況且教科書回兒童自由選擇的兒童讀物，趣味各有不同，教科書好比舊戲中的「本子戲」，兒童自由選擇的讀物恰如「花花戲」後者誘人的力量，要比前者深得多。」

記者兒時讀書，除了教科書外，真不易得別的適合兒童閱讀的書本見面。有時在家裏舊書架上翻得本刻版印的三國演義，把它當寶貝般看，故事雖動人，可惜節太宂長，憎節太複雜，不是兒童的腦子所能容納的。那時有一位先生，比較是跟時代潮流走的一位，他知道我們感到課外讀物的缺乏，介紹我們買（並不是訂購）少年什誌看。他說裏面有論說，有圖

52

畫，有故事，有……說得我的心靈活躍起來，於是囘家去向母親要錢，不知費了許多唇舌，承認了多少戒條，好容易才要得五角錢。在那個個禮拜天，就抱着無窮的希望和喜悅，跑到城上去買少年雜誌。滿以爲手到擒拿，在囘家的路上，就要看完他一本兩本。不料問問仲生和（那時騰衝只有他一家）不有。逛遍沿街書攤，依然還是一個「不」字，並且連這個書名也不知道，「一瓢冰水」，多末失望！不得已換了一部詩韻囘來。現在一檢到這一部詩韻，還不禁想起那時欲看一場「花花戲」而不可得的苦悶哩。

現在的小學生們，可以不勞而獲得無限的良好課外讀物，思想和心靈，自較欲君一本少年雜誌都沒褲的記者，活潑得多。所以有許多學生作文，已不能爲那幾本教科書所範圍。這是有許多曾服務過和順小學教育的朋友所親告我的。這可說是本館成立後對本鄉學校教育的一小點反應罷。

現在要來談談本館對和順的社會教育的影響。我覺得和順因襲了我國往昔分人民的社會教育了。讀書好像是士的專利品，農工商就好像無須讀書。所以本鄉書籍的借出，只有在學的中小學生和小學教師爲老主顧，除此以外，則很少光顧的。烟堂賭館，仍然有不少青年在裏面怒開着；不染烟賭的，也只情願三五成羣的溫石板，蹲舖台。本館好像曾開罪於他們，所以他們甯可無像偎駕到本館來。最痛心的是有些由學校出來的青年，好像把讀書看做校內的事情，畢了業，做了事，就不想看書，他們對於新出版的好書好報，是永遠風馬牛不相及的。所以往往年未老而思想已老，身未朽而思想已朽，因爲他口糧雖未絕，腦糧已絕。所以本館對於和順的社會教育的影響，眞是微乎其微！

和順的父老兄弟們！須知道現在的世界潮流，是無論你往那條路走，都有看書的必要。希望你們常常光顧本館能，本館蘊藏着無限的知識寶藏，等待着你們來開發呢。

由上面檢討的結果，本館成立至今，除宣傳時事，稍爲有點貢獻，學校教育有小小反應外，和順依然是十年故我，這不能不使本館失望的，但本館並不氣餒，仍抱着無量的勇氣，向着目標進行，希望本館出二十週年紀念刊時和順已不再在灰色籠罩中了。

月洲

和順圖書館對於本鄉之貢獻

衣食爲養生之具，盡人而知之，無衣食則不能生活，於是人咸以衣食爲養生要素，汲汲焉莫不是之求，抑知衣食之外，更有較爲重要者，其惟智識乎。社會日益演進，則人之需智識益殷，書籍爲啓發智識之囊籥，人固不能離書籍而言智識，顧古今圖書，汗牛充棟，欲盡備之以供智識之需求，其非人人所能勝任也明矣。乃有爲之收羅，供人選擇，不費分毫之資，而人得各隨其需要以借者，則舍圖書館不能滿此慾望。●圖書館之益果何如乎？吾請一述本鄉圖書館之貢獻。

本鄉圖書館自創辦迄今，轉瞬已屆十週年，初時由少數熱心人士創辦催成立和順圖書報社，當時書籍報章雖尚寥寥，但已成爲騰衝絕無僅有之圖書館雛形，厥後經多年之慘淡經

和順圖書館十週年紀念刊

53

營，逐漸擴充，範圍漸廣，逐由書報社進而為圖書館，迄今日而規模始備。

切智識文化為邊遠之區，風氣閉塞，和順為其中之一村落，一切智識文化，當然不免落後。雖以鄉近緬甸，本鄉人之往謀生者十之八九，固不乏上智之士，得海外風氣之先而智識煥新，惟多數人限於生活問題，無新思想者，亦所在皆是，至於國家社會之觀念，則尤茫乎其不解也，當時社會之敝陋，可以想見矣。

自圖書館創興，而開發地方文化之重任，始由該館擔負。其對於地方之利益，有形可徵者，約如下述。

一，社會方面　館內部分，原有報章書籍二部，報章一項，有國內外大小報數十種，每日入館閱報者，踵趾相接，至此次抗戰則使僻處一二八戰事發生後，人人爭欲先視抗戰消息，郵差送報稍遲，而鵠立館外待閱者恆有多人，迫後館內增設收音機，消息益靈通，人民對於國家之觀念益深刻，後方之人不論男女智愚，咸能抱同仇敵愾之情，激發人民天良，增進愛國熱忱，此不得不歸功於圖書館者一也，更就書籍方面言之，館中新舊書籍，已達二萬餘冊，雖非萬有，亦云差備，分門別類，俱按最新圖書分類法排列，有求必應，欲覓一相當書籍

資參考，其便利奚啻霄壤之別，予深信類似此種情形者必不乏人，今則此種困難經已解除，對於地方文化，實增進於無形，此不得不歸功於圖書館者二也。

二，學校方面　學校鄰近圖書館，實為莫大之幸事。教授方面，往昔僅憑借教授法及辭源等佳作參考書，往往尚有隔膜之苦，現時則旁徵博引，俱有專籍供給，一洗從前模稜含混之弊，其有裨益於教授者實非淺矣，至於學生，復有兒童授膜之苦，現時則旁徵博引，俱有專籍供給，圖書館之設立，學生於正課之外，可往館內借閱書籍，而增進各種知識，以視往日學生之僅得研習有限課本者，其進步大相逕庭矣，教育發展，資助實深，此不得不歸功於圖書館者三也。

百計莫得，至今猶引以為恨，若在此時，則儘可向館內借資參考，其便利奚啻霄壤之別，予深信類似此種情形者必不乏人，今則此種困難經已解除，對於地方文化，實增進於無形，此不得不歸功於圖書館者二也。

以上所述，不過略舉其大者言之，要之圖書館對於本鄉之貢獻，如時雨春風，滋長萬物於不知不覺之間，而不能實指其功效，要非有意歪曲事實者，決不能加以否認也。抑學術日新，書籍日繁，圖書館之供求，將有十百倍於今日者，本館方當芽萌之初，宿能以此為先河，策後來之進步，鄉人士苟念其有功社會而維護之，則其所以造福地方社會者將與日俱進於無窮也。

怎樣完成圖書館在社會文化上的使命

西伊

「讀萬卷書，不如行萬里路。」這是一般經驗論的主張，不錯，一個人到廣大的世界跑，耳所聞，目所見，當較「秀才不出門」來得多，不過若沒有理論做基礎，至多只等於鄉下人上城，五花八門，所得者只是些客觀事物的表像能了

，無不如意，猶憶予少時嘗有志研求工業，欲覓一相當書籍

。因為一部書的成功，是著者經驗的結晶，若於書中得了正確的理論，然後以之觀查事物，參對一切；有了感性的認識，輔之以理性的認識，所得知識，才為正確，才為有用。

我們承認，圖書是智識的泉源，但時代巨輪，不停的推進，出版界汗牛充棟，一個人將怎樣用最經濟的方法，求到豐富的智識？德國休葉氏說：「圖書館是攬集有徒圖書，隨着大家的智識慾望，用最經濟的時間，自由使用的地方。」這便是說，圖書館是唯一求知的地方，不惟如是，它一面對社會保存了文化——思想建設——同時又負着發揚文化的任務，所以圖書館又是社教的中心機關。我們要普及教育，要發揚文化，非創設圖書館不可誌不忘。

好了！我們的和順圖書館，十年慘淡經營，現在新屋落成，一切都粗具規模了。這裏找以鄉人資格，應該感謝社會上一般熱心贊助我們的人士：同時對許多苦創中的同志，應

和順圖書館，現雖規模較小，一切組織管理分類，都以最新圖書館學為根據，任社會上之效率，已有事實做證，不過它的使命重大；尤其在民衆教育未普及以前，它將担合起民衆學校的責任，獨自負着社會文化的使命。我們不能安於現狀，要繼續改進，以期完成它的使命。但，這問題大了！許多教育家和圖書館學者，正聚精會神，嘔心絞腦的研究着，完善的方法，有待將來，現在物質環境比較次等的條件下，謹提出自己認為較重要且應該努力的兩點：

一，主觀的努力 通俗圖書館的顧客，有學者、學生，民衆，最主要的是民衆，最多數的也是民衆，所以圖書館不

和順圖書館十週年紀念刊

單做到有求必應，要想種種方法，使圖書可以公諸於世，鼓起民衆求知興趣，養成民衆讀書智慣，因此，除管理方法外，應該像商店般的努力宣傳事業，不過商店的宣傳，志在謀利，圖書館的目的，在使民衆有利用的機會，所以宣傳的內容，不是什麼「貨真價實」，而重在引起大家對圖書館的注意，因而利用之。宣傳的方式很多，略舉一二如下：

A陳列 在館內適當地點，置一精製美麗引人注意的書櫥，陳列新到圖書。

B掛圖 儘量搜購人肖像，地圖，歷史的衞生的常識的戰時的各種掛圖，遍懸圖覽室，一方面可供參考，他方面可以愛好美術而引起閱讀興趣。

C佈告 新書到時，除館內陳列外，館外應將重要書目及其內容作簡略之說明或用漫畫揭出，遇圖書館紀念日或公共紀念日，應用鼓勵性的標語引動民衆的閱讀興趣。

D印刷 印發圖書彙報，於經濟時間許可時，每年更須刊出版物，詳論利用圖書的方法和效用，並提出每種有價值的書籍，提綱挈領的整理以介紹其內容及其讀法，使讀者得知研究的途徑。

E宣導 這是最主要的工作，不限於公共場所，凡是圖書館人員，隨時隨地都要負起宣傳及勸導之責，至館內的宣講指導，更不可忽，譬扣買賣，許多人不過乘興或是偶然跑進一家商店裏，隨意看看，原意並不是決心要買，但是若果店夥的手段高明，善於宣傳說得使人動聽，說不定

55

也會使參觀者變做買主，這種情形，尤其在我們鄉裏，圖書館是常遇到的

此外如展覽會，遊藝會，演講會等及其他圖書館學裏所介紹的各種方式，也不無相當效力，我們的規模雖小，也應該在可能範圍內，努力推進宣傳工作。

二，客觀的努力　圖書館不息的改進，推動社會的力量，自然天日加大，若果社會本身也同時向前推進，則可用力少而成功多，收效當容易，所以在這問題裏客觀的努力，是相當重要的，現分二點說明：

A民衆　求知是本能，誰能不願終身蠢如鹿家，假使有求知的機會，風神西遊一類書，很多粗識之無的朋友，都能源源背誦，就是只進過二三年的私塾的，他們的枕邊和書桌上，至少也有幾本笑林廣記一類的低級趣味讀物，可是據圖書館過去的情形，六七千人口的我鄉平均每人到館的（閒遊的在內）恐怕不上數十人，這是一般民衆不了解圖書館的意義嗎？也有相當理由，但社會心理的錯誤，却有糾正的必要。有許多青年─→智識較低的─→他們錯認了圖書館是少數人的特殊機關，每多畏縮不前─→這固然應該歸咎於宣傳工作之不夠，但是有少數青年及老年人。心理就很壞了，前者把圖書館劃了界限後者藐視圖書館，在着不屑與共的心理，這種情形，對於圖書館的推廣工作，實多阻礙

B學生

·所以我希望一般民衆，打破以上的錯誤觀念，努力推進圖書館事業。

上述心理，在學生中可說絕對不有，他們的求知慾來得熱烈，可是因爲不懂圖書館學，不曾利用，結果到館來的，仍有一部份足閒遊性質，這裏也許有人要大聲疾呼：「這是教師的責任。」的確，教師應負有指導的職責，不過怎樣指導，已屬於圖書館學的範圍了，所以我主張高小應加授圖書館學一科，裏面的編目分類各項智識，學生了解後，對他選擇圖書，可以減少許多困難，也卽是增加許多興趣。推廣來說，圖書館學不單圖書館人員應常研究，好像醫學不限於醫生研究，一般人也應該相當了解圖書館，只是要社會一般人都了解圖書學，多麼困難，所以我們應就學生上推廣出去

56

現在是和順圖書館十週年紀念，關於上面改進的建議，我是以和順環境爲對象的一種最經濟最實際的工作，相信這樣做去，民衆閱讀的興趣，不難由被動時期，發展到自動時期，至於做到完成它在社會上所負的文化使命，問題雖大，我們當不息的努力。

本館對於本鄉父老諸姑姊妹的希望

鯁生

本館成立十載，館屋落成，已具有牠的適應環境的小規模。這都是同鄉同志們熱烈的贊助，像保姆撫育嬰孩一般撫育得來的。這嬰孩已經十週歲了，我們在今天應該代表本館向外界和同鄉同志們，表示十二萬分的至誠謝悃。但是，本館的一切工作，現在正在推進期間，我們不能以此自滿自足，而停滯於現階段。我們須統籌全局，由遠遠大處着想，作更大的努力犧牲，才能達到本館最終點的目的，而不負本館推進文化的使命。

本館的新館屋，雖然已經相當壯麗堂皇的建築起來了，若是全人體機構來像徵本館，那末館屋不過是本館的一軀殼」，一切圖書算是本館的內在生理機構。內在生理機構和外表的軀殼，必須有同等的堅實穩固的組織，方能適合發育的條件。而特以為營養全身的血液的充實問題——基金——尤其是先決問題。因為任何人如果患了「貧血症」，他的生命就不會永久，本館如果沒有充分的經常費來維持生命，那牠的前途也是很危險的。

本館由成立以至現在，除了這一次建築館屋，由鄉公所購給地皮，和以前曾得公家補助過數百元的館屋修理費外，始終都是在度着「募化度日」的「僧道生活」。在書報社成立期間，第一二次（民十四年及十九年）的在緬募捐結果，得以支持了本館十年（書報社期間五年，圖書館改組後五年，）的生命。本館成立已經十年，前後已經有了十五年的歷史。但是這裏面還得到和順僑新會一部份的常年津貼費，才能

維持較久的時期。民國廿四年以後，（本館第六屆）本館經常費就完全由僑新會維持，而過着「寄食」的生活，這是關於經常費來源的情狀。第三次（民國廿六年）建築館屋。在這緬募化和發售獎券的結果，完成了本館新館屋的建築。在十五年期間，一切圖書用供，都是隨時隨地用「但遇施主，即行募化。」的方法乞討得來。（請參看本館經濟史略。）到了現在，雖然本館的規模，在鄉村環境裏內容和外表相當充實，但是做人的先決條件的衣，食，住，行，問題裏面，「食」的問題還沒有完全解決。同鄉們做人的生活日的，就是「蓋房子」，「買田」，本館的生活程途，只做了「蓋房子」的一部份工作，還沒有「買田」的能力。這就是說：無論任何家庭，如果沒有固定的田租的收入，來做「口糧」，那雖有「四合五天井」或西式建築物，也是沒有用處，而生活問題仍然無法解決，本館欲達到解決生活問題的階段，仍須依賴以前熱忱維護的保姆們，百尺竿頭，再進一步的為本館統籌全局，鼎力贊助，使本館生活得以維持永久。本館對於社會文化的推進工作，方無後顧之憂，而能繼續前進，現在把作者對於同鄉父老諸姑姊妹的希望約略說在下面：

（一）將咸新社存款撥充本館基金。咸新社組織的本旨，和本館並沒有兩樣。當時首倡者的熱烈護持，苦心經營，是值得欽佩的，不過，新社沒有健全的組織，圖書保存無人負責，所以在不久期間只剩了一個軀殼，而社務完全停頓。

和順圖書館十週年紀念刊

57

，現任本館繼新社之後起而組織，就是完成新社「未竟之志」。新社人士對於本館，諒必很表同情，所存基金，現在既無用途，若以撥充本館經費，使本館館務益加發展，那末，新社社務，不啻假手本館為之恢復工作，對於新社本旨既不遠背，當時捐輸的熱心人士，也感覺到「用得其途」，心安意適了。

（二）家鄉有力人士，對於本館之贊助。本館成立以後，多數捐款，多半來自緬甸，家鄉熱心人士，對於本館的贊助，尚少有其人。本鄉的經濟力量，雖然大部份建築在緬甸商場裏面，但是在內地經營事業而有充分經濟力量的也不在少數，作者希望對本館尚來盡過責任的熱心人士，一本愛護桑梓一視同仁的觀念，給予本館以物質的贊助，使本館的組織加倍的健全起來，那才算盡了鄉人一份子的責任。因為現任祖國難期間，家鄉人的負擔雖然重大，但是也不會比較僑居海外自動捐輸的來得利害，若是把維護本館的物質消耗，視為個人生活裏應有的社會教育經費，那他的重要性就不會減少於被派公債，派兵費，派……，而樂於輸將了。

（三）節約無謂耗費，移充義捐。

前陝西省政府主席邵力子先生，替他的母親營葬，不發訃告，也不徵題像賓一類的文字，僅於報端登載「告葬」一則，請他的親戚朋友以現金作弔儀，移建鄉村小學一所，來做他的母親的紀念，又拿陝甘兩省所收弔儀，完全充作兩省慈善機關的經費。像這一類的事，在家鄉社會裏，本是「破天荒」的創舉。其實在較為進步的都市裏，已是可空見慣的平凡事件，譬如海外華

僑，多買公債票來做賀人婚禮，和節省舊俗的一切節季糜費，以救國難，這都是值得家鄉人仿效實行的。家鄉婚喪糜費，已經到了最危險的程度，嫁女兒的，須賠嫁媳打以上的枕頭，遍贈男家的戚族。還有不必要的一切傢私用品，如綢貨鋭屏，衣廚，之類，差不多女兒一生的日用品，都由父母包辦。嫁女的家庭，須任幾年前籌備裝奩，中等以下的家庭，因為「爭門面」的觀念太深，「買乾魚放生，不知死活」的暴殄天物」的只在掙命。妯的結果，只有典田賣地，感受到生活的日益困難。加以緬甸商場的不景氣，我們鄉人經濟來源的日益枯竭，在雙重壓迫的環境下，鄉人應該徹底覺悟去虛務實的力事節約。如果愛裝門面的話，儘可效法名人義舉，把節省得來的金錢，移作救國義捐，和圖書館學校的經費，這才是替兒女「造福」的「永久之計」，和無上光榮的「門面」。

親愛的同鄉父老諸姑姊妹們，封建制度的社會，已經成為過去。敵人的飛機炸彈，在瘋狂的炸燬了全國的大都市和鄉村的一切。我們處在後方，安居樂業的享受着無窮盡的幸福，住着高樓大厦，應該體念前方無家可歸的被難同胞的苦痛。我們吃着珍饈美味，五碗四盤，應該體念前方吃樹皮草根的同胞的飢渴狀態。我們美衣華服，乘車坐轎，生活舒適，應該體念陷落區域的同胞受敵人的殘酷壓迫，過着牛馬生活的可憐。我們過着家庭甜蜜的生活，應該體念陷落區域的同胞的妻離子散，遭受着敵人獸性的侮辱的可恥可恨。而實行物質和精神的總動員，澈底廢除一切封建制度僑奢淫佚的習慣，一方面要來救我們的國家，以期達到抗戰勝利的日的

58

，他方面要爲社會服務，把我們寶貴的家鄉改造起來，建設起來，才不致度過奴隸生活，受到大時代的淘汰。說到圖書館生命的維護，不過是服務國家社會工作的一小部份，同鄉們如果徹底覺悟，能夠追逐着時代前進，那末上面說的你們所應該做的事，就是你們自衞自救的切身利害的工作。作者藉題發揮，請你們勿再酣睡，起來罷，敵人的炸彈聲已經不遠了。

兩乘

和順圖書館與和順婦女

和順圖書館擬出版一册十週年紀念刊，篇者約我寫篇和順圖書館與和順婦女改放前途之關係的文字。他說：「此次出版館刊，關於婦女和順圖書館的問題很少有人談論，你居鄉日久，此中實際情形也許較明瞭些，說起也許較之切合實際。探討起來，才明白她們本來這個題材要讓女子自動探討的。探討起來，我鄉的一般婦女還沒有養成把對圖書館的心理和要求，但，我鄉的一般婦女還沒有養成把自己內在的思想意識寫在刊物上發表的習慣，該得你負點責任。」接他催稿的信低不止一次兩次，答復他提筆的信也不止一次兩次。橫豎一提筆就像什麼也似的在背後搗亂而使你惶恐不安。時間一天天鬼混過了！出版期限也不容許再抵賴了！抽個空隨便談它幾句：

圖書館是大衆精神食糧的貯藏機關，任便誰人，凡感覺智識恐荒而欲尋覓絕好的食料者，跑到裏面總可發現適合他脾味的絕好的營養品。斷乎不像乞兒走向資本階層享用的飯店或酒樓的門前，遭受白眼待遇，搔首踟躕的空自返囘。

我們小小鄉村組織的這個和順圖書館，計算它生命成長的歷史，已是小小十年，十年以來，從沒有分過畛域，從沒有分個性別，凡是到裏面的青年男女，店小二似的經理，總是和言委色慇懃欵洽的招待顧客，從沒有一次使顧客失望。

所以，外鄉的很多青年男女，嘗想於暇時跑到館裏來照顧生易，歷年中不知招攬了若許的主顧。「近水樓台先得月」的我鄉婦女反不見一個抬着筆記簿提着鉛筆，在閱覽室裏看書和閱報，眞分人羞慚的一件事情。

然而也無足深怪呢，我鄉的婦女受了幾千年傳統思想的印烙早已弄成迷胡，加上一般封殘遺的向子曰店裏搬出多少刑具，勢必將這套活生生的婦女异而羅之之牢不可破的鐵園城中無法拉倒車，去培養他們的潛勢力，利用牠們綿延不斷的把那宗法觀念引中無極！在頭腦清楚點的人多麼的替她們傷心落淚，多麼的替她們鳴不平。然而我鄉的一般婦女，毫不意識到自己中了人們的毒計，還是馴馴也似的任人炮製。毫不覺悟到自己在社會上的崗位不局限於賢妻良母，還有其他對社會應負的種種責任。姑無論作賢妻良母或參加社會的種種活動，我們的意識行態須具有適合時代的需要和要求，才配作一個孩子的母親；才配作國家人羣的一份子。我們要接受新文化，做個新時代的女性，要確切切革去一切傳統觀念，革去一切鎖枷，擊着時代的武具在放呼些革命的口號，改除舊禮教下的一切生活習慣，時代的火炬引導之下，殺出血淋淋的一條生路。那，什麼才

是時代的武具，什麼才是時代的火炬呢？無疑的，新文化是
我們的武具，圖書館是我們的火炬。

我們要革命；我們要改放，只有它是我們的創世主。

我容不客氣的說：我鄉自命為改放的婦女，在社會隨事
想居於領袖地位，她根本便不願和書報接近，同時還要嫉妒
被她領導的許多孩子和書報接近，她不喜歡圖書館，也不喜
歡孩子跑圖圖書館。正如一個母親嚼飯喂孩子，孩子雖不喜吃干魚豆腐，她喜歡干魚豆
腐，一天天把干魚豆腐喂孩子，有時要雞蛋，要得哭了還是不行，孩子又把干魚豆腐
喂孩子，百代之後世人只知干魚豆腐，把新鮮的食品都忘了
！那能使孩子健康呢？母親有了傳染病眼疤疤讓牠遺傳下去
，真是笑話！

希望從今天起，我鄉的一般婦女徹底的覺悟過來，抽個
空回圖書館走一趟去找更新的食糧，自己吃也好，喂孩子
也好！

本館和女同志們應努力的幾點工作

鋤強

本館的使命，是在推進「社會教育」，和「民眾識字運動
」，和「民眾識字運動」的責任，努力宣傳工作。尤其對於農
工階級，應盡力宣傳，勸導他們在工作餘暇來館閱覽
書報，使他們得到增進知識的機會。不識字的，由館員的指
導，也可以得到識字的機會，而減少本鄉的「文盲」，逐漸
達到普及教育的地步。本館為適應需要起見，並應舉定「指
導員」一人，對於知識淺薄的人們力盡指導講解的責任，使
他們有不明瞭的地方得到明瞭的解釋，方足以引起他們閱覽
的興趣。來了一次以後，二次三次以至無量數次的繼續來館
閱覽，逐漸養成愛好書報的良好習慣。本館尤其是在這抗戰期間，對於抗戰的情形，
消遣和不良嗜好。尤其是在這抗戰期間，對於抗戰的情形，
和國際現狀，以及前方戰士的怎樣勇敢犧牲後方工作人員的
怎樣努力工作，和人民對於國家的關係，這次抗戰的意義。
代國際的一切情形，如能加以明白淺顯的演講解釋，使
......如能加以明白淺顯的演講解釋，使他們瞭解本國和現
盡天職的信念。因為僻處山國的家鄉的農工階級，在交通不

可是本館到了十週年的今天，對於上面所說的工作自問實
在沒有做到。來館閱覽的人，除了智識階級紳士階級而外，
不過是近水楼台的公餘學生。但是也許只限於男校能，女校
學生甚至女教師們想來還沒有這種「勇氣」。說到牟鋤頭便
斧子，肩挑背負的農工階級，更是「不得其門而入」了。這
雖是由於家鄉封建制度和畸形社會的束縛，但是本館的欠缺
宣傳工夫，也是事實。

到了十週年的今天，本館堂皇壯麗的館屋已經建築起來
了。一個人穿上一件美麗摩登的服裝以後，他本人的知
識思想不能就和服裝同樣算是「摩登」。就像本館雖然有了
堂皇壯麗的外表，——但是牠的內容也要力求「摩
登化」，方不愧對這堂皇壯麗的「外表」，而能名符其實
的內外一致。不然的話，那就只好叫牠做「繡花枕」。

本館「摩登化」的工作是什麼？就是要負起「社會教育

便和風氣閉塞的環境裏，既沒有受到相當的教育，對於愛國的觀念常然比較淡薄，如果不由着社會教育使命的本館加以宣傳鼓勵，他們就不知道抗戰和愛國是怎麼一囘事。在這國難期間，本館應負的宣傳責任是十分重大而不容忽視的。

對於女性方面，本館雖訂有出借圖書的章程，女校師生可以借圖閱覽。但是，所借到的不過是限於「圖書」而已。對於增進女性的現代常識和時間性有效期間完全借到。所以對於增進女性的現代常識和國事的認識起見應該鼓勵她們來館閱覽，或由女教師領導學生作有組織的「課餘定期閱覽」，至少每星期日閱覽一次，由各女教師負責實行，才能夠收到相當效果。聽說女教師們平日多半沒有看書閱報的興趣，如果是事實的話，那末這就是「固步自封」「自甘落伍」的主義。因為靠教科書所給予的知識是不夠用的。處在現代科學發達的社會裏，學問是無止境的，求學的時間是很有限的，以有限的時間來求無窮盡的學問，還恐不能滿足自己的「求知慾」如果一出學室門就自滿自足的和書脫離關係，那就會閉塞了自已的腦力，以前由書本裏所學的都要前功盡廢，並且對於現代潮流和一切國際情形，人生意義，不能有徹底的認識，而只好退到另一個世紀去過那落伍的生活而受到時代的淘汰。尤其是身為導師的教育階級，如果不是照本畫畫的死教死讀，也不會滿足學生的「求知慾」，而只會感覺到枯燥煩悶，感覺不到興趣，甚至摧殘了兒童的活潑生機，造成了呆板落伍的頭腦，它

和順圖書館十週年紀念刊

的害處，和子日店並沒有兩樣。我十二分的希望女教師們鼓起看書閱報的興趣，在課餘的時間拿圖書館做你們的自修室，和研究所，來盡量吸收你們所需要的文化糧食。一方面可以增進適應環境的方法，和教授的材料，他方面可以改造思想。這就是說：「破除一切舊式的封建制度的思想，而造成革命前進的新思想」。（女教師們的思想常然不是完全帶有封建色彩，並且有不少的俱有新思想新知識的人物，而不可一筆抹殺。但是如果不聞書看報的話，因為家鄉封建勢力的壓迫，和驕奢淫佚迷信腐敗的風氣的濡染，在不知不覺的「大染缸」的惡劣環境裏，有將現代的思想轉變為封建化，科學化的頭腦轉變為神權化的可能。這是多末危險的問題呀！）這才不愧是一個「現代化」的十足「道地」的教師，為人〇）的「表率」的教師。

古人說的：「學問如逆水行舟，不進則退」。請各位女教師拿圖書館做你們的勇往前進的「乘風破浪」的「行舟」，用力把漿，登達彼岸，造就至高無上的學問，再進一步的為社會服務。（為社會服務的範圍十分廣大，不僅限於當小學教師，如果女同志們能夠抓住了現社會，認識了人生意義的話，那末改造家鄉社會的責任是要女同志們擔任前鋒工作的。）這才是你們最後的目標，也就是本館的最光榮最大偉大的收穫。

蔣委員長說：「人的生活不是為生活而生活，而是為社會服務而生活。」請各位教師們（常然不僅限於女教師）抱定為社會服務的決心埋頭苦幹，擔負起改造家鄉社會的「前鋒」任務，這才是家鄉社會對於你們的唯一希望。

61

本館得到尹大典同志捐贈無線電收音機，使本館得以接收國內外的消息而傳播全騰。尤其是抗戰期間交通不大便利的山國的家鄉，對於抗戰消息以先睹為快的場合裏，使本館得以稍盡傳播的義務，這都是尹同志莫大的功績。在他方面，對於迷信神權不認識科學科學權威的思想落伍的家鄉環境裏，也可以藉此證明科學的萬能，而不是小說家憑空杜撰的「千里眼順風耳」的那末一囘事，也不是吃齋念經，求神拜佛，事實，本館如能利用收音機的功能的證明，來向迷信神權的

可以打退敵人飛機大破的世界，我們的武器不及人，就是囚為我們的科學不發達，化學工業落後。由他方面來說，就是囚為「保存國粹」，提倡讀經，和崇拜玉皇大帝、呂洞賓……一類的人物的作祟，而影響到科學的發展。現在已經是科學戰爭的世界，而不當再自掘墳墓的迷信神權了。照以上的

婦孺們（迷信神權的人，不僅限於婦人孩子）廣事宣傳，向他們解釋科學的萬能，和迷信神權的虛偽荒渺，耗財費時，使她們徹底覺悟，而脫離神權的懷抱，那末本館對於家鄉社會的精神上的收穫實在是不可限量。因為收音機的作用不是很簡單的專事接收和傳播新聞的工具，要在軸的本能以外作精神方面的宣傳工作，那才是本館推行社會教育的真正目的。

撮總來說：上面所說的三個問題，就是對於「農工階級」，「女性和教師」，「迷信神權的婦女」，這三種人們。應該加緊宣傳工作，來達到本館「社會教育」和「民眾識字運動」的目的，這才不負本館組織的重要使命。我十二分的希望本館負責同志加以注意，莫視作「老生常談」，這就是本文撰述的一點希望了。

要怎樣完成圖書館的使命

羅莫仁

滿清時代我國的許多藏書樓和書院，經了好幾次的戰爭。就是舉中東之役和聯軍攻陷北平來說能：竊去幾本孔氏之遺書是聽過的，焚燒書院；焚燒藏書樓，很少這囘事。

那些書院，書樓存文化侵略和摧殘文化的人拿下是用不着煤燈的，他的作用只供一般特殊階級的自傲；所藏的又只限於孔氏之遺書而且還得名人手抄武唐宋版。像東方的小脚唐朝的瓷器供在案上一般的清賞，一般的古香古色。雖然有些被東洋鬼子搶去；有些被紅毛鬼子搶去，一般大頭百姓衰不憤慨。

而且什麼四庫全書：什麼唐宋古版，牙根兒不懂得的名貴究竟在什麼地方。

事情隨着時代而變化離奇，「一二八」淞滬戰爭，遭災的第一是東方圖書館，第二是商務印書館。全國民眾看着大字標題的報紙睜間兩眼噴噴惋惜；聽說痛心得號啕大哭的是常跑東方圖書館的大羣民眾。這倒是囘什麼事呢？

七七事件爆發後，日本強盜用重轟炸機載滿炸彈，今天炸某圖書館，明天炸某文化機關，似乎和他結了什麼娘的大仇。

有些淪陷區域裏，文化機關炸個滑光。他就忙脚忙手的叫一般中國無恥的文人漢奸，搬出些三字經來迫介兒童熟讀

、有些血性青年暗裏懷着新書新報或偶兒提及文化機關被炸的話，硬指他是個反日份子；便活活的把他槍决，槍决不足，硬要看看這些被圖書館造就的革命青年的心肝倒底怎樣？這又是什麼回事呢？

看着這些牛頭不對馬嘴的拉雜話，可以認識圖書館的真實價值和偉大的使命了。換句話，日本人今日之所以肆道擴燬文化機關，全是鑑於我國抗戰順利的由於發動全民的力量，也就是圖書館普及民衆教育的一個鐵證。

和順圖書館旣是全中國圖書館裏的一員，自然的負着全國圖書館所負同樣的使命與任務。不過，各因週遭環境的特殊情形，對於他本身使命的完成，執先執後事實上稍有點差異能？

恰當和順圖書館叛造十年的吉辰，把它迫待需要的工作提供館中同志，作個意見的參攷。

（一）增闢婦女閱覽室

在這火花飛躍的新時代的洪流中，還要分化性別，說着真果叫人破涕爲笑，然而事實顯明的緊逼着我最少是不能不這樣說：我鄉婦女，過去沒有接受着新文化的薰染，一般封建鬼土伸展他罪惡的黑手緊扼着她們的咽喉。聽經念佛，一般交結僧道，皈依服法是可以的；聽聖諭，男女相勸是可以的，男女同學，假依服法是可以的；男女同在一塊閱讀報章，他們總喜搬出男女授受不親的聖制，像八卦爐·落魂鐘也似的壓迫得使你喘不過氣，一般意志簿弱的婦女，只好俛首聽命乖乖的躱在深閨裏不

和順圖書館十週年紀念刊

63

出門閨一步。爲了逭，要提高婦女的文化程度，避免社會上一般人的無意識的柠擊，無意識的阻礙，增設婦女閱覽室，實是刻不容緩的一件事。

（二）民衆講座

鄉里中一般老太婆，小太婆和一般落伍的青年男女，常見他們聽聖諭，聽講經，鰲日，鰲夜的目不轉瞬的聽得津津有味。讓他們或她們胡塗的夢想着不生不滅的金剛不化身。對人羣和社會的本身說：確不能不算是一種絕大的損失。要想轉變他們或她們的觀念；誘導他們或她們不再永恆的沈溺於黑暗地獄裏去拉倒車，不再把他的腐敗的毒素遺傳給他的子孫萬代，民衆講座，當然是他們很好的一種代替品，每個禮拜聘請有科學常識的或戰時經驗的人，在館裏講些通俗的科學常識，講些防空防毒，救護，宣傳……的經驗與方法，在這种生死關頭長期抗戰的環境裏，在這種全民動員的大前提下，誰說不是個急待改决的問題。

（三）模型利掛圖

關於自然科學和社會科學的許多模型和掛圖，須附設一室，廣事收集。使一般民衆在他直覺鑑賞之下，很易揭發他的下意識，很易使他了解事物的實體而不致歪曲，即就一般小智識階級說：他在書本遇到解釋困難的束西，有了模型，掛圖，於他確有不少的補助。

（四）多選購大衆讀物

圖書館要是爲造博士碩士而建設的，和昔日的書院書樓也沒

有多大區分。正因他是普及教育和提高大衆文化程度的水準，才見得他的使命的偉大。所以，關於讀物的選購，要把水準降低；要適合大衆的需要和要求，目前館中書籍不論哲學，社會科學，和自然科學。很足供專科學者的研究了！缺乏的還是大衆讀物。

我提供的這幾點意見，希望館中同志，給予一個詳細的攷慮。那，才算完成了牠的使命！

和順圖書館的慚愧

西歐

圖書館是蒐集各種圖籍，供給大衆閱覽的教育機關。圖書館辦得有進展，地方民衆的教育水準必高，智識程度必深；反轉來說，那就是一個反比例。所以圖書館和地方民衆的智識，教育是有着密切關係的，要使定某一地方民衆教育水準的高下，知識程度的淺深，只消看圖書館的規模如何，來下判詞，相差大概不會過遠的。

和順鄉，是一個邊塞的小小鄉村，以十年的經營，才能使一個簡陋的書報社變成了偉大堂皇的圖書館，博得了不少外鄉人士的贊賞和欽羨，謂在本省除昆明以外，當首推第一，假如單憑牠的規模來說，我們鄉人可以驕傲的接受這種榮舉而無愧。

然而，鄉人的封建思想尚未打破，守舊觀念尚未肅淸，教育水準高在什麼地方呢？知識程度深在什麼地方呢？現在的和順鄉依然是過去的和順鄉。時代的巨輪並沒有把和順鄉推着前進啊！——圖書館對於和順鄉民衆的賜予，並沒有顯著的反映出來啊！想到這裏，恐怕我們會覺得外鄉人士的贊賞和欽羨，只是一種委宛的譏諷，是羞恥而不是榮譽能！

固然一個社會的停滯與前進，有着許多客觀方面的連帶問題，不是圖書館的單薄力量，能負全責的。但牠既然在和順鄉站了教育的崗位，主觀方面的努力不夠，可就無法否認。

試檢閱一下歷年來的每日讀者統計簿罷。是否不論陰晴，閱者的數量，都是寥落得可憐嗎？再分析這些讀者一下能，是否老是那些來而復往，往而復來的有閒階級的老主顧和少數佔了地利的教員及學生呢？你能看到三個五個農人工人，或十個八個女性的閱者，曾自動地涉足到過館裏來嗎？若果再化驗閱者到館來的動機一下，那恐怕還是爲了到圖書館而到圖書館的多，爲了閱書看報而到圖書館的少能？

和順圖書館的建立，原不是爲了裝門面和鄉景的點綴，而有牠的重要的使命。那麼我們旣然沒有完成使命而尋獲了牠的弱點，即應下以鹹砭不容再有諱病忌醫的態度。

圖書館的弱點，旣然是閱者寥落，不能盡量發揮牠對於改造社會的效率，那麼，此後他的改進的唯一注意點，也就只有設法爭取閱者，要爭取閱者，自然少不了先明瞭閱者所以寥落的原因，而還原因概括的說來，不外下列兩點：

一，圖書館自身的缺點。

二，社會情形的影響。

現在分述如下：

圖書館自身的缺點

甲　沒有打破空間的阻礙

和順鄉戶口的密集，範圍的狹窄，是誰也知道的，以圖書館為終點，即由距離最遠的上下庄出發，不會超過一、五里，其餘的區域都在一里以內，若論抵達圖書館的時間，最遠的也不過半小時。以圖書館遺樣居中的位置，還說空間會發生阻礙，是有些好笑的，不過我們鄉人太過「好靜」了，路程再短一些，仍是懶於行動，因而本來不足為阻礙的空間，也發生了阻礙。要打破這一個阻礙，我們不得不用「因人制宜」的辦法，積極地使增設分館的原有計劃實現，而達到圖書館循迴展覽的目的，以增多民衆閱覽的機會，

乙　沒有注意到女性的心理

在這男女平等的時代，較大的市鎮裏，男女社交公開，已早凡得很，男女正當的集會，無人再議那下意識的嫌疑了，但，和順鄉的女性，對於這一層，大多數的也早已了解，為了意志的薄弱，和環境的惡劣，自身方面又恐懼着魔化分子的譭謗，因而對於書閱報這件事，還沒有這種智慣，她們對於男女集在一起看書的閱覽，雖有着濃厚的興趣，終於沒有勇氣跑到館裏來。

圖書館雖設有出納科，可是她們自身既不能到館裏來，託人代借，也有種種不便，於是她們閱覽圖書的興趣，便在無形中被打消了，為了這特殊的情形，所以館內應設法劃分男性和女性的閱覽室來作補救，使男女兩性的閱覽機會均等，──以前竹規定每禮拜六晚，為例外的女性閱覽時間，那不但時間太少，而且還覺限制。

社會情形的影響

甲　鄉民缺乏求智慾

上面說過：閱覽人數的寥落，是為了空間的阻礙，和男女兩性間尚存的隔膜。論理，接近圖書館的男性閱者，每天應該有一個相當的數目，何以閱者尚表現那樣寥落的情形呢？這可以說是：為了和順鄉的位置生得太過偏僻，鄉民和文明進步的大都市接觸的機會過少，若不見人們的前進，覺不到自身的落伍，甚或有「我們和順鄉人，比別處人對」的自負不凡的錯誤觀念，根本就缺乏求智慾。

乙　鄉村生活的壓迫

和順鄉的富裕，是「紅紙裱燈籠」，表面光華，內心却是空虛的，大多數的鄉民不論你在從事於任何職業，總感到生活的壓迫，他們因為須把全付的精神和頭目的時間，去應付生活，遂把「讀書君報」認為餘事，認為這只是生活寬裕時候的消閒勾當。不是生活吃緊者應幹的事，說到農人工人方面，他們更會認為：這是文人分內的事，與他們無關，們不曾想到知識是應付生活的要素，生活愈吃緊，知識的需要，也愈是急迫；他們沒有認清求知是大賦給我們每一個人的權利，凡是一個人就享有這權利，就應該盡使用這種權利

以上兩點，是鄉民和圖書館隔絕的主要原因，同時也是爭取閱者工作上最大的困難。要掃除這個困難，雖然不是一朝一夕的短時期內能收效果的工作，但，圖書館方面，却不能因其難而便有所退縮，牠應該盡牠所能到的力量，這力量要怎樣盡法呢？以個人所見到的輕而易舉的辦法

和順圖書館十週年紀念刊

65

是：實行擴充組織「推廣股」，已往「推廣股？」設主任一人，委員六人，總共七八，以這七八的力量，在和順鄉這樣狹小的範圍內，來推行一部份的家鄉封建遺毒的深入人心，對於圖書館的組織沒有澈底的認識，致使宣傳者感覺到「言者諄諄，聽者藐藐。」而不易收效，他方面也因為推廣的宣傳工作的被忽視而沒有積極工作，所以終於使本館和社會羣衆「鴻溝爲界」般的互相隔閡，而本館只是做到皮毛和形式的一方面，對於社會教育的使命的完成，自然相差太遠。以後的補救方法，最好將推廣股（或宣傳股）健全的實行組織起來，除設正主任一人外，應設副主任一人以女性充任，各單

設「單主任」，也同樣的以女性爲副，並推舉幾分之幾的女性委員，專司對女性宣傳的工作。男女性委員的人選須盡量吸收比較前進而又肯負責的農工商……各界鄉民，初步工作由各委員觀察各同業同性的性情，把合於個人口胃的各種書籍，採取強迫的手段，介紹給他們；待他們稍有了讀書的習慣，感覺到讀書的興趣，然後更進一步，代爲組織農工，女子等讀書會，這樣他們讀書有了組織，可以互相鼓勵，互相牽引，讀書的人數自有漸次增多的希望，圖書館已往那種閱者寥落的程度，也許可以慢慢地減低，而對於圖書館所負的使命；或許有完成的希望。

拉偶紀實

少才

照題面說，這完全是針對迷信的事件；而這一次拉偶的主要目的，卻不是在破除迷信而是爲推進文化事業。所以這題目似乎有修改的必要，但和順鄉已經刊過拉偶文件，拉偶兩字，鄉人已先有一個印象，這裏也就沿用這個題目了。

這件事，在和順鄉的演進史上，可說是空前的一個巨浪，他自有他不可磨滅的價值；而其起因，又由於本館，所以對本館館史，也站有很重要的一頁，它的始末，常然應有一種正確的記載。記者是參加這事件的一個，——雖沒有被列爲禍首，——對這事的起迄，自信尚有相當的認識，現在特很忠實的把它追述出來：

和順鄉文化中心的文昌殿，裏面有座獨距中央的神台，障碍着一個教室的行政，使每個曾在那裏執教過的都受到好

像喉嚨裏有骨頭的不舒適，——這不限於大人先生們目爲浮煤的青年，就是入過學的秀才們，也有同樣的感覺。——它的應該取消，已經不是今朝的事了。但是雖說障碍着一個教室，仍然可以馬虎下去，又使它得苟延了幾年的生命。

民國二十五年，爲了本館建築館屋的緣故，所有圖書須得遷地貯藏，因此就影響到這神台下面的老命了。本來在別人心目中，可遷的地方儘多，如文昌殿下面的大廳，土神廟等都是很寬的地方，何必定要和文昌老爺作對呢？但是土神廟潮溼太大，把慘淡經營了七八年，才討化得這點書籍，放在那種地方去做徵菌的蕃殖地，事實上做不到，而且也不忍做。——當然擁護神權者目光中是無可無不可的。——大廳是和順鄉出入的總道，若把那裏裝做臨時圖書館，那末學校要至障碍着一個教室的行政，使每個曾在那裏執教過的都受到好學校出入的總道，若把那裏裝做臨時圖書館，那末學校要至

66

無路可走。只有文昌殿爲最合格，因爲牠附近圖書館，遷移容易，將神台取消後，裝飾樓板，下面闢做中山紀念堂，平時仍然可做教室。樓上裝置圖書，光線充足，地方乾燥，並且易於管理，很合於圖書館的條件。就是新屋落成後，由樓上與新屋通以一橋，仍然可以做圖書館藏書的一個好所在。有此數端，文昌神台，不得不拆台了。

但是這件事……並不是由於幾個人的意見，而是擁有七百多鄉人的崇新會和本館館務委員會所主動的。因爲本館的成立，常然是全鄉人士的力量；而負有提攜撫育之責的保姆卻是崇新會。故本館爲遷移圖書館事，不得不請敎於負有保姆責任的崇新會。經某月某日崇新會招開全體會員大會，並招請本館館務委員到場參加，討論此事。結果通過取消文昌神台裝飾大樓爲本館臨時館舍，樓下闢爲中山紀念堂。未動手之先，本打主意報告鄉公所的，繼後忽然想起我鄉首倡維新某前輩先生，領導鄉人作大規模的拉偶，何嘗經報過鄉政當局。因爲無歷史價值的偶的應拉，已是法律所許可。況且拉偶的動機又是推進文化——裝設圖書館——與某前輩先生的拉偶辦學，同是一個目的，偶雖是屬於鄉公所所應拉的，他們不報，也不至於開罪鄉能。況且崇新會會員及本館館務委員中之七八是某前輩先生的弟子，就是一個——「孔趨亦趨」——也是某前輩先生的弟子。也是很合理的事。最後我們還持下一個目的，萬一拉一個的，我們愿回他們認不報妄拟之罪，只要個的文化事業待順利進行，經受鄉老的責焉，也是甘願的。

生義先生曾提議「保 文昌神龕」，當時大家以爲斬草除根

，將孔聖牌位迎貴至聖宮後，除兩根龍抱柱外，餘下一齊同着文昌老爺拉倒。豈料鄉老控告之罪首，李生義反列入第一名，趙秀發第二，連當日並未到場之劉振權亦被列入第三。

拉偶事件發生時，值吾鄉寸紹文老臨時秘密逝世，鄉老們都在寸府赴喪，於是就假借鄰近張某宅作臨時秘密會議場所，還未提出討論時某善長首先動問某老之子姪曾參與這事沒有？有某答以「未曾參加」，於是「拍」的一聲，某善長之巨掌，拍在桌子上，接着就是宏亮而清脆的「非加嚴辦不可！」轟動全體的拉偶控案，即由此開幕。

這密秘會議場所，竟一度遷至寺腳尹某宅，又在邪裏集會，爲避鄉人耳目起見，爲做開遊中天寺，後因某種關係，和順鄉公所暨全鄉人民署名的呈縣政府公呈及致和順崇新會旅緬總部的公函，就在避免鄉人耳目下出現了。

本館得報後，就會同崇新會執委討論辦法：因此事爲崇新會與本館主動而使李趙劉三君受控，應有代三君申訴之責任，一面向黨政機關遞呈，申述拉偶經過及目的，證明此事完全爲圖書館而發動，與崇新會執委及黨部李委員及邱縣長洞悉一切，並表示同情，邱縣長甚至說道：「我自己也是教育界出身，對這事件可說是同你們是站在一條戰線上的。一面派人向鄉長認錯，並申明此事與李趙劉三君無涉，若鄉老見責，則本館同人及崇新會願於貴公所開會時到場請罪。記鄉政局偏持一面，「謂李趙劉三人，平素在鄉妄議鄉政，特借此事嚴懲，至於對拉偶事件的主動不主動，參加不參加，那是完全不相干的。」繼後劉瑞元老出任調解，作爲孔子與中山並祀於文昌殿，對本館及崇新會之妄自

拉偶，處以當衆道歉，而鄉老仍然不依。後來邱縣長曾親身

下鄉調解，那天，我們靜候着鄉公所來傳，過去飽受一頓責

罵，使鄉老們出出氣，可是久不見來，到晚下只邱縣長獨自

到本館來，向我們說明今天的經過，和鄉老的固持，他自己

也很難辦。依老的則這事根本不違法，不能入人於罪，依青

年的則鄉老面子何在？所以他只有將這事的經過，報告悟辦

（時悟辦因公在省，）因他是全騰的長官，又是和順的父老

，等他回來時又解決。拆毀下來的神台石條，禁止我們暫勿

應用。最後他還勸我們：「一暫時隱忍，對於社會的革新事業

，在現在障礙當前的時候，應當「乘機觀變，待時而動」。

將來你們的機會總會到來的，到那一時期，又才徹底的動。

一所以這許事依然沒有着落。鄉老們因爲任騰衝黨政機關已

洞明真象，不能爲他們利用，於是乃由首倡拉偶的某先生赴

省上控。

我們因爲得了邱縣長的兩番話，所以雖知鄉老上訴，也

不作何防禦。只是函告旅省會員，請其俟某先生到省時，代

爲偵察情形。據報告：「某先生到省時，並不向省政府控告

，只是請求悟辦，電令邱縣長嚴辦，最初悟辦因爲取消文昌

神台，關爲中山禮堂，題目正大，不便干涉。後某先生因爲

在家時誇下海口，若無一點表現，未免有失面子，所以就無

中生有的說我們把文昌殿搗毀了，孔子及四配的神位也破壞

了，危言慫聽的說許多青年的不是，因此悟辦才有擇尤嚴懲

的手諭給邱縣長。」

邱縣接到手諭，即發差提人，因李生義君多不在家，又

恐走漏風聲，所以鄉政當局，把縣差密祕藏在家了四天。繼

後探實他作某家做客，於是出鄉丁把他騙出來，交給縣差。

縣差即時就要約着他由水碓後面進城，李君告以此事是圖書

館及營新會的事，應該許他去圖書館說明一聲，縣差堅持不

允。（據去有人許他們三十元錢，拾李君一練子，他們所以

想走水碓而不容李君報告圖書館者以此。）後經水碓許老青

年代爲申辯，所以又才繞到圖書館來。本館館務委員及營新

會執委得訊，就齊集與李君一同赴城，到城時，由本館及營

新會職員進督辦署面會邱縣長（因縣長在悟署談天）。李君

則暫在外聽候。我們要求縣長：「釋放李君，因這事與李君

無涉，萬一敝鄉父老不能見容時，我們也頭不得貽笑外鄉，

準備對簿公堂，聽候縣長的公正裁判」。邱縣長向我們解釋

說：「我此舉一方幸悟辦手諭，一方也是爲敝鄉紳老幼謀和解

事。只要李某進來同我的那一個科員宿一宵，良心上是萬做不

到的；所以堅決的不能承認，繼後又蒙洞坪許殷雲先生從勞

鼎力贊言，才作爲由許先生担保，

我們對許先生的傲義，是永不能忘的，當事情辦妥後，已是

黃昏時候了，同鄉方面，留我們在城上寄宿，因怕鄉人不明

，以爲李君果然已被拘留，所以特寅夜奔歸，李君並到十字

街喝了一會酒，才安然回家去。

第二天，我們爲恐再發生意外，特拍電給崇新會駐緬總

會，總會接電後，即招開會議，通過一致援助，除分電悟辦

及騰衝縣縣長，懇求秉公辦理外，一面申請中央僑務委員會

杳雲南省政府秉公辦理，一面在緬組織如偶後援會專負辦理

這件事的責任，本館復函請騰衝旅省學會代向新委騰衝王縣長接洽，遇必要時並請將此事經過，揭之昆明報端，以求公論。但上面的一切進行，都不過是一種防禦工作，絲毫不敢存向鄉老們進攻的心理，並且隨時隨地我們在準備着向鄉老認錯，使父老們痛快的大鬧一頓，只要不要使私人受屈。前往恭候；並順便向怺辦陳明此事經過。怺辦劈頭一句就罵我們：「一鄉人要和衷共濟，不應吵得嘎嘎的使外人取笑」他因事很快的離去，所以沒有把它辦理清楚。接着怺辦倩夫人回來了，怺辦夫人旅省十數年，對這事很關切，曾親自下鄉一次，可惜

並責問我們：「文昌雖應拉毀，然何將孔子神牌都破壞了？」經我們辨明是非，並指出孔子牌位仍供在至聖宮之事實，因此才蒙怺辦及夫人允許回鄉替我們解決。繼後怺辦雖沒有到過，怺辦夫人卻親至文昌殿一次，當然事實勝於雄辯，孔聖牌位安然無恙，經怺辦夫人證實後，滿天烏雲，敲跡無痕；而拉偶事件，就這樣無形中和解了。

現在本館新屋落成，使吾鄉發生此不幸事件之文昌神台石條，已深埋於牆基下面，永不復現，象徵吾鄉新舊糾紛，不再重演，從此和衷共濟，融融洩洩，向着光明的大道邁進！

本館十年來服務社會的優點與缺點

東園

和順圖書館成立迄今，已是十年了。在這悠久的十載歷程中，它的草創誕生變惡改組的經過，以及內而辦事的艱難困憊淡經營；外而社會人士的熱心贊助踴躍將；以及本館史的筆者，詳細的將它的始末揭示給大眾了。這裏已無須再事饒舌，以佔據寶貴的篇幅。

任何一個圖書館的成立，是具有促進地方文化普及社會教育的任務和使命。和順圖書館當然不能例外。然而它在這十年當中，是否盡了它和當的責任和使命呢？這是本館的負責人們應該注意的事，當然；在我們這交通不便，地處邊隅，人口不滿八千，人力物力都極度困難的小鄉村裏，要完成一個完善的現代化的圖書館，事實上本來是不容易的。

十年的慘淡經營努力奮鬥，得有今日的成績，固不足以彰耀於人前；但覺得尚有如此的收穫，則不能不引以為難能而可貴了。

和順圖書館既有了十年的歷史和現在的成績，其對家鄉社會的影響如何，僅就管窺所及，不計謭陋粗拙的作一狹義的檢討，把它十年來對和順這一小鄉村的優點與缺點約略說

一說：

一，館內館外閱者的人數的增加。——本館之成立既是以促進文化，普及教育為宗旨，所以就不能只是搜集了許多古今中外的圖書珍本名字畫山川州誌將它密封緊藏起來，作一種「裝飾品」「點綴品」的「藏書室」或「圖書棺」，而是要把它的能力，儘量的供獻給大眾的，無如本館的宗旨雖如此，但是在成立初期，一般社會人士對它都具有一種特異的眼光，不能認識牠的組織真意義，而不會利用牠的物

和順圖書館十週年紀刊

69

力，對這樣的一個智識寶藏。反敬而遠之的棄置於地。相反地只造成了少數上層階級的人們的閒談逸遊的憩息所。憑你當事的鼓吹遊說，但大家總是當爲入「公門」般的怕遭什應「閒人免入」「驅逐出門」的事態加到身上來。這種可歎又復可笑的情形，十足的表現出當時民智的閉塞了。然而，這現狀經數年來的努力，鄉人們己不似先前的較有介事般參透了個中三昧，而覺待與圖書館親近點，非特不遭遇想像的事態，反受意料不到的賜惠。先前由畏懼而嫉妒，由嫉妒而反對的心理，也漸漸的彼事攻破而與圖書館發生與趣了。故由正式改組爲圖書館後……幾年中，以每日入館閱覽的簽名册上的人數統計，看來，可以知道人數的不斷增加着，不論任何時一跨進館門，寬廣的閱覽室中，一排排地坐着無數的閱者，在靜心的探求着他們所追求的智識。這裏我們常然不必深究他們是否真心閱覽探討，抑爲遊覽而來，總之他們對於圖書館已發生了濃厚與趣了，至於書籍的借出呢？本館的規定是只要能遵守本館的出納章程，是不分區域，不分性別的皆能借出閱讀，而在先前的幾年中，借出的數目普通的不衆化。但幾年以來，借出的數目晉通的反站了極大多數，不論所借的是屬於那一科那一類也好，平均每天出納部的借書形成一種畸形的現像，好似只是少數智識階層的專利品，只有他們才能利用這機能，才會享這權利，尚未達到普遍化大衆化。但以我們這人口稀少，文化低落教育不普及的鄉村相比擬抗衡，環境，竟有這等結果，也算是「差堪人意」了。

二，本鄉各處地方分館的成立。——這種分館，一半雖爲本館的贊助和提倡，一大半卻是各當地人士的熱心所促成，因爲我們鄉人雖是同在一個鄉村裏，但居住仍有遠近，因事業與時間的關係，來往多有不便，爲便利遠地的閱者，並彌補這種缺點計，所以在相當地區成立了幾個分館，分館館務歸附近的人士負責管理，報章雜誌有由當地的熱心者捐贈的，有由本館負責供給的，其供給標準，以適俗淺顯爲原則。務求低能者易於明瞭。自從各分館成立以後，各地區「温大石板」高談闊論的有關階級，郡一變而爲看報紙談國事的羣衆了。

三，羣衆維護本館的熱忱的高張。——本館是全鄉人士努力社會文化事業的結晶。大衆抱了有錢出錢，有力盡力的決心，在這十年中將它滋養培植起來，到了現在八多數羣衆對它已有了深刻的認識，除上面說的有財者竭力捐贈贊助外，即一般勞動階層的人們，在幾次繁重工作的進行中，已十足的表現了這種現像，至於在社會上被人譽爲「大人」「先生」們的態度雖則消極，但那是他們主觀和成見的錯誤。在他們的眼光中，以爲凡是青年所幹的事，都是「離經叛道的勾當，他們又無法阻止破壞，只好消極的抱定不合作主義。這類「食古不化」的人們，因本館一切事實的表現，也感化得他們不得不放棄了他們的錯誤成見，漸漸認識本館對於社會文化的重要性了。

四，鄉人對國家觀念和抗戰建國的意義的認識程度的逐漸高漲。——處在雲南邊陲的騰越，由於交通的梗塞，缺乏報章什誌的宣傳介紹，民衆對國家大事，國際動態，隔閡

70

無聞。一般人民，渾渾噩噩的過着十八世紀時代的生活，只知自私自利的為己身打算，而對於國家社會的觀念十分薄弱。故本館於成立初期，即着重於報章什誌的宣傳，希圖喚起民眾對於國家社會的認識。所以成立以來，不惜大量支出，每年訂閱國內外有名報章什誌數十種，尤以自「七七」砲聲揭破了有史以來的全面抗戰以後，全國人民在同一目標下團結鄉悔，在這後方重於前方的時候，對於抗戰情形，建國意義，後方民眾之責任等，尤應有深切的認識和有力的鼓勵。本館為了對家鄉社會所負的重要使命，雖在經濟極度困難之下，亦不得不竭盡能力，訂購大量關於抗戰的宣傳品供諸社會，藉以激發民眾愛國救國之意志。更鑒於交通的不便，抗戰消息的遲滯，本館無線電收音機，前雖一度收錄新聞，發行三日刊問世。但以經費支絀，而宣告停刊。今值此緊要關頭，正是收音機發揮牠的作用的好機會，故又重新裝置收音，每夜趕印出版，使各線軍事情形，國際動態，一日之內即可傳遍於民間。因此而民眾對國家民族觀念，逐漸深刻認識，抗戰必勝建國必成的自信心，亦日愈堅定樂觀。民氣的蓬勃奮發。使人感到無上興奮，覺得已不似幾年前的那樣渾噩冥頑了。

五，設立圖書代辦部和自設郵務。——本館既以服務社會為目的，故凡有益於社會羣眾和為本館能力所及的範圍，即不憚煩難的樂於服務。我們騰衝雖雲文化低落，智識固陋，但受時代潮流所激盪，外地文化所傳播，社會動態常不能毫無轉移。於是一般青年的心理思想，已不能再受鉗制，於蠹蝕的四書五經，而追着大時代向前邁進了，惟在騰地既無從購買時代新書，又因交通的不便，郵寄的遲稜，和出版界汗牛充棟，經驗缺乏的青年易受書賈的欺騙或高利榨取，因此種種，致一般求知青年負擔加重，感受無限苦悶，本館以服務社會的立場，欲為大眾闢一捷徑。特設圖書代辦部，專代大眾義務購訂圖書，不取任何報酬。設立以來，社會人士亦樂於相託，因而各種圖書刊物，亦得大量流入社會深入民間了。至於設置郵差一事，亦純為便利鄉人郵遞起見，因為和順的生命線繁於緬甸，在緬的人數要佔全鄉人口五份之一強，有這麼多的旅外人數，一切往還的信件，數目亦屬可驚。以前鄉間尚無信櫃或代辦，雖間有郵局郵差送信一次，但不彀郵票，鄉人對於一封信的投遞，都感無限困難。繼後雖由本館代辦信櫃事務，郵局的郵差送信改為每天一次，對上述的困難，固已稍稍解除，惟信到館內不過置之架上，隨人取拿，因而信件遺失或代辦的事常常發現，甚至信中封有匯票，被人探知，而私自截取以向商號冒名取款之事件亦時有發生。本館為保障人羣利益計，於慎重考慮之下，決在本鄉自設郵差一人，並向旅緬同鄉募款以為基金，每於信件到鄉時，即由郵差按照收件人住址親自投遞，以前一切困難弊病，遂得以完全剷除，社會人士都感覺到十二分的便利。

以上所述的這些成績，都是由圖書館負責人員及熱心人士的艱苦努力所得來。但我們不能以這些成績為滿足，而停滯於現階段，因為在本館館務進程中，還有許多嚴重的缺點，仍須要大家努力改進的，現在約略說在下面。

一，女性與本館仍然不發生關係。——這是本館最感缺憾的一椿事。十年以來，各種工作和組織，漸漸地臻於相

71

當完善的境地，對於本鄉社會，已如上述的發生了密切的關係，不論館內館外的閱者，已迅速的展開到遠近各鄉鎮村落，可惜這現像，都只偏重於男性方面，至於女性方面非特進館閱讀的罕有其人。根本她們的心理中尚與本館不發生些微關係。在廣大的閱覽室中，成堆的借書券上，找不到她們半個的形影和一本借書證的簽名。在本館服務社會推進文化的主旨下，能不使人大大的感到失望嗎？推原其因：雖由於封建思想之束縛和舊禮教之壓迫所形成。但家鄉女性對於智識學問不求深造，其中稍有智識，居於領導地位者均固步自封，眼光短狹，亦是一大原因。在數年前本館因鑒於這等畸形發展的狀態，欲加以一種試探性之改良，由本館與學校當局商權，先由女校高級生着手提倡，館中特闢幾個時期，使她們作集團的到館閱讀或借書，希圖籍此等青年銳進思想較新，在社會裏稍獲自由的學生做了媒介，使他們逐漸感到興趣，再向普通的婦女階層中作廣泛的有力宣傳和鼓勵。可惜這些初出土的新芽，經不起狂風暴雨的摧殘。行未數月，又被惡勢力所摧毀。一線的曙光，就此永久隱埋於烏雲黑霧裏了！這雖是鄉村女性的不幸，但本館未能盡到宣傳的責任，又何嘗不是一大缺點呢，鄉村婦女，智識固然幼稚低淺，惟吾鄉之高小畢業生不在少數，今有此良好的自修機關，而不能利用，無怪家鄉女性知識的無從提高，社會無法改進了。我希望本館以後能多注意於婦女方面的宣傳，使她們的知識能力和男子一樣提高，才算盡了本館的責任。

二，下層階級的人還無法引誘入館。——這個問題也是與上面的婦女問題同樣的重要與不幸。在這小小的農村中，由於社會的畸形化，風俗習慣的惡劣腐化，煙館賭場遍地省是。一般年青華衆毫無所事的終日「消魂」共間，不知自拔。即一般胖手胝足勞苦終日的農民，於工餘之暇，亦只以此等罪惡之淵藪作他們消遣身心的唯一場所，社會的環境愈來愈壞，已至不可收拾的現像。本館是站在改良社會的最前線的先鋒隊，應當負起這艱巨的責任，從治標和治本方面設法引誘勸導。這些走入歧途作不正當消遣的青年，把這時間用在圖書館裏。一方面還可以消除他們的不良嗜好。他方面又可以提高了智識道德，維持地方風化。如今這些廣大的民衆，實在少有和本館接觸的機會，只知俾晝作夜的儘在將身子向黑暗荊棘的陷阱裏跳去，這也是本館宣傳工作中不徹底的一大缺點。

三，宣傳品的缺乏。——由上述的幾種缺點來說，我們就會感覺到本館對外宣傳品的缺乏，致使大多數的羣衆不能徹底認識本館的組織而不肯「問津」。因而對於本館自然不會感到興趣。即有因好奇心而欲一嘗試的，又因爲書籍的汗牛充棟，和對於各項規條手續，因沒有研究的常識而感覺麻煩，只好「望洋興嘆」的「遠走高飛」了。故我認爲本館實有舉辦一種刊物以事宣傳的必要，這事在範圍較人的圖書館已經在實行了。惟因本館經濟困難，說來好像不易實現，其實若由本館所負的文化的重大使命着眼，那就應當由困難的環境裏來籌措這一筆宣傳費，方能因宣傳的力量來達到本館的目的，而不致因小失大。這種宣傳品的刊物，因只限於本館館務的宣傳與介紹，它的內容，須着重於館方各種規條和圖書出借手續的指導與說明。及來館閱覽的利益和本館「

「一視同仁」的態度的解釋，即重要圖書購到，亦可藉此介紹宣傳，於必要時並可利用它刊載一二重要新聞，抗戰言論，以及改良鄉村風化與本館的立場有關文字。如是刊物流傳所及；影響隨生。一般對本畫素來隔閡與不感興趣的人們得此刊物的介紹與宣傳，就曰破除隔閡，感到讀書閱報的興趣，而與本館發生關係了。

四，各種工作制度的沒有健全的組織。——一個圖書館內部各部門的工作，只要是圖書館的組織稍爲完備的話，其對圖書館的確是繁瑣重要的。又項工作的能占切於實際，其發展是有密切的關係的。本館的一切組織，雖然已經分門別類的相當的俱備了，但是因爲環境的關係和經濟力的有限，分科合作的各司其職的制度，還是無法兌現。全館的職務，都負擔在經理一個人的身上，以一人有限的精力腦力，怎樣應付這千頭萬緒的館務，兼之人非萬能者，對於各項職務，既不能「科科俱長」「門門俱精」，那就難免有「顧此失彼」的弊病，所以本館館務在環境限度之下，都不能迅速的建立和實行起來，即預定了的計劃和工作，也只好因爲人力的不敷分配而中途擱淺，甚至事實與組織規章不能符合。如借書籍的借出，損壞或遺失了，規章上是要追繳賠償及停止其借書權的，但因情面關係，往往又「不加深究」「寧人息事」的了結了。消耗精力時間最多而最感工作麻繁的日錄卡片，于是館員認爲最「頭痛」的工作。但「帳」的應用及功效，除極少數人知道外，一般普通的閱者，實不知道是什麼回事。要借書的也不去尋這種煩惱，而直接了當的闖進書庫裏去。像進百貨商店般的儘在徘徊於櫥架之前，物色他所需要的東西，把這一件實際而重要的手續，反置之於不問不聞了。這是人力的缺乏館員對於閱者不能盡量指導的一個證據。又如循個閱覽室的創辦，雖曾幾次提倡，但終未能實行起來，這是由於各當地羣衆的不肯努力爲社會服務，凡事只以一時的興奮時期過了，工作也就擱淺起來，所以無人長期負責，這是中國人的「通病」。總之，十年以來，本館的種種工作制度，並不是沒有建立起來，可惜建立了沒有澈底的實行，這是本館的一大缺憾。我們若要發展本館館務，那就非先從各種工作制度上去力求實現不可。不然的話，就如人身內部的生理機構，尚未健全時，要望其身體之強壯充實，那是不可能的事能！

十年以來本館工作的優點與缺點，經我大胆的虜莽的說出來了，我所說的或許不盡詳確，不過希望本館的負責者們，能夠抓住了牠的缺點，作一種有效的澈底診治，使我們這朝氣蓬勃的長成十齡的圖書館得向着光明的大道前進，去完成它的推進文化改良社會的重要使命，不要看着它在這童年時代，即潛伏下了不治的病菌呀！

最後，我的懇切希望是熱心維護本館的人士們，以客觀的態度對於本館館務的進行，儘量的批評指導，使本館知所遵循以爲社會服務的標的，這是本館十二萬分的歡迎的！

由本館的進展說到圖書的借出問題

寸守靜

只要是和順鄉人，誰都知道我們這個圖書館是經過將近二十年的慘淡經營，才有現在的規模和內容。在這將近二十年的辛苦經營過程中，是由許多個懷桑梓文化的人們不斷的努力，對於物質上精神上盡了最大的○○，此中有着許多不可磨滅的事實。所以圖書館的本身是一個大衆心血物質的結晶品，同時也是吾鄉唯一的文化之根源。牠其備着推進文化啓發民智的原動力，將來本鄉文化之提高，民智之進步，都要靠牠來做供給糧食的實庫。以現在的規模和內容來說。在本省各縣市中雖也不算希奇罕有，但在一個小小鄉村中便有這樣的組織，亦可算是適應了現代社會的需要，對於懷淡經營的同志們也可以得到一點安慰。但，我們切不可以此自滿，正要竭力的發展牠，充實牠，希望牠將來放出燦爛龐大的文化之花，而結成許多文化之果，散落到社會的每一個角落裏去，才算達到牠們的目的。發展充實本館的方法，我認爲對於館內書籍，有兩點必須注意，一是：未有的須設法擴充。二是：已有的須設法保護。擴充一項，年來機續不斷的添置，當然別無問題。惟是保護一項，我確以爲須切實履行，

，這並不是我吹毛求疵，而是有着真確的事實的。讓我把所知道的簡要的報告一下：有些人向館裏借出圖書後，往往不遵守出借規章，逾期多日尚未歸還，經幾次的催取，才肯送還。當他借出的時候，館裏爲保護書本起見，每冊都加上一層外壳，可是到他還時，那外壳已不見了！而書本不是油汚墨染，便是破壞不堪，甚至有些是遺失了竟不負賠償之責，已館裏人員因囿於面子，不肯照章執行。所以本館的書籍，已有一部份是遺失損壞了！尤其痛心的是：還有一等人，簡直行同盜竊，每當閱報室裏無人的時候，他們便施出卑劣的手段，將畫報上的彩色畫撕下，抑或竟將畫報竊去，以是本館有的各種畫報，遺失和損壞的爲數已不少。這種損公利己的卑賤行爲，說來眞令人髮指。根據上述的事實，爲本館前途計，實有整頓一下的必要。過去的咸新社，多的書籍，因爲管理不善，不上幾年，便散失精光了，這正可作爲本館的殷鑒，幸勿再蹈覆轍。況且有些代價很高的大部書籍，若散失了幾冊，這部書便失了功用，所以應設法杜絕此種危害本館的事態發生。以我個人的管見，例如不愛護圖書的這種人應先作警告，倘再不遵循，卽應停止其借書權。他如把書本遺失的，應從速淸理一下，指定一個限期責令其照價賠償。至於畫報的保護，應請館內人員隨時巡視，並須於每日閉館時逐一檢查，有無遺失或損壞情事，這樣便可避免盜竊者的覬覦，對於上述的事態，雖不能完全根絕，必然的是會減少些。似此本館的生命才能永

遠。關於這一點，雖原由館內人員負責，但單靠一方面的負責是不夠的，尤其是向館裏惜閱書報的人們，應該遵守出借規章，照價賠償，這樣才合乎本館的原則。以上所述的是每一個鄉人應有的認識，誰都不能否認的。不過以我個人觀察，對於圖書的借出未能照章辦理，不能不認爲是本館的一個缺點

遠保持其健康，不致再受創傷，並得繁榮滋長下去。同時更希望館內人員，在圖謀本館利益的前提下，犧牲個人的感情，切實執行本館規章，這不但是本館之幸，亦是吾鄉文化前途之幸。

和順圖書館的小小收穫

德良

記得好幾年前，在茶座上有某同鄉說過：「和順鄉要開甚麼奇？能有多大本領？敢成立甚麼圖書館，那點兒經濟力，還不夠歐美國家較大的圖書館建一間廁所呢，一般青年未免輕率。」當時某君的見解，也到有其自身的理由，因為某君和一部份人的見解，對於他自身的封建制度，反稱之為「古人遺訓」，「周公大典」。說到這邊陲鄉村建設公共文化機關的圖書館的創舉，他們既不認識社會對它的需要的嚴重性，何況個人主義者根本沒有福利人羣的思想，對於青年們努力下的經濟能力，自然估價太低，並且由於「小視」「能有多大本領」的青年的心理而估計到這種被視為「輕燥」一的舉動不會成功，所以難免表現了他們這末「短視」的違反潮流的見解了。

現在，和順圖書館已經度過十週年了，在這過程中，因為牠的使命是增進人類的幸福，使鄉人有了求知的嚮導，供給任何階段以文化糧食。這些事實，只要明瞭牠的內幕的人，誰都不能加以否認的。

圖書館有了現在的雛形的基礎，推其本源，又豈一朝一夕的功夫所能造成，牠曾受過大量的極高度的熱血的滋養培植，收藏了多方面的人力，物力，財力，當創造的初期，曾經飽嘗過社會上的冷潮熱諷。到了現階段，尚不免一般自命「飽學？」的老爺先生們的姤視，若不是牠自身的腳根立

得堅定，恐怕早已像一間倒迷的商店封門大吉了。

同鄉先生們：圖書館是增進人類文化的天然齒輪，是絕對公開的供給知識的園地，牠包羅着古今中外的一切事實和現象。貯藏着取之不盡用之不竭的無價至寶，誠懇期待着大衆的追求。只要你肯光降，牠就能分門別類的滿足你的要求。

不論是男婦老幼，都付給你合口的美味，牠絕對不是少數人的消閒別墅，更不是區分貧富等級的售票場所，只要你能遵守規章，牠是至公無私的來者不拒的在歡迎你，請你們把牠當作自己的「自修室」「研究所」，把你們在十字街頭談天和「溫大石版」的時間來消耗在牠裏面能！

我們要知道：在這很小的鄉村裏，有着這樣爲人類謀幸福的公共文化機關，牠們不該放過牠，更不該再嫉妒大都會和歐美國家的文化容易發達，我們要趕上人家的文化水準，便是野蠻，但看現代應當走回牠的內層去探討小探討人生的意義。因為人類的生存完全需要文化來維繫，若果離開文化，和順圖書館各個文明國家，無時無刻不在提高文化的水準，成立的本旨，又何嘗不是這樣？

現在，我們來說一下，到底和順圖書館在本鄉有過些甚麼貢獻？牠的效率究竟在那裏？我敢說一句：「牠至少給本鄉現代文化增高了相當的功能」。我們先由古全鄉小孩一半以上的小學兒童方面觀察，就可以得到明證，他們除了在課

和順圖書館十週年紀念刊

75

圖書館工作人員應有的認識和努力

逸梅

一　引言

和順圖書館是由和順書報社孵化出來的，書報社成立於民十四年，當時之設備，不過壁間掛幾幅地圖，案上陳列着幾份報章什誌，可以說是因陋就簡能了。繼得關懷桑梓熱心文化的人士們的努力，至民國十七年擴而充之，才改組爲和順圖書館，經十載之慘淡經營，方始臻於今日燦爛莊嚴的地位。

二　圖書館工作人員應抱任勞任怨的精神

圖書館是文化的淵藪，知識的泉源，裏面搜藏着古今中外圖籍，以最便利方法供給讀者，無論男女老幼，一律歡迎閱讀參考，隨時可以滿足人們的求知慾。如果自甘棄，自

甘菲薄，不想增益智識改進生**活則已**，否則文化之津的圖書館，是我們必到的場所了。

根據上面所說。圖書館是大衆化普遍化的，並不是從前的藏書樓，也不是貴族式學院式的文化機關。藏書樓只注重於「藏」，而圖書館除藏以外，更注重於「用一。貴族式的學院只是少數的資產階級或一派一系的子弟有獨享權，這裏卻與那些出發點迥然不同。有所謂分類，編目，出納，……等，所以就得用各種方法，使牠有條不紊，讀者們也感到十分便利，無論閱覽參考都可「按圖索驥」的任意選擇，而收事半功倍的效率。

吾鄉人對於圖書館，固然有很多的感到知識饑惶，天日

圖書館工作人員應有的認識和努力（續前段）

外閱讀參考，以最便利方法供給讀者，無論男女老幼，一律歡迎閱讀參考，隨時可以滿足人們的求知慾。

堂聽購以外，都很高興的趕快跑到兒童閱覽室去搜尋他們的開心品，還要把不了解的問題帶到課堂去研究，他們一面可以了解現代人生的新智識。一面可以補助課程的參考，完全洗滌了「念死書」「死念書」的積弊，這些學童，他們對圖書館有了深刻的印象，圖書館——顯然成了他們求知的園地，一個常到圖書館的學童，我敢說他的現代知識，比較頭腦頑固的老派頭要高超得多。這的確是值得我們慶幸的一點呢。

除了學童以外，凡屬進過圖書館的人，不管他有沒有閱讀過裏面的幾頁或幾卷書報，最低限度，他總要流覽過一遍書架上和書臺上的書目或報目，以及因爲牠引起了多數人注

意國事的觀念，又何嘗不是圖書館的收穫，至於供給一般「有心得者」的「接踵而來」的研求探討，牠的功能，更是不言可喻了。

圖書館的功能既如上述。牠的成功到現階段的經過，完全是多方面的熱血的結晶，在上面已經說過，到了現任堂皇偉大的建築物完成的今天，我們飲水思源，應當同各位熱心維護牠的人士行致敬禮，並希望以後機續努力，源源惠助，使牠的內容和牠的外表一樣加倍的充實起來，達到我們「提高文化水準」的真正目的，那才是各位熱心人士維護撫育牠的真意義。

裏都要跑到裏面去探討研究。同時對於館務方面，也有不少的熱心者加以贊助，但是也有些人，根本就沒有閱讀的興趣和修養，雖然間或也到館裏來逛逛，但他們並不是為滿足求知慾而來的，不過家居太寂寞了，來湊熱鬧罷。但是他們肯到館裏來的，或許還可相當的耳濡目染，多少得到一點益處，這還與圖書館的組織，館裏雖無「門禁」，他們並不肯「發駕」光臨，寧可在街頭巷尾「渥大石板」，拿牠份的人，並不認識圖書館的組織的宗旨不相抵觸。不過有一小部做談天的資料，不負責任的作無意義的批評或詆毀。或謂「某某專權，圖書館不當是為他們設的。……」這椿話本來不值一笑着，但有時却會使人感到「物議紛紛」而發生反感，甚至引起，工作人員們的「灰心」，以致影響到館務的進展效率。但是這種批評和詆毀的人，因為他不認識本館的組織，適足表示他的思想落伍，對於館裏誠心服務的工作人員是不發生影響的。凡是館裏的忠實職員，應當對於這些加以諒解，以服務社會的決心抱定「只求心之所安，任他詆致，何傷日月。」的任勞任怨的態度，再接再勵的向前邁進，才算是忠於職務。假設斥斥計較，則一切社會事業都要擱淺，何祇是一個圖書館的館務。因為館的組織是大眾化的，在上面已經說過對於不認識本館組織意義的人，我們應當盡力宣傳解釋，使他認識本館的一切，而與本館站在同一陣線，才算達到本館推進文化的目的。

三　圖書館應設法鼓舞讀者的精神力

凡是躋於富強的任何民族，都須具有健全的兩個條件，一是精神力，一是物質力。但是一般人的眼光中，都重視物質力，而輕視精神力。以為物質充足便可稱雄世界。這種見解是錯誤的，何以呢？因為有了豐富的物質力，如果沒有精神力做主宰，物質力的發揮，就個人方面來說，不過是作好犯科和做那不道德的事件。由國家方面來說，物質力就是帝國主義侵略他國的武器，所以精神力和物質力是有連帶關係而不可分離的。（上面所說的精神力是人道正義方面的）。

增進精神力的唯一方法，是求知，要求知只好由書本裏去探求。書是文化的泉源，我們讀書便可以得到生活方法，和我們應當遵循的正義人道的途徑，而不致誤入歧途。大而言之，可以造成偉大的人格和技術，為國家爭生存。反之，若個人不讀書，不求知，就不能生存而被時代的淘汰。我國因為讀書的人太少了，所以多半「不學無術」，以致國勢衰弱，經不起狂風暴雨的推抑，現在已經到了危急存亡的關頭，我們要想救亡圖存，就非由鼓動精神力的初步工作做起不可。

現代立國的要素，是機械化的戰船，大礮，飛機，炸彈。假定我國有了這樣充實的軍備，又何致受人的侵略。但是這些機械化的武器，都是由科學的書本——精神力——造成的。如果沒有製造的技能，試問又怎能產生這些武器，如果沒有使用的技能，那就等於沒有，等於沒用。由此更可見有精神力才能支配物質力。將委員長治軍，素主「三分軍事，七分政治」，所謂政治，也就是上面所說的精神力。觀乎此，精神力的重要越更明白了。本館負着推進文化的使命，所

77

以應該特別注重民衆精神力的鼓動，和訓練，才能使個人得到生活方法，以至於使國家的實力充實圖競生存，這才算盡了本館的責任。

四　圖書館工作人員應誘掖鄉人進館閱讀

圖書館是社會教育的一環，這已是鐵般的事實。因地有轉移社會的權威，提高文化水準的能力。吾鄉過去時代，文化水準太低，一般所謂智識階級，「披髮行吟」的文士的言論思想，只是局限於他個人的出路，至於時代的趨勢，鮮有能明瞭者。其他下層階級，自不待言。到了現在科學競爭弱肉強食的時代，凡有現代眼光的每一個國人，都要追逐着現代的潮流前進。要使每個人都能認識現代潮流，必須要由本館勸誘他們到本館來。閱讀現代化的書籍，才能改換舊式的頭腦爲新頭腦，而達到提高文化水準的目的，完成本館社會教育的使命。

還有吾鄉的大多數人，都是走向唯一生命線的緬甸，以求生活問題之解決。但是異鄉歸來的同鄉們，又多家居賦閒，無可消遣。於是上焉者垂竿池畔，或酒肉醉飽，過着優閒的放蕩生活。下焉者或流入烟館賭窟，作無聊的消遣。前者盧擲金錢時間，後者足以消耗青年壯志。因爲同鄉們不知尋求適當的消遣方法，而爲家鄉「大染缸」的社會所濡染，偶一失足，遺恨終身，這是多末危險的一件事呀！

本館爲旅緬歸來的同鄉消磨歲月慰藉精神的最好場所，如能廣事宣傳，力加勸誘，使他們惠然肯來，或閱讀報章，或潛心史籍，一方面旣可增長知識，他方面尚可避免無謂而消心的工作人員們，精神和時間的犧牲，減少不良嗜好。我願望把握着這支文化火焰，多方誘掖他們進館裏來，使吾鄉社會達到澈吾鄉的每一個角落，給妖氛無所匿跡，而使吾鄉社會之光照澈底光明開朗的境地，那才是圖書館光榮和偉人的收穫。

上面所述的本館工作人員應注意的疑點，雖係「老生常談」但亦爲本館當前的切迫問題，如能一一付之實行，則本館組織的使命可以完成，方不負熱烈維護本館的人士們十餘年慘淡經營的苦心。負責的同志們，尚祈勉之。

78

我們應怎樣維護圖書館

寸家寶

和順圖書館的設置，雖然不夠稱爲完備。但是在一個邊陲的小村落裏，要算是難得的了。

館中辦就古今書籍，和一切的新聞什誌，圖書標本，學校參考，兒童讀物，目類繁多，不勝枚舉。因此本鄉人士，得各盡其所好，來館閱覽，不論古今中外，儘可任意選擇。教育界則有教授參考，學童有課外讀物。許多胸臆窒滯的人，都可得到一點文化食糧的補充。數年來本鄉社會狀態雖然沒有些須朝氣洄潮的意思，但是多數學童知識的增進，比較以前專讀死書的，可算較勝一籌，如能加緊宣傳，則達到本鄉教育的普及和消除文盲，並非難事。圖書館對於社會中的各階層，及教育方面的重要性，已不言而喻，那麼維護牠的永遠

存在向上發展，就是我們唯一的職責了。維護的方法有兩項：一是積極的，一是消極的，積極方面，是檢查牠的缺點，加以改進，使牠的內容充實，應有盡有的供給大衆文化糧食，滿足社會的一切需要。這才算盡了我們的職責。但是所謂盡職責，並不是空談便可做到，要大家共同努力，實地工作，有錢出錢，有力出力的一時一刻不得放鬆，使牠由鄉村圖書館的小範圍，擴充到現代圖書館的地步，才算達到本館的最後目的。說到消極的維護方法，不是怎麼艱難的一件事，因爲館中已定好各項規章，便利讀者，只要經理服務的人，執行館章，嚴格辦理，使本館不致受到任何損害即可。不過館中的各項規章，雖已詳密規定，但在家鄉情面用事和公共道德觀念薄弱的環境裏，閱者遠反規章的事，在所難免，嚴格執行規章的人，恐怕還沒有這勇氣，這是本館前途最堪顧慮和應當注意的一個問題。

和順鄉對於文化運動的發起，早在三十年前，先達們早就有威新社的組織，爲我們開導先河，他們始初的辦法的完善，和熱忱澎湃的氣慨，何嘗下於我們後起的青年，那威新社怎麼不能永久存在呢？不怕先達們寫，我在這裏不客氣的說一句，就是：「情面」二字，把牠完全弄破產了。現在我們當引以爲前車之鑑，要戒愼恐懼的如同保姆保護小孩一般，來保護我們的圖書館，負責館務的同志們，應當抱定「破除情面，鐵面無私。」八個字，來執行職務，使牠不致受到絲毫的損失，因而日漸發展，這就是作者所最切迫希望的一件事。

和順圖書館十週年紀念刊

圖書館對社會的貢獻

張德穋

和順圖書館在騰越，算是空前建立的一個，到現在已有十年的歷史。在一般人的眼光中，對本鄉也有相當的榮譽，它對社會有偉大的貢獻，據我管窺所及，略述它的貢獻於下：

（一）提高文化程度　圖書館是貯藏圖書的場所，那裏有汪洋浩瀚的書本，和各樣的報章什誌。供人們公開的閱覽，任何一個人都有享受權利的機會，人人可以自由自在的獲得多少的知識。

一個人碌碌庸庸，不問世事，飽食終日，無所用心，便如豬仔一樣的腦筋簡單，只曉得吃喝睡覺，一無所知，豈不是太可惜而又可憐的蠢物了嗎？這種人我們名之曰「非人」，未嘗不可，假使是有圖書館的話，我們就可以到圖書館去接受知識的灌輸，進一步還有研究各種學問的機會，這不比白開着好嗎？我們平時得看看新聞什誌，是多麼的幸運啊！腦筋都要新鮮一些，並且懂得一些時務，什麼「秀才不出門，能知天下事」，那雖是過去老先生們誇大之談，若用之在圖書館確有此種妙用，我們能於常常到圖書館，那末對於世界大勢和國家情形都要有相當的瞭解；其次對於個人方面也獲益非淺，既可以增長知識，又可以使我們得到消閒的正確的修養，因此我們儘可以把我們的精力和時間，用在圖書館裏，不須付半分代價，就可以得到不折不扣的純利，這種打進賬不打出賬的事情，我想大家一定不肯甘心放棄的，圖書館

79

是我們大衆發掘知識的園地，它無形中把我們的文化程度自然提高，這是它對我們絕大的貢獻，所以我們一方面享受他的權利，一方面也要盡相當的義務，使它日有進展，這是我附帶要說的話。

（二）增進社會教育　「教育是經驗不斷的改造」。根据這個定義，教育的範圍很廣，不僅限於狹義的家庭教育和學校教育，還有廣義的社會教育。現在我們把前者撇去，專講社會教育，我們要使我們的社會教育進步，就要着重於社會教育的設施，因爲圖書館是推進社會教育的工具之一。我們要使社會進步，社會教育發展，就要憑藉於圖書館的力量，反過來說，圖書館是爲社會而設的，完全以改進社會，普及教育的機會，把圖書館盡量的利用，飽受時代科學知識的薰陶和，灌輸文化爲目的，希望每一個社會的分子，都有接受知識洗禮，方不辜負這艱難創造的知識的寶藏。（圖書館也有由私人設立的，以營業爲目的，這樣的圖書館，要拿相當的門票費，有的也不收费，不過這都是少數的例外，上面說的是指公共的──如國立省立縣立等……圖書館而言）。

（三）促成學術進步　面已經說過，圖書館是集圖書之大成的機關。因此我們對於學術的研究，不得不仰賴於圖書館，下面的　裏面去　古今中外各種知識學問的結晶，像大學校裏，離了圖書館是不能立的，大學教授只是盡指導的責任，進圖書館找參考書，才是每一個大學生重要的工作，大學生的時間，幾乎大部消費在圖書館裏，在此我們可以說大學生知識的獲得，是圖書館的賜給，這話也許不算過火能？但是除了大學生以外的人們，對學術的研究，又何

嘗不可借助於圖書館的供給呢？譬如當教員的，儘可以到圖書館裏去，尋找關於教育方面的參考資料，研究任何一種學術，都可以向圖書館進攻，去發現自已所需要的東西，總會使你的願望得到滿足。現在我們借一件古代的事實來說明圖書館對於學術研究的貢獻，在周時有一位著名人物，名叫老子，是當時的史官，他的任務，是掌管書籍史册（根据「古者書在官家」及「道家者流出於史官」）拿一句新名詞來說，他的職位等於現在的「圖書館主任」，他的學術思想之所以超乎當時，就是由於他管握着書籍，有看書的機會，非常人所能及，聽說他像過函谷關發太上五千言的故事，就是由於他把官家的書偷着跑了。從那一次起，官家所藏的書，才逸散民間，落到大衆的手裏，因此大衆才有和書本見面接觸的機會，所以在周，秦，時代，中國的學術最爲發達，產生了諸子百家，在中國學術史上，可以說是最光明燦爛的一個「黃金時代」，由上面的一些史實說來，可見書籍對於學術文化的傳播力量，是多麼的偉大啊！在古代只有極少數的書籍，供人博覽，就能促應學術的絕大進步，何況到現在文明進化科學昌明的時期，圖書館對於學術文化的促進，更是不可同日而語，所以我的結論是：圖書館對於學術文化的貢獻；文化程度的提高；社會教育的推進，着實具有無上的威力存在着。

上面所說，是泛指一切圖書館而言，和順圖書館對地方所發生的反應。當然離開上面的水准還遠得多，但我希望它總有發揮此種「無上的威力」的一天，這是我對十歲以後的和順圖書館的一種期望！

我和圖書館

張得稷

和順圖書館十週年紀念刊

從家庭渡過了學校的橋樑，走入了社會的圈子，回想過去生活的全部，在在覺得意味深長，尤其是學生時代，充滿着自由，愉快，天真，活潑，到現在常常一幕一幕的湧現出來，劈嚦和以前並不兩樣，這不可磨滅的印象，永遠的牢記在腦海裏。今年本鄉的圖書館新館落成，要編紀念刊，予素不文，沒有可撰述的資料，催就囑已在學生時代對圖書館所發生的關係和印象，胡亂的寫上幾句，充作紀念的文章，同時留作我追憶中印象之一頁。

記得幼兒時，和順鄉便在十字街頭成立了一個書報社，那時我還一事不知，常然不會看報紙，連報紙是什麼東西，也似乎莫名其土地堂？有時也聽見老前輩們高談國事，隱隱的還記得張作霖怎樣？吳佩孚怎樣？孫中山被段芝泉請上北京！諸如此類的談話，只是渺茫的記得一些，那時的書報社，還是媽媽虎虎，只有一個管理員，館址是在一間小舖裏，我還好奇的到裏面去逛過一次。裏面也沒有裝置着什麼圖書，只是些報章雜誌之類罷了。

到了我從私塾跑到了鄉立的小學，這時圖書館已經正式的成立了兩三年了。過去的幾年中，雖然也時常到圖書館裏去，但對於案上的報紙雜誌之類，只是亂翻三陣，從沒注意到什麼國家大事，只是驚奇的覺得圖書館和書報社不同了，書也比較的多了而已，為了我們的學校和圖書館是格壁的緣故，每常課餘的時候，便到裏面找生活，束翻西弄，碰着了厚册的雜誌，雖然望之駭然，也少不了胡裏胡塗的看他一囘，畫報之類，更能使我注目，尤其醒眼的是「小朋友」「兒童世界」及其他小說童話，這些，至於報紙，有時看，有時不看，因為上面的什麼新聞什麼消息，看着不發生多大興趣，終於沒有什麼心得，我和學友們，常常在正課之外，向圖書館借些愛看的小本頭的書來看，有時老師也講給我們故事聽，我們每每在上沒有興趣的科目的鐘點，常常低了頭偷看小書，或異口同音的要求老師講故事。在那時學生們向圖書館借書的很多，外界的雖也不乏其人，但只是少數。

到了中學時代，我對圖書館的關係，更深一層，統計中學三年，進圖書館的次數倒屬不少，到了圖書館少不了要看報紙什誌之類，不像以前的那樣媽虎了事，空跑一趟了。有時翻開圖書目錄，選擇自己所要看的書來，向館員出借，借書的手續，事先要向館內領取借書證一張，限期一年收囘，執了借書證，才有借書的權利。還書時期，限一禮拜，我自借書以來，倒也如期歸還，但有時也向館內請求展期的，館內圖書的裝置，按照科學方法，分門別類，井井有條，令人一見覺得整齊劃一，琳琅滿目。在過去的兩年中，圖書館幾乎成了我的生活園地了。有些時是天天都到裏面去，除非家裏有事，才缺一次席，我和圖書館的關係，算是愈來愈親密，不能不算是圖書館的一個老主顧了，可是現在我已經和它告別。跑到了陌生的鄉村，想起了在家時的圖書館生活，能不令人懷戀也麼哥？總結起來，圖書館對我的確有不少的好處，關於借書一項，就使我分外的感激，使我

求知慾得到滿足，因爲我是一個不買書主義者，我不買書的原因，也有幾個：一，經濟關係，用錢要得家長的許可，城市上的書局，少有我愛看的書籍，兼之價錢又不大廉宜，所以從做學生以來，只買了些教科書之類，課外讀物只是極少數。二，爲了交通不便利，到上海或省城帶書，要耽延至幾個月才到，使你不耐其煩，並且有一次爲了帶書，到郵局去匯錢，使我空跑了幾次，才得匯去，那一次的懊喪，也使我永遠不會忘記。三，關於我所要看的書，文學，自然科學，社會科學，以及我所最需要的各科參考書，以及有的購置設備着，任我隨心所欲的借閱，這是多麼便宜的一囘事啊！又不須付什麼代價，只怕你不肯到圖書館去，若果肯去的話，它是無任歡迎的，有了圖書館，我就不須買書，本可節省下來，貢獻給圖書館；可惜我那時還是專會消費，而不能生產的，我的光顧圖書館，只是

取貨不開費，只好等待將來有能力的時候又淸償能了。我常常看館裏的鳴謝牌上，有時連外界人士也把他自已的圖書捐贈在裏館，外人都有這種熱忱，我希望我鄉家有藏書的人們，不妨拿出來給大家公開的閱覽，何必高置樓閣，沾染塵埃，讓蠹魚果腹呢？

現在的圖書館，已經築成堂皇大廈，較以前更爲精采；設備方面，也完善了。從城上踏步歸來，進入了如桃源一樣的鄉境，很遠很遠的在迂迴的馬路上，就可以看見巍峨高聳的一座新的文化建築物——圖書館，在本鄉的中心地點，出類拔萃的直立着，這標示着我們的圖書館，在形體上和內容上，已經變成規模宏大較前更爲壯觀的了。今後更希望熱心諸公，更加努力，使他的生命，愈來愈充實，放射出發揚文化的燦爛光芒，這是我最後深深致意的話。

82

家鄉女子對於和順圖書館應盡之責任

寸源芬

圖書館爲文化運動之推進機，現代歐美列強的強盛和文明進步，全靠文化運動和科學的發達得來的，反之，我國現在衰弱以致受人侵略，也就是文化退步和科學不發達的原因，我們要國家強盛，就要担負起爲社會服務的責任，去促進文化運動和研究科學。使全國的文化提高，科學發達，才能達到我們强盛的目的。

和順鄉這小小的鄉村，能夠成立這個灌輸文化智識的圖書館，這是我們鄉人的無上幸福。凡是稍有智識的女子，都

要各盡其所能的拿出十二分的熱忱去維護牠，發展牠，使他能盡量的發揮其推進文化的效能。此外，女教員方面，應該多多選擇適宜兒童閱讀的刊物書籍，介紹給學生們閱讀，致於正在求學的小朋友們，自己一方面，要常進館內閱讀研究，一方面應該向別人宣傳，勸他們常來看書閱報。使吾鄉教育普及，文化提高，才能建立强國的基礎，這是家鄉女子對於圕書館不容推却的最低限度的責任。

交白卷

張家仁

和順閣圖書館出版十週年紀念刊，編者來信問我徵文，題目是：「本館職員工作情形略述」。

出題徵文，最是難事。而且，這題目領域廣泛，雖說小小十年，其間經過工作，頭緒萬端，負責職員亦不止一個或幾個，一筆抹煞之曰：「努力苦幹！」近於簡忽失真；按其姓氏勞績，詳細紀述，似感事實不許，無已，則有一焉，擇要略述。

主意既定，把緊落筆，洋洋灑灑，成數千言。當日敍述目的，想於諸熱心參加工作之各同志的勞績，竭力避免歌功頌德。照事實紀述起來，事實即是勞績，對勞績的紀述，不知怎間自然不免夾有若干獎勵的成份。

十一月某日，適值某會週年大會，編者畢集，作者亦列末席，當場交稿，滿冀一室言談，稱我善於紀實，不期我文中最稱譽的職員，也就是拒絕刊登我那文字最力的同志！問他們質詢理由，誰都一套口氣：「不是丑表功」。某同志答得最滑稽：「刪去了我那是可以發表的」。我憧憬於別的也一套口氣裏也只好補上一句：「刪去了本題，那是很可以的」。

結果它流產了！本來站在圖書館立場上和他們無理力爭也是可以的。然而，他們認爲取消的理由──不是丑表功！──還是十分充足。

我雖忝列圖書館職員的一席，但對館中工作沒有積極的

──和順閣圖書館十週年紀刊

參加過，對之埋頭苦幹的同志的事實紀錄，儘可避免「自吹自擂」的嫌疑。但經編者們顧慮的結果，我那篇文字仍逃不出「自吹自擂」的嫌疑。它不幸因嫌疑犯而宣佈死刑了！

將委員長說：「不成功常成仁」。它雖宣佈了死刑，對有勞績的事實紀錄已算不能成功，但也可算「成仁」了。

編者們這麼狠心宣佈它的死刑，我很能原諒！因爲現社會的新舊傾軋，相互嫉妒，怕遭到聖嘆們一類的中傷，誣謀！也是事實！

反面說來對於紀實的文字，須得明瞭本館歷史的人方能下筆，而不是外界人所能「吹」能「擂」的。它既爲了作者是本館的自己人，而以嫌疑犯宣佈死刑，外人，又沒有作這種紀實文字的可能。

實際上這題目根本自己宣佈了自己的死刑，這是多麼冤枉的一個「公案」呀！其實天下間類似這樣的事多着呢？所以，只好服從衆意，接受死刑。（我自己並沒有死）但是它……圖書館──在荒漠貧瘠的園地裏苗芽滋長，匆匆下面附帶說總句，作本館十週年的贈禮。

它是和順文化革命進行中的一所大衆新的十週吉辰。要承認它是和順文化革命進行中的一所大衆新的精神食糧的營養機關，或製造文化革命工具的克魯伯廠。

那！藉總理對革命建設展望中的一句口號來自勖：革命尚未成功！同志仍須努力。

83

文藝欄

和順圖書館落成典禮別記

白平階

84

頭兩天接到和順圖書館落成典禮的通知，心想非抽空一趟不可，這與禮在個人上有如老友結婚；在邊地大衆的文化生活上意義可就不好打比，一件工作給我扞住，趕早送了兩句祝辭給他騰越日報刊登：「文化是教養羣衆的新武器，祝望把後方的抗戰情緒與建國工作鼓舞起來！」字句欠妥還覺

次天，意要圖書館在戰時對大衆不僅教育，而且宣傳。

机隁不安，因爲許着送一枝白楊給寸家山莊主人，館裏借來的書報也正待還，我不得不跑了，幾里路外看著淡綠油漆宮殿型的新館舍前面，飄着鮮豔的紅藍白黨國旗，心頭私下畫出一個開幕時的盛

況，沒有參加這一幕嚴肅的喜劇多麼遺憾！

到閱報處翻起仰光日報剛把木楓由信上說來，他寫的馳譽國內外的萬慧法師訪問記和天馬一詩讀完，聞佩久聲音在樓上，催戈跑了上去，原有大羣朋友，見我都歡樂的打招呼：佩久，大典，守靜，澤春，還有館裏的小同志，他們怪我昨天爲甚不來？我說：

他們說：「誰妾你做客？我們派定了工作給你來做！」

我說：「今天補做好不好。」

「辦喜事有正三賴五規矩，前天遞酒，昨天開幕，今天請客，我怎麼算來遲？」

佩久說：昨天幾篇很好的演講詞，記起來不是可以做我們的一點鼓勵？我們大家把我寫篇追記。」

「那麼一起說把我寫篇追記。」

說起真慚愧，這所謂一鄉的圖書館，而然，南方，北方，城上，市地，無數青年去享權利已經多年的時光了；以我說，至今還沒有能力去盡一本書的義務。

「不怕有廣告之嫌？」

不，不！商品的廣告是爲要賺賤；圖書館的廣告卻正好多招徠一批讀者，大衆多受一份福利！」

朋友都歡呼同意，佩久伸出他的大掌壓住大家的聲音說；

「讓我說把你：昨天行禮時候，來賓和崇新會圖書館的全體職會員，由館長李生莊前導，魚貫而人，在文化之津門前，館長剪綵，升旗，進入禮堂致開會辭，來賓館怡琴先生和督導員演講，鴻春，你來遞講詞？」

大典遮着說「館長的開幕詞可以不說把你嗎？」

和順圖書館沒有再比我熟悉的，李生莊先生寫的和順圖書館十週年紀念刊的發刊詞我也新讀過：簡單說，這一個邊民求知的寶庫，十幾萬册的藏書，雖然化錢單現在的新館舍就盈二萬，但內容完美而有系統，在邊地的收穫非常巨大，尤其以自一九一八世界經濟不景氣壓着騰僑生命線的緬甸，而這個圖書館，仍在內外會員的努力下，由閱圖書報社擴充爲

圖書館，又由舊館而新館！

鴻春說：「熊先生的演講是說，他留美國所見的鄉村，都只有小型的流動圖書館，在一鄉以至一縣的立場上說，和順圖書館不能不算別生開面！

大典說「這是太客氣的獎勵我們了，吳督導員演講要我們注重內容，善於利用他，而且內容要適應環境。」他張着喝慣檳榔的紅色嘴唇，口吃口吃的又自己申說：

「這個，這個，我們不是形式主義者呀！時代性和地方性我們都顧及着。」

被他天真的態度引得我們都笑起來了。

老實的守靜在一旁慢慢地數着來賓：「……中央調查地賓的林先生，陳副稅務司，蔡師爺，朵局長，李台長……」

澤春岔過嘴來說：「……加上個等等好了。」

我問參加典禮的總數？

小同志裂着嘴說：

「……待了二十二席呢，……」

大家又笑小同志比大家還會算賬！

佩久拉起他手下一張寫着××兄的信箋，指給我說：

「看，我正在寫信喊你，趕快就動筆！」

「你是考試嗎？我還要送這枝白楊上山莊去，今晚我一准交卷！」

大家又**快活**的笑了，真像朋友中誰正娶了新媳。

大家在歡欣地工作着

樹瓊

裝·釘·書·函

一格T字形的閱覽室的突出部份直頂着一格凵字形的書庫，好似一對受人甜密的在懷抱着。假使把這兩格書庫閱覽室中間相隔着的通棺的一大排玻璃窗全盤取消了的話，便是一間短形的平房屋子。這尾子裏坐着一個辦公人員，閱覽室是坐滿了來裏面閱覽報紙雜誌的人，通常是靜悄悄的。這幾天來却是異樣了，嘈雜的人聲，軋軋的剪聲，噹噹的鍾聲，和熱熨斗熨在淫書函上沙沙的響聲，擾亂的整間屋子裏沒有一絲毫寂靜的空氣了。

和××同志一平排站着在閱覽室裏黏着書函的某某，望望手邊的材料形將用完了，對着書庫裏面的剪裁部喊起來：

「喂！剪裁部！剪好的拿來。」

××兩隻手合攏起來抱着一大抱疊好的灰布和馬龔紙側着身子些由書庫的門口走出來，把抱着的這一大抱材料放在一張桌上，打的棹子「榜」的響，接着他照會別人說：

「來拿去！」

「楊×！獎糊完了，再去抬一缸來！」××看着獎糊完了，提高聲額喊館裏的工友去抬，又想他一個人抬不動，又補充說上句：

「約上個人！」

「來囉！」楊×接應着。

一摹的青年中年老同志，大伙兒的共同工作着，不但是感覺不到辛苦，並且各個人的臉頰上都浮現出愉快的笑容來，某某格外的歡欣起來了，手拿着熨斗，熨着剛黏好的淫書函，熨斗的火熱熨的書函沙沙沙的響，他的嘴也輕輕吹起

和順圖書館十週年紀念刊

85

寒衣曲來了。

天氣是陰沉沉的，雖然是炎熱的夏天不覺得怎麼冷，但是總有點怕人的氣象，寒衣曲奏起來了，大家多少有點同感。

××旁邊的××也跟他和起聲來了，還仿效女人們的聲腔尖溜溜的唱着：

「難記！難記！腰圍粗細……」

訂扣子的好把鐵錘打得鋼鈕子噹噹噹的，熨斗熨着書函響的沙沙沙的。剪裁部的剪子剪得馬糞紙軋軋的，幾種不同的聲響，混合着和歌聲交響起來，顯得歌曲的旋律更美妙了！

××發出粗大的聲音笑落着又好似讚美着說：

「蘇囉！」

歌聲尚還沒有終止，忽的××攔腰來這一句，把一個很緊湊的局勢，弄的和教書先生打着案桌怪響時駭得一羣小學生全堂啞然了。

乘個空兒說話也要少費力些，××埋着頭仍然是釘着他的扣子，一望也不望的念着：

「寸×！再拿盒暗鈕來！黃的！」

「寸×！這個書函總是黏着堆起不對！」××站起身來，離開他的位子走到各處去把黏好的書函一齊集攏來抬到別處去散攏着去了。

「楊×！去拿點炭來！快快！」××走到室外，把熨斗盡打開，添上幾些炭塊，手一搖一搖的急速的擺動着扇子，扇的火星子過地的飛起。

86

××又抱着龐大的一抱剪好的材料由書庫裏踱出門外來了，丢的任桌子上高高的有一大堆了。

「豆豉餅要分它！」
「不錯！拿我來！接着！」
「湯白吃～讓我來吃一碗！」
「順手打給我來！」
××咕咕噥噥的念着：

「芡蓉酸湯白米飯。」

桌上雖然連大葷都沒有一套，但是這頓有豆豉餅，和孔明菜，油煎的香噴噴的，大家便歡欣的了不得了，團團圍着成一大桌的義務工員，沒有不是笑嘻嘻的忙忙傖傖的一面吃一面談笑着。

「剪裁部××怎麼今天不見了！」
××冲口而出：
「昨天來吃囉稀飯囘去打攏子！」
「是的！昨日吃稀飯還妄囘去打攏子！」
「不是！要步步高升囉！明天要買一斤肉！寸×—」××提議。
全堂嘩然。
××接着說：
「是的！這個齋再難吃下去了！」
一大桌人前前後後的吃飽了，一個一個的離開席位，吸過了烟的，喝過了茶的便又走進工作室裏去了。

過了烟的，剪子，鐵錘的聲響又漸漸恢復起來了。

××捧着一支水烟袋，悠悠閒閒地走進工作室裏來，蹲在門坎上還把腳伸直在地上一支教訓式的督促大家笑着說：

「今天是飯啊！要格外出活點啊！」

「包工二十五，吃飯貼八文！」××打着接應。

收　音

一羣關心國事的人，充滿着興奮的情緒，懷着希望的心裏在雪白的燈光籠罩下的一間廊樓上又復圍集起來了，紛紛的談論着國事，嘈雜的聲音，震撼着一間小樓的每一個角落。

「昨天眞痛快，擊落敵機十三架！」

「死了五千餘，媽的！死猪囉！羅店不是遍地是橫條條的死屍！」

「哈哈！我們的將士眞勇敢，一師就得了這樣大的勝利！日本小鬼何難消滅！」

聽着能！好消息一會又要來了！伏在收音的案上，集精會神的息息的撥動着轉盤，若有所獲的驚呀起來搖搖手對大家下警告：

「新聞來了，莫擾亂！」

說了便不停的記錄着新聞。

全堂頓時寂靜下來，也只得強把他忍住，讓它慢慢的落下肚中去，惟有煤汽燈息息聲響仍然不停的在響着。

和××平列坐在收音案旁的××，聽着十分出神，一會把聽機望頭上放下，把××記錄的新聞抽了出來。走到大家

團集着的棹邊與高采烈的向衆人念着。

「南京×月×日下午九時電：本日敵機分批毀京，先後共來八十餘架，經我空軍奮起迎擊……擊落敵機四十架。」讀完緊要處手一揮望着××說：「××！快！快報給××寫着」手把新聞一迖，又轉到收音的案邊去了。

滿座的聽衆聽了這條新聞歡欣極了，手舞足蹈的一個家，忘形了這是私人的屋子竟乒乒乓乓，的動搖起來，同聲呼喝着：

「喂！拷勁！」

「他媽的，來宵一下嘛！」

一個制止着：「聽讀詳情！」

××埋着頭寫好了「和順閱書館無線電刊新第五十×號」等字樣在蠟紙上以後對某某照會：

「來寫吧！」
××念着：
「第一條南京×日電……」。

八月×日晚收××照着念到了一個新聽到的地名，忙的將地名大辭典翻閱來查看，查看着說：

「改一下！溧水的溧不是栗子的栗，是栗子的栗加上三點水。」

××不停的伏在案上記錄着新聞，寫字的手法是重重的，寫的紙括括括的響。

87

一個側耳在窗子邊傾聽的聽到窗外的風呼呼的突然驚異的發出一聲：「快走罷！雨快要來了！」隆隆的雷聲夾雜着聽衆下樓的腳聲，有一個一面走一面還很興奮的念着：「媽的！今晚非到××麵館去痛飲三杯不可！」聲音送到樓上來，引得大家笑起來。

××繼續報告着：

「上海×日電：…………………」。

着十二小時，××主張：

「來！仍把它印起來罷！」

「好！好！我印你抽紙！」××同意××的主張。

嘩啦、嘩啦的雨聲中，幾個人望着墨輪滾着蠟紙息沙沙的響着。

××表現出很疲倦的樣，獨自去坑牀上去趟着等待着印刷的完畢。

黑沉沉的嚴寒的冬夜，剌人肌骨的北風迎面吹來，披上外衣的××和××各提着一照馬燈竄入收音的樓上來了，一個縮着脖子，一個聳着兩肩，一到下放下馬燈先走到收音的案邊挨着××問一問：

「邪點的！」

「長沙！」

三人暫時寂靜着，從××掛在耳邊的聽機裏透出來了細細微微的明朗的音樂。

「對啦」××把案上放置着的一架聽機也掛在耳朶上了。

「聽什麼！你點着煤汽燈，讓我去把火爐燃着罷！」××約着××。

××走下樓去了，某某把聽機放下離開座位走來搖一搖掛着的汽燈後說：沒有油；××你順便帶着一壺來罷！××蹲在地板上，執着火扇下勁的搧着火爐，火爐紅了，煤汽燈也亮起來了，白亮的光輝映着四壁的地圖，就好似將要開軍事會議的會議場一般。

嘘的大門開了，接着蹬蹬蹬的上樓的腳聲。

「××來了！」蹲在火爐旁邊的某某說：

呀的樓門開處，兩手縮在袖裏的××鑽入室內來了，反手把門關起，劈頭一聲便問：

「消息可好！」

××答：「還不來的！」

××走到坑牀上坐下，翻開一本地圖開石着，××又來同××蹲在爐子旁邊了，順手伸進楔腳把小雲縣茶罐抓出來放上一把茶葉不停的拿到熊熊的火舌上煎烤着，開開香味已適合了，又把清水注入小茶罐裏，耍的一聲響過後，烘在爐邊任它嘩嘩剝剝的沸了一會，一個個手上捧着一杯一口的呷着，濃郁的茶的香氣一縷縷的灌入鼻孔裏，一面喝一面談天，真有形容不完的興味。

「喂！接着」××側身過來將剛才所記錄得的新聞遞給××，××慌忙的走過去接着，拿着一面看一面說：「來！寫罷！」將身子一彎，用腳找一找椅子，臀部輕輕的放在椅子上了。

88

在坑上的××鉌不住催促着：「發言人！快念！」

××拿着針筆，拉過一張蠟紙伏在鋼板正要開寫時，記不清今日是何日便發問：

「今天是幾號！」

「十號！」

××的筆不停的在動起來，

「第一條：南京×日電：…………政軍一部突入蕪湖，現經我正勦滅中…………」

正寫着××攔腰問一句：

「這幾天出版若干份！電刊！」

「前天察是有五百多份！」××停筆答，「外處的站三百份左右，保山，龍陵只是十幾份。」

念：一句，一條寫完又寫二三條，蠟紙已經寫滿一張了，但是重要新聞尚不能寫完接着又寫第二張。

第二張快要動手，××刷工也來了，看看已寫好一張，便拿去上在印機上開始印刷着。

夜深了！窗外的北風呼呼的吹着打的窗板乒乓乓的響，案上的時鐘正指在1字上，世界是睡沉沉的一點沒有聲息

，大家都集攏來團着火爐了，一剎都不肯離開，只是×××仍坐在角落收着音記錄着。

香茶又逐一喝了一杯，××一面記錄一面喝。

××對××說：「你來發言罷，我去幫着印新聞！」

「第幾條：×××日電；…………

××埋頭加速的寫着，××的收音也完了，他把收音機敲理完畢走到火爐邊注上一杯茶和大家暢談着一晚的好消息。

大家催促××；

「你明早有功課，你快去睡覺罷！」

「你去睡罷，我們工作着。」××又催

工作完畢了，三個人臨走時看看時間，

「今晚還只兩點半哩！」

洞洞洞的下檔去，喊着××家的使女；

「××！關門！」

「關門！」

各人提着一照燈走出門外去了！

集合大眾的力量豎立起大廈的柱樑

工人

和順圖書館的新館屋開始與工建築了。

在一條通城的交通要道上，每日裏只見那放羣結隊的騾馬，駝負責着一件件建築的木材，沿着這條公路送來。有時因柯料較大且重，非一馬一騾所能勝任的，那麼，承送木材的商人，就會僱用魁偉精壯的×縣人，六人或八人合抬一件的送着來。於是騾馬掛鈴聲呼喊聲喘息聲絡繹於這條寬闊的公路上。

幽美的雙虹橋之上，莊嚴偉大的學校禮堂之旁，一塊周圍不滿一英畝的空地，便是圖爲建築新館舍的地基。在先前這地面上竟有一間矮小的牢房，——咸新社的社址，便圖書

館得奠定了他以後的基礎，鞏固了他本身的實力，全賴這間平房的借助。如今因熱心人士的踴躍捐輸，當事人員的努力經營，使他蒸蒸日上，先前狹小的館舍，已不能容納他自身的發育了。所以就不得不踢出最大的努力，把他先前的房屋折毀，來從新建築他理想的宏構。

大大小小長短粗粗細細的木材石料，橫七豎八的堆滿在這地面上。木石泥三種匠人近百的在工作着，嘰哩咕嚕的異鄉方言的嘈雜聲斧斷聲劈磚聲打石聲叮叮噹噹的織成一片交響的音樂，頓使這幽靜的風景區頻添了不少的熱鬧。

整個鄉村傳遍了這一種喜悅的消息，街談巷議男女老少都在討論傳說着吾鄉每個人士的腦海中所幻想着的一個美麗完善的圖書館，現在已開始興工，不久的將來，定能呈現在人們的眼前了。這時每個人的心絃上，都在浮動着一種歡悅的情緒，熱烈地般切地表現在每個人的面上，三五成羣的踱到這個地方來探望他的形式和策劃。

遷移在學校大禮堂上的臨時圖書館，除了正常的當事者外，還增添了許多熱心的義務助理人士。他們本着那服務社會為大衆謀利益的精神，不辭辛苦不避勞怨的歡欣的會為正式建築的日期。同時常事的人們鑒於像這種大規模的豎才由館方決定了人們般望已久的偉大建築物確訂於X月X日努力工作着。

這樣一天天的，不上幾個月，初步的工作漸漸完備了，柱上樑的功程，非幾十匠人所能竟功的，所以由特約請本鄉鄉政當局由全鄉七軍中每軍選請十幾個年富力強的青年，那天到館中來贊助起豎。當鄉公所的通告及聘請單發出後，被

請的每個人感覺無上的喜悅，都以得參加此種有價值的工作為光榮。事務不多的人，當然不會推諉。就是正收穫時期的農人們，也都抱了寧可犧牲一夜的甜夢，擱置一天的私事，趁這機會稍盡鄉人一份子的義務，大家同來豎立每個人都有利益的文化機關。

建豎的日子很快地到臨了。那是一個塞冷的冬季，高爽的天空裏，清淨得一潔無塵，暖和可愛的太陽，照耀在大地上。這樣又添了大家一種意外的欣慰，覺得這樣的晴和天氣，定不會突變了臉來妨害所預定了的工作，而至於改期。圖書館當事的人都在積極器備必須的工具，負擔更重的匠人們，也都加緊結束了未完的手續，以使能如期的進行，各部門中積極得好似宣戰國備戰般的緊張和忙碌。

時針已指在六點上了，太陽卻早已沒落下山那邊去，夜之黑幕已籠罩了大地。這時在小學校廣大的客廳中，以及學校大禮堂上所組的臨時圖書館裏高懸着幾盞盞在這邊僻地方希有的煤氣燈。在這燈光之下，擠滿了一簇簇的青年，這些青年，就是從各軍中聘請來贊助者。他們不似往常幫助私家的婚喪喜事的那樣要人家的三邀四請，早早地，就自相邀約着來了。大家吸烟喝茶，一堆堆的在討論着這個建築物怎樣的宏大，材料怎樣的堅實，設計怎樣的精美，甚至預言到將來全部竣工後又是怎樣的堂皇富麗……。一切維護地期望地的真情，流露在每個人的言談中。

參加的人繼續的到齊了，用過了館中略備的減約的夜飯，這算是大家今夜通宵勞苦的酬勞了，但大家並未因招待的疏忽菲薄而有怨言。大家心目中覺得為公益，必須忍受一切

。夜深了，天空中是那樣的黑暗，只有那無數的繁星，不時泛着眼睛閃閃地放出一點光明來。四圍的人家都已入了夢鄉，全鄉沉寂的空氣，呼呼的北風，已是在高空中放出了怒吼般的叫聲。這樣的情景，好似在象徵着一椿偉大工作開始時那樣蕭穆。

這時圖書館的地基上面，已燃起明亮的燈，不似先前黑沉沉的冷靜了。木匠穿插好的高大八貼柱下，左右各四貼的分兩旁縱置着，左面是枕在學校禮堂的下簷上，右面則矮小的民房搭起木架支持着。地面上亂七八糟的堆滿了長椽短柱的人，忙着在每貼的高處及要點捆紮着那支撑起綫的長竿和長繩，看形勢是將臨動手的時候了。

成羣的人們仍如當的任學校裏談笑着，有的就在他前面的空隙地上，堆起木屑做燃料起火來禦寒。這時約莫是半夜後零點左右能，由圖書館辦事室中走出幾個當事的人們，找着了重要的幾個工頭，磋商了片刻，然後很興奮地一聲呼嘯：

喂！幫忙的各位，我們預備罷，時間到了！

真奇怪，這樣一聲好似交戰的軍隊接到上峯衝鋒的命令一般，頓時空氣緊張起來。每個人的心臟，莫明的加速了跳動，摩拳擦掌的擁到上面去。工頭們以及對此舉較富經驗的人們，忙着指揮大衆。上這兒屋頂縫個，頭幾個，前面多少，後面多少，左右又各多少，一刹那間大騷動起來。爬高的爬高，上屋的上屋，明亮的電燈也佈展在各個適當的地位掛置起來。縈個四圍的房頂高處及木架上面，站滿黑壓壓的人，如大包圍作戰般的，每個重要地點都伏置了雄厚人力。緊緊在每貼木架上的長繩竹竿的根末，又好像麥穗般的繁着一大簇人，被這繩或竿連繫成一顆心，大家緊緊的拉着握着。柱底下面也俟候了許多人，持着木椽在預備挪動柱位。這時的情景，又是何等的緊張啊！每個人心臟的跳動，較前更劇烈了。這種可說是興奮，也可說是憂慮。誠然，在我們小鄉村中，這樣大規模的建築很少遇到。卽還有些和他相似的寺院房屋，當建豎時卻不是這樣豎法。如今要用普通住宅的建豎法將他豎起，誰敢担保決不會發生意外？所以大家心裏都被莫明的恐怖所侵襲，現在開始動手的時候，能否順利地進行，萬分緊張嚴肅的時候，忽由幾個站在重要地位支持全部工程重心的工頭，拉破喉嚨的喊着：

「大家預備好了沒有」

「預備好了！」數百人不約而同的發出這樣的吼聲。

接着就有連拉帶吼的叫起來：

「注意！前後！左右！起！」

「起！起！努力呀！起！起！……！努力呀！……」

一霎時聲震山岳貫澈九霄的吶喊起來。偉大的羣衆，一面撕破噪管的吼音，一面拉着的撞挪的挪，立定脚跟合力的拉繩撐竿。笨拙的建築物，初則似無所動搖。然敢不過洪流般的力量，終於在羣衆狂呼中，慢慢地格格地搖曳起來了！直立了！

當這巨物如意的豎立起之後，非僅當事的匠人們及館方

人員歡喜得心花怒放，恐怖憂慮的情緒頃刻間消逝得盡淨。

就是那參加贊助的各色人們，也都喜歡得高呼起來！跳躍起來呀！

匠人們忙着把他縛束於立妥的支架上後，又忙着從事第二貼的手續了。如是第二貼亦同樣於羣衆合力中豎立了。匠人們忙着穿架那重要的方條，叮叮噹噹的木捶撞擊聲唧唧喳喳的嘈亂聲又打破了暫時的寂靜。

如是三貼四貼都在一陣陣呼聲中豎立起來了。

漫長酷寒的黑夜，是給人以何等的難熬啊！無如大衆工作的興奮，忘却了時間的悠久，衛住了殘酷的北風。大家毫不退縮萎靡的支持着。直到遠近的雞聲齊唱，繼之漸漸放明了，大家才好似猛醒一般的覺得已做了一整夜的工作了。

沉寂的鄉村，又恢復了他的活動。大路上已漸漸地多了行人，小河裏也有不少的婦女去汲水洗菜，更有那關心圖書館的各階層的人們，天剛放兜，即已不能再安於床的跑來參觀了。圖書館事先發出請柬請來參加這種典禮的人士們，也漸漸趕到了。參觀的，工作的，把這幢未竟功的骨架，塞得水泄不通，每個角落裏都擠滿了人。

一夜的工作，大家雖忍耐不肯萎縮。但在這種飢寒交迫的艱巨的工作之下，又那能不稍感乏呢，有些因過度興奮之故，到這時已弄到精疲力竭，聲音沙啞了。可是在極右旁的一貼還靠着沒有竟功；還是極困難的大衆，仍因擠近地角，大家已無立足的地點了。但鐵石般的大架，仍一本勇往的毅力，鼓起最後的勇氣，在萬難中仍將他建立了

至此，全部架柱才告豎立了。

血紅的太陽，這時已慢騰騰地好似艱難地由東山後躍起來，帶給大衆光明與和暖。這又好像象徵着我們的工作已達到成功的境地，前途的光明，尚是方興未艾哩！

到這裏本館所要求於大衆的輔佐，得大衆的熱忱愛護，豎起一心一德合力協助之下，算是完成了本館初步的工作，豎起了本館的棟樑，立定了本館的基礎。大家那種維護本館的熱忱，使當時每個眼見的人士們，都表現着十分的興奮。

一個巨大的工程，歷一夜的奮鬥，已告完了。有多少未竟的工程，不過那屬於匠人們的責任。（當然懸着的一塊巨石，得安心落下了，全鄉人們幻想着的文化城，真實的現呈了。大衆整夜的辛勞，已算是獲得極大的代價了。

早飯過後，一羣羣的青年，在精神疲乏之下，仍喜悅的散佃去，去做他自己的工作，或去做他甜密的好夢。

92

310

關於在鄉投遞郵件的問答

樹瓊

問：我們在緬甸時聽見鄉裏要僱用一個郵差在鄉投遞郵件的事，我們非常喜歡，昨天我剛自由緬甸到家，看見一個人背着一袋郵件送這一件到我的隔壁，我心裏便生出一種不可形容的對這事已實現的快慰，多數在外的鄉僑如果知道了，將更不知如何歡欣了！請問這事是怎的辦理起來？

答：這件事是由和順圖書館提倡辦理的，辦理的辦法很簡單就是在鄉內外募捐一筆基金，常年僱用一個郵差來做這件事，提倡以後，基金也就募得相當的一個數目，所以也就得辦理起來了。

問：從那一天開始辦理？

答：自民國二十七年十月一日開始辦理起。

問：這樣一件事，要它辦理得完善，想來不是一個郵差就可辦得了的，請問這件事由那一部份人來辦理？

答：誠然！郵差豈能辦得起這的事，除了投遞以外的事，不是郵差一人辦得到的；根本郵局就要用人管理了，這事是和順圖書館提倡，同時也就是由館裏來負一切責任，和順郵政代辦所附設在館裏，一切事件就是由代辦所來兼理。

問：和順鄉既有郵政代辦所，怎麼這件事不由郵政方面來辦，還要由我們鄉中自動倡辦呢？

答：和順是一個鄉村，因為僑外的人多，郵件比較發達，故過去郵局方面就來設立一個信櫃，現在由郵件更較發達了，故又進一步改設代辦所，從前騰衝郵局送信來鄉的郵差是

隔天一次，現在已改為逐日一次了，不過來鄉郵差只是到鄉把郵件交給代辦所便能了，要想叫他替我們一件一件的投遞是做不到的，同時假使不設郵局的地方，也就不能養郵差，在這個地方送信，和順現在只是設代辦所，故這事不能由郵政方面來辦而須我們倡辦了。

問：這件事的倡辦，聽說是為信件到鄉後常常有遺失的事發生而倡辦的是不是？

答：是的！在過去本鄉的郵件，根據郵政的章程規定，就是把牠送到代辦所或信櫃的性質，沒有專門的人來司理這件事，所以過去會有信件遺失的情弊發生，因而信裏裝着的匯票的被人截取的事件也有好幾次了，這是倡辦的第一個原因，其次和順鄉男子多到外地去了，留在家裏的多是些女人、老人和幼童，如果是要他們自已來拿自已的家信，也是困難很多，這是倡辦的第二原因。

問：騰衝郵局既然逐日派差送件到鄉，在鄉郵差是不是逐日在鄉投遞郵件嗎？

答：自然！除非沒有郵件來鄉的日子外，在鄉郵差逐日在鄉投遞郵件，這是規定着的；今天到鄉的郵件限定今天遞完，至遲是明天，無論如何都要投遞到的。

問：有郵差把本鄉的郵件逐件投遞，真是使和順鄉等於設有郵局地方的便利了，但是來鄉郵件，要杜防它不致遺失

和順圖書館十週年紀念刊

的辦法有不有？

答：為信件遺失而辦的事，這是起碼要有的辦法，辦法是這樣；凡是來鄉的郵件交在鄉郵差去投遞時，即交給他一張清單，叫他把去投遞的郵件逐件登記在清單上，這個清單逐日填好報告，這樣郵件便不會再有遺失的情弊重演出來了。

問：不過我要進一步的問題，交給郵差投遞的郵件，如果郵差把它隱藏偷竊了，不曾登記清單報告出來，能不能察覺。

答 這勿須過慮，由騰衝郵局送來本鄉的郵件是有清單的。根據清單就可以查知他投遞與否了。

問：掛號郵件和普通郵件投遞後的手續是不是一樣？

答：不是！普通郵件投遞了後在清單上登記起來報告了就算完畢了，如果是掛號郵件的話，除按照郵政章程辦理手續外，另外又須填報一種掛號清單。

問：這兩種清單能否給我一份看看？

答：可以的，請你看看罷！

清單格式如下：

投遞普通郵件清單 ○

第　號交由　　　　投遞　　　發日

類別	收件人	代收人	寄件人及住址

94

投遞掛號郵件清單 ○

發日　　　　　　第　號

號碼	類別	寄件人	收件人簽押蓋章

問：和順鄉人出門在外的因爲家庭環境的關係，要想寫給他的親愛的妻子一封信是非常困難的，現在要解除這種困難而能如願的交到她們的手裏有沒有辦法？

答：有！有！這是郵政章上早有規定的，你只須在信封上寫着「限定投交本人」的字樣，那就不會把它交給她的公婆妯娌而就會親交收信人的手裏而達到你的目的了。不不如果是寫給你的那位女朋友也再無有做不到特的是寫給妻子的人寄給。

問：大都市上設有郵局的地方，和順鄉，是可以由住在這一街巷寄給那一街巷的人信件，和順鄉，是想由這一巷寄給那一街巷的人可以應？

答。最近的將來就可以實現了，現在擬着在鄉內各單位分別設置幾十個信箱，（信箱由舖子或××保管）有要寄信的就可以把信投入信箱內，在鄉郵差逐日到設有信箱的地方，當然是要照郵政章程貼足郵票又分發出去，如果是寄到鄉以外方的，收到信又投入信箱寫好。比方東山脚的人要想和張家坡的一個人通信，就可以把信寫好，貼上半分的郵票投在東山脚設置着的信箱裏既然是鄉中偏的一個人通信，就可以把信寫好。比方東山脚的人要想和張家坡的一個人通信，就可以把信寫好，貼上半分的郵票投在東山脚設置着的信箱裏，就有人替你把這信送，到收信人的手裏了。

問：在鄉郵差把這信分別設置幾十個信箱收信的就可以把信投入信箱內，當然是要照郵政章程貼足郵票又分發出去。如果是投遞在鄉內的信件要貼「半分」郵票，這半分郵票不是白白送來嗎？能不能另印什麼郵票寄信，或者是在鄉互寄信件要貼「半分」郵票，這半分郵票不是白白送來嗎？能不能另印一種在鄉專用的郵票？

答：郵政是國營事業，未便另印什麼郵票寄信，如果不貼郵票，那就會有人拿郵差的時間精路的，無論如何都要使寄信人多少花費一點錢，要花費一點的話，那就不會有人精踏郵差的時間了，並且如果多花費「半分」郵票始終對國家人的人家的一大種困難和苦悶了。

這樣是已解除了我們出門人和有出門人的人家的一大種困難和苦悶了。

問：好！好！這事還望大家起來，使這件事能夠永久的維持下去。

答：尤其是基金方面要望大衆踴躍輸將，這事還望大家起來，使這件事能夠永久的維持下去。（基金還不夠得很多！）

95

館務報告

本館歷年「和順書報社（期間在內）」募捐徵信錄　96

敝館自民國十三年成立和順書報社至十八年擴充組織爲圖書館至今已有十五年之歷史歷
年多蒙熱心同鄉同志及有名學者捐助敝館經費圖書刊物報章及文俱用品題字等類敝館至今粗
具樣型皆同鄉同志之賜銘感之餘特將捐助本館諸君芳名款數及圖書用品種類錄列於後藉伸謝
悃「恕不稱呼」（本徵信錄以時間先後爲次序）

甲　緬甸之部　（自民十三年至廿四年五月止）

（1）經費

李受天　寸懷雲　寸于天　尹同和　尹樂元
釧壽生　釧利生　　　　　劉桂臣

以上二十六名各捐十盾

寸紹曾　　九盾
劉啓孝　劉玉清　各捐七盾
李秋農　寸懷雲　賈瑞廷　各捐八盾
寸銳泉　寸澤生　寸幼仁　寸性榮　協益恆　捐六盾
寸承恩　李少岳　尹少川　尹生洪　楊顯良　李祖文
楊碩有　尹碩臣　寸性海　楊發明　賈鍾賢　劉玉樑
劉子福　尹家榮　許鴻淸　尹恢五　張立生　李玉
寸雲帆　張玉軒　許鴻鈞　李槐三　賈仲能
尹兆國　劉用武　王長順　李泳園　李祖舜
李儀三　寸顯淸　何自貞　釧相如
李如椿　尹致卿　張九嶹　寸時明　寸耆棟
　　　　　　　　張顯丞　許錫友　尹慶之

以上四十七名各捐五盾

劉子淸　劉金璋　蔡達春　各捐四盾

李任卿　六十盾　寸相一　五十五盾　寸仲懕　五十二盾七五
張一卿　五十盾
李雲山　張碧卿　各捐三十盾
李滙川　賈蔚林　釧鏴山　寸懷尢
寸尊琳　唐沛然　張玉淸　賈鏞生
楊春禮　李潤珍　寸永吉　劉啓玖
　　　　　　　　寸以莊　許卓如
以上四名各捐二十五盾
以上拾名各捐二十盾
劉悃舍　廿三盾　又經手捐來九盾
寸尊琦　尹仲芳　寸永安　李雨樓
以上五名各捐十五盾　　　釧容生
寸俊卿　十四盾　寸國生　十三盾
李錦堂　李若珩　各捐十二盾
張玉峯　張茂生　劉必禎
釧魯生　張蘭延　李善初　李容廷　趙愚齋　寸仲邦
寸純貞　寸文卿　李少生　玉順興　李潚園　李映三
　　　　　　　　　尹子道

314

張培銘
李敏之　張菁卿　寸尊培　李輔國
李星田　寸曉帆　楊國珍　李種福　寸遜五
寸煥平　李祥昌　楊少三　李生憲　李維志

以上十六名各捐三盾

仁之　尹錫東　李月軒　李佑之　寸從先　李生瑤
張培潤　許錫慶　張仕達　張培有　李生超
寸品才　趙誠謙　賈學宏
李生建　唐家訓
李日隆　張德岑　寸品超　寸時良　尹樹人　李子勤
李子謙　張積中　尹備南　李祖訓　寸長安　尹懷瑾
李潤明　段有興　酉子才　寸鐸漢
張就三　賈信誠　李文初　王鑑泉　張子雲　李受之

以上四十二名各捐二盾

尹治富　張學朝　尹樂進　寸安國
李繼昌　李日書　寸性蕙　李瑞昌　李祖純
楊學廉　楊永茂　寸聲照　寸鶴翔　許鴻美　劉振三
李泳仁　李林聲　寸聲富　趙秀發　許惠卿　尹化國

以上二十四名各捐一盾

（二）圖書刊物及用俱

和順崇新會，自民國十三年至十九年每年捐贈仰光報一份
自民國二十年至廿二年每年津貼書報費一百五
十盾
自民國二十三年以後每年津貼書報費二百五十
盾

寸海亭　張子耕
捐贈四部叢刊全部值滇洋一千二百元
捐贈百衲本二十四史全部續古逸叢書全部共值滇洋

和順圖書館十週年紀念刊

97

八百元

張治才　張溶才
捐贈萬有文庫第一集一部值滇洋一千二百元
捐贈圖書費滇洋三百元

張澤生　捐贈圖書費滇洋三百元
張瓊樓　捐贈圖書掛圖值滇洋四百元
尹懷瑤　捐贈圖書值滇洋三百元
李光新　捐贈圖書值洋三百元
賈蕭林昆玉　捐贈新聞報一份「十七年份」
李鏡天昆玉　捐贈新聞報一份「十八年份」
楊少三　捐贈新聞報一份「十九年份」
趙懋齋　捐贈新聞報一份「二十年份」
寸仲猷　捐贈書架一架
劉個含　寸幼仁　寸仲猷　合捐民國日報三年　畫刊五冊
李相一　張立生　合贈東方文庫第一部
李滿園　捐贈民國日報一份
賈錫生　捐贈民國日報一份
山水鏡屏四幅　馬占山相一幅　無色鋼印館章一俱

地圖三張
賈仲能　劉柱臣　各捐國聞週報一份
劉少雲　張少雲　各捐東方雜誌三份
寸雲帆　張友于　各捐婦女雜誌三份
寸仲邦　李秋農　各捐教育雜誌三份
李子舒　李生華　各捐學生雜誌三份
尹贊天　李季義　捐贈神州日報全年一份
寸季義　釧文瑞　捐贈小說月報三份

315

寸國生　捐小說月報一份　　李生璧　小說世界一份

尹以忠　民鐸雜誌三份　　　李泳園　學藝雜誌二份

張蘭階　少年雜誌三份　　　趙育楨　現代評論一份

張德平　良友畫報一份　　　寸尊厚　攝影學畫報一份

李子榮　北平日報一份　　　寸永安　中國五十年一部

寸耀東　中國年鑑一部　　　許惠卿　少年雜誌一份

民國十四年捐購四部叢刊芳名「此書後由寸海亭先生捐贈該款託寸以莊同志另購他書」

李任卿　五十盾

賈歸生　寸以莊　廿五盾

買蔚林　許卓如　二十盾

李容廷　趙愚癡　寸仲邦

李濤園　以上七名各捐十盾

寸懋德　寸文卿　李泳園　李用武　李雲山　釧鑄山各三十盾

以上十八條共捐來三百〇五盾　李少生　買仲能　李鏡夫

釧文運　劉用武　各捐五盾

李勸廷　報費十盾〇一八七五

尹以忠　報費二盾二五

尹生源　報費二盾二五　　李祖舜　報費二盾〇六二五

張友于　報費三盾九三七五　張通達　報費一盾一二五

寸永安　報費二盾　　　　寸時昭

趙子厚　報費二盾一二五　李映三　報費二盾

劉振樑　報費二盾　　　　李子名　報費二盾二五

李振園　報費二盾二五　　劉必開　報費二盾七五

趙子厚　報費二盾一二五　李映堂　報費四盾二五

李槐三　報費十八盾七五　尹錫東　報費四盾四三七五

李濤園　報費一盾八一二五

釧盡安　捐贈自然科學小叢書全部值洋一百廿元

段翊卿　捐贈現代新書一單值洋八十元

李子舒　報費四盾八七五　　　買蔚林　報費四盾

李潤珍　報費三盾八七五　　　買玉科　報費二盾五六二五

李雨樓　報費十五盾　　　　　劉玉科　報費二盾五六二五

釧星樓　報費二十盾　　　　　寸守禮　報費三盾

　　　　　　　　　　　　　　寸壽仁　報費七盾

98

尹治仁　捐贈體育季刊勤奮體育月刊各一份

買宏章　報費十盾

崇新會第三分會代捐報費一盾四六八七五

玉順與　楊耀廷　各捐五十盾

　　　李朝卿

寸益仙　李受天　劉有位

寸永安　寸保之　劉悃含

寸培德　寸壽仁　寸仲猷　劉桂臣

以上十二名各捐廿五盾　釧星樓　釧嘉英

民國廿四年捐購叢書集成芳名

李幼輿　李祖耀　張成椿　李應聲　賈成之　釧文運　寸春谷

李槐三　張雨秋　李朝卿　張德川　李生吉　李相卿　寸珍

以上九名各捐十盾

許錫增　李日可

李日巔　寸忱　李祖舜　李佑之　李秋農　釧嘉泰

以上十三名各捐五盾

張匯源　寸時俊

劉振源

民國廿五年．

李子謙　捐圖書費五十盾

皎脈埠尹玉山　捐圖書費二百盾

馮紹寬　捐圖書費三十盾

無名氏　捐一百盾

張德順　捐三十盾

劉棟之　捐十三盾

高如福　捐十四盾半

張仔仁　捐五盾　　唐沛然　三盾　李兆漢　二盾

寸仲臣　三盾半　　尹繼周　尹俊仁　三盾半

寸杰生　五盾　　　李華廷　五盾　李舜初　五盾

寸鶴蘭女士　二盾　賈秀理女士　一盾　李文初　五盾

尹治仁　捐勤奮體育月刊一份

本館建築新館屋募捐芳名（募捐人　李鏡泉　寸仲猷　劉柱臣）

外界之部

楊惠仁　三與公司　各捐五十盾

茂恆　張若魯　各捐卅盾

復協和　集義公　永昌祥　八洪磘祥　梁金山　江春廣

羅欽明　趙子坤

以上八名各捐卅盾

仲克念　捐滇新幣四十元

李懋初　王仲山　楊雲超　王雨亭　余輔廷　虞子善　祥記　十五盾

王鏡泉　房健豪　何助威　劉振泰　劉玉欽

張仔仁　劉太澤　李生束　姜德明　許助臣

蘇福和　協晟昌　廣澤記　德記　緬人哥綸　印人滿夏拉強

侯炮華

以上廿四名各捐十盾

祝榮輝　段文宜　毛亮卿　福三盛　張用三　尹天玉

江春明　王永祥　瞿思壽　解治國　許俊德

劉振滿　樊立三　段方廷　陳洪　緬人哥顧珠

和順圖書館十週年紀念刊

尹家育　捐八盾

楊際雲　三盾　李竄如　李仁伯　各三盾　蘭汝能　二盾半

吳若陶　熊綬章　余曉初　周東華　楊吉三　杜少甫

江雨生　許子初　李懷巗　楊順昌

以上十七名各捐二盾

蘭巨川　尹和中　趙寶山

以上三名各捐一盾

以上外界七十一名共合緬幣六百九十九盾加侯炮華君

以上十七名各捐五盾

和順崇新會　津貼建築費一千三百四十七盾九三七五

本鄉鄉公所　購贈房地價二千元撥助本館染刷費二百元

本鄉之部

寸于天　李朝卿昆玉　李匯川昆玉　各捐二百盾

玉順興與文瑞記　寸時欽　張正一　寸子葊

以上五名各捐一百盾

寸仲猷　五十五盾

釧容生　寸楚生　怡怡和　李錦堂昆玉　五十二盾

許益三　劉子衡昆玉　張恢豐　寸忱昆玉　劉必禎　楊紹三

以上九名各捐五十盾

許惠卿　寸純貞　寸徐仙　李受天　劉有位　李贊廷

李日綬

以上七名各捐卅盾

釧星樓　寸相一　李日森

以上三名各捐廿五盾

寸澤生　張一卿如夫人　張成椿　釧嘉英　尹儁才　寸永安
釧鑄山　賈量涵　尹佐國　張魯卿　李受之　寸酋琳
李佑之　許錫位　劉思九
以上十五名各捐廿盾

李繼樓　尹繼周　廣沛然　尹子道　寸酋岑　楊春霖
寸寶元　李子安　趙毓璧昆玉
以上九名各捐十五盾

李幼與　劉柱臣　李槐三　尹雲階昆玉　張子雲　寸樹勛
賈成之　李睿廷　尹兆昂　寸源濟　尹以忠　張蘭階
劉舜卿　寸漢卿　賈立峯　李生芹　尹致卿　許若瑜
張雨秋　李日玨　寸從先　張益三　寸季義　劉悃合
劉玉科　寸銳泉　李仲山　趙秀培　李日綿　劉玉雲
李祖寬　釧少兀　賈廷榮　寸幼葵　李生義　張德科
李文基　寸少尤　李善初昆玉　尹家彥　寸杰生　李日隆
張敬宏　寸品才　李祖編　賈仲能　尹治國　劉璧生
李致寬
以上四十九名各捐十盾

釧嘉泰　李春聲　謝尚義　趙家貴　寸曉帆　趙竹立
張天鄉　寸時明　寸開華　楊永茂　楊國禎　賈瑞廷
李兆福　劉振寶　張孝文　李滿園　李維治　寸時銳
李順昌
李緯廷　李日義　王佑文　多幸　李相卿　李生吉
寸時俊　李日穎　李映堂　寸仲寶　楊發盛　李祖耀
尹德修　楊發瑞　寸幼仁　寸耀廷　寸樹人　寸樹廉

李祖舜　尹錫東　李祖孟
李日璋　尹錫洪　李祖發
李耀北　寸正蘇
尹治仁　李映三　釧嘉發
李日書　尹子治　楊振國　劉子福　寸守忠　李日發
李雨亭　張惠周　李珠秀女士　尹家順　劉聲國　寸性金
李祖賁　釧相泰　寸遜五　李暹五
李沛春　張山頭　李生洋　陳世華　尹樂道　李日發
李崇達　張葉強　張金達　李成之　劉蔭堂　寸俊卿
李輔廷　李日治　寸和卿　寸覺生　寸品敬
李日相　尹滁川　劉啟邦　許錫文　張讓達
段有助　寸紹棟　寸守禮　尹兆富　李變丞
李生敬　張德川　李生燁　釧嘉文　寸守滿女士　尹樂惠
以上八十七名各捐五盾

寸純卿　李德果
以上十五名各捐三盾

趙毓蘭　趙毓富　寸開吉　寸安國
以上四名各捐二盾半

李生偉　李啟與　釧德芳　釧嘉昆　寸時先　李維仕
寸時紀　寸時琤　劉振魁　李炳與　胡玉寶
李生苑　段華勛　劉振超　李生通　張德舜　許恩流
寸源澄　李子舒　劉聲標　楊大國
寸進誠　劉聲超　李生吉
以上四名各捐二盾

尹兆桐　張成佐　買學泰　李能昌　劉玉偉　寸鶴翔
李光裕
尹子藩
以上十五名各捐三盾

張子耕如夫人　賈希賢　尹生茂　寸蓮英女士　寸進和

尹兆珍　許本涵　張應達　尹生瑞　寸長瑞　寸時義
李如松　劉玉瑤　叚潤生　尹世昌　張友于　寸長珍
寸時智　李祖武　寸尊祖　趙廷進　許本禮　李生正
姜兆隆　尹乃春　谷興和　寸尊學　李寶聲　楊達富
劉玉立　劉啓恕　楊發友　寸愛仁　寸愛義　李發全
李生欽　楊振邦　李紹唐　寸時常　釧人炳　寸樹增
釧相方　劉玉洲　謝尚賓　許錫才　寸安民　寸尊富
寸源鴻　李祖安　寸時恆　寸永祥　李若益　李生杭
李生榜　唐家幸　張德康　李生楷　李安民　劉聲安
寸時偉　張興達　寸鶴齡　寸永祥　劉懷德　寸聲安
寸永生　劉聲榮　寸品濟　劉玉峯　劉富源　寸聲富
寸尊舜　　　　　寸永吉　趙國珍　李生杭　李生超

寸尊舜　劉聲榮
以上一百〇六名各捐二盾

趙統蔚　趙嘉良　尹家光　李啓祥　張成淵
蔡國璋　寸時仁　李祖光　李祖元　寸璧　劉子青
李生金　阮金林　尹治厚　張厚達　謝其友
釧鑾生　周連盛　李綬璋　楊達澤　謝德科
寸時科　尹家海　劉玉垓　張德訓　劉聲訓
李時慈　尹兆佳　劉啓廉　許宗德　劉聲洪
李生慈　李兆佳　許本旺　李寶昌　寸尊珊　朱朝昌
劉振福　寸尊漢　劉玉虎　李祖庚　李生秀　劉玉富
尹生春　張學朝　楊達宏
張會文　李嵩貴　寸時秀
以上五十一名各捐一盾

和順閣書館十週年紀念刊

李生苞　李生繪　李祖德
以上三名各捐半盾

民國廿七年本館設置郵差募捐芳名（本館駐緬經理處經募）

李銳泉　張正一　各捐十盾
寸于天　劉有位　寸永安　寸品富　寸杰生
寸楚生　義協和　張希房　寸仲歆　張敬宏　楊紹三

緬京尹玉山　文瑞記　唐沛然　尹子道　寸尊岑　李日綬
李浩川　李秋農　寸子琴
劉桂臣
寸保之　李雨樓　尹錫東　李錫東
以上廿五名各捐五盾
許錫文　寸尊玉　怡怡和　寸濶生　李日隆
寸贊元　李子安　皎脈尹玉山　寸尊琳　許錫增
李舜初　張立生　李受之
尹佐國
以上十五名各捐三盾　李生禮　張魯卿　張德科

谷秉才　李祖孔　李耀北　尹子甲　寸樹仁　寸耀廷
劉悃令　李仲山　寸銳泉　李日綿　尹兆昂　謝尚義
尹家育　李生慈　許本旺　張通達　李日相　賈仲能
李日森　楊春霖　寸時欽　張益三　尹滌生　寸俊卿
寸時儒
以上七名各捐二盾半

以上廿五名各捐二盾

李潤珍　捐一盾七五

李生谷　阮金林　寸宜　李家榮　寸樹廉
段正文　許錫廉　劉振榮　寸樹廉
寸籌學　寸樹增　寸蠹沛　張德稷　李祖孟
劉玉立　羅生貴　羅太顯　尹德修
李祖耀　李祖光　李生嫙　許錫友
李生欽　楊振邦　李生嫙　寸相一　釧相芳
李春聲　李如松　楊發瑞　寸濟清　劉玉富　尹生洪
許本琳　李濟園　趙秀培　寸時在　許錫友
寸籌崎　李生苑　張良臣　寸時在　釧相芳
李家順　許宗德　寸安國　李容廷　賈惠卿
尹永禎　張澤達　寸進樂　寸性金　李生杭
尹乃春　李兆佳　寸學朝　李生匯　寸安民
劉振權　張子雲　張培銘　寸時明　尹大興　李生楷
劉國楨　李開華　許恩流　尹子蕃　李曉帆
楊國楨　許恩流　尹子蕃　李光宇　寸時俊
蘭汝能　李生品　張恩卿　李生吉
李懷允　張德川　張成椿　劉富華
寸曾舜　王幼文　寸純卿　劉聲榮　趙毓泰　李子華
張竹溪　釧利生　寸時銳　寸孝
趙國珍　李映三　劉少卿　劉聲榮
李光明　劉聲安　胡玉賢　寸長珍
張培仁　寸曾廷　寸恆卿　賈量涵

以上一百廿五名各捐一盾

張培仁　寸籌廷　各捐七坐五
李祖安
張培然　許本義　楊達榮
張德康　張培然　楊達華

李生榜　尹家昌　尹樂受　尹興仁　李兆武
李發明　李仲蘭　寸籌祥　楊生培　寸紀賢　李啓武
寸時常　李生敬　寸仲賢　李生英　寸時良
釧聲生　李毓璋　釧相泰　張材柱　李林聲
賈國賢　許洪才　寸時然　釧嘉發　周應盛

以上卅二名各捐半盾

乙家鄉之部

李生槐　捐二坐五

和順青年會（後改組爲崇新會）

民國十三年捐助和順書報社款項諸君芳名列後

捐助常年社所租金十五元

劉子衡君　捐大洋六元
李朝卿君
李致卿君　趙子中君　各捐大洋三元
許仲傑君　李濟園君　李鑑天君　賈鑄生君　寸仲獻君
李潤珍君　李育初君　楊少三君　各捐大洋五元
賈子建君　李舜初君　李鏡泉君
唐家訓君　捐印洋五盾
寸仁卿君　李象儀君　李日績君　寸從三君　各捐大洋四元
李若泉君　賈象儀君　李仁傑君
李建亭君　李景山君　寸仲恆君　李少元君　李仁傑君
張樹人君　李濟春君　寸仲恆君　李日績君
賈子建君　李濟春君　寸壽亭君　寸從三君
李澍春君　劉靜德君　賈學炳君　尹采廷君　寸傑生君　李秋農君
李建亭君　劉靜德君　李少健君　李玉亭君　李華亭君　段華亭君
劉玉和合君　許維明君　李德宗君　李鏡秋君
劉懷德君　李寶馨君　李宣馨君　寸幹臣君
劉執齋君　賈永康君　寸相卿君
劉執齋君　賈永康君　李致寬君　寸相卿君
　　　　　李寶馨君　李致祥君　寸繼伯君

寸心君
寸贊元君　張茂周君　寸益齋君　張九嶹君
張玉山君　賈成之君　張鐵舟君　寸建三君　張月洲君
李協之君　許子耀君　賈佑文君　劉景洶君　李生香君
李林聲君　寸郁廷君　尹子振君　尹卓峯君　寸曉帆君　各捐一元
張左文君　尹育生君　賈立峯君　張　澤君　劉振國君
寸郁廷君　尹子振君　寸卓峯君　寸曉帆君　各捐一元
張德綱君　張德平君　李炳魁君　劉振三君　張子鈞君
許樂綱君　釧文瑞君　尹彥平君　尹文卿君　寸　寅君
尹樂惠君　劉聲國君　趙曦魁君　李永年君　許德齋君
寸安國君　釧文運君　趙毓綱君　寸雲生君　李少康君
寸遜五君　劉傑生君　趙曦俊君　寸　生君　釧相如君
劉玉祥君　張仕達君　張子厚君　尹兆卿君　寸徵王君
買輔建君　李敏忠君　趙子端君　李少康君　尹治臣君
李瑞卿君　尹樂元君　李祖德君　李潤澤君　尹治臣君
寸時訓君　寸長生君　李生鑾君　李澤昌君　許恩沛君
釧文輝君　李生峯君　各捐五角

自民十三年至廿七年

李子暢先生　捐贈聚珍叢刊全部
李朝卿先生　捐贈佛藏經全部
任　　　　　捐贈九通全書全部
致　　　　　教育叢書全部
本鄉鄉公所　津貼館屋修理費四百元
趙懿齋先生　捐助年捐五十元（十年期）
成新社　　　捐贈九通全書全部

和順圖書館十週年紀念刊

寸純貞先生　捐贈玻璃六箱
寸于天先生　捐贈玻璃二馱
寸秀芳女士　捐贈圖書二百九十一冊
李生香君　　複印機一架
寸少元先生　捐贈雲南通志全部
釧鑄山先生　捐贈九通全書一部
劉振模先生　捐贈涵芬樓密笈全部
　　　　　　飲冰室叢書全部
張玉峯先生　捐贈飲冰室全集一部
尹彥卿先生　兒童雜誌全年二份
　　　　　　捐贈騰越廳志全部
段樹生先生　捐贈中國古今地名大辭典一冊
李佑之先生　中國人名大辭典一冊
李鏡之先生　捐贈古今名人墨蹟一部
李鏡遊先生　捐贈永昌府志全部
寸曉峯先生　捐贈雲南日報全年一份
李鏡天先生　合捐雲南日報全年一份
寸采亭先生　捐贈世界論壇週刊全得一份
尹大典先生　捐贈教育雜誌全年一份
李鏡天先生　大眾畫報全年一份
　　　　　　文學月刊全年一份
　　　　　　無線電收音機一架
寸品才先生　捐贈禮拜六週刊全年一份
　　　　　　書架一架

103

321

李受天先生　捐贈書架二架

劉有位先生　捐贈書架二架

寸玉佩先生　捐贈書架一架

寸鐸岑先生　捐贈書架一架

劎靜之先生　捐贈書架一架

謝蘭芳　尹清英　捐贈書架一架

寸時金　張毓蘭　四女士合捐贈書架一架

賈仲能先生　捐贈書架乙架

李鏡澄先生　捐贈書架乙架

尹子道先生　捐贈書架乙架

劉鎮廷先生　捐贈書架乙架

許澤生先生　捐贈書架乙架

寸懷雲先生　捐贈書架乙架

劎容生先生　捐贈書架乙架

李如春先生　捐贈書架乙架

李協之先生　合捐贈書架乙架

尹來卿先生

李槐三先生　捐贈書架半架

賈承之先生　捐贈書架半架

張溶才先生　捐贈現代月刊全年一份
中報月刊全年一份
東方雜誌全年一份
讀書月刊全年一份
文化雜誌全年一份
時代畫報全年一份

李鏡舟先生　漫畫大觀一册
捐贈現代月刊全年一份
生活周刊全年一份
叢書月刊全年一份
禮拜六全年一份

李仁則先生　捐贈國聞周報全年一份
農業雜書五本

寸永安先生　捐贈生活周刊全年一份
地圖兩張
圖書數十册

唐作衡先生　捐贈圖書二十本

李生莊先生　捐贈圖書五十五本

張蔭棠先生　捐贈文藝月刊全年二年
捐贈平民讀物一百二十四本

劉蔭然先生　捐贈中報月刊全年一份

劉松年先生　捐贈新生周刊全年一份

劉振耀先生　金瓶梅一部

李燮永先生　捐贈圖書十五册

李潤磴先生　捐贈民衆叢書十七册

李文龍先生　捐贈自然科學書三本

李秋農先生　捐贈美術學書三本

趙國珍先生　捐贈中山大祖一張

劎鑄山先生　捐贈世界教育狀況一册

寸時灌先生　捐贈生活指導叢書一部

唐家訓先生　捐贈巴黎和會秘史一册

劉友衡先生　捐贈新訴狀彙編一部　全國獵影記一册

李若益先生　捐贈畫刊一本　畫刊二本

趙繿金君　捐助書報費滇幣四百元

釧文瑞君　捐助書報費滇幣二百元

李生莊君　捐贈開明本廿五史及補遺全部

張槐三先生　捐贈佩文韻府漢魏叢書各一部

李鏡天先生　捐贈中央時事週報一份

民眾教育通訊一份
知識一份
邊事研究一份
鄉村建設一份
婦女共鳴一份
新建設一份
兒童時報一份
文化建設一份
科學世界一份
福爾摩斯半年一份
上海報半年一份
華美晚報半年一份
金鋼鑽報半年一份
朝報全年一份

胡適之先生　書贈本館匾額一張　和順圖書館十週年紀念刊

寸春谷先生　捐贈新文藝書二册

凌純聲先生　捐贈什書五册

寸永安君　捐贈圖書費中洋四十元　又中國大觀等書廿餘册

白平階君　捐贈圖書八册

張希房君　捐贈大洋五十元

張德善君　首倡文明結婚節省用費捐助大洋一百元

釧華廷君　捐贈秧舊一份來洋四十元

緬京尹玉山君　六十壽辰節省靡費捐助新幣三百元

李鏡溪君　捐贈書刊四種各全年一份

楊新福三君　合捐八洋廿元

尹生成　尹時成　捐贈名花三盆

謝彤雲君　捐贈名花六盆

張耀生君　捐贈圖書費印洋二盾

李兆漢君　捐贈印洋三盾半

寸仲臣君　捐贈印洋三盾半

寸俊賢君　捐贈圖書四册

甘雨若君　捐贈當代名人像一套計十六張

寸源深君　抗戰畫圖十六張
蔣委員長肖像一張
大美畫報　中華畫報　新生畫報
台兒莊專號畫刊　良友　大時代
戰事畫報　青年知識畫報各一册
捐助新幣二百五十元

寸澤生夫人遺賜

（附註一）本館當書報社成立初期曾蒙李鏡天先生經手由膌

105

戍埠募捐得緬幣一百餘盾因改組圖書館後館址遷
移致將以前募捐籌遺失各捐款人芳名無從錄出應
向當時捐款者道歉以後若將捐冊尋獲再爲公佈

（附註二）在緬募捐之款有一人捐數次者民廿四年以前所公
佈捐款概係將每人數次捐款合計公佈但因時間倉
促或有錯誤遺漏尙祈各方指正

（附註三）由家鄉募捐者概由敝館寄緬甸敝館
編委員會公佈其在緬募捐者則由敝館緬甸經理處
彙錄公佈而非出於一人之手故本徵信錄關於在緬
募捐芳名概不稱呼鄉名則有稱呼因急於
付印不及修正以求劃一整齊故應聲明非敢匬此薄
彼尙祈所在緬捐輸之人士原諒

（附註四）敝館於書報社成立初期得買鑄生同志及已故寸以
莊同志自費出發全緬募捐成績優良除將二同志相

（附註五）民廿六年敝館建築新館屋在緬募捐員寸圖徹
李曰溥劉振棟出發各地時得張若魯李道卿楊惠仁
君之指導贊助及同鄉同志張子雲寸曉帆尹慶之尹
以忠李淸園賈立峯劉舜卿李子舒李槐三寸贊元李
受天寸永安李雨樓劉有位劉惘舍寸幼仁寸和一李
潤珍李仲山寸鏡泉李映三楊少三尹佐國張立生李
文龍李永和與尹子道寸算琳李佑之江春黃等君或招
待優渥或指導捐募熱忱厚誼不勝銘感特附數言藉
伸謝惘

（附註六）尙有張良永什經手捐得緬京△君良友文學叢書因
張君旅行赴滇捐者姓名及贈書册數皆不得知俟
張君返緬時間明又爲補誌

本館 章 程

第一章　名稱宗旨館址

第一條　本館定名爲和順圖書館以輔助教育增進地方文化
爲宗旨

第二章　組織

第二條　本館館址在雲南省騰衝縣和順鄉

第三條　本館之組織系統如左

名譽館長
館務委員會……

- 國外經理處……國外募捐股
- 總務部……建設股／推廣股／國內募捐股／會計股
- 圖書部……庋藏股／閱覽股／編訂股

第三章　館務委員會

第四條　館務委員會由鄉民選舉熱心文化教育者十一人組織成立之

第五條　館務委員會之職責如左
（甲）代表本館對外關係
（乙）組織本館各部各股
（丙）決定本館應進行之工作及其步驟
（丁）決定本館全年預算
（戊）修改本館章程

第六條　館務委員會互選執行委員七人組織執行館務對執行委員會負其全責

第七條　執行委員會互選常務委員一人執行館務對執行委員會負其全責

第四章　總務部

第八條　總務部由左列各股組織之
（甲）建設股
（乙）推廣股
（丙）募捐股
（丁）會計股

第九條　總務部設立主任一人主持全部事務

第五章　建設股

第十條　建設股由主任一人委員六人組織之辦理左列事項
（甲）建築或修理館屋之設計及惀工事項
（乙）修理館內器物之設計及惀工事項

第六章　募捐股

第十一條　募捐股由主任一人委員十二人組織之辦理左列事項
（甲）捐募建築物
（乙）捐募經費
（丙）捐募圖書
（丁）捐募器物

第七章　推廣股

第十二條　推廣股由主任一人委員六人組織之辦理左列事項
（甲）增設分館事項
（乙）循迴展覽事項
（丙）館務宣傳事項

第八章　會計股

第十三條　會計股由主任一人委員二人組織之辦理左列事項
（甲）編製預算決算事項
（乙）編製各種經濟報告
（丙）收支經濟
（丁）保管重要券據

第九章　國外經理處

第十四條　本館為便利辦理國外事件起見特設國外經理處於緬甸交通便利之地方

第十五條　國外經理處設主任一人辦理左列事項
（甲）國外交涉事項
（乙）國外購辦事項
（丙）國外經濟收支事項
（丁）國外募捐事項

第十章　圖書部

第十六條　圖書部由左列各股組織之

（甲）庋藏股

（乙）閱覽股

（丙）編訂股

第十七條　圖書部設主任一人主持全部事務

第十一章　庋藏股

第十八條　庋藏股由主任一人委員六人組織之辦理左列事項

（甲）採購圖書事項

（乙）徵集圖書事項

（丙）保管圖書事項

（丁）檢查及整理圖書事項

第十二章　閱覽股

第十九條　閱覽股由主任一人委員六人組織之辦理左列事項

（甲）圖書收發事項

（乙）閱覽室及研究室監察事項

（丙）編製閱覽統計事項

第十三章　編訂股

第二十條　編訂股由主任一人委員六人組織之辦理左列事項

（甲）編製目錄事項

（乙）考訂版本事項

（丙）讎校及撰擬提要事項

（丁）補輯及裝訂事務

第十四章　會期

第廿一條　館務委員會每兩月開會一次認為必要時得隨時召集之開會時總務圖書兩部主任得列席會議並有表決權

第廿二條　執行委員會每月開會一次如有必要時得由常務委員隨時召集之

第廿三條　部務會議每半月開會一次如部務主任認為必要時亦得隨時召集之開會時各股委員得列席會議並有表決權

第廿四條　股務會議按事務之繁簡隨時由各該股主任召集之

第十五章　職員之任期

第廿五條　本館職員分支薪與義務兩種支薪職員永久任用義務職員每年改選一次期滿得連選連任

第十六章　經濟

第廿六條　本館經費除由和順崇新會津貼及鄉公所補助外概由熱心鄉人捐募之

第十七章　鳴謝

第廿七條　凡捐助本館者本館視其熱心與所捐之代價照左列辦法揩酌鳴謝之

（一）建立銅像

（二）建立石像

（三）懸掛特大像片

（四）於本館刊物內刊登像片

（五）於本館紀念冊中珍存像片

（六）於本館刊物內刊登芳名

（七）於館內鳴謝牌上題錄芳名

第十八章　職員優待及罷免

第廿八條　本館為鼓勵職員熱心任事起見特制定左列優待辦
法

（一）本館職員之薪金按照逐年增薪制度發給

（二）本館職員如服務滿二十年而告退者給以半
俸終身

（三）本館職員如有特別功績者得照第十七章第
十七條所載鳴謝捐著辦法各條酌行獎勵之

第廿九條　本館職員如有左列情事之一得隨時斥退之

（一）有不正常行為犯刑事處分者

（二）任事不力者

（三）假借本館名譽營私生事者

第三十條　本章程自宣佈日施行有效

附則　本章程如有未盡善處依照本章程第三章第五條戊項
由館務委員會修改之

第十五章　總則

本館獎勵條例

一，凡捐助本館經費及一切物質之贊助者先於本館懸牌鳴謝
並刊登和順崇新會年刊鳴謝之

二，凡捐助本館者一律彙集四寸半身相片於紀念冊內並序述
捐贈種類及數量以紀念之

三，除第二條紀念冊獎勵辦法外凡捐助多數之經費及物質者
依其捐助之多寡而規定下列相片之大小懸掛本館以紀念
之

甲，捐助萬元以上者　　廿四寸相片
乙，捐助五千元以上萬元以下者　　廿寸相片
丙，捐助二千元以上五千元以下者　　十六寸相片
丁，捐助千元以上二千元以下者　　十二寸相片
戊，捐助五百元以上千元以下者　　八寸相片
巳，捐助百元以上五百元以下者　　六寸相片

四，捐助本館圖書用俱者除照第三三條獎勵外得將捐者芳名
刊載於所捐贈之物品之上

五，捐贈本館建築物者除照第三三條獎勵外得以捐者芳名命
名於所捐贈之建築物上

六，為本館義務服務而著有勞績者得享受第三條丙項或丁項
規定之獎勵辦法但須由館務會議決定之

七，本館經理忠實服務成績特著者經館務會議之決定得享受
第三條丁項或戊項之規定之獎勵辦法

八，本條例有未盡善處得由館務會議議決修正之

中華民國廿五年一月一日雲南騰衝和順鄉和順圖書館公佈

和順圖書館十週年紀念刊

109

和順閱書館十週年紀念刊

本館歷屆職員一覽表 （一）

（甲） 書報社期間

時間：……民國十四年至十六年

社長　李仁杰　……　會計　李日佳

義務經理（每二人一星期輪流經理）：李嗣徽　李洪春　李韶昌　李俊賢　寸生珖　李日瑄　李日溥　李澍春

駐緬經理員：李祖華　尹治臣

「註」義務經理人數或不止此，因彼時記載散失，數或不止此，難免遺漏，所祈原諒。編者識

（乙） 閱書館期間

時間：民國十七年至十九年

館長　李仁杰　……　會計　李日翰

駐緬經理員：李祖華　尹治臣

民國廿年（改委員制）

館務委員	李仁杰	李祖華	李日華	李澍春	李品選	寸澤春	段玉勛
編目科	李祖華	李品選	寸品芳	李啓慈	李澤春	李祖華	李啓慈 李祖華 尹日培 李日翰 寸品翰 賈學正
裝訂科	李祖華	劉振國	李濟春	李生棻	李樂元 尹	李日選	

駐緬經理：寸嗣徽

會計主任：李日翰

民國廿一年

名譽館長	李生莊	……	館務主任	寸樹瓊

館務委員	劉啓性	張德溶	尹日培	李德和	寸啓慈	寸算峻	尹兆榮
裝訂科	李日楨	李祖華	李福祥	李日選	段玉勛	李沛春	寸長吉	劉聲超	尹振文	李祖伯	張德林	寸育林	寸育講	劉聲洪

會計主任：李日翰

駐緬經理：……寸嗣徽

110

本館歷屆職員一覽表 (二)

民國廿二年

職別	姓名
館長	李生莊
緬甸經理	寸嗣徹
館務主任	李沛春
會計主任	寸性怡
館務委員	寸育林　李祖華　尹樂文　李涵春　李福祥　劉振棟　劉振仕　李生坊　李祖培　李生光　趙秀發　尹治仁　李樹瑢　李日選
參考科	李日選　李樹瑢　尹治仁　趙秀發　張溶　李時久　李沛春　李祖華　劉振仕　段玉助　李涵春　李祖培

民國廿三年

職別	姓名
館長	李生莊
緬甸經理	寸嗣徹
館務主任	李沛春
會計主任	寸性怡
館務委員	尹嗣臣　李生光　李生華　李沛春　李生春　李生魁　李生義　李祖伯　李祖祜　李日祜　李樹瑢　趙秀發　劉振仕　釧德銘

民國廿四年

職別	姓名
館長	李生莊
緬甸經理	寸嗣徹
館務主任	寸樹瑢
會計主任	寸性怡
館務委員候補館委	李生光　李沛春　劉振仕　尹治臣　寸育林　寸樹坊　李祖華　李樺清　李日翰　劉玉瑞　劉啟光　李生魁　趙秀發　李日祜　李生玏　李生義

民國廿五年

職別	姓名
館長	李生莊
緬甸經理	寸嗣徹
館務主任	寸樹瓊
會計主任	寸性怡
館務委員	寸樹瑢　尹大典　趙秀發　李生魁　李沛春　劉玉權　劉振權　尹治臣　李生坊　寸品璋　劉振樑　張德良　寸守廉
候補委員	李祖培　李生玏　李日清

本館歷屆職員一覽表 （三）

民國廿六年

館長	李生莊	緬甸經理	寸嗣徽
館務主任	寸樹瓊	會計主任	寸性怡

館務委員：寸樹瓊　李沛春　李祖華　劉振樑　李生園　劉振權　李品璋　李澤春　李生義　張岑達　寸守靜　尹大典　李生玥　李生崎　劉玉瑞

候補館委：賈學富　尹家榮

民國廿七年

館長	李生莊	緬甸經理	寸嗣徽
館務主任	寸樹瓊	會計主任	寸性怡

館務委員：寸樹瓊　李澍春　尹大典　寸長年　劉振樑　寸品璋　賈學富　寸守靜　劉玉瑞

候補館委：張溶　寸樺清

民國廿八年

館長	李生莊	緬甸經理	寸嗣徽
館務主任	寸樹瓊	會計主任	李曰祜

館務委員：寸樹瓊　尹大典　尹樂育　寸品璋　寸守靜　趙毓智　張溶　李澤春

候補館委：李生義　李鴻春

建築館屋職員

總監	副監	設計	收發	會計	幹事
			正　副	正　副	
寸品亮	寸品璋	李祖華　李澍春	寸性權　劉振樑	寸性怡　劉振樑	寸樹瓊

本館發售獎券職員一覽表

監察	董事	常委	文書組	宣傳股
李盧農	許卓如	李生莊	主 趙秀發　主 李沛春	寸仲恆 …… 李生園
尹立周	劉惠卿	李生魁	尹以忠　許子質	司庫 許卓如
劉有爲	寸少元	劉惠卿	李生魁	會計 劉惠卿
李朝卿	李生莊	李蔭遠	寸樹瓊	交際 李本仁
尹壽生	尹彥卿	寸懷雲	經理	寸仲恆
李仁杰	尹坤書	趙秀發	正 劉惠卿	推銷組
趙子中	趙慈齋	李燮承	副 寸懷雲	組長 劉惠卿
	寸懷雲	許子質	司事	事務主任 寸少林　張成仕
	李若泉	尹以忠	第一期 張成琪	佈置 李勳廷
	寸仲恆	尹大典	第二期 劉振樑	第一期 劉聲洪
	寸懷允	寸仲恆		第二期 李秋農　寸宏
	李匯川	劉振樑		
	李錦堂	張德良		
	尹福田	寸樹瓊		
	李本仁			
	寸玉珮			
	張月舟			
	段德之			
	李蔭遠			
	李協遠			
	段饒秋			

民十八年本館收支表

收入摘要	銀	數	支出摘要	銀	數
由書報社移來	1	83	郵費	2	96
崇新會外部津貼 Rs.390	470	00	開薪金	73	00
零星收入	7	40	雜費	72	55
總計	480	23	文具費	2	63
			書報費	87	50
			關稅運費	48	40
			總計	287	04
			差額結存	193	19
	480	23		480	23

民十九年本館收支表

收入摘要	銀	數	支出摘要	銀	數
由十八年移來	193	19	開薪金	131	60
崇新會外部津貼 Rs 250	332	50	雜費	15	47
捐款	95	00	關稅運費	26	10
總計	620	9	設備費	333	52
			總計	511	69
			差額結存	109	00
	60	69		620	66

民二十年本館收支表

收入摘要	銀	數	支出摘要	銀	數
由十九年移來	109	00	開薪金	171	70
崇新會外部津貼 Rs.200	350	00	雜費	41	80
鄉公所來津貼費	400	00	文具費	60	25
捐款	307	95	關稅運費	183	75
零星收入	94	15	設備費	371	04
平民學校暫借來	271	00	修理費	565	26
總計	1535	10	總計	1393	86
			差額結存	141	24
	1535	10		1535	10

民廿一年本館收支表

收入摘要	銀數		支出摘要	銀數	
由廿年移來	141	24	還平民學校	274	00
崇新會外部津貼 Rs.360	652	00	開薪金	220	00
捐款	18	60	雜費	89	79
零星收入	5	20	文具費	24	50
向崇新會借用	300	00	修理費	250	80
總計	1284	4	關稅運費	79	14
			圖書費	9	
			總計	947	23
			差額結存	536	81
	1284	40		1284	04

民廿二年本館收支表

收入摘要	銀數		支出摘要	銀數	
由廿一年移來	326	81	還崇新會	300	00
捐款	77	00	郵費	10	78
零星收入	45	88	文具費	52	78
崇新會來	309	00	薪金	257	00
總計	759	69	雜費	24	82
			關稅運費	77	76
			總計	723	14
			差額結存	36	55
	759	69		755	69

和順圖書館十週年紀念刊

145

民廿三年本館收支表

收入摘要	銀	數	支出摘要	銀	數
由廿二年移來	26	55	無線電支出	94	12
捐款	400	00	薪金	166	30
崇新會外部津貼 Bs.200	420	C0	郵費	8	75
零星收入	80	475	雜費	33	15
總計	937	025	修理費	383	47
			書報費	15	00
			關稅運費	59	66
			總計	760	78
			差額結存	176	245
	937	025		937	025

民廿四年本館收支表

收入摘要	銀	數	支出摘要	銀	數
由廿三年移來	176	245	無線電支出	81	400
崇新會外部津貼 Bs.100一	200	000	薪金	235	950
捐款	327	500	修理費	78	350
總計	748	745	關稅運費	27	600
			書報費	25	890
			文具費	107	300
			郵費	10	000
			雜費	20	500
			總計	580	950
			差額結存	158	795
	748	745		748	745

民廿五年本館收支表

收入摘要	銀	數	支出摘要	銀	數
由廿四年移來	158	795	無線電支出	104	900
崇新會外部津貼Rs.100	112	000	文具費	32	800
仰光經理處來	113	650	郵費	01	000
捐款	520	000	關稅運費	44	140
零星收入	44	000	薪金	150	000
第一期獎券來	1000	000	書報費	50	900
總計	2048	445	雜費	46	560
			交建築處	134	500
			總計	593	800
			差額結存	1454	645
	2048	445		2048	445

民廿六年本館表支收

收入摘要	銀	數	支出摘要	銀	數
由廿五年移來	1454	645	交建築處	4851	780
崇新會外部津貼	500	000	買館址地皮	4000	000
鄉公所津貼	2000	000	開薪金	219	000
仰光經理處來	30	000	雜費	37	030
捐款	250	000	書報費	15	000
第一期獎券	1411	780	郵電費	64	000
平民學校來	1032	800	文具費	35	020
崇新會來	275	610	總計	7221	830
農林部來	211	850	差額結存	14	855
總計	7236	685			
	7236	685		7236	635

民廿七年本館收支表

收入摘要	銀	數	支出摘要	銀	數
由廿六年移來	14	835	交建築處	590	000
崇新會外部津貼（連上屆）共Rs.500	430	000	買鐘靈印字機	105	000
捐款	90	000	薪金	467	000
仰光經理處來Rs.150	521	150	雜費	19	540
平民學校來	460	000	書報費	204	940
崇新會來	150	000	郵費	55	000
零星收入	30	000	文具費	78	800
總計	1687	605	總計	1610	280
			差額結存	77	325
	1687	605		1687	605

本館歷屆收支統計表（民十八年至廿七年）

收入摘要	銀	數	支出摘要	銀	數
由書報社移來	2	830	開薪金	2094	550
崇新會外部津貼Rs.2091	3566	500	郵費	126	510
仰光經理處來	656	400	雜費	465	350
捐款	2398	050	文具費	394	060
零星收入	307	105	書報費	498	140
鄉公所津貼	2400	000	關稅運費	516	850
崇新會來	695	610	設備費	709	560
平民學校來	1492	809	修理費	1277	880
第一期獎券來	2411	780	無線電支出	280	420
農林部來	211	850	買鐘靈印字機	105	000
總計	14142	925	買館址地皮	200	000
			交建築處	5576	280
			總計	14065	600
			差額結存	77	325
	14142	925		14142	925

和順閬書館十週年紀念刊

本館歷屆經濟收支表第一表

No. 1　　　（書報社期間緬甸理財股）　　　（民十四至十五年）

收入摘要	銀 盾	數 安	半	支出摘要	銀 盾	數 安	半
捐款九十二柱	827	0		儲出基金二柱	846	10	
收利息二柱　峻	19	10	0				
總計收入	816	0		總計支出	846	10	
十五年份實存	846	10	0				

No. 2

收入摘要	盾	安	半	支出摘要	盾	安	半
上屆存來	846	10	0	儲出基金三柱	1200		
基金利息二柱	129	13	0	曜交本館	80		
收購書處交來餘款	40	11	0	刻圖章	6	2	
收捐款二十五柱	207	0	0				
收回基金三柱	1200						
收此屆基金利息三柱	216						
收入總計	2648	5		支出總計	1286	2	
支出總計	1286	2		結存	1362	3	
十六年份結存	1362	3		總計	2648	5	

No. 3

收入摘要	盾	安	半	支出摘要	盾	安	半
上屆存來	1362	3		儲出基金三柱	1300		
收回基金三柱	1300			刻圖章	5	6	
利息三柱	234			印信箋	7		
捐款四十九柱	307	2		訂書報	300		
				本館支圖	80		
收入總計	3203	5		支出總計	1692		
支出總計	1692	6		結存	1510	15	
十七年份結存	1510	15		總計	3203	5	

第 二 表 （圖書館改組以後）

No. 4

收入摘要	盾	安	半	支出摘要	盾	安	半
上屆移來	1510	15		儲出基金三柱	1500		
購書處來	79	5		代平民學校滙騰	500		
平民學校來	500			滙滬訂書費	200		
捐款三柱	5			滙費	3	8	
收囘基金	1500						
收息三柱	228						
十年　收入總計	3821	0	0	支出總計	2203	8	
支出總計	2203	8		結存	1617	8	
八份　結存	1617	8		總計	3821	0	

No. 5

收入摘要	盾	安	半	支出摘要	盾	安	半
上屆存來	1617	8		儲出基金三柱	1500		
捐款二十三柱	108			開報費	30		
崇新會來四柱	604	14	6	開報費	49	8	
收囘基金三柱	1500			交經理處	200		
收利息三柱	270			交零費二柱	1	6	6
				本館寄滙二柱	500		
				還崇新會三柱	656	5	6
				交崇新會息三柱	56	14	
收入總計	4100	6	6	支出總計	2994	2	
十年　支出總計	2994	2		結存	1106	4	6
九份　結存	1106	4	6	總計	4100	6	6

No. 6

收入摘要	盾	安	半	支出摘要	盾	安	半
上屆存來	1106	4	6	儲出基金二柱	1000		
捐款四十一柱	141			本館支滙	200		
基金二柱	1000			交經理處	259	6	
收利息	114	6		還尹以忠	100	2	
捐款	135	10		交經理處	157	2	
				由崇新會挖交經理處	10		
收入總計	2497	4	6	支出總計	1726	10	
二年　支出總計	1726	10		結存	770	10	6
十份　結存	770	10	6	總計	2497	4	6

（崇新會捐贈報費不在此內附此聲明）

第 三 表

收入摘要	銀數			支出摘要	銀數		
	盾	安	半		盾	安	半
收上屆存來	770 -	10	6	儲出基金2柱	1000		
捐款22柱來	94			兌還本館匯項	200		
收回基金2柱	1000			匯交本鄉平民學校	大洋698		
收2柱利息	105	10		交經理處	238		
借來（向崇新會）	220			還崇新會	200		
平民學校存來	698			郵票零星費	3	2	
崇新會津貼來二年份	200						
收入總數	小洋2325 大洋698	4	6	支出總數	小洋1641 大洋698	12	
支出總數	小洋1641 大洋698	12		結　存	683	8	
				總　計	2325	4	
存結實	683	8	6	兩抵實結存	383	8	

廿一年十一月十日

No. 8

收入摘要	款數			支出摘要	銀數		
	盾	安	半		盾	安	半
收第二屆存來	˙683	8	6	支交緬甸經理處書報費	100		
收入基金一柱	500			支交緬甸經理處轉交本館經費	160		
收一柱息銀	75			儲出基金一柱	500		
收崇新會津貼來洋	100			支交經理處開寸秀芳女士贈書運費	50		
收入總計	1358	8	6	支交經理處開張治才張溶才二君贈書運費	50		
支出總計	860	4	6	支出總計	860		
兩抵實存	498	8	6	兩抵實存	498	8	6
廿二年份	˙			共 計	1358	8	6

No. 9

收入摘要	款數		支出摘要	款數	
	盾	安		盾	安
上屆存來	498	8.6	撥交緬甸經理處	200	
崇新會第三分會捐來	1	7.6	支匯本館經費	200	
崇新會津貼書報費	200		支出共計	400	
利息收入	75		結 存	375	
收入共計	775		共 計	775	
支出共計	400				
（民廿二年份）兩抵結存	375				
該撥款交緬甸經理處管理去訖					

本館駐緬經理處歷屆財務收支表　第一表（自民十九至廿一年止）

收入摘要	款數 盾	款數 安	支出摘要	款數 盾	款數 安
書報捐款來	32	8	購辦圖書報章各費	350	
和順崇新會津貼來	200		支圖書運費	15	12
尹以忠暫墊來	101	12	支八募圖書轉運費	32	8
洪盛祥收發費還來	82	4	支什費	33	
書報代辦部來	14	12	支出共計	431	4
收入共計	431	4	民十九尹以忠經理		
民國廿年以後由寸仲猷經理（廿年份）					
崇新會暫墊來	500		圖書費支出款	622	
崇新會編委會移交來	23	14	還寸仲猷代墊款	17	12
圖書代辦部收入	119	9	代本館購辦文俱用器	172	12
寸仲猷捐	17	12	圖書運費支出	34	
基金收回	109		什費	21	10
利息收入	15	10	支出共計	868	2
崇新會津貼來	190		抵存	98	11
收入共計	966	13	二共	966	13
民國廿一年份					
上眼結存來	98	11	圖書費支出	707	6
本金收回	229	14	代本館購辦用品	40	2
利息收入	8	2	圖書運費	19	
尹懷瑾君捐購圖書	191	12	什費	24	
寸秀芳女士捐購圖書	125		餘款	66	10
圖書代辦部收入	203	2	共計	857	2
崇新會移交來		9			
收入共計	857	2			

本館駐緬總理處歷屆財務收支表　第二表　（民廿二至廿三年）

收入摘要	款數		支出摘要	款數	
	盾	安		盾	安
上賑結存來	66	10	圖書報章費支出	1084	11
崇新會津貼圖書費	150		書報代辦款退還一柱	33	13
崇新會津貼仰光報二份費	54		圖書運費	110	7
崇新會津貼圖書運費	50		代本館購辦用俱	8	11
崇新會教委會購教科書來	260		費　　什	60	14
複印器關稅退還來	6	9	存　　餘	24	15
張鴻才君捐購圖書費	500		共　　計	1323	7
圖書代辦部收入	213	4			
零星捐款來	23				
收入共計　（廿二年份）	1323	7			

（按）張鴻才君捐款已由治才君在滬購贈萬有文庫故該款移捐鄉立兩級學校

（廿三年份）

收入	款數		支出	款數	
	盾	安		盾	安
上賬日清尾存來	24	15	訂購書報及各種刊物費	169	9
崇新會津貼	200		撥還張鴻才君捐款（撥歸教委會）	500	
向崇新會借來	100		張德珠君代交商書務館	300	
向崇新會寸仲猷息項撥借	75		匯滬商館(滬洋$100)	80	12
張德珠君捐來滬洋	300		購付本館用品費	40	12
張德琳君捐來	300		圖書運費（八募代理者在內）	95	10
寸壽仁君捐來	7		郵費	26	14
代辦書報共收入	247	3	刊物籌委會借去	24	8
生活報費退還	6	5	日清尾存款	87	14
刊物籌委會還來	24	8			
收入共計	1284	15	支出共計	1284	15

本館駐緬經理處歷屆財歷收支表　　第三表　.　（自民廿四年至廿五年）

收入摘要	款數		支出摘要	款數	
	盾	安		盾	安
日清尾結存	37	14	還崇新會上屆借款	175	
崇新會津貼書報費	250		匯滬書報費國幣$100000	1056	10
預支崇新會津貼費	100		直接定報費	83	5
駐緬理財自移交來	375		購付本館文俱電器用品	145	1
本金收囬	375		匯本館經費	100	
書報代辦部收入	378	3	舊放款	375	
叢書集成捐款36柱	580		新放款	125	
買宏章君捐報費	10		圖書文俱運輸費	30	1
利息收入	42	3	郵費文俱零星	35	5
售結婚證書一套	5	8	退還書報費	2	12
不敷	2	1	撥本館收	26	11
支出共計	2155	13	收入共計	2155	13

「註」崇新會外部理財員代保管之基金經九週大會議決移交緬甸經理處後本屆基金僅存Rs.125-0-0放存經理員處除崇新會津貼250盾外僅足支持本年一年之經費矣。

（　民　圖　廿　五　年　份　）

收入摘要	款數		支出摘要	款數	
	盾	安		盾	安
崇新會津貼來	250		崇新會津貼款由上屆預支	100	
捐款收入	338	12	本金放出	250	
圖書代辦部收入	1092	1	撥還上屆不敷	2	1
本金收入	150		匯滬商務印書館購辦書報	1294	13
什款收入	11		定仰光報一份	27	
利息收入「註本年息銀收入一部份歸入下眼」	7	13	代辦部退還書款一柱	4	
募捐處由倭奴廢票款來	7	13	賀壽禮物費	13	
第一二區募捐處移交（尚有尹樂仕經手移交者亦歸下眼）	6	6	郵電零星	61	9
兩抵不敷	3	5	印刷費（叢書集成募捐紀念錄印費在內）	18	8
收入共計	1867	2	編委會移借去（此款已在下眼歸還）	30	
			代鄉校兌儀器關稅各費	69	3
			代募捐處兌第一區小獎一條	7	13
			圖書文件運費（八募恩利祥歷年代墊者在內）	28	14
			購付本館用品及撥本館收款	85	5
			支出共計	1867	2

按本年郵電費因匯款關係曾拍滬商館一電支去電費廿二盾故郵電費支出較多理應聲明　　經理寸嶼徽附識

本館駐總經理處歷屆財務收支表

第四表　（民廿六至廿七年份）

（民廿六年份）

收入摘要	款數		支出摘要	款數	
	盾	安		盾	安
收崇新會津貼費	250		支匯滬購書報費	1424	5
寸仲猷來本金及息	108	12	支定仰光報費	27	
尹玉山君圖書捐款	200		支匯及撥交本館	177	7
張德舜君圖書捐款	30		支代本館購辦用品	103	8
建築費捐款撥來	37		支八募經理處運輸費	100	8
獎券餘款撥來	139	4	支郵電廣告費	79	2
建築購料餘款撥來	37	14	支上賬不敷	3	5
代辦部收入	1135	10	支出共計	1915	3
編委會還來墊款	30		兩抵存款	92	12
崇新會還來墊款	3	7	二　共	2007	15
收入共計	2007	15			
支出共計	1195	3			
兩抵存	92	12			

（民國廿七年份）

收入摘要	款數		支出摘要	款數	
	盾	安		盾	安
上賬結存	92	14	本館支匯	100	
代收建築捐款一柱	50		建築購料	198	
崇新會津貼來	250		八募圖書運費支出	54	4
圖書代辦部收入	19		書報費	77	13
建築費臨時短期利息收入	50		什費	20	1
收入共計	461	14	餘款	11	12
經理寸嗣徵製			共計	641	14

和順崇新會津貼本館建築費購料收支表

收入摘要	款數		支出摘要	款數	
	盾	安		盾	安
由本會特別收入款津貼來	347	15	購玻璃十箱	87	8
由建築捐二柱撥來	18	8	白漆五桶	15	15
收入共計	366	7	活動鐵鏈十付	10	0
			大門銅暗鎖五付	11	4
			玻璃崗票各費	8	8
			再玻璃二箱加費	17	6
			桐油一打	5	8
			鐵門二行	141	8
			撥收星光音樂社	3	0
			仰覺二報鳴謝廣告費	28	0
			支出共計	328	9
			撥交圖緬甸經理處	37	14
			二共	366	7

經手人寸嗣徵製

（民國廿六年一月）

（按，崇新會尚津貼建築費一千盾由本館支匯應用不在此內）

本館建築館屋在緬募捐收入表

（民廿六年）　　　　第五表

收入摘要	款數		支出摘要	款數	
	盾	安		盾	安
外界捐助款	699	0	本館支匯款	3781	4
同鄉捐助款	3488	2	撥交緬甸經理處	141	8
收入共計	4187	2	支三人出發全緬旅費	261	6
			支出共計	4187	2

按，尚有寸子羣君捐款一百盾因係直接匯交本館故不列入緬甸

經理處賬內　又本表所列撥交經理處之款141-8係民廿六年撥交73盾廿七年撥交50盾又撥歸購料處18-8三共合141-8請參看各該收支表

本館駐緬理財員收支統計表

（民十四至二十三年）

收入摘要	款數 安	款數 盾	支出摘要	款數 盾	款數 安
捐款收入共計	1906	6	本館支匯	1420	0
利息收入共計	1366	0	移交緬甸經理處	1539	13
崇新會津貼來	400	0	圖書費支出	579	8
收入共計	3673	3	圖書運費	100	0
			什費	33	3
			支出共計	3673	3

本館駐緬經理處收支統計表

（自民十九至廿七年）

駐緬理財員移交來	375	0	圖書費支出	6696	8
捐款收入共計	2312	2	本館支匯建築費	1000	0
崇新會津貼經費共計	2191	6	本館支匯經費	403	11
書報代辦部收入	3642	3	建築購料（一）	328	9
崇新會津貼建築費	1347	15	建築購料（二）	198	0
利息收入	131	14	本館購辦文件用俱	596	5
建築費移交來	141	8	圖書運費	507	3
什款收入	12	1	什費	412	1
共計	10154	1	共計	10142	5
			餘款	11	12
			共計	10154	1

經理寸嗣徽製（廿七年十一月）

本館駐緬經理處歷年圖書費支出統計表

年　份	支　　出	款　數	
		盾	安
民十七年	書報費	300	0
民十八年	書報費	200	0
民十九年	書報費	429	8
民二十年	書報費	622	0
民廿一年	書報費	707	6
民廿二年	書報費	1084	11
民廿三年	書報費	550	5
民廿四年	書報費	1139	15
民廿五年	書報費	1321	13
民廿六年	書報費	1451	5
民廿七年	書報費	77	13
	支出共計	7884	12

按廿七年因戰事關係各書局營業在半停頓期

間故本處購書較減其各種刊物則由本館自定

建築館屋決算表

收　入　摘　要	銀	數	支　出　摘　要	銀	數
鄉公所津貼地價	2000	00	買木料	6171	11
又津貼染刷費	400	00	買石頭	796	07
第一期獎券贏餘	2411	78	買磚瓦	1195	5
平民學梭存款撥用	1492	80	買士基	348	35
農林處存款撥用	211	85	買石灰	289	1
崇新會內部撥來	395	61	買磚石（石版飛簷石）	776	01
各種收入及款捐	964	24	買紙筋	143	10
在緬捐款Rs. 3784/4 ⎫			買釘子四件	349	005
崇新會外部津貼1344/15 ｜			由仰瓦街買貨	1524	625
捐款利息收入50/— ⎬			開木工	3630	44
在緬獎券贏餘701/8 ｜			開石工	1670	80
駐緬經理處撥來89/4 ⎭			開泥水小工	1936	90
共收入5972/15	12582	85	開關稅脚力	932	01
第二期獎券贏餘	1654	50	開什費	728	88
什款收入	594	52	津貼電刊	200	18
			津貼新光音樂社	77	00
			差額結存	5	01
			買地皮	2000	000
收入總計	22708	15	支出總計	22708	15

（按）本表入款方面第一項至第七項，共合滇幣 7876.28 元原表只列明由會計處支來總數，編者乃參照本館廿六年廿七二年之收支表內所列收入種類，代為分類列明。又由緬匯驣之總數 Rs 5972/15/0，原表亦只列明總數，又由編者參照在緬款項來源賬目代為分類列明，但求總數之符合，至於分類款項或稍有出入，在所難免。因建築期間，賬務紛繁，而經手者非只一人，尤其在緬獎券餘款，此撥彼支，又非同一時間所能辦理完結，故對獎券收入實數難以核稽，而緬甸經理雖為各方賬目之總匯，但亦有不經經理處之手而由經手人直接匯驣者，其實涓滴歸公毫無舛錯，特此聲明，尚祈各界見原，

編者附識

圖書借出統計表 （廿七年份）

月數＼種類	一月份	二月份	三月份	四月份	五月份	六月份	七月份	八月份	九月份	十月份	十一月份	十二月份	備
普通圖書	46	46	106	167	169	197	83	155	111	83	127	130	
兒童圖書	145	256	284	179	621	546	278	308	390	72	218	133	
一月統計	191	302	390	346	790	743	361	463	501	155	345	162	
合年統計	4750												借出圖書以新文藝和章小説居多
一日平均	13												

進館閱覽人數統計表

（二十八年）

日期 ＼ 人數	一月份人數	二月份人數
一　日	14	6
二　日	9	17
三　日	22	8
四　日	41	13
五　日	19	12
六　日	30	7
七　日	24	19
八　日	21	13
九　日	40	12
十　日	26	8
十一日	13	11
十二日	27	17
十三日	25	13
十四日	15	9
十五日	13	19
十六日	15	8
十七日	25	15
十八日	20	23
十九日	11	15
二十日	23	11
廿一日	16	8
廿二日	12	7
廿三日	7	18
廿四日	8	7
廿五日	11	18
廿六日	13	15
廿七日	17	24
廿八日	19	18
廿九日	18	
三十日	15	
卅一日	14	
統　計	533	371
備　註	尚有進館未曾簽名者無法統計	

350

圖書分類統計表 截至廿八年二月一日止

名　　　　　稱	册　　數	備　　註
總類	5763	未經分類之叢書集成在內
哲學	402	
宗教	868	
社會科學	1306	
語文學	150	
自然科學	562	
應用技術	659	
算術	316	
文學	3408	
史地	2263	
兒童圖書	3538	藏於兒童閱覽室者
什誌畫刊	2632	因數零星未曾分類
統　　　　　計	21867	

本館編輯委員會職員表

編輯主任	寸仲猷						
副主任	李秋農	張良臣	趙國珍	寸佩九	李濟園	李生園	段鏡秋	尹大典
編輯員	李文龍	李沛春	尹德修	寸幼仁	釧星樓	賈鑄生	張德稷	劉陰堂
	劉惆舍	李耀北	李燮丞	張希房	李潤珍	寸蔚然	李仁杰	李潤園
					寸仲恆	張月舟	李生莊	寸仁山

編後話

一，本刊蒙各界人士惠賜佳作，及題詞詩賦，使本刊篇幅增光不淺。尤其外界來論，對於本館現狀過蒙獎藉。本館自問組織幼稚粗陋，對於過獎之言，實深慚怍，除向各界表示謝意外，以後惟有繼續努力爲社會文化服務，以副雅意。其各詩詞編排次序，概以稿件收到之先後爲標準，其中並無優劣之觀念。且本刊編排，並須遷就篇幅，如性質相同之文字排印完畢之後，篇幅尚有空白時，則以短篇作品爲之「補白」，以圖美觀。對於該文作者之屈列末座，實深歉仄，倘所各界原諒。

二，張若羣先生大作，應列入「來論」欄內，秋農同志所作「本館概略，」以其重要性而論，應列於本館著論之篇首。但因本刊急於付印，二稿寄到時，本刊已印刷過半，只能將二稿「插圖」於可以插入的空際地位，另列頁數號碼，應請作者原諒。

三，本刊刊登相片，以對本館物質之贊助較多，及工作較有勞績者爲標準。但本館成立已有十餘年之歷史，對於各界捐輸，或因年久稽核失實，而致有「遺珠」之憾者，在所難免，統希同鄉原諒。

四，本館工作人員，及曾經贊助本館而有刊登相片資格者，尚有文瑞記各昆玉，趙愙齋，寸時欽，李浩川，寸永安，劉振權，諸同志及寸秀芳女士未蒙惠賜相片，致未刊登，但其贊助本館之功績則不可沒。振權同志於本館建築忠實服務，勞績甚多，其餘各同志均有大量捐輸，除將捐款芳名刊入徵信錄外，此處應爲聲明。

五，本刊所徵相片，形式大小不一，在本館方面得張月舟同志代爲整理外。其在緬甸方面所徵得者，亦在數十幀，爲擘節經費計，故若加以整理，則整理費亦需數十盾，爲擘節經費計，故不加整理，而照原片刊登，並非以相片之大小爲紀績功績之標準，此處亦應聲明。

六，本刊原定計劃原擬附刊本館圖書目錄，後因圖書繁多，目錄所佔篇幅甚鉅，爲本館經濟力所不許可，只好將原定計劃打消，不印書目，俟將來有機會時，又常另行刊印。

七，「本館著論」欄中各文字，對於本館館務現狀之批評，有樂觀與悲觀二派。但樂觀者並非全部樂觀，而多由本館優點說到缺點，尚無「誇大」之弊。悲觀者對於本館作勉勵警惕之語，使本館同志可以藉鑑，而知所自勉。

和順圖書館十週年紀念刊

135

八，本館經費支絀，常年經費概由和順崇新會長期津貼，此次刊行十週年紀念刊，印費約在五六百盾以外，概須由崇新會全部津貼，經大會時通過任案。惟因崇新會負擔家鄉公校教育經費，及本館常年經費，支出繁多，爲擘節會計，不能不稍圖彌補，故本刊印費，擬向各同鄉同志稍事捐募，以資捃注，尚祈鼎力贊助爲幸。

九，本館常書報社成立期間，頗得買同志的熱力贊助，但「本館經濟史略」裏對於買同志的勞績遺漏記錄，此處應爲聲明。

十，李道卿，梁金山先生發起建議，將中山大學移設保山，使南洋華僑及迤西子弟易於升學。此事關係教育前途甚大，李君來函請求附刊，本館爲推進教育文化之機關，對於此種建議深表同情，故特爲之附刊，以資宣傳。

十一，本刊已經印妥趙愙齋同志相片始行寄到已無法排印只好插印於本刊最後之一頁尚所趙同志原諒

廿八年六月一日
編者

353

趙愚齋先生

捐助本
館年捐
五十元
十年期
對於本
館物質
之贊助
頗多

一個教育上的緊急建議

梁金山　李種德

滄潞環抱，沃野百餘里的保山，須有一大學以應華僑欲求高深學識者之需要。

最妙請新近在昆明正籌備，並與閩粵僑胞關係更深切之中山大學負此重任。

校舍商借得騰越會館，則輝煌雅靜，殊適於造就偉大之人才！

應請緬甸華僑重要團體速起聯合力請國府及僑委會教育部海外部核准。

為爭求我民族生存，為維持人類正義，為圖謀世界和平而展開的神聖戰爭，已一年半了！在利用全面，焦土，長期的抗戰，以粉碎敵人「速戰速決」與「速和速結」的一貫陰謀，轉入第二期愈加嚴重的當中，尤其百餘萬人血肉結晶的國際線！——滇緬公路完成後。雲南愈形為民族復興，最後勝利的重鎮了！

除漢奸或準漢奸以外，每個到過昆明一帶，頭腦清新，觀察精細者之中國人，甚至於外國人，見烟囪林立，莫不謂為真已成為工業區；則國貨必將代舶來品而興，以塞巨大之漏巵。見各大銀行驟增至十餘間，莫不謂為資金飽豐，流通必易，各種實業有所憑藉；則一切生產，必特加富。見空軍大增，復加精練，莫不謂為我神勇飛將軍，實力既大加補充，則將來必能大殲敵軍，特建殊勳。見著名之大小型報紙出版者日益加多，更莫不謂為宣傳愈益有力，則救速工作愈易有良好成績。見各縣徵調兵役。訓練壯丁，愈來愈易，莫不謂為兵源既應用而不竭，則自必能支持長期抗戰。見百年樹人，為國儲才之國立大學，現遷集於昆明者多至十餘校，更莫不謂為將來造就之各種專門人才愈特加富，則無論軍事

政治，經濟，外交，……愈必更有較善較安之辦法，則無論戰爭何時，愈有勝利之可能，見西南各名之鐵路，不久之將來，亦必隨公路逐漸完成，更莫不謂為西南交通網既顯其妙用，則敵人特以為封鎖沿江海即足以控制中國新生命之絕大威脅者，愈將失其效力矣，其他尚不勝列舉。綜合以上之重要條件，則抗戰必勝，建國必成之信念，誠確乎其不可移易。此為予等不久以前從滇緬路管觀省光，並商洽在內地開鑛，因而得到之深刻認識，足以轉告僑胞者。

惟尚有一事，不得不向我緬甸華僑，作緊急之建議者，即保山縣至少須設立一大學，以至南洋一帶之華僑之急需，若詢其理由，則大學集中於一地之不宜者有三，而其利可得而述者凡六。

以人口疏散而言，非戰鬥人員，或非戰鬥團體，應力求安全，避免無謂犧牲。大學為國家元氣所在，更宜在疏散之列。今集中於昆明一地至十餘校之多，萬一敵機冒萬險來犯，危害之大，何可言喻，此其不宜者一

十餘大學，集中於一地，則適當之校舍，何易尋獲？若另建築，則地址成問題，時間成問題，至於經濟，除少數有

和順圖書館十週年紀念刊

特因或能寬裕外，在國難嚴重中，大多數必不易籌備，若因陋就簡。則有損於大學之觀瞻倘小，失却作育健全人才之功用實大，此其不宜者二。

大學集中於一地至十餘校之多，則招生何易，濫收亦非所宜，而沿江沿海既被轟毀侵佔，各大學或內遷，或停辦……則僑胞之欲深造以爲國家效力者，其父兄或因經濟問題，亦爲人情所難免，或因安全問題……雖屬過慮，則雙方之損失亦必重大，此其不宜者三。

既相違，則各大學，尤其後來者，更有疏散之必要，予等從各方面之觀察，認爲除在雲南中部之大理應設一大學一報館外，至少有一校應邊設於西部之保山，則其利可列舉於後

一保山在雲南西部據滇緬公路之半而稍偏南，省府近又議决從保山展築公路至騰衝，再展至八募密支那，則滇緬之交通，更形便利，自最遠之仰光赴保山，車行至多亦不過五六日，即從仰洋而往，極多者亦不過十日可達，其程途時間，都不可謂遠。

二山保滄路（水旁）環抱，沃野百餘里，爲農產豐腴之區，生活可云惠而不費，核計每年宿，膳，衣服，書籍……等費，大約至多國幣四五白元，即足敷用，若以印幣計，則僅爲二百盾，較之在緬任何地肄業中學者都大減特減，則雖家境未見寬裕者亦可勉力使其子弟……深造

三保山除生活惠而不費，交通復便利之外，人口繁殖，撏湖山之勝林泉之美其歷史亦復悠久，阮元詩云：「翠引泉應號小蘭津」。即此可概見其餘。文獻亦頗多可觀：爲雲南「莫言傳舍爲他人，漢郡無如此郡眞，勒石先顯古卿貌，其最要者，如袁文揆，袁文典所編輯的滇南詩文略，南園續錄，南園漫錄。張志淳之南園續錄，南園續錄，爲遵循。尤其張愚山之詩，在海內咸，二袁集，張愚山集……

爲一般學者所尊崇。明代新都楊升菴謫滇居此頗久。流風餘韻，影響此邦文化頗鉅。在政治上亦曾爲雲南生色不少。明時人才傑出，六部事務，永人掌理過半，故有「永半朝」之美稱。故有環境之佳，在滇西僅大理足以媲美。

四校舍在離城約一二公里之騰越會館……（開係同時所建），莊嚴宏麗，其規模有如緬京之雲南會館……誠懇之態度商借，則主其事者，亦必樂予允諾。該建築物堂皇幽靜，誠造就英才之適宜地。

五雲南在全國實據有居高臨下，控制一切之勢。……能建不世之奇勳以光耀史册者，雖其因素甚多，護國靖國……

然此亦爲重要者之一，而騰保在雲南更其有俯瞰緬姿，敢機第一次到昆明受重創以後，即不敢前來，而騰保地尤高，山尤峻，雲霧尤繁多，程途尤爲遙遠之地帶，更可背冒萬險以自送其死。此爲詢以膽怯者之心理而言，安全不成問題。

六若詢以遷何校爲宜，則最希望者爲中山大學。不徒因其新近方在籌備之中，亦以地位歷史與華僑尤有密切之關係，從時與地之觀點而論，實以此校爲最宜。

果遷大學於保山，則不特抗戰重心之邊地受益，華僑子弟亦蒙同鄉同鄉會聯合同教育部僑委會海外部請願，以關懷僑情

至切，或有應請救災總會，總支部，商會……之大學，以爲安全之區也，則遷返原爲……不必如所請，豈不慮擦金錢多都如集日，金融受到絕八之損失，於沿海之教訓，以與列強抗衡之前之今日既受到絕八之損害，此並非

中，於沿海予等故取旦然答曰，以爲安全……論如何，非鍋力整頓而輕於遷回。此並非

失，至足以血肉之教訓，將來勝利而將來之區，則遷返原爲……不必再蹈前轍而輕於遷回。此並精

強失至足以與列強抗衡之前，……非鍋力整頓而輕於遷回。此並精

引泉應號小蘭津」，勒石先顯古卿貌，阮元詩云，爲雲南……翠

可以正告吾華僑之欲投資於西南實業者，尤其醫務，諸君可以釋然而往交，

不前者當知雲南邊區之投資於西南實業，諸君可以釋然而往交，

，二袁集，張愚山集……。尤其張愚山之詩，在海內咸

356

本刊勘誤表

頁數	第上繼行	第下繼行	繼行	字	誤	正

357

五八	十二		七	未	來	
		十八	一	福	禮	
五九	六		十六	編	篇	
七十		七	十五	標	樣	
七五		十三	九			漏一小字
七七	十一		十二	椿	椿	
八十		十七	十四	進	應	
八四	十二		三，四	鄉下	市地	
	十一		十五，十六	然而	而然	
八、九	廿二		四			多一「責」字
九一	七		十八	子	了	
	九		十七	糟	槽	
一〇二		三		楊材柱	張材柱	
一〇三	十三		一至三	買子建	賈輔建	
一〇四		廿二	七			漏一孫字
一〇六	八		二			漏一輯字
一〇九	七		一	廿七	十七	
一廿一	第三表入款最下行			實結存	存結實	
一廿五	第三表出款第一行			國幣一千	十萬	
	第三表入款最下行			收入共計	支出共計	
	第三表出款最下行			支出共計	收入共計	
一廿六	第四表入款最下行			支出共計1915	誤1195	
一廿七	在緬募捐收支表			收支表	收入表	
一卅五		七	六	捐募	捐募	

中華民國廿八年六月出版

和順圖書館十週年紀念刊

（非賣品）

編輯者　　和順圖書館編輯委員會
　　　　　　雲南騰衝縣和順鄉

發行者　　和順圖書館及緬甸經理處
　　　　　　仰光河濱街九十八號

印刷者　　明明印務有限公司

附本館英文通訊

HO SHUN LIBRARY
Hoshun,
Tengchung,
Yunnan, China,
Via Myitkyina.

本館註緬經理處英文通訊

Hoshun Library Agency of Burma,
24, Vinton Street,
Kemmendine,
Rangoon.
Burma.

和順圖書館　編輯

和順圖書館無綫電刊

和順圖書館，一九三八年八月出版

和順圖書館無綫電刊　八月十六日晚收

1. 今日敵機兩次襲擊武漢，第一次由高空而來，並至武漢上空，亦未投彈，似窺我虛實，第二次分兩批竄入市區，投彈狂炸我無辜民衆，第一次上午八時許，有敵機多架，由鄂東向武漢進襲，旋退至武漢高空盤旋，並未投彈，即向東北逸去，第二次上午十一時左右，約有敵機七十餘架（重轟炸機戰鬥機等）分批由鄂東南向武漢進襲，從第一批轟炸機十八架，竄入市空，因我砲火猛烈，倉皇至漢間沿江河一帶，投彈多枚而去，第二批轟炸機十八架，飛至武昌上空投彈，總計敵機兩次投彈約一百五十餘枚，炸毀民房三百餘幢，死傷詳情待查

2. 浠水十六日電：武穴黃梅廣濟一帶，自陳一店、汪洋、黃梅之敵，已被我圍困於水城之內，不能動作，該敵由長江北岸進犯武漢企圖，似已放棄，而皖西桐舒至九江西沿公路兩旁之敵，積極增援，企圖蠢動，我方大軍刻正準備一切，擇敵之行，予南竄大打擊，

3. 瑞昌十六日電：港口前西北之敵軍，近增至二三千人，現與我軍在丁家山馬鞍山一帶激戰，我軍奮勇迎擊，即將該敵，秀英殲滅，該尚猛攻，陣線已動搖

4. 南昌十六日電：雷山到敵艦四艘，小汽艇十餘，湖口到敵艦二十餘，九江敵艦十二支，運輸艦七艘，企圖向鄱陽湖蠢動，被我守軍發覺，予以痛擊，該敵艦仍退去，不敢前進

5. 六安十五日電：(一)十四日早前敵汽車五六十輛，裝載傷兵由太湖向潛山方面運輸，同時有敵汽車三十輛，由潛山向太湖輸送，被我沿線部隊，李克發覺，潛伏重要橋樑破壞，并乘機予以猛烈攻擊，當毀敵汽車四十餘輛，我奪獲給養汽油甚多，(二)十四日下午三時許，敵汽車多輛，由桐城載運大批械彈向潛山輸送，因其前集橋樑，被我炸毀，敵汽車開到後，我軍發覺，派隊前往圍攻，當斃敵百餘人，獲汽車六十餘輛，

常德陽十五日電，據硺下坂，新約在逐溝德路，一股帶青傷。南二萬四五千人圍攻我進攻，

7. 興濟十五日電，敵以步兵數股強進連繼猛之攻，好連夜到通泉被破，敵已陷進連繼攻之

8. 我葉師連夜電稱，我葉團第支隊自前生刺數，西北向岳溝搏激戰十餘名。據稱「其不顧敵軍圍作戰，犧牲自動衝陶我軍擊減」我軍忠減兵傷，刻已連至四方。

9. 特別慘持云

10. 五原十五日電，敵武張繼圍陽東師其圍百餘人，東向八日當陶圍陽屬西北岳北稻村奔陣地進據，我守軍當予南迎頭痛書，敵數三十餘人，并摩最輕機槍一挺

11. 五原十五日電，敵已陷刺中陣長助，所屬百餘在魯大克當南岳陣

12. 地籠擾，刻我已陷據讀僅軍完全撲減

13. 清水十五日電，我軍日敵自西繼隊南黃梅東西前退，敵敵戰，敵連來之千餘，南我撒背攻害，徑邪慶身公連沖殺，敵數三千餘者，

14. 傷兵袋善姿刻招向黃德漬邑圍中———

15. 同上電，我武孔龍鎮之敵行一千餘，有圍會合黃禒之敵西抵橫橋，刻向西郡家持進

16. 金陵鋪前徐復發、殺敵甚多又大樹下盡鳥三敵約三百餘，刻向西部家特迎

17. 東港十五日電，據訊，我撒書激南敵軍左圍浦鎮冲突二次內，即將讀讀竟

18. 傷、敵死傷不少

19. 瑞塔十五日電，之虔日敵武攻黃家江圍敵艦不用巨烈砲火向專三攻事下午三時許小戰事敵殺敵方

20. 護下而我獨攻諸橋武康友運樹下西周村激攻。

21. 屯奄漢十五日電武某岳乎諸洗、現路川立葉之薄地，向我進改諸橋進攻，所得塞功連絡，十四日呂元領部放流死鳥鎮，刻向上圍讀遲進中

和順圖書館每日要訊社　編輯

每日要訊

和順圖書館每日要訊社，一九四五年出版

和順簡訊

第五二期
三四年九月三日
發行者
和順晚訊社
社址
和順圖書館

日本降書已簽定元首……

要訊

昆明九月二日廣播，日本降書於東京……

日本降書原文如下：

……

366

（一）吾人所宣示與日本帝國大本營

（二）盟國最高統帥或其指定之代表接受

本統治之軍隊及從事任何

及一切有關日本軍隊及往任何海陸

伴投降

（三）吾人保證盟帥有各地之日本軍隊及日

本人民停止敵對行動並保全所有艦及飛機

之盟國戰得及其拘留之聯軍俘虜

及平民

及軍民財產毋違從盟國最高統帥之指

晏吏與日本政府依盟國最高統帥之

宗明發之命令

（四）吾人命令日本帝國大本營立即

令所有文武陸海軍官員均服從盟國

（五）所有日本軍隊手住何地方均無條件投降

最為統帥誌為願欲實現日本投降所銷

作此二切文告命令及訓示吾人弁将承所

勞除非最高統帥中特承解除

（六）吾人保證日本政府及帝國大本營本月六日在南京簽字

李宗仁將軍

往軍委員會○日長北平吾到任

國民政府今日發表命令李

我政府通知駐華日軍憲委

宗仁將軍

決于十周月日於杭州流域廣州北平……

美軍將依台灣金陵

和平重臨世界

正義永保勿失

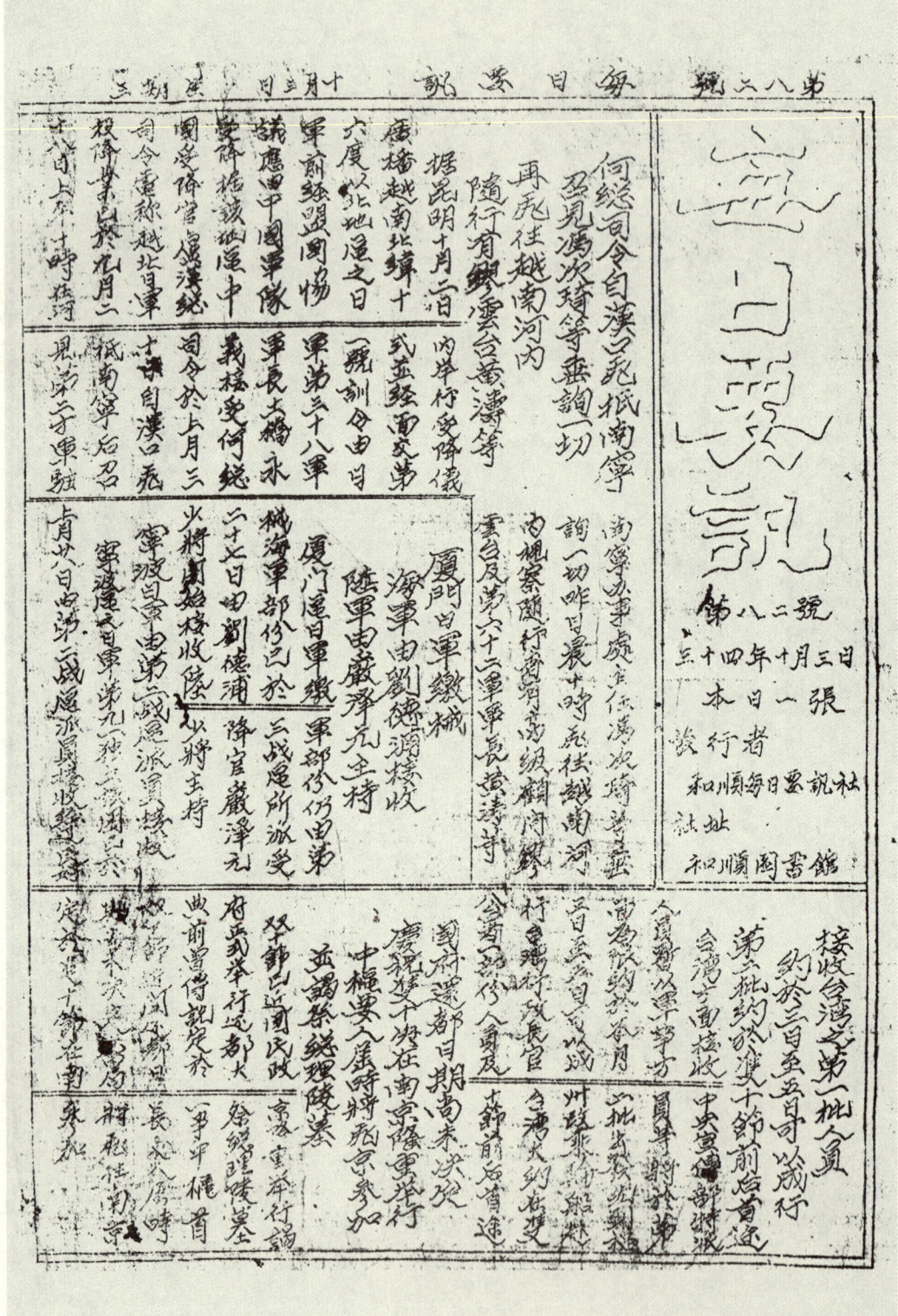

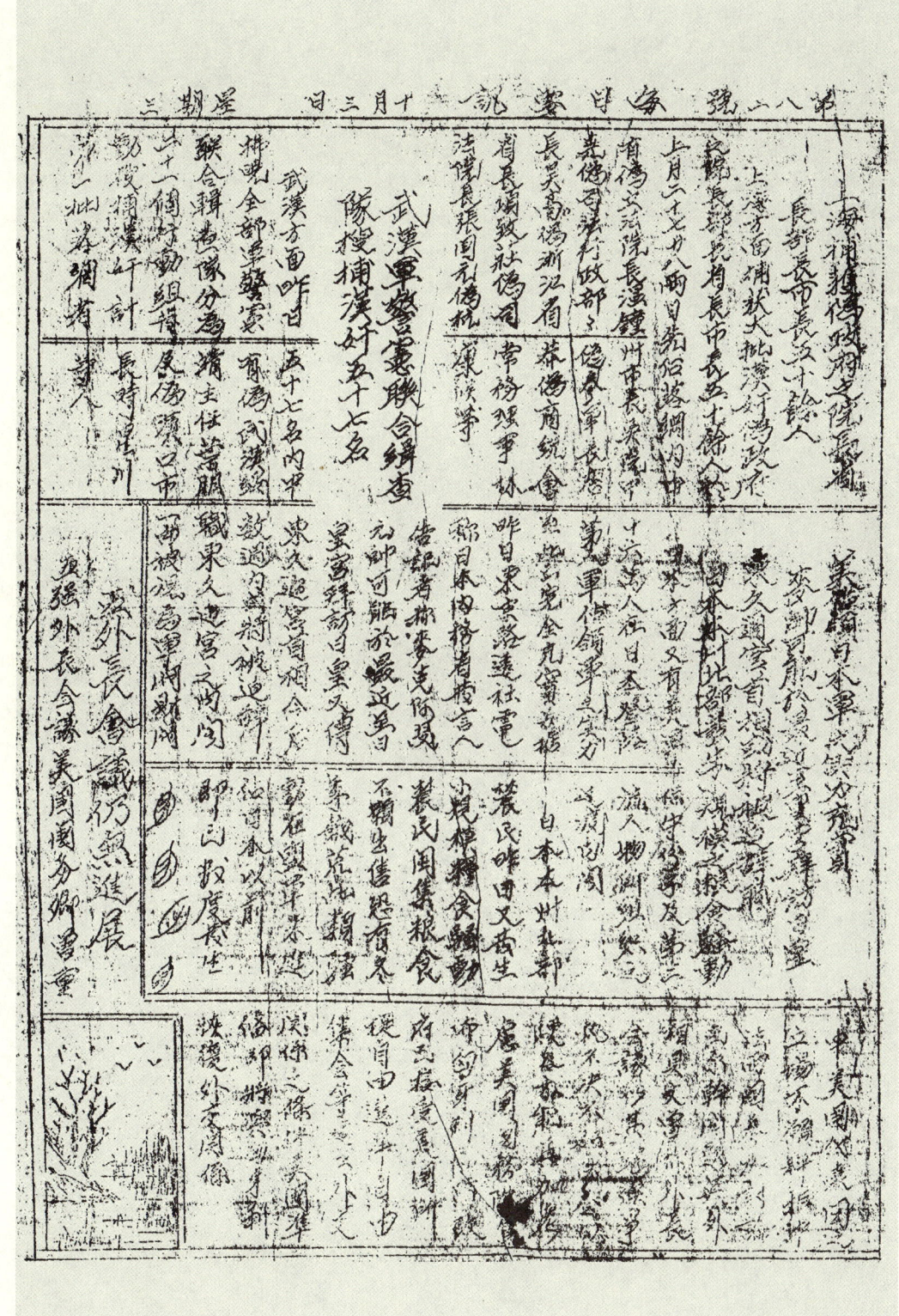

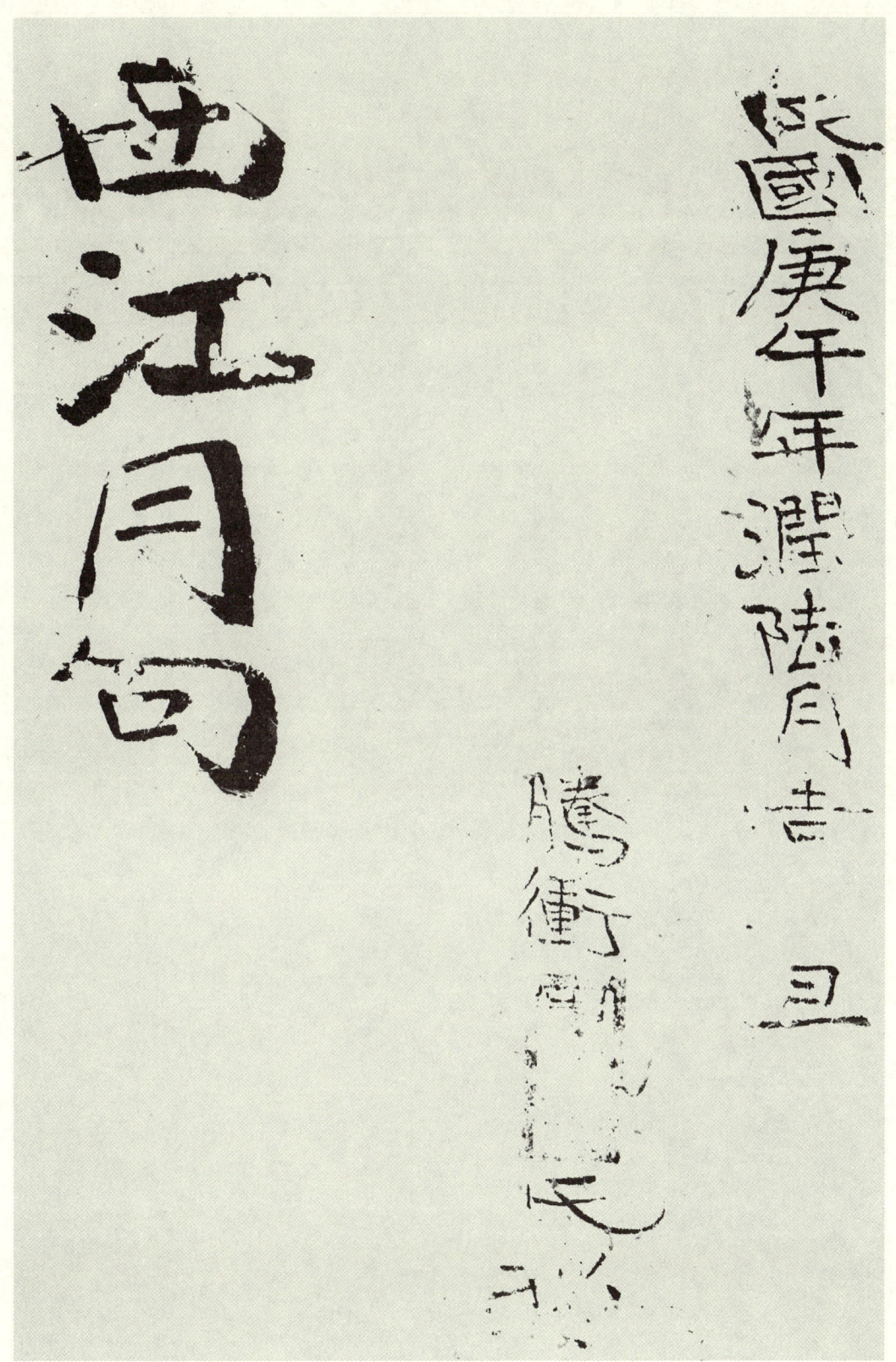

西江月（十字言句）

百歲光陰有幾何澌苦苦營求莫叭兒孫作馬牛叭免東馳西走。

世態更遷不古出門不肯回頭幾句俚言歡喜傳但願鄉人莫誑。

自從那　盤古王　分了宇宙

前三皇　後五帝　虞夏商周

周天下　八百載　果真長久

漢高祖　坐天下　四百春秋

享年高　享國長　上天垂佑

小比大　家比國　如同一傳

有德者　富與貴　子孫長久

無德者　貧與賤　衣食不週

舜皇帝　耕歷山　苦莘嘗匦

漢文帝　親有疾　嘗藥心憂

有仲由　負米糧　百里奔走

曾夫子　毋咬齒　不敢傅齒

漢黃香　盡子職　年紀尚幼

閔子騫　衣蘆花　不敢怨尤

有剡子　披鹿皮　獵人憐佑

崔家婦　孝事親　乳姑不休

有董永　賣己身　殯葬父柩

有吳猛　姿蚊飽　以解親憂

有陸績　事親孝　懷橘在袖

有王裒　聞雷鳴　到墓哀求

有江革　負母親　避難逃走

有蔡順　採黑椹　赤眉憐佑

有江詩　為母病　舍側魚遊

有孟宗　求冬笋　上天憐佑

有壽昌　為尋母　願把官辤

有郭巨　願埋兒　供養親口

有丁蘭　親亡故　刻木報酬

有揚魚　打猛虎　曾把親救

有庾黔　為母病　嘗糞心憂

有萊子　舞綵綠衣　親開笑口

有堅廷 為太史 滌親溺瓯

二十四 孝順歌 留傳已久

勸今時 為人子 當思教求

父母恩 好一似 天高地厚

在一日 孝一日 豈可遠遊

不得已 為家貧 不得不走

遊有元　急早囙　以解親憂

我中華　開緝匋　漢夷授受

冬月去　到春月　即早囙頭

辦棉花　買珠寶　囙家銷售

此乃是　吾騰中　衣食計謀

為甚慶　到今日　不囙故舊

出門去，把親恩，付之東流

離家鄉，十數年，還不算久，鳳閣龍樓

住瓦城，似登那，話不虛謬

捨家鄉，如救屨屨，也在數秋

住瓦城，從不久，也在數秋

你父母，雖有子，如同不有

無子的　還不消　日夜航凌

你的妻　望與你　百年相待

誰知道　似孤寡　獨卧孤愁

我把你　父母恩　講個徹透

生育苦　劬勞恩　細說根由

十月内　懷着胎　形容枯瘦

茶不思　飲不想　時刻恍憂

病懨懨　不思想　女工刺繡

昏沉沉　活懶做　懶把線抽

待等到　十月滿　臨盆之後

那時節　更加添　百般憂愁

怕的是　大限來　陰司路走

怕的是閻君簿未把薄鉤

娘逼死兒逼生何不虛謬

此刃是婦人的生死關頭

要等到兒離了娘身之後

那時節無憂慮總把心丟

做三朝請月客呼親喚友

你的娘　在房中　好似罪囚
每月裡　在房中　只把兒守
盡在裏　常換洗　幾条裙綢
一扒尿　一扒尿　不嫌味臭
半夜哭　半夜哄　不敢閉眸
倘生在　富貴家　銀錢廣有

己身邊　常不離　使用丫頭

每日裡　三餐飯　婭嬛奔走

到晚來　點明燈　梅魚上油

抑或是　妯娌多　心懷古舊

家園事　有他們　去幫應酬

若生在　貧寒家　米無升斗

領着兒　睡床上　珠淚常流

任你哭　有誰人　管你好醜

任你氣　有誰人　與你分憂

娃娃哭　急忙忙　將乳喂夠

出房來　那顧得　露面拋頭

想吃飯　也還婆　自己動手

無油鹽　和柴米　自己應酬

貧寒家　養兒女　苦莘嘗透

那一時　不帶着　幾分憂愁

請先生　定四柱　子午卯酉

貴合賤　關與煞　細細搜求

倘若是　四柱好　關煞清秀

箕了命　亏終得　毛心一頭

倘若是　關煞多　凶星惡宿

或拜佛　或許愿　常把神求

養子的　這苦楚　難以表透

再把那　扶育恩　細說根由

襁褓時　不過是　常抱在手

到會說，到會講，一喜一憂

喜的是會說話，漸可引逗

喜的是會走路，毋得行遊

憂的是怕出門，獨自行走

憂的是無人領，闖遇馬牛

憂的是扒高處，跌破手頭

憂的是，扒（爬）矮雾，跌下陽溝。

憂的是，怕著寒，傷風咳嗽。

憂的是，遇歹人，拐往他州。

憂更者（更憂），鐵門坎，出花出痘。

此乃是，小人的，生死關頭。

若遇著，年時好，出得清秀。

兒輕減　父母心　可以無憂

倘若是　年時惡　坐得蜜厚

父母心　好一似　打破孤舟

兒身停　那一時　敢離左右

父母心　那一時　不費思籌時

許供花　許換水　許朝北斗

願行善　願補路　願把橋修

早燒香，晚拜佛　不住叩首　常磕勤頭

供齋食　燒錢帛

耽憂者　怕的是　眼中出痕

更憂者　怕的是　出在咽喉

求名醫　開丹方　無處不走

買藥草　買菓品　腳不停留

日不眠　疸不睡　通宵達晝

真果是　過一年　如過三秋

求天地　拜神靈　暗中保佑

痘全愈　買三牲　報答恩酬

要等到　脫了売　净澡之後

出了花　又總得　壬心一頭
此刃是　二三歲　年紀尚幼
待等到　八九歲　別有思籌
幼不學　老何為　如同禽獸
三代人　不讀書　好似馬牛
彈棉花　紡線子　苦把錢湊

強送兒　去讀書　總把師投
聰明的　不數年　詩書讀就
伶俐的　不數年　讀到春秋
真刀是　聰明子　人人誇口
父合（和）母　心兒裡　喜上眉頭
若是那　愚蠢的　体態醜陋

縱醜陋　父母心　豈肯罷休

讀了書　三五年　真真不就

那時節　莫奈何　終把心丢

有一等　生得來　將將就就

貪頑要　他不肯　正經門頭

在學堂　不讀書　與人爭鬥

惹得人　上門未　吵鬧不休

又或是　邀約人　偷雞摸狗

又或是　去荒郊　偷馬盜牛

父合母　只教他　去把學就

那先生　品料他　有甚門頭

自古道　一日三　三日成九

398

父母知　先生曉　豈肯罷休

先生打　不過是　學規責究

父母打　動真情　怒結咽喉

雖貪頑　不過是　年紀八九

父母心　雖憨氣　還有嘆頭

待等到　十歲外　二十之後

怕的是　年紀大、　自做自由

那時節　也會去　結交朋友

那時節　好多事　也會應酬

倘若是　結交着　好朋好友

過相規　善相勸　声氣相投

怕的是　不擇人　不知好醜

近朱赤　近墨黑　會去效尤　誘

又怕的　被夕人　前来引透

好一似　深潭裡　支下釣鈎

與人交　甜似蜜　手挽着手　害

或打數　或擲骰　不顧含羞　害

輸錢人　他只為　贏錢起首

輸錢人 心兒裡 百計營謀

倘若是 家富足 不致出醜

怕的是 家貧寒 去把人偷

自古道 奸近殺 賭近盜寇

子不肖 連累着 父母含羞

又怕的 好貪淫 猜拳吃酒

每日裡　在醉鄉　正事不謀

又怕他　結交着　吹煙朋友

年紀輕　上了癮　乾筋瘦猴

又怕他　戀女色　男女授受

落在那　迷魂陣　不知回頭

又怕他　血氣剛　好爭好鬥

動不動　就逞他　雄氣斜斜 糾糾

又怕他　前世冤　窄路逢扣

打死人　告到官　定做罪囚

受盡了　千般苦　披枷帶扭

父和母　呂氣得　吊頸抹喉

又怕他　没天理　大稱小斗

又怕他　忘根本　偷馬盜牛

以上的　慨都是　人生疾疾

父母心　無一時　不帶憂愁

自請媒　到了那　迎親之後

不知到道　貴盡了　許多綢繆

請媒人，不住的　作揖拱手

買糖食　和合乳膳　帶礼要週

或騎馬　或坐轎　諸事備就

跟隨的　常不離　使用了頭

媒人去　又怕的　女家變口

得来了　口八字　終把心丟

請先生　合八字·　子午卯酉

406

紅八字得來了亏總不浮

合得婚總傳辨耳圈寶扣

光陰速又到了標梅之後

自古道男大婚女大難留

擇定了好日子良辰吉宿

請媒人到女家去把親求

説親時　媒已曾　誇下大口

到迎親　只得是　苦苦哀求

過財禮　莫奈何　告借親友

錢撫不就　亦動了　祖根遺留

典房屋　賣地基　或典園圃

柳或是　賣山地　或賣田坵

前幾月　訂碗盞　又訂吹手

顧轎子　還要顧　抬轎班頭

買柴米　買菜蔬　油鹽茶酒

少一樣　也不得　買辦要週

到如今　風俗變　不同古舊

鬧鬥面　愛的是　排子虛浮

八大碗　平頭席　還不合口

還要加　二三盤　山珍海頭

說不盡　匝親時　難以講透

父母心　亦非是　可以無憂

殊不知　迎親後　更難丟手

再把那　焦心事　細細搜求

焦媳婦不會那女工刺繡

焦媳婦不會那灶惱鍋頭

焦的是不和睦妯娌結仇

焦的是好偷閑東走西遊

焦的是好懶惰門外閑遊

焦的是不知道留前積後

焦的是　不惜省　柴米盐油

更望者　子生孫　承先啟後

領孫男　和孫女　以度春秋

不焦心　除非是　閉了眼口

不焦心　除非是　死後方休

父母恩　真果是　天高地厚

為人子　念及此　豈肯遠遊

吾騰中　出門人　十有八九

任你說　任你講　難以深留

講一講　離別情　分別之後

古言道　分離事　萬般惟愁

數日前　不住的　吟咻勉誘

吐一聲　我的兒　細聽根由

非容易　扶養你　十八七八九

要常時　把父母　記在心頭

在程途　切不可　與人爭鬥

一路上　切不可　與人結仇

酸冷物　不可吃　十分忌口

以免得　生疾病　使我心憂

過夷山　要留心　凶惡野獸

最要者　要留心　騎馬乘舟

無夥伴　切不可　獨自行走

怕的是　遇歹人　反被来謀

到瓦城　你去把　某人来就

喝咐他　我與你　一個門頭

年輕人　切不可　性高氣抖

結交人　切不可　心高氣浮

與人交　要交那　正經朋友

遇着那　不好的　切莫效尤

見長者　要恭敬　徐行在後

凡說話　莫高聲　氣性溫柔

學夷話　要留心　常念在口

學寫算　要時刻　記在心頭

做生易　要公平　不欺老幼

切不可　使盡了　好巧計謀

掛賬　要留心　以免遺漏

永外賬　要脚勤　時刻催收
買貨物　要分清　貴賤好醜
有起跌　要打算　賣買當收
第一件　切不可　吹煙吃酒
第二件　切不可　懶隋閒遊
有花街　合柳巷　不可亂走

切不可 效他人 賭錢抽頭

切不可 忘天理 大稱小斗

切不可 使奸巧 輕出重收

凡事務 要領教 先達老叟

切不可 自稱能 自做自由

做好人 自然有 上天庇佑

行好事　自然有　天地鴻床

得了利　莫深貪　即當脫手

切不可　心不足　不知回頭

一二載　即速轉　不可住久

縱去遠　亦只可　四年三秋

邪一件　不可停　吟咐囑透

為人子　念及此　豈可遠遊

又講到　枕邊事　夫妻分手

題(提)起未　出門事　氣破咽喉

聽說是　夫出門　暗地憂愁

枕邊上　不時的　珠淚常流

是姻緣　奴與你　總得配偶

生同床　死同穴　一竿到頭

奴只望　與夫君　百年聚首

誰知道　半路上　把奴來丟

從此去　有苦甜　與誰講究

從此去　家務事　有誰應酬

最要者　不可貪　外國花柳

老絗婆　望夫君　視之如仇

吾騰中　安家人　圓明徹透

半達子　好一似　鸚歌猿猴

奴望夫　早聞歸　甜苦共守

你丟奴　去一年　猶如三秋

堂上的　公婆老　年紀衰朽

423

膝下的，兔女幼　誰是管頭

家中事　奴雖然　粗知好醜

縱龍為　奴終是　一個女流

自古道　一直恩　夫妻情厚

百直恩　好一似　海樣深由

說不盡　結髮情　夫妻分手

念及此　亦當要　急早回頭
起身時　在堂中　忙忙叩首
一家人　話難說　氣硬咽喉
抛父母　別妻子　吞聲獨走
象親友　同送到　官坡路頭
官坡頭　好一似　陰山背後

425

過此地·把家鄉一概全丟
別縣人亦非是不往他走
住的是中華地何等優遊
吾騰中住瓦城草苦嘗透
最凶險過夷山時刻當憂
有從前不過是要些烟酒

或講事　或要肖耕　阻住路頭

到今朝　總算是　搶人賊冦

動不動　就永鎗　使就戈矛

讓不開　札起營　兩下爭鬥

或打散　或晤事　總把共收

也有那　團圍到　數日之後

粮米盡、只餓得口水長流

受飢餓　受風霜　面黄皮瘦

到八暮　又焦着　過水乘舟　木頭腐朽

怕的是　船支小　遇着飄流

又焦着　遇大坡

又焦着　投江邊　剁住賊寇

半夜裡　不提防　來把人謀偷

世上的　凶險事　雖則廣有

自古道　凶三分命　騎馬乘舟

性命兒　凶交與天　無容自守

身子兒　好一似　水上洴浮萍

一路上　凶險事　明如窗牖

念及此也不當貪念遠遊

亦非是一概的不肯回頭

亦非是一概的貪念他州

為的是風俗變無人急救

為的是太奢華概向虛浮

於中的壞事雲約有八九

你學我　我學你　一概效尤

有錢的　貪心重　不知足夠

有一千　想一萬　不肯罷休

古言道　兒孫福　兒孫自有

為甚麼　常懷着　千歲之憂

自古道　富以貴　眼前花柳

再加之　不義者　一似雲浮

想人生　氣和運　有好有醜　故

財本是　公衆物　有聚有收

倘若是　天晴時　不肯去走　走

怕的是　直等到　雨水淋頭

你有如　閏下邪　銀錢田敢

何不如　積些德　世代不休

世間事　原不假　概不虛謬

只有是　行好事　萬古千秋

勸列翁　我得錢　即早回首

當抱著　古人言　勇退急流

有父母　得孝順　無過無愆

433

有子女、得教訓　和順剛柔

一家人　得團圓　常常聚首

這總是　真快樂　無焦無愁

又把那　無錢的　細細講究

於中的　壞事處　有個未由

古言道　貨高低　人分好醜

百個人　有丕心曰三教九流

或為那　貧寒家　無人憐佑　難返故州

有一等　受苦困　把俗言　常常講究

非是我　不聞去　有個來由

出門時　門坎低　容易行走

進門時　門坎高　實在合羞

因此上　十數年　不肯回頭

親望子　豈計較　有與不有

妻望夫　更歡喜　豈肯相仇

古言道　茶不漲　統移左右

回家去　又另找　一個門頭

有一等　會買賣　生易盛民

偏偏的　遇歹人　來把他鈎

壞事零　非一件　約有八九

第一件　最壞事　柳巷花樓

烟花巷　雖說是　中外皆有

比不得　阿瓦城　容易應酬

一錢銀 就中了 狀元魁首

進十塢 有九塢 名揚九州

倘若是 染着那 楊梅瘡疾

衆親朋 定將他 逐趕下樓

獨一人 臥床上 好似停柩

送茶飯 用箸笠 遠遠送就

怕的是　聞著他　那点氣臭

此終是　芳人救　獨坐牢囚

一見了　此芳人　忙足住口　招

遠遠的·　就讓他　好似有仇

在瓦城、　中狀元　真不如狗

請想想　此項事、　羞與不羞

倘若是　請着那　太醫高手

不過是　受些苦　疾病皆瘥

倘若是　請着那　太醫將就

把水銀　用重了　鑽進骨頭

有一等　線壞了　耳臭眼口

有一等　線壞了　腳手指頭

有一等線壞了腳底通漏

人不成鬼不似好像活猴

成了那無人用如木之朽

一世人從此去概已罷休

着了手不知悔反把人誘

他說是不消怕有藥傷廖

擺白話　背吉今　翻足無手

真果是　中狀元　名揚九州

中一次　中二次　姜苦不够

要寺到　兩脚稱　總肯罷休

勸列翁　未犯者　加上操手

曾行者　當猛省　急早回頭

自古道　萬惡事　淫為魁首

有心猿　合意馬（和）　繫繫快收

又惜錢　又惜福　又芳過處

不數年　定籠得　回轉故州

孝父母　教妻子　團圓聚首

一家人　芳憂慮　何芳悠遊

第二件　為安家　重把婚婣

老緪婆　真果是　官人精猴

傳煙筒　傳芦葉　甜言哄透

梳頭油　搽粉面　把你未兜

蓍在邪　迷魂陣　芳人去救

好一似　鯉魚兒　上了釣鈎

有丈人　合丈母（和）　要你承受

有勇子（錢時）　姨老太（慈）　供養要週

有銀子　哞次鵝　辛字在口

話又甜　口又軟　賣盡風流

手藝人　又還要　勤脚快手

生易人　要會筭　要會應酬

我得錢只夠養　縐婆家只

父和母　妻與子　付之東流

想回家　依然是　清風兩袖

左一年　左一年　難返故州

葬錢的　罵得來　實在醜陋

千奎謬　萬奎謬　奎謬得由

446

一家人　上前來　一齊們動手

用怕拿　打嘴巴　跨上饅頭

今也罵　明也罵　打罵已够

去官家　用些錢　把你未玉

又有等　色癆鬼　不知良蕩

納
拿着了　卜死鬼　難得干休

到晚來　他魂魄　變猶變狗

用特们　蓋着了　漢子之頭

想回家_納　又怕他　做與脚手

拿着了　此種人　難返故州_{漢人}

想穿吃　他總與　漢子配偶_{漢人}

好女子　他豈肯　未嫁得由

448

勸列翁　第二件　莫安家口

惜省下　此項錢　早回故州

父母歡　妻子喜　團圓聚首

這終是　一家人　芳慮無憂

第三件　吹鷄片　普遍宇宙

好一似　刀兵劫　未把你收

明明的　是火坑　偏要主就

上了癮　總知悔　難以罷休

中國地　外國地　各處皆有

貧與賤　富與貴　賢愚皆週　算

有錢人　吹鴉片　真真不醜

眾列翁　請聽我　細說根由

買烟時　不問價　只問好醜

若烟好　不惜價　多多買留

熬烟時　頭辰火　將他熬透

煮一次　煮二次　即把他壬

平床上　鋪得來　四五寸厚

好鋪蓋　好垫扎　繡花枕頭

滿

蒲牙鈴　銀鞍子　玉石吭口

玻璃燈　新式燈　各樣搜求

銅沙斗　銀門斗　墨石廣斗

傘骨箋　喜歡他　有剛有柔

好烟盤　上畫着　飛禽走獸

上鑲着　金銀寶　海螺骨頭

金烟盒　銀烟盒　配成對偶

垻子油　烟子大　要點茶油

好糖食　好菓品　常擺左右

好菓子　喜歡他　浸潤咽喉

好糕餅　好糖食　十全藥酒

酒飲後　又更搞　灸茗一頭

匜

喚添油　喚泡茶　不住叫吼

他身邊　常不離　使用了頭

過癮時　約幾個　知心朋友

擺的是　龍門陣　曲盡綢繆

你三口　我三口　他又三口

好一似　走馬燈　刻不停留

不多時・又到了　宵夜之後

調口味　少不得　美味珍饈

炒紫鷄　炒腰腥　加上葱韭

合口菜　第一的　薄片猪頭

小二碗　常不離　六七八九

擺齊整　下床來　總把鑵丢

455

總坐下　拿起筷　一齊動手

好一似　牢獄中　放出罪囚

吹烟人　吃飲食　好似豹狗

吹烟人　吃飲食　好似狼虤

吹烟人　飯後癮　十個有九

不吹烟　怕的是　飲食停留

因此上　多吹到　通宵達畫
不數年　改形像　好似活猴、
嘴皮兔　好一似　黑漆染透
項子兔　好一似　鐵打稱鈎
頭髮兔　一并毡　好似掃帚
脊背兔　似跎子　常把頭鈎

脚上的　骯髒兜　一寸多厚

衣服上　掛招牌　烟屎常流

白日裡　不起床　似有疾疾糾糾

到晚来　点起燈　雄氣糾糾

任隨你　家富豪　銀錢廣有

不数年　吹盡了　父母遺留

你一口 吹盡了 良田百畝
你一口 吹盡了 大廈高樓
你一口 吹盡了 房屋園圃
你一口 吹盡了 壙地山坵
你一口 吹盡了 婦人衫袖
你一口 吹盡了 父母狐裘

你一口
吹盡了

猪羊鶏狗

你一口
吹盡了

騎馬耕牛

但是物
都能盡進

小小風口

這就是
吹烟人

好下塲頭

無錢人
吹鴉片

実在更醜

請聽我
二一的

細説根由

每日裡　要往那　烟堂走走

瀘席子　瀘鋪盖　土基枕頭

或明燈　或玻璃　烟膏糊透

翻塘烟　六七次　還不干休

一錢癮　吹五分　本不能够

將烟子　悶下肚　緊開咽喉

邪烟子　絲厘毫　不容出口

忍着氣　只掙得　眼淚常流

父母叫　不肯動　還要憤憙

進烟塘　儘人使　全不知羞

儘人呼　儘人喚　脚不停留

好一似　烟堂中　養住走狗

不过是　凑和得　烟吹几口

家中的　衣食事　不在心头

柴合米　也不管　有句不有

吃淡饭　不计较　肉菜盐油

穿衣服　不顾惜　提襟见肘

只要他　将烟钱　整得到手

點起燈　縮起脚　萬事皆休

又有等　向老婆　常伸着手

倚老是　要不得　暗中去偷

偷釵鐶　和手飾　衣服衫袖

偷鞋子　偷裏脚　去換烟油同

或扭鎖　或開櫃　如防賊冠

為吹烟不和睦結下寃仇

又有茅小氣兒銀錢廣有

吹的是下作烟全不知羞

自己的吹五分儘可已够

他人的吹幾錢還不干休

邁着頭吹的是太平烟口

吹一個　睡仙鵝　不肯抬頭

吹到了　三五回　機關識透

腳步响　吹息火　假閉雙瞬

到這家　不得吹　二家走走

他不管　路遠近　天晴雨流

或人多　擠不上　伺前苧後

他不得吹幾口死不干休

此鴉片可以定人之好醜

世鴉片可以定人之下流

此鴉片害得人疏親慢友

此鴉片害得人禮義全丟

此鴉片害得人廉恥莫有

此鴉片，害得人 乾筋瘦喉 瘦猴

讀書人 吹上癮 不把學就

種田人 吹上癮 悮了耕收

手藝人 吹上癮 氣力不有

生易人 吹上癮 悮了營謀

不吹烟，儘可以 供養家口

惜省下，此項錢　急早囘頭

孝父母，　敬哥嫂　團圓聚首

這總是　真快樂　無憂無愁、

一更鼓兒天鼓兒　一天是誰置造此

鴉烟不多年中外傳染遍日難三餐

徧難眼骨瘦如柴病懨懨此烟圈害

得人不淺。

二更鼓兒先鼓兒二更先吹烟子弟

不值錢癮來時不方便眼中淚口吐

涎無烟未吃叫皇天有誰憐只把當

初怨、

三更鼓兒吒、鼓兒三更悗上看花實

可誇．拼此命也把癮來上罷．今想他

未他．日宿烟堂不歸家．唇似鵝片把

那招牌掛．

四根鼓兒敲鼓兒四更敲呼朋友引

類達祖遺留田園吹盡了．父母怒拷

妻子嘲瘩虫血食時療．這煎熬越思

越慟悼

五更鼓兒終鼓兒五更終切磋磨礪

用功憶當初錯把心事動配合參苴

㵭烟虫跳出苦海走蛟龍此心脑願

與人人共

第四件為賭錢人人所有

472

自古道　十個賭　九個干休
贏不上　幾十文　拿起就走
到輸時　急搬本　不肯回頭
生塲人　當空子　古言說透
或現錢　或点貨　不肰停留
做生塲　折了本　有人憐佑

一面我想我本做生易，又嫌那岂比得因此上

一回折没有钱苦人扯，做生易赌钱人为赌钱

本利全收只得抽手怎样营谋，尝头将就本利而收正路不走

為賭錢　將生易　一概全无

在從前　雖說是　有贏時候

到如今　打牟的　有出劳收

輸的少　贏的多　將人哄透

好一似　支窩弓　放下羊油

出帖子　時明的　是一個狗

開時候、

此一時　偏偏的　會是鮋鰍

為甚麼　更載得　通明徹透

為打字　解不開　其中原由

勸列翁　翰錢的　十有八九

生易錢　快猛省　急早回頭

血汗錢　總能長久

情省下 此項錢 早田故州

一家人 笑哈哈 團圓聚首

也無憂 也無慮 也無焦愁

第五件 為懶惰 東遊西走

左一年 又一年 正事不謀

手藝人 做活路 怕動腳手

帮他人　做小伙　又说舍羞

做生易　又不肯　時刻坐守

坐不上　半時辰　即把铺收

或闷进　或睡着覺　午時到酉

不数年　把本钱　付之東流

又有等　小生易　说他将就

大生易　又無本　難以營謀

這裡要　那裡遊　年深日久

推家鄉　如敝履　一筆消鉤

古言道　男子漢　莫為盜寇

百樣事　可以為　有甚含羞

富與貴　皆由那　勤苦而可

479

那一個　懶惰人　造就狐裘

當號爺　多由那　伙頭生首

大丈夫　原要會　為剛為柔

運不未　當要思　守時耐久

想一想　我出門　為甚原由

為的是　家貧寒　總把外走

要把那　家中事　記在心頭

存好心　自然有　上天默點佑

不數年　一定得　回轉故州

以免得　父和母　時刻焦愁

父母恩　劬勞德　須當報酬

第六件　為穿吃　本分不守

481

開排子　要門面　一概虛浮

結交的　盡都是　酒肉朋友

上湯舖　進酒店　曲畫綢綟

或一元　或八角　傾刻消售

你請我　我請你　彼此相酬

莫亂話　些小事　何須講究

自古道，積狐涸腋，可以成裘。布衣服也不分有與無，在從前掌事的老販魁首，那一個敢今時概開絲綢網，精細的十數年還穿不舊。

不合俗，以為醜陋。概開絲綢。

父傳子　子傳孫　得以遺留

布衣服　只怕是　披觔掛柳

又何必　貴盡心　愛開絲綢

穿與吃　若能够　救得古舊

將此項　妾貴錢　積蹔存留

回家去　孝父母　喜動左右

回家去　　教子女　　快樂無憂

第七件　　回家去　　不惜所有

起身時　　買送禮　　心裡思籌

離家鄉　　別親友　　已經年久

多少要　　買一点　　終肯回頭

礼物輕　　還說是　　拿不出手

援礼的、亦非是
或買肉 或買蛋 两家授受
你請我 我請你 彼此相酬
這家請 那家請 吃飯吃酒
亦不是 白白的 即肯罷休
待等到 酬答人 更在費手

白白而收

怕的是，請漏人，被人怨尤
請親戚，請家道，還請朋友，
八大碗，不合口，還要加頭（加海）
在從前，請朋友，吃飲吃酒
或嫁娶，或春客，有個來由
到如今，風俗變，不同古舊

也不分　有甚麼　春夏冬秋

也不想　出門時　苦莘嘗透

第八件　變風俗　仍歸古舊

或嫁女　或娶媳　莫向虛浮

或人情　或拜儀　親戚助佐

自古道　園中菜　勝過珍饈

488

平頭席　只要會　整得合口

無非是　換下功　彼此相酬

布衣服　若合身　只要清秀

勝過那　綾羅錦　各樣絲綢

嫁女兒　無非是　擇婚好醜

禮物輕　過與不過

豈計較

財禮輕　買粧奩　將將就就

女兒家　也不可　多要多求

嫁人家　望的是　常常久久

貧與賤　富與貴　前世所脩

又講到　豎房屋　或做生壽

空着手　去賀人　又說會盡

費了錢去賀人又不肯受

這風俗不知何人為頭

也不論父母喪有與不有

貧與賤富與貴一概效尤

吾鄉中奢華事難以講透

願列翁遵古禮莫向虛浮

將這些　奢華事　供儉家口

以免得　常在外　父母焦愁

第九件　婦女們　亦當積手

自古道　男人我　女人積甲

別寨的　婦人家　紡織為首

吾鄉人　愛的是　粉面油頭

走東家　到西家　花麻料口
巧梳粧　怪打扮　全不知羞
錢用完　又請人　修書問候
望夫君　早滙来　不可停留
滙不到　由家中　告借親友
寫滙票　到呵瓦　如數全收

也不管　在瓦中　有與不有

也不管　在外的　怎樣應酬

嫁丈夫　原只望　百年聚首　昔楚憂愁

當思想　出門時　苦楚憂愁

倚若是　勤紡織　供養家口

以免得　在外的　內顧之憂

今年遷　明年積　無有遺漏

不數年　一定得　趕轉回頭

父子親　夫婦順　團圓聚首

以免得　守孤燈　獨坐繡樓

以上的　九件事　傳染已久

望列翁　愛風光　少往外遊

495

吾鄉中　住瓦地　福一禍九

只消看　阿瓦城　土塚壤坯

想原由　吾騰中　分別丁口

吾鄉中　諒不至　如此虛浮

別練人　一家人　傳成八九

吾鄉中　人與物　陸續折抽

此一事　自可知　出門好醜

此一事　自可知　禍福原由

又兼那　勤儉的　總能富有

並非是　現成的　走到即收

做生易　費心力　思前想後

或買貨　或賣貨　時刻營謀

497

或手藝　或帮人　不住跎走

天氣熱　只晒得　汗水長流

起五更　睡半宿　誰人憐佑

在家中　誰人肯　如此應酬

在家中　誰如此　勤脚快手

一生的　穿與吃　又何焦愁

讀書人　苦用心　將書讀透

自古道　黃金貴　書中搜求

種田人　勤耕種　工夫用够

到秋末　自然得　加倍豐收

手藝人　用苦心　不停足手

手藝高　自然得　名傳九州

生易人　能勤儉　赶街跑走

早长去　晚間来　有何憂愁

在家中　能如此　勤脚勤手

石頭山　割茅草　也是門頭

在從前　割柴的　十有八九

或二十　或三十　各有同傳

石頭山　是吾的　田園萬畝

勤快的　數口人　衣食計謀

從先年　去得遠　總割得够

在左近　沒有草　概是石頭

到如今　不消遠　柴草深厚

為的是　無人割　兼莫馬牛

最害人　鴉片烟　栖住足手

再勸列翁　急猛省　趕緊回頭

再在把那　出門的　重言講究

一概是　住家的　也難應酬

吾騰中　田地少　而且薄慶瘦

有一個　好方法　各位同傳

献西

兩弟兄　分一人　往外遊走

或者是　兄弟多　更難應酬

在家的　也不好　閒遊背手

或士農　或工商　我個門頭

第一是　年紀在　十七八九

年紀輕　學夷話　總會得通

503

住得了　三四年　即便回頭

回家未　娶妻子　又再營謀

戒奢華　尚節儉　承先啟後

待等到　三十外　總往外遊

那時節　家中事　可以脫手

有父母　與妻子　代為應酬

504

膝下的　兒和女　有人教誘

為人生　在世上　亦終不浮

抑或是　常在家　團圓聚首

訓兒孫　耕與讀　世代傳流

常言到　出門者　在家福厚

又何必　常在外　乃計營謀

505

我本是　道中人　苦薺嘗透

總把這　俗言語　勸勸眾傳

願列翁　看此書　無嫌淺漏

做一盞　暗室燈　啟我述尤

想人生　存天理　忠孝為首

戒邪念　存正道　何等悠遊

本分人，自然有，上天垂佑

家發達，子孫賢，快樂無憂

行善事，善相報，古言不謬

學一個，完全人，世代名流

無數的，好格言，聖賢說透

只有那，為善的，萬古千秋

將意些　粗俗言　申明重究

造一本　迷筏津　渡上瀛洲

詩　人生何必利名章　客路風霜非芳閒

曰　急早省身歸故里　一家和樂賽天仙

完